Das Buch

Wie nie zuvor in der Geschichte der Menschheit wurde die Welt im 20. Jahrhundert durch radikale soziale, politische, kulturelle und technologische Umwälzungen verändert. Das Dritte Reich, der Kommunismus, aber auch der Krieg des Westens gegen den Terror, der das beginnende 21. Jahrhundert prägt: Handelt es sich dabei um zufällige Ereignisse oder doch vielmehr um die Manifestationen von Machtzielen, die seit jeher von bestimmten Strömungen ganz bewußt mit Hilfe okkult-esoterischer Machenschaften verfolgt werden?

E. R. Carmin stellt in diesem fesselnden Band die uns bekannten historischen, aber auch gegenwärtigen Ereignisse in ein neues Licht.

E. R. Carmin

Das schwarze Reich

Geheimgesellschaften und Politik

Ullstein

Besuchen Sie uns im Internet:
www.ullstein-taschenbuch.de

Erweiterte und aktualisierte Neuausgabe 2006
1. Auflage Oktober 2006
© Ullstein Buchverlage GmbH, Berlin 2006
© 1994 by E. R. Carmin
Das Buch erschien erstmals 1994 im Verlag Ralph Tegtmeier und als
Taschenbuchausgabe im Wilhelm Heyne Verlag
Umschlaggestaltung: Büro Hamburg
Titelabbildung: CORBIS/Stefano Bianchetti
Satz: LVD GmbH, Berlin
Gesetzt aus der Times
Druck und Bindearbeiten: Ebner & Spiegel, Ulm
Printed in Germany
ISBN-13: 978-3-548-36916-7
ISBN-10: 3-548-36916-2

Inhalt

I

II

Vorwort zur Neuausgabe 2006

Viele Leser dieses Buches haben seit dessen Erscheinen immer wieder nachgefragt, ob nicht eine Aktualisierung, vielleicht auch eine Fortsetzung in Form eines weiteren Bandes zu erwarten sei. Natürlich, inzwischen ist einiges geschehen, das zur Genüge Anlaß gab und gibt, beunruhigt in die Zukunft der Neuen Weltordnung zu blicken. Der Autor dieser Arbeit indessen war lange Zeit der Meinung, daß es im Grunde genommen zu diesem Thema nicht mehr viel zu sagen gibt. Das Dritte Reich Hitlers war schließlich die bislang offensichtlichste und, wie mir schien, dreisteste weltpolitische Aufführung, die sich jene Kräfte erlaubt haben, die seit eh und je über das Spiel von Macht und Gegenmacht Geschichte »machen« – eine Aufführung, deren Bühnenbeleuchtung durchaus auch noch die finstersten Ecken jenes Experimentaltheaters ausleuchtete, das sich etwa Sowjetkommunismus nannte. Oder Kalter Krieg. Oder Globalisierung. Oder Terrorismus.

Im Zeitalter kaum mehr zu bewältigender Informationsfluten schien es also überflüssig, dem Gesagten noch etwas hinzuzufügen. Fluten sind jedoch gefährlich. Man kann darin elendig ertrinken, und was dann noch an der Oberfläche schwimmt, ist oft nicht mehr als das Treibgut gezielter Desinformation. Tatsächlich: Vor allem seit dem 11. September 2001, eigentlich aber schon seit den Balkan-Kriegen haben die Weltordner einen Weg eingeschlagen, der an Dreistigkeit und Zynismus fast alles bisher Dagewesene übersteigt. Es gibt fürwahr auch heute wieder Dinge, über die nicht geschwiegen werden kann und darf, sondern über die geredet werden muß, immer und immer wieder. Am Ende dieser Neuausgabe steht daher das, was noch gesagt werden mußte: ein Nachtrag zum heutigen Stand der Dinge.

E. R. Carmin
München, im Oktober 2006

Vorwort

Die radikalen sozialen, politischen, kulturellen und technologischen Umwälzungen, die dieses abgelaufene 20. Jahrhundert prägten und das Gesicht der Welt wie nie zuvor in der bekannten Geschichte veränderten, waren keine Zufälle.

Weder der Erste noch der Zweite Weltkrieg, weder der Kommunismus noch das Dritte Reich Adolf Hitlers waren Zufälle oder bloße Betriebsunfälle der Geschichte. Auf strenger Esoterik beruhende Machtziele waren die Triebfedern hinter den gestaltenden geschichtlichen Ereignissen dieses Jahrhunderts. Okkult-esoterische Machenschaften standen hinter dem Experiment eines auf rein spirituell-magischer Basis aufgebauten Dritten Reiches ebenso wie hinter dem soeben nicht zuletzt mit vatikanischer Hilfe beendeten »sozialinnovativen« kommunistischen Experiment staatskapitalistischer Ausbeutung im labormäßig abgeschotteten Ostblock.

Die Revolutionen mit ihren Wechselbädern von Horror und dem Erfolgserlebnis scheinbarer Befreiung, die Zerschlagung der monarchischen Großreiche, der Nationalismus als angeblich gigantischer Schritt vorwärts in der Neudefinition vom Wesen des Menschen, der Kommunismus als zumindest zwischenzeitlicher Sieg des Denkens über den Glauben, der es den Weltordnern gestattete, die Fahne der Internationalen aufzuziehen, die Neuordnungskriege dieses Jahrhunderts, und nicht zuletzt Hitler und das Dritte Reich waren Ecksteine beim Bau des Hauses einer neuen Ordnung, waren notwendige Stationen und Durchgänge auf dem Weg zum »Novus Ordo Seclorum«.

Der okkulte und esoterische Ursprung und Hintergrund des deutschen Nationalsozialismus, das magisch-mythische Wesen des Dritten Reiches Adolf Hitlers und Heinrich Himmlers ist der Schlüssel zum Verständnis dieser Vorgänge: Denn niemals zuvor und niemals danach traten die bestimmenden okkult-esoterischen Kräfte dermaßen in den Vordergrund der »politischen Exoterik«. Zu keinem anderen Zeitpunkt der neueren Geschichte wurde in diesem Ausmaß deutlich, wie sehr okkulte Kräfte das äußerlich sichtbare politische Geschehen dirigieren und, andererseits, in welchem Ausmaß die Politik sich magisch-mythischer Tricks und Symbolik, okkulter Riten und der Faszination pseudoreligiöser Inhalte bedient, um den metaphysischen Hunger der Menschen zu manipulieren, zu nutzen, zu mißbrauchen.

Wenn die offizielle Historiografie noch heute, ein halbes Jahrhundert nach dem Ende des Dritten Reiches, dem Phänomen des deutschen Nationalsozialismus und vor allem dem Phänomen Adolf Hitlers nach wie vor ratlos gegenübersteht und sich die Frage, wie dies alles im Lande Goethes, Kants und Beethovens nur möglich war, bestenfalls mit hilflosen Begriffen wie »Irrationalität«, »Kunst der Massenpsychologie«, »Undefinierbarkeit dieser Bewegung und Weltanschauung« zu beantworten beziehungsweise eben nicht zu beantworten gezwungen sieht, dann deshalb, weil man sich seit nunmehr fünf Jahrzehnten aus verschiedensten Gründen weigert, die okkult-esoterischen Wurzeln des Dritten Reiches auch nur zaghaft zu berühren.

Doch es besteht nicht der allergeringste Zweifel: Der spezifisch deutsche Faschismus, der deutsche National-Sozialismus, der Hitlerismus oder wie immer man diese dem Thule-Orden entsprungene Bewegung bezeichnen mag, hatte letztlich – im Gegensatz etwa zum italienischen Faschismus – außer dem Namen nur wenig mit Nationalismus und Sozialismus zu tun. Selbst die in das Begriffsfeld Blut, Boden, Rasse, Raum, Wille und Kampf gepreßte ariosophische Rassenideologie war nur die Spitze eines okkulten Eisbergs, war letzten Endes nur das äußere Erscheinungsbild einer viel tiefgründigeren Esoterik, einer der abendländischen Rationalität diametral entgegengesetzten Religion. Die geistigen und religiösen Grundlagen des Dritten Reiches und vor allem der SS als Hohlform eines künftigen, auf spirituellen Grundlagen aufzubauenden Staats- und Gesellschaftswesens waren esoterische und okkulte Lehren desselben Ursprungs wie der jeder Esoterik. Theosophisches, rosenkreuzerisches, alchimistisches, magisch-okkultes Gedankengut findet sich darin – ebenso wie Elemente aus Sufismus, Buddhismus, Hinduismus, Manichäismus oder Kabbalistik.

Man könnte das, was während des Dritten Reiches in Deutschland geschah, und vor allem, was zu dessen Entstehung führte, in moderner Terminologie als faszinierendes Lehrstück angewandter Soziologie bezeichnen, bei dem alle Register der Subversion, des Terrors und der massenpsychologischen Manipulation gezogen wurden. Im Grunde genommen aber war das Dritte Reich ein gigantisches Werk praktischer

Magie, inszeniert, um die Landkarte Europas im Sinne der Neuen Weltordnung zu verändern.

Hinsichtlich der gesellschaftspolitischen und sozialen Voraussetzungen hätte das Reich von Thule auch in jedem anderen europäischen Land in Szene gesetzt werden können, in Italien ebenso wie in Spanien, Frankreich oder Großbritannien. Daß es schließlich nur in Deutschland geschehen konnte, war letztlich bloß eine Frage des historischen Zufalls, oder, je nach Betrachtungsweise, der geopolitischen Gesetzmäßigkeiten.

Doch wie kommt es, daß ungeachtet der unwiderlegbaren Tatsache, daß am Beginn der deutschen nationalsozialistischen Bewegung okkulte Geheimbünde, esoterische Logen und internationale okkultistische Abenteurer und Geheimdienstler standen; daß ungeachtet der belegbaren Verbindungen dieser Geheimbünde und führender NS-Persönlichkeiten zur esoterischen Maurerei; daß ungeachtet der unverhüllten magischen Symbolik und der Riten des Dritten Reiches diese Aspekte in der offiziösen Geschichtsschreibung dermaßen unterschlagen werden konnten? Wie der einstige Ankläger bei den Nürnberger Kriegsverbrecherprozessen, Aurey Neave, zugab, hatten die alliierten Richter in Nürnberg sehr wohl um den okkulten Hintergrund des Dritten Reiches gewußt,[1] dies aber mit Absicht verschwiegen.

Die Frage, warum das so war, gilt es zu beantworten. War es nur die Angst vor der Faszination des okkulten Urgrundes des Dritten Reiches, die Angst vor der Ansteckungsgefahr, die der esoterische Kern des deutschen Faschismus in einer Welt der kalten Rationalität in sich barg? Oder waren es etwa noch andere, noch tieferreichende Beweggründe?

Der Komplex der sich daraus ergebenden Fragen weitet sich damit weit über den Themenbereich des Dritten Reiches aus. Wenn die entscheidenen Ereignisse dieses Jahrhunderts mehr waren als bloße Zufälle und Betriebsunfälle der Geschichte, was waren sie dann? Welche Kräfte und Mächte haben tatsächlich die Macht und die Möglichkeit, Geschichte zu »inszenieren«, ihre wie immer gearteten Absichten auch heute und morgen mittels »transnationaler Aktivitäten« in die Realität umzusetzen: Aktivitäten, die möglicherweise dank der in ihrem Sinne »erzieherischen Funktion« der modernen Kommunikationsmedien nicht als solche erkannt werden? Es gibt mehr als nur vage Indizien dafür, daß es nicht nur eine Religion hinter dem Nationalsozialismus gegeben hat, sondern auch noch eine Art Über-Religion dahinter; daß auch die eigentlichen Beweger der Geschichte einer »anderen Welt« angehören, die mit den Mitteln der rationalen Vernunft nicht recht zu fassen ist, und daß sich diese Beweger der Geschichte – eine kleine, mächtige Elite, für die selbst die Mächte des Kapitals nur nützliche Werkzeuge sind – nicht scheuen, mit den verschiedensten, einander manchmal diametral gegenüberstehenden Kräften Koalitionen einzugehen und sich ihrer zu bedienen, um ihre Ziele zu erreichen.

Der amerikanische Philosoph Alan Watts hat einmal sinngemäß gesagt: Der entscheidende Irrtum der akademischen Historiker ist der Glaube, das Römische Reich sei untergegangen. Es ist niemals untergegangen.

In der Tat: Die Spur des okkulten Dritten Reiches führt gleichermaßen zurück zu den Geschichtemachern der Vergangenheit, zurück zu den Ursprüngen der wohl unbestreitbar über zwei Jahrtausende hinweg gestaltenden Kräfte, nämlich der römischen Kirche und ihren dialektischen Gegenkräften ebenso wie zu den Ursprüngen der okkulten Strömungen des Islam; sie führt über die Gegenwart auch in die Zukunft: hin zu den machtvollen Drahtziehern einer neuen Weltordnung, die mittels eines unüberschaubaren Netzwerkes legaler und halblegaler Geheimdienste, geheimer und halbgeheimer Gesellschaften religiöser, politischer, hochfinanzieller und verbrecherischer Art jene Macht- und Weltspiele weiterführen, die schon in den letzten zwei Jahrtausenden hinter vordergründiger Politik und ebenso vordergründigen Kriegen standen. Wenn es eines aktuellen Beweises für die Existenz derartiger, übernational operierender Netzwerke bedurfte, die dazu imstande sind, insgeheim die Kontrolle über einen modernen Staat des zu Ende gehenden 20. Jahrhunderts zu übernehmen, dann hat diesen Beweis in der jüngsten Vergangenheit auf durchaus eindrucksvolle Weise zum Beispiel die keineswegs nur in Italien operierende Loge »Propaganda due« geliefert. Und wenn es eines Beweises für geheime Politik und geheime Koalitionen der erwähnten Art bedurfte, so lieferten die Allianzen zwischen Wojtyla, Reagan, der CIA und Walesa in Polen den notwendigen Beleg, ebenso die eigentlichen Hintergründe der iranischen Revolution und des »Krieges der Welt« gegen Saddam Hussein.

Das Dritte Reich mag in seiner damaligen Form untergegangen sein. Der Schoß, aus dem das Ungeheuer kroch, ist freilich noch immer fruchtbar. Nach wie vor steht das Netz eines internationalen »Nazitums« im Dienst der Neuen Weltordnung und hat längst etablierte Parteien und unverdächtige Bewegungen infiltriert. Das Informationsdefizit über den tatsächlichen Umfang, über Struktur und Organisationsgrad der internationalen nazistischen Szene, deren Bedeutung im Hinblick auf die zu erstarkenden separatistischen Bewegungen neu aufflammenden Nationalismen nicht überschätzt werden kann, ist ebenso erschütternd und vielsagend wie die Geschichtsklitterung im Zusammenhang mit dem Dritten Reich.

Gewiß, im Zeitalter der multimedialen Massenmanipulation bedarf es keines Trommlers namens Hitler, bedarf es keiner Goebbels mehr, und keinem noch so fanatischen Nostalgiker und psychopathischen Hakenkreuzschmierer wird es ohne »geschichtliche Notwendigkeit« jemals gelingen, jenes Dritte Reich von damals wieder zum Leben zu erwecken. Dennoch könnte sich auf andere Weise und in anderer Form bewahrheiten, was in Kreisen der »Neuen Rechten« schon vor Jahrzehnten prophezeit und propagiert wurde: die Revolution im Osten als Vorbedingung für den Sieg der Revolution von rechts, im Westen. Damit stellt sich ein aktueller Zusammenhang her.

Das Dritte Reich Hitlers ging unter, es hatte seinen Zweck erfüllt.

Das Reich, jenes okkulte Reich, als dessen Bestandteil und Instrument sich das nationalsozialistische Deutschland manifestiert hatte, ging freilich niemals unter.

Hitler ist in der Geschichte der Neuen Weltordnung lediglich ein Synonym für eine ganze Reihe von Hitlers, die, vor den Karren des Novus Ordo Seclorum gespannt, die Menschheit in eine bestimmte Zukunft ziehen, führen, locken, notfalls und nicht eben selten prügeln. In diesem Sinne ist Hitler nicht tot. Er hat nur verschiedene Gesichter, Gestalten, Namen, Rollen: Die des Diktators, des Massenmörders, des populistischen Demokraten, des Demagogen, des Rebellen und Revolutionärs, des Terroristen, des Friedensstifters, des Mitläufers, des zynischen Ehrgeizlings, des Verführers und des Verführten, des Welterlösers und des Vernichters, des »rex mundi« und des nützlichen Idioten im relativen Guten wie im relativen Bösen – und in diesem Sinne sind auch Links und Rechts letzten Endes Begriffe politischer Relativität. Das Recht der Völker auf Selbstbestimmung, Demokratie und Freiheit: hohle, wenngleich psychologisch wirksame Begriffe, die, beliebig ausgefüllt, der Täuschung und der Manipulation dienen und von denen letzten Endes nur übrigbleibt, was die Gesetze des Reiches der Neuen Weltordnung erlauben. Das Ziel ist alt, der Weg scheint unumkehrbar.

Wir haben es hier mit Kräften zu tun, die sich bewußt sind, daß das Wissen um die Zusammenhänge zwischen Mensch und Welt, den Gesetzen der Evolution, den sich daraus ergebenden Wechselwirkungen und deren Beherrschung durchaus praktisch genutzt werden kann, um das politische und geistige Leben der Völker im Rahmen des Novus Ordo Seclorum als deren Wohltäter und Bewahrer der einzigen Wahrheit zu kontrollieren.

Da sich herausgestellt hat, daß sich die ideale »One World« auf der Basis der Einsichtigkeit und Vernunft der Menschen guten Willens nicht – oder zumindest nicht im Sinne der Weltordner – realisieren läßt, daß ebensowenig wie einst die im Transzendenten verankerten »Zehn Gebote« die humanistischen Ideale den Menschen zu verändern vermochten, soll eine konsequente Umwälzung der Strukturen den letzten Endes jedes allgemeinverbindlichen und damit absolut verpflichtenden Ordnungsfaktors verlustig gegangenen Menschen in die Neue Ordnung hineinzwingen, ob er dies nun will oder nicht. Da sich der Mensch nicht ändert, muß eben die ihn umgebende Gesellschaft geändert werden. Die »Öffnung« der Welt für die Neue Ordnung erfolgte und erfolgt über die Internationalisierung eigens zu diesem Zweck provozierter lokaler Konflikte und Kriege; durch Zerschlagung alter, historisch gewachsener Strukturen; durch die über die sogenannte Kapitalhilfe beziehungsweise Wiederaufbauhilfe eingeführte internationale Tributpflicht; über die nationalistische und separatistische Aufarbeitung alter und hinderlicher politischer Strukturen; über Revolutionen und Umstürze; über die Förderung multinationaler Monopole und multinationaler Bürokratien bis hin zur Neutralisierung uneinsichtiger Staatsmänner durch Terroristen.

Daß man sich gerade heute wieder des Nationalismus als Instrument politischer Umwälzung bedient, ist nur scheinbar ein Paradox. Es ist dies etwa auch kein Widerspruch zur Beendigung des kommunistischen Experiments, sondern steht konsequent in Einklang mit dem Übergang zu einer neuen, »nichtmarxistischen Form des Sozialismus« als zwangsläufige Folge des nunmehr zum Ordnungsprinzip erhobenen internationalen Kapitalismus: die schleichende Enteignung der Produktionsmittel und der Staats- und Volksvermögen durch die anonyme Kapitalbürokratie der Multis, der internationalen Banken, der supranationalen Institutionen und der Monopole.

Unter den Deckmäntelchen von Humanität, Demokratie und Sozialismus sowie allen möglichen Formen religiöser Falschmünzerei wird einer metaphysisch verwirrten Masse ein angeblich freies, physisch bequemes Leben unter dem allgemeingültigen Gesetz einiger »Wohltäter der Menschheit« suggeriert: Es ist dies am Ende die Freiheit einer zu höheren Zwecken mißbrauchten ökonomischen Sklavenkaste, die am Ende ihrer Erziehung sogar die »reine Lehre« im Supermarkt wird kaufen dürfen, zugeschnitten auf die persönlichen Bedürfnisse und möglicherweise als Lohn für allgemeines Wohlverhalten.

Weil der einzige Wertmaßstab dieser Hüter der Wahrheit die nackte Macht über Mensch und Gesellschaft ist, können sie sich jedes Mythos bedienen, der ihren Endzwecken dienlich ist: irgendeiner kosmischen Ordnung, irgendeiner Religion, irgendwelcher traditionellen Werte oder Hierarchien in jeder beliebigen Verpackung.

Heute – wiederum wie zur letzten Jahrhundertwende – in einer Zeit der Verunsicherung, in einer Zeit, in der sich jahrhundertelang gültige Paradigmen von selbst in Frage stellen, in einer Zeit, da der Mensch nach neuen Werten und nach dem Sinn seiner Existenz Ausschau hält, steht den Neuordnern der Welt die unbegrenzte Macht des technotronischen Fortschritts zur Verfügung, die ganze Bandbreite psychologischer, intellektueller, politischer und religiöser Manipulation.

Viel wirksamer noch als es die roten Fahnenmeere der Kommunisten und die berauschenden Aufmärsche der Nationalsozialisten aus dem Thule-Reich jemals vermocht hätten, können sie den Menschen in jedem Wohnzimmer jene Rituale, jene Schauspiele, jene suggestive Farbenpracht bieten, mit denen der moderne Geist nur allzuleicht zu manipulieren ist.

Dieses Reich existiert. Es hat insgeheim schon immer existiert. Im Zeichen des Pentagramms hat es allen natürlichen und oft nur scheinbaren Widerständen zum Trotz Hitlers Traum nun verwirklicht: Herrschaft und Kontrolle über die Welt zu erlangen. Das Reich ist dabei, sich mehr und mehr zu offenbaren. Die Terminologie seiner heimlichen Diener, die dabei sind, die letzten Bausteine zu bearbeiten, spricht eine deutliche Sprache. Ob dieses Haus der Neuen Ordnung ein Reich des Guten oder ein Reich des Bösen sein wird – diese Frage endgültig zu beantworten wird letzten Endes die Aufgabe eines mündigen Menschen sein ...

»Von einem fremden Planeten ...«

Man schreibt den 21. Mai 1945. Seit zwölf Tagen ist der Zweite Weltkrieg in Europa zu Ende. Zumindest wird nicht mehr geschossen und gebombt. Vielleicht ist man froh darüber, vielleicht ist es den Menschen aber auch schon gleichgültig. Was von diesem tausendjährigen Reich übriggeblieben ist, reicht auch ohne Schießerei noch für lange, um einem den Appetit auf irgendeine Zukunft zu verderben. Geblieben ist ein von Phosphor und Bomben ausgebranntes Ruinenfeld, geblieben sind Tod, Elend und Hunger, Erniedrigung, Schande und Scham. Die perfekte Götterdämerung.

Aus Übermenschen und ganz gewöhnlichen Menschen sind plötzlich die Untermenschen geworden, mehr oder weniger vogelfrei. *Germany must perish.* In den KZs und in den Vernichtungsanlagen kommen Dinge ans Licht, die jedes Vorstellungsvermögen übersteigen. Vor allem das vieler Deutscher. Für die Sieger ist die Überraschung weniger groß, zumindest für die obere Garnitur, denn die wußte seit Jahren von Auschwitz und Dachau.[2]

Jetzt überlegt man, was mit den Barbaren zu geschehen hat. Die Überlegungen reichen von der kollektiven Sterilisierung über die Verteilung als lebenslängliche Zwangsarbeiter an die Nachbarvölker bis zu den humanen Absichten, die Deutschen zu einem Ackerbauernvolk zu machen.[3] Inzwischen tut man, was unschlüssige Sieger mit Verlierern zu tun pflegen. In dieser Beziehung kennt ja die Geschichte kein Gut und Böse. Man bedient sich zunächst planlos und ungeniert, entvölkert, plündert, requiriert, entindustrialisiert, rechnet ab. Später begnügt man sich mit der Entnazifizierung und der Verurteilung einiger Verantwortlicher bei den Nürnberger Prozessen.

Noch herrscht Chaos. Schuldige und Nichtschuldige, Nazi-Bonzen und Mitläufer laufen noch durcheinander über den Trümmerhaufen Deutschland, versuchen unterzutauchen, zu kollaborieren, zu fliehen, vielleicht sogar in der wahnwitzigen Hoffnung, daß nach dieser dunklen

Stunde der Geschichte am Ende doch das Reich mit allem Glanz und aller Herrlichkeit wiederkommen wird.

Vermutlich glaubt auch jener Mann daran, der an diesem 21. Mai 1945 in der Nähe des britischen Kontrollpunkts Meinstedt bei Bremervörde festgenommen wird. Nichts weist darauf hin, daß es sich dabei um einen besonderen Fang handelt: Der Mann ist unscheinbar, wirkt harmlos. Das Soldbuch, das er bei sich trägt, weist ihn als Heinrich Hitzinger aus. Er trägt Zivilkleidung und über dem rechten Auge eine schwarze Klappe. Aber man will sichergehen. Die Briten schleusen den Mann durch die Lager Bremervörde und Zeelos und überstellen ihn schließlich nach Westertimke, um Hitzingers wahre Identität herauszufinden. Drei Tage später ist es Hitzinger selbst, der für die Überraschung sorgt: »Ich bin Heinrich Himmler!« sagt der Mann, dem man nicht zugetraut hätte, auch nur einer Fliege etwas antun zu können. Sofort geraten die Briten in Hektik. Das war also der Reichsführer SS, der blutige und grausame Vollstrecker des Naziterrors, das Monster, der Millionenmörder. Man bringt ihn ins Informationszentrum. Dort muß er sich nackt ausziehen. Man will sichergehen, daß er sich nicht wie der Führer selbst der Gerichtsbarkeit entzieht. Militärärzte untersuchen sorgfältig seinen Körper und seine Kleidung nach Giftkapseln und anderen Selbstmordwerkzeugen. Dann steckt man ihn in eine englische Uniform. Als man später aber auch seine Mundhöhle inspizieren will, zerbeißt Himmler die Zyankalikapsel. Sekunden später ist er tot. Drei Tage später verscharrt man die Leiche in einem Waldstück bei Lüneburg. Sorgfältig wird die Grasnarbe wieder aufgelegt, um jede Spur zu verwischen. Niemand sollte je erfahren, wo Himmlers Grab ist.

Aber wenn es gelungen wäre, den Reichsführer SS vor das Nürnberger Tribunal zu bringen? Was hätte er zu seiner Verteidigung vorbringen können? Daß alles, was geschehen war, jener Vorsehung entsprochen habe, auf die sich der Führer selbst immer wieder berufen hatte? Daß sie Werkzeuge kosmischer Mächte gewesen seien? Diener eines kosmischen Plans? Daß es ihnen darum gegangen sei, den neuen Menschen, den Übermenschen zu erwecken? Daß sie mit geheimnisvollen Meistern verbündet gewesen seien, um mit deren Hilfe das verlorene Reich Thule wieder auferstehen zu lassen?

Nein, das wäre nicht zur Sprache gekommen. Himmler hätte wohl geschwiegen, so wie die anderen über diese Dinge geschwiegen haben. Und wie Wolfram Sievers, der eigentliche Würgengel des Schwarzen Ordens, hätte er wohl vor dem Gang zum Galgen noch einmal jenen Kult zelebriert, Gebete zu jenen Mächten gesprochen, in deren Dienst er zu stehen geglaubt hatte.[4]

Es gab keine Verständigungsmöglichkeit zwischen den Männern, die da in Nürnberg auf dem Richterstuhl saßen, und jenen, die Hans-Jürgen Syberberg in seinem Hitler-Film sagen läßt: »Jenseits von Gut und Böse, paradiesisch, wie die Alten sagten, eingeweiht in die Riten der Ecclesia militans, des Schwarzen Ordens, der Messen und Totenkopfgemeinschaften, Korps, die über Leichen gehen müssen, um die Tragödien der Großen zu gewinnen, Gottmenschen, mit ausgelöschter Familie und allein gebunden an die harten, unerbittlichen Gesetze unseres Kults.«

50 Jahre sind seither vergangen.

Aber das eigentliche Rätsel des Dritten Reiches ist noch immer ungelöst. »Das Verdikt der Alliierten erklärt nicht, warum mehr als eine Million Menschen kollektiv und gleichsam über Nacht zu Massenmördern geworden sein sollten; es erklärt nicht, woher die SS ihre Macht hatte, den Rassenwahn des NS-Regimes in schaurige Tat umzusetzen«, konstatiert der deutsche Historiker Heinz Höhne in seinem Standard-Werk über die SS »Der Orden unter dem Totenkopf«. Und Höhne findet: »Bizarr und wahnsinnig, aller Logik fern – das war die Welt der Schutzstaffel. Es ist die Geschichte eines Männerordens, wie er phantastischer nicht gedacht werden kann!«[5]

In der Tat kommt dieser Satz einer bis heute noch immer unaufgearbeiteten Wahrheit des Dritten Reiches nahe, auch wenn er anders gemeint war und bloß das allgemeine Erstaunen über das offenbar nicht Erklärbare ausdrückt.

Denn ein normaler Historiker müßte schon weit über den eigenen Schatten springen, um sich mit den eigentlichen Grundlagen des Dritten Reiches auseinanderzusetzen: einer Geheimwissenschaft, einer in die Praxis umgesetzten Magie, an der in Wirklichkeit wenig Deutsches war, sieht man von dem für die Massenpropaganda gepflegten Arier-Kult ab. Das würde aber das gültige Bild vom Dritten Reich grundsätzlich über den Haufen werfen. Die ganze Geschichte dieses Jahrhunderts müßte umgeschrieben werden.

Magie, Okkultismus im Dienste der Macht, als treibende Kraft der Geschichte – das ist etwas, das die Vernunft ganz und gar nicht zufriedenstellen will, das dem analytischen, wissenschaftlichen Verstand seiner Natur gemäß widerstrebt. Wie jede andere Forschung begnügt die NS-Forschung sich daher in der Mehrzahl mit der äußeren Form und den ...eren politischen Auswirkungen des Nationalsozialismus, den sogenannten harten, verständlichen Fakten, wobei es natürlich schon mal vorkommt, daß durchaus offensichtliche Tatsachen den logischen und angeblich vernünftigen Zusammenhängen geopfert werden.

Indessen stellt sich die Frage, ob uns die äußere Welt etwas lehren kann, wenn man sie nicht als das ansieht, was sie ist: Äußerlichkeit eben. Oberfläche. Die Historiker mögen sachlich sein. Die Geschichte ist es nicht. Sie ist ein weißes Blatt, das nach Belieben beschrieben werden kann.

Den Beweis dafür liefert die NS-Forschung ja selbst. So sind die Interpretationen und Erklärungen ebenso vielfältig wie die Bücher sonder Zahl, die über die Ereignisse unter dem nationalsozialistischen Regime in den letzten Jahrzehnten erschienen sind. Gewiß, man kann Hitler für den Antichristen halten, für die Inkarnation des Bösen schlechthin. Und man kann den Nationalsozialismus folglich darauf zurückführen, daß unter Hitlers dämonischem Einfluß eben auch die bösen Eigenschaften der ihn umgebenden Menschen üppig zu wuchern begannen. Man kann den Nationalsozialismus auch pathologisch erklären, mit allfälligen homophilen Neigungen des Führers. Oder man kann versuchen, den Führer mehr oder weniger reinzuwaschen und sagen, er habe von den schrecklichsten Dingen nichts gewußt, sondern sei eine bloße Marionette in den Händen einiger entmenschter Banditen gewesen. Es kann, nach nahezu fünf Jahrzehnten NS-Forschung, auch andersrum gesagt werden: »Hitler [...] war der Organisator der Partei, der Schöpfer ihrer Ideologie, der Taktiker der Eroberung der Macht, der rednerische Beweger der Massen, und durch die Kraft seines Charismas, das er allein besaß, die höchste Autorität: Führer, Retter, Erlöser.«[6] Die Apotheose des Adolf Hitler zum allmächtigen, allwissenden Jesus-Christus teutonicus: So haben es die NS-Propagandisten schon damals gern gesehen. Das Phänomen des Nationalsozialismus könnte ferner auch damit erklärt werden, daß die Massen nun einmal gern gelobt werden: mal als welterlösende Proletarier oder als weltbeherrschende Arier, als mündige Bürger oder als Vorreiter irgendeiner Freiheit oder als kollektiver Messias irgendeiner religiösen Idee, was im Zusammenhang mit dem Dritten Reich sicherlich nicht ganz unzutreffend ist.

Dann gibt es die einfache Ansicht, daß eben wieder einmal hier wie dort die richtigen (oder falschen) Leute an den für die Katastrophe richtigen Plätzen standen. Hilfreich könnte am Ende die Tiefenpsychologie sein: Sie lehrt uns, daß zuweilen scheinbar vernünftige Handlungen des Menschen durch Kräfte gelenkt werden, die er selbst nicht kennt oder die mit einer der normalen Logik unzugänglichen Symbolik verknüpft sind. Darauf werden wir zurückkommen müssen.

All diese Deutungs- und Erklärungsversuche, alle sachlichen wie subjektiven Aufarbeitungen und mit Fakten untermauerten Szenarios mögen für sich schon ihre Richtigkeit haben.

Woran liegt es aber, daß es bisher dennoch nicht gelungen ist, die Masken hinunterzureißen, hinter denen die Urheber und Beweger der Geschichte sich verbergen, und das wahre Gesicht der Magier des Dritten Reiches aufzudecken?

Der deutsche Nationalsozialismus war eben nicht das, was er zu sein vorgab. Spätestens in der Blutnacht vom 30. Juni 1934, als die SS-Schergen Tausende ihrer SA-Kumpane liquidierten, übernahmen Kräfte die Macht im Reich, die mit den Begriffen »national« und »sozial« im Grunde genommen wenig zu tun hatten, wie letzthin auch Oswald Spengler auf seine Art erkannte: »Der Nationalsozialismus war zum guten Teil ein Einbruch tartarischen Wollens in das Grenzgebiet des Abendlandes, so undeutsch, ungermanisch, unfaustisch wie nur möglich!«[7] Gewiß, die Grundströmung, welche die Kräfte hinter Hitler mit unglaublicher psychologischer Raffinesse zu manipulieren verstand, die Bewegung, die den Aufstieg Hitlers ermöglichte, war sicherlich zunächst »nationalsozialistisch« im Sinne Kurt Sontheimers: »Der Nationalsozialismus vereinigte in seiner Bezeichnung die beiden mächtigsten ideologischen Antriebe der Epoche. Er nahm schon als Begriff die Synthese vorweg, die das Zeitalter vollbringen mußte. Die sozialistischen Parteien alten Stils waren nicht national, die national-bürgerlichen nicht sozialistisch. Hier aber schien die Partei zu sein, die beides zugleich war, die Partei der deutschen Zukunft.«[8]

Damit hatte aber der Hitlerismus nichts mehr zu tun. Selbst wenn die Hitlers und Himmlers allerreinstes nationalsozialistisches Denken in die Praxis umgesetzt hätten, wäre es eine grobe Geschichtsverdrehung zu behaupten, der Nationalsozialismus sei eine Bewegung gewesen, die ausschließlich auf Hitlers Persönlichkeit, auf die Folgen des Versailler Diktats oder auf die Wirtschaftskrise der dreißiger Jahre zurückzuführen sei. Auch ohne Hitler hätte es wohl eine nationalsozialistische Entwicklung in Deutschland gegeben, möglicherweise einschließlich eines Antisemitismus in seiner damals auch in so manchen angeblich von aller Schuld freien Nachbarnationen üblichen Form. Das wäre dann vielleicht ~ogar etwas von der Art des rein ideologischen, abstrakt-sterilen Faschis-
~ National-Marxisten Mussolini[9] geworden oder von der Art einer

Diktatur des auf päpstliche Absegnung bedachten Freimaurers Franco in Spanien.[10] Vielleicht auch etwas Besseres, oder Schlimmeres, wer weiß das schon zu sagen. Am Ende hätte dann auch Ralf Dahrendorfs Bemerkung zugetroffen, der Nationalsozialismus sei der Einbruch der Moderne in Deutschland gewesen.[11]

Die Geschichte des Nationalsozialismus beginnt ja nicht erst 1918, sondern ist eine geistige Bewegung, »die eine ganze Reihe von idealisierenden Bestrebungen, Wünschen und Träumereien zusammenfaßt, die in der deutschen Geschichte seit über 150 Jahren lebendig sind«, belegt vor allem Dietrich Bronder in seinem Buch *Bevor Hitler kam*:

»Die den Nationalsozialismus vorbereitenden Ideen kamen keinesfalls aus den Gehirnen eines Hitler, Goebbels, Rosenberg, Feder und anderen Zeitgenossen [...] Denn diese haben nur zusammengefaßt und wiederholt, was vorher gedacht und geschrieben wurde; und zwar vorher zum Teil noch tiefer und besser, als sie es je vermochten, die Männer der praktischen Tat. Die vorbereitenden Ideen entwachsen einem vielfältigen Boden. Sie sind nicht auf das deutsche Volk allein beschränkt. Sie finden sich bei fast allen Völkern Europas und des mit ihm in geistiger Tradition verbundenen Nordamerika [...] Sie sind nicht nur eine Angelegenheit einer Nation, sondern zählen zu Vorläufern und Mitarbeitern, bis in die Praxis des Dritten Reiches hinein, Menschen verschiedener Rassen und Völker!«[12]

Das aber trifft vor allem auf jene Aspekte zu, die den »deutschen Nationalsozialismus« zu dieser ganz spezifischen Erscheinung machten, auf die durch den Hitler-Klüngel schließlich zum mörderischen Rassenwahn gesteigerte Ariopathie eines allen anderen Rassen überlegenen nordischen Supermenschen. Der ist nämlich alles andere als eine deutsche Erfindung.[13] Und noch viel mehr gilt dies für den sich hinter dem deutsch-national-sozialistischen Mäntelchen verbergenden Okkultismus, für die eigentliche Religion der Thule-Brüder um Hitler & Co, die – neben der geopolitisch-historisch-ökonomisch einzigartigen Situation Deutschlands – den deutschen Nationalismus zu etwas mit anderen Bewegungen einfach nicht zu Vergleichendes machte, zu einer Manifestation einer anderen, bösen Wirklichkeit, einer buchstäblichen Gegen-Welt.

Es gibt mehr als nur Indizien dafür, daß dem äußerlichen Gefüge des Nationalsozialismus eine Geheimgesellschaft, ein geheimer Glaube zugrunde lag, eine Verbindung, die geheimen und geheimnisvollen Riten und Dogmen gehorchte, die viel schärfer ausgearbeitet waren als die allgemein gehaltenen Thesen in *Mein Kampf* oder in Rosenbergs *Mythus des 20. Jahrhunderts*. Was sich als »nordisch« und »arisch« angepaßt verkaufte, war eine Esoterik, die ihren Ursprung aus den gleichen Quellen herleitet wie jede Esoterik.

Geht man diesen Hinweisen nach, dann kommt man darauf, daß ausgerechnet die Nazis, die sich stets als Todfeinde der Freimaurerei gegeben hatten, auf bestem Fuß mit der esoterischen Maurerei standen. Und wirft man dann auch noch einen Blick auf die finanziellen Schmiermittel, auf denen Hitler schließlich in den Reichstag rutschte, muß man zu dem Schluß gelangen, daß Hitler & Co auf jeden Fall Werkzeuge fremder, wenn auch nicht unbedingt immer metaphysischer Mächte waren.

So stößt man auf eine in verwirrender Weise miteinander verbundene Kette von Namen und Personen und von den Schwarzen Magiern auf ihre Weise ausgelegte Lehren, die alle an der Wiege dieser womöglich falschen Germanentragödie standen, als da sind: englische Rosenkreuzer, Freimaurer, Spione, französische Gralssucher, Theosophen, Anni Besant – die das Hakenkreuz schon um den Hals trug, als Hitler noch gar nicht wußte, was es zu bedeuten hat –, Aleister Crowley mit seinen Verbindungen zu allen möglichen Geheimdiensten, der Spion, Esoteriker und Geschäftemacher Theodor Reuß und zumindest indirekt »Beelzebub« Gurdjieff.

Eine wichtige Rolle spielte der zwielichtige Abenteurer und Geheimagent Trebitsch-Lincoln, der am Ende des Ersten Weltkrieges in Berlin auftauchte, sich zuweilen Lama Djordi Den nannte und mit dem nicht weniger abenteuerlichen Freiherrn und Rosenkreuzer von Sebottendorf an der Wiege des Thule-Ordens stand, aus dem schließlich die NSDAP hervorging und der sich dann im innersten Kreis der NS- und SS-Führung auflöste. Nicht zu vergessen der Gurdjieff-Schüler und spätere NS-Standartenführer Professor Gregor Schwartz-Bostunitsch, Rosenbergs und Himmlers Experte und Prediger in Sachen Freimaurertum, Bolschewismus und rassischer »Mission«, die frühe und finanzträchtige Verbindung der Nazis zu weißrussischen Emigrantenkreisen Max-Erwin Scheubner-Richter und der russische Prinz Anton Wasilewitsch Turkul,[14] der zwar vordergründig nichts mit Esoterik und Okkultismus, dafür aber um so mehr mit Geheimpolitik zu tun hatte, bis in die Nachkriegszeit im Dschungel von Politik, Geheimdiensten, Spionage und politischer Freimaurerei einige der Hauptfäden zog und mithalf, die Welt an der Nase herumzuführen und die nazistische »schwarze Internationale« in die politische Gegenwart herüber zu retten.

Hermann Rauschning, Vorsitzender des Danziger Senats und bis zu seinem Rücktritt im Jahre 1934 nach eigenen Angaben in relativ engem Kontakt mit Hitler, bemerkt in seinem Buch *Gespräche mit Hitler*:

»Was Hitler will und Nationalsozialismus vollbringen soll, steht nicht in *Mein Kampf*. Dieses Buch ist für die Masse. Aber der Nationalsozialismus hat eine Geheimlehre. In den besonderen Kreisen einer engeren Elite wird sie gelehrt und weiterentwickelt. In allen Kaderorganisationen gibt es eine Schicht allgemeiner Mitglieder und eine Gruppe Eingeweihter.«[15]

Und Rauschning zitiert Hitler:

»Ihr wißt nichts von mir, meine Parteigenossen haben keine Ahnung von den Träumen, die mich bewegen, und von dem grandiosen Gebäude, dessen Grundmauern zumindest stehen werden, wenn ich sterbe [...] Es wird sich eine Unwälzung auf der Erde vollziehen, die ihr, die Nichteingeweihten, nicht verstehen könnt [...] Was hier vor sich geht, ist mehr als das Heraufziehen einer neuen Religion.«

Wenn man diese Zusammenhänge berücksichtigt, mag es vielleicht noch angehen, die offensichtlich mystischen Schwärmereien Hitlers, seine und die seines Stellvertreters Rudolf Heß' Astrologiegläubigkeit als Nebenprodukt eines allgemeinen psychopathologischen Zustandes abzutun. Beim Reichsführer SS, Heinrich Himmler, ist das aber kaum mehr möglich. Da muß schon eine gute Portion historiographische Ignoranz im Spiel sein, um nicht zu sehen, wessen geistiges Kind er war: Er glaubte nicht nur wie sein Führer felsenfest daran, daß das Schicksal in den Sternen festgeschrieben stehe, er bezeichnete sich selbst auch als Buddhisten, schickte Expeditionen nach Tibet, ließ den Heiligen Gral suchen und sah sich als Reinkarnation des Kaisers Heinrich I. des Voglers und hielt es offenbar zumindest nicht für unmöglich, sein urgermanischer »Rasputin«, SS-Brigadeführer Karl Maria Weisthor alias Wiligut,[16] sei der leibhaftige Abkömmling eines priesterlichen germanischen Königsgeschlechts, dessen Wurzeln sich in den mythischen Welten der Asen und Wanen verloren. Der Reichsführer SS war in der Tat der Großmeister eines religiösen Ordens, und dieser Orden war eben die SS.[17]

Walter Schellenberg, Nachfolger von Canaris als Hitlers Geheimdienstchef, beschreibt in seinen »Aufzeichnungen« im Zusammenhang mit dem Verfahren gegen den Oberbefehlshaber des Heeres, Generaloberst von Fritsch, wegen angeblicher Homosexualität: »Zwischen Heydrich und Göring war schon während des Verfahrens eine ernste Kontroverse entstanden, so daß selbst Himmler eine scharfe Reaktion der Generalität erwartete. Hier wurde ich zufällig Zeuge einer der okkulten Marotten Heinrich Himmlers, mit denen er die Führer der SS beschäftigte. Er hatte während der Verhandlung gegen von Fritsch in einen dem Verhörzimmer nahe gelegenen Raum etwa zwölf seiner vertrautesten SS-Führer beordert und diesen befohlen, durch Willenskonzentration einen suggestiven Einfluß auf den beschuldigten Generaloberst zu nehmen. Himmler war davon überzeugt, daß der Beschuldigte unter dieser Einwirkung die Wahrheit sagen müsse und bekennen werde [...] Ich betrat damals selbst die Stätte dieses seltsamen Exerzitiums und war nicht wenig verwundert über das Bild einer im Zirkel sitzenden, in tiefe Andacht versunkenen SS-Führerschaft [...]«[18]

Es handelte sich um eine Konzentrationsübung nach dem Yoga-System, und damit pflegten alle Generalstabsbesprechungen der SS zu beginnen.

Die Analogien zwischen damals und heute, zwischen dem geistig-religiösen Überbau der NS-Führung und heute wieder vermehrt verbreiteten Lehren sind zu offenkundig, um sie übersehen zu können. So bemerkte etwa das deutsche Nachrichtenmagazin *Der Spiegel* im Zusammenhang mit dem esoterischen West-Ost-Tourismus: »Was Rosenberg und seinem Führer an der indischen Weltanschauung am meisten imponierte, war der Glaube an die Magie charismatischer Figuren, war der Glaube, daß Mythen und mystische Kräfte wichtiger und stärker sind als die verachtete Wirklichkeit und daß eine Wahnidee, wenn man sich nur genug hineinsteigert, am Ende über jede Übermacht der Materie triumphiert.«[19]

»Man stempelt uns zu Geistesfeinden!« sagte einst Hitler. »Jawohl, wir sind das. Aber in einem viel tieferen Sinne, als sich diese dummstolzen Wissenschaftsbürger nur träumen lassen [...] Ich befreie den Menschen vom Zwange des Selbstzweck gewordenen Geistes [...]«[20]

Und so standen sich dann in Nürnberg tatsächlich Magie und Intellekt sprachlos gegenüber, zwei verschiedene Welten. Gut und Böse ... und doch sind es dieselben Lehren, dieselben esoterischen und magischen Inhalte, dieselben Kosmologien und Auffassungen von Welt und Wirklichkeit, die einst Hitler, Himmler und Heß faszinierten, die heute Millionen von Menschen, und nicht mehr bloß nur der jüngeren Generation, in ihren Bann ziehen.

Wie der einstige Ankläger bei den Nürnberger Prozessen, Airey Neave, bestätigte, haben die alliierten Ankläger damals sehr wohl von den okkult-magischen Aspekten des Dritten Reiches gewußt, von dieser sich auf eine magische Weltanschauung gründenden apokalyptischen Gegen-Zivilisation. Aber man habe absichtlich über die Dinge geschwiegen.[21]

Warum? Darüber kann man freilich nur spekulieren. Aus moralischem Verantwortungsbewußtsein? Aus Angst vor der Faszination der Religion und Weltanschauung hinter der Weltanschauung dessen, was man als Nationalsozialismus kennt? Aus Angst vor den psychologischen und geistigen Konsequenzen im Westen, wenn bekannt würde, daß ein Staat des 20. Jahrhunderts sich auf der Grundlage eben solcher Prinzipien hatte etablieren können? Aus Angst davor zugeben zu müssen, daß tatsächlich die sogenannte aufgeklärte Vernünftigkeit, die kartesianische Realität, Grundlage der westlichen Lebensanschauung, nicht der Weisheit letzter Schluß ist, daß es tatsächlich andere Mächte, andere Kräfte, andere Wirklichkeiten gibt?

Oder hat man den über den wirklichen Motiven dieser verblüffenden Umstoßung aller Werte liegenden Schleier auch deshalb mit Absicht nicht gelüftet, weil man sonst hätte zugeben müssen, daß die Religion hinter dem Nationalsozialismus nicht auf deutschem Boden gewachsen ist? Daß am Ende der einstige Hitler-Gefährte und spätere -Gegner General Ludendorff ungeachtet seiner gegen Katholiken, Juden und Freimaurer gerichteten Paranoia doch recht gehabt hatte, als er vor dem dunklen Treiben überstaatlicher Mächte warnte, die sich sogar des Faschismus bedienten, um den ahnungslosen Völkern durch ihre Hörigen, die sich zu deren Führern und Diktatoren machten, einen vermeintlichen letzten Weg zur Rettung zu zeigen?[22]

Daß am Ende vielleicht sogar ein wahrer Kern in dem enthalten sein könnte, was eine der zwielichtigsten Gestalten hinter dem Hitlerismus, der Subversionsagent und buddhistische Hohepriester und angebliche Lama Trebitsch-Lincoln, kurz vor seinem Tod einem Zeitungskorrespondenten in Shanghai mitteilte: »Nicht Hitler, Stalin oder Roosevelt führen den gegenwärtigen Krieg, sondern eine Handvoll Männer, die in Tibet leben oder zumindest dort erzogen worden waren und jetzt in verschiedenen Teilen der Welt stationiert sind. Wir können den Krieg stoppen, aber wie Gott, der schlechte Dinge sich ereignen läßt, greifen wir nicht zu früh ein. Eines Tages, wenn die Zeit reif ist, werden wir die Menschheit aus dieser Katastrophe retten!«[23]

Ein heißes Eisen wohl insgesamt. Deshalb weiß man, wie Höhne in seinem oben erwähnten Buch registriert, auch heute noch nicht, was »hinter dem Titel Reichsführer SS steckt«. War er »der böse Geist Hitlers« und des Dritten Reiches, oder war er, wie Panzergeneral

Guderian fand, ein Wesen, »das nicht auf diesem Planeten lebt«?[24] Nicht von diesem Planeten ... Aus der Perspektive der Führer, der Magier des Dritten Reiches lassen sich die Ereignisse durchaus mit Plotin definieren (den man seinerzeit übrigens ebenso fleißig gelesen hat wie hinduistische oder tibetanische Texte): »Die Ereignisse hier unten finden im Einklang mit dem kosmischen Geschehen statt.«

Glaubte man an die geheimen Lenker des Weltgeschehens (ob sie nun am Himalaya, in Tibet, in Afghanistan oder in der Wallstreet leben, wäre letzthin unbedeutend), so drängt sich zweifellos die Frage auf: Worin lag und liegt der Sinn? Hatte der Hitlerismus, hatte der Zweite Weltkrieg vielleicht irgendeinen menschheitsgeschichtlichen Sinn?

Es seien hier die britischen Autoren Lincoln, Baigent und Leigh zitiert:

»Auf seine sinnwidrige Art gab Hitler dem deutschen Volk ein neues Sinngefühl, bedachte es mit einer neuen Religion und erlöste es dadurch aus der schrecklichen Ungewißheit, der absoluten Relativität der Dinge. Paradoxerweise gab er der übrigen Welt gleichfalls ein neues Sinngefühl. Durch Hitler und das Dritte Reich erhielt die Welt einen Sinn, wenigstens vorübergehend. Der Erste Weltkrieg war ein irrsinniger Krieg gewesen. Er schien deshalb so besonders entsetzlich, weil der Wahnsinn überall grassierte und so ungreifbar wie eine Gaswolke war. Es gab keine wirklichen Helden und Schurken. Niemand war schuld und jeder war schuld; jeder wollte den Krieg und niemand wollte ihn, und nachdem er einmal begonnen hatte, verfügte der Moloch über eine schreckliche Macht, die niemand zu kontrollieren vermochte. Der Wahnsinn des Ersten Weltkrieges war im Grunde formlos, und was keine Form hat, dem kann man sich nicht entgegenstemmen ... Im Gegensatz dazu hatte der Zweite Weltkrieg einen Sinn. Er war vielleicht der vernünftigste Krieg, der in der modernen Geschichte ausgefochten wurde. Er war vom Standpunkt der Alliierten aus vernünftig, weil Deutschland den kollektiven Wahnsinn der Menschheit verkörperte. Weil Deutschland sich alles auflud – Entsetzen, Schande, Greuel, bestialische Grausamkeit –, brachte es paradoxerweise die übrige westliche Welt zur Vernunft. Auschwitz und Bergen-Belsen waren nötig, uns die Bedeutung des Bösen zu lehren – nicht als abstrakte theologische Aussage, sondern als konkrete Wirklichkeit. Auschwitz und Bergen-Belsen waren nötig, uns zu lehren, zu welchen Handlungen wir fähig sind. Im Unterschied zu dem Krieg von 1914 bis 1918 wurde der Krieg gegen das Dritte Reich zu einem legitimen Kreuzzug im Namen der Moral, der Menschlichkeit, der Zivilisation.«[25] Das ist eine partiell interessante Ansicht, die auch interessante Fragen provoziert.

Denn sicher ist, mit dem Dritten Reich war schon etwas geschehen, das man wahrhaftig mit vorhergegangenen Schrecken nicht aufrechnen kann, nicht mit all den Massen- und Völkermorden der Geschichte, nicht mit den Scheußlichkeiten der spanisch-christlichen Conquista, nicht mit den Abscheulichkeiten des amerikanischen Bürgerkrieges,[26] nicht mit den britischen Greueltaten und den Schrecken in Lord Kitcheners Konzentrationslagern während des Burenkrieges,[27] nicht mit den Massakern an den Armeniern durch die demokratischen Jungtürken mit zwei Millionen Toten, nicht mit den Schrecken des Bolschewismus, ja auch nicht mit den Fürchterlichkeiten der Inquisition, denn die hätte an die fünfzigtausend Jahre gebraucht, um so viele Leute umzubringen, wie etwa in Dresden an einem einzigen Nachmittag erschlagen und verbrannt wurden, und womöglich Hunderttausende von Jahren, um so viele Menschen mit dem erforderlichen Zeremoniell auf dem Scheiterhaufen zu verbrennen, wie in Hitlers Gaskammern ums Leben kamen.

Der Hochgradmaurer Winston Churchill[28] etwa könnte einer jener Menschenfreunde[29] gewesen sein, die dem Zweiten Weltkrieg jene sinnvolle Form gaben. Denn er wußte offenbar schon 1941, wie der Krieg ausgehen und daß nach seinem Ende ein Kriegs- und Menschenrechtsverbrecher-Prozeß stattfinden würde.[30]

Dieser Aspekt erhöht die Glaubwürdigkeit der Ansicht, daß das richtende Gremium von Nürnberg vom Anfang bis zum Ende bemüht war, ihm seinen Sinn zu geben und mit den Urteilen ein Exempel zu statuieren, das die Frage des Kriegsverbrechens und des Verbrechens gegen die Menschlichkeit für alle Zeiten klärt. Man kann also zubilligen, daß das offenbar von Kriegsbeginn an geplante Verfahren – abgesehen von zweifellos vorhandenen Rachegefühlen und so mancher Verkennung der Tatsachen – eine moralische Manipulation zu einem guten politischen Zweck war: der Ächtung der Unmenschlichkeit endlich Respekt zu verschaffen. Ein Weltkrieg also mit Sinn. Eine interessante Ansicht. Da könnte man ja auch auf die Idee kommen, daß die Weltbanken und Großbritannien 1940/1941 die von Hitler über Hjalmar Schacht vorgeschlagene Massenevakuierung der »jüdischen Volksfeinde« aus moralischen Gründen verhinderten, denn sonst hätte es möglicherweise kein notwendiges Auschwitz und Bergen-Belsen gegeben. Da könnte man auf die Idee kommen, die Briten und die Amerikaner hätten 1943 keine Angst gehabt, die Nazis könnten tatsächlich die Konzentrationslager öffnen und die Gaskammern stoppen, sie wären auf der Bermuda-Konferenz im April 1943 nur aus moralischen und erzieherischen Gründen zu der stillschweigenden Übereinkunft gekommen, es sei besser, die Juden Hitler und der SS zu überlassen, als etwa eine Massenevakuierung in die USA zu organisieren.[31]

Dann hätten gewisse Kräfte im Vatikan, die britischen und amerikanischen Geheimdienste unmittelbar nach Kriegsende auf ausgeklügelten »Ratlines« Zigtausende Nazis aus Deutschland, Zentral- und Osteuropa, darunter ganze SS-Einheiten, Judenschlächter und Hauptkriegsverbrecher vor ihren eigenen offiziellen und in der Tat naiven Verfolgungs-Behörden in Sicherheit gebracht, weil diese offenbar bloß die Diener einer höheren moralischen Instanz gewesen wären.

Wenn das Dritte Reich, der Zweite Weltkrieg in diesem Sinne der Nürnberger Prozesse einen Sinn gehabt haben sollten: Hatte diese grauenhafte Inszenierung ihren Zweck auch erfüllt? Waren vielleicht die Scheußlichkeiten der französischen »Epuration«, die Pogrome gegen die Juden in Polen 1945/1946, der Horror der chinesischen Revolution mit Todesziffern, die einem auch den Verstand rauben, die unsagbaren Leiden Indochinas, Asiens, Afrikas, Lateinamerikas, des Nahen Ostens, der ganze Archipel Gulag und Vorfälle wie My Lai noch 1970, waren die Dutzende von Kriegen und all die Kriegsverbrechen, die unzähligen Verbrechen gegen die Menschlichkeit im Namen von irgendwelchen Ideologien, ökonomischen Interessen, ja auch und wieder im Namen von Freiheit und Demokratie, waren dies also nur Nachzugsgefechte des Bösen im allgemeinen vor der »goldenen Dämmerung« des Goldenen Zeitalters des Tausendjährigen Friedens? Oder waren das nur ein paar notwendige Lektionen mehr zur Herbeiführung eines »Novus Ordo Seclorum«, einer neuen Weltordnung unter dem Zeichen des Pentagramms?[32] Etwa im Sinne von Nietzsches Zarathustra: »[...] und wer ein Schöpfer sein will im Guten und Bösen, der muß ein Vernichter erst sein und Werte zerbrechen. Also gehört das höchste Böse zur höchsten Güte [...]«

Denn offenbar sind ab einer gewissen Ebene Gut und Böse tatsächlich relativ, wie man heutzutage in allgemein zugänglichen und einst auch von Hitler & Co absorbierten Weisheitslehren nachlesen kann: Gut und Böse sind miteinander verflochten, zwei Seiten ein und derselben Medaille, und, nicht wahr, nur die vollendeten Baumeister und Ziegelträger des Weltgeschehens wissen angeblich, wo das eine aufhört und das andere beginnt.[33]

Vorausgesetzt also, die Ansicht von der Sinnhaftigkeit des Dritten Reiches und des Zweiten Weltkrieges beinhaltet einen wahren Kern (und einiges spricht tatsächlich dafür), und vorausgesetzt, auch an der Hypothese ist einiges wahr, daß Kriege und ähnliche Ereignisse nicht nur und nicht immer bloß dumme Zufälle oder das Werk von wahnsinnigen oder schlicht bösartigen Einzelgängern sind: Hat am Ende das alles nichts genützt? Ist die Rechnung, durch den Horror des Dritten Reiches und des Zweiten Weltkrieges, der ja unbedingt an die Spitze hatte getrieben werden müssen,[34] die Menschheit zur universalen Menschlichkeit und Brüderlichkeit zu bekehren, nicht aufgegangen? Oder war es – angesichts des gegenwärtig in Bau befindlichen »Haus Europa« womöglich vom Atlantik bis zum Ural – doch ein Erfolg? Das ist vielleicht nur eine Frage der Perspektive. Denn die Wiedervereinigung legt den Schluß nahe, daß zumindest die Deutschen ihre Lektion im Sinne von James Paul Warburg gelernt haben müssen, der ihnen 1949 ins Stammbuch schrieb: »Erst die nach dem Zweiten Weltkrieg geborenen Deutschen müssen erkennen lassen, ob sie eines Friedensvertrages würdig sind oder in einem Dritten Weltkrieg untergehen müssen!«[35]

Ob man aber an Hand der »konkreten Wirklichkeit« tatsächlich die Bedeutung des Bösen und vor allem seine verschiedenen Gesichter erkannt hat, steht auf einem ganz anderen Blatt. Wer möchte bestreiten, daß wir heute ungeachtet der scheinbaren Konsolidierung in diesem architektonischen Kunstwerk namens »Haus Europa« grundsätzlich und allgemein in einer Zeit der Umwertung, der Unsicherheit, erst recht wieder der Verwirrung und Irrationalität leben, die in ihrer bösartigen Manifestation 1945 besiegt schien? Was blieb denn von dem unerschütterlichen Fortschrittsglauben, der nach dem Zweiten Weltkrieg tatsächlich Denken und Planen beherrschte? Was blieb von den Hochrechnungen der Zukunftsforscher, den Propheten der Fortschrittsreligion? Seit Jahren setzt sich mehr und mehr die Erkenntnis durch, daß das meiste davon nicht stimmt. Das Fortschrittsprogramm ist zur vielfältigen Bedrohung geworden. Die verschiedensten Systeme, Ideologien und Programme, die seit einem Jahrhundert so viel zu versprechen schienen, haben sich als mehr oder weniger hohl erwiesen.

Offenbart sich im Aufblühen verschiedenster esoterischer und okkulter Lehren, Kulte und Sekten nicht ein neuerlicher fundamentaler Aufstand des Mythos gegen den Logos, ist dies nicht wiederum, wie schon zur Jahrhundertwende, eine erst an ihrem Beginn stehende Rebellion gegen die Entzauberung der Welt durch den rationalistischen Dualismus, eine natürliche Reaktion der Kollektivseele gegen die materialistische

Selbstzufriedenheit der mit dem Ende des Zweiten Weltkriegs begonnenen Epoche? Mehr noch: Diese Bewegung sieht sich heute unterstützt durch die zeitgenössische Wissenschaftsbewegung, die Protest erhebt gegen die dualistische Spaltung der Welt und die den Mystikern recht gibt, wenn sie die Wiedereingliederung des Menschen in die Welt der Zusammenhänge fordert, die Gültigkeit jedes erklärenden Weltmodells relativiert und – sich neugnostischem Denken nähernd – einen radikalen Paradigmenwechsel fordert.[36]

Hier manifestiert sich etwas, das sich mit bloßen politischen oder psychologischen Spitzfindigkeiten nicht lösen und nicht befriedigen läßt, nämlich eine akute Sinnkrise, eine grundsätzliche und eruptive Sehnsucht nach echten geistigen Inhalten, nach geistiger Führung, der mit der ständigen selbstgefälligen Bezugnahme auf die Segnungen der Demokratie und der freien, kapitalistischen Marktwirtschaft als das Beste vom Besten nicht genüge getan ist; und auch nicht mit der schalen Suggestion: Es ist uns noch nie so gut gegangen. Geistige und seelische Bedürfnisse lassen sich eben nicht wie eine Flasche Cola oder ein Fast-food-Sandwich konsumieren. Hier wurde an Hand der konkreten Wirklichkeit des Dritten Reiches eben nichts gelernt, man hat sogar verhindert, daß man daraus Lehren ziehen konnte, indem man den wahren Charakter des Bösen verschwieg.

Im Namen einer Vernunft, für die es nur die eine sichtbare Wirklichkeit gibt, haben Rationalismus und Materialismus geglaubt, das für dieses Denken zwangsläufig Irrationale insgesamt durch den Sieg über Hitler ein für allemal besiegt und aus der Welt geschafft zu haben. Politiker wie vor allem Historiker haben das Dritte Reich als rein gesellschaftliches, politisches und ökonomisches Problem abgetan und bewußt oder einfach aus rationalistischer Blindheit übersehen, daß es sehr wohl auch und vor allem seelische, psychologische und geistige Bedürfnisse waren, die von Hitler und den hinter ihm stehenden Kräften genutzt werden konnten. Man hat es aus diesen oder jenen Gründen für zweckdienlich erachtet, sich trockener psychoanalytischer Ausdrücke zu bedienen, wenn es galt, die Motive für die Schreckenstaten des Hitlerismus zu beschreiben, aus dem angesichts der Ereignisse vielleicht verständlichen Mißverständnis heraus, die Manifestation des Bösen im Deutschen Reich sei die einzige Art, in der sich eine andere Wirklichkeit zu äußern vermag.

Man war geradezu krampfhaft bestrebt, jeden Glauben an übernatürliche Kräfte als lächerlich abzustempeln, jede Metaphysik als beginnenden Irrsinn zu diffamieren, jedem Mythos die Glaubwürdigkeit wegzurationalisieren, jeden Mystizismus als pathologisch zu psychologisieren. Gestützt auf Experimente mit Plattwürmern, Rhesusaffen und Ratten, hat die zeitgenössische Psychologie schließlich den Menschen selbst zu einer Art seelenlosen biologischen Roboter erklärt: Die Heraufkunft des Nihilismus, die Nietzsche prophezeit hatte, wurde in der Tat erst nach dem Zweiten Weltkrieg Wirklichkeit.

Schlagworte wie Freiheit, Humanität, Demokratie, politische Moral, Fortschritt, die dem Kreuzzug gegen Hitler vorausgetragen wurden, mögen zwar als ideelle Werte ihre ewige Gültigkeit haben, aber sie reichen nicht aus, die ungeachtet aller Desavouierungen schlummernden metaphysischen Bedürfnisse zu befriedigen. Nicht ausreichend, wie der bis zur Übelkeit angebetete Götze Konsum. Nicht ausreichend vor allem nach Jahrzehnten neuerlicher Kriege, neuerlicher Greueltaten, neuerlicher Tyranneien und von der UNO durch die Anerkennung des Pol-Pot-Regimes in Kambodscha abgesegneten Völkermorden, nicht ausreichend nach Jahrzehnten der Hungersnöte, der sozialen Explosionen, der atomaren Bedrohung, des Terrorismus, der politischen Korruption und Unfähigkeit und dem Versagen der etablierten Ecclesia, Orientierungshilfe anzubieten.

Wenn die Ereignisse des Zweiten Weltkrieges tatsächlich einen tieferen Sinn gehabt haben sollten als den, die europäische Mitte endgültig zu zerschlagen und die Grenzen zu verändern, wenn die Nürnberger Prozesse tatsächlich von dem moralischen Geist beherrscht gewesen sein sollten, der Welt die Bedeutung von Gut und Böse einzurichtern, dann wurden diese eventuell guten Absichten durch das Verschweigen des religiös-mystisch-mythischen und schwarzmagischen Charakters des Dritten Reiches weitgehend zunichte gemacht.

Aber vielleicht hat auch hier der Wahnsinn Methode? Ist dieses innere und äußere Chaos, ist diese Verwirrung zwischen Magie und magischem Unsinn, zwischen Astrologie, Wahrsagerei, Esoterik und metaphysischer Spielerei, zwischen reinem Streben nach Selbsterkenntnis und nackter Scharlatanerie, ist dies nicht genau das Mittel, über die Wirklichkeit von tatsächlich im Verborgenen Wirkendem und Wirkenden hinwegzutäuschen? Ist das nicht der Nährboden, auf dem okkulte Finsterlinge ihre sinistren Geschäfte geradezu vor den Augen einer gehirngewaschenen Öffentlichkeit treiben können, die den Wald vor lauter Bäumen nicht sieht? Was kann daraus entstehen?

Es war im Hitler-Deutschland ja nicht das erste und das letzte Mal, daß sich, wie Rauschning seinerzeit nach seiner Abkehr vom Nationalsozialismus bemerkte, »die Fieberphantasien ganzer Völker zu Gestalten verdichten, die noch nach Jahrhunderten das Grauen vermitteln, aus dem sie geboren wurden«. Völker brechen plötzlich in eine unerklärliche Ratlosigkeit aus. Sie unternehmen Greißlerfahrten, eine hysterische Tanzwut ergreift sie. Dämonischer Drang und religiöser Wahn verbinden sich. Das hier ist von derselben Art. Eine seelische Massenerkrankung, deren Hintergründe man wohl untersuchen kann, deren eigentliche Wurzel aber im verborgenen liegt. Der Nationalsozialismus ist der Veitstanz des zwanzigsten Jahrhunderts.

Gewiß nicht der einzige. Eine alte Wahrheit ganz sicher, daß die Manipulation der Seelen psychische Energien freisetzen kann, die jeder materiellen Macht überlegen sind. Welche Kräfte im Guten wie im Bösen diese Energie zu entfalten vermag, wenn durch religiöse oder politsch-weltanschauliche Archetypen das Unbewußte der Kollektivseele aktiviert und aufgereizt wird, das zeigten nicht zuletzt die Ereignisse im Iran des Ayatollah Khomeini nur allzu deutlich. Ein anderes Beispiel wären die Ereignisse in manchen osteuropäischen Staaten, allen voran Polen, wo sich das Volk, um seine Schwarze Madonna und den charismatischen Arbeiterführer Walesa geschart, mit messianischem Mut (und freilich vielen Millionen vatikanischer Dollar) zuallererst gegen die sowjetisch-kommunistische Bevormundung zu wehren begonnen hatte.[37] In diesem Sinne kennt die Geschichte eben kein Gut und kein Böse. Einmal schlägt das Pendel hierhin, einmal dorthin. Seine Beweger indessen, die eigentlichen Verursacher geschichtlicher Ereignisse, die hintergründigen Ideen und Absichten bleiben meistens verborgen, um immer wieder in den verschiedensten Verkleidungen hervorzukommen.

Der Schoß, aus dem damals alles kroch, ist fruchtbarer denn je. Die Kräfte, die sich damals darauf verstanden, die historischen und gesellschaftlichen Bedingungen zu nutzen, sind zweifellos nicht mit dem Dritten Reich untergegangen. Sie tragen andere Masken, andere Kostüme, agieren vor (oder hinter) anderen Kulissen: Humanität, Freiheit, Demokratie oder irgendwelche Glaubensbekenntnisse samt deren Kulte, Riten und Symbolismen mögen inzwischen feinere Tarnkappen sein als Rasse und Klasse, um sich heute oder morgen der geistigen Ratlosigkeit und des psychologischen Hungers zum höchsten Guten oder höchsten Bösen zu bedienen. Und im multimedialen Zeitalter, in dem hinter Religion und Politik dieselben wissenschaftlich-psychologisch ausgefeilten, unterschwellig ins Unbewußte greifende Manipulationsstrategien stecken wie hinter McDonald's Supermac oder Präservativen, wird man womöglich gar nicht bemerken, von wem und wohin wir manipuliert werden, bis wir vor vollendeten Tatsachen stehen.

»Die eigentlich Herrschenden unseres Zeitalters sind nicht ausschließlich die Führungskräfte in Politik, Wirtschaft und Kultur. Zu ihnen gesellen sich als psychologische Weichensteller die grauen Eminenzen der Meinungsmachenschaft!« schrieb Gustav Faber in seinem Buch über die Schleichwege der Macht.[38]

Man muß ja nicht einmal übermäßig intelligent sein, um zu erkennen, daß es eben nicht die Amerikaner, die Deutschen, die Russen, die Schweizer, die Iraker oder die Israelis, die Japaner oder die Chinesen sind, die über sich und ihr politisches Schicksal und möglicherweise über Leben und Tod des gesamten Planeten entscheiden, sondern auf jeden Fall bloß ein erschreckend kleiner Kreis politischer Gestalten, von denen manche gewählt sind und manche eben noch nicht.

Und wer die Augen weit genug aufmacht, kann auch nicht übersehen, daß Regierungen, also die scheinbar Regierenden, nicht halb so wichtig sind, wie man allgemein glaubt. Ohne Geld keine Musik, sagt ein Sprichwort, und das gilt auch hier: Wer für den Geldnachschub sorgt, hat noch allemal das Sagen, und das sind nicht die Regierungen, das sind im allgemeinen einige wenige internationale Banken,[39] und damit im allgemeinen einige wenige Leute, die man in der Regel nicht kennt, obwohl daran ja noch gar nichts Geheimnisvolles ist. Es ist offensichtlich, daß man gar nicht auf den Gedanken kommt, darüber nachzudenken, und das allein ist schon nicht geheuer.

Abgesehen davon, daß es – und das gehört schon mit zum Erfolg einer allgemeinen Manipulation und Gehirnwäsche – verboten zu sein scheint, darüber nachzudenken, wer diesen Planeten eigentlich regiert. Allein der Gedanke daran, hinter den Regierungen gebe es noch andere, stärkere Mächte, wird als ein Zeichen für Niedertracht und Paranoia gehalten oder als faschistisch bezeichnet, weil auch Hitler daran geglaubt habe (wobei vergessen wird, daß gerade der Gedanke an übernationale Mächte ein integraler Bestandteil der kommunistischen Ideologie war).

Das ist wahrhaftig die größte Ironie unserer Zeit, in der Verschwörungen und Geheimgesellschaften üppiger wuchern als je zuvor, man denke nur an die Freimaurerloge Propaganda 2 in Italien mit ihren internationalen Verzweigungen und Verbindungen, die nach ihrer

scheinbaren Zerschlagung mit dem mit der faschistischen MSI verbündeten Logenmitglied Silvio Berlusconi 1994 sozusagen in einem demokratisch abgesegneten Probelauf das erreichte, was Jahre zuvor schon
ein Staatsstreich hätte bringen sollen: die Macht im nun vom diskredi-
tierten Logenestablishment gesäuberten Staat Italien, um auf legale
Weise zu versuchen, was die Dunkelmänner der P2 auf diesem Exerzierfeld der Schwarzen Internationale schon immer wollten: Italien auf ihre
Weise zu verändern, autoritär, unsozial, undemokratisch, diesmal aufge-
lockert mit demokratischer Legitimität und einem Schuß Dallas und
Mickey Mouse.[40] Oder man denke an die bis zum Mordfall Aldo Moro
reichenden geheimen Aktivitäten, die nicht bloß politische Kindsköpfe
von CIA und NATO inszenierten, die Angst vor dem Weltkommunismus
hatten: GLADIO war, wie die Propaganda due und der »Cercle Violet«,
ein integraler Bestandteil eines gesamteuropäischen, nein transatlanti-
schen und globalen Systems aus politischer Verlogenheit, Subversion,
Korruptheit, Terrorismus und zwielichtigen machtpolitischen Interessen, und nicht umsonst sind mit dieser NATO-Geheimorganisation Namen wie Gelli, Andreotti und Angleton verknüpft.

Aber davon zu sprechen gilt als unanständig. »In diesem Sinne«,
schreibt der Amerikaner Robert A. Wilson, »besiegten die Nazis im
Zweiten Weltkrieg die liberalen Demokratien, denn die errichteten eine
Art Denkkontrolle über den liberalen Geist!«[41]

In der Tat, fünfzig Jahre nach dem Zweiten Weltkrieg ist es höchste
Zeit, Hitlers Macht über unser Denken zu brechen und Überlegungen
anzustellen, um auch aus der totgeschwiegenen okkulten Geschichte des
Dritten Reiches die entsprechenden Lehren zu ziehen.

Von Thule nach Wien und München

September im Jahr 1907. Die Fahrt Europas ins Ungewisse war schon längst in vollem Gang, auch wenn es noch einige Jahre dauern sollte, bis die Startschüsse zum großen Neuordnen auf dem alten Kontinent fallen würden.

Daß dergleichen in der Luft lag, das hat die britische *Saturday Review* schon 1880 gewußt:

»Wenn Deutschland heute vernichtet wird, so gibt es keinen Engländer, der dadurch morgen nicht um so reicher würde. Sollten Völker etwa nicht Krieg führen um einen Millionenhandel? Aus tausend Eifersüchteleien wird sich ein ungeheurer Krieg entzünden, und das Ende wird die Niederlage Deutschlands sein. Dann werden wir die Völker Europas einladen: Da liegt Deutschland, kommt und nehmt euch ein Stück davon.«[42]

Für Deutschland traf genau dies ein, und zum Dessert gehörte auch die Donaumonarchie. Daß dabei die Engländer nicht reicher geworden sind, liegt wohl daran, daß für das gemeine Volk Krieg stets mit Enttäuschungen endet.

Aber fahren wir zunächst mit einem schnaufenden und fauchenden Bummelzug von Linz in das Wien der Jahrhundertwende, dem es damals an Hellsehern jeder Art auch nicht mangelte.

In einem Abteil der dritten Klasse sitzt an einem kühlen und regnerischen Septemberabend des Jahres 1907 ein junger, etwas dandyhaft gekleideter Mann. Er sitzt allein im Abteil, versucht trotzdem, seine zu groß geratenen Füße unter der Sitzbank zu verbergen. Nervös spielt er mit dem Elfenbeingriff seines Spazierstocks. Ganz im Gegensatz zu seinen Füßen hat der etwa achtzehnjährige Mann die Hände eines Pianisten, zart wie die einer Frau. Der Mann mit dem schmalen, blassen Gesicht und dem kleinen Oberlippenbart blickt durch das Fenster auf die verregnete Landschaft, die an ihm vorbeikriecht. Er lächelt, und womöglich träumt er eben von Ruhm, Reichtum und einer großen künstlerischen Laufbahn in der Hauptstadt der Monarchie, die ihn schon ein Jahr zuvor während eines kurzen Besuches in ihren Bann gezogen hat: Das war die große, weite Welt, in der der junge Adolf Hitler sein Glück versuchen wollte.

Dieses Wien, in das Hitler damals kam, war allerdings so moribund wie das ganze Habsburgerreich, und die Zuckergußatmosphäre des Fin de siècle hatte ihren Ursprung weniger in den Wiener Cafés als im süßlichen Geruch welkender Blumenkränze am Grab der Doppelmonarchie.

Aber eines hatte Wien damals mit allen anderen Städten Europas gemeinsam: den Aufstand gegen den Rationalismus. Allerorten machte sich eine Neigung zum Übernatürlichen, Okkulten und Mystischen breit. Selbst die Wissenschaft befaßte sich am Ende des vergangenen und zu Beginn dieses Jahrhunderts mit dem »Übernatürlichen« – es begannen die Anfänge dessen, was man heute Parapsychologie nennt. Man denke nur an den englischen Arzt Dr. Walter J. Kilner, der den sogenannten Kilnerschirm erfand, um die menschliche Aura sichtbar zu machen, oder an den Arzt Albert Freiherr von Schrenck-Notzing, der durch seine Materialisations-Experimente im Beisein von Thomas Mann bekannt wurde. Daneben wurden eifrig auch auf dilettantische Weise Geister beschworen, wurde durch Glaskugeln geguckt, allerlei Spuk getrieben. Es herrschte eine allgemeine anti-materialistische Aufbruchstimmung, die esoterische Grüppchen sprießen ließ wie Pilze in warmem Regen. Aber es war auch die Zeit der Geheimbünde, die sich magischen Praktiken hingaben und Ziele verfolgten, die mit dem üblichen Spiritismus nur wenig gemein hatten und nach außen hin oft ein ganz anderes Gesicht zeigten als in ihren abgedunkelten Kulträumen, zu denen nur kleine Kreise Eingeweihter Zutritt hatten. Schon um 1880 wurden in Frankreich, England und Deutschland verschiedene Orden gegründet, in denen sich durchaus bedeutsame Persönlichkeiten zusammenschlossen. Noch ist die Geschichte dieser mystischen Bewegungen nicht geschrieben, sieht man von vereinzelten Andeutungen ab, weil die Historiker aller Gattungen es nicht für notwendig fanden, sich damit zu befassen. Aber hier sind die Grundlagen jener Religion zu finden, die hinter dem Nationalsozialismus stand.

Schwarze Magie unter dem Hakenkreuz

Im Wien der Jahrhundertwende laufen einige jener Fäden zusammen, die kaum zwei Jahrzehnte später zum Thule-Orden in München führen, der den Deutschen und der Welt das Dritte Reich ausbrüten sollte. Nach den Berichten eines Freundes aus der späteren Wiener Zeit hat sich der junge Hitler damals mit allen ihm erreichbaren esoterischen Gedankenschulen beschäftigt. Er las Bücher über Yoga, Astrologie, Hypnose und Telekinese und über allerlei asiatische Geheimlehren.[43] Hier kam Hitler natürlich auch in Berührung mit einem rassistischen Primitiv-Okkultismus, der aber im Dritten Reich eher zur Exoterik, zur äußeren Erscheinung der eigentlichen Lehre gehörte. Es läßt sich mit Wilfried Daim (*Der Mann, der Hitler die Ideen gab*) sicher darauf schließen, daß Hitler seine rassistischen Vorstellungen teilweise von dem einstigen Zisterzienser-Mönch Lanz von Liebenfels bezogen hat, die dieser in seinen billigen und damals weitverbreiteten Ostara-Heften publizierte.[44]

Im Mittelpunkt dieser Publikationen stand der blonde, blauäugige »arische Mensch«, der Götter Meisterwerk, während die Dunkelrassen, für die Liebenfels den Begriff »Tschandalen« erfand, der Dämonen Pfuschwerk waren. Derlei Vorstellungen über den Kampf der Blonden gegen die Tschandalen gehörten allerdings damals zum Bildungsgut auch der besten Kreise in Österreich-Ungarn, und nicht nur dort. Doktoren und Professoren zerbrachen sich ihre Gelehrtenköpfe über den Unterschied zwischen »Gesäßformen der höheren und der niederen Rassen« und über Ähnliches mehr. Aber es wäre zu einfach, in diesen absurden Lehren den Hintergrund für das zu sehen, was schließlich im Dritten Reich geschah. Zutreffend ist sicher, daß die Schriften des ehemaligen Mönchs, der später wieder als Mitglied der Thule-Gemeinschaft in Erscheinung treten sollte, mit zu dem damals weitverbreiteten und von vielerlei Seiten geförderten System von Rassenstolz, Vorurteilen und abergläubischer Furcht vor dem »anderen« gehörte, das den Aufstieg Hitlers möglich machte und das unter seiner Herrschaft perfektioniert wurde. Jedenfalls gehörte der Rassismus in dieser Form nicht zum Kern der nationalsozialistischen Religion, obgleich er sich als Methode daraus ergab.

Im übrigen war das schon damals nichts Neues. Bereits 1855 erschien die Arbeit des französischen Grafen Arthur Gobineau über *Die Ungleichheit der menschlichen Rassen*. Nach seinen Erkenntnissen ist allein die weiße Rasse im Gegensatz zur schwarzen und gelben dazu befähigt, schöpferische Kräfte zu entfalten. Innerhalb dieser weißen Rasse sind es dann wiederum die am wenigsten blutvermischten Arier und Germanen, die zu den edelsten und wertvollsten Menschen gehören, denen die körperlich degenerierten und geistig unschöpferischen Semiten als ihr äußerster Gegensatz entgegengestellt werden. Bestimmung dieser Arier sei es, die Welt zu beherrschen.[45]

Diese rassistische Geschichtsauffassung erhielt später durch den gebürtigen Engländer und Schwiegersohn Richard Wagners, Houston

Stewart Chamberlain, ihre weiteste Verbreitung in deutschen Landen.[46] Auch ein Schweizer trug etwas dazu bei, nämlich der Historiker und Sprachforscher Adolphe Pictet mit einem Werk des Titels *Migrations primitives des Aryas* (»Urwanderungen der Arier«), das den Aufstieg der Herrenrasse verkündete: »Zu einer Epoche, die älter ist als jedes historische Zeugnis und sich in nebelhafter Vorzeit verliert, wuchs in der Urheimat allmählich eine Rasse heran, die von der Vorsehung dazu bestimmt war, eines Tages über die ganze Welt zu herrschen. Eine Rasse, die aufgrund der Reinheit des Blutes und der geistigen Gaben vor allen anderen Rassen bevorzugt war!«

Das ist schon fast Originalton Hitler und Rosenberg, der um 1930 die für die Massen bestimmten weltanschaulichen Grundlagen der arischen Herrenmenschen im *Mythus des 20. Jahrhunderts* niederlegte.[47] Um die Welt zu beherrschen, meinte er, genüge es, reinen Blutes zu sein.

Aber noch sind wir bei Herrn von Liebenfels im Wien des Jahres 1907. Ob Liebenfels so primitiv war wie seine *Ostara*-Hefte, kann heute nicht mehr festgestellt werden. Um 1900 hatte er den »Ordo Novi Templi«, den Orden des Neuen Tempels gegründet, und damit befindet er sich gleich in einer viel illustreren Gesellschaft. Auf der Wiener Bühne agierte damals auch ein Guido von List, Runen- und Germanenforscher, Mitglied des Liebenfelsschen Templerordens (und später Mitglied des Thule-Ordens) und Gründer der Guido-von-List-Gesellschaft, die einflußreiche Leute wie den Wiener Bürgermeister Lueger zu ihren Mitgliedern zählt. In einer seiner populärwissenschaftlichen Arbeiten beschreibt List 1908 das Hakenkreuz als ein Symbol der Reinheit des Blutes, das gemeinsam mit einem Zeichen für esoterische Erkenntnis auftritt, welches bei der Entzifferung der Edda entdeckt wurde. Lists Einfluß auf eine ganze Generation Völkischer ist zweifellos nicht zu unterschätzen. Darüber hinaus gruppierten sich um ihn zahllose Geheimbünde. Daß sich List im übrigen nicht nur mit Runenforschung beschäftigte, deutet Travor Ravenscroft in *The Spear of Destiny* an. Man nannte ihn den Aleister Crowley Wiens und beschuldigte ihn, eine Art Blutloge gegründet zu haben, die unter dem Hakenkreuz Riten frönte, die sexualmagische Praktiken ebenso einschloß wie Rituale der Schwarzen Magie.[48] Inwieweit ein allfälliger Einfluß auf Hitler später Eva Braun dazu veranlaßt haben mochte, in ihren Tagebüchern zu vermerken: »Er braucht mich nur zu bestimmten Zwecken. Aber in diesen Augenblicken liebt er mich!«,[49] mag dahingestellt bleiben. Lists Mystizismus jedenfalls kommt der gemeinsamen Quelle diverser Bünde und Kulte schon etwas näher: Er glaubte an Übermenschen im Sinne des Wortes mit übermenschlichen Maßen und ungeheuren psychischen Kräften. Sie werden uns noch oft begegnen. Hitler hat sie angeblich sogar gesehen, und da ist er nicht der einzige.

Die unsichtbaren Meister

Lanz von Liebenfels und Guido von List werden wenigstens in einschlägigen Werken als geistige Nährväter Hitlers erwähnt, allerdings nur hinsichtlich der rassistischen Seite der späteren Nazi-Ideologie. Über den Rest breitet sich das Dunkel der nicht-offiziellen Geschichte. Um dieses zu erhellen, ist es notwendig, einige Jahre zurückzuspringen und kurzfristig den Ort zu wechseln: nach Jekaterinoslaw in der Ukraine, wo am 30. August 1831 Helena Petrowna Blavatsky geboren wurde, die okkulte und esoterische Kenntnisse aus nahezu allen Erdteilen zu dem vereinigen sollte, was man unter der Bezeichnung Theosophie versteht. Blavatsky selbst definiert diese als »eine Weisheitsreligion oder göttliche Weisheit, die Grundlage und der Extrakt aller Weltreligionen und Philosophien, gelehrt und praktiziert von einigen Auserwählten, seitdem der Mensch zu denken begann. In ihrer praktischen Bedeutung ist Theosophie reine göttliche Ethik. Die Definitionen in den Wörterbüchern sind Unsinn, basieren auf religiösen Vorurteilen und Unwissenheit über den wahren Geist der frühen Rosenkreuzer und mittelalterlichen Philosophen, welche sich selbst Theosophisten nannten.«

Dr. Franz Hartmann, ein enger Freund und Vertrauter der russischen Magierin, liefert eine zusätzliche Erklärung: »Theosophie ist die Selbsterkenntnis des Wahren, die Selbsterkenntnis Gottes im Menschen, sie ist das Offenbarwerden der Wahrheit im eigenen Inneren des Menschen, wodurch dieser zum wahren Selbstbewußtsein der ihm innewohnenden höheren Natur gelangt!«

Der Theosophie zufolge erhält man durch Trainieren der Seelenkräfte Einblick in die unsichtbare Welt, und wenn man Glück hat, kommt man in Kontakt mit geheimen Meistern, mehr oder weniger überirdischen, »übermenschlichen« Wesen, die sich meistens im Himalaja-Gebiet, vorzugsweise in Tibet, verborgen halten. Die Theosophin und Begründerin der englischen Freimaurerloge des *Droit Humain*, Annie Besant, sagt über diese Meister: »Meister ist ein von den Theosophen angewandter Ausdruck, der gewisse menschliche Wesen bezeichnet, die ihre menschliche Entwicklung vollendet, menschliche Vollkommenheit erlangt haben und, soweit es unseren Teil des Sonnensystems betrifft, nichts mehr zu lernen haben.«[50]

Von nun an werden wir in dieser Geschichte die Meister nicht mehr los, womit keineswegs gesagt sein soll, daß jener Übermensch, der Hitler begegnet ist, unbedingt mit jenen Meistern identisch war.

Helena Petrowna Blavatsky, die Begründerin der Theosophischen Gesellschaft, gilt in einschlägigen Kreisen als die bedeutendste Okkultistin des 19. Jahrhunderts, und man kann mit einiger Sicherheit sagen, daß die meisten okkulten und esoterischen Systeme, die später auftauchten, ihre Wurzeln in der von Blavatsky begründeten modernen Form der Theosophie haben.

Blavatskys Leben ist interessant genug, um kurz skizziert zu werden: Angeblich war sie schon als Kind ein überdurchschnittlich begabtes Medium, sie war sozusagen eingebettet in spiritistische Phänomene. Erst siebzehn Jahre alt, heiratet sie den siebzigjährigen General N. V. Blavatsky, von dem sie sich allerdings nach eigenen Angaben schon am Hochzeitstag wieder trennt. Sie flüchtet in Matrosenkleidern in die Türkei, nach Konstantinopel. Dort lernt sie die russische Gräfin Kisselew kennen, mit der sie zuerst nach Ägypten und später in den Balkan und nach Griechenland reist.

In Kairo begegnet sie einem alten koptischen Magier, bei dem sie einige Monate studiert. Von England aus versucht sie 1852 erfolglos, nach Tibet zu gelangen: Die englischen Behörden in Indien verweigern ihr die Einreise. Erst 1856 gelingt es ihr, Tibet zu erreichen; anschließend bereist sie Westeuropa und kehrt in den Balkan zurück, wo sie sich als Zirkusreiterin durchschlägt. Nach einem kurzen Zwischenspiel in der russischen Heimat fährt sie mit dem berühmten Opernsänger Metrowitsch wiederum nach Kairo und gründet dort einen spiritistischen Zirkel.

In der Folge finden wir sie wieder in Europa, wo ihr abenteuerliches Leben eine weitere Wendung erfährt: In Männerkleidern kämpft sie in Garibaldis Armee und wird 1867 in der Schlacht von Mentana verwundet.[51]

1873 trifft sie in Amerika ein, wo sie ein Jahr später zur Eddy-Family stößt, die so etwas wie einen modernen Spiritismus begründet hat. Dort wird sie als begabtes Medium wiederentdeckt, und zu dieser Zeit hat sie offenbar auch ihre intensivsten Begegnungen mit einem der unsichtbaren Meister.

1875 schlug die Geburtsstunde der Theosophischen Gesellschaft, die bald zahlreiche Anhänger in aller Welt fand. Die Gesellschaft hatte sich zum Ziel gesetzt, die alten magischen Lehren und Praktiken zu erforschen und natürlich auch zu praktizieren. Mit einem der Gründungsmitglieder der Gesellschaft, dem Journalisten und Spiritisten Henry Steele Olcott, reiste die Blavatsky schließlich um 1879 wiederum nach Indien, nach Bombay, wo beide zum Buddhismus übertraten und in die Große Weiße Bruderschaft von Tibet aufgenommen wurden. Manche tun dies als schlichte Phantasie und Erfindung ab – aber wer weiß, vielleicht war es am Ende doch der Meister Dwal Khul, der ihr um 1885 ihr Hauptwerk, die »Geheimlehre«, diktiert hat.

Jedenfalls überlieferte der bereits erwähnte Dr. Hartmann ihre diesbezüglichen Klagen: »Es ist furchtbar, daß mir zuweilen ein Mahatma erscheint, den ich für den wahren Meister halte, während ich später zu meinem Entsetzen erkennen muß, daß es ein Dämon war, der sich unter seiner Maske verbarg!« Auch die großen Unsichtbaren haben, so scheint's, durchaus Sinn für Humor.

Dennoch sollte man sich hüten, das alles ins Lächerliche zu ziehen, obschon es natürlich all jene tun werden, die die Geschichte als eine bloße Aneinanderreihung von Schlachten und Kriegen, Geburts-, Todes- und Regierungsdaten betrachten.

Aber selbst eine so nüchterne Betrachtungsweise ist zuweilen kein Schutz dagegen, eines Tages feststellen zu müssen, daß es im Laufe der menschlichen Geschichte etwas gibt, das sich dem Verstand entzieht und die natürlichen Grenzen des Geistes überschreitet. Wie sonst wäre es denn möglich, daß unsere Zivilisation, 40 Jahre nach dem Dritten Reich, davor zittern muß, atomisiert zu werden? So mag der englische Rosenkreuzer und Schriftsteller Arthur Machen recht haben, wenn er sagt: »Unser Leben und unsere Handlungen verlaufen in einer unheimlichen Welt von Höhlen und Dunkelheiten.«

Nun, im Wien der Jahrhundertwende gab es tatsächlich allerlei Dunkles und Schattenhaftes. Neben dem bereits erwähnten Orden des Lanz von Liebenfels gab es seit 1895 auch einen Templerorden in Wien: das Ergebnis einer Begegnung zweier Freunde der Theosophie, nämlich des Wiener Fabrikbesitzers Dr. Karl Kellner mit dem aus Donauwörth stammenden deutschen Pharmakologen und Okkultisten Dr. Franz Hartmann.[52]

Hartmann war eine ausgeprochen schillernde Figur. Als Freund und Reisebegleiter der Helena Petrowna Blavatsky war er unter anderem Mitglied der Rosenkreuzer-Gesellschaft in England, die nur Freimaurer ab dem dritten Grad aufnahm. Die Arbeit dieser Gesellschaft bestand im Studium der Kabbala, der Astrologie, der Alchemie, der Theosophie, der Talismane und der mystischen Symbolik. Den innersten Kreis dieser Gesellschaft bildete damals der Orden der Goldenen Dämmerung, dessen deutschem Ableger später auch ein Mann angehören sollte, der mit seinem Flug nach England noch heute für Verwirrung sorgt: Rudolf Heß, Hitlers Stellvertreter.

Von Dr. Franz Hartmann sagt man, er sei ein ausgeprochener Verstandesmensch gewesen, ein intellektueller Typ, der diese magischen Dinge mit intellektueller Schärfe anging und seine Ansichten mit unerbittlicher und nüchterner Logik vertrat. Daß er eine wirklich außergewöhnliche Persönlichkeit gewesen sein muß, darauf läßt seine Mitgliedschaft in den zahlreichen geheimen Verbindungen im In- und Ausland und vor allem seine Mitgliedschaft und Arbeit in der hohen und höchstgradigen Freimaurerei schließen, unter anderem im Alten und Angenommenen Schottischen Ritus, dem auch heute noch weitverbreitetsten und, wie Eingeweihte meinen, vollkommensten Hochgradsystem der Freimaurerei. Ein Gründungspatent der Großloge Memphis-Misraim weist Hartmann mit dem 95. Grad aus.

Kellner und Hartmann beschlossen, auch im deutschen Sprachraum einen neuen esoterisch-okkulten Orden zu gründen, und hoben diesen schließlich im Kreise weniger Vertrauter und Eingeweihter im Jahr 1895 in Wien als *Ordo Templi Orientis* aus der Taufe.[53] Kurz darauf stieß auch der gelernte Drogist, Opernsänger, Journalist und vielseitige Geheimdienstler Theodor Reuß zu diesem Orden. Kein Wunder, Reuß war ebenfalls Mitglied der Societas Rosicruciana in England, der englischen Rosenkreuzer-Gemeinschaft, war Mitglied des Ordens der Goldenen Dämmerung, der Großloge Memphis-Misraim, er experimentierte mit dem Swedenborg-Ritus und dem Cernau-System und gehörte der Londoner Loge »Pilger Nr. 208« an.[54]

Die eigentlichen Ziele des *Ordo Templi Orientis* und die Ordensarbeit bleiben in den ersten Jahren weitgehend im dunkeln. Es dürfte immerhin interessant sein, daß der spätere Begründer der Anthroposophie und vormalige Generalsekretär der Theosophischen Gesellschaft in Deutschland, Rudolf Steiner, einmal Großmeister (Rex summus) dieses orientalischen Templerordens war, ehe sich in den zwanziger Jahren der britische Magier und Geheimdienstler Aleister Crowley zum General-großmeister des Ordens aufschwang.[55]

Man sieht: Im Europa des Jahres 1907 war der Boden für tüchtige Logenarbeit jedenfalls bereit. Der Kontinent war überzogen von einem dichten Netz geheimer, mehr oder weniger obskurer Orden und Gesellschaften, in denen Esoteriker aller Sparten, nicht zuletzt aus dem völkisch-ariosophischen Bereich, auf der Suche nach dem Licht und den unsichtbaren Meistern waren und die – unter anderm im *Ordo Templi Orientis* – auch mittels sexualmagischer Tantra-Übungen den Urgrund allen Seins zu ergründen suchten. Sicher hat da nicht jeder des Urgrunds wegen derlei Exerzitien auf sich genommen. Den meisten aber wird man zugestehen müssen, daß sie der ernsthaften Überzeugung waren, es ginge, wie Adolf Hitler später immer zu sagen pflegte, darum, den Menschen zu überwinden: »Meine Politik ist nicht im landläufigen Sinne eine nationale Politik. Ihre Maßstäbe und Ziele nimmt sie von einer allseitigen und umfassenden Erkenntnis vom Wesen des Lebens. Wir wissen noch nicht das Ziel in seiner ganzen Größe. Aber wir haben es im Blut, wir erleben es.«[56]

Damals, im Wien der Jahrhundertwende, mag von alldem schon etliches dem späteren Führer ins Blut geschossen sein. Seine Meister aber erschienen ihm erst viele Jahre und einen ganzen Krieg später.

Goldene Morgendämmerung über London

Ein weiterer Teil der geistigen Fäden, die nach Thule führen, wurde in London gesponnen und geknüpft. Dort ist Morgendämmerung: Irgendwann zwischen 1880 und 1890 fanden sich bemerkenswerte Persönlichkeiten, darunter einige der hervorragendsten Köpfe Englands, zusammen, um den »Hermetischen Orden der Goldenen Dämmerung« zu gründen.

Die Mitglieder der »Golden Dawn« rekrutierten sich in erster Linie aus der Großloge der englischen Freimaurerei und der bereits im Zusammenhang mit Hartmann und Reuß erwähnten Rosenkreuzer-Gesellschaft. Die »Golden Dawn« war gewissermaßen die Spitze der damaligen esoterischen Maurerei in England, der innerste und geheimste Kreis, an dessen oberster Stelle, hoch über dem Großmeister, als absolutes Oberhaupt eine geheimnisvolle Wesenheit von nichtirdischer Abstammung stand: der Ipsissimus, der Übermensch, das Götterwesen. Zu den besonderen Zielen des Ordens gehörte unter anderem auch die Aufnahme von Kontakten zu den großen Meistern der Weißen Loge, den verborgenen Lenkern der Weltgeschichte, sowie der bewußte Verkehr mit dem eigenen Schutzgeist, in tiefenpsychologischer Terminologie wohl das eigentliche Selbst. Neben der Beschäftigung mit Astrologie, Alchemie, dem Elixier des langen Lebens, der Heilpflanzenkunde standen vor allem auch die sexualmagischen Überlieferungen der arischen Inder im Mittelpunkt.

Auch Frauen waren Mitglieder dieser Gemeinschaft, so z. B. Florence Farr, Theaterdirektorin und enge Freundin von Bernard Shaw; sie waren mehr oder weniger die Transmissionsmedien, auf denen die goldenen Dämmerer ins Reich des Übersinnlichen fuhren. Für uneingeweihte Menschen mochten derartige kultische Übungen zweifellos lasterhafte Perversion gewesen sein. Und inwiefern dabei tatsächlich geheime Kräfte und Erkenntnisse erlangt werden konnten, das wissen eben letzten Endes nur die Eingeweihten selbst: etwa wie der Großmeister und Nobelpreisträger für Literatur W. B. Yeats, die Schriftsteller Bram Stoker (Verfasser von Dracula), Algernon Blackwood und Arthur Machen, ferner Sir Gerald Kelly, der Präsident der Royal Academy, Gustav Meyrink, der Autor von *Der Golem* und *Das grüne Gesicht*, und eben auch Theodor Reuß, den die heutigen Nachahmer und selbsternannten Erben des Ordens gar als einen ihrer Schutzheiligen betrachten.[57]

Das bekannteste Mitglied des Ordens dürfte wohl Aleister Crowley gewesen sein, der in einschlägigen Kreisen neben Gurdjieff als der bedeutendste aktive Magier dieses Jahrhunderts gilt. Das britische Außenministerium nannte ihn den ekelhaftesten und verruchtesten Menschen von ganz England, für viele galt er als der Antichrist par excellence, der schlechteste Mensch auf Erden überhaupt. Heute erlebt gerade Crowley eine Art Renaissance, und es gibt nicht wenige (so wie auch zu seiner Zeit), die in ihm einen Meister, einen Messias des kommenden Wassermann-Zeitalters (auch so etwas wie ein tausendjähriges Reich), ja sogar einen Heiligen sehen. »Alles liegt im Geschlechtlichen!« verkündete er. »Und wir können zu Gott nur durch erotische Weihe gelangen. Der Tod des Gerechten erfolgt im Orgasmus.«

Ungeduldige werden sich allmählich fragen, was dies, abgesehen von womöglich zufälligen Verbindungen, nun eigentlich wirklich mit dem Dritten Reich zu tun hat und mit dessen Hauptfigur, Adolf Hitler, dem ja nicht wenige geradezu magische und mediale Fähigkeiten zuwiesen, wenngleich auch nur deshalb, weil sie sich sonst das Phänomen Hitler und alles Drumherum nicht zu erklären vermochten: von Hitlers angeblich hypnotischen Augen bis hin zu seinen Vorahnungen, von sexueller Magie bis hin zu den geheimnisvollen Riten der SS. Doch gerade bei Crowley finden sich bemerkenswerte philosophische Vorlagen der Thule-Religion.

Wie die meisten okkulten Geheimbündler war auch Crowley ein viel- und weitgereister Mann, wohl einer der Gründe dafür, daß er diesem oder jenem Geheimdienst als überaus nützlicher Mensch erschien. Wer viel reist, weiß auch viel zu erzählen. Crowley wurde 1875 in Leamington in England geboren. Während seiner Studienzeit am Trinity College in Cambridge schrieb er nicht gerade meisterhafte Gedichte, dafür entdeckte er die Freuden des Bergsteigens. Er erkletterte die Alpen, Berge in Mexiko und im Himalaja, er bereiste Japan, Indien, China und Ceylon.[58] Dann kamen urplötzlich die Meister über ihn. Nach seiner eigenen Biographie erwachte er am 31. 12. 1896 zu mitternächtlicher Stunde mit dem intensiven Gedanken, ein magisches Mittel zu besitzen, um sich eines ihm bis dahin verborgenen Teiles der Natur bewußt zu werden. Ob das die Zirbeldrüse oder die Geschlechtsteile waren, bleibt unbeantwortet. Zufällig traf er 1899 in der Schweiz mit einem englischen Eingeweihten namens Cecil Jones zusammen, dem er von seiner Erkenntnis berichtete. Von diesem wurde er daraufhin prompt in das Reich der Goldenen Dämmerung eingeführt. Ein Jahr später initiierte ihn Don Jesus Medina in den 33. Grad des Alten und Angenommenen Schottischen Ritus der Freimaurerei.

Zwischendurch diente ihm ein gewisser Allan Benett als Lehrer, der sich später als Mönch Bikkhu Mettaya in Ceylon niederließ. Crowley scheint offensichtlich ein talentierter und gelehriger Schüler gewesen zu sein. Jedenfalls dauerte es nicht lange, bis er in Sachen Ritual und Magie seine Lehrer im Orden der Goldenen Dämmerung übertrumpfte. Worauf er dazu überging, eigene Gesellschaften zu gründen und innerhalb des Ordens Kreise noch tieferer Einweihung zu installieren, beispielsweise die Gesellschaft *AA* (»*Argenteum Astrum*«; auch: »SS« oder Silver Star), in der der »Haß des Ichs« gelehrt wurde, »um das große Werk verfolgen zu können, die Herrschaft über die Natur und die Kräfte des eigenen Wesens zu erlangen«. Ähnliches hörte man später auch bei der SS, aber wir wollen die Koinzidenz von Namenskürzeln nicht auf die Spitze treiben.

»Töte und foltere, schone nicht!«

Es gibt andere Hinweisschilder auf dem Weg zu Thule. Beispielsweise Crowleys Philosophie. Er war im übrigen der gleichen Ansicht wie Gurdjieff, über den noch zu sprechen sein wird, daß der normale Mensch nichts als ein programmierter Roboter ohne Entscheidungsfreiheit ist, daß er aber die Möglichkeit hat, diesem Robotertum zu entkommen, indem er die Fiktion seines individuellen Ichs überwindet. Dazu gehört natürlich die Überwindung aller überkommenen Gesetze und Moralvorstellungen, Vorurteile, Vorlieben und Abneigungen. Oder wie Gurdjieff sagt: »Mein Weg ist der Weg der im Menschen verborgenen Möglichkeiten. Es ist ein Weg, der gegen die Natur und gegen Gott verläuft.«[59] Das grundlegendste Werk, auf dem Crowleys Lehren basieren, ist das »Gesetz von Thelema«, das ihm 1904 in Ägypten von einem Abgesandten des ägyptischen Gottes Hoor-pa-Kraat mit dem Namen Aiwaz diktiert worden sein soll. Diese Schrift wird heute in verstärktem Ausmaß als das I-Ging des Wassermannzeitalters propagiert; man schreibt ihr einen magisch-kabbalistischen, philosophisch-prophetischen Charakter zu. Allerdings hat der Hauptsatz dieser Offenbarungen – »Tue, was du willst!« – nicht zuletzt in unserer Zeit zu so manchem tödlichen Mißverständnis geführt, etwa im Zusammenhang mit den Morden der Anhänger des Charles Manson in Kalifornien. Sie standen dort nämlich in Verbindung mit einem Ableger des *Ordo Templi Orientis* unter der Bezeichnung »Solar Lodge of O.T.O.«, der makabre und satanistische Blüten trieb, die in der Tat anmuten wie die Realisationen des Crowleyschen Satanismus.[60]

Der Prophet des Wassermannzeitalters verkündete der Welt ferner:
»Um diese Narren von Menschen und ihr Weh kümmert euch gar nicht. Sie fühlen wenig; was ist, wird durch schwache Freuden ausgeglichen, ihr aber seid meine Auserwählten.« Und: »Nichts haben wir gemeinsam mit den Untauglichen und Verworfenen: Lasset sie sterben in ihrem Elend. Denn sie fühlen nicht. Mitleid ist das Laster der Könige: Tretet nieder die schwächlichen Lumpen, das ist das Gesetz der Starken.« Des weiteren:
»Huldige mir mit Feuer und Blut, huldige mir mit Schwertern und Speeren. Lasset Blut fließen in meinem Namen. Tritt die Heiden nieder, komme über sie, o Krieger, ich will dir ihr Fleisch zu essen geben.«
»Erbarmen laß beiseite, verdamme die Mitleidigen!«

»Töte und foltere, schone nicht; auf sie!«[61]

Soweit einige bemerkenswerte Auszüge aus dem Gesetz von Thelema. Hermann Rauschning will aus Hitlers Mund ähnliche Ansichten
gehört haben:

»Ohne Willen zur Grausamkeit geht es nicht. Übrigens fehlt er unseren
Gegnern nur, weil sie zu schwächlich sind, nicht etwa, weil sie human sind.«[62]

»Das Schwache muß weggehämmert werden. In meinen Ordensbur-
gen wird eine Jugend heranwachsen, vor der die Welt erschrecken wird.
Eine gewalttätige, herrische, unerschrockene, grausame Jugend will ich.
So merze ich die Tausende von Jahren der Domestikation aus.«[63]

»Eine neue Menschenspielart beginnt sich abzuzeichnen. Durchaus
im naturwissenschaftlichen Sinne einer Mutation. Die alte bisherige
Gattung Mensch gerät damit unweigerlich in das biologische Stadium
der Verkümmerung [...][64]

Merken Sie, daß das Mitleid, durch das man wissend wird, nur dem
innerlich Verdorbenen, dem Zwiespältigen gilt. Und daß dieses Mitleid nur
eine Handlung kennt, den Kranken sterben zu lassen. Das ewige Leben, das
der Gral verleiht, gilt nur den wirklich Reinen, den Adligen!«[65]

Reicht's? Man wird noch einmal darauf zurückkommen müssen. Es
soll hier nicht behauptet werden, Hitler sei ein direkter Schüler von
Aleister Crowley gewesen, obschon insgeheim sogar direkte Verbindungen bestanden: An seinem 50. Geburtstag empfing Hitler unter anderem
auch einen gewissen Mister Fuller aus London, der ihm die Glückwün-
sche des »AA« überbrachte, jenes Ordens vom Silbernen Stern, den
Aleister Crowley, wie erwähnt, ins Leben gerufen hatte.[66]

Zurück zum großen Magus, der auf seine Weise die Sache ebenso ernst
nahm und im Laufe seiner magischen Forschungsreisen allmählich ausflipp-
te, zu Drogen griff und mit seiner ganzen Zauberei in der von ihm 1920 auf
Sizilien gegründeten Abtei Thelema auf das Niveau primitiver Teufelsmes-
sen herabsank, die dem Kanonikus Docre zur Ehre gereicht hätten: sogenannte Heilige Orgien. Böse Zungen behaupten, daß es dabei zuweilen ganz
nach den von Gott Aiwaz diktierten Gesetzen zuging:

»Opfere Vieh, klein und groß, nach einem Kind [...]«

Beweise konnten keine erbracht werden. Sicher ist nur, daß Crowley aus
Sizilien ausgewiesen wurde, was aber mehr mit seiner Tätigkeit für Geheimdienste als mit seinem esoterischen Treiben zusammenhängen mag.

Schon 1912 war Crowley von Theodor Reuß in den 9. Grad des *Ordo
Templi Orientis* eingeweiht worden, wo er, wie aus autobiographischen
Schriften hervorgeht, die Grundlagen zur Nutzung der Kraftquellen der

Sexualmagie und des Tantra erlernte. In diesen Jahren bereiste er auch die östlichen Länder von Indien bis China über Japan und Tibet, wo er sich lange Zeit in Klöstern aufhielt, um diverse Yoga- und Meditationstechniken zu erlernen.

Nach seiner Ausweisung aus Sizilien übernahm er als Summus Rex die Nachfolge Rudolf Steiners als Großmeister des *Ordo Templi Orientis* und war indirekt verantwortlich für die 1926/28 erfolgte Gründung der Geheimloge Fraternitas Saturni durch den Berliner Eugen Grosche. Denn Crowley, der sich bisher selbst als das Große Tier 666 aus der Johannesoffenbarung, als Antichrist persönlich bezeichnete, war auf die Idee gekommen, sich in diesem Jahr in Weida/Thüringen als Weltheiland auszurufen. Aber zu diesem Zeitpunkt hatten schon längst andere ähnliche Ideen gehabt. Und die meinten es auch wirklich ernst. Nach Crowley sollte sich der Mensch die Kräfte der Dämonenwelt aneignen, um dadurch zum Herrn der ganzen Welt zu werden. Es sollte nicht mehr allzulange dauern, bis die schwarzen Messen von Auschwitz bis Dachau Wirklichkeit wurden.[67]

Die Übermenschen von Agarthi

All das, was sich da um die Jahrhundertwende entwickelte, überdauerte den Ersten Weltkrieg, ja erst der Krieg und das ihm auf den Fuß folgende Chaos sollte der fruchtbare Boden sein, auf dem die Mischkultur all dieser Lehren bestens gedieh.

Es ist nicht gesichert, inwieweit Hitler schon während seiner Wiener Zeit mit all dem in Berührung gekommen ist, doch daß er zumindest in diese Dunkelwelt der Magie, des Okkultismus und der Esoterik hineingeschnuppert hat, dürfte hinlänglich belegt sein. Zwangsläufig wurde der spätere Führer des Reiches in diesen Jahren auch von dem allgemein grassierenden Rassismus und Antisemitismus infiziert. Hitlers Antisemitismus wird oft auf seine eigene, teilweise jüdische Herkunft zurückgeführt. Antisemitismus und in der Folge also Auschwitz als Ergebnis persönlicher Ressentiments: Nein, das wäre zu billig. Wesentlich vor allem dürfte in diesem Zusammenhang sein, was Hitler vom Wiener Bürgermeister Lueger damals instinktiv und erst später bewußt gelernt hatte: die Bedeutung einer Feindgestalt für die Mobilisierung von Anhängern, wie es später in *Mein Kampf* festgelegt wurde: »Überhaupt besteht die

Kunst aller wahrhaft großen Volksführer darin, die Aufmerksamkeit des Volkes nicht zu zersplittern, sondern immer nur auf einen einzigen Gegner zu konzentrieren [...] Es gehört zur Genialität eines großen Führers, selbst auseinanderliegende Gegner immer nur als zu einer Kategorie gehörig erscheinen zu lassen, weil die Erkenntnis verschiedener Feinde bei schwächlichen und unsicheren Charakteren nur zu leicht zum Anfang des Zweifels am eigenen Recht führt.«[68]

Womöglich aber war das gar nicht auf seinem eigenen Mist gewachsen. Das Herrenmenschentum brauchte zwangsläufig einen Gegner, der Übermensch brauchte einen Feind, der unsichtbare Gottesmensch ein Opfer, um den Auserwählten zugeneigt zu werden. Das ist die Summe all der schwarzmagischen Lehren, die damals im Schwange waren. Zwar führten alle diese Orden ihre Traditionen auf die alten Rosenkreuzer, auf die Tempelritter, auf die griechischen, vor allem eleusinischen Mysterien und altägyptischen Kulte zurück, im wesentlichen aber waren sie doch geprägt von den alten, teils geheimen, teils auch schlicht erfundenen Lehren aus Tibet und Indien. Der spätere offizielle Nazi-Ideologe Rosenberg entdeckte nicht als erster, daß die großen Sanskrit-Texte voller Herrenmenschenideologien steckten und die Unterwerfung der dunklen Völker durch hellhäutige Lichtgestalten unverhohlen rechtfertigten. Die paranoide Vorstellung von unabänderlich »reinen« und »unreinen« Menschen lebt ja im indischen Kastensystem noch heute fort. Zudem lag in diesen Lehren die geradezu ideale Vorlage einer mystisch-religiösen Weltsicht, die der verhaßten Zivilisation einer seelenlos gewordenen Welt entgegengesetzt werden konnte.

Dieser Weltsicht konnte sich auch ein gewisser Karl Haushofer nicht entziehen. Die offizielle Nazi-Forschung betrachtet ihn zwar bloß als Geopolitiker und in dieser Eigenschaft als Schöpfer des gewiß folgenschweren Begriffes »Lebensraum«. Doch Haushofer ist eine jener Gestalten, die zu den wesentlichen Bindegliedern zwischen den okkult-esoterischen Bewegungen der Jahrhundertwende und dem Dritten Reich gehören.[69]

Karl Haushofer wurde 1869 geboren. Als Geograph unternahm er um die Jahrhundertwende zahlreiche Reisen nach Indien und in den Fernen Osten. Spätestens 1903 muß er zu dem Kreis um den aus Kleinasien stammenden Magier und Esoteriker Georg Iwanowitsch Gurdjieff gestoßen sein, mit dem er verschiedenen Berichten zufolge 1903, 1905, 1906, 1907 und 1908 in Tibet und zwischen 1907 und 1908 in Japan gewesen sein soll. In Japan erlernte Haushofer die Landessprache und trat dort vermutlich einer bedeutenden buddhistischen Geheimsekte bei,

bei der es sich um die von dem Agenten und angeblichen Lama Trebitsch-Lincoln erwähnte »Gesellschaft der Grünen« gehandelt haben könnte. Für Haushofer jedenfalls gab es bald keinen Zweifel mehr, daß die Wiege des deutschen Volkes in Zentralasien lag. Bestand und Adel der Welt insgesamt schienen ihm durch die indogermanische Rasse abgesichert. Für ihn war der alte arische Mythos, mit dem er während seiner Tibetreise im Jahr 1905 bekanntgemacht worden war, gesicherte Tatsache: Nach einer in diesem Mythos überlieferten Katastrophe in der jetzigen Wüste Gobi siedelten sich die großen Weisen, die Söhne der Geister anderer Welten, die Nachkommen der Übermenschen von Thule in einem riesigen Höhlenbezirk unter dem Himalaja an. Innerhalb dieses Bezirkes spalteten sie sich in zwei Gruppen. Die eine folgte dem Weg zur rechten Hand, die andere dem Weg zur linken Hand. Der Mittelpunkt dieses Weges soll Agarthi gewesen sein, eine unauffindbare Stadt, ein Ort der Kontemplation, Sitz der Meister. Im Thule-Orden sollte dieser Mythos eine wesentliche Rolle spielen; heute lebt er wieder auf in freilich harmloseren Spekulationen über extraterrestrische Invasionen, und es sind die Dänikens und nicht die Himmlers, die nun dort die Beweise für geheimnisvolle Hochkulturen aus grauer Vorzeit zu finden hoffen.

Fast zwangsläufig kam Haushofer mit der Theosophie der Frau Blavatsky und mit anderen esoterischen und okkulten Gesellschaften dieser Zeit in Berührung. In den zwanziger Jahren gründete er in Deutschland eine »Loge der Brüder vom Licht«, deren Gedankengut im wesentlichen von der englischen Rosenkreuzer-Gemeinschaft stammte. Inhaltliche Grundlage war ein Buch des englischen Rosenkreuzers Edward Bulwer-Lytton mit dem bezeichnenden Titel *The coming race*. Der Schriftsteller und Unterhausabgeordnete Bulwer-Lytton wurde um 1850 in den Rosenkreuzer-Orden aufgenommen und avancierte schon elf Jahre später zum Großmeister der Societas Rosicruciana. Bulwer-Lytton hatte übrigens engen Kontakt zu dem berühmten französischen Magier des 19. Jahrhunderts, Eliphas Lévi, von dem vermutlich auch die Bezeichnung jener Vril-Kraft stammen dürfte, die in Bulwer-Lyttons Roman eine wesentliche Rolle spielt und die der Loge der Brüder vom Licht auch den Zweitnamen »Vril-Gesellschaft« gegeben hat.[70] In diesem Roman werden »Übermenschen« beschrieben, deren geistiges und seelisches Leben wesentlich höher entwickelt ist als das der übrigen Menschheit. Und dies deshalb, weil sie im Besitz einer Macht über sich selbst und über die Dinge sind, die sie den Göttern gleichstellt. Crowleys Eingebungen hatten offenbar durchaus ihre handfeste Grundlage.

In diesem Roman jedenfalls halten sich diese Überwesen verborgen und bewohnen Zonen im Inneren der Erde. Doch bald werden sie an die Oberfläche kommen, um die Herrschaft über die Menschen anzutreten. Wie man sieht, verband sich hier uralter tibetanischer Schöpfungsmythos mit hoffnungsvoller Botschaft: Bald ist es soweit.

Ein Institut zur Entwicklung des Menschen

Bevor wir zum Lebensraum- und Geopolitiker Haushofer zurückkehren, ist es an der Zeit, ein paar Sätze über dessen Mentor Gurdjieff und seine Lehre einzuschieben. Gurdjieff erklärte seinen Schülern, daß sie schliefen, wie alle Menschen grundsätzlich schliefen und erst einmal aufgeweckt werden müßten. Er meinte, daß sie ihr Leben mechanisch lebten und automatenhafte Roboter seien. Sie könnten aber in einer neuen Welt erwachen, wenn sie diese Mechanismen bekämpften und sich alle ihre Gedanken und Motive durch Selbsterinnerung bewußt machten. Wenige Menschen seien stark genug, dies aus eigener Kraft zu schaffen, sie müßten deshalb in Gruppen arbeiten und einem Meister unbedingten Gehorsam leisten. Zitat aus einer von seinem Apostel Ouspensky überlieferten Rede:

»Wie bringt man es fertig, einen schlafenden Menschen aufzuwecken? Man muß ihn stoßen. Ein einfacher Stoß genügt nicht. Man muß ihn unaufhörlich stoßen und rütteln.«[71]

1934 berichtet Hermann Rauschning über Hitler: »Er wird nicht müde, in immer neuer Form auszusprechen, daß es eine ewige Bewegung, eine ewige Revolution ist, in die er das deutsche Volk und die Welt hineintreibt. Diese Revolution umfaßt das ganze menschliche Dasein. Es ist die Befreiung des Menschen!«[72]

War es also Zeit aufzuwachen und ein wenig gestoßen zu werden? Im nachhinein muten die Weckversuche des Herrn Gurdjieff nachgerade als Vorwegnahme nationalsozialistischer Zwangsherrschaft an. In seinem »Institut zur Entwicklung des Menschen«, das er in Fontainebleau bei Paris gegründet hatte, machte er vor, wie man labile Westeuropäer auf Vordermann bringt. Die dort eingezogenen Schüler wurden fast durchwegs mit Zwangsarbeit beschäftigt – Fontainebleau war ein einträgliches Landgut, auf dem er seine Anhänger wie Knechte und Mägde rackern ließ. Manchem zerbrechlichen Intellektuellen oder mancher verzärtelten Dame aus den fashionablen Zirkeln Westeuropas mochte das zwar nicht unbedingt geschadet haben. Aufgeweckt wurden sie dabei sicherlich nicht. Der britische Okkultismus-Kenner Graham Hough urteilt: »Die Schüler waren gänzlich seinem Willen unterworfen. Die Unterwerfung war total, wenngleich bereitwillig und manchmal ekstatisch devot.«[73] Das kommt einem bekannt vor. Und wenn jemand krank wurde, dann sperrte man ihn in einen Schweinestall, wo er vermutlich gleich »weiterschlief«.

Sicherlich ist es kein Zufall, daß in unseren Tagen ein ähnlicher Rasputin der Boheme nach dem Gurdjieff-Rezept arbeitete: Bhagwan Shree Rajneesh, dem nach dem Studium der Werke Gurdjieffs die Schuppen von den Augen fielen. Auch in seinen Ashrams war die Unterwerfung total.

Das Rezept scheint offenbar noch immer zu funktionieren. Die Methoden mögen subtiler geworden sein, aber der Weg zum Auserwähltsein führt auch im sektiererischen Underground von heute zunächst einmal über die totale Ent-Ichung.[74]

Himmlers Schwarzer Orden hat dies zweifellos mit der Bildung seiner »lebendigen Kampfmaschinen« zur Perfektion getrieben. In den Burgen der SS sollte man lernen, »den Tod zu geben und zu empfangen«, und letzteres bedeutete für die Elite innerhalb der SS nicht unbedingt den physischen Tod auf dem Schlachtfeld, sondern die Abtötung des Ich.[75] Denn zweifellos war es eine der wesentlichen Aufgaben des Schwarzen Ordens, letzten Endes den esoterischen Vorstellungen, dem Glauben hinter dem Nationalsozialismus Geltung zu verschaffen. Es war wohl nur der Zusammenbruch Hitlerdeutschlands, der eine Entwicklung stoppte, in der sich die SS offen zu einer Glaubensgemeinschaft im Sinne des Wortes entwickelt hätte, eine Entwicklung, die sich innerhalb der Nationalitätenkorps klar abzeichnete. Denn Nationalsozialismus war nur die Exoterik der Religion, besser des okkult-esoterischen Glaubensamalgams, wie es der NS-Ideologe Rosenberg in seinen Tagebüchern offenlegt. Im Zusammenhang mit einer Auseinandersetzung mit Reichsminister Kerrl notiert er: »Man darf annehmen, daß über den unmittelbaren politischen und antimarxistischen sozialen Kampf hinaus Parteigenosse Kerrl von einem Erlebnis einer nationalsozialistischen Weltanschauung nicht das geringste verspürt hat. Des weiteren bemüht sich Kerrl, nachzuweisen, daß die Partei lernen müsse, zwischen Religion und Weltanschauung auf das klarste zu unterscheiden, schiebt der nationalsozialistischen Bewegung nur das Gebiet gleichsam exakter wissenschaftlicher Forschung zu und ist bereit, alles Seelische für eine offenbar neue Konfession zu reservieren, die, wie er ausführt, er nach 15jähriger Arbeit jetzt dem sicher beglückt darauf wartenden deutschen Volk zu übergeben gedenkt. Ich halte derartige Scheidungen nicht nur für höchst gefährlich, sondern, wenn sie heute zugestanden werden, für die Zukunft der nationalsozialistischen Bewegung geradezu für vernichtend [...] Es erscheint notwendig, eine ganz andere Darstellung gegenüber diesen Kerrlschen Darstellungen zu vertreten: Eine Weltanschauung umfaßt alle religiösen Gefühle, oder aber sie steht auf einem atheistischen Standpunkt.«[76]

Es scheint, als ob Kerrl, Reichsminister für kirchliche Angelegenheiten, wie wohl die meisten profanen Parteigenossen, über seine Bewegung nicht ganz im Bilde war!

Die frohe Botschaft des magischen Sozialismus

Zurück zu Haushofer und Gurdjieff. Die Lehren des letzteren waren eine absonderliche Mischung aus griechisch-orthodoxem Mönchstum, kabbalistischer Kosmologie, Neoplatonismus, pythagoräischer Zahlenkunde und vor allem buddhistischer und lamaistischer Psychologie. Und natürlich wußte auch Gurdjieff von Menschen aus grauer, grauer Vorzeit zu künden, die entwicklungsmäßig einst weit über dem degenerierten, schlafenden Menschentum seiner Zeit gestanden hatten.[77]

Ähnlich wie die Blavatsky wollte auch Gurdjieff von geheimen Bünden des Orients und Asiens seine Offenbarungen über den Ursprung der Welt und die seit Hunderttausenden von Jahren verschollenen Hochkulturen erhalten haben. Nach Gurdjieff steht der Mensch in magischer Verbindung mit dem Universum und mit seinem Ursprung, aber er hat das leider vergessen. Es ist also nur eine Mutation der menschlichen Rasse vonnöten, um Wesen zu erschaffen, die sich dieser Verbindung wieder bewußt sind, die Gottmenschen nämlich, die den Kosmos und die Weltgeschicke auf ihren Schultern tragen: die frohe Botschaft des magischen Sozialismus.

Später, während des Dritten Reiches, sollte übrigens die zur quasi-staatsoffiziellen Physik und Kosmologie ernannte Welteislehre des Hanns Hörbiger (1860–1931) deutliche Züge Gurdjieffscher Kosmologie tragen, so daß man sich fragt, wer von den beiden eigentlich den anderen »inspiriert« hat.

Sicher inspirierten beide Karl Haushofer, der als »messianische Seele« und als Verehrer des Ignatius von Loyola wohl auch fasziniert war von dem Gedanken der Herrschaft über die Menschen zu deren ureigenstem Wohle.

Man spricht überdies Haushofer mediale Fähigkeiten und andere außergewöhnliche Begabungen zu. Während des Ersten Weltkrieges soll er verschiedenen Berichten nach als Hellseher aufgefallen sein, der feindliche Angriffe, Unwetter und andere Ereignisse auf die Minute genau vorherzusagen verstand.[78]

Er war es dann wohl auch, der alle diese Lehren und Kosmogonien verschmolz und auf einen Nenner und Begriff brachte: *Thule*.

Jetzt sind wir auf dem Weg dorthin.

Zunächst ist es ein Sagen- und Mythenkreis, in dem praktisch alles zusammenfließt und in den fast nahtlos auch die alten asiatischen Überlieferungen und alle diese geheimen Ur- und Vorzeitgeschichten der Esoteriker eingefügt werden konnten: Atlantis, Hyperborea, das sagenhafte Thule eben, das Reich der großen Weisen in der Wüste Gobi, kurzum, die Geschichte sämtlicher, natürlich vorzugsweise arischer Ahnen, die sagenhafte Vril-Kraft, der Gralsmythos und schließlich das geheimnisumwobene *Buch Dyzan*, das niemand anders gesehen hatte als Madame Blavatsky und das schließlich als esoterisches Kernstück von Haushofer in den Thule-Orden eingebracht wurde.[79]

Thule, der Gral und alle diese Mythen gehören in der Tat zu ein und demselben Kreis von überlieferten Geschichten, hinter deren Symbolik sich ein und dasselbe verbirgt, sozusagen eine transzendente Urwahrheit.

Die Sage von Thule, Hyperborea und Atlantis reicht in älteste Zeiten zurück. Schon griechische und römische Geschichtsschreiber wie Herodot, Plinius und Vergil sprechen von einem Kontinent Hyperborea als einer im Nordmeer gelegenen Eisinsel (man denke an Hörbiger), auf der nichtphysische Wesen gelebt haben sollen, aus denen die Überlieferung alsbald den Archetypus der weißen Rasse schuf. Diese Wesen fielen gewissermaßen ins Irdische – wie die im Buch Henoch beschriebenen Engel –, als sie sich mit den weißhäutigen Völkern des Abendlandes zu vermischen begannen; sie und ihre Nachkommen bewahrten sich jedoch jene feinere Art von Intelligenz, die derjenigen der übrigen Menschheit fortan überlegen war. Hauptstadt dieses arischen Atlantis namens Hyperborea war Thule, magischer Mittelpunkt der schließlich untergegangenen Welt des Ursprungs. Auch Kelten, Wikinger und Germanen beschrieben in ihren Überlieferungen jenes Paradies, das in etwa dem

Land der anderen Welt im Gralsmythos entspricht. Auch asiatische Mythologien weisen in nördliche Richtung. Im 5. Jahrhundert n. Chr. glaubte die chinesische Geheimsekte der Hung an das »westliche Paradies« und verehrte den Gott der Magie, der ihrer Ansicht nach noch immer auf dem Nordpol thronte und willens war, seine Macht und somit die Macht der alten Götter auf seine Anhänger zu übertragen. Das entspricht auch genau dem Inhalt der Lehre, die in der Loge der Brüder vom Licht verbreitet wurde. Nach einer großen kosmischen Katastrophe blieben jene Wesen übrig, die irgendwie zwischen dem degenerierten Menschen und der jenseitigen Überwelt standen und die Geheimnisse Thules bewahrt hatten. Wesen, die über ein Kraftreservoir verfügten, aus dem die Eingeweihten schöpfen konnten, um die zur Weiterentwicklung notwendige Mutation der menschlichen Rasse bewerkstelligen zu können. Und sie, die Auserwählten, die Meister der Vril-Kraft, würden die Menschheit und die Welt beherrschen. Denn die Kultur und die bisherige Zivilisation sind an ihrem Ende angelangt. Die Zukunft wird der Vergangenheit die Hand reichen, Apokalypsen werden die Welt verändern, und sie werden die Herren der Apokalypse sein, die sich mit den aus ihren Höhlen emporsteigenden Übermenschen verbünden werden.[80]

Knetmasse für ein neues Menschentum

Sie glaubten daran, von der Blavatsky angefangen über Reuß, Hartmann, Crowley, Gurdjieff, die Rosenkreuzer, die Templer bis hin zu Haushofer, Hitler und Himmler, und es gibt auch heute genügend Leute, die auf eine freilich rationalistischere Weise ständig Alfred North Whitehead zitieren, daß dem Aufstieg einer neuen Zivilisation, einer neuen Weltordnung noch allemal der Untergang der vorhergegangenen Zivilisation vorangegangen sei und folglich auch künftig vorangehen werde.

Sie waren nicht wahnsinnig. Sie waren Gläubige, und sie waren überzeugt, mit den überirdischen Mächten in Verbindung zu stehen: Sie waren die wahren Menschen, dazu ausersehen, das Gesicht der Welt zu verändern. Sie lebten in einer Parallelwelt, auf einem anderen Stern.

»Der neue Mensch ist da!« rief Hitler eines Tages dem Danziger Senatsratsvorsitzenden Rauschning zu. »Der neue Mensch lebt unter uns. Genügt Ihnen das? Ich sah den neuen Menschen. Ich sage Ihnen ein Geheimnis. Der neue Mensch, furchtlos und grausam. Ich erschrak vor ihm!« Und Rauschning bemerkt dazu: »Ich spürte etwas wie die Verzückung eines Liebenden an Hitler.«[81] Und wer an solches glaubt, hat, wie auch Crowley es verlangt, alle bis dahin gültigen Moralvorstellungen über Bord geworfen. Sie haben auf diesem fremden Stern keine Gültigkeit. Das Leben des Menschen, des einzelnen Individuums, »dieser Gattung im Stadium biologischer Verkümmerung«, bedeutet weniger als nichts. Allmählich begreift man, warum es ein Auschwitz geben konnte.

Hermann Keyserling, Indienreisender um die Jahrhundertwende, wußte, wie so etwas funktionierte, und hatte es in seinen Reisetagebüchern beschrieben: »Wenn das Psychische das Primäre ist, wenn Einbildungen dem Beweisbaren gegenüber als Wirklicheres gelten, dann schaffen Vorurteile genauso scharfe Grenzen, wie solche in der materiellen Welt eine Gattung von der anderen abschneiden; dann sind Angehörige verschiedener Kasten unzweifelhaft Wesen verschiedener Art. Dann [...] kann einer durch schlechten Umgang genauso gefährlich angesteckt werden wie durch Typhusbazillen. Ja, in noch höherem Grade.«[82] Die Welt läßt sich von oben nach unten kehren wie die Begriffe und ist dann eine ebenso wirkliche Wirklichkeit wie die Wirklichkeit zuvor. Das um die Jahrhundertwende heraufdräuende Dritte Reich war eine Wirklichkeit, allerdings weiter von der übrigen Welt entfernt als Mars oder Jupiter. Indessen hätte es nicht unbedingt das deutsche Volk sein müssen, das dazu ausersehen war, die Knetmasse und Vorhut für ein neues Menschentum zu sein.

Die Deutschen waren dazu genausowenig prädestiniert, wie es andere Völker waren, und es hätte ebensogut jedes andere Volk in den Schmelztiegel der Magier fallen können, hätten andere Umstände geherrscht. Die weltpolitische Situation und gewisse politische Absichten machten es – gewollt oder ungewollt – erst möglich.

Jedenfalls war Hyperborea ebensowenig eine deutsche Erfindung wie der Antisemitismus, der andernorts auch ohne Nazis seine Blüten trieb. Noch ehe es in Deutschland erst wirklich begann, wurden etwa in London, Paris, Berlin oder Rom insgeheim und offiziell Zeitschriften und Broschüren gedruckt und verbreitet, in denen sich anarchistische Bestrebungen mit okkultem Spiritismus, traditioneller Forschung und verquerer Mythengläubigkeit verbanden. So wurde etwa in Frankreich um 1920 herum durchaus ernsthaft darüber diskutiert, ob etwa die Litauer als unmittelbare Nachkommen der Hyperboreer anzusehen seien, da deren Sprache Gemeinsamkeiten mit dem indischen Sanskrit aufweist. Zeitschriften wie die in Paris erscheinende *Revue Baltique* oder

Les Polaires hatten den Ehrgeiz, den alten Mythos von Thule und Hyperborea mit neuem Leben zu erfüllen.

Was da heraufzuziehen begann, um sich schließlich im Deutschland der Nachkriegszeit sichtbar und wirksam zu manifestieren, begriff intuitiv der französische Philosoph René Guénon, der in seiner 1921 veröffentlichten Studie *Le Théosophisme, histoire d'une pseudo-religion* mutmaßte:

»Die falschen Messiasse, die wir bisher erlebt haben, vollbrachten nur Wunder von recht minderer Art, und diejenigen, die ihnen nachfolgten, waren vermutlich nicht allzuschwer zu verführen. Aber wer weiß schon, was das Schicksal noch für uns bereithält? Wenn man sich nämlich überlegt, daß diese Pseudo-Heilande immer nur die mehr oder weniger harmlosen Werkzeuge in den Händen derjenigen waren, die sie auf das Podest hoben, und wenn man vor allem die Reihe von Versuchen betrachtet, welche die Theosophen unternahmen, kommt man auf den Gedanken, daß es sich hier nur um Proben und Experimente handelt, die sich unter verschiedenen Formen immer wiederholen werden, bis das Ziel erreicht ist. Wir glauben übrigens nicht, daß diese Okkultisten und Spiritisten imstande sind, ein derartiges Unternehmen selbst zu einem vollen Erfolg zu führen. Aber sollte nicht hinter all diesen Bewegungen etwas anderes und Gefährlicheres stehen, das die Anführer dieser Gruppen selbst nicht kennen und dessen Werkzeuge sie doch andererseits sind?«[83] Tatsächlich, ein wenig nachgeholfen mußte schon werden, wie das Kapitel über die Finanzierung des Hitler-Aufstiegs zeigen wird. Einer, der kam, um ein wenig nachzuhelfen, war der Theosoph, Rosenkreuzer, Freimaurer und Freiherr von Sebottendorf, der sich übrigens wie einige andere schon bekannte Freunde um die Jahrhundertwende in Kairo aufhielt, zu einer Zeit, als dort Hitlers Stellvertreter Rudolf Heß noch zur Schule ging. Sebottendorf tauchte plötzlich im Jahre 1917 in Berlin und München auf, als der erste Gang des großen Völkerverheizens allmählich seinem traurigen Höhepunkt zusteuerte. Er kam mit beträchtlichen Geldmitteln und mit klar umrissenen Zielen im Kopf.

Die dunkle und verwirrende Geschichte des Thule-Ordens beginnt. Später sollte der geheimnisumwitterte Freiherr mit berechtigtem Stolz sagen dürfen: »Unsere Arbeit war damals nicht vergeblich, sie war die Aussaat, sie schmiedete die Werkzeuge, mit denen Hitler arbeiten konnte und nach seiner Bestimmung arbeiten mußte [...] Thule-Leute waren es, zu denen Hitler zuerst kam, und Thule-Leute waren es, die sich zuerst mit Hitler verbanden [...]«[84]

Wir machen die Melodie, und Hitler tanzt danach

Das Jahr 1917 war in vielerlei Hinsicht bedeutungsvoll: Das war das Jahr, in dem Deutschland die Attacken der Alliierten bei Arras, in der Champagne und bei Ypern erfolgreich abwehrte und nach drei Jahren Wahnwitz besser dastand als die ausgeblutete Entente, bei der die amerikanische Hilfe noch nicht voll zum Tragen gekommen war. Aber ein deutsch-österreichischer Sieg war ja nun wirklich nicht ausgemacht. Hellsichtige Menschen ließen sich durch die Ereignisse auf den Schlachtfeldern auch gar nicht beunruhigen, ganz im Gegensatz zum österreichischen Kaiser, der hinterrücks den Franzosen einen Brief schrieb und um einen anständigen Frieden bat. Aber da war er an die Falschen geraten. Die Franzosen wollten einen Siegfrieden um jeden Preis, und nicht nur sie. Jetzt hatten die Alliierten endlich den handfesten Beweis, daß den Deutschen und der Donaumonarchie endgültig die Luft auszugehen drohte und es an der Zeit war, ihnen den Genickschlag zu versetzen. Ein bezeichnender Ausdruck, der übrigens von Lloyd George stammt, Heredomus-Bruder und Großsprecher der britischen Loge und seit 1916 britischer Premierminister.[85] Nebenbei bemerkt: Der Orden von Heredom stand in Zusammenhang mit dem Cernau-Ritus, der sich direkt von den von Philipp dem Schönen verfolgten Tempelrittern herleitete und den wir bereits im Zusammenhang mit dem Rosenkreuzer, Illuminaten und Maurerbruder Theodor Reuß kennengelernt haben.

Lloyd Georges Zuversicht von wegen Genickschlag war zweifellos begründet, denn schon lange vor Kriegseintritt hatte der amerikanische Präsident Wilson ein Geheimabkommen mit den Briten getroffen, doch noch einzugreifen, wenn die Zeit reif sein sollte. Sie war es. Später, als die Verträge von Versailles mit Unterschrift und Siegel versehen waren, prophezeite Lloyd George: »Jetzt haben wir ein schriftliches Dokument, das uns Krieg in zwanzig Jahren garantiert!«[86] Das war nicht so erstaunlich, denn schließlich war er der eigentliche Verfasser dieser Friedensbedingungen, wenngleich einen die Präzision der Vorhersage beinahe das Fürchten lehrt. Es war natürlich Zufall, natürlich war es das. Wie jene bereits zitierte Aufforderung der britischen *Saturday Review* aus dem Jahr 1880 an die europäischen Völker, sich nach dem Schlachtfest die besten Stücke mit nach Hause zu nehmen. Man ist geneigt, dem Satz Raymond Arons zuzustimmen: »Die Gesamtheit der Ursachen, welche die Gesamtheit der Wirkungen bestimmen, übersteigt die Fassungskraft des menschlichen Verstandes.«

Eine alte Karte mit modernen Grenzen

Der Krieg mußte schon so enden, wie er schließlich geendet hat, auch wenn man nicht unbedingt einen Zusammenhang mit all den vielen Zufälligkeiten sehen muß, von denen die Geschichte so nebenbei ganz voll ist.

Auf einer seit den 1880er Jahren bekannten, erstmals in der englischen Wochenschrift *Truth* veröffentlichten Landkarte waren bereits jene Grenzen gezogen, die schließlich 1919 und 1945 realisiert wurden. Darin war im übrigen auch schon so etwas wie ein Ostblock vorgesehen. Verschwörungstheorie? Schwarze Magie?

Nein, nein, sagen wir: die mächtige Kraft des Wünschens. Schon am 26. November 1870 haben die Logen des *Grand Orient de France* ein Dokument aufgesetzt, in dem es hieß:

»Wilhelm und seine beiden Genossen Bismarck und Moltke, Geißeln der Menschheit und durch ihren unersättlichen Ehrgeiz Ursache so vieler Mordtaten, Brandstiftungen und Plünderungen, stehen außerhalb des Gesetzes wie drei tolle Hunde.

Allen unseren Brüdern in Deutschland und der Welt ist die Vollstreckung des Urteils aufgetragen.

Für jedes der drei reißenden Tiere ist eine Million Franken bewilligt, zahlbar an die Vollstrecker oder ihre Erben durch die Zentrallogen.«[87]

Und schon im Jahre 1912 schrieb die in Paris erscheinende Schrift *Revue Internationale des Sociétés secrètes*: »Vielleicht erklärt man sich eines Tages den Ausspruch eines hohen Maurers in Sachen Thronfolger: Er ist ungewöhnlich hervorragend; schade, daß er verurteilt ist. Er wird auf dem Weg zum Thron sterben.«[88]

Das tat er, wie man weiß, gemeinsam mit seiner Gemahlin im Juni 1914. Es gibt wohl nur wenige Historiker, die bezweifeln würden, daß dieser Funke von Sarajevo keineswegs zu dem großen Krieg hätte führen müssen. Ein lokaler Streitfall zwischen Österreich und Serbien, den man

ohne bewaffneten Konflikt hätte beilegen können. Doch mit der Kriegserklärung Österreichs an Serbien begann sich die Mobilmachungsspirale
im übrigen Europa zu drehen – der Weltkrieg war da, und aus drei
Feinden waren bereits sechsundzwanzig geworden, als im April 1917
auch noch die Amerikaner eingriffen: frisch und fromm, ausgeruht und
bestens ausgerüstet unter der Fahne heiligster Empörung. Und jetzt
wollte man erst recht nicht Schluß machen, sondern erst dann, wenn
Deutschland demokratisiert sein würde. Was freilich relativ war, wie es
solche Dinge immer sind, wenn man sich vor Augen hält, daß es in
Deutschland seit 1871 mindestens in einigen Teilstaaten ein gemeines
und freies Wahlrecht für alle gab, während etwa in England eine ganze
Reihe unterklassiger Menschentypen von derlei Privilegien ausgeschlossen waren: Junggesellen ohne eigenen Haushalt, Dienstboten allgemein,
Wandergesellen, Wohnungsmieter, deren Mieten umgerechnet jährlich
etwa 250 Mark nicht überstiegen, was für damalige Begriffe ein Heiden-
geld war. Aber das nur nebenbei.

Wir schreiben also das Jahr 1917, wie gesagt, ein bedeutungsvolles
Datum. Der neugewählte französische Premierminister Clemenceau
machte seinem psychopathischen Haß gegen Österreich endlich Luft und
schwang sich zur endgültigen Zerschlagung der Monarchie auf, während
er die Friedensmission des Prinzen Sixtus torpedierte. (Interessehalber
sei hier vermerkt, mit welch emotionalen Schwierigkeiten Clemenceau
zu kämpfen hatte. Raymond Poincaré vermerkte am 6. August 1914, als
die deutschen [!] Armeen gegen Paris marschierten, daß Clemenceau
seinen ganzen Haß gegen Österreich [!] richtete. 1917 war also auch in
Paris der richtige Mann auf dem richtigen Platz.)[89]

1917 war auch das Jahr, in dem der britische Großlogenmeister und
Botschafter in Moskau, Buchanan, die Frühjahrsrevolution in die Wege
leitete. Die Londoner *Times* nannte daher offiziell und treffend diese
Revolution eine englische Revolution. Worauf Kerenskij hoch und teuer
versprach, den Krieg fortzuführen, dessen der Zar womöglich schon
müde geworden war.[90] Es war schließlich das Jahr, in dem sich der bereits
erwähnte Lloyd George weigerte, dem Vetter seines Königs, nämlich
dem russischen Kaiser, in England Asyl zu gewähren, was schließlich
nicht zuletzt zur Abschlachtung der Zarenfamilie führte. Kerenskij bekam
übrigens später nach seiner Flucht vor den Bolschewiken für seine
Dienste nicht weniger als zwei Millionen Rubel.[91]

1917 war auch das Jahr, in dem zwischen England, Frankreich und
Rußland schon im Jahr 1913 abgeschlossene Geheimverträge über die

Aufteilung von Deutschland, Österreich und der Türkei zumindest teilweise offiziell ratifiziert wurden.[92]

Es war das Jahr, in dem Trotzki New York verließ, mit einem amerikanischen Paß versehen und mit 20 Millionen Dollar, die ihm der Bankier Jakob Schiff zur Verfügung gestellt hatte.[93]

Es war das Jahr, in dem Lenin durch die Mithilfe des 1. Generalquartiermeisters der deutschen Armee, Ludendorff, und des Chefs des deutschen Geheimdienstes, Warburg, per Eisenbahn aus der Schweiz in die russische Revolution verschickt wurde. Der Chef des deutschen Geheimdienstes indessen war ein Bruder des damals zu den einflußreichsten amerikanischen Finanzkreisen gehörenden Bankiers und stellvertretenden Vorsitzenden des Federal Reserve Board, Paul Warburg. Max Warburg, ansässig in Berlin und an den Finanzgeschäften der Reichsregierung beteiligt, stellte Lenin über seinen Mittelsmann Alexander Helphand alias Parvus sechs Millionen Dollar in Gold zur Verfügung.[94]

Es war schließlich auch das Jahr, in dem der französische Präsident der Liga für Menschenrechte, Bruder Ferdinand Buisson, die Bolschewiken aufforderte, für die Sache der Entente weiterzukämpfen, um die Stunde der Gerechtigkeit zu beschleunigen.

Die Stunde kam, das weiß man. Kriege werden eben nicht gefochten, um eine Nation zu besiegen, sondern um einen Zustand hervorzurufen, sagte schon Lincolns Kriegsminister Edwin Stanton. Der Zustand sollte, wie Lord Curzon bemerkte, lediglich »eine Unterbrechung der Feindseligkeiten« sein.[95]

Ein Auftrag für den Freiherrn »von der Rose«

Inzwischen aber kämpfte der junge Hitler noch an der Westfront. Und in diesem Jahr 1917 – wann genau, ist nicht zu eruieren – kam Rudolf Freiherr von Sebottendorf nach Deutschland, als türkischer Staatsangehöriger. Der damals 43jährige Mann war eine ziemlich undurchsichtige Figur. Er soll in Hoyerswerda als Sohn eines Lokomotivführers namens Glauer geboren worden sein, und zwar am 9. 9. 1875, aber auch das ist nicht gewiß, denn wenn ein esoterischer Maurer sagt, er sei an einem 9. 9. geboren, dann heißt das zunächst einmal nur, daß er das Geheimnis der Zahlen kennt. Anderen Aussagen zufolge soll er ursprünglich Erwin Torre geheißen haben.

Sicher ist, daß er sich zwischen 1900 und 1913 in Ägypten und in der Türkei aufgehalten hat, wo er in Kontakt mit dem einflußreichen Orden der Bektaschi-Derwische kam. Von einem jüdischen Banker und Okkultisten namens Termudi soll er in die Freimaurerei eingeführt und zum Meister eines Rosenkreuzerordens gebracht worden sein. Anderen Quellen zufolge war er zunächst bloß der Theosophie zugetan, ehe er über die Freimaurerei zur Rosenkreuzer-Gemeinschaft kam, von der ja schon einige britische und deutsche Eingeweihte hinlänglich bekannt sind: Dr. Hartmann, Theodor Reuß und deren Bruderschaft.

Vor seiner Mission in Deutschland und auch noch in den ersten Thule-Jahren wurden einige von ihm verfaßte esoterische Schriften veröffentlicht, etwa eine Arbeit über die Praxis der türkischen Freimaurerei, eine Geschichte der Astrologie, eine Arbeit über den Talisman des Rosenkreuzers. Überdies trat er als Übersetzer einiger Schriften des Freimaurers, Theosophen und Rosenkreuzers Carl Louis Heindel bzw. Max Heindl hervor, mit dem er auch bekannt gewesen sein dürfte.[96]

Es mag der »geistigen« Zusammenhänge wegen nicht uninteressant sein, ein paar Worte über Heindl zu verlieren, der um die Jahrhundertwende in Los Angeles seine Bekanntschaft mit Okkultisten und Mythasten machte und zu Blavatskys Theosophischer Gesellschaft stieß, an deren Spitze damals Anni Besant stand (die übrigens den englischen König Edward VII. in die Hochgrade des Alten und Angenommenen Schottischen Ritus einweihte, dessen Spitze der König schließlich einnahm). Später kam er in Kontakt mit Rudolf Steiner, der damals bei den Theosophen noch als »Meister« galt. Steiner war es, der Heindl in die Berliner Freimaurerloge »Viktoria von Preußen« aufnahm, die zur symbolischen Großloge des Schottischen Ritus gehörte. Hartmann gelang es schließlich, diesen so hohen Repräsentanten der amerikanischen Theosophie für den Rosenkreuzer-Orden einzuspannen. Nachdem er wegen eines Einspruchs von Rudolf Steiner nicht die höchsten Grade des Schottischen Ritus erlangte, gründete Heindl eine eigene Rosenkreuzer-Gemeinschaft, auch »Heindl-Bewegung« genannt. Auch unter erhabenen Geistern gibt es eben solch Menschliches wie Eifersucht.[97]

Damit dürfte indessen der geistige Background des Freiherrn von Sebottendorf einigermaßen erhellt sein. Mit seinem Lebenslauf ist es nicht ganz so einfach, viele Jahre liegen im sprichwörtlichen Dunkel. Sicher ist, daß in der Türkei ein Rosenkreuzer und Freiherr von Sebottendorf den an die vierzig Jahre alten Rudolf Glauer alias Erwin Torre kurz vor seinem Auftauchen in Deutschland adoptierte und ihn womöglich mit beträchtlichen Geldmitteln versah. Hatte man etwa einen Auftrag für ihn? Wurde er für ein großes, brüderliches Ziel gebraucht? Schließlich wäre er ja nicht der erste weitgereiste Dunkelmann, der für geheimdienstliche Tätigkeiten geradezu prädestiniert schien, für Tätigkeiten, die innerhalb der heutigen Geheimdienste unter Bezeichnungen wie angewandte oder praktische Massenpsychologie, Gruppensoziologie oder schlicht und einfach psychologische Kriegsführung laufen würden.

Was hätte man im damaligen Deutschland denn schon als Rudolf Glauer oder Erwin Torre groß anfangen können? Noch war Kaiserzeit, und ohne »Freiherr von« kam man in der Öffentlichkeit nicht allzu weit. Als Freiherr von Sebottendorf, als Rosenkreuzer auch noch mit dem Beinamen »von der Rose« versehen, in Deutschland auftauchte, standen Glauer alle Türen offen, und es dauerte nicht lange, da wurde er auch schon in den kaiserlichen Konstantinsorden aufgenommen.

Kaum angekommen, entfaltete Sebottendorf eine bemerkenswerte Tätigkeit. Man möchte annehmen, daß der Mann, der sich bisher mit Vorliebe mit orientalischem Okkultismus, Magie und Sterndeuterei befaßt hatte, Beziehungen zu seinesgleichen suchen würde. Mitnichten. Mit Geldern aus unbekannten Quellen reichlich versehen, suchte er ausschließlich Kontakt zu arisch-germanisch und völkisch orientierten Gruppen, die er mit arisch gewürzter Esoterik köderte, in kleinen Dosen, und das alles, als vom Schandfrieden und all den Dingen, die oberflächlich betrachtet Quelle des Hitlerismus gewesen sein könnten, noch keine Rede war. Sebottendorfs Missionstätigkeit von damals war das Fundament einer Geisteshaltung, die mehr als ein Jahrzehnt später Hermann Rauschning so empörte:

»Jeder Deutsche steht mit einem Fuß in jenem bekannten Land Atlantis, in dem er einen recht stattlichen Erbhof sein eigen nennt. Diese Eigenschaft der Duplizität der Naturen, die Fähigkeit, in doppelten Welten zu leben, eine imaginäre immer wieder in die reale hinein zu projizieren – alles dies trifft auf besondere Weise auf Hitler und seinen magischen Sozialismus zu. Alle diese kleinen, verwachsenen Sehnsüchtigen, die keine rechte Erfüllung finden: Nacktkulturisten, Vegetarianer, Edengärtner, Impfgegner, Gottlose, Biosophen, Lebensreformer, die ihre Einfälle verabsolutieren und eine Religion aus ihrer Marotte zu machen suchten, lassen heute ihre geheimen Wünsche in die vielen Gaszellen des Riesenluftballons der Partei einströmen, um mit diesem großen Schiff als neuer Luftschiffer Gianozzo einen noch höheren Flug zu wagen, als sie es bisher in ihren Konventikeln taten. Diese verkümmerte und verwachsene Romantik engbrüstiger Geister, dieser vor Gehässigkeit und Rechthaberei atemlose Fanatismus kleiner Sektierer treibt den großen gemeinsamen Fanatismus der Partei und hält ihn lebendig als gemeinsame Traumbestätigung. Für alle Zukurzgekommenen ist der Nationalsozialismus der ›Traum von der großen Magie‹!«[98]

Dieser pathologische Befund hätte in diesem oder jenem Zusammenhang auch andernorts und zu jeder Zeit erstellt werden können. Von einer intoleranten Perspektive aus hat er in dieser Formulierung sogar durchaus aktuelle Bezüge! Auf jeden Fall hatte Sebottendorf den rechten Nerv getroffen. Er nahm den Liebenfelsschen Rassismus voll auf, geiferte über die Verjudung der Welt, vor allem der Freimaurerei, und propagierte, was jedes Germanenherz höher schlagen ließ und im übrigen durchaus dem Mythos von Thule entsprach:

»[...] die Legenden zu zerstören, die über die Herkunft aller Kulturen aus dem Osten verbreitet wurden, während alle Kultur von Norden kam und nur vom Arier stammte. Nordeuropa, Norddeutschland ist der Stammsitz der Kulturträger, von hier haben sich von urgrauer Vorzeit an bis jetzt Ströme deutschen Blutes befruchtend ergossen, sind Wellen auf Wellen von Menschen ausgezogen, die aller Welt die Kultur brachten. Die so hoch gerühmte griechische Kultur ist ein Ableger deutschen Geistes. Die Hethiter, die Sumerer oder wie die Völker alle heißen, sind arischer Herkunft gewesen.

Wenn sich die Franzosen und Spanier und Italiener mit ihrer Kultur brüsten, dann sollten sie nicht vergessen, daß sie diese Kultur dem germanischen Blute verdanken.«[99]

Überdies begann er nun fein säuberlich zwischen jüdischer und nichtjüdischer Freimaurerei zu unterscheiden:

»Die alte Freimaurerei war ehemals Wahrerin des Geheimnisses, das in den Bauhütten des Mittelalters, die die gotischen Dome bauten, gelehrt wurde. Eine Unmenge arisches Weistum finden wir in den Lehren der Alchimisten und Rosenkreuzer, die sich den Bauhütten angeschlossen hatten, wieder. Mit dem Niedergang der gotischen Baukunst verschwanden auch die Bauhütten, und arisches Weistum blieb Geheimnis weniger Bewahrer. Als der Dreißigjährige Krieg zu Ende war, als sich Protestanten und Katholiken der rechten Gotteserkenntnis wegen nicht mehr gegenseitig totschlugen, da war die Zeit für Juda gekommen, den Freimaurerorden neu erstehen zu lassen. Man gründete gegen Ende des 17. Jahrhunderts die ersten Logen, die sich 1717 in York zu einer Großloge zusammenschlossen. Das Geheimnis der alten Freimaurerei war zu lehren, daß jeder Mensch an sich selber arbeiten müsse, um gut zu werden, dann strahle er nach außen hin wie eine Sonne. Dann, so lehrte uraltes, arisches Weistum, wenn der einzelne, der Führer vollkommen ist, dann werden auch von ihm aus die Verhältnisse der Umwelt vollkommen werden. Die neue freimaurerische Lehre drehte die Sache um, sie sagte: Erst schaffen wir gute Verhältnisse, dann werden auch die Menschen gut werden. Wir aber betrachten die Welt als ein Produkt des Menschen [...]«[100] Diese griffigen Auffassungen saßen. Schließlich – wenn man schon auf deutschen Feldern pflügte oder mauerte, dann wohl doch nur auf arische Weise. Oder sollten auch für Sebottendorf die Worte René Guénons gelten: »Aber sollte nicht hinter all diesen Bewegungen etwas anderes und Gefährlicheres stehen, das die Anführer dieser Gruppen selbst nicht kennen und dessen Werkzeuge sie doch andererseits sind?«

Nein, es ist zu vermuten, daß Sebottendorf schon wußte, was er zu tun hatte.

Sebottendorfs »germanische Loge«

Noch 1917 gründete Sebottendorf in Berlin eine völkische Loge, in der zunächst dem Zeitgeist entsprechend eifrig Germanentum und Antisemitismus gepflegt wurden. Dort fanden bald eine Menge harmloser und ehrlicher, völkisch denkender Menschen Aufnahme, deutschtümelnde Offiziere, Hausfrauen, Eisenbahner, Freikorpsleute und Adelige, denen die Zukunft des Reiches am Herzen lag. Nach außen hin wurde hier ganz auf Okkultes verzichtet, um die Leute nicht zu erschrecken, und wenn derlei zur Sprache kam, dann zunächst in »ariosophischer« Verbrämung. Bald verschmolz Sebottendorfs Grüppchen mit dem deutschen Germanenorden, der vor dem Krieg immerhin in mehr als hundert über das ganze Reich verteilten Logen aktiv gewesen war. Sebottendorf ernannte sich zum Ordenshochmeister und ging daran, das wahre Germanentum zu reorganisieren. Denn »langsam sahen die Männer, die nicht zu den Waffen eilen konnten, weil sie zu alt oder aus einem anderen Grunde kriegsuntauglich waren, daß sie betrogen worden waren. Die Sozialdemokratie, die in den ersten Tagen, von deutschen Führern geleitet, sich in Reih und Glied gestellt hatte, war wieder in jüdische Abhängigkeit gekommen. Rathenau war Wirtschaftsdiktator geworden, in allen Kriegsgesellschaften saßen Juden, immer neue Ströme östlicher

Juden kamen über die polnische Grenze nach Deutschland und machten sich ansässig.«[101]

Im Januar 1918 beschlossen die Germanen Sebottendorfs, ihren Wirkungsgrad auszuweiten und sich politisch aufzubauen. Sebottendorf übersiedelte nach Bayern, wo er mit Frau und Dienerschaft in der Zweigstraße in Bad Aiblingen ein Haus bezog. Dort gründete er die Thule-Gesellschaft, besser den Thule-Förderer- und Freundschaftskreis. »Der Name klang geheimnisvoll genug, sagte aber dem Wissenden sofort, worum es sich handelte!« notierte er in seinen Erinnerungen über die Zeit, bevor Hitler kam.

Aus eigener Tasche finanzierte der Baron inzwischen die Ordensnachrichten der Germanen. Über Inserate in Zeitungen wurde zur Teilnahme an einer »völkischen Loge« eingeladen, und allmählich fand sich im Thule-Verein so ziemlich alles, was sich an nationalen und völkischen Gruppen auch in München fand, vor allem, nachdem vom Besitzer des Hotels »Vier Jahreszeiten« die geeigneten Räumlichkeiten zur Verfügung gestellt wurden, »um ihnen allen weit die Tore zu öffnen«: den Alldeutschen, dem Hammerbund, der Nationalliberalen Partei, dem Deutschen Schulverein; »es gab keinen Verein in München, der irgendwelche nationalen Belange vertrat, der nicht in der Thule Unterkunft fand.«[102]

Wie gesagt, hier lief alles noch mehr oder weniger profan ab, und eventuelle romantische Bedürfnisse der Neulinge wurden mit einer Art Blutbekenntnis befriedigt. Wer für wert befunden wurde, in den Freundeskreis aufgenommen zu werden, der hatte fast schon eine Art Garantie in der Tasche, auch wirklich reinen Blutes zu sein. Zuerst erhielt der Interessent ein mit Runen geschmücktes Werbeblatt, in dem ihm die Bedeutung eines Eintritts mit Nachdruck deutlich gemacht wurde:

»Jedes Mitglied muß ein Jahr lang mindestens dem Freundschaftsbund angehört haben, wo es geprüft wird, ehe es dem Orden dauernd angegliedert wird«, schreibt Sebottendorf. »Der Orden hat einige tausend in Logen gegliederte Mitglieder in Norddeutschland. Die in Süddeutschland zu organisieren, neue hinzuzugewinnen, ist meine Aufgabe.«[103]

Zusammen mit seinem Aufnahmeansuchen hatte der Bewerber das Blutbekenntnis abzulegen: »Unterzeichneter versichert nach bestem Wissen und Gewissen, daß in seiner Familie und seiner Frau Familie kein jüdisches oder farbiges Blut fließe und daß sich unter den Vorfahren auch keine Angehörigen farbiger Rassen befinden.«[104]

Erst danach erhielt er einen mit Hakenkreuz versehenen Fragebogen, den er auszufüllen und mit einem Bild versehen wieder abzuliefern hatte.

Hatten die Nachforschungen über den Kandidaten dessen Zuverlässigkeit ergeben, dann durfte er auch zu den Versammlungen erscheinen.

Eingeweihte und Nichteingeweihte

Allmählich begann Sebottendorf die Spreu vom Weizen zu trennen und tat zunächst, was in ähnlichen Gesellschaften allgemein üblich war: Er weihte etliche Auserlesene in die tieferen Geheimnisse der Thule-Gesellschaft ein, in den ersten Grad, den sogenannten Freundschaftsgrad. Die erste Weiheloge fand am 17. Ernsting statt, was gleichviel bedeutet wie 17. August. Sogar die Großlogenmeister von Berlin kamen zu diesem Ereignis nach München angereist, es ging feierlich zu: »Am Sonntage wurden dreißig Brüder und Schwestern in den ersten Grad feierlich aufgenommen. Es waren darunter Mitglieder aus ganz Bayern, die zu diesem Zweck nach München gekommen waren. Den Schmuck der Logenräume hatte Meister Griehl übernommen, der das Wahrzeichen der Thule-Gesellschaft, das fliegende Sonnenrad, in allen Räumen anbrachte. Jedes Mitglied trug eine Bronzenadel, die auf dem Schilde das von zwei Speeren durchkreuzte Hakenkreuz zeigte.«[105]

Für die solcherart Eingeweihten, die dem Meister absolute Treue zu schwören hatten und während der Einweihungszeremonie symbolisch ihre Rückkehr als verirrte Arier zum wahren deutschen Halgadom zelebrierten, mag das ein erbauendes und erhebendes Gefühl gewesen sein. Doch sie waren nur Fußvolk. Denn mittlerweile war der Thule-Orden gegründet worden, in den nur wirklich Eingeweihte Aufnahme fanden, die auch schon auf okkultem Gebiet einige Erfahrung aufzuweisen hatten. Es liegt überdies die Vermutung nahe, daß hier Sebottendorfs Rolle eher bedeutungslos war oder bald werden sollte.[106]

Einige der ersten wichtigen Mitglieder des Thule-Ordens waren die Wiener Guido von List und Lanz von Liebenfels, denen man fürwahr nicht abstreiten konnte, daß sie bereits ausreichend okkultpolitische Arbeit geleistet hätten. Sie hatten anfänglich sogar die Funktionen von Ordensgroßmeister und Ordensmeister inne. Unmittelbar aus der Thule-Gesellschaft stieß der Reichstagsabgeordnete a. D. Professor Feder dazu. Ihnen dürfte um 1919 der Sozialdemokrat, Antisemit, Pornographieliebhaber und Lehrer von Beruf, Julius Streicher, ferner Rudolf Heß und dessen Lehrer Karl Haushofer sowie der spätere Reichsrechtsführer Dr. Hans Frank, Sohn eines jüdischen Rechtsanwaltes aus Bamberg, der

Schriftsteller Dietrich Eckart und Dipl.-Ing. Alfred Rosenberg gefolgt sein. Mehrere NS-Prominente wie Adolf Hitler, Heinrich Himmler, Hermann Göring und Hitlers Beichtvater, Otto Engelbrecht, stießen zwar ebenfalls schon zu diesem Zeitpunkt zur Thule-Gesellschaft oder zu ihr nahestehenden Kreisen, ihre eigentliche Aufnahme in den innersten Kreis des Ordens scheint aber nicht vor 1920 erfolgt zu sein.[107]

Das Fußvolk von Thule wäre überdies sehr erstaunt über die Oberarier der höchsten Grade gewesen, wenn man bedenkt, daß sie selbst ihre »reinrassige« Herkunft bis zu ihren sämtlichen Urgroßeltern nachzuweisen hatten.[108] Im Thule-Orden indessen galt von vornherein, was Hermann Göring später ganz offen sagte: »Wer Jude ist, bestimme ich!« Denn ihnen, den Eingeweihten, ging es im Grunde genommen weder um die Deutschen noch um die Juden. Beide waren Material, Transmitter auf dem Weg zum Reich der Übermenschen, Material angewandter Magie, beide auf ihre Weise; die einen als Werkzeug zur Erreichung des Ziels, die anderen als notwendiger Feindbegriff nicht einmal persönlicher Natur, der letztlich alles in sich einschloß, was, zumindest nach außen hin, gegen sie und nicht mit ihnen war: die Bolschewiken, die Großkapitalisten, die Jesuiten, die Freimaurer, die Gleichmacher, die Demokraten, die Materialisten und später, als sie endlich an der Macht waren, auch alle Arten von Okkultisten, Esoterikern, Astrologen und verwandten Seelen. Die Masse der gutgläubigen germanischen Mitläufer wäre wohl höchst verwirrt gewesen, hätte sie erfahren, welche Zukunft ihr ins arische Haus stand. Was man nämlich plante, gleicht einer beinahe vollständigen Übernahme bereits bekannter Kastensysteme. Hermann Rauschning faßte diese Ziele zusammen:

»Es gelte also, einen neuen sozialen Aufbau des kommenden Europa zu organisieren. Es gelte, bewußt eine Klassenordnung wiederherzustellen oder vielmehr eine hierarchische Ordnung. Dies könne aber nicht in einem so kleinen Bezirk wie Deutschland geschehen, sondern nur noch für den ganzen Kontinent, für das ganze Universum. Das Bürgertum sei ebenso zu entwurzeln wie die Arbeiterschaft. Man müsse den Mut zum Analphabetismus ebenso haben wie zum Heidentum. Bildung und Wissen enthielten bestimmte Gefahren für die Herrenschicht. Aber sie bildeten auch im anderen Sinne große Gefahren für die Erhaltung einer Sklavenschicht. Das Ideal einer allgemeinen Bildung sei längst überholt. Nur wenn Wissen wieder den Charakter einer Geheimwissenschaft zurückerlangt hätte und nicht mehr allgemein zugänglich sei, würde es wieder die Funktion einnehmen können, die es normalerweise habe, nämlich Mittel der Beherrschung zu sein, der menschlichen Natur wie der außermenschlichen.« Später soll Hitler die enthüllenden Sätze von sich gegeben haben: »Das Rassisch-Biologische ist immer nur die eine Seite des ganzen Prozesses. Wir werden überhaupt sehr bald die Grenzen des heutigen engen Nationalismus hinter uns lassen. Meine Parteigenossen! Weltimperien entstehen zwar auf einer nationalen Basis, aber sie lassen diese sehr bald weit hinter sich!«[109]

Und zum Thema Kasten und Klassen: »Wissen ist Hilfsmittel des Lebens, aber nicht sein Sinn. Und so werden wir auch konsequent sein und der breiten Masse die Wohltat des Analphabetentums zuteil werden lassen. Es gibt nur eine Bildung für jeden Stand und in ihm für jede einzelne Stufe.«[110]

Was für den Orden galt, das sollte später für die gesamte Partei Gültigkeit bekommen. Kurz nach der Machtübernahme gab Alfred Rosenberg einige Hinweise darauf in einem Gespräch mit Rauschning, der, in Unkenntnis der eigentlichen Ursprünge des Nationalsozialismus, solchen Äußerungen stets mit großer Fassungslosigkeit gegenüberstand. Er beschreibt ein Gespräch mit Rosenberg im Münchner Ratskeller:

»Es sei an der Zeit, sagte Rosenberg, den Charakter der Partei zu ändern. Sie müsse als Massenpartei überwunden werden. Nachdem man den Zweck, nämlich die Erringung der Macht auf legalem, parlamentarischen Boden, erreicht habe, müsse ihr parlamentarischer Ursprung beseitigt werden. Die Partei habe jetzt eine andere Funktion und müsse nun auch in einem anderen Sinne geführt werden. Hitler sei zwar nicht ganz dieser Meinung und denke, erst mit dem Heraufwachsen einer jungen Generation könne auch Form und Inhalt der Partei sich ändern. Die alte Generation müsse zunächst einmal verbraucht werden, ehe aus der Partei das neue Gebilde eines weltlichen Priesterstaates herauswachse.

Er, Rosenberg, sei indessen der Meinung, daß es der künftigen Entwicklung höchst abträglich sei, wenn man an dem bisherigen Massencharakter der Partei festhalte. Für die Masse der Mitglieder und Amtswalter würde alles bleiben wie bisher. Aber es bilde sich jetzt schon in allen Formationen ein engerer Kreis von wirklich Eingeweihten und scheide sich zwangsläufig von der Masse. Diese Tendenz müsse planmäßig weiterentwickelt werden. Die alte politische Weltanschauung des Nationalsozialismus könne für die Masse ruhig weiter Geltung behalten. Aber für den Kreis der wissenden Parteigenossen gelte es einen Ring innerhalb der Partei zu schaffen. So käme man nicht bloß zu einer klaren Form der Partei, sondern gewänne allmählich auch innerhalb der Partei den Charakter des Ordens, in dem es Stufen der Einweihung, der Verantwortung und der Mitarbeit gebe.

Es könne, so schloß er, sehr wohl sein, daß wir außenpolitisch oder wirtschaftlich schwere Rückschläge erlitten, dann müsse der wissende Personenkreis immer da sein als eine geheime Priesterschaft, die auch ohne das Hilfsmittel einer äußerlich sichtbaren Organisation die großen Ideen in eine günstigere Zeit hinüberrette.«[111]

Wahrhaft prophetische Worte eines Eingeweihten, die man sich merken sollte. Aus diesen Äußerungen wird jedenfalls deutlich, daß es wohl zu billig und zu einfach wäre, den Nationalsozialismus nach seinem bloßen äußeren Erscheinungsbild, nach seinen äußeren Ursachen und Wirkungen zu beurteilen.

Der Freiherr von Sebottendorf begann schon bald mit der Umorganisation der Thule-Gesellschaft, der jetzt ein weniger wichtiger Platz zugewiesen wurde, nachdem sie zunächst ihre Aufgabe als völkisches Sammelbecken erfüllt hatte. Es war nun offenbar Sebottendorfs Aufgabe, das Fußvolk zu organisieren und jene Strukturen zu schaffen, die tatsächlich der Grundstock der späteren nationalsozialistischen Partei sein sollten. »Die Thule-Gesellschaft sollte weiter bestehen, aber nicht aktiv in den zu erwartenden Kampf eingreifen, ihre Bestimmung war die innere Arbeit an sich selber. Nach außen hin sollte ein Kampfbund in Erscheinung treten, dessen Leitung Sebottendorf sich vorbehielt.« – So der Freiherr über seine Rolle ab November 1918.[112]

Später konnte er gewiß mit Stolz und mit Recht notieren: »Das ›Heil und Sieg‹, den Gruß der Thule-Leute, machte Hitler zum ›Sieg-Heil‹, die Thule-Zeitung machte der Führer zum ›Völkischen Beobachter‹, zum Kampfblatt der nationalsozialistischen Bewegung Großdeutschlands. Unser Thule-Zeichen, das germanische Hakenkreuz, übernahm Hitler in dieser Form als Symbol der siegenden NSDAP.«[113]

Mehr würde Sebottendorf über die okkult-esoterische Gebärmutter des Nationalsozialismus später auch nicht mehr sagen dürfen. Es wäre ihn schon vor der Machtübernahme teuer zu stehen gekommen, hätte er über »die Arbeit an sich selbst« aus der Schule geplaudert. Aber schon seine Organisationsarbeit kann sich durchaus sehen lassen.

Die Keimzelle der NSDAP

Zunächst organisierte Sebottendorf eine Zeitung, denn ohne Zeitung ist auch die engagierteste Wühlarbeit nicht sehr erfolgreich, damals wie heute. Das war zu jener Zeit nicht unbedingt einfach, da nach einer Verordnung keine neuen Zeitungen oder Zeitschriften gegründet werden durften.

Der Zufall kam ihm zu Hilfe, als am 22. Juni 1918 ein Mann namens Franz Eher starb, der neben seiner Witwe auch die Herausgeberlizenz für eine Fachzeitschrift für Fleischer mit dem Namen *Münchner Beobachter* hinterließ. Über ein Fräulein Käthe Bierbaumer aus der Parkstraße 335 in Bad Aiblingen, die nicht nur Thule-Schwester (wenn auch nur der Freundschaftskategorie), sondern angeblich auch Sebottendorfs privates Verhältnis war, ließ der Freiherr diesen Zeitschriftentitel für 5000 Mark erwerben. Später sollte Sebottendorf wegen Fräulein Bierbaumer Schwierigkeiten mit einigen kleinkarierten Ariern bekommen, die nicht verstehen konnten, wie ausgerechnet der Meister von Thule ein jüdisches Fräulein mittels falschen Stammbaums in die reinrassige Gesellschaft hatte einführen können. Doch gegenwärtig spielte das keine Rolle.

Ab Juli 1918 erschien der *Münchner Beobachter* unter der Schriftleitung Sebottendorfs, nun nicht mehr als Fachschrift für Fleischhauer und Selcher, sondern als politisches Kampfblatt mit dem Untertitel »Sportblatt«, um so Einfluß vor allem auf die Jugend zu bekommen »und Juden irrezuführen, die sich nur für das Geschäft, aber nicht für den Sport interessieren«.[114]

Im Oktober 1918 beauftragte Sebottendorf den Jouralisten und Thule-Bruder Karl Harrer, gemeinsam mit dem Arbeiter Anton Drexler einen »Arbeiter-Ring« zu bilden, um beizeiten auch die Arbeiterschaft ins Geschirr zu bekommen. Das war die Keimzelle der NSDAP. Sie war ein unmittelbares Geschöpf der Thule.[115]

Freilich, schon während der Nazi-Zeit – und erst recht danach – sucht man in einschlägigen Werken vergeblich nach Thule im Zusammenhang mit der Gründung der NSDAP. Viele ließen sich durch das »national« und das »sozialistisch« und das allgemeine revolutionäre Geschwafel auf eine völlig falsche Fährte locken und orteten zuweilen in der nationalsozialistischen Bewegung zumindest anfänglich gar eine linke Revolution, die nur so tat, als sei sie rechts und eben, wie Mussolinis

Faschismus, auf nationale Abwege gekommen. Das Kürzel NSDAP in dieser oder jener Zusammensetzung war nichts Neues: Schon im Mai 1918 war in Österreich eine »Deutsche Nationalsozialistische Arbeiterpartei« gegründet worden. Von den tschechischen Sozialdemokraten spaltete sich bereits 1886 eine Gruppe ab, die sich nationalsozialistisch nannte, überzeugt davon, daß Sozialismus eben nur auf nationaler und nicht auf internationaler Ebene Zukunft haben könne.[116] In Trient kam ein marxistischer Journalist in Kontakt mit einer Gruppe dieser tschechischen Nationalsozialisten, die ihn tief beeindruckten, womöglich nicht zuletzt ihrer nationalen Tradition wegen, die sie von Hus, Zizka und dessen Taboriten herleiteten. Jedenfalls veröffentlichte er 1913 in Rom ein Buch mit dem Titel *Giovanni Huß il Veridico*, nachdem er sich eine Zeitlang mit dem Verfassen von antiklerikalen Romanen wie *Die Mätresse des Kardinals* hatte durchschlagen müssen. Nun aber sann Benito Mussolini, so hieß dieser Journalist, darüber nach, wie in Italien eine sozialistische und zugleich nationale Bewegung ins Leben gerufen werden könnte.[117] Wie man weiß, folgten diesen Gedanken erfolgreiche Taten. Im Faschismus italienischer Prägung spielte allerdings der Rassismus eine relativ untergeordnete Rolle, und der heidnisch-antichristliche Zug der deutschen Bewegung fehlte ganz, was mehr als ein Indiz dafür ist, daß der italienische und der deutsche Nationalsozialismus bis auf einige Gleichheiten in der äußeren Erscheinung wenig gemeinsam hatten.[118]

Die andere nationalsozialistische Bewegung kam aus Deutschböhmen und faßte schließlich in Österreich Fuß. Schon 1903 wurde im unruhigen Deutschböhmen eine Deutsche Arbeiterpartei (DAP) gegründet. Ihren Anhängern war die pangermanische Bewegung des Georg Ritter von Schönerer zu bürgerlich und zu reaktionär, obschon der »Ritter von Rosenau« lange Zeit das Idol radikaler, deutschnationaler Gruppen gewesen war. In *Mein Kampf* erklärte Hitler ihn und seine Ideen später zum Teil seines »granitenen Wiener Fundaments«. 1909 wollte die mährische Gruppe der DAP eine Umbenennung in Deutsche Nationalsozialistische Arbeiterpartei, was aber von der Mehrheit abgelehnt wurde, aus Angst, von den tschechischen Nationalsozialisten des Plagiates bezichtigt zu werden. Im Jahr 1918 wurde die DAP dann auf ihrer großen Wiener Tagung im Mai 1918 doch feierlich in DNSAP umgetauft.[119]

Bei dieser Partei war zunächst das Sozialistische ebenso echt wie das Deutschnationale. Das Programm forderte die übliche Mobilisierung der Massen gegen die kapitalistische Ausbeutung, es war antimonarchistisch, antihabsburgisch, antiösterreichisch, republikanisch-demokratisch und gewiß auch antijüdisch, das hatte damals fast jeder im Blut. Von den markigen pangermanischen Blut-Boden-und-Volk-Sprüchen hielt man in dieser Partei indessen noch nicht allzuviel, wie der ursprüngliche Gegensatz zu Schönerer zeigt, und mit jener deutschen Bewegung, die eben aus dem Schoß der Übermenschen-Mutter Thule gekrochen kam, hatte man zu jener Zeit überhaupt nichts zu tun. Eine Bestätigung dafür ist es wohl, daß die Pioniere dieser Partei in der späteren NS-Hierarchie überaus bescheidene Stellungen innehatten, nachdem sie von der deutschen Bewegung aufgesaugt worden waren.

Kampfzeit für Thule

Daß Herrschaft über die Massen zumindest im Stadium der Mobilisierung notgedrungen nationale, kollektivistische und sozialistische Elemente in sich vereinen mußte, das wußten freilich, wie gesagt, auch die Meister von Thule. Nur war man 1918 in München noch gar nicht so weit; da gab es zunächst erst den Arbeiter-Ring des Bruders Karl Harrer. Es wurden übrigens noch etliche andere Ringe ins Leben gerufen, die ihre Ähnlichkeit mit gewissen späteren nationalsozialistischen Abteilungen nicht verleugnen können: Wappenkunde und Familienforschung, nordische Kultur, deutsches Recht und schließlich der Kampfbund, für den Sebottendorf damals schon fleißig Waffen sammelte und kaufte: die Keimzelle der SA, der Sturmabteilung. Im Herbst 1918 ging es drunter und drüber, der Krieg faulte seinem Ende entgegen, Österreich begann sich aufzulösen, und in München wurde Revolution gemacht, die Wittelsbacher abgesetzt und der Freistaat Bayern ausgerufen. Eine, wie Gerhard Schulz in seinem *Aufstieg des Nationalsozialismus* schreibt, »phantasievolle, pittoreske wie politisch merkwürdige Persönlichkeit« wie der Dichter und Journalist Kurt Eisner wurde bayrischer Ministerpräsident. Eisner, der in Galizien geboren war und mit richtigem Namen Salomon Kosmanowsky hieß, mußte Antikommunisten und Deutschnationale auf die Palme bringen, zumal selbst unter den Sozialdemokraten der Verdacht bestand, Eisner wolle sich in Genf mit der Entente anbiedern und habe Deutschland insgesamt der Schuld am laufenden Krieg bezichtigt.[120]

Anlaß genug für eingeweihte wie nichteingeweihte Thule-Brüder, aktiv zu werden. Was Sozialisten und andere linke Revoluzzer bieten konnten, das konnte man in Thule noch allemal.

Kurz vor Weihnachten tagte in Berlin die Großloge, wo man einen Gründungsaufruf für eine Deutsche Sozialistische Partei verfaßte, in der es sinngemäß hieß: Schuld an allem Mißgeschick und an aller Mißwirtschaft und allem Übel sei der Kapitalismus. Die Sozialdemokraten kämpften freilich dagegen nur zum Schein, denn sie seien in der überwiegenden Mehrzahl selbst Kapitalisten und – eben Juden. Das Programm der Deutschen Sozialisten, zu deren ersten Vorsitzenden das Mitglied des Thule-Kampfbundes Hans Georg Grassinger ernannt worden war, versprach: freien Grund und Boden, keine Grundbesitzer, sondern nur mehr Pächter, Ablösung des römischen Rechts durch deutsches Gemeinrecht und schließlich Verstaatlichung des Geldwesens.[121] Von Berlin nach München zurückgekehrt, versucht Sebottendorf aus dem Bestand des Arbeiter-Ringes für München und Oberbayern eine Arbeiterpartei ins Leben zu rufen. Man gründet zunächst am 18. Januar 1919 in den Räumen der Thule den Nationalen Sozialistischen Deutschen Arbeiterverein, man wollte mit dem Namen Partei nicht unbedingt die Aufmerksamkeit der politischen Gegner auf sich lenken. Erst im Frühjahr 1919 wurde der Verein in »Deutsche Arbeiter-Partei« (DAP) umbenannt, zu der Monate später ein Adolf Hitler stoßen sollte. Zugleich wurde eine deutsch-sozialistische Arbeitsgemeinschaft aus der Taufe gehoben, die dann wenig später als »Deutsche Sozialistische Partei« die ersten Kontakte zu den österreichischen Nationalsozialisten herstellte.[122]

Während Adolf Hitler noch im Schützengraben lag, marschierte in München der Kerntrupp der späteren SA auf. Für das Fußvolk aus Thule hatte die Kampfzeit begonnen. Den Anlaß bildete die Ermordung des bayrischen Ministerpräsidenten Kurt Eisner am 21. Februar 1919, einen Tag bevor ein neuer Landtag eröffnet werden sollte. Eine völlig unsinnige Tat, da Eisner bei den Wahlen eine totale Niederlage erlitten hatte. Aber da war eben ein junger Graf namens Arco Valley, den es wie viele andere aus besseren Kreisen zu Thule hingezogen hatte. Doch er hatte Pech gehabt. Sebottendorf schreibt süffisant: »Graf Anton Arco von Valley hatte von der Mutter her (einer geborenen Oppenheim) Judenblut in den Adern, er ist Jüdling und war daher weder von der Thule-Gesellschaft noch vom Kampfbunde aufgenommen worden. Er wollte zeigen, daß auch ein Halbjude eine Tat ausführen könne.«[123]

Es folgte, was in solchen Fällen meistens folgt: Unruhen, Streiks, Plünderungen, politischer Radikalismus. Doch Sebottendorf taktierte vorsichtig, er war noch nicht soweit, noch fehlten Waffen. Sogar den *Beobachter* ließ er zunächst nicht mehr erscheinen, um niemanden zu provozieren. Statt dessen entfaltete er erstaunliche organisatorische Fähigkeiten: In und außerhalb Münchens werden beachtliche Waffenlager angelegt. Ganz offen kaufen Thule-Leute Gewehre von den Kommunisten, sechzig bis achtzig Mark pro Stück, je nach Zustand. Mitglieder des Thule-Kampfbundes mischen sich unter die Roten und tun ihr übriges dazu, daß die Spartakisten verkaufen, was nicht niet- und nagelfest ist, von Pistolen über Eierhandgranaten bis zu Maschinengewehren. Darüber hinaus wissen die Thule-Leute stets über geplante Aktionen der Roten Bescheid, mehr noch: Sie warnen auch gefährdete Personen, die mit ihnen nichts zu tun haben, und gewinnen so neue, dankbare Freunde. Manchmal sabotieren die verkappten Thule-Kämpfer die Aktionen der Bolschewiken, indem sie durch Vertauschen der Magnete deren gesamten Automobilpark lahmlegen. Und als Zugabe gibt es noch gefälschte Siegel und echte Freifahrscheine für die Eisenbahn.[124]

Am 17. März 1919 wird der neue Landtag eröffnet und eine neue Regierung unter dem Sozialdemokraten Hoffmann gebildet. Doch die marxistischen Volksräte, unter ihnen der sowjetische Bevollmächtigte Axelrod und seine aus Galizien stammenden Genossen Levien und Levine, haben nicht die Absicht, die Macht aus der Hand zu geben. Hatten sie unter beziehungsweise mit Eisner noch Repräsentanten parlamentarischer Regierungsweise geduldet, so war jetzt Schluß damit: Am 6. April 1919 wird geputscht und die Räterepublik ausgerufen. Die Regierung Hoffmann flüchtet nach Bamberg.[125]

Sebottendorf ist bereit, die Thule-Leute im Kampf zu erproben; der Freiherr gibt sich zuversichtlich und selbstsicher. Er schildert eine Begebenheit aus den ersten Tagen der Räteherrschaft, die ein bezeichnendes Licht auf ihn wirft: Polizeipräsident Pallabene persönlich erschien in den Logenräumen der Thule, um eine Hausdurchsuchung nach antisemitischen Flugblättern zu veranstalten. Sebottendorf war gewarnt, ein Baron Wittgenberg hatte ihm die polizeiliche Aktion gesteckt. Der Freiherr setzte zum Zeitpunkt der geplanten Polizeiaktion eine Gesangstunde an. Als der Polizeipräsident im Vereinslokal der Thule-Brüder und -Schwestern erschien, klangen ihm vaterländische Weisen entgegen: »Beglückt darf nur dich, o Heimat, ich schauen.« Als Pallabene den Freiherrn fragte, was denn das eigentlich für ein Verein sei, gab dieser zur Antwort: »Ein Verein zu Höherzüchtung der germanischen Rasse.« Der Polizeipräsident fühlte sich gefoppt und wollte zur Tagesordnung übergehen, worauf Sebottendorf ihn belehrte: »Ich kann Sie nicht hindern, Herr Polizeipräsident. Meine Macht reicht weiter, als Sie denken. Sehen Sie, ich bin nun sechs Monate und mehr Führer der Thule-Gesellschaft und denke, es auch noch lange zu bleiben. Sie sind seit zwei Tagen im Amt und können vielleicht noch zwei Tage bleiben, dann kommt ein anderer an die Futterkrippe. Wenn Sie mich oder einen meiner Leute oder auch alle verhaften, dann nehmen meine Leute, wo immer sie einen finden, einen Juden hoch, schleifen ihn durch die Straßen und behaupten, er habe eine Hostie gestohlen. Dann, Herr Polizeipräsident, haben Sie einen Pogrom, der auch Sie hinwegfegen wird.«

»Das ist ja irrsinnig, das ist Wahnsinn!«

»Vielleicht, aber mein Wahnsinn hat Methode. Sehen Sie, im Grunde streben wir doch einem gemeinsamen Ziel zu, nur unsere Wege sind verschieden. Warum sollten wir uns nicht tolerieren?«

»Ja, wir könnten zusammengehen.«[126]

Das Spiel hatte Methode, und diese kleine Episode sagte eine ganze Menge aus über den Aufstieg des Nationalsozialismus. Nach dem Besuch des Polizeipräsidenten standen Kommunisten vor den Logenräumen der Thule Wache – niemand anders als die in kommunistische Sektionen eingeschleusten Kampfbündler, die die Genossen davon abhielten, den Betrieb in der Marstallstraße zu stören.

Sebottendorfs Selbstsicherheit war nicht unbegründet. »Eisners Tod und die nachfolgenden Ereignisse hatten klar gezeigt, daß es zum Kampf kommen mußte. Die Organisation des Kampfbundes war in wenigen Stunden vollendet, und jedes Glied fügte sich reibungslos an die Stelle, die ihm angewiesen wurde!«[127]

Sebottendorf nahm nun Kontakt mit der geflohenen Regierung Hoffmann auf, die ihn tatsächlich offiziell damit beauftragte, die Gegenrevolution zu organisieren. Doch der erste Versuch schlug fehl, die Thule-Leute konnten München lediglich einen halben Tag halten und warteten vergeblich auf 6000 Mann von der Regierung. Die geflohenen Volksräte kehrten wieder zurück, und die Regierung Hoffmann mußte sich nach Nürnberg absetzen.

Sebottendorf läßt sich jedoch nicht abschrecken. Am 19. April hat er eine offizielle Ermächtigung in der Hand:

»Durch Beschluß des Ministerrats und des Landessoldatenrates erhält Rudolf von Sebottendorf die Ermächtigung, in Treuchtlingen das Freikorps Oberland aufzustellen. Bamberg, den 19. April 1919. Gezeichnet: Landessoldatenrat Simon. Der Minister für militärische Angelegenheiten Schneppenhorst.«[128]

Die Kader stehen, die Waffenlager, von Sebottendorf vorsorglich auch außerhalb Münchens angelegt, sind randvoll, das Freikorps steht binnen Stunden: Später gibt es vollzählig den ersten SA-Verband ab. Nach dem Freikorps Oberland wird auch noch ein Freikorps Chiemgau aufgestellt, das in einer Blitzaktion die wichtigsten Bahnknotenpunkte besetzt. Der Marsch auf München beginnt.

Die Räteregierung sieht sich in die Enge getrieben, nimmt die zurückgebliebenen Thule-Mitglieder fest und läßt sie hinrichten. Doch am 3. Mai ist die Räteregierung Geschichte. Sebottendorf hält Trauerloge für insgesamt sieben Märtyrer aus Thule: Heila Gräfin von Westarp, Walter Nauhaus, Walter Deike, Friedrich Wilhelm Freiherr von Seidlitz, Anton Daumenlang, Franz Karl Freiherr von Teuchert, Gustav Franz Maria Prinz von Thurn und Taxis. Sebottendorf: »Thule-Leute starben als erste den Opfertod für das Hakenkreuz.«[129]

Auch das. Eben. Wie Gerhard Schulz in *Aufstieg des Nationalsozialismus* treffend über die Thule-Gesellschaft bemerkt:

»Da die Thule-Gesellschaft 1918/1919 beträchtlichen Zulauf gewann, bald zu einer Dachorganisation für alldeutsche, vaterländische und ähnliche Vereine wurde und offenbar alle Kreise aufzunehmen trachtete, die sich durch den politischen Umsturz in die Enge getrieben sahen, aber genügend politisches und materielles Vermögen besaßen, um es gegen die Entwicklung einzusetzen, kann ihre Bedeutung in der Umbruchphase gar nicht überschätzt werden. Der Verleger Lehmann spielte eine Rolle, Gottfried Feder und Dietrich Eckart, spätere Freunde Hitlers, traten schon hervor. Der *Münchner Beobachter*, der dann zum *Völkischen Beobachter* der Nationalsozialisten wurde, stand ihnen zur Verfügung. Die Thule-Gesellschaft hielt aber auch zu dem starken Freikorps Oberland enge Verbindung, aus dem sich später ein Teil der SA entwickelte. Mit ihrer Unterstützung behauptete sich in München die bis Kriegsende nicht recht gedeihende Filiale eines antisemitischen ›Freien Ausschusses für einen deutschen Arbeiterverein‹ unter dem Arbeiter Anton Drexler. Mit ihm begann die Geschichte der ›Deutschen Arbeiterpartei‹ als einer an den Fäden der Thule-Gesellschaft hängenden Vorläuferin der NSDAP, die am 5. Januar 1919 gegründet wurde.«[130]

Obschon hier nicht auf die Tatsache hingewiesen wird, daß der Drexlersche Arbeiterverein beziehungsweise Arbeiterring und die DAP praktisch identisch mit der Thule-Gesellschaft waren, und obschon Sebottendorfs Herkunft und Rolle mit dem Satz abgetan werden, er habe eine ebenso dunkle wie offenbar abenteuerliche Vergangenheit gehabt und sei Astrologe geworden,[131] ist die Arbeit von Schulze mit Werner Masers *Sturm auf die Republik* eine der wenigen innerhalb der offiziellen NS-Literatur, in der der Zusammenhang zwischen Thule und National-sozialismus so klar ausgesprochen wird.

Nach dem Räte-Intermezzo von 1919 schien es für die Thule-Gesellschaft endgültig an der Zeit, in den Hintergrund zu treten; die Grundstrukturen einer einsatzfähigen Organisation waren geschaffen. »Die Thule-Gesellschaft hatte ihren Zweck erfüllt, sie mußte vergehen, damit das Neue werden konnte, das schon an der Schwelle stand«, schreibt Sebottendorf.[132]

Vor seinem Abgang von der Münchner Szene setzte er noch den Vorsitzenden der Deutschen Sozialistischen Partei, den bereits erwähnten Hans Georg Grassinger, mit dem Auftrag ein, den *Münchner Beobachter* in verbesserter Aufmachung und größerem Format neu herauszubringen. Überdies organisierte er die Nachrichtenabteilung unter einem Leutnant Kraus, die nun die für die Ermordung der Thule-Leute Verantwortlichen jagte. Tatsächlich gelang es, einige der geflohenen Räterepublikaner aufzuspüren, unter ihnen Levine. In München wurde ihnen der Prozeß gemacht.

Sebottendorf hatte nicht nur Freunde in München, es gab eine Menge Leute, die mit ihm abzurechnen hatten. Die Presse warf ihm Hochstape-lei und falsche Namensführung vor, und Sebottendorf hatte das Pech, keine Papiere zu haben, die seine Adoption vom Freiherrn Sebottendorf von der Rose (nach türkischem Recht, das in Deutschland nicht galt) bestätigt hätten. Darüber hinaus wurde das Gerücht über die jüdische Herkunft der Herausgeberin des *Beobachters*, Käthe Bierbaumer, und Sebottendorfs Verhältnis mit ihr in Umlauf gesetzt, was spießige Thule-Arier der unteren Ränge in sektiererische Bestürzung geraten ließ.

Inwieweit man im inneren Kreis des Thule-Ordens selbst der Meinung war, Sebottendorf möge sich besser ins Dunkel seiner Herkunft zurückzie-hen, bleibt unbeantwortet. Er war genau wie die Thule-Gesellschaft über-flüssig geworden. Jetzt gab es für die »Arbeit nach außen« die DAP und Kampfbundleute, während längst ganz andere Leute als Sebottendorf damit beschäftigt waren, innerhalb des Ordens »an sich selbst zu arbeiten«. Der Freiherr setzte sich deshalb ab und pendelte zwischen verschiedenen Schlupfwinkeln in Bad Sachsa, Freiburg im Breisgau und Konstanz hin und her, ehe er wieder in die Türkei zurückkehrte.[133]

In München waren an Sebottendorfs Stelle Professor Karl Haushofer, Dietrich Eckart, Alfred Rosenberg und Rudolf Heß als die großen Magier des Thule-Ordens getreten. Sie waren, wie Heß in einem Aufsatz schrieb, auf der Suche nach dem richtigen Mann, »der Deutschland auf seine alte Höhe zurückführen wird«.[134]

Der richtige Mann tauchte am 3. Oktober 1919 in München auf, wo der Gefreite Adolf Hitler in seiner Eigenschaft als politischer Agent der Nachrichtenabteilung im Reichswehrgruppenkommando 4 eine Versammlung der Deutschen Arbeiterpartei im Leiberzimmer im Sternekkerbräu besuchte: »Ein Österreicher mit einem großen Maul!« wie Drexler mit nicht unbegründetem Optimismus feststellte, der schon seit längerem auf der Suche nach einem Mann »von Überzeugung, aufrecht und ehrlich und absolut furchtlos« war, der zur treibenden Kraft »hinter uns« werden könnte.[135]

»Trebitsch-Lincoln im Komplott mit Wilhelm ...«

Doch bevor dieser Mann die Bühne des Sterneckerbräu-Stüberls betrat, tauchte in Deutschland eine weitere Persönlichkeit mit ebenso dunkler wie abenteuerlicher Vergangenheit auf, die, oberflächlich betrachtet, kaum direkte Berührungspunkte mit der Thule-Gesellschaft hatte und doch eine nicht unbedeutende Rolle spielen sollte: Trebitsch-Lincoln alias Moses Pinkeles alias Ignaz Trebitsch alias Thimotheus Lincoln, der mit Sebottendorf nicht nur die Vielzahl der Namen gemein hatte.

Alfred Rosenberg erwähnt ihn einmal unter dem Datum 14. 5. 1934 im Zusammenhang mit einem Protest des persischen Gesandten in Berlin, weil ihn der *Bayrische Staatsanzeiger* »in einem Atemzug mit Resa Khan« genannt hatte. Resa Khan, Angehöriger der iranischen Kosakendivision, war 1921 durch einen Staatsstreich an die Macht gekommen und 1925 schließlich Schah von Persien geworden. Nun wäre es aber gar nicht verwunderlich, wenn Trebitsch-Lincoln, von dem der Herausgeber der politischen Tagebücher Rosenbergs, Hans-Günther Seraphim, in einer Fußnote vermerkt, er sei »im Ersten Weltkrieg und in den Nachkriegsjahren als Abenteurer in Europa und Asien bekannt« geworden,[136] auch dabei seine Finger im Spiel gehabt hätte.

Lincolns Lebenslauf ist sogar noch um etliches abenteuerlicher als der Sebottendorfs, auch wenn es bei ihm keine Hinweise für eine Mitgliedschaft in den einschlägigen Orden und Gesellschaften gibt, die Kontakte mit unsichtbaren Überwesen herzustellen pflegten. Er selbst behauptete, in Budapest als Sohn eines Getreidegroßhändlers namens Nathan Trebitsch geboren worden zu sein. Warum er sich Thimotheus

Lincoln nannte, blieb offen. In jungen Jahren war er Schauspieler, wechselte dann zum Journalismus über, versuchte sich als Theologiestudent im evangelischen Missionshaus in Hamburg, arbeitete in der Folge als Evangelist für die Missionierung der Juden in Amerika, avancierte zu einem anglikanischen Diakon in Kanada. Später tauchte er als Pfarrer in England auf, um schließlich als Privatlehrer im Haus von Lord Rowntree Nachhilfeunterricht in deutscher Sprache zu erteilen. Doch das scheint nicht ganz nach seinem Geschmack gewesen zu sein, denn kurz vor dem Ersten Weltkrieg trat er als einer der schillernden Ölspekulanten jener Zeit in Rumänien und Berlin auf (hatte nicht später jemand Interesse an persischem Öl?). Der Beginn des Ersten Weltkriegs verschaffte ihm eine Stelle als Zensor im britischen Kriegsministerium. Auch dort hielt es ihn nicht allzulange. Als Journalist kam er nach New York und wurde prompt in der Dechiffrierabteilung der amerikanischen Regierung in Washington eingestellt.

Wer schon einmal einen guten Agentenroman gelesen hat, weiß nun schon mehr über Trebitsch-Lincolns Tätigkeit, als erlaubt ist. Plötzlich aber gilt Trebitsch-Lincoln als deutscher Spion und als Propagandist gegen den Eintritt Amerikas in den Weltkrieg. Das war 1916. Im damals noch relativ neutralen Amerika wird er wegen seiner antibritischen Tätigkeit unter irgendeinem unpolitischen Vorwand verhaftet und nach England verfrachtet, wo man ihm die britische Staatsangehörigkeit abspricht, ihn also staatenlos macht. Die Anklage lautet auf Hochverrat, doch dann verurteilt man ihn doch nur wegen angeblicher Wechselfälschungen zu drei Jahren Gefängnis. Die drei Jahre dürften nicht allzu schlimm für ihn gewesen sein, denn er verbrachte sie bei guter Pflege und Verpflegung im Gefängnisspital in Pentonsville.

Einen Monat nach der Unterzeichnung der bedingungslosen Kapitulation im Wald von Compiègne wird Trebitsch-Lincoln aus dem Gefängnisspital entlassen. Beamte der Fremdenpolizei bringen ihn nach Harwich auf das Schiff, doch da läuft etwas schief: Er wird ins Gefängnis zurückgeführt unter dem Vorwand, die ungeordneten Verhältnisse in seinem Heimatland Ungarn ließen eine Rückkehr dorthin nicht zu. Man steckt ihn angeblich in Einzelhaft, entläßt ihn aber nach elf Tagen endgültig, nachdem er verspricht, anstatt in das Heimatland Ungarn nach Deutschland zu reisen. Dort schienen die Verhältnisse ja wirklich geordnet zu sein: Das deutsche Reich war eben dabei, Republik zu werden, und der Kaiser spaltete seine ersten Klafter Holz in Doorn. Und da war er noch gut dran, denn nur knapp entging er samt seinen Generälen dem

Schicksal, wie später die Nazi-Bonzen als Kriegsverbrecher vor ein internationales Tribunal gestellt zu werden.[137]

Deutschland lag, von wegen geordneter Verhältnisse, schon säuberlich auf dem Seziertisch der neuen Weltordnung. Die Gebiete von Eupen und Malmedy mußten an Belgien abgetreten werden, Elsaß-Lothringen und das Saarkohlerevier an Frankreich. Polen und die neugegründete Tschechoslowakei erhielten Oberschlesien, Nordschlesien, die Provinzen Posen (außer Fraustadt und Schwerin), sämtliche Gebiete acht Kilometer östlich der Eisenbahnlinie Scheidenmühl-Konitz, immerhin 130 000 Quadratkilometer mit 15 Millionen Einwohnern. Ohne Volksabstimmung sollten an Polen 1 014 550 Deutsche in einem Gebiet, in dem 253 740 Polen ansässig waren, abgetreten werden. Darüber hinaus waren 5000 Lokomotiven auszuliefern und 150 000 Eisenbahnwaggons, sämtliche Verkehrsstraßen alliierter Verfügungsgewalt zu übergeben mit der Auflage, daß deren Unterhalt Deutschland oblag. Bei der Räumung der belgischen Küste waren sämtliche Flußschiffe, Schlepper, Kähne und Handelsschiffe in einwandfreiem Zustand abzuliefern. Trotz Fortsetzung der Lebensmittelblockade wurden 140 000 Milchkühe beschlagnahmt, dafür lieferten später die USA Dosenmilch. An Frankreich waren darüber hinaus noch zu liefern: 2000 Zuchtbullen, 90 000 Milchkühe, 500 Zuchthengste, 30 000 Stutenfohlen, 1000 Schafböcke und 10 000 Ziegen sowie trotz verlorener Kohlegruben an Frankreich, Belgien und Italien 367 Millionen Tonnen Kohle. Das war übrigens nicht alles, aber die Reparationsforderungen führen zu einem anderen Kapitel.[138]

In solcherart »geordnete Verhältnisse« wird also Trebitsch-Lincoln verschickt. Mit einem Heimkehrertransport deutscher Kriegsgefangener kommt er zunächst nur bis Wesel, wo ihm ein deutscher Grenzbeamter bedauernd erklärt, niemand dürfe nach Berlin reisen, der dort nicht ansässig sei. Offenbar hat bei diesem Gespräch ein Aufsichtsbeamter den Namen des Reisewilligen aufgeschnappt. Der Name Trebitsch-Lincoln kommt ihm bekannt vor: Da war doch noch irgendwas ...? Er nimmt den Kontrollbeamten mit in sein Büro, und als dieser zurückkehrt, ist plötzlich alles in Ordnung: Trebitsch-Lincoln bekommt sogar einen Freifahrtsschein bis Berlin.

Sein erster Weg führt ihn zu einer Villa, an deren Eingangstür ein bescheidenes Schild verkündet, hier wohne ein gewisser Charles Newman. Es ist aber nicht Charles Newman, der die hübsche Villa mit Blick auf den Tiergarten in der Viktoriastraße bewohnt, sondern der einstige Erste Generalquartiermeister Erich Ludendorff, zeitweise praktisch deutscher

Militärdiktator, der nach dem für die Deutschen nicht gerade erfolgreichen Lenin-Coup und dem Scheitern seiner militärischen und vor allem seiner politischen Ambitionen im Oktober 1918 entlassen worden ist.[139] Im Februar 1919 ist er nach Deutschland zurückgekehrt, allerdings in Zivil, und dient seither der von einem gewissen Hauptmann Papst gegründeten Nationalen Vereinigung als Stratege und des Namens wegen als Galionsfigur.[140]

Kurzfristig hat sich nämlich das nationalrevolutionäre Geschehen nach Berlin verlagert. Vor allem in Kreisen der Generalität wollte man mit der sich konstituierenden parlamentarischen Demokratie nichts zu tun haben, einen Kaiser wollte man wieder haben, nicht den alten Wilhelm, sondern den Kronprinzen.

Nun, die Villa am Tiergarten wurde ziemlich frequentiert. Männer in Zivil gaben sich die Klinke in die Hand, Männer, denen man schon an der Haltung ansah, daß sie sich in Uniform wohler gefühlt hätten: der Hauptmann Papst, der Kommandant der Berliner Garnison, von Lüttwitz, Oberst Max Bauer, Kapitän Ehrhardt und der pensionierte preußische Beamte Wolfgang Kapp, der den Historikern später den Namen für den Putsch liefern sollte.

Der frisch aus dem britischen Gefängnis exportierte Trebitsch-Linoln kam in Berlin gleich nach seiner Ankunft in Kontakt mit den preußischen Offizieren, und es dauerte auch nicht lange, bis er von Oberst Bauer in die mysteriöse Villa am Tiergarten eingeführt wurde. Dort hatte man keinerlei Geheimnisse vor ihm, ganz im Gegenteil. Man beauftragte ihn mit einer heiklen Mission, die selbst zu unternehmen die Generäle zu sehr gerührt hätte: Niemand wollte dem alten Wilhelm sagen, daß man gern den Kronprinzen zum Kaiser machen wollte. Trebitsch-Lincoln sollte das tun. Er fuhr nach Ameorongen, aber der Adjutant des Ex-Kaisers, General Dommes, ließ ihn nicht vor zur Majestät. Ohne Erfolg kehrte Trebitsch-Lincoln nach Berlin zurück.

Ohne Erfolg?

In der britischen Presse überschlagen sich in diesen Tagen die Schlagzeilen: »Lincoln im Komplott mit Wilhelm! – Besuch in Ameorongen. Verhandlungen mit dem Ex-Kaiser! – Lincoln erhält eine halbe Million Pfund Sterling für die Konterrevolution!«

Man sieht: Die Geschichte schlägt manchmal erstaunliche Haken, und zuweilen kommt ein ganz unbedeutender Abenteurer, der es nicht wert scheint, in die großen Bücher der Geschichte einzugehen, zu erstaunlichen Betätigungen.

In Berlin scheinen die Staatsstreichplaner damals jedenfalls keine britischen Zeitungen gelesen zu haben. Denn nun schickte man Trebitsch-Lincoln zum Kronprinzen ins holländische Wieringen. Dort wurde er endlich empfangen, und der Kronprinz zeigte sich durchaus geneigt.

Das war im September 1919. Nun hatte man ein konkretes Ziel. Trebitsch-Lincoln ging von nun an in der Ludendorffschen Villa aus und ein, wo die Putschpläne allmählich ihrer Durchführung entgegenreiften. Doch erst mußten die Verbündeten gefunden werden. Über Kapp suchte man Kontakt zu russischen Monarchisten und vor allem zu dem russischen General Biskupski, der den Umsturz unterstützen sollte.[141] Trebitsch-Lincoln wurde beauftragt, eine Verbindung mit dem ungarischen Diktator Horthy herzustellen, und reiste unter abenteuerlichen Begleitumständen nach Budapest.

Allerdings blieb seine Mission erfolglos, und als er Anfang März 1920 nach Deutschland zurückkehrte, waren die Kapp-Putschisten in hellster Aufregung. Die Entente hatte überraschenderweise befohlen, die dem General von Lüttwitz unterstehenden Marinebrigaden des Kapitän Ehrhardt aufzulösen, den Kern der monarchistischen Truppen. Die Offiziere hätten eben doch englische Zeitungen lesen sollen. Hysterisch geworden, gänzlich unvorbereitet und reichlich naiv marschierten sie mit ihren Truppen in der Nacht zum 13. März 1920 gegen Berlin und besetzten die Stadt. Kapp erklärte sich zum neuen Reichskanzler. Offensichtlich waren aber die damaligen Militärs doch nicht solche Profis in Sachen Staatsstreich, wie es die heutigen Soldaten in manchen Ländern sind. Man ließ die Reichsregierung mitsamt dem Reichspräsidenten Bauer nach Dresden und Stuttgart entfliehen und vergaß, die Reichsbank zu besetzen, die die Schalter dicht machte. Kein Sold für die Soldaten, kein Geld: Am Morgen des 17. März gab Kapp auf und setzte sich mit Lüttwitz in Richtung Schweden ab.

An diesem Tag begegneten sich Adolf Hitler und Trebitsch-Lincoln. Am frühen Morgen des 17. März flog eine Militärmaschine unter dem Piloten Leutnant Ritter von Greim von München nach Berlin ab. Die einzigen Fluggäste waren der Dichter, Schriftsteller und Thule-Ordensbruder Dietrich Eckart und der mittlerweile zum Propagandaleiter der DAP avancierte Adolf Hitler. Die Hintergründe dieses Fluges sind rätselhaft. Wer waren die Auftraggeber? Was hatte Eckart, der schließlich kein Militär war, in der Maschine zu suchen? Was wollten die Thule-Brüder in Berlin?[142]

Wie auch immer: Wegen eines heftigen Gewitters muß die Maschine in Jüterbog, rund siebzig Kilometer südwestlich von Berlin, landen. Die Fahrt nach Berlin ist nicht ungefährlich, Spartakisten haben bereits Straßenbarrikaden errichtet. Als Hitler und Eckart endlich in Berlin eintreffen, teilt Trebitsch-Lincoln ihnen mit: »Haut's wieder ab nach München. Es ist schon alles vorbei. Kapp ist geflohen.«

Später schreibt Hitler für seinen Auftraggeber in der Nachrichtenabteilung des Reichswehrkommandos 4 als einzigen Eindruck über die Lage in Berlin: »Als ich den Pressechef der Regierung Kapp sprach und sah, wußte ich, daß dies keine nationale Revolution sein konnte und diese auch erfolglos bleiben mußte, denn dieser Pressesprecher war ein Jude.«[143]

Ob Trebitsch-Lincoln ein Jude war, bleibe dahingestellt. Immerhin dürfte er einen Teil der für den Putsch vorgesehenen Gelder mit nach München gerettet haben. Denn nach Bronder (*Bevor Hitler kam*) kaufte Adolf Hitler persönlich 1921 den *Völkischen Beobachter* mit 100 000 Mark in bar, wovon Trebitsch-Lincoln nicht weniger als 80 000 Mark beigesteuert haben soll. Tatsächlich wundert man sich, woher Hitler damals das Geld hatte: Denn er zahlte nicht nur 100 000 Mark für den *Beobachter*, sondern übernahm damit auch gleich Schulden in der Höhe von nicht weniger als 250 000 Mark.[144]

Dies war der Zeitpunkt, als das Spurenverwischen zu Thule in vollem Gange war. Trebitsch verließ wie Sebottendorf Deutschland und tauchte bald darauf in China auf, wo er bei diversen Putschversuchen der Militärs als Ratgeber beteiligt war. Nach der Machtübernahme durch die Nationalsozialisten kehrte er wieder zurück und arbeitete für die SS-Führung unter Heinrich Himmler. Manchmal behauptete er, in Wirklichkeit Lama Djordi Den zu sein. Es ist nicht undenkbar, daß auch Trebitsch-Lincoln sich wie Gurdjieff, Crowley oder etwa Haushofer übersinnliche Erkenntnisse in einem tibetanischen Kloster geholt hat. Immerhin war es Trebitsch, der noch während des Krieges für die SS Verbindung zu tibetanischen Klöstern hergestellt hatte. Während dieser Zeit soll es übrigens in Berlin einen tibetanischen Mönch gegeben haben, der unter dem Namen »der Mann mit den grünen Handschuhen« bekannt war und regelmäßige Zusammenkünfte mit Hitler gehabt haben soll. Der Mann hatte den Ruf, der »Bewahrer der Schlüssel zu sein, die das Reich Agarthi öffnen«. Was natürlich zunächst einmal esoterisch zu verstehen ist, wenngleich die späteren Absichten Himmlers bezüglich Expeditionen nach Tibet darauf schließen lassen, daß man durchaus an eine reale Existenz des Reiches Agarthi glaubte.[145] Im übrigen scheinen magische Verbindungen nicht unbedingt nur eine nationalsozialistische Spezialität gewesen zu sein. Wie 1962 der amerikanische Ethnologe W. S. Lewis nach einer Reise in die Mongolei berichtete, verdankte Molotow, einst Leutnant unter Stalin und Gegner Chruschtschows, seine sprichwörtliche Willenskraft und geradezu erstaunliche Immunität seinen Beziehungen zum Bogdo Chan oder Hutuku, dem letzten Oberhaupt der Lamas Zentralasiens und lebenden Buddha in derselben Eigenschaft wie der Dalai-Lama von Tibet. Das mag freilich nur eine phantasievolle Geschichte aus der Zeit des kalten Krieges sein; ähnliche Berichte gab es ja auch von Trotzki und Lenin, von denen 1918 die in Berlin erscheinende russische Zeitung *Der Weckruf* in der Nummer 18 jenes Jahres berichtete, sie hätten einmal im Kreml so etwas Ähnliches wie ein schwarzmagisches Ritual veranstaltet. Nun, auch das mag alles erfunden sein, aber wie ein altes Sprichwort sagt, in jeder Geschichte steckt ein wahrer Kern.[146]

Trebitsch-Lincoln jedenfalls war zuletzt im Dezember 1942 offiziell im Auftrag der Führer des Dritten Reichs in Ostasien. Als er im Dezember mit einer planmäßigen Linienmaschine der Lufthansa zurückkehrte, wurde er auf dem Flughafen Tempelhof erwartet und ins Reichssicherheitshauptamt gebracht. Dort überreichte er Himmler einen kleinen Koffer mit einem geheimnisvollen Pulver aus dem Kloster Lai-Len für Dr. Morell, den Leibarzt Hitlers. Trebitsch erhielt für diese Mission von Himmler persönlich zwei Millionen Pfund. Daß derlei Arzneien zum Alltag der NS-Prominenz gehörten, mag der Hinweis bestätigen, den der britische Historiker James Leasor in seinem Buch über den mysteriösen Englandflug von Rudolf Heß liefert. Nachdem Heß nach seiner Landung von britischen Heimwehrleuten gefangengenommen worden war, fand man in seinem Gepäck allerlei medizinische Spezereien: »Eins war ein Elixier, das nach Heß' Angaben von einem tibetanischen Lama stammte.«[147]

Trebitsch-Lincoln verschwand 1943 von der Bühne der Geschichte. Im Oktober dieses Jahres meldete der japanische Rundfunk, er sei in einem Krankenhaus in Shanghai gestorben. Im *Völkischen Beobachter* bekommt er einen ehrenden Nachruf, dort heißt es allerdings, er sei in dem etwas weniger exotischen österreichischen Graz verstorben. Nach dem Ende des Zweiten Weltkriegs jedenfalls ließ der amerikanische Geheimdienst das Grab von Trebitsch-Lincoln auf dem europäischen Friedhof von Shanghai öffnen. Und man staunte: Der Sarg in dem Grab war leer ...

Dieser Vorgriff führt bereits weit in das Zentrum von Thule, von Hyperborea, vom Dritten Reich.

Ein umherirrender Hund auf der Suche nach seinem Herrn

Im München des sich zu Ende neigenden Jahres 1919 wartete man inzwischen noch auf einen geeigneten Mann, vielleicht sollte man besser sagen: ein geeignetes Medium. Nach dem Friedensschluß wurden innerhalb der Reichswehr Spezialdienststellen geschaffen, die die Aufgabe hatten, die Stäbe und Truppen von revolutionären Einflüssen freizuhalten. Die Agenten dieser Dienststellen waren mit der Beobachtung subversiver politischer Aktivitäten innerhalb der Einheiten ebenso betraut wie mit der Infiltration sozialistischer Organisationen. Der Chef der Nachrichtenabteilung im Reichswehrkommando 4 in München, Hauptmann Karl Mayr, holte zu diesem Zweck auch den Gefreiten Adolf Hitler vom 2. Infanterieregiment, vermutlich wegen dessen mustergültigen Verhaltens an der Front. »Er kam mir vor wie ein umherirrender Hund auf der Suche nach seinem Herrn!« berichtete später Hauptmann Mayr in seinen Erinnerungen *I was Hitler's Boss*. Und er fand, daß Hitler bereit gewesen sei, sich auf Gedeih und Verderb mit jedermann zu verbünden, der ihm mit Freundlichkeit begegnete. Die Frage nach der Zukunft des deutschen Volkes habe für Hitler damals überhaupt keine Rolle gespielt.[148]

Hitlers Vorstellungen dürften zu jener Zeit eher chaotisch gewesen sein, zumindest in politischer Hinsicht, und sein Antisemitismus indifferenter Ausfluß des allgemeinen Zeitgeistes und der lokalen Umstände, hatten doch wirklich überall Juden die Hände im Spiel: Eisner, dann Toller, Levine, Levien, russische Kommunisten noch dazu, in Berlin die Rosa Luxemburg, in Budapest Bela Kuhn, in Moskau Trotzki, Kamenew, Sinowjew. Und daß dies so etwas wie eine Verschwörung war, hatte nicht zuerst Hitler, sondern längst vor ihm sein späterer Widerpart Churchill in London gemutmaßt. Im Juli 1919 etwa meinte Churchill bei einem Treffen im Londoner englisch-russischen Club, es komme darauf an, in Rußland den General Denikin gegen die Bande jüdischer Anarchisten zu unterstützen. Und wenige Monate später meinte er im Unterhaus: »Kaum war Lenin erschienen, als er auch schon obskuren Leuten, die in New York, in Glasgow, in Berlin und in anderen Ländern Zuflucht gefunden hatten, mit dem Finger winkte und dann die führenden Geister einer äußerst mächtigen, ja der mächtigsten Religionsgemeinschaft überhaupt um sich versammelte.«[149] Churchill mochte nicht ganz so unrecht gehabt haben, aber er hätte dabei eher an die Brüder vom Grand d'Orient denken sollen, von deren Ableger-Loge »Art et Travail« Lenin und Trotzki ihren

Ausgang genommen haben und wo die Mitgliedschaft wie in ähnlichen Brüderlichen Vereinigungen nicht unbedingt eine Frage jüdischer Herkunft war.[150] Aber das war natürlich nicht Bruder Churchills Intention, wie er auch unerwähnt ließ, daß in diesem Jahr 1919 nicht weniger als zwei Drittel der Abgeordneten des US-Kongresses Freimaurer waren, wobei die meisten mit der Logenzugehörigkeit eher den Zweck schnelleren Vorankommens in der Gesellschaft verfolgten.

Auch die damals in den USA in Gang gekommene anti-jüdisch-bolschewistische Stimmungsmache mit ihrem Lärm um eine angeblich rein jüdische Finanzierung der russischen Revolution dürfte, wie ein anderes Kapitel zeigen wird, eher den Sinn gehabt haben, von den eigentlichen Drahtziehern abzulenken. Verfolgt man die geistigen wie geographischen Wurzeln der durchaus religionsartigen Bewegung, die in direktem Zusammenhang zu Thule führt, kann man Churchill zumindest in bezug auf den Begriff Verschwörung zustimmen, den er in diesem Zusammenhang gebrauchte. Hitlers politische Vorstellungen dürften sich erst konkretisiert haben, als er wie die anderen als Militärspitzel ausersehenen Soldaten zu Kursen an der Münchner Universität abkommandiert wurde: Einer der Dozenten dort war das Gründungsmitglied der Thule-Gesellschaft und Bruder des Thule-Ordens, Dr. Gottfried Feder, der mittlerweile eine deutsche »Kampfliga zur Brechung der Zinsknechtschaft« gegründet hatte.[151] Während dieser Vorlesungen reifte in Hitler der Gedanke zur Gründung einer neuen Partei.

»Nachdem ich den ersten Vortrag gehört hatte, zuckte mir auch sofort der Gedanke durch den Kopf, nun den Weg zu einer der wesentlichsten Voraussetzungen zur Gründung einer neuen Partei gefunden zu haben«, schreibt er in *Mein Kampf*.[152] Aufmerksam geworden auf Hitlers rednerisches Talent, setzte Hauptmann Mayr den Gefreiten als Aufklärungsredner im Durchgangslager für heimkehrende Kriegsgefangene in Lerchfeld ein, um den verbitterten und um alle ihre Hoffnungen betrogenen Soldaten eventuelle sozialistisch-spartakistische Flausen auszureden.[153] Inwieweit die Thule-Leute bereits durch Dr. Feder auf den fanatischen Phrasendrescher aufmerksam geworden sind, bleibt unbeantwortet. Der erste direkte Kontakt mit Thule kam am 3. Oktober 1919 zustande, als Hitler von seinem Vorgesetzten beauftragt wurde, eine Versammlung der Deutschen Arbeiterpartei im Sterneckerbräu zu besuchen.

Erstaunlich ist in diesem Zusammenhang, wie sehr Hitler-Biographen und NS-Historiker, so etwa auch John Toland, bemüht sind, die DAP zu verniedlichen, und sich Wort für Wort auf Hitlers diesbezügliche Aussagen in *Mein Kampf* verlassen, um dann konstatieren zu können: »Hitler erkannte ganz klar, daß er diese kleine Gruppe nach seinen Bedürfnissen formen konnte.«[154] Daß die DAP nur eine kleine Teilorganisation der Thule-Gesellschaft war, scheint da völlig unerheblich zu sein. Um ja keinen Verdacht auf den geheimbündlerischen Ursprung der späteren nationalsozialistischen Bewegung aufkommen zu lassen (was ja viel zu viele Fragen aufwerfen und das bisherige Bild vom Dritten Reich ganz und gar über den Haufen werfen könnte), wird zuweilen nahezu krampfhaft der Eindruck erweckt, Hitler sei auf eine völlig unbedeutende, unbedarfte und verbindungslose Minigruppe gestoßen, aus der er, der große Zampano, dann die Massenbewegung hervorgezaubert habe.

Erstaunlicherweise deckt sich diese Legende durchaus mit den späteren Bestrebungen der Nationalsozialisten und Hitlers selbst. In *Mein Kampf* beispielsweise erwähnt er seinen ersten Besuch bei der DAP gar nicht, was als Hinweis dafür gewertet wird, wie wenig beeindruckend die Angelegenheit für Hitler gewesen ist.

Tatsächlich aber erstattet er Hauptmann Mayr folgendermaßen Bericht: »Versammlung der Deutschen Arbeiterpartei. Ort: München, Sterneckerbräu, Leiberzimmer. Personen: 24. Anwesende: hauptsächlich aus der unteren Schicht der Bevölkerung und zwei Soldaten. Vortragender: Herr Feder. Gesinnung: National. Der Vortrag des Herrn Feder war von allgemeiner politischer Art. Im Anschluß an den Vortrag war eine Aussprache, an der auch ich teilnahm. Ich bitte Herrn Hauptmann, diesem Verein oder Partei beitreten zu dürfen, da diese Männer den Gedanken des Frontsoldaten sprechen!«

Hitler und die heilige Zahl 7

Das paßt gar nicht zu der vielfach verbreiteten und aus *Mein Kampf* übernommenen Version eines Sechs-Mann-Grüppchens, zu der dann als siebtes Mitglied Herr Hitler gestoßen sei. Wen wundert's: Die Sieben ist in der Freimaurerei und im Okkultismus eine der heiligen Zahlen, ja die magische, kosmische Zahl, das »Vehikel des menschlichen Lebens« der Pythagoräer überhaupt. Hitler erhielt übrigens bei seinem Parteieintritt die Mitgliedsnummer 555, eine Zahl, in die man durchaus auch esoterische Bedeutungen hineininterpretieren kann: die Fünf als Zahl des Pentagramms, Zeichen eines bei den Goldenen Dämmerern gebräuchlichen magischen Rituals (der Fünfzackstern ist bekanntlich das Hoheitszeichen der USA und der Sowjetunion und Bestandteil der Hoheitszeichen so ziemlich aller seit 1945 neugegründeten Staaten und Zwergstaaten), die Fünf als Zahl der fünf Sinne, der fünf Wandelsterne, des Kreuzes und dergleichen mehr.

Der *Mein Kampf* und den offiziellen NS-Geschichtsschreibungen nachvollzogenen Version zufolge soll Hitler damals gedacht haben, es handle sich bloß um einen dieser Vereine, die zu jener Zeit »nur so aus dem Boden schossen, um nach einiger Zeit sang- und klanglos wieder zu verschwinden.«[155]

Nach dieser Version soll dies alles nicht erst am 3. Oktober 1919, sondern schon im September passiert sein. Hitlers zweiter Auftritt bei einer Versammlung der DAP im Münchner Hofbräukeller auf Anordnung des Majors Hierl habe am 12. September stattgefunden, dort habe er »etwa 20 bis 25 Anwesende« getroffen und sich fürchterlich gelangweilt, »bis plötzlich ein Professor zu Worte kam, der erst an der Richtigkeit der Federschen Gründe zweifelte, sich dann aber, nach einer sehr guten Erwiderung Feders, auf den Boden der Tatsachen stellte, nicht aber ohne der jungen Partei auf das angelegentlichste zu empfehlen, als besonders wichtigen Programmpunkt den Kampf um die Lostrennung Bayerns von Preußen aufzunehmen. Der Mann behauptete mit frecher Stirn, daß in diesem Falle sich besonders Deutsch-Österreich sofort an Bayern anschließen würde und ähnlichen Unsinn mehr. Da konnte ich nicht anders, als mich ebenfalls zu Wort zu melden und dem gelahrten Herrn die Meinung zu sagen.«[156]

Ja, und dann drückte ihm »dieser Arbeiter« eine Broschüre in die Hand, als Hitler sich nach seinem Auftritt »vor dem langweiligen Verein« zum Gehen wandte.

Es war Anton Drexler, der ihm seine Schrift *Mein politisches Erwachen – Aus dem Tagebuch eines deutschen sozialistischen Arbeiters* überreichte, in der in dieser die programmatischen Schwerpunkte der DAP festgelegt hatte.

Hitler und die spätere NS-Propaganda waren bestrebt, Drexlers Bedeutung herabzumindern und auch die Bedeutung der DAP zum Zeitpunkt seines Eintretens. Denn er mußte ja nicht nur derjenige sein, der die ganze Bewegung prägte, zwangsläufig mußte er auch der Messias sein, auf den alles gewartet hatte. Sein Genie mußte es gewesen sein, »unter dem fassungslosen Blick der Mitglieder, die in kleinen Verhältnissen zu Hause und zufrieden waren, den langweiligen Verein an die

Öffentlichkeit« zu drängen (so Joachim C. Fest in seiner Hitler-Biographie).[157] So kommt es, daß in Hitlers eigener Version sowie in der »offiziellen« NSDAP-Geschichte »Anton Drexler unter demselben Namen wie 1904 die deutschböhmischen Arbeiter am 5. Januar 1919 eine eigene Partei gründete« (Joachim C. Fest),[158] obwohl sowohl der Arbeiterzirkel bzw. Arbeiterring als auch der »Freie Arbeiterausschuß für einen guten Frieden« und der »Nationale Sozialistische Arbeiterverein«, der dann in DAP und später in NSDAP umbenannt wurde, erwiesenermaßen nichts anderes waren als von dem Journalisten Karl Harrer und Anton Drexler organisierte Bewegungen innerhalb der Thule-Gesellschaft.[159] So kommt es, daß die NS-Geschichte erzählt, »seit dem Jahresende 1920 verfügte die NSDAP, die im September 1919 noch nicht einmal einen armseligen Stempel besaß, über ihre erste eigene Zeitung, den *Völkischen Beobachter* (so Werner Maser in *Hitler, das Ende einer Führerlegende*), obwohl der *Beobachter* unbezweifelbar das Organ der Thule-Gesellschaft unter Sebottendorf gewesen war.[160]

So kommt es, daß »schon bald nach seinem Eintritt in die DAP« sich Hitler daranmachte, »die furchtsame, unbewegliche Stammtischrunde zu einer lärmenden, öffentlichkeitsbewußten Kampfpartei umzuwandeln« (so Joachim C. Fest), obwohl zugleich, ohne näher auf den Ursprung der Thule-Gesellschaft und ihren Zusammenhang mit der DAP einzugehen, festgestellt werden muß: »Sebottendorfs Gründung nahm noch während des Krieges, im Januar 1918, eine ungezügelte, vor allem antisemitisch akzentuierte Propagandatätigkeit auf« (wiederum Joachim C. Fest).[161]

So kommt es, daß sich Hitler, wie John Toland nach *Mein Kampf* zitiert, von dieser Partei gar nicht angezogen gefühlt habe. Nachdem er von jener angeblich am 12. September veranstalteten Versammlung in die Kaserne zurückgekehrt war, habe er sich damit die Zeit vertrieben, Brotreste an die Kasernenmäuse zu verfüttern.

Erst am Morgen habe er sich an die Broschüre erinnert, die ihm »dieser Arbeiter« aufgedrängt habe. Kurzfristig sei er überrascht und fasziniert gewesen, und einige Tage lang seien ihm dann die darin vorkommenden Ausdrücke wie »Nationalsozialismus« und »Neue Weltordnung« im Kopf herumgespukt. Doch sein Interesse habe schnell wieder nachgelassen, und er sei sehr überrascht gewesen, als er einige Tage später auf einer Postkarte die Mitteilung erhalten habe, er sei als neues Mitglied in die Deutsche Arbeiter-Partei aufgenommen worden. Freilich, der spätere Führer mußte gerufen worden sein. Gewiß durfte später das offizielle Führerbild nicht den Eindruck erwecken, der »umherirrende Hund, der auf der Suche nach einem Herrn« war, hätte endlich jemanden gefunden, der ihm mit Freundlichkeit begegnete: »Der Mensch hat a Gosch'n, den kunt ma braucha!« – wie Drexler sich begeistert hinreißen ließ.[162]

Später wurde für *Mein Kampf* eine kurzfristige Erblindung Hitlers nach einer Rauchgasvergiftung im Oktober/November 1918 in ein mystisches Erweckungserlebnis umgedichtet, um die vorangegangenen Jahre der Apathie und Boheme nahtlos und einleuchtend mit der plötzlichen Führergenialität zu verbinden. Da war Hitler in einer plötzlichen Vision aufgefordert worden, Deutschland zu rächen und wiederherzustellen: »Wäre diese Stunde der Prüfung nicht gekommen, so hätte kaum jemand geahnt, daß in dem bartlosen Knaben ein Held verborgen ist. Der Hammerschlag des Schicksals, der den einen zu Boden wirft, schlägt bei dem anderen plötzlich auf Stahl.« Und: »Ich aber beschloß, Politiker zu werden!«[163]

Nun denn: Hitler kam offenbar doch erst im Oktober 1919 zur Thule-DAP und war seinem Bericht an Hauptmann Mayr zufolge sogleich entschlossen, diesem langweiligen Verein beizutreten, an dessen erster Versammlung mit Beobachter Hitler immerhin 24 Personen teilgenommen hatten. Den Auftrag, erneut die Versammlung der DAP zu besuchen, erhielt er einige Zeit später.

· Jene »langweilige« zweite Versammlung der Partei, die Hitler später spöttisch als Skatclub mit sieben Köpfen bezeichnete, muß am 16. Oktober stattgefunden haben. Denn der *Münchner Beobachter* berichtet darüber am 22. Oktober: »Herr Hitler von der DAP behandelte mit zündenden Worten die Notwendigkeit des Zusammenschlusses gegen den gemeinsamen Völkerfeind und begründete insbesondere die Unterstützung einer deutschen Presse, damit das Volk erfahre, was die Judenblätter verschweigen.«

Zu dieser Zeit hatte Hitler bereits um Aufnahme in die Partei ersucht: »Ich bin 30 Jahre alt, habe von 1914 bis 1918 als Frontsoldat im Felde gestanden, bin ausgezeichnet mit dem EK 1. Mein Beruf ist Kaufmann, möchte aber Werberedner werden, man spricht mir diese Begabung zu.«[164]

Er wurde aufgenommen. Allerdings schien es da anfänglich Schwierigkeiten gegeben zu haben, denn, wie gesagt, es war Angehörigen der Reichswehr nicht gestattet, in politischen Parteien mitzuarbeiten. Doch siehe da, es taucht unvermutet in Hauptmann Mayrs Büro in München der einstige Generalquartiermeister Ludendorff auf, der eben mit

Trebitsch-Lincoln dabei ist, für Kapp und seine preußischen Offiziere einen Putsch zu organisieren, und ersucht darum, Herrn Hitler in jene Partei eintreten und sie aufbauen zu lassen. Es gab also Leute, die über diesen Hitler und dessen Talente schon bestens informiert waren. Hauptmann Mayr konnte dem einst mächtigsten General nicht widersprechen. Die Reichswehr bewilligte Hitler für seine politische Tätigkeit in der DAP sogar einen wöchentlichen Zuschuß von zwanzig Mark.[165]

Zu dieser Zeit redete der Hauptmann Mayr den Reichswehrspitzel und Gefreiten Hitler schon mit dem innerhalb militärischer Unterordnungsverhältnisse höchst ungewöhnlichen »Sehr verehrter Herr Hitler« an, wie aus einem Brief hervorgeht. Man sieht, jedermann begegnete Hitler mit Freundlichkeit. Und in der Tat: Hitler erkannte ganz klar, daß er diese kleine Gruppe ganz nach seinen Bedürfnissen formen konnte.[166]

Oder um Rauschning wiederum zu zitieren: »Was Hitler wirklich will, steht nicht in *Mein Kampf!*«

Aber noch mußte er ein wenig gestoßen und vor allem geschliffen werden. Wie aus den zur Verfügung stehenden Unterlagen aus jener Anfangszeit der NSDAP hervorgeht, bedurfte es später einiger Überredungskunst, um den Führer an die Spitze zu stellen. Thule-Ordensbruder Gottfried Feder notierte am 9. März 1921: »[...] Jede revolutionäre Bewegung muß einen diktatorischen Kopf haben. Deshalb halte ich auch gerade unseren Hitler für unsere Bewegung als den geeignetsten [...]«[167] Der erste NSDAP-Vorsitzende, Thule-Freundschaftsbruder Anton Drexler, hatte Hitler schon 1920 mehrmals erfolglos gebeten, seine Stelle zu übernehmen und die Partei endlich diktatorisch zu führen. Aber noch war Lernzeit.[168]

Die Räumlichkeiten der Thule betrat Hitler zum ersten Mal am 13. November 1919, als die DAP einen propagandistischen Großkampftag vorbereitete. Hitler war einer der vorgesehenen Redner und legte sich dabei richtig ins Zeug, danach wußte er: »Ich konnte reden!« Der politische Nachrichtendienst der Münchner Polizeidirektion, die die angeblich so unbedeutende Gesellschaft auch schon längst beobachtete, protokollierte unter dem 13. November, der Kaufmann Hitler habe sich seines Themas Brest-Litowsk und Versailles in meisterhafter Weise entledigt und werde berufsmäßiger Werberedner.[169] Jetzt wurde er offiziell zum Propagandaleiter der DAP ernannt, allerdings noch nebenberuflich, er war noch immer Soldat, und die Einladungen für die DAP-Versammlungen tippte er in der Kaserne auf der Kompanieschreibmaschine.

Kein Zweifel, Hitler war talentiert. Der »Österreicher mit dem großen Maul« erwies sich als der richtige Demagoge für die DAP, mit der die Thule-Gesellschaft auf Arbeiterfang gegangen war. Die Schlagworte waren ihm vorgegeben – sie lagen ohnehin in der Luft und wurden zudem pausenlos im *Münchner Beobachter* wiederholt, der übrigens bereits seit dem 9. August mit einer Reichsausgabe als *Völkischer Beobachter* erschien: »Es sollte nicht übersehen werden, daß die ersten Ansätze der nationalsozialistischen Weltanschauung in den politischen Ideen der Deutschen Arbeiterpartei bereits vorgeformt waren. Die überlieferten Zeugnisse aus Hitlers Tätigkeit zeigen keine sachlichen Gegensätze zu den politischen Vorstellungen der DAP-Gründer«, vermerkt Wolfgang Horn (*Der Marsch zur Machtergreifung*).[170] Wie sollten sie auch, schließlich hatte Hitler während seiner Spitzelausbildung bei Thule-Bruder Feder gelernt. Es war damals wie in der späten NS-Zeit das handliche Schlagwortvokabular, das mit wenigen und einprägsamen Strichen eine bessere Zukunft versprach und alles Übel und Undeutsche auf den griffigen Feindbegriff Jude brachte. Und Hitler verstand es in der Tat, Angelesenes und Aufgelesenes und Halbverarbeitetes ohne jede intellektuelle Hemmung zusammenzuzwingen und als suggestiv überaus wirksame verbale Wurfgeschosse seinen Zuhörern an den Kopf zu schleudern.

Nun, offensichtlich hatte Hitler am 13. November in den Räumen der Thule seine Prüfung bestanden, und von diesem Augenblick an nahmen sich seiner führende Mitglieder des Thule-Ordens an, um aus ihm den Führer zu machen, als der er das »Reich« begründen sollte. Man mag sich tatsächlich fragen, warum die Thule und die Deutsche Arbeiterpartei ausgerechnet auf einen Mann wie Hitler kamen und warum sie überhaupt von der Prämisse ausgingen, daß das »Reich der Zukunft« nur unter der Führung »eines starken Mannes«, eines Führers eben, aufgebaut werden könnte. Doch die Führer-Erwartung der DAP, die zuweilen als Indiz für die »Hilflosigkeit« angesehen wird, »mit der sie den politischen Veränderungen der Nachkriegszeit gegenüber stand« (Wolfgang Horn), hat System.[171]

Das Rätsel um die heute noch die NS-Forschung verblüffende Kenntnis Hitlers der »Psychologie der Massen« läßt sich durchaus lösen, wenn man sich den okkult-esoterischen Hintergrund der Thule-Gesellschaft vor Augen führt. Der eine mag es Magie nennen, der andere angewandte Psychologie, was auf dem Schulungsprogramm der höheren Grade steht und stand. Man kann einen Gurdjieff, einen Crowley oder den bedeutendsten Hochgradmaurer und Schöpfer des Systems, des bereits mehrmals erwähnten Alten und Angenommenen Schottischen Ritus, Albert Pike, mit Fug und Recht als Meister der Psychologie bezeichnen.[172] Und man darf annehmen, daß Sebottendorf, Eckart, Haushofer, Rosenberg oder Heß wohl auch Kenntnis von der »Psychologie der Massen« hatten und mit dem gleichnamigen, 1895 erschienenen Werk des Franzosen Le Bon vertraut waren. Es reichen einige Zitate aus dieser Arbeit, um die oben angestellten Fragen zu beantworten:

»Das Überraschendste an einer psychologischen Masse ist: Welcher Art auch die einzelnen sein mögen, die sie bilden, wie ähnlich oder unähnlich ihre Lebensweise, Beschäftigungen, ihr Charakter oder ihre Intelligenz sind, durch den bloßen Umstand ihrer Umformung zur Masse besitzen sie eine Art Gemeinschaftsseele, vermöge derer sie in ganz anderer Weise fühlen, denken, handeln. Es gibt gewisse Ideen und Gefühle, die nur bei den zu Massen verbundenen einzelnen auftreten oder sich in Handlungen umsetzen [...]

So parteilos man sich die Masse auch vorstellt, so befindet sie sich doch meistens in einem Zustand gespannter Erwartung, der die Beeinflussung begünstigt ...

Eben die Vergemeinschaftlichung der gewöhnlichen Eigenschaften erklärt uns, warum die Massen niemals Handlungen ausführen, die eine besondere Intelligenz beanspruchen [...]

In dem Augenblick, da sie zu einer Masse gehören, werden der Ungebildete wie der Gelehrte gleich unfähig zur Beobachtung [...]

In den Massen verlieren die Dummen, Ungebildeten und Neidischen das Gefühl der Nichtigkeit und Ohnmacht. An seine Stelle tritt das Bewußtsein einer rohen, zwar vergänglichen, aber ungeheuren Kraft.

Sobald eine gewisse Anzahl lebender Wesen vereinigt ist, unterstellen sie sich unwillkürlich einem Oberhaupt, einem Führer [...]

In der menschlichen Masse spielt der Führer eine hervorragende Rolle. Sein Wille ist der Kern, um den sich die Anschauungen bilden und ausgleichen [...]

Meistens sind die Führer keine Denker, sondern Männer der Tat. Sie haben wenig Scharfblick und können auch nicht anders sein, da der Scharfblick im allgemeinen zu Zweifeln und Untätigkeit führt. Man findet sie namentlich unter den Nervösen, Reizbaren, Halbverrückten, die sich an der Grenze des Irrsinns befinden [...]

Die Massen erkennen die Macht an und werden durch Güte, die sie leicht für eine Art Schwäche halten, nur mäßig beeinflußt. Niemals galten ihre Sympathien den gütigen Herrn, sondern den Tyrannen, von denen sie kraftvoll beherrscht werden [...]!

Für die Masse muß man entweder ein Gott sein, oder man ist nichts [...]

Um die Massen zu überzeugen, muß man sich zunächst genau Rechenschaft geben über ihre Gefühle, die sie beseelen, muß den Anschein erwecken, daß man sie teilt, dann versuchen, sie zu verändern, indem man mittels angedeuteter Ideenverbindung gewisse zwingende Bilder hervorruft [...]

Welche Ideen den Massen auch suggeriert werden können, zur Wirkung können sie nur kommen, wenn sie sich in ihrem Geist in bildhafter Form widerspiegeln. Beim Studium der Einbildungskraft der Massen fanden wir, daß sie namentlich durch Bilder erregt wird. Diese Bilder stehen nicht immer zur Verfügung, aber man kann sie durch geschickte Anwendung von Worten und Redewendungen hervorrufen. Werden sie kunstgerecht angewandt, so besitzen sie wirklich die geheimnisvolle Macht, die ihnen einst die Adepten der Magie zuschoben. Sie rufen in der Massenseele die furchtbarsten Stürme hervor [...]

Die Macht der Worte ist so groß, daß gutgewählte Bezeichnungen genügen, um den Massen die verhaßtesten Dinge annehmbar zu machen [...]

Die Masse ist unfähig, das Persönliche vom Sachlichen zu unterscheiden [...]

Da die Masse nur durch übermäßige Empfindungen erregt wird, muß der Redner, der sie hinreißen will, starke Ausdrücke gebrauchen. Zu den gewöhnlichen Beweismitteln gehört Schreien, Beteuern, Wiederholen, und niemals darf er den Versuch machen, einen Beweis zu erbringen [...]

Alle politischen, religiösen und sozialen Glaubenslehren finden bei den Massen nur Aufnahme unter der Bedingung, daß sie eine religiöse Form angenommen haben, die sie jeder Auseinandersetzung entzieht [...]

Die große Triebkraft der Völkerentwicklung war nie die Wahrheit, sondern der Irrtum [...]

Es scheint manchmal, als ob die Völker geheimen Kräften unterworfen wären, gleich jenen, die die Eichel in eine Eiche umwandeln oder den Kometen zwingen, seine Bahn einzuhalten [...]«[173]

Mehr ließe sich in so kompakter und präziser Form vom psychologischen Standpunkt über das »Phänomen Hitler« und das »Rätsel Nationalsozialismus« wohl kaum sagen.

Das Noviziat bei Meister Eckart

Es war wohl in mehrfacher Beziehung das Erfolgserlebnis, »reden zu
können«, und nicht die später selbstverfertigte Erleuchtungslegende aus
der Lazarett-Zeit in Pasewalk, die Hitlers Entschluß zum Eintritt in die
Politik markiert. Denn nun nahmen ihn die obersten Thule-Brüder in die
Arme. Zunächst vor allem Dietrich Eckart und Alfred Rosenberg, dessen
leidenschaftliche antibolschewistische Artikel in Eckarts eigener Zeitschrift und im *Völkischen Beobachter* Hitler schon damals fasziniert
hatten. Rosenberg, ein Emigrant aus dem Baltikum, war schon Ende
1918 oder Anfang 1919 zu Dietrich Eckart und zur Thule-Gesellschaft
Sebottendorfs gestoßen. Beide gehörten, wie der Student Rudolf Heß
und dessen Professor, Karl Haushofer, zu den ersten Ordensbrüdern.[174]

Es mutet daher seltsam an, wenn Werner Maser schreibt: »Hitler
führte der Partei durch seine Rednergabe rasch Persönlichkeiten zu, die
es ohne sein Engagement mit Gewißheit von sich gewiesen hätten, mit
der Deutschen Arbeiterpartei oder der daraus entstandenen NSDAP in
Verbindung gebracht zu werden. Einer von ihnen war der namhafte
Münchner Verleger J. F. Lehmann [...] Der nachmalige Reichsminister
Alfred Rosenberg und Ernst Röhm, der sehr einflußreiche Reichswehr-
offizier und spätere Stabschef der SA, entschieden sich dank Hitlers
Auftreten für die Partei, die vor allem Hitlers Mentor und Freund, dem
Journalisten, erfolgreichen Dichter und Dramatiker Dietrich Eckart,
bemerkenswerte Geldbeträge, Beziehungen zu Behörden, Finanziers
und einflußreiche Persönlichkeiten des Geisteslebens verdankte.«[175]

Der Verleger Lehmann war schon Ende 1918 Mitglied der Thule und
brachte im November seine Alldeutschen bei der Thule-Gesellschaft ein.
Sebottendorf schreibt: »Das aktivste und vorwärtstreibende Element des
ganzen Kreises war der Verlagsbuchhändler Lehmann, der immer und
immer wieder mit neuen Gedanken und Plänen kam. Lehmann war als
Alldeutscher in München bekannt und wurde von allen Parteien dementsprechend gehaßt. Er hatte für alle Fälle Waffen beschafft, und in der
Thule war ein Hauptdepot.«[176]

Der »namhafte Münchner Verleger« (Maser) mußte also keineswegs
auf Hitler warten. Und wie nicht zuletzt Gerhard Schulz (*Aufstieg des
Nationalsozialismus*) bestätigt, gilt dies ebenso für Dietrich Eckart und
auch für seinen »Mitstreiter gegen Jerusalem«, Rosenberg.[177] Konrad
Heiden (*Adolf Hitler*) vermerkt 1936: »Dietrich Eckart übernimmt Adolf

Hitlers geistige Führung. Hitler lernt von ihm schreiben und sogar sprechen.« Ähnliches geht auch aus Otto Dietrichs Memoiren (*Mit Hitler an die Macht, 12 Jahre Hitler*) hervor.[178]

Eckart war zwar einundzwanzig Jahre älter als Hitler, in jeder Beziehung von geistiger Kultur und dem späteren Führer bildungsmäßig weit überlegen. Doch er, ein richtiger Bohemien, verstand es, sich seinem Schützling und Lehrling anzupassen. Zyniker, Scharlatan und Meister der Polemik, der sowohl in der Sprache der Gosse und der Wirtshäuser als auch auf der Bühne der gehobeneren Gesellschaft seine Ansichten brillant zu formulieren verstand, fand er in Hitler den geeigneten Schüler. Aus ihm wollte er den Führer der Zukunft machen, »hart genug, um das Hämmern von Maschinengewehren zu ertragen«. Und außerdem, davon war Eckart überzeugt, müsse er Junggeselle sein, denn »nur so kriegen wir die Weiber!«[179]

Der spätere Führer blühte in Gesellschaft seines Mentors innerlich wie äußerlich auf. Eckart war es, der Hitler zunächst einmal einen ordentlichen Trenchcoat besorgte, seine Grammatik und Aussprache korrigierte, ihn durch vornehme Restaurants schleifte und in die vornehmere Gesellschaft einführte: »Das ist der Mann, der einmal Deutschland befreien wird.«

Ob man das in den besseren Partykreisen Münchens zunächst für einen Scherz hielt, ist nicht bekannt. Hitler jedenfalls sollte es wirklich bald selber glauben. Zum Lehrprogramm gehörten natürlich auch Kunst, Literatur und Musik sowie alle aktuellen Fragen der Politik. Doch auch die Geheimdoktrin der Thule und die Propagandadoktrin waren Bestandteil der Unterweisungen, die Eckart zum Teil in einer merkwürdigen Broschüre mit dem Titel *Der Bolschewismus von Moses bis Lenin* aufgezeichnet hat.[180] Das Ergebnis dieser Schulung für Eingeweihte, die nach Eckarts Tod Haushofer vollenden sollte, registrierte später der Danziger Senatsratsvorsitzende Hermann Rauschning:

»Hitler ist nicht im üblichen Sinne abergläubisch. Seine Vorliebe für Horoskope und die Nachtseiten der Natur hängt mit seiner Überzeugung zusammen, daß der Mensch mit dem All in einer magischen Verbindung steht. Das Politische ist ihm nur der Vordergrund einer Umwälzung, die er in den allergrößten Maßstäben erlebt. Lesefrüchte einer apokryphen Literatur geben ihm das Material zu seiner Lehre. Aber wichtiger als die Lehre ist der dahinterstehende Wille.«[181]

Monate später, man erinnert sich, flogen Eckart und Hitler zum womöglich gar nicht so zufällig mißglückten Kapp-Putsch nach Berlin, wo er im übrigen von seinem Mentor in den Salon der Helene Bechstein, der Frau eines reichen Kleiderfabrikanten, eingeführt wurde. Die war von dem »jungen Messias« hellauf begeistert und führte ihn den besseren Kreisen Berlins vor.[182] Denn mittlerweile war man auch in Kreisen der Großloge des Germanenordens, in der bekanntlich Sebottendorfs »Völkische Loge« aufgegangen war, auf das Talent Hitler aufmerksam geworden. Mag sein, daß es nun an der Zeit schien, den »Mann, der Deutschland befreien wird«, gehobeneren Ordenskreisen vorzustellen. Das war im März 1920. Während Trebitsch-Lincoln, Oberst Bauer und Konsorten nach München flohen, Kapp und General Lüttwitz sich ins Ausland absetzten, schienen Eckart und Hitler keine Befürchtungen zu hegen, von den Spartakisten hopsgenommen zu werden.

»Wir brauchen einen Diktator!«

Unterdessen hatte die zusammengebrochene Revolte rechter Offiziere den Weg freigemacht für eine Revolte von links. Überall im Reich schürten Kommunisten die Aufstände. In Sachsen etablierte sich eine Sowjetrepublik, und im Ruhrgebiet formierte sich eine Rote Armee von immerhin 50 000 Arbeitern. Das kommunistische *Ruhr-Echo* forderte: »Deutschland muß eine Sowjetrepublik werden und im Verein mit Rußland das Sprungbrett für den kommenden Sieg der Weltrevolution und des Weltsozialismus sein.«

Nun, Sprungbrett wurden diese Zustände jedenfalls für die DAP, die im Februar in NSDAP umbenannt worden war. Von nun an ging's bergauf, zumal Hitler nun endgültig, nach seiner Rückkehr aus Berlin, aus der Reichswehr entlassen wurde, um »berufsmäßiger Werberedner« zu werden.[183]

Die NSDAP begann zu funktionieren. Zwar hatte die Münchner Öffentlichkeit von der ersten öffentlichen Versammlung der DAP am 20. Januar 1920 kaum Notiz genommen, und es war gewiß nicht jenes Ereignis, das die Parteidichtung später als mit dem Anschlag der Luther-schen Thesen vergleichbar feierte. Immerhin war es so etwas wie ein Startschuß für den Marsch ins Reich: Hitler verlas das von Drexler, Dr. Feder und Genossen entworfene Parteiprogramm, das in der Tat beinahe alle Punkte der späteren NSDAP-Politik in ihren Grundzügen enthielt.

Doch Hitlers Rolle war damals keineswegs so groß, wie es oft hingestellt wird, denn sonst wäre es kaum vorstellbar, daß das grellrote Plakat, das die Versammlung ankündigte, Hitlers Namen gar nicht erwähnt. Noch war er nur Trommler, erst ein Jahr später, im Juli 1921, mußte er mehr oder weniger dazu gedrängt werden, den Vorsitz der DAP zu übernehmen. Drexler, Eckart, Dr. Feder und Rosenberg hatten seit langem auf Hitler eingeredet, sich endlich als Diktator an die Spitze der Partei zu stellen, aber wie stets wich der »Führer« vor Entscheidungen und Verantwortung zurück.[184]

Eine Woche nach der DAP-Versammlung vom 24. Januar war die Partei in NSDAP umbenannt worden, »in Anlehnung an die verwandten sudetendeutschen und österreichischen Gruppierungen«, wie Joachim Fest in seiner Hitler-Biographie schreibt. Fest fährt fort: »Die Partei übernahm gleichzeitig das Kampfsymbol der Gesinnungsfreunde jenseits der Grenze, das Hakenkreuz.«[185]

Nun ja, Thule ist eben ein fernes, fremdes Land, ein fremder Planet. Muß nur wiederholt werden, daß die DAPler seit der Organisierung des Arbeiterringes Harrer/Drexler unter dem Hakenkreuz der Thule-Gesellschaft politisiert hatten, mehr noch, unter der Fahne, hinter der bald darauf die ersten SA-Verbände marschieren sollten.[186]

Folgende Episode hat zweifellos mehr als anekdotischen Charakter: Während der Trauerloge um die von den Münchner Räterepublikanern erschossenen Brüder und Schwestern von Thule – also geraume Zeit vor der Gründung der NSDAP – war der Tisch des Meisters mit einer erbeuteten roten Fahne bedeckt, von der man die gelben Zeichen Hammer und Sichel entfernte und an deren Stelle ein kreisrundes, weißes Tuch aufsteckte, auf dem das Hakenkreuz dargestellt war.[187]

In der Parteilegende für die profanen Mitläufer würde es dann später freilich heißen, Hitler habe nicht nur die NSDAP erfunden, sondern auch die Idee gehabt, es müssen eine Parteifahne geschaffen werden, »die mit dem flammendroten Banner der Kommunisten in Wettstreit treten könne«.

Das war nicht mehr notwendig. In diesem Zusammenhang ist es erwähnenswert, daß Hitler nicht zufälligerweise genau wie sein Mentor und Ordensmeister Eckart die deutschen Kommunisten ihrer Hingabe an die Sache wegen bewunderte. Eckart hatte sogar in einem Artikel mit der Überschrift »Deutscher und jüdischer Bolschewismus« einen deutschen Bolschewismus ausdrücklichst empfohlen.[188] Der Kapp-Putsch und das darauf folgende Ende der kommunistischen Herrschaft in Mitteldeutschland hatten die Linke in größte Verwirrung gestürzt und mochten so in mehrfacher Hinsicht zum folgenden Aufstieg der NSDAP beigetragen haben. »Parteitrommler« Hitler jedenfalls tat alles, um idealistische deutsche Kommunisten auf den rechten Weg zu bringen und für die DAP beziehungsweise NSDAP zu gewinnen, und alle, die nach so etwas wie einem deutschen Sozialismus suchten. »Nicht Deutschland wird bolschewistisch werden«, sagte Hitler später einmal zu Rauschning, »sondern der Bolschewismus wird eine Art Nationalsozialismus werden. Übrigens gibt es mehr Verbindendes als Trennendes zwischen uns und dem Bolschewismus. Vor allem die rechte, revolutionäre Gesinnung, die auch in Rußland überall dort lebt, wo keine jüdischen Marxisten ihr Wesen treiben. Ich habe diesem Umstand immer Rechnung getragen und Anweisung gegeben, daß man ehemalige Kommunisten sofort in die Partei aufnimmt. Aus den kleinbürgerlichen Sozialdemokraten und Gewerkschaftsbonzen wird nie ein Nationalsozialist, aus Kommunisten immer.«[189]

Gewiß. Die Verbindung Deutschland/Sowjetunion hatte ja durchaus etwas Geburtshelferisches (Ludendorff/Lenin/Warburg) an sich.[190] Und wenn es auch öffentlich nie ausgesprochen wurde, so haben Hitler und Goebbels in zahlreichen Erklärungen die enge Verwandtschaft hinsichtlich Taktik und Machttechnik mit den Bolschewiken geradezu gefeiert. John Toland registriert im Zusammenhang mit dem Zirkusauftritt Hitlers (Kundgebung im Zirkus Krone) am 9. März 1927: »In dieser und in den folgenden Reden schien Hitler sich auf jener sozialistischen Linie zu bewegen, die Gregor Strasser vertrat; er benutzte in seinen Attacken auf den Kapitalismus und das dekadente Bürgertum sogar die Terminologie der Linken.«[191]

Man wollte eine richtige Massenbewegung sein.

Thule wird liquidiert

Zu dem Zeitpunkt, als die NSDAP endlich an die Öffentlichkeit ging und sich abzeichnete, daß mit Hitler der richtige Mann gefunden war, schien es auch für den Freiherrn von Sebottendorf an der Zeit, Thule zu liquidieren. Während Hitlers Abwesenheit nach dem Kapp-Debakel begann Sebottendorf aus dem Hintergrund den Besitz des *Völkischen Beobachters*, seit eh und je propagandistisches Sammelblatt für sämtliche Thule-Kinder DAP, DSP, NSDAV und NSDAP, von der Thule-

Gesellschaft zu trennen und der Partei zuzuschieben. Am 20. März 1920 wurde die Liste der Teilhaber am Verlag des *Beobachters* um mehrere Personen, darunter Gottfried Feder und Freiherr Franz von Feilitsch, erweitert. Im Dezember 1920 zeichnete dann auch NSDAP-Vorsitzender Anton Drexler neben Käthe Bierbaumer als Gesellschafter. Es war also keineswegs so, daß Hitler von heute auf morgen den *Beobachter* für die Bewegung gekauft hätte. Erst am 16. November 1921, und nicht schon 1920, wie vielfach kolportiert, erschien im Registeramt des Amtsgerichts München der österreichische Schriftsteller Adolf Hitler als Vorsitzender der Nationalsozialistischen Arbeiterpartei und erklärte, alle Anteile an Verlag und Zeitung zu besitzen. Er setzte Josef Pickl als Geschäftsführer des *Völkischen Beobachters* und seinen ehemaligen Feldwebel Max Amann als Leiter des Verlages Franz Eher & Nachfolger ein. Dietrich Eckart wurde zum verantwortlichen Schriftleiter des *Völkischen Beobachters* bestellt.[192]

Erst jetzt war die Nabelschnur zur Thule-Mutter durchtrennt. Sebottendorf verschwand von der Bildfläche, um kurz nach der Machtübernahme Hitlers nochmals in Berlin aufzutauchen, wo er eine Jubel-Loge abhielt.

Die Thule-Gesellschaft, die Fußvolkorganisation des Ordens, trat noch einmal propagandistisch in Erscheinung, nachdem im November 1923 die NSDAP zerschlagen worden war. 1930 schließlich wurde die Gesellschaft endgültig als Verein gelöscht, weil es keine Mitglieder mehr gab: Es gab ja die NSDAP und die SS.

Sebottendorf hielt sich in den folgenden Jahren in der Türkei, in Nordamerika und in Mexiko auf. Noch einmal, allerdings nicht auf deutschem Boden, trat er in Erscheinung, nachdem sein Ordensbruder Heß nach England geflogen war, um den Krieg, den so keiner von ihnen erwartet hatte, zu beenden. Über den britischen Intelligence Service versuchte Sebottendorf Kontakt zu Aleister Crowley aufzunehmen, um über den britischen Magus Einfluß auf den Hochgradmaurer Churchill zu nehmen. Hitler und die anderen deutschen Brüder mußten aber endgültig einsehen, daß die Begeisterung Churchills für den großen Führer zwischen Reichsmordwoche und 1939 bloß ein Täuschungsmanöver gewesen war. (Man staune über Churchills Artikel »The Truth About Hitler« im *Strand Magazine* vom November 1935 und über sein Buch *Step by Step*, geschrieben 1937.)[193]

Was anschließend mit Sebottendorf geschah, bleibt unklar. Mit Sicherheit steht nur sein Ende fest. In seinen Erinnerungen *Von hier bis*

Babylon schreibt der ehemalige deutsche Abwehragent Herbert Rittlinger: »Am 9. Mai 1945, dem ersten Tag nach Kriegsende in Europa, zog man ihn (Sebottendorf) tot aus dem Bosporus.«

Doch bis es soweit war, sollte der Thule-Orden, anfangs eine zwar kleine, aber mächtige Knetmaschine, unter Führung von Karl Haushofer als großem Magier und Meister (so Heß nach Jack Fishman) tatsächlich die Wirklichkeit in Deutschland und Europa auf unbegreifliche Weise verändern.

Die Geschichte des Thule-Ordens liegt weitgehend im dunkeln. Seine Spuren finden sich aber vor allem im Schwarzen Orden, innerhalb der SS, in deren eindeutig okkult-esoterischen Elementen, in ihrem Aufbau, ihren Zielen. Über den Thule-Orden gibt es kaum greifbares Quellenmaterial, was zum Teil wohl daran liegt, daß sich die bisherige NS-Forschung mit diesem Aspekt des Dritten Reiches kaum auseinandergesetzt hat. Hinzu kommt, daß die meisten Thule-Brüder 1945 ihr Wissen mit in ihren Freitod oder mit zum Galgen genommen haben. Und die Überlebenden und deren Nachfolger schweigen. Denn Schweigen ist eines der höchsten Gesetze aller solcher Bünde, und auf Verrat steht der Tod, wie einige Thule-Brüder noch in der Blütezeit des Nationalsozialismus erleben mußten. Manche, die zuviel gewußt haben, wie etwa der Thule-Bruder Pater Dr. Gerhard Stempfle, wurden schon im Zuge der Röhm-Affäre liquidiert. Und das keineswegs auf Hitlers Anweisung, der, als er vom Tod des Paters erfahren hatte, wütete: »Diese Schweine, jetzt haben sie mir auch meinen Stempfle umgebracht!«[194]

Letzter Schliff in Landsberg

Nach den Angaben des Historikers Pierre Mariel (*Das heidnische Europa im 20. Jahrhundert*) soll Dietrich Eckart den späteren Führer des Reiches 1922 in die höheren Grade des Ordens eingeweiht haben. Offenbar war die okkulte Primanerzeit zu Ende, und Karl Haushofer und Rudolf Heß sollten die weitere Betreuung des Thule-Novizen übernehmen. Hitler hatte noch eine Menge zu lernen. Die unfreiwillige Klausur in der Festung Landsberg bot Gelegenheit dazu.

Zwar mag zum Rücktritt von der Führung der nun verbotenen NSDAP beigetragen haben, daß nach dem in die braunen Hosen gegangenen Marsch auf die Feldherrnhalle vom November 1923 das Parteivolk ins Trudeln geriet und im allgemeinen arge Zweifel an Hitlers Führungsgenialität sich breitmachten – die »freiwillige« völlige Isolation Hitlers von seinen Freunden hatte andere Gründe: In Landsberg bot sich Gelegenheit, Hitler das Einmaleins der Politik im allgemeinen und der Haushoferschen Lehren im besonderen einzupauken.

Im *Völkischen Kurier* vom 7. Juli 1925 läßt Herr Hitler den Freunden mitteilen, »daß er sich nun jeder politischen Tätigkeit enthält. Herr Hitler bittet insbesondere seine ehemaligen Anhänger, von Besuchen in Landsberg absehen zu wollen. Der Grund für diesen Entschluß liegt in der Unmöglichkeit, augenblicklich irgendeine praktische Verantwortung übernehmen zu können, sowie in der allgemeinen Arbeitsüberlastung. Herr Hitler schreibt zur Zeit an einem umfangreichen Buch und will sich so die dafür nötige freie Zeit sichern«.[195]

Nun war es keineswegs Zufall, daß Haushofers Schüler Rudolf Heß die Zeit mit Hitler in der Festung absaß: Auf Veranlassung von Haushofer erst stellte sich Heß freiwillig den Behörden. In Landsberg verbringt er nun täglich Stunden mit Hitler und entwickelt ihm Haushofers Theorien. Gemeinsam mit Heß verquickt hier Hitler die zur politischen Propaganda verwendbaren Thesen Haushofers mit den Gedanken Rosenbergs zu einem Ganzen. Heß sorgt für die richtige Formulierung, ja, und »entlastet den Führer von der mühseligen Arbeit an der Schreibmaschine«. So entsteht *Mein Kampf*. Hitlers Stempfle, Thule-Bruder und auf den braunen Weg gekommener Pater, redigiert das umfangreiche Werk.[196]

Natürlich vermochte Haushofer öffentlich keinen Zusammenhang zwischen seiner eigenen Theorie und Hitlers Plänen für Eroberungen im Osten zu erkennen und meinte, es liege auf der Hand, daß er am Entstehen des Buches nicht beteiligt gewesen sei.[197] Freilich hätte es dem Führer nicht geschmeichelt, ständig fremde Ideen zu artikulieren. Wie bedeutend der Einfluß Haushofers war, zeigt die Tatsache, daß er während der NS-Zeit bei den ausländischen Regierungen tatsächlich als »Graue Eminenz« galt. Und nach dem Krieg stand der Geopolitiker samt seinem Institut für Geopolitik auf der Liste jener »Ziele«, deren sich die Nachrichtendienste unbedingt versichern wollten, wie W. v. Schramm, *Geheimdienst im Zweiten Weltkrieg*, aufzeigt.[198]

Die Thesen, daß Deutschland nicht nur nach wirtschaftlicher Autarkie, sondern vor allem auch nach Erweiterung des deutschen Lebensraumes trachten müsse – Thesen, welche die strategische Grundlage nationalsozialistischer Ökonomie und vor allem der Außenpolitik bildeten –, stammten zweifellos aus Haushofers Küche. »Der Einfluß der Schulung des Autodidakten Hitler durch die Geopolitiker Kjellen und

Haushofer, den Hitler persönlich kannte [...], erscheint eindeutig, wenn sich auch kaum sagen läßt, wie weit dieser Einfluß reichte«, konstatiert Gerhard Schulz.[199]

Insofern trifft Haushofers Aussage zu, daß in *Mein Kampf* nicht steht, was gewollt und geplant wurde, und wenn, dann so, daß Verwirrung gestiftet wurde: Lehnte Hitler, wie in Kapitel 4 beschrieben, die Idee eines Lebensraumkrieges gegen Rußland ab, entlarvte er auf den Seiten 738 und 739 das außenpolitische Konzept: »Wenn man jedoch der Überzeugung huldigt, daß die deutsche Zukunft, so oder so, den höchsten Einsatz fordert, muß man [...] schon um dieses Einsatzes willen ein dessen würdiges Ziel aufstellen und verfechten [...] müssen wir National-sozialisten unverrückbar an unserem außenpolitischen Ziele festhalten, nämlich dem deutschen Volk den ihm gebührenden Grund und Boden auf dieser Erde sichern [...] Der Grund und Boden, auf dem dereinst deutsche Bauerngeschlechter kraftvolle Söhne zeugen können, wird die Billigung des Einsatzes von Söhnen heute zulassen, die verantwortliche Staatsmänner aber [...] freisprechen von Blutschuld oder Volksopferung [...] Wir stoppen den ewigen Germanenzug nach dem Süden und Westen Europas und weisen den Blick nach dem Land im Osten. Wenn wir aber heute in Europa von neuem Grund und Boden reden, können wir in erster Linie nur an Rußland und die ihm untertanen Randstaaten denken.«[200]

Das ist ganz eindeutig der Haushofersche Lebensraumgedanke, der, wie Joachim C. Fest resümiert, »offenbar über Rudolf Heß in die Ideenwelt Hitlers geraten« ist. »Heß hatte auch, offenbar schon im Jahre 1922, den persönlichen Kontakt zwischen Hitler und seinem Lehrer Haushofer vermittelt, der den ursprünglichen Ansatz einer politischen Geographie, die von dem Engländer Sir Halford Mackinder begründete Geopolitik, zu einer imperialistischen Expansionsphilosophie weiter-entwickelt hat [...] Osteuropa und das europäische Rußland, durch riesige Landmassen vor jedem Zugriff geschützt und unverwundbar gemacht, waren danach die Zitadelle der Weltherrschaft, wie der Begründer der Geopolitik verheißen hatte: Wer immer das Herzland beherrscht, be-herrscht die Welt![201] Es scheint, als habe gerade der eigentümliche magische Rationalismus solch halbwissenschaftlicher Formeln der be-sonderen Struktur des Hitlerschen Denkens entsprochen: Auch die Erkenntnis hatte für ihn ihre Dunkelbereiche.«

Ex occidente lux: Der Gurdjieff-Schüler, Japan- und Tibetfreund, Himalaja-Reisende und Kitchener-Biograph Haushofer war stets und immer gegen einen Krieg mit England. Ebenso wie Heß und in der Folge auch Hitler, der bis zuletzt davon überzeugt war, England und die USA würden sich in einen europäischen Krieg nie mehr einmischen.[202] Daran glaubten die Brüder in Deutschland selbst dann noch, als die Briten schon das gegenseitige Luftkriegsmassaker vom Zaun gebrochen hatten, nachdem sie Eventualpläne für eine Luftoffensive gegen Deutschland schon seit 1936 gewälzt hatten (vielfach belegt durch Basil Liddell-Hart, »War Limited«, in *Harpers Magazine*, März 1946, siehe auch J. M. Spaight, Hauptassistent im englischen Luftfahrtsministerium, in *Bombing Vindicated* und in *The Battle of Britain*, sowie David Irving, *Die Zerstörung Dresdens*, oder J. C. Fuller, *The Second World War*).[203]

Das war auch einer der Gründe für den späteren Englandflug von Heß, der offenbar wie die anderen Thule-Brüder nicht glauben konnte, daß man sie als Hampelmänner der Weltgeschichte mißbraucht haben sollte (siehe auch Kapitel über die Finanzierung Hitlers). Wir kennen inzwischen das »Herzstück« des Mythos von Thule, dem magischen Mittelpunkt der schließlich untergegangenen Welt des Ursprungs, und von den großen Weisen, die übriggeblieben waren, um darauf zu warten, bis die Leute vom fremden Stern sich mit ihnen zu den Herren der Welt erheben würden. Es war Haushofer, der stets verlangte, zu den »Quellen« zurückzukehren, und für ihn waren Osteuropa, Turkestan, der Pamir, die Wüste Gobi und Tibet die magischen Herzregionen der Welt. Es war sicherlich kein Zufall, daß sich in München und Berlin schon 1926 kleine Kolonien von Hindus und Tibetern bildeten und daß man nach dem Einmarsch der Russen in Berlin die Leichen von über tausend Menschen entdeckte, die eindeutig aus der Himalaja-Region stammten und offenbar als Freiwillige auf deutscher Seite gekämpft hatten.[204]

Rudolf Heß, Frühmitglied der Thule, Haushofers Schüler an der Münchner Universität, seit den Landsberger Klausur-Tagen Hitlers Privatsekretär und später dessen Stellvertreter, war Haushofer und dessen Ideen völlig ergeben.

Man hat ihn zuweilen nicht zu Unrecht als rätselhaft, sicherlich aber zu Unrecht als harmlosen, begabten Idealisten, treuen und ergebenen Gefolgsmann Hitlers bezeichnet, zu scheu und zu wenig ehrgeizig, um selbst nach der Macht zu streben. Theosophen, später Anthroposophen wie Steiner, Astrologen und anderen esoterisch-okkulten Dingen zugetan, war Heß sicherlich an anderen, höheren Machtbegriffen orientiert. Und sicherlich war er nicht das patscherte »Hesserl«, von dem der Führer nicht wollte, daß er sein Nachfolger würde, weil das Hesserl ihm dann leid getan hätte.

Nicht nur, daß er sich schon als Thule-Bruder tapfer, wenngleich überlegt, an den Straßenschlachten der Nachkriegszeit beteiligt hatte, er propagierte in dem preisgekrönten Essay über den Mann der Zukunft die Lösung von Konflikten mit Blut und Eisen.

Schon lange war er auf der Suche nach dem Mann, der Deutschland wieder hochbringen sollte: Dieser Mann, so hatte er in seinem Aufsatz geschrieben, müsse ein Diktator sein, er dürfe weder vor Demagogie, Straßenaufmärschen noch, wie »jeder wirklich große Mann«, vor Blutvergießen zurückscheuen.

Um das Ziel zu erreichen, müsse dieser Führer bereit sein, »über seine nächsten Freunde hinwegzustampfen«, mit »erbarmungsloser Härte« auf das Recht verzichten und Völker und Nationen »mit stählerner Faust in samtenem Handschuh« lenken oder, wenn notwendig, mit Grenadierstiefeln auf ihnen herumtreten. Nun, das hätte auch Dietrich Eckart sagen können. Als Heß dann Hitler das erstemal sah, war er auch sogleich sicher, den Mann gefunden zu haben, den er sich gewünscht hatte.[205]

Nach den Landsberger Schulungsjahren kam plötzlich ein anderer Hitler zu seinen alten Genossen. Das war die Zeit, da echte Sozialisten wie Strasser, etliche norddeutsche Gauleiter und vor allem Goebbels, von den Thule-Brüdern wegen seines miesen Charakters stets gehaßt, wegen seiner demagogischen Meisterschaft stets gebraucht, offen gegen die Meister von München rebellierten. Es war Thule-Mann Feder, von Goebbels als Zinsknecht und Aufwertungskaktus beschimpft, der dafür sorgte, daß Hitler den Rebellen die Luft nahm: Er sagte die Wahrheit. Er entpolitisierte die Partei, deren Programm er zur »Gründungsurkunde unserer Religion und Weltanschauung« erklärte. Daran zu rütteln würde Verrat an allen bedeuten, »die im Glauben an unsere Ideen gestorben sind«. Hitler hatte in Landsberg noch mehr gelernt, und das stellte er wenige Tage später, am 28. Februar 1926, während eines Vortrags im Hamburger Hotel Atlantic unter Beweis: Diesmal überzeugte er die Zuhörer nicht durch die bisher gewohnte schäumende Rhetorik, durch schweißtreibende, entfesselte Emotionalität, sondern durch kalte Logik und sachliche Argumentation. Der Lehrling war offenbar zum Gesellen avanciert.[206]

Am 26. Dezember 1923, während Hitler bereits in der Festung Landsberg saß, starb in München Dietrich Eckart. Vor seiner Agonie verrichtete er ein Gebet vor einem schwarzen Meteoriten, den er »meine Kaaba« nannte. Er vermachte ihn Professor Oberth, dem Pionier der Astronautik.

Kurz zuvor hatte er noch ein langes Manuskript an Karl Haushofer abgeschickt, vermutlich einen Bericht über Adolf Hitler.

Wenige Minuten, bevor er starb, sagte er: »Folgt Hitler! Wir haben ihm die Mittel gegeben, mit IHNEN in Verbindung zu treten [...] beklagt mich nicht, meine Freunde. Ich werde mehr Einfluß auf die Geschichte gehabt haben als jeder Deutsche. Er wird tanzen, aber die Musik zum Tanz haben wir komponiert [...]«[207]

Adolf Hitler tanzte. Und viele tanzten mit.

Der Kampf der Götter

Hier oben fühlte sich der Führer meistens wohl: auf dem Obersalzberg. Diese Landschaft hatte es ihm angetan, seit ihn Dietrich Eckart hierher-gebracht hatte: grüne Bergketten, Seen, saftige Wiesen, weidende Kühe, blauer Himmel, Kiefernwälder. Und mochte dickster Nebel über Mün-chen und über dem Chiemsee lasten, hier oben schien die Sonne, und die Luft war rein, frisch, die allerfeinste Form der Nahrung, wie der vegeta-rische Führer meinte, ja die Luft war voll mit Prana, der Kraft des Lebens, die der Wissende in vollen Zügen einzuatmen versteht. An solchen Tagen ging der Führer selbst bei Minustemperaturen in kurzen Lederhosen spazieren, denn die gaben ihm ein gewisses Gefühl von Freiheit. Da konnte er sich vielleicht manchmal ein Gefühl des Stolzes nicht ver-kneifen, wenn er auf einem Hügel stand und seinen Besitz betrachtete. Er war nun auch Schriftsteller geworden. Mit dem Verkauf von *Mein Kampf* über seinen eigenen Eher-und-Nachfolger-Verlag, vor allem aber mit den Honoraren für die in der amerikanischen Hearst-Presse und von der *New York Times* unter einem Pseudonym erschienenen Artikel hatte er sich immerhin das Haus Wachenfeld erwerben können, um das herum schließlich der Berghof entstehen sollte.[208]

Doch hin und wieder in dieser Idylle kommt etwas über ihn: Da wacht er plötzlich nachts auf, stößt krampfhafte Schreie aus. Er ruft um Hilfe, sitzt wie gelähmt auf dem Bettrand. Er ist von einer Panik erfaßt, die ihn so zittern läßt, daß das ganze Bett mitzittert. Er stößt wirre und un-verständliche Laute aus; er keucht, als sei er am Ersticken.

Ein anderes Mal steht Hitler aufrecht mitten in seinem Zimmer, schwankt und sieht mit einem Ausdruck größten Entsetzens um sich. »Da ist er!« ruft er. »Da ist er! Er ist gekommen!« stammelt er immer wieder. Seine Lippen sind bleich. Der Schweiß rinnt ihm über die Stirn. Plötzlich gibt er sinnlose Zahlen und unverständliche Wörter, Satzfetzen von sich. Er benutzt grotesk zusammengesetzte Ausdrücke, die sonderbar und fremdartig klingen.

Dann wird er wieder still, bewegt aber weiterhin die Lippen, man massiert ihn und gibt ihm etwas zu trinken. Plötzlich keucht er wieder: »Da! Da in der Ecke! Er ist da!« Er stampft mit dem Fuß auf den Boden und schreit.

Man versucht ihn zu beruhigen und ihm klar zu machen, daß gar nichts Außergewöhnliches geschehen sei, und allmählich beruhigt er sich wieder und schläft ein. Als er nach wenigen Stunden wieder erwacht, ist er einigermaßen normal [...][209]

Diese Szene mag übertrieben und ausgeschmückt sein, wird aber von Louis Pauwels unter Berufung auf Hermann Rauschning überliefert, dem eine Person, »die absolut zuverlässig« war, diese Krisen Hitlers geschildert haben soll. Offenbar entstammt diese Passage der englischen Ausgabe von Rauschnings *Gesprächen mit Hitler*; in der 1940 in Zürich erschienenen deutschen Ausgabe mußten »aus formalrechtlichen Gründen« vom Verleger etliche Kürzungen und Veränderungen vorgenommen werden. Diese Beschreibung erinnert durchaus an Zustände, die durch allzu intensive Beschäftigung mit okkult-magischen Dingen hervorgerufen werden können. Angesichts der »grotesk zusammengesetzten Ausdrücke, die sonderbar und fremd klingen«, ist man versucht, an die Zauberer vom Orden der Goldenen Dämmerung zu denken: Sie führten Beschwörungen in der sogenannten henochischen Sprache durch, »die Sprache der Engel«, deren barbarische Laute schon in der vorzeitlichen Magie des versunkenen Atlantis/Hyperborea erklungen sein sollen. Hitler wäre nicht der erste gewesen, der dabei durchgedreht hat, und die Schilderung mutet eher harmlos an.

Der Mensch als werdender Gott

Sie waren da, die neuen Menschen, die Übermenschen, mitten in Deutschland. Die Wesen, die – so glaubten die Brüder von der Vril-Gesellschaft und die Loge der Brüder des Lichts – mit übermenschlichen Kräften begabt waren und die Auserwählten der menschlichen Rasse einer Mutation zuführen würden. »Da gab es das Auge des Zyklopen«, schreibt Rauschning, »das Scheitelauge mitten auf dem Haupt, das jetzt zur Zirbeldrüse verkümmerte Organ einer magischen Einfühlung in das

All. Solche Ideen faszinierten Hitler. Er liebte es bisweilen, sich leidenschaftlich damit zu beschäftigen. Er sah sein eigenes, wundersames Leben als eine Bestätigung verborgener Kräfte. Er steigerte den Sinn seiner Berufung zu der übermenschlichen Aufgabe, der Menschheit die Wiedergeburt zu verkünden.«[210]

Das war die Religion hinter dem Nationalsozialismus: die Religion vom Menschen, der Gott wird. Der Mensch als der werdende Gott.

»Was aber die Urstimme des Menschen hört«, sagt da ein Hitler, den die Rauhbeine der politischen Kampfgenossen wohl mit Spott bedacht hätten, »was sich der ewigen Bewegung weiht, das trägt die Berufung zum neuen Menschentum. Verstehen Sie nun die Tiefe unserer nationalsozialistischen Bewegung? Kann es etwas geben, das größer und umfassender ist? Wer den Nationalsozialismus nur als politische Bewegung versteht, weiß nichts von ihm. Er ist mehr noch als Religion: Er ist der Wille zur neuen Menschenschöpfung [...]«[211]

»Jetzt erst begreife ich den tieferen Sinn seines Sozialismus«, berichtet Rauschning konsterniert; die Vorwegnahme einer Scheidung zwischen dem neuen Herrenmenschen und den Herdenmenschen. Der neue Massenmensch ist nichts als die Vorform jener von Hitler genannten Verkümmerungsform des Menschen. Das war die Frage, um die es Hitler bei den Menschen vom fremden Stern ging: Konnte man den Prozeß der Auslese kontrollieren? Konnte man ihn durch politische Mittel beschleunigen? Hitler war davon überzeugt: »Die Politik ist heute ohne biologische Begründung und ohne biologische Ziele völlig blind. Nur der Nationalsozialismus hat die volle Erkenntnis der notwendigen Aufgaben.«[212]

Das waren die Dinge, mit denen sich Hitler beschäftigte. Delirierend fühlte er sich in seltenen, unerhörten Stunden auf seinem Berghof als der größte Gesetzgeber der kommenden Menschheit. Denn war es ein Zufall, daß er in der knappen Zeitspanne von sieben Jahren so Unerhörtes hatte schaffen können? Sieben, die heilige Zahl. Sie spielte in Hitlers Plänen stets eine Rolle.

»Noch die nächsten sieben Jahre möchte er um die äußere, größere und die bleibende Gestalt des germanischen Großreiches ringen und dann abermals sieben Jahre dem Letzten, Höchsten widmen, der Prophetie, der Verkündigung des neuen Glaubens, mit dem er erst sein Werk vollenden würde. Denn wenn dem christlichen Zeitalter nun die Jahrtausende des Hitlerischen Zeitalters folgen sollen, so geschieht dies nicht um einer äußeren, politischen Ordnung willen, sondern aus der Verkündigung der neuen Heilslehre, auf die die Menschheit wartet. Woran Nietzsche zugrunde ging, was seiner Lehre den schrillen Widerspruch gab: die Verkündigung des Willens zur Macht mit der dionysischen Lebensfreude: das wird Hitler zuwege bringen. Dreimal sieben Jahre, die beiden heiligen Zahlen verbunden, das wird seinem Leben Erfüllung geben.«[213]

Und an anderer Stelle notiert Rauschning: »Hitler ist Prophet. Weit über die Bedeutung eines Politikers strebt er in die Gefilde eines übermenschlichen Daseins als der Prophet einer neuen Menschheit.« Weltwende, das war Hitlers stets wiederkehrendes Thema: die von den Nichtwissenden in ihrem Ausmaß nicht zu erfassende Umwälzung des ganzen Lebens.

Der Mensch als der werdende Gott, der Mensch in ungeheurer Wandlung begriffen: Das ist das Abrakadabra, die Quintessenz okkulter und esoterischer Geheimlehren von der Theosophie, von den Goldenen Dämmerern, von Crowley bis Gurdjieff bis zum Bhagwan aus Poona, der nicht ohne Grund Hitler bewunderte, der Mensch als etwas, das überwunden werden muß. Der Mensch, der ewig über sich und seine Grenzen hinausstreben muß, um nicht zu verkümmern, zu vertieren, unter die Schwelle des Menschentums zu sinken. Der Mensch, der sich selbst loswerden muß, um eine neue Stufe zu erklimmen.

Das kann man ebensogut bei Crowley und anderen Erweckern lesen: Die grundsätzliche Aufgabe des Menschen sei es, eine höhere Evolutionsstufe zu erreichen. Der Mensch sei in seiner gegenwärtigen Stufe kein Endprodukt, sondern er befinde sich in der Entwicklung.

Der »Stein der Weisen«, das ist nichts Geringeres als die Unsterblichkeit, die Übermenschlichkeit. Und der Wille ist der Kern der magischen Formel, die solches erlangen läßt. Der Mensch, der sich bewußt und willentlich überwindet, »ist der enthüllte Gott«, oder wie Crowley es ausdrückt: »Es ist kein Teil von mir, der nicht von den Göttern ist. Deus est homo, der Mensch ist Gott.«

Das war auch die Religion der Menschen vom fremden Stern. »Magisch sichtig zu werden«, schreibt Rauschning in bezug auf Hitler, »das schien ihm als das Ziel menschlicher Fortentwicklung. Er selbst fühlte sich bereits an der Schwelle dieses magischen Wissens und schrieb ihm seine Erfolge und seine Bedeutung zu.«[214]

Buchstäblich über Jahrtausende hinweg vollziehe sich ein Umwandlungsprozeß mit dem Menschen. Die solare Periode, verkündete Hitler, neige sich ihrem Ende zu. In den ersten großen Menschengestalten einer neuen Art kündige sich das Kommende schon an. Wie sich nach der unvergänglichen Weisheit der alten nordischen Völker die Welt immer wieder verjüngen müsse, indem das Alte mit seinen Göttern untergehe, wie die Wendepunkte der Sonne ihnen als Sinnbild des Lebensrhythmus galten, nicht in der geraden Linie eines ewigen Fortschritts, sondern in der Spirallinie, so wende sich nun der Mensch scheinbar zurück, um sich wiederum eine Stufe höher zu erheben: die Rückkehr zu den Quellen.[215] Und Rauschning notiert einen der esoterischen Vorträge des Führers:

»Wir stehen am Ende des Zeitalters der Vernunft. Der selbstherrlich gewordene Geist ist eine Krankheit des Lebens geworden. Unsere Revolution ist nicht bloß eine politische und soziale, wir stehen vor einer ungeheuren Umwälzung der Moralbegriffe und der geistigen Orientierung des Menschen. Wir beenden den Irrweg der Menschheit. Die Tafeln vom Sinai haben ihre Gültigkeit verloren. Das Gewissen ist eine jüdische Erfindung. Es ist wie die Beschneidung, eine Verstümmelung des menschlichen Wesens. Eine neue Zeit der magischen Weltdeutung kommt herauf, der Deutung aus dem Willen und nicht dem Wissen.«[216]

Wir kennen das aus Crowleys und Gurdjieffs Werken: »Tue was du willst, soll sein dein Gesetz.« Und auch dem Propheten des Wassermannzeitalters, eines magischen Bewußtseins haben die Götter empfohlen: »Erbarmen laß beiseite, verdamme die Mitleidigen! Töte und foltere, schone nicht; auf sie!«

Der Panzer der überkommenen Gesetze und Moralvorstellungen, Vorurteile, Vorlieben und Begriffe mußte laut Gurdjieff durchbrochen werden, um aus dem Roboterdasein aufzuwachen. Ähnliches notiert Rauschning:

»Hitler sprach von der Notwendigkeit des Terrors und der Grausamkeit. Er habe durchaus keinen Gefallen an all diesen Veranstaltungen wie Konzentrationslager und Geheimpolizei, aber das wären nun einmal Notwendigkeiten, die nicht zu umgehen wären. Ohne Wille zur Grausamkeit ginge es nicht.« Und er zitiert:

»Zuviel Grausamkeit ist von Übel. Das stumpft ab. Wichtiger noch als der Terror ist die systematische Umwandlung der Begriffswelt und der Empfindungsschemata der Masse. Man muß sich auch noch die Gedanken und Gefühle der Menschen unterwerfen. Das wird uns heute in der Zeit des Radios unvergleichlich nachhaltiger glücken, als das in früheren Zeiten möglich war.«[217]

Das waren keine Träume oder Spintisiereien eines bloßen Verrückten, das war die Wirklichkeit der Menschen von Thule, die Hitler artikulierte und über die er nachdachte, da oben in seinem Berghof, im Antlitz des Watzmanns, über alle Welt erhaben, unerreichbar, auf du und du mit der Ewigkeit.

Da versagt dem Führer vor der Fülle der ihn überstürzenden Geschichte immer wieder die Sprache, da verzerrt sich sein Gesicht, da tritt ihm vor Erregung der Schaum auf die Lippen, quellen ihm die Augen fast aus den Höhlen, da knackt er aufgewühlt mit den Fingern, wenn er versucht, seine Visionen, die Wirklichkeit zu werden scheinen, in Worte zu kleiden:

»Ich stehe allem mit einer ungeheuren, eiskalten Vorurteilslosigkeit gegenüber. Die Vorsehung hat mich zu dem größten Befreier der Menschheit vorbestimmt. Ich befreie den Menschen von dem Zwange eines Selbstzweck gewordenen Geistes; von den schmutzigen und erniedrigenden Selbstpeinigungen einer Gewissen und Moral genannten Chimäre und von den Ansprüchen einer Freiheit und persönlichen Selbständigkeit, denen immer nur ganz wenige gewachsen sein werden [...] Das ist die Stufe der heroischen Jugend. Auf ihr wächst die Stufe des Freien, des Menschen, der Maß und Mitte der Welt ist, des schaffenden Menschen, des Gottmenschen. In meinen Ordensburgen wird der schöne, sich selbst gebietende Gottmensch als kultisches Bild stehen und die Jugend auf die kommende Stufe der Reife vorbereiten.«[218]

Weiße oder Schwarze Magie?

Man hat alle möglichen Versuche unternommen, um diesen Hitler zu erklären, seine Anfälle und Ausfälle, seine von sämtlichen offiziellen Doktrinen abweichenden Ansichten, seine Vorliebe für Okkultes. Man hat allerlei medizinische Erklärungen zu Hilfe genommen, Hypothesen wie etwa jene, Hitlers »magischer Blick« sei auf eine Hirnhautentzündung in der Jugend zurückzuführen oder auf eine Abnormität der Pupillen aufgrund einer Parkinsonschen Krankheit. Man hat ihm Monorchismus angedichtet, der beim Herannahen der Pubertät eine Persönlichkeitsveränderung bewirkt habe, alle anderen möglichen Krankheiten, die sich etwa auf das Kleinhirn ausgewirkt hätten, vom Tripper oder der Syphilis bis hin zu der Vermutung, Hitlers Wesen hätte irgendwie etwas mit dem Fehlen seines linken Hodens zu tun haben können, den die sowjetischen Ärzte vergeblich im Hodensack und im kleinen Becken gesucht hatten, als sie die mutmaßliche Hitler-Leiche obduzierten. Andere wiederum vermuten, daß das Wesen des Dritten Reiches und des Hitlerschen Nationalsozialismus überhaupt auf sexuelle Abartigkeit, Sadomasochismus und Homosexualität zurückzuführen sei, und stützen sich dabei vorwiegend auf Gerüchte sowie auf nachrichtendienstliches Propagandamaterial etwa des OSS aus dem Zweiten Weltkrieg (beispielsweise Walter C. Langer, *The mind of Adolf Hitler – the secret wartime report*, oder Robert G. L. Waite, *The psychopathic god, Adolf Hitler*). Danach soll Hitler ausgefallenen sexuellen Perversionen gefrönt und sich am wohlsten gefühlt haben, wenn seine auserwählten Damen auf ihn pinkelten. Aber dieses Material ist keineswegs schlüssig, die entsprechenden Aussagen alles andere als bewiesen, obschon es natürlich bemerkenswert ist, daß sechs von jenen sieben Frauen, zu denen Hitler angeblich intime Beziehungen gehabt hatte, Selbstmord verübten beziehungsweise zumindest versucht haben sollen, sich das Leben zu nehmen.[219]

Doch der von den Hitler-Biographen wiederum als Beleg für seine sexuelle Abartigkeit verwertete Umstand, daß Hitler sich normaler sexueller Betätigung enthalten habe, sowie Eva Brauns Aussage: »Er braucht mich nur zu bestimmten Zwecken«, könnten durchaus auch anders gedeutet werden.

Bislang ist es noch kaum jemandem eingefallen, sich mit den sexualmagischen Praktiken auseinanderzusetzen, die in den okkult-esoterischen Zirkeln im Wien der Jahrhundertwende ebenso üblich waren, wie sie als Ritual in den höheren Einweihungsgraden innerhalb des Hermetischen Ordens der Goldenen Dämmerung, des *Ordo Templi Orientis* oder etwa von den Anhängern Aleister Crowleys praktiziert wurden, welcher nicht umsonst den Ruf des verderbtesten und perversesten Menschen seiner Zeit gehabt hat.

Es würde durchaus nicht erstaunen, wenn sich manche solcherart benutzte unbedarfte Damen daraufhin das Leben genommen hätten. Auch die ansonsten geübte Enthaltsamkeit des Führers wäre als Indiz für diese Annahme zu werten: Der Sexus als die größte magische Kraft der Natur, als Schlüssel für die »porta hermetica«, Instrument des Werkes der Kontaktaufnahme mit den Wesen auf der höheren Ebene. Im bewußten, ritualisierten Akt der Vereinigung sieht die Sexualmagie einen alchemistischen Prozeß, der Energien freisetzt, die, richtig gelenkt, den Menschen verändern und ihn befähigen, die Wurzeln des Daseins zu begreifen.

Wie auch immer: Schon Dietrich Eckart wußte, »wie man die Weiber« kriegt, und die Erotik als Instrument des Werkes spielt nicht zuletzt auch in der NS-Propaganda eine wesentliche Rolle. Schon Rauschning hatte das beobachtet: »Die bis zur pseudoreligiösen Ekstase gesteigerte begeisterte Hingabe der Frauen war das für ihn unentbehrliche Stimulans, um seine Lethargie zu überwinden [...] Er verdankt ihrer zynischen Benutzung nicht wenig von seinen politischen Erfolgen. Wieviel von seinem Verhältnis zu Frauen echte Sublimierung erotischer Spannung war, wieviel bloß kaltschnäuzige Berechnung, weiß ich nicht.«[220]

Aber vieles an Hitler und am Nationalsozialismus wird erklärbar, wenn man die Verwurzelung dieser Bewegung, ihre unmittelbare Herkunft aus dem magisch-okkulten Bereich berücksichtigt. Rauschning überliefert folgende Episode: »Eine kluge Frau aus Hitlers Bekanntenkreis warnt in einer Stunde, da Hitler aufgeschlossen schien: ›Mein Führer, wählen Sie nicht die Schwarze Magie. Heute stehen Ihnen noch beide offen, die Weiße wie die Schwarze. Aber wenn Sie sich einmal für die Schwarze entschieden haben, wird sie nie mehr aus Ihrem Schicksal verschwinden. Wählen Sie nicht die schnellen und leichten Erfolge. Ihnen steht die Macht offen über ein Reich reiner Geister. Lassen Sie sich nicht von Ihrem wahren Wege durch erdgebundene Wesen, die Ihnen die Schöpferkraft rauben, abbringen!«[221]

Aber Hitler hatte, sofern er überhaupt jemals eine Wahl gehabt haben sollte, schon längst den Weg zur linken Hand, den Weg der Schwarzen Magie, den Weg der Macht gewählt, von dem Augenblick an, da er mit dem Orden von Thule in Berührung gekommen war. »Hitler lieferte sich Kräften aus, die ihn mit sich fortrissen. Kräfte dunkler, zerstörender Gewalt. Indem er noch meinte, die freie Wahl des Entschlusses zu haben, hatte er sich längst einem Zauber ausgeliefert, den man wohl mit gutem Grunde und nicht bloß im bildhaften Vergleich als eine dämonische Magie bezeichnen konnte. Und statt eines Mannes, der sich im Höhersteigen von Stufe zu Stufe der Schlacken einer dunklen Vergangenheit entledigte und freier und klarer wurde, sah man ein Wesen, das mehr und mehr zum Besessenen wurde, mit jedem Schritt gebundener, knechtischer, ohnmächtiger, der Raub von Mächten, die sich seiner bemächtigten und ihn nicht mehr losließen.«

Intuitiv erfaßte Rauschning, dem der Schlüssel zum Wesen Hitlers und zu seinen Gedanken fehlte, das Wesen Hitlers als Medium: »Aber der eigentliche Grund dafür, daß Hitler den Weg in den Abgrund ging, lag in einer Schlaffheit seines Willens. Der Augenschein, daß Hitler ein großer Willensmensch ist, trügt. Im Grunde seines Wesens ist er schlaff und apathisch und bedarf der nervösen Reize, um aus seiner chronischen Lethargie sich zu krampfhaften Willensimpulsen zu steigern.«[222]

Und er kommt dem Thema ziemlich nahe, als er feststellt: »Man ist gezwungen, an Medien zu denken. Die meiste Zeit sind sie ganz gewöhnliche, unbedeutende Menschen. Plötzlich fallen wie aus dem Himmel Kräfte auf sie, die sie weit über das Maß des Gewöhnlichen hinausheben. Diese Kräfte haben mit ihrer eigentlichen Persönlichkeit nichts zu tun. Sie sind wie Besucher von anderen Sternen. Das Medium ist besessen. Wenn der Bann gebrochen ist, fällt es wieder in seine Mittelmäßigkeit zurück. Und auch bei Hitler ist es unzweifelhaft so, daß gewisse Kräfte durch ihn hindurchgehen. Fast dämonische Kräfte, denen der Mensch, der Hitler heißt, nur die augenblickliche äußere Hülle bietet. Durch dieses Zusammentreffen des Gewöhnlichen mit dem Außerordentlichen ergibt sich jene unerträgliche Zwiespältigkeit, die man empfindet, sobald man mit Hitler in Berührung kommt.«[223]

Das ist der Kern okkulter Lehren. Von den Goldenen Dämmerern angefangen über die Loge der Brüder vom Licht bis zum Thule-Orden ging es darum, die Überwesen zu bewegen, sich endlich an die Oberfläche zu bequemen, um das neue Zeitalter des neuen Menschentums einzuläuten. Sind die geheimen Mächte, die übermenschlichen Wesen aus der Väter grauer Vorzeit durch einen Pakt versöhnt, können sie doch nur durch die Vermittlung eines Beschwörers zur Wirkung gebracht werden. Die Beschwörer wiederum bedürfen eines Mediums, durch welches sich diese Kräfte manifestieren.

Der Verstand weigert sich, solcherlei zu akzeptieren, aber man muß auch heutzutage bloß in diesen oder jenen Ashram gehen, um Ähnliches in dieser oder jener Form zu sehen und zu erleben. Man kann diese offenkundigen Zusammenhänge als lächerlich abtun und sich damit begnügen, das Phänomen Hitler als letztlich unerklärbar abzutun.

Die Welt des Dritten Reiches war eine andere, keine menschliche Welt, weder sie noch ihr Medium Hitler sind durch rationale Analyse oder mit bloßer Psychologie zu erklären, sie müssen hier kapitulieren. Hitler tanzte nach einer Musik, die er nicht selbst komponiert hatte. Er ist das Ergebnis eines Amalgams neuheidnischer Magie mit einem luziferischen Orient.

Unvermutet hat sich in den zwanziger Jahren eine Tür zu etwas anderem aufgetan, laut und sichtbar, auch wenn man damals wie heute so getan hat und tut, als hätte man nichts anderes gesehen und gehört als das übliche Getöse kriegerischer und politischer Wirren.

Die Schöpfer einer anderen Kultur, eines neuen Menschentums waren angetreten, dem alten Menschen und seinen alten Göttern den Kampf anzusagen: den Tafeln vom Berg Sinai. »Man stempelt uns zu Geistesfeinden!« rief Hitler aus. »Jawohl, wir sind das. Aber in einem viel tieferen Sinne, als sich diese dummstolzen Wissenschaftsbürger nur träumen lassen.«

Was eben noch galt, sollte der versinkenden Nacht angehören. Denn: »Der neue Mensch lebt unter uns. Er ist da!«

Und was Hitler, ob verrückt, wahnsinnig oder nicht, in solchen Nächten gesehen haben mochte, wenn er sich zitternd vor einem unsichtbaren Überwesen in eine Ecke verkroch, die von Rauschning überlieferte Schilderung weist frappierende Parallelen mit einem Manifest auf, das der Begründer des »Golden Dawn«, Samuel Mathers, bereits 1896 an die Mitglieder zweiten Grades richtete:

»Hinsichtlich dieser Geheimen Führer, auf die ich mich beziehe und die mir die Weisheit zweiten Grades, die ich Euch weitergebe, übermitteln, kann ich nichts sagen. Ich kenne nicht einmal ihre irdischen Namen, und ich habe sie nur selten in ihrer physischen Gestalt erblickt. Diese physischen Begegnungen fanden zu festgesetzten Zeiten und an vorher bestimmten Orten statt. Ich persönlich bin der Ansicht, daß sie menschliche Wesen sind, die auf dieser Erde leben, jedoch über erschreckende und übermenschliche Kräfte verfügen. Meine Beziehungen mit ihnen haben mir gezeigt, wie schwer es für einen Sterblichen, so fortgeschritten er auch sein mag, ist, ihre Gegenwart zu ertragen. Ich möchte damit nicht behaupten, daß die Wirkung, die sie bei diesen seltenen Begegnungen auf mich ausübten, etwa die einer schweren Depression gewesen sei, so wie sie bei der Aufhebung des Erdmagnetismus auftritt. Im Gegenteil, ich fühlte mich im Kontakt mit ihnen von einer so unerhörten Kraft durchdrungen, daß ich sie nur mit der Empfindung eines Menschen vergleichen kann, in dessen unmittelbarer Nähe während eines Gewitters ein Blitz niedergegangen ist. Außerdem war dieses Gefühl von heftigen Atembeschwerden begleitet. Bei den nervösen Zusammenbrüchen war mein Körper von kaltem Schweiß bedeckt, und das Blut strömte mir aus Nase und Mund und bei einigen Gelegenheiten auch aus den Ohren.«[224]

Jede Tat ist sinnvoll, auch das Verbrechen

»Hitler ist kein Diktator!« schreibt Rauschning. »Er ließ sich von Kräften hinter ihm, oft wider sein besseres Wissen, treiben. Die Summe dieser Kräfte war es, mit der er immer weiter vorwärts kam [...] Er zog den Generalnenner. Er hielt sich zwar oben, aber er verlor die Unabhängigkeit der Entscheidung.«[225]

Denn zweifellos: Hinter dem Medium Hitler stand der Orden von Thule, in der Diktion des Okkultismus eine Energiegemeinschaft, eine magische Zentrale. Er wurde offenkundig von etwas anderem angetrieben als von dem, was er selbst darstellte. Von einem Gedanken, der viel größer war als das, was sein eigenes Gehirn zu produzieren imstande war.

Es gibt genügend Indizien dafür, daß hinter Hitlers betonter und im Kreise seiner SA-Horden zur Schau getragenen Grausamkeit und Unerbittlichkeit die Trostlosigkeit einer erzwungenen und künstlichen Unmenschlichkeit oder auch Übermenschlichkeit stand, nicht die Amoralität der reinen Bestie, die schließlich als Naturkraft wirkt.

So berichtet Rauschning über die Reaktion Hitlers, als die ersten Berichte über Konzentrationslagergreuel an ihn herangetragen wurden, im konkreten Fall, wie Rauschning schreibt, »viehische Handlungen von einer ausgesuchten Lust an Grausamkeit« an jüdischen Bürgern in Stettin.

»Er gebärdete sich wie ein ungezogener Knabe. Er zeterte in schrillen, hohen Tönen, stampfte mit dem Fuß auf, schlug mit den Fäusten auf Tisch und Wände. Schaum vor dem Mund, in maßlosem Jähzorn keuchte und stammelte er so etwas wie: ›Ich will nicht. Alle weg. Verräter!‹ Es war beängstigend, ihn anzusehen. Die Haare zerzaust um das Gesicht, stiere Augen, das Gesicht verzerrt und puterrot. Ich fürchtete, daß er umfallen müsse, daß ihn der Schlag treffen würde. Aber plötzlich war alles vorbei [...] ›Lächerlich!‹ begann Hitler mit verrosteter Stimme. ›Haben Sie gesehen, wie die Masse zusammenströmt, wenn sich zwei auf offener Straße prügeln? Grausamkeit imponiert. Grausamkeit und rohe Kraft.‹«[226]

Nach dem sogenannten Röhm-Putsch, nach der Liquidation der SA-Führung, als sie ihm auch »seinen Stempfle« umbrachten, war Hitlers Reaktion ähnlich. Nach dem blutigen Ereignis konnte er kaum mehr schlafen. Ruhelos irrte er nachts umher. Schlafmittel nützten nichts, er nahm sie auch nicht, aus lauter Furcht, vergiftet zu werden. Mit Weinkrämpfen wachte er immer wieder auf. Dann verbrachte er die Nächte in Decken gehüllt auf einem Sessel, von Schüttelfrost gebeutelt. Manchmal wollte er alles hell erleuchtet und viele Menschen um sich haben, um gleich darauf niemanden sehen zu wollen als Rudolf Heß, den einzigen, dem er schließlich noch vertraute. Alles, so lamentierte er, sei ohne sein Wissen geschehen. Er habe die ganze schreckliche Wahrheit nicht gewußt, klagte er, um bald darauf mit martialischer Geste wieder den harten Mann hervorzukehren, den Hitler hinter Hitler:

»Mich hat keine Entwicklung überrascht. Ich werde mit derselben unerschütterlichen Gewißheit das gigantische Ziel unserer Revolution erreichen [...] und wer sich meinen Anordnungen nicht fügt, der wird vernichtet. Nicht erst, wenn seine Aufsässigkeit bereits sichtbar und in aller Welt Munde ist, sondern wenn ich auch nur den Verdacht einer Insubordination habe. Ich gehe unbeirrt und unberührt meinen Weg!«

Und um an anderer Stelle zu sagen:

»Jede Tat ist sinnvoll, selbst das Verbrechen [...] Der Ausdruck Verbrechen stammt noch aus einer überwundenen Welt. Es gibt positive und negative Aktivität. Jedes Verbrechen steht turmhoch über der bürgerlichen Regungslosigkeit.«[227]

Getrieben von einer furchtbaren, nervösen Angst, nicht zum Ziel zu kommen, seine ihm von der »Vorsehung« aufgetragene Aufgabe nicht erfüllen zu können, trieb es Hitler rastlos umher. Noch lange war er nicht soweit, um den Menschen die wahre Religion zu offenbaren, in deren Namen die Magier des Dritten Reiches angetreten waren, um die Dinge von oben nach unten zu kehren, um Platz für die Auserwählten zu schaffen.

Für die Priesterschaft des okkulten Reiches von Thule freilich galten ohnedies keine irdischen Gesetze. Um das große Ziel eines neuen menschlichen Evolutionssprunges zu erreichen, war jedes Mittel recht und erlaubt:

»Es gehört die ganze Borniertheit dieser überlebten Klassen dazu, um sich darüber zu entrüsten, daß wir uns nicht an die Gepflogenheiten und Übereinkünfte des politischen Lebens halten. Ich erkenne kein Moralgesetz in der Politik an. Politik ist ein Spiel, in dem jeder Trick erlaubt ist und in dem die Spielregeln je nach Geschicklichkeit der Spieler sich ständig ändern.«[228]

Übermenschen, Untermenschen und Sklaven

Geschicklichkeit in diesem Sinne kann man den Thule-Priestern wirklich nicht absprechen. Und ebensowenig ihr gutes Gewissen. Wie alle fanatischen Sektierer der Weltgeschichte und wie alle Propheten, die sich von einem Höheren berufen glaubten, gingen sie daran, der Vorsehung unter die Arme zu greifen: »Und schont weder Frauen noch Kinder noch Greise!«, wie es die Götter stets ihren erwählten Dienern zu empfehlen pflegten.

Tatsächlich wurden die wenigsten gewahr, was mit ihnen wirklich geschah. Nicht nur die Knetmasse des deutschen Volkes, auch und vor allem die nationalsozialistischen Kämpfer an vorderster Front, die Generation, »die erst einmal verbraucht werden« mußte, um das »neue, fremdartige Gebilde eines weltlichen Priesterstaates herauswachsen zu lassen«.

Für den zunächst zu erwartenden politischen Kampf waren freilich keine Leute zu gebrauchen, die tiefschürfende Überlegungen über die Aufzucht einer Gottmenschen-Rasse anstellten. Hitler und seine Dunkelmänner waren sich sehr wohl bewußt, daß in diesem Stadium des Dritten Reiches Menschen notwendig waren, deren Gedanken nicht viel weiter als über den angelernten Nationalsozialismus hinausreichten. Es reichte, wenn sie wußten, wie man die Masse in Disziplin und Ordnung hielt und ihr dies notfalls einbleute. Originalton Adolf Hitler:

»Man wirft mir vor, daß ich mich mit ehrgeizigen und streberischen Elementen umgebe. Welche Albernheit. Soll ich mit Betschwestern mein Reich bauen? Männer, die nicht ehrgeizig sind, sollen mir vom Leibe bleiben. Nur wer sein persönliches Fortkommen mit der allgemeinen Sache verknüpft, so daß keins mehr vom anderen zu trennen ist, nur auf den kann ich mich verlassen. Leute, die von Patriotismus nicht bloß reden, sondern ihn zum einzigen Motiv ihres Handelns machen, sind mir suspekt. Ich brauche Leute, die fest zupacken und sich nicht erst besinnen, wenn sie jemanden niederschlagen sollen. Es kümmert mich einen Dreck, ob sie ein paar Wertsachen für eigene Rechnung mitgehen lassen. Sie sind Landsknechte und sollen es auch bleiben.«[229]

Das sollten sie in der Tat. Sie hatten schon ihren Platz im Kastensystem der neuen Weltordnung, der Magier von Thule, ebenso wie die breite Masse, mochte sie arisch sein oder nicht. Und Hitler wußte zweifellos, wie man sie zu behandeln hatte, er war durch eine gute Schule gegangen.

Wenn Goebbels ein perfekter Demagoge war, so war Hitler ein perfekter Massenpsychologe. Seine diesbezüglichen, von Rauschning überlieferten Äußerungen lesen sich in der Tat wie ein Auszug aus einem Lehrbuch über die Behandlung der Massen und weisen eine frappierende Ähnlichkeit mit den Erkenntnissen des bereits zitierten Le Bon auf:

»Die Masse ist wie ein Tier, das Instinkten gehorcht. Sie stellt keine verstandesmäßigen Überlegungen an. Ich habe die Masse fanatisiert, um sie zum Werkzeug meiner Politik machen zu können. Ich habe sie über sich selbst hinausgehoben, ich habe ihr einen Sinn und eine Funktion gegeben. Man hat mir vorgeworfen, daß ich die niedrigen Instinkte der Masse wachrufe. Was ich tue, ist etwas anderes. Wenn ich zur Masse mit vernünftigen Überlegungen komme, so versteht sie mich nicht. Aber wenn ich in ihr entsprechende Empfindungen wecke, dann folgt sie den einfachen Parolen, die ich ihr gebe. In einer Massenversammlung ist das Denken ausgeschaltet. Und weil ich diesen Zustand brauche, weil er mir den größten Wirkungsgrad meiner Reden sichert, lasse ich alle in die Versammlungen schicken, wo sie mit zur Masse werden, ob sie wollen oder nicht. Intellektuelle und Bürger so gut wie Arbeiter. Ich mische das Volk. Ich spreche zu ihm als Masse [...] Und merken Sie sich: Je größer die Masse ist, desto leichter lenkbar ist sie. Und je mehr Menschen sich mischen, Bauer, Arbeiter, Beamter, desto eher stellt sich der typische Charakter der Masse ein. Geben Sie sich nie mit Intelligenzversammlungen und Interessensvereinigungen ab. Was Sie hier durch verstandesmäßige Aufklärung erreichen, ist morgen durch eine entgegengesetzte Belehrung wieder ausgelöscht. Was Sie aber dem Volk im Massenzustand sagen, in dem aufnahmewilligen Zustand fanatischer Hingabe, das bleibt wie eine in Hypnose gegebene Parole, das ist unauslöschbar und hält gegen jede vernünftige Belehrung stand!«[230]

Keine Frage, daß die Drahtzieher von Thule nichts dem Zufall überließen und genau wußten, was sie wollten. Und der Erfolg gab ihnen schließlich auch recht: Die Masse tanzte, ohne eigentlich recht zu wissen, auf wessen Fest sie das Tanzbein schwang. Deutschland schien einen Messias zu haben, auch wenn es zunächst ziemlich trist und irdisch zuging. »Ich kann der Masse ruhig viel schlimmere Entbehrungen zumuten. Aber ich muß ihr die geeignete Hilfsvorstellung geben!«

An Hilfsvorstellungen mangelte es wahrlich nicht, mit denen die breite Masse bearbeitet wurde. Und die wenigsten ahnten, was der deutsche Schriftsteller Hans Heinz Ewers in dieser Bewegung begeistert registrierte: »Den stärksten Ausdruck der schwarzen Mächte!«

Was den Menschen als Beginn des ewigen Deutschlands und eines großartigen nationalsozialistischen Staats vorgegaukelt wurde, war nur der Anfang dessen, was der magische Sozialismus für sie wirklich bereithalten sollte, das waren die ersten magischen Vorbereitungen für die Ankunft der Übermenschen, der Menschen nach dem Menschen: »Das ist die große umwälzende Bedeutung unseres langen und zähen Kampfes um die Macht, daß in ihm eine neue Herrenschicht geboren wird, berufen, nicht bloß die Geschichte des deutschen Volkes, sondern die der Welt zu lenken!«[231]

Wenn sich 1934, nach der Machtübernahme der NSDAP, viele von den alten Kämpen fragten, wo denn nun eigentlich die national-sozialistische Revolution geblieben sei, wenn SA-Führer wie Röhm oder Hitlers großer Gegenspieler Gregor Strasser der Meinung waren, nach der Phase der Machtergreifung sei es nun endlich an der Zeit, eine wirkliche Revolution durchzuführen, eine wirkliche soziale Neuordnung[232] – wie kleinkariert war das doch gegen die Absichten jener, die Tausendjähriges im Sinne hatten. Es ging ja nicht um das, was sich die ehemals sozialistischen Massen der Arbeiter, Kleinbürger und Angestellten, die jetzt in die nationalsozialistische Bewegung integriert waren, davon erhofften. Sie hatten nicht begriffen, konnten es nicht und durften es auch nicht, daß dies keine Revolution für sie gewesen war und auch nie sein sollte.

Es war eine Revolution gegen die Masse, gegen die Verkümmerungsform des alten Menschen, es ging um die Zerstörung all dessen, was bisher als die Grundlage jeder gesellschaftlichen und staatlichen Ordnung gegolten hatte: Die Masse, die Mitläufer, sie alle waren im Grunde genommen nichts anderes als Hitler selbst: Medium, Experimentiermaterial, Mittel zum Zweck. Und der Sozialismus war eines der Lockmittel für diese scheinbar plan- und ziellose Revolution.

»Mein Sozialismus ist nicht Klassenkampf«, sagte Hitler, »sondern Ordnung [...] Äußerlich schließe ich die Revolution ab. Aber wir verlegen sie ins Innere. So wie wir all unseren Haß auf Eis legen und an den Tag denken, an dem wir die Maske abwerfen werden, um ganz als die dazustehen, die wir ewig sind und ewig bleiben!«[233]

Was 1934 viele National-Sozialisten zu dem Ruf provozierte: »Weg mit dem Hampelmann!« oder: »Ein toter Hitler dient dem Nationalsozialismus besser als ein lebender!«, waren bescheidene Anzeichen dessen, was erst noch kommen sollte.[234]

Aber darüber, betonte Hitler immer wieder, könne er nicht weiter reden. Es gebe noch Stufen, von denen man nicht sprechen dürfe, auch er nicht. Und im übrigen denke er dies alles erst als sein Geheimnis weiterzureichen, wenn er nicht mehr am Leben sei. Etwas ganz Großes werde dann folgen. Eine überwältigende Offenbarung. Doch um seine Mission zu erfüllen, müsse er selbst zunächst den Opfertod gestorben sein.

»Was ich im Sinne habe«, sagte Hitler zu Rauschning, »kann ich Ihnen noch nicht sagen. Jedenfalls nehmen Sie die Überzeugung mit, daß der Sozialismus, wie wir ihn verstehen, nicht das Glück des einzelnen betrifft.«[235]

Um das Glück ging es denn auch wirklich nicht. Und wenn auch Hitler über seinen Tod hinaus mit der großen Offenbarung zurückhielt, so genügt doch das Bekannte, um sich davon ein erschreckendes Bild machen zu können.

Die Planlandschaften der Zukunft

Was der magische Sozialismus der Thule-Brüder an Überraschungen für die Welt bereithielt, war in seinen Grundzügen schon lange erkennbar, ehe Hitler an die Schalthebel der Macht kam, um sie in den Dienst einer Konzentration von Mystik und Magie zu stellen.

Es kam nicht darauf an, etwa die Ungleichheit der Menschen zu beseitigen, wenigstens innerhalb der germanischen Herrenrasse. Ganz im Gegenteil ging es darum, sie zu vertiefen und sie »wie in allen großen Kulturen durch unübersteigbare Schranken zum Gesetz zu machen«.[236]

In der Gestalt des Industriearbeiters etwa die neue führende Gesellschaftsmacht zu sehen, wie es der Sozialismus tat, das war für die Planer des Dritten Reiches schlichter Ausdruck der Feigheit des kapitulierenden Bürgertums. Sie hatten anderes im Sinn: Bürgertum und Arbeiterschaft gelte es zunächst einmal zu entwurzeln, um sie schließlich als Klasse der ewig Unmündigen mit der Wohltat des Analphabetismus zu beglücken.

»Wie die künftige Sozialordnung ausschauen wird, meine Parteigenossen«, das sagte Hitler in engerem Kreis schon vor 1933, dem Jahr der Machtergreifung, ganz deutlich: »Eine Herrenschicht wird es geben, eine historisch gewordene. Es wird die Menge der hierarchisch geordneten Parteimitglieder geben. Sie werden den neuen Mittelstand abgeben. Und es wird die große Masse der Anonymen geben, das Kollektiv der Dienenden, der ewig Unmündigen, ob sie ehemals Vertreter des alten Bürgertums waren oder Großagrarier, Arbeiter oder Handwerker. Darunter wird es noch die Schicht der unterworfenen Fremdstämmigen geben, nennen wir sie ruhig die moderne Sklavenschicht.«[237]

Und über all dem sollte schließlich jener Hochadel stehen, der das Wissen um das wahre Wesen der Dinge wieder zur Geheimwissenschaft gemacht haben würde, damit es wieder, wie Walter Darré es haben wollte, »die Funktion einnehmen könne, die es normalerweise habe, nämlich Mittel der Beherrschung zu sein, der menschlichen Natur wie der außermenschlichen«.

Das war die soziale Ordnung, auf deren Grundlage die weltweite, ja kosmische Revolution sich gründen sollte, das irdische Fundament des Thule-Reiches. Und schon damals waren die Vorarbeiten für etwas geleistet, das zum Teil erst in den Kriegsjahren Wirklichkeit werden sollte und den Nachgeborenen ebenso grotesk und absurd wie teuflisch vorkommen mag: das Ariervolk als Zuchtmaterial für eine neue Menschengattung, als Spielmaterial einer biologischen Metaphysik oder metaphysischer Biologie. Und Himmler-Lehrer, King's College-Schüler und NS-Blut-und-Boden-Ideologe Darré sagte auch, aus welchem Reservoir die Neuzüchtung kommen sollte: »Aus dem Menschenreservoir der SS werden wir den neuen Adel führen.«[238]

Schon 1932 war Darré – wie Himmler ein gelernter Landwirt – damit beschäftigt, so etwas wie ein Stutenbuch beziehungsweise Herdenbuch für die neue, planmäßig zu züchtende Rasse anzulegen, »nach denselben Grundsätzen, wie sie jede landwirtschaftliche Züchtervereinigung verwendet«.[239]

Schon damals war klar definiert, was später im Lebensborn gewissermaßen fabrikmäßig und industriell vonstatten ging und nach dem großen Sieg vonstatten gehen sollte: Innerhalb der SS durfte nur nach eingehender biologischer Prüfung geheiratet und begattet werden.[240]

Zu jenem Zeitpunkt waren auch schon Haushofers Theorien von Herzland und Lebensraumpolitik im Stadium konkreter Planung. In der Planungsstelle des Königsberger Gauleiters Koch, einem Freund des Hitler-Rivalen Strasser, arbeitete ein junger Professor namens Grünberg an geradezu phantastischen Planlandschaften der nationalsozialistischen Zukunft.

Rauschning berichtet: »Er hatte in seinem Institut Karten entwerfen lassen mit Verkehrslinien, Kraftfeldern, Kraftlinien, Autostraßen, Bahnlinien, Kanalprojekten. Genau geplante Wirtschaftslandschaften erstreckten sich über den ganzen Osten bis zum Schwarzen Meer, bis zum Kaukasus. Auf diesen Plänen waren bereits Deutschland und Westrußland eine riesige wirtschaftliche und verkehrspolitische Einheit. Selbstverständlich nach Deutschland orientiert, von Deutschland geplant und geführt. Es gab in dieser Planwirtschaft kein Polen mehr, geschweige denn ein Litauen. Hier war das Verbindungsstück eines riesigen kontinentalen Raumes, der sich von Vlissingen bis Wladiwostok im Fernen Osten erstrecken sollte.«[241]

Es ist also keineswegs so, daß der Führer erst 1943, wie Goebbels damals in seinen Tagebüchern vermerkte, »der unumstößlichen Gewißheit Ausdruck gab, daß das Reich einmal ganz Europa beherrschen werde [...] Wer Europa besitzt, der wird damit die Führung der Welt an sich reißen.«[242]

Diese Vision vom Lebensraum Ost hatte ohne Zweifel ihre Grundlage in den Theorien Mackinders und Haushofers. Wenn Haushofer beim Nürnberger Prozeß meinte, Hitler habe über Heß seine Theorien rezipiert, ohne sie zu verstehen, dann muß die Frage gestellt werden, was denn dann damit gemeint gewesen sein sollte: »Who rules eastern Europe commands the Heartland. Who rules the Heartland commands the World-Island. Who rules the World-Island commands the World.« (»Wer über Osteuropa gebietet, beherrscht das Herzland. Wer über das Herzland gebietet, beherrscht die Weltinsel. Wer über die Weltinsel gebietet, beherrscht die Welt.«) – (H. J. Mackinder, zitiert nach L. Gruchmann: *Nationalsozialistische Großraumordnung.*[243])

Nun, Hitler scheint jedenfalls tüchtig rezipiert zu haben, denn was später in den Oststaaten vor sich gehen sollte, war in seinem und anderen Köpfen bereits Realität, ehe sich überhaupt die Möglichkeit abzeichnete, dies auch in die Praxis umzusetzen:

»Wir haben die Pflicht zu entvölkern. Es wird eine Technik der Entvölkerung geben müssen. Was heißt entvölkern? werden Sie fragen. Ob ich ganze Volksstämme beseitigen werde? Jawohl, so ungefähr, darauf wird es hinauslaufen. Die Natur ist grausam, darum dürfen wir es auch sein. Wenn ich die Blüte der Deutschen in die Stahlgewitter des kommenden Krieges schicke, ohne auch nur um das kostbare deutsche Blut, das vergossen wird, das leiseste Bedauern zu verspüren, sollte ich dann nicht das Recht haben, Millionen einer minderwertigen, sich wie Ungeziefer vermehrenden Rasse zu beseitigen, nicht indem ich sie ausrotten lasse, sondern indem ich systematisch verhindere, daß sich ihre große natürliche Fruchtbarkeit auswirkt. Beispielsweise, indem ich Männer jahrelang von den Frauen getrennt halte. Erinnern Sie sich an die abfallenden Geburtenkurven während des Ersten Weltkrieges [...]? Übrigens würde ich mich gar nicht scheuen, mich öffentlich dazu zu bekennen. Von französischer Seite hat man dem deutschen Volk nach dem Weltkrieg vorgeworfen, daß es zwanzig Millionen Deutsche zuviel gebe. Wir nehmen dieses Wort auf. Wir bekennen uns zu solch planmäßiger Steuerung der Bevölkerungsbewegungen.«[244]

Doch vom tieferen Sinn hinter all diesen unmenschlichen Übermenschlichkeiten erfuhren weder die Deutschen noch die Kämpfer für den Nationalsozialismus, wenngleich die nationalsozialistische Bewegung nach der Machtübernahme und vor allem nach der Installierung des SS-Staates als Hohlform der zukünftigen Gesellschaft immer deutlicher von den esoterischen Inhalten bestimmt wurde.

Rassismus als Mittel zum Zweck

Genau wie der »Sozialismus« war auch der Begriff »national« als angebliches Programm nur Maskerade, Täuschung und Propaganda; eigentlich trifft dies auf das ganze arische Rassengetue zu. Es gab eine Rassentheorie für die Propaganda, diejenige, welche die Historiker beschrieben und die die Gerichte als die Verfechter des menschlichen Gerechtigkeitssinns verurteilt haben. Doch der »esoterische Rassismus« hatte mit der äußeren Erscheinung des NS-Rassismus wenig zu tun.

Der unbedarfte, rassenbewußte Nationalsozialist freilich hätte damit wenig anzufangen gewußt. Wer das Parteiprogramm wörtlich verstehe, äußerte sich Hitler einmal, und nicht bloß als den großen Prospekt im Hintergrund der Bühne, der möge bei den einfältigen Seelen bleiben. Wie man weiß, sollte der Orden, in den die nationalsozialistische Bewegung nach Ansicht Rosenbergs übergehen sollte, nicht unbedingt etwas mit dem Großteil der Parteigenossen zu tun haben. Denen war es bestimmt, Analphabeten zu bleiben.[245]

»Ich werde dieses Programm nie ändern«, sagte Hitler, »und es ist für die Masse berechnet.« Es zeige die Richtung einiger Bestrebungen des Nationalsozialismus an, nicht mehr und nicht weniger. »Es ist wie das

Dogma in der Kirche. Erschöpft sich die Bedeutung der Kirche in ihren Dogmen oder nicht vielmehr in ihrer Tätigkeit mitsamt dem Ritus?«[246]

Die Masse, so Hitler, braucht etwas für die Phantasie, und sie braucht feste und bleibende Lehrsätze. Nur die Eingeweihten wissen, wo es langgeht. So mochten die gutgläubigen Nationalsozialisten und mehr oder weniger reinrassigen Arier noch während des Krieges daran glauben, sie kämpften für die Zukunft der deutschen Nation. Aber Hitler, der Mann aus Thule, war über derlei Engstirnigkeit längst hinaus, als so mancher Deutsche an ein tausendjähriges Reich des Friedens geglaubt haben mochte:

»Der Begriff der Nation ist leer geworden. Ich habe mit ihm aus zeitgeschichtlichen Gründen noch beginnen müssen [...] Der Tag wird kommen, an dem von dem landläufigen Nationalismus nicht viel übriggeblieben sein wird, auch bei den Deutschen nicht.«[247]

Es ging schließlich um die Weltrevolution kosmischen Ausmaßes. Dafür war auch der Rassendünkel letztlich nur ein Mittel zum Zweck:

»Diese Professoren und Dunkelmänner, die ihre nordischen Religionen stiften, verderben mir das Ganze. Warum ich das dulde? Sie helfen zersetzen, das ist es. Sie stiften Unruhe. Und allein Unruhe ist schöpferisch. An sich hat das Getue keinen Wert. Aber immerhin, es mag seinen Gang gehen.«[248]

Heinrich Himmler war in diesem Zusammenhang um eine Spur deutlicher. Er meinte, es sei höchst gleichgültig, ob sich die Vorgeschichte der germanischen Stämme so oder so abgespielt habe: »Die Wissenschaft geht von Annahmen aus, die alle paar Jahre wechseln. Es spielt daher keine Rolle, wenn die Partei heute eine Annahme als Ausgangspunkt bestimmt, auch wenn sie zunächst den zeitüblichen wissenschaftlichen Anschauungen zuwiderläuft. Worauf es einzig und allein ankommt und wofür die Leute bezahlt werden, sind geschichtliche Vorstellungen, die unserem Volk den notwendigen Nationalstolz stärken. Wir haben bei diesem ganzen zweifelhaften Betrieb nur das einzige Interesse, daß wir das, was wir als Zukunftsbild für unser Volk hinstellen, in seine Vergangenheit hineinprojizieren [...]«[249]

Rauschning zitiert Hitler: »Dann aber gewährt es uns auch einen besonderen heimlichen Genuß, zu sehen, wie die Leute um uns herum nicht gewahr werden, was mit ihnen wirklich geschieht! [...] Sie starren gebannt auf ein paar Äußerlichkeiten, auf Besitz und Einkommen und Rang und überkommene Begriffe. Inzwischen sind sie selbst aber in einen neuen Zusammenhang geraten, eine gewaltige Ordnungskraft hat sie in ihren Bann geschlagen. Sie haben sich selbst gewandelt.«[250]

Und an anderer Stelle: »Ich weiß natürlich so gut wie alle diese neunmalklugen Intellektuellen, daß es im wissenschaftlichen Sinn keine Rasse gibt. Ich als Politiker brauche einen Begriff, der es erlaubt, die bisher auf geschichtliche Zusammenhänge beruhende Ordnung aufzulösen und eine ganz neue, antihistorische Ordnung zu erzwingen und gedanklich zu unterstützen. Ich muß die Welt von ihrer historischen Vergangenheit befreien. Die Nationen sind die manifeste Form unserer Geschichte. Also muß ich diese Nationen in eine höhere Ordnung umschmelzen, wenn ich den Wust einer absurd gewordenen geschichtlichen Vergangenheit abstreifen will. Und dafür ist mir der Rassenbegriff gut. Er löst das Alte auf und gibt die Möglichkeit neuer Verbindungen. Mit dem Begriff der Nation hat Frankreich seine große Revolution über seine Grenzen geführt. Mit dem Begriff der Rasse wird der Nationalsozialismus seine Revolution bis zur Neuordung der Welt durchführen [...] Und ich werde durch ganz Europa und durch die ganze Welt diese neue Auslese in Gang bringen, wie sie in Deutschland der Nationalsozialismus darstellt. In jeder Nation, der ältesten und festgefügtesten, wird sich der Zersetzungs- und Umschichtungsprozeß abspielen.«[251]

Im Antisemitismus sah Hitler das bedeutungsvollste Stück seines propagandistischen Arsenals, fast überall von todsicherer Wirkung. Auch der Antisemitismus mit all seinen Begleiterscheinungen war ihm ein revolutionäres Hilfsmittel:

»Die Propaganda des Antisemitismus ist in allen Ländern das geradezu unentbehrliche Hilfsmittel für die Verbreitung unseres politischen Kampfes. Sie werden sehen, in wie kurzer Zeit wir die Begriffe und Maßstäbe der ganzen Welt einzig und allein mit dem Kampf gegen das Judentum unterstützen werden.«[252]

Schon bald hatte Hermann Rauschning Lug und Trug im nordischen Mythos geortet: »Hitler interessierte in Skandinavien nicht das reine arische Blut, nicht der nordische Mythos vom Wikingerhelden [...] Ihn interessierten ausschließlich die Erzgruben in Schweden und Finnland.« Und hinsichtlich der Auslandsdeutschen, ob deutsche Staatsbürger oder nicht, »erkannte ich, welches verbrecherische Spiel hier mit dem Auslandsdeutschtum zur allgemeinen Revolutionierung der Welt getrieben wurde«:

Sie wurden im Namen der Herrenrasse in jenen Riesenapparat gepreßt, der nach Hitlers Konzept des Psychokrieges schon vor einem eventuellen Krieg die betreffenden Länder von innen her zermürben sollte.[253] Für Parteigenossen der höheren Kategorie galt insgeheim folgende Lesart:

»Wie die Juden erst aus der Zerstreuung heraus zu der umfassenden Weltmacht werden konnten, die sie heute sind, so werden wir als das wahre Volk Gottes aus der Zerstreuung in aller Welt zu der allgegenwärtigen Macht werden, zum Herrenvolk der Erde.«[254]

Magie gegen Intellekt

Sieht man von den Juden als Sammelbegriff für alle Feinde, die es zu bekämpfen galt, ab, kommt Rauschnings Aussage dem Kern der nationalsozialistischen Sache schon nahe: Zwei grundverschiedene Welten standen sich gegenüber, zwei grundverschiedene Wirklichkeiten, zwei verschiedene »Götterwelten«: die Welt der Magie und die Welt der kartesianischen Vernunft, ein mystisches und ein rational erklärtes Universum. Die dunklen Mächte einer magischen Welt und der Gott der Juden und der Christen.

Und während die Trommler des künftigen Reiches von Hitler bis Goebbels von Deutschlands wiedererwachender Größe, von Revanche und Rache, von deutscher Macht und Zukunft kündeten und über ihre Erzfeinde und Geschwüre am ansonsten gesunden Volkskörper räsonnierten, vollzog sich die Rückwendung einer rationalistischen Zivilisation aus dem Bereich der Vernunft zu dem der traumwandlerischen Sicherheit, zu dem einer überrationalen Magie: »Die neue Zeit der magischen Weltdeutung kommt herauf, der Deutung aus dem Willen und nicht dem Wissen!«

Eine Konzentration von kalter Berechnung. Mystik und Magie begann in Europa das abendländische Bewußtsein ins Wanken zu bringen, begann das Leben zu verändern, die Wirklichkeit, ja auch die Wissenschaft und die Technik. »Das, was man die Krisis der Wissenschaft nennt, ist nichts anderes, als daß die Herren von sich aus einzusehen beginnen, wie sie sich auf dem Holzweg mit ihrer Objektivität und Unabhängigkeit befinden. Die einfache Frage lautet: Wer will etwas wissen, wer will sich in der Umwelt orientieren? Damit ist es alsdann zwingend, daß es nur die Wissenschaft einer Menschengattung und eines bestimmten Zeitalters geben kann. Es gibt sehr wohl eine nordische Wissenschaft und eine nationalsozialistische, die im Gegensatz stehen müssen zu der liberalistisch-jüdischen, die ja ihre Funktion überhaupt nicht mehr erfüllt, sondern sich selbst aufzuheben im Begriff ist.«

Alles ist relativ. Wie wirklich ist die Wirklichkeit? Hitler-Gedanken, die einer gewissen Aktualität in Zeiten neuer Wissenschaftsmüdigkeit und Mythengläubigkeit nicht entbehren, wenn auch das eine und das andere nicht ein und dasselbe sein muß.

Plotin und Indisches jedenfalls las man auch in Thule. Und sogar den Sohar, der gleich dem Hermes Trismegistos sagt: »Was oben ist, das ist auch unten.«

Plotin schreibt von den natürlichen und übernatürlichen Beziehungen zwischen Mensch und Kosmos: »Dieses Universum ist ein einziges Tier, das alle Tiere in sich enthält [...] Die Dinge wirken aufeinander, auch ohne in direkter Berührung zu stehen, und notwendigerweise wirken sie auch auf Entfernung [...] Die Welt ist ein einziges Tier, und darum ist es nicht anders möglich, als daß sie in Einklang mit sich selbst steht; es gibt in ihrem Leben keinen Zufall, sondern nur Harmonie und einheitliche Ordnung.«

Entweder ist alles in Ordnung, oder man muß die Ordnung der Dinge wiederherstellen.

Hans Buchheim (*Anatomie des SS-Staates*) zitiert Hitler:

»Diese Welt haben nicht wir Menschen geschaffen, sondern wir sind nur ganz kleine Bakterien oder Bazillen auf diesem Planeten. Wir können diese Gesetze vielleicht ableugnen, wir können sie nie beseitigen. Wir können sie ablehnen, wir werden uns aber dann den Folgen nicht entziehen können, die aus einer solchen Ablehnung entstehen, nämlich, daß wir selbst als Schwache zugrunde gehen [...]«[255]

Und in den SS-Burgen wurde den Initianden schließlich das kosmische Mysterium gedeutet:

»Als einzig Lebendes gibt es nur den Kosmos, das Universum, alle Wesen einschließlich des Menschen sind nur verschiedene Formen, die sich im Verlauf der Zeitalter des lebenden Universums immer mehr erweitern.«[256]

Im Reich von Thule war dies alles keine bloße Frage des Glaubens, es war eine Frage der Wissenschaft. Denn das war ja auch das Erstaunliche: Magisches Denken hat sich mit deutscher Methodik, Logik und Genauigkeit, hat sich mit Wirtschaft und Technik verbündet, Mathematik wurde zur Mathemagie. Oder, auf eine kurze Formel gebracht: Okkultismus plus Elektrizität plus Panzerdivisionen.

Die Gegenwelt aus Eis und Feuer

Die esoterischen Geheimlehren des Thule-Ordens hat ebenfalls ein Österreicher auf einen wissenschaftlichen Nenner gehoben: Hanns Hörbiger. Der 1931 verstorbene Maschinenbauingenieur war der Begründer der nationalsozialistischen Mathemagie, er schuf die Anti-Wissenschaft, die Gegen-Kosmologie zum geltenden Weltbild der »liberalistisch-jüdischen Vernunftsmenschen«, von denen Hitler sagte, sie hätten mit dem Menschen und der Natur nichts gemein, ja sie seien etwas völlig anderes, »weiter vom Tier entfernt als wir Arier selbst«.

Ein deutscher Schriftsteller, Elmar Brugg, schreibt schon (wieder) 1952 in seinem Buch zu Ehren des Schöpfers der Welteislehre (*Spießbürger gegen Genie*): »Die Welteislehre Hanns Hörbigers ist nicht nur eine wissenschaftliche Großtat, sie ist eine Lebenserkenntnis von größter Bedeutung, denn sie weist den innigen Zusammenhang zwischen Kosmos und allem irdischen Geschehen nach [...] Nach den Hörbigerschen Erkenntnissen der Welteislehre ist das Universum kein toter Mechanismus, dessen Teile sich allmählich abnützen, um schließlich auseinanderzufallen, sondern ein Organismus in des Wortes wunderbarster Bedeutung, gleichsam ein lebendes Wesen, das den Odem seiner lodernden Kraft immer wieder auf neue Geschlechter seiner Menschenformen pflanzt.«[257]

Das klingt frei nach Plotin und Adolf Hiter und – nach Gurdjieff, mit dessen kosmologischer Weltanschauung die Welteislehre erstaunlich viel gemein hat. Und sie belegt in der Tat die Richtigkeit der Weltsicht des magischen Sozialismus des Dritten Reiches.

Der zunächst mit der Erfindung eines neuen Gebläseventils bekanntgewordene Hörbiger erklärte kurzerhand, das Universum bestehe im wesentlichen aus Eis. Alles kosmische Geschehen beruhe auf dem andauernden Kampf zwischen dem Eis und dem Feuer, zwischen Anziehungs- und Abstoßungskraft. Diese ständig wechselnde Spannung zwischen zwei einander entgegengesetzten Prinzipien, der ewige Kampf im Himmel gewissermaßen, gelte auch für die Erde, für die gesamte Menschengeschichte, und das Universum sei ein lebender Organismus, bei dem jeder Teil auf den anderen einwirke. Ein Jesuit namens Josef Steinmayr, der in einer österreichischen Zeitung einen Nachruf auf Hörbiger verfaßte, konnte seine Bewunderung nicht verhehlen:

»Die Begrenztheit der Schwerkraft sowie die Leugnung des leeren Weltraumes im bisherigen Sinn ergeben mit Hörbigers Grundannahme das Fundament für das kolossale Gebäude, das Hörbiger und seine Anhänger mit technischer Meisterschaft errichtet haben. Auch die größten Gegner der Welteislehre müssen zugeben, daß Hörbiger seine Ableitungen mit bewundernswerter Konsequenz durchgeführt hat.«[258]

So entstand ein System des physischen Weltgeschehens, das radikal mit den bisherigen Ergebnissen und Ansichten brach, nicht bloß auf dem Gebiete der Astronomie, sondern auch in der Geologie und Meteorologie.

Die Lehre stand im Widerspruch zu allen Grundsätzen der damaligen offiziellen Wissenschaften. Aber sie war noch mehr. Hörbigers Theorie warf auch alle bis dahin bestehenden Theorien über die Geschichte der Kulturen, das Auftauchen und die Entwicklung des Menschen über den Haufen. Sie bietet eine Totalschau der Entwicklung des Kosmos, erklärt die Entstehung des Sonnensystems, die Geburt der Erde, des Lebens und des Geistes, und das mag der Grund sein, warum diese Lehre auch heute noch Millionen Anhänger in aller Welt hat, diese Lehre und andere, wie etwa die ähnliche Kosmologie eines Immanuel Velikowsky.

Vor allem aber stützte die Welteislehre die Esoterik des Nationalsozialismus, sie lieferte den Nachweis der magischen Verbindung zwischen Mensch und Kosmos, und das war auch der Sinn dieser Wissenschaft. Sie war angetreten gegen die seelenlose abendländische Wissenschaft, angetreten, um sie zu erschüttern und zu zerstören, damit die Magie, der einzige wirkliche dynamische Wert, wieder zum Leben erwachen könne.

Himmler, Rosenberg, Haushofer und Hitler waren nicht ohne Grund Förderer der Welteislehre, die auch unter dem gewöhnlichen Volk eine große Zahl von Anhängern fand. Zudem lieferte sie eine einleuchtende Grundlage für die nationalsozialistische Rassentheorie, sowohl der esoterischen als auch der exoterischen, der propagandistischen.

Hörbiger verband technische Perfektion mit ältesten Mythen, wie man sie nahezu in allen orientalischen Überlieferungen und esoterischen Lehren findet: die Idee von einst hochentwickelten Menschen, die vor Jahrtausenden, ja vor hunderttausend Jahren einen anderen Himmel gesehen hatten als den unseren, andere Monde, andere Sternkonstellationen, die Geschichte von untergegangenen Hochkulturen, verschwundenen Übermenschen.

Das machte ihre Anziehungskraft aus, die selbst namhafte Wissenschaftler und vor allem Techniker zu Hörbiger-Fans machte, etwa Lenard, der gemeinsam mit Röntgen die berühmten Strahlen entdeckte, oder den Physiker Stark, dessen Untersuchungen über die Spektroskopie weltweit bekannt waren, oder Oberth, dem Dietrich Eckart bekanntlich seine »Kaaba«, seinen schwarzen Meteoriten, vermacht hatte.

In aller Welt gibt es alte heilige Texte oder zumindest mündliche Überlieferungen, die die Erdgeschichte entsprechend Hörbigers Theorie schildern, von den Tolteken in Mexiko über die Matekulas in Neuguinea bis zu den Geschichten von den biblischen Riesen. Auch das *Buch Dzyan* der Frau Blavatsky, das ja auch eine der esoterischen Grundlagen der Thule-Religion bildete, entspricht, in deren Interpretation zumindest, der Hörbigerschen Esoterik, berichtet von Zeiten, da der Mensch hoch über dem Menschen stand, über Zeiten, in denen er zum Tier geworden ist.

Man hat es bisher auch versäumt, sich Gedanken über den Zusammenhang von Hörbigers Welteislehre und der Geschichte von den verschiedenen Monden und Apokalypsen und der Philosophie vom Übermenschen und den periodischen Mutationen des Menschen zu machen. Dieser ist indessen eindeutig.

In Hörbigers Erleuchtung über den Gang der Weltgeschichte gab es vor Millionen Jahren im Kosmos einen gewaltigen, heißen Körper, millionenmal größer als unsere gegenwärtige Sonne. Diese glühende Masse geriet in Kollision mit einem riesigen Planeten, der sich durch Ansammlung kosmischen Eises gebildet hatte. Der ewige Kampf zwischen Feuer und Eis hatte begonnen. Das Eis war tief in die Riesensonne eingedrungen und ruhte dort gewissermaßen etliche Jahrmillionen, bis der Wasserdampf alles zur Explosion brachte: der Urknall durch Feuer und Eis. Während einzelne Teile so weit fortgeschleudert wurden, daß sie sich im Raum verloren, gerieten andere in unsere Zone, die Planeten unseres Systems, von denen es ursprünglich dreißig gegeben hatte: Blöcke, die sich nach und nach mit Eis bedeckten, während allein die Erde noch nicht ganz von dieser Kälte erfaßt ist und praktisch *en miniature* den kosmischen Krieg zwischen Feuer und Eis nachvollzieht.

Was engstirnige Wissenschaftler als die aus Einzelsternen bestehende Milchstraße bezeichneten, sei in Wirklichkeit ein mächtiger Eisring, der sich seit den fernen Tagen des Urknalls im All befinde. In unserer Zone des Weltalls hingegen befänden sich die Planeten in einem ständigen Kampf zwischen Anziehung und Abstoßung, zwischen dem Schwung der ursprünglichen Explosion und der Gravitationskraft. Deshalb vermindere sich die anfängliche Kraft der Abstoßung ständig, so daß früher oder später jeder Planet auf einen anderen stürzen werde. Schließlich werde das solcherart verklumpte Planetensystem neuerlich zu Eis erstarren, in die Sonne zurückfallen und dort einen neuerlichen Urknall verursachen: die ewige Wiedergeburt des Kosmos.

Gottmensch und Massenmensch

Das ist, in Kurzform, die kosmologisch-physikalische Seite der Welteislehre. Sie hat noch eine andere, und die ist von Bedeutung. Nach Ansicht Hörbigers (wie auch nach Ansicht des Haushofer-Lehrers Gurdjieff) hat die Erde schon mehrere Monde gesehen, nach Hörbiger wäre der jetzige Trabant der insgesamt vierte. Die ersten drei schon hatten der Anziehungskraft der Erde nicht widerstanden, waren geborsten und auf die Erde gefallen, wo die jeweilige Mondmasse alles mit einer Kruste überlagerte und fossil werden ließ. Denn während die zu normalen Zeiten in der Erde vergrabenen Organismen verwesen, so tun sie das nicht im Falle eines Mondniederbruchs. Somit wären auch die Primär-, Sekundär- und Tertiär-Epochen erklärbar. Das Aufeinanderfolgen von verschiedenen Monden aber war entscheidend für die Entwicklung des Erdballs, der Entwicklung der Arten und der Menschheit. Denn während die jeweiligen Monde sich der Erde nähern und schier zum Greifen nahe sind, kommt es – in einer Zeit verringerter Gravitation – zur Riesenwüchsigkeit aller lebenden Organismen, die verstärkte kosmische Strahlung verursacht plötzliche Mutationen.

Während eines solchen Mutationssprunges in der Zeit des zweiten Mondes entstanden auch unsere Vorfahren, die Riesen, die ersten Lehrmeister der Menschen, von denen die Überlieferung berichtet: Wesen von unglaublicher Intelligenz und mit außerordentlichen physischen Kräften ausgestattet. Doch auch der zweite Mond platzt nach Hörbigers kosmischem Gesetz, und nur wenige dieser Wunderwesen überleben, von denen ein Teil beim Auftauchen des dritten Mondes und damit zwangsläufig veränderten Gravitationsverhältnissen zum Kleinwuchs degeneriert, worunter natürlich auch das Gehirnvolumen und die Intelligenz leidet: Sie müssen von den übriggebliebenen, langlebigen und riesenwüchsigen Übermenschen lernen.

Vor knapp einhundertfünfzigtausend Jahren dann geschah die große Katastrophe, der Absturz des dritten Mondes, das Auftauchen des vierten Mondes, und in diesem Wechselspiel verschwinden die letzten großen, von den riesenwüchsigen Übermenschen beeinflußten Kulturen wie Atlantis und Hyperborea.

Die Katastrophe ist so enorm, daß den Übermenschen die Erkenntnis der wechselseitigen Beziehungen aller Dinge im Kosmos ebensowenig nützt wie die Fähigkeit, mittels technischer und vor allem geistig-magischer Energien das Geschehen zu beeinflussen. Es ist der Tod der Götter, und als die Israeliten in ihr gelobtes Land einziehen, finden sie nur ein leeres Riesenkönig-Bett: »Siehe, sein eisern Bette ist allhier zu Rabbath der Kinder Ammons, neun Ellen lang und vier Ellen breit.« (5. Mose, III,2)

Seither erinnern wir uns nur mehr dunkel an unsere große Vergangenheit. Überall entstehen riesige Monumente der Erinnerung: Pyramiden, Menhire, Riesenstatuen, und die alten Kulturen Lateinamerikas versuchten mittels magisch-mystischer Ballspiele die Gestirne in ihren Bahnen zu halten, um zu erhalten, was Gurdjieff »die kosmische Bewegung aller Harmonie« nennt.

Nun, auch der vierte Mond wird sich der Erde wieder nähern, wird dadurch neue Mutationen hervorbringen, ehe er, nach vielleicht Hunderttausenden von Jahren, endgültig abstürzt.

Nach Hörbiger unterliegt der ewige kosmische Kampf zwischen Feuer und Eis, Anziehung und Abstoßung einem bestimmten Rhythmus. Und so wie die Erde alle sechstausend Jahre einem kosmischen Angriff des Eises ausgesetzt ist, so »pflanzt« das lebende kosmische Wesen alle siebenhundert Jahre »den Odem seiner lodernden Kraft immer wieder auf neue Geschlechter seiner Menschenformen«.

Alle siebenhundert Jahre wird sich der Mensch wieder seiner verantwortlichen Stellung in diesem kosmischen Reigen bewußt, seiner eingeschlafenen Beziehungen zum kosmischen Weltgeist, er erinnert sich seiner magischen Verbindung mit dem Universum und seiner Abstammung von den Übermenschen: Die nächste Mutation der menschlichen Rasse steht bevor, die neuerliche Mutation zum Gottmenschen, der sich der kosmischen Verbindungen bewußt ist.

Und diese erwachenden Menschen haben alles zu tun, um unerbittlich all das von der wahren Menschheit fernzuhalten, was Eigenschaft verworfener Rassen ist, der Verkümmerungsformen, wie Adolf Hitler sie bezeichnete.

Denn der Mensch ist, kosmisch bedingt, nicht gleich Mensch. Zu Zeiten der hohen Monde entstanden immer wieder Degenerierte, Zwergrassen, Scheinmenschen, die den eigentlichen Menschen bloß nachah-

men, aber »weiter von ihm entfernt sind als der Arier vom Tier: natur-
fremde und naturferne Menschen«.

Und nur ein bestimmter Teil der Menschheit ist dazu ausersehen, den
nächsten Mutationszyklus zu erleben, vorzubereiten, sich mit dem kommenden Übermenschen zu verbünden: »Dann steigen die Bauleute,
welche ihr erstes Gewand wieder angezogen haben, zur strahlenden Erde
nieder und herrschen über Menschen – welche sie selbst sind!« So endet
die letzte Strophe des von Blavatsky überlieferten geheimnisvollen
Buchs Dzyan.[259]

Die Menschen von Thule waren die Wegbereiter dieser Beherrscher
der Menschheit, sie wollten das magische Zentrum der heraufkommen-
den neuen Kultur sein und das irdische Geschehen mit den kosmischen
Abläufen in Einklang bringen. Und Hitler fühlte sich berufen, der
Menschheit die Wiedergeburt zu einer neuen Gestalt zu verkünden: »Wer
den Nationalsozialismus nur als politische Bewegung versteht, weiß
nichts von ihm. Er ist mehr noch als Religion: Er ist der Wille zur neuen
Menschenschöpfung.«[260]

Denn die Weltwende war wieder da: Es war Zeit, den »Irrweg des
Geistes«, den Abfall des Menschen von seiner göttlichen Berufung zu
beenden und »magisch sichtig« zu werden:

»Die Schöpfung ist nicht am Ende, wenigstens was dieses Lebewesen
Mensch anlangt. Der Mensch steht biologisch deutlich an einem Schei-
depunkt. Eine neue Menschenspielart beginnt sich abzuzeichnen. Durchaus im naturwissenschaftlichen Sinn einer Mutation. Die alte Gattung
Mensch gerät damit unweigerlich in das biologische Stadium der Verkümmerung. Der Altmensch wird sein Leben nur noch in Kümmer-
formen fristen. Die ganze Schöpferkraft aber wird sich in der neuen
Menschenspielart konzentrieren. Die beiden Spielarten werden sich sehr
schnell voneinander fort in entgegengesetzter Richtung entwickeln. Die
eine wird unter den Menschen herabsinken, die andere wird weit über
den heutigen Menschen hinaussteigen. Gottmensch und Massentier
möchte ich die beiden Spielarten nennen.«[261]

Diese von Rauschning überlieferte Aussage Hitlers ist die praktische
Konsequenz aus jenem Teil der nationalsozialistischen Esoterik, die die
Handschrift Hörbigers trägt.

»Wie in dem Aufbruch eines neuen geologischen Zeitalters im gigantischen Schollensturz das ganze Erdgefüge zusammenbricht und sich
neue Gebirge auftürmen, Brüche klaffen und Ebenen und Meere sich neu
bilden, so wird in gewaltigen Eruptionen und Zusammenbrüchen die

gesamte europäische Ordnung umgestürzt werden!« prophezeite Hitler 1932. »Es ist das Gebot elementarer Selbsterhaltung, in solchen Zeiten der Weltwende sich als das harte Urgestein hochzufalten, um nicht überlagert und überschüttet zu werden. Nur indem sich das deutsche Volk dem inneren Gesetz der neuen Weltordnung einordnet, kann es zu dem künftigen Weltvolk werden, das dem kommenden Zeitalter seinen Namen geben wird.«[262]

In diesen Vorgängen, so meinte Hitler selbst, habe der Nationalsozialismus einer elementaren Bewegung vielleicht mehr oder minder zufällig den Namen gegeben. Die führende Rolle, die der Nationalsozialismus innehätte, so daß seine Leistung nunmehr aus dem geschichtlichen Leben der Nation nicht mehr fortzudenken sei, beruhe auf der rechtzeitigen und umfassenden Erkenntnis der großen Weltwandlung, »in deren kosmischen Wirbel wir alle hineingerissen sind«.

Die Deutschen, ja die Europäer, waren, wie Hitler es ausdrückte, »in eine Bewegung hineingeraten, die uns unabhängig von unserem Wollen oder Nichtwollen mit sich fortreißt«.

Die Astrologiegläubigkeit Hitlers, Himmlers, von Rudolf Heß und vielen anderen war nicht die bloße Marotte, als die sie die NS-Forschung allenthalben abtut. Sie war ein Grundelement dieser sich als Nationalsozialismus tarnenden Religion, Ausdruck der esoterischen Lehren, denen die Brüder von Thule gehorchten: Die Welt mußte in Übereinstimmung mit dem Kosmos gebracht werden.

Obwohl nach 1934 okkulte Schulen, Astrologie und dergleichen offiziell verboten worden waren, wurde Himmlers und Hitlers früherer Privatastrologe Fuhrer zum Reichsbevollmächtigten für Mathematik, Astronomie und Physik ernannt. Während des Zweiten Weltkriegs entwickelte sich beispielsweise zwischen England und Deutschland ein regelrechter astrologischer Krieg, von dem der ungarische Astrologe und Hauptmann im britischen Geheimdienst, Louis de Wohl, in seinem Buch *Krieg der Sterne* berichtet (auch Louis MacNeice in *Astrologie*). Er war der Gegenspieler des von den Nazis in Haft gehaltenen Schweizer Astrologen Karl Ernst Krafft, der 1939 das Attentat auf Hitler im Münchner Hofbräuhaus vorausgesagt hatte.[263]

Für die Nazis war das alles keine Spielerei. Aufgrund gefälschter britischer astrologischer Voraussagen wurde beispielsweise mehrmals das Auslaufen deutscher U-Boote verschoben. General Walter Dornberger, militärischer Leiter der Raketenversuche in Peenemünde, berichtet in seinem Buch *Der Schuß ins Weltall*, warum die V-2 nicht rechtzeitig fertiggestellt werden konnte. Hitler hatte geträumt, daß der Himmel sich rächen würde, sollte die Rakete abgeschossen werden. Die Experimente wurden für mehrere Monate gestoppt, um zu prüfen, ob im Sinne der Hörbigerschen Lehre eine derartige Vergewaltigung der Stratosphäre nicht die Gefahr einer Katastrophe auf der Erde nach sich ziehen könnte. Der Berliner Polizeipräsident Graf Helldorf überliefert die Geschichte, wonach Hitler 1932 dem Hellseher Jan Erik Hanussen versprach, eine Hochschule zum Studium der parapsychologischen Phänomene einzurichten. Tatsächlich wurde später im Rahmen des SS-Forschungsamtes »Ahnenerbe« von Himmler persönlich eine Spezialabteilung zur Erforschung des Übernatürlichen installiert.

Hanussen, geborener Herschel Steinschneider, der nach Müller-Schönhausen (*Die Lösung des Rätsels Adolf Hitler*) dem Führer die Tricks und Feinheiten der Redekunst und vor allem der Gestik beigebracht hatte und mehr oder weniger parteiamtlicher Hellseher geworden war, wurde 1933 liquidiert. Man hatte ihn ohnehin im Verdacht gehabt, ein Spion zu sein, und als er den Reichstagsbrand weniger aufgrund seiner hellseherischen Fähigkeiten als durch eine Indiskretion seines Freundes Graf Helldorf vorausgesagt hatte, machte die SA mit ihm kurzen Prozeß. Er wurde in der Nähe von Baruth bei Potsdam in einem Wald ermordet.[264]

Für Scharlatane war im Reich kein Platz: In den Bereichen des Übersinnlichen und Magischen verstand man keinen Spaß. Das sollten später auch die Soldaten spüren, die während eines Feldzugs gegen Rußland buchstäblich im Hörbigerschen Eis den deutschen Heldentod starben. Es waren nämlich die Anhänger Hörbigers gewesen, die einen milden Winter vorausgesagt hatten. Für die Esoteriker des Reiches war das Eis ein Sinnbild des Todes, während die magische, geistige und psychische Energie durch das Feuer symbolisiert war.

Hitler war folgerichtig davon überzeugt, er sei mit dem Feuer im Bunde, und überall dort, wo er vorrückte, müsse die Kälte weichen. Denn schließlich war die Menschheit dabei, unter seiner Führung in den neuen geschichtlichen Zyklus des Feuers einzutreten. Dementsprechend leicht war die Ausrüstung der für den Rußlandfeldzug bestimmten Soldaten. Als im Dezember 1941 die Temperatur praktisch über Nacht auf mehr als vierzig Grad unter Null fiel, versagten die automatischen Waffen, zersetzte sich das synthetische Benzin in den Kanistern, vereisten die Lokomotiven, brachen die Soldaten unter der Kälte zusammen. General Guderian flog nach Berlin, um dem Führer die Lage zu erklären und um einen Rückzugsbefehl zu bitten, doch dieser erklärte ihm kurzerhand: »Greifen Sie an! Die Kälte ist meine Sache!« Es wurde die erste Niederlage der »Unsterblichen«, die zuvor Polen und Frankreich mit Leichtigkeit erobert hatten.[265]

Es ging nicht nur um Sieg oder Niederlage, nicht nur um Eroberung oder die »Schaffung neuen Lebensraumes«. Nach dem Desaster von Stalingrad schrieb Goebbels: »Es ist ein Gedanke, eine ganze Weltanschauung, die hier unterliegen. Die geistigen Kräfte werden zunichte gemacht, die Stunde des Gerichts naht.« Und auch er war überzeugt: »Unser Ende wird das Ende des Universums sein!« Er schrieb dies, kurz bevor er im Führer-Bunker seine Frau, seine Kinder und sich selbst umbrachte.

Vor diesem okkult-esoterischen Hintergrund aber erst wird verständlich, was die Menschen der Normalwelt zutiefst erschreckte, was ihnen völlig unbegreifbar erscheinen mußte, als nach dem Krieg bruchstückhaft etwas von diesem Dritten Reich der Magier an die Oberfläche kam. Es waren die Bruchstücke einer so anders gearteten Welt, daß es mit ihren in Nürnberg vor Gericht gestellten Vertretern gar keine Verständigungsmöglichkeit geben konnte. Eine Welt, die auch der Mehrheit der Deutschen fremd war, selbst wenn sie alle tatsächlich gewußt hätten, was in den Konzentrationslagern vor sich gegangen war.

Über diese Anderswelt hat man seither den Mantel des Schweigens gebreitet oder sie mit nüchternen und mechanischen Erklärungen zu überdecken versucht, und vermutlich sehen konventionelle Historiker auch gar nicht diese Dinge, die mit dem, was sie Geschichte nennen, nicht vereinbar sind.

Die Juden und die Welt der bloßen Vernunft

Magie gegen Intellekt. Magische Wissenschaft gegen exakte Wissenschaft. Die Welt der Übermenschen gegen die Welt der Scheinmenschen.

Eugen Kogon (*Der SS-Staat*) hat die Konzentrationslager als die Hohlform des künftigen Staates unter dem Schwarzen Orden bezeichnet.[266] Sie waren es, in einem viel tieferen Sinn. Der Mensch war der Stoff, der verändert werden mußte, um daraus jenen Menschentyp zu filtern, der mit den magischen Kräften des Universums ein neues goldenes Zeitalter erbauen sollte. Was in den Konzentrationslagern geschah, folgte den Geboten einer magischen Notwendigkeit, alles von dieser neuen

Menschheit zu trennen, was der erwarteten Mutation im Wege stehen könnte. Die Konzentrationslager ließen sich in der Sprache der Magie und des Okkultismus durchaus als symbolischer Akt einer nachahmenden Magie bezeichnen, ein Entwurf für das, was schließlich allgemein geschehen sollte: die Völker und Menschen zu entwurzeln und sie den unerbittlichen und grausamen Notwendigkeiten der Weltwende zu unterwerfen.

Dabei ging es nicht um Juden an sich. Aber für die Magier von Thule war der Jude und damit sein Gott letzthin synonym für die Ratio, gegen die schließlich die Entscheidungsschlacht auszufechten war: ein Krieg zwischen den Göttern. Für die Magier von Thule standen die Juden stellvertretend für alle aus der Welt der bloßen Vernunft, das ist der eigentliche Hintergrund für den tatsächlichen metaphysischen Haß gegen sie, der kaum etwas mit dem lächerlichen Antisemitismus eines Lanz von Liebenfels zu tun hatte.

Die Juden waren die Meister der verhaßten Ratio, die Beherrscher jener selbstherrlichen Wissenschaft, die nach Ansicht Hitlers das Leben zerstörte, anstatt ihm zu helfen. Und das ganze verhaßte Christentum, der Erlöserglaube, die Moral, das Gewissen wie der Begriff der Sünde, ging schließlich auf jenen Judengott zurück, der erst erschaffen wurde, lange nachdem die Abkömmlinge der Übermenschen eines anderen Zeitalters schon herabgestiegen waren, dazu berufen, über die Erde und die Gestirne zu herrschen.

Jetzt, am Ende des Zeitalters zersetzender Vernunft, konnte es nicht zwei verschiedene Welten geben, die Vernunftwelt mußte verschwinden. Um sie bekämpfen und zerstören zu können, bedurfte es aber eines sichtbaren, greifbaren Feindes.

Auf eine Frage Rauschnings, ob der Kampf um die Weltherrschaft bedeute, daß die Juden vernichtet werden müßten, sagte Hitler: »Nein, denn dann müßten wir ihn (den Feind) erfinden. Man braucht einen sichtbaren Feind, nicht bloß einen unsichtbaren.«[267] Dabei sah Hitler die Juden durchaus als gleichwertig an, ja er bewunderte sie sogar in einem gewissen Sinn, denn er sagte:

»Übrigens sind die Juden bereit gewesen, mir in meinem politischen Kampf zu helfen. In den Anfängen unserer Bewegung haben mich sogar einige Juden finanziell unterstützt. Ich brauchte nur den kleinen Finger auszustrecken, und sie hätten sich alle um mich gedrängt. Sie wußten schon, wo etwas Neues und Lebendiges war. Der Jude ist es doch gewesen, der diese Wirtschaft der dauernden Bewegung und Steigerung erfunden hat, die man Kapitalismus nennt. Diese geniale Schöpfung mit einem raffinierten und doch simplen selbsttätigen Mechanismus. Machen wir uns nichts vor, es ist genial, teuflisch genial [...] Das ist ihr Überreich, das sie über alle Reiche der Welt und ihre Herrlichkeit gespannt haben. Aber nun sind wir es, die mit der Weltanschauung der ewigen Revolution ihnen Konkurrenz machen. Ist Ihnen nicht aufgefallen, wie der Jude in allem und jedem das genaue Gegenspiel des Deutschen ist und ihm doch wieder so verwandt ist, wie es nur zwei Brüder sein können [...] Diese ewig beweglichen Menschen, und wir mit unserem Glauben an die ewige Bewegung, wie so verwandt, und im anderen völlig verschieden! Es gilt wahrhaftig, den Entscheidungskampf über das Schicksal der Welt auszufechten.«[268]

Es ist anzunehmen, daß auch Hitler und seine Thule-Brüder gelesen haben, was Herzl-Gegner, Begründer der Gruppe Bnai Zion und Verfechter eines nationalen Zionismus, Ascher Ginsberg, in seinem Buch *Transvaluation of value* schrieb:

»Das Gute ist das Eigentum des Übermenschen oder der Übernation, welche die Kraft besitzt, sich auszudehnen, ihr Leben zu vervollkommnen und der Herr der Welt zu werden, ohne Rücksicht darauf, was das die große Masse der Angehörigen der tieferstehenden Völker kosten kann, und ohne Rücksicht auf den Schaden, den diese davon haben können. Denn einzig und allein der Übermensch und die Übernation ist die Blüte oder der Gipfelpunkt in der großen Menschenmasse. Alle übrigen Nationen sind nur dazu geschaffen, um dieser Lage zu dienen.«[269]

Es konnte aber nur einen Übermenschen, ein auserwähltes Volk geben. »Es kann nicht zwei auserwählte Völker geben. Wir sind das Volk Gottes. Besagt das nicht alles [...]? Zwei Welten stehen einander gegenüber. Der Jude ist der Gegenmensch, der Antimensch. Der Jude ist das Geschöpf eines anderen Gottes.«[270]

Sie waren die Repräsentanten der Gegenwelt, der Welt der Vernunft, der abendländischen Wissenschaft, der Verschwörung eines kleinlichen und primitiven humanistischen Bewußtseins gegen eine Menschheit, die eben dabei war, einen neuen kosmischen Feuerstoß zu empfangen. Und eben weil es ein Kampf der Götter, ein Kampf der Götter aus der grauen Vorzeit der hyperboreischen und atlantischen Riesen gegen den Gott der Bibel, den Gott des christlich-jüdischen Abendlandes war, mußten es zunächst und zuallererst die Juden sein, die der »Goldenen Dämmerung« der neuen Zeit zum Opfer gebracht wurden. Wie schon Crowley geiferte: »Erbarmen laß beiseite, verdamme die Mitleidigen! Töte und foltere, schone nicht! Tritt die Heiden nieder, komme über sie, o Krieger, ich will dir ihr Fleisch zu essen geben!«

Es kommt der Wahrheit wohl ziemlich nahe, was Alfons Rosenberg im Zusammenhang mit der Begegnung Hitlers mit dem Abgesandten des Crowleyschen Geheimordens »SS« (Argenteum Astrum, auch: Silver Star) vermutet: »Die entsetzlichen Vorgänge in den Konzentrationslagern muten wie die Realisation des Crowleyschen Satanismus an.«[271]

Der Schwarze Orden

Auf einem vorspringenden Felsen hoch über dem kleinen Fluß Alme erhebt sich in der Nähe von Paderborn in Westfalen die Wewelsburg in wuchtiger Dreiecksform über der Landschaft. Einst hauste hier der Raubritter Wewel von Büren, später war diese einzige Höhenfeste Westfalens Zufluchtsstätte der Paderborner Bischöfe. Nun dient sie anderen Zwecken: »Sie war sozusagen das große SS-Kloster«, schreibt Walter Schellenberg in seinen Erinnerungen, »wohin der Ordensgeneral einmal jährlich das Geheimkonsistorium einberief. Hier sollten alle, die zur obersten Ordensführung zählten, geistige Exerzitien und Konzentrationsübungen abhalten. In dem großen Versammlungssaal besaß jedes Mitglied einen bestimmten Sessel mit einem Silberblättchen, auf dem sein Name eingraviert war.«[272]

Dort saß die Tafelrunde des Schwarzen Ordens, dort saßen die Auserwählten, »ein ganz kleiner, aus hochstehenden Persönlichkeiten und SS-Führern bestehender Kreis, der über die wesentlichen Theorien und Ziele im Bilde war«, wie Karl Poetel (*Typologie de l'Ordre Noir*) schreibt. »Die Mitglieder der verschiedenen untergeordneten Trupps erfuhren nur Bruchstücke davon.«[273]

Was in dieser Burg wirklich geschah, darauf gibt es nur wenige Hinweise. Sicher dürfte sein, daß sich die regelmäßigen Konferenzen und Meditationen, zu denen sich der innere Kreis des Schwarzen Ordens hier traf, für Uneingeweihte »kaum von Spiritistenzusammenkünften unterschieden«, wie Heinz Höhne vermutet.[274]

Unter dem 35 Meter langen und 15 Meter breiten Speisesaal verbarg sich das Allerheiligste des Ordens: Mitten in einem riesigen Kellergewölbe aus farbigem Naturstein öffnete sich eine brunnenartige Vertiefung, zu der mehrere Stufen hinabführten. Eine steinerne Schale bildete das Zentrum, umgeben von zwölf steinernen Sockeln an den Wänden. Angeblich wurden in dieser Schale die Wappen toter SS-Führer verbrannt und die Urnen mit der Wappenasche auf den steinernen Sockeln postiert. Die Entlüftung des Kellergewölbes durch vier große Löcher in der Decke scheint in der Tat so konstruiert gewesen zu sein, daß sich während einer Verbrennungszeremonie der Rauch wie eine Säule im Raum hielt: Geisterstunde in Wewelsburg.

Man hat sich allerei Geschichten über die Wewelsburg und die mystischen Neigungen des Reichsführers SS, des Ordensgenerals, erzählt. Der Legende nach soll Himmler einmal prophezeit worden sein, den nächsten Sturm aus dem Osten werde nur eine Burg in Westfalen überstehen, worauf er das Land nach einer geeigneten Festung habe absuchen lassen. Man sah die Burg allenthalben als Ausdruck des Himmlerschen Spleens, bestenfalls einer übersteigerten Geschichtsromantik: »Der Romantiker Himmler«, schreibt Höhne, »hatte seine Marienburg gefunden, denn wie er in der SS einen zweiten Deutschritter-Orden sah, plante er auch die Wewelsburg als geistiges Zentrum, als Stätte der Inspiration des neuen Ordens, analog der Marienburg in Westpreußen, in der einst die Hochmeister der Deutschritter die Herrschaft über die Slawen konzipiert und ihre berühmtesten Toten unter dem Chor der Schloßkirche begraben hatten.«[275]

Die Tatsache, daß Heinrich Himmler als Mitglied des Thule-Ordens auf der unter anderem von Bender überlieferten Liste erscheint, läßt die Vermutung zu, daß die SS wie auch die Funktion der Wewelsburg mehr als eine bloße Nachahmung deutscher Ritterromantik ist. Die ganze Struktur der SS weist darauf hin, daß es sich bei ihr um eine Nachahmung der Organisationsform okkulter Orden gehandelt hat. Und die Wewelsburg war das magisch-geistige Zentrum des Ordens, das magische Zentrum der »neuen Thule«, wo sich die Eingeweihten zwecks geistiger Verwandlung jener im Okkultismus und in der Magie üblichen inneren Gymnastik hingaben. Allerdings liegt auch die Vermutung nahe, daß die breiteren Kreise der SS ganz bewußt in dem Glauben an eine idealisierte Vorstellungswelt altdeutschen Heidentums gelassen wurden. Die SS war alles andere als eine Polizeitruppe – sie war ein regulärer religiöser Orden mit einer hierarchischen Gliederung, die von den Laienbrüdern bis zu den obersten Graden reichte, jenen, von denen man innerhalb der Partei und der SS als »den Männern, die dem inneren Kreis angehören« sprach.[276] Der Schwarze Orden war die praktische Realisation der esoterischen Ziel- und Glaubensvorstellungen der Thule-Brüder: der Glaube an Mächte, welche die gewöhnlichen Kräfte des Menschen bei weitem übersteigen. Und darüber hinaus war die Schutzstaffel die exakte, gewissermaßen modellartige Vorform jenes weltlichen Priesterstaates, der Hitler vorgeschwebt hatte: einer Gesellschaft, die aus Herren, Unmündigen und Sklaven bestehen sollte.

Weil sie genau der Hohlform der nationalsozialistischen Gesellschaftsutopie entsprach, den Über- und Untermenschenvorstellungen aus der Thule-Welt, ist die SS auf verschiedenartigste Weise interpretiert worden. Einige sahen in ihr eine von einem dämonischen Willen angetriebene Organisation fanatischer Ideologen und Herrschaftsfunktionäre, einen festgefügten Block einer einheitlichen Clique, andere hielten sich an jene in erster Linie von Heinz Höhne begründete Version: »Daß die SS tatsächlich differenzierter und komplexer war als jene monolithische Verbrecherorganisation, die auf der Anklagebank des Internationalen Militärtribunals saß, eine Bande von ›Idealisten und Verbrechern, von Ehrgeizlingen und Romantikern‹ ohne jede Ideologie, die ihr einheitlich zugrunde lag.«[277]

Oberflächlich betrachtet mag das alles zutreffen. Indessen wird bei all diesen Interpretationen nicht nur die geistige Herkunft des Nationalsozialismus wie der SS übersehen, sondern vor allem der Aufbau des Schwarzen Ordens: Ihm war eine exakt abgestimmte Hierarchie zu eigen, angefangen von dem Ordensgeneral, den Ordensoberen, den Gruppenführern, bis hinunter zu den menschlichen Kampfmaschinen, deren einziger Sinn und Zweck es war, den Tod zu geben und den Tod zu empfangen. Was für Eingeweihte eine esoterische Forderung war, das war für die Kampfmaschinen eine schlicht physische Angelegenheit auf dem Schlachtfeld.

Himmlers »Jesuiten-Staat«

Wie Haushofer (und im übrigen die Blavatsky-Nachfolgerin Anni Besant) war Heinrich Himmler ein begeisterter Anhänger des Ignatius von Loyola. Er besaß, was SD-Führer Schellenberg bezeugt, »die beste und größte Bibliothek über den Jesuiten-Orden und hatte die umfangreiche Literatur in nächtlichen Stunden studiert. So wurde die SS von ihm nach den Grundsätzen des Jesuitenordens aufgebaut«.[278]

Tatsächlich erinnert rein äußerlich vieles in der SS an die Gesellschaft Jesu: die Doktrin des Gehorsams, der Kult der Organisation. Ähnlichkeiten, die Heinz Höhne verblüffen: »Hier wie dort ein mit größten Privilegien ausgestatteter Orden, frei von jeder weltlichen Jurisdiktion, geschützt durch strenge Aufnahmebedingungen, zusammengehalten durch das Gelübde absoluten Gehorsams gegenüber dem Oberherrn, hier Papst genannt, dort Führer geheißen. Die beiden Organisationen weisen noch mehr historische Parallelen auf: Die Jesuiten gründeten im 17. Jahrhundert unter den Indianern Paraguays einen eigenen Staat, der sich weltlicher Oberhoheit entzog – die SS des Zweiten Weltkriegs träumte von einem SS-Staat außerhalb des Großdeutschen Reiches, dem SS-eigenen Reichsland Burgund mit autonomer Regierung, Armee, Verwaltung und einer Gesandtschaft in Berlin.«[279]

Tatsächlich verkündete Himmler im März 1943: »Auf der Friedenskonferenz wird die Welt erfahren, daß das alte Burgund wieder auferstehen soll, dieses Land, das einst die Heimat der Künste und der Wissenschaft war und das Frankreich auf den Rang eines in Weinessig konservierten Blinddarms herabgedrückt hat. Der souveräne Staat Burgund mit seiner Armee, seinen Gesetzen, seinem Münz- und Postwesen wird der Modellstaat der SS sein. Er wird die französische Schweiz einbeziehen, die Pikardie, die Champagne, die Franche-Comté, den Hennegau und Luxemburg. Die offizielle Sprache wird selbstverständlich die deutsche sein. Die nationalsozialistische Partei wird keinerlei Rechte in diesem Staat ausüben. Einzig und allein die SS wird herrschen, und die ganze Welt wird starr vor Staunen sein über diesen Staat, in dem die Weltanschauung der SS in die Praxis umgesetzt werden soll.«[280]

So weit kam es freilich nicht, der Gang der Ereignisse hat verhindert, daß sich die SS vollends zu einer staatsführenden Glaubensgemeinschaft mit souveränen Übermenschen umgewandelt hat, starr vor Staunen war die ganze Welt einschließlich der Deutschen aber auch so.

Vorbild für die Struktur des SS-Ordens waren freilich nicht nur die Jesuiten – abgesehen davon, daß die Doktrin des Gehorsams und der blinden Unterwerfung als Kernelement eines Ordens keine exklusive jesuitische Angelegenheit war. Dies ist etwas, was sich auch heute noch, zum Beispiel im Ashram des Hitler- und Gurdjieff-Verehrers Bhagwan Shree Rajneesh findet, der in einem Gespräch mit einem *Spiegel*-Reporter Folgendes sagte: »Es geht darum, sich selbst loszuwerden. Es geht um ›total surrender‹, um Hingabe, Selbstaufgabe, Unterwerfung. Es geht um Verzicht auf den eigenen Verstand, auf das eigene Urteil, auf alles, worauf menschliche Freiheit sich gründet.«[281]

Die Nationalsozialisten holten sich die organisatorischen Formen, wo sie erfolgreich erprobt waren: bei den Okkultisten, bei den Freimaurern, bei der katholischen Kirche, bei den Jesuiten und bei den Juden zugeschobenen »Protokollen der Weisen von Zion«. So sagt Hitler selbst zu Hermann Rauschning:

»Ich habe die revolutionäre Technik bei Lenin und Trotzki und andern Marxisten studiert. Ich habe bei der katholischen Kirche wie bei den Freimaurern Einsichten gewonnen, die ich nirgendwo anders hätte erfahren können [...] Vor allem habe ich von den Jesuiten gelernt. Übrigens tat das Lenin auch, soviel ich mich erinnere. Etwas Großartigeres als die hierarchische Ordnung der katholischen Kirche hat es bisher auf der Welt noch nicht gegeben. Ich habe vieles unmittelbar auf die Ordnung meiner Partei übertragen. Fast zweitausend Jahre Bestand unter den wechselnden Schicksalen, das will etwas bedeuten!«[282]

Zweitausend Jahre! Das mußte Hitler beeindrucken. Diese Aussagen aber bestätigen, daß der jesuitische Aufbau des SS-Ordens keineswegs eine exklusive Idee Heinrich Himmlers war, sondern aus einem allgemeinen Ordnungsbegriff der Thule beziehungsweise der nationalsozialistischen Bewegung war. Hitler konnte Rauschning gegenüber gar nicht aufhören zu schwärmen:

»Die katholische Kirche ist vor allem vorbildlich wegen ihrer ungemein klugen Taktik und Menschenkenntnis, wegen ihrer weisen Einbeziehung menschlicher Schwächen in die Führung der Gläubigen. So habe ich mich bei der Behandlung unseres Programms als der ein für allemal gültigen Verfassungsurkunde unserer Partei strikte an die Art gehalten, wie die Kirche ihre ehrwürdige Bekenntnisurkunde behandelt hat. Sie hat nie daran herummodeln lassen. Sie hat alle Wünsche der wechselnden Zeit, alle Angriffe logischer Kritik gegen die einmal gültige Formulierung über anderthalb Jahrtausende zurückzuweisen vermocht. Sie wußte, daß man alles einer solchen Urkunde anhängen kann, das Widerspruchvollste und Entgegengesetzteste. Das verträgt das Volk der Gläubigen, das niemals Widersprüche auf logische Weise hinnimmt.«[283]

Die Freimaurei begeisterte Hitler desgleichen, und er fand sie ebenso nachahmungswürdig: »Ich glaube natürlich nicht im Ernst an die abgrundtiefe Bosheit und Schädlichkeit dieser inzwischen verspießerten und in Deutschland immer harmlos gewesenen Vereinigung zur gegenseitigen Beförderung der eigenen Interessen. Ich habe mir sehr genau Bericht erstatten lassen. Nun, was da von angeblichen Greueln zutage kam, von Skeletten und Totenköpfen, Särgen und geheimnisvollen

Zeremonien, das ist alles Kinderschreck. Aber eins ist das Gefährliche, und das ist auch dasjenige, was ich von den Freimaurern übernommen habe: Sie bilden eine Art Priesteradel. Sie schließen sich durch besondere Bräuche ab. Sie haben eine Geheimlehre entwickelt, die keine einfach formulierte Lehre ist, sondern in Symbolen und geheimnisvollen Riten stufenweise höhere Einsicht gewährt. Der hierarchische Aufbau und die Erziehung durch Symbole und Riten, das heißt ohne den Verstand zu behelligen, sondern durch Befruchtung der Phantasie, durch magische Einwirkung von kultischen Symbolen: das ist das Gefährliche und Große und von mir Übernommene. Sehen Sie nicht, daß unsere Partei etwas ganz Ähnliches sein muß? Ein Orden, die hierarchische Ordnung eines weltlichen Priestertums. Aber das bedeutet natürlich, daß es nicht etwas Ähnliches von anderer Seite geben darf. Entweder wir oder die Freimaurer oder die Kirche. Aber niemals zwei nebeneinander. Das schließt sich aus [...] darum werden wir beide beseitigen, die Kirche und die Freimaurer.«[284]

Alles das war im Schwarzen Orden konsequent verwirklicht: Er hatte seine Hierarchie, seine magischen Symbole, seine Rituale, seine Zeremonien, seinen eigenen Kult. Dieses geheimbündlerische Prinzip war aber keineswegs die Erfindung Hitlers. Schulz zitiert einen Text aus der Ursprungszeit des Nationalsozialismus respektive der Thule-Bewegung:

»Ob es sich um Gewerkschaften, um die Jesuiten, um die Freimaurer oder um die (studentischen) Corps handelt, immer gilt der Geist des Bundes [...] als höchster Wert und nicht der Vorteil des Bürgers. Und jede Erziehung, welche er lehrt, die Gesetze des unheiligen Staates und seiner Bürger geringer zu achten als das Gebot des Bundes, dessen Geist man sich verschrieben hat, ist ein Segen. Sie zersetzt den Zweckverband der Verfallszeit, der sich Staat zu nennen wagt, und legt zugleich den Grund für einen künftigen und echten, in dem sie die alte Gemeinschaft bewahrt und neue schöpft. Hier liegt der Segen des Streiks bei den Gewerkschaften, des Ordensgehorsams bei den Jesuiten, des Kultes bei den Freimaurern [...] Wer streikt, wer dem Orden gehorcht, wer durch den Ritus verpflichtet wird [...] setzt eben damit das Gesetz des Staates, den die Bürger errichtet haben, außer Kraft [...] indem er das Gesetz des Bundes einhält, dem er verpflichtet ist und höher und tiefer verpflichtet ist als dem bürgerlichen Zweckverbande.«[285]

Ähnliche Gedanken formuliert beispielsweise der »Nationalist« Friedrich Hielscher, für den in den Augen der damals jungen Generation der Staat seine »Heiligkeit abgelegt, seine Weihe verloren« hatte. Der

Weg zur SS war somit von Anfang an konsequent. Es ist kein Zufall, daß Hielscher so etwas wie der geistige Lehrer von Wolfram Sievers gewesen ist, der schließlich zum Vollstrecker, zum priesterlichen Henker, zum rituellen Würger des Schwarzen Ordens werden sollte.[286]

Sievers war der Leiter des SS-Forschungsinstitutes »Ahnenerbe«, das wiederum auf eine Anregung Hielschers zurückging. Letzteren wiederum verband eine Art mystischer Freundschaft mit dem Tibet- und Asienforscher Sven Hedin, welcher wiederum eng mit Karl Haushofer befreundet war und immer wieder mal bei Hitler in der Reichskanzlei vorbeischaute.[287]

Diesbezügliches liefert Ernst Jünger in seinem Buch *Strahlungen*, das seine Tagebücher während der Besetzung von Paris enthält. Er gab darin den verschiedenen SS-Persönlichkeiten (zu denen Hielscher interessanterweise offiziell nie gehörte) vorsichtshalber Pseudonyme. So nannte er Hitler »Kniebolo« und Hielscher »Bogo«. Unter dem 14. Oktober 1943 schreibt nun Jünger folgendes über einen Besuch bei »Bogo«:

»Früher glaubte ich, daß er in die Geschichte unserer Zeit eingehen würde als eine ihrer geistreich überspitzten, doch weniger bekannten Figuren, und heute glaube ich, daß er mehr bewerkstelligen wird. Vor allem sind viele, ja vielleicht die meisten der geistig bewegten jungen Leute der Generation, die nach dem Weltkrieg heranwuchs, durch seinen Einfluß und oft durch seine Schule hindurchgegangen [...] Er bestätigte mir den Verdacht, den ich seit langem hege, nämlich den, daß er eine Kirche gegründet hat. Jetzt sitzt er über der Dogmatik, während er mit der Lithurgie schon weit gediehen ist.«[288]

Bevor der ehemalige SS-Obersturmbannführer und Leiter des Amtes »Ahnenerbe«, Sievers, in Nürnberg zum Galgen geführt wurde, bat er, ein letztes Mal seinen Kult zelebrieren und seine Gebete sprechen zu dürfen. Es war Hielscher, der Sievers zur Hinrichtung begleitete und ihm beim Beten half. Selbstverständlich blieb Hielscher wie Karl Haushofer in Nürnberg unbehelligt. Sie waren keine Mitglieder der SS, Hielscher nicht einmal der Nationalsozialistischen Partei. Und dennoch scheinen sie beide mit der ganzen Bewegung mehr zu tun zu haben als jene, die mit der SS-Rune am Revers später irgendwo im Schützengraben liegen sollten.[289]

Die Schutzstaffel als religiöser Orden: Es ist wohl auch mehr als ein Zufall, daß jener neuerliche, von Hörbiger verkündete Feuerstoß aus dem Kosmos zur Erweckung eines neuen Menschentums mit der Gründung der SS zusammenfiel. Hier findet sich im übrigen tatsächlich eine

Parallele zum Deutschritterorden: Auch bei dessen Entstehung soll das kosmische Pfingstfeuer über einige Auserwählte gekommen sein. Und nun war wieder ein solcher revolutionärer Augenblick der Befreiung des Menschen gekommen, die, wie Rauschning Hitler zitiert, »alle siebenhundert Jahre eine Stufe fortschreitet«.

Zuchtelite und Tötungsmaschine

Die organisierten Ursprünge der SS als Konkurrenz für die mit den Militärs verbündeten SA-Truppen Röhms, als Stabswache zum persönlichen Schutz Hitlers vor dessen Landsberger Haft mochten tatsächlich noch höchst profan gewesen sein. Doch spätestens 1925, als das alte Stoßtruppmitglied und Chauffeur Hitlers, Julius Schreck, mit der landesweiten Aufstellung von Schutzstaffeln beauftragt wurde, zeichnete sich schon ab, daß hier etwas ganz anderes im Entstehen war als eine bloße Leibwache. Was Schreck suchte, war das erste Rohmaterial zur Züchtung des neuen Menschen, ja der Elite des künftigen Reiches. Auf dem zweiten Parteitag in Weimar, am 4. Juli 1926, erhielt die SS ihren Segen von höchster Stelle: Hitler verlieh ihr die »Blutfahne«, jenes Tuch, das den Nazis bei ihrem mißglückten Putsch im November 1923 vorangeflattert war. Noch bevor Himmler als Ordensgeneral an die Spitze der Schutzstaffel berufen wurde, waren ihre Mitglieder zu »Edelingen« des im Entstehen begriffenen Reiches avanciert: »Der SS-Mann ist das vorbildlichste Parteimitglied, das sich denken läßt!« heißt es da in einer SS-Weisung.[290]

Der Begriff Elite im herkömmlichen Sinn trifft zunächst nicht zu, wenngleich die Aufnahme in die SS von allem Anfang an strengsten Kriterien folgte. Doch nicht Besitz, Herkunft und Bildung waren gefragt. Was den SS-Mann in erster Linie aus der Masse herausheben sollte, war der biologische Adel. Darum das uneinheitliche Bild, das die SS dem Betrachter auf den ersten Blick bietet, sowohl was die Herkunft der SS-Edelinge betrifft als auch ihre Einordnung in die unter Himmler dann endgültig ausgefeilte Hierarchie. Waren es zuerst in der Mehrzahl nur orientierungslose Haufen einer verlorenen Frontkämpfergeneration, Entwurzelte aus dem Bürgertum, die zur SS stießen, so waren es später durchaus auch Menschen mit höheren geistigen Ansprüchen als der bloßen Sehnsucht nach einem romantisierten Landsknechtleben.

Nach der Machtübernahme der Nationalsozialisten und auch schon kurz zuvor waren namhafte Aristokraten zur SS gestoßen wie der Erbprinz zu Waldeck und Pyrmont, der Erbgroßherzog von Mecklenburg, die Prinzen Wilhelm und Christoph von Hessen oder der Graf Bassewitz-Behr.

Schon 1938 besetzten die schwarzuniformierten Adligen 18,7 Prozent der SS-Obergruppenführer- und 9,8 Prozent der Gruppenführerposten.[291]

Spätestens zu diesem Zeitpunkt war die SS jener Orden, der, wie Hitler es ausdrückte, in Symbolen und Riten stufenweise höhere Einsichten gewährte, deren aber nur die wenigsten Mitglieder teilhaftig wurden. Was äußerlich vom Schwarzen Orden sichtbar wurde, waren die Verbände menschlicher Maschinen – der inneren Struktur nachgebildet wie Gießformen einem Original.

Aber da fehlte es nicht an Mystik und Symbolik, und allein die äußere Erscheinung des SS-Mannes demonstrierte von Kopf bis Fuß seine Zugehörigkeit zu einer Elite mit geheimnisvollem Hintergrund: schwarze Tellermütze mit schwarzem Sturmriemen und silbernem Totenkopf, schwarze Uniformjacke, darunter Braunhemd mit schwarzen Lederknöpfen und schwarzem Binder, schwarze Stiefelhosen, die in schwarzen Lederstiefeln steckten. Die Schulterstücke zeigten feinste Abstufungen und wiesen, wie die Kragenspiegel, auf eine fein verästelte Hierarchie.

Doch ehe der Bewerber diese martialische Montur überziehen durfte, hatte er etliche Hürden zu nehmen. Die erste war das Rasse- und Siedlungshauptamt, das die Reinrassigkeit des Kandidaten prüfte, desgleichen seine körperliche Eignung. Mit der »Pingeligkeit eines gelernten Hühnerzüchters« (Höhne) achtete Himmler darauf, daß den SS-Männern nicht jene Ebenmäßigkeit im Bau fehlte, die zum Bild des »schönen, sich selbst gebietenden Gottmenschen« gehörte, der in Hitlers Ordensburgen als lebendes Kultbild stehen sollte.

Wie in jedem anderen Geheimorden auch wartete dann auf den Bewerber ein System anhaltender Prüfungen und Bewährungen, das er durchlaufen mußte, um sich endlich SS-Mann nennen zu dürfen. Die einzelnen Stationen des SS-Noviziats orientierten sich am nationalsozialistischen Festtagskalender: Am 9. November, dem Jahrestag des Münchner Putsches, trat der Kandidat in die SS ein und wurde zum Staffel-Bewerber ernannt. Am Tag der Machtübernahme, am 30. Januar, bekam er als Staffel-Jungmann einen vorläufigen SS-Ausweis. Am 20. April, dem Geburtstag Hitlers, bekam er seinen endgültigen Ausweis und seinen Kragenspiegel und legte den Eid auf den Führer ab.

Besonders magisch, berichtet Heinz Höhne, vollzog sich der Schwur in der Verfügungstruppe; der Eid wurde dort, anders als bei der allgemeinen SS, an jedem 9. November um 22 Uhr in Gegenwart des Führers an den heiligen Stätten des Nationalsozialismus in München geleistet. Höhne zitiert das Freundeskreis-Mitglied (gab's das nicht auch bei Thule?) Helfferich: »Er denkt heute noch gerührt an die militärische Vereinigung vor der Feldherrnhalle in München. Prächtige junge Männer, ernst, in tadelloser Haltung und Ausrüstung. Eine Elite. Mir traten die Tränen in die Augen, als die Tausenden bei Fackelschein im Chor den Treueschwur sagten. Wie ein Gebet.«[292]

Das war es denn wohl auch, obschon das Mitglied der »allgemeinen SS« kaum wußte, was er da in der Person des Führers, dem er nun Treue bis in den Tod geschworen hatte, eigentlich anbetete. Noch hatte der künftige SS-Mann einen langen Weg zurückzulegen, um überhaupt erst einmal ein sicheres SS-Mitglied zu werden. Das war er in der Regel am nächsten 9. November, wenn er den SS-Katechismus auswendig gelernt und seine Pflichten bei Arbeitsdienst und Wehrmacht absolviert hatte. Dann wurde er endgültig in den Orden aufgenommen und durfte diesmal dem Reichsführer SS, Heinrich Himmler, für sich und seine künftige Familie schwören, daß er einzig und allein nach rassischen Gesichtspunkten und mit ausdrücklicher Erlaubnis des Rassenamtes und Himmlers heiraten werde. »Dann erhielt das junge Ordensmitglied den SS-Dolch und tauchte damit ein in eine bizarre, exklusive Bruderschaft, in der sich Sektenfanatismus, feudalistische Lebensgewohnheiten und romantischer Germanenkult mit modernem politisch-wirtschaftlichem Management und kaltblütigster Staatsräson zu einem seltsamen Gemisch vermengten.«[293]

Eine andere Welt, eine andere Moral, eine andere Ehre

Der SS-Mann lebte in der Tat in einer anderen Welt, selbst wenn er nicht zur Verfügungstruppe oder zu der Elite der Mönche der Totenkopf-SS oder zu einem der inneren Kreise der Ordenshierarchie gehörte: Die SS war ein Staat im Staat. Bereits 1939 wurde durch Verordnung des Ministerrats für die Reichsverteidigung eine Sondergerichtsbarkeit für die Angehörigen der Reichsführung SS (die Verfügungstruppen), die SS-Totenkopfverbände und deren Verstärkungen, für die Angehörigen der Junkerschulen, des Sicherheitsdienstes sowie aller SS-Führer ab dem

Rang eines Sturmbannführers geschaffen. Der SS-Mann hatte somit eine eigene Ehre, die er, wie Himmler 1935 verfügte, »mit der Waffe zu verteidigen« auch verpflichtet war. Mit Zustimmung des Reichsführers durfte damit der SS-Mann wie zu alten Ritterzeiten einen anderen zum Duell herausfordern. Darüber hinaus implizierte die Vorstellung einer eigenen SS-Ehre die Anwendung des Selbstmordes, natürlich vorbehaltlich der Zustimmung des Reichsführers SS. In einem solchen Fall waren die Angehörigen des Selbstmörders zu versorgen, wie wenn er gefallen wäre. Später wurde diese Sondergerichtsbarkeit auch auf die Angehörigen der Waffen-SS und deren ausländische Freiwillige sowie auf andere Gruppen verschiedener Wehrmachtsteile ausgedehnt, soweit sie irgendwie der SS unterstellt waren.[294]

Allenthalben vermißt die NS-Forschung innerhalb der SS das einheitliche theoretische Fundament, die Ideologie, und ortet als einziges Unterscheidungsmerkmal zur Partei einen »eigenen Lebensstil«, die zweckfreie Ethik des Kampfes um des Kampfes willen.

Der Historiker Hans Buchheim schreibt: »Wie bei den Nationalsozialisten überhaupt, so war auch in der SS der Bestand an weltanschaulicher Doktrin und theoretischen Lehrsätzen erstaunlich gering. Das überlieferte Schulungsmaterial bietet im großen und ganzen das Übliche, was man aus der Zeit des Dritten Reiches kennt: tendenziöse Biologielehre und verballhornte Geschichte.«[295]

Das ist allerdings nicht unbedingt verwunderlich, denn für die SS galt ebenso wie für die Partei, was Rosenberg in einem von Rauschning überlieferten Vortrag in der Marienburg des alten Deutschritterordens sagte: Die alte politische Weltanschauung des Nationalsozialismus könnte für die Masse ruhig weiter Geltung haben. Aber für den Kreis der wissenden Parteigenossen gelte es, einen Ring innerhalb der Partei zu schaffen. Und für den Fall des Falles müsse der wissende Personenkreis als eine geheime Priesterschaft da sein, um auch ohne das Hilfsmaterial einer äußerlich sichtbaren Organisation die Ideen der Nazis in andere Zeiten hinüberzuretten. Für die SS beziehungsweise für die Mehrheit der SS-Mitglieder mußte dies dann in besonderem Maße Geltung haben. Denn es trifft für die SS ja zu, was Buchheim an anderer Stelle seiner *Anatomie des SS-Staates* schreibt:

»Es ging nicht um politische oder ethische Fragen, sondern um die optimale Einsatzbereitschaft und Einsetzbarkeit der Mannschaft zu handfesten Zwecken. Dem zu dienen war der Sinn des SS-Geistes. Der Kämpfer der SS [...] hatte uneingeschränkt und für beliebige Zwecke verfügbar zu sein [...] Dem SS-Mann [...] wurde der Feind vorgeschrieben, ihm wurde gesagt, daß seine Sache die einzig und absolut Gute sei, die ihrer Natur nach siegen werde [...] Der ideale SS-Mann setzt seinen Ehrgeiz darein, jeden Auftrag auszuführen, ohne viel nach dessen Sinn und Berechtigung zu fragen oder sich Rechenschaft über die angewandten Mittel zu geben.«[296]

Oder wie Himmler selbst am 17. Juli 1942 sagte: »Das Wort ›unmöglich‹ darf es nicht geben und wird es niemals geben!«[297]

Der Versuchsmensch der SS-Elite, dem »alles Schwache weggehämmert« wurde, dem in den SS-Schulen »Tausende von Jahren der menschlichen Domestikation ausgemerzt« wurden, dem das »freie, herrliche Raubtier« wieder aus den Augen blitzte, hatte – anders als der normale Soldat – Kämpfer aus Prinzip zu sein, Kämpfer um des Kampfes willen, der auch in seinem täglichen Leben ständig von dieser äußersten Möglichkeit und totalen Anspannung bestimmt wird: Er hatte nach dem Kampf »den Helm wieder fester zu binden«!

»Glauben, gehorchen, kämpfen!« hatte es Himmler bei den Einweihungen von NAPOLAs (Nationalsozialistischen Politischen Akademien) auf den kürzesten Nenner gebracht. Oder anders ausgedrückt: »Wir müssen die Männer lehren, selbstlos das bißchen ›Ich‹ zu vergessen, damit sie sich, wenn es sein muß, vorbehaltlos einsetzen und verbissen ihre Pflicht erfüllen!«[298]

Das ist jene Ent-Ichung der Masse der »ewig Unmündigen und Dienenden«, die am Ende die Nationalsozialisten auch der Mehrheit der »Verkümmerungsformen« der Massenmenschen zu anderen Zwecken zugedacht hatten und die Hitler gemeint hatte, als er sagte: »Wir sozialisieren den Menschen.«

Insofern kann der normale SS-Mann als Modellfigur der Menschen im künftigen Thule betrachtet werden: Er hatte nichts anderes zu sein als eine seelenlose Maschine, ein Roboter, der sich serienmäßig herstellen ließ, ein Roboter ohne Gewissen.

Was gar nicht bedeutet, daß man dabei einfach die negativen Eigenschaften, die »ewige Bestie« im Menschen kultiviert hätte, nein, so wie die wahre SS, wie der Kreis der Eingeweihten, wie die Menschen von Thule jenseits von Gut und Böse standen, hatte der SS-Mann ein Mann ohne Eigenschaften zu sein: ein Ur-Mensch in der Tat, aber nicht in dem Sinne, daß die Organisation Himmlers sich hier bloß auf Sadisten verlassen hätte, die die Wollust des Mordens und Folterns angelockt hätte. Es ging bei allem und jedem um den »neuen Menschen« von Thule.

In diesem Sinne geschah auch alles im Namen einer höheren Moral, einer Gegen-Moral, die alles rechtfertigte; selbst vor dem Verbrennungsofen im Konzentrationslager hatte der SS-Mann seine Ehre zu erhalten. In einer Rede vor hohen SS-Funktionären in Posen, zu denen Himmler zur »Endlösung« der Judenfrage sprach, formulierte er es so:

»Wir haben das moralische Recht, das Volk auszurotten, das uns ausrotten wollte.« Gleichzeitig aber warnte er die SS-Führer eindringlich: »Aber niemand hat das Recht, sich auch nur an einer Mark oder einer Taschenuhr zu bereichern.«[299] Das beschlagnahmte Judengut wurde tatsächlich an den Staat abgeführt. Wenn jemand beim Plündern ertappt wurde, so drohte ihm die Todesstrafe, »für eine Mark« sogar, wie Himmler ausdrücklich betonte.

»Wir haben diese schwerste Aufgabe aus Liebe zu unserem Volk vollbracht. Und wir haben keinen Schaden an unserer Seele, an unserem Charakter genommen.«[300]

Wie denn auch, sie standen ja im Einklang mit dem Universum, handelten nach dem Gebot der »Vorsehung« und des »Allmächtigen« gleichviel wie Elia bei der Ausrottung der Baalpriester oder Samuel bei der Ausrottung der Amalekiter.

Der selbstauferlegte Zwang zur Härte, Grausamkeit und Unmenschlichkeit gegenüber den Untermenschen war natürlich eine scheußliche Sache, aber eben, es mußte sein. So erregte sich der Kommandeur der Sicherheitspolizei und des SD in Weißruthenien, daß »sogar die Tatsache, daß Juden, die sonderbehandelt werden sollten, ordnungsgemäß durch Fachärzte Goldplomben entfernt worden seien, zum Gegenstand von Unterhaltungen gemacht worden« sei. »Im übrigen« sei es auch »nicht richtig«, heißt es in der Aktennotiz, »daß meine Männer sich an diesen Exekutionen geradezu aufgeilen würden. Ich habe gegen diese Darstellung energisch protestiert und betont, daß es bedauerlich sei, daß wir über diese üble Arbeit hinaus auch noch mit Schmutz übergossen würden.«[301]

Der Gedanke, wie schwer es eigentlich sei, die Pflicht der Judenvernichtung durchzuführen, kehrt auch bei Himmler immer wieder:

»Ich kann Ihnen sagen, es ist scheußlich und furchtbar für einen deutschen Menschen, wenn er das mit ansehen muß. Das ist es, und wenn es nicht scheußlich und furchtbar wäre, dann wären wir ja keine deutschen Menschen mehr [...] Ebenso scheußlich, wie es ist, ebenso notwendig ist es gewesen und wird es in vielen Fällen noch sein, daß wir es durchführen.«[302] Und deshalb galt für den SS-Mann, was Himmler in der bereits zitierten Posener Rede sagte: »Sollte im Bereich Ihres Gesichtskreises jemals einer dem Führer oder dem Reich untreu sein, und sei es nur in Gedanken, so haben Sie dafür zu sorgen, daß dieser Mann aus dem Orden kommt, und wir werden dafür sorgen, daß er aus dem Leben kommt.«[303]

Denn es war ja nicht so, daß die lebenden Tötungsroboter durch die SS-Reihen hindurch genau die Idealgeschöpfe waren, die sie hätten sein sollen, die seelenlosen Maschinen ohne Gewissen, aber mit viel Ehre. Es gab sie, es gab aber zweifellos ebenso viele, bei denen die nackte Wollust am Morden und Foltern ohne irgendwelchen mystisch-magisch-völkischen Hintergrund an die Oberfläche kam. Ebenso wie es jene gab, die sich einen Rest von Normal-Menschentum bewahrt hatten, eine Art Gewissen, »diese jüdische Erfindung«, die »wie die Beschneidung eine Verstümmelung des menschlichen Wesens« ist, wie Hitler sich auszudrücken pflegte.

Freilich, ob nun einer dem Idealbild der Tötungsmaschine entsprach oder dabei Gewissensbisse empfand, war im Grunde genommen gleichgültig. Die Pflicht mußte erfüllt werden, und am Ende war es egal, wie sie erfüllt wurde, es zählte die Effizienz. Dabei bestand ja auch für die unteren SS-Chargen, für den normalen SS-Mann in seiner Behandlung qualitativ oft kaum ein Unterschied zu der eines KZ-Häftlings selbst, wie Buchheim belegt. Wer irgendwie aus dem Rahmen fiel, wer als Einzelgänger oder gar als Schwächling galt, den trafen die grausamsten Schikanen.[304] Und das war nicht selten der Fall, weil es eben für einen geistig und seelisch normal veranlagten Menschen kaum möglich war, die Idealforderungen der SS zu erfüllen.

Laienbrüder, Priester und Hohepriester

In der SS war eben nicht jeder gleich. Und wenn die NS-Führer der Meinung waren, daß es sich bei den von der SS durchzuführenden Maßnahmen um ebensolche handelte, die zu begreifen das deutsche Volk nicht reif genug war, dann galt dies auch für den gewöhnlichen SS-Schergen:

»Es geht nicht darum, die Ungleichheit unter den Menschen abzuschaffen. Im Gegenteil: Man muß sie vergrößern und sie zu einem durch unüberwindbare Schranken geschützten Gesetz machen [...] Die einfachen Kämpfer brauchen davon nichts zu wissen.« (Hitler zu Rauschning.)[305]

Wenn nun vielfach die Meinung vertreten wird, die SS habe keine »arteigene Ideologie« gehabt, und daß, wenn Himmler den Ehrgeiz gehabt hätte, seiner Organisation trotzdem einen eigenen Geist zu geben, dafür kein Kristallisationspunkt zur Verfügung gestanden hätte, so betrifft dies lediglich die allgemeinen SS-Verbände. Was einen Orden von seiner Umwelt unterscheidet, ist eben nicht eine fugenlose Doktrin, im Gegenteil, es ist das Wesen eines Geheimbundes, die eigentliche Doktrin dem Blick der Allgemeinheit, ja auch der Mehrheit seiner Mitglieder zu entziehen.

So ist es zwar verständlich, wenn die offizielle Geschichtsschreibung das, was dennoch davon sichtbar wurde, etwa das eher lächerliche Herumgeistern Himmlers in seiner Wewelsburg, als pseudomystisches Brimborium ohne eigentliche Bedeutung abtut oder als Versuch, durch »eine verstärkte hierarchische Ordnung innerhalb der Schutzstaffel« einer Gefährdung der Disziplin durch die sonderrechtliche Gleichmacherei entgegenzuwirken, wie Höhne vermutet.

Doch das hierarchische Prinzip stand von allem Anfang an fest. Denn die SS sollte ja tatsächlich das sein, was Hitler in bezug auf Kirche und Freimaurer formulierte, der Schwarze Gegenorden, der sich all dessen bedient, was in Kirche und Freimaurerei sich bewährt hatte, ein Orden mit Stufen der Einweihung, der Verantwortung und der Mitarbeit inklusive eines der profanen Welt verborgenen Wissens. So kann man Heinz Höhne denn wörtlich nehmen: »Durch das Kollektiv der SS zog der Reichsführer eine Grenzlinie, die des Ordens Priesterschaft und hohe Priesterschaft von den Laienbrüdern trennte. So gab es wie in anderen Orden die diversen Symbole der verschiedenen Grade. Für bewährte SS-Führer, gleich welchen Ranges, gab es einen silbernen Ring mit dem SS-Totenkopf. Den SS-Ehrendegen erhielten nur mehr die Ränge ab dem Untersturmführer, dies allerdings nicht nach vorgeschriebenen Regeln, sondern ausschließlich nach Himmlers persönlichem Gutdünken. Der Degen sollte anzeigen, wen der Hochmeister des Ordens zur weiteren Hierarchie zählte. Aber nur zwölf waren dazu ausersehen, an der Tafelrunde in der Wewelsburg zu sitzen und an den Mysterien im Kellergewölbe teilzunehmen.«[306]

Dabei ist bemerkenswert, daß »die Edelknappen der Schutzstaffeln, die Absolventen der Junkerschulen den Degen automatisch nach bestandener Abschlußprüfung erhielten«. Hier in den Ordensburgen fand die eigentliche Auslese statt, das waren die Geheimuniversitäten, auf denen die neuen Gralsritter, die zukünftigen Mitglieder des Thule-

Ordens geschult wurden. Hier erhielten sie ihre militärische und politische Ausbildung, aber auch eine okkulte Schulung entsprechend den Lehren von Georg Iwanowitsch Gurdjieff. Hier wurde nicht einfach nur der neue SS-Nachwuchs herangezogen. »Man schuf vielmehr«, schreibt Rauschning, »einen jungen neuen Adel, der sich als ein verschworener Bund zusammenfügen sollte.«

Die Auslese dieses jungen Adels lernte hier, was in einem höheren metaphysischen Sinne es bedeutet, »den Tod zu empfangen«, nämlich die Abtötung des Ichs, die vollständige Vernichtung jener Persönlichkeit, die sein wahres Selbst begrenzt und unterdrückt. Dies ist im Okkultismus die Voraussetzung für jeden Durchgang zu einem höheren Grad der Einweihung und – wie in der Freimaurerei – symbolisiert durch den Totenschädel.[307]

Derjenige, der weiß, spricht freilich nicht. Es existiert zwar keine exakte Beschreibung jener Einweihungszeremonien in den Ordensburgen der SS, doch gibt es zahlreiche Hinweise, daß solche Rituale stattgefunden haben. Willi Frischauer interpretiert in seinem Buch *Himmler, the Evil Genius of the Third Reich* diese »Zeremonie der dicken Luft« als einen Augenblick absoluter Vertierung zwischen den Teilnehmenden. Eine möglicherweise etwas phantastische Auslegung, obzwar hier durchaus Ähnliches vorgegangen sein mag, das den Ritualen der Goldenen Dämmerer oder etwa Aleister Crowleys verwandt ist.

Die Gußform für die Gesellschaft der Zukunft

Tatsächlich gab es einen anderen Geist innerhalb der SS als den eines bloßen zweckorientierten Kampfverbandes.

Die SS sollte nicht nur das Zuchtmaterial für den neuen Menschen abgeben, sie sollte auch die Keimzelle einer künftigen neuheidnisch-magisch orientierten Gesellschaft sein, die Keimzelle einer neuen Religion. Dazu bedurfte es für die Mehrzahl der Mitglieder begreifbarer und handfester geschichtlicher Anknüpfungspunkte: das Germanentum, so wie es der Nationalsozialismus auch für die breite Masse konzipiert hatte. Den Ansatzpunkt dazu bot das Rittertum, der Deutschritterorden, Germanentum und Heidentum sollten die Integrationselemente der SS sein. So sollte es nicht nur die Wewelsburg als magisch-mystisches Zentrum geben. »Es ist mein Ziel«, erklärte Himmler, »daß möglichst im Bereich jeder Standarte ein solcher kultureller Mittelpunkt deutscher Größe und Vergangenheit gezeigt werden kann.«[308]

Schon 1937, berichtet Höhne, gründete Himmler eine Gesellschaft zur Förderung und Pflege deutscher Kulturdenkmäler, die vor allem Überreste aus der heidnischen Ära des frühen Mittelalters und der Deutschritterzeit betreute. Den wichtigsten Platz unter den diesbezüglichen Aktivitäten Himmlers nahm die König-Heinrich-I.-Gedächtnis-Stiftung ein – im Andenken an den aus sächsischer Dynastie stammenden König und Slawenbezwinger, auch Heinrich der Vogler genannt. An jedem Todestag des Königs pilgerte Himmler zur Gruft im Quedlinburger Dom, um dort in der kalten Krypta pünktlich zum mitternächtlichen Glockenschlag Zwiesprache mit dem anderen Heinrich zu halten.

Himmler maß sich übrigens die Fähigkeit zu, Geister zu beschwören, und, so vertraute er seinem Magnetiseur und Heilmasseur Kersten an: Wenn er im Halbschlaf liege, erscheine ihm stets der Geist des Königs und erteile ihm Ratschläge. Am Ende glaubte er daran, eine Inkarnation des Königs zu sein.[309]

Nun, wie Höhne schreibt: »Derartiger Okkultismus entsprang keiner zwecklosen Liebe zur Geschichte. Der Umgang mit der Vergangenheit sollte dem SS-Orden einen Geist der Auserwähltheit einprägen, sollte eine historische Bestimmtheit begründen, die alle SS-Männer zu letzten Gliedern einer langen Kette germanischer Edelinge stempelte.«[310]

Für den SS-Mann, und zwar für jeden, hatte der Eid, mit dem er sich seinem übermenschlichen, unwiderruflichen Schicksal auslieferte, konkrete, praktische Konsequenzen. Außerhalb der Ordensregeln gab es kaum mehr Platz für ein Privatleben. Liebe, Ehe, Religion wurden der Vorzensur Himmlers unterzogen: Die Freuden im Bett wie die urmenschlichen metaphysischen Bedürfnisse hatten der Sache untergeordnet zu sein. »Liebe unter Willen«, will heißen Sex zu höheren Zwecken, das steht auch über den Altären aller Sexualmagier von Guido von List über Crowley bis zum Bhagwan aus Poona.

In der Sippe ewiger Kette bist du nur ein Glied ...

In erster Linie sollte sich die SS durch ein konsequentes Neuheidentum von ihrer Umwelt abheben, sie sollte das Vorbild, der Sauerteig des heraufdämmernden magischen Zeitalters sein. An die Stelle kirchlicher Trauungen rückten die Ehe-Weihen unter den Siegrunen der alten Germanen. Dabei tauschten die Eheleute vor dem örtlichen Einheitsführer ihre Ringe aus und empfingen von diesem Brot und Salz.

Denn der Führer hatte schon 1933 verkündet:

»An die Stelle des Dogmas von dem stellvertretenden Leiden und Sterben eines göttlichen Erlösers tritt das stellvertretende Leben und Handeln des neuen Führergesetzgebers, das die Masse der Gläubigen von der Last der freien Entscheidung entbindet. Der christlichen Lehre von der unendlichen Bedeutung der Einzelseele und der persönlichen Verantwortung setze ich mit eiskalter Klarheit die erlösende Lehre von der Nichtigkeit und Unbedeutendheit des einzelnen Menschen gegenüber.«[311]

Grundsätzlich konnte nur SS-Führer werden, wer der Kirche den Rücken kehrte und sich als »gottgläubig« bekannte. Bei Taufe oder Tod durfte kein Geistlicher anwesend sein. Deren Stelle nahmen die örtlichen SS-Führer ein. Zur Taufe kam eine Geschenksendung aus der SS-eigenen Porzellan-Manufaktur in Allach bei München, beim vierten Kind ein Geburtsleuchter mit dem Spruch: »In der Sippe ewiger Kette bist du nur ein Glied.«[312]

Innerhalb der SS sollte vorbildlich vorgemacht werden, was später nach Hitlers Plänen allgemein sein sollte: »Was wir tun sollen? Was die katholische Kirche getan hat, als sie den Heiden ihren Glauben aufgepfropft hat: erhalten, was zu erhalten geht, und umdeuten. Wir werden den Weg zurückgehen. Ostern ist nicht mehr Auferstehung, sondern die ewige Erneuerung unseres Volkes, Weihnachten ist die Geburt *unseres* Heilandes: des Geistes der Heldenhaftigkeit und der Freiheit. Meinen Sie, die werden nicht unseren Gott auch in ihren Kirchen lehren, diese liberalen Pfaffen, die keine Glauben mehr haben, sondern nur ihr Amt? Ich garantiere Ihnen, so wie sie Häckel und Darwin, Goethe und Stephan George zu Propheten ihres Christentums gemacht haben, so werden sie das Kreuz durch unser Hakenkreuz ersetzen. Sie werden anstatt des Blutes ihres bisherigen Erlösers das reine Blut unseres Volkes zelebrieren; sie werden die deutsche Ackerfurche als heilige Gabe empfangen [...] und dann, wenn es soweit ist, Streicher, werden die Kirchen wieder voll werden. Wenn wir es wollen, wird es so sein, wenn es unser Glaube ist, der dort gefeiert wird. Bis dahin hat es noch eine Weile [...] Der Bauer soll wissen, was ihm die Kirche zerstört hat. Das ganze geheimnisvolle Wissen um die Natur, das Göttliche, das Gestaltlose, Dämonische. Sie sollen allmählich erfahren, mit welchen Schlichen ihnen die Seele gestohlen worden ist [...]«[313]

Freilich: Es waren ja nur die wenigsten, die als künftige Angehörige des Herrenstandes in den Ordensburgen und Junkerschulen das wahre Evangelium vom neuen, freien Menschen zu hören bekamen, »des Menschen, der Herr ist über Tod und Leben, Menschenfurcht und Aberglauben [...] Der aber auch souverän ist gegenüber den Versuchungen des Geistes und einer angeblich freien Wissenschaft.«

So kam es, daß in der allgemeinen SS das Neuheidentum keineswegs so zog, wie Himmler es gewollt hätte, nur in den Elite-Truppen, den Verfügungstruppen und den Totenkopfverbänden bekannte sich die Mehrzahl zur neuen Gottgläubigkeit. Inwieweit das aber eine so große Rolle spielte, bleibt fraglich, schließlich war es bald gleichgültig, ob die kämpfenden SS-Leute vor allem christlich oder gottgläubig Führer und Vaterland verteidigten. Die eigentlichen Pläne reichten ja weiter, waren langfristiger, und dafür waren ohnedies nur die wahren Edelinge vorgesehen. Im großen Experimentierfeld des europäischen Osten sollte die SS-Elite als der »Neuadel aus Blut und Boden« die Junker-Rolle als Kleinkönige einer unterworfenen Bevölkerung einnehmen. Es ist nämlich ein Mißverständnis, wenn man die siedlungspolitischen Pläne Darrés und Himmlers als an der Wirklichkeit der modernen Industriegesellschaft vorbeigehend betrachtet, weil selbst im Dritten Reich die freien Bauernstellen von Jahr zu Jahr zusammengeschrumpft waren. Die Reagrarisierung Deutschlands sollte ja nie in Deutschland selbst erfolgen, sondern im großen, vom Nationalsozialismus beherrschten deutschen »Befehlsraum« Ost. Dort galt es, den slawischen Kleinbauern von seiner Ackerscholle zu lösen, ihn zum besitzlosen Arbeiter zu machen, damit seine Fruchtbarkeit sinke. Ein Erbhofrecht in Deutschland selbst sollte die weichenden Erben zwingen, in den Osten zu wandern, um dort selbst Großbauer zu werden. Die Elite dieses neuen sozialen Aufbaus einer europäischen Ordnung sollte der SS-Adel sein.[314] Rauschning zitiert Darré:

»Zu dieser Berufung einer deutschen Auslese müsse sie aber nicht bloß körperlich, geistig und politisch geschult werden, sondern sie müsse auch biologisch gepflegt und allmählich planmäßig hochgezüchtet werden.«[315]

Dazu diente der Heiratserlaß Himmlers, dessen Einhaltung jeder SS-Mann durch Eid beschwören mußte. Wollte der SS-Mann heiraten, dann mußte er mit seiner Braut einen Fragebogen des Rasse- und Siedlungsamtes ausfüllen, eine erbgesundheitliche Untersuchung durch einen SS-Arzt über sich ergehen lassen, den arischen Stammbaum nachweisen und schließlich Badeanzugbilder von sich und seiner Frau einreichen. Erst dann wurde entschieden, ob die Heiratskandidaten würdig waren, in das Herdbuch, sprich »Sippenbuch« der SS eingetragen zu werden. Bei den SS-Führern entschied Himmler persönlich.

Offenbar war während der Zeit des Dritten Reiches die entsprechende Strahlung aus dem Kosmos noch nicht stark genug, denn die SS-Frauen erwiesen sich nicht geburtenfreudiger als die normalen deutschen Frauen, und auch der schon 1936 gegründete Aufzuchtverein »Lebensborn e.V.« mit seinen diskreten Mütterheimen mochte den SS-internen Nachwuchs nur geringfügig zu erhöhen.[316]

»Den Hauch des Bösen hat er nicht gesehn ...«

Wie vieles andere standen diese Pläne erst im Anfang ihrer Realisierung, als sich auch schon die Götterdämmerung über das Reich von Thule auszubreiten begann. Man hatte noch viel Hochfliegenderes im Sinn gehabt, das Dritte Reich war ja erst der bescheidene Beginn der großen Welterneuerung, der Revolution kosmischen Ausmaßes, und die SS die erste Keimzelle, aus der der magisch sichtige Übermensch der Zukunft herauswachsen sollte: im SS-eigenen Staat Burgund und in den Ordens-Lehen im weiten Lebensraum von Vlissingen bis Wladiwostok.[317]

»Als einzig Lebendes gibt es nur den Kosmos, das Universum, alle Wesen einschließlich des Menschen sind nur verschiedene Formen, die sich im Verlauf der Zeitalter des lebenden Universums immer mehr erweitern!«

Für jene SS-Männer, denen dies mit auf den Weg gegeben war, hatte indessen die SS mit einer nationalen und politischen Bewegung ebensowenig zu tun wie die nationalsozialistische Partei. Sie lebten ja nur, indem sie sich dieses allgemeinen kosmischen Seins bewußt waren, das durch sie andere, neue Formen des Lebens vorzubereiten im Begriff war. Für sie galten die Befehle, die ihnen die Götter übermittelten, ihnen, den Magiern, für die nach Auschwitz der ganze Planet zum Schmelztiegel werden sollte.

Wer die nationalsozialistische Entwicklung aus der Keimzelle des Thule-Ordens nicht berücksichtigt, mag bei oberflächlicher Betrachtung freilich auch bei der SS nur jene für die Massen bestimmte Sprache entdecken, die aber stets der Beschreibung unmittelbarer Ziele diente, hinter denen sich ganz andere Absichten verbargen.

Einiges darüber enthüllt das der SS eingegliederte Forschungsamt »Ahnenerbe«, für das Nazi-Deutschland vermutlich mehr Geld ausgegeben hatte als Amerika für die Entwicklung der Atombombe. Damals verfügte das Forschungsamt über fünfzig Institute, die interessanterweise einem Spezialisten für heilige alte Texte unterstanden, der früher an der Münchner Universität Vorlesungen über Sanskrit gehalten hatte: Professor Wust.[318]

Im »Ahnenerbe«, an dem verständlicherweise Himmler besonderes Interesse hatte, wurden nicht nur Forschungen über die germanische Vorgeschichte betrieben. Das Spektrum reichte von der üblichen wissenschaftlichen Arbeit bis zum Studium okkulter Praktiken, von den an Häftlingen vorgenommenen »wissenschaftlichen« Experimenten bis zur Spionage in ausländischen Geheimgesellschaften.

Für den »Bereich des Übernatürlichen« wurde eine eigene Forschungsstelle eingerichtet, ebenso eingehend beschäftigte man sich mit den Rosenkreuzern, der allgemeinen Symbolik, der magischen Bedeutung des Verbots des Harfenspiels in der Grafschaft Ulster oder mit der okkulten Bedeutung der gotischen Türme.[319]

Auf Anordnung von Sievers wurden Verbindungen mit Tibet hergestellt und noch während des Krieges Expeditionen nach Asien unternommen, wo, wie man weiß, die geheimen Meister sich herumtreiben sollen. Neben einem Dr. Scheffer war es der bereits bekannte Abenteurer Trebitsch-Lincoln, der die Verbindungen zu den internationalen Esoterikern aufrecht hielt. Betrachtet man diese allgemein verdrängten Aspekte des Dritten Reiches insgesamt, so mag man mit einer Einschränkung hinsichtlich der SA Joachim Günther zustimmen, der 1934 schrieb: »Die vitale Idee der SA wurde am 30. Juni durch eine satanische Idee reinsten Wassers, die der SS, besiegt.«

Tatsächlich war der Tag der Liquidierung Röhms und eines Großteils der SA-Führung der Tag der Machtübernahme des Schwarzen Ordens. Man weiß heute, und vor allem Maser belegt dies in seiner Arbeit über das Ende der Führerlegende, daß Hitler praktisch erst im nachhinein zahlreiche Aktionen und Morde der Blutnacht vom 30. Juni mit seinem Namen deckte, die er nicht gewollt und nicht angeordnet hatte.

Ob satanisch oder dämonisch oder bloß religiös oder magisch: Im Schwarzen Orden hatten sich Mächte und Kräfte konzentriert, hatte sich eine Anderswelt manifestiert, mit der für den Normalmenschen eine geistige oder moralische Verständigung kaum möglich ist.

Die Thule-Brüder hatten mit dem Normalmenschen nichts gemein. Und sie waren von ihrer Sendung überzeugt, sie fühlten sich im Recht und waren sicher, daß es ihnen bestimmt war, die Weltherrschaft zu erringen, und daß sich ihr Wirken über Jahrtausende erstrecken würde. Freilich, man weiß nie, »ob hinter all diesen Gruppen nicht etwas anderes, Gefährlicheres steckt«, wie René Guénon vermutete. Ihr Ziel haben die Thule-Brüder nicht erreicht, und es gibt Hinweise dafür, daß sie sich verpflichtet hatten, von eigener Hand zu sterben, wenn sie dieses Ziel nicht erreichen sollten: Ihr Untergang würde sowieso auch der Untergang des Universums sein.

Einer von ihnen war auch Karl Haushofer, der am 14. März 1946 zuerst seine Frau Martha und dann sich selbst tötete. Für ihn war, wie Hans Herzfeld (*Geschichte in Gestalten*) schreibt, der Zusammenbruch Deutschlands auch der Zusammenbruch seiner Welt.[320] Erst sehr spät hatte er überdies erfahren, daß sein Sohn Albrecht, der sich einst Hoffnungen gemacht hatte, Außenminister zu werden, in die Verschwörung vom Juli 1944 verwickelt gewesen war. Albrecht Haushofer wurde nach monatelanger Flucht Ende 1944 verhaftet. Als er von einem SS-Kommando vor dem Berliner Gefängnis im April 1945 erschossen wurde, fand man in seinen Taschen die berühmten *Moabiter Sonette*. Einer der Verse lautet:

Für meinen Vater war das Los gesprochen.
Es lag einmal in seiner Willenskraft,
den Dämon heimzustoßen in die Haft.
Mein Vater hat das Siegel aufgebrochen.
Den Hauch des Bösen hat er nicht gesehn.
Den Dämon ließ er in die Welt entwehn.

Götterdämmerung

»Unser Ende wird das Ende des Universums sein!« schrieb bekanntlich Goebbels in sein Tagebuch, ehe er seine Kinder, seine Frau und schließlich sich selbst ins Jenseits der Asen und Göttersöhne reinen Blutes beförderte. Und man darf sicher sein, daß er von dem, was er schrieb, auch in der letzten Sekunde seines Lebens überzeugt war. Auch für Professor Karl Haushofer »bedeutete der Zusammenbruch Deutschlands den Zusammenbruch seiner Welt«.

Womöglich hatte Haushofer davor tatsächlich den »Hauch des Bösen« nicht gesehen und eigentlich nur Gutes im Sinne gehabt, als er den Dämon in die Welt entwehn ließ. Etwa im Sinne von Spartacus-Weishaupt, der an die hundertfünfzig Jahre zuvor schon seinen illuminierten Geheimbrüdern die moralischen Tricks für den lockeren Umgang mit dem Weltgeschehen ins Stammbuch geschrieben hatte: »Alle Übel sind bloß niedere Stufen, die wir durchlaufen, um zu höheren zu gelangen [...] jede noch so drückende Einrichtung ist für die Umstände angemessen, in welchen sie geschieht [...] Die Illuminaten betrachten also alles als Theil eines höheren Ganzen, als Mittel zu höhern Zweck [...]«[321] Und: »Furcht und Gewalt sind allwirkende Triebfedern; das meiste Gute geschieht mehr aus Noth, als Ueberlegung und Gebrauch der Vernunft. Nur wenige privilegierte Geister sehen vorher und unternehmen freywillig, wozu sich der Haufe nicht eher entschließt, als bis die Bedürfnisse dringender werden.«[322]

Es ist, wie in der Physik, vielleicht doch auch in der Geschichte letzten Endes alles sehr relativ. Und es gab wohl schon immer nur sehr wenige dermaßen privilegierte Geister, die imstande waren zu erkennen, »daß so manche Versuche und Anstalten« deswegen und zuweilen auch mit etwas Nachhilfe »mißlingen, weil ohne dieses Mißlingen das Gute einer anderen Art, so daraus entsteht, niemals entstanden wäre!«[323]

Ja, man versuche sich doch wirklich einmal vorzustellen, wie die Welt heute aussehen würde, welche Art von Welt-Ordnung das wohl geworden wäre, nicht wahr, hätte es kein Drittes Reich gegeben, keinen Haushofer, keinen Himmler, keinen Hitler, keinen Zweiten Weltkrieg, diesen Vater so vieler Dinge ... Aber es gab ihn ja, und vor allem gab es zunächst auch Hitler. Und es gab, wie gesagt, sehr wenige, die beispielsweise etwa im Jahre 1937 schon dermaßen »privilegiert« waren, um zu wissen, daß alles ganz anders kommen würde, als es in diesem Jahr für den »Haufen« den Anschein hatte.

Da war von Götterdämmerung noch keine Spur. Großes lag in der Luft. Zukunft. Europäische Zukunft, nicht wahr. Die Jungs von der amerikanischen Hearst-Presse vor allem, die Hitler schon in den zwanziger Jahren propagandistisch aufgebaut hatten, die hatten den richtigen Riecher gehabt. Aber auch die *New York Times*, die *Chicago Tribune*, die *Sunday Times* und andere Blätter hatten auf das richtige Pferd gesetzt. Und vor allem ein Monatsblättchen der Harvard University, das 1929 Hitler den Titel des kommenden Mannes Europas verlieh. Jetzt war Hitler der Mann Europas. Kein Zweifel. Und Deutschland war wieder etwas in der Welt. Die Olympischen Spiele hatten in Berlin stattgefunden, das Rheinland war zurückerobert, Deutschland war vereint und geeint und stand im allgemeinen mit festem Schritt und Tritt hinter seinem Führer: dem Messias, dem Ritter des Heiligen Grals, wie ihn 1936 veröffentlichte Plakate zeigten: Parzival in leuchtender Ritterrüstung, himmlisch anzuschaun (deswegen wurde dieses Kunstwerk wohl auch bald wieder zurückgezogen, so viel Wahrheit wäre vielleicht doch zuviel auf einmal gewesen).

Aber es war schon so: »Wir meinen dem Allmächtigen zu dienen, wenn wir mit unseren jungen Kräften versuchen, Deutschland wieder einig und groß zu machen [...] uns erscheint der Dienst an Deutschland als ein wahrer und treuer Gottesdienst, die Fahne des Dritten Reiches scheint uns seine Fahne und der Führer des Volkes der von ihm bestimmte Retter!«, wie Baldur von Schirach sagte.[324]

Und eben im April dieses Jahres 1937 stimmte eine rheinische Gruppe von deutschen Christen für eine Resolution mit folgendem Wortlaut: »Hitlers Wort ist Gottes Gesetz, seine Verordnungen und Gesetze sind von Göttlicher Autorität.«[325]

Ähnliches dachte ja auch Hitlers Vizekanzler, der päpstliche Kammerherr Franz von Papen, der 1933 das Dritte Reich Hitlers als eine »christliche Gegenbewegung zu 1789« bezeichnete.[326] Ein katholischer Pfarrer im badischen Sickingen schrieb damals: »Und die Bewegung, die sich heute unseren erstaunten Blicken bietet, dürfte wohl nichts anderes sein als ein urgewaltiger Rückschlag der naturhaft christlichen Seele gegen das, was teuflische Mächte in unseren Tagen aus der schönen Gotteswelt gemacht haben [...] Siehe, da stand ein Mann auf, Adolf Hitler.«[327] »Wir brauchen keine Priester und Pfarrer!« verkündete gar der Bürgermeister von Hamburg. »Wir sind mit Gott in direkter Verbindung durch Hitler. Er hat viele christusähnliche Eigenschaften!«[328] Das Bild war einfach genug, um der deutschen Christenheit in die Seele zu sickern. Der Kampf zwischen dem Christus und dem Antichristus spitze sich zu, schrieb ein evangelischer Pfarrer in einem Wahlkampfartikel schon 1932.[329] Und da der Bolschewismus bekanntlich der Antichrist sei, müsse Hitler zwangs-läufig die Christus-Seite verkörpern. Aber das heuchlerische »positive Christentum« der Nationalsozialisten war eben nur Maske, ein Oberammergau für den Volksgeschmack und Teil einer ausgeklügelten Strategie, die sich ganz gezielt der christlichen Archetypen zu bedienen wußte.

Mit einem geradezu erschreckenden Grad an Selbsterkenntnis und psychologischer Raffinesse war es so den führenden Kräften der NSDAP gelungen, den religiösen Impuls des deutschen Volkes zu wecken bezie-hungsweise zu manipulieren.

In diesem Zusammenhang hat Walter Langer, der 1943 für die psychologische Kriegsführung der USA eine Analyse der Person Hitlers und seines Verhaltens verfaßte, zweifellos einmal ins Schwarze getrof-fen, wenn er schrieb: »[...] vor allem die Parteitage in Nürnberg nahmen einen quasi-religiösen Charakter an. Die ganze Aufmachung zielte dar-auf ab, eine übernatürliche und religiöse Atmosphäre zu schaffen.«[330]

Das Ganze hatte auch wirklich nichts mehr mit politischen Versamm-lungen zu tun: Es waren religiöse Kultfeiern, magische Rituale, schwarze Messen der Macht, bei denen sich der eigentliche Charakter der Religion hinter dem Nationalsozialismus offenbarte. Der französische Schrift-steller Michel Tournier hat in seinem Roman *Der Erlkönig* den sexual-magischen Charakter der Parteitage in seiner ganzen Bedeutung erfaßt, vor allem im Zusammenhang mit der mit dem Blut der Putschisten von 1923 getränkten »Blutfahne«:

»Nach 1933 wird sie jedes Jahr zweimal öffentlich ausgestellt: einmal am 9. November, wenn in München der Marsch zur Feldherrnhalle feierlich nachvollzogen wird wie der Leidensweg Christi in einem mittelalterlichen Passionsspiel, vor allem aber im September beim Reichsparteitag in Nürnberg, der den Höhepunkt des NS-Rituals dar-stellt. Da wird die Blutfahne wie ein Zuchttier, das eine unendliche Reihe weiblicher Tiere befruchtet, mit den neuen Fahnen in Berührung gebracht, die es nach solcher Besamung gelüstet. Ich habe das Schauspiel schon mit angesehen, ich versichere Ihnen: die Bewegung, die der Führer macht, wenn er diesen Trauungsritus für Symbole vollzieht, ist die Bewegung des Viehzüchters, der eigenhändig die Rute des Stieres in die Scheide der Kuh einführt. Und man sieht ganze Heere vorbeimarschieren, die nur aus Fahnenträgern bestehen und nichts sind als Fahnenheere, ein weites, vom Wind bewegtes, wogendes Meer von Standarten, Abzeichen, Bannern, Symbolen und Wimpeln. Und nachts vollenden Scheinwerfer dieses übermenschliche Schauspiel; sie tauchen die Fahnen – den Schaft, das Tuch und die Bronzefiguren der Fahnenspitzen – in flammendes Licht und lassen die Menschenmassen, dunklem Ziel geweiht, in der Finsternis der Erde versinken. Wenn dann endlich der Führer hervortritt auf dem riesigen Altar, um seine Messe zu zelebrieren, flammen mit einem Schlag hundertfünfzig Flakscheinwerfer auf und schaffen über der Zeppelinwiese einen Lichtdom, dessen achttausend Meter hohe Pfeiler vor der sternenweiten Bedeutung des Geheimnisses zeugen, das hier gefeiert wird.«[331]

Hier wird Hitler dann freilich zum Schamanen, zum Instrument der dabei heraufbeschworenen religiösen Energien, zum Medium der aufgereizten Masse, das diese Energien absorbiert, um sie dann, in einer Art sich steigernder Wechselwirkung, zurückzugeben: ein Akt kollektiver Ausschweifung nicht minder sexual-magischer Art, worauf Joachim Fest verweist:

»Die Tondokumente der Zeit geben den eigentümlichen obszönen Kopulationscharakter der Veranstaltungen deutlich wider: die atemverhaltene Stille zu Beginn, die kurzen, schrillen Aufschreie, die Steigerungen und ersten Befreiungslaute der Menge, schließlich der Taumel, neue Steigerungen und dann die ekstatischen Verzückungen angesichts der endlich enthemmt dahinströmenden Redeorgasmen: der Dichter René Schickele hat gelegentlich von den Reden Hitlers gesprochen, ›die wie Lustmorde‹ sind, und zahlreiche andere zeitgenössische Beobachter haben das scharfe, sinnlich aufgeladene Fluidum dieser Kundgebungen, dem Sinne nach gleich, mit dem Vokabular von Walpurgisnacht und Bocksberg zu fassen versucht.«[332]

Und damit kamen sie der Wahrheit zweifellos nahe. Aber es war nicht bloß das im Bad der Masse aufgeladene Charisma Hitlers, das diese Veranstaltungen zu dem machte, was sie waren, es war nicht nur der Schliff, den ihm letzthin der Magier Jan Erik Hanussen verpaßt hatte.[333]

Dahinter steckte ein ausgekochtes Kalkül. Da stimmte einfach alles, um die Massen in wahrhaftig religiöse Ekstase zu versetzen, um ihnen dann neue Programmschleifen ins Gehirn zu trommeln, sogar den Zweiflern, den Skeptikern, den Gleichgültigen. Alles war darauf abgestimmt, die logischen Denkfunktionen der Großhirnrinde zu paralysieren und die emotionalen Bereiche zu aktivieren: das Meer von Fahnen, die Symbole, die nächtliche Stunde, die raffinierte Plazierung der Zuschauer, der erhobene Altar des Führers, die Farben der Fahnen, der Uniformen, der gezielte Einsatz von Flutlichtern, Flakscheinwerfern, Punktstrahlern, der ganze Programmablauf, und nicht einmal die berauschende Wirkung eines Mantras fehlte: Sieg Heil.

Da waren Kräfte am Werk, die sich auf ihr Geschäft verstanden, und dies nicht nur im Bezug auf die magische Wirkung dieser oder jener Veranstaltung, dieses Konzept läßt sich ja durchgängig am gesamten Ablauf des Aufstiegs der NSDAP beobachten. Hitler war bloß ein Teil dieses Konzeptes, zweifellos mit Eigenschaften begabt, die ihn dazu geradezu prädestinierten.

Die allenthalben noch immer kolportierte Ansicht, hinter allem hätte dieses eigenartige Genie von einem Hitler gesteckt, der einige ungebildete Spießgesellen um sich gesammelt habe, um mit dieser Bande von Berufsversagern und brutalen Schlägern so mir nichts, dir nichts die Macht im Reich zu übernehmen, ist schlicht eine bewußte Geschichtsverdrehung. Selbst wenn man die Thule-Gesellschaft und den Thule-Orden außer acht läßt und alle okkulten Bezüge, so kommt man nicht um die Tatsache herum, daß die den Nationalsozialismus tragende Schicht auf der Höhe der Bildung ihrer Zeit stand und engen Kontakt mit deren Geistesleben gehabt hat. Nach einer von Bronder zitierten soziologischen Untersuchung des amerikanischen Historikers David L. Hoggan[334] finden sich unter 4000 führenden Männern des Dritten Reiches 1050 Doktoren, 150 Diplominhaber, 330 Professoren, 41 Doppeldoktoren, 225 Ehren-Doktoren, 116 Geheime und andere Räte, 2 Nobelpreisträger, 10 Parteimitglieder mit dem Adlerschild des Deutschen Reiches und 23 Mitglieder, die mit der Goldmedaille für Kunst und Wissenschaft ausgezeichnet waren. Insgesamt weisen 70 Prozent eine höhere Schulbildung auf, etwa 850 von ihnen haben sich schriftstellerisch bestätigt. Unter den 26 Reichsleitern, also Männern aus der Spitzengruppe der NSDAP, wurden 25 mit höherer Ausbildung gezählt.

Es spricht für die nachhaltige Wirkung der Goebbels-Propaganda, daß heute noch im allgemeinen die Meinung vorherrscht, Hitler sei der

Organisator der Partei, der Schöpfer ihrer Ideologie, der Taktiker der Eroberung der Macht, der rednerische Beweger der Massen und durch die Kraft seines Charismas, das er allein besaß, die höchste Autorität: Führer, Retter, Erlöser![335] Genau das hatte man gewollt, daß die Leute an den alleinseligmachenden Führer glaubten, daß sich die Kollektivseele im Hakenkreuz-Schamanen manifestierte, und zweifellos mußte Hitler selbst daran glauben, um sein zu können, wer er war, um tun zu können, was er tun mußte.

Und die Rechnung war aufgegangen, so schien es. 1937 hatte Gralsritter Hitler allen Grund, an die große Zukunft des arischen Menschen, an die Heraufkunft des Übermenschen, an das Tausendjährige Reich zu glauben. Die Vorhersehung, die Sterne, das ganze Universum schien mit ihm zu sein. Er würde der Hüter des Grals sein, des großen Geheimnisses, nach dem sein Ignatius von Loyola (Himmler) den SS-Führer Otto Rahn schon seit Beginn der 30er Jahre in der Gegend von Montségur und Rennes-le-Château suchen ließ,[336] nicht von ungefähr, wie man sehen wird. Atlantis, Hyperborea würde wiedererstehen: »Berlin wird als Welthauptstadt nur mit dem alten Ägypten, Babylon oder Rom vergleichbar sein!«[337] Mehr noch: Selbst die Pyramiden würden zurücktreten gegenüber den Betonmassen und Steinkolossen des Dritten Reiches, denn, so würde Hitler bald einem Vertrauten gestehen: »Ich baue für die Ewigkeit – denn [...] wir sind das letzte Deutschland.«[338] Wie Jochen Thies unbezweifelbar belegt, waren die gigantischen Baupläne für die Ewigkeit schon in den frühen dreißiger Jahren fest umrissen, teilweise schon in den zwanziger Jahren: granitene Beschwörungsformeln der Zukunft, giganteske Manifestationen der Kosmologie des Dritten Reiches, die steinerne Exoterik der Esoterik von Thule. Es war eben kein einzelgängerischer Spleen Himmlers, wenn er von Geomantie, Brachlinien und dergleichen sprach, wenn seine Wewelsburg der okkulte Mittelpunkt der Welt, ein mit Stonehenge vergleichbares Machtzentrum werden sollte. Die Bauten des Dritten Reiches waren bzw. wären allesamt Bauten mit magischer Bestimmung gewesen, nicht für Menschen gedacht, sondern für Götter. »Es war Hitlers erklärtes Ziel, auf erdenkliche Zeiten hinaus mit Hilfe der Architektur künftige Entwicklungen vorzuprogrammieren und jede Alternative von vornherein zu verhindern [...] An die Stelle der Kirchen sollte der Parteibau treten [...] Die Bauplanung stellte eine in Stein vorweggenommene Zukunft dar.«[339]

Man dachte im Dritten Reich, in diesem Reich von einer anderen Welt, in der Tat in Größenordnungen, sowohl zeitlich als auch räumlich, die im nachhinein kaum vorstellbar, kaum nachvollziehbar sind. Gleich riesenhaften Totems zur beständigen Einschwörung der Menschen auf das Endziel, den biologischen Endzustand des reinen Rassemenschen und seiner Herrschaft über die Welt, sollten diese Bauwerke ganz Deutschland und sogar den zu erobernden Lebensraum im Osten vom Weltzentrum Berlin aus überziehen. Und sie sollten »hineinragen gleich den Domen unserer Vergangenheit in die Jahrtausende der Zukunft«.[340] Falls über Europa nicht das Schicksal eines zweiten Atlantis hereinbrechen würde, »müßten sie in 10 000 Jahren [...] noch stehen wie sie sind«.[341]

»Wenn aber diese Bewegung einmal schweigen sollte«, sagte Hitler bei der Grundsteinlegung für die Kongreßhalle in Nürnberg, »dann wird noch in Jahrtausenden dieser Zeuge hier reden. Inmitten eines heiligen Hains uralter Eichen werden dann die Menschen diesen ersten Riesen unter den Bauten des Dritten Reiches bewundern.«[342]

Thieß wies darauf hin, daß »die geopolitische Bedeutung eines zentralen Mittelpunktes einer Bewegung« im Hinblick auf die Architekturvorhaben des Dritten Reiches »nicht überschätzt werden kann«. Er zitiert Hitler: »Nur das Vorhandensein eines solchen, mit dem magischen Zauber eines Mekka oder Rom umgebenen Ortes, kann auf die Dauer einer Bewegung die Kraft schenken, die in der inneren Einheit und der Anerkennung einer diese Einheit repräsentierenden Spitze begründet liegt.«[343]

Schon vor Kriegsausbruch machte Berlin auf einen kritischen Beobachter den Eindruck der Hauptstadt eines Weltreiches. Doch schon 1950 sollte sie nach Hitlers Plänen alles bisher dagewesene übertreffen: Kernstück der Planungen war eine über sechs Kilometer lange Nordsüdachse, die die Champs Élysées um das Zweieinhalbfache übertroffen hätte. An ihr waren etwa vierzig Einzelvorhaben geplant: Behördenbauten, militärische Befehlszentralen, Parteibauten. Zwei riesige Bahnhöfe im Norden und Süden sollten die Achse begrenzen. Dabei wäre der Zentralbahnhof im Süden größer als der New Yorker Grand Central Terminal geworden. Eine umfassende Neuorganisation des Verkehrs, wie sie auch für München geplant war, sollte nach Hitlers Auffassung in Kauf genommen werden, »um für 500 oder 1000 Jahre Ruhe zu haben«. Daneben waren Museen, eine Filmstadt in Babelsberg, eine Hochschulstadt in Charlottenburg und der Bau von 650 000 neuen Wohnungen vorgesehen. Kleinere Repräsentationsbauten für die Prominenz, ein Haus für Hitler auf einem bereits erworbenen Grundstück in Schwanenwerder, eine

Residenz für Goebbels und die Neugestaltung des Grunewalds rundeten die Vorhaben ab, die von drei Projekten allerdings übertroffen wurden: Ein Triumphbogen sollte sein Pariser Vorbild in der Höhe um mehr als das Doppelte überragen. Der Bogen war 170 Meter breit, 119 Meter tief und 117 Meter hoch geplant. Hinter der 80 Meter hohen Öffnung sollte nach der Planung in 5 Kilometer Entfernung ein zweites riesiges Bauwerk sichtbar sein: die größte Versammlungshalle der Welt für nicht weniger als 180 000 Menschen. In ihr gedachte Hitler eine Form direkter Demokratie zu praktizieren. Die Berliner Halle sollte einen Durchmesser von 250 Metern haben, der Kuppelabschluß in 220 Metern Höhe hätte einen siebenfachen Innenraum der Peterskirche in Rom ergeben. Der Reichsadler, der das Gebäude in 290 Metern Höhe bekrönen sollte, hätte hier nicht mehr wie üblich über dem Hakenkreuz gestanden: »Die Bekrönung dieses größten Gebäudes der Welt muß der Adler über der Weltkugel sein!« erklärte der Führer seinem Architekten Speer. In einem neben der Halle vorgesehenen Führerpalais plante Hitler, auf einer Fläche von zwei Millionen Quadratmetern zu residieren. Der Diplomatenweg zum »Herrn der Welt« sollte einen halben Kilometer betragen.[344]

Die Pläne für Nürnberg etwa waren nicht weniger kosmisch: Das Parteigebäude, das schon 1936 auf einen Beobachter den Eindruck »griechisch-römischer, wenn nicht schon beinahe babylonisch-assyrischer« Bauformen machte, hatte zum Schluß in der Planung Ausmaße von 10 mal 6 Kilometern, eine 100 Meter breite Straße fungierte als verbindendes Element. Wie Thies dazu bemerkt, hatten seine riesigen Versammlungsräume, der Luitpoldhain, das Zeppelinfeld und das Märzfeld vor allem emotionale Bedeutung. »Die Parteitagsbauten sollten die Versammelten zwangsweise in die Gemeinschaft integrieren und gleichzeitig das Gefühl erzeugen, als sei der einzelne freiwillig Mitglied der Gemeinschaft. Effekte wie der Speersche Lichtdom steigerten dies noch.«[345]

Das »Deutsche Stadion«, in dem nach 1940 »für alle Zeiten« die Olympischen Spiele stattfinden sollten, sprengte indessen alle bekannten Dimensionen:[346] Das Vorderteil bestand laut Plan aus zwei 130 Meter hohen Türmen, die Längsachse ohne Vorhof betrug 605 Meter, 264 Fahrstühle mit einer Kapazität von knapp 32 000 Personen sollten für einen reibungslosen Verkehrsablauf sorgen. Die obersten Ränge wiesen mit 92 Metern eine geradezu phantastische Distanz zum Spielfeld auf. Deswegen wurde die Einführung von Spezialbrillen für die in solchen olympischen Höhen thronenden Zuschauer erwogen. Berlin, Nürnberg:

nur zwei Beispiele. Denn wie erwähnt sollte das gesamte Reich, auch der ländliche Raum, in die Gesamtarchitektur des Dritten Reiches mit einbezogen werden. Es würde zuviel Platz beanspruchen, alle diese Vorhaben aufzuzählen, die nicht minder riesigen Projekte in den anderen »Führerstädten«, die Pläne für die Thingstätten, Kriegerdenkmäler, Totenburgen an den Grenzen des neuen germanischen Reiches und darüber hinaus im Lebensraum Ost, die Straßen, die das europäische »Kernland« zwischen Trondheim und der Halbinsel Krim verbinden sollten, auf daß die Deutschen mit ihren Volkswagen die eroberten Gebiete auf bequeme Art und Weise besichtigen könnten.

Kein Zweifel: Man kann diese schon in den Anfangszeiten des Dritten Reiches konzipierten Bauvorhaben nicht von den politischen Endzielen getrennt betrachten, selbst wenn man ihre okkulte Bedeutung völlig außer acht läßt. Die Architektur des Dritten Reiches ist für die Weltherrschaft konzipiert, man könnte auch sagen: Krieg und Eroberung von Lebensraum, sprich Ressourcen und Arbeitskraft für die Verwirklichung all dessen wären in jedem Fall unausbleiblich gewesen. Die Frage indessen wäre zu stellen: War die Weltherrschaft das Endziel oder am Ende nur das Mittel zum Zweck, die einfach zwangsläufige Konsequenz und sozusagen Randerscheinung dieser hyperboreischen Neukonstruktion? So wie die Weltherrschaft eben auch zwangsläufig den mit den kosmischen Kräften in Verbindung stehenden, kraft der Reinheit des Blutes sich zu Über-Menschen evolutionierenden Nachkommen von Atlantis zugekommen wäre?

Die Konzentrationslager, die ab 1937/1938 entstanden, hatten im Grunde genommen nichts mehr mit Politik, nicht einmal in der Mehrzahl mit Rassenpolitik zu tun, sondern schlicht und einfach mit der Architektur des Dritten Reiches: Der Bau der ägyptischen Pyramiden mit dem Blut und dem Schweiß von Abertausenden von Sklaven kommt einem in den Sinn.

Und tatsächlich: 1937/1938, zu einem Zeitpunkt, als die Lawine der Städteneugestaltungserlasse ins Rollen kommt, gründete die SS ihr größtes Unternehmen, die »Deutschen Erd- und Steinwerke« (DEST), speziell für diese Bauvorhaben. »Das Wachpersonal der KZs, die Totenkopfverbände, werden innerhalb von Jahresfrist nahezu verdoppelt. Die bis dahin vorrangige Bekämpfung des politischen Gegners tritt zurück, es entstehen KZs aus wirtschaftlichen, tendenziell systemsprengenden Gründen. In der Nähe guter Natursteinvorkommen gründet man neue Lager, stillgelegte Steinbrüche werden wieder in Betrieb genommen, große Ziegeleibetriebe ziehen ebenfalls KZs nach sich. Die aus der besiegten Sowjetunion deportierten Helotenarmeen sollten ab Ende 1941 massiv an den Großbauvorhaben eingesetzt werden. Für den eroberten Ostraum beabsichtigte Hitler, zwanzig Jahre lang drei Millionen Gefangene als Arbeitskräfte einzusetzen.«[347]

Jochen Thies schreibt dazu: »Die These scheint nicht zu gewagt, daß auch der Bereich der Architektur einen enormen Machtzuwachs der SS für die Weiterentwicklung des Dritten Reiches signalisiert. Mit Menschenmaterial nahezu zum ›Nulltarif‹, als größter Baustoffproduzent, hätte die SS eine der Wachstumsbranchen kontrolliert; die Konsequenzen, nicht nur für das Wirtschaftssystem, lassen sich erahnen.«[348] Die These ist nicht gewagt, es ist nur konsequent, daß der Priesterschaft des Schwarzen Ordens ebendiese Rolle bei der Architektur des Reiches zufiel, »die Bausteine für ein Fundament zu sammeln, das dereinst ein universales Gebäude zu tragen befähigt sein wird«, wie sich Hitler einmal ausdrückte.

Daß diese vordergründig ausnahmslos wahnwitzig und größenwahnsinnig scheinenden »Endziele« von allem Anfang an das eigentliche Antriebsmoment dieser unter dem Deckmantel des Nationalsozialismus operierenden Bewegung waren, bestätigen anschaulich die Aussagen von Heß aus dem Jahre 1928: »Wir sind alle wirklich von den größten Hoffnungen erfüllt. Ich glaube fest an unseren Endsieg!«[349]

Mit »Endsieg« war aber keineswegs schon damals die Eroberung der Macht in Deutschland gemeint, wie Heß unmißverständlich im Zusammenhang mit der Lebensraumpolitik ausführte: »Dies ist die wichtigste Aufgabe der Bewegung – alles andere ist nur Vorbereitung und Mittel für das Endziel.«[350]

Deswegen war auch Hitler 1932 schon höchst ungeduldig: »Doch ich kann kein einziges Jahr mehr verlieren. Ich muß in Kürze an die Macht kommen, um die gigantischen Aufgaben in der mir verbleibenden Zeit lösen zu können. Ich muß! Ich muß!«[351]

Und daß es eben von den Tagen der Thule-Gesellschaft an nicht um das deutsche Volk, sondern ausschließlich um das Ziel ging, beweisen die entlarvenden Sätze Hitlers in seiner Rede zum 9. Jahrestag der Bewegung 1929: »Im Jahre 1920 hat die junge Bewegung eine Arbeit begonnen, die sie heute noch ununterbrochen durchführt und niemals aufgeben wird [...] Für uns ist diese Erde ein Spielball, und wir Nationalsozialisten verzichten keinen Augenblick auf den Einsatz unseres Volkes im Spiel der Kräfte auf dieser Welt!«[352]

Das Wort Größenwahnsinn im Zusammenhang mit dem Dritten Reich ist ein allzu oberflächliches Urteil. Es erklärt nichts. Die rein historische Betrachtungsweise muß zwangsläufig all diesem mit derselben Fassungslosigkeit gegenüberstehen wie den Greueln in Auschwitz: Das ganze Dritte Reich ist rational nicht begreifbar. Wie Thies im Zusammenhang mit der Architektur feststellen muß, »daß mit einem wissenschaftspositivistischen Ansatz, der sich auf Kapazitätsfeststellungen und Ist-Größen beschränkt, das nationalsozialistische System nicht adäquat erfaßt werden kann. Die Utopie, der Versuch, Unmögliches zu realisieren, ist nicht nur eine Konstante, die speziell bei der Hitler-Forschung zu betrachten ist, sondern zeichnet das System in seiner Gesamtheit aus«.[353]

Der esoterisch-okkulte Ansatz hingegen liefert eine Erklärung dafür, warum es das Wort »unmöglich« im Dritten Reich nicht gab, weder für Hitler noch für Heinrich Himmler, den Vogler: Hier werden die Dimensionen, in denen man sich im Dritten Reich bewegte, erklärbar, begreifbar, auch die Menschenverachtung, die rücksichtslose Brutalität, der Zynismus all dieser normalmenschlichen Kleinlichkeit, ja der Menschlichkeit an sich gegenüber, die keinen Wert haben kann für kosmische Größenordnungen. Für Wesen, »die über Leichen gehen müssen, um die Tragödien der Großen zu gewinnen, jenseits von Gut und Böse, und allein gebunden an die harten, unerbittlichen Gesetze ihres Kults«.

Bloß Megalomanie? Bloß Größenwahn? Wie immer das Spiel der Kräfte auf diesem Spielball namens Erde dann auch ausgegangen ist, so hat aber das Dritte Reich doch gezeigt, daß tatsächlich möglich werden kann, was unmöglich scheint, selbst das Verrückteste, Unwahrscheinlichste, Unfaßbarste. Die Magier von Thule haben immerhin den Beweis geliefert, daß schon der Glaube daran, daß magische Kräfte und Mythen stärker sind als die sogenannte Wirklichkeit, tatsächlich Berge versetzen konnte, Kräfte zu entfesseln vermochte, die die ganze Welt in Staunen versetzten, letzthin freilich in Schrecken und Entsetzen; sie hatten, wie Lincolns schon einmal zitierter Kriegsexperte Stanton vermutlich gesagt hätte, schließlich immerhin einen Zustand hervorgerufen, der einen Krieg unvermeidlich machte.

Aber das sah 1937 noch niemand. Oder doch? Es hatte zumindest nicht den Anschein. 1937 waren Dinge möglich geworden, die unmöglich schienen. Und mehr noch: Alles schien möglich zu sein. Hitler hatte allen Grund, daran zu glauben. Die ganze Nation stand hinter ihm. Die Welt beugte sich seinem unerschütterlichen Willen. Hatte man ihm nicht alles das zugestanden, worum ein Brüning vergeblich gebettelt hatte? Auch das Ausland setzte nun auf ihn und sein Deutschland der Zukunft. Stand nicht auf der Ernennungsurkunde seines Finanzgenies Hjalmar Horace Greely Schacht neben seiner Unterschrift die von Max Warburg, des Bruders der mit Kuhn, Loeb & Co verschwägerten amerikanischen Großbanker Paul und Felix Warburg?[354]

War das nur Symbolismus?

»Wenn Hitler 1937 am vierten Jahrestag seiner Machtergreifung gestorben wäre, dann wäre er – unbeschadet der großen wirtschaftlichen Krise – als einer der größten Deutschen in die Geschichte eingegangen«, schreibt John Toland in seiner Hitler-Biographie, und ähnliches klingt auch schon im Vorwort zu Joachim Fests *Hitler* an.[355]

Zweifellos, und posthum hätte man ihm dann irgendwann in Aachen den »Karlspreis« als großem Europäer verliehen wie später Winston Churchill auch. Denn wie hatte Hitler einmal vor einer Versammlung des NS-Führungscorps in Berlin gesagt: »Das Gerümpel kleiner Staaten, die heute noch in Europa bestehen, muß liquidiert werden. Unser Ziel ist die Schaffung eines vereinten Europa!«[356]

Das wird noch von großem Interesse sein.

»Einer der größten Deutschen« – 1937 wäre das wirklich kein Witz gewesen! In ganz Europa und darüber hinaus hatte er tatsächlich Millionen von Bewunderern. Die berühmte, aus einer deutsch-jüdischen Familie stammende amerikanische Schriftstellerin Gertrude Stein, in deren Pariser Salon die Crème der avantgardistischen (sozusagen ent-arteten) Kunst aus und ein ging, erklärte, Hitler sollte den Friedensnobelpreis bekommen. (Das war vielleicht nur ein Scherz. Auf jeden Fall aber fand sie Roosevelt verglichen mit Hitler langweilig.) George Bernhard Shaw (früherer Liebhaber der Blavatsky-Nachfolgerin und theosophischen Obermaurerin Anni Besant[357]) verteidigte in Zeitschriften und Zeitungen Adolf Hitler und ganz allgemein die Diktatoren seiner Zeit. Auch der bekannte Tibetreisende Sven Hedin war, es wurde bereits angesprochen, nicht nur ein wahrhafter Freund des deutschen Volkes, sondern auch ein erklärter Anhänger und Freund Hitlers, der ihm seinerseits stets besondere Verehrung entgegenbrachte.

1936 krönte Freimaurer Sven Hedin eine Deutschlandreise mit 96 Vorträgen und dem Abschlußreferat anläßlich der Berliner Olympischen Spiele im dortigen Stadion. In seinem Buch *Deutschland und der Weltfriede* urteilte er 1937 über den Nationalsozialismus, dieser habe »Deutschland aus einem Zustand politischer und moralischer Auflösung gerettet«![358]

Er schrieb, Hitler besäße eine nicht zu bändigende Leidenschaft für die Gerechtigkeit, einen weiten Horizont, einen unfehlbaren Weitblick und ein »aufrichtiges Verständnis für die Wohlfahrt seiner Mitbürger«. Hedin, selbst zu einem Sechzehntel Jude und durchaus auch stolz darauf, verteidigte Hitlers Antisemitismus, billigte allerdings nicht seine harten Methoden. Überall, wo nach dem Waffenstillstand in Deutschland eine Politik der Unterwerfung und des Defätismus gepredigt wurde, seien die Wortführer Juden gewesen, schrieb Hedin. »In der Regel waren es die gleichen Juden, die die Vorhut des Kommunismus und des Bolschewismus bildeten.« Dieses Verhalten beweise, »daß die Deutschen die Juden hassen« müßten. Seine Zusammenfassung über die Leistungen Hitlers, urteilt John Toland, hätten von Goebbels geschrieben sein können: »Ein Mann, der im Zeitraum von vier Jahren sein Volk aus dem tiefsten Abgrund gebracht hat, verdient die Dankbarkeit seiner Mitbürger und die Bewunderung der ganzen Menschheit.«[359]

Am Ende war die Forderung der Gertrude Stein doch kein Scherz. Denn zu dieser Zeit war es in den meisten europäischen Ländern keine Schande, sich als Faschist zu bezeichnen und Hitler zu bewundern. Im Gegenteil. Der Hitlerismus regte die Entstehung ähnlicher Bewegungen in ganz Europa an, die freilich aus noch zu erwähnenden Gründen keine vergleichbare Rolle spielen sollten und folglich auch nicht förderungswürdig waren.

Toland zufolge war die bedeutendste dieser vom Geist Hitlers beseelten Bewegungen die britische »Union of Fascists«, die »Schwarzhemden« unter der Führung von Sir Oswald Mosley, den der Führer anläßlich dessen Hochzeit mit Diana Mitford höchstpersönlich beehrte. »In Frankreich, wo der Antisemitismus schon lange ein Aspekt des Nationalismus, des Royalismus und zeitweilig auch des Katholizismus gewesen war, blühte die Action Française unter Charles Maurras und beeinflußte so bedeutende Schriftsteller wie André Malraux.«[360]

Die Erwähnung von Malraux in diesem Zusammenhang ist insofern höchst interessant, als es sich bei dem späteren Minister de Gaulles um einen engen Mitarbeiter eben jenes Pierre Plantard de Saint-Claire handelt, dem eigenen Aussagen zufolge Abgesandte Heinrich Himmlers während des Krieges den Titel eines Herzogs der Bretagne im SS-Staat Burgund angeboten hatten.[361] Der spätere Großmeister jenes mysteriösen Ordens »Prieuré de Sion«, der offenbar bei allen möglichen und unmöglichen Geheimgesellschaften, Ritterorden und Freimaurerlogen mitmischte und auch heute noch im Zusammenhang mit den Vereinigten Staaten von Europa eine überaus dunkle Rolle spielt, wird uns noch beschäftigen. 1941 gab er im besetzten Frankreich eine Zeitschrift heraus, die das Rittertum als Instrument der nationalen Erneuerung propagierte, sich außerdem viel mit Esoterik, Astrologie, Atlantis, mit Eingeweihten aus Tibet und verborgenen Städten im Himalaya beschäftigte. Da in der Freimaurerei die Symbolik ja eine erstrangige kommunikative Rolle spielt, sei hier auf eine Illustration in der ersten Nummer dieser Zeitschrift hingewiesen: Sie zeigt einen Ritter, der auf einer Straße der am Horizont aufgehenden Sonne entgegenreitet. Die Straße trägt die Bezeichnung »États-Unis d'Occident« (Vereinigte Staaten des Westens). Ein Straßenrand heißt Bretagne, der andere Bayern. Der Anfang der Straße wird mit dem Jahr 1937 markiert, und die aufgehende Sonne am Ende der Straße zeigt das Jahr 1946. (Man kann 1946, also die aus dem Zweiten Weltkrieg hervorgegangene neue Europäische Ordnung durchaus als den Beginn dessen nennen, was man heute in erstaunlich offenen freimaurerischen Begriffen »das gemeinsame Haus Europa« bezeichnet.)

Aber noch schreibt man das Jahr 1937, noch sind wir erst am Anfang der Straße von Bayern nach Europa, und die Bretagne hat noch alle Chancen, Herzogtum des Totenkopf-Ordens zu werden. Die Action Française war nicht die einzige von Hitler inspirierte Organisation in Frankreich. Da gab es das Croix de Feu, eine rechtsextreme Veteranenorganisation, und ein halbes Dutzend ähnlicher Gruppen.[362] In Belgien gründete Leon Degrelle, der sich später als den geistigen Sohn Hitlers betrachtete, seine Rexistenbewegung als Bollwerk gegen den Kommunismus.[363] In den Vereinigten Staaten gab es nicht nur den mit dem Liebenfelsschen Neutemplerorden korrespondierenden Ku-Klux-Klan,[364] dort marschierte ganz offen der German American Bund in nationalsozialistischer Uniform samt Hakenkreuz und was sonst noch dazugehört durch die Straßen.[365] Und schließlich waren es die von den deutschen Nazis gefeierten amerikanischen Verfechter der Exklusivität der nordischen Rasse, Madison Grant und Lothrop Stoddard, die wesentlich zur Bevorzugung der nordischen Völker bei der Einwanderungsgesetzgebung der USA von 1921 beitrugen.[366] Selbst in China hatte Tschiang Kai-tschek im geheimen eine elitäre faschistische Gruppe mit der Bezeichnung »Blauhemden« organisiert und enthusiastisch erklärt: »Der Faschismus ist, was China heute braucht!«[367] Der Pantschen-Lama im tibetischen Lhasa gar fand für Adolf die Bezeichnung »Hsi Talé« angebracht, was etwa gleichbedeutend ist mit »Dalai« im Wort »Dalai Lama« und auf gut deutsch »Allesumfassender« heißt.[368]

Und sogar Winston Churchill begeisterte sich noch 1935 und 1937 für den deutschen Führer, wie dem *Strand Magazine* vom November 1935 zu entnehmen ist. Und in seinem 1937 geschriebenen, 1939 veröffentlichten Buch *Step by Step* schrieb er, er hoffe, England würde im Falle einer Niederlage einen genauso rücksichtslosen Führer finden, der es zurückführte.[369] Aber das war doch eher zurückhaltend im Vergleich mit der Begeisterung des einstigen britischen Premiers, des Heredomus-Bruders und Großsprechers der britischen Loge, Lloyd George, der seiner Tochter öffentlich den Hitlergruß gab und der Presse gegenüber erklärte, Hitler sei einer der größten der großen Männer, die er gekannt habe, und das deutsche Volk das glücklichste Volk auf Erden.[370] Lloyd George war kein Einzelfall und noch einer der harmlosesten Hitler-Fans. Denn überhaupt hatte in den dreißiger Jahren Hitler im besonderen und der Faschismus (oder »Korporatismus«, wie man ihn als poluläre Polit-Philosophie auch nannte) im allgemeinen vor allem in den höheren bis einflußreichsten Kreisen der britischen Upperclass zumindest vorgeblich glühende Anhänger wie etwa Lord McGowan von den Imperial Chemical Industries oder Montagu Norman von der Rotschildschen Bank of England, der über Schweizer Banken gewaschenes Geld an Hitler transferierte,[371] dito der Zeitungszar und Gurdjieff-Forscher Lord Rothermere.[372] Mehr noch: Edward Windsor, Prince of Wales, kurzfristig König Edward VIII. und schließlich Herzog von Windsor, war nicht nur ganz auf der Seite Hitlers, er arbeitete praktisch insgeheim für die Deutschen oder war zumindest ein willenloses Werkzeug in den Händen der deutschen Agentin Wallis Simpson und/oder gewisser »höherer Endzwecke« – vom Standpunkt der offiziellen und öffentlichen britischen Politik und von der Perspektive einer ganz normalen Geschichtsauffassung aus gesehen freilich noch allemal das, was man üblicherweise Landesverräter nennt. Der amerikanische FBI-Chef Hoover jedenfalls war davon überzeugt, daß der Herzog von Windsor höchstselbst ein gefährlicher Nazi-Agent sei, der ins Gefängnis gesperrt werden müsse, und hatte, ohne Genaueres zu wissen, damit ganz und gar nicht unrecht.[373]

Das kleine Windsor-Geheimnis war eine Zeitzünder-Bombe unterm Allerwertesten des Empire und ist es eigentlich bis heute geblieben. Denn diese Ereignisse und vor allem deren Konsequenzen haben das hintergründige politische Geschehen bis zu den Tagen eines George Bush und darüber hinaus beeinflußt (oder, wenn man so will, überhaupt erst möglich gemacht), auch wenn es – und vor allem, *weil* es Churchill und dessen Nachfolgern mit Hilfe der »sowjetischen« Agenten um Liddel, Philby, Blunt & Co und vor allem dank Anton Wasilewitsch Turkul gelungen ist, die Angelegenheit zu vertuschen. Der Schutz der Nazis im britischen Establishment ist nicht das einzige brisante Geheimnis, das die britischen Geheimdienstler vom MI-5 und SIS, Politiker, Aktenverwahrer und Aktenvernichter bis heute zu hüten versuchen – wenn zum Teil auch offensichtlich ohne Erfolg: Die wirkliche Geschichte des Mannes, »der aus der Kälte kam«, ist wohl noch nicht geschrieben.

Abgesehen davon, daß der Herzog von Windsor noch 1940 kriegswichtige Geheimnisse aus dem Verbindungsstab der britischen Militärmission und dem französischen Kommando brühwarm an die Deutschen weitergab und zumindest so tat, als ob er tatsächlich noch immer mit dem freilich illusorischen Gedanken spielte, er könne doch noch einmal als König von Hitlers Gnaden sich und seiner Herzogin in der Westminster Abbey die Kronen aufsetzen,[374] war er eben nicht der einzige aus der britischen Oberschicht, der mehr als nur mit den Nazis sympathisierte: Lord Halifax zum Beispiel, von 1938 bis 1940 Appeasement-Außenminister, und andere aus der Windsor-Gruppe versuchten, als sich das Kriegsglück von Hitler abzuwenden begonnen hatte, hinter Churchills Rücken doch tatsächlich mit Hitler über einen Frieden zu verhandeln, aus welchen Gründen und für welche Endzwecke auch immer.[375]

Die Geschichte wiederholt sich nicht? Sie tut es doch! Das alles erinnert fatal an den Vorabend des Ersten Weltkrieges, als noch am 8. Juni 1913 hochstehende Amerikaner wie William Howard Taft, von 1909 bis 1913 Präsident der USA, und dessen Vorgänger Theodore Roosevelt des deutschen Kaisers in der *New York Times* gedachten und ihm verschwenderische Lobreden spendeten. Für Taft war Wilhelm II. der Welt stärkster Friedenshort, und N. M. Butler schloß seine begeisterten Ausführungen mit den Worten: »Wenn der deutsche Kaiser nicht als Monarch geboren wäre, so hätte ihn jedes moderne Volk durch Volksabstimmung zum Monarchen oder Regierungschef gewählt.«[376] Bereits ein Jahr später war dieser Friedenshort der Welt namens Kaiser Wilhelm vor allem in den Vereinigten Staaten die »Bestie von Berlin«, die schon zum Frühstück arme ausländische Kinder zu verspeisen pflegte. So ist das eben.

Und so manches wird durch die oben geschilderten Zusammenhänge ein wenig verständlicher. 1937 jedenfalls hatte Hitler wirklich noch allen Grund, darauf zu hoffen, es werde doch noch zu einer Einigung mit dem

»germanischen Brudervolk England«[377] kommen, daran zu glauben, er sei der Vollender der deutschen und womöglich der ganzen Weltgeschichte. Er hatte allen Grund dazu, an seine und Deutschlands historische Rolle zu glauben, und daran, daß ihm nichts unmöglich sei. Und das sollte er, das sollten die Deutschen wohl auch.

1937, wie gesagt, sah alles scheinbar wunderbar und friedlich aus, und wenn schon nicht die ganze Welt und die gesamte Menschheit, so sah doch offenbar ein guter Teil davon vielleicht nicht in Dankbarkeit, so immerhin mit gewisser Bewunderung zu Adolf Hitler und seinem Werk auf, auch wenn das heute für viele beinahe unmöglich wirkt.

Niemand dachte an Krieg. Wirklich niemand?

Vielleicht hatte niemand hingehört ...

Präsident Roosevelt im fernen Amerika immerhin beobachtete schon sehr früh den Aufstieg totalitärer, aggressiver Mächte mit großer Sorge, wie es im *Brockhaus* heißt, allerdings habe er sich anfangs nicht in der Lage gesehen, der neutralistischen Haltung der eigenen Bevölkerung entgegenzutreten.

Schade, nicht wahr! Wären die Amerikaner nicht so borniert neutralistisch gewesen, dann hätte Roosevelt vielleicht schon 1936 oder 1937 etwas gegen diesen Hitler unternommen, und es wäre alles ganz anders gekommen. Denn zweifellos und überhaupt war nur dieser Hitler Gegenstand Rooseveltscher Besorgnis, nicht etwa das bolschewistische Erste Reich mit seinen in die Millionen gehenden Opfern; nicht »Uncle Jo« – Stalins Sowjetunion war damit gemeint, wo schon Todeslager existierten und Massenmord praktiziert wurde, als der Trommler Hitler in München noch das politische Laufen lernte und am okkulten Busen der Mutter Thule nuckelte. Aber in bezug auf die Sowjetunion hatte ja schon Woodrow Wilson so voraus- und scharfblickend nach dem Sturz der Monarchie gewußt: »Here is a fit partner for a league of honor!«[378]

Und Roosevelt war nicht weniger weitblickend, er wußte schon 1937, jawohl in ebendiesem Jahr 1937, daß der Krieg nicht nur auf Europa, sondern auch auf Amerika zukam. Er sagte dies auch in einer Radiorede. Einschränkend zu Roosevelts Weitsichtigkeit muß allerdings hinzugefügt werden, daß er – wie sein Schwiegersohn C. Dall berichtete – im allgemeinen Reden hielt, die er vom Council on Foreign Relations (CFR) vorbereitet bekam.[379] Dieser elitäre Verein der Hochfinanz war ja der übrigen Menschheit immer eine Nasenlänge voraus, was selbst das deutsche Nachrichtenmagazin *Der Spiegel* in einem Bericht über dieses »Politbüro des

Kapitalismus« unversehens in die Nähe einer Verschwörungstheorie bringt: »Die Depression traf die Amerikaner so schwer wie sonst nur die Deutschen – da hatte das Volk die Quittung für seine Borniertheit. Und damit nicht genug: Es mußte noch in einen Weltkrieg, bis es seine Lektion einigermaßen gelernt hatte und ein Zustand erreicht war auf Erden, den die klarsten Köpfe der Hochfinanz schon nach dem ersten Durchgang erstrebten [...]«[380]

Man kennt ja diese Träume, oder auch nicht, denn sonst sähe die Welt ja heute doch anders aus: One World. Ein Supermarkt von den Vereinigten Staaten bis Euro-Disneyland, von Grönland bis Johannesburg. Alles unter einem Dach, versteht sich.

Hitler hätte hinhören sollen.

Die Deutschen hätten hinhören sollen.

In diesem Jahr, 1937, begann folgerichtig auch die Aufrüstung Amerikas für den kommenden Krieg. Roosevelt wirkte so überzeugend, daß der Kongreß zwei Milliarden Dollar dafür bewilligte, Neutralität hin oder her.[381]

Hitler hätte hinhören sollen. Aber das wollte er wohl nicht, das konnte er vielleicht auch schon lange nicht mehr. Er lebte eben in einer ganz anderen Welt, mit anderen Gesetzen, mit anderen Realitäten.

Die Götterdämmerung hatte längst begonnen.

Sie war im Grunde genommen schon programmiert, als Logenbruder Lloyd George als britischer Premierminister und Mitunterzeichner der Versailler Verträge den Deutschen seinen versprochenen »Genickschlag« versetzte. Der enge Freund von Pierpont Morgan von Morgan & Co, der bald darauf den deutschen Gruß so gut beherrschen sollte, hatte eben schon 1919 gewußt: »Wir haben ein schriftliches Dokument, das uns Krieg in zwanzig Jahren garantiert.«[382] Das wußten Pierpont Morgan und Lord Curzon auch: »Der Vertrag von Versailles«, erklärte letzterer, »ist kein Friedensvertrag, er ist einfach eine Unterbrechung der Kriegshandlungen.«[383]

Nur vordergründig schien in Versailles alles erreicht, was man sich gewünscht hatte: Frankreich hatte seinen Siegfrieden um jeden Preis und seine Revanche; die »Boches«, die ihren Napoleon Nummer drei wie einen Lausbuben behandelt hatten, die hatten wahrlich einen Genickschlag bekommen, wie es noch nie passiert war. Und für London, so schien es, war auch alles nach Wunsch gelaufen: Die kontinentale Wirtschaftsmacht war zerschlagen, die Konkurrenz ausgeschaltet, die

Machtkonzentration des deutschen Reiches rückgängig gemacht, und jeder, wahrhaftig jeder konnte sich ein Stück davon holen, es war wie Weihnachten. Und Amerika hatte einen heiligen Krieg gewonnen, *to make the World safe for democracy*: Deutschland war Republik geworden. Und nicht zuletzt war mit dem Habsburgerreich das zerschlagen, was man als kulturelle Mitte Europas bezeichnen könnte. Golo Mann hat nicht von ungefähr den Ersten Weltkrieg als einen Krieg um Österreich bezeichnet, man erinnere sich an die psychopathischen Ausbrüche von Clemenceau.[384] Und doch, und doch ... wie hatte dieser Sir Mackinder, dem es Karl Haushofer später ablauschen sollte, so schön und knapp gesagt: »Who rules Eastern Europe commands the Heartland. Who rules the Heartland commands the World-Island. Who rules the World-Island commands the World.«[385]

Wenn man sich nämlich die Landkarte nach dem ersten »Durchgang« genau ansah, so war klar, daß die geopolitische Neuordnung der Welt noch einiges zu wünschen übrig ließ. Man erinnere sich an die schon seit 1890 unter gewissen Brüdern in Umlauf befindliche Landkarte, auf der in feinen Strichen schon die gewünschten kontinentalen Zustände einschließlich einer Oder-Neiße-Linie gezeichnet waren.[386] Da war noch einiges zu tun, kein Zweifel: Deutschland hatte rein geopolitisch den Ersten Weltkrieg gewonnen. Denn wenn Deutschland vor dem Krieg an drei Großmächte gegrenzt hatte, so war es 1919 nur mehr eine einzige. Der gesamte Raum zwischen dem Nachkriegsdeutschland und der Sowjetunion bestand aus einer lockeren Schütterzone. Und wer genau hinsah, für den mußte schon damals klar gewesen sein, daß dieses völlig machtlose und gegenseitig verfeindete Zwischeneuropa irgendwann einmal entweder zu einer russischen oder einer deutschen Expansion verlocken mußte oder sich irgendwann und irgendwie die beiden Großmächte den kontinentalen Kuchen teilen würden. Das aber war ganz und gar nicht im Sinne einer sauberen neuen Weltordnung.

»Der Kampf gegen Versailles und der Kampf um eine Neuordnung der Welt sind ein und dasselbe!« sagte Hitler einmal zu Rauschning. Und er hatte dabei instinktiv ins Schwarze getroffen, nur nicht in dem Sinne, wie er es meinte. In der neuen Weltordnung war für eine wie immer geartete selbständige europäische Kraft kein Platz.

Das war natürlich auch Sir Winston Churchill von allem Anfang an klar. In seinen in den früheren zwanziger Jahren verfaßten Memoiren schreibt der Hochgradmaurer, Menschenfreund und große Europäer, daß eigentlich schon 1919 Tausende von Flugzeugen Deutschlands Städte hätten zertrümmern und die Bevölkerung mit »unglaublich bösartigen Giftgasen« hätten ersticken sollen. »Der Kampf von 1919 wurde nie ausgefochten, aber seine Ideen schreiten weiter voran«, schrieb der Mann, der sich auch für England einen Hitler wünschte. Den damaligen Frieden bezeichnete er als bloße »Erschöpfungsphase«.[387]

Hier zeigt sich, daß Bruder Churchill in Wirklichkeit keine Wetterfahne war, die sich jeweils drehte, wie der politische Wind blies, der je nach Lage mal konservativ, dann liberal, dann wieder konservativ, einmal Deutschenhasser und einmal Hitlerbewunderer war, und daß Sir Charles Dilkes Meinung über Churchill völlig ungerecht war: »Eine Ratte kann nicht zweimal das sinkende Schiff verlassen.«[388]

Bruder Churchill war vielmehr ein gewiefter Stratege und Taktiker und verfolgte mit erstaunlicher Konsequenz auch hinsichtlich der notwendigen Drehungen und Wendungen nur ein Ziel: die Neuordnung Europas, die Vereinigten Staaten von Europa.

1936 erklärte Churchill: »Wir werden Hitler den Krieg aufzwingen, ob er will oder nicht!«[389]

1939 erklärte Churchills England nach Hitlers Überfall auf Polen Deutschland den Krieg, wohlgemerkt nur Deutschland, obwohl sich ja auch »Uncle Jo« Stalin seinen Anteil gemäß dem Hitler-Stalin-Pakt holte.

Als Churchill 1940 Ministerpräsident wurde, sagte er: »Ich führe keinen Krieg gegen Hitler, sondern ich führe einen Krieg gegen Deutschland!«[390]

Führwahr. Churchill kann sich auch rühmen, das Dresden-Massaker organisiert zu haben,[391] und er war es konsequenterweise auch, der den Luftkrieg vom Zaun gebrochen hatte.[392]

Geradezu frappierende Konsequenz liegt auch darin, daß er, wie er sich selbst brüstete, Onkel Stalin die Oder-Neiße-Linie suggerierte und ihm mit Hilfe von Streichhölzern gezeigt hatte, wie man Polen von Osten nach Westen transferieren könnte.[393]

Und als sich Mikolajczik weigerte, die östliche Hälfte Polens an die Sowjetunion abzutreten, drohte ihm Churchill mit der totalen Vernichtung Polens.[394]

Noch im Februar 1945 bezeichnete er Stalin als »great and good man!«,[395] um dann zu entdecken, daß man eigentlich das falsche Schwein geschlachtet habe. Aber auch das lag konsequent auf der Linie der Installation einer neuen Weltordnung. Hätte es nach dem Zweiten Weltkrieg die kommunistische Bedrohung nicht gegeben, hätte man auch sie erfinden müssen. Das war dann sozusagen der Hammer (»Molotow«), mit dem die Widerspenstigen endgültig für die One World zurechtgeklopft werden konnten.

1956 erhielt Churchill daher völlig zu Recht den Karlspreis als großer Europäer. Wäre es anders, müßten diejenigen, die ihm diesen Preis verliehen haben, ja ignorante Idioten gewesen sein.

Aber so weit sind wir noch nicht.

1937 hielten viele Menschen Adolf Hitler noch für einen großen Europäer, und viele Deutsche glaubten wie er an das Tausendjährige Reich.

Doch es war schon längst Götterdämmerung.

Bereits im Jahr 1929 traf das britische Außenamt die Vorbereitungen für den künftigen Bombenkrieg – vier Jahre vor Hitlers Kommen, als Deutschland und England noch gemeinsam die Völkerbundbänke drückten und ein Jahr zuvor den Kellogschen Kriegsächtungspakt unterzeichnet hatten –, in dem in Verbindung mit dem britischen Luftwaffenstab ein Nachrichtennetz über Deutschland gespannt wurde, welches Informationen über bombardierungswerte Ziele im Lande Goethes und Beethovens sammeln sollte.[396]

Denn wie kommentierte doch eine Zeitung jene berühmte Schulungslandkarte aus dem vorhergegangenen Jahrhundert für privilegierte und vorausblickende Brüder: Die Engländer, so hieß es, hätten die Mission, die Karte Europas zu ändern und »das Erbe eines Goethe und Beethoven zu retten«.[397]

Spätestens seit 1936 war man in London intensiv damit beschäftigt, den Bombenkrieg gegen Deutschland vorzubereiten. Im Herbst 1940 war man dann soweit. Es war niemand geringerer als Luftmarschall Sir Arthur Harris, der dann schon 1946 aufdeckte, daß Deutschland den Krieg fast zwangsläufig verlieren mußte, weil die Luftwaffe, als sie sich im September 1940 zur Vergeltung der ersten englischen Luftangriffe gezwungen sah, nicht mit den schwerbewaffneten Flugzeugen ausgerüstet war, die für einen erfolgreichen Blitzangriff notwendig gewesen wären.

»Viel zu spät«, schreibt der Luftmarschall am 12. 12. 1946 in *The Star*, »haben sie [die Deutschen] den Vorteil einer strategischen Bomberflotte erkannt [...] mit dem Ergebnis, daß die deutsche Wehrmacht auf allen Seiten ihrer Luftunterstützung und Deckung aus der Luft beraubt wurde, um eine gewisse Verteidigung Deutschlands gegen strategische Luftangriffe sicherzustellen.«[398]

Es wird gleich klar werden, wie vorausblickend F. D. Roosevelt wirklich war, als er schon 1937 das Signal zur Wiederaufrüstung gab, wie vorausblickend die amerikanische Industrie war, die den späteren Alliierten von diesem Moment an predigte: Rüstet! Kauft bei uns! Rüstet!

Denn was jetzt kommt, wird vielleicht manchen überraschen: Hitler hatte den Krieg definitiv am 30. September 1938 verloren. Da war im Grunde genommen schon alles vorbei. Alle Welt lamentiert heute noch immer über die sogenannte Appeasement-Politik Englands, deren Grundtendenz, wie man sagt, auf die Aussöhnung und Verständigung der Westmächte mit dem besiegten Deutschland gerichtet war. Nimmt man diese Politik näher unter die Lupe, so erweist es sich, daß sie durchaus mit dem Ausspruch Churchills zu vereinbaren ist, daß »die Ideen« des »nichtausgefochtenen Kampfes von 1919« weiter voranschritten. Und als der britische Premierminister Neville Chamberlain am 30. September 1938 das Münchner Abkommen unterschrieb, in seinem »verzweifelten Bemühen, den Frieden um jeden Preis« zu erhalten, hatte er England und den Alliierten das Kostbarste, das Wertvollste gewonnen, das sie sich wünschen konnten: Zeit, Aufschub, Zeit für die notwendige Aufrüstung, Zeit vor allem auch für die psychologische Vorbereitung der Bevölkerung in den Vereinigten Staaten wie in England, die dort wie da alles andere als »kriegswillig« war.[399]

1937/1938 waren sie allesamt noch nicht so weit, um in den zweiten Durchgang einzutreten. Zu diesem Zeitpunkt hätte Hitler wahrscheinlich mit fast hundertprozentiger Wahrscheinlichkeit einen schnellen Krieg gewonnen, und womöglich wäre daraus trotz Amerikas Bereitschaft zu einem solchen kein Weltkrieg geworden. Zufall oder nicht: Das signifikante Wort »Peace for our time« in der von Hitler und Chamberlain unterschriebenen Erklärung gewinnt so seine eigentliche Bedeutung. Chamberlain hatte mit diesem Wisch den Alliierten den Krieg gewonnen, ob er sich selbst dessen bewußt war oder nicht. Und wenn es stimmt, daß, wie Albrecht Haushofer gesagt haben soll, sein Vater, Professor Karl Haushofer, zu jenen gehört habe, die Hitler »das Münchner Abkommen aufgezwungen« hatten, dann erweist sich Karl Haushofer einmal mehr als graue Eminenz der Geschichte des Dritten Reiches.[400] Und jetzt muß man sich die Frage wohl stellen: Und was war Adolf Hitler wirklich? Ein nützlicher Idiot?

Hitler, Heß, Göring mit seinen guten Beziehungen zum Hause Windsor,[401] sie alle waren stets davon überzeugt, daß sich im künftigen Krieg

England und Amerika heraushalten würden. Dafür gibt es zahlreiche Hinweise, die unter anderem durch David Irving, Jochen Thieß, Henry Picker oder etwa Walter Schellenberg zu genüge belegt sind, um nur einige zu nennen.

»Nichts konnte ihn«, schreibt etwa Hermann Rauschning, »von der Ansicht abbringen, daß England absolut unfähig sei, noch einmal Krieg zu führen [...] Er würde es nicht erleben, daß England noch einmal mit Deutschland zum Krieg käme.« Und Rauschning zitiert Hitler:

»Wenn es mir gelingt, England und Italien auf unsere Seite zu bekommen, so wird der erste Teil meines Kampfes um die Macht sehr viel leichter sein [...] England braucht ein starkes Deutschland.«[402]

Hitler rechnete gar mit der aktiven Hilfe der westlichen Demokratien in seinem Kampf gegen den Bolschewismus.[403] Vor allem rechnete er dabei fest mit England. »Zwar befürchtete er von Zeit zu Zeit ein Abschwenken Englands in eine Koalition mit den USA und damit die militärische Auseinandersetzung, andererseits hoffte er – bei rechtzeitigem Abschluß des Barbarossa-Unternehmens im Herbst 1941 –, England kurzfristig als Verbündeten und Juniorpartner auf seine Seite ziehen zu können«, schreibt Jochen Thieß.[404]

Noch im September 1941 meinte Hitler: »Ein deutsch-englisches Bündnis wäre ein Bündnis von Volk zu Volk. Die Engländer brauchten nur ihre Finger vom Kontinent zu lassen. Ihr Empire und die Welt können sie behalten.«[405]

Im Grunde genommen, meint Thieß, lautete Hitlers grobe Rechnung, die europäische Neuordnung im Alleingang zu betreiben und gleichzeitig als Mitinhaber in das englische Weltreich aufgenommen zu werden. Es war Hitlers Überzeugung, daß die 40 Millionen Engländer als zweitgrößter arischer Kern in Europa die unabdingbare Voraussetzung zur Beherrschung der Erde im Verbund mit den Ariern des europäischen Kontinents darstellten.[406]

Was war Hitler wirklich?

»Seltsam«, wunderte er sich nach dem Kriegseintritt der USA, »daß wir mit Hilfe Japans die Positionen der weißen Rasse in Ostasien vernichten und daß England mit den bolschewistischen Schweinen gegen Europa kämpft!«[407]

Nun ja, 1938 hatte Hitler ja auch allen Grund zu glauben, daß England niemals eingreifen würde. In der Zwischenzeit suchten die Russen bei den Weltmächten, vor allem in England, Bündnispartner gegen die offensichtlich gegen Osten gerichtete Expansionspolitik Hitlers. Man kann heute ja darüber streiten, inwieweit es wirklich nur die politischen Forderungen der Sowjets waren, die die Engländer zögern ließen, mit den Russen zu paktieren. Vermutlich hätte es Hitler 1939 nicht gewagt, über Polen herzufallen, wenn dies zugleich mit Sicherheit Krieg gegen die Westmächte und gegen die Sowjetunion bedeutet hätte. Ist es ja gewagt zu behaupten: Genau das sollte er ja? Nun, da die Sowjets in London abblitzten, gingen sie zu Hitler: der Hitler-Stalin-Pakt.

Jetzt glaubte Hitler erst recht, England würde in keinen Krieg eingreifen, und ließ frohgemut gen Polen marschieren. Das war es dann wohl. Frankreich und England erklärten den Krieg (noch einmal: nur den Deutschen, nicht den Sowjets, die sich ja immerhin auch ihren Teil an Polen entsprechend dem geheimen Zusatzabkommen zum Hitler-Stalin-Pakt holten).

Chamberlain war jetzt nicht mehr der richtige Mann für einen Krieg. Ein propagandistisches Trommelfeuer zwang ihn zum Rücktritt, Churchill, das Stehaufmännchen, tauchte auf wundersame Weise aus der Versenkung auf und übernahm die Regie.

Hitler wollte es nicht glauben. Noch Ende Mai 1940 versuchte er vergeblich mit England »auf der Basis der Teilung der Welt« Fühlung aufzunehmen.[408]

Jetzt mußte er es glauben. England machte Krieg. Es startete den längst vorbereiteten Luftkrieg mit Angriffen auf Hannover, auf Münster und andere Städte Westfalens.

Das brachte Hitlers Pläne gehörig durcheinander.

Wie konnte er nun seine Eroberungen im Osten durchführen?

Wie, wenn man die Engländer doch noch davon überzeugen könnte, daß es auch in ihrem Interesse sei, daß die Bolschewiken niedergerungen würden?

Sie hofften. Hermann Göring etwa wollte mehrmals nach England fliegen. Er hatte dort gute Beziehungen, eben auch zum Herzog von Windsor, den er im Karinhall bewirtet hatte. Aber nicht er sollte schließlich fliegen, sondern Hitlers Stellvertreter persönlich, Rudolf Heß. Er bereitete seinen Flug schon seit Beginn des Jahres 1940 vor, nachdem Hitler mehrmals vergeblich versucht hatte, den Engländern Friedensverhandlungen anzubieten.[409]

Als Churchill beispielsweise erfuhr, daß der Vatikan ein deutsches Angebot zu Friedensverhandlungen über Bern nach London geschickt hatte, schickte er am 28. Juni 1940 eine Aktennotiz an Außenminister Eden: »Ich hoffe, es wird dem Nuntius klargemacht, daß wir keine

Sondierungen über Friedensbedingungen mit Hitler wünschen und daß allen unseren Agenten streng verboten ist, sich mit solchen Angeboten zu befassen.«[410]

Zwölf Tage später sagte Hitler vor dem Reichstag: »Ich halte es für meine Pflicht vor meinem Gewissen, noch einmal an Vernunft und gesunden Menschenverstand in Großbritannien zu appellieren.«[411]

Sie hofften noch immer. Auch Haushofer hoffte. Er beriet mit Heß über die Möglichkeiten, Verbindungen zu den britischen Freunden aufzunehmen. Auch Haushofers Sohn wurde eingeschaltet. Er sollte ein Treffen mit dem Herzog von Hamilton organisieren. Einen diesbezüglichen Brief an Karl Haushofer beendete Heß mit den Worten:

»Inzwischen wollen wir beide unsere guten Geister beschwören. Sollte dem Beginnen ein Erfolg beschieden sein, so würde das Dir hinsichtlich des Monats August gegebene Orakel doch recht behalten, da Dir der Name des jungen Freundes und der alten Freundin des Hauses bei unserer stillen Wanderung am letzten Tage dieses Monats aufstiegen.«[412]

Der junge Freund war Herzog Hamilton, und die Freundin war eine Miß V. Roberts, die in Lissabon lebte.

Doch die guten Geister hatten das Reich von Thule längst verlassen. Die Thule-Brüder hatten ihre Schuldigkeit getan. Und jetzt sollte ein wirklicher Krieg mit Blut und Tränen daraus werden. Der *American Mercury* schrieb im Mai 1943 zum Heß-Flug, als sich die USA bereits im Krieg mit Deutschland befanden:

»Vier Monate schwierigster Verhandlungen waren diesem Flug vorausgegangen. Die Deutschen hatten ihren Vorschlag im Namen des Friedens und der nordischen Freundschaft vorangetrieben. Ihre britischen ›Freunde‹ waren hilfsbereit, ohne jedoch übermäßig begeistert oder optimistisch zu sein [...]«

Die Kontaktaufnahme zu den Brüdern in England funktionierte nicht. Der britische Geheimdienst hatte die Briefe an den Herzog von Hamilton abgefangen.

Im Mai 1941 entschloß sich Rudolf Heß schließlich, allein zu fliegen. Es spricht viel dafür, daß er mit Wissen Hitlers geflogen ist, was dieser nach dem Scheitern der Mission freilich nicht zugeben konnte. Hitler erklärte, Heß werde erschossen, wenn er zurückkäme. Aber diese Worte stehen im Widerspruch zu der Art, in der die Leute behandelt wurden, die Heß beim Abflug geholfen hatten. Nur kleine Sündenböcke mußten dafür büßen, wie der Heß-Adjutant Pintsch.[413]

Görings Biograph schreibt dazu: »Allen war klar, daß Hitler mit Rudolf Heß, seinem engsten Gefährten, ein Geheimabkommen getroffen hatte [...] Wenn es Heß gelänge, Großbritannien zu überzeugen, daß Deutschland einen Angriff auf Rußland plante, dann könnte trotz allem ein Frieden mit dem Westen möglich sein [...]«[414]

Nachdem Heß in England festgenommen worden war, schickte Churchill ein weiteres Memorandum an Außenminister Eden:

»Dieser Mann ist wie andere Nazi-Führer ein Kriegsverbrecher. Er und seine Mitkämpfer werden wahrscheinlich nach Kriegsende verurteilt werden.«[415]

James Leasor schreibt in *Der utopische Friede*: »Hitlers Stellvertreter hatte Frieden angeboten. Ein Mann glaubte so ernsthaft an diese Möglichkeit, daß er persönlich nach England geflogen war, um seine Bedingungen darzulegen – wenn das alles stimmte, dann wäre sicher ein gewichtiger Teil der Engländer dafür eingetreten, diese Friedensverhandlungen aufzunehmen und fortzusetzen [...] Churchill kannte diese Probleme genau. Wenn Gerüchte über Friedensverhandlungen erst einmal in Umlauf waren, würden sie sich mit unvorstellbarer Geschwindigkeit ausbreiten [...]«[416]

Das war schließlich nicht ausgemacht. Wofür hatte man so lange gerüstet?

Hitler griff Rußland an, nachdem ihm Molotow ein schnödes Halbe-Halbe-Angebot für den Fall wohlwollender Neutralität Rußlands angeboten hatte. Und Roosevelt nahm sofort Rußland in den Leih- und Pachtvertrag auf und begann, ungeheure Mittel zur Kriegführung nach Moskau zu pumpen. Aber nicht genug damit. Wozu hatte man denn das amerikanische Volk mit der Einführung der allgemeinen Wehrpflicht überrumpelt?

Die Frage war nur, wie man in den Krieg einsteigen konnte. Nun, man provozierte die Japaner einmal mehr. Und der Plan gelang.

Es war keine »Lusitania«, es war Pearl Harbor. Eine Woche zuvor meldete der Geheimdienst, Japan plane einen Angriff auf die Pazifikflotte. Alle wußten es. Roosevelt wußte es. Niemand tat etwas. Oder doch: Die wichtigsten Schlachtschiffe, die später die Schlacht um Midway entschieden, wurden aus Pearl Harbor abgezogen. Die Japaner hatten freie Bahn. Und Amerika, besser, die Hochfinanz, endlich den großen Krieg. Denn Deutschland reagierte wie vorausgesehen: Es warf Onkel Sam den Fehdehandschuh hin.[417]

Man hätte den Krieg 1943 beenden können. Angebote von hohen deutschen Stellen erreichten zwar das Weiße Haus, wurden aber ignoriert.

Für die Hochfinanz war es von äußerster Wichtigkeit, daß der Krieg bis zum bitteren Ende geführt wurde und die Schuld ihren höchsten Punkt erreichte, »damit endlich ein Zustand erreicht war auf Erden, den die klarsten Köpfe der Hochfinanz schon nach dem ersten Durchgang erstrebten.«

Ein schlechter Stern über England

Aber von alledem weiß der Mann aus Thule noch nichts, der in einer eigens für diesen Langstreckenflug umkonstruierten, funkelnagelneuen Me 110 mit 750 Kilometern in der Stunde nördlich von Berwick-upon-Tweed die schottische Küste überfliegt. Heß denkt ans Umkehren. Der Wetterbericht, den er vor kurzem aus Görings Berliner Luftfahrtministerium empfangen hatte, macht ihm Sorgen. Am Ende ist er zu alt für dieses Abenteuer. Aber nein. Es muß sein.

Mit England muß Frieden geschlossen werden. Knapp entgeht er einer »Spitfire« der Küstenpatrouille, er taucht in die Wolken ein, ehe das britische Jagdflugzeug ihn stellen kann.

Endlich sieht er unter sich Dungavel House, den Landsitz des Herzogs von Hamilton. Dann zweifelt er wieder. Wie, wenn er sich verflogen hatte und es nicht Dungavel House war? Er mußte unbedingt zu Hamilton, darauf beruhte sein ganzer Plan.

Er würde ganz einfach an der Tür klingeln und dem Butler die Visitenkarte Haushofers, Albrecht Haushofers, geben. Der Butler würde ihn als Haushofer anmelden und vorlassen. Der Herzog würde vielleicht denken, der junge Haushofer sei abgeschossen worden oder hätte es sonstwie bewerkstelligt, nach Schottland zu kommen ... aber er würde ihn vorlassen. Und dann stünde Hitlers Stellvertreter vor ihm. Er würde im schlimmsten Fall dann wenigstens Zeit genug haben, Hamilton zu erklären, warum er gekommen war, und ihn bitten, ihn mit Vertretern der Regierung zusammenzubringen.

Heß dreht ab, fliegt noch einmal Richtung Meer, um sich zu orientieren. Ohne es zu wissen, fliegt er dabei auf der Routine-Route der Air-Force-Piloten. Er findet endlich jene moleähnliche Landzunge, nach der er sich orientieren kann.

Es ist soweit. Er würde mit dem Fallschirm direkt vor Hamiltons Haustür abspringen. Das Flugzeug, ein Prototyp, der noch immer auf Deutschlands Geheimliste steht, würde abstürzen und in Flammen aufgehen.

Er schiebt das Kabinendach zurück und will hinausspringen. Aber der Luftdruck wirft ihn wieder zurück. Völlig verwirrt vergißt er, die Landeklappen auszufahren, was die Geschwindigkeit vermindert hätte. Als ihm Dungavel Hill entgegenrast, erinnert er sich an den Rat eines Freundes: Die Maschine auf den Rücken legen und sich hinausfallen lassen.

Die Zentrifugalkraft preßt ihn weiter gegen den Sitz, das Blut schießt ihm in den Kopf, und die Maschine rast aus der Halb-Looping-Stellung wieder senkrecht nach oben. Irgendwie stößt er sich mit den Beinen ab.

Eine halbe Stunde später wird er von Gendarmeriebeamten und Heimwehrleuten aufgegriffen und gefangengenommen.

»Ich bin Deutscher. Hauptmann Horn. Ich möchte nach Dungavel House. Ich habe eine wichtige Botschaft für den Herzog von Hamilton.«

Aber niemand denkt daran, ihn zum Herzog zu führen. Statt dessen bringt man ihn zunächst in das Heimwehr-Quartier in Busby und steckt ihn in einen leeren Raum mit weißgetünchten Wänden und fleckigem Fußboden. Veraltete Notizen über Pfadfinder und Geländeübungen hängen an den Wänden. Keine Stühle, kein Tisch.

Heß sieht sich um und streckt sich dann in voller Länge auf den sandigen Dielenbrettern aus. Die Heimwehrmänner, die durch die Tür hineinsehen, denken, er sei ohnmächtig geworden. Später sollten noch etliche britische Psychiater und Ärzte an diesem Verhalten herumrätseln.

Rudolf Heß machte Yoga-Übungen ...

Und der Krieg geht weiter.

Es war Götterdämmerung.

Die Neuordnung Europas und der Welt (oder sollte man sagen: das Fortschreiten der Ideen des nicht zu Ende gefochtenen Kampfes von 1914 bis 1919?) kostete noch viel »Schweiß, Blut und Tränen«, um jene Worte von Sir Winston Churchill zu gebrauchen, mit dem er seine Landsleute auf den Kriegseintritt zugunsten Polens einstimmte. Anfang 1945 war es dann endgültig vorbei. Was da noch bis zu jenem Augenblick passieren sollte, da sich Hitler im Führer-Bunker mit einer Walter-PPK endgültig von seinem Dritten Reich verabschiedete, waren strategische Aufteilungsmanöver, bei denen die Deutschen eigentlich keine Rolle mehr spielten. General Eisenhower, Oberbefehlshaber der Alliierten Streitkräfte in Europa, sorgte auf höheren Befehl dafür, daß die sowjetischen Truppen Zeit genug hatten, sämtliche Hauptstädte in Mitteleuropa zu »befreien«. Sobald die westlichen Alliierten Deutschland erreicht hatten, befahl Eisenhower die Einstellung des Vormarsches. Und während die Russen von Osten her auf Zentraldeutschland vorrückten, wies Eisenhower sämtliche deutschen Kapitulationsangebote selbstverständlich ab. Die Russen brauchten noch volle drei Wochen, um die deutschen Verteidigungsstellungen zu durchbrechen und Berlin zu erreichen. Aber Zeit spielte da keine Rolle. Eisenhower wäre mit seinen Truppen auch drei Monate stehen geblieben, um Stalins Truppen die notwendige Zeit zu geben. Noch am 4. Mai, als die Amerikaner 100 Kilometer vor Prag lagen und die Sowjets mehr als 150 Kilometer davon entfernt waren, wurde ganz nach Plan operiert: Die Amerikaner stoppten den Vormarsch, um es so den Sowjets zu ermöglichen, Prag einzunehmen. Das war eben so abgemacht.

Ein paar Federstriche (beziehungsweise Streichhölzer) hatten sozusagen das Ostblockschicksal von elf bis dahin souveränen Nationen besiegelt. Dazu gehörte natürlich auch Polen, dessen Eroberung durch Deutschland bekanntlich den Zweiten Weltkrieg offiziell ausgelöst hatte und dem nun ausgerechnet Churchill mit der totalen Vernichtung drohte, sollte es sich nicht fügen. Nicht genug damit: Während die verschiedensten Geheimdienste Tausende Nazis und Kriegsverbrecher und deren osteuropäische Kollaborateure nach Übersee verschifften und sie in ihre Dienste nahmen, schickten die Verteidiger der Freiheit, die USA und Großbritannien, im Zuge der »Operation Keelhaul« in eindeutiger Verletzung der Genfer Konventionen an die vier Millionen in den Westen geflüchtete Sowjetbürger an Stalin zurück: Ihr Schicksal erfüllte sich größtenteils in sibirischen Lagern, sofern sie überhaupt dorthin gelangten.[418]

So gesehen wären eigentlich sechs Jahre »Schweiß, Blut und Tränen« letzten Endes umsonst gewesen. Aber das hatte auch Hitler gewußt: »In der Politik gilt nicht der gute Wille, das ›Wenn‹ und ›Hätte‹ und ›Wäre‹. Es gilt nur der weiterwirkende Erfolg.« Ein historisches Gesetz, das sich nicht zuletzt auch an ihm und an seinem Dritten Reich bewahrheitete.

In diesem Sinne hatte Deutschland seine »okkulte Rolle« fabelhaft erfüllt.

Immerhin war nun die Welt einfacher geworden, sozusagen. In Europa gab es praktisch nur mehr West und Ost. Im großen und ganzen galt dies auch für die ganze Welt, die zumindest teilweise ihre Lektion gelernt hatte und sich in den Vereinten Nationen zusammenfand, für deren Babel-Turm niemand Geringerer als Rockefeller das entsprechende Grundstück am East-River spendierte. Wie hatte sich doch Spartacus-Weishaupt so illuminiert ausgedrückt: »Daß aber darum doch nichts ohne wohlthätige Folgen seye; daß so manche Versuche und Anstalten mißlingen, weil ohne dieses Mißlingen das Gute einer anderen Art, so daraus entsteht, niemals entstanden wäre; daß andere, weitere Anstalten nie zur Wirklichkeit kämen, wenn nicht gewisse vorhergehende mißlängen; daß in dem Plan der Vorsicht sehr viele gute Anstalten aus keiner weiteren Ursache wirklich werden, als um zu scheitern, zu verfallen; und daß eben dies der einzige Weg sey, wodurch sie nützen; daß aber dieser Nutzen erst durch die entfernten Folgen sichtbar werde.«[419]

Auf diese Weise hätte Spartacus-Weishaupt glatt die Geschichte der Vereinigten Staaten von Europa hellsichtig beschreiben können, die mit der Esoterik des Dritten Reiches mehr zu tun haben schienen, als man glauben möchte – vom Atlantik bis zum Ural.

Und die im Dunkeln sieht man doch ...

Die Geschichte des Dritten Reiches, die Geschichte der zwei Weltkriege in der ersten Hälfte des zwanzigsten Jahrhunderts (und damit wohl die Geschichte dessen, was man heutzutage mit unverblümten maurerischen Ausdrücken »Haus Europa« und »Neue Weltordnung« nennt) ist ungeachtet der in die Zigtausende gehenden Analysen, Erklärungen, Biographien, Statistiken, informativen und desinformativen Berichte noch lange nicht geschrieben. Selbst wenn man den esoterisch-okkulten Hintergrund des Dritten Reiches und des deutschen Nationalsozialismus gänzlich ignoriere, blieben noch viele Fragen unbeantwortet, sind vor allem viele Fragen überhaupt noch nie gestellt worden. Kein Zweifel, daß es rund um das Dritte Reich so manche dunkle Stelle gibt, kein Zweifel, daß so manches unter den Tisch gekehrt wurde, aus Absicht, aus purer Leichtgläubigkeit, aus Ignoranz oder aufgrund der fatalen Tendenzen so mancher mit der Interpretation der Geschichte dieses Jahrhunderts beschäftigter Leute, stets einem Kompromiß den Vorzug gegenüber unbequemen, nicht ins jeweilige Bild passenden Fakten zu geben.

Manches wird niemals aufgedeckt werden. Denn noch immer sind Dokumente, Unterlagen, Beweise über verschiedene Aspekte im Zusammenhang mit dem Dritten Reich nicht zugänglich, werden der wissenschaftlichen Aufarbeitung vorenthalten: Das gesamte deutsche Akten- und Dokumentationsmaterial ist schließlich von den sogenannten Siegern erbeutet und abtransportiert worden. Vermutlich wird einiges davon für immer verschwunden bleiben, und das hat sicher seine Gründe.

Es ist daher bestimmt kein bloßer Zufall, daß 1945 auch wichtige Aktenbestände spurlos verschwunden sind, die mit der Geschichte des Dritten Reiches, so wie sie von der offiziellen Historiographie dargestellt wird, scheinbar ganz und gar nichts zu tun haben. So ist beispielsweise der große Aktenbestand über den Illuminaten-Orden aus verschiedenen Archiven wie etwa dem Münchner Geheimen Hausarchiv, der Universitätsbibliothek München und der Forschungsbibliothek Gotha seit dem Kriegsende verschollen. Wenn, wie fast mit Hysterie immer wieder behauptet wird, die Illuminaten heutzutage tatsächlich keine Rolle mehr spielen und lediglich Hirngespinste paranoischer Fieberphantasien sind, dann erhebt sich doch zumindest die Frage, wieso 1945 jemand ein Interesse daran hatte, die Ordenspapiere verschwinden zu lassen. Bloß aus Spaß?

Das ist die Frage, die im Zusammenhang mit der Geschichte des Dritten Reiches und vor allem mit der Nachkriegsgeschichte nicht ohne Bedeutung sein wird. Diese Nachkriegsgeschichte führt nämlich nicht nur und vor allem nicht in der Hauptsache zu den heutigen Ablegern etwa des Crowleyschen *Ordo Templi Orientis*, zu den diversen Freimaurer-logen zur gegenseitigen Beförderung, der Rosenkreuzerei oder zu so relativ harmlosen Relikten aus dem Reich Thules wie etwa den deutschen Goden-Orden, die, wenn überhaupt, mit dem Dritten Reich nur insofern zu tun haben, als sie eben auch in jenem okkult-magischen, mythisch-quasi-religiösen Bereich angesiedelt sind, der auch den Urgrund der Religion hinter dem Nationalsozialismus bildete.

Das heißt nicht, daß alle diese Bewegungen heute im Bezug auf das Thema dieses Buches völlig bedeutungslos wären. Sie sind in einer gewissen Weise wie das gesamte parareligiöse Spektrum, das selbst mit einer seitenlangen Aufzählung von Begriffen wie religiöse Fundamentalismen, Esoterik, Magie, Okkultismus, Hexenkulte, Theosophie, Sufismus, Astrologie, Wahrsagerei, Buddhismus, Gurdjieff, Bhagwan, Tantra, Light-Age und so weiter und so fort nicht annähernd zu erfassen ist, von enormer Wichtigkeit.

Nicht etwa, weil nun die Beschäftigung mit esoterischen, okkulten, magischen Dingen gleichbedeutend wäre mit tendenziellem Nazitum. Nicht etwa, weil nun automatisch die Gefahr bestünde, daß sich daraus da und dort eine neue Art von Nazitum entwickeln könnte (was zumindest im Bereich gewisser religiöser Fundamentalismen nicht so weit hergeholt wäre, sofern man Nazitum mit faschistoid gleichzusetzen bereit wäre): Es waren ja auch die Theosophen in der Mehrzahl keine Nazis, obgleich die Religion der Thule-Leute wesentliche Inhalte des theosophischen Weltbildes absorbiert hatte. Es waren natürlich auch nicht die Crowley-Anhänger, nicht einmal Hitlers »magische Mutter« Martha Künzel, definitiv Nationalsozialisten, obzwar viele Hitlerische Gedankengänge unmittelbar aus Crowleys »Buch der Gesetze« zu stammen scheinen. Ebensowenig kann man die Anhänger Gurdjieffs als potentielle Nazis bezeichnen, obgleich Gurdjieffsche Ideen sich ohne Zweifel partiell mit dem Gedankengut Thules deckten, und sei es aus Mißverstehen,

Mißbrauch, Mißinterpretation und völliger Pervertierung der Grund-inhalte dieser Lehren. Der gemeinsame Nenner ist aber da wie dort die Unzulänglichkeit des Menschen, das Wissen darum, daß der Mensch nicht ist, was er möglicherweise sein könnte: die nietzscheanische An-nahme, der gegenwärtige Mensch sei bloß ein Zwischenstadium der evolu-tionären Entwicklung hin zu einem Über-Menschen. Dieser gemeinsame Nenner ist eben auch der esoterische Kern jener sich im Dritten Reich manifestierenden »anderen Welt«, der zweifellos eine enorme Ansteckungs-gefahr in sich birgt, die über Germanenspielerei und Deutschtümelei weit hinausgeht, damit gar nichts zu tun hat.

Die aktuelle Gefahr besteht in der Faszination eben dieses (möglicher-weise wahren) esoterischen Kerns für Tausende und Abertausende Men-schen auf der Suche nach irgendeinem Sinn der menschlichen Existenz, die einem subtilen und subversiven Zugriff ins Unterbewußtsein Tür und Tor öffnet. Das Bedrohliche sind nicht die Inhalte dieser oder jener Lehren, sondern die Möglichkeit der Manipulation der sich in der vermehrten Hinwendung zu diesen Lehren manifestierenden psychischen Bedürfnisse der Menschen.

Damit weitet sich der Komplex der Fragen natürlich weit über den Themenbereich des Dritten Reiches aus. Wenn die einschneidensten Ereignisse dieses Jahrhunderts, die beiden Weltkriege, das Dritte Reich und die damit zusammenhängenden Ereignisse mehr waren als ein bloßer Betriebsunfall der »menschlichen« Geschichte: Was waren sie dann? Wer und was steckt dann wirklich dahinter? Welche Kräfte und Mächte hätten tatsächlich die Macht und die Möglichkeiten, Geschichte zu inszenieren, ihre wie immer gearteten Absichten etwa auch heute und morgen mittels »transnationaler Aktivitäten« umzusetzen, die mög-licherweise dank der in ihrem Sinne »erzieherischen Funktion« der modernen Kommunikationsmedien als solche nicht erkannt werden?

Seit dem Zusammenbruch des Thule-Reiches und auch bei den Kriegsverbrecherprozessen in Nürnberg hatte man vor allem über die in diesem Buch behandelten Aspekte des Dritten Reiches dichte Schleier gebreitet, um nur ja keine Fragen aufkommen zu lassen. Manche Autoren wie Ravenscroft oder das Team Lincoln, Baigent, Leigh neigen zu der Ansicht, dabei handle es sich mehr oder weniger um eine bewußte oder auch unbewußte Schutzmaßnahme, um durch die rationale Vernüchterung der nicht begreifbaren Geschehnisse die Allgemeingültigkeit des von abendländischer Vernunft geprägten Denkens und das aus diesem ent-standene Weltbild nicht in Frage stellen zu müssen.[420] Man habe sozusagen aus moralischer Verantwortlichkeit diese Aspekte des Dritten Reiches verschwiegen, um die westliche Jugend nicht der bedrohlichen Faszination dieser anderen Welt auszusetzen.

Vielleicht war tatsächlich dieser oder jener damit befaßte Verantwortliche unter den Siegermächten oder der eine oder andere Ankläger in Nürnberg dieser Meinung. Heute indessen kann dieses Argument keine Gültigkeit mehr haben. Die Grundlagen des auf sogenannter rationaler Vernunft aufgebauten westlichen Selbstverständnisses sind ja schon längst in allen Bereichen erschüttert. Spätestens seit Aldous Huxleys Schilderungen transzendenter Bewußtheit unter dem Einfluß von Meskalin ahnen wir zumindest etwas von der Gliederung des inneren Raumes, vom Vorhandensein anderer Bewußtseinsebenen und anderer zeitlicher Dimensionen im Bereich menschlichen Denkens. Und nicht zuletzt wurde dieses westliche Selbstverständnis durch die Ereignisse der atomaren und subatomaren Forschung erschüttert, die geradezu Tag für Tag »Okkultes«, »Magisches«, »Esoterisches« entschleiert und uns mit so unerwarteten Wirklichkeiten konfrontiert, die sich mit den längst überholten Begriffen des mechanischen kartesianisch-newtonschen Weltbildes beim besten Willen nicht mehr beschreiben lassen.

Angesichts dieses Umstandes wird das Verschweigen des wahren Charakters von Hitlers Drittem Reich unmoralisch und gerät zur völligen Verantwortungslosigkeit.

Es sei denn, dem Verschweigen lagen von allem Anfang an eben keine moralischen, sondern ganz andere Motive zugrunde. Denn ohne Zweifel hätte auch nur eine geringe Dosis an Information über das Reich von Thule eine Menge Fragen provoziert, die bis zur Verantwortlichkeit für das Dritte Reich gereicht hätten. Am Ende hätte man die gesamte schon vorgeklitterte Vor- und Zwischenkriegszeit-Geschichte umschreiben müssen. Und vor allem hätte man Abschied nehmen müssen von der Vorstellung der Objektivität der Geschichte, von der dialektischen Zufälligkeit und Zwangsläufigkeit geschichtlicher Ereignisse, wo sich eben ein Ereignis am anderen reibt und ein drittes erzeugt und so weiter und so fort, und das entweder bei ständiger Zunahme menschlicher Einsicht und Vernunft oder eben fortschreitender Degenerierung und Selbstzerstörung.

Was also war das Dritte Reich wirklich? Ein okkulter Zufall zwischen »goldener Morgendämmerung« und dialektisch zwangsläufigen Grenz- und Machtverschiebungen? War es, um im Jargon heutiger mit den

Praktiken angewandter Soziologie, sprich Techniken des Aufruhrs und der Ausspielung verschiedener Bevölkerungsschichten und religiöser Gruppierungen beschäftigter akademischer Kreise zu sprechen, ein soziales Innovationsexperiment wie das ebenfalls mit westlichem Großkapital inszenierte kommunistische Experiment in der Sowjetunion und im Ostblock? Oder lief das Ganze etwa unter dem hübschen Begriff der schöpferischen Zerstörung unzeitgemäßer Subsysteme unter Zuhilfenahme der sogenannten CONCONs (Communicational Nonterritorial Communities), Organisationen, die zu ihrer Verwirklichung keine territorialgebundene Infrastruktur brauchen, wie Freimaurer, Kirchen, esoterische Geheimorden und dergleichen?

Nun, daß es Organisationen gibt, die auf diese Weise arbeiten, kann ja nicht bestritten werden. Am 9. Dezember 1950 veröffentlichten die Herausgeber der *Chicago Tribune* eine bemerkenswert scharfe Anklage gegen ein von der veröffentlichten Meinung und Weltanschauung stets und bis heute ignoriertes und bestenfalls als harmloser Schwatzverein hingestelltes Sammelbecken mächtiger Banker und Industrieller sozusagen multinationaler und transnationaler Identifikation, den bereits mehrfach zitierten Council on Foreign Relations mit Hauptsitz in der New Yorker Wallstreet:

»Die Mitglieder des Rates sind Personen von weit größerem als normalem Einfluß [...] Sie haben das Prestige, das ihr Reichtum, ihre soziale Stellung und ihre Erziehung ihnen erworben hat, dazu benutzt, ihr Land in Bankrott und militärische Debakel zu stürzen. Sie sollten ihre Hände betrachten – an ihnen klebt Blut: das vertrocknete Blut des letzten Krieges und das frische des derzeitigen [des Koreakrieges]«.

Man könnte freilich einwenden, auch die Herausgeber der *Chicago Tribune* haben die zeitgeschichtliche Weisheit nicht mit dem Löffel gegessen, und wer weiß, welche Intrigantengruppe sie veranlaßt hat, so gehässig über ehrenwerte Leute zu schreiben, die doch nichts anderes im Sinn haben, als »alle industrialisierten Demokratien zu veranlassen, alle oder einige ihrer politischen Freiheiten aufzugeben und auf eine supranationale Institution zu übertragen«.[421]

Da gibt es jedoch (unter anderen) einen Dr. Caroll Quigley, der über diese Leute und deren Ziele besser Bescheid weiß als so mancher Staatsmann damals und heute, der als bewegliches Harlekin-Bengele an ihren Fäden baumelt und sich womöglich über das Ergebnis seiner eigenen Politik wundert. Quigley war Professor für Geschichte und Internationale Beziehungen an der Diplomatenschule der Georgetown

University in Washington sowie an den Universitäten Harvard und Princeton. Er veröffentlichte 1966 einen dicken Wälzer mit dem Titel *Tragödie und Hoffnung – Geschichte der Welt in unserer Zeit*, in dem er den Council on Foreign Relations als Tarnorganisation einer internationalen Elite von Bankern, Industriellen und anderen Mächtigen bezeichnet.[422]

Quigleys Buch läßt den Artikel in der *Chicago Tribune* freilich in einem ganz anderen Licht erscheinen.

Er selbst bezeichnet sich als Mitglied einer internationalen geheimen Gruppe von »Weltverbesserern«, die er mehr oder weniger mit den supranationalen Banker-Dynastien wie Rothschild, Rockefeller, Mellon, Whitney, Warburg usw. identifiziert.

»Ich weiß von Unternehmungen dieses Netzes«, schreibt Weltverbesserer Quigley, »weil ich es zwanzig Jahre lang studiert habe und in den frühen sechziger Jahren Gelegenheit hatte, seine Unterlagen und Aufzeichnungen einzusehen. Ich habe nichts gegen das Netz oder die meisten seiner Ziele [...] Allgemein unterscheide ich mich darin von ihm, daß es verborgen zu bleiben wünscht, während ich der Meinung bin, daß seine geschichtliche Rolle zu bedeutend ist, als daß sie verschwiegen werden sollte.«[423]

Diese Kräfte haben, wie Quigley schrieb, ein weitgestecktes Ziel, nämlich »ein Weltsystem finanzieller Kontrolle auf feudaler Basis in Privathänden zu schaffen, dem es möglich wäre, jedes politische System in jedem Land zu beherrschen. Dieses System sollte [...] von den Zentralbanken der Welt gesteuert werden, die konzertiert handeln, und zwar aufgrund von Geheimabkommen, die auf häufigen Privatkonferenzen und Treffen vereinbart würden.«[424]

Im Detail beschreibt Quigley vor allem die nicht »zu überschätzende Rolle« dieser Mächte bei der Etablierung des kommunistischen Systems in der Sowjetunion[425] und hinter den Kulissen der beiden Weltkriege. Er hat es sicher nicht zynisch gemeint, wenn er etwa zum Ergebnis des Ersten Weltkrieges schrieb: »Der Krieg setzte nichts Neues in die Welt; vielmehr beschleunigte er einen Gärungsprozeß, mit dem Ergebnis, daß Veränderungen, die sich in Friedenszeiten über einen Zeitraum von 30 oder sogar 50 Jahren entwickelt hätten, innerhalb von fünf Kriegsjahren vollzogen wurden.«[426]

Die Verschwörung der Verschwörer

Sollte man da nicht doch nachdenklich werden, wenn etwa in neuerer Zeit ein Bilderberger namens Theo Sommer über die abermalige Erschaffung der Welt in einer neuen Weltzeit mit neuen Problemen philosophiert?[427] Oder wenn ein Walter Laqueur in der *International Herald Tribune* meint: »Es heißt, daß nichts den Verstand so wunderbar klärt wie das Wissen, am nächsten Tag oder in einer Woche gehenkt zu werden. Aber wenn eine Person oder ein Kollektiv diesem Schicksal erst im Zeitraum eines Jahres oder eines Jahrzehnts entgegensieht und die Katastrophe nicht vollkommen sicher, sondern nur höchstwahrscheinlich ist, dann ist das Ergebnis nicht die Konzentration, sondern die Verwirrung des Verstandes. Mit einem Wort, Europa wäre wahrscheinlich mit einer wirklichen Krise gedient.«[428]

Welche Krise dieser amerikanische Historiker wohl gemeint hat, als er 1977 bedauerte, daß weder Ölpreiserhöhung, Kapitalismus noch Klassenkampf, weder Eurokommunismus, Nahostkrise, die sowjetische Bedrohung, noch die Entfesselung (!) staats- und gesellschaftsnegierender Kräfte einschließlich des Separatismus, ja nicht einmal die Demokratie in Italien und Spanien ein Europa hätte werden lassen? Etwa die Folgen des von Bruder Zbignew Brzezinski vorzeitig angekündigte Ende des »kommunistischen Experiments«?[429] Oder die Horror-Picture-Video-Show von CRF-Bruder Georg Herbert Walker Bush und Saddam Hussein?

Oder was meinte etwa Bilderberger und CFR-Sprachrohr James Reston 1976 zum 200. Geburtstag der Vereinigten Staaten, wenn er in der *New York Times* schreibt: »Während der größte Teil der Welt Angst vor Freiheit hat, geht das alte Experiment von 1776 und 1789 in den USA weiter voran. Es ist natürlich ein sehr risikoreiches Unterfangen. Der erste Schritt zur Weisheit, meinte Alfred North Whitehead vor fünfzig Jahren, ist die Erkenntnis, daß die größten Fortschritte in der Zivilisation Vorgänge sind, die fast zur völligen Zerstörung der Gesellschaft führen, in der sie vorkommen.«[430]

Das alles hat mit dem Dritten Reich, mit dem okkulten, magischen Reich von Thule nichts zu tun? Möglicherweise mehr, als man sich bei lebhaftester Phantasie vorzustellen vermag. Die obigen aktuellen Aussagen wurden nicht willkürlich ausgewählt, sie haben im Zusammenhang mit diesem Thema durchaus ihre besondere Bedeutung. Die Spur des

Dritten Reiches führt nämlich bis in unsere Gegenwart und Zukunft mitten hinein in eine trübe europäisch-amerikanische Subkultur, in der geheime, geheimste und halbgeheime Gesellschaften religiöser, politischer und hochfinanzieller Art wieder und noch immer ihre Fäden ziehen, in der politische Parteien und Korruptionisten aller Couleur, royalistische Cliquen, Pseudorevolutionäre, Linksterroristen im Dienste von Pseudo-demokraten und Rechtsfaschisten, Neoritterorden, europäische Einigungs-bewegungen, Freimaurersekten, Geheimdienste, Vatikan und andere mehr ein alles andere als astreines Spiel spielen.

Daran kann gewiß kein Zweifel mehr bestehen: An der Geschichte des Dritten Reiches waren maßgeblich Kräfte beteiligt, die sehr gut wissen, wie man Menschen lenkt, und die vor allem sehr gut wissen, wie man sie für dumm verkauft. Und das gilt natürlich nicht nur im Zusam-menhang mit dem Dritten Reich, das gilt auch für die Gegenwart und für die absehbare Zukunft. Die alte Frage, diesmal präziser, muß noch einmal gestellt werden: Waren hier bloß skrupellose und zugleich bril-lante Kräfte im Dienste genauso skrupelloser und brillanter Finanz-cliquen am Werk, die eben hin und wieder über Leichen ganzer Völker gehen, um die Welt in ihrem Sinne zu ordnen und vor allem ihre Ziele zu erreichen, die da heißen: Macht, Kontrolle, Geld, dieses mörderische Perpetuum mobile, diese im Dollarzeichen symbolisierte Schlange, die sich ständig in den Schwanz beißen muß?

Oder ist das doch zu billig? Wäre das zu einfach?

Sind die oben genannten Kräfte, so brillant und skrupellos sie auch sein mögen, am Ende auch wiederum nur Marionetten? Sind es nicht doch die verborgenen Meister der Evolution, die letzten Endes die Fäden ziehen? Vielleicht die Chwadjadschan aus den Bergen des Hindukusch? Die Lamas in Tibet, die schließlich Hitler so schmählich im Stich gelassen hatten? Oder etwa die Hutuktus oder Bogdo Khans in der Mongolei, zu denen nach einem Bericht des amerikanischen Ethnologen W. S. Lewis auch ein Molotow um magische Unterstützung pilgerte? Sind es vielleicht die Sarmoun-Brüder Gurdjieffs in Belutschistan, Persien oder Irak? Vielleicht sind es die Bektaschi-Derwische, die »Baumeister«, die Erleuchter der Illuminaten? Sind es »Weltverbesserer«, die über Gut und Böse erhaben sind und zuweilen die Dinge etwas dramatisieren helfen, um die schlafende Menschheit dorthin zu stoßen, wohin sie von selbst nicht zu gehen weiß? Die den Wahnsinnigen und Machtgierigen manchmal die lange Leine geben, um der Menschheit mittels sinnvoller Greueltaten moralischen Nachhilfeunterricht zu erteilen oder ganz einfach bloß ethnographische Korrekturen anzubringen? Hatte also am Ende doch René Guénon recht, als er die Frage stellte: »Aber sollte nicht hinter all diesen Bewegungen etwas anderes und Gefährlicheres stehen, das die Anführer dieser Gruppen selbst nicht kennen und dessen Werkzeuge sie sind?«

Wir sind damit der möglichen Wahrheit ein gutes Stück näher, auch wenn es zunächst wie ein Scherz klingt. Es scheint aber, als hätte es nicht nur eine Religion hinter dem Nationalsozialismus gegeben, sondern auch noch eine Art Über-Religion dahinter. Es spricht einiges dafür, daß auch die eigentlichen Beweger der Geschichte einer »anderen Welt« angehören, die mit den beschränkten Mitteln der bloß rationalen Vernunft nicht recht zu fassen ist, und daß sich diese Beweger der Geschichte allerdings nicht scheuen, auch mit Schurken und Gaunern und allen möglichen Kräften Koalitionen einzugehen, um letzthin ihre Ziele zu erreichen, wie immer diese auch aussehen: in zehn Jahren, in hundert Jahren, in tausend Jahren, denn möglicherweise spielt die Zeit bei all dem gar keine so große Rolle.

Wie hieß es doch 1959 in einer Publikation des mysteriösen Ordens von Sion, mit dem wir uns noch zu beschäftigen haben werden:

»Alles ist in symbolischer Form zu finden. Wer immer versteht, die verborgene Bedeutung zu interpretieren, wird dies einsehen. Die Menschheit ist stets in Eile und möchte am liebsten dauernd mit Lösungen versorgt werden [...] Der Ort, der am verläßlichsten erscheint, ist vielleicht am wenigsten stabil. Wir haben die Tendenz zu vergessen, daß wir auf einem Vulkan leben, im Zentrum von Kräften großer Macht [...] Alles wird im Einklang mit klar definierten Zyklen vollbracht. Ein Nautonier steuert die Arche in die Flut.«[431] Und schließlich: »Wir sind keine Strategen, und wir stehen über allen religiösen Konfessionen, politischen Perspektiven und finanziellen Angelegenheiten. Wir gewähren denen, die zu uns kommen, moralische Hilfe und das unentbehrliche Manna des Geistes. Wir sind nur Boten, die sich mit dem einzigen Ziel, Bruchteile der Wahrheit zu übermitteln, an Gläubige wie Ungläubige wenden. Wir hängen nicht der herkömmlichen und fehlerhaften Astrologie an. Die Sterne als solche üben keinen Einfluß aus, sie sind nur Bezugspunkte im Raum.«[432]

Wie man sehen wird, decken sich einige Bruchteile der Wahrheit dieser ganz und gar nicht harmlosen Bruderschaft durchaus mit einigen Aspekten des Reiches von Thule. Und mehr noch: Diese seltsamen Texte, 1959 veröffentlicht, erinnern auf frappante Weise an manche Textstellen in den Papieren der Illuminaten des Spartacus-Weishaupt, die, wenn schon nicht das Weltgeschehen insgesamt, so doch eine ganze Menge dazwischen bewegt zu haben scheinen.

Doch wie auch immer: ob skrupellose Machtgier einiger Superkapitalisten oder geheimnisvollere, höheren evolutionären Zielen geweihte Kräfte und Mächte – in allen Fällen kommt man um den Begriff »Verschwörung« wohl nicht herum.

Und da wird es zunächst ein wenig heikel, denn dieser Begriff ist tabuisiert, und niemand wagt das Wort auszusprechen, vor allem und kurioserweise in den sogenannten westlichen Demokratien nicht und verständlicherweise in sogenannten deutschen Landen nicht, seit Hitler gemutmaßt hatte, gegen Deutschland sei eine internationale Verschwörung im Gang (was keineswegs ein Widerspruch dazu ist, daß er selbst ein Teil dieser Verschwörung war).

Natürlich ist das nicht nur ein deutsches Problem. Überall dort, und vor allem dort, wo es von größeren und kleineren Verschwörungen nur so wimmelt, ist selbstverständlich das Wort Verschwörung tabuisiert. Jeder Verschwörer wird selbstverständlich ableugnen, ein Verschwörer zu sein. Er wird nicht nur seine eigene verschwörerische Tätigkeit leugnen, sondern überhaupt jeden Gedanken an irgendeine Art von Verschwörung als paranoische Pornographie von sich weisen. Erstaunlicherweise zucken sogar Leute vor dem Gedanken an politische Verschwörungen zurück, die ansonsten durchaus geneigt sind, an irgendwelche unsichtbaren tibetanischen Meister zu glauben.

Ja, es wäre wirklich nicht uninteressant zu untersuchen, warum es gerade in den so liberalen Demokratien des Westens so un-schick ist, von Verschwörungen im politischen Bereich zu sprechen ...

Nichtsdestoweniger sind wir rundum von Verschwörungen umgeben. Jeder Korruptionsskandal ist mehr oder weniger eine aufgeflogene kleine politische Verschwörung. Jeder Geheimdienst ist eine verschwörerische Gesellschaft. Jedes erlaubte oder unerlaubte Handelskartell ist eine Verschwörung gegen den Konsumenten. Wenn der Vatikan von Freimaurern unterwandert ist, obwohl die Zugehörigkeit zu einer Freimaurerloge per Exkommunikationsandrohung für normale Katholiken verboten ist, dann ist das eine Verschwörung. Wenn ein Kardinal die Gelder der Mafia in der Vatikanbank wäscht, dann ist das auch eine Verschwörung, wie die übrigen heimlichen Finanzgeschäfte dieses größten religiösen Wirtschaftskonzerns der Welt. Wenn sich der amerikanische Geheimdienst CIA mit Mafia-Killern zusammentut, um etwa Fidel Castro zu ermorden, dann ist das eine meinetwegen liberal-demokratische Verschwörung im

Namen der Freiheit, aber eine Verschwörung ist es trotzdem. Und wenn die CIA mit Hilfe des Wirtschaftsgiganten ITT und einigen Militärs etwa in Chile eine demokratisch gewählte Regierung stürzt, dann haben wir es ebenso mit einer Verschwörung zu tun, wie wenn eben diese CIA insgeheim christdemokratische und sozialdemokratische Parteien in Europa finanziert, Journalisten freier Rundfunkanstalten und angeblich unabhängiger Zeitungen besticht oder geheime Terroristenkommandos etabliert, womit ja nicht gesagt sein muß, daß jede Verschwörung unbedingt eine bösartige sein muß. Wenn, wie 1985 geschehen, im Auftrag der CIA vom Boden der Bundesrepublik Deutschland aus versucht wird, fünf Tonnen synthetischer Drogen in die USA zu schmuggeln, um mit dem Erlös die Contras in Nicaragua zu finanzieren, dann ist das eine Verschwörung.[433] Wenn der Sicherheitsberater eines amerikanischen Präsidenten aus denselben Gründen mit den Drogen-Bossen von Medellin zusammenarbeitet, ist das eine Verschwörung, auch wenn Präsident Bush unter dem Fähnchen des Kampfes gegen die Drogenmafia dann die Zeugen aus dem Weg zu räumen versucht.[434] Wenn sich amerikanische Präsidenten und Geheimdienstchefs wie William Casey noch in den achtziger Jahren der Strukturen jener Nazi-Netzwerke bedienten, die ein Allen Dulles gemeinsam mit dem Vatikan aus dem Dritten Reich in die Zeit des kalten Krieges herübergerettet hat, was ist das anderes als eine Verschwörung?[435] Wenn sich, wie Ende der siebziger Jahre, europaweit rechte und rechtsradikale Politiker, Militärs und Geheimdienstler zu einer geheimen Organisation mit dem Namen »Cercle Violet« zusammenschließen und sich konspirative Gedanken darüber machen, wie man einen deutschen Außenminister und einen sowjetischen Staatspräsidenten wenigstens diskreditieren könnte, wie anders als Verschwörung wäre dies zu nennen?[436] Und wenn der internationale Finanzkapitalismus mit Hilfe des kommunistischen Experiments halb Europa jahrzehntelang auf dem Standard von Entwicklungsländern hielt, dann war das eine Verschwörung.

Der KGB war zweifellos nach innen wie nach außen eine einzige subversive Verschwörung, und nichts anderes war die russische Revolution, inszeniert von einigen wenigen, von Großkapitalisten unterstützten Intellektuellen und Logenbrüdern (daß die russische Revolution eine Revolution des Volkes gewesen wäre, glaubt heute ja wohl nicht einmal Gorbatschow).

Die Tatsache, daß es vom Goodwill einiger weniger internationaler Banken abhängt, ob eine Regierung Kredite bekommt und somit am

Leben bleibt, ist eine Verschwörung gegen jeden Staatsbürger, der an die Demokratie glaubt oder möglicherweise auf den schlechten Witz hereinfällt, sein Staat schuldete die Staatsschulden sich selbst. In den letzten fünfzig Jahren sind mit Sicherheit mehr Regierungen über einen sogenannten Coup d'Etat gestolpert als über alle demokratischen Wahlen und Revolutionen zusammengenommen, wobei letztere ja auch wieder nichts anderes sind als Verschwörungen gegen etablierte Mächte.

Der Krieg, hat Clausewitz einst formuliert, ist die Fortsetzung der Politik mit anderen Mitteln. Die Verschwörung ist zweifellos die ganz und gar gewöhnliche Fortsetzung der gewöhnlichen Politik mit ganz gewöhnlichen Mitteln. Und wo die Macht keine Grenzen erfährt, gibt es auch für Verschwörungen keine, wie Italien vor nicht allzulanger Zeit erleben und erfahren mußte, als eine Freimaurerloge Staat und Wirtschaft kontrollierte und sozusagen mit kurialem Segen das italienische Staatsvolk betrog und plünderte. Mehr noch: Da nach einigen Säuberungen einer aus dem Führungskader der Propaganda due, der in medialer Gehirnwäsche zweifellos erfahrene Andreotti-Zögling und Medien-Pate Silvio Berlusconi, ganz legal die Macht im Staat übernehmen konnte, ist anzunehmen, daß etliche Freunde dieser Loge nach wie vor staatstragende Ämter innehaben und daß sich an dieser Verschwörung eigentlich nichts geändert hat. Alles in allem ist der Fall Berlusconi ein Modell dafür, wie nach wie vor und im anlaufenden »technotronischen Zeitalter« erst recht einem ganzen Volk nicht zuletzt dank der Möglichkeiten medialer Manipulation hübsch demokratisch und zunächst einmal offenbar nur experimentell ein Beelzebub im Schafspelz untergejubelt werden kann. Und dies offensichtlich mit dem Einverständnis der internationalen Bruderschaft, die zu Zeiten des Eurokommunismus unter ihren Kissingers und Brzezinskis zweifellos auch einen anderen Weg gefunden hätte, das arme Italien von einem nicht systemkonformen Regierungsschef etwa namens Berlinguer zu befreien oder im Rahmen der »Strategie der Spannung« kaputtzumachen, wie es ohnedies teilweise geschehen ist: im Namen von westlicher Freiheit und Demokratie, versteht sich.[437]

Die allgemeine Tabuisierung des Wortes Verschwörung können wir also durchaus als gemeinsame Verschwörung der Verschwörer und der von Verschwörern korrumpierten Meinungsmacher gegen den freien Geist bezeichnen, der sich nicht für dumm verkaufen lassen will – und gegen die Wahrheit, sofern es eine gibt.

Jedenfalls ist offensichtlich, daß Verschwörungen eigentlich nichts Besonderes sind, sie gehören praktisch zum alltäglichen politischen

Leben. Im Zusammenhang mit dem Dritten Reich und mit der Neuen Weltordnung freilich haben wir es nicht mit diesem verschwörerischen Kleinkram zu tun (obwohl einiges von dem oben aufgezählten Kleinkram sehr viel mit diesem Thema zu tun hat), sondern mit einer Verschwörung, die möglicherweise seit Jahrhunderten konsequent bestimmte Ziele verfolgt, möglicherweise seit fast zwei Jahrtausenden, oder zumindest seit es die römische Ecclesia gibt: Hier wird man vermutlich von einer Verschwörung gegen eine Verschwörung und vice versa sprechen müssen.

Winston Churchill war, wie jeder zugeben wird, ein großer Geist, ein großer Politiker, sicherlich kein Dummkopf, und gewiß litt der große Europäer nicht an Verfolgungswahn. Aber niemand Geringerer als er (und wer, wenn nicht Churchill hätte es wissen müssen) hat eindeutig die Existenz einer internationalen Verschwörung bezeugt (wenn er dabei auch möglicherweise der Strategie erfolgreicher Diebe folgte, die auf andere zeigen und rufen: Haltet den Dieb!). Auch der englische Premierminister zwischen 1874 und 1880, Viscount und Lord Beaconsfield, Benjamin D'Israeli, hat wiederholt vom Vorhandensein einer besonders geheimen, weltumspannenden Organisation gesprochen: »Die Welt wird von ganz anderen Persönlichkeiten regiert, als diejenigen glauben, die nicht hinter die Kulissen sehen.«[438] Man darf doch annehmen, daß so berühmte Staatsmänner derlei Behauptungen nicht einfach so und ohne allen Grund vor sich hinplappern.

Im Dritten Reich wurde zweifellos etwas von diesen Kräften, von diesen Persönlichkeiten sichtbar. Zumindest lassen sich jene Kräfte beim Namen nennen, die sozusagen auf der exoterischen Seite der Geschichte die Verantwortung für das tragen, was – nicht nur im Dritten Reich – in diesem »Jahrhundert des Übergangs«[439] geschehen ist. Und gerade das Thema der Hitler-Finanzierung, das zeigt – einmal ganz abgesehen vom okkulten Charakter des »deutschen Nationalsozialismaus« –, daß sich Esoterik und Exoterik offensichtlich nicht trennen lassen, und der esoterische Hintergrund selbst bei einer so profanen Frage durchschimmert, wer denn nun Hitlerdeutschland für den unvermeidlichen Zweiten Durchgang präpariert hat. War es nur ein Zufall, daß ausgerechnet im Zuge des sogenannten »New Deals« des Präsidenten Roosevelt der Ein-Dollar-Note das Siegel der Illuminaten aufgedruckt worden war? Unter diesem Aspekt scheint es unumgänglich, sich mit dem Hintergrund der Hitler-Finanzierung eingehender zu beschäftigen.

Im Zeichen des Dollars

Esoterik und Exoterik in der Geschichte: Sie sind nur zwei Seiten ein und derselben Medaille. Zur Exoterik gehört zweifellos der ganze Kladderadatsch, in den die amerikanische Wirtschaft und die internationale Wirtschaftsordnung nach dem Ersten Weltkrieg geraten waren, vielmehr: in den sie hineinmanövriert wurden. Dazu gehören vor allem auch einige Aspekte der Vorgeschichte von Versailles, denn das alles kam ja nicht von ungefähr. Die internationalen Finanzkapitalisten, die schon im 19. Jahrhundert sehr kosmopolitisch eingestellt waren und die Dinge noch nie so beschränkt gesehen hatten, wie dies einzelne Nationen für sich zu tun pflegen,[440] sahen gegen Ende des 19. Jahrhunderts ein Problem auf sich zukommen, das einer Lösung bedurfte: Mit zunehmender Industrialisierung war die Welt zwangsläufig immer komplizierter geworden – und moderner. Der Handel, der Verkehr. Nur nicht der Geldverkehr. Denn für den modernen Handel hatte sich der Gold-Standard als völlig ungeeignet erwiesen.[441]

Mit der Ausgabe von Geld und Kredit in genauer Anlehnung an den Goldstandard konnte die industrielle Entwicklung nicht finanziert werden, es war kein Geschäft, keine Inflation zu machen. Die internationale »Bruderschaft des Bankgewerbes«[442] begriff also sehr bald, daß sie den Goldstandard würde aufgeben müssen und damit ihre ungeheure politische und wirtschaftliche Macht, wenn sie nicht eine Alternative anbieten konnte.

Die Rechenaufgabe lautete daher: Wie zieht man das Gold aus dem Verkehr, ohne selbst dabei draufzuzahlen? Wie bringt man das Goldsystem zum Einsturz, ohne daß man selbst das Gold verliert? Wie löst man sich vom Goldstandard, ohne dabei Macht, Einfluß und Reichtum zu verlieren, sondern vielmehr das Gold selbst in die Hände zu bekommen und zugleich die Kontrolle über die internationalen Finanzen – und damit über die internationale Politik als Dreingabe?

Die Lösung des Problems war das Zentralbanken-System, das den »klarsten Köpfen der Hochfinanz« die Kontrolle sowohl bei der Gold- als auch bei der Papiergeldwirtschaft garantieren sollte: Denn »man darf nicht glauben, daß die Köpfe der zentralen Hauptbanken der Welt selbst die tatsächlichen Machthaber der Weltfinanz sind. Das sind sie nicht. Vielmehr sind sie nur Techniker und Agenten der beherrschenden Investment-Bankiers ihrer eigenen Länder, die sie hochgehoben haben und die durchaus in der Lage sind, sie wieder fallenzulassen. Die tatsächliche finanzielle Macht der Welt ist in den Händen dieser Investment-Bankiers (auch internationale oder Handels-Bankiers genannt), die zum größten Teil hinter den Kulissen ihrer eigenen, nicht zusammengeschlossenen Privatbanken verbleiben. Dies formte ein System der internationalen Kooperation und der nationalen Dominanz, das privater, machtvoller und geheimer war als das ihrer Agenten in den Zentralbanken.«[443]

Doch so weit war man damals noch nicht. In den Vereinigten Staaten selbst, dem Land der Zukunft, in dem mittlerweile die Rothschilds, Warburgs, Morgans, Schiffs & Co heimisch und die Rockefellers mächtig geworden waren, fehlte wie andernorts auch eine Zentralbank, die Amerikas Geld und Kredite zugunsten der Hochfinanz hätte mobilisieren können.

Die USA waren als Land zwar nicht arm, aber vor 1914 waren die Amerikaner volkswirtschaftlich gesehen ein Land von Schuldnern, das auswärts viel Geld borgen mußte. Der New Yorker Geldmarkt war einfach nicht stark genug, nationale Anleihen herauszugeben und sich so am internationalen Geschäft seinen Anteil zu sichern. Zentrum des internationalen Geldgeschäfts war damals noch immer London. Doch dort allein, das war sicher, lag nicht die Zukunft.

Wie löst man diese Probleme alle auf einen Schlag? Gewiß, die Antwort klingt fürchterlich banal, aber, wie ein Philosoph einmal bemerkte, im Grunde genommen ist eigentlich alles recht einfach: Plötzlich, mit einem Schuß in Sarajevo, war die Antwort da. Zufall?

Wie sich doch auch die Geschichte als Aneinanderreihung von Wiederholungen präsentiert: Schon lange vor den Schüssen in Sarajevo hatte man jenseits des Atlantiks den Pulvergeruch gerochen. Was der Staat mit dem Geld seiner Bürger nicht konnte, nämlich sein Geld ausleihen, tat Pierpont Morgan so nebenbei und verlieh schon einmal 50 Millionen Dollar an die Engländer zur Finanzierung der Aufrüstung. Zum Glück hatte die Wallstreet im Weißen Haus auch noch als ihren Polit-Rasputin Colonel Edward Manel House (eine Art Kissinger, Brzezinski & Co) als Berater Präsident Wilsons sitzen. Und House verstand es, den Präsidenten und auch das Volk zu überzeugen: Amerika werde wohl oder übel Opfer bringen müssen. England und Frankreich sollten sich auf die USA verlassen können, jetzt, da Deutschland zum Krieg drängte. Und das wußte schließlich schon alle Welt, also mußte es wahr sein. Die Welt wußte es wirklich, dank der bereits weltumspannenden Nachrichtenagentur Reuter. Also lief eine Flut von Rüstungsaufträgen ein. Jahre vor den Schüssen von Sarajevo hatte sich die amerikanische Schwerindustrie schon ganz auf Waffen eingestellt. Und ein Jahr vor den Schüssen von Sarajevo gingen bereits siebzig Prozent des gesamten Exports nach Frankreich und England.

Es war ja wirklich vorauszusehen, was da aus dem 19. Jahrhundert heraufdräute wie eine unvermeidliche Gewitterfront. Wir kennen die markigen Prophezeiungen der britischen *Saturday Review* aus dem Jahr 1890: »Wenn Deutschland heute vernichtet wird, so gibt es keinen Engländer, der morgen nicht um so viel reicher geworden wäre [...] Aus tausend Eifersüchteleien wird sich ein ungeheurer Krieg entzünden, und das Ende wird die Niederlage Deutschlands sein.«

Ähnliches dachten auch die Franzosen, und nicht ohne Grund: Bismarck hatte beim Großreinemachen zwischen dem Neffen des Welteroberers Napoleon und den deutschen Fürstenhäusern einige Striche durch die Rechnung gemacht: Das Reich war geeint, Preußen eine Macht, wie es sie lange nicht mehr gegeben hatte, und die Position von Napoleon III. durch eine Reihe mißglückter diplomatischer und militärischer Aktionen geschwächt.

Der Zusammenstoß zwischen Preußen und Frankreich war unvermeidbar. Bismarck und Moltke gewannen den 1870/1871er Krieg der Eitelkeiten, und ersterer nutzte die Stunde, überrumpelte die deutschen Fürsten und gründete ein neues deutsches Reich: Ausgerechnet im Spiegelsaal von Versailles ließ sich der preußische König zum deutschen Kaiser krönen.

So etwas wirkt nach, hat Folgen – Versailles von 1919 eben. Denn das deutsche Reich Bismarckscher Prägung war ein Zustand, den keiner wollte. Es hatte ohnehin nur den Anschein einer Episode: Der alte Wilhelm starb, der todkranke Friedrich II. kam auf den Thron, und Bismarck ging, oder besser: wurde von Friedrichs Sohn Wilhelm II. gegangen. Und nachdem sich Rußland mit Frankreich verbündet hatte, war die Schlinge um das Deutsche Reich auch schon geschlossen. Auch wenn Wilhelm II. sich Mühe gab, dem Reich friedliche Zeiten zu bescheren und es einer goldenen Zukunft entgegenzuführen. Zunächst sah auch alles ganz danach aus: Es ging aufwärts. Es gab sozialen Fortschritt, vereinzelt, wie bereits erwähnt, so etwas wie Demokratie. Deutschland erwarb Kolonien in Asien, in Afrika, im Pazifik; deutsche Schiffe begannen, die Weltmeere zu befahren, auf zahlreichen Gebieten erreichte man sogar eine Monopolstellung. Die deutschen Exporte waren billig, die Waren von typisch deutscher Qualität. England, bisher größtes

Exportland, verlor unaufhaltsam an Boden. »Wir haben«, fand man in London, »die Mission, die Karten Europas zu ändern und das Erbe eines Goethe und Beethoven zu retten.«

Zu diesem Zweck schloß Großbritannien 1902 ein Militärbündnis mit Japan, 1904 eines mit Frankreich, 1907 eines mit Rußland. Schon 1912 trank der russische Großfürst Nikolai Nikolaijewitsch seinen französischen Freunden zu: »Ich trinke auf unsere künftigen Siege! Auf Wiedersehen in Berlin.« Der Fürst war nicht ganz im Bilde, aber immerhin.

Und dazwischen, während in Deutschland selbst ein vierzigjähriger Friede (von 1871 bis 1914) herrschte und die Grenadiere, Husaren und Kürassiere sich – von einigen kolonialen Aktionen abgesehen – aufs Exerzieren beschränkten, probte die halbe Welt schon den Krieg: Die Russen rauften mit der Türkei, die Japaner mit den Russen, die Spanier kämpften gegen die US-Amerikaner, die ihrerseits Hawaii annektierten. Frankreich führte Kriege in Marokko und Madagaskar und England in Indien, auf Zypern und im Sudan, und im Burenland war es zu einem »Picknick mit Schweineschlachten« ausgezogen, wie die *International Herald Tribune* am 24. 6. 1902 vermerkte, das freilich ganz anders ausging: Der Burenkrieg dauerte zwei Jahre und acht Monate, »brachte Trauer in fast jedes Haus in England und kostete das Volk mehr als eine Milliarde Dollar. Für dieses Opfer bekommt die Nation die Gold- und Diamantenfelder und kann sie an Spekulanten abgeben, die fortfahren werden, die Öffentlichkeit um das zu bringen, was ihr der Steuereinnehmer noch gelassen hat.«

Eben. Für das gemeine Volk enden Kriege stets mit einem Desaster, und die wenigsten Engländer waren später reicher geworden, nachdem das »Picknick« in Europa veranstaltet worden war. Vor dem Weltkrieg mochten das Mr. Miller und Mrs. Brown vielleicht noch glauben. Die »Lords of the Rings«[444] in der Wallstreet aber dachten schon damals viel, sehr viel weiter über das Ende des noch gar nicht begonnenen, aber erwarteten Krieges hinaus nach: Alles, alles würden die Freunde von drüben zurückzahlen müssen, mit Zins und Zinseszins.

Jetzt war es an der Zeit, das Zentralbank-System einzuführen, auch wenn die allgemeine Stimmung alles andere als dafür war, seit Thomas Jefferson gewarnt hatte: »Sollte das amerikanische Volk jemals zulassen, daß die Banken die Währungsausgaben kontrollieren, werden seine Kinder erst durch die Inflation, dann durch die Deflation allen Besitzes durch die sie umgebenden Banken und Gesellschaften beraubt und eines Tages heimatlos sein auf dem Kontinent, den ihre Eltern eroberten.«

Doch jetzt mußte es sein.

Unbemerkt von der amerikanischen Bevölkerung, die gerade Weihnachten feierte, wurde der Federal Reserve Act am 24. 12. 1913 durch Abgeordnetenhaus und Senat gepeitscht. Paul Warburg höchstselbst verzichtete auf ein 500 000-Dollar Jahresgehalt, um sich als Mitglied des ersten Federal-Reserve-Ausschusses mit 12 000 Dollar zufriedenzugeben. Wie hatte er zu Colonel House gesagt? »Nun gut, es brachte nicht alles so, wie wir es wollten, doch Mängel können später durch administrative Prozesse ausgeglichen werden.«[445] Kaum installiert, zwang das System die Amerikaner, 35 Milliarden Dollar an die Alliierten zu leihen, die freilich mit Ausnahme der Zinsen nicht zurückgezahlt wurden. Die Zinsen aber gingen an die Banker.

Und dann war wirklich Krieg.

Und in der Tat: »Mit Kriegsbeginn hob jedes Land den Goldstandard bis auf weiteres auf. Damit wurde die automatische Begrenzung der Versorgung mit Papiergeld aufgehoben. Sodann hatte jedes Land den Krieg durch Aufnahme von Krediten bei den Bankiers bezahlt. Die Banken machten das Geld, das sie anschließend ausliehen, indem sie der Regierung ein Konto in beliebiger Höhe einräumten, auf das die Regierung Schecks ziehen konnte. Nun waren die Banken hinsichtlich der Höhe der Kredite nicht mehr eingeschränkt: Sie brauchten kein Gold mehr gegen die Schecks einzutauschen. Dadurch wurde die Geldschöpfung der Banken in Form von Krediten nur mehr von der Nachfrage der Schuldner beschränkt. Nicht nur Regierungen borgten für ihren Bedarf Geld, auch die Privatunternehmungen, um die Regierungsaufträge ausführen zu können. Das Gold, das nun nicht mehr verlangt werden konnte, ruhte in den Tresoren.«[446]

Nun konnte es erst richtig losgehen. Die Welt mußte sowieso verändert werden, die alten Strukturen taugten nichts mehr. Die Welt brauchte eine neue Ordnung. Wie schrieb denn das *Quarterly Journal of Economics* schon 1887 im Hinblick auf den Ersten Weltkrieg, von dem man uns heute noch weismachen will, niemand hätte ihn gewollt: »Die Finanzen Europas sind so in Anspruch genommen, daß die Regierungen sich fragen mögen, ob nicht ein Krieg mit all seinen schrecklichen Aussichten der Aufrechterhaltung eines so prekären Friedens vorzuziehen wäre. Wenn die militärischen Vorbereitungen in Europa nicht in einem Krieg enden, können sie zum Bankrott der Staaten führen. Oder, wenn solche Torheiten weder zu einem Krieg noch zu einem Untergang führen, dann weisen sie auf bevorstehende, industrielle und wirt-schaftliche Revolutionen hin.«.[447] Eben, warum nicht Krieg führen, um ein Milliardengeschäft?

In einer Welt globaler Interessen durften die Amerikaner auch nicht mehr auf den Rest der Welt pfeifen, wie sie dies »borniertweise« bisher zu tun pflegten. Und während Präsident Wilson das alles zuviel wurde und er, ungeachtet der Waffenlieferungen, erklärte, die USA seien neu-tral, schritt man zügig zur Tat. Denn die Deutschen hatten begonnen, ihre U-Boot-Flotte einzusetzen, und behinderten so den flüssigen Verkehr der Waffen und Munitionstransporte. Das amerikanische Volk aber schien von einem Krieg, der es nichts anging, noch immer alles andere als begeistert zu sein.

Man half ein wenig nach und entwarf einen riskanten Plan. Vorsichts-halber weihte man auch den ersten Lord der britischen Admiralität, Mister Churchill, ein. Man stopfte den Passagierdampfer »Lusitania« mit mehr als tausend Reisenden und mit Kanonen und Munition aus den Fabriken der Winchester Arms Company und der Remington Arms Company voll. Deren Präsident war nicht zufällig der aus der von Kuhn, Loeb & Co kontrollierten National City Bank kommende Wilson-Freund Cleveland H. Dodge. Es kam, wie es kommen mußte. Als das Passagier-schiff auf hoher See war, verriet man diskret dem deutschen Geheim-dienst den Waffentransport (das mag keine Schwierigkeiten bereitet haben, wenn man bedenkt, daß ein Bruder des mit einem deutschen kaiserlichen Orden geschmückten Federal-Reserve-Bank-Begründers Paul Warburg nicht nur im deutschen Geheimdienst das Sagen hatte, sondern auch die Finanzgeschäfte des Kaiserreiches führte). Am 7. Mai 1915 wurde denn das Schiff auch von einem deutschen U-Boot torpe-diert. Es flog samt Passagieren, Munition und Kanonen in die Luft.[448]

Jetzt hatte man es schwarz auf weiß: Die Deutschen waren Barbaren, eine Gefahr für die Welt. Nun begriff auch der einfältigste Amerikaner, daß es Amerikas historische Aufgabe war, diese Welt vor Banditen und Kannibalen zu retten.

Da war nichts zu machen, auch wenn die Deutschen es nicht verstehen konnten. Am 16. April 1917 trat Amerika an die Seite seiner Freunde, die Industrie drehte den Hahn voll auf. So fleißig hatten die Schornsteine in der ganzen Geschichte der Neuen Welt noch nie geraucht, so lustig die Dollars noch nie geklimpert. Die Duponts erhöhten augenblicklich nach der Kriegserklärung den Preis für ihr Schießpulver, und Bernard Baruch (vom Guggenheim-Kupfer-Trust und eng verbunden mit Kuhn,

Loeb & Co) verdiente an einem einzigen Tag mit Stahlaktien 750 000 Dollar, nachdem er ein unzutreffendes Friedensabschlußgerücht in Umlauf gesetzt hatte. Als Vorsitzender des War Industry Board bestimmte er die Preise, zu denen die Regierung nun die Munition bei seiner und seiner Freunde Firmen kaufen mußte. J. P. Morgan jr., über dessen Haus die Kredite und Schuldverschreibungen liefen, kassierte die erste Friedensanleihe in der Höhe von 400 Millionen Dollar als Abgeltung für seine Spenden an Großbritannien; Eugene Mayr jr., Direktor der »War Finance Corporation«, mit Morgan und den Rothschilds verbandelt, verkaufte für sich selbst um etliche Millionen Dollar Staatsanleihen, und Paul Warburg, wie gesagt, vom deutschen Kaiser noch 1912 mit einem Orden ausgezeichnet, saß als Dirigent an der Spitze des Federal Reserve Board. Die Vanderbilts, die Rockefellers, sie alle konnten sich die Hände reiben über den Verlauf der Dinge, und die Rothschilds im fernen Frankreich und England waren auch zufrieden. Denn sie waren schon ein wenig nervös geworden über das Ausmaß der militärischen Erfolge Deutschlands, und selbst das Finanzchaos, das ihre Agenten, die Warburgs, als kaiserliche Kriegsfinanziers in Deutschland herbeiführten, berührte die deutsche Kriegsmaschine ebensowenig, wie Paul Warburgs Bruder als Geheimdienstchef etwas ausrichtete. Es war absolut notwendig gewesen, daß die USA in den Krieg eintraten, um die drastisch übersteigerten Anleihen der Rothschilds noch zu retten. Am 5. März 1917 hatte der US-Gesandte in London einen vertraulichen Brief an Woodrow Wilson geschrieben: »Ich glaube, daß der Druck der herannahenden Krise die finanziellen Möglichkeiten Morgans zugunsten der Briten und Franzosen übersteigt. Der Geldbedarf wird zu groß und zu dringend für jede private Agentur, die immer mit Eifersucht der Rivalen und Behörden rechnen muß. Die größte Hilfe, die wir den Verbündeten geben könnten, bestünde in einem Kredit. Unsere Regierung könnte eine beträchtliche Summe des Geldes in einer französischen Anleihe anlegen und die Bürgschaft für eine solche Anleihe übernehmen. Natürlich kann sie diesen Kredit nur gewähren, wenn wir an dem Krieg gegen Deutschland teilnehmen.«[449]

Und dann war es soweit. Versailles eben. Was da an Abtretungen, Reparationen, Zerstückelungen und dergleichen mehr zu leisten war, wurde in einem früheren Kapitel ja bereits erwähnt. Dazu kam nun, daß die französischen und britischen Kriegsschulden in Amerika respektive bei der internationalen Hochfinanz auf das total erledigte und demontierte Deutschland abgeladen wurden. Es war natürlich klar, daß Deutschland niemals imstande sein würde, diese Forderungen zu erfüllen. Aber alle hatten eben während des Krieges so gigantische Schulden bei den amerikanischen Finanziers und ihren europäischen Dependancen gemacht, daß diese Forderungen im Überschwang des Sieges ganz automatisch auf die Wunschlisten kamen – es war ja fast wie Weihnachten. So schien es wenigstens.

Was jetzt inszeniert wurde, war auch ein Krieg, ein unblutiger, leiser, der die Nationen finanziell ausbluten sollte, um sie auf den rechten Weg einer Welt-Wirtschaft und einer Welt-Finanz unter dem richtigen Dach zu bringen. Dabei war man sich durchaus der Tatsache bewußt, daß es nicht leicht sein würde, die Staaten zu dieser Art von internationaler Zusammenarbeit zu bringen. Man wird im folgenden stets zwischen Staaten und ihren Regierungen und der Hochfinanz zu unterscheiden haben.

Es ist keineswegs so, daß die internationale Hochfinanz die deutsche Leistungsfähigkeit einfach überschätzt hätte, im Gegenteil, sie kannten sich genau aus, sie waren ja auch in Deutschland zu Hause. Und während sie mit spitzem Bleistift an einer genialen Rechnung kritzelten, sahen sie ja nicht nur die Deutschen, sie sahen auch die Engländer, die Franzosen, die Rumänen, die Russen, die Italiener und eben die Deutschen. Das Aufbringevermögen der Deutschen sollte ja keineswegs die Schulden abtragen, sondern gerade ausreichen, die Zinsen einer gigantischen Summe zu tragen, die sich niemals verringern, sondern im Gegenteil vergrößern würde. Frankreich weigerte sich, Reparationszahlungen in Form von Gütern und Rohstoffen zu akzeptieren, sondern verlangte ausschließlich Gold. Doch Deutschland war unfähig, auch nur annähernd so viele Wirtschaftsgüter zu produzieren und vor allem zu exportieren, um diesen Verpflichtungen nachzukommen. In dieser Situation präsentierte J. P. Morgan seine rettende und natürlich überaus profitable Idee über den Bankier Charles Dawes und seinen persönlichen Repräsentanten, den Präsidenten der General Electric Company, Owen Young, die 1924 als amerikanische Vertreter zu einer alliierten Expertenkommission entsandt wurden. Da Dawes dabei den Vorsitz führte, wurden die dabei beschlossenen Morgan-Pläne unter dem Begriff »Dawes-Plan« bekannt.[450] Der hatte es in sich. Deutschland wurde zu hohen Zinsen zunächst ein Rahmenkredit für die nächsten vier Jahre eingeräumt, mit dem es seine Kriegsschulden ungeachtet der französischen Forderungen zurückzahlen sollte. Diese Dollars gingen wenige Tage später freilich von den Kriegsschuldnern Amerikas wieder an Onkel Sam zurück, denn auch die USA verlangten die Rückzahlung internationaler Schulden ausschließlich in Gold und Dollars und nahmen auch die Zinsen weder in Waren noch in Rohstoffen. So bekamen die amerikanischen Geldverleiher allemal ihr Geld zurück – aber das nannten sie Zinsen, und die Kapitalschuld blieb.

Der Georgetown-Professor für internationale Angelegenheiten, Caroll Quigley, nannte die Dinge beim Namen: »Es ist zu beachten, daß dieses System von den internationalen Bankiers eingerichtet wurde und daß das Ausleihen des Geldes anderer [Anm.: amerikanischer Investoren] an Deutschland für diese Banker höchst gewinnbringend war. Mit Hilfe dieser Kredite [...] konnten die deutschen Schuldner ihre Kriegsschuld an England und die USA zurückzahlen, ohne Waren und Dienstleistungen zu exportieren. Die Devisen, die in Form von Krediten an Deutschland gingen, flossen an Italien, Belgien, Frankreich und England in Form von Reparationen zurück und schließlich an die Vereinigten Staaten in Form von Rückzahlungen der Kriegsschulden. Was allein an diesem System schlecht war, war (a) daß es zusammenbrechen würde, sobald die USA kein Geld mehr liehen, und (b) daß in der Zwischenzeit die Schulden lediglich von einem Konto auf ein anderes verschoben wurden und niemand der Zahlungsfähigkeit auch nur einen Schritt näher kam [...] Es war überhaupt nichts gelöst, aber die internationalen Bankiers saßen im Himmel, wo es von Gebühren und Provisionen nur so regnete.«[451] Die Rechnung sah am Ende so aus: Zwischen 1924 und 1931, dem Dawes-Plan und dem Young-Plan, zahlte Deutschland an die Alliierten ungefähr 36 Milliarden Mark an Reparationen. Im selben Zeitraum borgte Deutschland aber hauptsächlich in den USA etwa 33 Milliarden Mark, was bedeutete, daß in Wirklichkeit von der Reparationsschuld lediglich drei Milliarden bezahlt, der Rest auf neue Kreditschulden umgelagert worden war.

1929 wurde das Dawes-System durch ein neues Arrangement ersetzt. Diesmal wurde Owen Young zum Vorsitzenden der Expertenkommission ernannt, bei der ihn T. W. Lamond, ein Morgan-Partner, und T. N. Perkins, ein Banker mit engen Morgan-Verknüpfungen, begleitete. Man kennt den Plan folgerichtig unter »Young-Plan«: Die Hochfinanz gründete in der Schweiz die Bank für internationalen Zahlungsausgleich, die noch von besonderer Bedeutung sein wird. Nun hatte man endlich alles unter einem Dach. Jetzt erfolgten die Wiedergutmachungszahlungen durch bloße Umbuchungen auf den Konten dieser Bank. In Deutschland hatte dies verschiedene Folgen: So wie die Anleihen aus dem Dawes-

Plan zu einem Großteil für die Bildung und Konsolidierung zweier gigantischer Kartelle, nämlich I.G. Farben und die Vereinigten Stahlwerke, verwendet wurden, die 1933 nicht nur wesentlich dazu beitrugen, Hitler an die Macht zu bringen, sondern später auch eine Schlüsselrolle bei der Produktion kriegswichtiger Materialien spielten, so ermöglichten auch die Mittel aus dem Young-Plan vor allem den Aufbau der deutschen Kriegsindustrie.[452]

Bemerkenswerterweise war sowohl 1924 als auch 1929 auf deutscher Seite bei der Ausarbeitung der Finanzierungs-Konzepte der Bankier Hjalmar Horace Greely Schacht wesentlich beteiligt, eine der Schlüsselpersonen beim endgültigen Aufstieg Hitlers zur Macht. Und wie später zu sehen sein wird, waren die Mitglieder und Berater der Dawes- und Young-Kommissionen nicht nur New Yorker Finanzhäusern verbunden, sie traten auch als Direktoren diverser Firmen innerhalb jener deutschen Kartelle in Erscheinung, die Hitler an die Macht halfen.[453] Und noch etwas, das für die späteren Ereignisse in Deutschland nicht ohne Bedeutung sein sollte, war eine Konsequenz des Young-Planes: Die Zentralbank sorgte für eine chronische Inflation, während sich zugleich die Arbeitslosenzahlen erhöhten.

Kein Zweifel, mit dem Ende des Ersten Weltkrieges hatte sich die Welt der Hochfinanz grundlegend geändert. Nun waren die Amerikaner die reichste Nation der Welt geworden und hatten vor allem England vom Platz der weltgrößten Gläubigernation verdrängt. Der wichtigste Wechselmarkt war folgerichtig von London nach Amerika verlegt worden, wo die Banker des Federal Reserve Board am Drücker saßen. Nun borgte die Wallstreet der halben Welt Geld. Alle sollten nun auf der goldenen Kette aufgefädelt werden. Eine der Hauptwaffen dafür war der Völkerbund, mit dem die meisten Staaten zwischen 1924 und 1928 zum Goldstandard zurückgezwungen wurden, der nun wie zuvor Angelpunkt von Macht und Einfluß der Hochfinanz war, und, angepaßt an die neuen Verhältnisse, restauriert wurde. Der Völkerbund war bereit, Geld auszuleihen, unter der Bedingung, daß die Nationen eine Zentralbank besaßen und den Goldstandard nach den von der Hochfinanz diktierten Bedingungen anerkannten. Wurden diese Bedingungen nicht erfüllt, gab es auch keinen Kredit. In zahlreichen Ländern, in denen es bisher keine gegeben hatte, entstanden nun Zentralbanken, vor allem auch in Südamerika. Das war schon ein Erfolg.

Und doch hatte das System ein paar Schönheitsfehler, und das kam vor allem daher, daß die Interessen der Hochfinanz noch immer nicht überall deckungsgleich waren mit den Interessen von Nationen, Staaten, Regierungen. Da war doch ausgerechnet der amerikanische Senat, der sich weigerte, den Versailler Vertrag zu ratifizieren, dem Völkerbund beizutreten und Amerika den wohlwollenden Mächten des großen Geldes auszuliefern. Und da war Frankreich, das zu keiner internationalen Zusammenarbeit zu bewegen war und konsequent das deutsche Gold in seinen Tresoren hortete.

Und es gab noch einiges, das der Korrektur bedurfte. Nachdem dank des »ersten Durchgangs« Amerika plötzlich zur reichsten Nation der Welt geworden war, begann so etwas wie das amerikanische Schicksal, oder besser gesagt, das Schicksal der Welt made in USA: Die amerikanische Wirtschaft wuchs und wuchs und wuchs, eben nicht zuletzt dank der vom Krieg ruinierten europäischen Staaten, denen ja gar nichts anderes übrigblieb, als zunächst bei Onkel Sam zu kaufen, mit amerikanischen Krediten, versteht sich, denn doppelt und dreifach verdient hält allemal besser.

Das Hauptproblem auf diesem Nebenschauplatz des Weltordnens war (und ist eigentlich noch immer) das Stegosaurier-Problem der amerikanischen Wirtschaft, das Problem eines ständig wachsenden Sauriers, der mit zunehmender Größe eben immer größere Weideplätze braucht.

Das klingt einfach, kann aber fürchterlich störend, wenn nicht gar tödlich werden. Das Produktionsvolumen der USA überstieg schon bald die Bedürfnisse. Nicht die Nachfrage regelte das Angebot, sondern umgekehrt, das Angebot regelte die Nachfrage, sollte es zumindest tun. Doch nach dem zwanzigsten Gang muß sich selbst der manipulierteste Konsument und der gesündeste Magen einmal übergeben, da geht einfach nichts mehr. So konnte das alles nur so lange gutgehen, wie nicht nur die Amerikaner kauften und konsumierten, was das Zeug hielt, sondern auch die Europäer immer mehr und mehr in Amerika einkauften, und nach den Europäern der Rest der Welt, und so weiter. Und da lag das nächste Problem: Die Europäer, nach dem Krieg zunächst dankbare Abnehmer, produzierten bald selber, und, schlimmer noch, wurden sogar zur Konkurrenz: Amerika blieb auf seinen Produkten sitzen. Rußland belieferte die Europäer mit billigem Getreide, und die amerikanischen Landwirte konnten ihre Kredite für die hypertrophen Investitionen nicht mehr zurückzahlen.

Die Geschäfte der großen Erdölfirmen waren rückläufig geworden und erbrachten nicht mehr den erwarteten Gewinn, sieht man von

Standard Oil ab, aber Standard Oil ist ja nicht Amerika, sondern multinational und kosmopolitisch.

Spätestens Mitte der zwanziger Jahre (man beachte dieses Datum im weiteren Zusammenhang) war zumindest für einige privilegierte Geister klar, daß die Blase dieser übersteigerten Wirtschaft irgendwann einmal platzen würde.

Und vorausblickend, wie illuminierte Geister nun auch einmal auf so profanen Gebieten sind, nahmen sie um etwa 1927 das Schicksal, das der amerikanischen Wirtschaft ohnedies beschieden war, in ihre bewährten Hände. Mit übersteigerten Wertpapieren wurde der Aktienmarkt künstlich aufgeblasen, daß er wucherte wie ein Krebsgeschwür. Dafür spannten sie sogar Präsident Calvin Coolidge ein, der als Antreiber für die Börsenmakler auftrat.

Und es dauerte nicht lange, bis das Volk nahezu wirklich alle seine Ersparnisse in die preislich überhöhten Wertpapiere gesteckt hatte. Es gab auch noch ein paar andere Manöver, die sozusagen nebenbei über das heimische Operationsgebiet hinausgriffen. Um die europäischen Länder an die Goldkandare zu bekommen, begann die Federal Reserve Bank schließlich, amerikanisches Gold im Wert von 500 Millionen Dollar nach Europa, vor allem nach England zu transferieren. (Federal Reserve Bank, das ist, um es noch einmal zu betonen, nicht der amerikanische Staat, wie das Wort suggerieren möchte, das ist Privatsache einiger Wallstreet-Banker, so gestern wie auch heute.)

Das alles mußte Folgen haben und hatte es auch. Wirtschaftswissenschaftler nennen es Börsenkrach: Im Zuge dieses Goldtransfers verdoppelten die Federal Reserve Banken binnen weniger Monate ihre Bestände an Staatspapieren und Wechseln. Das billige Geld hielt die Zinsen niedrig. Und 1929 gab Paul Warburg (eben dieser) grünes Licht für den Countdown: Er riet den Börsenhändlern, aus dem Markt auszusteigen. Die Aktionäre der Federal Reserve Bank taten das auch, nur das dumme (arme) Volk glaubte noch immer, Wertpapiere zu haben.

Am 9. August 1929 war es dann soweit: Die Federal Reserve Bank erhöhte den Diskontsatz, und knappe zwei Monate später, am 24. Oktober 1929, platzte die Blase: Schwarzer Freitag, wie der Blitz aus heiterem Himmel. Binnen kürzester Zeit waren an die 160 Milliarden Dollar an Wertpapieren futsch (der ganze Zweite Weltkrieg kostete die USA »bloß« 200 Milliarden). Das heißt: Das Geld war natürlich nicht einfach futsch, vornehm ausgedrückt hatte das Volksvermögen eben einmal die Besitzer gewechselt. Die USA stürzten in die große Depression, das Volk bekam seine Lektion und der Rest der Welt auch. War es nur Zufall, daß Hitler seine Arbeitslosen bekam? Ende 1930 waren es vier Millionen. Natürlich war das keine Lösung auf Dauer, es war überhaupt keine Lösung. So ging das selbstverständlich nicht weiter.

Was tut man in solchen Fällen? Man ahnt es schon, manchmal gibt es eben nur einen Ausweg aus der Sackgasse, auch kranke Wälder müssen zuweilen abgeholzt werden, damit frisches, junges Holz nachwachsen kann. In den höheren Etagen hat man schon immer eine pragmatische Einstellung zum Weltgeschehen gehabt.

Natürlich geht man da nicht einfach hin und macht Krieg. Man verändert eben die Zustände, man trachtet einen Zustand hervorzurufen, der letzten Endes zum notwendigen Kahlschlag führt.

Hitler war so ein Zustand. Das ganze Dritte Reich war so ein Zustand.

Als 1937 Franklin D. Roosevelt den großen Krieg auf die Vereinigten Staaten von Amerika zukommen sah, war das wie ein mildes, aufreizendes Mailüftchen für die darbende amerikanische Wirtschaft. Und schon begannen die Schornsteine wieder zu rauchen, als schriebe man 1914, denn da war es genauso.

Man hatte begriffen: Die Lösung der Probleme war in Sicht. Natürlich dachten die amerikanischen Bürger (noch) nicht so. Es gab sogar ein richtiges Gesetz, das Amerika zu unbedingter Neutralität verpflichtete, was immer sich in Europa oder in der Welt entwickeln mochte. Amerika ist eine friedliebende Nation (und das ist nicht einmal zynisch gemeint). Auch damals wünschten »die Amerikaner« keinen Krieg. Das tat doch nur dieser Hitler, dieser »kommende Mann, der Europa retten würde«.

Auch das ist ein amerikanisches Schicksal (oder das Schicksal der Welt, made in USA): Man will keinen Krieg, aber man ist immer wieder gezwungen, einen zu führen, entweder um amerikanische Interessen zu verteidigen oder um die Welt aus irgendwelchen moralischen Gründen von irgendeinem Bösewicht zu befreien. Vor allem das. Dies jedenfalls sah Roosevelt 1937 eben schon ganz klar (dank seines Freundes aus Harvard-Zeiten, Ernst Franz Sedgwich »Putzi« Hanfstaengl, der Hitlers Aufstieg von Anfang an und an vorderster Front mitinszenierte, war ja F .D .R. genauestens informiert[454]): Amerika würde wieder einmal gezwungen sein, einen moralischen Krieg zu führen. Daß dabei so ganz nebenbei einige ökonomische Probleme auch gelöst werden würden, nun, so ist eben die Weltgeschichte ...

Jetzt begreift man, warum man Hitler so geholfen hatte, warum man ihn gar noch 1937 gelobt und gepriesen hatte, als jenseits des großen

Teiches F. D. R. seine Botschaft vom kommenden Krieg verkündete. Freilich, auch Schweine werden gemästet, bevor sie geschlachtet werden. Hitler war der Bösewicht, den man hätte erfinden müssen, wenn es ihn nicht schon gegeben hätte. Also hat man zunächst einmal Hitler gemästet. Und das nicht schlecht.

Dieses Thema ist freilich tabu, vor allem in Deutschland, oder soll man besser sagen, bei den re-educated Germans, die heute noch das Fracksausen kriegen, wenn man an ihrer völligen Alleinschuld zweifelt (als ob die Tatsache, daß sie sich, wie alle anderen übrigens auch, einschließlich der Amerikaner, Briten, Franzosen usw., von ein paar Handvoll Mächtiger als freilich vorbildliche Marionetten und Kanonenfutter der Neuen Weltordnung mißbrauchen oder gebrauchen ließen und lassen, schmeichelhafter wäre. Im Gegenteil. Die sogenannten Ewig-Gestrigen und die modernen Hitler-Apologeten dürfen sogar getrost ihren »National-Stolz« an den Haken hängen).

Was die Finanzierung betrifft, so ist offiziell und historiografisch die Sache völlig klar, es waren die Parteigenossen, die Hitler in den Reichstag finanziert hatten, ein bißchen die deutsche Industrie von Hanfstaengl bis Flick, Thyssen und der IG-Farbenkonzern, dazu noch ein paar germanophile Ausländer wie der Automobilkönig Ford oder Sir Henry Deterding von Royal Dutch Shell, die vielen kleineren Spender eben auch, die Gräfin Reventlow, die Heckmanns, die Bechsteins, die Bruckmanns, eine Arztwitwe wie Gertrude von Seydlitz dort oder eine Großfürstin Feodorowna da, oder eben auch Scheubner-Richter, der in der Berliner Tauentzienstraße sogar Mädchen für die Sache auf den Strich schickte und ansonsten Hitler mit weißrussischen Geldern versorgte.[455] Das stimmt sicherlich alles – nur ist es nicht einmal die halbe Wahrheit. Schon in der Anfangszeit der »Bewegung« war die Finanzierung etwa der aber- und aberdutzenden Bünde, Wehrverbände und Freikorps eine zwielichtige und keineswegs nur inner-deutsche Angelegenheit.[456] Zum einen wurden diese mehr oder weniger geheimen Bünde vielfach von der Reichswehr gefördert, ausgebildet, uniformiert, bewaffnet und finanziert, am Ende nicht zuletzt über »die Expropriierung des Mittelstandes« während des Ruhrkampfes.[457] Aber hinter diesen Bünden und Wehrverbänden standen – vor allem in Bayern – gewichtige ausländische Interessen, wie vornehmlich Emil Julius Gumbel in seinem 1924 erschienenen Buch zur Geschichte und Soziologie der deutschen Geheimbünde belegt: »Nur mit französischer Hilfe können die bayrischen Separatisten hoffen, sich von Deutschland trennen zu können. Daher erklärt sich die eigentümliche Tatsache, daß sie sich offiziell maßlos antifranzösisch gebärden, gleichzeitig aber Verhandlungen mit Frankreich und französischen Geldern nicht abgeneigt sind. Andererseits besteht auch von seiten der heutigen französischen Politik keine prinzipielle Abneigung gegen die deutsche Separation und Reaktion, denn nichts wäre den heutigen Herrschern Frankreichs peinlicher, als wenn Deutschland demokratisch, pazifistisch oder sozialistisch wäre. Denn dies wäre das Ende der Existenzberechtigung einer französischen Armee. Und die Rüstung ist doch so ein gutes Geschäft«.[458]

Gumbel verweist auf die »frankophil ausgerichtete bayrische Außenpolitik« und betont interessanterweise den Umstand, daß es in München einen französischen Gesandten und einen päpstlichen Nuntius gebe.[459] Diese kommentarlos hergestellte Verbindung zwischen Bayern, Frankreich und Vatikan im Bezug auf die Ereignisse in der ersten Hälfte der zwanziger Jahre ist nicht ohne Bedeutung und stellt möglicherweise einen größeren Zusammenhang her. Es gab in der Tat bereits in den zwanziger Jahren eine bemerkenswerte politische Allianz vor allem zwischen Vatikan, Frankreich und auch Großbritannien, deren subversives Vollzugsorgan eine mysteriöse und geheime internationale Organisation namens »Intermarium« war, deren Ursprünge in weißrussischen und osteuropäischen Emigrantenkreisen in Paris zu suchen sind.[460] Ursprüngliches und vordergründiges Ziel dieser Geheimorganisation war die Schaffung einer mächtigen antikommunistischen Pan-Danubia-Konföderation, in der Hauptsache gebildet aus den katholischen Nationen Zentraleuropas, zwischen der Baltischen See, dem Schwarzen Meer, der Ägäis, der Ionischen See und der Adria – zwischen den Meeren eben, wie es auch der Name suggeriert. Diese Pläne wurden in den Zwanzigern und in den Dreißigern von Vatikan, Frankreich und Großbritannien unterstützt und gefördert,[461] wobei die Organisation sowohl vom Grand Orient als auch von der britischen Großloge bearbeitet und von den jeweiligen Geheimdiensten infiltriert wurde.[462]

Dem Vatikan, der mit dem Habsburger-Reich sein militärisches Bollwerk zwischen dem protestantischen Preußen und dem orthodoxen Rußland verloren hatte, war die Aussicht auf einen *cordon sanitaire* zwischen den beiden Ländern mehr als willkommen, und er unterstützte »Intermarium« keineswegs bloß mit frommen Gebeten. Inwieweit von dieser Politik getragene Operationen bei den separatistischen Tendenzen im katholischen Bayern (und auch im Rheinland) bereits oder überhaupt eine Rolle spielen, kann nur vermutet werden, würde aber durchaus in das Bild passen.

Es trifft wohl aber zu, wenn Gumbel 1924 (!) schreibt: »Sicher ist, daß die bayrische Opposition genauso handelt, als wenn sie von Frankreich bezahlt wäre. Denn sie versucht, die Republik zu zerstören und den Rachekrieg herbeizuführen, der, gehe er aus wie er möge, Deutschland in noch größeres Unglück stürzen würde.«[463]

Es ist offensichtlich, daß die Entwicklung in Bayern von höherer Stelle, um nicht zu sagen, auch von Staats wegen, nicht nur geduldet, sondern gefördert wurde. Dazu gehört im übrigen auch »die Technik der bayrischen Gerichte, bei Übergriffen der Nationalsozialisten den sich wehrenden Gegner zu verurteilen«[464], was natürlich nur möglich war »mit stillschweigender oder ausdrücklicher Zustimmung des Reichs«.[465]

Es ist erwiesen, daß hinter jenen Geheimbünden und deren Aktivitäten auch ausländische Interessen standen: Ein von Mitgliedern des aus dem Freikorps Oberland hervorgegangenen Blücherbundes für März 1923 geplanter, allerdings durch Denunziation aufgeflogener Putsch in München war mit über 92 000 Goldmark, immerhin an die 40 Millionen Reichsmark, von Frankreich finanziert worden.[466] Der im Krieg als britischer Agent tätig gewesene SA-Führer Luedecke, der sich nicht nur einen eigenen Kammerdiener, sondern auch eine eigene SA-Einheit hielt, versorgte nicht nur die SA mit Waffen und Munition, sondern auch mit französischen Devisen, angeblich aus seinen Besitzungen in Französisch-Westafrika.[467] Freilich, ausländische Zuwendungen für Hitler waren schon damals tabu: Als der Herausgeber der britischen Zeitschrift *Foreign Affairs*, das Unterhausmitglied Morel, bei einer Unterredung mit dem bayrischen Landesdiktator Kahr 1923 darauf hinwies, Hitler habe über sieben oder acht Mittelsmänner französische Gelder erhalten, protestierte dieser mit dem Hinweis, Hitler sei doch ein national eingestellter Mann.[468] Wobei gerade in diesem Zusammenhang der Hinweis in Brünings Memoiren in bezug auf den Kapp-Putsch im März 1920 zumindest erwähnenswert ist, der Staatskommissar für öffentliche Ordnung habe ihm mitgeteilt, daß die »englische Regierung« dem Führer eines Rechtsputsches Waffenlieferungen versprochen habe. »Diese Nachricht wurde von Trebitsch-Lincoln verbreitet, den man im Reichswehrministerium für einen möglichen Doppelspion hielt.«[469] Da haben zweifellos an der Wiege der Weimarer Republik und damit sozusagen am Ursprung der Hitler-Bewegung mehrere Köche auch ganz exoterisch herumgerührt, was allenthalben zu solch historischen Kuriositäten wie jener Tatsache führte, daß sogar Lenins Vertrauter Karl Radek für Hitler und die NSDAP warb, ebenso wie die Kommunistin Ruth Fischer, und das mit Geld aus Moskau.[470] Die Frage, aus welchen absurden Motiven heraus sie das taten und wer denn da dahintersteckte, ist indes so glasklar nicht zu beantworten, wenn man berücksichtigt, daß die bolschewistische Propagandaarbeit in Deutschland von niemand geringerem als dem amerikanischen Magnaten und Federal Reserve Bank-Direktor William Raymond Robins finanziert und organisiert worden war.[471] Ein nicht unwichtiger Hinweis auf die Schwierigkeit festzustellen, wer jeweils wen infiltriert und für seine Zwecke nutzt: die Kapitalisten die Kommunisten, die Linken die Rechten, die Roten die Weißen oder umgekehrt.

Nun mag es richtig sein oder nicht, daß, wie Kapitänleutnant a. D. Helmut Mücke behauptete, Hitler auch ganze Kabinenkoffer voll Dollars erhalten habe[472] oder daß er, wie aus anderen Quellen hervorgeht, im August 1923 beispielsweise für einen einzigen Vortrag im Züricher Hotel St. Gotthard 33 000 Schweizer Franken kassiert hat,[473] »das Verblüffendste und Rätselhafteste am Erfolg dieses Menschen ist die Tatsache, daß er 1923, auf dem Höhepunkt des Inflationstaumels, über Devisen verfügte, über Dollars, Tschechenkronen, holländische Gulden, ja offenbar auch über französische Franken«.[474] Von den damals höchstens 100 000 eingeschriebenen NSDAP-Mitgliedern[475] jedenfalls hatte 1923 Hitler jenes Kapital ganz sicherlich nicht, das es ihm schon damals, noch ehe er in Landsberg »Schriftsteller« wurde und Interviews an die Hearst-Blätter verkaufte, erlaubte, einen beträchtlichen Aufwand zu treiben und zu finanzieren: »Seine Anhänger reisen in Extrazügen. Er hat einen großen Stab, hält Felddienstübungen ab, überfällt benachbarte Städte, rüstet Strafexpeditionen aus. Lauter Dinge, die ohne beträchtliche Gelder unmöglich wären. Unmöglich ist, daß diese Ausgaben der Partei von Beiträgen der Mitglieder aufgebracht werden können. Hitler besitzt eine riesige Plakat- und Flugblattpropaganda. Manche Angehörige der Sturmtrupps widmen sich ausschließlich der Partei, fahren die ganze Zeit zu Agitationen im Land herum.«[476]

War es wirklich nur Einbildung, die Konrad Heiden zu der Feststellung veranlaßte: »Im Jahr 1921 herrschte in der Partei ein merkwürdiger franzosenfreundlicher [...] Ton [...]«[477]

Jedenfalls versicherte 1952 der ehemalige preußische Finanzminister Klepper, ihm sei im Quai d'Orsay, dem französischen Außenministerium in Paris, eine Quittung Hitlers für Geldbeträge gezeigt worden, die er von französischen Agenten erhalten habe.[478] Bemerkenswerterweise hat sich Hitler tatsächlich nicht am Ruhrkampf beteiligt. Während sich alle Parteien, von den Deutschnationalen bis zu den Kommunisten hinter den von der Regierung proklamierten »passiven Widerstand« stellten, veranstaltete Hitler am Tag des Einmarschs der Franzosen ins Ruhrgebiet eine Großkundgebung, in der er kein einziges Wort gegen Poincaré fallenließ, sodann erklärte, die »Novemberverbrecher« seien schuld und »das Gerede von nationaler Einheitsfront« sei Schwindel.[479] Daß Hitler dann später den von den Franzosen wegen Sabotage hingerichteten Albert Leo Schlageter zum Nationalsozialisten machte, dürfte ganz bestimmte Gründe gehabt haben, wie aufzuzeigen sein wird. Und war es nur Zufall, daß der Bankier und Repräsentant deutscher Industrieller und Waffenfabrikanten, Baron Kurt von Schröder, der gemeinsam mit seinem Schwiegervater, dem Kölner Privatbankier Stein, und französischen Finanziers sowohl 1919 als auch 1923 aktiv hinter der rheinländischen Separatisten-Bewegung stand, nach Hitlers Machtergreifung zu einer der Schlüsselfiguren im Finanzierungswerk des Dritten Reiches wurde und gemeinsam mit Hjalmar Schacht die deutsche Verbindung zu den internationalen Kriegsgewinnlern während der Kriegsjahre aufrechterhielt?[480]

Was und wen mochte der Reichskanzler a. D. Heinrich Brüning 1947 gemeint haben, als er in einem Brief an den Herausgeber der *Deutschen Rundschau* schrieb:

»Das Finanzieren der Nazipartei, teilweise von Menschen, von denen man es am wenigsten erwartet hätte, daß sie sie unterstützen würden, ist ein Kapitel für sich. Ich habe niemals öffentlich darüber gesprochen, aber im Interesse Deutschlands könnte es notwendig sein, es zu tun und aufzudecken, wie dieselben Bankiers im Herbst 1931 den amerikanischen Botschafter Sackett gegen meine Regierung zugunsten der Nazipartei zu beeinflussen suchten [...] Einer der Hauptfaktoren bei Hitlers Aufstieg, den ich nur im Vorübergehen erwähnt habe, war die Tatsache, daß er große Geldsummen von fremden Ländern 1923 und später empfing und gut für die Sabotage des passiven Widerstandes im Ruhrgebiet gezahlt wurde. In späteren Jahren wurde er bezahlt, um Unruhen hervorzurufen und revolutionäre Tendenzen in Deutschland zu ermutigen, von Männern, die sich einbildeten, daß dies Deutschland schwächen könnte und das Bestehenbleiben irgendeiner verfassungsmäßigen zentralen Regierung unmöglich machen würde. Diejenigen, die so lange versucht haben, diese Tatsachen zu unterdrücken, täuschen sich, wenn sie glauben, daß sie dies auf die Dauer tun können.«[481]

Ein Kapitel für sich, in der Tat. Brüning war zweifellos in einer Situation gewesen, um zumindest annähernd die Umtriebe zu durchschauen, die zu Hitlers Machtergreifung geführt hatten. Das war ja in keiner Weise ein Zufall: Hitlers Aufstieg zur Macht war weder schicksalshaft noch unaufhaltsam. Daß es dennoch dazu kam, daran war Brüning selbst freilich so unschuldig nicht, nachdem er 1932 einen Teil des ihm vom preußischen Ministerpräsidenten Braun vorgelegten Beweismaterials hatte vernichten lassen, das die NSDAP als »staats- und republikfeindliche, hochverräterische Verbindung« brandmarkte, wodurch Brüning die vermutlich letzte Möglichkeit sabotierte, strafrechtlich gegen Hitler und die Nazis vorzugehen.[482] Darüber hinaus: Bis 1933 hatte Hitler nie die Mehrheit der deutschen Wähler hinter sich gehabt, wenn er auch erstaunliche Wahlerfolge errang. Dennoch hat er nicht an der Spitze einer revolutionären Massenbewegung die Macht ergriffen, wie er es sich vielleicht selbst eingebildet hat, sondern er ist vielmehr durch Hintertreppen-Intrigen zum Reichskanzler ernannt worden, und zwar zu einem Zeitpunkt, als seine politische Bewegung ihren Gipfelpunkt bereits überschritten hatte und die wirtschaftlichen und politischen Faktoren, die seinen Aufstieg begünstigt hatten, bereits schwanden. In der Partei herrschte Zwietracht, und Hitler spielte Ende 1932 sogar mit dem Gedanken, »sein Leben mit einer Kugel zu beenden«.[483] Nach Müller-Schönhausen soll Hitler in dieser depressiven Stimmung wieder einmal Trost bei seinem Magus Herschel Steinschneider alias Hanussen gesucht haben, der ihm auch prompt weissagte, daß am 30. Januar 1933 sein Aufstieg zur Macht beginnen werde. Dazu schrieb der Hellseher dem Führer auch ein bemerkenswertes Gedicht:

> *Die Bahn zum Ziel ist noch verrammelt,*
> *Die rechten Helfer nicht versammelt,*
> *Doch in drei Tagen – aus drei Ländern,*
> *Wird durch die Bank sich alles ändern.*[484]

Daß dabei in der Tat »die Bank«, nämlich ganz wesentlich der Bankier von Schröder nebst Hitlers politischem Steigbügelhalter, dem päpstlichen Kammerherrn von Papen, bei der Ausbootung Schleichers eine bemerkenswerte Rolle spielte, kommt, wie sich zeigen wird, tatsächlich nicht von ungefähr.

Leider hat Brüning zu lange damit gewartet, »im Interesse Deutschlands« die Hintermänner beim Namen zu nennen – vielleicht hat man ihm auch gut zugeredet –, und sein Wissen und womöglich schlechtes Gewissen mit ins Grab genommen, so daß es anderen überlassen blieb, die finanziellen Hintergründe des Dritten Reiches zu rekonstruieren.[485] Die Tatsachen werden aber, wen verwundert es, vor allem in Deutschland, nach wie vor völlig ignoriert und wurden in der Vergangenheit so lange mit lapidaren Feststellungen abgetan, bis auch wirklich jeder glaubte, die Behauptung des Gegenteils falle unter irgendeine Form propagandistischer Wiederbetätigung: »Der Ex-Kanzler Joseph Wirth und Heinrich Brüning (beide vom katholischen Zentrum) haben sich im Exil angesichts des Scheiterns der Weimarer Republik mit der Vorstellung zu trösten gesucht, das Ausland, vor allem amerikanische Industrielle und Bankiers, hätten Hitler Millionen zur Verfügung gestellt. Solchen Vermutungen aber entsprach die Kassenlage der Partei keineswegs. Das System der Selbstfinanzierung der SA spricht Bände.«[486] Da muß immer wieder der alte Henry Deterding von Royal Dutch Shell als »der einzige große ausländische Mäzen« herhalten, »der sich für die Zeit vor 1933 feststellen läßt«,[487] und der hatte bloß eine großdeutsche Macke wegen seiner deutschen Frau, und glücklicherweise läßt sich nicht feststellen, wieviel er bezahlt hatte. »Wie alle derartigen Mäzene war auch er ein kühler Rechner. Zuviel durften solche Aktionen nicht kosten.«[488] Da ist man sich dann auch nicht zu schade, Goebbels persönlich zum Zeugen aufzurufen, der in »seinen [im *Dritten Reich* auszugsweise veröffentlichten] Tagebüchern beständig über die schlechte Kassenlage der Partei, deren chronischer Geldmangel durch Mitgliederbeiträge und Sammelaktionen nicht zu beheben war«, klagte.[489] Und: »Im Januar 1933 spielte das Geld der Großindustrie überhaupt keine Rolle [...] Betrachtet man das Jahr 1932 unter dem Aspekt einer finanziellen Aufrüstung Hitlers durch die Großindustrie, so läßt sich nur sagen, daß es einzelne Förderer gab.«[490]

»Der Bankier von Schröder hat vor dem 30. Januar 1933 keinen Pfennig an Hitler bezahlt.«[491] In den Akten des sogenannten Kilgore-Committees des amerikanischen Senats liest es sich freilich anders. Danach hat Baron Schröder schon 1924 im geheimen sein »substantial« Sümmchen zum Aufstieg Hitlers beigetragen.[492]

Manche gingen beim Spurenverwischen noch weiter. Der Großindustrielle Arnold Rechberg behauptete, Hitler habe für den Wahlkampf von 1930 von Stalin über die Reichswehr vierzig Millionen Mark erhalten,[493] und hielt es sogar für wahrscheinlich, daß gar durch Kurt von Schleicher

1930 die nationalsozialistische Partei mit diesem Geld der Sowjets finanziert hatte, um sie »einfangen« zu können.[494]

Eines stimmt schon: Es war nicht »die« deutsche Industrie als solche, die Hitler an die Macht finanziert hatte. Es war zweifellos die deutsche Industrie als Bestandteil multinationaler, vorwiegend amerikanischer Konzerne und Kartelle mit gewichtigen Vertretern der Wallstreet in den Aufsichtsräten und Vorständen, die als Kanal für die Finanzierung der Wiederaufrüstung und der Vorbereitung Deutschlands zur kriegsfähigen Macht ebenso dienten wie zur direkten Finanzierung Hitlers und Himmlers, nachweisbar sogar bis 1944: Beispielsweise u. a. durch ITT, über das »Sonderkonto S« bei der Schröderschen Bank J. H. Stein in Köln.[495] Wie das Spiel letzten Endes ablief, beschreibt knapp und präzise Anthony Sampson im Hinblick auf den amerikanischen Multi ITT: »Während mithin ITT-Focke-Wulf-Flugzeuge alliierte Schiffe bombardierten und über ITT-Drähte Informationen für deutsche Unterseeboote weitergegeben wurden, warnten die ITT-Funkpeilgeräte die Alliierten vor deutschen Torpedos.«[496]

Aber dieses Spiel war ja beinahe noch vergleichsweise harmlos.

Wer, wie und warum Hitler und die NSDAP finanziert hat, ist zweifellos in jeder Beziehung eine Frage von fundamentaler Bedeutung, im Hinblick auf die Beurteilung der Vergangenheit ebenso wie, vor allem, für die Zukunft nicht nur Deutschlands. Wer also war es?

Ende 1933 gab ein in Holland lebender belgischer Journalist namens J. G. Schoup in einem allgemein als überaus seriös bekannten Verlag in Amsterdam das Buch eines Sidney Warburg mit dem vielversprechenden Titel: *De geldbronnen van het Nationaal-Socialisme. Drie gesprekken met Hitler* (»Die Geldquelle des Nationalsozialismus. Drei Gespräche mit Hitler«) heraus, das diese Fragen zu beantworten versprach: Die Aufsichtsratsvorsitzenden sämtlicher amerikanischer Federal Reserve Banken, Rockefeller, Carter von der Guaranty Trust Company, Glean von Royal Dutch Shell, auf einen kurzen Nenner gebracht die vereinigte Bruderschaft der Wallstreet-Hochfinanz, die Warburgs, Morgans, Schiffs, Rockefellers, Harrimans einschließlich Montagu Norman von der Bank of England, waren es, die den Aufstieg Hitlers und der NSDAP zwischen 1929 und 1933 mit insgesamt 32 Millionen Dollar, umgerechnet etwa 128 Millionen Mark, direkt finanziert haben sollen. Im Detail schildert Sidney Warburg darin nicht nur seine Rolle als Vermittler zwischen der Wallstreet und Hitler, sondern auch politische und vor allem finanzpolitische Hintergründe dieser Operation. Da Sidney Warburgs Bericht im Anhang dieses Buches ungekürzt in deutscher Übersetzung wiedergegeben wird, erübrigt es sich hier, im Detail auf seinen Inhalt einzugehen.

Hier nur soviel: 1929 hatte Amerika ausstehende Forderungen gegen das Ausland in der Höhe von 85 Milliarden Dollar. Durch die Zusammenbrüche der Darmstädter-Bank und der National-Bank, des Nordwolle-Konzerns und nicht zuletzt durch die Plazierung der Young-Anleihen und die Einrichtung der Bank für internationalen Zahlungsverkehr waren die amerikanischen Außenstände in Deutschland plötzlich eingefroren. »Sidney Warburg« meint, die amerikanische Hochfinanz hätte den Verträgen von Versailles von Anfang an ablehnend gegenübergestanden, da sie Frankreich eindeutig bevorzugten. Im Zuge der Ereignisse von 1929 sei diese Haltung in pure Feindseligkeit umgeschlagen. Bei all der Erschütterung des Autors über die Niedertracht der Wallstreet-Banker ist es dennoch verständlich, daß er nicht auf die Idee kommt, sie seien noch niederträchtiger, als er ohnehin schon glaubt (was aber eher als ein Indiz für die Authentizität des Buches gewertet werden könnte): daß sie selbst nämlich dem System, das sie bisher so gut leben ließen, einfach den Boden unter den Füßen wegzogen, um die unbefriedigenden Zustände ganz allgemein zu korrigieren. Ohne die Vorzugsstellung Frankreichs hätten die vor allem für die Hochfinanz segensreichen Dawes- und Young-Pläne als allgemeines Ausbeutungssystem kaum so gut funktioniert. Indessen ist es natürlich möglich, daß letztlich Frankreichs allgemeine unkooperative Haltung den Zorn der New Yorker Finanziers hervorgerufen hat. Jedenfalls bot sich nun Frankreich als Sündenbock an, der durch seine Sturheit, von Deutschland nur Gold und keine Warenlieferungen als Reparationsleistung anzunehmen, den erwünschten wirtschaftlichen und vor allem militärischen Aufstieg Deutschlands bremste. Weder die USA noch England waren nun, so Sidney Warburg, bereit, weiteren Krediten an Deutschland zuzustimmen, aus Angst, diese würden dann die Goldreserven Frankreichs weiter anwachsen lassen, die damals ohnedies schon die größten der Welt gewesen seien. (Dies freilich wäre durchaus ein unbefriedigender Zustand gewesen, der es wert gewesen wäre, verändert zu werden. Möglicherweise spielte dabei aber auch Frankreichs Förderung der ursprünglichen Intermarium-Pläne zur Schaffung eines zentraleuropäischen Machtblocks unter Ausschluß der USA eine Rolle.)

Man setzte also die Lunte dort an, wo es ohnedies schon brannte: bei den Versailler Verträgen. Die Franzosen sollten lernen, sich zu benehmen. Also kamen die Herren der Wallstreet übereinstimmend zu der Überzeugung, daß das geeignetste Mittel zur Beendigung der unbefriedigenden Zustände eine Revolution in Deutschland sei, die jemanden an die Spitze bringen sollte, der fähig war, Deutschland auf den Vordermann und den Franzosen zunächst einmal wenigstens das Fürchten beizubringen. Sidney Warburg, der dank seiner Tätigkeit »in einem uns befreundeten Bankhaus in Hamburg« perfekt deutsch sprach und sich in Deutschland auskannte, wurde nun von Carter, Rockefeller & Co beauftragt, Verbindung mit Hitler aufzunehmen, um herauszufinden, ob er für eine finanzielle Unterstützung Amerikas zugänglich sei.

»Sidney Warburg« schrieb darüber: »Es mußte schnell gehandelt werden, denn je schneller die Entwicklung der Nationalistengruppe in Deutschland vorangetrieben werden konnte, desto besser. In den Verhandlungen mit Hitler sollte vor allem darauf Nachdruck gelegt werden, daß von ihm eine aggressive Außenpolitik, die Entwicklung einer Revanche-Idee gegen Frankreich erwartet wurde. Hiervon versprach man sich zunehmende Angst auf französischer Seite und als Folge davon eine größere Nachgiebigkeit der französischen Regierung in internationalen Fragen. Im Tausch dafür sollte dann Frankreich für den Fall eines deutschen Angriffs amerikanische und englische Unterstützung zugesagt werden. Hitler durfte natürlich von dieser Absicht nicht erfahren.«[497]

Nun, das Buch hat seine eigene Geschichte. Und nicht zuletzt diese ist es auch – abgesehen von den tatsächlich verifizierbaren Fakten der Hitler-Finanzierung, die seinen Inhalt in vielerlei Hinsicht als glaubwürdig erscheinen lassen, vor allem hinsichtlich der grundsätzlichen Behauptung: Hitler wurde von der Wallstreet finanziert, Hitler-Deutschland wurde von den Kräften der Hochfinanz wieder aufgerüstet, Hitler und die Deutschen wurden von der internationalen Hochfinanz als Werkzeug benutzt um – abgesehen von allerlei möglichen Endzielen wie der Erzwingung einer neuen Weltordnung – schnöden Kriegsgewinn aus dem Gemetzel zu erzielen.

Das Buch von Sidney Warburg wurde, nachdem sein Erscheinen Ende 1933 in der Presse mehrerer Länder angekündigt worden war, kurz darauf vom Verlag mit der Begründung zurückgezogen, es handle sich um eine Fälschung, einen Sidney Warburg gebe es nicht. Die Auflage wurde größtenteils vernichtet. Dennoch überlebten einige Exemplare. Beispielsweise wurde eines davon später ins Englische übersetzt und war kurzfristig sogar im Britischen Museum zu finden, ehe es dem öffentlichen Zugriff entzogen wurde und seitdem auch für die Forschung nicht mehr zugänglich war.[498]

Einige Exemplare dürften möglicherweise durch den Amsterdamer Verlag selbst einigen Diplomaten und Finanzleuten zugespielt worden sein; eines davon jedenfalls geriet in die Hände der österreichischen Regierung bzw. des Kanzlers Schuschnigg. Nach der Ermordung von Dollfuß war die österreichische Regierung an Enthüllungen über den Aufstieg Hitlers interessiert, konnte es allerdings nicht wagen, dies im eigenen Land zu tun. Vermutlich war es der österreichische Geheimdienst, der ein Exemplar dieses Buches einem Schweizer namens René Sonderegger, einem nationalistischen Propagandisten mit guten Beziehungen zu Otto Strasser, in die Hände spielte.

Dieser bemächtigte sich des Themas und verarbeitete es in einem antisemitisch gefärbten Pamphlet mit dem Titel *Finanzielle Weltgeschichte. Das Dritte Reich im Dienste der internationalen Hochfinanz. Gemeinnutz geht vor Eigennutz?*

Im Trubel der damaligen Ereignisse indessen fand das durchaus brisante Thema wenig Resonanz. Lediglich die *New York Times* hatte am 24. November 1933 in einem kurzen Artikel Notiz von der »Fälschung« genommen, »die die alte Geschichte wiederholt, daß führende Amerikaner einschließlich John D. Rockefeller von 1929 bis 1932 mit 32 Millionen Dollar finanziert hatten, um Deutschland über eine Revolution aus dem finanziellen Würgegriff Frankreichs zu befreien«,[499] wobei bemerkenswert ist, daß die *Times* dabei von einer »alten Geschichte« sprach. Die *Times* fügte noch hinzu, daß Sidney Warburg nicht der Sohn von Max Warburg sei. Dies ist deshalb interessant, weil Sonderegger 1947 in einem neuerlich antisemitisch gefärbten Buch mit dem Titel Spanischer Sommer[500] – allerdings ebenfalls ohne den Originaltext zu publizieren – ausführlicher auf das Thema eingeht und darin unter anderem behauptet, bei dem Verfasser des Buches handle es sich in Wirklichkeit um James P. Warburg. Dieser ist zwar nicht der Sohn von Max Warburg, dessen Unterschrift bekanntlich neben der Hitlers auf der Ernennungsurkunde von Hjalmar Schacht zum Präsidenten der Reichsbank steht, hat aber bei seinem Onkel Max in Hamburg das Bankgewerbe erlernt.

Mehrere von Sonderegger in deutschen Zeitungen veröffentlichte Berichte und ein auf seine Materialien gestütztes Buch *Liebet Eure Feinde* des Schweizers Werner Zimmermann[501] erst führten 1949 zu einer Reaktion der Warburgs, genaugenommen des nunmehr direkt involvierten James P. Warburg. Nicht, daß er etwa gerichtlich gegen die erwähnten Veröffentlichungen vorging, um die Angelegenheit zu klären (ebensowenig wie gegenüber dem Übersetzer und Herausgeber J. G. Schoup, der kurz darauf ermordet worden war). Er begnügte sich damit, eine eidesstattliche Erklärung zu verfassen und zu unterschreiben, die mehr Fragen aufwirft, als sie beantwortet, und brachte die Angelegenheit den Regierungen der Schweiz, der USA und den drei Hochkommissaren in Deutschland zur Kenntnis.

Das Bemerkenswerte an der eidesstattlichen Erklärung Warburgs ist, daß das Buch zwar als Fälschung bezeichnet wird, sich diese Behauptung in der Hauptsache jedoch auf die Autorenschaft eines Warburg bezieht, nicht aber auf die Richtigkeit des Inhalts. Darüber hinaus hat die Erklärung Warburgs weniger das Sidney-Warburg-Buch zum Thema, sondern bezieht sich vor allem auf die Bücher Sondereggers und Zimmermanns. Das »Warburg-Buch« selbst hat James P. Warburg, wie er selbst zugibt, niemals zu Gesicht bekommen. Daher erklärt sich auch seine Behauptung, das Sidney-Warburg-Buch sei antisemitisch und darüber hinaus:

»Das Buch enthält eine Unmenge verleumderischen Materials gegen verschiedene Mitglieder meiner Familie und gegen eine Anzahl prominenter Bankhäuser und Personen in New York. Ich habe bis zu diesem Tag kein Exemplar dieses Buches gesehen. Anscheinend sind eine Handvoll Exemplare der Zurücknahme des Buches durch den Verleger entgangen.«[502]

Das ist erstaunlich. Weder werden im Originaltext – abgesehen vom Autor Sidney Warburg – die Warburgs auch nur mit einem Wort erwähnt, noch kann im Originaltext auch nur eine einzige antisemitische Passage des Verfassers selbst gefunden werden. Die einzigen antisemitischen Äußerungen im Original sind die darin zitierten Äußerungen Hitlers. Die Behauptung Warburgs, das Buch sei ein total antisemitisches Machwerk, wird schon durch seinen Inhalt widerlegt, etwa wenn »Sidney Warburg« sein Buch mit den Worten beschließt: »Die Welt leidet und seufzt weiter unter dem System, das sich eines Hitlers bedienen muß, um zu überleben. Arme Welt, arme Menschheit!«

Antony C. Sutton von der Hoover Institution for War, Revolution and Peace an der Stanford University in Kalifornien, der sich ausführlich mit der Hitler-Finanzierung durch die Hochfinanz und damit auch eingehend mit dem »Warburg-Mythos« auseinandergesetzt hat, schreibt dazu:

»Abgesehen von Hitlers irrem Gerede gibt es nichts im Original-Text des ›Sidney Warburg‹-Buches, das auch nur im Entferntesten mit Antisemitismus in Verbindung gebracht werden könnte, es sei denn, man klassifizierte

Rockefeller, Glean, Carter, McBean usw. als Juden. Tatsächlich, und das muß hervorgehoben werden, wird kein einziger jüdischer Bankier in diesem Buch genannt – ausgenommen der mysteriöse ›Sidney Warburg‹, welcher lediglich als Kurier fungiert und nicht als einer der Geldgeber. Nun ist aus authentischer Quelle (Botschafter Dodd) bekannt, daß der jüdische Bankier Eberhard von Oppenheim tatsächlich 200 000 Mark an Hitler gegeben hatte, und es ist höchst unwahrscheinlich, daß ›Sidney Warburg‹ diese Tatsache übersehen hätte, wäre es seine Absicht gewesen, antisemitische Propaganda zu betreiben.«[503] Und:

»Das Warburg-Dementi beschränkt sich spezifisch auf die Nicht-Autorenschaft Warburgs. Wir haben aber bereits die I.G. Farben als einen der Hauptfinanziers und Förderer Hitlers identifiziert. Wir haben den fotografischen Beweis einer Banküberweisung von 400 000 Mark wiedergegeben, die von der I.G. Farben an Hitlers Polit-Fonds-Konto bei der Nationalen Treuhand transferiert wurde, das von Rudolf Heß verwaltet wurde. Es ist möglich, vielleicht sogar sicher, daß ein »Sidney Warburg« nicht existierte. Andererseits beweisen öffentlich zugängliche Dokumente, daß die Warburgs engstens mit der I.G. Farben in Deutschland und in den Vereinigten Staaten verbunden waren. In Deutschland war Max Warburg einer der Vorstände der I.G. Farben, während in den Vereinigten Staaten dessen Bruder Paul Warburg (der Vater von James Paul Warburg) im Vorstand von American I.G. Farben saß. Kurz, wir haben unbestreitbare Beweise dafür, daß einige Warburgs, einschließlich des Vaters von James Paul, der gegen das ›Sidney Warburg‹-Buch auftrat, Direktoren der I.G. Farben waren. Und die I.G. Farben hat bekanntermaßen Hitler finanziert. ›Sidney Warburg‹ war vielleicht ein Mythos, die I.G. Farben-Direktoren Max Warburg und Paul Warburg waren es keineswegs.«[504]

Das verspätete Warburg-Dementi fand 1953 eine mehr als seltsame Fortsetzung. Ausgerechnet die »Memoiren« von Hitlers Steigbügelhalter und unbezweifelbarem Nationalsozialisten Franz von Papen wurden als Kanal ausersehen, um die Gegendarstellung James P. Warburgs in die breitere Öffentlichkeit zu bringen. Die eidesstattliche Erklärung von 1949 wurde dem Buch als Anhang beigefügt.[505] Wobei die Warburg-Geschichte offenbar für Papen selbst als Instrument diente, sich gegenüber den Behauptungen in Zimmermanns Liebet Eure Feinde zu wehren, er hätte für den Hitler-Fonds persönlich 14 Millionen Mark beigesteuert, wofür es in der Tat keine glaubwürdigen Beweise gibt.[506]

Es ist mehr als seltsam: Leute wie der sich nach dem Krieg neonazistisch betätigende Sonderegger verwenden das Warburg-Material, um es mit antisemitischer Propaganda zu verquicken. Der betroffene Paul Warburg behauptet, das Buch sei eine Fälschung, obwohl er es nie gelesen hat, und setzt sich in der Hauptsache mit dem Buch Sondereggers auseinander, in dem der Originaltext des »Sidney Warburg«-Buches gar nicht publiziert ist. Jahre später benutzt Warburg die Memoiren eines Alt-Nazis, um seine kuriose Gegendarstellung an die Öffentlichkeit zu bringen. Sutton faßt mit Recht zusammen:

»Es ist wahr, daß ›Sidney Warburg‹ wahrscheinlich eine Erfindung ist in dem Sinne, daß ein Sidney Warburg nie existierte. Doch irgend jemand hat das Buch nun einmal geschrieben. Zimmermann und Sonderegger mögen den Namen Warburg verleumdet haben. Aber wenn wir James P. Warburgs eidesstattliche Erklärung, wie sie in Papens Memoiren publiziert wurde, einer genauen Überprüfung unterziehen, werden wir um keinen Deut klüger. Es bleiben drei wichtige Fragen völlig unbeantwortet: Erstens: Wie kann James P. Warburg ein Buch als Fälschung bezeichnen, das er niemals gelesen hat? Zweitens: Warum weicht Warburgs Erklärung den Schlüsselfragen, die das Buch aufwirft, völlig aus und lenkt die Diskussion von ›Sidney Warburg‹ ab und hin zu dem 1947 publizierten antisemitischen Buch Sondereggers? Und drittens: Wie konnte James P. Warburg so unsensibel gegenüber jenen Juden sein, die während des Zweiten Weltkrieges dermaßen gelitten hatten, daß er seine Erklärung ausgerechnet in den Memoiren Franz von Papens veröffentlicht, der als prominenter Nazi seit den frühen Dreißigern im Zentrum der Hitler-Bewegung stand? [...] Darüber hinaus: Den Warburgs hätten wohl zahlreiche andere Möglichkeiten zur Verfügung gestanden, diese Erklärung einer breiteren Öffentlichkeit zugänglich zu machen, als der Gebrauch neonazistischer Kanäle.«[507]

Sutton weist in seiner Untersuchung darauf hin, daß heute zwar viele der in dem »Sidney Warburg«-Buch gegebenen Informationen vielfach zum Allgemeinwissen zählen, in den frühen dreißiger Jahren jedoch nur zum geringsten Teil bekannt waren. Beispielsweise die Identität des Bankiers von Heydt als einer der Hitler-Finanziers.[508] »Jeder Privatmann, der versucht hätte, eine derartige Fälschung ohne Insider-Material aus Regierungskreisen zu verfassen, hätte schon ausgesprochen gut informiert sein müssen. Guaranty Trust ist eine außerhalb von New York kaum bekannte Bank. Aber es ist in höchstem Maße glaubwürdig, daß Guaranty Trust daran beteiligt war, weil sie von den Morgans auch als Vehikel zur Finanzierung und Infiltrierung der Bolschewistischen Revolution verwendet wurde.«[509]

»Wer immer Guaranty Trust in Zusammenhang mit der Hitler-Finanzierung brachte, wußte zweifellos um vieles mehr als der Mann auf der Straße – oder er verfügte über authentische Informationen aus Regierungskreisen.«[510] Abgesehen von den noch zu erwähnenden Fakten zur Nazi-Finanzierung durch internationales Kapital und ungeachtet der mißbräuchlichen (zum Zwecke der Desavouierung vielleicht sogar in diesem Sinne absichtlichen) Verwendung des Warburg-Materials durch Sonderegger & Co, findet die Warburg-Geschichte auch eine Bestätigung durch Dr. Wilhelm Abegg, im Ersten Weltkrieg Polizeipräsident von Berlin und von 1926 bis 1932 Staatssekretär im Preußischen Innenministerium. Er war vom preußischen Ministerpräsidenten Otto Braun beauftragt worden, die Finanzquellen Hitlers herauszufinden.[511] In einem der Kriminalpolizei verdächtigen Möbelwagen, der ständig in Deutschland unterwegs war, war dann eines Tages Hitlers Privatarchiv entdeckt worden, das auch die entsprechenden Bankunterlagen aus den Jahren 1929 bis 1931 enthielt. Bei der Überprüfung der Unterlagen stellten die Beamten fest, daß die ausländischen Gelder in drei Geheimfonds geflossen waren, über die nur Hitler verfügungsberechtigt war. Das Ermittlungsergebnis wurde auch dem Reichskanzler von Schleicher mitgeteilt. Als 1933 Göring zum preußischen Ministerpräsidenten ernannt wurde, setzte sich Abegg mit einem Großteil der Akten in die Schweiz ab. Bald darauf wurden jene dreizehn Polizeioffiziere, die an der Abegg-Operation beteiligt waren, verhaftet. Göring ließ Abegg wissen, seine ehemaligen Untergebenen würden so lange gefoltert, bis Abegg das Material herausrücke. Abegg gab nach, es gelang ihm allerdings, einige wichtige Unterlagen zu fotografieren und später mit Hilfe der Rechtsanwälte Dr. A. Gelpke und Dr. W. Nelz aus Zürich sein Archiv an verschiedenen Plätzen wieder aufzubauen.

Drei der Polizeioffiziere wurden am 30. Juni 1934 im Zuge der Röhm-Affäre liquidiert, ebenso wie General von Schleicher, ebenso wie Gregor Strasser, der auch nach »Sidney Warburgs« Bericht an einer der amerikanisch-deutschen Transaktionen beteiligt gewesen war und dies auch Abegg gegenüber zugegeben haben soll: Die Finanzierungsangelegenheit soll einer der Gründe für seine Trennung von Hitler gewesen sein.

Die Warburg-Story – Dichtung oder Wahrheit?

Wenn Sidney Warburg nicht existierte, welches Motiv konnte hinter der versuchten Veröffentlichung dieses Buches gesteckt haben?

»Das einzige Motiv, das akzeptabel erscheint«, schreibt Sutton, »ist, daß der unbekannte Autor darüber informiert war, daß ein Krieg vorbereitet werden sollte, und nun versuchte, eine öffentliche Reaktion gegen die Wallstreet-Fanatiker und die mit ihnen befreundeten Industriellen aus Deutschland zu provozieren, ehe es zu spät war. Es ist absolut klar, daß, wer immer dieses Buch geschrieben hatte, vor Hitlers Aggression warnen wollte und auf seine Hintermänner in der Wallstreet hinweisen wollte, denn die Hilfeleistung durch die von der Wallstreet kontrollierten Gesellschaften war noch immer notwendig, um Hitlers Kriegsmaschinerie aufzubauen. Die Patente von Standard Oil für das Kohle-Hydrierungsverfahren, die Finanzmittel zur Errichtung von Fabriken, in denen aus Kohle Benzin gewonnen werden sollte, die Bombenzielgeräte und andere notwendige Technologien waren zu dem Zeitpunkt, als das ›Sidney Warburg‹-Buch geschrieben wurde, noch nicht in vollem Umfang nach Deutschland transferiert worden [...]«[512]

Das ist das Thema. Und die Vorbereitung Deutschlands für den nächsten Krieg begann nicht erst 1929, sondern schon viel früher. »Der Dawes-Plan, 1924 angenommen, paßte perfekt in die Pläne der Militärökonomen des deutschen Generalstabs.«[513] Das sogenannte Kilgore Committee des US-Senats bekam später detaillierte Beweise von unabhängigen Regierungsbeamten zu hören, daß die Nazis, als sie 1933 an die Macht kamen, zweifellos zu ihrem Entzücken entdeckten, »daß vom Gesichtspunkt der Ökonomie und der Industrie seit 1918 ein gewaltiger Schritt zur Vorbereitung Deutschlands für den Krieg gemacht worden war«.[514] »Diese Anleihen für den Wiederaufbau wurden zum Vehikel für Arrangements, welche weit mehr dazu angetan waren, den Zweiten Weltkrieg zu fördern, als einen Frieden nach dem Ersten Weltkrieg zu etablieren«.[515]

Die Beteiligung amerikanischen Kapitals bei den Kriegsvorbereitungen vor 1940 kann in der Tat nur als phänomenal bezeichnet werden. Die personelle und ökonomische Vernetzung zwischen der amerikanischen und deutschen Industrie desgleichen.

Das war aber keineswegs, wie man vielleicht meinen möchte, eine zufällige Entwicklung, die sich ohne fremdes Zutun einfach aus den politischen und ökonomischen Verhältnissen und diversen wirtschaftlichen Interessen heraus naturgemäß und zwangsläufig so entwickelt hat. Es muß noch einmal die bemerkenswerte Rolle hervorgehoben werden, die Hitlers späteres »Finanzgenie«, Reichsbank-Präsident Hjalmar Horace Greeley Schacht, von allem Anfang an in diesem Spiel spielte.

Er ist gewissermaßen die durchgehende Verbindung zwischen einem übernationalen, »lenkenden« System und dem Anfang und dem Ende des Dritten Reiches. Es war Schacht, dessen Vater bekanntlich für die von J. P. Morgan kontrollierte Equitable Trust Company of New York in Berlin arbeitete, und nicht Owen Young (nachdem der Young-Plan benannt worden war), der die Idee für die Gründung der Bank für internationalen Zahlungsverkehr in Basel eingebracht hatte. »Die Wechselwirkungen von Ideen und die Zusammenarbeit zwischen Schacht in Deutschland und – über Owen Young – den Interessen J. P. Morgans in New York war nur eine Facette in einem ungeheuren, umfassenden und ambitiösen System der Kooperation und internationaler Allianzen, mit dem Ziel, die Kontrolle der Welt zu erlangen.«[516] Man erinnere sich daran, was der Havard-Professor und »Insider« Caroll Quigley dazu schreibt: »Abgesehen von ihren pragmatischen Zielen hatten die Mächte der Hochfinanz ein viel weiter reichendes Ziel, nämlich nichts weniger als die Schaffung eines Weltsystems finanzieller Kontrolle in privaten Händen, fähig, die politischen Systeme eines jeden Landes und die Weltwirtschaft insgesamt zu beherrschen. Dieses System sollte auf feudalistische Weise von den Zentralbanken der Welt gesteuert werden, die konzertiert handeln, und zwar aufgrund von Geheimabkommen, die auf häufigen Privatkonferenzen und Treffen behandelt werden. Die Spitze dieses Systems sollte die Bank für internationalen Zahlungsverkehr in Basel, Schweiz, sein, eine Privatbank im Eigentum und unter Kontrolle der Zentralbanken der Welt, die ihrerseits wieder private Körperschaften sind. Jede Zentralbank in den Händen von Männern wie Montagu Norman von der Bank of England, Benjamin Strong von der New Yorker Federal Reserve Bank, Charles Rist von der Banque de France und Hjalmar Schacht von der deutschen Reichsbank versuchte die jeweilige Regierung zu beherrschen, und zwar durch ihre Fähigkeit, die Schatzanleihen zu kontrollieren, ausländische Devisen zu manipulieren, das Niveau der ökonomischen Aktivitäten in ihren Ländern zu kontrollieren und kooperative Politiker in der Folge durch einträgliche Positionen in der Geschäftswelt zu belohnen.«[517]

Direkter Einfluß wurde durch die Bereitstellung politischer Fonds oder durch die Zurücknahme der Unterstützung von Politikern und Parteien genommen. Die den Zielen der Hochfinanz unterworfenen Politiker und für die Banker nützlichen Akademiker mit guten Ideen zur Weltkontrolle waren so einem System von Belohnung und Bestrafung unterworfen.[518]

Dies wirft – vor allem auch im Hinblick auf das Warburg-Material – ein bemerkenswertes Licht auf die Tatsache, daß es Hjalmar Schacht war, der 1932 sozusagen die Initiative ergriffen hatte, um durch eine Petition namhafter Männer aus Industrie, Bankwelt, Handel und Schiffahrt dem 85jährigen Hindenburg klarzumachen, er könne auf die Dauer nicht gegen Hitler regieren.[519]

Daß das historische Treffen zwischen Hitler und von Papen, bei dem der amtierende Reichstagspräsident von Schleicher ausgetrickst wurde, ausgerechnet im Haus des Bankiers Kurt von Schröder stattfand, war eben auch kein Zufall; es ist auch kein Zufall, daß Schröder in diesem Jahr zum Repräsentanten der Reichsbank bei der oben erwähnten Bank für internationalen Zahlungsverkehr in Basel ernannt wurde.[520] Schröder stand in enger geschäftlicher (und familiärer) Verbindung mit den Bankhäusern J. Henry Schroeder in London (die Vertretung der deutschen Finanzinteressen in London ab 1938) und der J. Henry Schroeder Corporation in New York sowie mit der Investment-Bank Schroeder/Rockefeller & Company. John Foster Dulles, der spätere Außenminister der USA, war damals Direktor der Schroeder Corporation in New York und hatte naturgemäß wiederum enge Verbindungen zu F. C. Tiarks, Partner der Schroeder-Bank in London und Direktor der Bank of England bis 1945. Gemeinsam mit seinem Bruder Allen W. Dulles, dem späteren CIA-Chef, war John Foster Dulles überdies Mitinhaber der New Yorker Rechtsanwalts-Firma Sullivan & Cromwell, die wiederum die Schroeder-Bank rechtlich vertrat.[521]

Der am 16. 6. 1955 aktenkundig gemachten Aussage eines Nachrichtendienstlers des Reichskanzlers von Schleicher, bei der Besprechung zwischen Hitler und Papen bei Schröder sei auch John Foster Dulles anwesend gewesen, kommt insofern eine gewisse Glaubwürdigkeit zu.[522] Nach einer Aussage vor dem bereits erwähnten U.S. Kilgore Committee war Schroeder über die Grenzen des Reiches hinaus einflußreich genug, um 1940 in Frankreich Pierre Laval an die Macht zu bringen.[523]

Es war schließlich Hjalmar Schacht, der am 20. Februar 1933 neuerlich initiativ wurde, um im Haus des Reichtagspräsidenten Göring als Gastgeber bei der versammelten Prominenz aus Bankwelt und Industrie für Hitlers letzten Wahlkampf abzukassieren.[524] Worauf, purer Zufall, bald das Reichstagsgebäude brennen und die Nazis via Ermächtigungsgesetz die totale Macht übernehmen und die Dinge ihren Lauf nehmen sollten.

Sollte es einen bei all dem wundern, daß die Bank für internationalen Zahlungsverkehr als Spitze und Angelpunkt der »feudalen« Weltplaner auch während des Zweiten Weltkrieges ihre Arbeit ungehindert fortsetzte, sozusagen als »Medium der Banker diente, welche augenscheinlich nicht miteinander im Krieg waren und die durch dieses Medium einen fruchtbaren Austausch von Ideen und Informationen fortsetzen konnten«.[525]

Der Krieg verursachte daher naturgemäß nicht die geringsten Differenzen zwischen den Banken: »Die Tatsache, daß die Bank [Anm.: für internationalen Zahlungsverkehr] von einem international zusammengesetzten Führungsstab geleitet wurde, war für Kriegszeiten eine höchst abnormale Situation«, verwunderte sich ein Beobachter.[526] »Ein amerikanischer Präsident führte die täglichen Geschäfte über einen französischen General-Manager, der wiederum von einem deutschen stellvertretenden General-Manager unterstützt wurde, während der Generalsekretär ein Italiener war. Andere Führungsstellen waren durch diverse andere Nationalitäten besetzt. Natürlich waren diese Männer täglich miteinander in Kontakt [...] sie waren während dieser Zeit ständig in der Schweiz ansässig, und es war nicht anzunehmen, daß sie zu irgendeinem Zeitpunkt den Anordnungen ihrer Regierungen unterworfen gewesen wären. Zwar verblieben die Direktoren der Bank in ihren entsprechenden Ländern und hatten keinen direkten, offiziellen Kontakt zu ihrem Personal. Es wird aber behauptet, daß H. Schacht, Präsident der Reichsbank, die meiste Zeit einen persönlichen Repräsentanten in Basel hatte.«[527] Die geheimen Treffen zwischen den Bankern dieser »Kontrollzentrale«, so ein zeitgenössischer Beobachter, »waren viel geheimer, als es jemals die Treffen der Royal Arch-Freimaurer oder der Rosenkreuzer waren«.[528] Derlei Geheimhaltung war ja wohl auch notwendig. Denn sonst wäre es nicht möglich gewesen, bis heute die Behauptung aufrecht zu halten, die Auslandsfinanzierung Hitlers sei für dessen Machtergreifung unwesentlich gewesen, man hätte dann beispielsweise schon früher herausgefunden, daß der damalige »Commander in chief of the world system of banking control«, der »Finanzdiktator Europas«,[529] der mit den Morgans und mit Kuhn, Loeb & Co in New York eng verbundene Gouverneur der Bank von England, Montague Norman, über Schweizer Banken höchstpersönlich Hitler finanzierte.[530] Wenn auch die von Norman beigesteuerten Mittel nicht bekannt sind, so lassen die fünf Millionen Dollar, die sein Landsmann Lord Rothermere, wie bereits erwähnt, dem Führer bar auf den Tisch legte, darauf schließen, daß auch ersterer möglicherweise nicht ganz so kleinlich war, wie dies »Sidney Warburg« in seinem Bericht schilderte.

Die Bank for International Settlements (BIS), also die zitierte Bank für internationalen Zahlungsverkehr, war nicht nur die »Spitze des Kontrollsystems«, mit dem die Ereignisse gesteuert wurden, sie war auch das Zentrum eines Systems, mit dem aus dem Krieg zur allseitigen Befriedigung höchster finanzieller Gewinn abgeschöpft wurde. Obwohl nur ein Nebenschauplatz der eigentlichen Finanzierung des Dritten Reiches und der Vorbereitung zum weltverändernden und vor allem lukrativen Ereignis Weltkrieg, macht dies einiges verständlich. Dies führt auf einen Schauplatz, der im allgemeinen im Zusammenhang mit diesem Thema gar nicht oder kaum berücksichtigt wird, der aber zeigt, wie weit dieses Netz gespannt ist, unter dem sich das abspielt, was man Geschichte nennt.

Während des Zweiten Weltkrieges kontrollierte der Schwedische Konzern SKF zirka 80 Prozent der gesamten Kugellager-Produktion in Europa und verfügte weltweit auch über die meisten diesbezüglichen Patente. Treibende Kraft hinter Produktion und Handel als Vorsitzender des SKF-Konzerns war Sven Winquist, ein flotter Playboy, Freund von Göring – und der Herzogin von Windsor, deren Rolle bereits bekannt ist. Darüber hinaus war er ein wichtiger Partner in Jakob Wallenbergs »Stockholm Enskilda«, der größten Privatbank in Schweden und Korrespondenz-Bank von Hitlers Reichsbank.[531] Kein Zufall daher, daß Baron von Schröder auch schwedischer General-Konsul war. Und während Raoul Wallenberg in Ungarn in wahrhaftig heroischer Weise versuchte, Juden vor den Gaskammern zu retten, war sein Verwandter Jakob einer der wichtigsten Nazi-Banker. Darüber hinaus: 60 Prozent der SKF-Produktion ging – nach Deutschland.[532] Der Satz: »Ohne Wallstreet hätte es keine I.G. Farben gegeben und ohne I.G. Farben aller Wahrscheinlichkeit keinen Hitler und keinen Krieg«,[533] mag – wenn auch mit Einschränkungen – durchaus auch auf Wallenberg und vor allem auf die SKF-Kugellager zutreffen.

Als der amerikanische Botschafter in Stockholm naiverweise ein Embargo forderte, drohte ihm der schwedische Außenminister kaltblütig damit, die volle Korrespondenz darüber zu veröffentlichen, daß der Handel zwischen Schweden und Deutschland auf einer den alliierten Regierungen bekannten Vertragsbasis durchgeführt wurde und, mehr noch, auf vorhergehenden Vereinbarungen mit eben diesen Regierungen basierte.

Der britische Schatzkanzler Sir Kingsley Wood beschrieb den Vorkriegs-Deal mit den Nazi-Bankern: »Dieses Land hat verschiedene Rechte und Interessen [...] im Rahmen unserer internationalen Kreditvereinbarungen zwischen den verschiedenen Regierungen. Es wäre nicht in unserem Interesse, diese Verbindungen zu zerstören.«[534]

Es war der in einem engen Vertrauensverhältnis zu Churchill persönlich stehende britische Minister für wirtschaftliche Kriegsführung, Lord Selbourne (dessen Name man sich merken muß, weil er in einem weiteren, sozusagen »esoterischen« Zusammenhang auch eine Rolle spielt), der den Amerikanern einen durchaus interessanten Vorschlag machte, nämlich die SKF nicht auf die Embargo-Liste zu setzen, sondern statt dessen die Nazis beim Kauf von Kugellagern einfach zu überbieten.[535] Jakob Wallenberg selbst hatte natürlich Verbindungen zu hohen amerikanischen Stellen, zu Geheimdiensten und zu geheimen Organisationen wie Intermarium und »Schwarze Kapelle«, die sozusagen im Untergrund des Dritten Reiches für den richtigen Ablauf der Ereignisse sorgten.[536] Ebenso naturgemäß unterhielt Wallenberg auch beste Verbindungen zum amerikanischen Geheimdienst: Schließlich war der amerikanische Rechtsberater des SKF-Konzerns der Mitinhaber der Anwaltsfirma Sullivan und Cromwell in New York und während des Krieges Leiter des amerikanischen OSS-Büros in Bern – Allen W. Dulles, der mit seinem Bruder vor dem Krieg die meisten Nazi-Banken in und außerhalb Deutschlands vertreten hatte.[537] Kein Zufall daher, daß Dulles seinerseits wiederum über Verbindungen zur »Zentrale«, der BIS in Basel, durch eine deutsche Korrespondenzbank verfügte, die von Baron Kurt von Schröder geführt wurde.

Es wird nun vermutlich niemandem mehr ein besonderes Rätsel sein, wie die deutschen »Brüder des Bankgewerbes« beispielsweise rechtzeitig von den »geheimen« amerikanischen Plänen für die Invasion in Nordafrika im Jahre 1942 erfuhren. Über die BIS und ihre französischen Korrespondenz-Banken transferierten sie aufgrund dieser Informationen unverzüglich 9 Milliarden Goldfrancs nach Algier; wobei in diesem Zusammenhang erwähnenswert ist, daß im besetzten Frankreich sämtliche amerikanischen Bankfilialen geschlossen worden waren – bis auf Rockefellers Chase und Morgan et Cie. – und daß später »eingeschläferte« Untersuchungen des US-Schatzamtes eindeutig bewiesen haben, daß die beiden Banken mit den Nazis kollaboriert hatten.[538] In Erwartung der deutschen Niederlage landeten die deutschen Banker einen Volltreffer durch den Umtausch der Goldfranken in Dollar: praktisch über Nacht erhöhten sie so ihr Vermögen von 350 auf 525 Millionen Dollar. Mit dabei war übrigens auch der Vatikan, der sich natürlich nicht zu schade war, aus seinen geheimdienstlichen Operationen auch ordentliche finanzielle Profite zu schlagen. »Einer der Kollaborateure in diesem Spiel, der die geheimen Informationen an Hitlers Führungsstab weiterreichte, war von der vatikanischen Spionage-Gruppe.«[539]

Damit erscheint die Rolle, die der Vatikan im Zusammenhang mit der »Schwarzen Kapelle« und später gemeinsam mit französischen, britischen und amerikanischen Geheimdiensten bei der »Evakuierung« prominenter Nazis spielen sollte, in einem ganz anderen Licht. Und auch die sogenannten »Friedensverhandlungen«, die sporadisch zwischen deutschen Stellen über den Vatikan und über das Berner OSS-Büro von Allen Dulles praktisch während der ganzen Kriegszeit geführt wurden: »Vom Gesichtspunkt der Banker waren die Friedensverhandlungen eine bequeme und willkommene Tarnung, um ihr Spiel fortzusetzen. Zur selben Zeit sorgten Banker wie Wallenberg schon für den Fall vor, daß die Alliierten gewinnen würden [...]«[540]

Dieses Spiel von Nazi-Bankiers, französischen, japanischen, britischen und vatikanischen Bankern, die stets alle Informationen austauschten, um Profit mit Devisengeschäften zu machen, ist indessen bestenfalls die Spitze eines Eisbergs: Nebenszene eines Schaustücks, das allen jenen Soldaten das Blut in den Adern hätte gefrieren lassen, die in diesem Jahrhundert für irgendeine bestimmte Sache kämpften und auf deren Blut dieses Spiel aufgebaut war. Es war, wie zu sehen sein wird, mit dem Krieg keewegs zu Ende. Viele der nach dem Krieg für den ökonomischen Wiederaufbau im besetzten Deutschland Verantwortlichen kamen von denselben übernationalen Finanzgruppen, die zuvor im Vorkriegsdeutschland investiert hatten, was das Zeug hielt, um nach der »Abbruchaktion« unter anderem mit Hilfe von Tarnorganisationen wie der »World Commerce Corporation« der Herren Stephenson (britischer SIS), Donovan (amerikanischer OSS) und natürlich Dulles und seinem OSS/CIA-Komplizen Wiesner oder der Organisation des deutschen Wirtschaftswunder-Bankiers Abs als Teil zwei die »Stadtsanierung« in Angriff zu nehmen.[541]

Vielleicht ist es gar nicht so unrichtig, »Sidney Warburgs« Buch als »Fälschung« zu bezeichnen, und zwar in dem Sinne, daß er maßlos untertrieben hat. Denn betrachtet man den Gesamtkomplex der Aufrüstung des Dritten Reiches für den Krieg, erscheinen die von »Warburg« aufgezeigten »Geldquellen« bestenfalls als kleines Rinnsal.

Vor allem sind es Antony Sutton und nicht zuletzt auch James Martin, die zum größten Teil auf der Grundlage von Originaldokumenten und auch eigenen Erfahrungen[542] das Thema »Wallstreet und der Aufstieg Hitlers« verarbeiteten.

Es begann, wie bereits oben erwähnt, mit den Dawes-Anleihen Mitte der zwanziger Jahre. Wie Sutton und Martin nachweisen, wurden die drei größten Anleihen dazu verwendet, die drei größten deutschen Kartelle aufzubauen,[543] nämlich die I.G. Farben, die Vereinigten Stahlwerke und die Allgemeine Elektrizitätsgesellschaft AEG.

Der größte daraus entstandene Wirtschaftsgigant war die I.G. Farben, am Vorabend des Zweiten Weltkriegs zweifellos der größte Chemiekonzern der Welt, dessen außerordentlicher wirtschaftlicher, aber auch politischer Einfluß in aller Welt (Beteiligungen in 93 Ländern) und vor allem natürlich im Dritten Reich selbst bei oberflächlicher Betrachtung nicht zu bestreiten ist. Es war das Organisationsgenie Herman Schmitz (1936 bis 1939 außerdem einer der Direktoren der BIS in Basel), der mit Hilfe der Wallstreet 1925 sechs große Chemie-Konzerne, nämlich die Badische Anilin, Bayer, Agfa, Hoechst, Weiler-ter-Meer und Griesheim-Elektron zu dem Super-Giganten »Internationale Gesellschaft Farbenindustrie AG« verschmolz.

In der Tat war die I.G. Farben, die gemeinsam mit den Vereinigten Stahlwerken dank amerikanischem Kapital und teilweise amerikanischer Technologie am Vorabend des Zweiten Weltkrieges 95 Prozent der deutschen Explosivstoffe herstellte[544] und aus deren Giftküche während des Krieges auch das berüchtigte Blausäuregas Zyklon B für Himmlers Gaskammern kam, kein deutsches Unternehmen, sondern ein multinationaler Konzern, der intern wesentlich von ausländischen Interessen mitbestimmt wurde. Die personellen Verflechtungen im Vorstand der hundertprozentigen Farben-Tochter »American I.G. Chemical Company« (später aus kosmetischen Gründen in General Anilin umbenannt) sind überaus aufschlußreich:

Carl Bosch von der deutschen Ford Motor AG.; Edsel B. Ford von der Ford Motor Company in Detroit, Max Ilgner von I.G. Farben, F. TerMeer, ebenfalls vom I.G. Farben-Vorstand, H. A. Metz, Direktor von I.G. Farben und der Bank of Manhattan; C. E. Mitchel von der Federal Reserve Bank of New York und der National City Bank; Hermann Schmitz, Präsident von American I.G., im Vorstand von I.G. Farben, der Deutschen Bank, der Bank of International Settlement, Basel; Walter Teagle von der Federal Reserve Bank of New York und Standard Oil of New Jersey; W. H. von Rath,

Vorstand bei AEG, Paul Warburg, Gründungsmitglied der Federal Reserve Bank und Bank of Manhattan, W. E. Weiß von Sterling Products.[545] Paul Warburgs Bruder, der Hamburger Bankier Max Warburg, saß bekanntlich im Vorstand von I.G. Farben in Deutschland.

Walter Teagle von Standard Oil war 1929 in den Vorstand von American I.G. eingetreten, nachdem sich I.G. Farben und Standard Oil verheiratet hatten. Damals bekam Standard Oil die Hälfte aller Rechte an dem Hydrierverfahren in allen Ländern der Welt mit Ausnahme Deutschlands, während Standard Oil an I.G. Farben 546 000 seiner Stammaktien im Wert von 30 Millionen Dollar abgab.[546]

Der Deal hatte seinen Grund. Zwar hatte bekanntlich 1920 ein Dr. Bergius in Deutschland ein Verfahren entwickelt, mit dem man aus Kohle Benzin machen konnte. Doch das ganze Verfahren nützte nichts, wenn Kapital und Technologie zur notwendigen Verfeinerung dieser Methode fehlten. Noch 1935 wurden etwa 85 Prozent der Ölprodukte nach Deutschland importiert. Standard Oil löste das Problem. Im November 1929 wurde eine im gemeinsamen Eigentum von I.G. Farben und Standard Oil befindliche Forschungsgesellschaft unter dem Management der Standard Oil Company etabliert und sämtliche Forschungsergebnisse und Patente in bezug auf das Hydrierverfahren zusammengelegt.[547]

»Es ist klar, daß die Entwicklungsarbeit der Ölgewinnung aus Kohle von Standard Oil of New Jersey in den USA geleistet wurde, in Anlagen der Standard Oil und mit weitgehender Finanzierung und Kontrolle durch Standard Oil. Das Resultat dieser Forschungen wurde der I.G. Farben zur Verfügung gestellt, und dies war die Basis von Hitlers Öl-aus-Kohle-Programm, das den Zweiten Weltkrieg überhaupt erst möglich machte.«

»Ein anderes wichtiges Beispiel dafür, wie Standard Oil die Kriegsmaschinerie Hitlers ölte, war die Lieferung des Anti-Klopf-Mittels Äthylen an die Deutschen noch im Jahr 1938 – in Kooperation mit General Motors.«[548] Eine Standard-Oil-Tochterfirma errichtete 1939 noch rechtzeitig zum Kriegsbeginn eine Fabrik zur Herstellung von Flugzeug-Benzin. Zu Beginn der dreißiger Jahre unterzeichnete Farben mit Alcoa das als »ALIG« bekannte Abkommen, wodurch die beiden Unternehmen Patente und Know-how in der Magnesiumherstellung zusammenlegten. Von den über zweitausend Kartell-Verbindungen zwischen I.G. Farben und ausländischen Firmen sticht neben Standard Oil, Alcoa und DuPont vor allem auch Dow Chemical hervor. Ein überaus interessanter Aspekt in bezug auf die Verbindung von Standard Oil zur I.G. Farben und insbesondere zum Dritten Reich ergibt sich durch die Deutsch-Amerikanische Petroleum AG (DAPG), die zu 94 Prozent im Eigentum von Standard Oil war. Die DAPG hatte Niederlassungen in ganz Deutschland, eine Raffinerie in Bremen. Die Firmenzentrale befand sich in Hamburg.

»Durch die DAPG war Standard Oil im innersten Kreis der Nazis präsent – dem Keppler-Freundeskreis und dem Freundeskreis Himmler. Einer der Direktoren, die bis 1944 Mitglied des Kepplerschen Freundeskreises waren, war Karl Lindemann, Vorsitzender der Internationalen Handelskammer in Deutschland, Aufsichtsrat mehrerer Banken einschließlich der Dresdner Bank, der Deutschen Reichsbank, der privaten, nazi-orientierten Bank Melchior & Company sowie zahlreicher Gesellschaften einschließlich HAPAG. Ein anderes Mitglied des DAPAG-Vorstandes und des Keppler-Kreises war Emil Helffrich.«[549]

Der Ausspruch des amerikanischen Senators Homer T. Bone vor dem Committee on Military Affairs: »Farben war Hitler, und Hitler war Farben!« hat zweifellos seine Berechtigung. Farben war ein integraler Bestandteil des Systems und der Vorbereitung zum Krieg, und das ist in Hinblick auf Farbens intimes Verhältnis zur Wallstreet wohl von Bedeutung:

»Während der dreißiger Jahre hat I.G. Farben mehr als nur den Interessen des Nazi-Regimes gedient. Farben war Initiator und Ausführender der Welteroberungspläne der Nationalsozialisten. Farben agierte als Forschungs- und Spionageorganisation der Wehrmacht und initiierte freiwillig diverse Projekte der Wehrmacht. In der Tat mußte die Wehrmacht nur selten an Farben herantreten. Es wird geschätzt, daß 40 bis 50 Prozent der Farben-Projekte für die Wehrmacht von der I.G. Farben selbst initiiert wurden.«[550]

Mehr noch: Bereits 1934 (!) begann I.G. Farben sozusagen mit der Mobilisierung und hielt in den verschiedenen Farben-Anlagen Übungen unter kriegsähnlichen Bedingungen ab, die folgerichtig auch als »Kriegsspiele« bezeichnet wurden.[551]

Das Berliner N.W.7-Büro von I.G. Farben, die unter dem Kürzel VOWI bekannte, bereits 1929 gegründete Statistik-Abteilung, war mehr oder weniger das Zentrum für die Wirtschaftsspionage der Nazis und der Wehrmacht. Die Abteilung operierte unter Max Ilgner, der mit Ford, Warburg und Mitchell im Vorstand von American I.G. saß. Einer der prominentesten Mitarbeiter von N.W.7 war übrigens der spätere »Bilderberger« Prinz Bernhard der Niederlande, der 1930 zu I.G. Farben kam, nachdem er zuvor achtzehn Monate lang in der schwarzen Uniform der SS gedient hatte.[552]

1933 überwies I.G. Farben 400 000 Mark direkt an das von Heß verwaltete Hitler-Konto bei der »Nationalen Treuhand«.[553]

Wenn es wohl kaum übertrieben ist zu sagen, ohne I.G. Farben hätte es kein Drittes Reich gegeben, dann trifft dies sicherlich auch für General Electric zu. Allgemein gesprochen spielte dieser multinationale Gigant im Spiel des 20. Jahrhunderts eine noch weitaus bedeutendere Rolle, denn General Electric trug nicht nur wesentlich zum Aufbau der Hitlerschen Kriegsmaschinerie bei, der Konzern elektrifizierte in den zwanziger und dreißiger Jahren auch die Sowjetunion für Lenin & Co.[554] Auch in den USA selbst spielte General Electric eine nicht zu unterschätzende politische Rolle vor allem durch den Einfluß, den deren Präsident Gerard Swope etwa auf Präsident Roosevelt ausübte: Von Swope stammte der Plan zu Roosevelts National Industry Recovery Act vom 16. Juni 1933; Swope war sozusagen der eigentliche Vater des »New Deal«. Gerard Swope war wie Owen Young am Aufstieg Hitlers und der Unterdrückung der Demokratie in Deutschland beteiligt. Es ist vermutlich kein Zufall, daß Walter Rathenau, bis 1922 geschäftsführender Direktor der Allgemeinen Elektrizitätsgesellschaft AEG, wie seine Gegenstücke in den USA, Swope und Young, ein Vertreter dessen war, was man »Gesellschafts-Sozialismus« bezeichnen könnte, eine System, in dem gewissermaßen der Staat die Bedingungen für die profitable Entwicklung der privaten Konzerne bereitstellt.[555] Der Dawes-Plan und der Young-Plan entsprachen haargenau dieser Philosophie. Mehr noch als bei I.G. Farben zeigt sich im Falle der deutschen Elektro-Industrie die direkte Präsenz der amerikanischen Hochfinanz.

Es ist vielleicht interessant, zunächst den Hintergrund der amerikanischen Direktoren bei AEG und OSRAM zu skizzieren:

Gerard Swope war Aufsichtsratsvorsitzender von International General Electric, Präsident der General Electric Company, Direktor der National City Bank, der NBC und bei RCA, schließlich im Vorstand von AEG und OSRAM in Deutschland.

Owen D. Young, Vorstandsvorsitzender von General Electric, stellvertretender Vorsitzender der Federal Reserve Bank of New York, Vorsitzender des Exekutivkomitees der Radio Corporation of America, gemeinsam mit J. P. Morgan Urheber des sogenannten Young-Plans, Direktor von AEG und OSRAM.

Clark H. Minor, Präsident und Direktor von International General Electrics, Direktor von British Thomson Houston, der Compania Generale Elettricia in Italien und der Japan Electric Bond & Share Company in Japan. Young und Swope waren gemeinsam mit Thomas Cochran die Repräsentanten von J. P. Morgan bei General Electric ebenso wie bei General Electric International, folglich auch bei AEG und OSRAM.

Es ist kein Zufall, daß der Eintritt von General Electric in die deutsche Elektro-Industrie 1929 erfolgte, nachdem 1928 General-Electric-Präsident Owen D. Young als Chef der US-Delegation den sogenannten Young-Plan ausgehandelt hatte. Im Juli 1929 wurden zwischen General Electric und den deutschen Firmen AEG, Siemens & Halske sowie Koppel & Co die Aktien des Glühbirnen-Erzeugers OSRAM aufgeteilt. General Electric übernahm 16,66 Prozent der OSRAM-Anteile und erreichte damit die internationale Kontrolle für Produktion und Marketing von Glühbirnen. OSRAM-Direktoren wurden Minor und Swope.

1929 verfügte General Electric über einen fünfundzwanzigprozentigen Anteil an der AEG, ein Abkommen sicherte AEG den Zugang zu amerikanischen Patenten und amerikanischer Technologie. 1930 wurden Clark H. Minor, Gerard Swope und E. H. Baldwin in den Aufsichtsrat von AEG gewählt. Zu Beginn der dreißiger Jahre schließlich war AEG zu 30 Prozent im Besitz von International General Electric, die Gesellschaft für Elektrische Unternehmungen zu 25 Prozent und Ludwig Löwe ebenfalls zu 25 Prozent. Durch die AEG-Direktoren bei OSRAM verfügte General Electric über einen weit über den eigenen Anteil hinausgehenden Einfluß. Zu dieser Zeit saßen nun im AEG-Aufsichtsrat vier Wallstreet-Agenten, nämlich Young, Swope, Minor und Baldwin, neben dem bekannten Hitler-Finanzier Pferdmenges von Oppenheim & Co und Quandt, dem 75 Prozent der Akkumulatoren-Fabrik gehörten. Nicht verwunderlich, daß mehrere Direktoren von AEG zugleich auch im Vorstand bzw. Aufsichtsrat der I.G. Farben saßen, während beispielsweise wiederum Walter Fahrenhorst von der AEG bei der Phönix AG, der Thyssen AG und der Demag AG vertreten war, die allesamt ebenfalls zum Hitler-Fonds direkt beisteuerten.

»Das Signifikante an diesem General-Electric-Besitz ist«, schreibt Antony Sutton, »daß AEG und OSRAM an vorderster Front jener standen, die Hitlers Wahlhilfe-Fonds mit Kapital füllten.«[556]

In der Tat sind zumindest folgende Direktüberweisungen der mit International General Electric verbundenen Firmen an das Bankhaus Delbrück

Schickler & Co in Berlin zugunsten des von Heß verwalteten Kontos »Nationale Treuhand« im Jahr 1933 dokumentarisch nachweisbar: 40 000 Mark von OSRAM, 60 000 von AEG, 25 000 von der Akkumulatorenfabrik, 600 000 Mark von Emil Kirdorf vom Rheinisch-Westfälischen Kohle-Syndikat, 50 000 von der Demag. 150 000 Mark direkt an die NSDAP überwies Friedrich Flick, der ebenfalls zum AEG-Direktorium gehörte. Fritz Thyssen, nicht nur über Fahrenhorst mit der AEG und somit zumindest indirekt mit General Electric verbunden, sondern über die Union Banking Corporation mit dem Wallstreet-Banker Roland Harriman, steuerte über seine Thyssen-Tochter Bank voor Handel en Scheepvaart N.V. 250 000 Mark bei. Die mit ITT verbundene Telefunken AG zahlte 35 000 Mark an das Wahlkonto bei der Nationalen Treuhand. A. Steinke von der I.G.-Farben-Tochter BUBIAG (Braunkohlen- und Brikett-Industrie AG) zahlte aus eigener Tasche 200 000 Mark. Karl Lange von den Maschinenbau-Anstalten, ausnahmsweise ohne offensichtliche Verbindungen zur Wallstreet, legte 50 000 Mark dazu, F. Springorum von der Hoesch AG, 36 000. Emil Helffrich, von der German-American Petroleum Co., fast hundertprozentig im Besitz von Standard Oil mit Walter Teagle, J. A. Moffet und W. S. Farish an der Spitze, finanzierte das Reich und insbesondere Himmlers SS mit unbekannten Beträgen direkt über den Keppler-Kreis,[557] ebenso wie der sattsam bekannte Bankier von Schröder, der wiederum über Mix & Genest und Lorenz mit der ITT verbunden war. Zu dieser Liste kommen noch Karl Hermann mit 300 000 Mark und die I.G. Farben mit dem Löwenanteil von 400 000 Mark. Diese »Spenden« für den letzten Schritt Hitlers an die Macht wurden fast ausnahmslos an das von Hjalmar Schacht höchstpersönlich bei der Bank Delbrück-Schickler & Co eingerichtete Konto »Nationale Treuhand« gezahlt. Die Delbrück-Schickler-Bank selbst war eine Tochter der Metallgesellschaft AG, bei der selbst wiederum die I.G. Farben gemeinsam mit der British Metal Corporation die Aktienmehrheit hielt. Im Aufsichtsrat der Metallgesellschaft saß übrigens Captain Oliver Lyttelton, der später während des Krieges britischer Produktionsminister wurde.[558] Es waren also immerhin nahezu zwei Millionen Mark, die damals für einen einzigen Zweck auf Grund der Initiative von Schacht direkt an Hitler bezahlt wurden, wobei hervorzuheben ist, daß der Löwenanteil von Firmen kam, die direkt oder indirekt und zum Teil personell mit der Hochfinanz der Wallstreet verbunden waren. Es war auch nicht die einzige »Spendenaktion«. Bereits im Mai 1932 fand das sogenannte »Kaiser-Treffen« zwischen

Schmitz von I.G. Farben, Max Ilgner von American I.G., Kiep von der Hamburg-Amerika-Linie und Diem von der deutschen Kohlenindustrie statt. Immerhin kamen dabei auch 500 000 Mark zustande, die an den Verfügungsberechtigten Heß an die Deutsche Bank überwiesen wurden. 100 000 Mark steuerte dabei allein Max Ilgner von der American I.G. Chemical bei (in deren Vorstand, wie man weiß, Paul Warburg saß).[559] Im Gesamtzusammenhang ist es von besonderem Interesse, weil besonders auffällig, daß sich der Siemens-Konzern, der sich seine Selbständigkeit bewahren konnte und sich daher ohne amerikanische Direktoren, Vorstände und Aufsichtsräte durchschlug, an der Hitler-Finanzierung – fast möchte man sagen: konsequenterweise – nicht beteiligte. Zumindest gibt es dafür keine Beweise. Es gibt aber in der Tat keinen nennenswerten deutschen Hitler-Förderer, der nicht in irgendeiner Verbindung zur amerikanischen Hochfinanz gestanden wäre. Fritz Thyssen beispielsweise, der neben Emil Kirdorf im allgemeinen als Hitlers finanzieller Hauptförderer gehandelt wurde und wird,[560] war eng mit den Harriman-Brüdern in New York verbunden: Die Thyssen-Bank in Rotterdam, die Bank voor Handel en Scheepvaart N.V., kontrollierte ihrerseits die Union Bank Corporation in New York, an der die Harrimans finanziell beteiligt waren. E. Roland Harriman, Averell Harrimans Bruder, war einer der Direktoren.

1932 saßen im Vorstand der Union Banking Corporation neben E. Roland Harriman von W. A. Harriman & Co der Nazi-Banker H. J. Kouwenhoven von der Rotterdamer Thyssen-Bank, J. G. Groenningen von den Vereinigten Stahlwerken, C. Lievense als Präsident der Union Banking Corporation und E. S. James, ein Partner von Brown Brothers, später Brown Brothers & Harriman & Co. Im Lichte der Warburg-Papiere ist es nicht uninteressant, daß W. Averell Harriman als Direktor der Guaranty Trust Company unmittelbar in der bolschewistischen Revolution in Rußland involviert war.[561] Das will natürlich nicht besagen, daß etwa die Harrimans auch Hitler direkt finanziert hätten, dafür gibt es nun einmal keine Beweise. Tatsache aber ist, daß die Rotterdamer Bank zumindest von Thyssen selbst als Kanal verwendet wurde, um seine Hitler-Spenden zu waschen.

Freilich, insgesamt gesehen sind die oben erwähnten, nachgewiesenen und keineswegs unbedeutenden »Privatspenden« an den Führer nur ein geringfügiger Teil der tatsächlichen, indirekten Hilfen, die amerikanische Konzerne und über diese die Hochfinanz für Hitler und das Reich bereitstellten.

Beispielsweise, neben General Electric, Standard Oil of New Jersey, Opel, Ford, auch die International Telephone and Telegraph, ITT, der 1920 von Sosthenes Behn gegründete und von J. P. Morgan über die National City Bank kontrollierte multinationale Gigant. »Die Geschichte der ITT [...] war ein besonderer Fall von Konzernkriminalität«, schreibt Anthony Sampson in seiner ITT-Biographie.[562] Das Telefon-Kartell sei dazu benutzt worden, »den Nazis von neutralen und feindlichen Ländern aus geheime Unterstützung zukommen zu lassen und die deutsche Kriegsmaschinerie in einer Weise zu stärken, die durch die Existenz des Kartells um so stärker sein mußte.«[563]

Das hat aber – wie übrigens alle anderen amerikanischen Beteiligten und Nutznießer am Dritten Reich – weder Sosthenes Behn noch J. P. Morgan noch dem Konzern ITT sonderlich geschadet: »Die ITT dagegen hat sich aller Mittel der Verschleierungen und Schönfärberei bedient, so daß heute kaum jemand in ihren Stäben überhaupt noch weiß, daß sie etwas mit Focke-Wulf-Bombern und Himmlers SS zu tun gehabt hat. Am erstaunlichsten dürfte jedoch der Umstand sein, daß ITT sich heute als unschuldiges Opfer des Zweiten Weltkriegs hinstellt und daß sie für erlittene Schäden großzügig abgefunden worden ist. Im Jahre 1968 – fast dreißig Jahre nach den Ereignissen – gelang es der ITT in der Tat, von der amerikanischen Regierung 17 Millionen Dollar Schadenersatz für erlittene Kriegsschäden an den ITT-Betrieben in Deutschland zu erhalten – darunter 5 Millionen Dollar für Schäden an den Focke-Wulf-Fabriken: mit der Begründung, es habe sich um amerikanisches Eigentum gehandelt, das von amerikanischen Bombern zerbombt worden sei.«[564]

Die Förderung des Dritten Reiches durch ITT gibt in der Tat etliche bemerkenswerte Einblicke. Denn sie ist durchaus kein isoliertes Abenteuer des Sosthenes Behn, wie man sich allenthalben über diese Einmischung in Reichsangelegenheiten hinweggetröstet hatte, nachdem vor mehr als zwanzig Jahren Sampsons ITT-Buch diese Angelegenheit wenigsten einmal ruchbar gemacht hat. Zunächst ist auch die ITT-Geschichte ein Beispiel dafür, wie das Dritte Reich ökonomisch von ausländischem, vorzugsweise amerikanischem Kapital und den Interessen amerikanischer Konzerne wie von einem Pilz durchsetzt war. Das eine ist vom anderen nicht zu trennen. Zunächst war ITT nicht nur Sosthenes Behn, sondern vor allem J. P. Morgan, die National City Bank, die Carnegie Corporation, die United Fruit Company, was schon einen gewissen Gesamtbezug herstellt.[565]

1930 hatte sich Behn mit dem Erwerb der deutschen Holding-Gesellschaft Standard Elektrizitäts AG eine standfeste Basis geschaffen: Während ITT 62 Prozent der Stammaktien kontrollierte, hielt AEG (sozusagen German Electric) immerhin 31,1 Prozent und Fellon & Guillaume 6 Prozent. Im Zuge dieses Deals erwarb Standard zwei deutsche Fabrikanlagen und einen Mehrheitsanteil bei der Telefon-Fabrik Berliner AG. ITT wiederum erwarb auch die Standard-Töchter Ferdinand Schuchart Berliner Fernsprech- und Telegraphenwerk AG, Mix & Genest in Berlin und die Süddeutsche Apparate Fabrik G.m.b.H. Sutton weist auf eine bemerkenswerte »Zufälligkeit« hin: Während ITT Telefongesellschaften und Fabrikanlagen in Deutschland kontrollierte, war der Kabel-Verkehr zwischen den USA und Deutschland unter der Kontrolle der Deutsch-Atlantischen Telegraphengesellschaft (German Atlantic Cable Companie). W. A. Harriman & Companie hatte schon 1925 einen Block von 625 000 Aktien der Deutsch-Atlantischen erworben. Im Firmenvorstand saßen ein deutscher Agent während des Ersten Weltkrieges, H. F. Albert, ein früherer Geschäftspartner von F. D. Roosevelt, von Berenberg-Gossler, Dr. Cuno, ein deutscher Ex-Kanzler aus der Inflationszeit von 1923, und – last not least – als ITT-Vertreter Guillaume und Max Warburg von der berühmten Warburg-Familie.[566]

Die Geschichte der ITT in Deutschland begann also nicht erst mit Hitlers Machtantritt beziehungsweise mit jenem ersten Treffen zwischen Behn und Hitler im August 1933 in Berchtesgaden, das freilich erst so richtig Schwung in die Beziehungen zwischen Reich und Konzern brachte, wobei hervorgehoben zu werden verdient, daß es Behn war, der in der Folge Kontakt zum Freundeskreis Keppler knüpfte, und daß, durch den Einfluß von Wilhelm Keppler, Baron von Schröder über Nacht sozusagen zum obersten Hüter der ITT-Interessen in Deutschland wurde: Er wurde von Behn in den Aufsichtsrat sämtlicher ITT-Töchter in Deutschland berufen. Nicht verwunderlich, denn nicht zuletzt durch Schröder erhielt ITT vor allem Zugang zur profitablen deutschen Waffenindustrie und kaufte über die Firma Lorenz wesentliche Beteiligungen an den Fock-Wulf Flugzeugwerken, nämlich nicht weniger als achtundzwanzig Prozent.[567]

»Diese Aufrüstungs-Operationen erbrachten ansehnliche Gewinne, welche an die amerikanische Muttergesellschaft hätten repatriiert werden können. Sie wurden aber vielmehr in die deutsche Waffenindustrie gesteckt.«[568]

Da freilich befand sich ITT schon in bester Gesellschaft. 1936 berichtete der damalige amerikanische Botschafter William E. Dodd jr. an seinen Präsidenten Roosevelt: »Im gegenwärtigen Augenblick haben hier mehr als hundert amerikanische Unternehmungen Tochtergesellschaften oder Kooperationsverbindungen. DuPont hat drei Verbündete in Deutschland, die das Rüstungsgeschäft unterstützen. Ihr Hauptverbündeter ist die I.G. Farben [...] Standard Oil hat im Dezember 1933 zwei Millionen hierher transferiert und erhält nun 500 000 jährlich dafür, daß sie die Deutschen bei der Herstellung von Ersatz-Benzin unterstützt. Aber Standard Oil kann seine Gewinne nicht repatriieren, es sei denn in Form von Waren. Aber davon macht sie kaum Gebrauch [...] Der Präsident der International Harvester Company sagte mir, ihr Umsatz sei hier um 33 Prozent jährlich gestiegen (Waffenherstellung, glaube ich), aber sie holen sich nichts davon zurück. Selbst unsere Flugzeugleute haben ein Geheimabkommen mit Krupp. General Motors Company und Ford erzielen hier mit ihren Tochtergesellschaften riesige Umsätze, aber sie entnehmen keine Gewinne. Ich erwähne diese Tatsachen, weil sie die Dinge verkomplizieren und die Kriegsgefahren vergrößern.«[569]

Über Baron von Schröder hatte nicht nur ITT, aber vor allem dieser Konzern, Zugang zum Zentrum des Nazismus. »Schröder agierte als Kanal der ITT-Gelder an Heinrich Himmlers SS-Organisation selbst noch 1944, als der Zweite Weltkrieg voll im Gange und die USA sich im Krieg mit Deutschland befanden.« Noch 1943 gingen beim Sonderkonto »S« beispielsweise 5000 Mark von ITT-Tochter Mix & Genest, 20 000 Mark von der C. Lorenz AG, 25 000 von Felten & Guilleaume und 16 000 Mark von Schröder selbst ein. 1944, also ein Jahr vor Kriegsende, wurden annähernd dieselben Beträge bezahlt.[570] Wobei es erwähnenswert ist, daß insgesamt im Freundeskreis Keppler beziehungsweise Himmler, dessen jährliches Spendenaufkommen etwa eine Million Mark betrug, das Hauptkontingent von den mit der Standard Oil und der Wallstreet ganz allgemein intim verzahnten I.G. Farben gestellt wurde.[571]

Anhand von Schröder und einem zweiten wichtigen ITT-Mann im Nazi-Deutschland, Dr. Alois Westrick von der renommierten Berliner Anwaltskanzlei Albert und Westrick, werden die engmaschigen Vernetzungen der verschiedensten Interessen in diesem Spiel besonders deutlich. Ein Beispiel dafür sind Schröders Verbindungen zu den Rockefellers. 1936 etwa wurde das Versicherungs- und Wertpapiergeschäft der J. Henry Schroeder Banking Corporation in New York in eine neue Investment-Firma eingebracht, nämlich in die Schroeder, Rockefeller & Company Inc., womit eine bereits langjährige Zusammenarbeit zwischen der Schroeder

Banking Corporation und Avery Rockefeller (Sohn von Percy Rockefeller, eines Bruders von John D.) sozusagen offiziell gemacht wurde.

Westrick zählte zu einer Gruppe Deutscher, die während des Ersten Weltkrieges die deutsche Spionage in den USA geleitet hatte. Zu dieser Gruppe gehörte nicht nur Kurt von Schröder und der damalige deutsche Handelsattaché Heinrich Albert, sondern auch Hitlers späterer Wegbereiter Franz von Papen. Nach dem Ersten Weltkrieg gründeten Albert und Westrick die Berliner Anwaltsfirma, die sich insbesondere auf die Reparationsanleihen spezialisierte. Sie waren sozusagen das deutsche Ende der über die J. Henry Schroeder Banking laufenden Kredite, während die mit den Rockefellers in engsten Beziehungen stehenden Dulles-Brüder, bzw. deren Anwaltsfirma Sullivan & Cromwell, wiederum die amerikanische Seite der Schroeder-Anleihen bearbeiteten. Westrick wurde 1938 Aufsichtsratsvorsitzender sämtlicher ITT-Holdings in Deutschland mit dem Auftrag, »die sämtlichen ITT-Interessen während der zu erwartenden US-Beteiligung am Zweiten Weltkrieg zu schützen.«[572] Natürlich vertrat Westrick nicht nur ITT, sondern auch zahlreiche andere US-Firmen. Unter jenen Deals im Interesse von Dollar und Reich ist ein von Westrick ausgehandelter Vertrag mit Texaco über Öl-Lieferungen an die deutsche Marine besonders hervorzuheben.[573]

Und während des Krieges hielt Westrick ständig persönlichen Kontakt zu Allen W. Dulles, nunmehr Leiter des OSS-Büros in Bern, »um mit ihm die Probleme der ITT zu erörtern. »Allen Dulles [...] dürfte bei der Rehabilitation der ITT eine Schlüsselrolle gespielt haben [...] wobei Dulles wohl auch über die amerikanische Armee mithalf, die Rückkehr der ITT nach Deutschland in die Wege zu leiten.«[574]

Für ITT und die mit General Electric vernetzten AEG hatte der Krieg ohnedies – außer saftigen Gewinnen – kaum Probleme oder gar bemerkenswerte Verluste an den Einrichtungen etwa in Deutschland mit sich gebracht. Sowohl die meisten AEG- als auch ITT-Anlagen in Deutschland waren auf eine derart wundersame Weise von den alliierten Bombenangriffen verschont geblieben, daß man kaum von Zufälligkeiten sprechen kann. Umgekehrt: Lediglich durch Zufall wurde dann und wann eine der AEG- bzw. ITT-Anlagen getroffen, obwohl es sich zweifellos in beiden Fällen um sogenannte kriegswichtige Ziele gehandelt hatte.[575]

Schon als sich der Krieg seinem Ende zuneigte, wurde alles getan, um die Beteiligung der amerikanischen Industrie und Hochfinanz am Aufbau des Dritten Reiches und nicht zuletzt deren Beteiligung am Zweiten Weltkrieg auf deutscher Seite und andere Zusammenhänge zu vertuschen und die Spuren zu verwischen. »Als die alliierten Streitkräfte nach Deutschland hinein vorstießen, zeigte es sich, welche engen Verbindungen die ITT mit der amerikanischen Armee geknüpft hatte. Plötzlich tauchten ITT-Manager in der Uniform von Brigade-Generalen auf, darunter auch Kenneth Stockton, der, neben Westrick und Hofer, den Aufsichtsratsvorsitz von ITT-Europa innegehabt hat.«[576]

Natürlich waren nicht nur ITT-Manager an den »Aufräumkommandos« beteiligt. »Die ITT war nur eines von vielen – britischen wie amerikanischen – Konzernimperien, die all ihre Kräfte einsetzten, ihre Vorkriegsposition wiederherzustellen und die Versuche der Regierungen zu unterlaufen, eine Entnazifizierung durchzuführen.«

Sämtliche »Großkonzerne waren mit wachsender Unterstützung Washingtons bereits emsig wieder dabei, ihren Einfluß geltend zu machen. Die Pläne, die deutschen Kartelle zu entnazifizieren und zu entflechten, wurden bereits auf die lange Bank geschoben und von rätselhaften grauen Eminenzen durchkreuzt.«[577]

Von grauen Eminenzen wie dem Wallstreet-Anwalt und Geheimdienstler aus dem innersten Kreis der New Yorker Hochfinanz, Allen W. Dulles. James Steward Martin, der wie erwähnt die für die Kartellentflechtung zuständige Abteilung im US-Justizministerium leitete, deckte auf, wie er von höherer Stelle angewiesen wurde, bei den vorbereitenden Treffen der Finance Division der Kontrollkommission mit einem gewissen Captain Norbert A. Bogdan zusammenzuarbeiten, der, wenn er die Uniform nicht anhatte, Vize-Präsident der J. Henry Schroeder Banking Corporation in New York war. Dessen Aufgabe war es, nähere Untersuchungen der Kölner Stein-Bank zu sabotieren, wo bekanntlich das Sonderkonto »S« der Freunde Himmlers geführt worden war.[578] Zum größten Teil gelang diese Sabotage auch. Sie war bis heute erfolgreich. Und ebenso, wie man in Nürnberg offenbar aus übergeordneten Erwägungen heraus den okkultistischen Hintergrund des Dritten Reiches verschwiegen hatte, war man wohl aus moralischen Gründen auch gezwungen, den finanziellen Rückhalt des Hitlerismus zu verschweigen. Vielleicht wäre das Bewußtsein um die Zusammenhänge zwischen beiden Aspekten des Dritten Reiches dem Seelenheil der Menschen nicht recht bekömmlich gewesen? Denn was sonst hätte sich wohl der eben aus der Hölle des Nationalsozialismus gerettete europäische und auch der amerikanische Mensch »weiter gedacht«, wenn vor dem Nürnberger Tribunal etwa nicht nur die deutschen Aufsichtsräte von American I.G., sondern etwa auch deren amerikanische Kollegen von Swope bis Teagle gestanden hätten? Oder gar Sosthenes Behn, Morgan, Rockefeller und nicht zuletzt auch die Warburgs? Oder wenn ihm beispielsweise ein so unkomplizierter und daher vielsagender Tatbestand zu Bewußtsein gekommen wäre, daß die beiden größten Panzerhersteller im Hitlerdeutschland auch mehr oder weniger amerikanische Firmen waren (denn Opel war eine hundertprozentige Tochter der General Motors, die ihrerseits wieder von J. P. Morgan kontrolliert wurde, während die Ford AG natürlich eine Tochterfirma der Ford Motor Company in Detroit war, der von den Nazis aus gutem Grund 1936 völlige Steuerfreiheit eingeräumt worden war)?[579] Dem soeben von der Hölle des »deutschen« Nazismus befreiten Menschen wäre am Ende das für die Unterscheidung von Gut und Böse notwendige Gefühl abhanden gekommen, er hätte möglicherweise völlig orientierungslos vor den Gegebenheiten und Notwendigkeiten einer neuen Weltordnung gestanden. Und Orientierung, das weiß man ja, war in der zweiten Hälfte des zwanzigsten Jahrhunderts zeitweise auch eine absolute Notwendigkeit, um die Sowjetunion und die andere Hälfte Europas für Jahrzehnte mit Hilfe des als Kommunismus getarnten Staatskapitalismus mit voller Absicht auf dem Niveau von Entwicklungsländern zu halten: natürlich im Zeichen des Pentagramms.

Im Zeichen des Pentagramms

»Alles ist in verborgener Form zu finden. Wer immer versteht, die verborgene Bedeutung zu interpretieren, wird dies einsehen!« heißt es in jener bereits zitierten Publikation der mysteriösen Gesellschaft namens »Prieuré de Sion«.

So ist es wohl. Auch in der Bibel heißt es bekanntlich: Wer Augen hat zu sehen ... Der okkulte Hintergrund des Dritten Reiches ist kein geschichtlicher Einzelfall. Und nicht nur das Dritte Reich arbeitete mit okkulten Symbolen wie dem Hakenkreuz, jenem umgedrehten Glücks- und Sonnenrad des tibetanischen Buddhismus.

Es ist nämlich kein Zufall, daß das Pentagramm, der fünfzackige Stern, in den Hoheitszeichen der USA und der Sowjetunion, Rotchinas und fast aller seit der französischen Revolution gegründeten Staaten zu finden ist.

Daß die Leute von Thule durchaus über die Bedeutung der Symbole Bescheid wußten, zeigt ein Ausspruch Hitlers, der es als ein »Wunder« bezeichnete, »daß dem Sowjetstern nun ein deutsches Kreuz gegenübersteht«.[580]

Das Pentagramm ist nicht nur ein Zauberzeichen zur Abwehr böser Geister oder rituelles Brimborium bei schwarzen Messen, obwohl diese Deutung seiner satanozentrischen Bedeutung (wenn auf der Spitze stehend) durchaus nahekommt. In manchen Kreisen wird das Pentagramm daher nicht zufällig als Stern Luzifers, des Lichtbringers, bezeichnet. Mythologisch steht das schon in altbabylonischen Zeiten bekannte Zeichen für den sich von jeder göttlichen Vormundschaft befreienden Menschen als dem höchsten Wesen, das dieses in einer durchgehenden Linie gezeichnete Fünfeck auch stilisiert darstellt. Es ist – wie die fünfblättrige Rose der Rosenkreuzer – das Zeichen der Adepten, die durch ihr Wissen um die Gegebenheiten und Gesetze der meistens als Vierheit dargestellten Welt eben dieser überlegen sind. Das »G«, welches die Freimaurer in der Mitte des »flammenden Sterns der Gnosis« anbringen, bedeutet keineswegs nur Gnosis und Generatio, die zwei heiligen Worte der

Kabbala, sondern vor allem »Der große Architekt«, und damit ist wiederum in den höheren Stufen der Hochgradmaurerei keineswegs der »Allmächtige Baumeister aller Welten« in erster Linie gemeint, mit dem man die Leichtgläubigen für die Johannislogen ködert. Die erfahren erst in höheren Graden, sofern sie sich ihrer würdig erweisen, daß die Maurerei bisher zumindest den Materialismus und in seiner ausgeprägten Form das kommunistische Experiment als notwendiges gesellschaftliches Übergangsstadium abgesegnet hat.

»Bruchstücke der Wahrheit« kann man freilich hin und wieder finden, und dies gar nicht nur in symbolischer Form. So hieß es beispielsweise im 43. Bulletin des Großorients von Frankreich vom Januar 1965:

»Die Freimaurerei, wie wir sie verstehen, transzendiert gleichzeitig die katholische Kirche und den Kommunismus. Die katholische Kirche deswegen, weil wir feststellen, daß sich diese nur durch die Verneinung ihrer ganzen Vergangenheit am Leben erhält [...] Den Kommunismus aber deshalb, weil wir der Ansicht sind, daß dieser in der Evolution der Menschheit seinen berechtigten Platz hat. Ihm haben wir zu verdanken, daß die menschliche Gesellschaft auf verschiedenen Ebenen größerer sozialer Gerechtigkeit und wirtschaftlicher Gleichheit teilhaftig wird. Wir kommen in Berührung mit dem Kommunismus, weil der Kommunismus auf dem Marsch der Menschheit in Richtung einer besseren und aufgeklärteren Zukunft nur eine Etappe und nicht ein Ziel sein kann.«[581] Was unter einer aufgeklärteren Zukunft zu verstehen ist, wird später noch eindringlich klar werden. Jedenfalls ist dies eine Aussage von erstaunlicher Transparenz, die vielleicht Maurerbruder Roosevelts Ausspruch in bezug auf sein Verhältnis zu Stalin eher verständlich macht als die hin und wieder geäußerte Ansicht, dies sei bloß Ausdruck von Alterssenilität gewesen: »I love Uncle Jo and it seems he loves me too!«

Immerhin haben die Grenzen von 1945 für einen mehr oder weniger reibungslosen Verlauf dieses maurerisch transzendierten kommunistischen Experiments gesorgt, womit auch in diesem Zusammenhang das sich in die zerstörerische Richtung drehende Hakenkreuz seinen Sinn erfährt: Ohne Zweiten Weltkrieg hätte es dieses geradezu labormäßig abgeschirmte Experimentierfeld Ost der anglo-amerikanischen Weltordner nicht gegeben.

Bakunins »Oberster Freiheitskämpfer«

Nicht nur das Pentagramm im Hoheitszeichen der Sowjetunion ist ein esoterisches Symbol. »Wer immer versteht, die verborgene Bedeutung zu interpretieren«, erkennt im Doppelsymbol des sich mit der Sichel kreuzenden Hammers unschwer die freimaurerischen Symbole Mond (-Sichel) und Hammer, wobei der Hammer für das auch in der »Hammergewalt« der Logenführung zum Ausdruck kommende autokratische Herrschaftsprinzip steht, während die lunare Sichel das Pseudo-Sacerdotium des philosophischen Religionsersatzes symbolisiert. Manche neigen dazu, die Sichel mit dem Mond der Apokalypse (Offenbarung, 12) zu identifizieren, beziehungsweise mit der pseudo-marianischen Gegenkirche oder freimaurerischen Gnosis, mit der Hure der Offenbarung also, die auf dem durch den Hammer symbolisierten Tier, sprich Gewaltstaat, reitet. Das Bild ist nicht so unpassend.

Tatsächlich war auch die Sowjetunion sozusagen das makroskopische Abbild einer emsigen Logenarbeit: Daß die führenden Köpfe der russischen Revolution maurerische Brüder waren, ist ja nicht zufällig.

Trotzki und Lenin kamen bekanntlich aus dem Grand-Orient-Ableger »Art et Travail«. Trotzki-Bronstein, Radek-Sobelsohn, Kerenski-Karbis oder Joffe-Japhe-Jahwe waren überdies allesamt mit der englischen Maurerei eng verbundene »Söhne des Bundes mit Jahwe«, also Mitglieder der freimaurerisch arbeitenden B'nai-B'rith-Bewegung (ein Umstand, der viele nicht ganz unverständlicherweise dazu verleitet hat, die russische Revolution als jüdische Verschwörung zu bezeichnen, was sie allerdings keineswegs war, auch wenn sie der *Jewish Chronicle* vom 4. 4. 1919 angesichts der vielen jüdischen Bolschewiken und der »Übereinstimmung mit Idealen des Judaismus« wahrhaftig für sich reklamiert hatte. Die nützlichen Idioten sind eben genau das, was sie sind. Sie löffeln daher auch meist die Suppe aus, die ihnen andere eingebrockt haben. Und davor sind eben auch – und vor allem – die Juden nicht gefeit. Weder gestern noch heute, noch morgen, wenn es um die endgültige »Neuordnung« des Nahen Ostens geht).

Ebenso wie im Dritten Reich wäre auch der quasi-religiöse Charakter des sowjetischen Systems nicht zu übersehen gewesen. Die ritualisierten Aufmärsche und Paraden hätten durchaus auch auf dem Parteigelände in Nürnberg stattfinden können. Die Aufnahme in die Partei mit ihren quasi-liturgischen Eiden auf den ersten kommunistischen Heiligen -

namens Lenin unterschied sich zumindest während der Stalin-Ära kaum von der Initiation in eine alte Mysterienschule oder in eine Freimaurerloge.

Das an die altbabylonischen Stufenpyramiden erinnernde Lenin-Mausoleum, nationales Wallfahrtsheiligtum des gläubigen Sowjetmenschen zumindest bis zur Perestroika, könnte man sich ohne weiteres auch in Santiago de Compostella vorstellen. Daß sich vor allem Stalin so gut darauf verstand, den religiösen Charakter der »marxistischen Religion« zu aktivieren, vor allem zu manipulieren, ist freilich nicht verwunderlich. Schließlich war er im Tifliser Priesterseminar der Russisch-Orthodoxen Kirche ausgebildet worden (welches auch ein gewisser G. I. Gurdjieff zeitweise besuchte).

Und wie eben der Zufall so spielt, mit Menschen und Geschichte, hat Stalin um die Jahrhundertwende einige Zeit bei der Familie Gurdjieffs gelebt.[582]

Es ist also anzunehmen, daß dieser Kontakt mit Gurdjieff auch bei Stalin seine Spuren hinterlassen hat, daß wie Haushofer, und über diesen Hitler, auch Stalin einige der Gurdjieffschen Grunderkenntnisse über den Umgang mit der Schläfrigkeit des maschinenhaften Normalmenschen adaptiert und auf seine Weise interpretiert und ge- oder mißbraucht hat.

Aber schon Lenin verstand es durchaus, die religiösen Bedürfnisse der menschlichen Psyche zu manipulieren. Lenin selbst hat in seinen Notizen eingeräumt, daß die Struktur der Partei hinsichtlich der Regierungsmethoden, der Organisation und der messianischen Eindringlichkeit der Rituale und der Propaganda im wesentlichen auf Bakunin zurückzuführen sei.

Bakunin, der im allgemeinen als Prophet der Anarchie gehandelt wird, hatte mehr als zwanzig Jahre darauf verwandt, sich in den Graden eines gewissen Freimaurertums hochzuarbeiten, das ihm schließlich das metaphysische und philosophische Rüstzeug für seine sozialen und politischen Ideen gab.

Für Bakunin war die Revolution keineswegs bloß eine gesellschaftliche oder politische Angelegenheit, sondern ihrem Wissen nach kosmisch, religiös, theologisch. Bakunin sah Satan (Luzifer, Lichtbringer, Illuminator) »als das spirituelle Oberhaupt aller Revolutionäre, den wahren Urheber der menschlichen Befreiung«, der oberste Freiheitskämpfer also gegen den tyrannischen Gott der Juden und Christen.[583]

Bei diesem Thema schließen sich etliche metaphysische Kreise rund um das Dritte Reich. Es wird sich herausstellen, daß diese luziferische

Religion eines Bakunin und der Okkultismus des Dritten Reiches einen handfesten Hintergrund mit möglicherweise überraschenden Aspekten haben.

Das schielende Auge Gottes

Das kommunistische Experiment scheint abgeschlossen zu sein. Dem Weg in die Zukunft leuchtet aber mehr denn je der »flammende Stern« voran. Das »gemeinsame Haus Europa« ist sozusagen vom Pentagramm eingekreist, wie ein kurzer Blick auf die Europafahne zeigt. Wer sich Gedanken über die sich schon seit Jahren abzeichnende Ausrichtung des europäischen Binnenmarktes »bis zum Ural« zwecks Begleichung der offenen Rechnungen des ökonomischen Desasters im Osten macht, wird sich unschwer ein Bild von der schließlichen Architektur dieses Gebäudes machen können.

Treffenderweise übersetzte man im Englischen »Glasnost« mit »Publicity«. Und über allem flattert die Flagge der Vereinten Nationen, die so offensichtlich die Metaphysik hinter der Politik symbolisiert, daß man schon blind sein muß, um die Bedeutung der Symbolik nicht zu erkennen.

Es ist eben nichts Zufall: weder der sowohl auf den Arbeitstafeln der Freimaurerlogen als auch im Hoheitsemblem der Sowjetunion enthaltene Globus noch die 33 Gradfelder auf dem Globus des UNO-Zeichens, die die 33 Hochgrade des weltumspannenden Alten und Angenommenen Schottischen Ritus darstellen, ab dessen 30. Grad, dem Grad der »vollen Einweihung« der »höchsterleuchteten Brüder«, sich die ganze bunte Schar dieser Geschichte versammelt findet, angefangen bei der Ex-Fabianerin Anni Besant, über Theodor Reuß, Hartmann, Pike, Crowley-Freund Tränker, Lloyd George, Churchill, Roosevelt, Truman, Gerald Ford bis hin zum Bruder im 30. Grad Walter Scheel, aber der hat selbstverständlich mit unserer Geschichte gar nichts zu tun, außer daß er Präsident der Bundesrepublik Deutschland und ein ehrenwerter Politiker war.

Auch die dreizehnblättrigen »Weizenähren«, die links und rechts das UNO-Emblem einrahmen, haben ihre symbolische Bedeutung: Sie weisen auf die Großmächte als Vollzugsorgane der One-World-Loge hin, jene supranationale Institution, der die ehrenwerte Gesellschaft des

Council on Foreign Relations die politischen Kompetenzen der industrialisierten Demokratien übertragen will.

Man sagt, es gebe drei Arten von Menschen: jene wenigen, die etwas bewirken; viele, die den Geschehnissen bloß zuschauen; und schließlich die meisten, die sich stets bloß darüber wundern, was passiert, wie und warum etwas geschieht. Im Falle der Vereinigten Staaten von Amerika müßte man nur eine Dollarnote in die Hand nehmen, um zu sehen, daß die bestimmenden Kräfte dieses Landes von allem Anfang an einen ausgesprochenen Sinn für esoterische Symbolik gehabt haben müssen.

Gerade die Geschichte der USA zeigt, daß die beständigen Bestrebungen gewisser Kreise, die Welt für die Demokratie reif zu machen, *to make the world safe for democracy*, nicht wahr, möglicherweise nicht für bare Münze zu nehmen sind. Die Vereinigten Staaten selbst wurden nicht als Demokratie oder als Republik geschaffen. Im Gegenteil: Die sogenannten Gründerväter waren überzeugte Antidemokraten (wenn man Demokratie wirklich mit Volksherrschaft übersetzt). Weder das Wort Demokratie noch Republik kommen in der Unabhängigkeitserklärung oder in der Verfassung der Vereinigten Staaten vor. Es wird lediglich darauf bestanden, daß die Mitgliedstaaten der Union eine republikanische Verfassung haben, während der Staatenbund als solcher monarchisch regiert werden sollte.

George Washington beispielsweise wurde, nachdem er die dreizehn Kolonien zur Unabhängigkeit geführt hatte, mit allgemeiner Billigung der Status eines Königs angeboten. Daß er sich schließlich damit begnügte, Präsident und Großer Weißer Vater zu sein, ändert nichts am Prinzip.

Noch 1787 versuchte beispielsweise Nathaniel Gorham, der Vorsitzende des Kongresses, gemeinsam mit General von Steuben den Bruder Friedrichs II., Prinz Heinrich von Preußen, zu überreden, Erbstatthalter der Vereinigten Staaten zu werden. Die meisten Gründerväter waren überdies überzeugte Freimaurer, und die »neue Nation« sollte ursprünglich einem idealen politischen Gebilde entsprechen, das auf bestimmten Freimaurerriten basierte. Der Staat als Ganzes wurde als eine Erweiterung, eben als Makrokosmos der Loge betrachtet.[584]

Es war wohl auch kein geschichtlicher Zufall, daß es nicht zwölf und nicht vierzehn, sondern eben dreizehn Gründungsstaaten waren, ebensowenig ist es wohl Zufall, daß das amerikanische Staatswappen durch die Zahl dreizehn geprägt ist einschließlich der Buchstaben »E pluribus Unum«. Die Dreizehn ist bekanntlich eine höchst mystische Zahl: die

Zahl der Macht und Herrschaft, des Umbruchs, in gewissem Sinne die Zahl des für Neuwuchs notwendigen Kahlschlags.

Manche, die sich, wie die Brüder der Prieuré de Sion, nicht mit gewöhnlicher Astrologie beschäftigten, benutzten dann eben ein System mit dreizehn Tierkreiszeichen ...

Nun könnte man, was die Zahl Dreizehn betrifft, zugegebenerweise von purer Spekulation sprechen. Die Rückseite des Großsiegels der Vereinigten Staaten spricht indessen eine deutliche und eindeutige Sprache in esoterischer Symbolik. Es handelt sich dabei um nichts Geringeres als um das Siegel des im Jahr der amerikanischen Unabhängigkeitserklärung 1776 in Bayern von einem gewissen Adam Weishaupt ins Leben gerufenen Illuminaten-Ordens: Es zeigt eine Pyramide, deren Spitze das freimaurerische Dreieckszeichen mit dem von einem Strahlenkranz umgebenen magischen oder »Allsehenden Auge« bildet, das in vielen, vor allem esoterisch arbeitenden Logen über dem Platz des Meisters vom Stuhl prangt. Wie es freimaurerische Lexika der profanen Öffentlichkeit weismachen, soll dieses Auge an die alle Geheimnisse durchdringende ewige Wachsamkeit Gottes erinnern. Das trifft sicher für das schon im alten Ägypten gebrauchte und dann von der christlichen Kirche nebst zahlreichen anderen heidnischen Symbolen übernommene »Auge des Osiris« zu.

Die Zinke auf dem US-Siegel ist allerdings unübersehbar: Das Auge schielt. Es ist nicht das »Allsehende Auge Gottes« der jungfräulich unschuldigen Gesellengrade der offenen Maurerei, sondern das Allsehende Auge der Gnosis, das Symbol der Wissenden und Eingeweihten, das hier als Grundeckstein der Pyramide die angestrebte One-World-Ordnung signalisiert. Tatsächlich war dieses Illuminaten-Siegel kein freimaurerisches Symbol bis zum sogenannten Wilhelmsbader Freimaurerkonvent im Jahr 1782, als es den Illuminaten gelang, die führenden Geister der ohnedies von ihnen schon längst unterwanderten Freimaurerei für ihre Ziele zu begeistern.

In eben diesem Jahr, Zufall aller Zufälle, wurde das Illuminaten-Symbol für die Rückseite des Großsiegels der Vereinigten Staaten übernommen. Zusammen mit der Konstitution wurde es dann vom Kongreß am 15. September 1789 endgültig angenommen.

Wie James Reston, der bekannte amerikanische Kommentator und Signalgeber des Council on Foreign Relations und der (später noch im einzelnen behandelten) Bilderberger-Gruppe, klar genug ausgedrückt hat, geht das »sehr risikoreiche Unternehmen von 1776 und 1789« noch immer weiter. Und seit Roosevelts »New Deal« kann auch die ganze Welt das Illuminatenzeichen auf den Dollarscheinen bewundern, und die ganze Welt könnte sich längst Gedanken darüber gemacht haben, was es wohl bedeuten mag. Denn es steht ja deutlich genug unter der Pyramide geschrieben, was auch George Bush am 30. Januar 1991 als die eigentliche Hintergrundmelodie der sogenannten Golf-Krise verkündet hat: »Ordo Novus Seclorum«, die »Neue Weltordnung«, das von allem Anfang deklarierte Ziel des Illuminaten-Ordens.

Ein risikoreiches Unternehmen: Links neben der Dreiecksspitze steht das Wort »Annuit« und auf der rechten Seite das Wort »Coeptis«, was zusammen so viel bedeutet wie: Begonnen und gewährt, oder in weiterem Sinne: Unsere Unternehmung ist von Erfolg gekrönt. Unter der Pyramide steht in römischen Ziffern die Jahreszahl 1776. Man kann sich immerhin fragen, ob sich diese Zahl auf das Jahr der Unabhängigkeitserklärung bezieht oder auf das Gründungsjahr der Illuminaten ...

Wenn nur die Zwecke erfüllt werden

Ein harmloser Leseverein war der Illuminaten-Orden ganz gewiß nicht. Seine Rolle im Europa der Aufklärung und des Umbruchs wird – aus welchen Gründen auch immer – von der Geschichtsforschung gründlich unterschätzt, wenn nicht völlig ignoriert. Bekanntlich wurde der Orden 1784 verboten und auf jede Tätigkeit für diese Geheimgesellschaft, laut kurfürstlichem Edikt ein »weit mehr als die Pest zu verabscheuendes Übel«,[585] sogar die Todesstrafe gesetzt. 1785/1786 wurde der Orden offiziell aufgelöst. Gerüchte, wonach die Illuminaten in die Französische Revolution und in andere umstürzlerische Bewegungen verwickelt gewesen sein sollten, wurden seither mit verdächtigem Eifer von Historikern wie vor allem von seiten der Freimaurerei als blanker Unsinn abgetan: Die Illuminaten, so das gängigste Argument, waren doch verboten und aufgelöst worden. Ergo kann es keine Illuminaten mehr geben. Und das Illuminaten-Siegel auf der Dollarnote ist natürlich bloßer Zufall, wie das Hakenkreuz der Nazis, wie das (sich allerdings in die richtige Richtung drehende) Hakenkreuz der Theosophen, wie der »flammende Stern«, und überhaupt hat die Freimaurerei nichts damit zu tun, weder mit den Illuminaten noch mit den Rosenkreuzern, noch mit den Tempelrittern, noch mit den esoterischen Maurern wie Theodor Reuß, Hartmann, Kellner, Besant, Sebottendorf, und schon gar nichts mit Politik, weder damals noch heute. Kurioserweise kann das ebenso wahr wie gelogen sein.

Das klingt kompliziert, ist es aber gar nicht, wenn man sich einmal die Mühe macht, die Originalschriften der Illuminati genauer anzusehen.

So heißt es in den »Instructiones Für den Regentengrad« beispielsweise:

»Wenn nur die Zwecke erreicht werden, so ist es gleichgültig, unter welcher Hülle es geschieht, und eine Hülle ist immer nöthig. Denn in der Verborgenheit beruht ein großer Theil unserer Stärke. Deswegen soll man sich immer mit dem Namen einer anderen Gesellschaft decken. Die Logen der untern Freymaurerey sind indessen das schickliche Kleid für unsere höheren Zwecke, weil die Welt nun schon daran gewöhnt ist, von ihnen nichts Gutes zu erwarten, welches Aufmerksamkeit verdient. Auch ist der Name einer gelehrten Gesellschaft eine sehr schickliche Maske für unsere untern Classen, hinter welcher man sich stecken könnte, wenn irgend etwas von unseren Zusammenkünften erfahren würde.«[586]

An einer anderen bezeichnenden Stelle dieser Instruktionen heißt es:

»Es ist sehr wichtig, die Einrichtungen anderer geheimen Gesellschaften zu erforschen, und sie zu regieren [...][587] Alles, was nicht zum Arbeiten tauget, bleibet in der Maurerloge und avancieret dort, ohne von dem weiteren System was zu wissen.[588] Höhere Grade müssen den untern allzeit verschwiegen bleiben.[589] Die Regenten sollen die Kunst studieren zu herrschen, ohne das Ansehen davon zu haben.«[590]

In einem Brief an Ordensbruder Zwack sagt Weishaupt auch, wie eine derartige Geheimgesellschaft zu regieren sei:

»Ich werde in dieser Figur mit ihnen operieren: Ich habe zwey unmittelbar unter mir, welche ich meinen ganzen Geist einhauche, und von diesen zweyen hat wieder jeder zwey andere und so fort. Auf diese Art kann ich auf die einfachste Art tausend Menschen in Bewegung und Flammen setzen. Auf diese Art muß man die Ordres ertheilen, und im Politischen operieren.«[591]

Damit dürfte die Frage deutlich genug beantwortet sein, warum sich plötzlich auf der ganzen Welt Illuminaten in nichts aufgelöst zu haben scheinen, nachdem der Orden aufgeflogen, verboten und aufgelöst worden ist: »Denn in der Verborgenheit beruht ein großer Theil unserer Stärke!« Es bedarf nicht sehr viel Phantasie, um sich vorzustellen, welch »schickliche Kleider« sich die Illuminaten dann wohl übergezogen haben.

Es entspricht durchaus auch dieser Strategie, wenn sich ein großer Teil der als Illuminaten bekannten Mitglieder nach dem Verbot vom Orden distanzierten, mehr noch, sich öffentlich zu richtigen Illuminatenfressern mauserten. Denn dies bedeutet keineswegs, daß sie ihre Arbeit im Sinne des Ordens nicht doch in einer anderen passenden »Hülle« fortsetzten, um »die Zwecke zu erreichen«. Man braucht sich auch nicht darüber zu wundern, wenn die genasführten Brüder der unteren Grade innerlichst davon überzeugt sind, Mitglieder einer harmlosen, der Humanität und Redlichkeit verpflichteten, eher an eine inoffizielle Zunft von Geschäftsleuten erinnernden Männergesellschaft zu sein. Und man braucht wohl auch nicht allzuviel Vorstellungsvermögen, um zu verstehen, daß jene, denen sich der königliche Bogen des Royal Arch zu den höheren Graden der Maurerei öffnet, nicht nur der Geheimhaltungspflicht wegen jene Version um so eifriger verbreiten helfen, bei der Freimaurerei handle es sich bloß um einen Geselligkeitsverein, der seinen Mitgliedern unter Zuhilfenahme komplizierter Rituale und unter dem Siegel strengster Geheimhaltung irgendeine Version der Zehn Gebote beibringt, die jeder Profane auch schon in der Volksschule oder gar im Kindergarten gelernt hat.

Der amerikanische General, Hochgradfreimaurer und Schöpfer der heute weltweit praktizierten Rituale des Alten und Angenommenen Schottischen Ritus, Albert Pike, über den noch einiges zu sagen sein wird, bekannte in seinem Hauptwerk ganz offen: »Die Häupter unserer geheimen Gesellschaft ließen die Mächtigen dieser Erde an den maurerischen Arbeiten teilnehmen, ohne ihnen mehr Einblick zu gewähren, als sie für gut befanden. Man tut dies zwar nicht, um ihren Schutz zu erlangen, sondern bloß um sich ihre Duldung zu sichern. Sie sahen ruhig zu, wie die Freimaurerei scheinbar in eine möglichst bedeutungslose Wohltätigkeits- und Unterstützungsgesellschaft verwandelt wurde [...] und ließen erklären, daß Religion und Politik der Freimaurerei völlig fremd seien.«[592]

Die Freimaurerei war für die Illuminaten, die selbst möglicherweise wiederum nur ein Ast an einem viel mächtigeren Stamm darstellen, eine Art von Kindergarten, die »Pflanzschule«,[593] in der der Nachwuchs herangezogen und ausgesiebt werden konnte (und kann), in der von Generation zu Generation eine hochintelligente und in ihrem Ehrgeiz willfährige Schülerschaft erzogen und Schritt für Schritt je nach ihrer Brauchbarkeit in die »letzten Zwecke« eingeweiht wurde (und wird).

Die große Mehrheit der Brüder freilich, durch »Erhebungen« in höhere Pseudograde und »Einweihungen« in Scheingeheimnisse in ihrer eitlen Selbstgefälligkeit und Gier nach Macht und Einfluß geschmeichelt, bleiben bis an ihr Lebensende und möglicherweise darüber hinaus Erfüllungsgehilfen für etwas, das sie am Ende nicht verstehen. In bezug auf die Politik erklärt dies vielleicht das als wahnsinnig erscheinende, nur in Begriffen der Psychopathologie erklärbare Verhalten dieser und jener sogenannten politischen Persönlichkeit aus Vergangenheit und Gegenwart.

Den Illuminaten des Spartacus-Weishaupt (Spartacus war sein Ordensname) jedenfalls gelang es in der kurzen Zeit ihrer belegbaren Existenz nicht nur in Deutschland, die Freimaurerei zu unterwandern; diese Verschwörung zur Errichtung einer neuen, kosmopolitischen Weltordnung ohne Staaten, Fürsten, Stände (sprich Klassen) breitete sich alsbald auch in Frankreich, Holland, Skandinavien, Polen, Ungarn, Österreich, Italien und in den Vereinigten Staaten aus.[594] Daß die Illuminaten die Jakobiner-Herrschaft in Frankreich offiziell verurteilten, ist im Sinne der Strategie der Täuschung kein Beweis dafür, daß sie nicht daran beteiligt gewesen waren.

Im Gegenteil, erst jüngst entdeckte Dokumente aus der Illuminatenzeit, wie das lange verschollene Reisetagebuch des Illuminatenführers Bode, machen die Position der Geschichtsforschung, die selbst den leisesten Zusammenhang zwischen den Illuminaten und der Französischen Revolution leugnet, schlichtweg unhaltbar.[595]

Daß sich die italienischen Carbonari nicht als Illuminaten bezeichnet haben, besagt ebensowenig. Kontakte der Weishauptschen Geheimgesellschaft nach Frankreich, insbesondere durch die Mitglieder Falgara[596] und Bode[597] sowie vor allem zur Loge »Les amis réunis«, sowie nach Italien durch die zahlreichen italienischen Mitglieder, darunter Costanzo, Savioli, Falgara, Tropenegro und Bassus,[598] sowie nach Skandinavien[599] sind evident und erwiesen.

Ihre weitere Strategie läßt sich in den Illuminaten-Papieren nachlesen. So heißt es zum Beispiel:

»So müssen denn alle unsere Leute auf einen Ton gestimmt werden, fest aneinander halten, nur einen Zweck vor sich haben, sich einander beistehen, und so in alle Welt durchdringen. Man muß um die Mächtigen der Erde her eine Legion von Männern versammeln, die unermüdlich sind, alles zu dem großen Plan zu leiten.«[600] »Man muß den Beförderern des Unwesens unmerklich die Hände binden, sie regieren, ohne sie zu beherrschen. Mit einem Wort, man muß ein Sittenregiment einführen, eine Regierungsform, die allgemein über die ganze Welt sich erstreckt, ohne die bürgerlichen Bande aufzulösen, in welcher alle übrigen Regierungen ihren Gang fortgehen, und alles thun können, nur nicht den großen Zweck vereiteln [...]«[601]

Was hier in der etwas gewundenen Sprache des 18. Jahrhunderts ausgedrückt wurde, findet durchaus seine reale Entsprechung in der modernen Sprachregelung etwa des Council on Foreign Relations, wenn beispielsweise der frühere Herausgeber der CFR-Zeitschrift *Foreign Affairs* erklärt, man strebe keine »gelenkte Demokratie« an, sondern eine »informierte Öffentlichkeit«.[602]

Das internationale Sittenregiment mittels informativer (sprich des-informativer) propagandistischer Gleichschaltung ist zweifellos real, wenn man bedenkt, daß durch die Mitgliedschaft der größten Verleger und Leitartikler überregionaler amerikanischer Zeitungen und Zeit-schriften und der Vorstände der größten Fernsehketten sowie der bestim-menden Persönlichkeiten der wichtigsten Medien vor allem in den europäischen Ländern im CFR selbst oder in diesem nachgeschalteten und ideologisch verbundenen Organisationen wie der Bilderberg-Gruppe oder der Trilateral Commission die internationale Meinungsbildung tatsächlich in der Hand einer »zentralen Lenkungsgruppe« ist, mit der die tatsächlich vorherrschende Meinungsdiktatur vornehm umschrieben wird.

In den vor mehr als zweihundert Jahren verfaßten Papieren der Illuminaten finden sich noch allerhand andere Stellen, die geeignet sind, die Vorgänge in diesem Jahrhundert etwas transparenter zu machen. So sprechen die Instruktionen für die Präfekten und Lokaloberen des Ordens eine deutliche Sprache:

»Hat der Orden einmal an einem Orte die gehörige Stärke erlangt, sind die obersten Stellen durch ihn besetzt, kann er in einem anderen Orte, wenn er will, denen, die nicht folgen, fürchterlich werden, sie empfinden lassen, wie gefährlich es ist, den Orden zu beleidigen und zu entheiligen.«[603]

»Wissen sie aber wohl auch hinlänglich, was das heiße, herrschen, in einer geheimen Gesellschaft zu herrschen?« fragt Weishaupt in seiner Anrede an die neuen Illuminati dirigens. »Nicht über den geringen oder vornehmeren Pöpel, über die besten Menschen, über Menschen von allen Ständen, Nationen und Religionen, ohne äußerlichen Zwang zu herrschen, sie dauerhaft zu vereinen: Ihnen einerley Geist und Seele einhauchen, über die in allen Theilen der Welt zerstreuten Menschen in der größten Entlegenheit in möglicher Stille, mit möglichster Eile und Genauigkeit zu herrschen: Ist bishero in der Staatsklugheit noch ungelöste Aufgabe. Unterscheidung und Gleichheit, Despotismus und Freyheit auf das engste zu vereinen: Sein Reich und seine Unterthanen, sich selbst schaffen [...] ist das Meisterstück der mit Moral vereinigten Politik.«[604]

»Und endlich, wissen sie denn auch, was geheime Gesellschaften sind? Glauben sie wohl, daß solche eine gleichgiltige transitorische Erscheinung seyen? O, meine Brüder! Gott und die Natur, welche alle Dinge der Welt, die größten so gut wie die kleinsten zur rechten Zeit und am gehörigen Ort geordnet haben, bedienen sich solcher Mittel, um ungeheure, sonst nicht erreichbare Endzwecke zu erreichen. Hören und erstaunen sie: Nach diesem Gesichtspunkt richtet und bestimmt sich die ganze Moral, und Begriffe von Recht und Unrecht erhalten erst dadurch die nöthige Berechtigung. Sie stehen hier in der Mitte zwischen der vergangenen und der künftigen Welt: Einen Blick in die vergangene Zeit zurück, und sogleich fallen die zehntausend Riegel hinweg, und die Tore der Zukunft öffnen sich.«[605]

Welcher Art diese »Mittel« zur Erreichung »ungeheurer, sonst nicht erreichbarer Endzwecke« sind, kann ebenfalls nachgelesen werden, und diese Passagen in den Illuminati-Papieren lassen die zum Wohle der allgemeinen Menschheit angeblich (wie von Historikern immer wieder betont wird) bloß radikal-aufklärerische, umstürzlerische Gesellschaft in einem ganz anderen, unseren bereits bekannten esoterisch-okkulten Gesellschaften verwandten Licht erscheinen:

»Diese Mittel sind geheime Weisheitsschulen«, bestätigt Ordensmeister Spartacus.[606] Denn »endlich gibt es auch gewisse von alten Zeiten her unter Hieroglyphen versteckte Wahrheiten, die nur der beste, der geprüfteste Theil der Menschen unter sich fortpflanzt, gewisse Einsichten in die höhere Weisheit, die nicht jeder ergründen kann, weil tausend Vorurtheile, Leidenschaften u.d.g. ihn hindern, so tief einzudringen. Diese sind von jeher in geheimen Weisheitsschulen in Bilder gehüllt, stufenweise den Zöglingen vorgetragen worden, nach welchem Plane auch die Hieroglyphen der drey symbolischen Freimaurergrade geordnet sind. Alles was unser erl. Orden lehrt und thut, muß Einfluß auf das Beste in der Welt haben [...] deswegen hat derselbe auch die äußere Einrichtung aller anderen öffentlichen und geheimen Verbindungen studiert, das Beste daraus behalten, und ihre Fehler vermiden [...][607] Um aber der Tugend ihren Sitz zu verschaffen, prüfen und bilden wir mit unglaublicher Mühe die Herzen unserer Zöglinge. Mit diesen läßt sich hernach alles anfangen.«[608]

Was sich mit diesen Menschen alles anfangen läßt und wie die Endziele des Illuminaten-Ordens ausgesehen haben und möglicherweise noch immer aussehen, veranschaulichen diese wenigen erhaltenen Schriften ebenfalls. Sie zeigen vor allem deutlich, daß man den Illuminaten-Orden durchaus im Kontext mit all den anderen Geheimgesellschaften sehen kann, daß diese Bewegung aus demselben unterirdischen und okkulten Strom gespeist wurde wie Rosenkreuzer (zu denen zwar nach außen hin eine Gegnerschaft bestand, aber das besagt absolut überhaupt nichts), wie die Templer, die Theosophie, die esoterische Maurerei ganz allgemein, vor allem, daß auch ihre Ziele letzten Endes über die Aufklärung hinausgehen und mit den Menschen etwas ganz anderes im Sinne hatten, als deren Erziehung zur Vernunft und geistigen Selbständigkeit vor allem.

Nach den »Pflanzschulgraden« und den drei »Freimaurergraden« beabsichtigte Weishaupt die Klassen der Mysterien einzuführen, die er ursprünglich sogar ausschließlich in das System der alten Parsen einkleiden wollte: »Die Allegorie, unter der sich die Mysterien und höheren Grade zu verbergen haben, ist der Feuerglaube und die gesamte Philosophie des Zoroaster der alten Parsen, die heutzutage noch in Indien bestehen.«[609]

Eines der erklärten Ziele des Ordens war es, durch die Mitglieder alles Wissen der Welt zu sammeln,[610] als eine Art geheime Akademie ein absolutes Monopol für Wissen und Erkenntnis zu erreichen, wobei man »der Welt immer so viel davon mitgetheilt hätte, als in jedem Zeitalter mit Rücksicht auf Bedürfnis und dem Grad der Aufklärung nützlich erschienen wäre«.[611]

Man hat sich dabei auch Gedanken gemacht, wie man mit Leuten umzugehen hat, die auf diese oder jene Art bewußt oder unbewußt dieses Informationsmonopol in Frage stellen könnten: »Wenn ein Schriftsteller in einem öffentlich gedruckten Buch Sätze lehrt, die, wenn sie auch wahr sind, noch nicht in unseren Welterziehungsplan passen, sondern zu früh kommen, so soll man den Schriftsteller zu gewinnen versuchen, oder ihn verschreyen.«[612]

Aus dieser gelehrten Akademie sollten nun die Auserwählten für die Mysteriengrade erwählt werden, Leute, »welche geneigt sind, gewisse

sonderbare Staatslehren, weiterhinauf Religionsmeynungen, anzunehmen. Und am Ende erfolgt die totale Einsicht in die Politik und Maximen
des Ordens.«[613]

Und Ordensbruder Zwack verdeutlicht:

»Taugt ein Mann zu nichts Besserem, so bleibt er Schottischer Ritter.
Ist er ein besonders fleißiger Sammler, Beobachter, Arbeiter, so wird er
Priester. Die Priester sind die Vorsteher der gesammelten wissenschaftlichen Schätze in Klassen nach ihren Fächern vertheilt. Sind unter ihnen
höhere, speculativere Köpfe, so werden dieselben Magi. Diese sammeln
und bringen die höheren philosophischen Sisteme in Ordnung und
bearbeiten eine Volksreligion, welche der Orden demnächsten der Welt
übergeben will. Sollten sich diese höheren Genies auch zur Regierung
der Welt schicken, so werden sie Regenten [...]«[614]

Wir werden eine Weltregierung haben!

Nun, alle diese Texte wurden zwischen 1776 und 1786 geschrieben. Es
sind Fragmente, Spuren, denn ein Großteil der Unterlagen wurde von
den Ordensmitgliedern zweifellos vernichtet, ein Großteil der während
der Auflösung des Ordens beschlagnahmten Papiere ist wie erwähnt
1945 auf mysteriöse Weise spurlos verschwunden.

Um die Jahrhundertwende tauchten dann in Paris und vor allem in
Rußland erstaunliche Texte auf, die schließlich von einem jungen Baltendeutschen, der sich intensiv mit indischer Literatur und Freimaurerei[615]
beschäftigt hatte, nach München gebracht wurden, wo er sich einem
gewissen Dietrich Eckart mit den Worten vorstellte: »Brauchen Sie einen
Mitstreiter gegen Jerusalem?«[616]

Der Mann war Alfred Rosenberg, und bei den Texten handelt es sich
um die sogenannten »Protokolle der Weisen von Zion«, die Hitler und
seine Mitstreiter angeblich von den jüdischen Welteroberungs- und
Verschwörungsplänen endgültig überzeugt haben.[617] Die Herkunft, der
eigentliche Ursprung dieser »Protokolle« wird uns später noch beschäftigen, auch die Frage, in welcher Hinsicht sie eine Fälschung darstellen.
Eines jedenfalls ist sicher: Gefälscht ist die jüdisch-zionistische Quelle
dieser Texte. Wer immer diese erstaunlichen Protokolle liest, wird unschwer erkennen, daß schon der Inhalt die Behauptung widerlegt, es
handle sich dabei um die Pläne der zionistischen Weltbewegung.

Frappierend indessen ist die Ähnlichkeit mit den in den Papieren der Illuminaten erkennbaren Gedankengängen, Weltregierungsplänen und Subversionsstrategien.

Der Gedanke drängt sich auf:

Wenn diese Protokolle nicht von den Illuminaten beziehungsweise deren wie immer getarnten Nachfolgern in Umlauf gebracht wurden, um etwa durch die »Verfälschung« den Verdacht einer Verschwörung auf das Judentum zu lenken, dann wurde, um das Bild noch einmal zu gebrauchen, auch die Quelle der Protokolle zumindest vom gleichen okkulten unterirdischen Strom gespeist, aus dem sich auch Weishaupt und Co. und andere Weltverbesserer ihren geistigen Nektar geschöpft haben. Jedenfalls, das ist unbestritten, bieten diese Protokolle in der Tat eine verblüffende Beschreibung unserer politischen Vergangenheit und vor allem Gegenwart (und möglicherweise unserer Zukunft) und stellen, wie die Illuminaten-Papiere, eine präzise Analyse des nicht transzendental verankerten Menschen dar.

Und ihr politisches Programm besagt mit anderen Worten nichts anderes als das, was Paul Warburg unverfroren und selbstbewußt am 18. Februar 1950 vor dem Senatsausschuß der Vereinigten Staaten erklärt hatte: »Wir werden eine Weltregierung haben, ob Sie es wollen oder nicht, mit Gewalt oder mit Zustimmung.«[618] Ihr Inhalt besagt nichts anderes als das, was der amerikanische Kolumnist Paul Scott schrieb: »Es ist Kissingers Überzeugung [...] daß man mit der Kontrolle der Lebensmittel Menschen kontrollieren kann und daß man durch die Kontrolle der Energie, insbesondere des Öls, Nationen und ihre Finanzsysteme kontrollieren kann. Indem Lebensmittel und Öl zusammen mit dem Weltwährungssystem internationaler Kontrolle unterstellt werden, könnte nach Kissingers Meinung eine lose geknüpfte Weltregierung bis 1980 eine Realität werden.«[619]

Ihr Inhalt besagt nichts anderes als das, was etwa Quina von Brackenhausen in einer Dissertation über die CFR-Elite schrieb: »Aber Kissinger hatte bereits 1957 als Alternative zu einer nuklearen Katastrophe von der Möglichkeit begrenzter Kriege gesprochen, die von ›Atempausen für politische Kontakte‹ unterbrochen würden. Diese Idee fiel bei vielen CFR-Experten auf fruchtbaren Boden [...] In etwas anderer Form wird dieser Gedanke von Blechman und Fried[620] ausgedrückt: Die amerikanische Militärmacht hat zu einem großen Teil die Aufgabe, die Außenpolitik zu unterstützen; sie besteht nicht einfach darin, die Nation gegen

Angriffe zu verteidigen.«[621]Ihr Inhalt besagt nichts anderes als die Ansicht des in derselben Dissertation zitierten Senior Research Fellow des 1980er Projektes des CFR, »The Management of Interdependence«, Miriam Camps: »Diese allgemeine Furcht vor der Vernichtung sollte in solche Bahnen gelenkt werden, daß sich auf beiden Seiten die Bereitschaft einstellt, Einschränkungen der Handlungsfreiheit zu akzeptieren und der Weg frei wird für eine Verbindung von Independenz und Interdependenz.[622] Welche anderen Faktoren könnten alle industrialisierten Demokratien veranlassen, alle oder einige ihrer politischen Freiheiten aufzugeben und auf eine supranationale Institution zu übertragen?«[623]

Ihr Inhalt besagt nichts anderes als das, was Mister Bush am 30. Januar 1991 unter dem Beifall sämtlicher geleithammelter One-World-Staatsmänner erklären konnte: Nach dem Krieg mit dem Irak werde man eine neue Weltordnung unter amerikanischer Führung errichten. »Annuit« und »Coeptis« – unsere Unternehmungen sind von Erfolg gekrönt. In der Politik, so pflegte F. D. Roosevelt zu sagen, geschieht nichts zufällig. Und wenn etwas geschieht, kann man sicher sein, daß es auch auf diese Weise geplant war.

Nun, die mit den Illuminaten-Papieren verblüffend geistesverwandten »Protokolle« beschreiben in klarer Sprache, wie eine übernationale Elite unter Ausnutzung der menschlichen Natur in Verbindung mit der Kontrolle von Kapital und Rohstoffen und dem Einsatz von Terror die Weltherrschaft erlangen kann. Es ist mit diesen »Protokollen« wie mit dem Begriff »Verschwörung«: Sie zu zitieren bedeutet, gegen ein Tabu zu verstoßen.

Die Tabuisierung ist natürlich auch hier verständlich. Würden mehr Menschen mit dem Inhalt der Protokolle bekannt werden, würden sie wissen, auf welche Weise gewisse Kreise ihre Neue Weltordnung zu errichten gedenken, und sie würden sich zweifellos nicht so leicht verheizen lassen, wie es jüngst wieder geschehen ist oder hätte geschehen können.

Bei den folgenden Zitaten aus den »Protokollen« wurde ganz bewußt das Wort »Judentum« ausgelassen, um so die eigentliche Fälschung auf ihre Authentizität zurückzuführen:

> *»Die sorgfältig ausgesuchten Leute werden von uns in alle Geheimnisse des gesellschaftlichen Lebens eingeweiht. Sie erwerben ausgedehnte Sprachkenntnisse und werden*

mit allen Geheimzeichen und Gebräuchen der Staatskunst vertraut gemacht. Sie werden darüber belehrt, wie die menschliche Seele erobert werden muß, wie man die Saiten der innersten Stimmungen der menschlichen Natur anschlagen muß.[624]

Mit allen Kampfmitteln, deren sich unsere Gegner gegen uns bedienen könnten, müssen auch wir uns rüsten. Wir müssen uns deshalb mit allen Feinheiten und mit allen Kniffen der Gesetzbücher vertraut machen. Es darf uns niemals an einer Begründung fehlen, selbst wenn es sich um ungerechte Entscheidungen und Urteile handelt, welche die bisherige Rechtsauffassung auf den Kopf stellen.[625]

In unserem Dienst stehen Leute aller Anschauungen und Richtungen: Monarchisten, Liberale, Demokraten, Sozialisten, Kommunisten und allerhand Utopisten.[626]

In die Geheimbünde treten mit besonderer Vorliebe Abenteurer, Schwindler, Streber und überhaupt Leute ein, die ein weites Gewissen haben und von Natur leichtsinnig veranlagt sind. Es kann uns nicht schwerfallen, diese Kreise für uns zu gewinnen und unseren Zwecken dienstbar zu machen. Wenn die Welt von Unruhen geplagt wird, so heißt das, daß wir diese Unruhen hervorrufen mußten, um das allzu feste Gefüge der Staaten zu zerstören. Kommt es irgendwo zu einer Verschwörung, so steht an der Spitze derselben sicher kein anderer als einer unserer treuesten Diener. Es versteht sich von selbst, daß wir allein und sonst niemand die Tätigkeit der Freimaurerlogen leiten. Wir allein wissen, welchem Zweck sie zusteuern, wir allein kennen den Endzweck jeder Handlung.[627]

Worauf beruht die unsichtbare Kraft unserer Logen, wer wäre imstande, sie zu stürzen? Der äußere ›profane‹ Dienst der Freimaurerei ist nur ein blindes Werkzeug der Logen und ein Deckmantel für ihre eigentlichen Ziele.[628]

Solange wir die verantwortlichen Staatsstellen noch unbedenklich unseren illuministischen Brüdern anvertrauen können, werden wir sie nur solchen Persönlichkeiten geben, deren Vergangenheit und Charakter für sie bürgt.[629]

Keine Zeitung, keine Zeitschrift und kein Buch wird ohne unsere Vorprüfung erscheinen dürfen. Dieses Ziel wird von uns teilweise schon jetzt dadurch erreicht, daß die Neuigkeiten aus aller Welt in einigen wenigen Nachrichtenämtern zusammenströmen, dort bearbeitet und dann den einzelnen Schriftleitungen, Behörden usw. übermittelt werden. [...] Es ist uns schon jetzt gelungen, die Gedankenwelt der Gesellschaft in einer Weise zu beherrschen, daß fast alle Menschen die Weltereignisse durch die bunten Gläser der Brillen ansehen, die wir ihnen aufgesetzt haben.[630]

An die dritte Stelle werden wir unsere scheinbare Gegnerschaft setzen, die mindestens ein Blatt unterhalten muß, das äußerlich in schärfsten Gegensatz zu uns treten wird. Unsere wirklichen Gegner werden diesen scheinbaren Widerspruch für echt halten; sie werden in den Leuten, von denen er ausgeht, ihre Gesinnungsgenossen sehen und sich ihnen – also uns – offenbaren. Unsere Zeitungen werden den verschiedensten Richtungen angehören. Wir werden adlige, bürgerliche, liberale, sozialistische und selbst umstürzlerische Blätter unterhalten. Sie werden, wie der indische Gott Wischnu, hundert Hände haben, von denen jede den Pulsschlag irgendeiner Geistesrichtung fühlen wird. Sobald ein Pulsschlag schneller geht, werden die unsichtbaren Hände die Anhänger dieser Richtung unseren Zielen zulenken; denn nichts ist leichter zu beeinflussen als eine erregte Menge, die ohne Überlegung handelt [...] Die scheinbaren Angriffe auf uns verfolgen noch den Nebenzweck, dem Volk glaubhaft zu machen, daß es die volle Rede- und Pressefreiheit besitzt. Werden wir dann in der uns feindlichen Presse wegen der Unterdrückung des freien Wortes wirklich angegriffen, so haben unsere Vertrauensleute leichtes Spiel. Sie werden sagen, daß diese Blätter unsinnige Behauptungen aufstellen und sich in persönlichen Angriffen ergehen, weil es ihnen an sachlichen Gründen gegen uns und unsere Maßnahmen fehlt.[631] Sobald unsere Herrschaft anerkannt ist, wird die Rolle der liberalen Schwärmer endgültig vorbei sein. Bis dahin werden sie uns die besten Dienste leisten. Deshalb wollen wir auch fernerhin die Gedanken der Masse auf allerhand Ereignisse abenteuerlicher Lehren lenken, die neu und scheinbar auch fortschrittlich sind. Haben wir doch durch den Fortschritt mit vollem Erfolg die hirnlosen Köpfe verdreht. Es gibt unter ihnen keinen Verstand, der es zu fassen vermöchte, daß dieses Wort in allen Fällen die Wahrheit verdunkelt, wo es sich nicht um wirtschaftliche Erfindungen handelt; denn es gibt nur eine ewige Wahrheit, die keinen Raum für einen Fortschritt läßt. Wie jeder falsche Gedanke, so dient auch der Fortschritt nur zur Verdunkelung der Wahrheit, damit sie von niemandem außer uns, [...] den Hütern der Wahrheit, erkannt werde.[632] Wenn wir die von uns geplanten Staatsumwälzungen vollzogen haben, werden wir den Völkern sagen: ›Es ist alles schrecklich gegangen, ihr alle seid vor Leid und Gram erschöpft, seht, wir beseitigen die Ursachen eurer Leiden: die Nationalitäten, die Landesgrenzen, die Verschiedenartigkeit der Währungen. Natürlich könnt ihr über uns richten, euer Urteil wäre aber notgedrungen ungerecht, falls ihr es fällen wolltet, ohne vorher diejenigen Einrichtungen ernstlich zu prüfen, die wir euch bieten.‹ Dann werden sie uns zujubeln und uns in heller Begeisterung auf den Händen tragen. Die von uns schon lange planmäßig vorbereitete allgemeine Volksabstimmung, mit deren Hilfe wir unsere Herrschaft rechtmäßig sichern wollen, wird ihren letzten großen Dienst tun. Die Völker werden sich mit einmütiger Entschlossenheit für uns erklären, um uns zu erproben, bevor sie ein Urteil über uns fällen.[633]

Die starken Rüstungen, die Ausgestaltungen des Polizeiwesens, das alles dient nur zur Verwirklichung unserer bereits entwickelten Pläne [...] Sobald ein Staat es wagt, uns Widerstand zu leisten, müssen wir in der Lage sein, seine Nachbarn zum Krieg gegen ihn zu veranlassen. Wollen aber auch die Nachbarn gemeinsame Sache mit ihm machen und gegen uns vorgehen, so müssen wir den Weltkrieg entfesseln.[634]

Die vielen Kriege, ununterbrochenen Aufstände und zwecklosen Staatsumwälzungen, zu denen wir sie veranlaßt haben, um die Grundlagen ihres staatlichen Lebens zu unterwühlen, werden bis dahin allen Völkern derart zuwider sein, daß sie von uns jede Knechtschaft erdulden werden, um nur nicht von neuem in die Greuel des Krieges und Aufruhrs zu verfallen.[635]

Um dieses von uns gewünschte Ergebnis zu erreichen, werden wir für die Wahl solcher Präsidenten sorgen, deren Vergangenheit irgendeinen dunklen Punkt, irgendein ›Panama‹ aufweist.

Dann haben wir sie ganz in unserer Hand, dann sind sie blinde Werkzeuge unseres Willens. Einerseits müssen sie sich stets davor fürchten, daß wir mit Enthüllungen kommen werden, andererseits werden sie wie jeder einmal an die Macht Gelangter bestrebt sein, die Vorrechte, Vorteile und Ehren zu behalten, die mit dieser Stellung verbunden sind.[636]

Wenn die Zeit unserer offenen Bruderschaft kommt, da wir ihre Segnungen verkünden können, werden wir alle Gesetzmäßigkeiten wieder herstellen. Alle unsere Gesetze werden kurz, klar, beständig sein, ohne irgendwelche Auslegung, so daß sie jeder verstehen kann. Der Hauptzug, der durch sie hindurchgehen wird, ist die Unterwerfung unter unsere Anordnungen, und dieser Grundsatz wird unerbittlich durchgeführt werden. Jeder Mißbrauch der Staatsgewalt durch die mittleren und unteren Beamten wird so streng bestraft werden, daß niemand sich unterfangen wird, seine Machtbefugnisse zu überschreiten. Wir werden argwöhnisch jede Handlung der Verwaltung verfolgen, von der der glatte Lauf der Staatsmaschinerie abhängt, denn Nachlässigkeiten erzeugen hierin überall Verwirrung. Kein einziger Fall der Ungesetzlichkeit oder des Machtmißbrauchs wird ohne exemplarische Bestrafung durchgelassen werden.[637]

Um unbeschränkt herrschen zu können, muß die Geldmacht das ausschließliche Recht für jede Tätigkeit in Handel und Gewerbe erringen. Unsere Hände sind schon am Werk, um diesen Plan in der ganzen Welt zu verwirklichen.[638]

Wir werden eine größere Vereinheitlichung der Verwaltung schaffen, um mit ihrer Hilfe alle Gewalt in unseren Händen zu vereinigen.[639]

An die Stelle der jetzigen Herrscher werden wir ein Schreckgespenst setzen, das sich ›überstaatliche Verwaltung‹ nennen wird. Wie Zangen werden seine Arme nach allen Richtungen ausgestreckt sein und eine so gewaltige

Macht darstellen, daß sich alle Völker unserer Herrschaft beugen werden.[640]

An allen Ecken und Enden führten die Worte ›Freiheit, Gleichheit, Brüderlichkeit‹ mit Hilfe unserer geheimen Gesellschaften unseren Reihen Riesenmengen zu, die unsere Fahnen zum Sieg trugen.[641]

Selbst die Verständigen und Klugen haben den inneren Widerspruch dieser Worte nicht erkannt. Sie haben sich nicht gesagt, daß es in der Natur keine Gleichheit, keine Freiheit geben kann. Die ganze Natur beruht auf der Ungleichheit der Kräfte, der Eigenschaften des Besonderen.[642]

Wir werden diese Ordnung durchführen, wenn es dabei auch nicht ohne Gewalttätigkeit abgehen wird. Wir werden zu beweisen wissen, daß wir die Wohltäter der Menschheit sind, die der zerrissenen Erde die wahre Wohlfahrt und Freiheit der Persönlichkeit wieder gegeben haben. Ein jeder, der unsere Gesetze achtet, wird sich der Segnungen des Friedens und der Wohlfahrt erfreuen können.[643]

Wir verstehen es so: Freiheit ist das Recht, das zu tun, was das Gesetz erlaubt. Eine solche Auslegung des Begriffes gibt die Freiheit vollständig in unsere Hand, da wir die ganze Gesetzgebung beherrschen und nach unserem Belieben Gesetze einführen und aufheben werden.«[644]

Derlei praktische Strategien finden sich eben auch schon in den Schriften der Illuminaten. Folgende Stelle, die ihrer gegenwärtigen Aktualität wegen noch zitiert werden soll, hört sich an wie eine Arbeitsfibel für Professor Quigleys internationale Finanzclique und den Council on Foreign Relations und verwandte Vereine:

»Wer die Menschen abhängig machen will, der erwecke unter ihnen Bedürfnisse, deren Befriedigung sie nur durch ihn erhalten können: Je häufiger und lebhafter und dringender diese Bedürfnisse werden, je mehr werden sie von ihm abhängig: Er verbreitet unter ihnen Furcht, Unwissenheit und Liebe zum sinnlichen Vergnügen. Die Kaufmannschaft in ein System und in einen hierarchischen Körper geformt, wäre vielleicht der fürchterlichste und despotischste Körper, sie wäre die Gesetzgeberin der Welt, von ihr hinge es vielleicht ab, diesen oder jenen Theil der Welt frey und unabhängig zu machen, einen anderen in die Knechtschaft zu führen; denn Regieren heißt, Bedürfnisse erwecken, Bedürfnisse vorhersehen, Bedürfnisse unterdrücken und schwächen und Bedürfnisse befriedigen. Wer kann das so gut wie sie? Vielleicht wäre es nicht unmöglich, durch vernünftige zweckmäßige Handelsoperationen den Völkern Sitten zu geben oder zu nehmen. Wer Mangel und Überfluß zweckmäßig vertheilen kann, versteht zugleich die Kunst der Industrie und den Neigungen der Menschen sowohl als Nationen eine andere Richtung zu geben.

Aber freylich müßte dieses Corps den Erwerb der Reichtümer nicht zum Zweck, sondern zum Mittel machen. Es müßte die Kunst verstehen, nicht allzeit am Geld zu gewinnen, sondern auch zuweilen mit Vorbedacht zweckmäßig zu verlieren, um auf einer anderen Seite auf eine Art desto mehr zu gewinnen.«[645]

Und immer wieder: Der werdende Gott

Die Illuminaten sind zwar dem Namen nach verschwunden, ihre Spuren aber lassen sich durchaus bis heute verfolgen, wo sie sogar so professionelle Politiker wie den einstigen bayrischen Ministerpräsidenten Franz Josef Strauß zum Spekulieren brachten. Man könnte nun zwar freilich noch darüber rätseln, warum ausgerechnet Strauß, der von manchen Kreisen selbst zur obersten Synarchie Deutschlands und darüber hinaus gezählt wurde, über derlei angeblich unsinnige Dinge redete, aber da käme man zu keinem Ende. Jedenfalls hat Franz Josef Strauß, wie sein einstiger persönlicher Referent und Leiter der Außen-, Deutschland- und Sicherheitspolitik der CSU, Dieter Huber, zu erzählen wußte, ihm gegenüber von »Drahtziehern im Hintergrund«, einem »Geheimbund« und in Verbindung mit einer neuen Weltordnung über den Illuminaten-Orden gesprochen.[646]

Eine der Hauptspuren der erleuchteten Brüder führt zunächst einmal auch nach Schweden, wohin etliche der Verfolgung ausgesetzte adlige Mitglieder nach der Auflösung des Ordens geflohen sind. Ihre Archive übergaben sie dem Ordensmeister der schwedischen Freimaurerei, Herzog Karl von Soedermanland, der nach der mysteriösen Ermordung König Gustavs III. am 16. März 1792 als Gustav IV. den schwedischen Thron bestieg. Seither ist zumindest äußerlich der schwedische König automatisch und sozusagen als ein geborener Freimaurer als »Vicarius Salomonis« absoluter Beherrscher des Ordens, eine Art »protestantischer Papst«.

Der im Geiste der mittelalterlichen Mystik, des Rittertums und der Tempelherren für ein neues Jerusalem arbeitende Orden zeichnet sich wie der Alte und Angenommene Schottische Ritus vor allem durch die strenge Geschlossenheit des Systems der Hochgrade aus. Wie der Alte und Angenommene Schottische Ritus ist auch das schwedische Maurersystem ungeachtet des Namens nicht auf Schweden begrenzt, das ergibt sich schon aus den historischen Verbindungen zur französischen Freimaurerei. Einer der Nachfolger Karl von Soedermanlands, Karl XIII., adoptierte, wie Heinz Pfeifer in seinem Buch *Die Brüder des Schattens* zusammenfaßt, 1810 den französischen Freimaurer und von Napoleon I. zum Fürsten von Pontecorvo ernannten Marschall Jean Baptiste Bernadotte, der die seitdem herrschende schwedische Königsdynastie begründete. »Napoleon stand dabei Pate. Er benutzte die Maurerei für seine imperialistischen Absichten [...] Die italienischen Logen leitete Bonapartes Schwager, König Murat von Neapel. In Bonifacio auf Korsika empfing Napoleon seine erste Einweihung und später nochmals auf Malta [...] Die Bedeutung Napoleons für das Maurertum spiegelte sich auch darin, daß es noch im ersten Drittel des 20. Jahrhunderts Logen seines Namens gab, zum Beispiel in Portugal. Den von Napoleon angestrebten Zusammenschluß einzelner Logen unter dem Groß-Orient von Frankreich bemühte sich auch Adam Weishaupt in die Wege zu leiten. Chefdebien, der Großmeister der Hochloge von Philadelphes, sprach von Weishaupt als ›einem der wichtigsten Synchronisatoren der Maurerei‹ und verwies auf die persönliche Verbindung zwischen Weishaupt und dem Begründer des Groß-Orient von Italien, Pyron«.[647]

Nach dem Zweiten Weltkrieg spielte einer ebendieser schwedischen Hochgradmaurerei verpflichteter Bruder eine der wichtigsten und zugleich auch mysteriösesten Rollen bei den ersten Grundsteinlegungen für das sogenannte »Haus Europa« in der sich abzeichnenden »Ordo Novus Seclorum« als »graue Eminenz«. Möglicherweise gutgläubige Freimaurer pflegen bekanntlich im Brustton ehrlichster Überzeugung immer wieder zu betonen, die Freimaurerei hätte mit Politik überhaupt nichts zu tun und auch niemals etwas damit zu tun gehabt. Wenn die führenden Köpfe diverser Revolutionen wie etwa in Italien oder Frankreich maurerische Brüder waren, dann, so heißt es, sei dies eben das individuelle Werk einzelner maurerischer Brüder gewesen, aber nicht das der Freimaurer als solches.

Nun ist vor allem der starke Einfluß der Illuminaten des Spartacus-Weishaupt in Italien nicht zu bestreiten, ebensowenig die Tatsache, daß die wohl berühmteste revolutionäre Geheimgesellschaft auf dem europäischen Kontinent, die italienischen »Carbonari«, personell und ideell weitgehend mit der Freimaurerei identisch waren. Das auch von außerhalb der Freimaurerei stehenden Historikern übernommene Argument, der Umstand, daß Freimaurerlogen von Illuminaten unterwandert und praktisch weitgehend mit dem Illuminaten-Orden identisch waren oder daß die Carbonari in der Mehrzahl Freimaurer waren, beweise keineswegs, daß Carbonari mit Freimaurern und Freimaurer mit Illuminaten gleichzusetzen wären, widerlegt sich von selbst. Wie bei den Illuminaten war auch bei den Carbonari der von den Mitgliedern zu leistende Eid nicht offen politisch, er enthielt kein Wort über Zweck und Absicht der Bewegung. Die Logenarbeit der Carbonari war jedoch von explosiver Wirkung. Das Zirkelgeflecht der Carbonari-Logen überzog bald ganz Europa, Spanien, Frankreich, Griechenland, Rußland vor allem. In einer Reihe von Erhebungen in den Jahren 1820 und 1821 gelang es den Carbonari, in Spanien und vor allem in etlichen italienischen Staaten Verfassungen in ihrem Sinne durchzusetzen, im Falle Griechenlands die Unabhängigkeit. Dies war der Anfang einer Entwicklung, die 1848 ihren Höhepunkt fand, als sich die Revolution über Europa wie eine Epidemie ausbreitete, »die Schlagworte Freiheit, Gleichheit und Brüderlichkeit den Revolutionären riesige Mengen zuführte«, bis es kaum mehr eine Hauptstadt gab, in der nicht revoltiert wurde.[648]

Diese Bewegung setzte sich schließlich fort in den Logenarbeiten von Persönlichkeiten wie Bakunin, der, wie erwähnt, eine seltsam religiöse Ansicht in bezug auf Revolution und Umsturz hatte.[649]

Bakunin pflegte dieselben Anschauungen wie General Albert Pike, der Reformator des heute am meisten verbreiteten und nach übereinstimmender Maurermeinung vollkommensten Hochgrad-Systems der Freimaurerei, des erstmals 1801 im amerikanischen Bundesstaat Charleston bekannt gewordenen Alten und Angenommenen Schottischen Ritus der 33 Hochgrade (deren letzte drei Grade nur die allerwenigsten der vielen Millionen Freimaurer jemals erreichen, womit verständlich wird, warum die meisten Freimaurer nicht wissen, was es mit der Freimaurerei auf sich hat).[650]

Natürlich bezeichnete sich General Pike, der schließlich und endlich Großmeister des Alten und Angenommenen Schottischen Ritus war, nicht als Illuminaten, ebensowenig wie Clinton Roosevelt, ein Vorgänger jenes New-Deal-Präsidenten, unter dessen Ägide das Illuminaten-Zeichen auf die Dollarscheine gedruckt wurde. Aber wie es schon in der Bibel so schön heißt: An ihren Taten sollt ihr sie erkennen! Clinton Roosevelt, Mitglied einer der ersten illuminierten Logen in den USA, nämlich der 1785 in New York gegründeten Columbia-Loge, schrieb beispielsweise 1841 ein Buch mit dem Titel *The Science of Government Foundet on Natural Law* (»Die Wissenschaft des Regierens auf der Grundlage der Naturgesetze«), das schon im Titel und erst recht im Inhalt verrät, daß dabei Adam Weishaupts *Über die geheime Welt- und Regierungskunst*[651] Pate gestanden hatte.

Albert Pike war zweifellos eine außergewöhnliche Persönlichkeit, mit ebenso außergewöhnlichen und vielseitigen Talenten. Während des Bürgerkrieges diente er als Brigade-General in der Armee der Konföderierten. Als Indianerbevollmächtigter rekrutierte »der treue und bleichgesichtige Freund und Beschützer« aus verschiedenen Indianerstämmen eine Spezialarmee, deren Barbareien und Orgien der Grausamkeit sogar die ohnedies nicht zimperlichen Engländer dazu veranlaßte, mit einem Einschreiten aus »humanitären Gründen« zu drohen. Pike, der zunächst in Havard studiert hatte, beherrschte nicht weniger als sechzehn antike Sprachen in Rede und Schrift. Lange vor der Carbonari H. P. Blavatsky[652] verstand es Pike, wie es heißt, die geistigen Zusammenhänge zwischen den verschiedenen Ritus- und Kultsystemen zu erkennen und analytisch auszuwerten. In über 200 Werken bewies Pike zweifelsfrei, daß er nicht nur die klassischen Schriften des Altertums kannte und auch verstanden hatte, sondern auch mit den Werken der großen Esoteriker des vergangenen Jahrhunderts bestens vertraut war.

Pike stand in enger Beziehung zu einer der führenden Persönlichkeiten der »Carbonari«-Bewegung, Guiseppe Mazzini. Welcher Art diese Beziehungen waren, macht ein Brief Mazzinis an Pike vom 22. Januar 1870 deutlich:

»Wir müssen allen Verbänden gestatten, wie bisher weiterzuexistieren, mit ihren Systemen, ihren zentralen Organisationen und den verschiedenen Arten der Korrespondenz zwischen hohen Graden derselben Riten, in ihren ursprünglichen Organisationsformen. Aber wir müssen einen Super-Ritus schaffen, der unbekannt bleiben soll und in den wir die Maurer hoher Grade nach unserer Wahl berufen werden. Aus Rücksicht auf unsere Mitbrüder müssen sich diese Männer der strengsten Geheimhaltung unterwerfen. Mit diesem obersten Ritus werden wir das gesamte Freimaurertum regieren; er wird die internationale Zentrale werden, die um so mächtiger ist, weil seine Leitung unbekannt sein wird.«[653]

Man sieht zumindest eines deutlich: Originell sind die »Protokolle der Weisen von Zion« beziehungsweise von »Sion« wirklich nicht. Letzte Zweifel werden ausgeräumt durch den Brief des »Sovereign Commander of the ancient and accepted Scottish rite of Freemasonry of the Southern Juristiction, USA«, nämlich Albert Pike, an Guiseppe Mazzini vom 15. August 1871, der bis vor einigen Jahren in der Bibliothek des Britischen Museums in London ausgestellt war und dann ebenfalls auf mysteriöse Weise aus dem Verkehr gezogen worden ist.

In diesem Brief schildert Pike seinem Freund und Gesinnungsgenossen Mazzini Einzelheiten eines im Sinne des Wortes »luziferischen« Planes zur Welteroberung. Es ist mehr oder weniger die metaphysische Beschreibung der zwei bereits stattgefundenen und eines offenbar noch geplanten (möglicherweise in seiner Vorbereitungsphase bereits im Gang befindlichen) dritten Weltkrieges.

Nach Pikes Worten »werden wir (im ersten dieser Kriege) die Nihilisten und die Atheisten loslassen; wir werden einen gewaltigen gesellschaftlichen Zusammenbruch provozieren, der in seinem ganzen Schrecken den Nationen die Auswirkungen von absolutem Atheismus, dem Ursprung der Grausamkeit und der blutigsten Unruhen klar vor Augen führen wird. Dann werden die Bürger – gezwungen, sich gegen die Minderheit der Revolutionäre zur Wehr zu setzen – jene Zerstörer der Zivilisation ausrotten, und die Mehrheit der Menschen wird, gottgläubig wie sie ist, nach der Enttäuschung durch das Christentum und daher ohne Kompaß, besorgt nach einem neuen Ideal Ausschau halten, ohne jedoch zu wissen, wen oder was sie anbeten soll. Dann ist sie reif, das reine Licht durch die weltweite Verkündigung der reinen Lehre Luzifers zu empfangen, die endlich an die Öffentlichkeit gebracht werden kann. Sie wird auf die allgemeine reaktionäre Bewegung, die aus der gleichzeitigen Vernichtung von Christentum und Atheismus hervorgehen wird, erfolgen.«[654]

Wie für Bakunin war auch für Pike der Herr des Pentagramms, des fünfeckigen flammenden Sterns, der oberste der Menschenrechtler und Revolutionäre.

In seinem Hauptwerk *Morals and Dogma of the Ancient and Accepted Scottish Rite* schreibt Pike:

»Ungelenkte oder fehlgeleitete Kraft ist im leeren Raum verschwendet wie Schießpulver, das in freier Luft verraucht, oder Dampf, der nicht von der Wissenschaft kanalisiert wird; wenn sie darüber hinaus im Dunkeln angewendet wird, wo sie das Ziel verfehlen muß, wird sie in Form von Eigenzerstörung auf sich selbst zurückfallen. So bedeutet sie Zerstörung und Ruin, nicht Wachstum und Fortschritt.

Die blinde Kraft des Volkes muß wirtschaftlich genutzt und kontrolliert werden [...], sie bedarf der Führung des Intellekts. Zur Erstürmung der Zitadellen, die überall von Aberglauben, Despotismus und Vorurteilen gegen die Menschen errichtet werden, braucht die Kraft ein Gehirn und ein Gesetz. Dann werden ihre wagemutigen Taten dauerhafte Ergebnisse und echten Fortschritt zeigen [...] Wenn alle Kräfte vereint sind und vom Intellekt gesteuert werden, wenn Recht und Gesetz sie beherrschen und alle Bewegungen unter systematischer Kontrolle stehen, dann wird die jahrhundertelang geplante Revolution zu marschieren beginnen [...] Nur weil die Kraft schlecht gesteuert wird, schlagen Revolutionen fehl.«[655]

Das sozusagen theologische Dogma des Großmeisters Pike ist in den Instruktionen festgelegt, die von ihm am 4. Juli 1889 für die 23 höchsten Räte erlassen wurden:

»Folgendes müssen wir der Menge sagen: ›Wir verehren einen Gott, aber unser Gott wird ohne Aberglaube angebetet!‹ Euch, den souveränen großen Generalinstruktoren, sagen wir, was ihr den Brüdern der 32., 31., und 30. Grade wiederholen sollt: Die Maurer-Religion sollte von uns allen, die wir Eingeweihte der höchsten Grade sind, in der Reinheit der luziferischen Doktrin erhalten werden.

Wäre Luzifer nicht Gott, würde Adonai (der Gott der Juden), dessen Taten Beweise für seine Grausamkeit, Verschlagenheit, seinen Menschenhaß, sein Barbarentum und seine Ablehnung der Wissenschaft sind, würden dann Adonai und seine Priester ihn verleumden? Ja, Luzifer ist Gott; unglückseligerweise ist Adonai auch Gott.

Denn nach dem ewigen Gesetz gibt es Licht nicht ohne Schatten, Schönheit nicht ohne Häßlichkeit, Weiß nicht ohne Schwarz. Das Absolute kann nur in der Gestalt zweier Gottheiten existieren: Das Dunkel dient dem Licht als Hintergrund, die Statue bedarf des Sockels, die Lokomotive braucht die Bremse [...] Die satanische Doktrin ist Ketzerei. Die wahre und reine philosophische Religion ist der Glaube an Luzifer, den Adonai gleichgestellten. Aber Luzifer, der Gott des Lichts und des Guten, kämpft für die Menschlichkeit gegen Adonai, den Gott des Dunklen und des Bösen.«[656]

Zweifellos ein Text, der zu allerhand Spekulationen in bezug auf die möglichen »Endzwecke« dieser oder jener mit der Menschheitserlösung befaßten Hochgradmaurer provozieren könnte. Das »Große Tier 666«, Aleister Crowley, hätte sicherlich keine Schwierigkeiten gehabt, sich mit Meister Pike zu identifizieren. Es ist nicht zu übersehen, daß sich auch hinter diesen Texten das bekannte Credo vom Menschen als dem werdenden Gott versteckt, wie es aus dem philosophisch-religiösen Umfeld des Thule-Reiches bekannt ist: Hier das Credo des sich im Zeichen der Schlange von jedweder metaphysischen Bindung loslösenden Menschen; das Credo der Eingeweihten im Zeichen des Pentagramms, das der unter dem Tarnmäntelchen von Humanität, Demokratie, Sozialismus und allen möglichen Formen religiöser Falschmünzerei metaphysisch verblödeten Masse ein angeblich freies, physisch bequemes Leben unter dem alleingültigen Gesetz einiger »Wohltäter der Menschheit« verspricht: die Freiheit einer zu höheren Zwecken mißbrauchten ökonomischen Sklavenkaste, die am Ende ihrer Erziehung sogar die »reine Lehre« auf die persönlichen Bedürfnisse zugeschnitten im Supermarkt wird kaufen können ...

Nun ja, hier geht es freilich zunächst nicht um Metaphysisches, sondern um ganz greifbare Dinge, nämlich um die physisch durchaus erfaßbare Erscheinungsweise dieser oder jener Mächte, die auf der Basis dieser und jener Philosophie und unter dem Tarnmantel dieser oder jener Religion oder Weltanschauung in das politische Geschehen dieses - Jahrhunderts eingegriffen haben. Beispielsweise: Wie oder wo mag wohl ein allem Anschein nach stets auf dem Boden der Fakten und Tatsachen stehender Franz Josef Strauß vor noch nicht allzulanger Zeit im so profan scheinenden politischen Getriebe unserer Epoche das Treiben illuminierter Brüder geortet haben?

Es gibt tatsächlich einen Orden, der für sich offen und öffentlich in Anspruch nimmt, das Erbe der Illuminaten zu vertreten. Aufgrund der Schriften Weishaupts allein aber ist schon anzunehmen, daß Strauß gewiß nicht diese Art von Illuminaten gemeint hatte, obwohl dieser Orden durchaus mit dem dunklen Treiben rund um das Reich von Thule verbunden ist. Es ist auch nicht auszuschließen, daß der eine oder andere Adept dieses Ordens als unbekannter Dreipunkte-Bruder in höheren Graden tatsächlich auf dieser oder jener Etage der Neuen Weltordnung herummauert. Bei diesem Orden handelt es sich um den Ordo Templi

Orientis (O.T.O.), dem bekanntlich so illustre und gegensätzliche Persönlichkeiten wie der Begründer der Anthroposophie, Rudolf Steiner, und Aleister Crowley zeitweise als Ordensmeister vorstanden. Man erinnere sich: Der ursprüngliche O.T.O. wurde von bekannten Großmeistern in diversen Freimaurerlogen wie Dr. Franz Hartmann, Heinrich Klein, Karl Kellner und Theodor Reuß gegründet, nachdem Kellner im Zuge einer ausgedehnten Asienreise sozusagen erleuchtet, zumindest in die sexualmagischen Geheimnisse der Vamacharis, der Jünger des Pfades zur Linken, eingeweiht worden war.[657]

Der O.T.O. stellte gewissermaßen eine Verschmelzung des auf Initiative von Theodor Reuß von einem gewissen Leopold Engel wiederbelebten Illuminaten-Ordens und der ebenfalls von Reuß reorganisierten »Hermetischen Bruderschaft des Lichts« (Hermetic Brotherhood of Light) dar.

Über Hartmann bestand bekanntlich eine direkte Verbindung zum Ordo Novi Templi des Lanz von Liebenfels: Hartmann war Vorsitzender der Wiener Theosophischen Gesellschaft, und diese wiederum war nahezu geschlossen im Liebenfelsschen Templerorden vertreten. Liebenfels wiederum war wie Guido von List Mitglied des Thule-Ordens. Theodor Reuß und die Bruderschaft des Lichts ihrerseits sind Bindeglieder zu den englischen Rosenkreuzern und den Brüdern vom Golden Dawn; und über so vielseitige Persönlichkeiten wie Monsieur Papus führt dann auch ein Weg zu einer der seltsamsten, heute noch überaus aktiven Geheimgesellschaften: der Prieuré de Sion.

Der Ordo Templi Orientis operiert heute als »Psychosophische Gesellschaft« von Zürich aus und nimmt für sich in Anspruch, nicht nur mit dem Ordo Illuminatorum und der Fraternitas Rosicruciana Antiqua identisch zu sein, sondern überdies die Grade und Weisheiten etwa der Ecclesia Gnostica Catholica, der Ritter vom Heiligen Geist, des Johanniter-Ordens, des Memphis-Misraim-Ritus, der Swedenborg-Maurerei, der Martinisten und des Golden Dawn ebenso zu bearbeiten wie die der Hermetischen Bruderschaft des Lichts. Zwar klingt das tatsächlich wie eine Aufzählung all jener Geheimgesellschaften, die im Dunkeln der Geschichte ihre im Sinne des Wortes okkulten Geschäfte betrieben und betreiben, im Zusammenhang mit der Neuen Weltordnung jedoch dürfte der »Orden Thelema« heute keine, oder wenn, dann nur eine marginale, sozusagen psychologisch vorbereitende-verwirrende Rolle wie zahlreiche andere okkulte und esoterische Vereine spielen.

Die Frage nach dem weiteren Wirken der Drahtzieher hinter dem Reich von Thule und den Baumeistern des Ordo Novus Seclorum führt unmittelbar zurück in die Zeit des Dritten Reiches Hitlers und Himmlers – und darüber hinaus zurück in die Zeit der Kreuzzüge, der Ritterorden, der Tempelritter, so kurios das im ersten Augenblick auch zu sein scheint. In der Welt des Relativen ist eben vor allem die Frage der Zeit in der Geschichte eine zuweilen höchst relative Angelegenheit.

Hitler und der Heilige Gral

Mitten in den Wirren des Zweiten Weltkrieges trug sich eine der vielen merkwürdigen Begebenheiten abseits der offiziellen Geschichte des Dritten Reiches zu: Abgesandte des Reichsführers SS, Heinrich Himmler, sprachen in Paris bei einem gewissen Monsieur Pierre Plantard de Saint-Clair vor und boten ihm – gegen einen Treueschwur dem Dritten Reich gegenüber – den Titel eines Herzogs der Bretagne an. Dies zumindest behauptete Jahrzehnte nach dem Zweiten Weltkrieg eben dieser Monsieur Plantard de Saint-Clair.[658]

Selbst wenn diese Behauptung völlig aus der Luft gegriffen und erfunden wäre, hätte sie zweifellos irgendeine Bedeutung. Denn auch Monsieur Plantard gehört zu jenen Menschen, von denen man annehmen kann, daß sie weder unabsichtlich die Wahrheit sagen noch ohne bestimmte Absicht lügen.

Immerhin handelt es sich bei Monsieur Plantard de Saint-Clair um eine höchst außergewöhnliche Persönlichkeit, um niemand geringeren als den zeitweiligen Großmeister jenes bereits mehrfach erwähnten mysteriösen Ordens Prieuré de Sion und um einen engen Freund von Persönlichkeiten wie André Malraux und General Charles de Gaulle.

Es spricht einiges dafür, daß die Abgesandten Himmlers dieses Angebot tatsächlich gemacht haben. Bekanntlich hatte die SS wahrhaftig die Schaffung eines eigenen SS-Staates nach dem Vorbild des mittelalterlichen Burgund auf feudaler und ritterlicher Basis geplant, in dem, wie Himmler sagte, die nationalsozialistische Partei keinerlei Rechte ausüben sollte.

»Einzig und allein die SS wird herrschen, und die ganze Welt wird starr vor Staunen sein über diesen Staat, in dem die Weltanschauung der SS in die Praxis umgesetzt werden soll.«[659]

Es wäre also ganz und gar nicht ungewöhnlich gewesen, wenn es in diesem Staat Burgund auch ein Herzogtum der Bretagne gegeben hätte. Es fragt sich allerdings, warum die SS diesen Herzogtitel ausgerechnet einem französischen Adeligen angeboten hat. Das paßt ja so ganz und gar nicht in die nationalsozialistische Deutschtümelei. Zwar führt der Stammbaum des Monsieur Plantard direkt zurück zum Königsgeschlecht der geheimnisvollen Merowinger und zu Dagobert II.,[660] aber es wäre doch naheliegend gewesen, im Modellstaat der SS auch die Herzogstelle der Bretagne mit einem reinrassigen Arier heiligen deutschen Blutes zu besetzen.

Welches Geheimnis mochte die SS mit Monsieur Plantard verbunden haben, oder mit einer Geheimgesellschaft namens »Alpha Galates« oder »Prieuré de Sion«? War es etwa identisch mit dem »Gralsgeheimnis«, das Himmler und seine Tafelrunde von zwölf SS-Rittern im »okkulten Weltzentrum« Wewelsburg möglicherweise beschworen hatten?

Was immer das Wort »Gral« auch letzten Endes bedeuten mag, es spielte in der Mystik des inneren Kreises im Reich Thule eine wesentliche Rolle.

Hitlers Begeisterung für die Wagner-Oper »Parsifal« beschränkte sich keineswegs auf bloßen Kunstgenuß.

»Wir müssen den Parsifal ganz anders verstehen«; sagte Hitler einmal zu Rauschning, »als er so gemeinhin interpretiert wird. Hinter der abgeschmackten christlich aufgeputzten Fabel mit ihrem Karfreitagszauber erscheint etwas ganz anderes als der eigentliche Gegenstand dieses tiefsinnigen Dramas. Nicht die christlich-schopenhauersche Mitleidsreligion wird verherrlicht, sondern das reine, adlige Blut, das in seiner Reinheit zu hüten und zu verherrlichen sich die Bruderschaft der Wissenden zusammengefunden hat.«[661]

Nach Travor Ravenscroft hat Hitler in der Gralslegende nicht nur eine verschlüsselte tatsächliche Geschichte erkannt, sondern vor allem eine Art westlichen Weg zur Erlangung transzendentaler Bewußtheit und neuen Stufen des Zeiterlebens, eine Art okZidentaler Yoga also.[662]

Beim Anblick des mit der Gralslegende eng verbundenen »Speer des Longinus« in der Wiener Hofburg, so Travenscroft, habe der junge Hitler eine Art von Erleuchtung gehabt: »Ich glaubte zu spüren, daß ich ihn in einem früheren Jahrhundert der Geschichte schon einmal in Händen gehalten habe – daß ich selber schon einmal Anspruch auf diesen Talisman der Macht erhoben und das Schicksal der Welt in meinen Händen getragen hatte!«[663]

Man mag Ravenscrofts Buch *Der Speer des Schicksals* für bare Münze, für eine historische Allegorie oder für einen Alptraum halten, eine gewisse Rolle scheint dieser Speer im Dritten Reich tatsächlich gespielt zu haben, und sei es nur eine symbolische. Dies könnte zumindest das Interesse Hitlers und Himmlers, des reinkarnierten Voglers, an der Gralsgeschichte erklären. Es erklärt zumindest die Absicht Himmlers, eine SS-Expedition zur Entwendung des Heiligen Grals auszurüsten,[664] wie immer man den Gral auch verstehen mag. Es würde immerhin auch eine Erklärung dafür liefern, warum die SS dem Herrn Plantard de Saint-Clair die Ehre zu erweisen gedachte, Herzog der Bretagne im SS-eigenen Staat Burgund zu werden. Die Geschichte der »Prieuré de Sion« wird zeigen, daß Ravenscrofts Geschichte gar nicht so unwahrscheinlich ist, wie sie zunächst aussieht.

Fest steht, daß der »Speer des Schicksals« physisch tatsächlich existiert, daß dieser Speer wirklich in der Schatzkammer der Wiener Hofburg ausgestellt war, daß er nach dem Einmarsch der deutschen Truppen in Österreich mit den anderen Reichskleinodien der Habsburger nach Nürnberg gebracht wurde.

Alles andere ist natürlich nicht zu belegen, ist Legende, wie eben jene, die besagt, daß, wer immer den Speer besitzt und die Mächte versteht, denen er dient, das Schicksal der Welt auf Gedeih und Verderb in seinen Händen hält. Aber das spricht natürlich nicht gegen die Möglichkeit, daß Hitler, Himmler & Co tatsächlich an die Macht des Speeres geglaubt hatten – sie haben schließlich erwiesenermaßen noch ganz andere, unglaublichere Dinge geglaubt.

Die Geschichte des Speers beginnt, wie im Johannes-Evangelium beschrieben, mit jenem römischen Soldaten, der damit die Seite Christi durchbohrte, um zu verhindern, daß man dem König der Juden wie den Räubern zu seiner Linken und zu seiner Rechten die Glieder zerschlug. Der Soldat hieß Gaius Cassius, später Longinus genannt, der Speerträger.

Die Geschichte dieses Speers, dessen jeweiliger Besitzer der Legende nach bei der Durchsetzung der welthistorischen Ziele stets die Wahl zwischen zwei gegensätzlichen Prinzipien, also Gut und Böse hat, spiegelt mehr oder weniger die abendländische Geschichte. Mauritius, der Führer der 285 n. Chr. von dem römischen Tyrannen Maximilian zur Ehre der römischen Götter hingemetzelten Thebäischen Legion, hat ihn in den Händen gehalten, als er seinen letzten Atemzug tat. Konstantin der Große, der eigentliche Begründer der römischen Polit-Kirche, hat ihn besessen, Theodosius hat 385 n. Chr. damit angeblich die Goten gezähmt, Alarich der Kühne forderte den Speer für sich, nachdem er als frischgetaufter Christ Rom geplündert hatte; Aetius, »der letzte Römer«, besaß ihn ebenso wie der Westgote Theoderich, der 452 n. Chr. Attilas Hunnen in die Flucht schlug. Der geistliche Heuchler Justitian hielt ihn in der Hand, als er mit der Vertreibung der griechischen Gelehrten das »finstere Mittelalter« einläutete. Dem fränkischen Heerführer Karl Martell verhalf der Speer angeblich 732 n. Chr. zum großen Sieg über die Araber bei Portiers. Karl der Große soll seine Dynastie auf den Besitz des Speeres begründet haben. Otto der Große und Friedrich Barbarossa besaßen ihn, und nicht zuletzt auch Friedrich II. von Hohenstaufen (1212–1250): Kaiser, Magier, Alchimist, Astrologe, Wissenschaftler, Freund der Sarazenen, Feind des Papstes, von den einen als Heiliger verehrt, von den anderen als Teufel und Antichrist verflucht und gefürchtet.

»Aber die wichtigste Entdeckung, die der junge Hitler bei seinen Nachforschungen über die Geschichte des Speers machte«, schreibt Ravenscroft, »hatte nichts mit Kaisern und ihren mächtigen Dynastien zu tun. Es war die Entdeckung, daß der Speer Anlaß gegeben hatte, die teutonische Ritterschaft zu begründen, deren stolze und mutige Taten und deren unwiderrufliche Gelübde und asketische Disziplin einst der eigentliche Inhalt seiner Kindheitsträume gewesen war.«[665]

Das ist nicht unwahrscheinlich. Denn daß Hitler wie Himmler so sehr von den Methoden der Jesuiten beispielsweise angetan war, daß die SS in ihrem Aufbau und in ihren Erziehungsmethoden für viele Beobachter scheinbar ein Abbild des Jesuiten-Ordens gewesen ist, kommt nicht von ungefähr:

Die Jesuiten selbst hatten ja einen Großteil ihrer Organisation und ihres Aufbaus den militärisch-religiösen Orden wie den Tempelrittern und vor allem den Deutschrittern abgeschaut. Die SS sollte eben eine moderne Rekonstruktion des Deutschritterorden-Staates werden, der einst fast das gesamte östliche Baltikum umfaßte und sich von Pommern bis zum finnischen Meer erstreckte und in dem die Deutschritter, ohne an die Weisungen irgendeiner kirchlichen oder weltlichen Macht gebunden zu sein, ihre Macht ausübten. Bei der Gründung des Deutschen Ordens wiederum stand niemand Geringerer Pate als der Orden der Tempelritter, an dem die SS ihrerseits ein ganz besonderes Interesse hatte, was wiederum eng mit dem möglichen Geheimnis des »Heiligen Gral« zu tun hat.

Doch runden wir zunächst die Geschichte des »Speers des Schicksals« ab: Es ist jener Speer, den auch Richard Wagner zum Mittelpunkt seiner Gralsoper Parsifal gemacht hatte, der Speer des Longinus, um dessen Besitz der Kampf zwischen den Gralsrittern und deren Gegnern tobt.

Angesichts des großen Interesses, das die SS Heinrich Himmlers später an verschiedenen Orten des französischen Languedoc, dem Land der Ketzer, der Katharer, Albigenser und auch der Tempelritter bekunden sollte, ist Ravenscrofts Schilderung bemerkenswert: »Hitler brauchte nur kurze Zeit, um ausfindig zu machen, daß Wagner selber durch seine Studien über die Heilige Lanze in der Schatzkammer der Wiener Hofburg dazu inspiriert worden war, das Parsifal-Thema mit der Legende vom Longinus-Speer in seiner Oper zu verschmelzen [...][666] Seine Verherrlichung der ›Bruderschaft von Rittern‹, in deren Adern reines und edles Blut floß, hatte ihn tief bewegt. Und der Gedanke, daß gerade das Blut die Geheimnisse enthalten sollte, die ein Licht auf die Geheimnisse des Grals werfen konnten, hatte seine Gefühle in einen vorher nie gekannten Aufruhr versetzt.«[667]

Wie Ravenscroft weiter schreibt, gab es noch etwas anderes, das angeblich bei Hitler während des Besuchs einer Parsifal-Aufführung für inneren Aufruhr sorgte: »Aber während die Szenen der Oper wechselten, hatte eine andere Seite seiner Natur bei den Prozessionen und den Ritualen in der Gralsburg – vor allem aber bei den christlichen Ausschmückungen und Karfreitagsmystifizierungen – einen unerklärlichen Widerwillen empfunden. Draußen vor dem Theater in der kalten Nachtluft wurde er sich plötzlich der Ursache des Unbehagens bewußt. Ihm waren die christlichen Gelübde und die Barmherzigkeitsideale der Ritter innerlich zuwider. ›Ich konnte keinen Grund finden, die armseligen Ritter zu bewundern, die ihr ,,arisches Blut" entehrt hatten, um sich dem Aberglauben des Juden Jesus hinzugeben. Meine Sympathie war ganz und gar auf Seiten Klingsors!‹ sagte er später.«[668]

Blut ist eben ein ganz besonderer Saft, wie uns schon Teilzeit-Illuminat Goethe sagte. Und daß der Blutzauber bei den Nationalsozialisten eine besondere Rolle spielte, die dem äußeren Ansehen nach in der Mystifizierung des rassereinen Arier-Blutes gipfelte, muß nicht besonders betont werden. Daß dem Geheimnis des Blutes im Reich Thule möglicherweise aber auch ganz andere Bedeutungen abgewonnen wurden, darauf weist immerhin auch Haushofers geistiger Mentor Gurdjieff hin. Dieser meinte, »Menschen aus Deutschland, vor allem aus Bayern«

hätten sich aus seiner Lehre vor allem den Gedanken zum Steckenpferd gewählt, sie könnten der Zusammensetzung ihres Blutes eine Eigenschaft verleihen, die es in die Lage versetze, allen Erfordernissen des physischen Körpers nachzukommen, und zugleich zur Entwicklung und Vervollkommnung des Astralleibes beitragen.[669]

Noch ganz andere Bedeutungen gewinnt der Gedanke, daß gerade das Blut Geheimnisse enthalten sollte, die auf die Mysterien des Grals ein Licht werfen könnten, vor allem aber im Zusammenhang mit den merkwürdigen Beziehungen zwischen dem Dritten Reich, insbesondere der SS und den Brüdern von der Prieuré de Sion: dann nämlich, wenn sich die Symbolik der Gralsgeschichte tatsächlich als eine verschlüsselte Geschichte tatsächlicher historischer Ereignisse und als Hinweis auf gewisse genealogische Abstammungen erweisen sollte, von denen später die Rede sein soll.

Für Trevor Ravenscroft indes gibt es keinen Zweifel daran, daß es sich bei den Figuren der Gralsgeschichte tatsächlich um historische Persönlichkeiten handelt. Nach Ravenscroft war es ein gewisser Dr. Walter Johannes Stein, der das Geheimnis des Grals gelüftet hatte und dessen Erkenntnisse auch dem Buch *Der Speer des Schicksals* zugrunde liegen.

Dr. Steins Lebenslauf verdient kurz erwähnt zu werden:

Er wurde 1891 in Wien als Sohn eines einflußreichen Rechtsanwaltes und Spezialisten für internationales Recht geboren. Obwohl er ein naturwissenschaftliches Examen an der Universität Wien abgelegt hatte, schrieb er seine Dissertation über ein philosophisches Thema, mit dem er, wenn es stimmt, was Ravenscroft schreibt, seiner Zeit weit, weit voraus war, denn er nahm mehr oder weniger vorweg, was später etwa einen Dr. Timothy Leary zum Guru einer ganzen Generation werden ließ: Er brachte neun höhere Bewußtseinsebenen in Verbindung zu den physischen Organen und der Biochemie des Körpers. Während seiner Studienzeit in Wien machte Stein auch die Bekanntschaft des jungen Hitler, als dieser in einem Wiener Obdachlosenasyl lebte und angeblich neben okkulten Studien seine ersten übersinnlichen Erfahrungen mittels Mescalin machte (dem sein späterer Mentor Dietrich Eckart nebst dem Alkohol ebenfalls sehr zugetan war).

In Deutschland begründete Dr. Stein seinen wissenschaftlichen Ruf mit umfassenden Arbeiten über die Geschichte des Mittelalters. Aus nächster Nähe, so Ravenscroft, beobachtete Stein die Gründung der nationalsozialistischen Partei und Hitlers Verbindungen mit jenen drei unheilvollen Persönlichkeiten, die ihm bei seinem meteorhaften Aufstieg in den Sattel der Macht halfen: Dietrich Eckart, Houston Stewart Chamberlain und Karl Haushofer.

Als Himmler 1933 Steins Verhaftung in Stuttgart anordnete, um ihn zur Mitarbeit im Okkulten Büro der SS (vermutlich »Ahnenerbe«) zu zwingen, floh Stein aus Deutschland und brachte sein Wissen über den Okkultismus der Nazipartei nach England mit. Dort war Stein dann angeblich als vertraulicher Berater Winston Churchills in Sachen Nazi-Okkultismus und überdies als Nachrichtenagent tätig: Er brachte unter anderem die Informationen über die unter dem Stichwort »Operation Seelöwe« geplante Invasion der Nazis vom Kontinent nach England.

Steins besonderes Steckenpferd aber war schon während seiner Wiener Studienzeit eben die Geschichte des Grals und insbesondere der Speer des Longinus. Kurioserweise soll es eine von Hitler mit Randbemerkungen vollgeschriebene Ausgabe von Eschenbachs Parzival aus dem neunzehnten Jahrhundert gewesen sein, die Stein zufällig in einer esoterischen Buchhandlung in die Hände fiel und ihn auf die Spur der historischen Gralsgeschichte brachte. Den angeblichen Randbemerkungen Hitlers nach zu schließen, hatte dieser auch die esoterische Bedeutung des Eschenbach-Epos begriffen: Das Wort Gral soll Hitler von »graduale« abgeleitet haben, was so viel bedeutete wie stufenweise, Grad um Grad, die Suche nach dem Gral also ein stufenweises geistiges Erwachen aus einer an Schlaf grenzenden Stumpfheit, nach Hitlers angeblichem Kommentar »das Erwachen eines Dummkopfes aus gedankenleerer Abgestumpftheit!«

Der Gral selbst, vom Minnesänger als »Edelstein«, als »lapsit exilis« beschrieben, wurde von Hitler demnach als alchimistisches Symbol der Zirbeldrüse – des sogenannten Dritten Auges also – identifiziert. Der Sinn der sechzehn beschriebenen Abenteuer wäre es, dieses Dritte Auge so weit zu aktivieren, daß es die verborgenen Geheimnisse der Zeit und den Sinn des Schicksals der Menschheit zu erkennen vermochte.[670]

Nach dieser Hitlerschen-Steinschen Version jedenfalls soll sich das historische Gralsgeschehen – der Machtkampf um den tatsächlich existierenden »Speer des Schicksals« – im 9. Jahrhundert abgespielt haben, zu jener Zeit also, da man den geheimnisvollen langhaarigen Merowingern, die jahrhundertelang über die Franken regiert hatten, zum Zeichen ihrer Entmachtung öffentlich die Locken abgeschnitten hatte und die Karolinger an ihre Stelle getreten waren.

Der sterbende, von Dämonen besessene König Amfortas der Gralslegende soll nach dieser Version König Karl der Kahle gewesen sein, ein
Enkel Karls des Großen. Bei der Zauberin Kundry soll es sich um Ricilda
Böse gehandelt haben, die verrufenste Hure jener Zeit, die den armen
kahlen Karl angeblich verführt hatte.

Parzival war demnach der Kanzler am fränkischen Hof, Luitwart von
Vercelli, und Klingsor niemand anderes als Landulf II. von Capua, die
bösartigste Gestalt jenes Jahrhunderts.

Ravenscroft schreibt dazu: »Landulfs Einfluß auf die Ereignisse des
neunten Jahrhunderts war enorm, und es besteht kein Zweifel, daß er die
zentrale Figur für alles Böse war, das in jenem Zeitabschnitt geschah.
Kaiser Ludwig II. ernannte ihn zum ›dritten Mann des Königreichs‹ und
überhäufte ihn mit so vielen Ehren, daß er sogar Capua zur Hauptstadt
machen wollte und sich selber zum Erzbischof ernannte.

Er überredete den Kaiser, gegen die Araber in Süditalien Krieg zu
führen, obwohl sein eigener Bruder die Ungläubigen herbeigerufen
hatte, die christlichen Länder zu überfallen. Landulf, der viele Jahre in
Ägypten zugebracht und arabische Astrologie und Magie studiert hatte,
war ihr geheimer Bundesgenosse. Durch seine islamischen Verbindungen konnte er später sein Schloß, seinen ›Adlerhorst‹ in den Berges-
höhen des von den Arabern besetzten Sizilien behalten. Dort oben, auf
dem Kalot Enbolot (oder Carta Belota), wo sich einst ein alter Myste-
rientempel befunden hatte, führte er die schrecklichen und perversen
Handlungen aus, die ihm den Ruf eines der meistgefürchteten Schwarz-
künstlers der Welt einbrachten. Schließlich wurde er im Jahr 875 exkom-
muniziert, als sein Bündnis mit dem Islam aufgedeckt wurde und seine
Missetaten, zu denen die verführerische Iblis ihn angestiftet hatte,
bekannt wurden.

Einige Historiker, denen klar geworden war, wie die durch den Gral
inspirierte geistige Renaissance Roms Macht völlig zu verdunkeln drohte, hatten über die unheilvollen Beziehungen zwischen Landulf und eine
Reihe von Päpsten geschrieben und von ihren gemeinsamen Versuchen
berichtet, das esoterische Christentum des Heiligen Grals zu vernichten.
Aber keiner übertraf an Einfühlung Richard Wagners eigenes phantasie-
volles Bild vom schwarzen Zauberer Klingsor, der dem Antichrist diente
und sich mit ihm zusammen verschworen hatte, die richtige Entwicklung
der Liebe und Weisheit in diesem wohl wichtigsten aller frühen Jahrhunderte europäischer Geschichte zu pervertieren. Richard Wagner begriff,
daß Landulfs magische Riten, die schreckliche sexuelle Perversionen

und Menschenopfer einschlossen, eine verheerende Wirkung auf die weltlichen Führer des christlichen Europas gehabt hatten. Der große Künstler und Komponist veranschaulichte, wie solche magischen Riten elementare Kräfte freimachen, durch die dämonische Geister sich Zutritt zu dem Blut und Bewußtsein solcher Individuen verschaffen, gegen die sie gerichtet sind.«[671]

Wie, wenn Hitler tatsächlich überzeugt davon war, im Gralsepos vor allem auch ein prophetisches Bild der Gegenwart erkannt zu haben, als eine Art Wiederaufführung des 9. Jahrhunderts mit sämtlichen reinkarnierten Exponenten? Wenn Hitler, wie Ravenscroft schreibt, davon überzeugt war, in diesem Epos vor allem eine Art magischen Spiegels erkannt zu haben, »der die umwerfenden Ereignisse während der ersten Jahrzehnte des 20. Jahrhunderts voraussagte und das innere und verborgene Antlitz dieser kritischen Periode, in der die Menschheit gegen die Schwelle des Geistes geschleudert wird, sichtbar machte« (nach dem Motto: »Alles wird im Einklang mit klar definierten Zyklen vollbracht ...«), dann hatte Hitler auch allen Grund, an die von ihm immer wieder zitierte Vorsehung zu glauben, und vieles an seinem Verhalten und an seinen Handlungen wird halbwegs begreifbar: Nach Ravenscroft hat Hitler sich letzten Endes selbst als Reinkarnation Landulfs von Capua erkannt (dabei wäre er so gern Friedrich Barbarossa gewesen). »Statt eines strahlenden germanischen Helden verkörperte er also die meistgefürchtete Persönlichkeit in der ganzen Geschichte des Christentums: den Geist des Antichrist.«[672]

Angenommen, es wäre wirklich so gewesen, dann hätte dies Hitler vermutlich gar nicht so sehr gestört. Denn er war schließlich ein glühender Anhänger von Nietzsches *Genealogie der Moral* mit ihrer »Umwertung aller Werte«: Das christliche Gute war böse, und das christliche Böse war gut. Das wiederum ist eine Ansicht, die Nietzsche nicht erfunden hat, das ist vielmehr eine der Quellen, die seit fast zwei Jahrtausenden den unterirdischen Strom der Geschichte der westlichen Welt gespeist hat. Ravenscrofts Geschichte mag vielleicht nicht viel mehr sein als eine Legende von Hitler und dem Heiligen Gral, an der nur eines wirklich stimmt, daß Hitler schließlich tatsächlich im Besitz des Speers des Longinus war, den er als Landulf von Capua in einem vergangenen Jahrhundert der Geschichte schon einmal in seinen Händen gehabt haben soll.

Ob Legende oder nicht, Ravenscrofts Geschichte enthält aber einige wesentliche Punkte, die sich mit dem tatsächlich nachweisbaren unterirdischen Strom der europäischen Historie kreuzen und decken, mit sich kontinuierlich durch die Jahrhunderte bewegenden historischen Kräften, die heute das politische Geschehen möglicherweise mehr denn je beeinflussen: Da wären die islamischen Verbindungen, denen wir noch einige Male begegnen werden, da wäre die unbestreitbare Intention zahlreicher Päpste, das esoterische Christentum mit Stumpf und Stiel zu vernichten, da wäre der während der Geschichte des Christentums nie verstummte Verdacht, die römische Kirche sei die eigentliche Ketzerei, da wäre zum anderen die belegbare Tatsache, daß es tatsächlich ein Geheimnis gibt, das mit der Geschichte der Tempelritter und mit der Geschichte der Prieuré de Sion eng verknüpft ist und bei dem es sich möglicherweise tatsächlich um das historische Gralsgeheimnis handelt; schließlich wäre der Umstand zu erwähnen, daß sich Himmlers okkultes Amt »Ahnenerbe« für dieses Geheimnis und für die Geschichte des Grals in geradezu verwunderlichem Ausmaß interessierte. Da wäre ferner der Umstand erwähnenswert, daß sich alle möglichen esoterisch-okkulten Gesellschaften einschließlich der angeblich rein symbolischen Freimaurerei auf die Mysterien der Tempelritter berufen; und zu guter Letzt wäre wohl auch die Wirkung magischer Riten zu erwähnen, von denen nicht nur ein offenbar zumindest geistig mit Landulf von Capua verwandter Aleister Crowley überzeugt war: Wer etwa würde die Wirkung der von der katholischen Kirche benutzten alten vorchristlichen Mysterien und Rituale bestreiten wollen?

Darüber hinaus: Hitler und Himmler scheinen nicht die einzigen gewesen zu sein, die in den Legenden um den Gral und dem Sagenkreis um König Artus mehr zu sehen glaubten als schöne Geschichten. Folgendes meinte niemand anderer als Winston Churchill dazu: »Wenn wir genau erkennen können, was wirklich geschah, werden wir uns in Gegenwart eines Themas befinden, das so untrennbar mit dem Erbe der Menschheit verbunden und so beseelt ist wie die Odyssee und das Alte Testament. Es ist alles wahr, oder zumindest sollte es das sein.«[673]

Was suchte Himmler in Montségur?

Wenden wir uns also von der Legende um Hitler und den Heiligen Gral ab, und widmen wir uns handfesteren Dingen. Kein Geringerer als der Historiker und SS-Forscher Hans Buchheim kommt in dem Buch *Die*

Anatomie des SS-Staates auf den Gedanken, daß die Ketzerromantik in der SS eine große Rolle gespielt habe. Buchheim interpretiert dies naturgemäß von der Warte des »heroischen Realismus«, nichtsdestoweniger weist er auf eine interessante Spur, wenn er schreibt: »Im Ketzer sah man das Urbild des ausschließlich auf sich selbst gestellten Menschen, des Menschen also, der keine anderen Wege gehen will als die, die er sich selbst gebaut hat, der sich selbst verdächtig wird, wenn er nicht unruhig ist, dem es beim Ringen um die Wahrheit mehr auf das Ringen als auf die Wahrheit ankommt. Himmler wollte die SS in die Tradition des europäischen Ketzertums rücken, in der er wiederum das germanische Heidentum fortgesetzt sah. Mitte der dreißiger Jahre schickte er einen SS-Führer namens Otto Rahn auf eine Reise in jene Landschaften Europas, in denen es einmal Ketzerbewegungen gegeben hatte. Die Beobachtungen und Reflexionen seiner Reise schrieb Rahn in einem Buch mit dem Titel nieder: *Luzifers Hofgesind. Eine Reise zu Europas guten Geistern.* Es ist ein charakteristisches Dokument der SS-Mentalität.«[674]

Otto Rahn schrieb auch noch ein anderes Buch, das den Titel trägt: *Kreuzzug gegen den Gral,* in dem er seine Spurensuche im französischen Languedoc beschreibt, im Land der Katharer, der Albigenser, der Tempelritter, mit so schicksalsträchtigen Orten wie Carcassone, Béziers, Montségur, von dem viele glauben, es sei identisch mit dem Munsalvatsch in Eschenbachs Gralsepos. In Rahns Buch findet sich jene bemerkenswerte Stelle: »Inmitten der Einöde des Tabor erhebt sich ein unbeschreiblich wilder Felsen, so hoch, daß der Gipfel zuweilen in das goldene Wolkenmeer ragt. Senkrecht recken sich seine Wände hinauf zu den Mauern einer Burg, die Montségur heißt. Als ich einmal auf der Straße der Cathari zum Gipfel des Tabor hinaufstieg, traf ich einen alten Schafhirten. Der erzählte mir folgende Legende: Als Montségurs Mauern noch standen, hüteten in ihnen die Cathari, die Reinen, den Heiligen Gral. Montségur aber war in Gefahr. Luzifers Heerscharen lagen vor den Mauern. Den Gral wollten sie haben.«[675]

Möglicherweise hat Rahn mehr herausgefunden als nur Legenden und Ketzergeschichten. Man wird es nie erfahren. Rahn starb 1939 unter mysteriösen Umständen wenige Tage vor seiner geplanten Hochzeit, zu der sich der Reichsführer SS, Heinrich Himmler, persönlich angesagt hatte.

Noch in den letzten Kriegstagen erwog ein Stab Himmlers eine Expedition, die den Gral oder das damit zusammenhängende Geheimnis suchen und für das Dritte Reich sicherstellen sollte. Niemand Geringerer als Mussolini-Befreier Otto Skorzeny sollte diesen Einsatz leiten.[676]

Kein Zweifel: Die Gegend des Languedoc, in der Otto Rahn im Auftrag Himmlers auf den Spuren des Grals wandelte, birgt noch so manches ungelüftete Geheimnis. Eines aber ist sicher: Diese Gegend war im 13. Jahrhundert zwanzig Jahre lang Schauplatz eines der grausamsten, blutigsten Gemetzel der Weltgeschichte, veranstaltet von den römischen Inquisitoren und Kreuzfahrern aus Burgund, Lothringen, dem Rheinland, Österreich, Ungarn und Friesland, einem Heer aus Raubrittern, Gesindel und Leichenfledderern, denen der Papst für ihre Mordtaten die Absolution für alle Sünden und einen sicheren Platz im Himmel versprochen hatte.

Der sogenannte Kreuzzug galt den Albigensern beziehungsweise den Katharern, die der Häresie und Ketzerei angeklagt waren: »Als Montségurs Mauern noch standen, hüteten in ihnen die Cathari, die Reinen, den Heiligen Gral. Montségur aber war in Gefahr. Luzifers Heerscharen lagen vor seinen Mauern. Den Gral wollten sie haben.« Diese wenigen Zeilen sagen eine ganze Menge aus. Worin bestand denn die Ketzerei der Albigenser und der Katharer, daß sie der römischen Kirche als dermaßen gefährlich erschienen? Dazu noch zu einem Zeitpunkt, da Rom und der Vatikan eher der Sitz des Teufels zu sein schien als der des Stellvertreters Gottes auf Erden und der Papst mit seinem ausschweifenden Luderleben, Intrigen und Mordspielen der eigentliche personifizierte Antichrist zu sein schien? Was also war das Geheimnis der Katharer, auf das sich heute noch diverse Rosenkreuzergemeinschaften und andere esoterisch orientierte Gesellschaften berufen und das offenbar auch Himmlers Interesse so gereizt hat?

Sehen wir uns zunächst die Gegend um die Languedoc zu Beginn des 13. Jahrhunderts an: Politisch gesehen war es eine von wenigen adligen Familien regierte, unabhängige Grafschaft, kulturell eher mit den spanischen Königreichen Aragon und Kastilien vergleichbar. Im Gegensatz zu Nordeuropa blühte hier zu jener Zeit eine überaus fortschrittliche und hochentwickelte Kultur. Gelehrsamkeit stand in hohem Ansehen, Dichtung und Minnesang wurden gepflegt, Philosophie, Griechisch, Arabisch, Hebräisch studiert. Während im übrigen Europa die Kirche die geistige Initiative des abendländischen Menschen in das Gefängnis der dreidimensionalen Bewußtheit der Sinnenwelt gesperrt hatte und die Dogmen der römischen Kirche zur einzig anerkannten Offenbarungsquelle erklärt wurden, herrschte im Languedoc eine erstaunliche religiöse Toleranz. Über Handelszentren wie Marseille gelangte jüdisches und vor allem islamisches Gedankengut ins Land. In verschiedenen Schulen wurden die Kabbala und die alte jüdische Mystik studiert. Aus guten Gründen, nicht zuletzt wegen der notorischen Korruptheit des Klerus, erfuhr die römisch-katholische Kirche ganz allgemein nur geringe Wertschätzung. Nicht von ungefähr entwickelte sich daher gerade im Languedoc eine religiöse Erneuerungsbewegung, die die Stellung der katholischen Kirche nicht nur im Languedoc selbst bedrohte, sondern bald auch nach Italien, Katalonien und bis Deutschland vordrang. Es handelte sich bei den Katharern und Albigensern keineswegs um eine neue geschlossene Kirche, sondern um eine Vielzahl unterschiedlicher, durch gewisse gemeinsame Prinzipien miteinander verbundener Gemeinschaften. Wesentliche Kernpunkte der sie verbindenden Weltanschauung waren der Glaube an die Wiedergeburt und an die Gleichrangigkeit des männlichen und weiblichen Prinzips. Sie waren überdies strenge Dualisten: Während für den Katholizismus Gott das alleinige höchste Wesen war, dem selbst der Teufel untertan ist und zuweilen als göttliches Werkzeug dient (sogar um sich selbst in seiner fleischgewordenen Gestalt in Versuchung zu führen), erkannten die Katharer zwei mehr oder weniger ebenbürtige Gottheiten oder göttliche Prinzipien an, den Gott des Guten und den Gott des Bösen, den »Rex Mundi«, den König der Welt. Der Gott des Guten war für die Katharer ein von jedem irdischen Makel freies geistiges Wesen oder Prinzip, absolute Liebe. Aus seiner Quelle konnte nichts Schlechtes und Unvollkommenes stammen. Daher mußte die stoffliche Schöpfung das Werk des gegenteiligen Prinzips, das Werk eines usurpatorischen Gotts des Bösen sein. Folglich konnte Jesus in Menschengestalt nicht Gottes Sohn gewesen sein, bestenfalls ein Prophet wie andere Propheten. So bildete das Kreuz für sie mehr oder weniger die Antithese zum wahren Erlösungsprinzip. Da den Katharern die sündhaft verschwenderisch lebende Kirche als offensichtliche Manifestation der Oberherrschaft des »Rex Mundi« auf Erden erschien, verweigerten sie nicht nur die Anbetung des Kreuzes, sondern verwarfen auch die Sakramente wie Taufe und Kommunion. Im allgemeinen waren die Katharer weder Fanatiker noch weltfremde Mystiker, sondern in der Mehrzahl gewöhnliche Männer und Frauen, denen ihr Glaube (oder ihr Wissen) Zuflucht vor der Strenge des orthodoxen Katholizismus bot. Dies galt auch für die zahlreichen Adligen, die sich vor allem vom Toleranzgebot angesprochen fühlten und durch die Korruptheit der katholischen Kirche desillusioniert waren. Niemand Geringerer als Bernhard von Clairvaux, der 1145 durch das Languedoc reiste, um gegen die Häretiker zu predigen, war von den Katharern beeindruckt. »Sicherlich gibt es keine christlicheren Predigten als die ihren«, stellte er fest, »und ihre Sitten waren rein.«[677]

Das freilich nützte alles nichts. Die Los-von-Rom-Bewegung vor allem in den romanischen Ländern mußte den um Macht und Einfluß bangenden Vatikan zum Handeln zwingen. Daß der französische König und der französische Adel schon lange begehrliche Blicke auf das albigensische Gebiet geworfen hatten, auf die reiche Grafschaft Toulouse und die blühende Provence, kam dem Papst dabei nur gelegen. 1209 war es dann soweit. Innozenz III. rief zum Kreuzzug auf. Der erste wirkliche Genozid in der modernen europäischen Geschichte begann. Und hier muß man sich tatsächlich fragen, ob der »ketzerische Glaube« und die Abtrünnigkeit von Rom wirklich der alleinige Grund waren für dieses wahrhaft teuflische Wüten oder ob noch etwas ganz anderes dahintersteckte, etwas, das die Macht der römischen Kirche möglicherweise bis in ihre Grundfesten zu erschüttern vermocht hätte.

Ganze Dörfer und Städte wurden dem Erdboden gleichgemacht, die Ernten vernichtet, der Großteil der Bevölkerung bestialisch umgebracht. Allein in Toulouse wurden an einem einzigen Tag zu den Klängen des Tedeums 60 000 Männer, Frauen und Kinder verbrannt oder dem Schwert überantwortet, in Béziers waren es 15 000.

Ein Offizier, der den Vertreter des Papstes fragte, wie er denn Ketzer und rechtgläubige Katholiken auseinanderhalten und unterscheiden könne, erhielt zur Antwort: »Tötet sie alle. Gott wird die Seinen schon erkennen.«

Im Jahr 1243 begann dann die Belagerung von Montségur, des letzten Widerstandszentrums der Katharer. Zehn Monate lang wurde die Burg von mehr als zehntausend Mann belagert. Dennoch gelang es den Katharern im Januar 1244, drei Monate vor dem Fall, ihren Schatz – Gold, Silber und Münzen – aus der Burg zu bringen. Zwar hat man seither nie etwas davon gehört, obwohl sich zahlreiche Legenden darum ranken und nicht wenige Abenteurer danach gesucht haben. Doch weitaus interessanter ist der Umstand, daß die Katharer möglicherweise einen Schatz ganz anderer Art besaßen, der nicht materiell in diesem Sinne war: Dokumente, Unterlagen, alte Manuskripte möglicherweise, die sich auf irgendeine geheime Kenntnis, auf ein geheimes Wissen bezogen. Denn das Verhalten der letzten Katharer in der Burg von Montségur war in der Tat höchst seltsam: Nachdem es den Belagerern in der ersten Märznacht des Jahres 1244 gelungen war, bis zum Gipfel des Montségur hinauf zu gelangen und die Wachen zu überwältigen, kapitulierten die etwa noch 400 übriggebliebenen Katharer beziehungsweise baten sich einen vierzehntägigen Waffenstillstand aus, um über die nun relativ milden Übergabebedingungen beraten zu können: Den letzten Kämpfern der Katharer war Generalpardon für »alle begangenen Verbrechen« sowie freier Abzug unter Mitnahme ihrer Besitztümer gewährt worden, unter der Bedingung, daß sie ihrem Ketzertum abschworen. Als Gegenleistung für den Waffenstillstand boten die Katharer freiwillig Geiseln an, die hingerichtet werden sollten, sobald auch nur einer von ihnen versuchen sollte, zu fliehen.

In der Nacht vor der Übergabe ereigneten sich dann seltsame Dinge: Vier Katharer kletterten, in Wolltücher gehüllt, an Seilen den steilen Gipfel hinab, obwohl sie sich bewußt waren, damit das Leben der Geiseln zu gefährden.

Die Legende besagt, diese vier Männer hätten den eigentlichen Schatz der Katharer in Sicherheit gebracht.

Am 15. März lief dann die gesetzte Frist ab. Die meisten der in der Festung verbliebenen Katharer lehnten die gestellten Bedingungen ab und entschieden sich für den Märtyrertod. Am nächsten Morgen wurde die Burg genommen, 200 Katharer zum Fuß des Berges getrieben und verbrannt.

1960 wurde auf dem »Feld der Verbrannten« ein schlichter Gedenkstein aufgestellt.

Bedeutet also der Fall von Montségur das Ende der Katharer und ihres ketzerischen Glaubens? Ist dieser Gedenkstein auf dem Feld der Verbrannten das einzige, was heute noch an die Katharer erinnert? Oder gibt es noch Bedeutungsvolleres, ein mit den Katharern verbundenes Geheimnis, hinter dem unter anderem Heinrich Himmler mit seiner SS her war, aus welchen Gründen auch immer?

Nein, Montségur war zweifellos nicht das Ende der Katharer. Ihre Geschichte ist nämlich eng mit jener der Tempelritter verbunden. Und es spricht vieles dafür, daß sie ein und dasselbe Geheimnis miteinander teilten. Wie die Katharer waren auch die Tempelritter ohne Zweifel von orientalischem, islamischem und teils auch jüdischem Gedankengut beeinflußt. Auch die Tempelritter wurden schließlich als Ketzer verfolgt und ein Großteil von ihnen auf Geheiß König Philipps IV. getötet. Wie die Katharer scheinen auch die Tempelritter vom Kreuz als Symbol der Erlösung nicht viel gehalten zu haben; angesichts ihrer engen Bindung zu den Katharern erscheinen daher manche seltsame Aussagen gefolterter Tempelritter nicht ganz unwahrscheinlich, man habe bei den Initiations-Ritualen auf das Kreuz gespuckt oder es mit Füßen getreten, das Kreuz zumindest verleugnet. Wie um den Schatz der Katharer ranken sich auch um die Schätze der Tempelritter etliche Legenden, und in beiden Fällen ist nur eines sicher: Sie wurden bis heute nicht gefunden. Ein Umstand, der zumindest im Falle des ungeheuren Vermögens der Tempelritter, dem eigentlichen Ziel König Philipps, höchst ungewöhnlich ist.

Auch personell waren die Katharer und die Tempelritter eng miteinander verflochten. Bertrand de Blanchefort, der vierte Großmeister des Ordens, entstammte einem katharischen Elternhaus, und Mitglieder seiner Familie kämpften vierzig Jahre nach seinem Tod Seite an Seite mit anderen katharischen Edelleuten gegen die Kreuzzügler aus dem Norden.[678]

Zwar hielt sich der Templerorden während der Albigenserkriege nach außen hin neutral, doch lassen zeitgenössische Berichte erkennen, daß die Templer vielen katharischen Flüchtlingen Asyl gewährten. Kein Wunder, waren doch gerade in der Languedoc die meisten der höhergestellten Tempelritter keine Katholiken, sondern eben Katharer. Und überdies: Eben in dieser Languedoc sollte, nachdem sie aus dem Heiligen Land vertrieben worden waren, der Staat der Tempelritter entstehen, nach dem Vorbild des an anderer Stelle schon erwähnten Deutschritterstaates.

Hier findet sich noch eine andere merkwürdige Spur nach Deutschland, die möglicherweise mit eine der Ursachen des Himmlerschen Interesses an den Gralsgeheimnissen im Languedoc gewesen ist. Eben jener Bertrand de Blanchefort, dessen Stammhaus sich nur wenige Kilometer von Rennes-le-Château entfernt befindet, einem Ort, der in diesem Zusammenhang um die Jahrhundertwende eine besondere Rolle spielen sollte und in gewissem Sinne noch immer spielt, begann 1156 merkwürdige Aktivitäten zu entwickeln: Er warb deutsche Bergleute an, die einer überaus strengen Disziplin unterworfen wurden und denen es beispielsweise strikt verboten war, mit den Einheimischen zu sprechen.

Gerüchte besagten damals, sie beuteten geheimgehaltene Goldminen in der Gegend von Montségur aus. Nach Abschluß dieser Arbeiten geriet das Ereignis bald in Vergessenheit, bis im 17. Jahrhundert erneut nach nutzbaren Lagerstätten in dieser Gegend gesucht wurde. Dabei stießen die Ingenieure auf die Spuren der von den Templern angeheuerten deutschen Bergleute. Ein Ingenieur namens César d'Arcons kam 1667 in einem abschließenden Bericht jedoch zu der erstaunlichen Auffassung, daß die deutschen Arbeiter dort absolut nichts abgebaut hätten, nichts deute auf irgendwelche bergbaulichen Aktivitäten hin.

Möglicherweise entsprach d'Arcons Aussage insofern den Tatsachen, als tatsächlich keine bergbaulichen Tätigkeiten festzustellen waren; das bedeutet freilich nicht, daß etwa keinerlei Spuren anderen baulichen oder sonstigen Schaffens zu entdecken gewesen wären. César d'Arcon wäre in dieser Geschichte um das Geheimnis der Katharer und der Templer nicht der erste und nicht der letzte gewesen, der aus gewissen Gründen etwas verschwiegen oder eine falsche Spur gelegt hätte. Das bis heute noch unerforschte riesige Höhlensystem in den Bergen um Montségur mag noch allerlei Überraschungen bieten. Daß hier jede Art von Ausgrabungstätigkeit behördlich und bei Strafandrohung strengstens verboten ist und diese Gegend auch in jüngster Zeit noch das Interesse von Geheimdiensten, allen voran des französischen, findet, sagt einiges aus.[679]

Multinationale Kapitalisten und Banker: Die Templer

Was immer Bertrand de Blanchefort und die deutschen Bergleute hier getan haben mochten, was auch immer Himmler an dieser Gegend so interessiert hatte, um die Geschichte der Tempelritter kommt man nicht herum, will man die hinter der Schulbuchgeschichte gestaltenden Kräfte einigermaßen begreifen. Abgesehen von der esoterischen »Tradition der Weisheit« auch unserer Zeit, die, wie Persönlichkeiten wie Rudolf Steiner und Madame Blavatsky nicht grundlos feststellten, über die Rosenkreuzer bis auf die Katharer und Templer zurückzuführen ist, haben die Tempelritter zweifellos durch ihren Einfluß und durch ihre Tätigkeiten die Geschichte des Abendlandes mehr geprägt und mitbestimmt als so mancher berühmte König oder Kaiser der Geschichtsbücher, mehr als so manche Schlacht, und dies nicht nur während ihrer offiziellen Existenz. Ihr Einfluß bestimmt in einem ganz und gar nicht esoterischen, sondern durchaus höchst exoterischen Sinn beispielsweise noch heute unser tägliches Leben: Die Tempelritter waren des Abendlandes erste Banker, sie waren die ersten multinationalen Banker und Großkapitalisten, des Abendlandes erste Geldverleiher und Kredithaie, und wer heute einen Scheck ausstellt, sollte dabei daran denken, daß auch diese bemerkenswerte Einrichtung von den Tempelrittern eingeführt wurde.

Die Geschichte der Tempelritter, vor allem ihre enge Verbindung zu islamischen Geheimgesellschaften, insbesondere zur Loge von Kairo, beziehungsweise der von dem Kalifen Hakim gegründeten Schule von Alexandrien, der ersten Großloge der Geschichte überhaupt, und zur Sekte des Assassinen weist überdies erstaunliche Parallelen zu manchen hochaktuellen Entwicklungen der Gegenwart auf.

Und man wird sich vor allem in bezug auf die Templer später neuerlich fragen müssen, ob sich dahinter nicht noch etwas anderes, etwas Gefährlicheres, zumindest Mächtigeres versteckt.

Die Geschichte der Templer beginnt schon reichlich rätselhaft und mysteriös, und der Ursprung des Ordens hat so ganz und gar nichts mit den Kreuzzügen zu tun, wie einem heutzutage noch immer etwa von den Propagandisten des Ordo Militae Crucis Templi[680] und anderen Traditionsverwaltern treuherzig versichert wird.

Papst Urban II. rief 1095 zum 1. Kreuzzug zur Befreiung Jerusalems für die Christenheit auf, vier Jahre später, 1099, wird die heilige Stadt nach schweren Kämpfen erobert.

Wie aus dem Nichts tauchen plötzlich in Jerusalem neun »arme« französische Ritter auf, angeblich sind sie von Bernhard von Clairvaux dorthin gesandt worden. Ihr Anführer ist Hugo von Payens, sein Stellvertreter Bisol de Saint-Omer, die übrigen heißen: Hugues I. von Champagne (kurioserweise der Lehnsherr Hugo von Payens'), André de Montbard, Archambaud de Saint-Aignon, Nivard de Montdidier, Gondemar und Rossal. Sie nennen sich »Arme Ritter in Christus« beziehungsweise »Arme Ritterschaft Christi vom Salomonischen Tempel« und »Orden zum Schutz der Pilger vom Heiligen Grabe«, was wahrscheinlich zunächst ein Witz war.

Unaufgefordert erscheinen sie im Palast des Königs von Jerusalem, Balduins I., dessen älterer Bruder, Gottfried von Bouillon, die Stadt zwanzig Jahre zuvor erobert hatte. Der König empfängt sie ebenso herzlich wie der Patriarch von Jerusalem, der Bevollmächtigte des Papstes. Als Quartier wird den »armen« Rittern sofort ein ganzer Flügel des Palastes zugewiesen, offenbar nicht ganz zufällig jener Teil des

Palastes, der auf heiligem Boden stand, nämlich auf den Grundmauern des Salomonischen Tempels.

Dort lebten die Templer nahezu zehn Jahre lang, ohne sich um ihre angebliche Aufgabe, den Schutz der Pilger, zu kümmern und ohne jemand anderen in ihren exklusiven kleinen Kreis aufzunehmen. Die Umwelt hält es zwar immerhin für bemerkenswert, daß die armen Ritter unter den Tempelruinen, von denen kaum mehr vorhanden war als der allerdings imposante, steinerne ausgelegte Fußboden, eine emsige Grabungs- und Bautätigkeit entwickelten, um, wie spätere Chronisten berichteten, einen Stall für 2000 Pferde anzulegen.[681] Niemand kommt auf den Gedanken, die neun Ritter könnten dort nach bestimmten Geheimnissen fahnden und man hätte sie vielleicht deswegen nach Jerusalem gesandt. Es befremdete offenbar auch niemanden, als sie nach einigen Jahren oberirdisch eine Wechselstube einrichteten und damit erstaunliche Fähigkeiten an den Tag legten, die bis dahin den christlichen Mönchen und Soldaten eigentlich nicht besonders nahezuliegen pflegten und auch schwerlich mit dem strikten Armutsgelübde der Templer zu vereinbaren waren.

So ist es denn nicht weiter verwunderlich, daß ein beredtes Schweigen die Frühzeit der Templer und ihre merkwürdigen Aktivitäten umgibt. Beispielsweise hat ein vom König eingesetzter Chronist namens Fulcher von Chartres, der die Ereignisse jener Jahre aufzeichnete, in welche die Gründung des Ordens fiel, Hugo von Payens und seine acht Ritter mit keinem einzigen Wort erwähnt.[682] Belege für einen wie immer gearteten Einsatz zum Schutz der Pilger existierten ebenfalls nicht. Erst ein halbes Jahrhundert später begann der Geschichtsschreiber Wilhelm von Tyrus die Geschichte der »pauperes commilitones Christi templiqui Salomonici« aufzuzeichnen und dabei freilich mehr zu verschweigen als zu berichten. Und doch drang schon bald die Kunde von den tapferen Rittern bis nach Europa, kirchliche Würdenträger begannen ihr Lob zu singen, und der heilige Bernhard erklärte die Ziele der Templer unversehens zum Inbegriff aller christlichen Werte, als sie 1128 schwerbeladen über Rom nach Frankreich zurückkehrten.

Beim Konzil von Troyes wird dann aus den neun Rittern mit Bernhards Unterstützung offiziell der Orden der Templer, eine »militia Christi«, die klösterliche Disziplin einschließlich Armut, Keuschheit und Gehorsam mit fanatisch kämpferischem Einsatz verbinden sollte. Es entsteht ein Orden mit außergewöhnlichen Privilegien: Weder Steuern noch Abgaben müssen die Templer entrichten, dürfen aber selbst welche erheben.

Mehr noch: Sie erhalten das Recht, als unabhängige Geldverleiher aufzutreten. Auf ihren Gütern haben die armen Ritter in Christi sämtliche Lehensrechte. Sie unterstehen weder der weltlichen noch der kirchlichen Justiz, es wird ihnen mit päpstlicher Bulle volle Unabhängigkeit von allen Fürsten, Königen, Äbten garantiert. Sie haben darüber hinaus ihre eigenen Beichtväter und hüten so hermetisch eventuelle Geheimnisse. Auch die Wahl des Großmeisters ist von niemandem zu bestätigen. Die päpstliche Oberhoheit besteht also nur auf dem Papier. Jeglicher regionaler Eingrenzung und Kontrolle enthoben, war der Orden wahrhaftig die erste supranationale, völlig autonome – vor allem ökonomische – Macht der abendländischen Geschichte.

Innerhalb kürzester Zeit stieg der Orden zur politischen, ökonomischen und finanziellen Macht ersten Ranges auf. Die Templer wurden die Bankiers des Vorderen Orients und sämtlicher europäischer Königshäuser, die zum Teil enorme Summen, selbstverständlich gegen Zins, von den Templern liehen. Ihre Niederlassungen in Europa und im Nahen Osten nahmen außerdem – und selbstverständlich ebenfalls nicht gratis – Geldüberweisungen für Kaufleute vor, ein Stand, der in zunehmendem Maße in Abhängigkeit von den Templern geriet. Der Tempel von Paris, der berühmte »Temple«, wurde so zum Zentrum des europäischen Geldverkehrs und Finanzwesens.

Darüber hinaus entwickelte sich der Orden zu einem Umschlagplatz für neue Gedanken, neue Dimensionen des Erkennens und neue Wissenschaften. Er übte sozusagen ein Monopol über die beste und fortgeschrittenste Technik seiner Zeit aus, förderte die Entwicklung des Vermessungswesens, der Kartographie, des Straßenbaus, der Schiffahrt, er besaß eigene Häfen und Werften sowie eine Flotte, deren Schiffe zu den ersten gehörten, die mit Magnetkompassen ausgestattet waren.

Darüber hinaus unterhielten die Templer eigene Krankenhäuser mit eigenen Ärzten und Chirurgen und wußten offenbar schon damals um die Wirkung von Antibiotika Bescheid, da sie in ihrer medizinischen Praxis Schimmelextrakte verwendeten.[683] Ihr politischer Einfluß war zeitweise nahezu grenzenlos. Auf fast allen politischen Ebenen traten die Templer als offizielle Schiedsrichter auf und wirkten als Diplomaten auf höchster Ebene. In England wurde der Meister des Tempels regelmäßig zu Sitzungen des Parlaments eingeladen und als Oberhaupt aller kirchlichen Orden betrachtet. Englische Könige residierten zuweilen sogar im Londoner Ordenshaus, und als der Monarch die Magna Charta unterzeichnete, stand der Meister des Ordens an seiner Seite. Und als

Heinrich III. von England es 1252 wagte, mit der Beschlagnahme der Ländereien der Templer zu drohen, mußte er sich vom Ordensmeister sagen lassen:»Was sagt Ihr da, o König? Möge es euch fernliegen, daß euer Mund so unfreundliche und törichte Worte äußert. Solange Ihr Gerechtigkeit übt, werdet Ihr regieren. Brecht Ihr das Recht, so werdet Ihr nicht länger König sein.«

Damit nahm der Templer für sich und den Orden das Recht in Anspruch, das sich nicht einmal der Papst offen herauszunehmen wagte: Monarchen auf den Thron zu heben und nach Belieben auch zu stürzen.[684]

Es ist also nicht verwunderlich, daß die selbstherrlichen Privilegien des Ordens, die Arroganz und Überheblichkeit der Tempelritter, ihr immenser Reichtum vor allem und ihre Macht Gegner auf den Plan rief, vonehmlich unter jenen, die mehr und mehr in die Abhängigkeit des Ordens gerieten, allen voran der französische König Philipp IV. Er stand bei den Templern tief in der Kreide, ein Großteil französischen Bodens war Grund und Lehensbesitz des Ordens, und schließlich war der König sogar gezwungen, den Templern die Verantwortung und die Kontrolle der Staatsfinanzen zu überlassen.

Und ausgerechnet dem Palast und dem Louvre gegenüber erhob sich der mächtige Turm des »Temple«, der dem König wie ein Pfahl ins Auge stechen mußte. Als er selbst 1305 von aufständischen Volksmassen angegriffen wurde, blieb ihm schließlich nichts anders übrig, als in den Temple zu flüchten.

Gewiß alles mögliche Motive, die es vordergründig verständlich erscheinen lassen, daß Philipp schließlich die Vernichtung der Templer ins Auge faßte. Was ihm schließlich mit Hilfe der Inquisition und eines wankelmütigen Papstes auch gelang, der den Orden 1312 offiziell auflöste. Zwei Jahre später wurden Jacques de Molay, der Großmeister, und Geoffrei de Charnay, der Großpräzeptor der Normandie, auf dem Scheiterhaufen bei lebendigem Leib langsam geröstet.

War es wirklich nur die Geldgier des Königs, die ihn zum geradezu krankhaft fanatischen Verfolger der Templer machte? Der Umstand, daß ein Ansuchen des Königs um Aufnahme in den Orden abschlägig beschieden wurde, läßt seine Verfolgungswut allerdings schon in einem anderen Licht erscheinen. Und möglicherweise ging es um etwas ganz anderes, möglicherweise um jene Geheimnisse, die Hugo von Payens und seine acht armen Ritter einst in den Ruinen des Salomonischen Tempels entdeckt hatten.

Auch das Verhalten der Templer ist rätselhaft und gibt zu denken. Es hat den Anschein, als wäre ihnen etwas viel wichtiger gewesen als das eigene Leben und der Fortbestand des Ordens, als wollten sie unter allen Umständen verhindern, daß irgendein bestimmtes Faktum bekannt würde. Die Templer wußten offensichtlich von der geplanten Aktion des Königs. Es wäre ein leichtes für sie gewesen, binnen kürzester Zeit ein Heer auf die Beine zu stellen und Philipp das Fürchten zu lehren oder irgendwelche anderen Gegenmaßnahmen zu ergreifen. Aber das Gegenteil war der Fall. Die Ritter, die festgenommen wurden, ergaben sich ohne jeden Widerstand. Tage vor den Verhaftungen ließ Großmeister Molay zahlreiche Bücher und Dokumente des Ordens verbrennen. Die Archive des Ordens wurden ebenfalls kurz zuvor aus Paris hinausgeschafft, womöglich in der Absicht, sie nach La Rochelle zu bringen und sie von dort nach England zu verfrachten. Sie konnten aber nur mehr in Gisors in einer unterirdischen Kapelle versteckt werden.

Die Kapelle wurde 1946 von einem französischen Arbeiter namens Roger Lhomoy entdeckt. Wie er dem Bürgermeister von Gisors mitteilte, befanden sich in dieser Kapelle neunzehn steinerne Sarkophage und dreißig Behälter aus Metall. Sechzehn Jahre lang mußte Lhomoy auf die Genehmigung warten, seine Ausgrabungen – unter den Auspizien des damaligen französischen Kulturministers André Malraux – fortzusetzen. Fast ist es ja auch nicht anders zu erwarten: Sowohl die Sarkophage als auch die Behälter waren spurlos verschwunden. Und zweifellos ist es kein Zufall, daß Anfang 1944, während der deutschen Besatzungszeit, von Berlin aus eine Sondereinheit ausgerechnet nach Gisors mit dem Auftrag entsandt worden war, dort Ausgrabungen vorzunehmen.[685]

Und noch eine Begebenheit ist in diesem Zusammenhang zu erwähnen: Während im übrigen Frankreich am 13. Oktober 1307 und in den folgenden Tagen ausnahmslos alle Tempelritter verhaftet wurden, entgingen die Tempelritter des Ordenshauses auf dem Bézu unweit von Rennes-le-Château und dem Stammsitz von Bertrand de Blanchefort diesem Schicksal. Ein Rätsel mehr in dieser Geschichte; aber auch ein Beweis für Himmlers Instinkt, seinen Gralssucher Rahn ausgerechnet in dieser Gegend aktiv werden zu lassen.

Nun, am 13. Oktober 1307 fand sich im Tempel weder eine Spur von irgendeinem sagenhaften Templerschatz noch ein einziges Dokument oder sonstiges Schriftstück. Und selbst die Folter, die viele der gefangengenommenen Ritter nicht überlebten, konnte ihnen ihr Geheimnis nicht entreißen. Zwar gestanden sie nahezu alles, was man ihnen an Verwerflichem, Obszönem und Gotteslästerlichem vorwarf, selbst Großmeister Molay: Teufelsverehrung, Homosexualität, Zauberei bis hin zu der freilich nicht ganz unbegründeten Behauptung, sie seien heimliche Muselmanen und bespuckten in geheimen Ritualen das Kreuz. Die meisten dieser Vorwürfe sind zweifellos albern, manche jedoch haben wohl einen wahren Kern

Daß es innerhalb des Templerordens eine Gruppe gab, die im Besitz geheimer, auf strenger Esoterik aufbauender Machtziele war, ist mehr als wahrscheinlich, und die Geschichte des Templerordens macht deutlich, daß sich hinter all diesen Intrigen, Machtkämpfen, ideologischen Auseinandersetzungen und religiösen Kontroversen politische Zielvorstellungen versteckten: der Traum von geistiger Vereinigung und erobernder und beherrschender Einheit. In modernen Worten: ein übernationales, kapitalistisches Regime zu errichten, dem keinerlei bremsende und hemmende Sozialgesetze und auch keine religiösen Barrieren gegenübergestanden hätten.

Die Zeit war aber wohl noch nicht reif für die reine und wahre Lehre, wie sie Albert Pike später andeutete, nicht zuletzt deshalb, weil die Ziele der Templer mit der historisch unvermeidlichen Tendenz der Zentralisierungsbestrebungen der einzelnen Herrscher und deren Rückzug von der Gemeinschaft der Christenheit auf ihre eigenen, begrenzten Herrschaftsbereiche kollidierte. Es gab viele Gründe, die den Orden schon zu seiner Zeit zwangsläufig nicht nur mit einer Aura des Geheimnisvollen umgaben, sondern ihn auch verdächtig machten. Daß man in den Templern zuweilen Hexenmeister, Alchimisten und Schlimmeres sah, ist verständlich, denn die höhergestellten Ordensmitglieder befaßten sich zweifellos mit so esoterischen Wissenszweigen wie Astrologie, euklidischer Geometrie, Alchimie, Zahlenkunde, Astronomie und dergleichen: alles Dinge, mit denen sie im Orient in Berührung gekommen waren und die im christlichen Abendland jener Zeit natürlich teuflisch verdächtig sein mußten.

Zu all dem kam aber, daß schon sehr bald allzu offensichtlich wurde, daß die Tempelritter mehr darauf bedacht waren, sich um ihrer eigenen Interessen willen mit den islamischen Machthabern und den islamischen Gewohnheiten zu arrangieren, als sich um die Christenheit zu kümmern oder mit der Waffe den Islam und seine Zeugnisse anzugreifen. Dies führte schließlich so weit, daß sie sich selbst in offener Feldschlacht mit dem angeblichen Feind verständigten, ja zuweilen selbst gegen andere

christliche Orden wie die Hospitaliter vorgingen und zu allem Überfluß sogar muselmanische Ritter in ihren christlichen Orden aufnah-
men.

Natürlich wäre dies teilweise auch mit der – angesichts der vergleichsweise niedrigen Kulturstufe der damaligen Christenheit verständlich –
mystischen und intellektuellen Anziehungskraft Asiens ganz allgemein
auf die eher ungeschlachten Ritter des Abendlandes zu erklären. Denn
es waren nun einmal die Araber, die die Schätze der Antike besaßen, eine
feinsinnigere Philosophie, eine in jeder Beziehung höhere und ent-
wickeltere Kultur. Es wäre also keineswegs verwunderlich gewesen,
wenn der eine oder andere Tempelritter so manches Gedankengut in sich
aufgenommen hätte, das der orthodoxen katholischen Kirche mehr als
fremd war.

Die Hohe Schule der geheimen Macht

Das Verhältnis der Tempelritter zu bestimmten esoterischen und mystischen Strömungen des Orients ging allerdings weit über die bloße
Faszination durch diese oder jene Idee oder die allgemeine Exotik des
Orients hinaus. Vieles am Verhalten der Tempelritter und vieles an ihren
Geheimnissen und vor allem so manche aktuellen Bezüge werden begreiflich, wenn man die geradezu sprichwörtliche Osmose dieses Ordens
mit jenen mystisch-gnostisch-manichäisch-muselmanischen »Hütern
der Heiligen Erde« berücksichtigt, die man in der üblichen Vereinfachung als die Assassinen bezeichnet.[686]

Die organisatorische Gleichheit des Templerordens und der Assassinen ist evident, der Aufbau der beiden Orden ist identisch. Die Gliederung der Templer unter ihrem Ordensmeister in Großprioren, Ritter, Edle
und Laienbrüder entspricht haargenau der traditionellen Hierarchie der
Assassinen, bei denen der Scheich al Dschebel, der Großmeister, die
Stufenleiter von Da'is (die Ältesten), Rafiqs (Ritter), Lasiqs und Fidais
anführte: Hier wie dort die Stufenleiter von fünf Graden entsprechend
den fünf Blütenblättern der Rose, die dann später im Begriff der Rosenkreuzer Bedeutung erlangt (womit der esoterische Ursprung der Zahl des
»flammenden Sterns« schon verständlicher wird).

Selbst die Farben, welche die Tempelritter trugen – rote Kreuze auf
weißem Grund –, waren dieselben wie die der Rafiqs (Ritter) der

Assassinen, die sich in rote Kopftücher und Gürtel und weiße Waffenröcke kleideten.

Es kann daher kaum einen Zweifel daran geben, daß der Templerorden nicht erst allmählich im Laufe seiner vielseitigen Tätigkeiten im Orient beeinflußt worden ist, sondern daß schon Hugo von Payens und seine acht armen Ritter in den Ruinen des Salomonischen Tempels Kontakt zur ismailitischen Großloge von Kairo und zu den sogenannten Assassinen gehabt haben.[687]

Diese Geschichte hat wahrhaftig eine ironische, fast amüsante Seite, wenn man bedenkt, daß mit (vielleicht gar nicht so zufälliger und katholisch motivierter) eifriger Fürsprache durch den späterhin heiliggesprochenen Bernhard von Clairvaux ein eigens nach Troyes einberufenes Konzil 1128 einen christlichen Ritterorden installierte, der einen islamischen Geheimorden kopierte, welcher selbst wiederum gar nicht so islamisch war, wie es den Anschein hat.

Nun ranken sich gerade um Hassan-i-Sabbah, den sogenannten »Alten vom Berge«, und seine mit Haschisch gefügig gemachten Kamikaze-Terroristen und Mörder die wildesten Geschichten. Man kennt das ja: Angeblich leitet sich das Wort »Assassinen«, späterhin in allen lateinischen Sprachen synonym für »Mörder« schlechthin, von dem Namen »Haschischiyin« ab, den man angeblich der Sekte Hassans gab, da, so die Überlieferung, die jungen Männer durch den Genuß von Haschisch oder indischem Hanf zu willenlosen Werkzeugen ihrer Oberen gemacht worden sein sollen.

Überall in den von den Assassinen besetzten Gebieten wurden tatsächlich köstliche Gärten angelegt, mit Obstbäumen, Rosenbüschen, sprudelnden Bächen. Dort wurden auch luxuriöse Gaststätten eingerichtet, mit kostbaren persischen Teppichen ausgelegt und mit weichen Diwanen ausgestattet, um welche bezaubernde und schwarzäugige Huris lagerten, die dem Durstigen Wein in goldenen und silbernen Bechern darboten, während sanfte Musik sich mit dem Murmeln des Wassers und dem Gesang der Vögel mischte: Es war wahrhaftig wie im Paradies. Wie die diversen Überlieferungen berichten, wurden die Neophyten, nachdem sie dem Großmeister des Ordens vorgeführt worden waren, in einen Haschischrausch versetzt und in einen dieser paradiesischen Gärten gebracht.

Dort durfte sich der Anwärter nun einige Tage lang allen möglichen Freuden des Paradieses hingeben. Nachdem er alle angebotenen Genüsse und Freuden durchgekostet hatte, wurde er erneut mit Haschisch betäubt und wieder vor den Großmeister gebracht. Dieser versicherte ihm nun, er habe in Wirklichkeit niemals seinen Platz verlassen, er habe aber in einer himmlischen Vision einen Vorgeschmack jenes Paradieses empfangen, das auf ihn warte, wenn er die Befehle seiner Vorgesetzten ausführe.

Durch diese geschickte Inszenierung und durch ein stufenweises psychologisches Training, sprich Gehirnwäsche, sollen zeitweise mehr als 40 000 Seiditen im Dienst des Großmeisters gestanden haben, diesem auf Leben und Tod ergeben, ja geradezu begierig darauf, ins paradiesische Jenseits einzugehen. So weit also die immer wieder verbreitete Geschichte. Sie hat zweifellos einen wahren Kern. Aber ebenso wahr ist, daß die Märchen aus 1001 Nacht nun einmal aus dem Orient stammen, wo man sich doch schon immer vorzüglich darauf verstanden hat, so manches mit blumigen Geschichten zu verschleiern.

Die Geschichte der Assassinen ist jedenfalls viel tiefgründiger und komplexer. Sie beginnt nicht erst mit Hassan-i-Sabbah, dem Illuminator, sondern steht in direktem Zusammenhang mit der Entwicklung verschiedener Strömungen islamischer Mystik und vor allem deren Verbindung mit den großen gnostisch-manichäischen Strömungen des Orients, denselben Quellen, die auch den Sufismus und die Mystik der Derwisch-Orden noch heutepreisen.

Daß hinter den vordergründig machtpolitischen Interessen der Assassinen eine auf Esoterik und Mystik ausgerichtete Bewegung stand, zeigt allein schon die eigentliche Bedeutung ihres Namens. Tatsächlich ist nämlich »Assassinen« der Plural des arabischen Wortes »assas«, und dies bedeutet nicht Mörder, sondern »Wächter«. Die ismailitischen Assassinen oder Brüder-Wächter erhielten ihren Namen, weil sie den mystischen Berg und das Heilige Land, Dreh- und Angelpunkt der geistigen Welt, schützen sollten. Daraus erklärt sich auch der Titel ihres Großmeisters »Scheich al Dschebel«, den man in Europa aus welchen Gründen auch immer kurzerhand mit »Der Alte vom Berge« übersetzt hatte. Die legendären Gärten der Assassinen mögen zwar vordergründig tatsächlich zur Gehirnwäsche der »Haschischiyin« benutzt worden sein, sie hatten aber auf jeden Fall auch eine andere, allegorische Bedeutung: Sie waren Sinnbild der einzelnen Paradiese (sieben Himmel), die man während der theosophischen Erleuchtung schauen kann. Auf den durchaus geistigen Charakter der Bewegung der »Ismailiten von Alamut« weist folgende Bekanntmachung eines Großmeisters an die Ismailiten von Alamut hin:

»Erhebt euch, der Tag der Auferstehung ist da. Wartet nicht länger auf ein Zeichen. Fragt nicht mehr nach Zwecken und Beweisen. Die Erkenntnis hängt nicht mehr von Zeichen, von Reden, Hinweisen oder Ergebenheitsbekundungen ab. Heute gelangen Gesten, Worte, Zeichen und Vorhersagen an das Ziel ihrer Ziele. Wer mit eigenen Augen das Wesen geschaut hat, der hat alle Zeichen und Merkmale der Offenbarung geschaut. Was er bisher mit Namen und Attributen kannte, war Gegenteil und Gegensatz, das unter einem Schleier Verborgene.«[688]

Ein mystischer Text mit höchst mysteriösem Inhalt, der aber im Zusammenhang mit der Geschichte der Assassinen möglicherweise den Schleier von einem der Geheimnisse der Tempelritter und ihrer Nachfolger etwas zu lüften vermag.

Die äußere Geschichte der Assassinen ist die Geschichte der innerislamischen Machtkämpfe und Spaltungen. Nach Mohammeds Tod im Jahr 632 n. Chr. war ein wilder Kampf um seine Nachfolge ausgebrochen. Die sunnitischen orthodoxen Moslems waren der Meinung, die gewählten Kalifen von Bagdad seien die einzigen rechtmäßigen Führer des gesamten Islam. Dagegen rebellierten die Schia-Sekten, die Schiiten, die sich für eine streng soziale Ordnung auf der Grundlage des absoluten Gehorsams gegenüber ihren Priesterkönigen, den Imamen, einsetzten. Diese waren die leiblichen oder geistigen Nachkommen Mohammeds über dessen Tochter Fatima und seinen Schwiegersohn Ali. Die Schiiten glaubten an ein tausendjähriges Reich, zu dessen Anbruch einer der Imame der Vergangenheit als Mahdi zur Erde zurückkehren, sich also reinkarnieren werde.

Im achten Jahrhundert, nach dem Tod des Imam Jafar-as-Sadiq, zersplitterten die Schia-Sekten. Die Mehrheit, die sogenannten Zwölfer-Schiiten, setzten sich für eine Nachfolge Musas, des jüngeren Sohnes des Verstorbenen, und seiner Nachkommen ein. Die Ismailiten – oder die Siebener-Schiiten – unterstützten die Nachfolge von Musas älterem Bruder Ismail. Sie glaubten, dessen Sohn Mohammed, der 770 auf geheimnisvolle Weise verschwunden war, sei der siebte und letzte Imam, und das tausendjährige Reich werde mit seiner Wiederkehr als Mahdi beginnen.

Die ismailitischen Missionare, die »da'is«, zogen bald darauf durch die gesamte arabische Welt und predigten dort diese umstürzlerische Anschauung mit relativem Erfolg: Bereits 909 gelang es ihnen, in Tunis ein rivalisierendes Kalifat zu errichten, in der Geschichte als fatimidisches Kalifat bekannt, da sein erster Kalif, Ubayadullah, den Anspruch erhob, über den Propheten Ismail unmittelbarer Abkömmling Fatimas und Alis, also der erwartete Mahdi zu sein.

Im Laufe des zehnten Jahrhunderts gelang es den Fatimiden, die Grenzen ihres Herrschaftsbereiches über Kairo, Ägypten, Nordafrika und Sizilien auszudehnen, während die Ismailiten andernorts eine islamische Geheimsekte blieben, mit dem Ziel, das Kalifat von Bagdad zu stürzen.

Doch hinter der Geschichte mit den sieben Imamen steckte noch etwas ganz anderes, eine viel geheimere Lehre, eine höchst esoterische und allegorische Auslegung des Koran, die den Gnostikern und Manichäern viel näher stand als dem Islam und vor allem auch Elemente der chaldäischen Magie und des aus Persien stammenden Ahriman-Kultes der kurdischen Yeziden beinhaltete.[689]

Letztere werden im allgemeinen als Teufelsanbeter bezeichnet, aber das ist eine höchst grobe Vereinfachung. Ihrem *Buch der Offenbarungen* zufolge ist Satan/Luzifer ein gefallener Erzengel, dem allerdings alle Sünden vergeben wurden. Ausschließlich ihm übertrug die höchste Gottheit die Verwaltung der Welt. Und er ist es, der die Seelen schließlich zur endgültigen Vergöttlichung führen soll. (Eine Lehre also, in der sich die der manichäischen Anschauung von zwei gleichwertigen Gottheiten innewohnende Verlockung manifestiert, sich letzten Endes für den Herrn der materiellen Welt zu entscheiden. General Pike und Co. war diese Verlockung zweifellos auch nicht unbekannt.)

Der faßbare Ursprung der ismailitischen Esoterik findet sich schon im Bagdad des beginnenden achten Jahrhunderts, nämlich in den Lehren der sogenannten Mutazila, jener für konservative Moslems einleuchtenderweise zwangsläufig »Abtrünnigen«.

Während es für die Traditionalisten keinen Zweifel daran gab und gibt, daß der Koran ungeschaffen vor aller Menschheitsgeschichte schon bei Gott existiert habe und es daher an dieser Mohammed übergebenen Botschaft nichts mehr zu deuten und zu diskutieren gebe, waren die Mutazila der Meinung, Worte seien noch allemal allzu menschlich und könnten daher eine möglicherweise göttliche Wahrheit niemals erschöpfend ausdrücken. Folglich müßten sich wohl auch in den Worten des Propheten allerlei menschliche Widersprüche eingeschlichen haben. Ein kritisch denkender Mensch könne also in der ursprünglichen Fülle des Koran durchaus völlig neue, ungewöhnliche Zusammenhänge entdecken.

Unter dem Einfluß dieser Lehre erlebte Bagdad nach dem Tod Harun-al-Raschids tatsächlich eine wahre Blütezeit solch kritischen und ketzerischen Geistes. Im sogenannten Dar-al-Hikmat, dem »Haus der Weisheit«, wurden Tag für Tag von einem unübersehbaren Heer von Gelehrten aller Art Werke aus dem Griechischen, Persischen und aus dem Sanskrit übersetzt. Es gab keine Wissenschaft und keine Kunst, mit der man sich nicht beschäftigt hätte. Harun-al-Raschids Sohn Al Mamun beispielsweise lud neben Moslems auch Juden, Christen und altpersische Zarathustra-Priester zu weltoffener Diskussion.

849 freilich war es mit diesen Freiheiten schon wieder vorbei. Die »Ketzer« wurden aus Bagdad verjagt, und in der Stadt der Märchen aus 1001 Nacht kehrte wieder der rechte Glaube ein. Die von den Mutazila, den Abtrünnigen, verbreitete Lehre hatte jedoch ihr Eigenleben. Sie findet sich bald darauf in modifizierter Form wieder in der ismailitischen Sekte der Batini und nicht zuletzt in der inneren, also esoterischen Lehre der von der ismailitischen Großloge in Kairo aus durch die arabische Welt ziehenden »da'is«, eine Lehre, die die meisten Glaubensvorstellungen des Islam schlicht und einfach leugnet.

Das Wort »batin«, von dem sich der Name der Batini herleitet, sagt schon einiges über das Wesen dieser Lehre aus: »batin« bedeutet »innerlich«, »innen«, weist also auf eine innere, nur den Eingeweihten zugängliche Lehre hin.

Und so sahen es die Batini auch: Der Wissende, so sagten sie, verstehe die Aussagen des Koran nicht wörtlich, sondern nur als Gleichnis. Mit seinem begrenzten Verstand könne der durchschnittliche Mensch und Gläubige lediglich den »zahir«, das Äußere einer Lehre, erkennen. Er begreife nicht, daß Himmel und Hölle nur Symbole für das irdische Sein seien. »Himmel« bedeute nichts anderes, als daß der Mensch sich letzten Endes aus allen niedrigen Leidenschaften befreien und so in die höheren, befreienden Sphären des Geistigen und der Idee aufsteigen könne, während »Hölle« nichts anderes aussage, als daß die Seele an die irdische Welt gebunden bleibe.

Allein die Imame seien imstande, die innere Wahrheit, das »batin« des Koran zu ergründen, während es Aufgabe der »batini« sei, deren Erleuchtungen zu deuten: Das eigentliche Wissen hatte also unter autokratisch-autoritärem Verschluß zu bleiben.

Um die Jahrhundertwende herum wurde schließlich durch den von seinen Anhängern 1017 zur Inkarnation Gottes erklärten fatimidischen Kalifen Hakim in Alexandrien ein neues »Dar-al-Hikmat«, ein neues

»Haus der Weisheit«, begründet, es war nichts anderes oder nichts weniger als der Sitz der Loge, der ersten Großloge der Geschichte, der Großloge von Kairo. Die hier gelehrte Weisheit begründete sich im wesentlichen auf den Lehren der Batini-Sekte, die wiederum auf den Gedanken ihres Begründers Abdullah ibn Maymun aufbauten, die diesem unmittelbar von Ismail selbst, Jafar-as-Sadiqs älterem Sohn, überkommen sein sollen.

Auch organisatorisch entsprach die »Schule der Weisheit« der Vorlage Maymuns. Für die in der ismailitischen Großloge eingeweihten Meister waren die Namen und Begriffe der islamischen Religion lediglich Chiffren, hinter denen die eigentliche Lehre verborgen war, in der sich unschwer Elemente der neuplatonischen Idee der Emanation, der arithmetischen Symbolik, der Glaube an die Seelenwanderung und die stufenweise Evolution des Menschen bis hin zur Göttlichkeit erkennen lassen. Die sieben Propheten symbolisieren die Ebene der Weltvernunft beziehungsweise der Urvernunft als höchste Stufe. Die sieben Imame symbolisieren die Stufe der Urmaterie, der Ober-da'i beziehungsweise Meister steht für die Stufe des Raumes, während der gewöhnliche »da'i« die Stufe der Zeit symbolisiert. Durch diese Stufen hindurch kann der Mensch bis zur Weltvernunft gelangen, und auf jeder dieser Stufen wird ihm eine neue Seite der Lehre offenbart. Gemäß der schiitischen Geheimhaltungsdisziplin hatte jeder ismailitische Eingeweihte jedoch seinen wahren Glauben verborgen zu halten und sich äußerlich der jeweiligen Staatsreligion anzupassen. Das bedeutet, daß man selbst bei einem erklärten Sunniten unter Umständen nicht sicher sein konnte, ob er nicht insgeheim ein Geschöpf aus der ismailitischen Großloge war.

Denn daß es deren Begründern, allen voran Abdullah ibn Maymun, nicht bloß um die Geheimhaltung der von einem orthodoxen islamischen Standpunkt aus gesehen mehr als häretischen Lehre ging, sondern um ein geniales Instrument zum Aufbau einer geistigen Macht durch politische Macht und Herrschaft, lassen Strukturen und Aufbau dieser Organisation mit ihren zahlreichen Initiationsgraden unschwer erkennen, mit deren Hilfe Freidenker mit rein materialistischen Zielen ebenso wie Fanatiker verschiedenster Sekten und Religionen unter ein gemeinsames Dach gebracht werden konnten.

Denn nicht in allererster Linie unter Schiiten und Ismailiten suchte sich beispielsweise Maymun seine treuesten Anhänger aus, sondern vor allem unter den Manichäern, den Heiden von Harran und den Studenten der griechischen Philosophie, denen Grad um Grad die verschiedenen Geheimnisse offenbart wurden. Da sich der Aufbau der Organisation Maymuns durch unbedingten Gehorsam nach oben und vollkommene Verschwiegenheit gegenüber den unteren Graden auszeichnete (wir kennen das schon von den Illuminaten Adam Weishaupts), war es ihm auf diese Weise möglich, tiefgläubige Menschen zu Werkzeugen von Atheisten und umgekehrt, Atheisten zu Werkzeugen religiöser Fanatiker zu machen. Auf diese Weise arbeiteten zahlreiche Menschen verschiedensten Glaubens und verschiedenster Weltanschauungen mit den verschiedensten persönlichen Absichten zusammen zur Erreichung eines Zieles, das den meisten von ihnen ein Leben lang unbekannt blieb, es sei denn, sie erlangten die höchsten Grade der Einweihung. Man kann die Kairoer Großloge mit ihrem Alexandrinischen Ableger durchaus als die Urmutter aller späteren Organisationen ähnlicher Art bis zur Hochgradmaurerei unserer Tage betrachten. (Möglicherweise hat man in Ägypten gelacht, als Napoleons General Kléber 1798 am Nil eine Freimaurer-Loge mit dem Namen »Isis« gründete.)

Hält man sich die aus einem solchen System erwachsenden Konsequenzen vor Augen, so fällt es wohl nicht schwer, so manche scheinbare Irrationalität im politischen Geschehen und so manchen scheinbaren politischen Irrsinn zu begreifen, vor allem zu verstehen, warum zuweilen diametral entgegengesetzte Kräfte schließlich doch an einem Strang ziehen oder warum gelegentlich justament das Gegenteil von dem eintritt, was man erwartet.

Da werden so manche verwunderliche politische Handlungen klar, und man beginnt auch zu begreifen, warum Kriege ausgerechnet einer friedlichen neuen Weltordnung dienen sollten. Dann wird auch verständlich, warum sogar Päpste Freimaurer sein können, wie man noch sehen wird, und warum sich Politiker aus den gegensätzlichsten Lagern und verschiedenster Weltanschauungen auch heute in angeblich harmlosen Schwatzvereinen unter Ausschluß der genasführten Öffentlichkeit, aber mit deren Steuergeldern finanziert, zusammentun, um ihre gutgläubigen Wähler von links bis ganz rechts auszutricksen.

Das Hinterhältige und zugleich Geniale an diesem System ist, daß die Etappenziele zur Erreichung der »höheren Endzwecke« diesen bei Bedarf durchaus diametral entgegengesetzt sein können, daß sich aus den esoterischen oder höheren Wahrheiten und Zielen keine moralischen oder sonstigen Verpflichtungen für den Weg zur Erreichung dieser Ziele ergeben, wenngleich es ebendieser esoterische Kern ist, der das Überleben eines derartigen Machtinstrumentes über Jahrhunderte, wenn nicht über Jahrtausende hinweg garantiert. Auf der nach unten hin jeweils hermetisch verschlossenen Stufenleiter der »Einweihung« können ja die Inhalte des Wissens und des Wollens auf dem Weg nach oben beliebig oft verändert werden, während das »Ziel«, die »Wahrheit«, der »Bauplan« an der Spitze unveränderlich sind und stets geheimbleiben beziehungsweise nur einem sehr kleinen Kreis von Eingeweihten anvertraut, »vererbt« werden.

Wenn man nämlich heutzutage bei der »brüderlichen Arbeit an der Humanisierung der Welt« in dieser oder jener Münchner Loge beispielsweise laut deren Werbeprospekt patriotisch, pazifistisch, reaktionär, revolutionär, liberal, autoritär, sozialistisch, egalitär, nationalistisch oder internationalistisch gesinnt sein kann, so stellt sich zwangsläufig die Frage, deren Antwort dem einzelnen Dreipunktebruder nun allemal verborgen bleibt: Auf welche Weise gedenken denn die höheren Logengrade eigentlich die »Humanisierung« der Welt zu erreichen? Pazifistisch? Revolutionär? Nationalistisch? Internationalistisch? Liberal? Autoritär oder reaktionär?

Vielleicht ab dem 30. Grad gar mit einem kleinen moralischen und gerechten Krieg, für den die ungefragten Staatsbürger dann zur Kasse gebeten werden? Oder mit ein bißchen terroristischer Einübung und Unbedenklichkeitsprüfung in den unteren, revolutionären »Pflanzgraden«?

Nun denn: Anhand dieses eigentlich simplen Systems des Abdullah ibn Maymun wird also durchaus die Möglichkeit verständlich, daß man bei Bedarf sowohl als Demokrat, als Nazi, als Kommunist oder als Anarchist an einem gemeinsamen Haus mit allerdings unbekannter Endarchitektur arbeiten kann, ohne daß man als Demokrat weiß, daß der Nazi und der Kommunist und der Anarchist an denselben Fäden baumeln (der Hampelmann, oder vornehmer ausgedrückt die Gliederpuppe, ist ja nicht von ungefähr ein beliebtes Symbol gewisser Kreise). Daß dann zuweilen einer der Hampelmänner auf der Strecke bleibt oder dem Dolch des Kadosch-Ritters zum Opfer fallen muß, wenn sich die Dinge nicht wie geplant entwickeln, ist zweifellos einkalkuliert als Arbeitsunfall. Hassan-i-Sabbah jedenfalls hat dieses System von der Kairoer Mutterloge unmittelbar übernommen und mit durchschlagendem Erfolg angewandt.

Hassan stammte aus der persischen Provinz Khorasham. Zusammen mit dem später dem Sufismus zuneigenden Dichter und Astronomen Omar Khayam und dem späteren Großwesir des Malik Schah, Nizam ul-Mulk, besuchte er die berühmte Schule von Mischapur. 1078 wurde

Hassan vom »da'i« des Irak zum Kalifen Mustansir nach Ägypten geschickt, wo er als dessen enger Berater tätig war und schließlich in die Großloge zu Kairo eingeführt wurde. Als der Kalif seinen jüngsten Sohn anstelle seines älteren Sohnes Nizar zu seinem Erben einsetzte (sozusagen eine Wiederholung der ismailitischen Ursprungsgeschichte), ergriff Hassan der Überlieferung nach angeblich aus politischem Ehrgeiz Partei für Nizar und mußte schließlich Ägypten verlassen. Inwieweit dies tatsächlich zutrifft, bleibe dahingestellt, denn auch als »Der Alte vom Berge« und als Oberhaupt der Assassinen verfolgte Hassan schließlich keine anderen unmittelbaren Ziele als die Ismailiten insgesamt: die Herrschaft über das sunnitische Kalifat von Bagdad zu erringen. Nach dieser »Flucht aus Ägypten« verbreitete Hassan seine Lehre in Syrien, vor allem in Aleppo, wo er seine ersten Anhänger sammelte, in Bagdad, Isfahan, Kurdistan und Damaghan.

1090 eroberte er schließlich die persische Festung Alamut (»Adlerhorst«) am Kaspischen Meer, von wo aus er als »Scheich-al-Dschebel« nach dem Vorbild Abdullah ibn Maymuns und der Großloge von Kairo sein eigenes, in seiner Wirksamkeit unübertroffenes System der Machtanwendung, der Manipulation, der politischen Intrige und des Terrors schuf. Kein Zweifel kann daran bestehen, daß es vordergründig und zunächst nur um Macht ging, daß Hassan und seine Nachfolger als Großmeister militärische und politische Ziele verfolgten, vor allem eben das Kalifat von Bagdad unter ihre Kontrolle zu bringen versuchten. Es besteht auch kein Zweifel daran, daß die Lehren des Islam und die Berufung auf die von Ismail ausgehende Überlieferungsreihe nichts anderes waren als Mittel zum Zweck in dem Wissen darum, daß Religion und religiöser wie politischer Fanatismus die besten Hebelpunkte eines Volkes sind für diejenigen, die sich auf deren Ausnutzung verstehen. (Man betrachte zeitgeschichtliche und auch gegenwärtige Ereignisse einmal unter diesem Aspekt.) Es ist bezeichnend, daß nur von den niederen Graden die strikteste Übereinstimmung mit den Lehren des Islam gefordert wurde und daß es ausschließlich die »Frommen«, die »Fidais«, die Mitglieder der untersten Stufen der Hierarchie waren, die die politischen Morde und Attentate auszuführen hatten, deretwegen Hassan-i-Sabbah und die Assassinen seit Marco Polos Reiseberichten Stoff für allerlei abenteuerliche Geschichten boten.

In den höchsten Graden indes war man über diese schmutzigen Geschäfte erhaben, dort lernte man, über die Sinnestäuschungen von Glaube und Arbeit allmählich hinauszusehen und die Relativität von Gut und Böse und die eigentliche Neutralität aller Handlungen zu begreifen. Dort lernte man, daß Wissen wahrhaftig Macht ist, daß vor allem das Wissen um die Zusammenhänge zwischen Mensch und Welt und deren Beherrschung, daß das Wissen um die Wirklichkeit höherer geistiger Welten und die Gesetze der Evolution und den sich daraus ergebenden Wechselbeziehungen durchaus praktisch genutzt werden kann, um das politische und geistige Leben ganzer Völker – natürlich als deren Wohltäter und Bewahrer der einzig gültigen Wahrheit – unter Kontrolle zu bekommen, womöglich tatsächlich zur höheren Ehre Gottes oder irgendeines wie immer gearteten kosmischen Prinzips.

Die Großloge von Kairo, das Dar-al-Hikmat von Alexandrien und der Orden der Assassinen waren das Vorbild und die Schule der Tempelritter. Das hier erworbene Wissen reichte aus, um den Templerorden binnen einer einzigen Generation zur militärisch stärksten und ökonomisch reichsten Macht Europas, im Sinne des Wortes (abgesehen von der katholischen Kirche) zur ersten intereuropäischen, ja internationalen Organisation zu machen, deren Macht sich nach außen hin auf die vier Grundpfeiler Geld, Zins, Schwert und scheinbare vollkommene Rechtgläubigkeit (sprich römische Kirche) stützte, nach innen aber auf geheimen Lehren und geistigen Prinzipien esoterisch-mystisch-gnostischen Charakters beruhte, die den Templern schließlich den Vorwurf der Ketzerei, Gotteslästerung und Teufelsanbetung einbrachten. Die sogenannten Geheimnisse der Templer, die heutzutage die Große Landesloge in Deutschland, der Ordo Militiae Crucis Templi oder etwa ein international operierender, angeblich völlig unabhängiger Free Templer Orden unter anderen zu verwalten vorgeben, sind vielschichtig und tatsächlich bis heute zu einem Großteil Geheimnisse geblieben.

Denn die einzigen Zeugnisse ihrer ketzerischen Rituale, wie das angebliche Bespucken des Kreuzes oder an Sexualmagie erinnernde rituelle Berührungen bei der Initiation, sind die hauptsächlich durch Folter erpreßten Geständnisse. Man kann aber wohl angesichts der Geheimhaltungskunst der Templer mit Berechtigung annehmen, daß nur die allerwenigsten von ihnen die wahre Bedeutung der Rituale und damit die in vielfach verschlüsselter Symbolik versteckten und so geschützten Mysterien gekannt haben.

Die vielen gleichlautenden Aussagen lassen aber dennoch den Schluß zu, daß die Templer wie die Katharer dem Erlösungsakt der Kreuzigung und der sich durch Jesus manifestierenden Menschwerdung Gottes ablehnend gegenüberstanden. Ein Umstand, der im Zusammenhang mit den von ihnen möglicherweise in Jerusalem entdeckten Geheimnissen in bezug auf den Ursprung des Christentums nicht unbedeutend ist; bemerkenswerterweise stand die Jungfrau Maria beziehungsweise »Notre Dame« im Mittelpunkt ihrer Anbetung, weshalb auch alle von ihnen errichteten Kirchen eben den Namen »Notre Dame« erhielten. Es ist auch bemerkenswert, daß diese Kirchen derart in den verschiedenen Orten der Île-de-France errichtet wurden, daß sie geomantisch das Sternbild der Jungfrau ergeben.[690]

Im Mittelpunkt des Kultes der Templer stand aber jener berühmte »Baphomet« genannte Kopf, dem die Templer allen Aussagen nach tatsächlich eine an Götzendienst erinnernde Verehrung entgegengebracht zu haben scheinen und der ihnen in erster Linie den Vorwurf der Teufelsanbetung eingebracht hatte.

Über die Vielzahl der Deutungen des Wortes Baphomet und der symbolischen Bedeutung dieses menschliche Züge aufweisenden Kopfes könnte man ganze Bände füllen. Sie reichen bis zu der Vorstellung, es habe sich dabei um eine Art Gerät gehandelt, vergleichbar dem von dem als Ketzer verrufenen Papst Silvester II. konstruierten »sprechenden Automaten«, den ersten binären Computer der Geschichte, den dieser »die Mächtige Stimme Gottes« nannte. Eine durchaus interessante Spekulation, denn genau dieser Satz ließe sich aus dem Kürzel »Baphomet« auch tatsächlich ableiten: Basileus-Phone-Mequist-T (das T, um die heilige Zahl 7 zu erhalten). Kehrt man nach Art der Kabbalisten eine der Buchstabengruppen um, nämlich Pho, ergibt sich eine andere Bedeutung des Kürzels, nämlich Basileus-Ophis-Mequist-T, was soviel bedeutet wie »die große Macht der Schlange« und somit dem zweifellos bedeutendsten und geheiligsten Symbol der Templer den ihm entsprechenden Sinn verleiht: als die symbolisch verschlüsselte, bildliche und namentliche Zusammenfassung ihrer innersten und geheimsten Doktrin vom Menschen als dem werdenden Gott im Zeichen der gnostischen Schlange.[691]

Mit dem Tod des letzten Großmeisters Jacques de Molay und nach der Verdammung durch Papst Klemens V. scheint der Templerorden von der Bühne der Geschichtsbuch-Geschichte abgetreten zu sein. Es wäre allerdings naiv anzunehmen, daß eine derartige Kraft damit auch tatsächlich aus der Geschichte verschwunden ist, ebenso wie es naiv wäre zu glauben, die Assassinen seien mit dem Ansturm der mongolischen Horden unter Dschingis Khan und dessen Enkel einfach verschwunden. Bekanntlich war es sogar eine mehr oder weniger dogmatisch verankerte

Pflicht, sich notfalls zum Schutz der eigentlichen Lehre zu arrangieren und sich nach außen hin zu dem zu bekennen, was gerade opportun erschien. Für die Assassinen wie für ihre Schüler im Geiste und in der Praxis gilt, was der französische Forscher Serge Hutin sagt: »Ein Leugnen des überlieferten Geheimnisses, einer geheimen Organisation zur Wiederbelebung der Ideale der Templer und der Esoterik einer Lehre, die verschiedenen Brüdern mitgeteilt wurde, hieße geschichtliche Tatsachen zu verkennen [...] der Geist lebt fort, und das Gedankengut der Templer gehört unbestreitbar zu den größten geistigen Strömungen, die die moderne Welt heute noch zuweilen erschüttern.«[692]

Reformation im Zeichen der Rose

Als sichtbare Macht war der Orden der Tempelritter abgetreten. Die Frage stellt sich also, wer nun seine eigentlichen Erben sind, inwieweit und in welcher Form und mit welchen Ergebnissen er hinter den Kulissen weiterwirkte und seine Ziele verfolgte, in welcher Form er im Laufe der Geschichte wieder in Erscheinung tritt oder vielmehr: wo seine Existenz an den Taten und Ereignissen erkannt werden kann.

Die Sache mit den Verwünschungen, die Jacques de Molay gegen König und Papst auf dem Scheiterhaufen ausgestoßen haben soll, gehört vielleicht in den Bereich der Legende, obgleich der Schottische Ritus bis heute Molays angeblich letzte Worte – »Vekam, Adonai!« (»Rache, Herr!«) – bei seiner Initiation in den dritten Grad benutzt, wenn wohl auch die wenigsten eine Ahnung haben, was die Worte bedeuten und woher sie kommen.

Wie es heißt, habe Molay König und Papst unter Verwünschungen prophezeit, sie würden ihm noch binnen Jahresfrist ins Jenseits nachfolgen, um sich dort vor Gottes Thron für ihre Missetat zu verantworten. Tatsache ist, daß schon einen Monat später Klemens V. angeblich der Ruhr erlag und König Philipp noch vor Jahresfrist aus nie geklärter Ursache das Zeitliche segnete.

Wenn auch der Templerorden offiziell aufgelöst wurde, so wurden doch nicht alle Templer ausgerottet, obwohl sich Philipp in geradezu verdächtiger Weise alle Mühe gab, die Regenten der restlichen christlichen Welt von solcher Notwendigkeit zu überzeugen. Die spanischen Logen der Templer wurden überhaupt nicht verfolgt, die Ritter fanden sich nach der Auflösung in verschiedenen anderen Orden wieder.

In Portugal wurden sie von jedem Verdacht freigesprochen und existierten unter dem Namen »Christus-Orden« offiziell bis in das sechzehnte Jahrhundert. Im Heiligen Römischen Reich schlossen sich nach der Auflösung die meisten Templer den Deutschrittern und den Johannitern an. In England wurde zwar der gesamte Landbesitz den Johannitern überschrieben, die Tempelritter selbst wurden aber kaum verfolgt. In Schottland wurde bemerkenswerterweise die päpstliche Bulle mit der Auflösungsverfügung nie verkündet, folglich wurde der Orden dort auch nicht aufgelöst. Zahlreiche Templer aus England und auch aus Frankreich fanden dort Zuflucht. Nichtsdestoweniger schienen Papsttum und weltliche Macht mit der Zerschlagung des Templerordens ihr Ziel erreicht zu haben, das sie spätestens seit Kaiser Konstantin gemeinsam mit wechselnder Intensität verfolgten: die Zerschlagung aller im Christentum und aus der Verbindung des Christentums mit anderen religiösen und geistigen Strömungen entstandenen esoterischen Bewegungen. Die Katharer waren mit Feuer und Schwert vernichtet. Die Juden wurden sowieso mit Argwohn betrachtet. Die Muselmanen waren in diversen Kreuzzügen geschlagen, die Zigeuner durch strenge Edikte der Fürsten angepaßt und eingegliedert, ein Abweichen von der alle Rechtmäßigkeit in Anspruch nehmenden römischen Lehre war kaum möglich, es war schlicht lebensgefährlich. Die Esoterik, ganz allgemein zu verstehen als subtile Gnosis, als Zusammenfassung und Essenz verschiedenster geistiger und religiöser Strömungen, ging zunächst samt und sonders in den okkulten Untergrund.

Dennoch gibt es Spuren, ein durchaus verbindendes Band zwischen Katharern, Templern, den mittelalterlichen Bruderschaften, den Vereinigungen der Rosenkreuzer bis hin zu den sogenannten Gelehrtengesellschaften, bis hin zu den Geheimgesellschaften unserer Tage, zu den Freimaurern schließlich und endlich. Kaum waren die Katharer, die ja zumindest in der französischen Languedoc in einem nicht geringen Ausmaß mit den Templern sogar personell identisch waren, geschlagen, tauchten unter dem Zeichen der fünfblättrigen Rose antirömische Schriften auf wie etwa der Rosenroman von Guillaume de Lorris, eine eindeutige Satire auf die geistige und weltliche Obrigkeit. Die Spur der Rose findet sich hier wie dort wieder, sei es in den Werken von Roger Bacon oder Nicolas Flamel oder des als Paracelsus bekannt gewordenen Theophrastus Bombastus von Hohenheim.

1586 bildete sich beispielsweise in Lunéville eine protestantische »militia crucifera evangelica«, die in einem theosophischen Werk über das Maß des mystischen Tempels erwähnt wird.[693]

Hier findet sich wieder der Begriff der Rose, vor allem aber der Gedanke an die »Erneuerung der Erde« und einer »Universalreform«. Diesem Gedanken hingen auch damals schon die Illuminaten Spaniens, die rosenkreuzerischen »Alumbrados« nach. In einem 1624 gedruckten Buch ist zu lesen, daß die Alumbrados »ein Feuer« seien, das ganz Spanien erfassen und zerstören werde. Sie prophezeiten eine Universalreligion (Religio Catholica, R. C., wie die Initialen der Rosenkreuzer häufig gelesen werden) und verkündeten, daß dabei jeder unbehelligt seine eigene Religion werde ausüben können. Einer der Schüler dieser spanischen Illuminierten war – Ignatius von Loyola, der Begründer der Jesuiten, der Gesellschaft Jesu, der später Anni Besant gleichermaßen faszinierte wie Hitler und Heinrich Himmler. Vielleicht sagt man nicht ganz zu Unrecht, die Jesuiten seien für die katholische Kirche das, was die Illuminaten des Adam Weishaupt für die Freimaurerei sind. Denn daß der heilige Ignatius, von der Kirche naturgemäß gezwungen, dem Illuminatentum abschwören mußte, besagt ja rein gar nichts.[694]

Zu Beginn des siebzehnten Jahrhunderts erschienen schließlich die berühmten Manifeste der Rosenkreuzer mit dem Titel *Universelle und allgemeine Reform der ganzen Welt* und *Fama Fraternitatis oder Bruderschaft des Hochlöblichen Ordens des R.C. An die Häupter, Stände und Gelehrten Europas*. In einem Abschnitt der *Universalreform*, deren Gedanke später die Freimaurerei aufgriff (die natürlich auch mit der Rosenkreuzerei gar nichts zu tun haben will), wird bemerkenswerterweise über den Kongreß berichtet, der angeblich stattfand, um die Welt zu reformieren. (Allmählich werden auch die Legenden um die *Protokolle der Weisen von Zion* [Sion] etwas durchsichtiger, und die geistige Quelle der Illuminatenschriften verliert ihr Mysterium, auch wenn Illuminaten und Rosenkreuzer zeitweilig so nett zueinander waren wie Hunde und Katzen, aber auch das besagt rein gar nichts.)

Die rosenkreuzerischen Schriften versprachen, was Schulen dieser Art eben allgemein versprechen auf dem Weg zur Erreichung »ungeheurer Endzwecke«: die Umwandlung der Welt und des menschlichen Erkenntnisvermögens nach den esoterischen Prinzipien der Hermetik, eine neue Epoche geistiger Freiheit, in der sich der Mensch seiner Fesseln entledigen und sein eigenes Geschick in Einklang mit harmonischen, alles durchdringenden universalen und kosmischen Gesetzen bestimmen werde.

Es wäre zweifellos höchst verlockend, sich mit den esoterischen Geheimnissen und Zielsetzungen der Rosenkreuzer auseinanderzusetzen. Doch hier interessiert vor allem der verborgene »Strom« der Geschichte und die politische Wirkung.

Die Rosenkreuzer-Manifeste waren vor allem, entkleidet man sie ihres mystisch-esoterischen Aufputzes, nichts anderes als Manifeste des politischen Aufruhrs, ein geradezu wüster Angriff gegen die römisch-katholische Kirche und das Heilige Römische Reich. Inwieweit der deutsche Reformator Martin Luther selbst damit in Zusammenhang steht, bleibe dahingestellt, bemerkenswert ist zweifellos der denkwürdige Umstand, daß Luther als sein Insignum ein Kreuz und vier Rosen gewählt hatte.

Fest aber steht indessen, daß Johann Valentin Andreä, dem heute allgemein die Autorenschaft der Rosenkreuzer-Manifeste zugeschrieben wird und der, wie man sehen wird, eine möglicherweise noch bedeutendere Rolle gespielt hat, lutheranischer Theologe war. In der gesichert von ihm stammenden Schrift *Chymische Hochzeit Christiani Rosenkreutz*, einer überaus vielschichtigen hermetischen Allegorie, trägt Christian Rosenkreutz einen weißen Rock mit einem roten Kreuz auf der Schulter. Es ist eben, wie schon einmal aus einem Organ der Prieuré des Sion zitiert, alles in Symbolen zu finden. Wer immer versteht, die verborgene Bedeutung zu interpretieren, wird dies einsehen – in diesem Fall, daß es sich dabei eindeutig um die Farben und sozusagen die Uniform der Templer handelte. In diesem Zusammenhang ist auch die in der *Fama* erzählte Geschichte des »andächtigen, geistlichen und hocherleuchteten Vaters Christian Rosenkreutz« erwähnenswert, die durchaus auch allegorisch aufgefaßt werden kann: Darin wird berichtet, daß Christian Rosenkreutz (bei diesem Namen handelt es sich um ein reines Symbol) aus deutschem Adel entstammte, in einem Kloster erzogen wurde und schließlich mit einem anderen Bruder seines Klosters eine Wallfahrt ins Heilige Land unternahm. Während des Aufenthaltes in Damaskus waren sie von arabischen Gelehrten in die Geheimnisse der okkulten Wissenschaften eingeweiht worden. Nach drei Jahren reisten sie nach Fez in Marokko, wo ihr Wissen von den Beziehungen zwischen Mikrokosmos und Makrokosmos vervollkommnet wurden. Im Anschluß an eine Reise nach Spanien kehrte Rosenkreutz nach Deutschland zurück ... Das hat etwas vom selben Geist wie dem der Tempelritter, ganz gewiß.

Denn wenn man sich auf die politische Seite beschränkt, so ist es eindeutig, daß die Rosenkreuzer die Zerstörung des katholischen Roms und des Heiligen Römischen Reiches, wenn auch nicht mit offener Revolution, sondern durch Subversion und geistige Reform anstrebten.

Das Rosenkreuzertum und die Reformation waren zweifellos Bewegungen von historischer Bedeutung, die enge Verwandtschaft zwischen der rosenkreuzerischen Esoterik und der katharischen Esoterik einerseits und den Grundtendenzen des Rosenkreuzertums und des Protestantismus ist dabei nicht zu übersehen. Die Geschichte ist wirklich nicht ohne gewisse Ironie. Fast wäre es den Rosenkreuzern ähnlich ergangen wie den Templern. Nicht zuletzt war es ihr Einfluß auf den pfälzischen Kurfürsten Friedrich, der diesen veranlaßte, 1618 die böhmische Krone anzunehmen und damit den Zorn des römischen Papstes und des Heiligen Römischen Reiches auf sich zu laden, was den Ausbruch des bis zu den Weltkriegen wohl blutigsten Gemetzels zumindest beschleunigt hatte. An Stelle der hermetischen Reformen gab es den Dreißigjährigen Krieg, der der römischen Kirche beinahe wieder ihre alte hegemoniale Stellung zurückgebracht hätte.

Inmitten dieser Wirren war es Andreä, dem es mit Hilfe eines Netzes mehr oder weniger geheimer »christlicher« Bruderschaften gelang, von der Inquisition verfolgte Anhänger rosenkreuzerischen Denkens zu retten und nach England in Sicherheit zu bringen, wo sie mit der sich wie zufällig eben organisierenden Freimaurerei verschmolzen. Aus der Verbindung kontinental-europäischer Rosenkreuzer und englischer Freimaurer sowie noch älterer Geheimgesellschaften wie der »Sacred Cabbalistic Society of Philosophers« ging dann das sogenannte »Invisible College«, das »Unsichtbare Kollegium« der Rosenkreuzer hervor, als deren sichtbare »Emanation« bald darauf die ganze offizielle und profane »Royal Society«, diese älteste englische Akademie der Wissenschaften, hervorging. Kaum von ungefähr besteht offenbar stets eine gewisse geistige Affinität zwischen englischen und deutschen Geheimbündlern, wie sich später auch zu Zeiten der »Goldenen Dämmerung« zeigte, jenes aus der englischen Großloge und der »Societas Rosicruciana in Anglia« hervorgegangenen Ordens, dem so erstaunliche Persönlichkeiten wie Theodor Reuß oder Aleister Crowley entwachsen sollten.

Allmählich verschwanden auch die Rosenkreuzer in Europa wieder von der Bildfläche. Was von ihnen übrigblieb, sind die kuriosesten Legenden über alchemistische Künste, Goldmacherei und andere sensationelle Vereinigungen, die außer dem Namen mit den eigentlichen Rosenkreuzern und deren geschichtlicher Bedeutung, nämlich ihrer engen Verbindung mit der protestantischen Reformation, nicht viel zu tun haben. Andere Zeiten erfordern andere Methoden, andere geschichtliche Bedingungen erfordern andere Hebel zur »Erneuerung der Welt«. In dem 1714 von dem sächsischen Prediger Sincerus Renatus veröffentlichten Werk zum einhundertjährigen Bestehen des Rosenkreuzerordens behauptet dieser, die Meister des Ordens seien allesamt seit einigen Jahren nach Indien gegangen. Abgesehen von einem interessanten Zusammenhang mit den Meistern in Indien oder Tibet, die in der Geschichte der modernen esoterischen Gesellschaften immer wieder zu finden sind, ist vor allem aber die in jenem Werk enthaltene Ordensregel bemerkenswert, in der manche Geschichtswissenschaftler der Freimaurerei[695] Spuren des von dem spanischen Illuminaten-Schüler Ignatius von Loyola gegründeten Jesuiten-Ordens sehen.

Inwieweit tatsächlich ein Zusammenhang zwischen dem Verschwinden der Rosenkreuzer und der Tatsache besteht, daß sich diese Streiter Christi ab 1776 zu voller Blüte entwickelten, mag dahingestellt bleiben. Hier ist aber rein gar nichts unmöglich, wie sich noch zeigen wird. Denn so manche geheime, nach außen hermetisch abgeschlossene Gesellschaft ist eben nicht das, was sie zu sein vorgibt, mögen ihre Vertreter der Öffentlichkeit weismachen, was sie wollen. Und mittlerweile wird die Frage auch leicht zu beantworten sein, wo sich eine geheime Gesellschaft mit geheimen, weitgesteckten Zielen am sichersten fühlen kann: in einer anderen Gesellschaft, wo sie niemand vermutet, in der sie selbst möglicherweise als ihr eigener schärfster Gegner auftritt.

Dein ist die Rache, o Herr!

Unbestritten jedenfalls ist die von maurerischen Historikern selbst belegte Tatsache, daß die Freimaurerei unmittelbar aus jenen philosophisch-okkulten Kreisen hervorging, in denen sich das Wirken der Rosenkreuzer fortsetzte.

Die Identität vieler maurerischer und rosenkreuzerischer Symbole ist offensichtlich. Wenn dann behauptet wird, man hätte zwar manche der rosenkreuzerischen Symbole und den Gedanken an die Universalreform, nicht aber das esoterische Gedankengut übernommen, so ist das auch ebenso wahr wie gelogen, denn das alchimistische und hermetische Brimborium, mit dem sich die Rosenkreuzer selbst mystifizieren, war zweifellos nicht der Kern ihrer eigentlichen Lehren.

Da wären viel eher Untersuchungen über den Zusammenhang zwischen der geometrischen Figur in der *Fama* und die geografische Verteilung der seinerzeit bekannten Kontinente anzustellen, da wäre die frappante Ähnlichkeit mit der Arbeitstafel des symbolischen Feldes des 32. Grades des Alten und Angenommenen Schottischen Ritus interessant und in diesem Zusammenhang eine Analyse der eigentlichen Bedeutung des Emblems der Vereinten Nationen.

Zusammenhänge zwischen den Tempelrittern und der Freimaurerei werden von Freimaurern heutzutage rundweg abgestritten. Das *Daily Journal* vom 5. September 1730 hat aber zweifellos ganz gut beobachtet: »Es gibt eine merkwürdige Vereinigung, von der die englischen Freimaurer, die sich ihrer wahren Herkunft schämen, einige Zeremonien übernommen haben. Obwohl sie nur einige Zeichen für Prüfung und Aufnahme dieser Vereinigung übernommen haben, bemühen sie sich sehr, die Welt zu überzeugen, daß sie ihre Nachfolger sind. Die Mitglieder dieser Gesellschaft heißen Rosenkreuzer. Ihre Oberen, die wie die unsrigen Großmeister Wächter usw. genannt werden, tragen während der Zeremonien ein rotes Kreuz.«

Es ist tatsächlich alles in symbolischer Form zu finden. Standen die Rosenkreuzer in historischer Verbindung mit der letzten Endes nicht nur für die europäische Geschichte umwälzenden Bewegung der protestantischen Reformation, so stehen unbezweifelbar die nachfolgenden Freimaurer in historischer Verbindung mit der nicht weniger umwälzenden Bewegung der Aufklärung und der Französischen Revolution. Marques-Riviéres Zusammenfassung in bezug auf die unmittelbare Verbindung mit dem Templerorden in diesem Zusammenhang ist nichts hinzuzufügen:

»Die Freimaurerei wollte mit der Einführung der Hochgrade die Ideale des zerstörten Ordens: geistige und weltliche Macht, Kampf gegen päpstliche und königliche Machtbefugnisse, wieder aufgreifen. Ungeachtet der teilweise kühnen Vermutungen ist es eine historisch feststehende Tatsache, daß die Urheber und Führer der Französischen Revolution bewußt oder unbewußt diesem Ideal folgten. Die Haft der letzten Karpetinger im Turm des Temple, die freimaurerischen Reden jener Zeit lassen auf einen weitgehenden Plan zur ideologischen Erneuerung der Templer schließen.«[696]

Viele französischen Freimaurer konspirierten in allererster Linie nur deshalb gegen Ludwig XVI., um dazu beizutragen, daß der Fluch des sterbenden Jacques de Molay gegen das französische Königshaus in Erfüllung gehe. Nachdem der König durch die Guillotine enthauptet worden war, soll ein Mann auf das Schafott gesprungen sein, seine Hand in das Blut des toten Monarchen getaucht und sie der Menge mit den Worten gezeigt haben: »Jacques de Molay, du bist gerächt!«[697]

Es gibt noch zahlreiche andere Berichte über ähnliche Vorfälle. So habe man, als die Gefangenen in den Temple der einstigen Tempelritter gebracht wurden, in Paris Freimaurer auf offener Straße rufen hören: »Unsere Mysterien haben sich erfüllt [...] wir haben keine Geheimnisse mehr!«[698]

Natürlich hat die Freimaurerei nichts mit Politik und nichts mit den Templern zu tun, nicht wahr, es ist bloß für einen Bruder Maurer einfach nicht möglich, für eine Sache Partei zu ergreifen, ohne politisch tätig zu sein. Das mag schon für diese oder jene Form der Maurerei oder für diese oder jene Loge stimmen, in bezug auf unser Thema haben wir es aber in erster Linie mit der Hochgradmaurerei zu tun.

Wie erwähnt, benutzt der Schottische Ritus im dritten Grad Jacques Molays angeblich letzte Worte. Der 30. Grad des »Ritter Kadosch« im mauererischen Ritual wird auch Grad der Rache genannt, und das gesamte Aufnahmeritual verweist auf die Qualen des Ordensmeisters der Templer: Er ist nun sozusagen der Hiram dieses ritualistischen Spitzengrades der vollen Einweihung, bei der der Initiant in einer fürwahr ausdrucksstarken symbolischen Handlung die drei Säulen der Maurerei mit eigener Hand umstürzen muß, die ihm vom ersten Grad an bis zum 29. Grad als Grundpfeiler des Bundes, seiner Organisation und Idee heilig waren.

Der Ritus des 30. Grads enthüllt dem Kandidaten unzweideutig jenes mit der Französischen Revolution verfolgte Ziel: Rache und Vergeltung an den Gewalten, die am Tode Molays schuldig sind, und an allen, die der in diesem Grad symbolisch an Stelle der drei feindlichen Gewalten, kirchliche und weltliche Macht sowie das Bürgertum als Symbol der Despotie der Massen, gesetzten Gewissensfreiheit entgegenstehen.

Selbstverständlich ist das nur eine symbolische Angelegenheit. Dem wahren Freimaurer, der nur an die Menschenrechte denkt, wäre allein schon der Gedanke an physische Rache etwas höchst Unfreimaurerisches. Wie es denn auch so schön in diesem Ritual heißt: »Dein ist die Rache, o Herr!«

Eines der Hauptargumente dafür, die Freimaurerei sei in keiner Weise irgendwie auf die Templer zurückzuführen, ist jenes: Der freidenkerische, demokratische und nach Gleichmut strebende Geist einer sich allmählich von allen Beschränkungen freimaurenden Menschheit sei mit den aristokratischen Grundsätzen und der eisernen Disziplin der Templer nicht in Einklang zu bringen. Dies zu tun sei geschichtlicher Widersinn.

Nun, abgesehen davon, daß sich im Laufe der Jahrhunderte, vom Ende des Templerordens bis zur Gründung der ersten Freimaurerlogen, einiges getan hatte und sich die geschichtlichen Bedingungen völlig verändert hatten, ist dieses Argument ein Widerspruch in sich.

Das freimaurerische System, die strenge Geheimhaltungsdisziplin, die selbstverständlich nur symbolische Androhung eines greulichen Todes für Verräter bei der Initiation in den ersten Grad (das Wort symbolisch hier doppelsinnig gemeint. Es bezieht sich auch auf die symbolische Art und Weise, in der heutzutage unbequeme Brüder umkommen, nämlich genauso, wie es das Ritual besagt, daß sie nämlich dort gehenkt werden, »wo die Flut die Leiche bedeckt«), die Unterscheidung in Brüder und Profane, die Einteilung in streng voneinander abgeschirmte Grade, die Präpotenz eines in sich geschlossenen exklusiven Zirkels gegenüber dem Rest der Welt, dies alles ist selbst bei höchsten idealistischen Zielsetzungen ein Widerspruch zu demokratischen Idealen.

Ein Gleichheitsapostel, der ehrgeizig darauf erpicht ist, immer höhere Grade zu erlangen oder auch nur zu erkaufen, widerlegt sich selbst, denn in allen Fällen ist er dann nicht gleich, sondern eben ein anderer als die anderen. Eben: »An allen Ecken und Enden führten die Worte ›Freiheit, Gleichheit, Brüderlichkeit!‹ mit Hilfe unserer geheimen Gesellschaften unseren Reihen Riesenmengen zu, die unsere Fahnen zum Sieg trugen [...]«

Eine der interessantesten Fragen im Zusammenhang mit den Tempelrittern und ihren Erben ist indessen noch offen. Auch hier darf/muß gefragt werden: Steckt nicht noch etwas anderes dahinter? Es ist hier tatsächlich so wie mit den berühmten russischen Puppen: Unter jeder Puppe versteckt sich in schier endloser Reihe immer wieder eine andere, kleinere Puppe bis hin zum letzten Winzling, dem wahren Kern, sozusagen der Quintessenz des ganzen Spiels.

Konkret: Wer hat eigentlich die neun Tempelritter nach Jerusalem geschickt, um unter den Ruinen des Salomonischen Tempels nach etwas ganz Bestimmtem zu graben, das Jahrhunderte später nicht bloß einen Heinrich Himmler so brennend interessierte?

Der Geschichte nach wurden sie vom heiligen Bernhard, seines Zeichens Abt von Clairvaux, ausgesandt, um die Pilger auf den Straßen Palästinas zu schützen. Die Frage, wie neun Ritter dies in Wirklichkeit hätten bewerkstelligen sollen, erübrigt sich ohnehin von selbst.

Man sagt vom heiligen Bernhard, er sei »die Seele der Kreuzzüge« gewesen, er habe das Schwert der weltlichen Macht und des Glaubens vereinen wollen. Man sagt von ihm aber auch, daß er rechtzeitig genug gestorben sei, um seiner Exkommunikation zu entgehen. Man erzählt, seine Gedanken seien durch mohammedanische Quellen inspiriert gewesen. Daß er sich zumindest sehr dafür interessiert hat, ist gesichert. In der 17. Epistel kündigt beispielsweise Petrus Venerabilis dem Abt von Clairvaux eine neue Übersetzung des Korans aus dem Arabischen ins Lateinische von Pedro von Toledo an. Außerdem sagt er ihm zu, ihm eine Kurzfassung der Geschichte Mahomets und seiner Lehre zu schicken. Bemerkenswert ist auch der Umstand, daß 1070 von dem berühmten Rabi Raschi (1040–1105) eine Schule für talmudische und esoterische Lehren am Hofe des Grafen von der Champagne begründet wurde, der 1115 jenes Land stiftete, auf dem Bernhard die berühmte Zisterzienser-Abtei von Clairvaux errichten ließ. Es war jener Hugues I. von Champagne, der 1118 unter der Führung seines eigenen Lehnsmannes, Hugo von Payens, mit sieben anderen Rittern nach Jerusalem zog. Der Templer Wilhelm von Montbard wurde angeblich vom Scheich-al-Dschebel persönlich in einer Höhle im Libanon in die Mysterien der Assassinen eingeweiht. André de Montbard, einer der ursprünglichen neun armen Ritter in Christo, war wiederum ein Onkel des heiligen Bernhard. Kaum waren die neun von Bernhard ausgeschickten Ritter in Jerusalem, als bereits immense Geldströme aus dem Nahen Osten nach Europa flossen, und zwar zunächst überwiegend in die Schatzkammern der Zisterzienser mit dem heiligen Bernhard an der Spitze.

In den folgenden Jahren wurden sowohl die Templer als auch die Zisterzienser unvorstellbar reich und erlebten einen stürmischen Aufschwung. Der Zisterzienserorden, kurz zuvor noch knapp vor dem geistigen wie finanziellen Ruin, konnte nun aus der neugewonnenen Position der Stärke heraus den aufstrebenden Templerorden unterstützen und ihm sozusagen römisch-katholische Glaubwürdigkeit verleihen, ohne die es der Templerorden zu seiner Zeit nie zu dem gebracht hätte, was er schließlich geworden war.

Aus all diesen denkwürdigen Zusammenhängen und Verwicklungen drängt sich die Annahme geradezu auf, daß hinter der Gründung des Templerordens eine ganz bestimmte Kraft stand, die mit den Kreuzzügen selbst nur am Rande zu tun hat. Auf der Suche nach einer möglichen, nach all den vorliegenden Berichten höchstwahrscheinlichen Antwort auf diese auch für die Gegenwart und die Zukunft nicht unbedeutsamen Fragen, findet man sich unversehens im 19. und 20. Jahrhundert und in der Zeit des Dritten Reiches wieder.

Die Ritter der Vereinigten Staaten von Europa

Nicht nur Heinrich Himmler hatte es in unserer zeitgeschichtlichen Fast-Gegenwart mit dem Rittertum.

Zwischen 1941 und 1943 erschien in Paris eine eigenartige Zeitschrift mit dem Namen *Vaincre*. Sie war auf hochwertigem Papier gedruckt und mit Fotos und Illustrationen versehen. Bedenkt man, daß hochwertiges Papier damals in Frankreich nur sehr schwer zu erhalten war, so ergibt sich die zwingende Schlußfolgerung, daß hinter der Herausgabe des Blattes nicht nur höchst potente Geldgeber standen, sondern daß diese Unternehmung auch keinesfalls ohne Wissen und Genehmigung oder wenigstens stillschweigender Duldung der Besatzungsbehörden durchgeführt werden konnte.

Die Zeitschrift beschäftigte sich mit einer Reihe seltsamer Themen, einer Mischung aus Esoterik, Mythos und reiner Phantasie. Viel war von Atlantis die Rede, von einer keltischen Weisheitstradition und den mythischen Themen, in denen sie überlebt hatte. Zuweilen tauchten auch Beiträge zu neozarathustrischen Theosophien auf, in denen Eingeweihte und Meister aus Tibet und verborgenen Städten im Himalaja eine Hauptrolle spielten.[699]

Immer wieder aber war vom Rittertum die Rede, von der Rolle des Rittertums in einer modernen Welt; und Frankreich, so schrieben die Autoren in *Vaincre*, sei des Rittertums »tiefste Quelle«. Das Rittertum sollte demnach das Instrument der nationalen Erneuerung für Frankreich sein: »[...] ein Rittertum ist unerläßlich, denn unser Land kann nicht geboren werden, es sei denn durch seine Ritter.«[700]

Das Rittertum, das in *Vaincre* propagiert wurde, hielt sich durchaus im ursprünglichen und traditionellen Rahmen: »Der Chevalier kann nicht ohne das spirituelle Ideal leben, welches das Sammelbecken für die moralische, intellektuelle und geistige Kraft kommender Generationen ist.«[701]

Allenthalben findet man in dieser Zeitschrift auch antisemitische Äußerungen, die auch der Feder eines Goebbels hätten entstammen können: »Um unserer Heimat ihren Rang zurückzugeben [...], ist es notwendig [...], falsche Dogmen und die korrupten Prinzipien des einst demokratischen jüdischen Freimaurertums auszurotten.« Die politische Ausrichtung, konstatierten die Autoren Lincoln, Baigent, Leigh, die im Zuge ihrer Nachforschungen in den achtziger Jahren noch sechs dieser *Vaincre*-Ausgaben sicherstellen konnten, lag eindeutig beim Vichy-Regime, »und manchmal unterstützte sie Pétain voller Inbrunst«.[702] Sicher ist, daß die Herzen etlicher Autoren der Zeitschrift auf der zeitgemäß rechten Seite schlugen.

Ein prominenter Mitarbeiter war beispielsweise Professor Luis de Fur, der während der deutschen Besatzungszeit eine gewisse Reputation als Denker und Kulturkommentator genoß und auch Mitarbeiter der kollaborationistischen Zeitschrift *Je suis partout* war. Bemerkenswerterweise war Professor Luis de Fur vor dem Krieg Mitbegründer einer kleinen Gruppe mit dem Namen »Énergie« gewesen: Einer seiner engsten Mitarbeiter dabei war Robert Schuman, der »Vater Europas«, der viele der von le Fur und anderen Autoren in *Vaincre* ausgedrückten Ideen übernahm und damit später zu einem der wichtigsten Architekten der EWG als Vorstufe der Vereinigten Staaten von Europa werden sollte.

Ein weiterer wichtiger Mitarbeiter von *Vaincre* war der Journalist, Kollaborateur, Antisemit und Leiter des Centre d'Action Masonique, das alle geraubten Freimaurer-Archive enthielt, Henri Coston. Ein anderer Mitarbeiter war der nach dem Krieg durch Bücher über Parapsychologie, Esoterik und Freimaurerei bekannt gewordene Robert Amadou, Beamter einer Loge, die zur Schweizer Großloge Alpina gehörte,[703] der wir im Zusammenhang mit einigen anrüchigen Geschichten aus der unmittelbaren Vergangenheit noch begegnen werden. Robert Amadou war außerdem Mitglied der Pariser Logen Memphis und Misraim, zu deren Gründung um die Jahrhundertwende ein gewisser »Papus« von niemand anderem berechtigt worden war als von Theodor Reuß.

Hier wird schon deutlich, daß es sich bei Herausgebern und Autoren von *Vaincre* offenbar nicht nur um spleenige Neoritter handelte, sondern um Exponenten eines in gewissen Idealen und Absichten weitgespannten Netzes.

Herausgeber der Zeitschrift war Pierre Plantard de Saint-Clair, damals genannt »Pierre de France« und seines Zeichens trotz seiner damals erst knapp zwanzig Jahre Großmeister eines Ordens namens »Alpha Galates«, als dessen Organ sich *Vaincre* auch präsentierte: Es ist jener Plantard de Saint-Clair, dem nach eigenen Aussagen Abgesandte Himmlers den Titel eines Herzogs der Bretagne angeboten hatten.

Wie Plantard Jahrzehnte später dem Autorenteam Lincoln, Baigent und Leigh gegenüber erklärte, habe er dieses Angebot jedoch abgelehnt. Er sei dann von der Gestapo sogar verhaftet und gefoltert worden, was durchaus möglich ist – immerhin hat Monsieur Plantard dann so viel Glück und Fürsprecher gehabt, daß ihn die Gestapo wieder hat laufen-lassen. Wie Plantard Jahrzehnte später ebenfalls erklärte, hätten sich unter den Sympathiekundgebungen für Vichy und Pétain und diversen antijüdischen Attacken verschlüsselte Botschaften und Instruktionen für die Résistance versteckt, die nur von dieser hätten entziffert werden können. Auch das wäre durchaus möglich. Wahrscheinlich ist, daß »Alpha Galates«, der, wie es in *Vaincre* hieß, »Großorden des Rittertums«, »im Dienste der Heimat« und »Seite an Seite mit dem Marschall« Pétain[704] auf mehreren Bällen zugleich tanzte, wie dies die Prieuré de Sion offenkundig seit eh und je getan hatte.

Zwar sind sich die genannten Autoren, die sich eingehend mit die-sem Orden befaßt haben, nicht schlüssig, ob »Alpha Galates« identisch mit der Prieuré de Sion war oder lediglich eine Art Rekrutierungsorganisation, da Plantard erst 1943 auf Empfehlung von Abbé François Ducaud-Bourget, der rechten Hand des im März 1991 verstorbenen Erzbischofs Lefèbvre, in die Prieuré aufgenommen wurde,[705] deren Großmeister er später ebenfalls werden sollte. Offenbar bestand kein Widerspruch zwi-schen Plantards Funktion als Großmeister von »Alpha Galates« und einer Mitgliedschaft in der Prieuré de Sion. Als Indiz für die mögliche Identität oder zumindest enge Beziehung zwischen den beiden Orden werten Lincoln, Baigent und Leigh die Ähnlichkeit der Orientierung der beiden Gesellschaften, was sich insbesondere an der gemeinsamen Be-tonung des Rittertums und vor allem an der Tatsache zeige, daß *Vaincre*-Autoren später als Mitarbeiter von Publikationen der Prieuré wieder auftauchten (die unter anderem von der Schweizer Großloge Alpina vertrieben wurden).

Jedenfalls war die Tätigkeit Monsieurs Plantards, der nicht Herzog der Bretagne werden wollte, in jener Zeit bemerkenswert, wenn man bedenkt, daß geheime Gesellschaften, esoterische Orden ebenso wie Freimaurerei streng verboten waren und jede Mitgliedschaft schärfstens bestraft wurde. Ein aufwendiges und kostspieliges Unternehmen wie *Vaincre* mußte, so sollte man annehmen, auf jeden Fall der ganz besonderen Aufmerksamkeit der argwöhnischen Besatzungsbehörden ausgesetzt gewesen sein. Wenn es tatsächlich zutrifft, daß hinter der Maske des mit dem Faschismus sympathisierenden antisemitischen Neo-Ritter-Organs in Wirklichkeit ein Mitteilungsblatt des französischen Widerstandes gesteckt hat, dann war dies jedenfalls geschickt und mit einer unglaublichen Portion Chuzpe gemacht.

Tatsächlich finden sich auch schon in *Vaincre* Hinweise auf eine politische Richtung, für die nicht nur der Erste, sondern auch der Zweite Weltkrieg sozusagen lediglich notwendige Nebenerscheinungen zur Neuordnung Europas und der Welt waren. In einer ihrer Ausgaben definiert *Vaincre* deutlich eines der Hauptziele von »Alpha Galates« und der Prieuré de Sion:[706] die Schaffung einer neuen »westlichen Ordnung«, eines »jungen europäischen Rittertums«, dessen Hauptgedanke »Solidarität« sein sollte. Diese Organisation, genannt »Solidarität«, müßte das erste Stadium der »Vereinigten Staaten des Westens« darstellen: Man erinnere sich an die schon an anderer Stelle erwähnte Illustration in der ersten Nummer von *Vaincre*, die einen Ritter zeigt, wie er auf einer Straße der am Horizont aufgehenden Sonne entgegenreitet. Ein Straßenrand heißt Bretagne, der andere heißt Bayern. Der Anfang der Straße wird mit der Jahreszahl 1937 markiert, die aufgehende Sonne am Ende der Straße zeigt 1946. Die Straße selbst trägt die Bezeichnung »Vereinigte Staaten des Westens«.[707]

Lincoln, Baigent und Leigh liefern indirekt den Beweis dafür, daß Monsieur Plantard und »Alpha Galates«, ob nun identisch mit der »Prieuré de Sion« oder ihr nur als eine Art »Pflanzschule«, wie Adam Weishaupt dazu gesagt hätte, angegliedert, Teil eines übernational operierenden Netzes waren, das ungeachtet aller kriegerischen Ereignisse konsequent sein Ziel verfolgte, nämlich die Vereinigten Staaten von Europa, was natürlich damals wie heute nichts anderes als ein Euphemismus ist für die Beseitigung staatlicher oder nationaler Souveränitäten. So enthält die fünfte Nummer von *Vaincre* eine Eloge des kollaborationistischen Louis le Fur für Pierre de France-Plantard, den neuen

Großmeister von »Alpha Galates«, in dem dieser nach außen hin zumindest eindeutig deklarierte le Fur einen »großen Deutschen, einen Meister unseres Ordens« zitiert. Dieser »große Deutsche«, damals in seinem achtundfünfzigsten Lebensjahr, gibt eine außergewöhnliche Erklärung für den dreiundzwanzigjährigen Pierre de France ab:

»Zu meiner Freude kann ich vor meiner Abreise nach Spanien sagen, daß unser Orden in der Person von Pierre de France endlich einen würdigen Chef gefunden hat. Deshalb empfehle ich mich mit uneingeschränkter Zuversicht, um meinen Auftrag auszuführen. Denn während ich mir keine Illusionen über die Gefahren mache, die die Erfüllung meiner Pflicht mit sich bringt, weiß ich doch, daß Anerkennung von Alpha und Treue ihrem Chef gegenüber bis zum letzten Atemzug meine Parole sein werden.«[708]

Diese Worte werden Hans Adolf von Moltke zugeschrieben, einem Karrierediplomaten aus einer der angesehensten Familien Deutschlands, der sowohl mit Hitler wie mit Himmler befreundet war. Im Jahre 1934 war er deutscher Botschafter in Polen gewesen; 1938 erwartete man in ihm zunächst den nächsten Botschafter in Großbritannien. Zur Zeit der ihm zugeschriebenen Aussage war er gerade zum Botschafter in Spanien ernannt worden, wo er im März 1943 starb.

»Moltke, obwohl dem Anschein nach sowohl mit Hitler wie mit Himmler befreundet«, schreiben die oben genannten Autoren, »war in Wirklichkeit ein guter Deutscher.«[709]

Das war er selbstverständlich, wenn all dies zutrifft und Moltke sozusagen in grenzüberschreitender Treue bis zum letzten Atemzug einem französischen Orden und dessen Großmeister verpflichtet war, was mit der ideologischen oder politischen Ausrichtung der seinerzeit in Deutschland herrschenden Clique ja zunächst rein gar nichts zu tun hat. Von einem internationalistischen Standpunkt aus gesehen ist selbstverständlich ein internationalistischer Deutscher der bessere Deutsche, ebenso wie ein internationalistischer Engländer oder Franzose, wie beispielsweise de Gaulles Vertrauter François Poncet, der nach dem Krieg als Hochkommissar in Deutschland und Präsident des Internationalen Roten Kreuzes dem Vatikan und Allen Dulles jene Ausweise verschaffte, mit denen diese ihre Nazis aus der Gefahrenzone schaffen konnten.[710] Aber Poncet war wie sein Landsmann Henry Lebru noch internationalistischer während des Krieges, als sie gemeinsam als Informanten für den später als »Schlächter von Lyon« bekanntgewordenen Klaus Barbie arbeiteten: Im Rahmen einer niederträchtigen, vom britischen Geheimdienst kontrollierten britisch-französischen Operation unter dem Code TECHNICA wurden Kommunisten in der Résistance, die vielleicht in der Nachkriegszeit eine politische Konkurrenz hätten darstellen können, durch Verrat an die Nazis eliminiert.[711] Dies ist zweifellos ein drastisches Beispiel für die in jeder Hinsicht grenzüberschreitende Zusammenarbeit gewisser Brüder. Im Zusammenhang mit Moltke und Alpha Galates kommt dem Umstand durchaus Bedeutung zu, daß Poncet, ein alter Freund Allen Dulles, darüber hinaus in der unmittelbaren Nachkriegszeit de Gaulles Verbindung zu jener ebenfalls grenzüberschreitenden Organisation namens Intermarium war. Außerdem verfügte er offenbar, wie mehrere Treffen mit »Ochsensepp« Dr. Joseph Müller in München schließen lassen,[712] über einen Draht zur »Schwarzen Kapelle« um Jahnke, Canaris und später Schellenberg, die im Dritten Reich den Widerstand gegen Hitler »kontrollierte« und die Verbindungen zur Außenwelt offenhielt: gleichermaßen nach Moskau, London und dem Vatikan.[713] Eine Verbindung sowohl zu Moltke als auch Alpha Galates zu Intermarium wiederum ist, wie sich herausstellen wird, nicht von der Hand zu weisen.

Wie auch immer: Hans Adolf von Moltke war jedenfalls ein Cousin und enger Mitarbeiter von Helmut James Graf von Moltke sowie ein Cousin von Claus Graf Schenk von Stauffenberg, und er hatte die Schwester eines weiteren Cousins, Peter Yorck von Wartenburg, geheiratet. Helmut James Graf von Moltke leitete zusammen mit Wartenburg den sogenannten »Kreisauer Kreis«, den zivilen Flügel des deutschen Widerstandes gegen Hitler, dessen außenpolitische Konzeption von allem Anfang an ein Bekenntnis zu einem europäischen Bundesstaat war.[714]

Nicht nur dies hatte der »Kreisauer Kreis« mit »Alpha Galates« bzw. mit der »Prieuré de Sion« gemeinsam, auch das im wesentlichen ritterliche Ideal bezeugt eine gewisse Deckungsgleichheit, wenn schon nicht in jedem Fall der Identitäten, so zumindest der Interessen. Diese Vereinigten Staaten von Europa waren vom »Kreisauer Kreis« schon lange vor dem Krieg propagiert worden und bildeten später den Eckstein jeglicher Nachkriegspolitik. Um dieses Ziel zu erreichen, hatte der »Kreisauer Kreis« bereits Anfang 1943 mit Vertretern des britischen Foreign Office in der Schweiz Verbindungen aufgenommen. Daneben unterhielt der Kreis vor allem enge Beziehungen zu einem bedeutenden Amtsträger der USA in der Schweiz, Allen Dulles. Dieser war der Chef der dortigen Niederlassung des Office of Strategic Services (OSS), aus dem später die CIA hervorging, deren späterer Chef wiederum Dulles wurde. Dies ist insofern bemerkenswert, als die Dulles-Brüder zumindest indirekt über die J.-Henry-Schroeder-Bank an der Finanzierung Hitlers und der nationalsozialistischen Bewegung durch gewisse Kreise des internationalen Großkapitals beteiligt waren.[715]

Da das amerikanische OSS eng mit jener von Churchill zu Kriegsbeginn gegründeten Special Operations Executive (SOE) verbunden war, einer Organisation, »die Europa mit Sabotage, Mordanschlägen und Partisanenkrieg in Brand stecken« sollte,[716] ist anzunehmen, daß der »Kreisauer Kreis« auch mit Persönlichkeiten aus dieser Bewegung in Kontakt stand, die im Zusammenhang mit dieser Idee der Vereinigten Staaten von Europa nach dem Krieg eine nicht uninteressante Rolle spielen sollten.[717]

Daß die »Prieuré de Sion« beziehungsweise »Alpha Galates«, der Moltke angehörte, ihre Hände auch bei der britischen SOE mit im Spiel hatte und dadurch zumindest kooperativ mit grenzüberschreitenden Operationen wie Intermarium und »Prometheus« (die britische Infiltration der osteuropäischen Nazis und diverser Emigrantenorganisationen) verbunden war, steht außer Zweifel: SOE-Chef Gubbins war die britische Verbindung zu Prometheus[718] und darüber hinaus später als SIS-Offizier für die Vernichtung von »peinlichem Material« zuständig: beispielsweise um britische Nazi- und GRU-Doppelagenten wie Charles »Dickie« Ellis zu decken, die zuviel von der Windsor-Affäre wußten.[719] Und der bereits in einem früheren Kapitel im Zusammenhang mit dem Kriegsgeschäft der internationalen Hochfinanz rund um die Baseler Bank for International Settlements erwähnte Lord Selborne war wiederum oberster Dienstherr der Special Operations Executive mit ausgefallenen Interessen und mysteriösen Verbindungen zur »Prieuré de Sion«.

André Malraux, hochrangiges Mitglied der »Prieuré de Sion«, der einst von den aus Deutschland kommenden nationalsozialistischen Ideen durchaus angetan war,[720] dürfte die Verbindung zu den diversen englischen Organisationen geknüpft haben. Sein Bruder jedenfalls gehörte eindeutig der SOE an. Malraux wiederum war es, der schon seit 1941 für einen europäischen »New Deal«, für ein »föderatives Europa« eintrat, ebenso wie Winston Churchill bereits 1942 an die Vereinigten Staaten von Europa dachte.[721] Nach dem Krieg wurden sowohl von dem ehemaligen SOE-Chef Collin Gubbins wie von André Malraux Vereinigungen gegründet, die sicherstellen sollten, »daß Menschen mit besonderen Talenten und Erfahrungen im Krisenfall rasch benachrichtigt und zusammengerufen werden konnten«.[722] Daß die »Prieuré de Sion« einen weitgehenden Einfluß auf die Tätigkeiten der britischen Geheimdienste vor, während und nach dem Krieg und damit wohl konsequenterweise wohl auch auf die britische Politik ausübte, scheint nicht von der Hand zu weisen zu sein. So nennen die Autoren Lincoln, Baigent und Leigh die Namen von einem guten Dutzend einflußreicher Engländer, nach dem Krieg allesamt in Spitzenpositionen des Versicherungs- und Bankgewerbes, die mit der Prieuré in Verbindung standen und kurioserweise in dem sich zu Ende neigenden zwanzigsten Jahrhundert damit beschäftigt waren, »sich Ahnentafeln zu beschaffen, die die Legitimität des merowingischen Anspruchs auf den französischen Thron untermauern« sollten: Viscount Frederick Leathers etwa, ein enger persönlicher Freund Churchills und ehemaliger Kriegstransportminister, Lord Selborne, ebenfalls enger Churchill-Freund und Minister für Wirtschaftskriegsführung sowie oberster Dienstherr der erwähnten Special Operations Executive, ferner Roland Stansmore Nuttin vom britischen Geheimdienst oder Sir Thomas Frazer, ebenfalls vom Geheimdienst und graue Eminenz des Buckingham-Palastes, des weiteren ein Lord Blackford, Sir Alexander Aikman und etliche andere mehr.[723]

Jedenfalls scheinen zu der Zeit, als Hans Adolf Moltke in seiner Eigenschaft als deutscher Botschafter in Spanien sich daranmachte, Aufträge für einen Ritterorden namens »Alpha Galates« beziehungsweise »Prieuré de Sion« durchzuführen, die Grundstrukturen zu jener trüben Subkultur schon gelegt, in die die Geschichte der europäischen Einigungsidee führt, in diese engverfilzte Dunkelwelt der Vereinigten Staaten von Europa, in der sich Politiker und Parteien verschiedenster Couleur, Demokraten, Nazis, Geheimdienste, Ritterorden, Geheimgesellschaften, Freimaurer, Kardinäle, Päpste, Idealisten, Verbrecher, Finanzgangster und gar Mörder zusammengefunden haben. Ehe wir uns aber mit diesem aktuellen Teil der Geschichte, der Gegenwartsgeschichte, mehr oder weniger zuwenden, erscheint es notwendig, einige Marksteine in der Geschichte der »Prieuré de Sion« wenigstens zu streifen, der Geschichte dieses »echten Geheimbundes mit 21 Würdenträgern«, die ausnahmslos »éminences grises« der Hochfinanz sowie internationaler politischer und philosophischer Organisationen sind, wie es im Januar 1981 anläßlich der Wahl von Pierre Plantard de Saint-Clair zum Großmeister dieses Ordens auf dem Konvent zu Blois in der französischen Presse geheißen hatte.[724] Eines Geheimbundes, der nicht erst seit

Jahrzehnten, sondern seit Jahrhunderten auf verschiedenste Weise versucht, zumindest Europa in ein ganz bestimmtes, nämlich sein Korsett zu pressen.

Die verborgene Kraft der Geschichte

»Was die ›Prieuré de Sion‹ bedeutsam macht und was sie von vielen anderen zeitgenössischen Cliquen unterscheidet, ist ihr genaues Verständnis und ihre Nutzung der ganzen Palette psychologischer Manipulation. Soweit wir die Prieuré bei unseren Nachforschungen kennengelernt haben, ist sie eine Organisation, die sich ihres Tuns vollauf bewußt ist, mehr noch: die im Rahmen einer kalkulierten Politik Archetypen aktiviert, manipuliert und ausbeutet [...] während Wesen und Ausmaß ihrer gesellschaftlichen, politischen und wirtschaftlichen Macht sorgfältig verschleiert bleiben, darf ihr nicht unerheblicher psychologischer Einfluß durchaus erkennbar werden. Sie ist in der Lage, sich als das darzustellen, wofür sie gehalten werden möchte, denn sie durchschaut die Dynamik, mit der solche Eindrücke erweckt werden. Wir haben es, wie deutlich werden wird, mit einer Organisation von außergewöhnlicher psychologischer Subtilität und Raffinesse zu tun.«[725]

So die Autoren Lincoln, Baigent und Leigh über die »Prieuré de Sion«, deren zusammenfassender Darstellung in ihrer Arbeit *Die Erben des Messias* hier zweckmäßigerweise im großen und ganzen gefolgt wird. An anderer Stelle heißt es:

»Und steht die Prieuré trotz ihrer durchaus ehrenwerten Ziele nicht eigentlich kompromittiert da? Wie kann eine Organisation, die mit Vereinigungen wie P 2 [Anm.:die italienisch-internationale Freimaurerloge P 2] umgeht, integer bleiben? [...] Solche Bündnisse sind in der Geschichte der Prieuré keineswegs Ausnahmen. Soweit wir ermitteln konnten, waren weder die Prieuré noch ihre Großmeister je vor dem Makel politischer Macht zurückgeschreckt. Im Gegenteil, sowohl der Orden wie die Spitze der Hierarchie scheinen durch die Jahrhunderte hindurch ständig in Intrigen verwickelt gewesen zu sein [...] Wenn die moderne Prieuré in einem dubiosen Bereich tätig ist, kompromittierende Bündnisse eingeht und Nützlichkeitserwägungen über idealistische Maßstäbe stellt, dann bedeutet dies nicht, daß sie erst jetzt korrumpiert worden ist. Es bedeutet vielmehr, daß der Orden sein normales Verhalten an den Tag legt und wahrscheinlich heute nicht mehr oder weniger korrupt ist als in der Vergangenheit. Für eine Organisation wie die ›Prieuré de Sion‹ gehört es zur Frage des Überlebens, daß man sich bei politischen Machenschaften schmutzig macht [...] Wie das Papsttum hat sich die Prieuré jahrhundertelang die Hände beschmutzt, und sie scheint sich in letzter Zeit neuen Schmutz zugelegt zu haben. Doch wie die archetypische Kirche hinter dem Papsttum steht, so steht hinter der ›Prieuré de Sion‹ eine ebenso erhabene Konzeption: eine archetypische Rittergemeinschaft.

Wie immer ihre Aktivitäten zu einem gegebenen Zeitpunkt aussehen mögen, die idealisierte Prieuré bleibt, wie die idealisierte Kirche, überirdisch erhöht und immun [...] Das Programm des Rittertums, wie es von der ›Prieuré de Sion‹ verbreitet wird, ist tatsächlich archetypischer Art. Es beschränkt sich nicht auf die Ritter des christlichen Europas während des Mittelalters, sondern es ist in so unterschiedlichen Institutionen zu finden wie der Patrizierkaste des alten Sparta, dem Red Branch des vorchristlichen Nordirland, den Kriegsbruderschaften von Stämmen wie Sioux und Cheyenne im amerikanischen Westen, den Samurai in Japan – und den Sikariern oder Zeloten zur Zeit Jesu. All diese Institutionen wurden von einem Kodex geleitet, der nicht nur ethischer oder moralischer, sondern kosmologischer Art war, einem Kodex, der die menschliche Tätigkeit in Einklang mit der kosmischen Ordnung bringen sollte [...]«[726]

Hier könnte man freilich mit gewisser Berechtigung einwenden, welche Unterschiede denn in den kosmologischen Kodizes für die Wertigkeit von Gut und Böse eigentlich entscheidend sind? Denn den Anspruch etwa auf einen ritterlichen, gar kosmologischen Kodex oder die Anmaßung, selbsternannte Hüterin irgendeiner uralten erhabenen Tradition zu sein, könnte man ohne weiteres auch der SS Heinrich Himmlers und der ganzen nationalsozialistischen Bewegung zubilligen. Wo also liegt die Grenze, wo Verbrechen das sind, was sie nun einmal sind, und wo irgendein überirdisches Niveau jedes noch so billige Gangsterstück und jedes noch so abscheuliche Verbrechen jedweder Frage nach Schuld und Sühne enthebt?

Offenbar liegt die Grenze ebendort, wo jemand tatsächlich auch die realistische Macht hat, und sei sie tausendmal bloß auf dem allgemeinen Mangel an Information, auf Dummheit und auf die Korruption jener gestützt, denen die Genasführten politisch vertrauen, wo jemand tatsächlich die realistische Macht hat, für sich selbst und für alle anderen zu bestimmen, was als gut und was als böse zu werten ist.

Offenbar hat die »Prieuré de Sion« diese Macht. Und realistischerweise ist es ja tatsächlich so: »Ein Papst wie Alexander VI. mag aller möglichen Verbrechen schuldig sein, vom Pfründenschacher bis hin zum Inzest und Mord, ein Leo X. mag zynisch witzeln, daß ›er nützlich gewesen ist, dieser Mythos Christi‹, aber er bleibt trotzdem ungestraft Christi Stellvertreter auf Erden.«[727]

Und es ist nun einmal tatsächlich so, daß sich gewiß kein demokratisches System westlichen Stils und auch nicht östlichen Stils die Aktivitäten ungestraft hätte leisten können, die der Vatikan im letzten Vierteljahrhundert ungestraft vornehmen konnte, ohne daß die jeweiligen Regierungen gestürzt und möglicherweise samt und sonders ins Gefängnis gewandert wären. Die Aktivitäten des Vatikans sind allesamt publik geworden, dennoch hat dies zu keinen Konsequenzen geführt. Und gewiß ist auch, daß die Prieuré in diese und andere Aktivitäten verwickelt war und ist, aufgrund derer normalerweise jeder andere Verein sofort aufgelöst und für alle Zeiten verboten worden wäre.

Wir haben es hier also tatsächlich mit zumindest einer der wesentlichen gestaltenden Kräfte wenigstens der abendländischen Geschichte zu tun, deren Aktivitäten mit allen geschichtlich bedeutsamen Bewegungen in einem Zusammenhang stehen, sei es mit den Tempelrittern, mit denen die Prieuré zumindest zeitweilig identisch gewesen sein dürfte, sei es mit den Intrigen und Religionskriegen des 16. Jahrhunderts, mit den deutschen Rosenkreuzern und zumindest indirekt mit der Reformation, mit der als Fronde bekannten aufständischen Bewegung des 17. Jahrhunderts, sei es mit diesen oder jenen politischen Verschwörungen und esoterischen Geheimgesellschaften des vergangenen und dieses Jahrhunderts.[728]

Die Frage ist also noch offen, wer denn einst die neun armen Tempelritter in Christo anno 1118 mit einem offenbar mysteriösen Auftrag nach Jerusalem geschickt hatte, wer also hinter Bernhard von Clairvaux, den Zisterziensern, hinter dem Grafen von der Champagne sowie dessen Lehnsmann und zugleich Ordensgroßmeister Hugo von Payens gestanden haben mag. Anhand des von Lincoln, Baigent und Leigh durchforschten Materials gibt es kaum einen Zweifel darüber, daß dies die »Prieuré de Sion« war, die schon damals, also vor den Tempelrittern, existierte, und zwar unter dem Namen »Ordre de Sion«, und, was noch interessanter ist, vor allem hinsichtlich der dunklen Herkunft der Rosenkreuzer: »Ordre de la Rose-Croix Veritas«.[729]

Der Orden selbst behauptet von sich, er sei als »Ordre de Sion« im Jahre 1090 – oder nach anderen Aussagen im Jahr 1099 – gegründet worden. Lincoln und seine Mitarbeiter konnten anhand dokumentarischen Materials aus erster Quelle tatsächlich nachweisen, daß im Jahr 1099 bereits eine Abtei auf dem Zionsberg außerhalb Jerusalems existierte und der Obhut eines mysteriösen Ordens anvertraut war.[730]

Am 19. Juli 1116 erschien der Name »Ordre de Sion« bereits auf offiziellen Urkunden und Dokumenten.[731] Nach einer auf das Jahr 1152 datierten und mit dem Siegel von König Ludwig VII. von Frankreich versehenen Urkunde wurde dem Orden von Sion sein erster Hauptsitz in Orléans übertragen. Eine Bulle aus dem Jahr 1178 mit dem Siegel von Papst Alexander III. bestätigt Besitzungen des Ordens nicht nur im Heiligen Land, sondern auch in Frankreich, Spanien, Sizilien, Neapel, Kalabrien und in der Lombardei.[732] Aus all den Materialien schält sich eines heraus: Die Gründung des Tempelritter-Ordens erfolgte mit allergrößter Wahrscheinlichkeit auf Initiative eines mit der Prieuré identischen Geheimordens, der sich damit eine administrative und militärische Exekutive schuf.[733]

Zumindest die ersten Großmeister des Templerordens, wie etwa Hugo von Payens oder Bertrand de Blanchefort, haben zugleich auch dem »Ordre de Sion« vorgestanden.

1188 jedoch schien sich der »Ordre de Sion« zumindest formell von seinen Schützlingen getrennt zu haben, nachdem ein Jahr zuvor durch den schmählichen Verrat des Großmeisters der Templer, Gerhard de Ridefort, Jerusalem in die Hände der Muselmanen unter Saladin gefallen war (Ridefort hatte nach einer verlustreichen Schlacht gegen Saladins Truppen allen Garnisonen der verbliebenen Templerburgen befohlen, sich kampflos zu ergeben).[734] Ab diesem Zeitpunkt schienen die Templer und die Prieuré zumindest nach außen hin ihre eigenen Wege zu gehen und ihre eigenen Ziele zu verfolgen, und die Prieuré wählte sich ihre eigenen Großmeister, deren erster nach diesem Bruch Johann von Gisors gewesen ist, dessen Familie allerdings mit jener Hugo von Payens verwandt war. Beziehungen zwischen Templern und der Prieuré schienen dennoch insgeheim weiterbestanden zu haben, und einiges deutet darauf hin, daß es die »Prieuré de Sion« selbst war, die dann später die Auflösung ihres unbotmäßigen Schützlings genehmigt und befehligt hatte, vielleicht weil die Existenz der Templer mittlerweile ihre eigene

Existenz zu gefährden drohte oder ganz einfach deshalb, weil der Mohr sozusagen seine historische Schuldigkeit getan hatte: geradezu ein Paradebeispiel für die Vorgangsweise der Drahtzieher im Hintergrund, das man indirekt auch auf das Dritte Reich beziehen könnte, dessen Werdegang und Untergang dieselbe Struktur aufweist: Zuerst wird das Schwein fettgemästet und geschlachtet, wenn es seinen Zweck erfüllt hat.

Jedenfalls blieb die Prieuré de Sion von der Verfolgung und Auflösung des Templerordens zwischen 1307 und 1314 völlig verschont, mehr noch, etliche Dokumente legen den Schluß nahe, daß der damalige Großmeister der Prieuré, Wilhelm von Gisors, unmittelbar am Feldzug gegen die Templer beteiligt war, auch hier wiederum nach einem durchgängigen Schema, nach dem man stets auf beiden Seiten seine Interessen wahrt: So waren es anscheinend Wilhelm von Gisors und die Prieuré, die zugleich ihre schützende Hand über einen Teil der Templer gehalten hatten und ebenso auch als das Leck fungierten, das die Pläne Philipps durchsickern ließ, um die Templer zu warnen. Übte der »Ordre de Sion« trotz der formalen Trennung nach 1119 nämlich nach wie vor eine geheime Kontrolle über den Tempel aus, so wäre der Schluß naheliegend, daß Wilhelm von Gisors auch für die systematische Vernichtung der Ordensdokumente sowie für das unerklärliche Verschwinden des berühmten Templerschatzes verantwortlich war. Die in der unterirdischen Kapelle von Gisors versteckten und später auf mysteriöse Weise verschwundenen Sarkophage und Metallbehälter, die offenbar auch die Nationalsozialisten interessiert haben, erscheinen damit in einem neuen Licht.

Ein für die Geschichte und den philosophischen Hintergrund möglicherweise bedeutsames Detail wurde von Lincoln und seinen Mitautoren in Bezug auf das Verhältnis von Templern und Prieuré ausgegraben. Nach der formalen Trennung vom Templerorden hat sich der »Ordre de Sion« jenen Namen zugelegt, den er heute noch trägt, und als eine Art Untertitel die sonderbare Bezeichnung »Ormus«, deren man sich 1306 bediente. Das Zeichen für »Ormus« enthielt eine Art Anagramm, das sich aus mehreren Schlüsselwörtern und Symbolen zusammensetzt: »Ours«, französisch für Bär, ist im Lateinischen »ursus« – ein Wort, das im Zusammenhang mit den Merowingern immer wieder auftaucht, mit denen die Prieuré offensichtlich nicht nur historisch, sondern auch genealogisch verbunden ist. »Orme« ist das französische Wort für Ulme; »or« heißt Gold; und das »M«, das in diesem Zeichen die anderen Buchstaben wie ein Rahmen umschließt, ist das astrologische Zeichen für Jungfrau.

Dieses Zeichen führt zu einem mit den Assassinen und den Templern bereits behandelten Zusammenhang. Lincoln & Co schreiben dazu: »[...] spielt der Begriff ›ormus‹ in zwei anderen voneinander vollkommen verschiedenen Bereichen eine Rolle: in der zarathustrischen Gedankenwelt und in den gnostischen Texten, wo er als Symbol für das Prinzip des Lichts verwandt wird. Und er taucht wieder in den Ahnentafeln auf, die die Freimaurer zu Ende des achtzehnten Jahrhunderts für sich reklamierten. Nach freimaurerischer Vorstellung war ›Ormus‹ der Name eines ägyptischen Weisen und Mystikers, eines Schülers der Gnosis, der in den ersten Jahren unserer Zeitrechnung in Alexandrien gelebt haben soll. Im Jahr 46 wurde er zusammen mit sechs seiner Schüler von einem der Jünger Jesu – die meisten Berichte nennen den Evangelisten Markus – angeblich zum Christentum bekehrt. Dieser Bekehrung sei eine Sekte entsprungen, die die Glaubenssätze des frühen Christentums mit denen anderer, noch älterer Lehren der Mystik vermengt habe. Zwar konnten wir für diese Geschichte keine Bestätigung finden, aber sie klingt plausibel. Im ersten Jahrhundert unserer Zeitrechnung war Alexandria eine wahre Brutstätte für mystische Lehren, ein Schmelztiegel, in dem sich jüdische, mithräische, zarathustrische, pythagoräische, hermetische und neuplatonische Vorstellungen mit unzähligen anderen vermischten, deren jede ihre eigenen Lehrer und Verkünder hervorbrachte. Es wäre also nicht weiter erstaunlich, hätte sich einer dieser Adepten nach dem Prinzip des Lichts benannt. Nach freimaurerischer Überlieferung soll Ormus im Jahr 46 seinem neugegründeten ›Orden der Eingeweihten‹ ein Identifikationssymbol gegeben haben: ein rotes und rosenfarbenes Kreuz. Gewiß, das rote Kreuz fand sich später im Wappen der Tempelritter wieder, aber die Aussage der Dossiers secrets und anderer Prieuré-Dokumente ist unzweideutig: Der Leser soll in ›Ormus‹ den Ursprung der Rosenkreuzer erblicken.«[735]

Es ist also offensichtlich, daß es sich bei der Prieuré de Sion um eine die Jahrhunderte überdauernde, geheime Institution handelt, die entscheidende geschichtliche Ereignisse wesentlich beeinflußt hat und dies auch heute noch tut. »Die ›Prieuré de Sion‹ existiert noch immer, und der Bereich der Politik ist eines ihrer wichtigsten Betätigungsfelder. An der Ausgestaltung internationaler Beziehungen ist sie auf höchster Ebene ebenso beteiligt, wie sie sich auch in die inneren Angelegenheiten verschiedener europäischer Staaten einschaltet.«[736]

Die historische Existenz der Prieuré ist unbezweifelbar belegt. Nach Lincoln & Co wird die Prieuré namentlich in Urkunden erwähnt, die vom

12. bis in das frühe 17. Jahrhundert reichen. Aus Dokumenten von 1619 geht hervor, daß sie zu dieser Zeit aus irgendeinem Grund den Unmut von König Ludwig XIV. von Frankreich erregt haben muß, der sie zumindest von ihrem Hauptsitz bei Orléans vertrieb und das Anwesen den Jesuiten übergab.[737] Danach scheint die Prieuré de Sion, jedenfalls unter diesem Namen, aus historischen Verzeichnissen verschwunden zu sein, und sie taucht erst 1956 wieder in einer Eintragung im französischen *Journal officiel* auf: »25. Juni 1956. Anmeldung bei der Unterpräfektur von Saint-Julien-en-Genevois. Prieuré de Sion. Ziel: Studium und gegenseitiger Beistand der Mitglieder untereinander. Sitz: Sous-Cassan, Annemasse (Haute-Savoie).«[738]

Bleiben wir aber noch kurz bei der Geschichte: Es ist immerhin ein denkwürdiger Zusammenfall von Zeitpunkt und Ereignissen, daß ausgerechnet in diesem frühen siebzehnten Jahrhundert vorwiegend in Deutschland zunächst die Rosenkreuzer auftauchten. Aber eben nicht nur in Deutschland. Vier Jahre nach der Vertreibung der Sion-Brüder aus Orléans, im August 1623, tauchten in den Straßen von Paris eine Anzahl seltsamer Bekanntmachungen auf, mit Texten wie diesem:

»Wir, die Abgeordneten des ersten Kollegiums des Rosenkreuzes, weilen durch die Gnade des Allerhöchsten, dem das Herz des Gerechten sich zuwendet, sichtbar und unsichtbar in dieser Stadt. Wir zeigen und lehren ohne Bücher und Masken, wie man die Sprache jedes Landes sprechen kann, wo wir zu sein wünschen, um unsere Mitmenschen aus dem Irrtum des Todes herauszubringen.«[739]

Und tatsächlich scheint eine der Persönlichkeiten, die in der Geschichte der Rosenkreuzer-Bewegung eine wesentliche Rolle gespielt hatte, in der Liste der »Nautonier«, der Steuermänner, wie die Großmeister der Prieuré genannt werden, auf: Johann Valentin Andreä, in dieser Eigenschaft tätig zwischen 1637 und 1654.

Dazu Lincoln: »Aber der heutige Orden hatte sich wiederholt auf einige Aktivitäten zwischen 1619 und dem 20. Jahrhundert bezogen, auf gewisse historische Ereignisse, bei denen er eine Rolle spielte, auf gewisse historische Entwicklungen, bei denen er eigene Interessen angemeldet hatte. Als wir diese Ereignisse und Entwicklungen untersuchten, fanden wir unwiderlegbare Beweise, daß eine einheitliche Organisation, manchmal als eine andere Vereinigung getarnt, hinter den Kulissen gearbeitet hatte. Die Organisation wurde nicht namentlich genannt, aber alles deutet darauf hin, daß es sich um die ›Prieuré de Sion‹ handelt.«[740]

Bemerkenswert, weil sich daraus zumindest ein Teil der Motive für das Wirken der Prieuré ableiten läßt, ist die Tatsache, daß die meisten dieser »Ereignisse« mit Familien zu tun hatten, die ihre Abstammung von den Merowingern herleiteten. Seit Beginn ihrer faßbaren und nachweisbaren Geschichte war die Prieuré mit einem Netz aristokratischer Familien verbunden, deren Genealogie zu jener Merowinger-Dynastie zurückführt, die Frankreich zwischen dem 5. und 8. Jahrhundert regiert hat. »Zwar ging das Geschlecht im achten Jahrhundert der Macht verlustig, aber es starb nicht aus. Im Gegenteil, es setzte sich in direkter Linie von Dagobert III. über seinen Sohn Sigibert IV. bis in unsere Tage fort. Aufgrund dynastischer Verschwägerungen sowie zahlreicher Heiraten zählten zu seinen Abkömmlingen nicht nur Gottfried von Bouillon, der 1099 Jerusalem eroberte, sondern auch verschiedene andere adlige und königliche Familien in Vergangenheit und Gegenwart: die Blancheforts, Gisors, die Saint-Clairs, die Montequious, die Monpézats, die Pohers, Lusigans, Plantards und die Habsburg-Lothringer.«[741]

Die Liste der Großmeister oder Nautonier der Prieuré ist überaus aufschlußreich. Auch deren Herkunft verliert sich in demselben Dickicht von Stammbäumen, deren Ursprung vermutlich in der merowingischen Dynastie zu suchen ist. Es handelt sich dabei stets um überragende Persönlichkeiten aus den Bereichen der Esoterik, Kunst und Wissenschaft, zum anderen um Mitglieder eines bestimmten, weitverzweigten Adelsgeschlechts, von denen manche sogar königlichen Geblüts waren. Vor allem weist die Liste auf das weite Spektrum von Tätigkeit und Einfluß der Prieuré hin: Johann von Gisors, Marie von Saint-Clair, Wilhelm von Gisors, Eduard von Bar, Johanna von Bar, Johann von Saint-Clair, Blanche von Evreux, Nicolas Flamel, René von Anjou, Jolande von Anjou, Alessandro di Mariano Lilipepi (Sandro Botticelli), Leonardo da Vinci, Karl III., Herzog von Bourbon, Ferdinand von Gonzaga, Ludwig von Nevers, Robert Fludd, Johann Valentin Andreä, Robert Boyle, Isaac Newton, Charles Radclyffe, Karl Alexander Emanuel von Lothringen, Maximilian Franz von Habsburg-Lothringen, Charles Nodier, Victor Hugo, Claude Debussy, Jean Cocteau. Nach Jean Delaude (*Le cercle d'Ulysse*) folgte Jean Cocteau 1963 als Großmeister niemand anderer als der schon einmal erwähnte Abbé Ducaud-Bourget, die rechte Hand des abtrünnigen Erzbischofs Lefèbvre, der ebenfalls ein Mitglied der Prieuré de Sion gewesen sein soll und möglicherweise seine erzkonservative Rolle nur auftragsgemäß gespielt hat, um den Vatikan ins liberale Eck zu zwingen.[742]

1981 wurde bekanntlich Pierre Plantard de Saint-Clair, Nachfahre der in der Geschichte der Prieuré bedeutenden Familien Saint-Clair und Plantard, deren Großmeister.

Es ist lohnenswert, sich im Zusammenhang mit der Prieuré kurz mit Abbé François Ducaud-Bourget und Lefèbvre zu beschäftigen. Das wirft möglicherweise ein weiteres aufklärendes Licht auf die Strategien, mit denen die Brüder von Sion ihre Ziele verfolgen. In dem sechsseitigen Artikel Jean Delaudes *Le cercle d'Ulysse*, erschienen 1977, der von Lincoln & Co zu den wesentlichen und bedeutsamen Prieuré-Dokumenten gezählt wird, findet sich neben der Erwähnung des Abbé Ducaud-Bourget als Großmeister der Prieuré auch folgende bemerkenswerte Passage:

»Welches die nächsten Ziele der ›Prieuré de Sion‹ sind? Ich weiß es nicht, aber sie verkörpert eine Macht, die durchaus in der Lage wäre, in Zukunft einmal dem Vatikan die Stirn zu bieten. Monsignore Lefèbvre ist ein sehr reger und gefürchteter Kämpfer, dem man die Worte zutraut: ›Mach mich zum Papst, und ich kröne dich zum König.‹«[743]

Es erscheint zunächst wahrhaftig etwas grotesk, einen militanten und radikalen, erzkonservativen katholischen Würdenträger wie Lefèbvre mit einer der römischen Kirche nicht gerade herzlich verbundenen, eher hermetischen, wenn nicht gar häretischen Bewegung in Einklang zu bringen. Das gilt auch für Ducaud-Bourget, obzwar dieser während seiner theologischen Studien im Priesterseminar von Saint-Sulpice mit zahlreichen Modernisten, wenn nicht gar Esoterikern und Okkultisten bekannt gewesen sein dürfte, später aber mit großer Vehemenz Paul VI. angriff und wie Lefèbvre den Teufel im Vatikan sitzen sah. Lefèbvre selbst sympathisierte vor dem Zweiten Weltkrieg mit der »Action Française«, der bekanntlich auch André Malraux nicht gerade fernstand, ebensowenig wie spätere Mitarbeiter Pierre de Plantards bei der angeblichen Widerstandskämpfer-Zeitschrift *Vaincre*. Das alles besagt also rein gar nichts und scheint offenbar mit der Mitgliedschaft in der Prieuré durchaus in Einklang zu bringen zu sein. Die Frage, die sich auch Lincoln und seine Mitautoren stellen, ist daher berechtigt: Wäre es nicht möglich, daß die beiden Erzkonservativen gar nicht waren, was sie zu sein vorgaben (ebenso wie die Zeitschrift *Vaincre* möglicherweise nicht war, was sie zu sein vorgab)? Waren sie in Wirklichkeit Agents provocateurs, deren Aufgabe darin bestand, unter dem Vorwand des Traditionalismus einfach systematisch Verwirrung zu stiften? Man könnte die Frage auch anders formulieren: Wie, wenn man es mit dieser Traditionalistenbewegung gewissen Kreisen im Vatikan erleichtern wollte, eine bestimmte Richtung einzuschlagen, und andere dazu zwingen wollte, klein beizugeben? Wie, wenn durch die Angriffe gegen Paul VI. dieser gar nicht in seiner Stellung unterminiert, sondern sozusagen nach Judo-Art dessen Stellung damit erst recht gefestigt werden sollte, indem man selbst seine Gegner innerhalb der Kirche zwang, sich auf seine Seite zu stellen?

Jedenfalls schien Erzbischof Lefèbvre gegen den Vatikan insgesamt etwas in der Hand gehabt zu haben, das zweifellos mehr war (und ist) als die Papst Johannes Paul I. angeblich von Lefèbvre zugespielten Dokumente, die, wie der Jesuitenpater Malachi in seinem Buch *The Decline and Fall of the Roman Church* berichtet, die freimaurerischen Betätigungen hoher Vatikanbeamter beweisen sollten. Diese »Beweise« kamen, wie später zu sehen sein wird, auch von anderer Seite, brachten vielleicht indirekt den »lächelnden Papst« um, taten aber der vatikanischen Freimaurer-Mafia selbst nicht sonderlich weh.

Womit die Prieuré den Vatikan unter Druck zu setzen vermag, muß etwas anderes sein. Im *Guardian* vom 30. August 1976 findet sich ein diesbezüglicher Hinweis:

»Die englischen Parteigänger des Erzbischofs [...] glauben, daß ihrem Oberhaupt in seiner Auseinandersetzung mit dem Vatikan noch eine scharfe Waffe zur Verfügung steht. Es sind zwar noch keine näheren Angaben zu dieser Waffe an die Öffentlichkeit gedrungen, aber Pater Morgan, der Wortführer dieser Gruppe [...] bezeichnet sie als welterschütternd.«[744]

Was könnte denn so welterschütternd sein? Zweifellos nur etwas, das den Vatikan, die Institution der Kirche insgesamt und damit alles, woran Millionen und Abermillionen glauben, zum Einsturz bringt. Da der Vatikan aber, wie sich immer wieder zeigt, kaum durch irgend etwas zu erschüttern ist, muß es sich bei dieser »Waffe« schon um ein außergewöhnliches Kaliber handeln.

Nun, 1979 teilte Monsieur Plantard de Saint-Clair den Autoren Lincoln, Baigent und Leigh kategorisch mit, die Prieuré sei im Besitz des Tempelschatzes von Jerusalem, den die Römer während des Aufstandes im Jahre 66 geraubt hatten und der später in den Süden Frankreichs, in die Gegend von Rennes-le-Château, verschleppt wurde. Der Schatz, so erklärte Monsieur Plantard, werde Israel zurückgegeben, »wenn der richtige Zeitpunkt gekommen ist«.[745] Jegliche historische, archäologische oder gar politische Bedeutung des Schatzes tat Monsieur Plantard als nebensächlich ab. »Der wahre Schatz«, so erklärte er mit Nachdruck, sei »spirituell« und berge ein Geheimnis in sich, das auf nicht näher bezeichnete Weise weitreichende gesellschaftliche Veränderungen in die Wege leiten werde.[746] Schon Jahre früher, 1960, sprach Plantard einem französischen Autor gegenüber in diesem Zusammenhang von einem in Gisors versteckten »internationalen Geheimnis«.[747]

Ein »internationales Geheimnis« ist wohl zweifellos die Prieuré selbst und ihr heimlicher Einfluß auf das politische, wirtschaftliche und kulturelle Geschehen, nicht zuletzt auch über diverse Freimaurer-Logen, Sekten, Geheimdienste und weitgespannte Netzwerke wie Intermarium. Aufgrund der engen historischen Verbindungen zu den Templern ist die Annahme berechtigt, daß der Schatz, der Jerusalem zu gegebener Zeit zurückgegeben werden soll – abgesehen von all den damit verbundenen politischen Implikationen –, identisch ist mit dem mysteriösen Geheimnis der Katharer wie der Tempelritter, womöglich auch identisch mit der »reinen Lehre«, die nach Großmeister Albert Pike irgendwann der Weltöffentlichkeit offenbart werden soll.

Die Gegenkirche

Abgesehen von dem »welterschütternden Geheimnis«, das dieser »spirituelle Tempelschatz von Jerusalem« in sich birgt, ist es darüber hinaus schon erstaunlich genug, wenn besagter Monsieur Plantard im zu Ende gehenden zweiten Jahrtausend, nämlich im Jahr 1978 erklärt, schon bald werde eine dramatische Umwälzung in Frankreich stattfinden, keine Revolution, sondern eine radikale Umwandlung sämtlicher öffentlicher Einrichtungen, die der Wiedererrichtung einer Monarchie vorausgehen.

War Plantard, jener Mann, der im Hintergrund gemeinsam mit André Malraux wesentlich daran beteiligt war, General de Gaulle an die Macht zu bringen und als mit diesem eng befreundet galt,[748] eine »graue Eminenz«, bei der sich in der Nachkriegszeit »die große Welt« Rat holte, schlicht verrückt? Ein Witzbold?

Lincoln, Baigent und Leigh sind da anderer Meinung, und nicht nur sie. Für diese Autoren ist es nach mehrjährigen Recherchen eine feststehende Tatsache, daß das erklärte Ziel der Prieuré de Sion die Wiedereinsetzung der merowingischen Dynastie und Erbfolge nicht nur in Frankreich ist, sondern auch in den anderen Staaten Europas, also sozusagen in den Vereinigten Staaten von Europa.[749] Zu diesem Schluß kam auch der 1977 oder 1978 in Israel als angeblicher Spion erschossene Schweizer Journalist Mathieu Paoli in seinem Buch *Les dessous d'une ambition politique*, der darüber hinaus Verbindungen zwischen der Prieuré de Sion und der Schweizer Großloge Alpina als deren Propagandainstrument und Bindeglied zum Schweizer Bankensystem nachweist. Vor allem aber gipfelt sein Buch in der Schlußfolgerung, daß die französische Regierung und Administration praktisch völlig von der Prieuré unterwandert ist, daß die maßgeblichen Persönlichkeiten des politischen und öffentlichen Lebens in Frankreich entweder Mitglieder der Prieuré oder dieser treu ergeben sind.[750] Das freilich ist nicht so sensationell, wie es den Anschein hat, schließlich wurde Italien nahezu jahrzehntelang von einer Freimaurerloge politisch beherrscht und (im Verein mit der Vatikanbank) ökonomisch ausgeplündert und wird es vermutlich noch immer.

Paoli hält, wie auch Lincoln, Baigent und Leigh, den merowingischen Anspruch zumindest auf den französischen Thron für berechtigt. Also handelt es sich bei Monsieur Plantard und den Mitgliedern der Prieuré offenkundig nicht um esoterisch-politische Spinner, sondern um Leute, die bereits Macht haben und diese Macht offenbar zu nutzen bereit und imstande sind – wenn auch für einen normalen Menschen des bald beginnenden einundzwanzigsten Jahrhunderts eher kuriosen Vorwand –, noch mehr Macht zu erhalten. Der Vorwand ist allerdings ebensowenig kurios wie die Erklärung Jerusalems zur Hauptstadt der Welt. So stellt sich konsequenterweise die Frage, aus welchem Grund die Ansprüche der merowingischen Abkömmlinge auf eine Herrschaft über die Vereinigten Staaten von Europa gewichtiger wären oder vor allem ernster zu nehmen als etwa die Ansprüche der Romanows auf den Zarenthron? Waren/sind die Merowinger denn etwas Besonderes? Diesbezüglich liefern Autoren wie Paoli oder eben auch Lincoln, Baigent und Leigh eine klare und durchaus noch ohne besondere welterschütternde Momente nachvollziehbare Antwort: nämlich ja.

»Im Namen der Familien, die die Prieuré repräsentiert, kann sie eine dynamische Erbfolge bis hin zum alttestamentarischen Haus David nachweisen. Sie ist in der Lage, definitiv und allen Forderungen auch der sorgfältigsten genealogischen Forschung nachkommend zu behaupten, daß die Merowinger-Dynastie der davidischen Linie angehört – und daß dies formell von den ihnen nachfolgenden Karolingern sowie von anderen Monarchen und von der römischen Kirche der damaligen Zeit anerkannt wurde.«[751]

Dies hebt die merowingischen Nachkommen zweifellos in einem gewissen Sinne aus dem Kreis anderer Herrscherdynastien hervor. Aber wäre dies denn tatsächlich genug, um eines Tages der Welt plausibel zu machen, daß man nun, nach mehr als tausend Jahren wechselvoller Geschichte, mir nichts, dir nichts die Herrschaft zu übernehmen gedenke, und zwar ganz nach der Art, wie es die sogenannten *Protokolle der Weisen von Zion* prophezeiten? Vermutlich nicht. Es sei denn, man zieht dieses welterschütternde spirituelle Geheimnis in Betracht, von dem Monsieur Plantard sprach, was immer es tatsächlich wäre. Hier kann man zunächst nur spekulieren.[752] Das tun auch Lincoln und Co. Aber ihre Spekulation hat Hand und Fuß, und sie macht letzten Endes auch erklärlich, warum eine, wie die römische Kirche Jahrtausende überdauernde und im wesentlichen gegen diese gerichtete Verschwörung existieren kann, die mehr oder weniger hinter allen ketzerischen und häretischen Bewegungen von den Arianern, Katharern, Tempelrittern, Rosenkreuzern, Freimaurern, Illuminaten, esoterischen und okkulten Geheimbünden verschiedenster Ausrichtung stand und steht, die des weiteren zum Sturz vor allem der französischen Monarchie, aber auch anderer im Wege stehender Monarchien beigetragen hat, die unter den Deckmäntelchen der Schlagworte wie Freiheit, Gleichheit, Brüderlichkeit, Demokratie und Menschenrechte und durch psychologische und religiöse Verwirrung Schritt für Schritt den Boden vorbereitet hat für den großen Augenblick, da sie sich der Welt offenbaren und der Menschheit ihre autoritären Segnungen verkünden wird.

Lincoln und seine Mitarbeiter meinen, daß das mögliche welterschütternde Geheimnis der Katharer, Tempelritter und der Prieuré de Sion, der »spirituelle Schatz aus dem Tempel zu Jerusalem«, nichts weiter, nichts weniger und nichts mehr sei als der eindeutige Beweis dafür, daß Jesus tatsächlich aus dem Hause David stammte, also nicht irgendein armer Zimmermannssohn aus dem – historisch belegbar – damals nicht existierenden Nazareth, sondern in der Tat königlichen Geschlechts war. Sie meinen, daß es sich dabei um den Beweis dafür handeln könnte, daß Jesus tatsächlich der Messias war – nicht der Messias der späteren christlichen Überlieferung, sondern der von den Menschen Palästinas vor zwei Jahrtausenden erwartete Messias, schlicht und einfach der rechtmäßige und keineswegs überirdische König der Nation, ein Mann, der heiratete, Kinder zeugte, vielleicht gar nicht am Kreuz starb, sondern ein Schauspiel inszenierte, um rituell den Worten der Propheten Genüge zu tun: Dann wären die heute lebenden Abkömmlinge der Merowinger nicht bloß Abkömmlinge eben aus dem Hause David, sondern direkte Nachfahren von Jesus und Maria Magdalena.[753]

Dies würde wohl die Welt erschüttern. Die jüdische, die christliche und zweifellos auch die islamische. Und vor allem: Bei genauerem Hinsehen erweist sich die These als keineswegs so unwahrscheinlich, wie sie zunächst klingt. Spätestens seit der Auffindung der gnostischen Evangelien im Jahr 1945 durch einen ägyptischen Bauern namens Muhammed Ali al-Samman in einer der zahlreichen Höhlen des Berges Jabal al-Traif in der Nähe der oberägyptischen Stadt Nag Hammadi gibt es keinen Zweifel daran, daß die Ursprünge des Christentums ganz anders ausgesehen haben, als sie in den vier allgemein bekannten, sozusagen kirchenamtlich zensurierten Evangelien dargestellt werden und wie sie vor allem die Dogmen der römischen Orthodoxie zurechtgebogen haben, die sich, wie Johannes Lehmann in *Die Jesus GmbH* es ausdrückt, »schließlich den Glauben geschaffen hat, der für sie gut war«.[754]

In diesen bei Nag Hammadi gefundenen sogenannten gnostischen Evangelien und zum Teil 2000 Jahre alten geheimen Texten findet eigentlich all das eine Bestätigung, was sich in den verschiedensten Ausprägungen durch die meisten der Häresien und Ketzereien praktisch seit den ersten Tagen der Christenheit wie ein roter Faden bis in die Gegenwart zieht und seit jeher die Glaubwürdigkeit und Existenzberechtigung der römischen Kirche bedrohte, all dies, was sich in den Lehren der Albigenser und Katharer abzeichnet, ebenso wie in der besonderen Verehrung der möglicherweise mit Maria keineswegs identischen »Notre Dame« der Templer und deren mit den Katharern gemeinsamen Ablehnung des Kreuzigungsgeschehens: daß Jesus der Messias im ursprünglichen jüdischen Sinn des Wortes war, keineswegs jungfräulich und unter göttlicher Beteiligung geboren, ein Mensch wie jeder andere, wenngleich von außergewöhnlicher Begabung, ein überaus inniges Verhältnis zu Maria Magdalena hatte und eben nicht am Kreuz gestorben war.

Und vor allem: daß die eigentliche, die erste wirkliche Häresie und Abkehr von der reinen Lehre die des Apostels Paulus war, der »sich des Christentums bemächtigte wie ein Eroberer. Er fragte nicht, was wirklich war, sondern wozu es ihm nützte.«[755]

Es besteht hier keineswegs die Absicht, die erst dreihundert Jahre nach seinen Lebzeiten durch eine Abstimmung im Konzil von Nizäa festgelegte Göttlichkeit Jesu so oder so zu beurteilen oder über den gebotenen Rahmen hinaus Kirchengeschichte zu betreiben. Hier ist von Interesse, daß offenbar seit den ersten Tagen der Christenheit, beziehungsweise seit jenen Tagen, da sich die »paulinische Häresie« als christliche Orthodoxie zu etablieren vermochte, durchgängig eine geheime Gegenkirche existierte, möglicherweise in ihrem beständigen Kampf gegen die römische Kirche geleitet und geführt von den unmittelbaren Nachkommen von Jesus und Maria Magdalena: fürwahr eine welterschütternde Vorstellung, die einem gleichermaßen fürchterlichen wie komischen Witz kosmischen Ausmaßes gleichkommt, vor allem, wenn dies tatsächlich wahr wäre.

Auf diese »okkulte Kirche« sogar innerhalb der orthodoxen Kirche, deren Lehren immer wieder einmal in dieser oder jener »häretischen« und »ketzerischen« und antirömischen Form wenigstens bruchstückhaft an die Oberfläche der Geschichte trieben, weist ein bemerkenswerter Brief des als Eliphas Lévi bekannten französischen Okkultisten Abbé Alphonse-Louis Constant hin, der von dem unter dem Pseudonym »Papus« bekannten Dr. Gérard Encausse in einem Werk über die Kabbala zitiert wird: »Die offizielle Kirche erklärt sich für unfehlbar; aber die Apokalypse ist der kabbalistische Schlüssel der Evangelien, und stets gab es im Christentum eine okkulte oder dschvanuistische Kirche, die zwar die Notwendigkeit der offiziellen Kirche anerkannte, aber doch eine ganz andere Interpretation sich bewahrte als die, die man gewöhnlich gibt. Die Templer, die Rosenkreuzer, die Freimaurer der hohen Grade gehörten schon vor der Französischen Revolution dieser Kirche an, deren Apostel Pasqualis Martinez, Saint-Martin und Madame Krüdener gewesen sind [...] es gibt auch jetzt noch eifrige Priester, die in die alte Lehre eingeweiht sind [...] Jesus hat gesagt, daß der Sauerteig im Grunde des Gefäßes, das den Teig enthält, verborgen werden muß, damit der Sauerteig in aller Stille arbeite, bis die Gärung die ganze Masse ergriffen hat, die das Brot werden soll. Ein Eingeweihter kann in aller Aufrichtigkeit die Religion ausüben, in welcher er geboren ist, denn alle Riten versinnbildlichen doch nur das gleiche Dogma, aber nur Gott allein braucht er sein Gewissen zu öffnen, und niemand schuldet er Rechenschaft über seinen innersten Glauben. Kein Priester würde das zu beurteilen wissen, was nicht einmal der Papst versteht.«[756]

Einige der Texte aus diesen gnostischen Evangelien und geheimen Schriften verdienen es, in diesem Zusammenhang zitiert zu werden. Nicht nur, weil sie auf die Existenz esoterischer Grundinhalte, die uns in unserer Geschichte bisher begegnet sind, praktisch schon zur Zeit Jesu hinweisen und einiges an dem Geheimnis der Templer verständlich machen, sondern vor allem, weil aus diesen Schriften eines deutlich wird: Objektiv gesehen läßt sich nach dem Fund dieser Schriften tatsächlich nicht mehr sagen, wessen Kirche nun eigentlich die »wahre Kirche« ist, wer nun eigentlich den »wahren Glauben« und die »reine Lehre« bewahrt oder verfälscht hat. Daß ein diesbezüglicher Beweis, möglicherweise in Form noch weitaus sensationellerer, umfangreicherer, authentischerer Schriften aus der Zeit vor, während und nach Jesu Lebzeiten die Okkultisten von Thule brennend interessieren mußte, ist klar: Wer immer diesen Beweis, dieses »spirituelle Geheimnis« in den Händen hält, verfügt tatsächlich über wirklich welterschütternde Macht. Zunächst zeigen die Schriften von Nag Hammadi vor allem, daß die Dinge zu Beginn des Christentums ganz anders abliefen, als man dies der Menschheit seit nahezu zweitausend Jahren predigt. Nach der Apostelgeschichte und der durchgängig verbreiteten christlichen Legende war die frühe Kirche angeblich eine harmonische, katholische Einheit der reinsten Form christlichen Glaubens. Die Urchristen teilten Besitz und Geld, glaubten denselben Lehren ohne Zweifel, verehrten vor allem die Autorität der Apostel und ihrer Nachfolger. Erst nach diesem goldenen Zeitalter des reinen Glaubens seien dann die Konflikte und die ersten Häresien aufgetreten.

Die Entdeckungen von Nag Hammadi räumen nun mit dieser Legende gründlich auf. Das zeitgenössische Christentum, so aufgesplittert und komplex es sich auch dem heutigen Beobachter präsentieren mag, erscheint geradezu als harmonische Einheit, zumindest in den grundsätzlichen Glaubensinhalten, im Vergleich zu den christlichen Kirchen und Lehren des ersten und zweiten Jahrhunderts.

Da die in Nag Hammadi gefundenen Evangelien für die christliche Orthodoxie naturgemäß »häretisch« sind, wurde zunächst angenommen, sie müßten später als die Evangelien des Neuen Testaments geschrieben sein, die zwischen 60 und 110 datiert werden. Mittlerweile geht man jedoch davon aus, daß einige der Texte, vor allem die Sammlung von Worten Jesu im Thomas-Evangelium, Überlieferungen enthalten, die früher als die bekannten Evangelien entstanden. Hier kehrt sich der Vorwurf der Häresie plötzlich um: Für die frühen Gnostiker waren die

Orthodoxen stets die eigentlichen Häretiker, die Verräter an der reinen Lehre. Elaine Pagels schreibt dazu in ihrem Buch *Versuchung durch Erkenntnis*: »Diejenigen aber, die diese Texte geschrieben und in Umlauf gebracht haben, betrachteten sich selbst keineswegs als ›Häretiker‹. In den meisten Schriften wird unmißverständlich eine christliche Terminologie verwendet, die mit dem jüdischen Erbe in Verbindung steht. Den Anspruch, Überlieferungen über Jesus anzubieten, die verborgen von den ›Vielen‹ sind, die das konstituierten, was im zweiten Jahrhundert erstmals ›katholische Kirche‹ genannt wurde, haben viele erhoben.«[757] Der Hinweis, daß die »Vielen« nicht alles wissen, daß schon Jesus nicht allen die eigentliche Lehre offenbart hat, findet sich in den gnostischen Evangelien häufig. So beginnt das Thomas-Evangelium etwa mit den Worten: »Dies sind die geheimen Worte, die der lebendige Jesus sprach und die der Zwillingsbruder Judas Thomas aufgeschrieben hat.«[758]

Nichtsdestoweniger gingen die gnostischen Christen mit den Orthodoxen zuweilen scharf ins Gericht. In *Der zweite Logos des großen Seth* schreibt der Autor im Namen derer, die er die »Söhne des Lichts« nennt: »[...] wir wurden gehaßt und verfolgt, nicht nur von denen, die unwissend sind (den Heiden), sondern auch von denen, die denken, daß sie den Namen Christi besitzen, obgleich sie, stummen Tieren gleich, nicht wissen, wer sie selbst sind.«[759]

Die *Apokalypse des Petrus* schildert die katholischen Christen als solche, »die sich ausliefern an einen verführerischen Namen und einen argen Betrüger und ein vielgestaltiges Dogma«[760], und die zulassen, daß sie vom Klerus häretisch beherrscht werden, von »blinden Führern«, wie es im *Testimonium der Wahrheit* heißt, deren Vollmacht vom übelwollenden Schöpfer (dem Demiurgen) herrührt.[761]

Dieses *Testimonium der Wahrheit* attackiert die kirchentreuen Christen als solche, die sagen, »wir sind Christen«, aber »nicht wissen, wer Christus ist«.[762]

Für den Autor der *Apokalypse des Petrus* sind alle Eigenschaften der katholischen Kirche nur der Beweis, daß sie bloß ein Kirchenimitat ist, eine Fälschung, eine »Schwesternschaft«, die die wahre christliche Bruderschaft nachäfft: »Manche, die die wahren Mysterien nicht kennen und über Dinge reden, die sie nicht verstehen, werden prahlerisch behaupten, sie besäßen das Mysterium der Wahrheit.«[763]

In der Apokalypse des Petrus findet sich ein mehr oder weniger deutlicher Hinweis darauf, daß sich die gnostischen Christen als eine geschlossene, ein Geheimnis hütende Bruderschaft betrachteten, die mit den anderen Christen nichts mehr oder zumindest nicht viel gemein haben. So heißt es darin, daß »diejenigen, die vom Licht [...] erleuchtet worden sind«,[764] selbst zwischen dem Wahren und dem Falschen unterscheiden können. Da sie zu »dem Rest [...] der zur Erkenntnis (gnosis) berufen ist«,[765] gehören, versuchen sie, weder die anderen zu beherrschen noch sich selbst den Bischöfen und Diakonen, diesen »Gräben ohne Wasser«, zu unterwerfen. Statt dessen nehmen sie an der »Weisheit der wahrhaft existierenden Bruderschaft teil [...] an der geistlichen Verbindung mit den in der Gemeinschaft Vereinten«.[766]

Was die gnostischen Christen von den orthodoxen Christen trennt, ist vieles. So wird zum Beispiel in der bereits erwähnten zweiten Abhandlung über den großen Seth Jesus mit den folgenden Worten zitiert:

»Ich unterlag ihnen nicht, wie sie es erhofft hatten [...] Und ich starb nicht wirklich, ich tat nur so, denn ich wollte mich von ihnen nicht beschämen lassen [...] Der Tod, den sie mir zugedacht hatten, traf einen der ihren [...] Es war ein anderer, ihr Vater, der die Galle trank und den Essig; nicht ich war es. Sie schlugen mich mit Ruten; es war ein anderer, Simon, der das Kreuz auf den Schultern trug. Ein anderer war es, dem sie die Dornenkrone aufsetzten [...] Ich jedoch lachte über ihre Unwissenheit.«[767]

Zumindest die Auferstehungsgeschichte wird in den meisten gnostischen Texten in der von der Orthodoxie wörtlich genommenen Interpretation abgelehnt, die zweifellos eine höchst politische Funktion für die Würdenträger der Kirche hatte und wohl noch immer hat: Sie legitimiert die Autorität nur eines bestimmten Kreises von Männern und deren Anspruch auf die einzige Wahrheit, während etliche Gnostiker ein wörtliches Verständnis der Auferstehung den »Glauben von Toren«[768] nannten.

Für sie bedeutete die Auferstehung nicht ein einmaliges Ereignis in der Vergangenheit, es symbolisierte vielmehr die Erfahrung von Christi Anwesenheit in der Gegenwart. Schon in dem vor Nag Hammadi bekannten *Evangelium der Maria* werden die Auferstehungserscheinungen als in Träumen oder ekstatischen Verzückungen empfangene Visionen bezeichnet.[769]

Viele, die die Ereignisse im Leben Jesu miterlebt hatten, so heißt es weiter, seien ihrer Bedeutung gegenüber blind gewesen. Vor allem wird betont, daß, worauf auch Stellen im Neuen Testament hinweisen, nicht nur die wenigen Auserwählten, sondern viele andere ähnliche Erscheinungen gehabt haben.[770]

Von besonderem Interesse sind auch jene Texte, die auf ein besonderes Verhältnis zwischen Jesus und Maria Magdalena hinweisen, die schon in dem vor Nag Hammadi bekannten Evangelium der Maria im *Dialog des Erlösers* als »die Frau, die das All kannte« gerühmt wurde, begünstigt von Einsichten und Visionen, die diejenigen des Petrus weit übertreffen. So heißt es im Evangelium des Philippus: »Es waren drei, die stets mit dem Herrn wandelten, Maria, seine Mutter, ihre Schwester und Maria Magdalena, die man seine Gefährtin nannte.«[771]

An anderer Stelle wird das Evangelium des Philippus noch deutlicher: »[...] die Gefährtin des Erlösers ist Maria Magdalena. Aber Christus liebte sie mehr als alle Jünger und küßte sie oftmals auf den Mund. Die anderen Jünger waren gekränkt. Sie sagten zu ihm, ›warum liebst du sie mehr als uns alle‹? Der Erlöser antwortete und sagte zu ihnen, ›warum liebe ich euch nicht, wie ich sie liebe?‹«[772]

Und weiter heißt es in diesem Text: »Groß ist das Mysterium der Ehe. Ohne sie würde die Welt nicht existiert haben. Jetzt hängt die Existenz der Welt vom Menschen ab und die Existenz des Menschen von der Ehe.«[773]

»Da gibt es den Menschensohn und den Sohn des Menschensohns. Der Herr ist der Menschensohn, und der Sohn des Menschensohns ist der, der durch den Menschensohn geschaffen wurde.«[774] Auch die späterhin etwa bei den Arianern und vor allem bei den Katharern in ihrer manichäisch beeinflußten Form in Erscheinung tretenden Dualismen, also der Glaube an zwei verschiedene Gottheiten, findet sich in diesen gnostischen Evangelien bereits ebenso vorgegeben wie der Gnostizismus der Schlange, desgleichen die elitäre Anschauung von einer Klasse weniger Eingeweihter, von erleuchteten Auserwählten, die begriffen haben, was es bedeutet, daß, wie es in diesen Evangelien heißt, »Selbsterkenntnis die Erkenntnis Gottes« ist, das Selbst und das Göttliche also identisch sind.[775]

So berichtet das *Evangelium der Wahrheit*, der gnostische Lehrer Valentinus habe außer der allen Gläubigen gemeinsamen christlichen Tradition von Theudas, einem Schüler des Paulus, die Initiation in eine geheime Lehre von Gott empfangen.[776] Paulus habe diese geheime Weisheit, so sagt er, nicht jedem und nicht öffentlich gelehrt, sondern nur wenigen, die er für geistig reif hielt.[777] Was diese geheime Tradition offenbart, ist, daß der eine, den die meisten Christen als Schöpfer, Gott und Vater anbeten, in Wirklichkeit nicht der wahre Gott ist. Was fälschlicherweise Gott zugeschrieben wird, bezieht sich nur auf den Schöpfer, den Demiurgen,[778] den »Rex mundi« also, dem wir bei den Katharern schon begegnet sind, ebenso bei den als »Teufelsanbeter« bezeichneten Yeziden. Der einem Anhänger des Valentinus zugeschriebene *Dreiteilige Traktat* stellt gar den gnostischen Christen als den eigentlichen »Kindern des Vaters« die Uneingeweihten als die »Abkömmlinge des Demiurgen« gegenüber.[779]

Bemerkenswert aber ist, daß der eigentliche Gott oder das eigentliche göttliche Prinzip in zahlreichen Texten dieser in Nag Hammadi gefundenen Schriften weiblichen Charakters ist. So zeigt die *Hypostasis der Archonten*, wie nichtig die Behauptung des Schöpfers ist, ein exklusives Monopol der göttlichen Macht zu besitzen, da er »blind ist [...] In seiner Kraft und in seiner Unwissenheit und seiner Überheblichkeit sprach er: ›Ich bin es, der Gott ist: es gibt keinen außer mir.‹ Als er das gesagt hatte, sündigte er gegen das All. Eine Stimme aber kam aus der Höhe des Absoluten, welche sagte: ›Du irrst dich, Samael.‹ Das heißt ›Gott der Blinden.‹«[780] Ein anderer in Nag Hammadi entdeckter Text aus demselben Codex, *Vom Ursprung der Welt*, erzählt eine noch bemerkenswertere Variante derselben Geschichte:

»[...] er rühmte sich fortwährend und sagte zu den Engeln: ›Ich bin Gott, und es gibt keinen außer mir.‹ Aber als er dies gesagt hatte, sündigte er gegen alle Unsterblichen [...] als Glaube sah die Ruchlosigkeit des Oberherrschers, wurde sie zornig [...] sie sagte: ›Du irrst Samael (d. h. Blinder Gott). Eine erleuchtete, unsterbliche Menschheit (anthropos) hat schon vor dir existiert.‹«[781]

In anderen Texten wird auf das »mütterliche Prinzip« hinter dem Demirugen hingewiesen:

»Der Schöpfer wurde überheblich und brüstete sich und hielt sich erhaben über allen Dingen, die unter ihm waren, und rief aus: ›Ich bin Vater und Gott, und über mir gibt es keinen.‹ Als seine Mutter ihn so sprechen hörte, schrie sie auf gegen ihn: ›Lüge nicht, Ialdabaoth [...]‹«[782]

Diesem »weiblichen Prinzip« kommt auch im Zusammenhang mit der Schöpfungsgeschichte eine der traditionellen Überlieferungen diametral entgegengesetzte Bedeutung zu. Die *Hypothasis der Archonten* beschreibt beispielsweise Eva als das geistige Prinzip der Menschheit, während die Schlange als die Unterweiserin, als das weibliche geistige Prinzip dargestellt wird: »Und die pneumatische Frau kam zu Adam und sprach mit ihm und sagte: ›Erhebe dich, Adam.‹ Und als er sie sah, sprach er: ›Du bist es, die mir Leben gegeben hat. Man wird dich ,,Mutter der Lebenden" nennen. Denn sie ist meine Mutter. Sie ist die Ärztin und die

Frau, die geboren hat.‹ [...] Dann kam das weibliche Prinzip in der Schlange, der Unterweiserin. Und sie belehrte sie und sagte: ›[...] ihr werdet nicht sterben, denn er hat euch das gesagt, weil er neidisch ist. Vielmehr werden sich eure Augen öffnen, und ihr werdet wie die Götter werden, indem ihr das Schlechte und das Gute erkennt.‹ [...] Und der eigenmächtige Archon verfluchte die Frau [...] und die Schlange.«[783]

In diesem Zusammenhang finden sich auch Texte, die das Prinzip der Trinität und vor allem den Mythos der Jungfrauengeburt ebenso in einem anderen Licht erscheinen lassen wie die Rolle der Maria Magdalena.

Im *Apokryphon des Johannes* wird von einer mystischen Vision der Trinität berichtet, in der eine Erscheinung in drei Gestalten zu Johannes sagt: »Johannes, Johannes, warum zweifelst du, warum fürchtest du dich? [...] Ich bin der eine, der immer bei dir ist, ich bin der Vater, ich bin die Mutter, ich bin der Sohn.«[784]

In der gnostischen Schrift *Apophysis Megale* heißt es, »daß jene göttliche Kraft überall als Potenz verborgen ist [...] diese ist eine Kraft nach oben und nach unten geteilt, sich selbst erzeugend, sich selbst vermehrend, sich selbst suchend, sich selbst findend, ihre eigene Mutter, ihr eigener Vater, ihre eigene Schwester, ihre eigene Gattin, ihre eigene Tochter, ihr eigener Sohn – Mutter, Vater, eines, des Alls Wurzel«.[785] Und das *Geheime Buch* beschreibt die göttliche Mutter so: »Sie ist das Bild des unsichtbaren, jungfräulichen vollkommenen Geistes [...] sie wurde die Mutter des Alls, denn sie war vor ihnen allen, die Mutter-Vater (matropater).«[786]

Im *Hebräer-Evangelium* spricht Jesus selbst gleichfalls von »meiner Mutter im Geist«.[787] Im *Evangelium des Thomas* stellt Jesus seinen irdischen Eltern, Maria und Joseph, seinem göttlichen Vater, dem Vater der Wahrheit, und seiner göttlichen Mutter, dem Heiligen Geist, gegenüber. Der Autor interpretiert ein rätselhaftes Wort Jesus aus dem Neuen Testament (»Wer seinen Vater und seine Mutter nicht haßt, kann nicht mein Jünger werden«) durch den Zusatz, denn »meine irdische Mutter gab mir Tod, aber meine wahre Mutter gab mir Leben«.[788] So erhält nach dem *Evangelium des Philippus* jeder, der Christ wird, »Vater und Mutter«,[789] denn der Geist (ruah) ist »Mutter von vielen«.

Im Evangelium des Philippus macht sich der Autor über die wörtlich verstandene, auf Maria bezogene Jungfrauengeburt lustig: »Sie wissen nicht, was sie sagen. Wann würde je eine Frau von einer Frau empfangen?«[790] Denn die Jungfrauengeburt beziehe sich auf die geheimnisvolle Vereinigung zweier göttlicher Mächte, dem Vater des Alls und dem

Heiligen Geist: »Der Vater des Alls vereinigte sich mit der Jungfrau, die niederkam«, also mit dem Heiligen Geist, der in die Welt herabstieg. Weil dieser Prozeß symbolisch und nicht wörtlich verstanden werden muß, bleibt der Geist mithin Jungfrau.[791] In einem Text mit dem geheimnisvollen Titel *Der Donner: Vollkommener Verstand* findet sich ein außergewöhnliches Gedicht, eine von einer weiblichen Macht gesprochene Offenbarung, die durchaus auch Aleister Crowleys kosmische Dame Babalon sein könnte:

»Ich bin die erste und die letzte. Ich bin die Gelehrte und die Verachtete. Ich bin die Dirne und die Ehrbare. Ich bin die Frau und die Jungfrau. Ich bin die Mutter und die Tochter. Ich bin die, die viele Hochzeiten macht, und doch habe ich keinen Gatten bekommen. Ich bin die Stärke, und ich bin die Furcht [...] ich bin unverständig, und ich bin weise [...] ich bin gottlos, und ich bin die, deren Gott groß ist[792] [...] Ich bin das Schweigen, das unfaßbare [...] Ich bin das Sprechen meines Namens.«[793]

In diesen Texten offenbaren sich also völlig andere religiöse Ansichten als jene, die sich in der paulinischen Kirche schließlich durchgesetzt hatten; Anschauungen, die zu den meisten christlichen und vor allem katholischen Überlieferungen zum Teil in krassem Widerspruch stehen und teilweise mit östlichem Gedankengut wie etwa den taoistischen Lehren eng verwandt zu sein scheinen; Anschauungen, deren Grundinhalte sich dennoch wie ein roter Faden über die Jahrtausende hinweg auch durch alle späteren, in der Regel zusätzlich manichäistisch beeinflußten »Häresien« bis herauf zur Esoterik unserer Tage verfolgen lassen. Damit aber bekommt die sogenannte »Häresie« etwa der Katharer oder der Templer eine andere Bedeutung, ein anderes Gewicht.

Der Schluß liegt nahe, daß die besondere Verehrung von »Notre Dame«, der »Himmelskönigin«, der »Jungfrau« durch die Templer, die sogar ihre Kirchen geomantisch nach dem Sternbild der Jungfrau ausrichteten,[794] eine höchst doppelsinnige Bedeutung hatte: Nicht die Mutter Jesu war damit gemeint, sondern das in den erwähnten Texten angesprochene allgemeine jungfräulich-weibliche Prinzip.

Andererseits könnte damit auch Maria Magdalena gemeint gewesen sein, der im Zusammenhang mit der Prieuré de Sion tatsächlich eine Art Schlüsselrolle zukommt und die wohl nicht zufällig gerade in Frankreich spätestens ab Beginn des neunten Jahrhunderts im Mittelpunkt kultischer Verehrung steht.

So findet man unter den Dokumenten, die von Lincoln & Co zu den bemerkenswertesten Schriften im Zusammenhang mit der Prieuré de

Sion gezählt werden, ein Werk mit dem Titel *Le serpent rouge*, »Die rote Schlange« also, was sich offenkundig auf eine bestimmte »Blutlinie« bezieht.[795] Es enthält eine Genealogie der Merowinger sowie zwei Karten Frankreichs unter diesem Königsgeschlecht, außerdem dreizehn, jeweils einem Sternzeichen des Tierkreises gewidmete Prosagedichte. Wie bekannt, pflegte man sich innerhalb der Prieuré de Sion in der Tat mit einer anderen Art von Astrologie zu beschäftigen, nämlich einer mit dreizehn Tierkreiszeichen. In *Le serpent rouge* wurde dieses dreizehnte Sternzeichen, »Ophiuchus« (der Schlangenträger), zwischen Skorpion und Schütze eingefügt. Und in einem erstaunlicherweise dem Tierkreiszeichen Löwe (Symboltier des Stammes Juda) zugeordneten Teil findet sich jener bemerkenswerte Text:

»Von ihr, die zu befreien es mich verlangt, weht zu mir der süße Wohlgeruch, der die Grabstätte füllt. Einige nannten sie einst: ISIS, Königin aller wohltätigen Quellen. KOMMT ZU MIR ALLE, DIE IHR MÜHSELIG UND BELADEN SEID, ICH WILL EUCH ERQUICKEN. Anderen ist sie MAGDALENA von der berühmten Schale mit dem heiligen Balsam. Die Eingeweihten kennen ihren richtigen Namen: NOTRE DAME DES CROSS.«[796]

Ein in der Tat erstaunlicher Text, der Maria Magdalena (eigentlich Maria aus Magdala in Galiläa) zum einen in Zusammenhang bringt mit alten Mysterienkulten und ihr andererseits in geradezu blasphemischer Weise jenen Platz einräumt, der normalerweise der Jungfrau Maria vorbehalten ist; in deren Gestalt allerdings auch, wie sich die Wissenschaftler aus nahezu allen damit befaßten Gebieten wie Mythologie, Anthropologie, Psychologie und Theologie einig sind, ohne Zweifel der Kult der vorchristlichen Muttergöttinnen weiterlebt. Palästina war ja zur Zeit Jesu keineswegs von einer sozusagen jüdisch-orthodoxen Glaubenseinheit gekennzeichnet, sondern war vielmehr Tummelplatz verschiedenster Religionen, Kulte und Mysterienschulen. Vor allem die Verehrung der Muttergöttin, der ägyptischen Isis, der phönizischen Astarte, der kleinasiatischen Kybele, der mesopotamischen Ischtar und so weiter hatte zahlreiche Anhänger, was sich unübersehbar in dem in den gnostischen Evangelien enthaltenen »matriarchalischen« Gottesbegriff widerspiegelt.

Es würde hier wohl zu weit führen, alle selbst in den anerkannten Evangelien enthaltenen Hinweise auf die möglicherweise völlig anders geartete Rolle der Maria aus Magdala aufzuzählen, die ja entgegen der allgemein verbreiteten Meinung an keiner einzigen Stelle als Dirne bezeichnet wird, vielmehr etwa in Lukas 8,2 durch den Hinweis, sie sei die Frau, aus der sieben Dämonen ausgefahren seien, möglicherweise in Verbindung gebracht wird zu dem siebenfachen Initiationsritus beispielsweise des Muttergöttin-Kultes der Astarte.

Es würde hier ebenfalls zu weit führen, sich eingehender mit den neuesten Erkenntnissen der wissenschaftlichen Forschung bezüglich des historischen Jesus auseinanderzusetzen, die unter anderem auch Lincoln, Baigent und Leigh in *Die Erben des Messias* zusammengefaßt haben[797] und die Jesus eher als radikalen jüdischen Fundamentalisten erscheinen lassen als Anführer der essenischen Nazoräer, der nicht gekommen ist, »das Gesetz oder die Propheten aufzulösen, sondern zu erfüllen«,[798] dem es ausschließlich darum ging, seinen aufgrund seiner Abstammung aus dem Königshause David legitimierten Anspruch auf Anerkennung als rechtmäßiger König, als gesalbter Priesterkönig gegen die herrschende Klasse der herodianischen Sadduzäer durchzusetzen.[799]

Es ging also nicht darum, eine neue Religion in die Welt zu setzen, sondern um die Restaurierung des »wahren« oder ursprünglichen Judentums. Eine neue Religion zu schaffen blieb demnach Saulus/Paulus vorbehalten: »Nicht eine Form des Judaismus, sondern eine mit dem Judaismus rivalisierende und ihm letztlich feindliche Religion. Während Paulus seine persönliche Botschaft hinausträgt, machen die Überreste des Judaismus, die in ihr noch enthalten sind, eine Metamorphose durch. Sie verschmelzen mit griechisch-römischem Gedankengut, mit heidnischen Traditionen, mit Elementen aus einer Reihe von Geheimlehren.«[800] Denn um seine Religion durchzusetzen, mußte Paulus eine Alternative bieten zu den alten, etablierten Religionen Syriens, Phöniziens, Kleinasiens, Griechenlands, Ägyptens, der gesamten Mittelmeerwelt, vor allem durfte die zentrale Figur der neuen Religion, nämlich Jesus, keinesfalls als antirömischer Aufrührer erscheinen. Die alten Traditionen finden sich tatsächlich allesamt in der paulinischen Lehre:

Tammuz, der alte Gott der sumerischen und phönizischen Mysterien, wurde von einer Jungfrau geboren, ist mit einer Wunde an der Seite gestorben und, drei Tage später, aus seinem Grab auferstanden, das er leer zurückließ.

Der altpersische Mithraskult wiederum lieferte das Vorbild für die Apokalypse, das Jüngste Gericht, die Auferstehung des Fleisches und eine Wiederkunft von Mithras selbst. Mithras war in einer Höhle geboren worden, wo ihn Schafhirten besuchten und mit Geschenken bedachten. Ebenso spielte die Taufe eine besondere Rolle in den Riten des Mithraskultes, und nicht zuletzt die Kommunion, aus der folgende Passage aus alten, überlieferten Texten interessant ist: »Wer nicht von meinem Leib essen und von meinem Blut trinken wird, so daß er sich mit mir vermische, der wird das Heil nicht haben [...]«[801]

Tertullian, einer der Väter der Frühkirche, meinte dazu, hier habe der Teufel versucht, Jahrhunderte vor Jesus die Kommunion zu parodieren, um die Bedeutung der Worte Jesu herabzusetzen. Wie auch immer: Es ist jedenfalls nicht zu leugnen, daß, will man sich nicht naivem, kindlichem Glauben hingeben, bei allem Respekt vor jeder Art von religiöser Lehre im Zusammenhang mit der Geschichte der römischen Kirche rein objektiv und historisch gar nichts sicher und alles möglich ist, daß vor allem die Möglichkeit einer die Geschichte der römischen Kirche von ihren Ursprüngen an begleitenden, deren Existenzberechtigung ständig bedrohenden, sich mit dieser sozusagen ständig im machtpolitischen Clinch befindlichen, ja diese möglicherweise mit wechselndem Erfolg infiltrierenden und für die eigenen Zwecke nutzenden geheimen Gegenkirche höchst wahrscheinlich ist. Dabei ist auch eines sicher: Selbst wenn Lefèbvre recht gehabt hätte und tatsächlich seit etlichen Jahren der personifizierte Teufel im Vatikan säße, würde sich dieser natürlich nicht als solcher offenbaren, sondern wahrscheinlich mit um so gesalbterem Gesicht und Gehabe versuchen, langsam und allmählich den »Felsen Petri« zu zerbröseln.

Dabei spielt es letzten Endes nur eine Nebenrolle, inwieweit die Ansprüche gewisser Kreise, genealogisch aus dem durch das Bild des Löwen symbolisierten Stamme Juda und unmittelbar aus dem Hause David und der Familie eines gewissen Jesu abzustammen, nun tatsächlich beweisbar sind oder nicht. Wesentlich ist, daß sie, nämlich die Brüder von Sion, dies tatsächlich tun, was immer letzten Endes ihr »internationales Geheimnis«, ihr »Schatz aus dem Tempel von Jerusalem« zu offenbaren vermag; wesentlich ist, daß sie es tun, und weniger dies als der Umstand, daß sie aus diesem angeblichen Anspruch für sich das Recht ableiten, insgeheim mit der Welt Volleyball spielen zu dürfen. (Letzten Endes spielt es ja auch für die römische Kirche selbst nur eine geringe Rolle, daß sie sich auf Jesus aus dem Hause David beruft, obwohl sie in ihrer Vermischung aller möglichen heidnischen Kulte ebendiesen heidnischen Kulten, vom altpersischen Mithraskult bis hin zum Kult des

Sonnengottes ihres eigentlichen Begründers, nämlich Kaiser Konstantins, weitaus näher steht; was den Bischof von Konstantinopel, Chrysostomos, zu dem nicht unbegründeten Schluß brachte, daß mit der römischen Kirche die Götter in gebackene Teige gebannt und darinnen ein für allemal wie in ein Gefängnis verschlossen wurden.)

Eines steht außer Zweifel: daß die Prieuré de Sion in ihren verschiedensten Verkleidungen nach wie vor aktiv ist, daß sie durch Täuschung, Intrigen, Infiltration, Subversion, Maskerade, Korruption, durch Aktivitäten in finsteren, unterirdischen Bereichen ebenso wie in der hohen Politik die Jahrhunderte überdauert hat und ihre Ziele noch immer verfolgt – seien es ihre Ansprüche gegenüber der Papstkirche und allen damit möglicherweise verbundenen Machtformen weltlicher Art, sei es die Absicht, ihre Ansprüche gegenüber dem Judentum durchzusetzen, sei es, Macht und Kontrolle aus welchen Ansprüchen heraus auch immer zu erhalten.

Trifft die von Lincoln und seinen Mitautoren vertretene und durchaus mit nicht zu übergehenden Fakten und Dokumenten begründete These zu, dann wird die Sache deswegen nicht weniger ungeheuerlich und die Aktivitäten der Brüder von Sion und deren Bengeles werden deswegen um keinen Deut heiligmäßiger, selbst wenn sie, am Ziel ihrer »höheren Endzwecke« angelangt, das Himmelreich auf Erden zu verkünden beabsichtigten. Jedenfalls: »Ohne die Merowinger gäbe es keine ›Prieuré de Sion‹, wie umgekehrt das Geschlecht der Merowinger ohne die ›Prieuré de Sion‹ ausgestorben wäre«, heißt es in einem vermutlich von einem Mitglied der Prieuré verfaßten Artikel in einer Zeitschrift namens *Le Charivari*.[802] Und der dieser Feststellung folgende Text ist für das Wesen und vor allem für das Selbstverständnis dieser ehrenwerten Gesellschaft nicht ohne Bedeutung:

»Der König ist Schäfer und Hirte zugleich. Hin und wieder sendet er seinem an der Macht befindlichen Vasallen einen hochbegabten Botschafter, sein Faktotum, einen Menschen, der das Glück hat, sterblich zu sein. Botschafter wie René von Anjou, Karl III., Herzog von Bourbon, Nicolas Fouquet [...] und zahlreiche andere hatten immer wieder das gleiche Schicksal zu erleiden, daß nämlich ihre erstaunlichen Erfolge stets von unerklärlichem Unglück abgelöst wurden; denn diese Emissäre sind gleichermaßen schrecklich wie verwundbar. Hüter des Geheimnisses, die sie sind, kann man sie nur preisen oder vernichten. Der Weg von Menschen wie Gilles de Rais [Gilles de Laval, Baron von Retz],

Leonardo da Vinci, Joseph Balsamo [Alessandro, Graf von Cagliostro], der Herzöge von Nevers und Gonzaga ist in einen magischen Duft getaucht, einen Duft, in dem sich der Geruch von Schwefel und Weihrauch mischt – den Duft der Maria Magdalena. Wenn sich König Karl VII. beim Eintritt Jeanne d'Arcs in den Festsaal seines Schlosses in Chinon im Gedränge seiner Höflinge verbarg, geschah dies nicht aus Jux und Tollerei – was wäre auch witzig daran? –, sondern weil er bereits wußte, wessen Botschafterin sie war. Und daß er vor ihr kaum mehr war als ein Höfling unter vielen. Das Geheimnis, das sie ihm unter vier Augen anvertraute, war in diese Worte gefaßt: ›Edler Herr, ich komme im Auftrag des Königs.‹«[803]

Abgesehen davon, daß man aus den drei Wörtern »Schwefel«, »Weihrauch« und »Magdalena« einen gnostischen Symbolismus herauslesen könnte, sind die Schlüsse, die Lincoln und seine Mitautoren aus diesem Text ziehen, höchst interessant:

»Erstens, daß der König – der ›verlorene König‹, [...] einfach kraft seiner Person de facto nach wie vor regiert. Zweitens, und das ist vielleicht noch erstaunlicher, daß Herrscher, die dem Gesetz der Zeit unterworfen sind, von seiner Existenz wissen, ihn anerkennen, respektieren und fürchten. Und drittens, daß der Großmeister der ›Prieuré de Sion‹ oder andere Ordensangehörige als Botschafter zwischen dem ›verlorenen König‹ und seinen jeweiligen Bevollmächtigten oder Stellvertretern fungieren.«[804]

Nun, mittelalterlichen Legenden zufolge war es Maria Magdalena, die den Heiligen Gral nach Frankreich gebracht hatte, das Geheimnis also, daß, sofern die These von Lincoln & Co stimmen sollte, der leibliche Abkömmling des Nazoräer-Führers aus dem Hause David und dem Stamme Juda war, also der Nachkomme dessen, der durchaus »dem Fleisch nach geboren ist als Nachkomme Davids«, wie es apokryphisch selbst bei Paulus (Römer 1,3) bemerkenswerterweise heißt.

Wie die genannten Autoren nachweisen konnten, gab es tatsächlich im achten Jahrhundert im südlichen Gallien einen Herrscher aus dem Stamme Juda und dem königlichen Haus Davids, der auch als »König der Juden« anerkannt wurde und außerdem Merowinger war: Wilhelm von Oranien, König der Juden von Septimanien, seines Zeichens auch Graf von Barcelona, von Toulouse, von Rezés und Herzog von Aquitanien: »Daß dieses königliche Blut das des Hauses Davids war, wurde von den Karolingern, vom Kalifen und, wenn auch widerstrebend, vom Papst anerkannt [...] Im neunten Jahrhundert hatte das Geschlecht Wilhelms von Oranien mit den ersten Herzögen von Aquitanien seinen Höhepunkt erreicht, und im zehnten wurde ein gewisser Hugo von Plantard, ein direkter Nachkomme Dagoberts und Wilhelms von Orange, Vater von Eustache, dem ersten Grafen von Bouillon. Eustaches Enkel war Gottfried von Bouillon, Herzog von Niederlothringen und Eroberer von Jerusalem. Wenn die Merowinger ihre Herkunft tatsächlich von Jesus ableiteten, dann hatte Gottfried von Bouillon mit der Eroberung Jerusalems sein rechtmäßiges Erbe wiedererlangt. Gottfried und das auf ihn folgende Haus Lothringen waren natürlich offiziell Katholiken. Wenn sie in einer nunmehr christlichen Welt bestehen wollten, blieb ihnen wohl nichts anderes übrig.«[805]

Unter all diesen Aspekten erscheinen zeitgeschichtliche Ereignisse und erscheint auch die politische und nicht zuletzt die »spirituelle« Gegenwart in einem völlig anderen Licht. Aufgrund der offensichtlichen und vielfach bewiesenen artistischen Fähigkeit dieser Brüder, stets auf allen Seiten mitzutanzen, notfalls sogar einen der Ihren zu Ehren »höherer Endzwecke« zu opfern, und, wenn schon nicht immer und überall selbst die Fäden zu ziehen, dann zumindest die Art, wie die Fäden gezogen werden, zu beeinflussen und darüber hinaus unschuldige »unwissende« Menschen, ja möglicherweise ganze Nationen und Völker gegeneinander auszuspielen oder sie als Spielbälle und Faustpfänder im Zuge interner brüderlicher Auseinandersetzungen zu mißbrauchen, erschiene die Annahme wohl nicht ganz aus der Luft gegriffen, die Brüder von Sion könnten mittelbar und unmittelbar auch an Ereignissen beteiligt sein, die mit der Geschichte von der angeblichen jüdischen Weltverschwörung in tragisch-dramatischem Zusammenhang stehen: beispielsweise als die eigentlichen Urheber der sogenannten *Protokolle der Weisen von Zion*, oder vielmehr und viel besser: der »Protokolle der Weisen von Sion« ...

Die Weisen von Sion ...

Begeben wir uns zunächst einmal kurz nach Rennes-le-Château, einem etwa vierzig Kilometer von Carcassone entfernten, auf einem steilen Bergrücken liegenden Provinznest, in dem sich gegen Ende des neunzehnten Jahrhunderts einige merkwürdige Dinge zutrugen, die dann in den fünfziger und sechziger Jahren dieses Jahrhunderts sozusagen zum Aufhänger einer ganzen Flut von spekulativer Literatur auch im Zusammenhang mit der Prieuré de Sion wurden. Diese Begebenheiten spielen nicht nur eine bemerkenswerte Rolle im Zusammenhang mit den möglichen Geheimnissen der Prieuré, sie erhellen auch einige vor allem personelle Zusammenhänge, die in bezug auf den Ursprung der *Protokolle* von Interesse sind und die darüber hinaus unmittelbar in jene verfilzte okkulte Zwielichtzone führen, der das Reich von Thule, der okkulte Dreh- und Angelpunkt des Dritten Reiches, entsprang.

Im Mittelpunkt dieser Geschichte steht ein Priester namens Bérenger Sauniére, der im Juni 1885 in diesem weltabgeschiedenen Dorf in den östlichen Ausläufern der Pyrenäen seinen Dienst als Gemeindepfarrer antrat. Daß die kleine, halbverfallene Gemeindekirche 1059 Maria Magdalena geweiht worden war, ist immerhin schon bemerkenswert, und sei es nur der historischen Ereignisse wegen, die sich in dieser Gegend abspielten und deren Zeugnisse sich auf nahe gelegenen Bergen rund um Rennes-le-Château noch heute erheben: die Ruinen der Templerfestung auf dem Bézu und die Ruinen von Blanchefort, dem Stammsitz von Bertrand de Blanchefort, die Ruinen von Montségur, der letzten Festung der Katharer ...

Ungeachtet dieser geschichtsschwangeren Umgebung schien der nach allen Zeugnissen überaus intelligente, gebildete und weitsichtige Pfarrer Sauniére in diesem Nest irgendwie fehl am Platze. Das bescheidene Gehalt von knapp einhundertfünfzig Francs im Jahr reichte gerade zum Überleben. Dennoch schien sich Sauniére nicht unwohl gefühlt zu haben und führte zunächst ein eher beschauliches Leben, jagte, fischte, wanderte, studierte Griechisch und Hebräisch. Für den weiteren Verlauf der Geschichte sollte es jedoch nicht unbedeutend sein, daß Sauniére dabei häufig mit seinem Freund, dem Pfarrer des Nachbardorfes Rennes-les-Bains, zusammenkam, der ihn dazu bewog, sich eingehender mit der Geschichte dieser Gegend zu befassen. Möglicherweise war es auch dieser Abbé Henri Boudet, der für die Anstellung des achtzehnjährigen Bauernmädchens Marie Denarnaud als Haushälterin und Dienstmädchen Sauniéres sorgte.

Um 1891 herum begann dann Sauniére plötzlich mit viel Energie und persönlichem Einsatz mit der Restaurierung der Kirche. Im Verlauf dieser Arbeiten nahm er auch die auf zwei westgotischen Trägern ruhende Altarplatte herunter. Zu seiner Überraschung war einer dieser Träger hohl und enthielt vier versiegelte Holzröhren. Diese bargen, so heißt es übereinstimmend, wichtige Pergamente aus den Jahren 1244, 1644 und 1780. Zwei der Pergamente sollen Genealogien enthalten haben, die zwei

Pergamente aus dem Jahr 1780 stammten von Sauniéres Vorgänger, dem Abbé Antoine Bigou, der Seelsorger und Vertrauter der adligen Familien in Blancheforts gewesen war, die am Vorabend der Französischen Revolution zu den größten Grundbesitzern der Gegend zählten. Die Dokumente aus Bigous Zeiten waren mit auf den ersten Blick frommen lateinischen Texten versehen, Passagen aus dem Neuen Testament, ohne Wortzwischenräume abgeschrieben. Darüber hinaus waren Buchstaben beigefügt, die keinerlei Sinn zu ergeben schienen. Im zweiten Pergament aus der gleichen Zeit waren die Zeilen abgehackt, verstümmelt, die Buchstaben in verschiedener Größe geschrieben: Alles in allem eine Folge von Codes und Chiffren, einige davon dermaßen kompliziert, daß sie sich selbst mittels Computer nicht ohne entsprechenden Schlüssel knacken ließen. In einigen französischen Werken, die sich schließlich mit Rennes-le-Château beschäftigten, wurde schließlich für den ersten Text folgende merkwürdige Übersetzung angeboten:

BERGERE PAS DE TENTATION QUE PUISSIN TENIERS GARDENT LA CLEF PAX DCLXXXI PAR LA CROIX ET CE CHEVAL DE DIEU J'ACHEVE CE DAEMON DE GARDIEN A MIDI POMMES BLEUS

Schäferin, keine Versuchung, daß Poussin, Teniers den Schlüssel besitzen; Friede. Beim Kreuz und diesem Pferd Gottes beende (zerstöre) ich diesen Dämon von Wächter zu Mittag. Blaue Äpfel.[681]

Nachdem die britische Fernsehgesellschaft BBC 1972 diese Zeilen im Rahmen einer von Henry Lincoln gestalteten Sendung über Rennes-le-Château, Pfarrer Sauniére und über den möglicherweise damit in Zusammenhang stehenden verlorenen »Schatz von Jerusalem« ausgestrahlt hatte, erhielt sie von einem anonymen Zuseher die Dechiffrierung des Textes auf dem zweiten Pergament zugespielt:

**A DAGOBERT II ROI ET A SION EST CE TRE-SOR
ET IL EST LA MORT**

*Dieser Schatz gehört König Dagobert II. und Sion, und
dort liegt er tot.*

Was immer diese Texte nun tatsächlich bedeuten, sie sind mysteriös
genug, um zu zahlreichen Spekulationen im Zusammenhang mit
Rennes-le-Château zu führen, die bis zu der Ansicht reichen, bei den
Merowingern und den Brüdern von Sion handle es sich um eine Art
übermenschlicher Wesen, Abkömmlinge einer Verbindung zwischen
dem Stamm Benjamin im alten Israel und außerirdischen Besuchern vom
Sirius,[806] während andere wiederum das Geheimnis von Rennes-le-Château
und das der Templer mit den kosmischen Geheimnissen der Bundeslade
in Verbindung bringen.[807]

Es reicht freilich, wenn es sich um völlig irdische Geheimnisse des
angesprochenen Kalibers handelt. Die Entdeckung dieser Pergamente
jedenfalls führte zu einem einschneidenden Wandel im Leben des Dorf-
pfarrers Sauniére und brachte ihn in Kontakt zur esoterischen und
okkulten Subkultur Frankreichs, und vor allem: Sauniére kam zu er-
staunlichem Reichtum, dessen Quellen nach wie vor nicht eindeutig
eruiert und mysteriös sind wie das Mysterium von Rennes-le-Château
selbst. Jedenfalls, und hier sind sich alle, die sich in irgendeiner Form
mit dem Geheimnis von Rennes-le-Château beschäftigen, einig, entfaltete Pfarrer Sauniére bald nach der Entdeckung dieser Pergamente einige
höchst merkwürdige Aktivitäten. Vor allem begann er zumindest ab 1896
Summen auszugeben, die mit seinem Einkommen in keinerlei Beziehung standen. Gegenüber seinen Pfarrkindern zeigte er sich überaus
spendierfreudig, häufig lud er sie zu üppigen Banketten ein, finanzierte
Gemeindeprojekte wie den Bau einer Straße, die Installierung von
Wasserleitungen und dergleichen. An der steil abfallenden Seite des
Bergrückens ließ er einen Turm errichten, die »Tour Magdalena«, außerdem ein luxuriöses Landhaus, die »Villa Bethania«, das er selbst allerdings nie bezogen hat.

Seine merkwürdigsten Spuren aber hinterließ Sauniére an der der
Maria Magdalena geweihten Dorfkirche. So ließ er über dem Eingang
zum Kirchenschiff folgende warnenden Worte einmeißeln: TERRIBI-
LIS EST LOCUS ISTE (*Dieser Ort ist schrecklich*, oder: *Dieser Ort ist
voller Schrecken*).

Ein Anflug von Schrecken überfällt einen tatsächlich, wenn man in
das Halbdunkel der Kirche tritt und durch die halbgeöffnete Tür das Licht

genau auf eine fratzengesichtige Dämonengestalt fällt: auf die scheußliche Gestalt des Dämons Asmodi – Hüter der Geheimnisse, Wächter verborgener Schätze und, zufolge einer alten jüdischen Legende, der Erbauer des Tempels von Jerusalem.

Das Innere der Kirche macht zunächst eher den Eindruck buntfarbener Kitschigkeit. Doch diese kitschig-bunten Kreuzwegbilder zeugen bei näherer Betrachtung ebenfalls von einer höchst eigenwilligen und unorthodoxen Auffassung des Gestalters: Bei der vierzehnten Station, der Grablegung, hat man angesichts des nächtlichen Vollmond-Himmels den Eindruck, als würde jemand den Leichnam eher hinaus- als hineintragen, um so möglicherweise eine Auferstehung vorzutäuschen. Ein anderes Bild zeigt seltsamerweise unter den Zuschauern einen Schotten in buntkariertem Kilt.

Abgesehen davon sind noch einige unbestrittene Umstände in Pfarrer Sauniéres Leben in Rennes-le-Château erwähnenswert: etwa der umfangreiche Briefwechsel mit Adressaten in nahezu ganz Europa, für den allein er mehr Geld ausgegeben zu haben schien, als er sich bei seinem Pfarrergehalt hätte leisten können; oder daß er höchst undurchsichtige Geschäfte mit mehreren Banken zu tätigen schien. Auch seine Besucher sind erwähnenswert: beispielsweise der französische Kulturminister oder die Callas der damaligen Zeit und Hohepriesterin der esoterischen Pariser Subkultur, Emma Calvé, die angeblich Sauniéres Geliebte geworden sein soll; schließlich und endlich niemand Geringerer als Erzherzog Johann Salvator von Habsburg, der Vetter des österreichischen Kaisers, der erwiesenermaßen, aus welch mysteriösen Gründen auch immer, beträchtliche Summen an den Landpfarrer überwies.[808] Und merkwürdig: Als der neue Bischof von Carcassone diesen seltsamen Pfarrer, der da in seinem Bergdorf den Lebensstil eines mittelalterlichen Potentaten pflegte und offenkundig zu seltsamen Ansichten neigte, zur Räson bringen wollte, zog der Bischof den kürzeren: Sauniére fand die Unterstützung des Vatikans.

Vor allem das Ende des Pfarrers von Rennes-le-Château verdient erwähnt zu werden: Am 12. Januar 1917, als sich Pfarrer Sauniére bester Gesundheit erfreute, bestellte seine Haushälterin Marie Denarnaud einen Sarg für ihren Herrn, wie aus einer im Besitz von Lincoln befindlichen Auftragsbestätigung hervorgeht.[809] Fünf Tage später erlitt Sauniére angeblich einen plötzlichen Herzinfarkt. Aus einem Nachbardorf wurde ein Priester gerufen, um Sauniére die Beichte abzunehmen und die Absolution zu erteilen. Angeblich hielt sich der Priester nicht sehr lange im

Sterbezimmer des Pfarrers auf, sondern verließ es bald darauf wieder mit schreckensbleichem Gesicht, und die Legende will wissen, daß dieser Priester hernach nie wieder gelächelt habe und in einen mehrere Monate dauernden melancholischen Zustand verfallen sei. Gesichert ist, daß dieser Priester seinem Kollegen Sauniére die Sterbesakramente verweigert hatte. Am 22. Januar, also zehn Tage, nachdem seine Haushälterin den Sarg bestellt hatte, starb Sauniére. Am Tage darauf spielte sich unterhalb der »Tour Magdalena« eine makabre Szene ab: In einem hohen Ledersessel sitzt steif der verstorbene Pfarrer. Seine Leiche ist in eine scharlachrote, mit Troddeln besetzte Robe gehüllt. Und während der kalte Wind über das unwirtliche Hochplateau pfeift, ziehen zahlreiche Trauergäste mit ernsten Gesichtern an dem Toten vorbei. Die meisten von ihnen stammen nicht aus der Gegend, sondern sind von weither angereist. Diese Fremden sind es auch, die zur Erinnerung die Troddeln vom Gewand des Toten abrupfen. Angesichts der damaligen Transportmöglichkeiten müssen die weitgereisten Trauergäste also schon vor Sauniéres Tod auf irgendeine mysteriöse Weise von dessen Ableben informiert worden sein.

Eine seltsame Zeremonie. Eine seltsame Geschichte. Und sie wird noch seltsamer (oder erklärlicher?), wenn wir dieser allgemein gehandelten Geschichte noch einige jener Versionen jüngeren Datums hinzufügen, die etwa Lincoln und seine Mitarbeiter in ihrer Arbeit erwähnen.[810]

So soll Sauniére keineswegs zufällig die Dokumente entdeckt haben, sondern Emissäre der »Prieuré de Sion« hätten ihn bei einem Besuch als Handlanger in ihre Dienste genommen. 1916 soll Sauniére aus irgendeinem Grund Streit mit seinen Auftraggebern bekommen haben,[811] was sein plötzliches und offenbar dennoch wohlvorbereitetes Dahinscheiden im Januar 1917 in einen logischen Zusammenhang brächte.

Einer anderen Version nach soll die treibende Kraft hinter Sauniére von Anfang an sein Freund und Amtsbruder Abbé Henri Boudet gewesen sein.[812] Von diesem soll Sauniére das viele Geld – insgesamt dreizehn Millionen Francs – bekommen haben. Nach dieser von der »Prieuré de Sion« selbst lancierten Version ist Sauniére im wesentlichen in Unkenntnis des Geheimnisses gelassen worden, dessen Hüter er war, bis Boudet es ihm auf seinem Sterbebett im März 1915 anvertraut habe. Marie Denarnaud sei Boudets Agentin gewesen, die ihrem Herrn seine Instruktionen vermittelt habe. Alle Gelder wurden an sie zahlbar gestellt, was zumindest erklären würde, warum sich Sauniére in seinem Testament als mittellos bezeichnet hat. Zwischen 1885 und 1901 soll Boudet darüber hinaus mehr als sieben Millionen Francs an den Bischof von Carcassone gezahlt haben, der Sauniére auf seine eigenen Kosten mit den gefundenen Dokumenten nach Paris geschickt hatte. Womit sich auch hier eine seltsame Konstruktion ergäbe, wie man sie häufig in Sufi-Geschichten findet, wo der arme Schuhputzer von der Ecke gegenüber in Wirklichkeit ein mächtiger Ordensmeister ist: ein Bischof in Diensten eines gewöhnlichen Abbé.

Die zum Thema jedoch bemerkenswerteste Information findet sich in dem von Lincoln & Co ebenfalls erwähnten Buch *Le trésor du triangle d'or* (»Der Schatz des goldenen Dreiecks«) von Jean-Luc Chaumeil. Diesem zufolge hielten sämtliche in die Geschichte verwickelten Geistlichen – Sauniére, Boudet, Abbé Bieil, seines Zeichens Generalsuperior des Seminars von Saint-Sulpice, sowie dessen Neffe Emile Hoffet, über den noch einiges zu sagen sein wird, und der Bischof von Carcassone – engste Kontakte zu einer Freimaurerloge nach »Schottischem Ritus«. Die höchsten Grade dieser Loge entsprachen den niedrigsten der »Prieuré de Sion« (bekanntlich auch das klassische Illuminaten-Freimaurer-Verhältnis). Nach Chaumeil soll innerhalb dieser Loge der Glaube an eine unantastbare soziale und politische Hierarchie und an einen allem zugrunde liegenden kosmischen Plan ganz besonders betont worden sein.[813]

Wie erwähnt, wurde Sauniére vom damaligen Bischof von Carcassone mit den seltsamen Dokumenten unverzüglich nach Paris geschickt, um sich dort verschiedenen »kirchlichen Würdenträgern« vorzustellen. Seine wichtigsten Gesprächspartner waren zunächst der Generalsuperior des Seminars von Saint-Sulpice, Abbé Bieil, und dessen Neffe Émile Hoffet, der sich damals gerade auf die Priesterweihe vorbereitete. Nun war ebendieses Seminar von Saint-Sulpice, das zu jener Zeit bekanntlich auch Lefèbvres spätere rechte Hand und mutmaßlicher Großmeister der Prieuré, Abbé Ducaud-Bourget, besuchte, die Keimzelle der 1907 von Papst Pius X. verbotenen katholischen Bewegung des Modernismus, deren Anhänger von der zentralisierten kirchlichen Macht und dem Dogma von der Unfehlbarkeit des Papstes nicht allzuviel hielten.

Émile Hoffet, damals gerade Anfang Zwanzig, hatte sich bereits als Wissenschaftler unter anderem auf den Gebieten der Kryptographie, der Paläographie und der Linguistik hervorgetan. Er hing esoterischen Lehren nach und unterhielt gute Beziehungen zu den verschiedensten okkultistischen Gruppen, Sekten und Geheimgesellschaften der damaligen

Zeit, auch zu jenem erlauchten Kreis, dem Madame Emma Calvé und der Komponist Claude Debussy, damals Großmeister der Prieuré de Sion, angehörten. Debussy stand praktisch mit allen prominenten Persönlichkeiten der sogenannten »okkulten Erneuerung« in Kontakt. Dazu zählten der Marquis Stanislas de Guaïta, ein Vertrauter von Emma Calvé und gemeinsam mit »Papus« alias Encausse Begründer des »Ordre cabalistique de la Rose-Croix«, ferner Jules Bois, auf dessen Anregung hin Samuel Liddell MacGregor Mathers in Großbritannien die bereits bestens bekannte, damals bedeutendste okkulte Gesellschaft ins Leben rief, nämlich den Orden der Goldenen Dämmerung oder »Order of the Hermetic Students of the Rosicrucian Golden Dawn«, deren Mitglieder sich bekanntlich auf unsichtbare »Meister« beriefen (was in bezug auf die Prieuré gar nicht so weit hergeholt wäre) und deren anrüchig-berühmtestes Mitglied schließlich ein Mann namens Aleister Crowley sein sollte.

Saunière wurde – aus welchen Gründen also auch immer – mit offenen Armen in diesen Kreis aufgenommen. Nahezu alle Quellen sind sich darüber einig, daß Saunière nicht nur Mitglied jener von Chaumeil zitierten Loge nach »Schottischem Ritus« war, sondern zumindest ein Anhänger, wenn nicht auch ein Mitglied der »Hermetischen Bruderschaft des Lichts«, der »Hermetic Brotherhood of Light«,[814] der wiederum auch Claude Debussy, der Großmeister der Prieuré de Sion, der unter dem Pseudonym »Papus« bekannte Dr. Gérard Encausse und Aleister Crowley angehörten.[815] Über Papus wiederum begegnen wir einer anderen jener Persönlichkeiten, die an der okkulten Wiege des Dritten Reiches gestanden haben, mehr noch, die über ihre Bindung und Verbindung zu Personen wie Dr. Hartmann, Kellner & Co schon in direktem Zusammenhang damit stehen: Theodor Reuß.

Papus selbst war zweifellos eine überaus bemerkenswerte Persönlichkeit. Dr. Gérard Analect Vincent Encausse, im Juli 1865 im spanischen Corogna geboren, war 1887 einer der Mitbegründer der Theosophischen Gesellschaft in Frankreich. 1890 trennte er sich jedoch wieder von ihr und begründete eine Art Gegen-Theosophische-Gesellschaft auf rein esoterischer Grundlage, die »Groupe indépendent d'étude ésoterique« und verschiedene esoterische Zeitschriften, deren eine, die *Initiation*, auch noch in der zweiten Hälfte des Jahrhunderts existierte. Ab diesem Jahr fungierte Papus außerdem als Bischof einer von einem gewissen Jules Donel, Bibliothekar in Carcassone, gegründeten neo-katharischen Kirche. 1891 tritt Papus als Wiederbegründer des Martinismus und als

Großmeister des modernen Martinistenordens in Erscheinung, zu dessen Arbeiten erwähnenswerterweise auch Freimaurer zugelassen wurden, die mindestens den 18. Grad des Alten und Angenommenen Schottischen Ritus innehatten.

Des Zusammenhanges wegen seien hier einige Bemerkungen über den Martinistenorden eingeschoben, der von manchen als eines der geheimsten und interessantesten Freimaurersysteme bezeichnet wird. Der Martinismus geht auf den als der »unbekannte Philosoph« in der zweiten Hälfte des achtzehnten Jahrhunderts in Erscheinung getretenen Louis Claude Marquis de Saint-Martin beziehungsweise dessen Mentor Don Martines de Pasquales de la Tour zurück. Letzterer war ein Rosenkreuzer ganz besonderer Art, nämlich Begründer und Mitglied einer sonderbaren Gruppe freimaurerischer Rosenkreuzer, die sich die »Auserwählten Cohens« (»Elus Cohens«) nannten. In Paris gründete Don Martines den Orden der »Illuminés«, also der Illuminaten, die angeblich völlig unpolitisch gewesen sein sollen und sich lediglich der Magie als Medium der höchsten mystischen Offenbarung widmeten. 1768 wurde Saint-Martin in den erlauchten Kreis der »Auserwählten Cohens« aufgenommen und diente Don Martines als dessen Privatsekretär. Später übernahm Saint-Martin selbst die Ordensleitung. Von dieser Zeit an zumindest sind zahlreiche Querverbindungen zwischen den Martinisten und führenden deutschen Hochgradmaurern bekannt.

Die philosophische Hauptaussage Saint-Martins beinhaltet nichts anderes, als daß der Mensch grundsätzlich kein Wurm, sondern Gott ist, zum König des Universums bestimmt, bloß zu feige und zu mutlos und zu faul, um sich seiner eigentlichen Bestimmung zu besinnen.[816]

Nach Papus jedenfalls überragte das Wissen der Martinisten schon im ersten Grad das der gewöhnlichen Freimaurerei insgesamt. 1895 wurde Papus Mitglied des französischen Ablegers des Ordens der Goldenen Dämmerung in der Pariser Loge Anhathoor. Um 1905 herum propagierte er die Gründung einer »wahre Freimaurerei« betreibenden Großloge, deren Mitglieder »in den Vereinigten Staaten, in Kanada und in Deutschland anerkannt« würden.[817] 1908 erhielt Papus von niemand anderem als von Theodor Reuß das Patent zur Gründung eines souveränen Generalgroßrats und Großorients des Memphis-Misraim-Ritus sowie des Cernau-Ritus für Frankreich und seine Kolonien. Konsequenterweise wurde Papus in der Folge nicht nur Großmeister der französischen Memphis-Misraim-Logen, sondern später auch Großmeister des von

Hartmann, Kellner und Reuß (angeblich als Reorganisation der »Hermetic Brotherhood of Light«) gegründeten »Ordo Templi Orientis«, den dann wiederum in der Nachfolge von Reuß zwischenzeitlich Rudolf Steiner als höchste Instanz in Deutschland leiten sollte, gefolgt von niemand Geringerem als Aleister Crowley, der wie Reuß und andere in diesem Geschäft nicht nur Esoteriker und Okkultist, sondern auch profaner Doppelspion war.

Hier macht allem Anschein nach auch Monsieur Papus keine Ausnahme, der, eng mit Rasputin liiert, in allerlei undurchsichtige Machenschaften vor der russischen Revolution verstrickt gewesen zu sein scheint.[818]

Auf jeden Fall ist in diesem Zusammenhang – und vor allem im Zusammenhang mit der Rolle eines gewissen Professor Sergeij A. Nilus bei der Verbreitung der *Protokolle der Weisen von Zion* in Rußland – die ohne Zweifel einflußreiche Stellung von Papus am russischen Zarenhof erwähnenswert. Er galt als enger Freund, Vertrauter und Berater des russischen Herrscherpaares. Zar Nikolaus II., Mitglied der von Papus auch in Petersburg begründeten Loge des Martinistenordens, wurde von Papus in Esoterik unterrichtet. Kein Zweifel, daß Papus auch mit Rasputin bekannt war, dem wiederum enge Verbindungen zu jenen sufischen Kreisen im Nahen Osten nachgesagt werden, mit denen auch der Ordo Templi Orientis in Beziehung stand und dem bekanntlich einige der Gründungsmitglieder des O.T.O. ihre grundsätzlichen Erleuchtungen zu verdanken haben.

Dabei soll es sich um denselben sufischen Orden handeln, in dem auch Paschal Beverley Randolph, der Begründer der gemeinsam mit den Neo-Illuminaten im Ordo Templi Orientis verschmolzenen Bruderschaft des Lichts sozusagen in die Lehre gegangen sein soll. Ebendieser Orden wiederum soll auch hinter den Jungtürken gestanden haben, die sich nicht nur durch die Errichtung der parlamentarischen Demokratie in der Türkei, sondern auch durch den Völkermord an den Armeniern einen historischen Namen gemacht haben. Ebenfalls mit diesen Kreisen eng verbunden war zu jener Zeit ein gewisser Dragutin Dimitrijević, Chef des serbischen Geheimdienstes, der unter dem Decknamen »Apis« führendes Mitglied einer panserbischen, geheimen revolutionären Zelle mit dem prosaischen Namen »Union oder Tod« war. Was Wunder also, daß manche Hellsichtige die Ermordung des österreichischen Thronfolgers so exakt voraussagen konnten? Inwieweit bei all dem tatsächlich ein Zusammenhang besteht, daß am Samstag, den 26. Juni 1914, exakt auf die Sekunde genau zur gleichen Zeit (und zwar unter Berücksichtigung der durch die Erdrotation bedingten Zeitdifferenz von drei Stunden und zwanzig Minuten), nämlich um 10 Uhr 55 in Sarajevo der österreichische Thronfolger Franz Ferdinand ermordet und um 14 Uhr 15 in Prokowskoje Rasputin niedergestochen und beinahe tödlich verletzt worden war, mögen Magier, Okkultisten, Rosenkreuzer und das Allsehende Auge wissen: Immerhin wäre Rasputin noch der einzige gewesen, der durch seinen in jeder Hinsicht übernatürlichen Einfluß auf den Zaren zu dieser Zeit einen Weltkrieg hätte verhindern können.[819]

Was Papus' Rolle betrifft, so scheint zumindest belegt zu sein, daß er schon lange vor der großen russischen Revolution diese große Revolution vorherzusagen imstande gewesen ist. Als im Herbst 1905 in Rußland Unruhen ausbrachen und Nikolaus II. hilflos zwischen seinen Ratgebern hin und her schwankte, wurde Papus nach Petersburg berufen.

Als er in Zarskoje Sjelo eintraf, herrschte dort höchste Verwirrung wegen des Aufstandes in Moskau. Gemeinsam mit dem Zarenpaar, so heißt es, hielt Papus eine okkultistische Séance ab, zitierte den Geist Alexanders III. herbei und befragte diesen. Das Ergebnis war der Rat Papus', die aktuelle Freiheitsbewegung zu unterdrücken. Es werde aber bald eine neue Revolution viel größeren Ausmaßes kommen. Papus erklärte, daß er die kommende Katastrophe zwar beschwören und bannen könne, die Wirkung höre aber auf, wenn er selbst von diesem irdischen Schauplatz verschwinden werde. Wie der französische Botschafter in Petersburg, Paléologue, in seinem Werk *Am Zarenhof während des Weltkrieges* feststellte, habe man in Hofkreisen im Tod von Papus im Jahre 1916 das sichere Zeichen für den bevorstehenden Zusammenbruch des Zarismus erblickt.[820]

Zugegeben, das alles klingt etwas nach okkultistischen Märchen aus 1001 Pariser Nächten, aber im Zusammenhang mit den Protokollen erweist sich, daß es im Kern möglicherweise durchaus höchst realistisch ist.

Hinsichtlich dieser Protokolle, die nicht nur in Deutschland zur Begründung der Judenverfolgung herhalten mußten, sondern beispielsweise auch zur Untermauerung blutiger Pogrome in Rußland dienten, hat sich im allgemeinen die Ansicht durchgesetzt, es handle sich dabei eben um eine bösartige antisemitische Fälschung, deren Herkunft und Existenz unbekannt ist und mit der die Existenz einer jüdischen Weltverschwörung bewiesen werden sollte.

Es gibt über ihre Herkunft in der Tat zahlreiche, einander meist ausschließende Versionen. So hieß es unter anderem, es handle sich ursprünglich um hebräische Protokolle aus Rußland, entstanden um 1850. Eine andere Version besagte, es seien die Protokolle »jüdischer Geheimsitzungen« in Frankreich aus dem Jahre 1901. Anderen Mutmaßungen zufolge handle es sich beim Inhalt der Protokolle um die Ziele des alten jüdischen Gerichtshofes »Sanhedrin«, den der französische Kaiser Napoleon I. 1807 tatsächlich als Gremium von Rabbinern und Laien erneuert und eingesetzt hatte.[821] Die fanatische Gruppe habe schließlich die Macht über die Judenheit gewonnen und wollte die christliche Welt zerstören. Die schließlich verbreitetste Version und damit die eigentliche Fälschung war die Unterstellung, es seien die Protokolle von 24 Geheimsitzungen des dreitägigen Baseler Zionistenkongresses von 1897, welche das vom Vorsitzenden der angeblichen jüdischen Geheimregierung, Achad ha Am (Ascher Ginzberg), vorgelegte und angenommene Programm enthielten und eben in diesem Jahr 1897 bereits erstmals in Rußland aufgetaucht seien.

Andere Spekulationen hinsichtlich der Herkunft der Protokolle kamen zu zunächst seltsam anmutenden Querverbindungen: Sie orteten den Entstehungsort der Protokolle im angeblichen Zentralpunkt der jüdischen Weltverschwörung, in der damals in Paris gegründeten »Alliance Israélite Universelle«, und identifizierten als deren Urheber einen russischen Polizeispitzel, den zum Christentum konvertierten Juden Jakob Brafmann. Demnach sollen die Protokolle im Pariser Büro der russischen Geheimpolizei »Ochrana« hergestellt worden sein, und zwar als Plagiat einer bereits 1863/1864 anonym erschienenen Satire auf den französischen Kaiser Napoleon III., das *Zwiegespräch in der Hölle zwischen Machiavelli und Montesquieu, oder Machiavellis Politik im neunzehnten Jahrhundert*. Verfasser dieses Werkes war der katholische Advokat Maurice Joly, von dem es heißt, er sei Mitglied eines alten Rosenkreuzerordens gewesen. Mitglieder der russischen Geheimpolizei nun glaubten in diesen Gesprächen eine ideale Vorlage für ein propagandistisches Werkzeug entdeckt zu haben, mit dem man die an allen Ecken und Enden Rußlands aufflammende Revolution löschen könnte, indem man die Massen zur Überzeugung brächte, daß der Bolschewismus das Werk des Antichrist sei und niemand anderes dahintersteckte als das internationale Judentum.

Als Strohmann, der die Beweise für diese Verschwörung für die »Ochrana« veröffentlichen sollte, wurde ein gewisser Sergeij A. Nilus ausersehen. Nilus war ein Schüler des bekannten russischen Philosophen und Mystikers Wladimir S. Solowjew und eben im Begriff, ein Werk

Solowjews zu veröffentlichen, das sich mit dem Kommen des Antichrist beschäftigte. Die Verbindung einer heimtückischen Strategie zur Eroberung der Macht, die in Jolys Satire dargestellt wurde, mit der drohenden Ankunft des Antichrist, noch dazu unter jüdischer Regie, schien der »Ochrana«, nach dieser Version, ein geeignetes Mittel zu sein, um den im russischen Volk tief verwurzelten religiösen Glauben für ihre Zwecke ausnutzen zu können.

Darüber hinaus soll die »Ochrana« noch ein weiteres, enger gestecktes Ziel verfolgt haben: Papus und sein Kreis sollten durch die Aufdeckung dieser angeblichen Verschwörung diskreditiert und Nilus an Stelle von Papus zum geistigen Ratgeber des Zaren im Dienste der »Ochrana« werden. Es gibt hier noch eine andere Version, nach der Sergeij Nilus, auf welchem Weg auch immer, in den Besitz der Protokolle gekommen war, entweder im Alleingang oder im Auftrag der intriganten Großfürstin Elisabeth sich durch Kompromittierung des esoterischen Kreises um Papus das Vertrauen des Zaren mittels der »gefälschten« Protokolle erschleichen wollte.

Sicher ist eines: 1903 legte dieser Nilus dem Zaren tatsächlich das explosive Dokument vor. Doch der Herrscher reagierte nicht wie vorgesehen. Er erklärte, das Dokument sei eine empörende Fälschung, befahl sämtliche Exemplare zu vernichten und verbannte Nilus vom Petersburger Hof, dessen erhoffte Vertrauensstellung bald darauf Rasputin einnehmen sollte. Nichtsdestoweniger schien jemand großes Interesse daran gehabt zu haben, die Protokolle ungeachtet des Befehls von allerhöchster Stelle dennoch unter die Leute zu bringen. 1903 wurden die Protokolle in mehreren Folgen in der Petersburger Zeitung *Snamja* abgedruckt, allerdings ohne besonderes Interesse zu erregen. 1905 erschienen sie dann als Anhang zu dem Buch des Mystikers Wladimir Solowjew mit dem Titel *Das Große im Kleinen, der heranschreitende Antichrist und das Reich des Tempels auf Erden,*[822] was möglicherweise ein Übersetzungsfehler ist oder eine Freudsche Fehlleistung, denn nach anderen Quellen hieß es: »Das Große im Kleinen oder Nahe ist der herandrängende Antichrist und das Reich des Teufels auf Erden.«[823]

Ob nun tatsächlich die Strategie des »Ochrana« aufging oder nicht, nach dieser Veröffentlichung begannen jedenfalls die Protokolle Aufsehen zu erregen.

Es gibt übrigens noch andere erwähnenswerte Mutmaßungen, weniger über den Ursprung als über die mögliche Zielsetzung der Protokolle.

Eine davon findet sich in dem 1923 in Leipzig erschienenen und zweifellos von dem Anthroposophen Rudolf Steiner beeinflußten Buch von Karl Heise, *Der katholische Ansturm wider den Okkultismus und sein tiefgehender Einfluß auf das Völkerleben*:

»Dieses Buch [...] war, längere Zeit, bevor es in deutscher Sprache in Charlottenburg erschien, zur Hälfte schon von einer uns nahestehenden russischen Persönlichkeit ins Deutsche übersetzt [...] da ergab sich für den Übersetzer die Tatsache, daß die mehrfachen Ausgaben des Sergius Nilusschen Buches aus einer Erdichtung hervorgegangen waren, die geschaffen war für den alleinigen Zweck, eine Mystifikation einer gewissen Gruppe von Menschen herbeizuführen, um diese Leute zu einer besonderen Idee politischer Machtausübung zu verleiten, die in ihrer letzten Auswirkung jedoch dem römisch-katholischen Gewaltwillen zugute kommen sollte, indem zugleich die – der römischen Kirche entgegenstehende – russisch-byzantinische Kirche bis auf den Tod getroffen werden sollte [...] Die gewissen Menschen nun, in deren Händen die Nilussche Arbeit, die selber wieder in der Klosterdruckerei des hl. Sergius, nahe bei Moskau – dem eigentlichen Sowjetsitz – hergestellt worden war, gespielt wurde, diese gewissen Menschen nun sind die heutigen Sowjetherrscher, und diejenigen, welche ihnen jene politischen Ideen, die im Buch des Nilus dargeboten sind, im Jahre 1902 in die Hände brachten, das waren Jesuiten.«[824]

Eine These, die zunächst weiter hergeholt zu sein scheint, als sie es bei näherer Betrachtung ist. Sieht man einmal von der Tatsache ab, daß die Jesuiten durchaus eine höchst mysteriöse Geschellschaft darstellen, mit einem sozusagen »inneren Orden«, einer mysteriösen Hierarchie, »welche den Gesamtorden leitet und im Besitz bedeutsamer Geheimnisse ist«,[825] so waren weder sie noch der Vatikan in der Tat jemals zimperlich in bezug auf politische Intrigenspiele. In diesem Zusammenhang sei an den Bericht des preußischen Gesandten Kurt von Schlözer am Hl. Stuhl erinnert, der am 30. Mai 1890 aus dem Vatikan nach Berlin meldete, daß man in den Kreisen der Jesuiten von neuem den alten Satz verfechte, das Kriegsfeuer in Europa schüren zu müssen, weil nur ein allgemeiner Kampf den Weg zur Wiederherstellung des päpstlichen Dominium temporale anbahnen könne.[826] Abgesehen davon ist es eben nie ausgeschlossen, daß sich zuweilen die Absichten und Ziele bestimmter Kreise mit denen des Vatikans, der Malteserritter oder der Jesuiten als deckungsgleich erweisen, selbst wenn es nach außen hin den Anschein hat, als handle es sich um diametral entgegengesetzte Kräfte.

Bezüglich der Protokolle, die dem Dritten Reich schließlich zur Legitimation des Kampfes gegen die jüdische Weltherrschaft dienten, ist es ja nicht ohne gewisse Ironie, daß ebendiese sich lesen wie die Geschichte des Aufstiegs des Nationalsozialismus; der Prototyp eines Planes, wie man mit Einverständnis und Hilfe einer ganzen Nation bzw. ganzer Nationen die Hölle auf Erden errichten kann.

Cui bono? Wem nützt es? Diesbezüglich könnte man zu allerlei Spekulationen verleitet werden und Heises These auch auf das national-sozialistische Deutschland ausdehnen, wenn man sich jene Zeilen zu Gemüte führt, die etwa am 19. 5. 1928 im maßgeblichen vatikanischen Organ des Jesuitenordens erschienen:

»Die jüdische Gefahr bedroht die ganze Welt durch verderbliche jüdische Einflüsse oder verabscheuungswürdige Einmischungen, besonders bei den christlichen Völkern, und mehr noch bei den katholi-schen und lateinischen, wo die Blindheit des alten Liberalismus die Juden begünstigt hat, während sie die Katholiken und die Orden verfolg-te. Die Gefahr wird von Tag zu Tag größer.«[827] Und an anderer Stelle schreibt dieselbe Zeitung im selben Jahr, die jüdische Propaganda stehe zum Teil in engster Verbindung mit der freimaurerischen und bolsche-wistischen; in vielen Teilen des öffentlichen Lebens, besonders in der Wirtschaft und in der Industrie, hätten die Juden die Führung, in der Hochfinanz geradezu diktatorische Übermacht, auch der sogenannte Völkerbund begünstige den jüdischen Einfluß.[828]

Nun, nach dem gescheiterten Putschversuch, nach seiner Entlassung aus der Landsberger Festungshaft, soll Hitler gegenüber dem damaligen bayrischen Ministerpräsidenten, Geheimrat Dr. Heinrich Held, geäußert haben: »Mein Versuch, illegal an die Macht zu kommen, ist gescheitert. Ich muß legal an die Macht kommen, und das kann ich nicht ohne Roms gründliche Hilfe!«[829]

Zwar stimmt es, daß die römische Kirche im politischen Bereich während der Herrschaft des Nationalsozialismus stets unter Kontrolle blieb und nicht annähernd die Stellung im deutschen Staatswesen er-reichte wie später unter Adenauer, aber mit dem Reichskonkordat vom 20. 7. 1933 wurde dem Vatikan immerhin ein Geschenk gemacht, wie er es sich nicht besser hätte wünschen können. Ob an der seinerzeit im Juli 1933 erschienenen Pressemeldung des Korrespondenten der *Tribune Press Service* aus römischen Kurienkreisen wirklich alles wahr gewesen ist, das ist bis heute nicht einwandfrei geklärt: Demnach soll Hitler im Zusammenhang mit der Unterzeichnung des Reichskonkordats die höchste päpstliche Auszeichnung, nämlich der Christusorden, verliehen worden sein. Wie anhand der Geschichte der Prieuré de Sion zu sehen war und wie vor allem der Inhalt der Protokolle deutlich macht, kann man vermutlich nie mit Sicherheit sagen, unter welchem Schafspelz sich der Wolf, oder umgekehrt, unter welchem Wolfspelz sich ein dummes Schaf oder ein nützlicher Idiot verbirgt.

Was nun die Protokolle betrifft, so kommt man nicht umhin, den Urhebern und Verfassern eine gewisse Genialität zuzugestehen, sowohl was ihre Verhandlungsstrategie hinsichtlich der Ursprünge der Protokolle betrifft, als auch in Anbetracht deren letztendlicher Wirkung.

Sie entwickelten sich in der Tat zur wohl größten Infamie des 20. Jahrhunderts, ob dies von ihren eigentlichen Urhebern nun wirklich so vorgesehen war oder nicht. Schon am 7. August 1917 erklang der erste Warnruf in der britischen *Morning Post*, die sich dabei auf die Protokolle berief:

»Die Juden haben sich dank der hohen Staatskunst ihrer geheimen Herrscher durch Jahrhunderte als Nation erhalten. In ihren Händen liegt das überlieferte Wissen der ganzen Erde, und an den Staatsgeheimnissen jeder Nation sind stets auch die geheimen Herrscher des Judentums beteiligt.«[830]

In Rußland, wo die Protokolle an die Soldaten der weißrussischen Armee verteilt wurden, führten sie unmittelbar zur Ermordung von mehr als sechzigtausend Juden, die für den Ausbruch der Oktoberrevolution verantwortlich gemacht wurden.[831] Auf ihrer Flucht verbreiteten die Weißrussen dann die Protokolle in ganz Europa, wo sie eine Welle antisemitischer Ressentiments entfachten, dank derer nicht zuletzt die Thule-Leute an die Oberfläche der Macht gespült wurden.

Die Protokolle wurden weltweit das große Verlagsgeschäft. Obwohl die Londoner *Times*, nachdem sie die Protokolle zunächst selbst für wahr und ernstzunehmend verkauft hatte, diese 1921 zumindest hinsichtlich ihres angeblich zionistischen Ursprungs als Fälschung entlarvte, ging Auflage um Auflage heraus, allein in Großbritannien bis 1960 (!) nicht weniger als dreiundachtzig. Möglicherweise ist dieses besondere Interesse an den Protokollen in Großbritannien auch darauf zurückzuführen, daß sich ihr Inhalt weitgehend mit den einhundert Jahren zuvor erschienenen Schilderungen des großen englischen Staatsmannes D'Israeli deckte. In seinem Roman *Alroy* etwa hatte 1832 der damals erst 28jährige Lord Baconsfield (Benjamin D'Israeli) einen »jüdischen Fürsten« beschrieben, der in Palästina aus kleinen Anfängen sein Gebiet immer weiter ausdehnt und damit die Gründung eines jüdischen Weltreiches vorbereitet. In *Tranced or the new Crusade* forderte D'Israeli 1847 einen neuen Kreuzzug nach Jerusalem (bemerkenswerterweise war einer der engsten Freunde D'Israelis ein gewisser Lord Randolph, Begründer der »Primrose League« und Vater eines Politikers, der eine nicht unbedeutende Rolle in bezug auf gewisse Veränderungen sowohl in Europa als auch im Nahen Osten im Zusammenhang mit der Gründung des Staates Israel spielte, nämlich Winston S. Churchill).[832] Setzt man allerdings Lord Baconsfields Visionen und seine bereits früher erwähnten Aussagen bezüglich einer über die Jahrhunderte hinweg existierenden »Weltverschwörung« in Zusammenhang mit der Geschichte und den Beweggründen der Prieuré de Sion, erscheinen sie in einem etwas anderen und durchaus realistischen Licht.

Halten wir hinsichtlich der Protokolle fest: Festzustehen scheint, daß sie mit dem Zionismus offenbar nichts zu tun haben, zumindest nichts, was ihre Herkunft betrifft. Es wird vermutet, daß sie inhaltlich auf das *Zwiegespräch in der Hölle zwischen Machiavelli und Montesquieu* des Rosenkreuzers Maurice Joly zurückgehen, ihre eigentliche Herkunft und ihre eigentlichen Verfasser sind jedoch nach wie vor unbekannt und Gegenstand von Spekulationen.

Daß sie weder 1897 zur Zeit des Basler Zionisten-Kongresses noch erst 1902/1903 durch Sergeij A. Nilus, weder im Alleingang oder im Auftrag der russischen Geheimpolizei entstanden sind, beweist der Umstand, daß ein Exemplar dieses Machwerks bereits 1884 in Umlauf war »und einem Mitglied jener Freimaurerloge in die Hände fiel, der auch Papus angehörte und deren Meister vom Stuhl er später wurde«.[833] Halten wir zudem ferner fest, daß offensichtlich auch Jolys 1863/1965 anonym erschienene Satire bereits ein Plagiat war, denn Passagen aus den späteren *Protokollen der Weisen von Zion* waren bereits in einem Buch mit dem Titel *Machiavelli, Montesquieu und Rousseau* enthalten, das von einem gewissen Jacob Venedy geschrieben und von Franz Danicker 1850 in Berlin herausgegeben worden war.[834]

Wie bereits erwähnt, hatten Pfarrer Sauniére, Abbé Boudet, Émile Hoffet, dessen Onkel Abbé Bieil sowie der Bischof von Carcassone zumindest engen Kontakt zu einer Freimaurerloge nach »Schottischem Ritus«, sie gehörten allesamt darüber hinaus jenem Kreis um Debussy, dem damaligen Großmeister der Prieuré de Sion, Jules Bois, dem Initiator des Golden Dawn und dem vielseitigen Arzt Dr. Gerard Encausse alias Papus an, seines Zeichens Theosoph, Großmeister des Martinistenordens, einer »die wahre Freimaurerei betreibenden Großloge«, sowie des ihm über Theodor Reuß zugänglich gemachten Memphis-Misraim-Cernau-Ritus, außerdem Großmeister des Ordo Templi Orientis, welcher wiederum eine höchst undurchsichtige Rolle am Hof des Zaren am Vorabend der Revolution spielte. Um 1914 wurde jene Geheimloge, der Boudet und Sauniére angehörten – dies läßt Jean-Luc Chaumeil im *Schatz des goldenen Dreiecks* durchblicken –, mit einer anderen Geheimgesellschaft vereinigt. Lincoln, Baigent und Leigh verweisen in diesem Zusammenhang auf eine weitere, 1873 gegründete Geheimgesellschaft, die mit all den anderen esoterischen Vereinigungen viel gemeinsam hatte: etwa die Betonung der Heiligkeit der Geometrie oder verschiedener Orte, das Beharren auf einer mystischen oder gnostischen Wahrheit, die intensive Beschäftigung mit dem Ursprung der Menschen, Rassen, Sprachen und der Symbole der theosophischen Lehre. Vor allem aber beschäftigte man sich in diesem Geheimbund mit dem Namen »Hiéron du Val D'Or« intensiv mit dem Gedanken an die Errichtung eines Idealstaates als irdisches Ebenbild der universellen Harmonie, der kosmischen Ordnung und der in ihr begründeten Hierarchie. Nach diesem Plan sollte zunächst eine Theokratie errichtet werden, in der die Nationen nur mehr Provinzen und ihre Führer sozusagen Prokonsuln im Dienste der okkulten Weltregierung einer kleinen, verschwörerischen Elite wären: ein neues, wahrhaftiges »Heiliges Römisches Reich« unter der Herrschaft eines »Großen Königs«, einer Dynastie von Priesterkönigen, ähnlich den ägyptischen Pharaonen, mit denen niemand anderer gemeint war als die Abkömmlinge der Dynastie der mit den Merowingern genealogisch verbundenen Habsburger.

Ob das Haus Habsburg an diesen gegen Ende des 19. Jahrhunderts angesichts der damals herrschenden Zeitumstände ganz und gar nicht so unrealistischen Plänen in irgendeiner Form selbst beteiligt war, dafür gibt es keine Beweise; bemerkenswert immerhin sind der Besuch Johann Salvators von Habsburg bei Pfarrer Sauniére in Rennes-le-Château und seine finanziellen Zuwendungen in diesem Zusammenhang auf jeden Fall; ebenso wie die Tatsache, daß Roosevelt und Churchill in geheimen Diskussionen erwogen haben sollen, nach dem Zweiten Weltkrieg die Habsburger wieder auf den Thron Ungarns zu setzen, so daß Bilderberger und Pan-Europäer Otto von Habsburg Herrscher einer kaiserlichen Donauföderation geworden wäre.[835] Dies entsprang den alten Intermarium-Plänen einer Pan-Danubia-Föderation, die noch während des Zweiten Weltkrieges von Papst Pius XII. wieder aufgewärmt wurden. Das zunächst vor allem von de Gaulle, aber auch von Großbritannien für deren eigene Ziele unterstützte Bestreben des Papstes war nun wiederum die Schaffung eines von deutschen wie sowjetischen Einflüssen freien katholischen Pufferstaates. Die Intermarium-Agenten im Vatikan hatten indessen weiterreichende Ziele.

Einer der Vorgänger Debussys als Großmeister der Prieuré de Sion war Charles Nodier, Leiter der Bibliothèque de l'Arsenal, die damals wie heute noch über die größten Bestände insbesondere okkulter Literatur in Frankreich verfügt und auf Napoleons ehrgeizige, an die Ziele der Illuminaten Weishaupts erinnernden Pläne zurückzuführen ist, eine Art von Welt-Bibliothek zu schaffen, mehr oder weniger das Weltwissen zu monopolisieren. So konfiszierte Napoleon 1810 fast die gesamten Archive des Vatikans, die unter anderem auch sämtliche Dokumente im Zusammenhang mit dem Templer-Orden enthielten.

Dieses Material nun war Nodier anvertraut, zu dessen Mitarbeitern unter anderem der durch seine magischen Schriften unter seinem Pseudonym Eliphas Lévi bekanntgewordene Abbé Alphonse-Louis Constant zählte, einer der berühmtesten und gelehrtesten Okkultisten Frankreichs, aus dessen Werken, allerdings ohne Lévis Namen zu nennen, absatzweise und seitenweise nahezu wörtlich sowohl Madame Blavatsky für ihre *Geheimlehre* als auch Albert Pike für sein *Morals and Dogma* des Alten und Angenommenen Schottischen Ritus geschöpft hatten. Lévi war darüber hinaus eng bekannt mit jenem Bulwer-Lytton, dessen Buch *The Coming Race* bekanntlich eine der inhaltlichen Grundlagen der »Loge der Brüder des Lichts«, der sogenannten »Vril-Gesellschaft« war, zu deren Mitgliedern zahlreiche prominente Thule-Leute wie Karl Haushofer und Rudolf Heß zählten.

Enge Beziehungen unterhielt Lévi darüber hinaus mit der Mitbegründerin der Theosophischen Gesellschaft in Deutschland, einer Frau Gebhardt aus Ebersfeld, und zur »Societas Rosicruciana in Anglia«, außerdem war er Mitglied der »Bruderschaft des Lichts«, wie sein Schüler im Geiste, Encausse alias Papus. Aleister Crowley behauptete, die Reinkarnation Lévis zu sein.[836] Abgesehen von diesen bemerkenswerten Querverbindungen war Lévi gemeinsam mit seinem Mentor Charles Nodier wesentlich an der »okkulten Erneuerung« im Frankreich des neunzehnten Jahrhunderts beteiligt. Enger Freund Nodiers war außerdem Victor Hugo, sein Nachfolger als Großmeister der Prieuré de Sion und Vorgänger Debussys in dieser Funktion, zu dessen Kreis er auch, was nicht verwunderlich ist, zur Zeit Sauniéres, Papus und Hoffets gehörte.[837]

Angeblich war Nodier schon im Alter von zehn Jahren Angehöriger einer Geheimgesellschaft, die sich »Philadelphen« nannte. 1893 gründete er eine eigene Gesellschaft desselben Namens. Interessanterweise wird in dem Werk *History of the Ancient and Primitive Rite of Masonry*, das 1895 in London erschien, die Meinung vertreten, der 1857 mit dem Misraim-Ritus und später durch Theodor Reuß mit dem Ordo Templi Orientis verschmolzene »Orientalische Ritus von Memphis« sei ursprünglich von den 1779 gegründeten »Philadelphiens« eingeführt worden.[838]

1802 berichtet ebendieser Nodier von seiner Verbindung zu einer Geheimgesellschaft, die er als »biblisch und pythagoräisch« bezeichnet.[839] In einem 1815 von ihm anonym veröffentlichten Werk über die Geschichte der Geheimgesellschaften in der napoleonischen Armee, die er als »kaum verhüllte Allegorie wahrer historischer Begebenheiten« bezeichnete, spricht Nodier von einem »Eid, der mich an die Philadelphen bindet und es mir untersagt, ihren wahren Namen der Öffentlichkeit preiszugeben«.[840]

Man muß gewiß nicht einmal eins und eins zusammenzählen können, um zu der Vermutung zu gelangen, daß es sich dabei um die Prieuré de Sion handelt, zumal sich Nodier in seinen Werken insgesamt auffallend intensiv mit der Epoche der Merowinger, mit den Tempelrittern und mit Gisors beschäftigte. Sein Werk über die Geheimgesellschaften enthält eine indirekte Anspielung auf »Sion«, die in einer von ihm zitierten Ansprache gemacht wird, in der der Redner von seinem »neugeborenen Sohn« spricht:

»Er ist zu jung, um sich durch das Gelübde Hannibals an euch zu binden. Aber vergeßt nicht, daß ich ihm den Namen Eliacin gegeben habe und daß ich ihm das Amt des Hüters des Tempels und des Altars übertrage für den Fall, daß ich sterben sollte, ohne den letzten Unterdrücker Jerusalems vom Thron stürzen zu sehen.«[841]

Die allgemein verbreitete Ansicht bezüglich der Protokolle besagt, sie seien eine Fälschung, ausgeheckt von Antisemiten, um das Judentum in Verruf zu bringen. Daß sie dazu benutzt wurden, steht ohne jeden Zweifel fest und außer Frage. Es fehlt jedoch die Antwort darauf, warum, und es fehlt die Antwort auf die Frage, wem sie nun tatsächlich ihre Existenz verdanken. Daß etwa Theodor Hertzl und die zionistische Weltbewegung, soweit sie die Wiedererrichtung Israels bezweckte, etwas damit zu tun hätten, widerlegt schon bei nur oberflächlicher Betrachtung ganz eindeutig der Inhalt der Protokolle selbst, diesem »politischen Generalplan, von dem jahrhundertelang niemand auch nur etwas bemerkt hat«, wie es darin heißt, und der die Geschichte ganzer Völker lenkt.

Jedoch hätte, wie auch Lincoln und seine Mitarbeiter betonen, kein Antisemit, dem es tatsächlich bloß um die Diskriminierung und Diskreditierung des Judentums gegangen wäre und der auch nur einen Funken Verstand besessen hätte, sich eine Reihe zunächst rätselhaft erscheinender Querverweise ausgedacht, die auf eine eindeutig nicht-jüdische, nichtzionistische Autorenschaft hinweisen. (Daß tatsächlich viele Menschen semitischer bzw. vor allem Khazar-Herkunft in diesem Netz möglicherweise eine bedeutsame Rolle spielen, rechtfertigt nicht die Behauptung, die »Juden« als rassische und religiöse Einheit seien die Drahtzieher hinter diesen Plänen.) Beispielsweise enden die Protokolle, worauf auch Lincoln & Co besonders verweisen, mit der Formulierung: »Unterzeichnet von den Vertretern Zions des 33. Grades.«

»Zu welchem Zweck«, fragen sich Lincoln und seine Mitarbeiter zu Recht, »hätte ein antisemitischer Fälscher sich gerade diese Formulierung einfallen lassen sollen? Warum klagt er statt allen Juden nur die wenigen ›Vertreter Zions des 33. Grades‹ an? Lag es nicht näher, zu behaupten, die Protokolle seien von Teilnehmern des zionistischen Kongresses unterschrieben worden? Die Vertreter ›Zions des 33. Grades‹ sind schwerlich mit dem Judentum oder einer ›internationalen Verschwörung des Judentums‹ in Verbindung zu bringen, sondern vielmehr mit dem freimaurerischen System der ›Strikten Observanz‹ des Reichsfreiherrn Hund.«[842] Und nicht zuletzt wohl mit dem von Albert Pike überarbeiteten 33gradigen Hochgradsystems des Alten und Angenommenen Schottischen Ritus.

Dies sind nicht die einzigen diesbezüglichen Ungereimtheiten. So ist im Text der Protokolle mehrfach die Rede von einem König aus »dem Hause Zion«, der über dieses Reich herrschen wird. Dieser zukünftige König werde »dem Geschlecht Davids« entstammen und der »wahre Papst« sowie der »Patriarch einer internationalen Kirche« sein.[843]

Nun ist es eine Tatsache, daß seit biblischen Zeiten in der jüdischen Tradition kein König mehr existiert und das monarchistische Prinzip (zumindest im hebräisch-semitischen Judentum) völlig irrelevant geworden ist. Tatsächlich würden diese Hinweise eher auf einen, auf der christlichen Tradition beruhenden Ursprung schließen lassen, denn »im Verlauf der letzten zweitausend Jahre war Jesus nämlich der einzige ›König der Juden‹, der, dem Neuen Testament zufolge, ›dem Geschlecht Davids‹ entstammte [...] warum wird von einer so spezifischen Institution wie dem Papsttum, weshalb von einer ›internationalen Kirche‹ gesprochen und nicht von einer internationalen Synagoge oder einem Tempel?«[844]

Abgesehen davon, daß mit dem »König der Juden« von Septimanien, Wilhelm von Oranien, wenn auch nicht in der jüdischen Tradition, so doch aber offenbar in der genealogischen merowingischen Erbfolge durchaus auch nach Jesus ein »König der Juden aus dem Hause David« existiert hätte, und abgesehen davon, daß die Brüder von Sion sich sozusagen als Erben ebendieses Königs in Reserve zu halten scheinen, gibt es noch einen zu berücksichtigenden Aspekt, der die Frage der *Protokolle* wiederum in einem ganz anderen Licht erscheinen läßt.

Arthur Koestler hat überzeugend nachgewiesen, daß nicht die semitisch-hebräischen Juden die Vorfahren der jüdischen Siedler in Osteuropa und damit der meisten heute lebenden Juden überhaupt waren, sondern die turkstämmigen Chasaren (oder Khazaren), die sich zwischen dem 4. und 11. Jahrhundert vom Schwarzen Meer bis zum Kaspischen Meer ausgebreitet und ein eigenes Königreich gebildet hatten.[845] Unter dem christlichen Druck von Westen und dem islamischen Druck vom osmanischen Osten her wählten Könige und Oberschicht der Chasaren im neunten Jahrhundert einen erstaunlichen Kompromiß, der es ihnen erlaubte, zwischen diesen Blöcken selbständig zu bleiben: Sie konvertierten zum Judentum, und ihre Nachfahren sind es, die heutzutage einen wesentlichen, somit also nicht-semitischen Prozentsatz dessen bilden, was man als die »jüdische Gesellschaft« bezeichnet.

Es ist im übrigen überhaupt erstaunlich, wie stiefmütterlich dieses kulturell hochstehende Khazarenreich in der Geschichtsschreibung behandelt wird, natürlich vor allem auch in jüdischen Geschichtsbüchern, was freilich kaum verwundert. »Auf dem Gipfel seiner Macht« jedenfalls spielte »zwischen dem siebten und zehnten Jahrhundert dieses Reich eine bedeutende Rolle in der Gestaltung des Schicksals des mittelalterlichen und dementsprechend auch des modernen Europa. Der byzantinische Kaiser und Historiker Konstantin VII. Prophyrogenetos (913–959) muß sich dieser Umstände bewußt gewesen sein, als er in seiner Abhandlung über das Hofprotokoll verzeichnete, daß Briefe, die an den Papst in Rom, und ebenso jene, die an den Kaiser im Westen adressiert seien, ein Siegel enthielten, das zwei Soldi wert sei, während Botschaften an den König der Khasaren mit einem Siegel für drei Soldi ausgestattet seien.«[846]

Wie Koestler berechtigterweise betont, erscheint unter dem Gesichtspunkt der Geschichte des Khazaren-Reiches, »wie es nun langsam aus der Vergangenheit emportaucht«, alles, was mit Antisemitismus zusammenhängt, als ein »grausamer Treppenwitz der Weltgeschichte«.[847]

Es gibt hier einige interessante Details. Koestler zufolge wußten die jüdischen Volkslegenden etwa im Mittelalter nichts von einem Khazaren-Reich zu berichten, sondern von einem Königreich der »Roten Juden«.[848]

Für die hebräisch-semitischen Juden der Diaspora war die Existenz der Khazaren als die einzige »Nation, die nicht das Joch des Exils trägt«, eine Kuriosität, der sie mit Enthusiasmus und Zwiespältigkeit begegneten. »Eine Kriegernation türkischer Juden muß den Rabbis ebenso merkwürdig erschienen sein wie ein beschnittenes Einhorn. Während der tausend Jahre der Diaspora hatten die Juden vergessen, was es bedeutete, einen König und ein Land zu besitzen. Der Messias war für sie viel realer als der Kagan, [Anm.: König].«[849]

Übrigens beanspruchten auch die Khazaren den Status eines auserwählten Volkes für sich, »das seinen eigenen Bund mit dem Herrn geschlossen hatte, obwohl es nicht aus Abrahams Samen stammt«.[850]

Angenommen, auch innerhalb der Khazaren gäbe es eine Art geheimer Tradition ähnlich jener der merowingischen Prieuré-Brüder, so stünden sich hier die Ansprüche zweier jüdischer Königshäuser gegenüber: der des Hauses David, also Sions, repräsentiert durch einen Geheimorden, dessen Macht bis in den Vatikan hineinreicht, und der eines Königshauses, das sich vom Königtum der turkstämmigen Khazaren herleitet. Die Mobilisierung eines Antisemitismus gegen die fälschlicherweise für Semiten gehaltenen (und sich in der Mehrzahl wohl selbst dafür haltenden) nichtsemitischen Juden ergäbe unter diesen Aspekten ein breites Feld für Spekulationen jedweder Art.

Der in den Protokollen ersichtliche Plan jedenfalls, mit Hilfe von Konspiration, Agitation und Anarchie die Masse der Menschen in einander feindlich gegenüberstehende, in politischen, sozialen, rassischen, wirtschaftlichen und religiösen Fragen widerstreitende Gruppen aufzusplittern, die Menschen aus ihren organischen Bindungen zu lösen, Regierungen zu unterwandern und zu stürzen, die Freimaurerei und ähnliche Organisationen zu unterwandern, um schließlich und endlich den »höheren Endzweck«, die totale Kontrolle über die sozialen, wirtschaftlichen und politischen Institutionen der zivilisierten Welt sozusagen demokratisch und menschenrechtlich mittels des Schreckgespenstes eines supranationalen Verwaltungsmonsters zu übernehmen, um der Welt sodann die Segnungen des Königs aus dem Hause Sion zu verkünden: das paßt nicht nur auf die Intentionen der Prieuré de Sion. Dieses Programm steht durchaus im Einklang mit der Zielen der Geheimbünde der Renaissance, der Organisationen wie jener eines Johann Valentin Andreäs, der Illuminaten des Adam Weishaupt, der »Philadelphen« des Monsieur Nodier, es steht auch im Einklang mit den Absichten und Zielen eines Mazzini oder Albert Pike.

Dies alles deckt sich auch mit den teilweise ganz offen erklärten Absichten und Zielen der »Weltverbesserer« des »Council on Foreign Relations«, der rockefellerschen Exekutivorganisation der »Trilateralen« oder mit den Zielsetzungen der sogenannten »Bilderberger«.

Wie bereits festzustellen war, sind die Parallelen zwischen etlichen Passagen aus den Papieren der Illuminaten und aus den Protokollen, sind sich vor allem die Zielsetzungen dermaßen verblüffend ähnlich, daß der Rückschluß auf eine gemeinsame Quelle nahezu zwingend ist.

»Die veröffentlichte Version der Protokolle beruht auf einem Originaltext, der keine Fälschung, sondern authentisch war«, stellen Lincoln & Co fest. »Allerdings handelt er nicht im geringsten vom Judentum oder einer ›internationalen Verschwörung des Judentums‹«,[851] es sei denn, man bezeichne die Mitglieder der Prieuré de Sion etwa, die angeblich dem »Stamme Juda« entsprungenen Abkömmlinge der Merowinger, als »die Juden«.

Die Frage stellt sich nun, wie kam der Originaltext in die Hände des Professors Sergeij A. Nilus, der, wie Lincoln & Co meinen, »ursprünglich gar nicht die Absicht hatte, das Judentum in Mißkredit zu bringen. Vielmehr wollte er die Stellung des esoterischen Kreises um Monsieur Philippe und Papus zum Zarenhof untergraben [...] Zwar scheiterte der Versuch, Monsieur Philippe und Papus zu kompromittieren, das Elaborat konnte ebensogut für ein anderes Ziel herhalten: die Förderung des Antisemitismus [...].«[852]

Das scheint nun doch etwas zu einfach gedacht: Die Prieuré und die ihr nachgestaltete Organisation brüten einen Plan zur subversiven Errichtung einer Weltherrschaft aus, »aber der Originaltext muß nicht notwendigerweise provokatorischen oder aufrührerischen Inhalts gewesen sein«. Demnach wäre der einzig Böse in der Geschichte doch wieder nur dieser Sergeij Nilus, der dann verfälschenderweise die Begriffe »jüdische Herrschaft« und »nichtjüdische Nationen« in den Text hineinredigiert hat. Das wäre an sich schon plausibel. Zieht man jedoch die

Ähnlichkeit zumindest in Strategie und Absichten zwischen den Illuminaten-Papieren und den Protokollen in Betracht, so scheinen bereits die Originaltexte nicht gerade harmlos gewesen zu sein. Auf die Frage, warum man diese Texte Nilus zuspielte, aller Wahrscheinlichkeit von Anfang an in der Absicht, die Urheberschaft den Juden und den Zionisten zuzuschieben, mag vielleicht ein interessanter Text aus der Offenbarung, 2. Kapitel, Vers 9, antworten: »Ich weiß um deine Drangsal und deine Armut – doch du bist reich. Es lästern dich jene, die sich als Juden bezeichnen, es aber nicht sind; sie sind vielmehr die Synagoge des Satans.« Wenn es also darum gegangen wäre, mittels einer in bestimmten Bereichen leicht veränderten Fassung der Protokolle jeden Verdacht von den eigentlichen Verschwörern abzulenken und glauben zu machen, verschiedene Ereignisse seien eine jüdische Kabale zur Erringung der Weltherrschaft in Übereinstimmung mit den Richtlinien des politischen Zionismus, dann haben die »Weisen von Sion« zweifellos Erfolg gehabt. Und zwar einen mehrfachen. Weil sich die Geschichte von der »jüdischen Weltverschwörung« als nicht haltbar erwiesen und darüber hinaus zu den schrecklichsten Konsequenzen im Dritten Reich geführt hat, wird heutzutage jeder Gedanke an eine Weltverschwörung sogleich in die antisemitische Schublade geworfen.

Wenn es indessen sonst keinen Beweis für die Authentizität der Protokolle gäbe, dann wäre es letztlich die darin enthaltene, verblüffende Beschreibung unserer Zeit, dann wäre das darin enthaltene unheimliche Wissen und die Präzision ihrer Zukunftsdeutungen, denen die Welt vielleicht schon viel näher ist, als sich so mancher politische Führer von heute denkt, der möglicherweise völlig gedankenlos und der politischen Mode wegen die Begriffe »Neue Weltordnung« und »Haus Europa« in den Mund nimmt.[853]

Das Haus der Neuen Ordnung

Der amerikanische Philosoph Alan Watts hat einmal sinngemäß gesagt: Der entscheidende Irrtum der akademischen Historiker ist ihr Glaube, das Römische Reich sei untergegangen. Es ist niemals untergegangen.

Wie die enge Verflechtung der verschiedensten, im Laufe der europäischen Geschichte in Erscheinung getretenen Bewegungen vielfach okkulter Natur bis herauf zur Prieuré de Sion und den 33-Grad-Brüdern unserer Tage (jene im Vatikan mit eingeschlossen) gezeigt hat, ist diese Behauptung nicht unbegründet. Die Franzosen haben für derlei geschichtliche Feinheiten offenbar aus Erfahrung und historisch gewachsenem Instinkt einen gewissen Sinn für Humor entwickelt. Anfang der fünfziger Jahre beispielsweise, also zur Geburtsstunde der Neuen Weltordnung und des Vereinigten Europa, konnte man in der Pariser Metro Plakate der Farbenwerke Soudé bewundern. Auf diesen waren vier stramm einherschreitende »Mariannen« zu sehen und eine kleine fünfte, die kokett hinterdrein trippelte. Darunter stand zu lesen: Die Republiken kommen und gehen, Soudé-Farben aber halten unbegrenzt.

Natürlich waren damit nicht die Brüder von Sion, die Illuminaten, die Hochgradmaurer vom Typ eines Pike, eines Churchill, eines Truman oder Ford oder eines Kardinal Villot oder dieser oder jener Papst gemeint. Vermutlich haben sich die Gestalter dieses Plakates nicht sehr viel mehr bewußte Gedanken gemacht, als sie die Haltbarkeit von gewissen Farben im Gegensatz zu französischen Republiken damals nahelegte, nichtsdestoweniger übertrifft diese einfache Aussage ganz allgemein so manches mühselig erschwitzte politologische Kompendium: als Hinweis auf die Konstante hinter dem politischen Geschehen, als Hinweis auf die fehlende Dimension in der amtlich interpretierten Geschichte. Als Hinweis darauf, daß es in diesem scheinbar so verwirrenden Irrgarten der Geschichte sehr wohl einen gesamthaften Zweck und Grundplan gibt, aus dem sich ergibt, warum die Dinge zuweilen so und nicht anders geschehen, daß selbst Polaritäten und Gegensätzlichkeiten offenbar der Gesetzmäßigkeit »höherer Endzwecke« unterliegen.

Biblischen Schriften zufolge ist die Wahrheit stets mit sieben Siegeln verschlossen. Das mag seine Gründe haben. Clausewitz hat einmal gesagt: »Alle Nachrichten sind falsch, und die Furchtsamkeit der Menschen wird zur neuen Kraft der Lüge und Unwahrheit.«[854]

Letzteres stimmt sicher. Ersteres ist vielleicht übertrieben. Nicht alle Nachrichten sind völlig falsch, es fehlt bloß zuweilen der sinnvolle Zusammenhang. Warum das so ist, dafür können die sogenannten Protokolle die Antwort geben: »Wir werden aus dem Gedächtnis der Menschen alle Tatsachen der Geschichte streichen, die unbequem sind [...] wir werden von der notwendigen gesellschaftlichen Ordnung, von den Beziehungen der Menschen untereinander [...] und ähnlich erzieherischen Fragen reden.«[855]

Natürlich hat das seinen Sinn. Für die wirklich herrschenden Eliten wäre es zweifellos unbequem, wenn irgendein wirkliches Wissen zum Allgemeingut würde. Und andererseits: Wie sollte man den Leuten auch begreiflich machen, daß man eine schöne neue Welt des Friedens und Wohlstandes, nicht wahr, der Solidarität und Gerechtigkeit nicht mit Skrupeln und Humanitätsduselei errichten kann. Und wie sollte man der Menschheit auch begreiflich machen, daß eine über Weltkriege und mittels Gift, Dolch und Terror der Welt aufgezwungene Ordnung, an der letzten Endes nur ein paar »weise Männer« wirklich profitieren, auch für den Rest der Welt etwas Gutes abwerfen soll.

Die fehlende Verbindung der Geschichte ist indessen keine Frage von Hypothesen oder Theorien. Die Tatsachen sprechen ja für sich, das Schema, das sich durch die Geschichte – insbesondere auch der Moderne – zieht, ist klar und unverkennbar.

Kriege sind dazu da, bestimmte Zustände herbeizuführen, wie Lincolns weiser Kriegsminister Stanton erkannt hatte. Und Roosevelt hat wohl aus unmittelbarer Erfahrung über den Council on Foreign Relations begriffen, daß in der Politik letztlich nichts zufällig geschieht. »Wenn etwas geschieht, dann kann man auch sicher sein, daß es so geplant war.« Und was der britische Premierminister Lord Baconsfield alias Benjamin D'Israeli (der nicht nur Verschwörer-Romane schrieb) am 12. 9. 1876 im englischen Unterhaus sagte, gilt auch noch nach jenen entscheidenden Zieldaten 1989/1990, da das große Weltordnen mit dem Ende der bipolaren Nachkriegsära offenbar in eine neue Phase übergegangen ist, die man in Orwellschem Newspeak als »Friedensarchitektur der Vereinten Nationen mit Hilfe der Friedenspolizeitruppen der Vereinigten Staaten« bezeichnen könnte: »Die Staatsmänner dieses

Jahrhunderts haben es nicht allein mit Regierungen, Kaisern, Königen und Ministern zu tun, sondern auch mit geheimen Gesellschaften, Elementen, denen man Rechnung tragen muß. Diese Gesellschaften können schließlich alle politischen Anordnungen zunichte machen. Sie haben überall Agenten, skrupellose Agenten, welche Morde schüren, und sie können ein Blutbad herbeiführen, wenn sie es für zweckmäßig halten.«[856]

Und so entpuppt sich bei genauerem Hinsehen eben auch die Gegenwart als das, was sie tatsächlich ist: zum einen wahrhaftig als das Ergebnis einer zweitausendjährigen kontinuierlichen Geschichte, die im alten römischen Imperium begonnen hat; zum anderen als das über ein paar Umwege wie Weltkriege, Wirtschaftskrisen, Drittes Reich, Entkolonialisierung, Terrorismus und diverse soziale »Innovationsexperimente« erzielte aktuelle Ergebnis einer konsequenten Politik, deren Zielsetzungen man heutzutage mit so hübschen Begriffen wie »Schaffung eines neuen Gewebes internationaler Beziehungen«, »Interdependenz« oder eben »Neue Weltordnung« wie zu Spartacus-Weishaupts Zeiten umschreibt.

Die okkulten Finsterlinge, die das Dritte Reich Hitlers mit aus der Taufe ihrer schwarzen Weltmesse gehoben haben, sind zugleich auch die Wohltäter der Menschheit, ganz in dem zynischen Sinne der Protokolle, die an der Wiege unserer heutigen und vor allem künftigen schönen neuen Welt gestanden und das wohl schon in die Pubertät geratene Balg geschaukelt haben (im Olymp der Weltverbesserer, vergesse man dies nie, ist Gut und Böse eine Sache von äußerster Relativität).

Was das »Haus Europa« betrifft, so erfüllt sich nun gegen Ende des Jahrtausends doch noch Hitlers Wort: »Das Gerümpel kleiner Staaten, das heute noch in Europa besteht, muß liquidiert werden. Unser Ziel ist die Schaffung eines Vereinten Europa.«[857] Da hätte der Mohr also letzten Endes doch tatsächlich seine Schuldigkeit getan. Denn es besteht ja wohl kein Zweifel daran, daß (auch in bezug auf so manche Leiche im Keller) die Grundfesten für das »Haus Europa« im Dritten Reich stehen, dort gebaut wurden.

Das war ja wohl einer der vorläufigen Endzwecke. Der Zweite Weltkrieg, oder vielmehr der »zweite Durchgang«, wie dieser Vorgang von manchen vornehm umschrieben wird, hat die Architektur des »Hauses einer neuen Weltordnung« insgesamt ein schönes Stück weitergebracht. In Anlehnung an die Beschreibung Dr. Quigleys hinsichtlich der vorzüglichen Ergebnisse des Ersten Weltkrieges[858] ist es sicher nicht übertrieben, auch im Zusammenhang mit dem zweiten Durchgang zu behaupten, er habe in nur wenigen Jahren Ergebnisse gezeigt, auf die man sonst Jahrzehnte oder gar vergeblich hätte warten müssen: Der Krieg war eben doch schon immer der Vater und die Mutter vieler guter Dinge zum Wohle der ganzen Menschheit ...

Und das Ganze war eben kein Zufall: Bis auf einige geringfügige Abweichungen (deren letztendliche Korrektur wir womöglich heutzutage oder demnächst erleben) entspricht vor allem der Grundriß des neugeordneten Europa in schier verblüffender Weise jenem seit 1890 in Umlauf befindlichen, erstmals in der auflagestarken britischen Wochenschrift *Truth* des Staatsmannes und Maurer-Bruders Lebouchére in Form einer zukunftsweisenden Schulungslandkarte erschienenen »Bauplan« – einschließlich des auf dieser Karte schon vorgesehenen Ostblocks und eines als »Desert« (Wüste) bezeichneten Rußlands, was ebensogut ein Hinweis auf den Experimentiercharakter des »realen Sozialismus« aufgefaßt werden kann wie auch als die beständige Drohung, diesem Experiment jederzeit ein Ende bereiten zu können: nicht unbedingt in Form eines Dritten Durchgangs, sondern auf die feinere Art, wie es ja schließlich geschehen ist, indem man die Garantie für die überlebensnotwendige Kreditsicherung entzieht.

Offensichtlich hat also auch der Bär seine Schuldigkeit getan. Seine Verdienste um die Neue Weltordnung indessen sind wohl unbestritten und stehen denen des Dritten Reiches in keiner Weise nach.

Dies war auch eines der bedeutungsvollsten Ergebnisse des Neuordnens via Drittes Reich und Weltkrieg, der global gesehen vielleicht wichtigste Schritt auf dem Weg zum »Grand Design« der »One World«: die eigentliche Geburt der Weltmächte, die endgültige und eigentliche Geburt der die Weltpolitik dominierenden synthetischen Macht-Monster, jener Pentagramm-Zwillinge, zwischen deren angeblicher weltanschaulicher Gegensätzlichkeit die noch verbliebenen Widerstände wie immer gearteter nationaler Eigenwilligkeiten zerrieben werden konnten. Denn mögen zwischen dem staatskapitalistischen sowjetischen Kommunismus und dem privatkapitalistischen Wallstreet-Amerikanismus partielle Unterschiede bestanden haben, die Ähnlichkeit ihrer ideologischen Zielsetzungen war nicht zufällig und eigentlich seit jeher augenfällig: In ihrem Drang nach Gleichförmigkeit, in ihrer Absicht, die gesamte Welt unterschiedslos einzustampfen zu einem unterschiedslosen Brei gleicher Bedürfnisse unterworfener Konsumenten, waren sie tatsächlich bloß zwei Seiten ein und derselben Medaille, waren sie

Vorkämpfer eines überlieferungsfreien Massenzeitalters im Zeichen der »flammenden Sterne«.

Es war wohl doch nicht bloß Alterssenilität, die einen Roosevelt sagen ließ: »I love Uncle Joe, and it seems he loves me too!« Es ist anzunehmen, daß er für diesen Ausspruch ebenso eine Vorlage vom Council on Foreign Relations aus dem Harold-Pratt-House in New York bekommen hat wie für seine anderen Reden auch.

Die Zweiteilung der Welt in eine östliche und in eine westliche Hemisphäre war, neben allen machtpolitischen Konsequenzen und Erleichterungen, ohne Zweifel auch ein einseitig gutes Geschäft. In jenen Kreisen der internationalen Hochfinanz, die schon die junge Sowjetunion gemeinsam hochgepäppelt haben und das anlaufende »kommunistische Experiment« unter »Uncle Joe« Stalin nicht nur einmal vor dem vorzeitigen ökonomischen Bankrott gerettet haben, war man sich von Anfang an darüber im klaren, daß der Kreml ohne Fremdkapital niemals mit seinen eigenen Wirtschaftsproblemen und schon gar nicht mit anderen, beispielsweise seinem Einflußbereich zufallenden Entwicklungsgebieten fertig werden würde. Je mehr sich sein Machtbereich aufblähen würde, so die einfache Rechnung, um so mehr würden er und seine Vasallen lebensnotwendige Kapitalspritzen benötigen.

Der weitaus wichtigste Aspekt jedoch war, daß sich das »kommunistische Experiment« jederzeit und allerorts vor allem nach der europäischen Neuordnung via zweiter Durchgang als »Hammer« benutzen ließ, mit dem auf dem amerikanischen Amboß der Rest der Welt weichgeklopft werden konnte für die Verbindung von »Independenz und Interdependenz« und für die »Internationalisierung«.

In diesem Sinne stellte das kommunistische Experiment in der Tat »eine weitere entscheidende und kreative Phase der Ausreifung des menschlichen Universalgebildes« dar, wie sich der supranationale Rockefeller-Beamte und Trilateralist Zbignew Brzezinski diesbezüglich auszudrücken pflegte,[859] was durchaus eine Verbindung herstellt zu den bekanntlich auch den Ursprüngen dieses »Experimentes« zugrunde liegenden »höheren Endzwecken«.

Die Äußerungen Brzezinskis zu diesem Thema entsprechen fast im Wortlaut dem Inhalt des an anderer Stelle bereits zitierten Bulletins des Großorients von Frankreich beziehungsweise der Logen der Straßburger Deklaration hinsichtlich der freimaurerischen Transzendierung des Kommunismus. Wie erwähnt, »transzendieren« die Brüder vom Großorient den Kommunismus deshalb, weil sie der Ansicht sind, »daß dieser in der Evolution der Menschheit seinen berechtigten Platz hat. Ihm haben wir zu verdanken, daß die menschliche Gesellschaft auf verschiedenen Ebenen größerer sozialer Gerechtigkeit und wirtschaftlicher Gleichheit teilhaftig wird. Wir kommen in Berührung mit dem Kommunismus, weil der Kommunismus auf dem Marsch der Menschheit in Richtung einer besseren und aufgeklärteren Zukunft nur eine Etappe und nicht ein Ziel sein kann.«

Brzezinski, dem es auch vorbehalten war, schließlich das »Ende des kommunistischen Experiments«[860] anzukündigen, und den veränderten Umständen angepaßte »neue Werte für die Weltpolitik«[861] mitzuliefern, verhilft uns in seiner als Bibel der trilateralen Weltordner geltenden Arbeit »Zwischen zwei Zeitaltern« zu einem tieferen Verständnis dieser Art von Transzendenz und darüber hinaus auch zu einem Verständnis der hier behandelten Esoterik der Geschichte, sozusagen in Form einer semantischen Modernisierung der Illuminatentexte.

Nach Brzezinskis Bewertung der Geschichte teilt sich diese in vier verschiedene Phasen.

Die erste, primitive, war die der Religion, in der »die Idee angenommen wurde, das Schicksal der Menschen liege im wesentlichen in der Hand Gottes«.[862]

Diese Ansicht wird von Brzezinski als »Engstirnigkeit infolge massiver Unaufgeklärtheit, Analphabetentum und eine auf die unmittelbare Umwelt beschränkte Sicht« der Dinge bewertet.

Die zweite Phase des Menschen auf dem Weg zur wahren Erleuchtung war der Nationalismus, »der ein weiterer gigantischer Schritt in der fortschreitenden Neudefinition vom Wesen des Menschen und seinem Platz in der Welt war«.

Die dritte Phase schließlich war der Marxismus, »der eine weitere entscheidende und kreative Phase der Ausreifung des menschlichen Universalgebildes darstellt. Gleichzeitig bedeutet der Marxismus einen Sieg des äußeren, aktiven Menschen über den inneren, passiven Menschen und einen Sieg des Denkens über den Glauben: Er betont die Möglichkeit des Menschen, sein materielles Schicksal zu formen [...] und hat dazu gedient, das Denken anzuregen und menschliche Energie zweckgerichtet zu mobilisieren«.[863]

Ferner erklärt Brzezinski, daß der Marxismus, der in dem von den Bemühungen der industriellen und nationalistischen Revolutionäre hervorgebrachten sozialen Umbruch geboren wurde, ein einmaliges intellektuelles Instrument war, um die grundlegenden Kräfte unserer Zeit zu verstehen und zu harmonisieren. »Er hat die Fahne der Internationalen aufgezogen.«[864]

Nun achte man besonders auf folgende Aussage bezüglich der Zukunft, nämlich daß »das letztendliche Ergebnis des Wettkampfes, aufgrund der historischen Überlegenheit des kommunistischen Systems, schon im vorhinein feststeht«.[865] Wenn also der gebürtige Pole und ehemalige US-Sicherheitsberater unter Jimmy Carter dann Ende der achtziger Jahre vom Ende des kommunistischen Experiments spricht, dann ist damit offenbar nur das politische Spiel in Osteuropa und in der Sowjetunion gemeint, nicht aber die Ein-Welt-Sozialisierung im Sinne der Neuen Weltordnung. »Ende des Experiments« bedeutet ja lediglich, daß ein experimenteller Vorgang abgeschlossen ist, besagt aber gar nichts über das mögliche Ergebnis beziehungsweise den praktischen Einsatz dieser Ergebnisse zur Ausreifung des menschlichen Universalgebildes. Hier findet sich Bruder »Zbig« ja auch hundertprozentig im Kontext mit dem Schöpfer des derzeit weltweit praktizierten Hochgradsystems, Albert Pike. Zur Erinnerung noch einmal dessen Einführung in *Morals and Dogma of the Ancient and Accepted Scottish Rite of Freemasonry*:

»Die blinde Kraft des Volkes muß wirtschaftlich genutzt und kontrolliert werden [...], sie bedarf der Führung des Intellekts. Zur Erstürmung der Zitadellen, die überall von Aberglauben, Despotismus und Vorurteilen gegen die Menschheit errichtet werden, braucht die Kraft ein Gehirn und ein Gesetz [...]

Wenn alle Kräfte vereint sind und vom Intellekt gesteuert werden, wenn Recht und Gesetz sie beherrschen und alle Bewegungen unter systematischer Kontrolle stehen, dann wird die jahrhundertelang geplante Revolution zu marschieren beginnen.«[866]

Auch dies ist ein Text, der ebensogut aus den Protokollen stammen könnte wie jene Aussichten auf das Wesen der Neuen Weltordnung, die der oberste Philosoph der »trilateralen Kommissare«, Zbigniew Brzezinski, also feilbietet: Ungehindert von traditionellen Werten werde die Gesellschaft künftig von einer Elite beherrscht werden, die nicht zögern dürfe, »ihre politischen Ziele unter Einsatz der allermodernsten Techniken zu verwirklichen, mit denen sich das Volksverhalten beeinflussen läßt und die Gesellschaft genauestens überwacht und kontrolliert werden kann«.[867]

Und an anderer Stelle: »Wie ich bereits gesagt habe, es wird möglich sein, eine fast permanente Überwachung über jeden einzelnen Bürger auszuüben und eine aktuelle, vollständige Dateikarte zu führen, die selbst höchst private Angaben über die Gesundheit oder das persönliche Verhalten des Bürgers enthält, und zwar neben all den üblichen Daten. Diese Datenbanken werden dem sofortigen Zugriff der Behörden unterliegen.«[868]

Womit ja dann die eigentliche Bedeutung der sogenannten modernen Datenschutzgesetze klar geworden sein dürfte, bezüglich deren bundes-deutscher Fassung selbst *Der Spiegel* 1976 jammerte, daß künftig - gestattet sein soll, was bis dahin »nach geltendem Recht noch« verboten ist«.[869]

Doch keine Angst. Wie George W. Walker, einstiger Koordinator der trilateralen Kommissare, erklärte, gedenke man »bestimmte weise Männer« einzusetzen, um diese schöne Neue Ordnung zu verwirklichen, in einer Welt, in der der »alte Rahmen der internationalen Politik mit ihren Ein-flußbereichen, Militärbündnissen zwischen Nationalstaaten, der Fiktion der Souveränität, den doktrinären Konflikten aus den Krisen des 19. Jahrhun-derts – ganz eindeutig nicht mehr mit der Realität zu vereinbaren« ist.[870]

Allerdings herrscht ungeachtet der Übereinstimmung in der letzt-endlichen und »weitreichenden Zielsetzung« hinter dem Schlagwort »Neue Weltordnung«, nämlich ein »Weltsystem finanzieller und politi-scher Kontrolle in Privathänden und auf feudaler Basis« zu schaffen, seit etlichen Jahren, genaugenommen seit dem Ende der sechziger Jahre, nicht immer eitel Friede und Sonnenschein im Olymp der Weltver-besserer diesseits und jenseits des Atlantik, was wohl zu einem gewissen Überschreiten der von Brzezinski angekündigten Zieldaten zwischen 1976 und 1989 geführt und die Realisierung des brüderlichen Weltstaates inzwischen etwas verzögert hat. In diesem Sinne werden wohl erst die nächsten Jahre zeigen, ob im Zuge dieser Auseinandersetzungen zwi-schen den zwei Lagern der Weltverbesserer, sogar von Zeitschriften wie *Playboy* und *Oui* etwas vereinfacht, aber immerhin als »Rockmob« und »Rothschilds« identifiziert, ein dritter Weltbefreiungskrieg zur endgül-tigen Angleichung der Zustände an die Realität der Neuen Weltwirt-schaftsordnung stattfinden wird oder ob die Welt am Ende doch schon ganz allgemein genügend reif und »sicher« ist für Interdependenz, um mit begrenzten Konflikten das Auslangen zu finden, wie es im letzten, sogenannten Golfkrieg der Fall war, den zunächst einmal zumindest der Rockmob für sich entschieden zu haben scheint.

In diesem Sinne wird wohl auch erst die Zukunft zeigen, ob die Perestroika der Anfang einer Entwicklung war, in deren Verlauf das

Sowjetimperium zugunsten der Neuen Ordnung bloß in seine Bestandteile zerlegt werden sollte, oder ob »Glasnost« genau das bedeutet, was die englische Übersetzung zutreffend ausdrückt, nämlich »Publicity«, mit dem letztendlichen Ziel, im Rahmen der »Vereinigten Staaten von Europa vom Atlantik bis zum Ural« die letzten Reste mitteleuropäischer Eigensinnigkeiten und Selbständigkeiten sowie Fiktionen von Souveränitäten sozusagen binnenmarktmäßig zu liquidieren oder, wie Brzezinski wohl sagen würde, zu »harmonisieren«.

Jedenfalls hat die unmittelbar aus dem zweiten Durchgang planmäßig hervorgegangene Bipolarität die Welt insgesamt auf die internationalen Realitäten des multinationalen Kapitals im Sinne des Wortes ausgerichtet, die Welt sozusagen reif gemacht für Demokratie und Interdependenz. Dabei diente das, was man »Kommunismus« nennt, auf ganz verschiedenen Ebenen als Instrument, als Ferment und Katalysator zur Ausreifung des menschlichen Universalgebildes.

In Europa selbst diente der sowjetische »Hammer« dazu, immer wieder einmal ganz unverblümt den europäischen Staaten mit der »Gefährdung der Sicherheit in Europa« zu drohen, wenn sich die diversen Regierungschefs oder Verantwortlichen der Wirtschaft gegen die weltordnungspolitischen Gängelungen durch die Wallstreet und die Londoner City zu wehren versuchten.

Sowjetkommunismus und Kommunismus, wie er von den Dreipunkte-Brüdern der Hochgradmaurerei transzendiert wurde, ist darüber hinaus ja nicht immer und überall derselbe. Während die Sowjetunion bis zur Invasion in Afghanistan (die wiederum ihre eigene Geschichte hat und mit der »Neuordnung« im Nahen Osten unmittelbar zusammenhängt) buchstäblich keinen Zentimeter über das ihr auf Jalta per Streichholz zugeschobene Gebiet vorgedrungen war, hat der »Kommunismus« hingegen beeindruckende Eroberungen gemacht und sich dabei nicht selten als Erzfeind Moskaus und solcherart als Druckmittel gegen den Kreml entpuppt. Und noch weniger selten als Erfüllungsgehilfe der Hochfinanz und der multinationalen Giganten, wenn es galt, zu »entkolonialisieren«, sprich: die Ausbeutungsverhältnisse zu verändern, vorhandene Bodenschätze zu »befreien« und zu »multinationalisieren«, unliebsame Regierungen »revolutionär« auf Vordermann zu bringen oder auf den Müllhaufen der Geschichte zu kehren.

Mit den Stichwörtern »Entkolonialisierung«, »Internationalisierung« und »Interdependenz im Zuge der Internationalisierung der Wirtschaft« ist ein weiterer Eckstein der Neuen Weltordnung markiert, der im Zuge des Zweiten Durchgangs gesetzt wurde. Was hier unter moralinsaurem Deckmäntelchen und Begriffen wie »Befreiung unterjochter Völker«, »Selbstbestimmung«, »Humanität«, »Antirassismus« bis hin zu »Entwicklungshilfe« in Orwellscher Umkehrung der Begriffe in Szene gesetzt wurde, kann man je nach Einstellung als genialsten und abgefeimtesten Raubzug der Geschichte, als die Kolonialisierung in ihrer pervertiertesten Form noch bei weitem übertreffendes Verbrechen der entwickelten Welt gegenüber der unentwickelten Welt, als Beispiel für Massenmanipulation, Gehirnwäsche und beispiellose Dummheit betrachten.

Auf jeden Fall war es einer der wichtigsten Schritte hin zu einer Welt, die von überstaatlichen, alle Souveränitätsrechte verspottenden Institutionen beherrscht wird, die die nationalen Regierungen schon längst zu hoffnungslosen Tölpeln degradiert haben, von Institutionen, die über mehr Kapital und Macht verfügen als die meisten Staaten, die Kriege und Revolutionen nicht nur unbeschadet überstehen, sondern als einzige davon auch noch fetter werden, für die bei all dem humanitären und humanitaristischen Geseich ihrer Publicity-Agenten die Menschen, Völker und Regierungen nur Schachfiguren sind, lästige und hinderliche zuweilen, lästig eben wie Grenzen, nationale Rechte und Traditionen.

Man braucht hier wohl keine weiteren Worte zu verschwenden über den Vorgang der Entkolonialisierung, mit dem die heutige dritte und vierte Welt reif wurde für die Internationalisierung der Kolonial- und Ausbeutungsverhältnisse, auch nicht in bezug auf die Greuel, die die »Befreiung« begleiteten, auch nicht in bezug auf die Konsequenzen, auf die heutige Situation der zahllosen, wie man heutzutage sagt, marginalisierten Dritte-Welt-Länder, und auch nicht darüber, warum Entwicklungshilfe insgesamt einfach nicht »zieht«, weder für die Geber noch für die Nehmer zu irgendeinem ökonomischen Plus werden kann, weil »rein zweiseitige Abkommen aus politischen und ökonomischen Gründen nicht den Interessen der Entwicklungsländer entsprechen«. Nachdem sich vor allem maßgebliche Persönlichkeiten aus Kreisen der amerikanischen Hochfinanz ihre philanthropischen Köpfe zum Thema Entwicklungsländer immer wieder zu zerbrechen pflegen, muß man ja nicht zweimal raten, wer der Nutznießer der »mehrseitigen Abkommen« letzten Endes ist.

Eine zentrale Rolle spielte und spielt bei all dem die CFR-Schöpfung »UNO«, jenes One-World-Ordnungs-Instrument, das die klarsten Köpfe der Hochfinanz schon nach dem ersten Durchgang geplant hatten. Doch scheiterte dieses Vorhaben, damals Völkerbund genannt, an der Engstirnigkeit und beschränkten Weltsicht der »isolationistischen« amerikanischen Bevölkerung und des amerikanischen Kongresses, der sich weigerte, die diesbezüglichen Pariser Verträge zu ratifizieren. Also mußte die borniere Welt in noch einen Weltkrieg, bis sie ihre Lektion »einigermaßen gelernt hatte und ein Zustand erreicht war auf Erden, den die klarsten Köpfe der Hochfinanz schon nach dem ersten Durchgang erstrebten«. Also beschäftigten sich die Weltverbesserer vom Council on Foreign Relations schon überaus intensiv mit allen möglichen Nachkriegsproblemen, als für normalsterbliche Menschen noch gar nicht sicher war, ob es einen Zweiten Weltkrieg vor allem unter Beteiligung der USA geben würde, wie er sich entwickeln würde, und so weiter. Wie es in dem Bericht des amerikanischen Außenministers Stettinus an den Präsidenten über die Gründungskonferenz der UN in San Francisco hieß: »Mit dem Kriegsausbruch in Europa war klar, daß die Vereinigten Staaten nach dem Krieg mit neuen, nicht dagewesenen Problemen konfrontiert werden würden [...] Daher wurde noch vor Ende 1939 auf Vorschlag der CFR ein Ausschuß für Nachkriegsprobleme ins Leben gerufen.«[871]

An der Notwendigkeit internationaler Zusammenarbeit, um dies klar auszudrücken, kann angesichts der ökonomischen und ökologischen Zusammenhänge im globalen Dorf namens Erde nicht der geringste Zweifel bestehen. Das Bewußtsein der Interdependenz, also der gegenseitigen Abhängigkeiten, und somit auch die Existenz internationaler Institutionen zwecks Koordinierung der Zusammenarbeit sind dabei sicherlich unumgänglich.

Aber auf welcher Grundlage? Und welche Institutionen? Die 33-Grad-Feld-UNO? Die großen Ölkonzerne, die sich seit jeher als Vorläufer einer Weltregierung verstanden haben?[872] Die multinationalen Banker, die von ihnen kontrollierte Weltbank? Oder der Weltwährungsfonds, der die Welt und vor allem die Entwicklungswelt dazu zwingt, ihr Geld und vor allem ihre Dollarreserven in sogenannte Sonderziehungsrechte umzutauschen, die nicht viel mehr wert sind als getrockneter Kamelmist? Die trilateralen Kommissare und »Enforcer« (Durchsetzer)? Die Bilderberger? Die CFR-Weltverbesserer? Die Logenbrüder, die längst im Europaparlament mehrheitlich das Sagen haben?[873]

Wir befinden uns in der kuriosen Situation, daß all jene, die der Stärkung der internationalen Zusammenarbeit und »Kontrolle«, die der Stärkung der internationalen Institutionen das Wort reden und über die

Neubelebung der Vereinten Nationen jubeln, einerseits durchaus recht haben, andererseits aber genau jenen in die Hände arbeiten, die für die bestehenden Probleme verantwortlich sind und deren Neue Weltordnung ganz anders aussieht, als sich dies so mancher verschwiemelte Gesundbeter vorzustellen vermag: eine Weltregierung, die Regierung eines Weltstaates also, wie sie von den Brzezinskis oder Kissingers, wie sie von den Exponenten der Rockefellerschen oder Rothschildschen Interessen propagiert wird, kann logischerweise nur diktatorische Gewaltherrschaft etablieren und aufrechterhalten werden, kann nur gegen grundlegende Völkerrechte, kann nur durch Nivellierung und Entwurzelung, kann nur mit Hilfe von Destabilisierung der vorhandenen Strukturen durchgesetzt werden, letzten Endes gegen das Recht auf Freiheit jedes einzelnen, wie es ja offen zugegeben wird. Was übrigbleibt, ist dann die Freiheit der Protokolle, die Freiheit, das zu tun, was die »weisen Männer« erlauben.

Die UNO, deren Charta bemerkenswerterweise fast im Wortlaut der Sowjet-Verfassung entspricht (wohl im Sinne der Ausreifung des menschlichen Universalgebildes), hat seit Beginn ihrer Existenz einigen Vorgeschmack geboten.

Vom Blutbad im Kongo über die Anerkennung des kambodschanischen Völkermordregimes des Bluthundes Pol Pot als legitime Regierung gegen die von den vergleichsweise geradezu harmlosen Vietnamesen eingesetzte bis hinauf zu ihrer zwielichtigen Rolle im letzten Golfkrieg, hat sich das frömmelnde UNO-Gewäsch von wegen »gleiche Rechte für alle«, von wegen »Selbstbestimmung der Völker« und vor allem von wegen völlig anonymer und undefinierbarer »Menschenrechte« als das entpuppt, was es eben ist: eine Anhäufung verbaler Hohlformen, die für jede Gelegenheit gut sind. Wie es Henry Kissinger einmal ehrlicherweise gesagt hat: »So wie die Menschenrechtskampagne heute geführt wird, stellt sie eine Waffe dar [...]«[874] Die in der UNO-Charta festgelegten undefinierten Rechte entsprechen genau der Willkür jenes Universalismus, der auch aus den Protokollen spricht: »Alle sogenannten ›Volksrechte‹ bestehen nur in der Einbildung. Für die Wirklichkeit sind sie belanglos.«[875]

Gleiches Recht für alle kann eben genausogut gar kein Recht für alle bedeuten oder eben nur das Recht jener, die glauben, es für sich gepachtet zu haben. Denn: »Dann werden unsere Rechte die Rechte der Völker wegwischen [...]«[876]

Wessen Rechte? Welche Rechte?

Hierauf kommt eine bemerkenswerte Antwort geradezu prophetischer Qualität aus dem im Zentrum Rothschildscher Interessen stehenden Staat Israel – zwar kein unmittelbares Produkt des Dritten Reiches und des Zweiten Weltkrieges, aber letztlich doch unmittelbar im Zusammenhang mit den grauenhaften Vorgängen im Dritten Reich entstanden. Am 16. Januar 1962 erschien in einer Zeitschrift namens *Look-Magazine* ein wahrhaft bemerkenswerter Artikel aus der Feder des damaligen israelischen Premierministers David Ben-Gurion:

»Das Bild der Welt im Jahre 1987, wie es in meiner Vorstellung erscheint: Der kalte Krieg wird der Vergangenheit angehören. Der Druck von innen durch die ständig zunehmende Intelligenzia in Rußland nach mehr Freiheit und der Druck der Massen nach der Anhebung ihres Lebensstandards könnte zu einer allmählichen Demokratisierung der Sowjetunion führen. Andererseits könnte der wachsende Einfluß der Arbeiter und Bauern und die zunehmende politische Bedeutung von Männern der Wissenschaft die Vereinigten Staaten in einen Wohlfahrtsstaat mit einer Planwirtschaft umwandeln. West- und Osteuropa werden eine Föderation autonomer Staaten bilden, mit sozialistischer und demokratischer Ordnung. Mit Ausnahme der UdSSR als einem föderierten eurasischen Staat, werden alle anderen Kontinente in einem Weltbündnis vereinigt, das über eine internationale Polizeimacht verfügt. Sämtliche Streitkräfte werden abgeschafft, und es wird keine Kriege mehr geben. In Jerusalem werden die Vereinten Nationen (wirklich vereinte Nationen) einen Schrein der Propheten erbauen, der der föderierten Union aller Kontinente dienen wird; dies wird der Sitz des Obersten Gerichtshofes der Menschheit sein, um alle Kontroversen unter den föderierten Kontinenten beizulegen, wie es von Jesaja prophezeit ist.«[877]

Wen also wundert es, daß es vor allem in den arabischen Ländern noch immer eine Menge Leute gibt, die überzeugt davon sind, daß die *Protokolle der Weisen von Zion* von zionistischen Autoren stammen? Zumal der israelische Nationalrat am 15. 5. 1958 doch tatsächlich Israel zum geistigen Zentrum der ganzen Welt erklärt hat.

Was nun diese Äußerungen eines israelischen Regierungschefs betrifft, so kann man nicht umhin, ihm etwas vom Geist der Protokolle ebenso wie eine enge geistige Verwandtschaft zu den diversen Äußerungen der Weltordner Kissinger oder Brzezinski beizumessen. Es ist auch zweifellos eine bemerkenswerte Interessengemeinschaft zwischen den Intentionen der Rothschilds bezüglich Jerusalem als »Welthaupt-stadt« und den Interessen der Prieuré in bezug auf Jerusalem vorhanden, und möglicherweise hat das »welterschütternde Geheimnis« des Monsieur Plantard eine Menge mit der künftigen politischen Rolle Jerusalems als Sitz des Menschheitsgerichtshofes zu tun. Sience-fiction-Autoren können gar nicht genug Phantasie aufbringen, um der politischen Wirklichkeit auch nur annähernd nahezukommen, wie man sieht.

Nun ist es freilich so, daß ein David Ben-Gurion zwar israelischer Premierminister sein kann wie Golda Meir auch, aber deswegen in bezug auf diese politischen Visionen eben auch nicht unbedingt »die Juden« oder »die Israelis« repräsentieren muß. Ebensowenig kann man die Menschen jüdischer Abstammung nicht pauschal in einen Topf mit den so unauffälligen Rothschilds werfen, und dies nicht nur deswegen, weil irgendein x-beliebiger israelischer Staatsbürger mit Baron Rothschild ebenso wenig zu tun hat wie irgendein x-beliebiger Spanier oder Süd-bayer, sondern weil es auch zwischen Juden und Juden einen gewaltigen Unterschied gibt: Nicht alle sind sozusagen Kinder Israels oder Kinder aus dem Stamme Juda, nicht alle sind genealogisch Hebräer oder Semiten. Viele, und zu denen zählen etwa die Rothschilds, entstammen eben den turkstämmigen Chasaren (oder Khazaren), die, wie bereits erwähnt, zum Judentum konvertiert waren.[878]

Ungeachtet der Visionen Ben-Gurions dürfte indessen die Rothschild-Balfour-Churchill-Schöpfung Israel für die Weltordner auch nicht viel mehr sein als ein Mittel zum Zweck, das für die »höheren Endzwecke« der Neuen Weltordnung, und sei es nur zwecks absoluter Kontrolle der Ölreserven im Nahen Osten, in Kissingerschem Sinne genauso geopfert werden kann wie einst die Juden, die der – der Errichtung Israels in tragischer Weise förderlichen – Verfolgung durch die Nazi zum Opfer gefallen sind. Was natürlich Jerusalems letztendliche Rolle als Welthauptstadt eines Weltbruderstaates nicht schmälern muß: Schließlich gilt Jerusalem – abgesehen von seiner exoterisch religiösen Bedeutung für Juden, Christen und Moslems – auch ganz allgemein und speziell für Esoteriker verschiedenster Schulen und Provenienz als einer der geomantischen Kraftorte der Erde, als einer der spirituellen Zentralpunkte des Planeten, ob das nun stimmt oder nicht. Jedenfalls war Israels politische Rolle im Zusammenhang mit den Ereignissen im Nahen und Mittleren Osten zumindest seit der mit dem vom CIA und dem »Rockmob« inszenierten Sturz des Schah im Iran begonnenen Neuordnung der nahöstlichen Verhältnisse zwielichtig genug, um auch dieses zumindest mittelbare Produkt des Zweiten Durchgangs als eine Säule der Neuen Weltordnung bezeichnen zu können, ob nun Jerusalem der Sitz des Gerichtshofes der Menschheit werden wird oder nicht.

Wie gesagt: Die Welt insgesamt sähe zweifellos hier wie dort ohne das Dritte Reich und dem mit seiner Hilfe inszenierten Zweiten Weltkrieg, den Vater auch vieler anderer Dinge wie etwa des Atom- und Weltraumzeitalters, völlig anders aus, am Ende vielleicht sogar inzwischen noch schlechter, wer weiß das schon zu sagen. Aber dann ist das nicht das Verdienst der Weltordner und Weltverbesserer, dann ist dies wohl eher der Tatsache zu verdanken, daß es gegen die Zwangs-Eintopf-Welt made in Wallstreet naturgemäß immer wieder und noch immer Widerstände gibt und geben wird.

Die Frage, die am Anfang dieses Buches gestellt wurde, war die, ob denn nun die Verantwortlichen für das Dritte Reich und den zweiten Durchgang, ob die Beweger der Geschichte tatsächlich eine so hochstehende moralische und weise Instanz jenseits von Gut und Böse seien, um sich anmaßen zu dürfen, der Menschheit mittels Konzentrationslagern, Kriegen, Revolutionen, Massenhypnose, religiöser Hysterie und Verwirrung, Destabilisierung und Subversion verschiedenster Art auf die evolutionären Sprünge zu helfen.

Es würde den Rahmen dieses Buches freilich bei weitem sprengen, all den hier erwähnten, dem Dritten Reich mehr oder weniger entwachsenen »Säulen des Hauses einer neuen Weltordnung« ausführlich und im Detail nachzugehen, um eine Antwort darauf zu finden.

Begnügen wir uns zunächst einmal mit einem Blick in das »Haus Europa«, mit einem Blick in dessen Kellergewölbe, sehen wir uns die feine Gesellschaft einmal an, die inmitten der Wirren des Zweiten Weltkrieges begonnen hat, die Fundamente dieses Hauses zu zementieren. Erstaunlicherweise führen dabei – nicht nur sprichwörtlich, sondern tatsächlich – die meisten Wege aus dem Reich Thule schnurstracks nach Rom ...

Das Reich zerfiel ...

Auch einem Prunkpalast sieht man von außen nicht an, wieviel Schmutz, wie viele Leichen im Keller versteckt sind, wie man zu sagen pflegt. Und zuweilen wissen selbst manche Bewohner (meistens die Dienstboten) nicht, wer von den Eigentümern wieviel Dreck am Stecken hat, manche wissen tatsächlich von nichts, weil sie aus irgendeinem glücklichen Umstand heraus nie dazu kommen, in den Keller hinabzusteigen oder weil sie von Natur aus mit einer glücklichen Art von Blindheit ausgestattet sind.

Das gilt auch, wenn vom »Haus Europa« die Rede ist und davon, daß das Europa von heute seine politische Form mehr oder weniger dem Dritten Reich zu »verdanken« hat, beziehungsweise ebenjenen Kräften, die Europa und die Welt mit Hilfe des Dritten Reiches in einen Zweiten Weltkrieg hineinprovoziert hatten.

Das gilt auch im Zusammenhang mit all jenen Kräften, die aus dem Schrecken des Zweiten Weltkrieges und des Dritten Reiches hervorgegangen sind: Für viele Menschen war es damals zweifellos aus ehrlichster Überzeugung und eben aus der schrecklichen Erfahrung dieses brudermörderischen Treibens ein Gebot der Stunde, durch die Vereinigung Europas um jeden Preis und für alle Zukunft einen derartigen Konflikt zu verhindern.

Um jeden Preis: Manche sind dabei korrupt geworden, manche haben die »Idee« dann offenbar mit ihrem eigenen Fortkommen verwechselt und waren bereit, dafür tatsächlich alles zu geben: Anstand, Moral, Ehre, Menschlichkeit, Ehrlichkeit. Manche hatten natürlich von allem Anfang an ohnedies weder das eine noch das andere. In bezug auf das »Vereinte Europa« (natürlich nicht nur, natürlich nicht!) erweist es sich einmal mehr, daß Politik eben eine zynische Hure ist, und zwar eine von der miesen und hinterhältigen Sorte, die selbst die »Guten«, die vielleicht besten und allerbesten Willens sind und in lauterster Absicht handeln, entweder zu nützlichen Idioten degradiert oder sie eben ins Lotterbett der politischen und moralischen Korruption hineinzwingt, wo sie sich dann unversehens in perverser Umschlingung mit den zwielichtigsten und dunkelsten Kräften der politischen und ökonomischen Unterwelt finden.

Im Fall Europas hat der Traum von der Vereinigung aus den verschiedensten Motiven heraus Politiker und Parteien nahezu jeder Richtung, Monsignori, Kardinäle, Päpste, Mafiosi, Heroin- und Waffenhändler, Ordensritter, Freimaurer, Finanzgangster, internationale Plutokraten, Nazis, Demokraten, Diktatoren und Berufskiller zu einer Orgie des Schwindels, Betrugs und allgemeiner Gaunerei vereinigt, bei deren symbolischer Umsetzung selbst einem Fellini die bizarre Phantasie ausgegangen wäre: eine Orgie auf Kosten der Normalsterblichen natürlich. Auf Kosten all der Gläubigen, die einen der größten Wirtschaftsgiganten der Welt, nämlich den Vatikan, noch immer mit der Kirche verwechseln. Auf Kosten all derer, die noch immer glauben, der Weltkirchenrat sei bloß eine Vereinigung zur Abhaltung einer ökumenischen Vesper. Auf Kosten all derer, die tatsächlich noch immer glauben, ihre »demokratisch« gewählten Regierungen seien dazu da, ihre Interessen zu vertreten, während sie doch nichts anderes sind als »Regierungen aus Konzernen, von Konzernen, für Konzerne«, wie es einmal jemand so treffend ausgedrückt hat.[879]

Wäre es nicht schon zum Lachen, müßte man ja wirklich weinen darüber, wie elegant diese Dinge unter den Tisch gekehrt werden konnten und können, wie leicht es war und ist, zur sogenannten Tagesordnung überzugehen; beispielsweise, nachdem in Italien mehr oder weniger durch reinen Zufall die Aktivitäten der Freimaurerloge Propaganda due, des Vatikan, der amerikanischen CIA und diverser neofaschistischer Organisationen aufgeflogen waren und sich alle, die sich etwas eingehender damit beschäftigt haben, in einem Punkt einig sind: daß dies nicht bloß eine italienische Angelegenheit war und ist, daß hier, auf diesem südlichen Exerzierfeld der braunen und schwarzen Internationale unter dem Fähnchen der »Neuen Europäischen Ordnung« und einer angeblich »freien Welt« nur eine kleine Spitze eines riesigen Eisberges verschwörerischer und antidemokratischer Vernetzungen sichtbar wurde; daß der nach dem Schottischen Ritus des Herrn Pike ausgerichteten Loge Propaganda due nach verschiedensten Informationen etwa 300 Personen angehören, die zu den »mächtigsten Männern der sogenannten freien Welt« gehören; daß die Propaganda due »nur ein Ableger« einer viel mächtigeren internationalen Organisation ist.

Die Geschichte der nicht ohne Grund im schwächsten Glied der westeuropäischen Staatengemeinschaft und im geografischen wie geistigen Umfeld des Vatikan operierenden Propaganda 2 steht in unmittelbarem Zusammenhang mit dem zumindest in personeller Hinsicht oft recht nahtlosen Übergang vom Dritten Reich in das Land der schier unbegrenzten Zumutbarkeiten namens Bundesrepublik und den Anfängen des sogenannten Vereinten Europa. Sie ist eines der Nebenprodukte jener vielschichtigen und zwielichtigen Bestrebungen im Zusammenhang mit der europäischen Nachkriegsgeschichte, vor allem mit den vom US-Außenministerium, dem Exekutivorgan der CFR-Weltverbesserer,[880] abgesegneten »covert actions«, der Schmiergeld-, Korruptions- und Unterwanderungspolitik der CIA und deren Kooperation mit faschistischen und neofaschistischen Organisationen einerseits und linken Bewegungen bis hin zur »sozialdemokratischen Mitte« andererseits.

Es sind mehr als bloß Indizien, die darauf hinweisen, daß diese Freimaurerloge, dieser italienischer Ableger einer noch mächtigeren, international operierenden multinationalen Geheimorganisation, der den italienischen Staat nahezu total in den Händen hatte und wohl noch immer hat, sehr viel auch mit dem Dritten Reich und dessen noch immer sehr lebendigen Geistern zu tun hat. Sie ist ein Teil eines fast undurchschaubaren Netzes von offiziellen, legalen, geheimen, halbgeheimen und verbotenen Organisationen, das sich von Rio bis Rom und München und von dort bis Bagdad, Teheran oder Damaskus spannt und dessen Aktivitäten so ziemlich alles beinhalten, was zwischen höchster Politik und Terrorismus angesiedelt ist, einschließlich Drogen- und Waffenhandel. Nicht zuletzt demonstrieren die Ursprungsgeschichte, die Arbeitsweise und die internationalen Vernetzungen der Propaganda due und vor allem die Aktivitäten der CIA in diesem Zusammenhang in geradezu klassischer Weise, wie sich Links- und Rechtsterrorismus als Mittel zur Fortsetzung der Politik mit anderen Mitteln und organisiertes Verbrechen überkreuzen und mit welchen Kombinationen nachrichtendienstlicher und finanzieller Gruppierungen subversive und terroristische Operationen im Namen von »Demokratie« und »freier Welt« gesteuert werden. Diese Hintergründe erhellen einige der selbst für den ohnedies schon abgebrühten Zeitgenossen ebenso verblüffende wie erschreckende Zusammenhänge zwischen Geheimpolitik und Politik, zwischen Destabilisierungsoperationen mittels Terrorismus, religiösem Fundamentalismus und Okkultismus, Waffenhandel und multinationalen Finanzbetrügereien; und sie schälen jene Brücke aus dem Nebel von Desinformation und Manipulation und Geschichtsklitterung, die sich aus dem Zentrum des Dritten Reiches bis in die Gegenwart einer Neuen Europäischen Ordnung und der sich darin manifestierenden »lebensrichtig geistigen Kraft unserer Zeit«, nämlich dem modernen »Befreiungsnationalismus« diverser früherer Ostblockvölker ebenso wie zu den verschiedensten westeuropäischen Seperatismen spannt.[881]

Spekulationen über die Frage anzustellen, wie es möglich war und möglich ist, über diese Ereignisse und Zusammenhänge und vor allem über den im Zuge der Enthüllungen im Zusammenhang mit der Propaganda due zutage getretenen Schmutz multimedial hinwegzuplaudern und hinwegzumanipulieren, ist freilich müßig. Die Antwort darauf liegt zum Teil sozusagen in der Natur der Geschichte der »Neuen Europäischen Ordnung«. Und diese beginnt – naheliegenderweise – in der Zeit des Zweiten Weltkrieges, in Adolf Hitlers und Heinrich Himmlers Drittem Reich.

Man könnte das ganze Dritte Reich, den Zweiten Weltkrieg und das darauf folgende sogenannte Wirtschaftswunder sozusagen auch als integrierte und zumindest im Ursache-Wirkung-Verhältnis nicht zu trennende Phase einer »Stadtsanierungsstrategie« bezeichnen. Der Vorgang ist ja bekannt: Zuerst kommen die Abbruchkommandos und Räumungstrupps und hinterher die Architekten und Ziegelträger des Wiederaufbaus, die allen übrigen eines voraus haben: Sie wissen schon lange, bevor die Abbrucharbeiten beginnen, wie das Neue aussehen wird.

Diese Leute, die es auch im Dritten Reich selbst auf verschiedensten Ebenen gab, begannen – ähnlich vorausblickend wie die Weltverbesserer vom Council on Foreign Relations, die sich bekanntlich jenseits des Atlantiks schon lange vor Amerikas Kriegseintritt mit den Nachkriegsproblemen herumschlugen – beispielsweise das deutsche Wirtschaftswunder vorzubereiten, als Hitler im allgemeinen noch nicht einmal als Gröfaz galt. Und es gab auch Nazi-Größen, die sich vorausblickenderweise um die Zeit nach dem Ende des Reiches Gedanken machten, sei es aus reiner Vorsicht und opportunistischem Kalkül nach dem Motto »Man kann ja nie wissen« oder weil sie, wie der für Himmlers Gral-Expedition ausersehene SS-Fachmann für Spezialaufträge, Otto Skorzeny, ohnedies auf zwei oder mehreren Bällen tanzten.[882]

Das Dritte Reich ist eben so tot nicht. Und das in vielerlei Beziehung und in bezug auf mancherlei unter den Tisch gewischte Zusammenhänge, die vieles in einem ganz anderen Licht erscheinen lassen. Die Palette reicht von dem beinahe nahtlosen Übergang der diversen SS- und Abwehrnetzwerke des Dritten Reiches in die angelsächsischen Dienste und die Ausschleusung enormer Geldbeträge; sie reicht vom Reichswirtschaftsministerium bis zum deutschen Wirtschaftswunder und bis hin zu zwielichtigen Beteiligungen der deutschen Industrie an der Aufrüstung nahöstlicher Potentaten und lateinamerikanischer Militärs; sie spannt sich vom Terror des Dritten Reiches und vom Horror des Weltkrieges bis zum internationalen Terrorismus unserer Tage.

Beginnen wir doch mit einer scheinbar ganz unverfänglichen, aber letzten Endes doch bemerkenswerten und erhellenden Geschichte: Bernt Engelmann etwa ortete den Ursprung des »deutschen Wirtschaftswunders«

in seiner Gegendarstellung zur offiziellen Geschichtsschreibung zeitlich um »Stalingrad«, ja sogar noch früher, nämlich bei Goebbels' Verkündigung des »totalen Krieges«:

> *»Von denen, die schon nach der Sportpalast-Rede des Nazi-Propagandaministers mit der Katastrophe rechneten, ihre eigenen Vorbereitungen für den Tag des Zusammenbruchs begannen, aber auch bereits die Weichenstellungen zu planen begannen, die nötig sein würden, die Herrschaft der Konzerne in der Nachkriegszeit wiederherzustellen, hatten nicht wenige entscheidenden Anteil an der Festlegung des gesellschafts- und wirtschaftspolitischen Kurses des neuen Weststaates mit der ›provisorischen‹ Hauptstadt Bonn. Man kann sogar sagen, daß die Gesellschafts- und Wirtschaftspolitik der Bundesrepublik nicht in Bonn oder zuvor in Frankfurt, sondern in Berlin, nicht erst in der Nachkriegszeit, sondern in ihren Grundzügen bereits im Zweiten Weltkrieg entworfen worden ist.*
>
> *Diejenigen, die an dieser weit vorausschauenden Planung maßgeblich Anteil hatten, konnten dann auch fast ausnahmslos Kommandoposten und Schlüsselstellungen in Politik und Wirtschaft der 1949 gegründeten Bundesrepublik einnehmen.*
>
> *Diese bis hinein in die sechziger Jahre einflußreichen Männer bildeten indessen nicht, wie man vermuten könnte, zur Zeit der Nazi-Herrschaft einen heimlichen Zirkel von Verschwörern, die im Untergrund lebten, ständig in Sorge vor Entdeckung durch die Gestapo oder den SD der SS. Ihre zwar vor der Öffentlichkeit geheimgehaltenen, dieser bis heute weitgehend unbekannt gebliebenen, aber durchaus offiziellen Planungen für eine deutsche Nachkriegs-Wirtschaftsordnung nach dem Willen der Konzerne fanden keineswegs im verborgenen statt, sondern meist in Berliner Luxushotels wie dem ›Adlon‹ oder dem ›Esplanade‹, unter dem Protektorat der ›Reichsgruppe Industrie‹ (RI) und mit Wissen, ja oft sogar im Beisein hoher SS- und SD-Führer.«*[883]

Und nicht nur im Beisein hoher SS-Führer, sondern in enger Zusammen-arbeit mit solchen, wie SS-Gruppenführer Otto Ohlendorf, seines Zei-chens Ministerialdirektor im Reichswirtschaftsministerium und Leiter des Amtes III (SD-Inland) im Reichssicherheitshauptamt, der Terror-Zen-trale des Dritten Reiches.[884] Und die Initiative für derlei zukunftsträchtige Planungsarbeiten im Rahmen eines vom Chef des Salzdethfurth-Kon-zerns und der Mansfeld-Kupfer AG sowie Aufsichtsratsmitglied der Deutschen Bank, Rudolf Stahl, geleiteten »Kleinen Arbeitskreises« war von niemand Geringerem als vom langjährigen Hauptgeschäftsführer der Reichsgruppe Industrie, Dr. Karl Guth, ausgegangen. Dr. Guth wiederum, »der das volle Vertrauen der in der RI organisierten Unter-nehmer, vor allem der leitenden Männer der großen Konzerne, aber auch das der Nazi-Führung hatte«,[885] war der Schwager, Freund und Förderer eines 1897 in Fürth geborenen Wirtschaftswissenschaftlers, der in »Stahls ›Kleinem Arbeitskreis‹ eine entscheidende Rolle spielte« und der persönlich ebenso wie sein privates »Institut für Industrieforschung« eng in die Kooperation zwischen der Arbeitsgruppe Industrie und dem Reichswirtschaftsministerium mit eingebunden war. Dieser Mann beein-druckte die Konzernherrn von Flick und Reemtsma bis Siemens ebenso wie die Nachkriegsplaner im Reichswirtschaftsministerium mit einer Denkschrift über die Konsolidierung der Reichsschulden und die Besei-tigung des Geldüberhanges als mögliche wichtigste Nachkriegsproble-me und erörterte diese Fragen auch freimütig mit führenden Nazis und SS-Leuten wie Ohlendorf, selbstverständlich in einem Akt des Wider-standes gegen das Nazi-Regime: Der Name dieses Mannes war Dr. Ludwig Erhard, und er wurde bekanntlich später Adenauers Wirtschafts-wunder-Minister. Ähnliche Formen des aktiven Widerstandes sind, wie man sehen wird, bei vielen führenden und einflußreichen Persönlichkei-ten der neuen Westrepublik zu entdecken. Das gilt selbstverständlich auch für die Mitglieder des Arbeitskreises für außenwirtschaftliche Fragen der Reichsgruppe Industrie, die sich im kleinen Kreis ebenfalls spätestens von 1943 an intensiv mit Möglichkeiten frühzeitiger Kontakt-aufnahme mit den Konzernen und Banken der westlichen Alliierten, also der künftigen Besatzungsmächte befaßten und die damit beschäftigt waren, »über die Endphase des Zweiten Weltkrieges, den Zusammen-bruch des Dritten Reiches und das erste Nachkriegschaos hinaus die Erhaltung der gesellschaftlichen Verhältnisse und die Rettung dessen zu planen, was sie ›freies Unternehmertum‹ nannten und bald auf amerika-nisch ›free enterprise‹ nennen würden«,[886] im Klartext also die Erhaltung des privatkapitalistischen Systems samt der Macht der Konzerne. Neben

Karl Blessing, Mitglied des »Freundeskreises des Reichsführers SS« und Vertreter des Unilever Konzerns zählten zu dieser Art von »Widerständlern« unter anderem Anton Reithinger und Max Ilgner von I.G. Farben, Karl Lindemann vom norddeutschen Lloyd, Hugo Stinnes vom Stinneskonzern, Philipp Reemtsma von den gleichnamigen Zigarettenfabriken, Karl Albrecht von der Reichsgruppe Industrie, Dr. Karl Rasche von der Dresdner Bank und vor allem Hermann Josef Abs von der Deutschen Bank, über den das OMGUS, das Office of Military Government of the United States of America, in seinem Bericht vom November 1946 in Verkennung der eigentlichen Realitäten noch geschrieben hatte: »Abs war der Spiritus rector der niederträchtigen Deutschen Bank, die eine ungewöhnliche Konzentration wirtschaftlicher Macht mit aktiver Teilhaberschaft an der verbrecherischen Politik des Naziregimes verband.«[887]

Hermann Josef Abs war zweifellos einer der wichtigsten Nachkriegsplaner in Blessings Arbeitskreis für außenwirtschaftliche Fragen und wurde sozusagen zum Spiritus rector der Wirtschaft im Wirtschaftswunderland. Er »galt schon 1950, als die Deutsche Bank AG noch auf alliierten Befehl hin ›dezentralisiert‹ und in zehn Regionalinstitute aufgesplittert war, als deren heimlicher Chef und künftiger Generaldirektor, auch als ›Bonns ungekrönter Finanzminister‹, denn er gehörte [...] zu des Kanzlers engsten Beratern. Die westdeutsche Delegation bei der Londoner Schuldenkonferenz von 1951/52 wurde dann auch nicht von Bundesfinanzminister Fritz Schäffer, sondern von Abs geführt [...] Er war der Führer der Wirtschaft im Wirtschaftswunderland.«[888]

Zweifellos gehörte auch Abs zu jenem erlauchten internationalen Kreis von weit- und vorsichtigen Menschen, die über die Bank for International Settlements und den Vatikan während des Krieges gewinnbringende Informationen austauschten. So hatte Abs neben dem Bankier Schröder besonders gute Beziehungen zu jenen zwei amerikanischen Bankinstituten, die im besetzten Frankreich erwiesenermaßen während des Zweiten Weltkrieges mit den Nazis kollaboriert hatten:[889] die Rockefellersche Chase und Morgan et Cie. Diese für beide Seiten förderliche Vorzugsbehandlung der beiden Banken war laut einem Bericht eines Agenten des US-Schatzamtes vor allem von Herman Josef Abs arrangiert worden, dank einer »alten Schulbindung« und dem »unausgesprochenen Einverständnis zwischen internationalen Bankern, daß Kriege kommen und gehen mögen, der Strom von Wohlstand und Reichtum indessen davon unberührt und beständig weiterzufließen habe«.[890]

Und das tat er. Das konnte man ihn auch tun lassen. Denn er war im Dritten Reich nicht ganz so exponiert gewesen wie seine Kollegen Schröder und Schacht.

Der Coup, den die Nazi-Banker über den Vatikan in den Führungskreis der Nazis gelangter brüderlicher Informationen über die bevorstehende Invasion der Amerikaner in Afrika landen konnten, wurde in dem Kapitel über die Finanzierung Hitlers bereits beschrieben. Es wahr wohl nicht der einzige lukrative Gedankenaustausch der Lords der BISZentrale über Pulverrauch und Blutgeruch hinweg. Und die Geschichten um Wallenberg, Schröder, Dulles, Abs, Chase, Morgan et Cie. finden natürlich ihre Fortsetzung in Friedenszeiten. Paul Mannig zitiert in seinem Buch über Martin Bormann eine Kopie der Geheimdienst-Zentrale im argentinischen Innenministerium: »1948 erhielt Martin Bormann den Großteil jenes Vermögens, das die finanzielle Reserve der Deutschen Bank darstellte. Wie andere Flüchtlinge kam er 1948 mit einem 2.-Klasse-Ticket und mit vatikanischen Papieren über Genua nach Argentinien.«[891] Natürlich war Bormann nicht der einzige, der über die vatikanischen Ratlines nach Argentinien flüchten konnte: Als zwei prominente Beispiele seien – der grenzüberschreitenden Bedeutung wegen – der kroatische Ustascha-Finanzminister und der französische Unterstaatssekretär des Vichy-Regimes erwähnt.[892]

Aarons und Loftus haben indessen aufgrund des zur Verfügung stehenden Materials den nicht unbegründeten Verdacht, bei der Bormann-Geschichte könnte es sich um ein cleveres Tauschmanöver handeln, mit dem jene Gerüchte diskreditiert werden sollten, wonach das Nazi-Geld zunächst nach Südamerika in Sicherheit gebracht wurde, um dann für das große Wirtschaftswunder zwischen 1948 und 1951 zurückgebracht zu werden.[893]

Nun, im Hinblick auf die Zusammenarbeit der über die BIS verbundenen Banken während des Krieges und des vom Krieg ungehinderten Fließens von Wohlstand und Reichtum klingt dies gar nicht so unwahrscheinlich. Aarons und Loftus weisen auf den bemerkenswerten Umstand hin, daß 1945 das US-Schatzamt kurzfristig Allen Dulles beschuldigte, Guthaben der Nazi-Bank von Ungarn rechtzeitig in die Schweiz gerettet zu haben. Ähnliches wurde auch gegen Dulles' Agenten Hans Bernd Gisevius vorgebracht.[894] Natürlich übernahm augenblicklich das bereits mit der Nazi-Rettung befaßte State Department die Ermittlungen, legte sie auf Eis, und gegen das unbedarfte Schatzamt wurde die Beschuldigung laut, es sei von Kommunisten unterwandert.

Zufälligerweise geschah dies zur selben Zeit, als auch sämtliche Pläne zur Auflösung der deutschen Kartelle verworfen und die Zuständigkeit für die Wirtschaft im besetzten Deutschland ebenfalls vom State Department übernommen wurde.[895]

Gisevius war übrigens während des Zweiten Weltkrieges ein hochrangiges Mitglied der Schwarzen Kapelle und dürfte Dulles' Informations-Pipeline zu Admiral Canaris gewesen sein.[896] »Nach dem Krieg informierte Gisevius persönlich die australische Regierung von den amerikanischen Bemühungen, den Bevölkerungsüberschuß in Europa in andere Länder umzusiedeln, und zwar unter Berufung auf das Komitee für ein freies Europa, das später als Aushängeschild für Dulles' Kalter-Krieg-Programm bekannt wurde und überdies als das amerikanische Ende der vatikanischen Ratlines diente.«[897] Zugleich wurde ein anderer Verein gegründet, der sich World Commerce Corporation nannte und dessen Ziel zufälligerweise die Reaktivierung des deutsch-südamerikanischen Handelsnetzes war.[898] Wie bereits an anderer Stelle erwähnt, wurde dieser Verein von einer seltsamen Mischung von Personen geleitet: dem britischen Geheimdienstler Sir William Stephenson und General William »Wild Bill« Donovan vom amerikanischen OSS; und einer der Anwälte war, wie es der Zufall will, Allen Dulles. Beauftragter für die Wirtschafts- und Währungsreform in Deutschland war wiederum Dulles' Assistent Frank Wiesner.

Die Deutsche Bank von Hermann Abs, der also zur Chase und zur Morgan-Filiale in Paris in bester Verbindung stand, war jedenfalls den Nürnberger Dokumenten zufolge der Hauptkanal, über den während des Krieges unter der Kontrolle von Marin Bormann Nazi-Kapital nach Argentinien geschleust wurde.[899] Der Zusammenhang ist kaum übersehbar: Aarons und Loftus erwähnen nun auch eine beeidete Zeugenaussage eines Vertreters der deutschen Bankenwelt, wonach 1950 eine Organisation von Hans Hermann Abs und dem britischen Lord Shawcross gegründet wurde, deren Zielsetzung eine Art von Magna Charta zum Schutz »ausländischer Investitionen während des 2. Weltkrieges« war.[900]

Jedenfalls wurde Abs auch in einem Hearing vor dem Select Committee on Standards and Conduct des US-Senats 1966 als der gemeinsame Nenner einer Gruppe identifiziert, die sich um die Rückgabe von während des Zweiten Weltkrieges »erworbenem Feindvermögen« bemühte. Jener Lord Shawcross übrigens startete erst vor einigen Jahren eine engagierte Kampagne gegen jedwede Wiederaufnahme von Untersuchungen von Kriegsverbrechen. Er wird seine Gründe gehabt haben.

Man erinnere sich in diesem Zusammenhang an weitere Briten aus dem Geheimdienst und Regierungsmilieu, die nach dem Krieg vorzugsweise im Versicherungs- und Anlagegeschäft tätig wurden und mit der Prieuré de Sion in Verbindung standen: Viscount Frederick Leathers, Roland Nutting, Thomas Frazer oder Lord Selborne, der offenbar am schwedischen SKF-Kugellager-Geschäft hing und mit dem sich ein erstaunlicher Kreis schließt – vor allem, wenn man bedenkt, daß das hochkarätige Mitglied des Wallstreet-Elite-Vereins namens Council on Foreign Relations, Allen Dulles, mit seinem Bruder vor dem Krieg nahezu alle Nazi-Banken vertreten hatte und diese Verbindungen auch während des Krieges über die BIS und Schröder sowie über fast permanente »Friedenskontakte« mit der SS aufrecht geblieben waren. Es kann durchaus doppeldeutig aufgefaßt werden, was Dulles später bezüglich der Operation Sunrise schrieb: »Sunrise hat uns gelehrt, wie unerläßlich es ist, rechtzeitig zwischen den Kriegsführenden eine geheime Verbindung und gesicherte Verständigungsmöglichkeiten herzustellen.«[901]

Dies scheint sich für Abs auch gelohnt zu haben. Die vordergründige Basis der steilen Geldkarriere dieses deutschen »Königs der Banker« war dessen Beteiligung an der »Deutschen Commerz GmbH«, die 1947/48 kurz vor der Währungsreform von einem anderen jener Geschäftsleute gegründet worden war, die »Nazi-Zeit und Nazi-Krieg gut überstanden hatten«,[902] einem Mann namens Günther Frank-Fahle. Und fast könnte man sagen: Selbstverständlicherweise war Hermann Josef Abs ein aktives Mitglied des internationalen Zweiges des Weltverbessererereinsvereins namens Council on Foreign Relations, des sogenannten Bilderberger-Clubs. Wie Franz (Josef) Strauß auch. Und andere, die noch zu erwähnen sein werden.

Was Abs und Strauß betrifft, so haben wir es hier mit einer Verkettung sehr bemerkenswerter Zufälle zu tun, die zu einer beachtlich gut verdrängten bzw. bewältigten Episode deutscher Nachkriegsgeschichte führen. Betrachten wir in diesem Zusammenhang einmal einen scheinbaren Nebenschauplatz, einen Skandal, der beim ersten Hinsehen mit dem eigentlichen Thema dieses Buches nichts oder nur wenig zu tun zu haben scheint, durchaus aber mit dem Thema der Verschwörung im allgemeinen, sofern man heimliche Schmiergeldzahlungen zum offiziellen und allgemeinen Volksbetrug als Form einer Verschwörung zu betrachten geneigt ist. Bei näherer Untersuchung erweist es sich nämlich, daß die sogenannte Lockheed-Affäre sehr wohl als erhellendes Detail in den

Kontext dieser Geschichte paßt – der bloßen Zufälle wegen, natürlich, die es erlauben, auch diese Affäre unter verschiedenen Aspekten zu betrachten: als dreiste und freche Ausplünderung der Westdeutschen (und anderer) im Zuge der sogenannten Wiederaufrüstung gegen den kommunistischen Pseudofeind zur Rettung eines maroden und fast bankrotten amerikanischen Rüstungskonzerns. Oder war's am Ende auch als eine Art moralischer Lektion gedacht? Zur Erreichung sogenannter »höherer Endzwecke«, die der gegängelte Normalmensch auf den unteren Stufen der menschlichen Evolution sowieso nicht versteht?

Nun ja, beginnen wir bei Herrn Dr. Frank-Fahle, welcher vor dem Zweiten Weltkrieg für den damals möglicherweise größten, und wie man weiß, mit der amerikanischen Industrie und Hochfinanz verheirateten Chemie-Konzern, die »IG-Farben«, in Paris tätig war. Zufälligerweise zur selben Zeit, da auch das frühere SS-Mitglied und der spätere Ober-Bilderberger und niederländische Prinzgemahl, Bernhard zur Lippe-Biesterfeld,[903] für die I.G. Farben in Paris weilte. Im Zuge des Lockheed-Skandals mußte Prinz Bernhard, Gemahl der vermutlich reichsten Frau der Welt, dann den Vorsitz bei den Bilderberger-Weltordnern abgeben, weil der Prinz einer Million Lockheed-Dollar als Anerkennung für eine ganze Reihe erwiesener Gefälligkeiten und »Vermittlungen« sowie weiteren, eher lausigen 100 000 Dollar nicht hatte widerstehen können.[904]

Man hat viel herumgerätselt, wie das geschehen konnte, was dem Prinzen denn da eingefallen war, sich in solche Niederungen zu begeben und sich auf abenteuerliche, heimliche Weise über abenteuerliche Mittelsmänner und unter Decknamen wie »Victor Baarns« Schmiergelder bezahlen zu lassen. Man hat auch viel darüber gerätselt, wozu der Prinz das Geld gebraucht hat. Gutmeinende äußerten, er habe sich mit dem Worldlife Fund, den Bilderbergern und anderen ähnlichen großartigen Plänen zu hohe Verbindlichkeiten aufgeladen, mit denen er seiner reichen königlichen Gemahlin nicht auf der Tasche liegen wollte. Andere weisen auf sein »wildes Leben« und seine Liaison mit Helen »Pussy« Grinda hin und auf eine Verbindung mit einem anderen »Pariser Püppchen«, mit der Konsequenz, daß der Prinz insgeheim eine illegitime Familie zu ernähren gehabt habe.[905]

Wie allerdings die Zusammenhänge zwischen den Nachkriegsaktivitäten der amerikanischen CIA und der Gründung des die Rockefeller- und Rothschildgruppen verbindenden fashionablen Bilderberg-Vereins noch zeigen werden, scheint jene Vermutung ganz und gar nicht unwahrscheinlich, die David Boulton in seinen *Lockheed-Papieren* angestellt hat:

»Noch eine Erklärung ist möglich, die allerdings, wäre sie überhaupt vorgebracht worden, bei den Untersuchungsausschüssen des US-Kongresses und auch der Niederländer auf ungläubige Ablehnung gestoßen wäre. Und doch ist sie angesichts der späteren Enthüllungen über geheime Subventionen der amerikanischen CIA (Central Intelligence Agency) an ausländische Staatsoberhäupter und Politiker nicht von der Hand zu weisen.

Könnte die eine Million Dollar ein Teil jener in den fünfziger und sechziger Jahren reichlich und weltweit ausgeschütteten Gaben der CIA gewesen sein? Diente Lockheed der CIA als Kanal für Zahlungen an den Prinzen, wie das über andere Firmen behauptet wird? Bernhards Biograph erinnert daran, daß der CIA-Chef Bedell-Smith ›einer der engsten Freunde des Prinzen‹ (ebenso sein Nachfolger Allen Dulles) und Befürworter der Bilderberg-Konferenzen gewesen ist. Der Gedanke ist quälend. Als offenbar unabhängiges und unbescholtenes Unternehmen hätte Lockheed einen idealen ›Kanal‹ abgegeben. Die Subventionen konnten bequem als Provision getarnt werden. Und Lockheed [...] hätte sicher gern bei einem Vorhaben mitgeholfen, bei dem nationale und Konzern-Interessen einander nahtlos deckten; denn es war zweifellos für Lockheed ein unschätzbarer Vorteil, den Prinzen auf der Honorarliste und damit der Firma für alle Zeiten verpflichtet zu wissen.«[906]

Später freilich, nachdem durch mehrere CIA-Insider und einen Teil der amerikanischen Presse im Zuge der Auseinandersetzungen im Olymp der Weltverbesserer zwischen der eher auf Pluralismus eingestellten und auf die Machtmittel Öl, Gold, Diamanten, Zionismus und Presse abgestützten Rothschildschen Kapitalgruppe und der nach Machtmonopolismus strebenden und sich auf Öl, Dollarmonopol, US-Regierung, Armee und CIA stützenden Rockefellerschen Bruderschaft die Machenschaften der CIA in Europa bloßgestellt worden waren, hätten sich die diversen Untersuchungsausschüsse wohl nicht mehr über diesen »quälenden« Erklärungsversuch gewundert.[907]

Doch bleiben wir zunächst bei Herrn Frank-Fahle, der nach seiner I.G.-Farben-Tätigkeit in Paris einen einflußreichen Posten innerhalb des I.G.-Farben-Konzerns übernahm: Er war für den geheimen Nachrichtendienst des Konzerns und die Berichte der Auslandsvertretungen zuständig und unterhielt dabei natürlich enge Verbindungen zu den entsprechenden Stellen der Wehrmacht.[908] Nun, in der Nachkriegszeit

wurde der Gründer der »Deutschen Commerz GmbH« sozusagen Repräsentant der Firma Lockheed, »wahrscheinlich auf Empfehlung von
Abs«, dem einflußreichen Freund und Kompagnon Frank-Fahles, »der
über ausgezeichnete Beziehungen verfügte«.

David Boulton dazu:

»Frühzeitig hatte dieser begabte Geldmann erkannt, welche Chancen
die durch den Krieg völlig zerstörte Luftfahrtindustrie einem cleveren
Banker bot, wenn man sie zügig wieder aufbaute. Er engagierte sich in
der 1953 gegründeten Luft AG (aus der 1954 die deutsche Lufthansa AG
wurde) und hatte hier – zunächst als unentbehrlicher Geld- und Kredit-
geber und später als Aufsichtsratsvorsitzender – ein gewichtiges Wort
bei allen Entscheidungen mitzureden. Eine solche Entscheidung stand
unmittelbar nach Gründung der Luft AG ins Haus: das neue Unternehmen brauchte Flugzeuge.«[909]

Wie dieser Deal ausging, läßt sich ja erraten: Die Leute von der Luft
AG entschieden sich zunächst gegen die »Super-Constellation« von
Lockheed und für die um einiges günstigere Douglas DC 6 B. Doch dann
entschloß sich Lockheed auf den weisen Rat des Herrn Abs hin, mit der
»Deutschen Commerz« ins Geschäft zu kommen. Am 17. Februar 1953
wurden so Frank-Fahle und Abs zu Lockheeds Alleinvertretern für den
Verkauf der Super-Constellation. Und siehe da: Die Aufsichtsräte der
Luft AG stießen ihren bereits gefaßten Beschluß für die Douglas-
Maschine um und kauften bei Lockheed ein. Worauf Frank-Fahle sich
und seine »Commerz GmbH« auch als »Lockheed Aircraft Sevice Inter-
national Inc.« bezeichnen durfte, die die Wartung der Lufthansa-
Maschinen übernahm. Für jede Reparatur kassierte Frank-Fahle
natürlich eine Provision. Jahre später soll ebendieser Frank-Fahle einen
Tobsuchtsanfall bekommen haben, nachdem er erfahren hatte, daß ein
Teil der ihm aus dem Starfighter-Geschäft zustehenden Provision auf das
Konto einer bayrischen Partei überwiesen werden sollte.[910] Abgesehen
davon, daß auch hier der Umstand, daß die CIA über diverse Kanäle und
Geschäftchen »befreundete« und den Herrn der Wallstreet genehme
Politiker »subventionierte«, höchst interessante Schlüsse zuließ, war das
nur gerecht: Denn am Zustandekommen dieses geradezu phänomenalen
Geschäfts war wahrhaftig jemand anderer sehr nachhaltig beteiligt.

Auch hier beginnt die Geschichte wieder mit bemerkenswerten Zufälligkeiten im Dritten Reich, korrekter: auf seinen Trümmern. Und
zunächst mit einem Mann namens Ernest Hauser, Sohn eines vor dem
Weltkrieg in die USA ausgewanderten österreichischen Hochschul-

lehrers, der 1945 als Oberleutnant des MIS, des amerikanischen Militärischen Nachrichtendienstes, nach Europa zurückgekehrt war. Laut Dokument AG 300.4-GNMCF des Hauptquartiers der US Army war Oberleutnant Hauser, Stammrollennummer 01039671 AUS, Leiter der in Schongau/Oberbayern stationierten Spionageabwehreinheit (CIC). Wie das Leben so spielt, war dies jene diskrete Ecke Bayerns, wo Allen Dulles seine »Freedom-Fighters« vor den Nazi-Jägern der 970. CIC-Einheit in Frankfurt und dem Department of Army Detachment (DDD) versteckt und für seinen »Kalten Krieg« in Reserve hielt: Nazis aus allen Teilen Europas und natürlich aus Deutschland, die er mit Hilfe der Region VI des CIC (Counter Intelligence Corps) in München und der 430. CIC-Einheit in Österreich, den vatikanischen Nazi-Schmugglern von Intermarium wie Bischof Hudal und Monsignore Draganović, Montini-Freund Jesus Angleton, seinem eigenen Netzwerk diverser geheimer Dienste wie die War Department's Strategic Services Unit (SSU) oder die harmlos klingende Document Disposal Unit (DDU) rekrutierte – unter dem Schutz und Schirm des State Department beziehungsweise dessen hochgeheimem Department of Policy Coordination.[911] In diesem Ambiente also machte Hauser die Bekanntschaft eines dreißigjährigen Münchner Studienrates, der ganz gut Englisch sprach und zunächst Dolmetscher, dann ständiger Begleiter und Freund Hausers und schließlich gar dank Hausers Einfluß kommissarischer Landrat sowie geschäftsführender Vorsitzender des sogenannten Spruchausschusses für den Landkreis und damit Chef der für die Entnazifizierung zuständigen Behörde wurde.[912] Die Freundschaft zwischen diesen beiden hatte eine solide Grundlage. Der bayrische Studienrat arbeitete nun eben rückhaltlos mit den Amis zusammen, und Hauser revanchierte sich unter anderem auch damit, daß er seinen Freund an den Freuden des Besatzerlebens teilhaben ließ.[913]

Bemerkenswert ist, daß dieser Mann mit dem einfachen Vornamen Franz (später kam als politischer Künstlername womöglich wegen irgendeines numerologisch-kabbalistischen Zaubers noch Josef hinzu) bis zum Kriegsende bei der Heeres-Flakartillerie-Schule VI in Altenstadt bei Schongau als Oberleutnant der Reserve und »Offizier für wehrgeistige Führung« eingesetzt war.

Diese Art von Führungsoffizieren mußten zumindest entsprechend den während der damaligen Zeit gültigen Bestimmungen »bedingungslose, kämpferische, fanatische Nationalsozialisten« sein, die wünschenswerterweise der herrschenden Partei angehörten und als Politische Leiter also auch eine entsprechende aktive politische Tätigkeit vorzuweisen hatten. Tatsächlich gehörte dieser Mann einer eindeutigen Parteigliederung an, nämlich dem NSKK-Sturm 23/M 86, und war dort »weltanschaulicher Referent«.[914]

Natürlich wird auch bei diesem Mann diese weltanschauliche Betätigung bloß eine Art Tarnung für einen Akt des Widerstandes gegen das Nazi-Regime gewesen sein, möglicherweise war er auch wirklich ganz einfach zu jung gewesen, um jemals ein waschechter Nazi gewesen sein zu können, denn der dank des amerikanischen Geheimdienstlers Hauser zum Entnazifizierer avancierte Mann machte alsbald in der bayrischen Christlichen Sozialen Union und auch in Bonn eine steile Karriere. Unter Adenauer wurde er Minister, zuletzt Minister für Verteidigung. Sein schließlich vollständiger Name: Franz »Josef« Strauß. Bemerkenswert übrigens das Ambiente seines damaligen politischen Lehrmeisters und Vorbilds, des Münchner Anwaltes und CSU-Begründers Dr. Josef Müller, allgemein als »Ochsensepp« bekannt, der über beste Verbindungen zum hohen Klerus und zum Vatikan ebenso wie zu den Besatzern verfügte, während des Krieges mit hohen SS-Führern ebenso Kontakt pflegte wie zu gegnerischen Geheimdiensten, päpstlichen Vertrauensleuten und deutschen Widerstandsgruppen: Das wiederum ist nicht erstaunlich, denn Müller war schon vor und natürlich während des Krieges der Verbindungsmann der Schwarzen Kapelle (auch Schwarzes Orchester genannt) zum Vatikan und war nun wohl auch über die vatikanischen Intermarium-Projekte informiert wie möglicherweise auch darüber, auf welchen Rattenpfaden (Ratlines) man seine Vergangenheit in die Freiheit oder Anonymität retten konnte.[915]

Darüber hinaus war er ein guter Freund eines gewissen Dr. Hans Josef Maria Globke, der sowohl im Nazi-Reich als auch in der Bundesrepublik eine bemerkenswerte Rolle spielte. Nein, ganz sicherlich ist es, wie Bernd Engelmann feststellt, »kein Zufall«, daß alle jene, die damals zum Kreis um den »Ochsensepp« gehörten, »später in der einen oder anderen der vielen Affären, die den steilen Aufstieg des Franz Josef Strauß begleiteten, eine – manchmal recht dunkle – Rolle spielten«.[916]

1960 wunderte sich der mittlerweile aus Armee und Nachrichtendienst ausgeschiedene und bei Aerojet General Corporation beschäftigte Austroamerikaner Hauser, »wieso ein deutscher Verteidigungsminister in der Lage sein sollte, Posten bei einer amerikanischen Gesellschaft zu vergeben«.[917] Und das ist eine Tatsache: Strauß bot Hauser einen Job bei Lockheed an.[918] Und dank der Vermittlung des deutschen Verteidigungsministeriums wurde Hauser schließlich tatsächlich als »stellvertretender Direktor für Kundenbetreuung« im Koblenzer Lockheed-Büro einer der wichtigsten Lockheed-Repräsentanten in Europa – und vor allem Straußens Auge und Ohr in der Firma, der Mann, auf den FJS sich verlassen können wollte ...

Bekanntlich war FJS schließlich verantwortlich für den Kauf einer bei Vertragsabschluß mit Lockheed noch nicht einmal entwickelten, geschweige denn erprobten Version des Starfighters F-104 A, der als heimtückisches, gefährliches Fluggerät galt, »das für den modernen Luftkampf so geeignet war wie ein Heißluftballon«[919] und von der US-Luftwaffe 1959/1960 ein Jahr nach Indienststellung wegen einer erschreckenden Anzahl von Unglücksfällen als Verlust abgeschrieben und zum Verkauf an Exoten wie Südkorea und Taiwan freigegeben worden war. Der Spaß kostete die Deutschen mindestens zehn Milliarden Mark und noch einiges mehr. Denn bis April 1979 stürzten nicht weniger als 203 dieser mehr oder weniger ungeeigneten Maschinen, mittlerweile als »Witwenmacher« und »fliegende Särge« bezeichnet, ab.

Strauß-Freund Ernest Hauser, ironischerweise später Hauptbelastungszeuge vor dem Church-Ausschuß des amerikanischen Senats, welcher den Lockheed-Skandal untersuchte, sagte aus, daß bei Abschluß des Starfighter-Vertrages im Jahr 1959 zwischen Franz Josef Strauß und dem Präsidenten und Hauptgeschäftsführer von Lockheed, Robert Gross, ein geheimes »Gentlemen's Agreement« getroffen worden war, wonach ein Prozentsatz des Verkaufspreises für jedes Flugzeug als »Provision« an die Parteikasse der CSU gezahlt werden sollte.[920] Hauser schätzt die Gesamtsumme, die an die CSU gezahlt wurde, auf »rund zehn Millionen Dollar«, wobei er davon ausging, daß der Partei »etwas über 5000 Dollar für jede von Lockheed oder einem Lizenznehmer gebaute F-104« versprochen worden waren, »gleichgültig, wo sie gebaut wurde«.[921]

Damit diese Zahlungen nicht durch die Bücher im Lockheed-Hauptsitz Burbank gingen, wurde vereinbart, sie von der Provision des offiziellen Verkaufsagenten von Lockheed in Deutschland, Günther Frank-Fahle, abzuzweigen. »Schwierig wurde es«, schreibt David Boulton, »als Frank-Fahle sich dieser Vereinbarung widersetzte, und die Auseinandersetzung war noch nicht bereinigt, als Gross im September 1961 starb. Niemand bei Lockheed gab zu, irgendwie Kenntnis von dem Gentlemen's Agreement zu haben, doch Strauß bestand unnachgiebig darauf, daß es erfüllt wurde.

Obendrein behauptete er, daß die Provision an die CSU nicht nur für das verkaufte Flugzeug fällig sei, sondern auch für das gesamte ausgedehnte nachfolgende EPC-Programm. Wenn sich Strauß mit dieser Auffassung durchsetzte, würde das für Frank-Fahle einen Verlust von einer Million Dollar bedeuten. Hausers Aufgabe war es – nach seiner Version der Geschichte – dieses Knäuel zu entwirren, so daß die Zahlungen wieder in Gang kamen. Und dazu brauchte Strauß eben einen zuverlässigen Freund im Koblenzer Büro von Lockheed.«[922]

Selbstverständlich wurde all dies ebenso von Strauß wie von der CSU wie auch von den Lockheed-Verantwortlichen bestritten. Diese hatten mittlerweile einen Gedächtnisverlust erlitten und konnten sich an vieles nicht mehr erinnern. Akten gab es auch keine mehr. Das gesamte Aktenmaterial über den Kauf der F-104 G war, wie im Sommer 1976 entdeckt wurde, aus dem Verteidigungsministerium in Bonn auf mysteriöse Weise verschwunden.[923]

Unter dem Strich gab es für die Lockheed-Zahlungen an die CSU keinen eindeutigen Beweis, der Verdacht indessen blieb bestehen. Immerhin fand der Bundesrechnungshof eine Spur: Den Prüfern war aufgefallen, daß Frank-Fahles und des Herrn Abs »Commerz« zumindest einmal 3,5 Millionen Mark von Lockheed erhalten hatte, ohne daß ein ersichtlicher Grund, etwa eine Vermittler-Tätigkeit, vorhanden gewesen wäre. Die Prüfer vermuteten, daß die »Commerz« lediglich ein Durchgangskanal für diese Gelder war. Aufgrund der seltsamen Verträge, die Verteidigungsminister Strauß mit Lockheed geschlossen hatte, mußten diese Provisionszahlungen gar von der Bonner Staatskasse der Flugzeugfirma erstattet werden. Die westdeutschen Steuerzahler mußten demnach in diesem Fall auch noch Lockheed-Schmiergelder bezahlen ...[924]

Es ist eben alles sehr relativ. Und es würde durchaus in das gängige Schema des Spiels passen, wenn diese Gelder zum Teil gar keine Lockheed-Gelder, sondern Subventionen der CIA gewesen wären. Warum sollten in der jungen Republik nur sozialdemokratische Politiker auf der Subventionsliste der »Firma« gestanden haben?[925] Und was die Höhe der an die CSU laut Hauser geflossenen Gelder betrifft, so wären das eigentlich nur kleine Fische, wenn man an die etwa 106 Millionen Dollar denkt, die der saudi-arabische Geschäftsmann und Lockheed-Agent Adnan Khashoggi im Laufe der Zeit an Provisionen und Prämien kassierte. Freilich ist es wohl nur ein purer Zufall, sozusagen in der Natur dieser Art von Geschäft liegend, daß auch der Name Khashoggi in jenem

Netzwerk zwielichtiger Finanz- und Waffengeschäfte auftaucht, das von deutschen Ex-Nazis wie Otto Skorzeny und Klaus Barbie in enger Kooperation mit diversen arabischen Kreisen aufgezogen worden war, und daß es gerade FJS gewesen ist, der sich später ganz besonders für die Lieferung von hauptsächlich in Bayern gebauten Leopard-Panzern an Saudi-Arabien stark gemacht hatte ...

Nun, wie jedermann weiß, war FJS allzeit ein »zuverlässiger« Verbündeter. Und wie ebenfalls jedermann weiß, wuchs FJS sozusagen an seinen Affären und »Panamas«[926] und wurde ungeachtet der Lockheed-Geschichte und anderer Skandale ein Politiker von internationalem Ruf und Gewicht, der die Entwicklung der Bundesrepublik entscheidend prägte und der auch darüber hinaus Einfluß auszuüben vermochte, sogar in der einstigen DDR, nicht zuletzt mit westdeutschen Milliarden. Ein Grund für dieses von vielen mit gewisser Verwunderung zur Kenntnis genommene Stehvermögen war, abgesehen von seinen gewiß bemerkenswerten politischen Fähigkeiten, zweifellos die Tatsache, daß Strauß zu jenem erlauchten Bilderberger-Kreis zählte, der sich nicht zu Unrecht als eine Art geheimer Lenkungsausschuß der westlichen Welt verstand und noch immer versteht und immer wieder vorzugsweise Leute an der Spitze hält, die ein paar Flecken auf ihren Westen haben. Und die Bilderberger selbst haben, wie noch deutlich werden wird, durchaus auch wiederum etwas mit diesem facettenreichen Dritte-Reich-Nachfolgespiel namens Neue Weltordnung und Vereinigte Staaten von Europa zu tun, das schon lange vor dem Ende Hitlerdeutschlands begonnen wurde und bei dem eine Vielzahl von Mitspielern aus dem Dritten Reich in die sogenannte freie westliche Welt herübergeschleust wurden, um hier wiederum ihre Rolle beim Neuordnen der Welt zu spielen: die einen ganz öffentlich und offiziell, die anderen im Untergrund der geheimen Dienste, und dies nicht nur in deutschen Landen.

Die ökonomische Nachkriegsplanung der Wirtschaftsgrößen im Dritten Reich jedenfalls funktionierte ausgezeichnet. All die Konzernmanager, Großaktionäre und Bankiers, die an der Nachkriegsplanung der Reichsgruppe Industrie im »Ständigen Arbeitskreis« oder im Arbeitskreis für außenwirtschaftliche Fragen mitgewirkt hatten, waren im Sommer 1950 bereits allesamt wieder auf ihren Kommandoposten, um mit »Kapitän« Hermann Josef Abs an der Spitze dem in groben Zügen schon während des Krieges konzipierten Erhardschen Wirtschaftswunder in der nun für demokratischen Kapitalismus reifen Westrepublik entgegenzusegeln, derweil der Osten für das kommunistische beziehungsweise staatskapitalistische Experiment zumindest offiziell abgeschottet wurde.

Wenn man davon ausgeht, daß das Dritte Reich im Grunde genommen weniger mit Deutschland als mit einer »Neuen Weltordnung« zu tun hatte, und wenn man davon ausgeht, daß das Dritte Reich und der mit seiner Hilfe inszenierte zweite »Durchgang« Mittel zum »höheren Endzweck« waren, ergibt es durchaus einen Sinn, wenn sich, abgesehen von der Aburteilung einer eigentlich recht kleinen Anzahl von hauptverantwortlichen nützlichen Idioten und einiger sadistischer Folterknechte, die sogenannte Entnazifizierung bei genauerem Hinsehen als reine Show erweist und die Dienste bewährter Kräfte auch weiterhin in Anspruch genommen wurden, vor allem, als es galt, durch strammen Antikommunismus die künstlich gegensätzliche Bündelung der Menschen in zwei konträre Blöcke zur weltweiten Krisenschürung voranzutreiben. So wurden in den Jahren 1950 und '51 nahezu sämtliche politischen Kommissariate der westdeutschen Polizeipräsidenten mit Leuten besetzt, die sich im Dritten Reich als »Experten« in der Bekämpfung des Bolschewismus »bewährt« hatten: SS-Sturmbannführer Friedrich Beck, einst Kommandeur einer »Bandenkampfschule«, wurde Polizeirat in Darmstadt; SS-Hauptsturmführer beim SD, Arno Besekow, einst bei der Gestapo-Leitstelle Magdeburg in Bewährung, wurde Kriminalkommissar in Kiel; SS-Obersturmführer Berthold Boldt, ehedem im Einsatz beim Polizeibataillon 314, fand als Polizeioberrat in Wiesbaden ein neues Betätigungsfeld; der einstige Leiter der politischen Abteilung des KZ Sachsenhausen, SS-Hauptscharführer Kurt Erdmann, wurde Kriminalpolizeiobermeister in Stade; SS-Sturmbannführer Herbert Furck, zuletzt Kommandant des I. SS-Polizeiregiments 3 in Riga, sorgte nun als Polizeirat in Kiel für Recht und Ordnung; SS-Sturmbannführer Kurt Geißler, Gestapoleitstelle Berlin, wurde Kriminalkommissar in Köln; SS-Hauptsturmführer Poethke, einst im Einsatz bei einem Sonderkommando im Osten, bewährte sich nunmehr als Polizeioberkommissar in Mönchengladbach.[927]

Diese Liste ließe sich noch seitenlang fortsetzen. Denn wie sich schon Heinz Höhne in seiner Geschichte des Ordens unter dem Totenkopf wunderte, kam das Gros der SS-Führer »freilich seltsam glimpflich davon. Von den 30 höheren SS- und Polizeiführern überlebten 16, von den zwölf Hauptamtchefs acht, von den sechs Amtschefs des Reichssicherheitshauptamtes drei, von den acht in Rußland verwendeten Einsatzgruppen-Kommandeuren drei.«[928] Die meisten dieser überlebenden

Führer der »verbrecherischen Organisation« namens SS wurden gewiß zunächst zu Zuchthausstrafen verurteilt, jedoch beizeiten begnadigt und oft schon nach Monaten wieder in die Freiheit entlassen.[929]

Viele indessen fanden mit Wissen und Billigung der allerhöchsten Stellen Unterschlupf in der von den Amerikanern aufgezogenen und finanzierten »Organisation Gehlen« bzw. im späteren Bundesnachrichtendienst, der solcherart zu einer Art Naturschutzgebiet für ehemalige SS-Mitglieder, Gestapo-Schläger und Kriegsverbrecher wurde: beispielsweise für den ehemaligen SS-Hauptsturmführer Hans Clemens, den »Tiger von Como«, der in der italienischen Stadt Como die Erschießung von 330 Geiseln geleitet hatte und 1948 von einem italienischen Gericht zum Tode verurteilt worden war. Nach wenigen Monaten jedoch wurde er dank der Intervention eines geheimnisvollen Agenten aus der damals amerikanischen Gehlen-Organisation namens »Balthasar« unerwarteterweise freigelassen. Ein anderer, der in diesem Zusammenhang erwähnenswert ist, war SS-Hauptsturmführer Heinz Felfe, der wie viele andere seine Berufserfahrung den Engländern zur Verfügung gestellt und dafür seinen »Persilschein« bekommen hatte. In Gehlens BND war er die Verbindung zur NATO. Zu erwähnen wäre auch noch SS-Oberscharführer Erwin Tiebel. Daß alle drei 1961 als sowjetische Spione entlarvt wurden, war ein pikanter Betriebsunfall, der allerdings angesichts der sich in diesem Metier zuweilen völlig verwischenden Fronten und der hin und wieder notwendigen »Agentenopfer« nicht so verwunderlich ist.

Zigtausende Nazis, darunter einige der düstersten Figuren der SS-Unterwelt, und einige Nazi-Spitzel konnten vor allem dank des Vatikan und dessen Intermarium-Agenten, des britischen SIS, der amerikanisch-britischen SCI-Z-Einheiten, des Office of Policy Coordination des US-Außenministeriums, und vor allem der Geheimdienstorganisationen des Weltverbesserers Allen Dulles, Teilen des OSS bzw. der mit den Interessen der Rockefellers »unlösbar« verknüpften CIA[930] untertauchen.

Die meisten blieben spurlos verschwunden oder verschwanden als Ustascha-»Križari« im vatikanisch-britischen Kreuzzug gegen Tito gleich nach dem Krieg oder wurden als Bauernopfer der Kalter-Krieg-Farce bei Dullesschen Operationen wie »Splinter Factor«, »Red Sox« oder »Red Cape« in den Ostblockstaaten verheizt, wenn sie nicht über Radio Liberty Ost und West für dumm verkauften. Manche brachten es im internationalen Subversions-, Terror-, Waffen- und Geheimdienstgeschäft zu zweifelhaftem Rang und Namen und bildeten sozusagen die

Basis eines nach wie vor aktiven Apparates, der so manches zwischen Rio und Karachi, zwischen der extremen Rechten und der extremen Linken, zwischen der großen Bankenwelt und der mysteriösen Welt geheimnisvoller nahöstlicher Bruderschaften bewegt. Eine merkwürdige und verwunderliche Allianz gewiß, deren nähere Betrachtung aufregende Durch- und Einblicke gewährt: auch auf einige bemerkenswerte deutsche bzw. innerdeutsche Vernetzungen personeller Art, die im Deutschland der Nachkriegszeit, der Verdrängung und Geschichtsüberwältigung eine schwarzrotgoldene Brücke ins verflossene Nazi-Reich spannten und erwähnt zu werden verdienen.

Da wäre zum Beispiel die schillernde Figur des 1898 in Düsseldorf geborenen Sohnes eines gut katholischen Textilkaufmannes, Dr. Hans Josef Maria Globke, während der Regierung Adenauers 14 Jahre lang Staatssekretär im Bundeskanzleramt und auch schon vorher im politischen Leben des aus der Erbmasse des Dritten Reiches sich herausentwickelnden embryonalen westdeutschen Staatsgebildes eine maßgebliche und überaus einflußreiche Persönlichkeit. Als Student der Rechtswissenschaften trat er den Bonner Bavaren im Cartellverband (CV) der katholischen Studenten bei. 1922, nach der Promotion zum Dr. jur. magna cum laude, bewarb sich der inzwischen der katholischen Zentrumspartei beigetretene Jurist um eine Anstellung im Staatsdienst und hatte bereits 1925 den Posten eines stellvertretenden Polizeipräsidenten von Aachen inne, nicht zuletzt dank hervorragender Beziehungen zum katholischen Episkopat. Noch unter der Kanzlerschaft des Zentrumspolitikers Brüning wurde er Referent im Reichsministerium des Inneren. Als die Nazis die Macht übernommen hatten und der spätere Hauptkriegsverbrecher Dr. Wilhelm Frick Innenminister geworden war, wäre eigentlich zu erwarten gewesen, daß Globke als Mitglied einer der »Systemparteien« und somit »national unzuverlässig« seine steile Beamtenkarriere hätte beenden müssen.

»Für einen überzeugten Demokraten wäre es ohnehin an der Zeit gewesen, seinen Abschied zu nehmen«, schreibt dazu Bernt Engelmann. »Aber Dr. Globke blieb im Amt, weil ihn – so behauptete er jedenfalls später – Parteifreunde vom Zentrum sowie kirchliche Stellen dringend darum baten. Er wurde von den Nazis auch nicht hinausgeworfen, im Gegenteil: Bereits im Oktober 1933, kaum daß der Vatikan ein Konkordat mit den neuen Machthabern in Berlin geschlossen hatte, wurde Regierungsrat Dr. Globke zum Oberregierungsrat befördert. Im Innenministerium war durch die Entlassung eines jüdischen Beamten, des

420

Ministerialrates Friedrich Wittelshöfer, eine Planstelle freigeworden, und ›daher‹ – wie es in dem Vorschlag zur Beförderung hieß – könne Dr. Globke nun aufrücken (was ihm aber zunächst nicht gelang). Der dienstentlassene Wittelshöfer und dessen Ehefrau wurden übrigens acht Jahre später, durch Erlaß des Reichsministeriums des Inneren vom 4. März 1941, ›der deutschen Staatsangehörigkeit für verlustig‹ erklärt und ihr gesamtes Vermögen beschlagnahmt, und zwar aufgrund von Durchführungsverordnungen, die der immens fleißige Dr. Globke ausgearbeitet hatte.«[931]

Kurz und gut: Globke war der für Judenfragen zuständige Mann im Reichsinnenministerium, sozusagen »der Spezialist für Judenangelegenheiten«, und sein Referat war es gewesen, das den gesamten gesetzlichen Rahmen für die totale Entrechtung der Juden bildete, Voraussetzung für ihre »Aussiedlung« und spätere Vernichtung. Auch die Durchführungsbestimmungen für die entsprechenden Gesetze, von Bormann und Himmler lebhaft begrüßt, stammten von Dr. Globke. Sein Kommentar zu den Nürnberger Rassegesetzen fand den besonderen Beifall des wohl fanatischsten Nazis unter den damals führenden Juristen, des späteren Präsidenten des Volksgerichtshofes, Dr. Roland Freisler.

»Hier handelt es sich um mit Paragraphen verübte Ächtung, um mit Paragraphen verübten Mord, und Herr Dr. Globke hat das ganz genau gewußt!« erklärte am 12. Juli 1950 der sozialdemokratische, im Dritten Reich von den Nazis verfolgte Jurist Dr. Adolf Arndt im Bundestag zu Globkes Kommentar und fügte hinzu: »Er war bei Seyß-Inquart im Haag, bei Bürckel in Metz, bei Wagner in Straßburg, bei Forster in Danzig, bei Neurath und Karl Hermann Frank in Prag, bei Antonescu in Bukarest und bei Tiso, Mach und Karmasin in Preßburg. Das sind nur einige dieser Reisen. Überall, wo dieser Ko-Referent für Judenfragen mit dem SS-Obergruppenführer Stuckart erschien, soll natürlich von Juden – außer in Straßburg, wofür ein Dokument vorliegt, das ist das Pech! – nie gesprochen worden sein und soll das Reichsinnenministerium nur als Hort und Hüter der Juden in Erscheinung getreten sein. Aber alle Welt weiß, daß von diesen Plätzen aus und nach diesen Besprechungen sich die Blutspur der gemarterten und gemordeten Juden in die Vernichtungslager nach Auschwitz und Maidanek zog. Und Herr Dr. Globke wußte um diese Greuel! Er hat es selbst als Zeuge zugestanden, und sein Kollege, der Ministerialrat Lösener aus dem Reichsinnenministerium, der der erste Referent für Judenfragen und ursprünglich ein erklärter Nationalsozialist war, konnte dieses Unsagbare nicht auf sein Gewissen nehmen und hat ausdrücklich mit diesem Grunde seinen Abschied verlangt und ist zum Reichsverwaltungsgerichtshof übergegangen. Aber Herr Dr. Globke blieb [...]«[932]

Und zwar bis kurz vor Kriegsende, als der zuständige Sachbearbeiter für alle administrativen Maßnahmen, die der Entrechtung von Juden, Mischlingen, Rheinlandbastarden, Zigeunern sowie von Angehörigen slawischer und anderer minderrassiger Volksgruppen dienten.

»Darüber hinaus wurde Dr. Globke im Geschäftsverteilungsplan des Nazi-Regimes vom 15. Januar 1945 insgesamt dreißigmal aufgeführt, an erster Stelle im Geschäftsbereich des ›Generalbevollmächtigten für die Reichsverwaltung‹ als dessen Referent für ›Allgemeine Angelegenheiten und Geschäftsführung‹, also praktisch die rechte Hand des Ministers. Dabei ist anzumerken, daß dieser Minister, dem der unentbehrliche Ministerialrat Dr. Globke ›in unzweifelbarer Loyalität‹ fast bis zum bitteren Ende diente, seit dem 24. August 1943 nicht mehr Dr. Wilhelm Frick war, sondern der Reichsführer SS, Heinrich Himmler.«[933]

Hier begegnet man in der Person Dr. Globkes einmal mehr dem bemerkenswerten Tatbestand, daß maßgebliche Persönlichkeiten des Dritten Reiches offenbar entweder Agenten ausländischer Mächte und Kräfte waren, beziehungsweise daß deren emsige nationalsozialistische Betätigung in Wirklichkeit eine gut getarnte Form des Widerstandes gewesen sein soll.

Dies gilt vor allem für Dr. Globke, der sich rechtzeitig vor der Einschließung Berlins durch die Sowjetarmee nach Oberbayern absetzen konnte. Als er von wohlunterrichteten Stellen kurz nach dem Einmarsch der Amerikaner darüber informiert wurde, daß sein Name unter der Nummer 101 auf der alliierten Kriegsverbrecherliste verzeichnet sei, fand er Asyl bei dem Provincial des Dominikanerordens, Pater Laurentius Simer, im Kloster Walberberg bei Köln. Dies ist allerdings gar nichts Ungewöhnliches, denn gerade Klöster spielten zu dieser Zeit vor allem beim Auslandstransfer gesuchter Nazis und Kriegsverbrecher eine hervorragende Rolle.

Globke allerdings mußte nicht fliehen. Er wurde im Kloster Walberberg zwar von den amerikanischen Fahndern, die wohl wie so manche unbedarfte Leute glaubten, daß die Guten nun einmal die Guten, die Bösen die Bösen und führende Nazis nun einmal führende Nazis waren, aufgespürt, festgenommen und in das »Ministerial Collecting Center« Hessisch-Lichtenau verfrachtet, dort aber zufällig vom amerikanischen Ankläger Dr. Robert Kempner entdeckt, der einst, vor 1933, als Regierungsrat im preußischen Innenministerium Flurnachbar des eifrigen Zentrumsmannes Globke gewesen war.

Und dann? Da stellte sich nun das Erstaunliche heraus: Globke war »in den zwölf Jahren seiner emsigen Arbeit für die Hauptkriegsverbrecher Frick und Himmler in Wahrheit der wichtigste Agent des katholischen Episkopats, der Verbündete des heimlichen Widerstandes, daneben auch der selbstlose Helfer in der Not, wenn leider auch nur für sehr wenige, so doch für einige namhafte, von den Nazis Verfolgte gewesen. Seine besonderen Fürsprecher waren Kardinal Graf Preysing, Bischof von Berlin, der ehemalige Zentrumsführer Heinrich Krone sowie zwei Rechtsanwälte, die beide im Zusammenhang mit dem mißglückten Putschversuch gegen Hitler vom 20. Juli 1944 von der Gestapo verdächtigt und als Verbindungsleute der katholischen Kirche zum Widerstand in Haft gewesen waren: Dr. Josef Müller, der ›Ochsensepp‹, ein alter Freund Globkes, und dessen politischer Schüler Dr. Otto Lenz.«[934]

Natürlich kam es zu keiner Anklage gegen Globke. Er wurde Kempners wertvollster und stets aussagebereiter Zeuge, der »die Hauptschuld vorzugsweise toten Personen zuschob, dafür um so mehr diejenigen entlastete, die ihm selbst oder seinen Hauptentlastungszeugen hätten gefährlich werden können«.[935] Bereits 1946 konnte Dr. Globke als freier und völlig rehabilitierter Mann nach Aachen zurückkehren und eine Karriere starten, die ihn in noch einflußreichere Positionen bringen sollte, als er sie im Dienste der Nazis hatte einnehmen können, und die es ihm erlaubten, über ein Jahrzehnt lang die Politik der Bundesrepublik wesentlich zu beeinflussen. Einige der Verantwortlichkeiten des Staatssekretärs Dr. Globke nun lassen die vielfältigen und verwirrenden Verbindungen und Kontakte des als späterer Strauß-Förderer bereits erwähnten »Ochsensepp« Müller zu hohen SS-Führern, zur militärischen Abwehr des General Canaris, zum Vatikan, zum Widerstand und zu ausländischen Geheimdiensten in einem klärenden Zusammenhang erscheinen.

Hier wird eine sozusagen frontüberschreitende Zwielicht-Zone offenbar, die den Zusammenbruch des Dritten Reiches unbeschadet überstehen konnte und auch weiterhin das Betätigungsfeld für untergründige und hintergründige Aktivitäten bildete, die wiederum nur verständlich werden, wenn man auch das Dritte Reich im größeren, übergeordneten Kontext des »Novus Ordo Seclorum« sieht.

Globke war schon vor seiner Ernennung und Beförderung zum Staatssekretär derjenige im Bundeskanzleramt gewesen, der den Kanzler in allen wichtigen Personalentscheidungen beriet. Auf seinen Einfluß gingen nicht nur Veränderungen in der Ministerliste zurück, sondern vor allem die Besetzung wichtiger Staatssekretärs- und Abteilungsleiterposten in den verschiedenen Ministerien. Darunter waren – wen sollte es noch wundern – zahlreiche Kollegen aus früheren Tagen. Beispielsweise ein Dr. Friedrich Karl Vialon, der konsequenterweise Abteilungsleiter im Bundesfinanzministerium wurde, konsequenterweise, denn die Jahre 1942 bis 1944 hatte er als Abteilungsleiter II im »Reichskommissariat Ostland« damit verbracht, aus den dortigen Juden soviel Geld und Wertsachen herauszupressen wie nur möglich. Dabei machte er auch vor den jüdischen Grabsteinen nicht halt.[936] Es gäbe mehr als ein Dutzend Namen in diesem Zusammenhang zu nennen, natürlich allesamt Leute, die keine richtigen Nazis waren, eher fast schon Widerstandskämpfer, »die sich nur gezwungenermaßen ein klein wenig am Terror beteiligt hatten«.[937]

Nichtsdestoweniger war, wie der linkskatholische Publizist, ehemalige Häftling im KZ Buchenwald und Mitbegründer der CDU, Eugen Kogon, im Dezember 1949 bereits in den *Frankfurter Heften* schrieb, »die bürgerliche Erstregierung der Deutschen Bundesrepublik, einiges hochkommissarielle Zweckwohlwollen und den wärmelosen Glanz offiziellen Christentums um sich gebreitet [...] von dem Verdacht nicht frei, das Produkt eines [...] politischen und ökonomischen Restaurationsversuches zu sein«.[938]

Eine andere Verantwortlichkeit Globkes aber interessiert hier besonders. Als Staatssekretär im Bundeskanzleramt übte er, im Auftrag des Kanzlers, die Weisungsbefugnis gegenüber dem Bundesnachrichtendienst (ebenso wie dem Bundesamt für Verfassungsschutz) aus und hatte uneingeschränkte Verfügungsgewalt über sämtliche Geheimmittel einschließlich der berüchtigten »Reptilienfonds« zur Korrumpierung der Presse, welche für diese beiden größten Geheimdienste der Bundesrepublik zur Verfügung standen. Globke war also sozusagen der zivile Chef der »Organisation Gehlen«, praktisch Gehlens Vorgesetzter und auch später der eigentliche Chef des daraus hervorgegangenen Bundesnachrichtendienstes. Gemeinsam mit Gehlen sorgte er dafür, daß in dieser Organisation die Trümmer der nazistischen Geheimdienste wieder zu einem Ganzen gefügt wurden. Es wäre allerdings nicht ganz fair, »das unheilvollste Zweigespann der deutschen Nachkriegszeit«, wie Joachim Joesten einmal Globke und Gehlen nannte,[939] als die Hauptverantwortlichen für diese Vorgänge zu bezeichnen. Die

Organisation Gehlen wurde von den Amerikanern (allerdings nicht von der CIA) aufgezogen und finanziert, und es waren verantwortliche amerikanische Stellen, die nicht nur bloß zustimmten, sondern selbst dafür sorgten, daß so mancher schwere Nazi-Bock im geheimdienstlichen Garten Eden der jungen Republik angestellt wurde, sofern nicht die Dienste von Kriegsverbrechern wie Klaus Barbie oder des SS-Obersturmbannführers und späteren Großmeisters der berüchtigten italienischen Geheimloge Propaganda due, Licio Gelli, direkt von den diversen amerikanischen Diensten in Anspruch genommen wurden, nachdem sie, wie der »Schlächter von Lyon«, zuvor vom Counter Intelligence Corps der US-Army in Sicherheit gebracht worden waren.

Es entbehrt nicht einer gewissen Ironie, daß die spätere CIA in gewisser Hinsicht eine Art nachgeborener Zwilling der (amerikanisch geleiteten) Organisation Gehlen war, auch wenn die CIA nach ihrer formellen Konstitution im Jahr 1947 erst ihren Segen geben mußte, ehe Gehlen seine Arbeit in Deutschland in vollem Umfang aufnehmen konnte.

Über die Organisation Gehlen ist viel geschrieben worden, so daß ihre Geschichte von einem ganzen Wald von Mythen umgeben ist. Es mag da und dort vielleicht zutreffen, daß die Amerikaner zunächst bei den Gehlen-Leuten gewissermaßen in die Schule gingen und daß spätere CIA-Leute von »deutschen Experten« im militärischen Nachrichtendienst, im Guerillakrieg bzw. in der Partisanenbekämpfung »sowie in allem, was zum ›Department of Dirty Tricks‹ gehört«, instruiert wurden.[940] Und es ist sicherlich etwas dran, wenn gesagt wird, die Amerikaner hätten vor allem dank Allen Dulles den Gehlen-Stil weitaus besser kopiert als die hohe Kunst der zumindest nach außen zur Schau getragenen staatsmännischen »Intelligence« des britischen Secret Service, der nach offizieller Lesart bei der Gründung der CIA Pate stand.

Alle Märchen haben schließlich einen wahren Kern, und manchmal sind sie gut fürs Selbstbewußtsein, und das hatte man beim BND später sicherlich auch nötig. Es ist hier nicht der Ort, eine Geschichte der CIA oder der Organisation Gehlen zu schreiben, dennoch ist es notwendig, vor allem hinsichtlich der Nachkriegsentwicklungen in diesem Kontext einige Dinge zusammenzufassen.

Anhand jüngst ans Licht gekommener, aus einer Vielzahl scheinbar unbedeutender deklassifizierter Dokumente vor allem von Mark Aarons und John Loftus[941] zusammengepuzzelten Informationen ergibt sich Erstaunliches und auch in jeder Hinsicht Entlarvendes:

Die erfolgreiche Organisation Gehlen ist wahrhaftig ein Mythos, und nichts als das, und ein bloßer Mythos war auch Gehlens Abteilung »Fremde Heere Ost«: Das berühmte Spionagenetz Gehlens in Osteuropa existierte nicht. Die einzige Informationsquelle, über die Gehlen verfügte, war in der Tat der – wie Ladislas Farago schreibt – »effektivste und mysteriöseste« aller Nazi-Spione,[942] ein deutscher Jude nämlich, mit bürgerlichem Namen Richard Kauder, bekannt unter dem Code MAX bzw. KLATT.[943] Und hinter Max/Klatt stand der russische Prinz Anton Wasilewitsch Turkul mit seinem alle und alles durchdringenden Netzwerk.

»Prinz Anatol Wasilewitsch Turkul war zweifellos der größte professionelle Spion des zwanzigsten Jahrhunderts. Während seiner außergewöhnlichen Karriere infiltrierte er die kaiserliche russische Armee, das französische Deuxième Bureau, den japanischen Generalstab, Mussolinis Hauptquartier, beide britischen Geheimdienste (MI5 und MI6), Ribbentrops persönlichen Geheimdienst (Büro Jahnke), Admiral Canaris' Abwehr, den Nachrichtendienst der Wehrmacht an der Ostfront (General Gehlens Fremde Heere Ost), den SS-Sicherheitsdienst (SD) und lieferte sowjetische Desinformationen sowohl an die Achsenmächte als auch an die Alliierten.«[944]

Aarons und Loftus gehen selbstverständlich davon aus, daß Turkul ein sowjetischer, bolschewistischer Spion gewesen sein muß, weil das im Realitätstunnel der Ost-West-Konfrontation natürlich die einzige logische Erklärung ist. Genausogut könnte man der obigen Liste hinzufügen, daß Turkul auch GRU und KGB unterwandert hatte. Um das von Aarons und Loftus gezeichnete Porträt Turkuls abzurunden, wären der obigen Auflistung nahezu sämtliche osteuropäische Emigranten-Organisationen von Turkuls eigener NTS über den Antibolschewistischen Block der Nationen (ABN) bis hin zu Intermarium, Prometheus und der polnischen Abramtchik-Organisation, vor allem aber der Vatikan hinzuzufügen, der in Turkuls Geheimdienstkonsortium eine Schlüsselrolle spielte.

Schon in den zwanziger Jahren arbeitete Turkul bekanntlich für das französische Deuxième Bureau, als der französische Geheimdienst und der Vatikan Weißrussen für das Intermarium-Projekt rekrutierten. In den dreißiger Jahren arbeiteten Turkul und sein NTS-Netzwerk für die Japaner. Zumindest wird er in erst jüngst freigegebenen Geheimdienstdokumenten als ein Agent genannt, der für die Japaner in Rußland spionierte und zugleich Chef einer faschistischen Partei in Japan war.[945]

Wobei hinzuzufügen wäre, daß Turkul selbstverständlich auch Kontakt zu Richard Sorge hatte, der wiederum in Japan für die Russen spionierte. In den unmittelbaren Vorkriegsjahren arbeitete Turkul zweifelsfrei für den Vatikan bzw. für die Jesuiten, um, »ausgestattet mit falschen Pässen von der Abwehr und Geld von den Japanern«, Propaganda-»Apostel« in die Sowjetunion zu schmuggeln,[946] in der Regel orthodoxe oder unierte Priester, die für Turkul arbeiteten und in Rom von den Jesuiten für ihre Zwecke trainiert worden waren. Zur gleichen Zeit arbeitete Turkuls Netzwerk für Canaris, der bereits 1927 in das Emigrantenspiel eingetreten war, als Verbindung zu den Briten für deutsch-britische Operationen gegen die Kommunisten. Sozusagen wiederum auf einem anderen Kanal arbeitete Turkul mit seinem Agenten KLATT für Jahnke, den britischen Agenten, der bekanntlich Ribbentrops persönlichen Nachrichtendienst leitete. Dank seiner Verbindungen zum Vatikan dirigierte er so praktisch aus dem Hintergrund auch die Aktivitäten der sogenannten Schwarzen Kapelle, an deren Spitze wiederum Jahnke und Canaris beziehungsweise später Schellenberg standen.[947]

Natürlich arbeitete Turkul auch für die Sowjets und damit auf allen Seiten in einer Weise, daß es nicht übertrieben ist zu sagen, er habe zum Teil zumindest den geregelten Ablauf und somit Ausgang des Krieges kontrolliert. Ein Beispiel: Im Herbst 1941, angesichts des herannahenden Winters, waren Hitler und Stalin gleichermaßen besorgt hinsichtlich der japanischen Haltung. Aber die offiziellen Nachrichtendienste konnten da keine Abhilfe schaffen. Also ging Schellenberg zu Jahnke und bekniete ihn, ihm doch seine exzellenten Quellen, dieses von einem zaristischen Offizier und einem deutschen Juden gebildete mysteriöse Gespann zur Verfügung zu stellen, um mit den Japanern in Kontakt zu kommen. Im Oktober war die enttäuschende Antwort da: Die Japaner würden Rußland nicht angreifen, sondern die Achsenmächte durch einen Angriff auf Pearl Harbor unterstützen. Die Antwort bekam natürlich aus denselben Quellen Stalin, der augenblicklich die mongolischen Divisionen von der Ostgrenze in Richtung Moskau in Marsch setzte. Damit war auch Hitlers Erfolg in Rußland zu Ende.

1942, als die SS Jahnkes Tätigkeit für die Briten aufdeckte, Richhard Sorge in Japan als Verbindungsmann der Roten Kapelle aufflog und Heydrich die Abwehr als politisch unzuverlässig denunzierte, ordnete Canaris den Transfer der Turkul-Verbindung zu Gehlens »Heere Ost« an. Kauders MAX-Material schien dem Oberkommando der Wehrmacht so bedeutend zu sein, daß im Sommer 1942 die gesamte Abwehrorganisation nach Vinnitsa in der Ukraine, Gehlens Hauptquartier, verlegt wurde. »Turkuls weißrussisches Netzwerk war von so großem Wert, daß nur eine Handvoll führender Personen im Dritten Reich jemals von seiner Existenz erfuhr.«[948] In der Tat: Gehlen brauchte das Klatt-Material wie ein Verhungernder ein Stück Brot. Was Gehlen natürlich nicht wußte, war die Tatsache, daß alle diese unschätzbaren Informationen zwar direkt vom sowjetischen Oberkommando kamen, aber von diesem eben mit der Absicht freigegeben wurden, daß sie über Japan auf diplomatischem Weg in den Vatikan und über Turkul und Klatt an die richtige Adresse im Deutschen Reich gelangten.[949]

Kein Zweifel, daß das Turkul-Netzwerk für zahlreiche, den Kriegsverlauf bestimmende Siege der sowjetischen Armee von entscheidender Bedeutung war, während es zugleich Gehlens Ruf als Meisterspion begründete. Und diesen Ruf sollte Turkuls Netzwerk auch nach dem Krieg retten und aufrechterhalten.

Denn die Amerikaner erwarteten sich einiges von Gehlen, als sie ihn 1946 damit beauftragten, seine hervorragenden Quellen in Osteuropa in ein neues amerikanisches Spionage-Netzwerk einzubringen.

Unglücklicherweise war Klatt-Kauder als sowjetischer Spion identifiziert worden, und Turkul selbst stand bei den Nachrichtendiensten der US-Army ebenfalls im Verdacht, einer zu sein. Das war Pech. Denn von sich aus hatte Gehlen absolut nichts zu bieten. Er hatte nicht einen einzigen eigenen Mann hinter dem Eisernen Vorhang. Und er hatte keine Ahnung, wie er den Eisernen Vorhang knacken konnte. In seiner Verzweiflung heuerte er Dr. Franz Six und Emil Augsburg an, zwei berüchtigte Kriegsverbrecher, die allerdings über ein nahezu enzyklopädisches Wissen über die Geheimdienstoperationen der Nazis in Osteuropa verfügten.[950] Das freilich war nicht genug. 1947 drohten ihm jene amerikanischen Stellen, die anders als Dulles den eigentlichen Wert Gehlens nicht kannten und auch nicht kennen durften, die Geldmittel zu kappen. Da kam die Rettung durch Turkul, der längst selbst in der Nähe von München seine Zelte aufgeschlagen hatte und, nachdem er durch die Briten von jedem Verdacht freigewaschen worden war, bei der Evakuierung flüchtiger Nazis und Kriegsverbrecher mitwirkte: als Verbindungsmann zwischen Deutschland und den österreichischen Ratlines der Briten, der Amerikaner und des Vatikan. Darüber hinaus war er den Organisationen von Allen Dulles, vor allem der DDU, behilflich, ehemalige Kriegsverbrecher als Freedom-Fighters in den Flüchtlingslagern zu rekrutieren.

Gehlen fiel auf dasselbe Spiel herein, das Turkul schon während des Krieges mit ihm gespielt hatte. Aber die Amerikaner waren zufrieden, und Gehlens Ruf war gerettet. Und man war wieder unter sich. Und wenn die von Gehlen angeheuerten Nazis von CIC- und CIA-Leuten, die daran glaubten, daß die Welt so ist, wie sie sich darstellt, aufgedeckt zu werden drohten, wurden sie von Dulles' DDU-Leuten über die vatikanischen Ratlines in Sicherheit gebracht.[951]

Es ist, isoliert betrachtet, zweifellos überaus verwirrend, wenn man sich die Frage stellt, wie ein Kommunistenfresser wie Allen Dulles schließlich dazu kam, ungeachtet der Tatsache, daß die Nachrichtendienste der US-Army Turkuls NTS-Netzwerk und insgesamt die von Dulles' DDU rekrutierten Nazis als völlig von den Sowjets infiltriert ansahen, schließlich ebendieses Netzwerk über die Gehlen-Organisation und mit Hilfe von James Jesus Angleton in die CIA und in seine Armee von zum Großteil aus Nazis bestehenden Freedom-Fighters zu integrieren.[952]

Die Antwort darauf ist so einfach wie kompliziert. Daß sich die Amerikaner insofern als gute Schüler der Gehlen-Leute erwiesen hätten, indem die USA und die CIA nahezu übergangslos den irrationalen Antibolschewismus der Nazis fortsetzten, wäre allerdings eine sehr oberflächliche Betrachtungsweise. Immerhin hat schon 1936 der kernige Hitlersatz, daß es die Deutschen niemals hinnehmen würden, daß ausgerechnet Moskau Europa beherrschen will, dem späteren CIA-Chef Helms einen unvergeßlichen Eindruck hinterlassen.[953]

Nun ist es in der Tat eine Legende, daß es erst der Beginn des kalten Krieges, der Korea-Krieg und der dadurch in den USA entfachte antikommunistische Hexenwahn des Senators McCarthy in den frühen fünfziger Jahren gewesen sein sollen, die einstigen SS-Angehörigen oder sonstigen Nationalsozialisten und vorzugsweise Geheimdienstlern aus dem Dritten Reich gewissermaßen Absolution und Gelegenheit für bewährte antibolschewistische Wiederbetätigung bescherten. Daran ist nur insofern etwas Wahres, als der sogenannte »kalte Krieg« in der Tat als Vorwand für alles mögliche diente und jede Menge nachträglicher Interpretationen begründen durfte. Auch insofern ist etwas Wahres daran, als die im Auftrag des Council on Foreign Relations von George Kennan inszenierte Farce des kalten Krieges[954] mit allen Konsequenzen (vor allem für die davon besonders betroffenen Ost-Nationen) durchgespielt werden mußte, um die Aufteilung Europas und der Welt in zwei konträre Blöcke zu exekutieren. Dabei ging es nicht um die Eindämmung der Sowjetunion, ganz im Gegenteil, sondern vor allem und in erster Linie darum, einerseits durch »verdeckte Aktionen« Moskau-unabhängige »national-kommunistische« Entwicklungen in den Oststaaten, sowie andererseits einen in den westeuropäischen Staaten, vor allem in Italien und in Frankreich, durchaus möglichen demokratischen Wahlsieg der kommunistischen Parteien mit allen undemokratischen Mitteln zu verhindern – notfalls sogar mit einer militärischen Intervention.[955]

Das war auch nur konsequent. Die Weltordner brauchten eine scharfe offizielle Trennungslinie. Das sowjet-kommunistische, staatskapitalistische Experiment war der östlichen Hälfte Europas vorbehalten. Und das des amerikanisch-demokratischen Kapitalismus der westlichen Hälfte. Und daß letzteres zumindest nicht von Moskau bedroht war und sein würde, daß all das Gerede von einem drohenden sowjetischen Angriff auf Westeuropa in Wirklichkeit blanker Unsinn und pure Propaganda war und daß die Verantwortlichen der kommunistischen Parteien als Komplizen des multinationalen Finanzierungs- und Industriesystems ganz andere Sorgen hatten, als das System zu liquidieren, das sie ernährte, dessen waren sich am Ende der vierziger Jahre die »klarsten Köpfe« im CIA-Hauptquartier insgeheim durchaus bewußt.[956]

Dennoch, wie Thomas Powers folgerichtig festhielt: »Die lange Debatte über die Ursprünge des kalten Krieges wird ehemaligen Angehörigen des OSS wahrscheinlich recht töricht vorkommen. Für sie war der kalte Krieg von Anfang an eine natürliche Folge des mit militärischen Mitteln ausgefochtenen Zweiten Weltkriegs.«[957] Und: »Der kalte Krieg begann eben schon lange bevor man ihm diesen Namen gab. Im April 1945 beauftragte Dulles den OSS-Offizier Frank Wiesner, mit Reinhard Gehlen, dem ehemaligen deutschen Chef der Abteilung fremde Heere Ost, einer gegen Rußland gerichteten Organisation des deutschen Nachrichtendienstes, Gespräche zu führen. Gehlen hatte seine Akten gerettet und war mit der festen Überzeugung in den Westen geflohen, daß die Amerikaner seine Dienste brauchen würden.«[958]

Allen Welsh Dulles, der das OSS-Büro in Bern leitete, in dem während des Krieges fast sämtliche Geheimdienstfäden zusammenliefen, spielte ohne Zweifel in diesem Dritte-Reich-Nachfolge-Ordnungs-Spiel eine strategische Schlüsselrolle, die Historikern immer wieder Rätsel aufgegeben und Kritiker dazu veranlaßt hatte, in ihm einen ausgemachten Faschisten zu sehen oder manche seiner Methoden als »töricht« zu qualifizieren.[959] Das kommt davon, wenn man die Existenz und den

Einfluß von Organisationen wie den Council on Foreign Relations ignoriert und solcherart die unmittelbaren und zwingend wie logisch scheinenden Interessen der USA mit den übergeordneten Interessen der Weltordner und Weltverbesserer zwischen Wallstreet und Paris verwechselt. Der Rockefeller-Verwandte[960] und, zwecks Tarnung seiner geheimen Aktivitäten, Teilhaber einer der renommiertesten Wallstreet-Anwaltskanzleien, war, wie sein Bruder, der »Rockefeller-Angestellte«,[961] Rechtsberater Stalins in den USA und spätere Außenminister, John Foster Dulles, viel zu sehr ein Profi aus dem innersten Kreis des Weltordnungsgeschäfts, als daß man ihm unbeabsichtigtes Handeln unterstellen dürfte. Hier trifft zu, was der bereits mehrfach zitierte Caroll Quigley schrieb: »Es existiert und hat seit einer Generation existiert, ein internationales Netzwerk, das bis zu einem gewissen Grand in einer Weise operiert, in der nach Meinung der radikalen Rechten die Kommunisten handeln. Tatsächlich hat dieses Netzwerk, das wir als die Round-Table-Gruppen bezeichnen wollen, keine Aversion gegen die Zusammenarbeit mit den Kommunisten und verfährt häufig entsprechend.«[962]

Man darf sicher sein, daß dies auch für den umgekehrten Fall gilt, etwa wenn die Linken glauben (wie etwa im Fall Dulles), da oder dort seien verkappte Faschisten am Werk. Dies gilt vor allem für Dulles' angebliche weltanschauliche Drehungen und Wendungen, die weitreichende und im Hinblick auf »höhere Endzwecke« durchaus zweckmäßige, wenn auch nicht leicht zu durchschauende Folgen hatten, wie der später scheinbar fanatische Antikommunismus des zum CIA-Chef aufgestiegenen Dulles. Steward Steven kommt der Sache noch am nächsten, wenn er schreibt: »Wie die meisten Amerikaner seiner Bildung und gesellschaftlichen Stellung neigte er dazu, Rußland zu bewundern und im Kommunismus eine harmlose Exzentrizität zu sehen, die sich auch manche seiner Freunde leisteten. Er sah im britischen Weltreich eine größere Bedrohung für den Weltfrieden als in der Sowjetunion; die wichtigste Aufgabe nach dem Krieg würde es sein, dieses Imperium zu demontieren und aus England wieder eine kleine Insel vor der Küste Europas zu machen [...] Rußland besaß dagegen eine gewisse romantische Anziehungskraft. Die riesigen Menschenverluste der Russen, die Tatsache, daß es ihnen gelungen war, den deutschen Vormarsch vor den Toren Moskaus zu stoppen, und dann noch der Sieg von Stalingrad, der zweifellos die Wende im Kriegsgeschehen brachte, hatten die Bewunderung der Amerikaner erregt. Stalin erschien vielen beinahe als onkelhafte Gestalt [...]«[963]

431

Allerdings wird Dulles hier eine Naivität unterschoben, die ihm wohl kaum wirklich eignete. Dulles' weltanschauliches Gebäude war gewiß auf weniger romantischen, sondern sehr realpolitischen Grundlagen aufgebaut. Und der Umstand, daß sich Dulles ausgerechnet schon nach dem kriegsentscheidenden Ereignis von Stalingrad im Winter 1942/43 ganz im Gegensatz zu den romantischen Amerikanern »seiner Bildung und Stellung« weniger mit dem deutschen Faschismus als mit der sowjetischen Bedrohung sogar im Schlaf beschäftigt haben soll,[964] hat denn auch seinen handfesten Hintergrund. Immerhin gehörte Allen Dulles wie sein Bruder John Foster bereits zu den treibenden Kräften hinter der Gründung des von der Ford-Foundation, der Carnegie-Stiftung und der in erster Linie vom Rockefeller Brothers Fund finanzierten[965] Council on Foreign Relations, mit dessen Hilfe die »klarsten Köpfe der Hochfinanz« die Menschheit mit der Neuen Ordnung beglücken wollen. Dulles war in diesem elitären Verein, der seit seiner Gründung das US-Außenministerium und in der Regel die gesamte Regierung ungeachtet der parteipolitischen Herkunft der jeweiligen Präsidenten fest im Griff hat,[966] nicht irgendwer, sondern einer der Hauptkonstrukteure, seit 1927 (bis 1969) einer der Direktoren des CFR und daneben auch noch zeitweise dessen Geschäftsführer (1933 bis 1944), Vizepräsident (1944 bis 1946) und Präsident (1946 bis 1950). Man kann also durchaus mit Berechtigung annehmen, daß Dulles mit den außenpolitischen Zielen dieses »Politbüros des Kapitalismus« ebenso vertraut war wie mit den Studien des vor 1939 bereits mit dem Geld der Rockefellers[967] im US-Außenministerium eingerichteten CFR-Komitees für Nachkriegsprobleme und folglich seine Handlungen Hand und Fuß hatten.

Das Zwiegespann der Rockefeller-Vettern und CFR-Brüder Dulles – Allen und John Foster übernahmen zur gleichen Zeit Anfang der fünfziger Jahre die Ämter des CIA-Chefs und des Außenministers – ist symptomatisch hinsichtlich der eigentlichen Machtstrukturen hinter der von der Wallstreet ausgehenden und in Washington inszenierten Weltpolitik. So manches an der Rolle Dulles' während des Zweiten Weltkrieges und unmittelbar danach wird erst rückblickend etwas verständlicher, wenn man die Bedeutung des Council on Foreign Relations ebenso wie die schließliche Rolle der CIA als dessen internationales Destabilisierungsinstrument und Vollzugsorgan in die Betrachtung einbezieht, ebenso die späteren Aktivitäten Dulles' im Rahmen der »Firma«.

Denn die sogenannte »nationale Sicherheit« der USA wird am aller-wenigsten von der von Allen Dulles aufgebauten, personell besetzten und von ihm geprägten CIA verteidigt.[968] Wenn die *New York Times* 1977 schrieb: »Während der letzten 35 Jahre hat die US-Regierung Terroris-mus als ständiges Instrument ihrer Außenpolitik eingesetzt«,[969] so stimmt das nicht ganz. Die CIA ist keineswegs in erster Linie der verlängerte Arm der Regierung oder des Außenministeriums. Mehr noch als Regie-rung, Außenministerium und Army ist die CIA das eigentliche Exekutiv-organ des mächtigen Council on Foreign Relations und der von diesem vertretenen multinationalen »overworld«, und als solches auch von Anfang an geschaffen:[970] als »mächtiger und gefährlicher Geheimkult«, als eine »Geheimbruderschaft der amerikanischen Aristokratie«, dessen Ziel und Aufgabe es ist, »eine Weltordnung zu fördern, in der Amerika an höchster Stelle als der unbestrittene internationale Führer regieren würde«.[971] CIA-Interventionen haben mit US-Interessen kaum etwas zu tun.[972] Der Grundauftrag der CIA bestand von Anfang an und vor allem, nachdem Dulles deren Strukturierung übernommen hatte, keineswegs im Sammeln von Nachrichten, sondern in »verborgenen Operationen, besonders verdeckten Aktionen – der Einmischung in die inneren Ange-legenheiten anderer Länder«.[973] Dabei ist es gewiß kein Zufall, daß Nelson Rockefeller persönlich so etwas wie der geistige Vater der geheimen »Spezialdienste« der CIA war und das initiierte, was man »verdeckte Operationen« nennt. »Der sehr energische und begeiste-rungsfähige Nelson Rockefeller hatte während des Krieges in Latein-amerika einen großen Propagandafeldzug geführt und war dabei zu der Überzeugung gekommen, daß man auf dem Gebiet der psychologischen Kriegsführung viel erreichen könne.«[974] Worauf schon 1946 prompt ein Sonderausschuß verschiedener Ministerien gebildet wurde, der die Richtlinien für genau jene Methoden ausarbeitete, die später zur Grund-lage geheimer Operationen vorzugsweise auch in Europa werden soll-ten.[975] Und wer diese Richtlinien in die Praxis umsetzte und aus der CIA einen fast autonomen Machtapparat mit gesetzlich legitimierten weit-reichenden Befugnissen bis hin zur geheimen Kriegsführung und der Liquidierung mißliebiger Persönlichkeiten machte, war nicht zuletzt Dulles,[976] der sich schon vor der Gründung der CIA in Europa vor allem ein mehr oder weniger privates, von Firmen und »wohlhabenden Freunden« finanziertes Netz »geheimer Dienste« schuf und dessen spätere Tätigkeit als Direktor der Agency eine »sehr subtile Tarnung für seine eigentliche Funktion als Leiter für Sonderunternehmen innerhalb der CIA war«:[977]

»Wie sein Bruder, John Foster Dulles, war er in zahlreichen religiösen und wohltätigen Organisationen tätig, von denen viele über internationale Verbindungen verfügten und sehr gut zu Tarnzwecken zu benutzen waren.«[978] Ein interessantes Detail von Dulles' Arbeitsweise übrigens im Hinblick auf die engen Verknüpfungen der späteren CIA mit religiösen Organisationen, insbesondere der engen Verflechtungen zwischen CIA und intimsten und allerhöchsten vatikanischen Kreisen und dem bemerkenswerten Umstand, daß zahlreiche hohe Beamte der CIA (wie auch anderer westlicher Dienste) Mitglieder eines katholischen Ritterordens waren beziehungsweise sind, nämlich des Ordens der Malteserritter.[979]

Man halte sich zunächst noch einmal folgende Zusammenhänge im Hinblick auf die Rolle Dulles' und des allmächtigen Council on Foreign Relations vor Augen, die Charles Levinson, Nationalökonom und Generalsekretär des Internationalen Bundes der Chemiearbeiter in Genf, folgendermaßen zusammenfaßte:

»1939 richteten der Außenminister Cordell Hull und der Kriegsminister Henry Stintson, der eine Mitglied, der andere Präsident des Rates, mit dem Geld der Rockefellers Arbeitsgruppen ein zur Untersuchung wirtschaftlicher, strategischer und politischer Fragen des Krieges. Nach Aussagen des einflußreichen amerikanischen Journalisten Joseph Kraft (ebenfalls Ratsmitglied) verfügte die amerikanische Exekutive bereits 1942 über ›eine vollständige Sammlung von Vorschlägen und Analysen, die in der Nachkriegszeit angewendet werden konnten‹. 1942 wird John McCloy (Ratsmitglied) als Stellvertreter Stintsons ins Kriegsministerium berufen. 1945 wurden als Ergebnis der Pläne des Rates die Vereinten Nationen, die Weltbank und der Internationale Währungsfonds ins Leben gerufen.

Siebenundvierzig Mitglieder der amerikanischen Delegation bei der Gründungssitzung der Vereinten Nationen gehörten dem Rat an. Unter ihnen sind hervorzuheben: Edward R. Stettinus, der zur Führung der Morgan-Bank gehörte und Außenminister war, Nelson Rockefeller, Minister für lateinamerikanische Angelegenheiten, John Foster Dulles, republikanischer Sprecher für die Außenpolitik, und John McCloy, Staatssekretär im Kriegsministerium. 1946 war der Vorsitzende dieses Rates Allen Dulles, Rechtsberater der Rockefellers und später Leiter der CIA. 1947 hatte ein weiteres Ratsmitglied, George Kennan, Leiter des politischen Planungsbüros im Außenministerium und später Botschafter in Moskau, die Aufgabe, die Politik des kalten Krieges zu vertreten und zu begründen. In der CFR-Zeitschrift *Foreign Affairs* veröffentlichte er eine folgenschwere Analyse, in der er seine Thesen über die Bedrohung durch den Kommunismus und die Methoden, ihn einzudämmen, entwickelte. Dieser Artikel wurde zwanzig Jahre lang peinlich genau befolgt und enthob die amerikanische Diplomatie der Verpflichtung, auch nur den kleinsten Versuch zum Nachdenken zu unternehmen. Was immer die Mitglieder dieser kleinen Herrschaftsgruppe propagierten, wurde vom gesamten intellektuellen Establishment Amerikas und der westlichen Welt aufgenommen und verteidigt. Dieser Ausverkauf des kritischen Geistes erklärt sich insbesondere dadurch, daß die Universitäten und Forschungsinstitute fest in der Hand der ökonomisch-finanziellen Macht sind.«[980]

Der Grund für Dulles' frühe Wandlung (zum Zeitpunkt der deutschen Niederlage bei Stalingrad) vom Rußland-Sympathisanten und Alliierten der Sowjetunion zum schlaflosen Kommunistenfresser ist zweifellos in den frühzeitigen Nachkriegsplanungen des CFR zu suchen, dessen Mitglieder von allem Anfang an und nicht zuletzt hinter der Fassade des kalten Krieges ständig für technologische und finanzielle Bluttransfusionen an den anämischen und aus sich selbst heraus lebensunfähigen Feind aller Kapitalisten sorgten,[981] um sich seiner im besten fabianischen Judo-Stil und aus dem Wissen um die Gesetzmäßigkeiten der Polaritäten heraus zu bedienen. Wie Zbignew Brzezinski sich ironisch auszudrücken pflegte: »Das Investieren in Länder, die in der Folgezeit zu politischen Feinden werden sollten, ist stets eins der Merkmale der kapitalistischen Unternehmungen gewesen.«[982] Naturgemäß färbte diese strategische Schizophrenie auf den antikommunistischen, mit ehemaligen Nazis kollaborierenden, nach eigenem Selbstverständnis liberalen und eigentlich revolutionären[983] verlängerten Arm des CFR, der schließlich von Dulles' Leuten und Turkuls Netzwerk unterwanderten Central Intelligency ab, und aufrechte Amerikaner brauchten sich nicht darüber zu wundern, warum Mitarbeiter dieser Firma zuweilen auf einer Seite standen, auf der sie eigentlich nicht hätten stehen dürfen, ginge alles mit rechten, sozusagen mit dem politischen Hausverstand greifbaren Dingen zu.[984]

Allen Dulles, als CFR-Agent Vertreter der Morgans, Vanderbilts, Warburgs, Fords, Carnegies, Mellons und Rockefellers, saß in seinem Berner OSS-Büro wie eine fette Spinne im Netz der Neuen Ordnung, das sich während des Krieges schon über das Abbruchgelände der alten Weltordnung spannte. Hier in Bern liefen tatsächlich alle wesentlichen

Fäden zusammen, nicht nur die der alliierten Geheimdienste. Führende Kräfte des Widerstandes innerhalb und außerhalb der Wehrmacht, unter anderem vor allem der sogenannte »Kreisauer Kreis«, standen ebenso in engem Kontakt mit Dulles wie vermittelnde vatikanische Würdenträger und Agenten sowie ranghohe Persönlichkeiten der SS und Vertraute Himmlers, die mit Dulles zum Zwecke der Ausschaltung Hitlers konspirierten. Und dies nicht erst in der letzten Phase des Krieges, sondern bereits – ein bemerkenswerter Zufall? – unmittelbar nach Stalingrad.

So führte Dulles bereits im Februar 1943 Gespräche mit einem Agenten von Himmlers SS, nämlich mit Fürst Maximilian von Hohenlohe. Dabei ging es um den möglichen Abschluß eines bilateralen Friedensvertrages mit dem Dritten Reich – mit Heinrich Himmler als Führer.[985] Hier ist anzumerken, daß es Dulles von allem Anfang an und während des ganzen Krieges in seinen Verhandlungen mit den Nazis verstanden hatte, die Deutschen zu überzeugen, »daß es nicht ihr Schaden sein würde, wenn sie sich zu der von ihm vorgeschlagenen Handlungsweise entschlössen«.[986] Darüber hinaus verstand er es, durch diese oder jene Bemerkung den Anschein einer geistigen und politischen Nähe zu den Nazis zu entwickeln. Dieses Spiel hatte gewiß Methode. Man könnte ihm auch einen Namen geben, nämlich: Wie mache ich einem Verbündeten rechtzeitig klar, daß sich die Rollen und Fronten wieder ändern werden. »Gemäß Hohenlohes Bericht über die Unterredung sagte ihm Dulles, er habe es satt, ›andauernd nur auf rückständige Politiker, Emigranten und voreingenommene Juden zu hören‹. Hohenlohe berichtete weiter, daß nach Dulles' Meinung ›in Europa ein Friede geschlossen werden müsse, an dessen Bewahrung alle Beteiligten ein echtes Interesse haben würden [...] Der deutsche Staat müsse als Ordnungs- und Fortschrittsfaktor weiterbestehen; seine Teilung oder die Abtrennung von Österreich käme nicht in Frage [...] Gleichzeitig halte er es für nötig, durch die Ausweitung Polens nach Osten und die Wahrung von Rumänien und eines starken Ungarn einen Cordon sanitaire gegen Bolschewismus und Panslawismus zu errichten.‹«[987]

Was für ein Wort in deutschen Ohren! Da war ein Mann, mit dem man reden konnte. Die Kontakte zwischen führenden SS-Leuten und Dulles rissen in der Folge nicht ab. Sie liefen unter anderem über die Genfer Bank Lombard Odier, die Dulles für diverse Operationen des Office of Strategic Services benutzte. Bemerkenswerterweise saßen seit Generationen Mitglieder der Bankiersfamilie Oltramare in deren Vorstand. Ein Mitglied dieser Familie war der bekannte NS-Ideologe und Frontist

Georges Oltramare. Ein Mitglied der schweizerischen Nationalen Front, der seit seiner Jugend mit Oltramare in Verbindung stand, war ein gewisser François Genoud, der zu jener Zeit in Lausanne den Nachtclub »Oasis« als Tarnung für Operationen der deutschen Abwehr führte und mit einer Reihe von Exponenten des Nazi-Regimes wie SS-General Wolff, Otto Skorzeny, Luftwaffen-Oberst Rudel, General Ramcke und Hitlers zeitweiligen Finanzmagier Hjalmar Schacht befreundet war. Dieser Genoud, der auch eine Vermittlerrolle bei den Kapitulationsverhandlungen zwischen Dulles und Himmlers »Wölffchen«, dem SS-General Karl Wolff, innehatte, sollte noch Jahrzehnte danach eine Schlüsselrolle im Zwielicht der internationalen politischen Unterwelt und des Nazi-Untergrunds spielen.[988] Eine weitere Verbindungslinie lief über den Mailänder Fabrikanten Baron Luigi Parilli, einem Vertrauten des SS-Standartenführers Dr. Eugen Dollmann, der selbst wiederum über beste Beziehungen zur römischen Gesellschaft bis hinter die Mauern von St. Peter verfügte.[989]

Prinz Hohenlohe war nicht der einzige SS-Mann, der gegen Hitler konspirierte, um dem Krieg ein Ende zu bereiten, vor allem, als sich abzeichnete, daß er sowieso verloren war. So trugen sich SS-Obergruppenführer Felix Steiner, Kurt von Gottberg und Richard Hildebrandt ernsthaft mit dem Gedanken, den Führer zu liquidieren.[990] Ende Februar 1945 entsandte sogar Regimeschützer Kaltenbrunner den SS-Sturmbannführer Dr. Wilhelm Höttl in die Schweiz, um Dulles' Mitarbeitern eine Sonderkapitulation der österreichischen Reichsgebiete offerieren zu lassen.[991]

Etwa zur gleichen Zeit ließ der höchste SS- und Obergruppenführer Karl Wolff, dem ein Jahr zuvor eine von Standartenführer Dollmann arrangierte Audienz bei Papst Pius XII. »zu einem entscheidenden Erlebnis geworden war«,[992] über Baron Parilli den in Bern residierenden US-Beauftragten Allen Dulles wissen, daß die Führer der deutschen Italien-Armee möglicherweise an einer Beendigung der Kämpfe interessiert seien.[993] Als Geste des guten Willens ließ Wolff zwei seiner prominentesten Häftlinge, italienische Partisanenführer, frei. Zunächst fuhr Dollmann, Wolffs Verbindungsmann zur Rumpfrepublik Mussolinis, zu Verhandlungen mit den Amerikanern nach Bern, und am 8. März 1945 traf sich Wolff selbst in Bern mit Allen W. Dulles.

Wolff, der davon überzeugt war, daß nur eine deutsche Kapitulation verhindern könne, daß die Kommunisten sich Europas bemächtigten, bot nun die bedingungslose Kapitulation der eine Million zählenden deutschen Truppen in Italien und damit die wahrscheinliche Kapitulation der gesamten Wehrmacht an. Kurz und gut: Wolffs Initiative hatte den Zweck, durch die Kapitulation den Vormarsch der angloa-merikanischen Truppen nach Osten zu ermöglichen und die Rote Armee aufzuhalten. Die amerikanisch-sowjetischen Beziehungen aber waren zu diesem Zeitpunkt offiziell noch ausgezeichnet, und es war nicht anzunehmen, daß CFR-Bruder Präsident Roosevelt bereit gewesen wäre, »Uncle Joe« Stalin in den Rücken zu fallen und die Abmachungen von Jalta zu brechen. Im Gegenteil. Die alliierten Invasionsarmeen, die im Juni 1944 in der Normandie gelandet waren und in einem einzigartigen Siegeszug Frankreich, Belgien und einen Teil Hollands besetzt hatten, waren sogar so nett gewesen, in den ersten Septembertagen vor Aachen, Monschau und Geilenkirchen auf Befehl des alliierten Oberbefehlshabers eine Ruhepause einzulegen, obwohl sie zu diesem Zeitpunkt nichts daran hätte hindern können, über den Rhein, die Elbe und Berlin hinweg nach Osten vorzustoßen, um sich an der Ostgrenze Deutschlands mit den Russen zu treffen. Aber es sollte eben in der Mitte sein.[994]

Gab es etwa Koordinations- und Kommunikationsschwierigkeiten zwischen den CFR-Brüdern Dulles, Roosevelt und Oberbefehlshaber Eisenhower? Denn Allen Dulles sagte dem SS-General Wolff schon beim ersten Treffen genau das zu, was dieser hören wollte und was einem Dolchstoß für Onkel Stalin gleichkam. Die Verhandlungen erhielten sofort den Decknamen »Sunrise«, und schon tags darauf waren die Generalstäbler aus dem Hauptquartier der Alliierten auf dem Weg nach Bern, um an ihnen teilzunehmen.

Nun mag es schon zum Teil seine Richtigkeit haben, daß die zaudernde Haltung der sich noch immer an ihren Offizierseid gebunden fühlenden, sich nacheinander als Oberbefehlshaber in Italien ablösenden Heeresoffiziere Generalfeldmarschall Kesselring und Generaloberst von Vietinghoff auch dazu beitrug, daß die Unterzeichnung der Kapitulation Woche für Woche hinausgezögert wurde; der vorläufige Abbruch der Verhandlungen hatte jedoch andere Gründe: An der vorzeitigen Kapitulation hatte nämlich zumindest auf der alliierten Seite ebenfalls niemand ein Interesse. Obergruppenführer Wolff hatte Dulles' tollkühne Versprechungen hinsichtlich einer Veränderung der alliierten Haltung gegenüber der Roten Armee sozusagen im Austausch gegen eine Kapitulation der Deutschen selbstverständlich nach Berlin weitergegeben.

Aber Berlin war wohl gar nicht der eigentliche Adressat. Ein Mann mit dem Hintergrundwissen Dulles' müßte sich bewußt gewesen sein, daß nicht zuletzt angesichts der Demoralisierung in Deutschland die Wahrscheinlichkeit, daß sowjetische Agenten von diesen Verhandlungen Wind bekommen würden, ziemlich groß war (sofern man nicht selbst dafür sorgte, daß diese Wahrscheinlichkeit zur Tatsache wurde). Denn genau dies trat ein: Stalin erfuhr von den Verhandlungen und pochte, legitimerweise mißtrauisch geworden, nun darauf, daran beteiligt zu werden. Was der britische Oberbefehlshaber in Italien, General Sir Harold Alexander, auf Allen Dulles' Rat hin auch prompt ablehnte. Die Verhandlungen mit den Deutschen wurden offiziell abgebrochen. »Das Ergebnis war nicht das Ende des Krieges in Italien, sondern vielmehr, kurz vor Roosevelts Tod, eine erste russisch-amerikanische Konfrontation. Von dem Augenblick an gewann in Stalins Politbüro die Auffassung an Boden, daß die Westmächte sich nach der Niederwerfung Deutschlands gegen ihren älteren Feind, das kommunistische Rußland, wenden würden, und das große Kriegsbündnis begann zu zerbröckeln.«[995]

Das war der eigentliche Anfang des Kalter-Krieg-Spiels, und jeder bis auf die Menschenfreunde am »Round Table« des Weltverbesserer-Olymps hatte bald auch Grund, das Spiel ernst zu nehmen. Stalins Paranoia hatte ein handfestes Motiv. Die Truman-Doktrin und das Kennan-Signal von 1947 und die darauf aufgebaute ausgeklügelte Propaganda sowie vor allem auch der im Grunde genommen Richtung Moskau zielende Abwurf der Atombomben von Hiroshima und Nagasaki[996] taten ein übriges, um Stalin dorthin zu provozieren, wohin man ihn haben wollte, beziehungsweise ihm und dem Westen selbst gewissermaßen die notwendige Legitimierung für die Feindseligkeiten des kalten Krieges zu verschaffen. »Man kann heute zumindest zur Diskussion stellen [...] ob nicht der Zuwachs des kommunistischen Einflusses in Osteuropa eher die Folge als die Ursache des Zusammenbruches der Beziehungen zwischen den beiden Großmächten gewesen sei«, schreibt Steward Steven zu diesem düsteren Kapitel der Nachkriegsgeschichte.

Die Abkommen von Jalta und nicht zuletzt die Konferenz von Potsdam, bei der »die Zwietracht vor dem drohenden Ausbruch des Friedens« gerettet wurde,[997] erlaubten es nach Stalins begründeter Ansicht den Russen, den Briten und Amerikanern, die Welt unter sich aufzuteilen. »Vor diesem Hintergrund wird es verständlich, daß er die Truman-Doktrin vom März 1947 als brutale Bedrohung der Sowjetunion und ihrer legitimen Bestrebungen auffaßte [...] Eine von Propaganda-Elementen freie Auffassung der Nachkriegsgeschichte müßte heute anerkennen, daß Stalin, als er im Juni 1947 die Tschechoslowakei zwang, den Marshall-Plan zurückzuweisen, eher auf die Ereignisse reagierte, als sie selbst in Gang zu setzen. Soweit es ihn betraf, hatte der Westen nur achtundvierzig Stunden zuvor ziemlich eindeutig die Demarkationslinien gezogen, als sämtliche Kommunisten in der französischen und der italienischen Regierung mit einem Schlag entlassen wurden.«[998]

Allen Dulles' Strategie war voll aufgegangen. Später als CIA-Chef – siehe dazu das letzte Kapitel – war es wiederum in erster Linie der CFR-Agent Allen Dulles, der dafür sorgte, daß der Eiserne Vorhang auch wirklich herunterrasselte, daß die stalinistische Terrormaschinerie erst so richtig in Schwung kam. Da war es vor allem Dulles mit seiner CIA und dem Netzwerk von Prinz Turkul, der dafür sorgte, daß Stalin seine Blutspur durch ganz Osteuropa zog und den Völkern Osteuropas für nahezu ein halbes Jahrhundert jede Chance genommen wurde, sich dem »kommunistischen Experiment«, der »kreativen Phase der Ausreifung des menschlichen Universalgebildes«[999] zu entziehen.

Im Rückblick, nach der nicht zuletzt aus Rentabilitätsgründen[1000] erfolgten Liquidierung des kommunistischen Experiments und der Freigabe und »Öffnung« der osteuropäischen Völker für die transnationalistische Ausplünderung ihrer produktiven Kräfte in der Freiheit der über eine internationale Bürokratie kontrollierten künftigen Neuen Weltordnung, klingt ebenso prophetisch wie geradezu höhnisch, was Steward Steven schreibt (der Allen Dulles natürlich idealistischen Antikommunismus unterstellt): »Es mag den Anschein haben, daß es grausam war, ein solches Schicksal auf die Völker Osteuropas herabzuwünschen. Aber für Dulles stand fest, daß diese Völker ihr Heil nur über den Weg zur Hölle und zurück erlangen konnten.«[1001]

Vor diesem Hintergrund wird einigermaßen verständlich, warum man nicht das geringste Interesse hatte, bewährte Strukturen aus der Nazi-Zeit ein für allemal zu liquidieren, und warum Dulles so brennend an der Übernahme des Gehlen-Turkul-Apparates interessiert war: Abgesehen davon, daß die kontrollierenden Kräfte in Osteuropa nach wie vor weitgehend von den gleichen politischen Elementen dirigiert wurden, die während des Krieges mit dem amerikanischen OSS und ähnlichen alliierten Diensten zusammengearbeitet hatten, war das ebenfalls nach wie vor intakte Gehlen-Turkul-Netz ein wichtiger Bestandteil jenes Instrumentariums, mit dem die methodischen Wechselbäder zwischen ausbrechendem Freiheitswillen und terroristischer Unterdrückung kontrolliert und fast nach Bedarf reguliert werden konnten, sozusagen, um im Sinne Brzezinskis »menschliche Energie zweckgerichtet zu mobilisieren«. Man kann sich allerdings auch noch die Frage stellen, ob insgeheim so manchen hohen britischen und amerikanischen Geheimdienstler am Ende nicht noch mehr mit so manchem hochrangigen SS-Mann »brüderschaftlich« verband als der »europäische Gedanke«,[1002] als bloße politische Opportunität oder der natürliche Irrwitz der Geschichte. Nicht nur die Leute aus der deutschen Großindustrie hielten während des Krieges Kontakt zu ihren Kompagnons auf der Seite der alliierten Hochfinanz,[1003] nicht nur Größen aus dem Thule-Reich wie Göring, Heß oder die graue Eminenz Haushofer hatten Freunde jenseits des Kanals (oder glaubten daran, sie zu haben).

So gab es während des Krieges eine überaus enge Zusammenarbeit zwischen SS und Gehlens »Fremde Heere Ost« mit Teilen eines von den Briten organisierten fundamentalistischen Subversions- und Destabilisierungsnetzwerkes diverser »Sufi-Projekte« und arabisch-muslimischer Bruderschaften wie Sheik Shakib Arslans »Panarabischer Kongreß« und die von dem Ägypter Hassan al-Banna begründete, berüchtigte geheime Moslem-Bruderschaft Ikhwan al Muslimuum, die nach dem Krieg eine nicht unbedeutende Rolle im Netz der »Schwarzen Internationale« spielten. Nicht verwunderlich daher die Kooperation des von den anglo-amerikanischen Diensten protegierten Nachkriegs-Nazi-Apparates mit diversen Befreiungsbewegungen wie der algerischen FLN, zu der sich »vielleicht sogar zur Zeit des französisch-algerischen Krieges« die Mitarbeiter der CIA in Tunesien und Marokko viel mehr »hingezogen« fühlten »als zur Regierung de Gaulles, obwohl Washington offiziell die Haltung der französischen Regierung unterstützte«.[1004] Daß in jüngerer Zeit dann sogar eine neo-nazistische »Wehrsportgruppe Hoffmann« nicht nur Autohandel mit der PLO betrieb, sondern auch ihre Kämpfer für ein Neues Europa in den libanesischen Lagern der Palästinensischen Befreiungsfront ausbilden ließ (ebenso wie die linke RAF), ist dabei eine durchaus konsequente Randerscheinung.[1005]

Allen W. Dulles jedenfalls bewahrte immerhin den Schein. Über die bereits erwähnte Genfer Bank Lombard Odier und Mittelsmann François Genoud gelang es ihm schließlich doch noch, die vorzeitige Kapitulation des SS-Generals Wolff und der deutschen Truppen in Norditalien zu erleichtern: ganze sechs Tage vor der Kapitulation der gesamten Wehrmacht in Europa. Und mehr noch: Es gelang ihm auch noch, General Wolff vor italienischen Partisanen zu retten, die dessen Hauptquartier umzingelt hatten. Das war er ihm doch wohl auch schuldig. Denn wenn es auch nicht zu einer für den unbedarften und unschuldigen historischen

Hausverstand wirklich sinnvollen frühen Kapitulation gekommen war, so hatten die Verhandlungen Allen W. Dulles' mit SS-General Wolff doch längst ihren Zweck erfüllt: »Onkel« Stalin war böse und hatte einen Grund, mißtrauisch zu sein. Der zunächst erfolgte Abbruch der Kontakte hatte einmal mehr den Krieg verlängert und Menschenleben zur Erreichung der höheren Endzwecke der Aufteilung Europas gefordert. Doch wer konnte schon begreifen, daß dies nach der »wahren Erleuchtung« des »Nationalismus« im Sinne »der fortschreitenden Neudefinition vom Wesen des Menschen und seinem Platz in der Welt« notwendig und gut war. Daß dies so sein sollte, konnte – auch wenn es offensichtlich war – natürlich niemand zugeben. Schon gar nicht Dulles, der nun in perfektem Rollenspiel seinem CFR-Kollegen Roosevelt vorwarf, amerikanische Menschenleben zur Befriedigung der Sowjetunion unnötig geopfert zu haben, während in britischen und amerikanischen Kreisen die Ansicht verbreitet wurde, Dulles habe »die Angelegenheit verpfuscht«, wohingegen dieser wiederum mit Recht sagen konnte, er habe doch tatsächlich die Kapitulation der deutschen Streitkräfte erreicht.[1006]

Allgemein wird die Ansicht vertreten, all dies habe das Verhältnis zwischen dem damaligen OSS-Chef »Wild Bill« Donovan und dem hochkarätigen Mann aus den höchsten Kreisen des die amerikanische Politik kontrollierenden CFR getrübt. Daher sei Dulles nicht zum OSS-Chef in Europa ernannt worden, sondern nur zum OSS-Direktor in der amerikanischen Besatzungszone in Deutschland. Eine Interpretationssache: dort war der Mann mit besten Beziehungen zu allen wesentlichen deutschen Kreisen, zu den Hinterbliebenen des Thule-Reiches, den Nazis also, ebenso wie zum rechten und linken Widerstand, wohl eher am richtigen Platz. Noch Jahre nach Kriegsende wurde unter der Schirmherrschaft des CIA-Chefs Dulles der Transfer von Nazi-Größen und vor allem von Nazi-Reichtümern munter fortgesetzt. Die Operation lief unter dem Code-Namen »Land of Fire«. Für die Koordinierung dieser Übernahme von Finanzen und Nazi-Führungspersonen war bis 1951 eine Abteilung des US-Außenministeriums direkt zuständig, nämlich das Office of Policy Coordination. Die Vorbereitungen für den finanziellen wie personellen Exodus aus dem Nazi-Reich begannen – ebenso wie die der Konzern-Herren – bereits lange vor dem offiziellen Ende des Krieges.

Nazis, CIA und Vatikan: Das Fundament

Am 10. August 1944 trafen sich im Straßburger Hotel »Maison Rouge« klammheimlich führende Vertreter des Dritten Reiches, Vertreter der deutschen Industrie, des Geheimdienstes SD und des Rüstungsministeriums, um endgültig Pläne in die Tat umzusetzen, die vermutlich ebenfalls seit 1943 existierten. Während Goebbels noch immer Endsiegparolen ausgab und Hitler nach wie vor und erst recht an das tausendjährige Reich, an ein auf seine Weise entrümpeltes und vereintes Europa glaubte, wurde in der Maison Rouge ein weitsichtiger Entschluß gefaßt, nämlich ein gut Teil des Reichskapitals in neutralen Ländern zu verstecken, weniger wohl zur Beseitigung des Geldüberhanges nach der Niederlage, sondern »damit nach der Niederlage wieder ein starkes deutsches Reich entstehen« könne, wie es im sogenannten *Straßburger Protokoll* heißt. Ein halbes Jahr vor Kriegsende, damals also noch unter der Kontrolle von Nazi-Größen, wurde dann tatsächlich bereits damit begonnen, enorme Summen außer Landes zu schleusen. Die Schätzungen (etwa der russischen *Prawda*) gingen bis zu fünf Milliarden Dollar allein in Schweizer Banken eingelagerten deutschen Volks- und Reichsvermögens,[1007] sieht man von den Kriegsgewinnen diverser Banken ab, die über die Bank von Hermann Abs nach Argentinien transferiert und später von Tarnorganisationen wie der World Commerce Corporation sozusagen unter dem Schutz eines euro-amerikanischen Geheimdienst-Konsortiums in irgendeiner Weise reinvestiert worden waren.

Einige Vorarbeiten für die später mehr oder weniger gerüchteweise unter dem Namen »ODESSA« bekannt gewordenen Operationen hatte sicherlich auch der im Zusammenhang mit den Aktivitäten Allen W. Dulles' schon erwähnte Schweizer François Genoud im Verein mit einer unter Einfluß Martin Bormanns eingerichteten und bis Ende der vierziger Jahre existierenden Firma Gebr. Diethelm geleistet. Genoud verfügte bereits 1943 über die für eine derartige Operation notwendigen Verbindungen zur Bankenwelt, aber auch ins aufnahmebereite Ausland. So hatte Genoud schon 1936 die Basis für seine vielfältigen Beziehungen zum Nahen

Osten und zur arabischen Welt gelegt, als er im Zuge einer ausgiebigen Nahostreise die Bekanntschaft des Großmuftis von Jerusalem und Hitler-Verehrers Al-Husseini gemacht hatte. Unmittelbar nach Kriegsende war Genoud wesentlich daran beteiligt, die Operation des nach wie vor bestehenden Nazi-Netzwerkes nach Lateinamerika, insbesondere nach Argentinien auszudehnen, wobei auch Hans-Ulrich Rudel eine Rolle spielte und die Operationsbasis für Klaus Barbie ebenso geschaffen wurde wie für den späteren Großmeister der Propaganda due, Licio Gelli.

Ebenfalls eine nicht unwesentliche Rolle spielte dabei auch der verhinderte Gralssucher und Mussolini-Befreier Otto Skorzeny, der aller Wahrscheinlichkeit nach schon während des Krieges als Einflußagent vor allem der britischen Dienste tätig war und dem nach dem Krieg die Aufgabe zugewiesen wurde, die Übergabe diverser SS- und Abwehrnetzwerke in die Hände der angloamerikanischen Dienste OSS bzw. CIA und SIS zu organisieren. Wie Genoud hatte auch Skorzeny, der mit einer Nichte von Hjalmar Schacht verheiratet war, die in den siebziger und achtziger Jahren zusammen mit Genoud in verschiedene Finanzschiebereien verwickelt war, zahlreiche Verbindungen in den Nahen Osten. Seine Nachkriegsoperationen erstreckten sich beispielsweise auf König Faruks Ägypten, König Senussis Libyen und durch Kontakte mit der Familie Khalil auf Kuwait. Dank dieser Verbindungen, vor allem zur Familie Khalil, war Skorzeny in der Lage, eine Reihe von Projekten im Nahen Osten zu finanzieren. So etwa wirkten ein Sohn der Familie Khalil und Skorzeny nach dem Krieg gemeinsam an dem ägyptischen Raketenbauprogramm mit. Der 1975 verstorbene ehemalige Generalmajor der Waffen-SS, der nach dem Krieg von Spanien aus operierte, war unter anderem der Begründer der Organisation »Cedade« (Circulo Español de Amigos de Europa = Kreis der Freunde Europas), die eine wesentliche Rolle im Netzwerk einer der wichtigsten Nazi-Nachkriegsorganisationen spielte, der »Neuen Europäischen Ordnung«, die nach wie vor eine wichtige Kontaktstelle innerhalb der Schwarzen Internationalen ist.[1008] Zusammen mit einem Mitarbeiter namens Wermuth baute Skorzeny ein internationales Netz logistischer und finanzieller Beziehungen aus, das vielfach mit Genouds Aktivitäten zusammenfiel. Mit seiner Madrider Firma ADSAP war Skorzeny zum Beispiel in zahlreiche Waffen- und Drogenschmuggel-Operationen nach Wien und Paris beteiligt, über die in den sechziger Jahren die Finanzierung sowohl der französischen OAS als auch der algerischen FLN abgewickelt wurde. Genouds wie

Skorzenys Operationen überlappten sich teilweise mit den Aktivitäten der Nazi-Terror-Internationale mit den Schlüsselpersonen Stefano della Chiaie, Klaus Barbie, Joachim Fiebelkorn und den türkischen »Grauen Wölfen«, ebenso wie mit den Aktivitäten der Moslembrüder und palästinensischen Organisationen. Doch das gehört schon fast zur Gegenwart. Zunächst galt es, nicht nur jene gewaltigen Summen in Sicherheit zu bringen, sondern auch Tausende von SS- und NS-Führern ins sichere Ausland zu evakuieren, vorzugsweise nach Marokko, Spanien und Lateinamerika, und den Nazi-Apparat international zu regruppieren.

Ob auch von diesem Geld tatsächlich etwas in das Wirtschaftswunderland Deutschland zurückgeflossen ist, läßt sich nicht mit Bestimmtheit sagen. Sicher indessen ist, daß im Laufe von eineinhalb Jahren mit einem Teil des ins Ausland transferierten Kapitals mindestens 750 getarnte Firmen in der Schweiz, in Portugal, Spanien, Argentinien und in der Türkei erworben wurden. Ein Teil des Nazi-Geldes wurde für Tausende NS-Exilanten zum Grundstock ihrer zweiten Existenz, ein gut Teil davon floß in die Kassen des Vatikans, in die Taschen lateinamerikanischer Diktatoren, allen voran der Argentinier Perón, und vor allem auch in die Taschen eines Mannes namens Licio Gelli, den man bald darauf »Il Burrataio« nennen sollte, den »Mann, der die Puppen tanzen läßt«, dem Juan Perón nach seiner Rückkehr an die Macht im Beisein von Italiens Ministerpräsident Andreotti auf den Knien dankte, der Mann, der Zugang zu allem und jedem im Vatikan haben wird, der Mann, der für die CIA arbeitete, der beim Antrittsball Reagans als Ehrengast glänzte: Licio Gelli, Malteserritter, Papstmacher, Großmeister der Freimaurerloge Propaganda due.

Abgesehen von den von Genoud und anderen Organisationen wie möglicherweise »ODESSA« getroffenen organisatorischen Vorbereitungen, waren es vor allem der Vatikan und einzelne Fraktionen der anglo-amerikanischen Geheimdienste, die es Tausenden Nazis ermöglichten, sich über die von den anglo-amerikanischen Geheimdienstlern »Ratlines« genannte »Klosterroute« zwischen Österreich, Italien, Lateinamerika, Kanada, Australien und den USA in Sicherheit zu bringen, während die Behörden von Westdeutschland, Italien, Österreich, Frankreich, der USA und der Sowjetunion zumindest offiziell damit beschäftigt waren, nach Nazi-Verbrechern zu fahnden.[1009]

Die alte Mär, wonach es die geheimnisvollen SS-Organisationen ODESSA und DIE SPINNE gewesen seien, die die Massenflucht der Volksgenossen organisiert hätten, entspringt indessen eher den romantisierenden Vorstellungen von Romanautoren oder diente gezielter Desinformation.[1010] Auch die vielfach vertretene Meinung, die aus den Tagen der mißglückten Friedensinitiativen herrührenden engen Kontakte zwischen SS und dem Vatikan seien der Grund gewesen, ist nur die halbe Wahrheit.

Ein Teil der Wahrheit aber ist es sicher, daß der Vatikan entweder von sich aus im kalten Krieg mitmischen wollte oder, was auf jeden Fall später der Fall war, von den Briten und den Amerikanern benutzt wurde. Und Tatsache ist auch, daß der spätere Papst, der vatikanische Unter-Staatssekretär Montini, bereits während des Krieges von Papst Pius XII. damit beauftragt worden war, einen spezifischen vatikanischen Nachrichtendienst aufzubauen, vorgeblich, um sich um Vermißte, Flüchtlinge und Kriegsgefangene zu kümmern, in Wirklichkeit aber, um sich für die aktive Teilnahme am unvermeidlichen Endkampf gegen den Bolschewismus vorzubereiten und eine katholische Armee für den bevorstehenden Endkonflikt zu rekrutieren.[1011]

Tatsache ist auch, daß sich bei Kriegsende zuallererst und in erster Linie der Vatikan um ehemalige Nazis sorgte. Und daß die Nazis nur aus humanitären und seelsorgerischen Gründen vatikanischer Hilfe und vatikanischer Reisedokumente teilhaftig geworden wären, ist bestenfalls eine Sonntagspredigt mit Märcheneinlage. »Die Beweise bestätigen, daß eine kleine Clique von Vatikan-Angehörigen die Massenevakuierung faschistischer Flüchtlinge [...] organisierte. Unter der Leitung von Papst Pius XII. überwachten vatikanische Würdenträger wie Monsignore Montini [...] eine der größten Justizbehinderungen in der modernen Geschichte.«[1012] Bei der kleinen Clique handelt es sich zunächst um den aus Österreich stammenden Bischof Alois Hudal, den Rektor des Pontificio Santa Maria dell' Anima, eines der drei Priesterseminare in Rom. Er war den Nazis kein Unbekannter: Er hatte öffentlich Hitler unterstützt und sich sogar in einem Buch mit den Vorzügen des Nationalsozialismus befaßt. Er organisierte die ersten Ratlines, die Nazi-Verbrecher über Österreich nach Genua und von dort in die Freiheit lateinamerikanischer oder arabischer Länder führten, versehen mit italienischen Identitätsausweisen, gefälschten Geburtsurkunden und Visa sowie Internationalen Rot-Kreuz-Pässen: beispielsweise Franz Stangl, den Kommandanten von Treblinka, Gustav Wagner, Kommandant von Sobibor, Alois Brunner, Adolf Eichmann, Richard Klement, um nur einige zu nennen.[1013]

Auch Walter Rauff, der unmittelbar nach Kriegsende von der britisch-amerikanischen Special-Counter-Intelligence-Einheit (SCI-Z) rekrutierte SS-Kontakt zu Dulles, war unter Hudals Klienten, der es ihm insofern dankte, daß er sich selbst an der Organisation der Rattenpfade beteiligte und einen Teil der dafür notwendigen Finanzen beisteuerte. »Abgesehen von Rauffs Kontakten zu den Amerikanern und dem Vatikan auf hoher Ebene, dürfte sein Hauptanteil an Hudals Schmuggelsystem finanzieller Natur gewesen sein. Der Mann, der einst das Programm mit den mobilen Gaskammer-Lastwagen überwachte, wurde nun zum Geldwäscher, gemeinsam mit seinem früheren SS-Kollegen Frederico Schwendt. Schwendt gilt als einer der größten Geldfälscher der Geschichte: Während des Krieges hatte er Millionen von falschen Banknoten im Rahmen einer SS-Operation mit dem Codenamen ›Wendig‹ produziert.«[1014] Die ursprüngliche Absicht dieser Operation war vielleicht tatsächlich die Unterminierung und wenn möglich die Zerstörung der ökonomischen Strukturen der alliierten Staaten gewesen, doch schon als sich der Ausgang des Krieges abzeichnete, wusch Schwendt das Falschgeld über verschiedene Banken in saubere westliche Banknoten: Das war das Grundkapital für dieses erste, noch relativ unprofessionelle Fluchthilfe-Netzwerk. Über den Einsatz dieses Vermögens gibt es verschiedene Versionen. Nazi-Jäger Wiesenthal meint, daß Schwendt die Gewinne direkt an Rauff weitergegeben habe,[1015] während sich der einstige NS-Jugendführer Alfred Jarschel daran erinnert, der zunächst in Mailand untergetauchte Rauff sei von Bischof Hudal im Juli 1945 gebeten worden, sich mit dem neuernannten Bischof Siri in Genua in Verbindung zu setzen. Von dessen Privatsekretär habe Rauff eine beträchtliche Summe sowie einen mit einem syrischen Visum versehenen Rot-Kreuz-Paß bekommen. Worauf Rauff nach Mailand zurückgekehrt sei, um das Fluchthilfe-Netzwerk aufzubauen.[1016] Auch hier dürfte die Wahrheit irgendwo dazwischen liegen: »Aller Wahrscheinlichkeit nach verwendete Rauff Siris Geld, um die Gewinne aus den Geldwäsche-Operationen Schwendts zu erhöhen.«[1017] Sicher jedenfalls scheint zu sein, daß in den nächsten Jahren zahlreiche der am meisten gesuchten Kriegsverbrecher über Rauffs Basis in Mailand zu Hudals Pontificio Santa Maria dell' Anima und von dort zu Erzbischof Siri nach Genua gelangten. Dort wurden sie dann nach Lateinamerika verschifft.

Als 1947 Hudals Aktivitäten ruchbar wurden und zu einem Presse-skandal auszuarten drohten, wurde er still und unauffällig aus dem Verkehr gezogen. Er war auch schon längst überflüssig geworden. Denn da war die Szene für eine weitaus professionellere und weitaus geheimere Operation aufbereitet, um Kriegsverbrecher und Quislingen aus sämtlichen europäischen Ländern nicht bloß zu helfen, sondern um sie für einen neuen Krieg zu rekrutieren. »Ob nun Hudal eigenmächtig gearbeitet hatte oder nicht, seine Nachfolger waren eindeutig von höheren vatikanischen Stellen autorisiert.«[1018] Wie Hudal selbst, konnten sich auch seine Nachfolger dank vatikanischer Intervention alliierter Ausweise für ihre Klienten bedienen, sofern es ihnen nicht gelang, eine päpstliche Unterschrift unter einen vatikanischen Reisepaß zu bekommen, wie dies bei Martin Bormann der Fall war.

Hier zeigte sich, daß der Vatikan vor allem auch dann sehr aktiv wird, wenn Geld ins Spiel der christlichen Nächstenliebe kommt. Im Fall des wohl berühmtesten Flüchtlings unter dem Schutz und Schirm des Vatikans und des damaligen Papstes, nämlich Bormanns, wurde eine erkleckliche Summe an einen Franziskanermönch deutscher Herkunft bezahlt, der an der Organisation der Klosterroute wesentlich beteiligt war. Inwieweit bei Bormann der Umstand eine Rolle spielte, daß er sich mit dem späteren Papst Pius XII. während dessen Tätigkeit als Nuntius in Deutschland recht gut angefreundet hatte, mag dahingestellt bleiben.[1019] Jedenfalls präsentierte im Mai 1948, als schon längst Briten und Amerikaner die vatikanischen Ratlines übernommen hatten und in Flüchtlings- und Kriegsgefangenenlagern ehemalige Nazis für ihre Zwecke rekrutierten, der als Jesuitenpater verkleidete Bormann vatikanische Papiere, die ihn als staatenlose Person auswiesen. Sie hatten die Nummer 073.909 und trugen die Unterschrift des Papstes persönlich. Eine beinahe makabre Kuriosität am Rande: Jesuitenpater Bormann hieß nunmehr »Eliezer Goldstein« und stammte aus Polen ...

Damit gelangte Bormann heil nach Brasilien, und später konnten auch fünf seiner Kinder mit vatikanischer Hilfe Europa verlassen, nachdem sie einige Zeit im Kloster der Pallottiner in Rom untergebracht waren.

Ein weiterer Fall vatikanischer Nächstenliebe besonderer Art ist der des stellvertretenden Kommandanten der pronazistischen Miliz von Lyon, Paul Touvier. Nach dem Krieg wurde zweimal gegen ihn verhandelt, und zweimal wurde er zum Tode verurteilt, allerdings in Abwesenheit, denn Touvier war zunächst einmal für fünfundzwanzig Jahre aufgrund eines besonderen Geschäftes mit dem Vatikan entkommen: Nachdem er sich nach Kriegsende bereit erklärt hatte, die gesamten noch verbliebenen, aus der Plünderung jüdischen Eigentums während der Besatzungszeit stammenden Geldmittel der Miliz dem Vatikan zu übergeben, wurde ihm dessen Schutz zugesagt. Und manchmal hält der Vatikan auch, was er verspricht:

Touvier besaß Identitätsausweise auf den Namen Paul Perthet, die darin angegebene Adresse war die des Erzbischofs von Lyon. Häufig trug Touvier/Perthet selbst eine Priestersoutane, und es gab mindestens ein Dutzend Geistliche, die sich um das Wohl des Nazis kümmerten, während die Résistance vergeblich nach ihm fahndete. 1962 tauchte er dann mit einem Gnadengesuch an den französischen Präsidenten Pompidou aus dem Untergrund des erzbischöflichen Palais wieder auf, unterstützt vom zuständigen französischen Kardinal, der sich überdies auch eifrig um für Touviers Rehabilitierung nützliche Information bemühte. Kaum wurde dieser Kardinal auf einen wichtigen Posten im Vatikan befördert, wurde Touvier auch tatsächlich begnadigt. Allerdings konnte Touvier seine Begnadigung nicht recht genießen, da Mitglieder der Résistance nach wie vor danach trachteten, die einst verfügten Todesurteile in die Tat umzusetzen. 1972 tauchte Touvier zunächst wieder unter. Dies waren nur zwei Einzelfälle, sieht man von Bormanns Verbindungen zu den finanziellen Transaktionen des Wirtschaftswunder-Bankiers Hermann Josef Abs während des Krieges ab.

Anders verhält es sich bei dem »Poglavnik« (»Führer«) der faschistischen kroatischen Ustascha und des Nazi-Marionetten-Regimes, Dr. Ante Pavelić, der vor dem Krieg für den britischen Geheimdienst gearbeitet hatte[1020] und nun von dem bereits weitgespannten britisch-amerikanischen Intermarium-Netz aufgefangen wurde. Seine Flucht wurde von Pater Krunoslav Draganović organisiert, einem prominenten Mitglied von Intermarium,[1021] zweifellos einer der Schlüsselfiguren in diesem dunklen Kapitel der Nachkriegszeit. »Draganović' Ratlines waren eine ausgeklügelte und professionelle Operation. Sie war außergewöhnlich gut organisiert und konnte Hunderte Flüchtlinge gleichzeitig betreuen. Einer von Draganović' wichtigsten Mitarbeitern schätzt, daß mehr als 30 000 Personen von Österreich über Rom und von dort über Genua in ihre neue Heimat in Südamerika und Australien geschleust wurden. Die meisten dieser Personen hatten eine überaus dunkle Vergangenheit. Sie waren kein Teil irgendeiner exotischen SS-Bruderschaft: Tatsächlich waren fast alle an der Organisation dieser Ratlines Beteiligten katholische kroatische Priester.«[1022] Während die Mehrheit der Intermarium-Führer führende Ex-Faschisten waren, die für den britischen oder französischen Geheimdienst und teilweise für Turkul oder direkt für die Sowjets gearbeitet hatten.[1023]

Der rumänische Nazi-Außenminister Gregorij Gafencu, der polnische Botschafter beim Vatikan, Casimir Papée, Monsignor Bucko, der spirituelle Führer der ukrainischen Widerstandsbewegung, oder der frühere slowakische Außen- und Innenminister und gesuchte Kriegsverbrecher Ferdinand Dur#ansky waren seit Vorkriegszeiten britische Intermarium-Agenten, wie der Führer der ukrainischen Nationalisten, Stephan Bandera, oder der Führer der Galizischen SS, General Shandruck, auch.[1024] Und die meisten, die über die Ratlines in Sicherheit gebracht wurden, waren auch keine Deutschen. »Die meisten Nazi-Massenmörder waren nicht unbedingt Deutsche. Am Ende des Zweiten Weltkrieges gab es Zehntausende aus Zentral- und Osteuropa, die genauso schuldig waren wie ihre deutschen Schutzherren. Sie waren die Führer von Nazi-Marionetten-Regimes, Verwaltungsbeamte, Polizeichefs und Mitglieder lokaler Polizeieinheiten, die desgleichen am Holocaust beteiligt waren. Viele von ihnen waren auf der schwarzen Liste der Alliierten, entweder weil sie persönlich an Kriegsverbrechen beteiligt waren oder weil sie Mitglieder von Einheiten waren, die das blutige Werk der Nazis vollbrachten.«[1025]

Einer von diesen war zweifellos Pavelić.

Seine Ustascha stand bekanntlich in bezug auf die von ihnen an Serben, Muselmanen und Zigeunern verübten Greueltaten den Deutschen wahrhaftig in nichts nach, ja sie trieben es vielfach in einem geradezu psychopathischen Sadismus so weit, daß es selbst manchem deutschen Besatzer zuviel wurde. »Bei diesen Greueltaten war freilich auch ein Teil des katholischen Klerus Kroatiens zur Stelle – galt es doch, die Unterwanderung durch gottlose Bolschewiken abzukehren und die heidnischen Serben dem rechten Glauben zuzuführen: So wurden allein in der Kirche von Galina 1200 Serben ermordet, die man dorthin gebracht hatte, um sie zum Katholizismus zu bekehren.«[1026] Mehrere Bischöfe saßen in der Tat im Ustascha-Parlament, Kleriker fungierten als Polizeichefs und als Offiziere in Pavelić' Leibwache, wie beispielsweise der Jesuit Dragutin Kamber, der in dem Netzwerk der Nazi-Rettung neben Pater Dominik Mandić und einem Priester namens Petranovic dann eine der Hauptrollen spielte: Er war Polizeichef von Doboj (Bosnien) und höchstpersönlich für den Mord an Hunderten orthodoxer Serben verantwortlich.[1027] Draganović selbst war zwar kein Massenmörder, immerhin aber auch ein gesuchter Kriegsverbrecher und einer der Hauptverantwortlichen für die Zwangsbekehrung der Serben. Darüber hinaus war er während des Krieges als Ustascha-Repräsentant nach Rom entsandt, wo er Zeit hatte, die Flucht seines Meisters Pavelić und seiner Landsleute vor jenen Leuten vorzubereiten, die nach dem Krieg nicht verstehen sollten, was Gottes eigentlicher Wille war.

Organisatorisches Zentrum der vatikanischen Ratlines in Rom war das Institut der Bruderschaft von San Girolamo in Rom, deren Sekretär Draganović war.[1028] Dort und in Castell Gandolfo, wo sich auch der Sommersitz des Papstes befindet, hatte sich bald die gesamte Ustascha-Führung praktisch vor den Nasen der offiziellen Behörden und der Alliierten auf extraterritorialem Vatikan-Gebiet zusammengefunden.

Geschützt und gedeckt von den Briten und mit Hilfe von Draganović gelang es Pavelić schließlich, von Österreich nach Rom und von dort nach Argentinien zu entkommen, wo er sich eines freundlichen Empfangs durch den Gelli-Freund Perón sicher sein konnte. Von Argentinien aus versuchte Pavelić mit Unterstützung des britischen Geheimdienstes, des Vatikans und nicht zuletzt der damaligen österreichischen Regierung, die Ustascha zu reorganisieren und eine Untergrundarmee aufzubauen, die als neue Kreuzzügler »Križari« den Kampf gegen das Tito-Regime führen sollte. »Bereits 1944 hatte Pavelić begonnen, mit Hilfe katholischer Priester Gold und Devisen in die Schweiz zu transferieren. Ein Teil des von der Ustascha zusammengeplünderten Schatzes wurde von dem britischen Leutnant Colonel Johnson zur Finanzierung der Križari nach Italien gebracht. Ein anderer Teil ging über Draganović nach Rom und wurde ebenfalls zur Finanzierung des Terroristen-Netzwerkes verwendet.«[1029]

Dies war allerdings nur ein Teil des finanziellen Netzes, mit dem die mit Hilfe des britischen SIS reorganisierte Ustascha operierte. Über hohe kirchliche Würdenträger erhielt das Križari-Kommando direkt vatikanisches Kapital. Etliches davon wurde dazu verwendet, um die italienische Regierung unter Alcide de Gasperi dazu zu »bewegen«, die für den Anti-Tito-Kreuzzug notwendigen Waffen zur Verfügung zu stellen. Neben Triest war vor allem Österreich der Ausgangspunkt der meisten Aktionen. Die Hauptbasis in Österreich war Troifach, von wo aus unter der direkten Leitung von Ante Pavelić und Pater Draganović die Terror- und Spionageoperationen gegen Jugoslawien organisiert wurden.

Es ging dabei nicht um den Kampf gegen das Tito-Regime, sondern nach wie vor um den Kampf gegen die serbische Orthodoxie. Da erhielt die Welt schon wieder eine Probe für den nächsten Akt des Welttheaters. Unmittelbar nach Kriegsende hatten Ustascha-Emissäre die päpstliche

Mission in Salzburg in der amerikanischen Besatzungszone kontaktiert und angefragt, ob der Papst bereit sei, entweder die Schaffung eines unabhängigen kroatischen Staates zu unterstützen oder eine Donau-Adria-Union, innerhalb derer sich Kroatien eine Entwicklungsmöglichkeit böte.[1030] Wie die italienische Regierung unter de Gasperi, die nicht nur ihren Sicherheits- und Geheimdienstapparat für die Ratlines zur Verfügung stellte (der in diese Operationen sowieso von allem Anfang an eingebunden war), sondern zwecks Verwirklichung der Intermarium-Pläne im Verein mit Vatikan, Großbritannien und USA auch ausländische Regierungen zu unterwandern versuchte,[1031] unterstützte, wie erwähnt, auch die österreichische Nachkriegsregierung voll diese Pläne und natürlich auch die Aktionen der Križari. Die österreichische Intermarium-Verbindung war mit großer Sicherheit der spätere UN-Generalsekretär und österreichische Bundespräsident Kurt Waldheim.[1032] Wobei es schon fast nicht mehr verwundert, daß es Allen Dulles' Schwiegersohn, der damals für den amerikanischen OSS tätige spätere Verleger Fritz Molden war, der der österreichischen Regierung einen vor allem hinsichtlich seiner Kriegsvergangenheit getürkten Lebenslauf Waldheims untergejubelt hatte.[1033] Eine andere Intermarium-Anlaufstelle während der Ustascha-Kreuzzüge gegen Tito war der Salzburger Erzbischof Rohracher.[1034] Vor allem war er es schließlich, der sich bei den alliierten Autoritäten in Österreich für die Ustascha einsetzte und diese für das Angebot der Ustascha-Führung zu erwärmen suchte, sich in ihrem antikommunistischen Kreuzzug voll der anglo-amerikanischen Führung zu unterstellen. Da brauchte sie nicht lange zu warten. Allen voran die Briten nahmen diese Offerte augenblicklich ohne zu zögern und dankend an. Denn sie hatten schließlich die besten Erfahrungen in derlei Kooperationen mit vom Vatikan abgesegneten Operationen, vor allem mit Intermarium: Diese Organisation war »voll mit Priestern, Mönchen, Brüdern und Schwestern einer ganzen Reihe von Orden, einschließlich Jesuiten, Benediktiner, Franziskaner. Sie betätigten die Druckerpresse für die falschen Identitätsausweise, koordinierten das Netzwerk von Klöstern, die als sogenannte ›sichere Häuser‹ dienten, sie wuschen Geld und, vielleicht das wichtigste, sie organisierten eine überaus effiziente Propaganda-Kampagne, die Hand in Hand mit den britischen Interessen ging. Von den Križari bis zur OUN [Anm: Organisation Ukrainischer Nationalisten], von der Baltischen See bis zum Schwarzen Meer, organisierten katholische Geistliche ein für den britischen Nachrichtendienst lebenswichtiges Spionage-Netzwerk.«[1035] Darüber hinaus waren sie dank ihrer Intermarium-Agenten wie Draganović ohnedies schon längst im Zentrum des Zyklons.

Denn Pavelićs Križari waren tatsächlich nur ein Teil viel weiter gesteckter Umtriebe, die der Vatikan gemeinsam mit den westlichen Nachrichtendiensten in der Nachkriegszeit in Szene setzte und die, kombiniert mit den Aktivitäten etwa Allen Dulles', wohl einige Rückschlüsse zulassen. »Während Angleton und Dulles über den Vatikan Millionen Dollars nach Italien schleusten, um einen Sieg der Kommunisten bei den Wahlen zu vereiteln, verhalf der Vatikan Zehntausenden von Nazis zur Flucht in den Westen, wo sie als ›Freedomfighters‹ ausgebildet werden sollten.«[1036] Eine Hand wäscht eben die andere, sieht man einmal davon ab, daß die Absichten der treibenden Kräfte im Vatikan und diejenigen Dulles' ja sowieso nahezu deckungsgleich waren, vielleicht sogar dank des CIA-Mannes in Rom und unbedingten Dulles-Anhängers, James Jesus Angleton und dessen enger Beziehungen zu Monsignore Montini. Dieses ganze Geschehen war jedenfalls das Ergebnis eines bemerkenswerten Deals zwischen Allen Dulles und dem Vatikan, der durch Angleton zustande gekommen war; oder vielmehr auch dank der Informationen über die päpstlichen Absichten und politischen Vorstellungen, die dessen Unterstaatssekretär Montini brühwarm an die Amerikaner weiterzuleiten pflegte, wie vor noch nicht allzulanger Zeit deklassifizierte CIC-Dokumente beweisen.[1037]

Der Handel war für alle Seiten zufriedenstellend: Über die von Dulles und seine Freunde kontrollierte Special Projects Division des State Departments begannen die ersten von vielen Millionen Dollar an die italienischen Christdemokraten wie überhaupt nach Italien zu fließen, vordergründig, um die Möglichkeit eines kommunistischen Erfolges bei den Wahlen im Jahr 1948 im Keim zu ersticken, die den Vatikan naturgemäß um Privilegien und politischen Einfluß neben allen möglichen anderen Folgen für das Seelenheil der Italiener fürchten ließ.

Dafür bekamen nun Angleton und Dulles die vatikanischen Ratlines für ihre eigenen Zwecke. Denn Dulles brauchte unbedingt dieses Evakuierungsnetzwerk, um die von der DDU in Bayern versteckten Kriegsverbrecher und vor allem die wachsende Anzahl von Turkuls Nazi-Agenten in den österreichischen Flüchtlingslagern in Sicherheit bringen zu können, ohne beim CIC in Frankfurt oder bei den »Liberalen« im OSS bzw. nach 1947 bei den »Liberals« der CIA anzuecken. Der Handel galt, auch Pater Draganović war einverstanden, wenn auch nicht selbstlos: Wenn er half, die Nazis der Amerikaner in Sicherheit zu bringen, dann müßten auch die Amerikaner ihm behilflich sein, seine Nazis in sichere und freundliche Gefilde zu bringen. Indirekt dank des Schlächters von Lyon, Klaus Barbie, konnte sich Dulles die für Massen-Evakuierungs-Operationen dieser Art ungemein wichtige Quelle sichern, nämlich die vatikanische Haupt-Quelle für die Rot-Kreuz-Pässe, die den damit ausgestatteten »Freedomfighters« endlich die notwendige Bewegungsfreiheit verschafften: Dulles' alter und dankbarer Freund Poncet, wie bereits früher erwähnt, de Gaulles Intermarium-Verbindung zum Vatikan, Hochkommissar in Deutschland, französischer Repräsentant beim IRK und später dessen Präsident und vor allem: Barbies und der Gestapo heimlicher Informant zur rechtzeitigen Säuberung der Résistance von für die künftige Friedensordnung schädlichen Kommunisten. 1949 wurde der erste Nazi-Freedomfighter von dem OPC-Mann Carmel Offie in den USA empfangen. Sein Job war es, für diesen und weitere »antikommunistische Emigranten« unter anderem Jobs bei Radio Liberty und The Voice of America zu beschaffen.[1038] Zirka 10 000 solcher Freiheitskämpfer aus dem Dritten Reich sollten ihm bald nachfolgen.

In der Tat: Andere »Katholische Armeen« standen nun bereit, um gegen die kommunistischen Regierungen in Zentral- und Osteuropa zu kämpfen. »In der Tschechoslowakei, Polen, in den Baltischen Staaten und in der Ukraine operierten geheime Nazi-Gruppen in enger Verbindung mit den Križari.«[1039] Eines dieser Netzwerke war der Antikommunistische Block der Nationen, den der britische Doppelagent Kim Philby bereits 1946 reorganisiert hatte und in dem nun alle vereint waren: Intermarium, das britische Prometheus-Netz mit den ukrainischen Nationalisten Stepan Banderas einschließlich der Belorussischen SS-Division Belarus und der Galizischen SS unter General Pavel Shandruck, die durch die persönliche Intervention des Papstes für den neuen Kreuzzug gerettet worden war.[1040] Als »Freiheitskämpfer« bereit stand nun auch Prinz Turkuls von Allen Dulles' über das American Committee for the Liberation of the Peoples of Russia (Radio Liberty) mit Millionen von Dollar finanzierte Netz von Agenten,[1041] die wie Philbys Leute allen Herren dienten. Dahinter steckte System. Während CIC und Teile der CIA Philbys ABN-Nazis ganz im Sinne des Kalten-Kriegs-Schemas als potentielle Sowjetspione auszuschalten versuchten, brachte sie Dulles über die DDU und die Organisation Gehlen wieder in die amerikanischen Dienste zurück. Mehr noch: Daß Philbys Leute verdächtig waren, ermöglichte Dulles, sich ungehindert des Turkul-Netzes zu bedienen. Wie die durch das Windsor-Geheimnis geschützte Cambridge-Connection im britischen Geheimdienst, sorgten Angleton & Co dafür, daß jeder Hinweis auf eine mögliche Infiltrierung von Turkuls Organisation aus den CIA-Akten verschwand. Informationen, die vom üblichen Standpunkt wichtig im Interesse der so häufig zitierten Sicherheitsinteressen der USA waren, erreichten wohl »höherer Endzwecke« wegen niemals die Schreibtische der verantwortlichen CIA-Analytiker, deren Job es war, in der Sowjetunion das zu sehen, was jeder sehen sollte: eine angeblich tödliche Bedrohung.

Philby akzeptierte der »höheren Interessen« wegen sein »Agentenopfer«, ebenso wie vor ihm KLATT verstanden hatte, daß er von Turkul denunziert werden mußte. Andere, wie Stepan Bandera beispielsweise, wurden im Dienste an der Sache auch physisch liquidiert.

Nun, die »Befreiungsaktionen« sowohl der Križari wie jene von Allen W. Dulles' »Freedomfighters« endeten dank Anatol Turkuls Umsicht stets in einem kalkulierten Desaster, derweil die ultrageheime Organisation GLADIO mit Leuten wie dem späteren P2-Chef Licio Gelli im Westen dafür sorgte, daß die Dinge »rechtens« liefen.[1042] Die kommunistischen Regierungen waren stets vorbereitet. Und die solcherart provozierten Aktionen gaben Stalin und Genossen vor allem die Möglichkeit, mit echten Oppositionellen aufzuräumen und tatsächlichen Widerstand im Keim zu ersticken.

Der Vatikan ist in dieser Angelegenheit durchaus nicht unschuldig und auch nicht aus naivem Glauben hineingeschlittert. Montini und auch Pius XII. waren viel zu erfahrene Diplomaten, um sich der Konsequenzen ihrer Handlungen nicht bewußt zu sein. Der Vatikan wird sich von der künftigen Geschichtsschreibung zumindest den Vorwurf nicht ersparen können, als Erfüllungsgehilfe der Weltordnungsbande seine religiöse Autorität mißbraucht zu haben. Aber vielleicht ist gerade das die Rolle, die der Vatikan seit Jahrhunderten zu spielen hat. In diesem Fall hat er sie gut gespielt: »Abgesehen von einigen Erfolgen in der italienischen Politik, spielte die vatikanische Diplomatie eine signifikante Rolle bei der Diskreditierung der legitimen antikommunistischen Bewegungen in Zentral- und Osteuropa. Intermarium war ein Akt des Krieges, und die menschlichen Verluste, die durch den Vatikan während des kalten Krieges verursacht wurden, waren weit größer als die der Canaris-Gruppen im Zweiten Weltkrieg. Durch die Wiederholung des Irrtums mit dem Schwarzen Orchester halfen sie ungewollt den Kommunisten, die Kontrolle zu behalten.«[1043]

»Als die faschistischen Rekruten hinter den Eisernen Vorhang zurück-geschickt wurden, lief alles schief. Die Waffen, die über den Vatikan in den Osten geschleust wurden, wurden prompt entdeckt und beschlag-nahmt. Das Nazi-Projekt endete mit dem Verrat von Tausenden von unschuldigen Antikommunisten.«[1044]

Der Vatikan und Dulles' Friedenskämpfer hatten ganze Arbeit gelei-stet. 1959 waren auch die gutgläubigen Reste des amerikanischen Ge-heimdienstes und der anderen westlichen Dienste hinter dem Eisernen Vorhang eliminiert. Der Ostblock und der Westblock waren fest etabliert und mehr oder weniger unter Kontrolle. (Und was in diesem Kontrollsystem gegenseitiger Bedrohung für Westeuropa der sowjetische Hammer, das war für Moskau u. a. die Viererbande im fernen Peking; dies nur nebenbei, denn das gehörte zu einer »Weltgeschichte« des 20. Jahrhunderts.)

Das alles ist indessen keineswegs Vergangenheit, es spielt in viel-facher Hinsicht in die Gegenwart hinein und wird es wohl auch künftig tun. Die damals entwickelten Strukturen existieren noch heute, die Ratlines, Networks und Geldwäscher-Kanäle von damals sind nach wie vor aktiv und werden – den neuen Verhältnissen angepaßt – auch genutzt.

Wie noch zu sehen sein wird und wie auch Penny Lernoux in ihrem Buch *In Banks we Trust* feststellt, waren dieselben Leute, die etwa an Angletons und Dulles' Geldwäsche-System beteiligt waren, auch in die Ereignisse im Zusammenhang mit dem Zusammenbruch diverser Vati-kan-Banken involviert.[1045] Das war freilich auch keine isolierte Affäre.

Die Ereignisse von damals ziehen noch viel weitere Kreise auf verschiedenen Ebenen des aktuellen Zeitgeschehens. Einige Beispiele mögen dies im Einzelfall verdeutlichen und vor allem einen Eindruck davon geben, wie die Dinge zusammenhängen:

Der Kreuzzug der Križari von damals beispielsweise fand zweifellos bis in die Jugoslawienkrise der postkommunistischen Ära hinein seine Fortsetzung, wo sich die kroatischen Ustascha-Einheiten mit neonazisti-schen Söldnern aus ganz Europa ungeniert zu ihrer faschistischen Ver-gangenheit bekennen konnten, während sie ihr Unwesen trieben. Es herrschte deswegen weder in den Medien noch sonstwo besondere Aufregung – man hielt das bestenfalls für exotisch. Es hat auch niemals sonderlich Aufregung verursacht, als der für Hunderttausende Morde im kroatischen Vernichtungslager Lasanovic verantwortliche ehemalige Chef des 3. Polizeidezernates des Ustascha-Regimes in Kroatien, Vjekoslav Luburi, unter dem Codenamen Max sein Unwesen in Europa trieb. Von Spanien aus, wo er es dank Heirat zum Chef des spanischen

Verlagshauses *Drina* gebracht hatte, organisierte er im Zuge diverser Führungskämpfe zahlreiche Bombenanschläge und Attentate auch gegen ehemalige Ustascha-Kumpane in Westdeutschland, die dann von deutschen Politikern dem titoistischen Sicherheitsdienst zugeschrieben wurden.

Ein anderes Beispiel mag veranschaulichen, wie sehr die Vergangenheit auch ihre Schatten auf das zerfallene Jugoslawien geworfen hat, und es zeigt deutlich auf, wie die Kräfte aus dem »Reich« ihren Einfluß auch »danach« auf höherer diplomatischer Ebene zu nutzen imstande gewesen sind. Nicht alle Leute aus der Pavelic-Ära mußten sich mit dem Gewehr in der Hand an dem britisch-vatikanischen Kreuzzug gegen den übrigens ab 1944 sowohl vom britischen Special Operations Service (SOE) als auch von Churchill selbst gegen General Mihailovic unterstützten Tito beteiligen.[1046]

Viele von ihnen brachten es mit geringfügigen Kurskorrekturen zu angesehenen und gar einflußreichen Positionen in Westeuropa, was angesichts der bereits erläuterten Zusammenhänge nicht verwunderlich ist. Auf eine derartige Metamorphose stieß Bernt Engelmann bei Recherchen über den deutschen Multimillionär Georg von Walburg zu Zeil und Trauchenburg und dessen Anhang, worauf Engelmann (und zwar ohne deshalb ein gerichtliches Verfahren an den Hals zu bekommen) niederschrieb, was man sich vorher nur hinter vorgehaltener Hand erzählt hatte:[1047]

»Alfons Dalma zum Beispiel, heute Chefredakteur des österreichischen Rundfunks [Anm. d. Verf.: der langjährige politische ›Chefkommentator der Nation‹ verlor diesen Job 1974 im Zuge einer ORF-Reform], zuvor politischer Berater des Franz Josef Strauß und Mitherausgeber des *Bayernkurier*, noch früher (unter seinem richtigen Namen Stefan Tomicic) Ideologe der militanten antisemitischen und klerikal-faschistischen Ustascha-Bewegung Kroatiens, bezog jahrelang monatlich 2000 DM Salär aus fürstlichen Kassen, abgerechnet über die Tageszeitung *Der Allgäuer*.«[1048] Daß Tomicic/Dalma, unter seinem »Poglavnik« Pavelić einst auch Presseattaché an der Ustascha-Botschaft in Hitlers Reich, im Zuge der Jugoslawienkrise im Sommer 1991 offizieller Reise-Begleiter des österreichischen Außenministers Alois Mock bei dessen diplomatischen Sondierungen war, zeigt, daß die Gegenwart in der Tat nicht von der Vergangenheit zu trennen ist.

Dies zeigt sich auch auf einem anderen Schauplatz: Eine bedeutsame Rolle bei der Fluchthilfe für die Nazis teils in Zusammenarbeit mit vatikanischen Agenten, teils im Dienste des OSS bzw. der CIA spielte niemand Geringerer als Licio Gelli, der Mann, der wenig später zwischen Lateinamerika und Europa wahrhaftig die Puppen tanzen lassen sollte. Gelli selbst ist ein Paradebeispiel dafür, daß in der Zwielichtzone der höheren und allerhöchsten Politik eben nicht nur Gut und Böse an sich zwei sehr relative Begriffe sind, sondern auch Freunde und Feinde sich nicht nur begrifflich, sondern auch praktisch überlappen.

Seine Karriere startete der 1919 in der mittelitalienischen Stadt Pistoia geborene Gelli als siebzehnjähriger fanatischer Antikommunist. Gemeinsam mit seinem Bruder kämpfte er in den Reihen der italienischen Schwarzhemd-Divisionen in Spanien Seite an Seite mit General Francos Truppen gegen die Kommunisten. Zu Beginn des Zweiten Weltkrieges kämpfte er in Albanien, trat später in die Waffen-SS ein und brachte es dabei bis zum Obersturmbannführer. Als »Verbindungsoffizier« der Nazis gehörte es zu seinen Aufgaben, italienische Partisanen aufzuspüren und an seine deutschen Befehlshaber zu verraten. Schon da zeigte sich, daß Gelli bei allem antikommunistischen Fanatismus einen kühlen Kopf mit Sinn auch für das Materielle hatte: So stahl er ganz nebenbei einen beträchtlichen Teil des in der italienischen Stadt Cattaro versteckten jugoslawischen Staatsschatzes und schaffte ihn fort. Sein Antikommunismus indessen verringerte sich stückchenweise mit dem für die Achsenmächte negativen Fortgang der Ereignisse: Gelli begann vorsorglich mit den größtenteils kommunistischen Partisanen zusammenzuarbeiten, indem er sie vor den Deutschen warnte, ehe er sie an diese verriet.

Als der Krieg zu Ende war, rettete sich Gelli mit dem Versprechen, auch weiterhin für die Kommunisten zu spionieren, das Leben. Eine antifaschistische Spruchkammer in Florenz erklärte auf eine diskrete Intervention der Kommunisten hin diverse Zeugenaussagen, Gelli habe während des Krieges italienische Patrioten gefoltert oder gar ermordet, für nicht ausreichend glaubwürdig. Solcherart entlastet, machte er sich sofort daran, die Flucht untergetauchter Nazis gegen 40 Prozent von deren Barschaft zu organisieren, gemeinsam übrigens mit Pater Draganović.[1049] Gelli war es, der mit Draganović im Auftrag von Allen Dulles' DDU und der CIC 1951 Barbies Ausschleusung organisierte, wobei zur Ehrenrettung des Counter Intelligence Corps der US-Army gesagt werden muß, daß die allgemein verbreitete Ansicht, Barbie hätte dem CIC bis 1951 als Informant gedient, nur teilweise stimmt. Das CIC war von Dulles und den DDU-Leuten hereingelegt worden.[1050] Danach jedenfalls machte der ehemalige Gestapo-Chef in Lateinamerika, vor allem in Bolivien Karriere, wo er als Sicherheitsberater einem Oberst Gomez seine Erfahrungen zur Verfügung stellte und eine private Kampftruppe mit dem vielsagenden Namen »Bräute des Todes« auf die Beine stellte, die auf Bestellung mit dem Segen der bolivianischen Regierung politische Morde ausführte. Es ist anzunehmen, daß dabei Barbies Beziehungen zu den Verteidigern der Freiheit und der Demokratie und Kämpfern gegen den Kommunismus in Lateinamerika, den »Rambos« von der CIA, auch nicht abgebrochen sind.[1051]

Zwischendurch machte sich Barbies Truppe um die »Rationalisierung« der bolivianischen Kokainindustrie verdient, vor allem durch die Ausschaltung der Kleinhändler, so daß die großen Haie des Geschäftes, die sich der Protektion der Junta erfreuten, ungestört abkassieren konnten.

1965 stieg Barbie dann auch in das internationale Waffengeschäft ein, nicht nur für Bolivien, auch für andere südamerikanische Regierungen und für – Israel.[1052]

In dieser Eigenschaft wurde er zum Geschäftspartner jenes Mannes, der ihm nach dem Krieg im Auftrag des amerikanischen Geheimdienstes zur Flucht verholfen hatte: Licio Gelli, dessen Netze inzwischen schon die gesamte Machtstruktur des »Exerzierfelds der braunen Internationale«,[1053] nämlich Italiens umschlangen und der in seiner Eigenschaft als offizieller Wirtschaftsberater der argentinischen Regierung ebenfalls mit Waffengeschäften großen Stils beschäftigt war, wenn er nicht zwischendurch für den italienischen, amerikanischen oder sowjetischen Geheimdienst spionierte oder mit Erzbischöfen und Kardinälen speiste und über vatikanische Geschäfte sprach.

Mit Gelli schließt sich ein Kreis, der wiederum nahtlos in einen größeren übergeht. Daß Gelli beste Beziehungen zum Weißen Haus hatte, kommt auch nicht von ungefähr:

»Als Dulles nach dem Weltkrieg sein Netzwerk aus faschistischen ›Freedomfighters‹ etablierte, war er auch besonders damit beschäftigt, aufstrebenden jungen Amerikanern unter die Arme zu greifen und in seinem Sinne zu fördern. Eine seiner ersten Entdeckungen war ein Mann namens Ronald Reagan. Während der fünfziger Jahre war Reagan folgerichtig der öffentliche Sprecher der Dullesschen Tarnorganisation Crusade for Freedom.«[1054]

Als Gouverneur von Kalifornien wußte Reagan wohl zu wenig über die massenmörderische Vergangenheit der kroatischen Ustascha-

Bewegung, so daß er ausgerechnet den 10. April zum Feiertag für die kroatische Volksgruppe erklärte, jenen Tag, an dem Hitler sein Marionettenregime unter Pavelić eingesetzt hatte. Präsident Bush, der eigentlich über die Ustascha hätte Bescheid wissen müssen, da kroatische Terroristen während seiner Zeit als CIA-Chef ein amerikanisches Flugzeug entführt hatten, hatte desgleichen keine Bedenken, als sein Wahlkampfstab während der Wahlkampagne von 1988 einen Kalender produzierte, in dem ebenfalls der 10. April als kroatischer Unabhängigkeitstag angeführt war. Nicht nur das:

Bekannte kroatische Faschisten arbeiteten an seinem »Ethnic-Outrich-Program« mit. Diesbezügliche Hemmungen hatte auch sein Vorgänger Reagan nicht gehabt, der sich ungeniert ehemalige Faschisten ins Weiße Haus einlud, von denen das State Department zugeben mußte, daß es sich um notorische Kriegsverbrecher aus den Networks des britischen Doppelspions Philby handelte.

Ein weiterer früherer Schützling von Dulles war, wie Aarons und Loftus berichteten, William Casey, der sich nach dem Krieg als Geheimdienstler in London betätigte, zu jener Zeit also, als die vatikanisch-britisch-amerikanische Connection ihre Aktivitäten aufnahm. Dulles rekrutierte Casey, um das International Rescue Committee zu überwachen, das die illegale Einwanderung der von den Briten geretteten Nazis nach Amerika während der fünfziger Jahre organisierte. Casey war das amerikanische Ende des vatikanischen Rattenpfades, und dort lernte er auch, wie das Spiel gespielt werden muß. 1980, unter Reagans Präsidentschaft, wurde er folgerichtig Chef der CIA und spielte später bei der Irangate-Affäre konsequenterweise eine Hauptrolle. Ohne Zweifel die wichtigste Anwerbung Dulles' war ein junger Navy-Offizier namens Richard Nixon, der aus dem Nachkriegsdunkel gefischt wurde, um sich mit Unterstützung rechtsgerichteter Kreise um einen Sitz im Kongreß zu bemühen. »Um zu verstehen, welche rechten Kräfte das waren, sollte festgehalten werden, daß nach seiner Wahl seine frühere kalifornische Anwaltsfirma einen prominenten faschistischen Finanzier namens Malaxa in dessen Bemühungen vertrat, die amerikanische Staatsbürgerschaft zu erwerben. Gegen Malaxa wurde später wegen diverser Kriegsverbrechen ermittelt [...] Nixons antikommunistische Bekenntnisse waren 1951 so fest etabliert, daß er den Auftrag bekam, Senator Joe McCarthy zu steuern – ihn nämlich daran zu hindern, kommunistische Agenten innerhalb von Dulles' Geheimdienstladen zu vermuten.«[1055]

Als dann Nixon im Jahr 1953 Eisenhowers Vize wurde, waren die Freunde alle beisammen: Allen Dulles wurde bekanntlich CIA-Chef, John Foster Dulles wurde Außenminister. Nimmt es da noch wunder, daß Nixon wärmstens das »Freedomfighter«-Konzept seines Förderers unterstützte und vor allem auch dank der durch McCarthys Hetze hervorgerufenen allgemeinen antikommunistischen Stimmung nun auch keine Hemmungen zu haben brauchte, prominente faschistische Flüchtlinge als potentielle Befreier der hinter dem Eisernen Vorhang gefangenen Nationen im Weißen Haus zu empfangen? Denn wer gegen die Kommunisten war, der mußte einfach ein guter Mensch sein, auch wenn er als Nazi einmal Leute umgebracht hatte, die vermutlich sowieso irgendeine Art von Kommunisten waren. Diese psychopathische Hexenjagd war, selbst wenn sie nur zufällig zur rechten Zeit veranstaltet worden wäre, das ideale Klima, um Turkuls janusgesichtige Nazi-Doppelagenten in den Dienst der »freien Welt« zu stellen.

»Um 1959 war es den Nachrichtenchefs der NATO auf peinliche Weise klar geworden, daß sämtliche der faschistischen Emigrantengruppen einschließlich Turkuls NTS hoffnungslos von Kommunisten unterwandert waren. Dulles war bestürzt, aber Nixon war verzweifelt.«[1056]

Das ist auf jeden Fall vorstellbar. Nixon war gerade dabei, seine eigene Präsidentschaftskampagne für 1960 zu starten. Da fehlte es gerade noch, zugeben zu müssen, daß die Regierung über den Nazi-Transfer von den Sowjets zum Narren gemacht worden war. (Darüber, eventuell zugeben zu müssen, man hätte über die Doppelfunktion dieser Netzwerke Bescheid gewußt, brauchte man sich wohl keine Gedanken zu machen, denn das hätte ohnedies niemand so bald für möglich gehalten.) Doch man hatte ja Freunde. Innerhalb der CIA und des Pentagon kam es plötzlich und zufällig und auch nicht zum erstenmal zu einer »geradezu orgienhaften Vernichtung geheimer Akten. Nur das State Department wußte, was los war, und transferierte seine Akten an andere Dienststellen.«[1057]

Daß Nixon voll über die Nazi-Bewegung Bescheid wußte, fanden Aarons und Loftus in offiziellen parlamentarischen Dokumenten in Australien bestätigt: Während der Nixon-Regierung bat die australische Regierung das State Department um Rat, wie das Problem der in Australien wohnenden Ustascha-Faschisten zu handhaben sei. In einem ausführlichen Gespräch teilte ein Sprecher seinem australischen Partner mit, daß die Nixon-Regierung insgeheim über diese kroatischen Extremisten Bescheid wisse, aber nichts gegen sie unternehmen wolle: Sie seien wichtig, um die Stimmen dieser ethnischen Gruppe in fünf Schlüsselstaaten zu bekommen.«[1058]

Als 1970 der Kongreß Anklagen der jüdischen Gemeinde zu überprüfen begann, daß in den USA gesuchte Kriegsverbrecher lebten, wurde das State Department immerhin nervös. Die heikelsten Kriegsverbrecher wurden nun vom State Department zum Pentagon transferiert, für das sie nunmehr als Berater für »special operations« tätig wurden. Derlei Aktionen gab es auch später immer wieder. Nixons Erbe: der permanente Zwang, das Dulles-Geheimnis zu vertuschen. Als Reagan Präsident wurde, fand man für die noch aktiven, in amerikanischen Diensten stehenden Ex-Nazis neue Aufgaben: diesmal nicht als antikommunistische Experten, sondern als »Anti-Terror-Berater« für die Special Operations Division, einer verdeckten Operationseinheit, die sozusagen Feuer mit Feuer vergelten sollte.

Es hat sich seit Dulles' Zeiten nichts geändert. Die SOD-Leute führten einen unerklärten Krieg, einen Krieg ohne Grenzen, finanziert und ausgefochten ohne Wissen des Kongresses. Und wiederum wußte man selbst innerhalb der CIA nicht, daß ihr eigener Chef, William Casey, dahintersteckte: Er selbst hat etliche Nazis angeheuert, die nun für die SOD und für die private World Anticommunist League des General Singlaub arbeiteten. Vorzugsweise in Lateinamerika, wo die berüchtigten Todesschwadronen »von asiatischen und europäischen Faschisten trainiert wurden«.[1059]

Der inzwischen verstorbene Casey hatte die Ratlines und Dulles' System des kalten Krieges bis ins Detail wiederbelebt: »Er, der Superstratege, der Bush und Reagan 1980 an die Macht brachte, durfte später mit der Rückendeckung seiner Gefolgsleute in der Administration ein weltweites Netzwerk aufbauen, um den sowjetischen Einfluß zu bekämpfen, wo immer er entdeckt wurde.«[1060] Und dies unabhängig davon, ob es sich nun um wirklichen sowjetischen Einfluß oder um einen bloßen Vorwand handelte. Jürgen Roth zitiert die in New York ansässige Wochenschrift *The Nation*, die das 1987 von Reagan zur politischen Konzeption erhobene System der verdeckten, sozusagen privatisierten Kriegsführung als »ein permanent sich neubildendes Netz von ausländischen Regierungen, politischen Parteien und privaten Institutionen, deren Zweck es ist, eine weltweite Konterrevolution zu unterstützen, ohne dabei den Launen lokaler Wahlen oder öffentlicher Kritik der öffentlichen Meinung in irgendeinem Land ausgesetzt zu sein«.[1061] Wie das System funktionierte, zeigte sich deutlich, als 1982 die Waffenpipeline aus der Bundesrepublik in den Iran installiert wurde, mit der die Reagan-Bush-Administration einen Teil ihrer Schulden bei den Ayatollahs abzahlte, die daraus erwachsen waren, daß diese 1979 so lange mit der Freilassung der amerikanischen Geiseln gewartet hatten, bis sichergestellt war, daß Reagan und der Ex-CIA-Chef Bush ins Weiße Haus kamen und Carter auf seine Erdnußfarm zurück mußte. Damals wurden die NATO-Bestände in bundesrepublikanischen und südbelgischen Lagern geplündert. HAWK-Ersatzteile, die beispielsweise 20 000 Dollar kosteten, wurden an die Iraner um 200 000 Dollar verkauft. Jürgen Roth zitiert einen daran beteiligten amerikanischen Geheimdienstler, der sich die Quittungen über die damaligen Finanztransaktionen als Lebensversicherung besorgt hatte: »Bundesdeutsche Politiker sind nicht nur über diese Geschäfte eingeweiht gewesen. Sie haben über eine Tarnfirma in Zürich erheblich mitverdient. Profite daraus sind schwarz in bestimmte Parteikassen geflossen.«[1062]

Die Todesschwadronen der World Anticommunist League des Generals Singlaub waren eben nur ein Teil und ein neuer Anfang eines alten Spiels. 1984 wurde die National Security Decision Directive NSDD 138 offiziell installiert. Bushs nationaler Sicherheitsberater, Donald Gregg, baute das Team auf, das gemeinsam mit dem britischen Geheimdienst wie zu alten Nachkriegszeiten aktiv werden sollte. Durch Caseys Einwirken wurde für diese Gruppe seitens des Nationalen Sicherheitsrates ein Mann abgestellt, der im Laufe der Ereignisse für die Öffentlichkeit die Hauptrolle im Irangate-Skandal übernehmen sollte – Oliver North.

Später zeigte sich, »daß General Singlaub ein enormes Netzwerk intergouvernmentaler Geldgeber aufgebaut hatte, um die geheimen Operationen ohne Wissen des Kongresses zu finanzieren«.[1063] Und dies nicht nur in Nicaragua, sondern auch im Nahen Osten und in Afrika.

Über Irangate selbst muß hier im Detail nichts gesagt werden. Was uns vor allem interessiert, sind die unmittelbaren Zusammenhänge zwischen den Nazi-Netzwerken von einst und den von Casey, North und ihren Auftraggebern im Weißen Haus diesen nachgebildeten Strukturen: Derjenige, der im Zuge des ersten großen Waffendeals zwischen Iran und Israel 1981 mit dem iranischen Unterhändler, Khomeinis Schwiegersohn Sadegh Tabatabai, für Israel beziehungsweise für die USA verhandelte, war niemand anderer als Stefano della Chiae, Rechtsextremist, Waffenhändler, Terrorist und einer der Vollstrecker der italienischen Freimau-

rerloge Propaganda due.[1064] Daß sich andererseits Oliver North für seine
Ratlines und vor allem für sein Waffenschiebungs- und Geldwäsche-
system eines palästinensischen Terroristen, nämlich des vom spanischen
Marbella aus operierenden, mit dem syrischen Geheimdienst-Chef verschwägerten Chef-Geldwäschers und Chef-Geldbeschaffers der PLO,
Monzar Al-Kassar, bediente, war wohl nur eine Frage des Gleich-
gewichts und ist ein weiterer Hinweis darauf, daß vorgebliche Feinde
durchaus auch heimliche Freunde sein können. Auch hier eine bemerkenswerte Parallele zu den Zeiten, da Dulles, Angleton, Wiesner und
Casey agierten: »Es ist bestätigt, daß Monzar Waffen aus kommunistischen Ländern an die Contras lieferte, und es besteht der Verdacht, daß
er andererseits wieder die Kommunisten mit Informationen über die
Contras versah.«[1065]

Viele Dinge ändern sich, viele Dinge bleiben gleich. Und es ist kaum
übertrieben, wenn Aarons und Loftus in ihrer Untersuchung über die
Ratlines schließen: »Der Weg gescheiterter Operationen und geheimer
Destruktion führt unerbittlich zurück nach Rom.«[1066]

Das gilt nicht nur für die Beihilfe zur Rettung und Rekonstruktion der
Nazi-Netzwerke. In der Tat: CIA, Nazis, Vatikan, lateinamerikanische
Diktaturen, Todesschwadrone, Terrorismus, Rauschgift- und Waffenhandel, Börsenspekulationen, Eurodollars, Ostkredite und Mafia, Subversion und verdeckte Aktionen – das sind sozusagen die Markierungspunkte
genau jenes Betätigungsfeldes von Gelli und seinen Logenbrüdern innerhalb und außerhalb Italiens, in dessen Rahmen sich später auch die
»vatikanisch inspirierte Wirtschaftskriminalität«[1067] über die ganze Welt
ausbreiten sollte, die wiederum auch nur Teil eines größeren Systems ist.

Ein multinationaler Konzern

Daß die Zusammenarbeit zwischen ODESSA und dem Vatikan so reibungslos klappte, mutmaßte ein Kenner vatikanischer Intimsphären, lag
zweifellos auch daran, daß hier eine mit traditionell deutscher Tüchtig-
keit und der SS-typischen Rücksichtslosigkeit operierende Organisation
mit dem größten und effizientesten Spionageapparat der Welt kooperier-
te, nämlich dem Geheimdienst des Vatikans.[1068]

Daran ist sicherlich etwas, obwohl der Autor die Effizienz der ODESSA
gewaltig überschätzt. Es trifft wohl aber insgesamt auf die gute Zusam-

menarbeit der vatikanischen Dienste mit anderen Organisationen ähnlicher Art zu.

Die Existenz des vatikanischen Geheimdienstes zum einen und die Tatsache zum anderen, daß es sich bei der Vatikan GmbH im Sinne des Wortes um einen multinationalen Wirtschaftsgiganten handelt, macht erst vieles von dem verständlich, was sich aus dem Sumpf der Nachkriegszeit bis in die Gegenwart hinein entwickeln konnte.

Natürlich kann man nicht davon ausgehen, daß die rund zweieinhalb Millionen »Berufskatholiken« in aller Welt, also alle Priester, Mönche, Nonnen, Seminaristen und Laienbediensteten, allesamt als Spione arbeiten, obwohl sie natürlich grundsätzlich potentielle Rekruten für dieses päpstliche *sodalitium pianum*, für diese Untergrundorganisation Gottes sind. Der Vatikan verfügt darüber hinaus in der Tat über professionelle und ausschließlich zum Zwecke der Spionage hervorragend ausgebildete »priesterliche Agenten«, die in den letzten Jahrzehnten vorzugsweise im Ostblock eingesetzt wurden.[1069]

Die Ursprünge des vatikanischen Berufsgeheimdienstes gehen auf Papst Pius X. zurück, der eine regelrechte Exkommunikationsmanie entwickelte und die Kirche innen und außen von den Ketzern des Modernismus bedroht sah, dessen Keimzelle bekanntlich jenes Seminar von Saint-Sulpice bei Paris war, in dessen Umkreis wir bereits Abbé Sauniére, Émile Hoffet, Abbé Ducaud-Bourget und etliche Exponenten der »okkulten Erneuerung« wie Debussy oder Papus begegneten.[1070]

Es war zwar nicht mehr möglich, die Ketzer auf den Scheiterhaufen zu schicken, aber es gab auch andere Methoden, die reine Lehre durchzusetzen. Eines der dazu eingesetzten Instrumentarien war ein von einem Prälaten namens Umberto Benigni aufgebautes Netz von Agenten und Spitzeln, mit dem Zweck, die Modernisten innerhalb der Kirche aufzuspüren und wenigstens mundtot zu machen. Unter den Päpsten Benedikt XV. (1914–1922) und Pius XI. (1922–1939) wurde dieses Netz zu einem allgemeinen und umfassenden, weltweiten Spionageapparat ausgebaut, wobei nicht unerwähnt bleiben sollte, daß sich Prälat Benigni schließlich in die Dienste Mussolinis stellte.[1071] Theoretisch und praktisch umfaßte dieses Netz nun natürlich alle Priester, Nonnen, Mönche, Fratres und Laienbedienstete: potentielle Nachrichtenlieferer also nicht nur in den Hauptstädten, nein, auch in Kleinstädten und selbst in entlegenen Dörfern – ein Netz, das nahezu lückenlos war und ist. Als besonders wertvoll erwiesen sich in diesem Geschäft natürlich die Jesuiten mit ihrer exquisiten Ausbildung, ihrer rigorosen Disziplin und straffen

Organisation. Aber auch der Kirche nahestehende Organisationen, wie etwa die Malteserritter oder die Johanniter, zeigten sich in diesem Zusammenhang als besonders brauchbar.[1072]

Als zu Kriegsbeginn der an der Wallstreet praktizierende Anwalt und Erster-Weltkrieg-General William »Wild Bill« Donovan mit Hilfe der britischen Geheimdienstorganisationen SIS und MI 6 praktisch über Nacht den CIA-Vorläufer OSS, das Office of Strategic Service, aus dem Boden stampfte, war sich dieser der Bedeutung und Wirksamkeit des vatikanischen Geheimdienstes offenbar sehr bewußt. Donovan sicherte sich sogleich die Dienste eines gewissen Pater Felix Morlion, Gründer eines weiteren katholischen Geheimdienstes namens »Pro Deo«, dessen Hauptquartier sich in Lissabon befand. Unter Donovans Schutz verlegte »Pro Deo« sein Hauptquartier nach New York, und das OSS übernahm die Finanzierung seiner Operationen. Nach dem Krieg wurde »Pro Deo« dann im Vatikan selbst untergebracht.[1073]

Zum Vatikan knüpfte Donovan auch direkte Kontakte, vor allem zu einem der vier Abschnittsleiter des vatikanischen Geheimdienstes, einem gewissen, bereits von James Jesus Angleton rekrutierten Monsignore Giovanni Montini,[1074] der ursprünglich keine kirchliche, sondern eine politische Karriere im Sinn gehabt hatte und wohl deshalb seit seiner Studienzeit ungeachtet vatikanischer Exkommunikationsgefahr auch Mitglied einer Freimaurerloge war.[1075] Während des Krieges arbeitete der spätere Papst also für die amerikanischen Nachrichtendienste und beförderte Informationen zwischen dem OSS und dem Vatikan hin und her. Nach dem Krieg, als Erzbischof von Mailand, übergab er der neugegründeten CIA detaillierte Akten über politisch aktive Priester, die die CIA wiederum später dazu nutzte, um die Wahlen von 1960 zu manipulieren. Kein Wunder, daß die Beziehungen zwischen Vatikan und CIA noch enger wurden, nachdem Abschnittsleiter Montini Papst geworden war. Dabei wiederum spielten wohl nicht zufällig die Freunde eines gewissen Licio Gelli eine nicht unbedeutende Rolle, wie man später sehen wird. Es muß daher auch niemanden verwundern, daß zahlreiche amerikanische Geheimdienstler Mitglieder des Malteser-ritterordens waren und sind, der Nahtstelle sozusagen zwischen CIA und Vatikan: beispielsweise CIA-Direktor John McCone; der ehemalige CIA-Chef William Casey; William Wilson, früherer Botschafter im Vatikan; Clara Boothe Luce, einst Botschafterin im Vatikan; George Rocca, früherer stellvertretender Chef der CIA-Spionageabwehr; Alexandre de Marechnes, ehemaliger Leiter des französischen Geheimdienstes; die ehemaligen Chefs des italienischen Geheimdienstes, de Lorenco und Allavena; General Giuseppe Santovitto, ehemaliger Chef des militärischen Nachrichtendienstes und wie Allavena Logenbruder der Propaganda 2. Schließlich wäre auch noch der ehemalige NATO-General Alexander Haigh zu erwähnen. General Gehlen, unter Hitler Leiter der Abteilung »Fremde Heere Ost« im Generalstab des Heeres, erhielt schon 1948 die höchste Auszeichnung, die die Malteserritter zu vergeben haben, ebenso dekorierten sie James Angleton, den ehemaligen OSS- und CIA-Chef in Rom. Zu dieser ehrenwerten Ritter-Runde gehörten natürlich auch der Nichtkatholik Licio Gelli und dessen Ordensbruder Umberto Ortolani, der bei der Wahl Montinis zum Papst nicht nur hinter den Kulissen mitmischte.[1076]

Daß sich die Beziehungen zwischen CIA und Vatikan auch später nicht nur auf namenlose Agenten wie die im »Collegium Russicum« in der römischen Via Carlino Cattaneo vor allem in späteren Jahren für den Ost-Einsatz ausgebildeten »priesterlichen Agenten«[1077] beschränkte, sondern die ganze Hierarchie hinauf bis in die päpstlichen Gemächer reichte, zeigt die Geschichte des New Yorker Kardinals Francis Spellman, eines alten Freundes des früheren OSS-Chefs »Wild Bill« Donovan. Spellman, wegen seiner guten Beziehungen zur Wallstreet zuweilen auch »Kardinal Geldsack« genannt, spielte eine überaus zwielichtige Rolle in Süd- und Mittelamerika, vor allem in Guatemala, wo er 1954 in direktem Auftrag der CIA einen Staatsstreich organisierte.[1078] Später spielte er wiederum eine entscheidende Rolle bei der Beschaffung großer Summen schwarzen Schmiergeldes der amerikanischen Regierung für die katholische Kirche. Außerdem unterhielt er natürlich enge Beziehungen nicht nur zu Bernardino Nogara, dem Drahtzieher der Vatikanbank, sondern vor allem zu dem Geldwäscher der Mafia, Großbetrüger, Auftraggeber von Morden und Anschlägen, Michele Sindona, der schließlich das gesamte Geldwesen und die Investitionen des Vatikans überwachte.

Kardinal Spellman war es schließlich auch, der den Pater Paul Marcinkus, wie schon erwähnt, aus Chicago in den Vatikan brachte, der dort in enger Zusammenarbeit mit Sindona, Gelli & Co zum Erzbischof und Chef der Vatikanbank avancierte und Mitglied der Loge Propaganda 2 wurde, zu der auch Spellman direkte persönliche Beziehungen unterhielt. Als Malteserritter war Spellman Protektor und geistlicher Berater der amerikanischen Ritter und de facto ihr Oberhaupt. Spellman war also gewissermaßen das geistige Oberhaupt etlicher Chefs des amerikanischen Geheimdienstes CIA. Und so paßte es auch haargenau in das Puzzle, daß der Malteserritterorden schließlich bei der Finanzierung der »Contras« etwa in Nicaragua eine bedeutsame Rolle über die »World Anti-Communist-League« (WACL) des einstigen Generalmajors John Singlaub und über die Organisation »Americares« des amerikanischen Ordensoberhauptes J. P. Grace spielte, der vor 1971 symptomatischerweise für Radio Liberty und Radio Free Europe arbeitete.[1079] Die Verbindungen zwischen Vatikan und CIA bestehen nach wie vor, das Spiel geht weiter, denn offenbar haben wir es hier mit einem Teil jener Kräfte zu tun, die über Gut und Böse erhaben sind und somit auch über jede Art von Justiz.

Angeblich war es schon im November 1978 zu einem ersten Treffen zwischen Papst Johannes Paul II. und dem Chef der CIA-Residenz in Rom gekommen. Dabei sei vereinbart worden, daß der Papst allwöchentlich nachrichtendienstliche Informationen frisch aus der CIA-Küche erhalte.[1080] Diesen Informationen nach trifft sich der Papst einmal pro Woche in Rom mit Beamten der CIA zur Lagebesprechung. Als Kuriere für Geheiminformationen an das CIA-Hauptquartier in Alexandria, Virginia, würden ebenfalls Malteserritter eingesetzt.[1081]

Daß dies natürlich kein einseitiges Geschäft war und ist, kann man sich vorstellen. Roberto Calvi, der Nachfolger Michele Sindonas als »Bankier Gottes«, behauptete, daß er persönlich am Transfer von 20 Millionen vatikanischer Dollar an die polnische Gewerkschaft »Solidarität« beteiligt war. Die Gesamtsumme, die über den Vatikan an die Gewerkschaft illegal transferiert wurde, dürfte die 100-Millionen-Grenze weit überschritten haben.[1082] Das ist natürlich gerade im Zusammenhang mit Polen kein Zufall: Der Rechtstitel der priesterlichen Oberhoheit, den sich das römische Papsttum vorsorglicherweise 1919 bei der Erklärung des Katholizismus zur polnischen Staatsreligion sicherte, wurde so zum gegebenen Mittel, um das »sozialistische Experiment« unter den freimaurerischen Insignien des sowjetischen Staatswappens zur gegebenen Zeit aufzuknacken.

Doch um den Kreis zwischen all diesen Vorgängen und dem »Vereinten Europa« und den Weltordnern im allgemeinen zu schließen, ist es unumgänglich, sich zunächst noch mit Licio Gelli und den Anfängen der Propaganda 2 sowie mit deren Verknüpfung mit dem Netzwerk der Schwarzen Internationale und weltordnungspolitischen Vorgängen innerhalb der islamischen Welt sowie mit den Hintergründen der Vatikan

GmbH etwas auseinanderzusetzen: Denn darin haben die Weltverbesserer vom Bilderberg und vom CFR und ihre trilateralen Brüder zweifellos recht: Die Welt ist ein Ganzes, und so manche Ereignisse, die scheinbar nichts miteinander zu tun haben, hängen enger zusammen, als man glauben möchte.

Nachdem Licio Gelli also wie auch François Genoud teils in Zusammenarbeit mit Teilen der amerikanischen Geheimdienste, teils in deren Auftrag dafür gesorgt hatten, daß Nazi-Kriegsverbrecher und SS-Größen sich vorzugsweise nach Lateinamerika absetzen konnten, und nachdem Gelli in den frühen fünfziger Jahren zudem persönlich auch Anschläge auf italienische Gewerkschaftsführer organisiert hatte, deren Politik »rein zufällig« dem Außenministerium in Washington nicht paßte, setzte er sich selbst auf dem von ihm mitorganisierten Rattenpfad nach Argentinien ab, wo er sich diversen Gruppierungen der extremen Rechten anschloß, freundschaftliche Bande zu General Juan Perón knüpfte und dessen enger Vertrauter wurde.

Als Perón nach dem Militärputsch im Jahre 1956 fliehen mußte, zeigte sich, wie vorteilhaft es ist, stets auf allen Hochzeiten mitzutanzen: Gelli hatte seine Freunde selbstverständlich auch in der nun an die Macht gekommenen Militärjunta. Mit großer Sorgfalt baute sich Gelli nun Nistplätze in nahezu allen Winkeln des verschachtelten Machtgefüges der lateinamerikanischen Welt, wobei ihm zweifellos wiederum seine guten Kontakte zu ehemaligen Nazi-Größen und deren international operierenden Organisationen zugute kamen. Sein Netz erstreckte sich von Argentinien nach Paraguay, Brasilien, Bolivien, Kolumbien, Venezuela und Nicaragua. Zusätzlich zur italienischen erwarb er nun auch die Staatsbürgerschaft Argentiniens, dessen Regierung ihn wie erwähnt 1972 zum Wirtschaftsberater ernannte und in dieser Funktion nach Italien schickte. Hauptgegenstand seiner Mission waren Waffenkäufe für die argentinischen Militärs.

Zu dieser Zeit begann die Propaganda due ihr Netzwerk über Italien und dem Vatikan zusammenzuziehen. Vielleicht ein Zufall, aber doch eine bemerkenswerte Synchronizität der Ereignisse, daß ausgerechnet in diesem Jahr in Planegg bei München der 1. Nationaleuropäische Jugendkongreß mit rund tausend Teilnehmern aus insgesamt 15 Ländern stattfand, bei dem ein »Nationaleuropäisches Manifest« aus der Taufe gehoben wurde.[1083] Bei diesem Kongreß kamen die Euro-Nationalisten bemerkenswerterweise zu der Ansicht, daß man im schwächsten Land Mitteleuropas beginnen müsse, systematisch das Gesellschafts- und

Wirtschaftssystem zu unterminieren, um das herrschende System zu stürzen, nämlich in Italien.[1084] Bereits zwei Jahre zuvor, nämlich in der Nacht zum 8. Dezember 1970, war es beinahe zu einem Putsch der »Front Nationale« des Fürsten Junio Valerio Borghese, des Begründers der neofaschistischen MSI, gekommen, bei dessen Vorbereitungen der griechische Obristengeheimdienst KYP und Kreise der amerikanischen CIA ihre Hände mit im Spiel hatten.[1085] Der ehemalige CIA-Komplize Licio Gelli konnte sich der weiteren Kooperation dieser Streiter für Freiheit und Demokratie aus Virginia sicher sein.

Diese freimaurerisch-geheimbündlerische, faschistische, geheim-dienstlerische und kapitalistische Konspiration hat natürlich nicht erst in den siebziger Jahren begonnen. Und ebensowenig beginnt die Geschichte der Propaganda due erst in den siebziger Jahren. Freilich behaupten alle Freimaurer seit dem Auffliegen der Propaganda 2, dies sei in keiner Weise eine übliche Freimaurerloge gewesen, bestenfalls eine quasi-freimaurerische; die reine, unbefleckte Maurerei habe damit nicht das geringste zu tun. Tatsache aber ist, daß Gelli bereits 1963 in eine Freimaurerloge des bekannten Schottischen Ritus, eine Loge des italienischen Großorients eintrat[1086] und verschiedenen Angaben zufolge vor der Gründung der Propaganda 2 auch Mitglied einer Großloge der Hohen Ägyptischen Freimaurerei gewesen sein soll.[1087] David Yallop, der im Zusammenhang mit dem mysteriösen Tod des 33-Tage-Papstes Johannes Paul I. die Verbindungen zwischen Vatikan und der Propaganda due sehr eingehend recherchiert hatte, schreibt dazu: »Der damalige Großmeister Giordano Gamberini drängte Gelli, einen Kreis einflußrei-cher Männer um sich zu scharen, die, gleich wie viele man von ihnen für die Mitgliedschaft in einer Loge gewinnen konnte, die Entwicklung der legitimen Freimaurerbewegung würde fördern können. Gelli ließ sich dies nicht zweimal sagen.«[1088]

Wie schon öfters festzustellen war, ist auch der feine Unterschied, den Yallop zwischen den Idealen und Zielen der »echten Freimaurerei« und der Propaganda 2 macht, vermutlich um bei der »echten Freimaurerei« nur ja nicht anzuecken, wie so vieles in diesem Zusammenhang ebenso zutreffend wie falsch. Hier ist eben zu berücksichtigen, daß es über der üblichen Freimaurerei tatsächlich noch eine andere Art von Freimaurerei gibt, die natürlich mit der »üblichen Freimaurerei« solange nichts zu tun hat, bis deren Mitglieder sozusagen aus den »Pflanzschulen« in die höheren Grade befördert werden. Konnten sie vorher gar nicht lügen, weil sie nichts wußten, so wird nun das Lügen zur prinzipiellen Pflicht und Gewohnheit. Es gilt heute allgemein als gesichert, daß Gellis Loge, so mächtig, einflußreich und international verzahnt sie auch war, von einer noch höheren, unsichtbaren Autorität kontrolliert wurde und noch immer gelenkt wird, die ihre Anweisungen über Licio Gelli als Großmeister der P2 weiterleitete.[1089] Ein Untersuchungsausschuß des italienischen Parlaments jedenfalls kam zu der Überzeugung, daß die hinter der P2 stehende Macht sich auf jeden Fall jenseits der Grenzen Italiens befindet. Die Kommission beschrieb die Verbindungen zwischen Propaganda due und dieser Ober-Organisation auf recht bildhafte Weise folgendermaßen: Eine auf ihrer Basis ruhende Pyramide repräsentiert die Loge P2 mit Gelli an der Spitze. Darüber befindet sich, wiederum auf den Kopf gestellt, lediglich über die Spitze Gelli mit der unteren verbunden, die Pyramide, die die Organisation hinter der P2 repräsentiert.[1090]

Über deren Identität kann man höchstens spekulieren, wenngleich gewisse personelle Verbindungen durchaus Rückschlüsse auf die tatsächliche Macht und den Einfluß dieser Organisation zulassen: Die italienische Justiz verfügt über Zeugenaussagen, wonach Henry Kissinger, zu seiner Zeit mit Rockefellers Einfluß im Rücken die graue Eminenz der amerikanischen Außenpolitik, Mitglied der ebenfalls von Gelli gegründeten Loge »Comite Monte Carlo« gewesen sei. »Zu der Zeit, als Kissinger Berater des Nationalen Sicherheitsrates war, sollen dann eine Reihe von geheimen Treffen durchgeführt worden sein, um die Loge P2 auf die neuen Aufgaben vorzubereiten, die unter dem Begriff ›Strategie der Spannung‹ in die jüngere italienische Geschichte eingegangen sind.«[1091]

Und wenn auch der italienische Großorient später die Loge P2 aus sicherlich guten Gründen suspendiert hatte, so bleibt doch wohl die Tatsache bestehen, daß die P2, die schließlich von der italienischen Staatsanwaltschaft zahlloser Fälle von Betrug, Geldwäscherei im Zusammenhang mit den Heroingeschäften der Mafia, der Einschleusung von nahezu tausend Agenten in die italienische Regierung, terroristischer Bombenanschläge und der Verschwörung beschuldigt wurde, zunächst von der Groß-Orient-Loge des Großmeisters Gamberini ihren Ausgang genommen hat.

Daß Gellis Loge von ihren Kindertagen an Zuspruch und aktive Unterstützung seitens der in Italien operierenden CIA-Dienststellen zuteil wurde, hat selbstverständlich auch wieder mit dem alles und jedes abdeckenden Schlagwort der »Verteidigung« der freien Welt zu tun, der schon Allen W. Dulles' Konspiration mit etlichen Größen aus dem

Dritten Reich rechtfertigte und wohl auch die Kontakte zwischen CIA und in diesem Fall neofaschistischen italienischen Terrorgruppen rechtfertigen muß.

»Es gilt als ein offenes Geheimnis, daß der [*sic!*] CIA bereits seit 1968 den MSI und die rechtsextremistischen Jugendgruppen verstärkt finanzierte [...] Das NATO-Hauptquartier der Mittelmeerflotte befindet sich in Neapel. Zu den dortigen Offiziersclubs haben die Faschisten vollen Zugang [...] Ein weiteres Band, das Amerikaner und italienische Faschisten verbindet, ist ihre Interessenfront gegen den italienischen Staatsmonopolismus. 1968 führte die ›Continental Illinois Bank‹, hinter der sich vor allem Kapital der amerikanischen Rüstungsindustrie und spekulatives italienisches Finanzkapital verbirgt, ebenso wie die Finanzzentrale der Erdölgiganten ›Gulf and Western‹ eine gigantische Aufkaufaktion mittlerer und kleinerer Betriebe in Italien durch. Der italienische Mittelsmann des amerikanischen Finanzkapitals, Michele Sindona, sanierte und konzentrierte diese Betriebe und verkaufte sie an ausländische und amerikanische Monopole weiter.«[1092] So paßt es ausgezeichnet in das Bild, wenn auch hochrangige Kontaktleute des Neofaschismus zur Schwarzen Internationale auf den Lohnlisten der CIA stehen und bei der römischen US-Botschaft aus und ein gehen: beispielsweise der Parlamentsabgeordnete der neofaschistischen Partei MSI (Movimento Sociale Italiano) und Begründer der für zahlreiche Terroranschläge verantwortlichen, inzwischen verbotenen Organisation »Ordine Nuovo« (»Neue Ordnung«), Pino Rauti.[1093]

Licio Gelli jedenfalls nahm seinen Auftrag ernst, in Italien einen subversiven Staat im Staat zu bilden und praktisch alle wichtigen Machtpositionen in Staat und Gesellschaft bis hin zur Rock- und Pop-Szene mit Männern »rechter Gesinnung« zu besetzen, um zu einem gegebenen Zeitpunkt durch einen »Coup d'Etat« oder einen offenen Staatsstreich die Macht zu übernehmen. Als die Propaganda 2 schließlich durch einen Zufall aufflog, waren die Grundlagen dafür geschaffen: Armeekommandant Giovanni Torrisi, die Geheimdienstchefs Santovitto und Grassini, der Chef der Finanzpolizei, Giannini, Minister und Politiker jeder Richtung, 30 Generäle, acht Admirale, Journalisten, Verleger, Fernsehgewaltige, Schauspieler, Pop- und Rockstars, Industrieführer, Kirchenfürsten und die zu ihrer Zeit nahezu allgewaltigen »Bankiers Gottes« wie Sindona und Calvi – sie alle waren Mitglieder der Geheimloge P2.

Verschwörung ist eben doch ein Thema, und wie wir noch sehen werden, ein internationales, sozusagen weltordnungspolitisches.

Als die italienische Polizei im März 1981 eine Razzia in Licio Gellis Villa durchführte, entdeckte sie ausführliche Mitgliederverzeichnisse und Registereinträge zu Gellis Akten. Einige dieser Einträge wurden von italienischen Zeitungen veröffentlicht. Darunter fand sich auch die hausgemachte Loge vatikanischer Spielart, die katholische Geheimorganisation »Opus Dei«, die mittlerweile unter der Protektion des polnischen Papstes an Macht und Einfluß den Jesuiten den Rang abgelaufen zu haben scheint, Radio Vatikan unter ihrer Kontrolle hat, überall in der westlichen Welt Firmenbeteiligungen ihr eigen nennt und ein System von Schulen unterhält,[1094] wo sie ihre »faschistoide politische Philosophie«[1095] verbreitet.

Die von manchen als »bösartig, geheimbündlerisch und orwellianisch«[1096] bezeichnete Organisation sitzt mittlerweile in den Redaktionen von mehr als 600 Zeitungen, Zeitschriften und wissenschaftlichen Publikationen sowie in mehr als 50 Hörfunk- und Fernsehanstalten in aller Welt. Drei »Opus Dei«-Mitglieder saßen in den sechziger Jahren im Kabinett des spanischen Diktators »Bruder« Franco.[1097] Und es wäre ja wohl geradezu ein Wunder, wenn nicht auch das »Werk Gottes« mit den Geschäften der Propaganda due unmittelbar zu tun hätte: Einer der reichsten Männer Spaniens zum Beispiel, der bis vor einigen Jahren an der Spitze des riesigen »Rumasa«-Konzerns stand, ist ein Mitglied des »Opus Dei«: José Mateos. Er stürzte, als die spanische Regierung sich in den achtziger Jahren bei der »Rumasa« mit einem ähnlichen Abgrund an Korruption konfrontiert sah wie dem in Calvis italienischem Imperium. Mateos hatte Millionen in das »Opus Dei« gepumpt; ein Großteil des Geldes stammte aus illegalen Geschäften, die er zusammen mit Calvi in Spanien und Argentinien getätigt hatte.[1098]

Ein weiterer bemerkenswerter Name auf dieser Liste ist der des mehrmaligen italienischen Ministers, Premierministers und einstigen politischen Dauerbrenners Giulio Andreotti, einem dem Autorenteam Lincoln & Co zugänglichen Dokument zufolge Mitglied der Prieuré de Sion, was zumindest seine doch erstaunlich lange währende politische Überlebensfähigkeit erklären könnte.

Natürlich gab es nach dem Zusammenbruch der Banco Ambrosiano und der Säuberung der Propaganda due zunächst keinerlei stichhaltige Beweise dafür, daß ein Mann wie Andreotti, wenngleich Licio Gelli, Sindona und Calvi stets auf das innigste zugetan, auch nur irgend etwas mit den Gerüchten zu tun hätte, die Ermordung des italienischen Sindona-Ermittlers Ambrosoli sei von einem prominenten italienischen

Politiker angeordnet worden, der nicht nur ein hohes Mitglied der Prieuré de Sion sei, sondern 1981 gar die Wahl des Monsieur Plantard zum Großmeister dieser mysteriösen Bruderschaft beeinflußt habe.[1099] Jahre später indessen sprach zwar kaum mehr jemand von derlei gewissermaßen übergeordneten Zusammenhängen, dafür wuchsen sich andere Gerüchte zum Gegenstand gerichtlicher Untersuchungen und breitester publizistischer Spekulation aus, die zumindest auch einen Fall Ambrosoli nicht unwahrscheinlich erscheinen lassen: Andreotti als Regisseur in der Affäre Aldo Moro, bei der Ermordung des Generals Dalla Chiesa, des Journalisten Mino Pecorelli und des sizilianischen Europa-Abgeordneten Salvo Lima, ganz zu schweigen von Andreottis intimen Kontakten zum Boß der italienischen Mafia-Bosse, Toto Riina.

Erwähnenswert ist noch ein weiterer Name, der in den in Gellis Haus gefundenen Unterlagen auftauchte, nämlich der des »Souveränen Militärordens des Tempels von Jerusalem«. Nach Lincoln & Co existiert im Schweizerischen »Sion« ein angeblich nach Fraktionsquerelen abgespaltener Ableger dieses Ordens unter dem Namen »Grand Prieuré de Suisse« mit engen Verbindungen zur Schweizer Großloge »Alpina«. Die Tätigkeiten dieser Grand Prieuré de Suisse kreisen um Bankgeschäfte, internationale Finanzierungen und – um die Rolle moderner Tempelritter bei der Schaffung eines »Vereinten Europas vom Atlantik und Mittelmeer bis zum Ural [...]«, wo sich diese Brüder wiederum mit ihrem französischen Namenspartner ebenso in trauter Gemeinsamkeit befinden wie mit den sozial-nationalistischen Philosophen und Ideologen der »Neuen Rechten«.

Überraschen mögen bei alledem manchen, der die Infiltration des Vatikans durch die amerikanische CIA zwecks gemeinsamer antikommunistischer Welterlösung allenthalben noch für angebracht und verständlich hält, die Verbindungen dieser freimaurerischen Loge bis ins Innerste des Vatikans, betrachtet doch gerade die römisch-katholische Kirche seit jeher die Freimaurerei als Erzübel und als einen ihrer größten Feinde; und ausgerechnet unter dem Papst aus Polen wurde die zur Zeit des Roncalli-Papstes liberalisierte Haltung der Kirche gegenüber der Freimaurerei wieder rückgängig gemacht.

Nun haben wir ja im Verlauf dieser Geschichte schon etliche Male Bekanntschaft mit jener Strategie gemacht, nach der man am besten am fanatischsten bekämpft, was man selbst zu verbergen hat. Erzbischof Lefèbvre hat ja immer wieder behauptet, der Vatikan sei von Freimaurern unterwandert. Umgekehrt kann man natürlich auch durch die penetrante

Feststellung einer Tatsache die Tatsachen selbst unglaubwürdig machen. Jedenfalls verhärtete sich die Haltung »der Kirche« gegenüber der Freimaurerei nicht zufällig zu jenem Zeitpunkt, als die Aktivitäten der Propaganda 2 und deren enge Verbindungen zum Vatikan ruchbar wurden.

Nun ist die Freimaurerei kirchlicher Würdenträger durchaus nichts Besonderes. Sogar in allgemein zugänglichen Freimaurer-Lexika kann man ganze Listen mit Namen von kirchlichen Würdenträgern nachlesen, die Mitglieder einer Freimaurerloge waren.[1100] Papst Pius IX. beispielsweise, der erste »dogmatisch unfehlbare« Papst, wurde vom damaligen Großmeister des italienischen »Großorients«, König Victor Emanuel, 1865 aus der Freimaurerloge ausgeschlossen.[1101]

Als Paul VI. starb, gaben die italienischen Freimaurer in ihrer *Revista Masonica* vom Juli 1978 zu: »Es geschieht zum erstenmal in der Geschichte, daß Freimaurer am Grabe eines Papstes ihre Huldigung ohne Zweideutigkeit und ohne Widerspruch erweisen können.«[1102]

Wie Pater Malachi S. J. in seinem Buch *The decline and fall of the Roman Church* schreibt, soll der abtrünnige Erzbischof Lefèbvre dem 33-Tage-Papst Johannes Paul I. eine Mappe mit Dokumenten zugespielt haben, die die freimaurerische Verbindung hoher Vatikanbeamter belegten.[1103]

Zur selben Zeit veröffentlichte der in Feindschaft aus der Propaganda 2 geschiedene Journalist Mino Pecorelli in seinem für die Stichhaltigkeit seiner Berichte bekannten Informationsdienst *Osservatore Politico* eine Liste mit 121 Namen von Personen, die Mitglieder einer Freimaurerloge waren und bei denen es sich in der Mehrzahl um Kardinäle, Bischöfe und höhere Prälaten handelte. Unter ihnen: Kardinalsstaatssekretär Villot, Logenname »Jeanni«, Logennummer 041/3, aufgenommen in eine Züricher Loge (Alpina?) am 6. August 1966; Kardinal Baggio, Logenname »Seba«, Logennummer 85/2640, aufgenommen am 14. August 1957; ferner Vatikan-Außenminister Kardinal Agostini Casaroli, Kardinal Ugo Poletti, Vikar von Rom, Bischof Paul Marcinkus und Monsignore Donato de Bonis von der Vatikanbank.[1104]

Jedenfalls hatte Großmeister Gelli offensichtlich von Anfang an keine Schwierigkeiten, im Vatikan Fuß zu fassen. Einer, der Gelli im Vatikan Tür und Tor öffnete, war der »esoterische Kardinal« Paolo Bertoli.[1105]

David Yallop resümiert: »Gelli und Ortolani hatten als Chefs der P2 Zugang zu allem und jedem im Vatikan, ebenso wie sie in Italien Zugang zu den Machtzentren von Staat und Wirtschaft und zu den Spitzen von Polizei und Justiz hatten.« Und was den Vatikan und Papst Paul VI.

angeht, enthüllt Yallop eine Begebenheit, die angesichts der engen Verbindungen Montinis zur CIA einerseits und zur Freimaurerei andererseits gewiß mehr als anekdotischen Wert hat: »In der Villa von Ortolani heckte eine Gruppe von Kardinälen bei einem Geheimtreffen die strategische Marschroute für die Papstwahl aus, die mit dem Sieg Pauls VI. endete.«[1106]

Der römische Anwalt und Geschäftsmann Umberto Ortolani war einer der engsten P2-Vertrauten Licio Gellis, sozusagen dessen Kronprinz. Als Leiter der Spionageabwehr des italienischen Geheimdienstes SISMI während des Zweiten Weltkrieges lernte er wie sein Großmeister sehr früh den Wert vertraulicher Informationen kennen. Und offenbar begriff er ebenso früh, daß eines der wirklichen Machtzentren der Welt hinter den Mauern der Vatikanstadt lag.

Seine Bemühungen, innerhalb des Vatikans ein Netz heimlicher Kontakte zu knüpfen, waren ein durchschlagender Erfolg. In seinem Haus in der Via Archimede gingen die vatikanischen Würdenträger zu Dutzenden ein und aus, ein besonders inniges Verhältnis entwickelte sich dabei zwischen Ortolani und Kardinal Lercaro, angeblich ein Onkel Ortolanis (nach Yallop allerdings eine Fehlannahme), der Ortolani fleißig protegierte.

Hier findet man sich wiederum mit einer kuriosen Situation konfrontiert, einer Situation, der man in der Dunkelwelt der Geschichte immer wieder begegnet und die die Frage provoziert: Wie kommt es nur, daß zuweilen die Rechte die Geschäfte der Linken betreibt und umgekehrt? Die Propaganda 2 galt und gilt im allgemeinen als extrem rechts, als »faschistisch«, was aufgrund ihrer diversen Beziehungen und Absichten sicherlich nicht unbegründet ist.

Im Vorfeld des Konklaves, bei dem Montini zum Papst gewählt wurde, finden wir die Loge aber plötzlich auf der Seite der sogenannten vatikanischen Liberalen. Vordergründig ging es damals um die Frage, ob der von Papst Johannes XXIII.[1107] eingeschlagene Kurs beibehalten oder ob es eine Rückkehr zu den »reaktionären« Zeiten vor dem Zweiten Vatikanischen Konzil geben sollte.

Und nun waren es erstaunlicherweise die »Liberalen« unter der Führung von »Onkel« Lercaro, die sich unter verschwörerischer Geheimhaltung im Haus des rechtsfaschistischen Logenbruders Ortolani trafen, um dort gewissermaßen den Papst zu »machen«, die Marschroute für die Wahl Montinis festzulegen. Unter den Teilnehmern dieser Geheimkonferenz im Haus des Propaganda-Kronprinzen Ortolani waren unter anderem die Kardinäle Suene aus Brüssel, Afrink aus Holland, »Onkel« Lercaro und nicht zuletzt König aus Wien, der später auf Weisung von Papst Paul VI. den kirchlichen Dialog mit den deutschen Freimaurerlogen eröffnete und schon beim ersten Konklave nach Pauls Tod vorausblickenderweise den relativen Außenseiter Karoll Wojtyla empfehlen sollte, der kurioserweise wiederum vielen ein reaktionärer Dorn im gläubigen Auge wurde.

Mit der Wahl Montinis zum Papst jedenfalls konnten denn auch viele sehr zufrieden sein, für manche war es ein Vorteil und buchstäblich ein wahrer Segen: Für die CIA, für Montini-Freund Michele Sindona, für Ortolani natürlich, über den nach Pauls Amtsantritt ein regelrechter Regen kirchlicher Ehrungen, Auszeichnungen, Titel und Orden niederging, für den nichtkatholischen Logenmeister Licio Gelli natürlich, der in der Folge Malteserritter wurde und gar im Orden vom Heiligen Grabmal Aufnahme fand.[1108]

Daß Ortolani noch dazu mit dem Henry Kissinger des Vatikans, Kardinal und Bruder Casaroli, befreundet war, erschloß Meister Licio Gelli unbezahlbare Kontakte auch in den verstecktesten Ecken und Enden des Vatikans.

Inwieweit Vatikan und katholische Kirche ein und dasselbe sind, ist freilich eine Frage der Interpretation. Um möglichen Mißverständnissen vorzubeugen: Hier wird die katholische Kirche als die Summe der Gläubigen verstanden, die sich zur Lehre ebenjener Kirche bekennen, die sich auf einen Mann beruft, der vor bald 2000 Jahren gesagt haben soll, daß es leichter für ein Kamel sei, durch ein Nadelöhr zu gehen, als für einen Reichen, in das Himmelreich zu kommen; während der »Vatikan« als Machtgebilde wie jedes andere vor allem im politischen und wirtschaftlichen Sinn verstanden wird. Das gilt natürlich auch im Zusammenhang mit den politischen Aktivitäten des ebenfalls nach dem Zweiten Weltkrieg gegründeten Weltkirchenrates als Vorläufer einer Weltkirche der Neuen Ordnung bzw. einer vom Club of Rome in Ausarbeitung befindlichen »Weltreligion«. Auch hier haben die Gläubigen der einzelnen Kirchen nichts damit zu tun, daß CIA-Agenten und KGB-Agenten in trauter Gemeinsamkeit als »Missionare« auftreten oder daß der Weltkirchenrat vorzugsweise kommunistische »Freiheitskämpfer« beziehungsweise Terroristen in der sogenannten dritten Welt zu unterstützen pflegte.

Die Vatikan GmbH jedenfalls, die wirtschaftliche Weltmacht Vatikan mit all ihren weitverzweigten Interessen und den Lehren der katholischen Kirche zum Teil diametral entgegengesetzten Aktvitäten, ist sozusagen die »zweite Säule der Betätigung« gewisser Kreise hinter der politisch so salonfähigen Fassade »Verteidigung der freien Welt« und »Schaffung eines Vereinten Europa«, mit dem Zusatz »vom Atlantik bis zum Ural«, den bemerkenswerterweise der Wojtyla-Papst im Zuge seiner Polenpolitik aufgenommen und an die Oberfläche der euro-sowjetischen Neuordnung gebracht hat.

Ein – hier freilich nur oberflächlich möglicher – Blick auf die wirtschaftliche Weltmacht Vatikan macht denn vielleicht auch verständlich, wie es dem mit der CIA in Zusammenhang mit deren Mordkomplotten gegen Fidel Castro eng verbundenen Mafia-Boß Johnny Roselli und dessen Freunden gelingen konnte, den realen Gegenwert gefälschter Aktien im Wert von einer Milliarde Dollar so in das Schwundsystem der Vatikanbank des Bischof Marcinkus und der Banco Ambrosiano Roberto Calvis zu schleusen, daß bis heute nicht herauszukriegen war und vermutlich niemals herauszubekommen sein wird, wo neunhundert der tausend Millionen Dollar letztlich abgeblieben sind.[1109]

Seinen heutigen Reichtum und seine heutige wirtschaftliche Macht verdankt der Vatikan zweifellos der berechnenden Großzügigkeit Benito Mussolinis. In den sogenannten Lateranverträgen, dem Konkordat vom 11. Februar 1929, erhielten der Vatikan und die katholische Kirche als Entschädigung für die im neunzehnten Jahrhundert im Zuge der Querelen zwischen den »Brüdern« Pius IX. und Victor Emanuel II. erlittenen Verluste[1110] eine ganze Reihe erklecklicher Privilegien zugesprochen: unter anderem die Anerkennung als souveränes Staatsgebilde, Steuer- und Zollfreiheit, diplomatische Immunität samt allen damit verbundenen Vorrechten.

Wesentlich und nicht von ungefähr gleich in Artikel I festgelegt, war die finanzielle Seite der Verträge: Italien verpflichtete sich, dem Heiligen Stuhl 750 Millionen Lire zu bezahlen und ihm gleichzeitig fünfprozentige Schatzscheine im Nominalwert von einer Milliarde Lire zu überschreiben. Nach damaligen Wechselkursen und auf heutige Kaufkraft umgerechnet, wären dies etwa 500 Millionen Dollar.[1111]

Der Vatikan beziehungsweise die damit betrauten Männer verstanden es schließlich ausgezeichnet, mit diesen Pfunden ordentlich zu wuchern, zu denen später auch noch dank des Konkordats mit Hitler etliche Reichsmarkmillionen flossen.[1112] Um mit dem Geldsegen auch verwaltungsmäßig fertig zu werden, schuf Pius XI. die zweifellos mysteriöseste, zwielichtigste und undurchsichtigste der mehr als ein halbes Dutzend mit den vatikanischen Finanzen betrauten Organe und Ämter, die sogenannte Sonderverwaltung oder »Sektion für Außerordentliche Aufgaben«.

Bis zum Jahr 1958 wurde dieses Kapital praktisch allein von dem katholischen Laien Bernardino Nogara betreut, einem Ingenieur und Bankier, Bruder des Direktors der vatikanischen Museen. Vor seiner Berufung in dieses Amt hatte Nogara in Istanbul die Niederlassung der Banca Commerciale Italiana geleitet und sich dabei auf Gold-Wechsel spezialisiert. Anschließend an seine vatikanische Berufung wurde er zum Vizepräsidenten seiner Bank gewählt.[1113]

Interessanterweise hatte Nogara zunächst gezögert und Bedingungen gestellt, ehe er diesen Job annahm: freie Hand, jegliche Investition ohne Rücksicht auf irgendwelche religiösen oder doktrinären Skrupel, etwa auf das in mehreren Konzilien mit Exkommunikationsdrohung verbundene Wucherverbot, tätigen zu können; ferner freie Hand, kirchliches Kapital überall auf der Welt investieren zu können.

Selbstverständlich bekam er seine freie Hand. Und Nogara verstand es, die privilegierte Stellung von Vatikanfinanziers voll zu nutzen, die selbst Regierungen und Multinationale vor Neid erblassen lassen müßte: keine Verlustrestriktionen, keine Steuern, kein sofortiger Gewinnausweis, keine Rechenschaft gegenüber irgendwelchen Aktionären. Und dank des diplomatischen Dienstes beim Hl. Stuhl sowie dank der Bischöfe und katholischen Geschäftsleute in der ganzen Welt, die als Vertrauensleute dienten, verfügten die Vatikanbanken zudem über ein nahezu lückenloses Netz von Informanten und Operateuren.

Nogara, durchaus ein gläubiger Katholik, tat nun mit Segen des Papstes, was ihm eigentlich Höllenqualen hätte bereiten müssen: Devisenspekulationen, Edelmetallgeschäfte, Börsenmanöver aller Art, Einkauf in Unternehmen, die solche Kleinigkeiten wie Bomben, Panzer, Gewehre, Empfängnisverhütungsmittel wie Antibabypillen erzeugten und damit die Schatulle des Papstes füllten, während Bischöfe und Pfarrer in aller Welt dagegen wetterten. Bald gab es keinen italienischen Industriezweig, in dem der Vatikan nicht mitmischte: Textil, Elektrizität, Immobilien, Eisenbahn, Zement, Wasserversorgung, Versicherungen, Banken, Waffen, Munition. Schon 1935, als Mussolini Waffen für seinen Äthiopien-Feldzug benötigte, war einer der wichtigsten Lieferanten eine Munitionsfabrik, die Nogara für den Vatikan gekauft hatte. Daß Nogara tatsächlich ein Experte im Gold-Wechsel war, bewies er damit, daß er dem Vatikan praktisch kostenlos zu einem Goldschatz verhalf. Offenbar ebenfalls früher als manche andere die Unausweichlichkeit des Zweiten Weltkrieges erkennend, tauschte Nogara einen Teil der Aktiva, über die er damals verfügte, in wertbeständiges Gold um. Zum Unzenpreis von 35 Dollar kaufte er Gold im Wert von 26,8 Millionen. Heute dürfte der Wert dieses im amerikanischen Fort Knox eingelagerten Goldschatzes immerhin 250 Millionen Dollar betragen.

Alles in allem aber ist dies eine Kleinigkeit angesichts des weiteren Umfanges des von Nogara geschaffenen Vatikan-Imperiums, wobei man ihm zugute halten muß, daß er sich selbst mit dem Spaß begnügte, mit den vatikanischen Millionen zu jonglieren, während er es den Despoten der Fürstenfamilie Pacelli, der Pius XII. entstammte, überließ, die kaum aufzulistenden Aufsichtsrats- und Vorstandsposten für den Vatikan zu besetzen. Nachdem Pius XII. im Jahr 1942 beschloß, einen weiteren Teilbereich der vatikanischen Vermögensverwaltung modernen Gegebenheiten anzupassen, wurde aus der allenthalben noch gottgefälligen »Verwaltung der religiösen Werke« das berühmte »Instituto per le Opere Religiose«, das »Institut für religiöse Werke«, die sogenannte Vatikanbank, die im Umfeld des Erzbischofs Marcinkus, Michele Sindonas, Roberto Calvis und Licio Gellis später eher in »Institut für internationale Finanzverbrechen« hätte umgetauft werden müssen.

Nun legten sich die Tentakel der Vatikan GmbH um den ganzen Globus. Das schwer durchschaubare Finanzsystem des Vatikans läßt sich in der Folge nur annähernd mit folgenden Namen des internationalen Bankwesens umschreiben: die Rothschildhäuser in Paris und London, mit denen der Vatikan schon im neunzehnten Jahrhundert geschäftlich verbunden war; die »Credit Suisse«, deren Direktor, der Marquis de Maillardoz, unter dem Titel »Generalsekretär« für einige Zeit die »Sonderverwaltung« leitete, »Hambros« in London, »J. P. Morgan«, Rockefellers »Chase Manhattan«, die »First National«, die »Continental Bank of Illinois« und die »Bankers Trust Company in New York«, ein besonders wichtiger Partner Nogaras bei Börsenspekulationen an der New Yorker Börse.

Neben all den Beteiligungen des Vatikans an italienischen Banken und Versicherungen, Finanzierungsgesellschaften, Fabriken, deren Aufzählung mehrere Seiten in Anspruch nehmen würde, sei vor allem der italienische Großkonzern »Societá General Immobiliare« erwähnt, bei dem Nogara den Vatikan mit mindestens 15 Prozent eingekauft hat (nach Yallop),[1114] während Corrado Pallenberg in seiner Analyse der Finanzen des Vatikans die »Immobiliare« als nahezu ausschließlichen »Tochter-konzern des Vatikans« bezeichnet.[1115] Die »Immobiliare« war eine der größten und erfolgreichsten Grundstücks- und Baugesellschaften der Welt überhaupt. Über die Baufirma SOGENE, eine hundertprozentige Tochterfirma, war der Vatikan im Besitz beziehungsweise Mitbesitz beispielsweise folgender Hotelketten: des Hilton in Rom, der INA (Italo Americana Nuovi Alberghi), der Alberghi Ambrosiani in Mailand, der Compagnia Italiana Alberghi Cavalieri, nur um einmal die schönsten Rosinen aus dem Hotelgeschäft herauszupicken. In Paris saß der Vatikan über die Immobiliare sozusagen im Zentrum: in Büro-, Geschäfts- und Wohnanlagen an der Avenue des Champs-Élysées, an der Rue de Ponthieu und an der Rue de Berry. In Kanada gehörten der Immobiliare einer der höchsten Wolkenkratzer der Welt, der Stock Exchange Tower in Montreal, dazu der Port Royal Tower mit 224 Apartments sowie eine ausgedehnte Wohnsiedlung in Greensdale bei Montreal. In den USA zählte zu ihrem Besitz unter anderem das berühmte Watergate-Hotel, dazu große Gebäudekomplexe in New York sowie eine komplette Wohn-siedlung von 110 Hektar Größe an der Oyster-Bay. In Mexiko war »Lomas Verde«, eine Trabantenstadt für mindestens 100 000 Einwohner, zur Gänze ein Latifundium der Immobiliare. Darüber hinaus kaufte Nogara den Vatikan bei General Motors, Shell, Gulf Oil, General Electric, Bethlehem Steel, bei IBM und bei der TWA ein.[1116]

Das alles ist nur ein ganz geringer Teil dessen, was Nogara aus den ihm überlassenen vatikanischen Pfunden bis zu seinem Rückzug aus dem Geschäft im Jahre 1954 beziehungsweise seinem Tod im Jahre 1958 gemacht hatte. Wie David Yallop zusammenfaßt:

»Mit einem Startkapital von 80 Millionen Dollar, abzüglich der 30 Millionen Dollar, die Pius XI. und sein Nachfolger Pius XII. zur Finanzierung innerkirchlicher Projekte [...] reserviert wissen wollten, hatte Nogara die Vatikan GmbH übernommen. Zwischen 1929 und 1933 floß ihm außerdem ein Anteil der Einnahmen aus dem jährlich weltweit erhobenen ›Peterspfennig‹ zu. Als Frucht seines Wucherns mit den ›Pfennigen‹ der Gläubigen, den Lire-Millionen Mussolinis und den Reichsmarkmillionen von Hitler konnte er seinen Nachfolgern ein breit-gestreutes Sortiment finanzieller Beteiligungen übergeben [...] Nach kapitalistischen Maßstäben hatte Nogara der katholischen Kirche mit geradezu atemberaubendem Erfolg gedient. Nach den Maßstäben der christlichen Lehre, wie sie die Evangelien verkünden, war das, was Nogara tat und wofür er stand, eine katastrophale Fehlentwicklung. Aus dem Stellvertreter Christi war so etwas wie der Vorstandsvorsitzende eines Großkonzerns geworden.«[1117]

Das ist beinahe untertrieben. Mit Fug und Recht darf der Vatikan als internationale Finanzmacht bezeichnet werden, völlig integriert in das Netz kapitalistischer Organisationen wie eben die Etablissements Rothschild in Frankreich, die Schweizer Crédit in Zürich und London, die Chase Manhattan Rockefellers, die Bankers Trust und die Morgan-Banken in New York, nicht zuletzt über den »Kommunistenhasser« Sindona fest eingebunden in die zuallererst von der sowjetischen »Eurobank« mitgeschaffene Spekulationswiese des Eurodollarmarktes und in pikante Ostkreditgeschäfte mit der Moscow Narodny Bank, der sowjetischen Staatsbank (Gosbank) oder der Wneschtorgbank.[1118] Daß also die Vatikan GmbH als internationale Finanzmacht eben auch ihre Rolle im dunklen politischen Treiben der internationalen Hochfinanz spielt, mehr noch, durch ihre »moralische«, gesellschaftspolitische, soziale, religiös manipulative Gewichtigkeit teilweise in seinem Mittelpunkt steht, ist – von den Konsequenzen ihrer (die GmbH) freimaurerischen Unterwanderung ganz abgesehen – von natürlicher Gesetzmäßigkeit. So kam es, daß der Konzern Vatikan im Zuge der Nachkriegspolitik nicht zufällig und nicht unschuldig an einem bösen Spiel beteiligt ist, das einen sezierenden Einblick in die phantastischen Verflechtungen von Volksbetrug und Steuerhinterziehung, von Einflußkanälen und gekaufter politischer Klientel, in die Machenschaften eines multinationalen Konzerns heimatloser und skrupelloser Finanziers, gigantischer Trusts und geheimer Mächte und okkulter politischer Machenschaften bietet. Es ist also kein Zufall, daß gerade die Vatikan GmbH eine wesentliche Rolle im Kalkül der Propaganda due und der hinter Gellis Loge stehenden Kräfte besetzt, die letztlich über das italienische Spiel und die finanziellen Machenschaften ganz konkret in »weltordnungspolitische« Dimensionen hinausreichen. Das freilich gilt nicht nur für die religiöse Institution »Vatikan«, sondern ebenso für die Moslem-Connection (siehe unten), wie ein Blick auf das nicht zuletzt auch auf der Basis des international reorganisierten Nazi-Apparates geschaffene Netzwerk zeigt.

Das Netzwerk

Wer auch immer hinter der Propaganda due und hinter Gelli stand und steht, und abgesehen von den zweifellos vorhandenen Verbindungen zu diversen Geheimdiensten, allen voran der CIA, sowie zur mysteriösen Prieuré de Sion, sicher ist eines: Die Aktivität der Loge bzw. ihrer Über-Organisation war und ist keineswegs auf Italien beschränkt. David Yallop dazu: »Von Italien abgesehen existieren noch Ableger in Argentinien, Venezuela, Paraguay, Bolivien, Frankreich, Spanien, Portugal und Nicaragua. Auch in der Schweiz und in den USA gibt es praktizierende Mitglieder. Die P2 ist verzahnt mit der Mafia in Italien, Kuba und den USA, mit einer Reihe lateinamerikanischer Militärregime und mit einer größeren Zahl neofaschistischer Gruppen. Sie ist auch sehr eng mit der CIA verzahnt. Ihre Verbindungen reichen bis ins Innerste des Vatikans.«[1119] Daß mittlerweile etliche Militärregimes in Lateinamerika möglicherweise auch zu Ehren des menschlichen Universalgebildes sogenannten demokratischen Zivilregierungen beziehungsweise demokratisch abgesicherten Bürokratien und ihren internationalistisch erzogenen politischen Führern Platz gemacht haben, bedeutet keineswegs, daß der Einfluß der Loge deswegen geringer geworden sein müßte, ebensowenig wie demokratischen Regierungen brisanten Waffengeschäften zwischen Rio und Bagdad oder Teheran abgeneigt waren. Im Gegenteil: Die »Bedeutung der Weltbruderkette als Symbol und als gültige Wirklichkeit« scheint, wie nicht zuletzt auch das Beispiel Italien zeigt, durch die der Strategie der Protokolle folgende weltweite scheindemokratische »Legitimierung« einzelner dem »menschlichen Universalgebäude« dienender Brüder eher zugenommen zu haben.[1120]

Auf jeden Fall war und ist auch die P2 Bestandteil jenes internationalen Netzwerkes, zu dem auch die von François Genoud mitgeschaffenen Strukturen gehören. Hier werden einige aktuelle Zusammenhänge etwas klarer, nicht nur im Hinblick auf die Propaganda due, sondern vor allem auch im Hinblick auf gewisse Beziehungen zwischen der Architektur einer Neuen Weltordnung und in jeder Beziehung weltpolitisch und für das Grand Design bedeutungsvollen Ereignissen im Nahen und Mittleren Osten. Darüber hinaus scheint sich hier ein historischer Kreis zu schließen, der in der Zeit der Kairoer Großloge, Hassan-i-Sabbahs und der Templer seinen Anfang hat.

Genoud, Vertrauensmann und Finanzberater Goebbels', Bormanns und Görings und Kontaktmann zwischen Dulles und hoher SS, begann unmittelbar nach Kriegsende Teile des vor allem dank der anglo-amerikanischen Schirmherren nach wie vor intakten Nazi-Apparates zu regruppieren. Zu diesem Zweck finanzierte er zunächst mit Hilfe der bereits erwähnten Firma Gebr. Diethelm die in Buenos Aires herausgegebene Publikation *Der Weg*. 1955 tauchte Genoud zusammen mit Wolff und Ramcke in Tanger auf. Ein Jahr später traf er sich mit Hjalmar Schacht und dem ehemaligen SS-Offizier Hans Reichenberg in Kairo, wo über verschiedene Investitionen in Marokko entschieden wurde. Zu dieser Zeit fanden erste Kontakte zu den Algeriern Ben Barka und Ben Bella statt. Durch die Bekanntschaft mit Ben Bellas Schatzmeister Khider wurde Genoud schließlich offizieller Finanzmanager der FLN und pendelte in dieser Funktion zwischen Kairo und Tanger hin und her.

Etwa zur selben Zeit wurden die Operationen des Nazi-Netzwerkes in Lateinamerika, vor allem in Argentinien intensiviert, wobei auch Hans-Ulrich Rudel eine Rolle spielte und sozusagen die Operationsbasis für Klaus Barbie geschaffen wurde. 1959 gründete Genoud dann die »Internationale Vereinigung der Freunde der arabischen Welt«, bald darauf gemeinsam mit Reichenberg die Import-Export-Firma »Arabo-Afrika« in München, das heutzutage nicht ohne Grund neben Barcelona eines der Zentren des »Ordre nouveau« im internationalen Maßstab darstellt[1121] und desgleichen ein Knotenpunkt diverser arabisch-europäischer Interessen ist. Über eine Reihe von weiteren Kontakten wie zu dem französischen Nazi-Kollaborateur Jacques Benoist-Mecchin und dem Direktor des arabischen Informationszentrums in Genf, El Wakhil el Kabbani, sowie zu früheren arabischen Mittelsmännern der deutschen Abwehr konnte Genoud in den fünfziger und sechziger Jahren seine Beziehungen zur fundamentalistischen Moslembruderschaft »Ikhwan al Muslimum« und diversen Strömungen der arabischen Befreiungsbewegungen wie der FLN oder der Polisario ebenso wie später zur Palästinensischen Befreiungsfront ausbauen.

Bei den diversen Finanzierungsoperationen der Moslem-Brüder wie überhaupt bei den Finanzaktivitäten Genouds spielte auch ein enger Vertrauter Hjalmar Schachts, der frühere Direktor der »Union Bank of Switzerland« (UBS) und einstige Direktor der Interhandel AG, einer Finanzierungsholding der IG Farben, Dr. Alfred Schäfer, eine Schlüsselrolle. Er stand praktisch bei allen Finanzierungsangelegenheiten der Vor- und Nachkriegs-Nazizirkel im Mittelpunkt. Bereits in den fünfziger Jahren stieg Schäfer in Ägypten ins Ölgeschäft ein, wobei ihm Schacht und alte Abwehrmitglieder zur Seite standen. Eine weitere Schlüsselrolle im Finanzimperium Genouds spielte einer der Mitbegründer der »Banque Commerciale Arabe« in Genf, der aus Syrien stammende Zouhair Mardam Bey, einer der wichtigsten Geldgeber der in den dreißiger Jahren gegründeten faschistischen Partei Populaire Syrien. Der Vater von Zouhair Mardam Bey, Khalil Mardam Bey, war in den vierziger Jahren syrischer Außenminister und ein enger Freund von Otto Skorzeny.

Über Mardam Beys Verbindungen zu dem Genfer Institut »Bank for Saudi-Swiss Trade and Investment« dürfte auch teilweise die Finanzierung von »Islam and the West International« zumindest zeitweise gelaufen sein, einer Organisation, die bei der »Fundamentalisierung« der islamischen Welt eine entscheidende Rolle spielt. Als einer der Hauptgeldgeber von »Islam and the West« galt die in den frühen achtziger Jahren im Mittelpunkt der Ermittlungen französischer Sicherheitsorgane stehende »Bank Dar Al-Islami« des Prinzen Muhammed al Feisal. Enge Verbindungen gab es auch zwischen Mardam Bey und saudischen Finanziers wie Adnan Khashoggi und Fuad Rizg: Verflechtungen, die auch im Zusammenhang mit heimlichen Finanztransfers der Saudis etwa zur Unterstützung der Contras in Nicaragua über Schweizer Konten eine Rolle gespielt haben könnten.[1122]

In den achtziger Jahren gab es mehrere Treffen zwischen Mardam Bey und der Witwe Skorzenys, bei denen es um neue Geschäftsaktivitäten in der Bundesrepublik, Brasilien, Argentinien, Nahost und Marokko ging – in der Hauptsache um Kapitalflucht über die Saudi Swiss Trade and Investment.

Genoud spielte vor allem auch eine wesentliche Rolle beim Aufbau von Kontakten zwischen den alten Nazi-Apparaten und den Palästinensern. 1969 fungierte Genoud, übrigens Mitglied der Vereinigung arabischer Rechtsanwälte, als Berater von zwei Terroristen der PFL. Verbindungen zu palästinensischen Kreisen kamen auch über den 1979 ermordeten französischen Rechtsextremisten François Duprat und dessen französisch-palästinensische Vereinigung zustande. Für Al-Fatah-Gruppen organisierte Genoud Trainingsmöglichkeiten, wobei Altnazis wie der Belgier Karl van de Put oder der in Rom ansässige Norbert Schuller eingesetzt wurden. Bei der von Rechtsextremisten und Neuen Rechten 1979 in Barcelona organisierten Konferenz unter dem Titel »Neue Europäische Ordnung« referierte eine Al-Fatah-Delegierte über die palästinensische Revolution.

Zu Beginn der siebziger Jahre, zu jenem Zeitpunkt also, da Licio Gelli als argentinischer Waffenkäufer nach Europa zurückkehrte und gemeinsam mit seinen Logenbrüdern Italien in den Griff nahm, weitete Genoud seine Bankgeschäfte und seine Aktivitäten zur Finanzierung der Nazi-Internationale beträchtlich aus. Vor allem engagierte er sich – gemeinsam mit der Galionsfigur des westeuropäischen »Ordre Nouveau«, Gaston Armand Guy Amaudruz – in Waffenschiebereien in den Nahen Osten. Dabei ging es sicherlich nicht bloß um Kleinkalibriges. Wie aus von den italienischen Behörden 1975 beschlagnahmten Dokumenten hervorging, pflegte sich damals der unter dem Namen »Neue Europäische Ordnung« gesammelte multinationale Nazismus unter anderem auch durch den Handel mit Mirage-Flugzeugen, deutschen Leopard-Panzern, Landungsbooten, Kanonen und Maschinengewehren in Milliarden-Dollar-Werten zu finanzieren.[1123]

Die Verbindungen der »Schwarzen Internationale« zum arabischen Raum, zu Organisationen wie »Islam and the West International« und diversen anderen in Europa »ansässigen« arabisch-islamischen Organisationen sowie zum nahöstlichen Terrorismus zeigen, wie eng verflochten die Nonterritorial Community der internationalen Subversion im Dienste des Novus Ordo Seclorum ist. Vor allem die aus der Zeit des »Dritten Reiches« herauswachsenden »historischen« Beziehungen der alten und neuen Nazi-Kreise zu den Moslembrüdern sind hier von besonderem Interesse. Im Weltordnungsspiel der letzten Jahrzehnte kommt gerade dieser Geheimgesellschaft eine beispielhafte Bedeutung zu, in den neunziger Jahren nicht zuletzt auch bei der fundamentalistischen Bearbeitung französischer Interessen direkt vor der europäischen Haustür, vor allem in Algerien.

Die Moslem-Connection

Die extrem fundamentalistisch-feudalistisch auftretende und sich anti-imperialistisch und anti-westlich gebärdende Moslem-Bruderschaft hat bei genauerem Hinsehen mit der islamischen Religion nur insofern zu tun, als sie den religiösen Fundamentalismus als Werkzeug der Politik, der Destabilisierung, der Unterdrückung, des Umsturzes und des Terrors einsetzt. Ebensowenig wie der Hitler-Faschismus seinen Ursprung in Deutschland oder der Kommunismus seinen Ursprung in Rußland hatte, ebensowenig hat dieser fanatisch-radikale islamische »Ismus« seinen Ursprung in der islamischen Welt.

Die Moslembruderschaft ist politisch und sozial für die islamisch-ara-
bisch-afrikanische Welt das, was stiftungsgesponserte westliche
Fernsehsekten und Supermarktkirchen, pseudo-christliche Fundamenta-
listenbewegungen, importierter Religionsmix, okkultistische Erneuerung ebenso wie extremistische »Umweltschützer« und dergleichen
mehr zum Zwecke der individuellen und kollektiven geistigen und
psychischen Destabilisierung sind (oder wie die im Urwald schließlich
mittels befohlenem Massenselbstmord »kambodschanisierte« Sekte des
»Reverend« Jones für Politiker wie Ex-US-Vize Walter Mondale ein
»Ansporn« bei der »Lösung der wichtigsten sozialen und konstitutionel-
len Probleme unseres Landes«).[1124] Die sogenannte Moslembruderschaft
spielt praktisch seit Beginn des zwanzigsten Jahrhunderts, vor allem aber
im Zusammenhang mit dem »Design« der Neuen Weltordnung eine
entscheidende Rolle in der Strategie der scheinbar nur kurzfristig bemes-
sene monopol-kapitalistische Interessen verfolgenden anglo-amerikanischen Weltverbesserer im Nahen Osten, in Asien und in Afrika.

Ikhwan al Muslimum, die mächtigste und bestorganisierte Geheimorganisation der islamischen Welt,[1125] die »später oft mit der Mafia, dem
Assassinenorden der Perser oder [Anm.: wie Weishaupts Illuminaten
oder Himmlers SS] organisatorisch auch mit den Jesuiten verglichen
wurde«,[1126] ist zunächst einmal eine Schöpfung der britischen Subversion. Ihrer Gründung in Ägypten im Jahr 1928 durch einen damals
mehr oder weniger unbekannten jungen Lehrer namens Hassan al-Banna
gingen Jahrzehnte laboratoriumsähnlicher Experimente der Briten im
Nahen Osten und in Asien voraus, um die möglichst beste Methode der
Kontrolle des asiatischen Denkens zu finden. Ein erster Testfall bot sich,
als sich gegen Ende des neunzehnten Jahrhunderts der persische Qajar-
Shah an Rußland zu orientieren begann: Die Briten schürten den Bürgerkrieg, indem sie über eingeschleuste Agenten die schiitische Geistlichkeit
gegen den Vertrag mit Rußland aufbrachte. Die neue »Universal-religion«
Bahai'i bot den britischen Einflußagenten darüber hinaus die Möglichkeit, die islamische Geistlichkeit weiter zu reizen.

Das Konzept, mit dem schon Al-Ghazali (1059–1111) gegen die
Erben Ibn Sinas (980–1037) erfolgreich kämpfte, war auch diesmal
erfolgreich. Fast ohne einen Schuß abgeben zu müssen, konnte England
Persien von der russischen Bedrängnis »befreien« und das Land selbst
unter seine Kontrolle nehmen. Unter Ausnutzung der überlebenden
Sufi-Sekten, die Al Ghazali und sein Nachfolger Ibn Arabi geschaffen
hatten, begannen britische Einflußagenten mit dem Aufbau einer Art

»islamischer Ideologie« auf den Grundlagen des Panislamismus, der Ablehnung der westlichen Kultur und auf der Basis eines strikten »Anti-Imperialismus«, der sich natürlich vorzugsweise gegen das französische Empire oder gegen das mit Deutschland verbündete Ottomanische Reich richtete. Als »panislamischer Strohmann« der Briten fungierte unter dem Einfluß und der Protektion des britischen Orientalisten und Schottischen Freimaurers E. G. Browne der »Vater der panislamischen Bewegung«, Dschamal ad-Din al Afghani.

Als solcherart ausgebildeter »islamischer Revolutionär« war er am Aufbau zahlreicher Terrororganisationen in Syrien, Ägypten und anderen Ländern beteiligt. Auf ihn gehen nahezu alle nationalistischen Erhebungen gegen die »vom Teufel besessenen« Europäer um die Jahrhundertwende zurück. Sozusagen als Begleitmaßnahme zur Operation al Afghanis und danach zu T. E. Lawrences Manipulation der arabischen Beduinenstämme führte der Historiker und Philosoph Arnold Toynbee vom Royal Institute of International Affairs (dem britischen Zweig des »Round Table« bzw. des Council on Foreign Relations) später ein eigenes Sufi-Projekt durch, eine psychologische Studie mit dem Ziel, die wirksamste Manipulationsmöglichkeit für die arabischen Länder zu finden: Al Ghazali, der Prophet des Irrationalen, war die Lösung des britischen Problems. Aber wer weiß, vielleicht waren es stets die Sufis, die – wie Idries Shah und zahlreiche andere Autoren[1127] nachzuweisen versuchen – hinter dem Gang der Geschichte, nahezu sämtlichen Geheimgesellschaften, Orden und Religionen, hinter der Kabbala ebenso wie hinter den Minnesängern und den gotischen Spitzbögen stehen, die in Wirklichkeit die Briten manipuliert haben.

Im Grunde genommen und in der Wirkung liefe es ja auf dasselbe hinaus. Jedenfalls wurden unter britischem Patronat Anfang der zwanziger Jahre zahlreiche »antiimperialistische« Organisationen gegründet, die sich später unter Scheich Shakib Arslan im Panarabischen Kongreß mit Sitz in Genf (!) zusammenfanden. Dank ihres progressiven Anstrichs gerieten zahlreiche Organisationen mit zuvor prosozialistischer Überzeugung in den Einflußbereich der Moslembruderschaft, was insbesondere die nordafrikanischen Befreiungsbewegungen betreffen und Frankreich später in erhebliche Schwierigkeiten bringen sollte. Ende der dreißiger Jahre schloß sich dann Arslans Panarabischer Kongreß mit dem Pan-islamischen Kongreß unter Suhraworthy zusammen, einem Ableger sowohl der Bruderschaft als auch der Pan-Europa-Union des Grafen

Coudenhove-Kalergi, dem Führer der »Blauhemden« und Vorgänger Otto von Habsburgs.

Es ist bemerkenswert, daß die von dem unbekannten Lehrer Hassan al-Banna gemeinsam mit ganzen sechs Gesinnungsgenossen in Kairo gegründete, geheime, zunächst völlig unbekannte und »antibritische« Moslembruderschaft sich binnen kürzester Zeit über den gesamten Nahen Osten und darüber hinaus nach Asien und erstaunlicherweise bis nach Europa ausbreiten und sich vor allem in Ägypten dermaßen perfekt organisieren konnte, daß sich Regierung und König Faruk unversehens mit einer ebenbürtigen Macht im eigenen Lande konfrontiert sahen. Die Sache wird freilich etwas weniger rätselhaft, wenn man die beträchtliche finanzielle und organisatorische Aufbauhilfe für diese »antibritische« Organisation durch die berühmte Suezkompanie berücksichtigt.[1128] Hier ist es wohl erwähnenswert, weil im Zusammenhang nicht ohne Bedeutung, daß die politische Maurerei und Geheimbündelei gerade in Ägypten seit dem 19. Jahrhundert besonders wirksam war. Nicht weniger als acht Logen der Britischen Großloge »arbeiteten« in Ägypten, daneben eine der Schottischen Großloge und die Grand Lodge of Mark Master Masons. Von alledem freilich hat die Masse der in der Regel aus der Unterschicht der Städte rekrutierten und mehr oder weniger ungebildeten »Moslembrüder« freilich niemals etwas gewußt und würde es wohl auch nicht wahrhaben wollen, daß mancher ihrer Führer »ferngesteuert« war und ist. Diese »Führer« waren und sind in der Regel welterfahrene, überaus gebildete und vor allem höchst professionelle Eiferer, meist Akademiker, Dichter, Philosophen, die Gewalt stets als wohlüberlegtes Mittel zum gewünschten Zweck gebrauchen und sich durchaus darauf verstehen, das Denken ihrer fanatischen Anhänger tatsächlich zu »kontrollieren« und für ihre jeweiligen Zwecke zu manipulieren.

»Ich war immer wieder erstaunt über die Ähnlichkeit ihrer Organisation mit der europäischer Kommunisten«, schreibt John Laffin, ein Experte in islamischen Angelegenheiten, »dieselbe Betonung eigenständiger Zellen, der Kontakt mit anderen Zellen über Kurier, die Politik des Abwartens und Beobachtens, während man bereitsteht, loszuschlagen [...] Viele wurden jahrelang eingesperrt und einige gefoltert. Aber, wie im Kommunismus, überleben die Zellen und bleiben eine fortwährende Bedrohung für die Regierung. Dies gelingt ihnen durch ihre geheimen Veröffentlichungen und durch ihre moderne Einstellung zur

Macht der Werbung. Genau wie die Kommunisten predigen sie ›Demokratie‹, ohne dies im eigentlichen oder wenigstens westlichen Sinn des Wortes zu meinen.«[1129]

Einen Eindruck von dem Einfluß, den die Moslembruderschaft bald im Nahen Osten und vor allem in Ägypten auszuüben vermochte, vermitteln eindrucksvoll die Erinnerungen des einstigen ägyptischen Präsidenten Sadat, dessen Bewunderung für al-Banna »grenzenlos« war[1130] und der sie als junger Offizier als eine Macht kennenlernte, »die man nicht ungestraft beleidigen durfte«,[1131] dem aber später nichts anderes übrig bleiben sollte, als etliche Moslembrüder hängen zu lassen, um dann selbst von den Moslembrüdern ermordet zu werden.[1132]

Man kann es auch so umschreiben, wie es der »Oberste Führer« der Bruderschaft, Omar al-Telmisani, 1982 in einem Interview getan hat: »Der Apparat ist ursprünglich aufgebaut worden, um die ausländische Existenz zu bekämpfen, wurde dann allerdings negativ ausgenutzt und vom geraden Weg abgelenkt.«[1133] Den Briten selbst jedenfalls war der »gerade Weg« der Moslembruderschaft nie gefährlich geworden: Wo immer die Brüder auftauchten, stellten sie vor allem eine ständige Gefahr und permanente Bedrohung und ein Destabilisierungselement für das jeweils herrschende arabische Establishment dar. Wie »nützlich« die Bruderschaft war, zeigte sich vor allem in ihrer Rolle als »Countergang« zu den von Großbritannien genährten zionistischen Organisationen: Durch ihre terroristischen Angriffe auf alle Juden in Palästina sorgte die Bruderschaft dafür, daß die zionistischen Organisationen wuchsen und an Einfluß gewannen und schließlich ihren Führungsanspruch geltend machen konnten, was durchaus im Sinne der eigentlichen, von der Rothschild-Churchill-Balfour-Gruppe eingeleiteten britischen »Israel-Politik« hinter der offiziellen Fassade war, mit der London bis heute die Welt und die Mehrzahl der Historiker zum Narren halten zu können glaubt.

Wenn man die Dinge in einem etwas größeren Rahmen betrachtet, überrascht es eigentlich nicht, daß diese von London aus ferngesteuerten Moslembrüder während des Zweiten Weltkrieges vorzugsweise mit der SS zusammenarbeiteten. Arslans Anhänger in Nordafrika kollaborierten mit der Vichy-Regierung und den Nazis gegen de Gaulle, und viele kämpften als Angehörige der »Fremden Heere Ost« unter General Gehlen, dem späteren Chef des amerikanisch-deutschen »Bundesnachrichtendienstes«. Insbesondere Arslans Panarabischer Kongreß und al-Bannas Bruderschaft spielten dann nach dem Zweiten Weltkrieg eine einflußreiche Rolle bei der Gründung der »Schwarzen Internationale«. Al-Bannas Anhänger wurden – fast könnte man sagen: naheliegenderweise – Seite an Seite mit den »christlichen Fundamentalisten« der libanesischen Falange für die »Arabische Legion« angeheuert, die von General Sir John Glubb »Pascha« angeführt wurde, »in der langen Reihe englischer Araberfreunde, die ihrem Meister Lawrence in den Orient gefolgt waren, zweifellos der bedeutendste«.[1134]

In den fünfziger Jahren mußte die Moslembruderschaft einige empfindliche Schlappen einstecken. In Ägypten wurde sie von Präsident Nasser verboten und vor allem nach einem fehlgeschlagenen Attentat im Jahr 1954 (im Zusammenhang mit den Auseinandersetzungen um den Suezkanal) erbarmungslos verfolgt. In Jordanien wurde Sir John Glubb seines Postens als Armeestabschef und persönlicher Berater des jordanischen Königs enthoben. Später, in den sechziger Jahren, wurden die Netzwerke der Moslembrüder auch in Syrien und im Irak vorübergehend zerschlagen.

Es ist kein Zufall, daß sich die Kontakte zwischen den Moslembrüdern und diversen arabischen Organisationen und dem unter anderem mit Hilfe von François Genoud & Co international regruppierten Nazi-Apparat zu diesem Zeitpunkt, vor allem seit Beginn der sechziger Jahre, intensivierten. Ebensowenig ist es ein Zufall, daß sich, Hand in Hand damit, ein dicht geflochtenes, von amerikanischen und britischen Institutionen aus gefördertes Netz islamisch-fundamentalistischer Organisationen vorzugsweise in Europa ausbreitete, während parallel dazu Ende der fünfziger Jahre von den Universitäten Oxford und Sussex sowie dem Londoner Tavistock-Institut aus im Rahmen eines neuen Sufi-Projekts die fundamentalistischen Fußtruppen der Neuen Weltordnung mit neuem ideologischen Rüstzeug ausgestattet wurden. Nomineller Führer dieses Projekts war und ist der unter der Protektion von Sir John Glubb Pascha und dessen Anglo-Arab-Association stehende, zu diesem Zweck aus Afghanistan nach England geholte Idries Shah, dessen Gedanken sich nicht umsonst in der reorganisierten ägyptischen Bruderschaft wiederfinden: ein Eintopf aus »islamischem Fundamentalismus« und radikaler Umweltschutz-Ideologie, die man bemerkenswerterweise auch wieder in der Kombination mit neo-nazistischen Philosophien findet. Anfang der sechziger Jahre machte sich auch die amerikanische Rand Corporation, ein westliches Instrument im Netzwerk der Weltordner, Idries Shahs Vorstellungen zu eigen. Auf dieser Grundlage begann man an der Universität Princeton und am Center for Strategic and

International Studies an der jesuitischen Universität Georgetown um 1965 herum am »Khomeini-Projekt« zu arbeiten: allen voran der ehemalige Außenminister und Drahtzieher Khomeinis, Ibrahim Yazdi, gemeinsam mit dem Oxford-Stipendiaten und Mitarbeiter des israelischen Geheimdienstes Mossad, Professor Bernhard Lewis.

Die Moslembrüder sind vor allem, und das ist nicht verwunderlich, auf dem europäischen Kontinent besonders stark in Deutschland vertreten, vornehmlich in den islamischen Zentren in München und Aachen. Sie arbeiten »auf allen Ebenen der übrigen islamischen Organisationen mit [...] Die Moslembrüder operieren in einem relativ sicheren Umfeld, wie sie es an Rhein, Isar und Elbe vorfinden, absolut konspirativ. Sie sind überall mit von der Partie, geben das aber nie offen zu. Wer nicht direkt mit ihnen zu tun hat, wird nie Einblick in ihre Angelegenheiten erhalten.«[1135] Es waren von Anfang an die Spitzenleute der Bruderschaft, die sich ins europäische Exil abgesetzt hatten. Issam al-Attar, ehemaliger Führer der Bruderschaft in Syrien, ließ sich in der Aachener Bilal-Moschee nieder, die während Khomeinis Paris-Aufenthalt als Verbindungsstelle zum Iran diente.[1136] In Lugano saßen beispielsweise die »Geschäftsleute« Ghalib Himat und Jussif Nada, die mehrere europäische Moscheen finanzierten und über ausgezeichnete Verbindungen in den Nahen Osten verfügten. Der Syrer Himat kam bereits Anfang der sechziger Jahre nach München, um jene Moslems in einem »Islamischen Zentrum« zu sammeln, die seit der Zeit von General Gehlens »Fremde Heere Ost« in Bayern hängengeblieben waren. Himat arbeitete eng mit dem in Genf ansässigen Ägypter Said Ramadhan zusammen, der 1954 in das Attentat auf Nasser verwickelt war. Daß er in Lugano wohnhaft war, hinderte Himat nicht, Präsident der islamischen Gemeinde in der Bundesrepublik zu sein. Das Zentrum in München leistete Ayatollah Khomeini ebenfalls wichtige Hilfestellung. Über München und Beziehungen zur CSU- und Habsburger-nahen Hanns-Seidel-Stiftung verlaufen auch die Verbindungen zur türkischen »Nationalen Heilspartei« des Necmettin Erbakan (in Deutschland »Milli Görusch« = Nationaler Standpunkt) und zu den rechtsradikalen »Grauen Wölfen« des Hitlerverehrers Alparslan Türkes.

Dachorganisationen all dieser muslimischen Zusammenschlüsse und Zentren ist der in London ansässige »Islamic Council of Europe«, die Nachfolge-Organisation von Scheich Arslans Panarabischem Kongreß. Hinter diesem steht wiederum die »Islamic Foundation« unter »Bruder« Kurshid Ahmad sowie die »Anglo-Arabic-Association« von Sir Glubb

»Pascha« sowie Sir Harold Beeleys »Council for the Advancement of Arab-British-Understanding«, die wiederum eng mit dem Washingtoner »Institute for Policy Studies« sowie mit den Universitäten Princeton und Georgetown zusammenarbeiten. Die ebenfalls in London ansässige »Federation of Islamic Organizations in Europe« ist ein weiterer Verbindungsweg zu rechtsradikalen türkischen Organisationen. An diesen Hauptzentren hängen weitere Organisationen in Paris, Brüssel, Amsterdam, Stockholm, Rom oder im alten islamischen Granada. Sozusagen auf der geheimdienstlichen Ebene treffen diese Kreise in London zusammen: bei der Führungsspitze der britischen Oligarchie, vertreten durch Sir John Glubb »Pascha« und Lord Caradon (beziehungsweise nun deren Nachfolgern) mit ihrer Mannschaft aus der Schule für britische Subversionsagenten im arabischen Raum, dem früher im Libanon ansässigen »Middle East Center for Arab Studies«.

Eine besondere Rolle in diesem Netzwerk spielt die sozusagen im Zentrum der islamisch-fundamentalistischen Destabilisierung stehende, von Genf aus operierende Organisation »Islam and the West International«, zu deren Mitgliedern, freilich keineswegs verwunderlicherweise, Leute wie der Bilderberger, Rockefeller-Freund und Club-of-Rome-Präsident Aurelio Peccei neben dem bereits erwähnten Sir Harold Beeley gehören, und die auf operationeller Ebene wiederum den Kreis zu den Aktivitäten von François Genoud schließt, der hier synonym für das aus der Verbindung von alten Nazi-Strukturen, Geheimdiensten, Logenbrüdern, Waffenschiebern, Finanzgauklern, Terroristen und dergleichen hervorgegangene Netzwerk steht.

Ohne hier zunächst auf die vielschichtigen Hintergründe näher einzugehen – das waren und sind neben dem allem übergeordneten Ziel einer »Neuen Weltordnung« vor allem die diversen Ausbruchsversuche seitens des Iran und arabischer Kreise sowie einzelner westeuropäischer Banker und Politiker aus dem räuberischen Öl-Dollar-Weltwährungsmonopol sowie unbotmäßige und für die Einweltler nicht akzeptable konterrevolutionäre Verselbständigungstendenzen innerhalb des Sowjetsystems in Richtung eines »Dritten Weges« in enger Kooperation mit Westdeutschland, Frankreich, dem Iran des Schah und König Feisals Saudi-Arabien –, sollen hier einige Details nicht unerwähnt bleiben, die das auf langfristige Wirkung hin angelegte Funktionieren dieser Maschinerie illustrieren.

Das Khomeini-Projekt

Der Sturz des Ministerpräsidenten Zulfikar Ali Bhutto im Juli 1977 durch die in Pakistan unter dem Namen Jamaat-i-Islami im Verein mit dem Koordinationsbüro für die islamische Welt Rabita alami Islami operierenden Moslembrüder und deren Marionette Zia ul-Haq war der Startschuß für die Einkreisung und Destabilisierung der Sowjetunion einerseits und der Neuordnung bzw. Umordnung im gesamten Nahen Osten mit dem letztendlichen Ziel, der anglo-amerikanischen Exekutive der Neuen Weltordnung im Fall der Fälle eine bewaffnete Intervention im Golfgebiet zu ermöglichen. Um die Herkunft Zia ul-Haqs zu orten, bedürfte es noch nicht einmal seiner Mitgliedschaft bei den Moslembrüdern. »Zia ul-Haq ist ein typisches Produkt der britischen Kolonialarmee [...] Anfang der sechziger Jahre wurde er in den USA gedrillt. Als Oberstleutnant nahm er 1965 am Krieg gegen Indien teil. Fünf Jahre später half er König Hussein von Jordanien als Militärberater, die palästinensischen Freischärler in Amman vernichtend zu schlagen.«[1137]

»Ungeachtet dessen, daß islamische Fundamentalisten während seiner Amtszeit und von ihm ungehindert die US-Botschaft in Islamabad dem Erdboden gleichgemacht haben, halten sie weiterhin Kontakt und – zusammen mit den Saudis – Allahs General über Wasser.«[1138]

Freilich: Zia ul-Haqs fundamentalistisch kambodschanisiertes Pakistan war ja auch ein westliches Bollwerk gegen den Kommunismus. In enger Abstimmung mit dem »Islamic Council of Europe« wurden von Pakistan aus Fundamentalistentrupps in alle islamischen Länder geschickt und alle seit den sechziger Jahren untätigen Netzwerke reaktiviert. Vor allem in Indien und in Afghanistan wurde die »Jamaati« zwecks moslemischer Destabilisierung eingesetzt, und längst bevor das letzthin die sowjetische Invasion in Afghanistan auslösende »Khomeini-Projekt« realisiert wurde, sickerten die Brüder auf alten britischen Nachrichtenpfaden in sowjetisches Gebiet ein – nicht nur um ihren Brüdern jenseits des Oxus islamisches Schrifttum zu bringen, sondern auch, um Anschläge gegen russische Einrichtungen zu organisieren.[1139] Nur am Rande und gewisser Parallelen wegen zur Aufrüstung Saddam Husseins und im Zusammenhang mit dem bevorzugten Betätigungsfeld des »Netzwerkes Genoud« sei erwähnt, daß im Falle der »Islamischen Atombombe« wohl nicht ganz zufällig die meisten Beschaffungsaufträge über eine Bonner Deckadresse liefen und daß die vorwiegend von britischen Firmen hergestellten Bauteile für die pakistanische Uran-Anreicherungsanlage bei Rawalpindi von einer deutschen Transportfirma, einer Tochter der Bundesbahn, über deren Londoner Niederlassung nach Pakistan verfrachtet wurden.[1140]

Daß der zweite Schlag des Moslem-Brotherhood-Networks, die diesmal nach klassischem Muster über die »Western educated liberals«, die Kerenskijs der bourgeoisen Freimaurerei, durchgezogene sogenannte »islamische Revolution« der Fedayeen-e Islam keine »islamische Revolution« und auch keine »iranische Revolution« war, dafür gibt es mehr als bloße Indizien oder den verwunderlichen Umstand, daß der Ayatollah ungestört von Paris aus, sozusagen als Nachbar der Grand-Orient-Loge und des Elysées, operieren durfte. Dabei hätten Nahost-Konflikt-Experten seinerzeit nur aufmerksam ein paar ausgewählte Zeitungen, vorzugsweise die stets gut informierte *International Herald Tribune (IHT)*, lesen müssen, um wenigstens zu begreifen, daß sich die Weltordner ihren Zielen schon so nahe fühlen, daß sie es gar nicht mehr nötig haben, im geheimen zu operieren. Daß es dennoch gelungen ist, auch in diesem Fall (wie in anderen und folgenden Fällen) der Welt erfolgreich jenen Bären von der völligen Uninformiertheit, ja gar Überraschtheit der damals im Iran alles und jeden beherrschenden CIA und der amerikanischen Regierung aufzubinden,[1141] spricht für den schlagenden Erfolg der internationalen Gehirnwäschemaschinerie. Einige ausgewählte Zitate mögen genügen, um einen Eindruck über den wirklichen Ablauf und die eigentlichen Hintergründe zu vermitteln:

»Ein klassisches Beispiel, wie Wirtschaftsinteressen, Menschenrechte und Terrorismus auf einen Nenner zu bringen sind, boten die Studentendemonstrationen in Teheran just in den Tagen, als der Schah es abgelehnt hatte, den Erdölpreis zu erhöhen« (*IHT*, 18. 11. 1977). Einige Tage später gab dieselbe Zeitung an bevorzugter Stelle die Meldung von Radio Teheran wieder, »daß es vom Timing der Anti-Schah-Demonstrationen klar sei, daß sie von einer einzigen bekannten Quelle gesteuert würden« (*IHT*, 24. 11. 1977). Am 19. 5. 1978 hieß es in der *IHT*: »Mohammed Mossadegh, eine Hauptfigur bei der Ölverstaatlichung, wurde 1953 abgesetzt. Die USA waren ein Element bei diesem Übergang, und mit US-Hilfe konnte Reza Pahlevy seine autoritäre Herrschaft ausüben [...] Aber er steht unter Druck, auch von Gruppen, die höhere Ölpreise wollen.« Die *Washington Post* meldete am 20. 11. 1978: »Eine Reihe von Interviews enthüllten das Bestehen einer gewissen Bitterkeit infolge des vom State Department auf den Schah ausgeübten Drucks, um ihn zu Reformen zu veranlassen, die Unruhen zur Folge hatten.« Am 12. Dezember 1978 teilte die *Washington Post* mit, daß der US-Botschafter im Iran, William H. Sullivan, früherer Adjutant des Rockefeller-Zöglings und CFR-Angestellten Kissinger, seit Beginn dieses Jahres den »diplomatischen Kontakt« mit der iranischen Opposition erweitert habe.

»Vertrauenswürdige iranische Manager und hochgestellte Politiker sprechen, ohne Aufhebens davon zu machen, von dem alles durchdringenden britischen Einfluß und ihrer Hauptagenten, den Freimaurern – was einige erstaunen mag, wenn man Englands verringerte Rolle in der Welt bedenkt« (*IHT*, 14. 12. 1978). Und am 16. 12. 1978 stellte William Pfaff in der *IHT* fest: »[...] nun steht der Schah mit dem Rücken an der Wand, unterminiert durch die US-Menschenrechtskampagne [...]«, von der Henry Kissinger in einem am 11. Dezember 1978 im *Newsweek Magazine* erschienenen Interview sagte: »So wie die Menschenrechtskampagne heute geführt wird, stellt sie eine Waffe dar, die hauptsächlich gegen die Alliierten gerichtet ist und deren innere Strukturen schwächen kann.«

In der Ausgabe des *Time Magazine* vom 27. 11. 1978 hieß es, daß der Schah glaubt, »daß diese schmutzige Operation vor fünfzehn Jahren eingefädelt wurde, um mit der Opposition Verbindung aufzunehmen, wodurch die USA in der Lage sein würden, jeden zu beeinflussen, dem es gelingen könnte, ihn, den Schah, zu stürzen«. Am 10. 1. 1979 berichtete die *Washington Post*, daß Carters Sicherheitsberater (und Direktor von Rockefellers Trilateral Commission), Zbignew Brzezinski, seinen trilateralen »Durchsetzer«, Bilderberger, CFR-Weltverbesserer und Bankier George W. Ball beauftragt habe, eine spezielle Studie über die politischen Optionen der USA im Persischen Golf zu verfassen. Ball kam zur Schlußfolgerung, »[...] daß die Politik der USA versuchen müsse, den Schah zu ermutigen, zugunsten eines aus Mitgliedern der Opposition bestehenden zivilen Koalitionskabinetts abzudanken«.

Am 23. 1. 1979, kurz vor Khomeinis Rückkehr, berichtete die *Washington Post*, »die bedeutendsten wirtschaftlichen Sachverständigen Khomeinis sollen die Absicht haben, die iranische Öl-Produktion auf die Hälfte, das heißt 3 Millionen Barrels täglich, herabzusetzen [...] eine solche Maßnahme würde einen fühlbaren Druck auf die Welt-Ölpreise ausüben«. Bereits einen Tag zuvor, nämlich am 21. 1. 1979, war in der *New York Times* ein bemerkenswerter Artikel zu lesen:

»Sollte eine von dem Ayatollah geführte islamische Regierung das übertriebene Industrialisierungsprogramm des Schah aufgeben [...] wäre es nicht mehr nötig, die bisherige volle Produktionskapazität der iranischen Ölfelder aufrechtzuerhalten, wie es der Schah getan hat, um das nötige Geld für die Zahlung der Auslandsschulden zu beschaffen. Sollte Iran seine Ölproduktion kürzen, würde die gegenwärtige Ölschwemme in der Welt früher als angenommen beendet werden, womit der Organisation der Erdöl exportierenden Länder (OPEC) die Erhöhung der Preise leichter gemacht würde.« Folgerichtig schickte Zbignew Brzezinski den stellvertretenden NATO-Kommandeur General Huyser nach Teheran, um, wie das *Newsweek Magazine* vom 29. 1. 1979 berichtete, die militärische Führung des Iran davon abzubringen, zugunsten des Schah einen Staatsstreich zu unternehmen. Erwähnenswerterweise hatte Huyser die Anweisung, die US-Botschaft in Teheran zu meiden. Das ist verständlich: General Huyser war es, der zu diesem Zeitpunkt bereits mit Bazargan in engster Verbindung stand, um dessen Machtübernahme nach Shapur Bakhtiar vorzubereiten, und der schließlich den Schah schlicht und einfach des Landes verwies, ihn hinauswarf »wie eine tote Maus«.[1142]

Während all dieser Zeit wurde der Ayatollah in Paris durch amerikanische Kanäle über den Gang der Dinge auf dem laufenden gehalten. Huyser selbst blieb bis zur Rückkehr Khomeinis in Teheran. Von Präsident Carter persönlich erhielt der NATO-General ein Würdigungsschreiben wegen seiner »erfolgreichen Durchführung der persischen Mission«. Am 26. 2. 1979 meinte die *International Herald Tribune*: »Dem Schah hat – bisher – der Logenausweis das Leben gerettet [...] Dem von vielen als iranischer Kerenskij bezeichnete ehemalige Premier Bakhtiar erging es als Logenmitglied besser als den Militärs, die als die einzigen potentiellen Gegenrevolutionäre – wie in jeder Revolution – umgebracht werden. Die offizielle Nachrichtenagentur Pars zitierte [...] die kuwaitische Zeitung *al-Watan*, daß ein hochgestellter Beamter der neuen iranischen Regierung Bakhtiars Flucht erleichtert habe.« In der internationalen Wirtschaftsübersicht der *New York Times* vom 4. 2. 1979 teilte der Leiter der Forschungsstiftung für die Ölindustrie, John Lichtblau, mit: »Wir haben zur Zeit keinen Ölüberfluß infolge des Ausfalles des Iran, aber nur aus diesem Grund.« Und die *Washington Post* vom 19. 12. 1978 stellte fest: »Der Ausfall von etwa 4,5 Millionen Barrels pro Tag, die Iran normalerweise exportiert hätte, ermöglichte es den Mitgliedern der OPEC, die Preiserhöhungen mit der Nachfrage in Einklang zu bringen, was sie ja sonst nicht hätten tun können.«

Unterdessen hatten die trilateralistischen Vollzugspolitiker von Tokio über Wien und Bonn bis London längst ihre entsprechenden Verhaltensmaßregeln und Empfehlungen für den Gebrauch eventueller Ölkrisen erhalten. So heißt es im 17. Task Force Report der Trilateral Commission aus dem Jahre 1978 unter dem vielsagenden Titel *Energy-Managing: The Transition*: »[...] es ist angemessen, wenn die trilateralen Länder verschiedene Mechanismen zur Erhöhung der Preise in Betracht ziehen würden. Wir empfehlen dringendst jeder trilateralen Regierung, ihre Steuerstrukturen zu überprüfen und spezifische Energiesteuern einzuführen [...]« Der Verwendungszweck solcherart erhobener Steuern ist den trilateralen Ambitionen durchaus angemessen: »[...] es steht außer Zweifel, daß für die internationalen Ziele in den künftigen Jahren immer mehr Geld benötigt werden wird.«

Nun, hier geht es nicht in erster Linie um diesen seit dem Nahostkrieg von 1973 inszenierten gigantischen Ölschwindel, um, im Sinne Kissingers, über die Kontrolle der Energie zu einer »lose geknüpften Weltregierung« zu kommen, oder darum, wie sich der Präsident des Internationalen Währungsfonds (IMF), Jacques le Lerosiére, am 30. 9. 1979 in Belgrad auszudrücken pflegte, »die Neuordnung der Welt auf Kosten einer Schrumpfung des Arbeitsniveaus und des Lebens in den industrialisierten Ländern« zu betreiben. Für jene Zeitgenossen, die sich heute noch darüber wundern, wie es möglich war, daß sich im Land eines Goethe und eines Beethoven im 20. Jahrhundert die Irrationalität des Hitlerismus ausbreiten konnte, oder wie sozusagen synchron und wie auf Kommando plötzlich von Warschau bis Ostberlin, von Belgrad bis Bukarest und von Budapest bis Moskau der Mut zu »Freiheit und Marktwirtschaft« ausbrechen konnte, ist diese inszenierte Wiederbelebung des Islam und der Aufstieg Khomeinis zweifellos ein erhellendes geschichtliches Lehrstück. Sie ist ein Paradebeispiel dafür, wie mittels wissenschaftlicher Ausnutzung und Ausspielung sozialer Sprengsätze und mit dem Spiel religiöser Emotionen binnen kürzester Zeit wahrhaftig die Welt verändert und dem »humanitären Utopia« nähergebracht werden kann. Sozusagen ein akademisches Exerzitium, wie es schon von Dulles & Co bei der Exekution der Aufteilung Europas und vor allem zur Aufrechterhaltung des Status quo jahrelang durchgeführt und letztlich zwecks Elimination ebendieses Status quo praktiziert wurde: Schließlich wird neben anderem unter der gewaltigen Kuppel der Southern Illinois University nicht grundlos von einer ganzen Batterie von Wissenschaftlern, gefördert durch die mit dem CFR eng verbundenen Ford-, Carnegie- und Rockefeller-Stiftungen, dieses hübsche »Weltspiel« zur illuminierten Kontrolle der Menschheit seit Jahr und Tag eifrig einstudiert.[1143]

Darüber hinaus bietet die Neuordnung des Nahen Ostens über Iran und Golfkrieg Nummer eins und zwei ein Lehrspiel auch für die nicht leicht zu durchschauende (für Zartbesaitete auch nicht leicht begreifbare), aber stets wie im Falle »Main«, »Lusitania«, »Pearl Harbour«, »Tonkin« usw.[1144] durchaus erfolgreiche »Countergang«-Politik, nach der man zunächst einen Angriff auf sich selbst inszeniert und so ein Problem schafft, das dann geradezu nach einer moralisch gerechtfertigten Lösung schreit, sofern das solcherart geschaffene Problem nicht schon selbst die Lösung ist. So geschah es auch im Iran, als allen Warnungen durch die Angehörigen der US-Botschaft in Teheran zum Trotz, dies würde einen Angriff der fanatisierten Fedayyin auf die Botschaft provozieren, die Aufnahme des gestürzten Schah durch die trilateralistischen Brüder David Rockefeller, Brzezinski, Kissinger und Rockefellers »persönliche Anlaufstelle im Außenministerium«, David Newsome,[1145] durchgeboxt wurde. Die erwartungsgemäß prompt folgende Geiselnahme gab Rockefeller und der Chase Manhattan Bank (und den Morgans) die Gelegenheit, nicht nur das in den USA deponierte iranische Vermögen zu kassieren,[1146] sonder auch das Vermögen der Pahlevy-Stiftung einzustecken, in deren Vorstand ohnedies schon längst der Ex-Außenminister Rogers dafür sorgte, daß alles so lief, wie es laufen sollte.[1147] Darüber hinaus diente die Geiselnahme als Vorwand, vor allem Japan und Europa unter Druck zu setzen, deren wirtschaftliche Verbindungen zum Iran trotz der Revolution und des seit der ersten Ölkrise brillant angelegten anti-arabischen Verstimmungspotentials zunächst weitgehend ungestört geblieben waren und die – einschließlich der Sowjetunion – durch die Revolution eigentlich getroffen werden sollten.

Daß die Wahlhelfer von Ronald Reagan und George Bush mit dem späteren CIA-Chef William Casey und Polit-Papst Henry Kissinger an der Spitze auf dem Höhepunkt der Geiselnahme mit Teheran konspirierten, um – sozusagen zwecks Wahlhilfe – die Freilassung der Geiseln bis nach der Wahl von Reagan und Bush hinauszuzögern, und daß im Gegenzug unter Umgehung des Carterschen Waffenembargos ausgerechnet über Israel und später über Deutschland Waffen an den Iran geliefert und dem Khomeini-Regime amerikanische Sicherheitsgarantien gegeben wurden, paßt dabei ganz trefflich ins Bild.[1148] Weder die Amerikaner noch sonst jemand hätte sich darüber wundern zu brauchen, warum Bush ausgerechnet den unsäglichen Dan Quayle zu seinem Vizepräsidenten gemacht hatte. Das mußte er wohl, denn Quayle hatte im Zuge dieses verschwörerischen Geschäftes etliche Verhandlungen mit Teheran geführt. Daß er möglicherweise auch an dem Rauschgift-Deal zur Finanzierung der Contras beteiligt war, darauf deutet die Tatsache hin, daß Quayles Wahlkampfchef, der zuvor in Bushs Wahlkampf-Komitee war, von dem panamesischen General Noriega 359 627,17 Dollar Berater-Honorar überwiesen bekommen hatte.[1149] Von hier bis zu Irangate, als 1985 wiederum über die CIA und saudi-arabische Mittelsmänner wie Adnan Khashoggi heimlich Waffen an den angeblichen Erzfeind Iran geliefert wurden, ist es dann eigentlich nur ein logisch-konsequenter Schritt.[1150] Daß Bush von all dem nichts gewußt haben wollte, bringt Insider dieses Geschäfts bestenfalls zum Lachen.

Die folgenden Ereignisse, die sowjetische Invasion in Afghanistan, der langjährige Krieg zwischen Irak und Iran, die Destabilisierungsversuche in Saudi-Arabien und anderen Staaten der Golfregion, wobei der »wiedererwachte religiöse Fanatismus« als willkürlich manipulierbarer Faktor zur Aufsprengung der herkömmlichen Strukturen als permanentes Druckmittel diente,[1151] die Ereignisse im Libanon und die Entwicklung in den israelisch besetzten Gebieten ebenso wie der letzte Golfkrieg müssen in einem größeren und komplexen Zusammenhang gesehen werden. Hinter den Worten, Dingen und Taten stecken eben noch ganz andere Wirklichkeiten, wie sie sich bereits in der schon von Henry Kissinger (eigentlich Abraham Ben Elazar) eingeleiteten Abwendung der »trilateralen« Carter-Regierung[1152] von der Nixon-Begeisterung für den Iran und Israel hin zu einer besonderen Beziehung zu (einem zur Botmäßigkeit terrorisierten) Saudi-Arabien[1153] als Folge der Gegensätzlichkeiten zwischen den internationalen Banken und multinationalen Gesellschaften der Rockefellergruppe einerseits und den internationalen Banken und multinationalen Gesellschaften der Rothschildgruppe andererseits abzeichneten.

Ungeachtet der gleichen Weltregierungsabsichten fand hier unter der Gürtellinie der höheren Endzwecke sozusagen ein Nebenkrieg der Weltordner statt, deren Interessengemeinschaft im allgemeinen und speziell in bezug auf das Ölgeschäft unter anderem deswegen in die Brüche gegangen war, weil zur Aufrechterhaltung des auf Dollar und Öl basierenden Weltwährungsmonopols der New Yorker Kreditmonster die einseitige Bevorzugung Israels durch Washington aufgegeben werden mußte. Der Ausgang der »iranischen Runde« hat vor allem demonstriert, daß die sichtbaren Ereignisse diverser Umwälzungen in Wirklichkeit nur ein Teil der eigentlich verfolgten Resultate und »Endzwecke« sind: Vor dem Umsturz in Persien betrug der Anteil der von Rockefeller kontrollierten

Gesellschaft Aramco (Exxon, Mobil, Texaco, Standard Oil of California) etwa um neun Prozent jenes Konsortiums, das über das persische Öl verfügte. Die BP (British Petroleum) besaß 40 Prozent, Shell (Royal Dutch) 14, die restlichen 37 Prozent befanden sich im Besitz des Schah.[1154] Nach Khomeinis Machtübernahme wurde dieses Konsortium praktisch eliminiert. Bereits am 1. 3. 1979 meldete die *New York Times*, daß der neue Vorsitzende der nationalen iranischen Ölgesellschaft erklärt habe, der Iran werde künftig nicht mehr über das ausländische Ölkonsortium arbeiten, das bis zum Ende des Vorjahres einen Großteil der Ölproduktion des Landes verwaltet und die Hälfte davon auf den Markt gebracht hatte. Die Leidtragenden dieser Maßnahme waren allerdings nicht die von den Rockefellers kontrollierten Firmen, sondern die BP und Shell. Hier haben wir es mit einem klassischen Fall ganz nach der Rezeptur des Illuminaten-Papstes Weishaupt zu tun, wonach man es verstehen muß, »zuweilen mit Vorbedacht zweckmäßig zu verlieren, um auf einer anderen Seite auf eine andere Art desto mehr zu gewinnen«.[1155] *World Business Weekly* vom 29. 1. 79: »Die BP ist am härtesten von der Krise getroffen worden [...] Letztes Jahr erhielt sie nur noch 39 Prozent ihrer gesamten Bezüge an Rohöl vom Iran. Die BP hat sich gezwungen gesehen, die Belieferung ihrer Kunden um 35 Prozent zu kürzen. Sie ist durch den Umstand besonders hart betroffen, daß sie keine Verbindung zu Saudi-Arabien unterhält.« Ganz im Gegensatz zu den Ölgiganten der Rockefeller-Gruppe. Der wirkliche Verlierer war eindeutig die Familie Rothschild und das um diese gruppierte Kapital, da den Rothschilds über die Rio-Tinto-Zink-Company, einem der weltgrößten multinationalen Wirtschaftsgiganten, British Petroleum gehört, ebenso wie sie gemeinsam mit dem niederländischen Königshaus zu den Großaktionären der Royal Dutch Shell zählen.

Saudi-Arabien, Standbein des »Rockmob« und seiner CIA im Nahen Osten, war indessen jede Art von Widerspenstigkeit nach der bewährten Methode ausgetrieben worden, die wie bereits erwähnt die *International Herald Tribune* vielleicht als Warnung an gute Freunde am 30. Juni 1977 folgendermaßen beschrieb: »Während der letzten 35 Jahre hat sich die US-Regierung des Terrorismus als eines regulären Instruments ihrer Außenpolitik bedient.«

Schon am 7. 6. 1977 wußte die in New York erscheinende *Executive Intelligence Review* zu berichten: »Informationen von hohen Saudi-Regierungsquellen bestätigen, daß die kürzlich erfolgte Sabotage eines großen Ölfeldes unter Leitung der US-Regierung stand [...] US-Umtriebe im Persischen Golf und angrenzenden Regionen stehen unter direkter und ineinander übergehender Leitung von Z. Brzezinski und J. R. Schlesinger [...] Die Art der Sabotage konnte nur durch Personen vorgenommen werden, die innerhalb des ARAMCO-Sicherheitssystems arbeiteten.«

Das Meisterstück der anglo-amerikanischen Agenten bei ihrer Aufgabe, den Nahen Osten gemäß den Erfordernissen des Ölgeschäftes neu zu gestalten, der über den Standortkommandanten von Mekka, Hauptmann Mahoud al-Qasim, und den stellvertretenden Kommandanten vom nahe gelegenen Taif, Hauptmann Said al-Hassan, im November 1978 provozierte Aufstand von dreihundert Bewaffneten in der Kaaba,[1156] zwang schließlich die Saudis endgültig in die Knie und zur bedingungslosen Kooperation mit den New Yorker Plutokraten. Wenn auch dieser Putsch fehlgeschlagen war, nicht zuletzt weil europäische Geheimdienste Riad rechtzeitig gewarnt hatten, war den Saudis nun offenbar klar geworden, daß eine neuerliche Absetzbewegung (vor allem in Richtung einer gerechten Weltwährungsordnung) nicht mehr bloß mit der Ermordung des Königs[1157] abgehen würde. Seither dienen sie als Handlanger der Wallstreet nicht nur im Nahen Osten, sondern auch in anderen Teilen der Welt, vorzugsweise wenn es gilt, heimlich geheime CIA-Operationen zu finanzieren: beispielsweise angebliche antiterroristische Bombenanschläge im Libanon,[1158] diverse Operationen in Afghanistan,[1159] antikommunistische CIA-Wahlkampfaktionen in Italien[1160] oder die geheime Finanzierung der Contras in Nicaragua mit Zigmillionen von Dollars,[1161] wobei sich hier die Wahabbiten mit den Malteserrittern, der christlich-faschistoiden »Vereinigungskirche« beziehungsweise Mun-Sekte[1162] und der World Anti-Communist League (WACL) des Generalmajors Singlaub in allerbester Gesellschaft befinden. Denn was für ein bloßer Zufall, nicht wahr: Ebendiese »World Anti-Communist League« ist zumindest kooperativ mit dem von Genoud & Co aufgezogenen Netz der sogenannten »Schwarzen Internationale« verbunden und gehört neben der »British National Party« und der »National Socialist Party« zum Beispiel zu den erstrangigen Förderern des internationalen Neonazismus vor allem in England.[1163]

Geschichte wiederholt sich nicht?

Welt-Theater am Persischen Golf

Wie schon zur Zeit der Kreuzzüge und seither immer wieder, wurden und werden »westliche« Kriege, werden für das Schicksal Europas entscheidende Auseinandersetzungen im Nahen und Mittleren Osten ausgetragen. Der »menschliche Faktor« aber und andere Unwägbarkeiten wie nicht zuletzt die Auseinandersetzungen innerhalb der Weltordner verhindern freilich zuweilen, daß die gemeinsamen Endziele schon im ersten Anlauf erreicht werden, und machen immer wieder mehrere »Durchgänge« notwendig. So gewann die »islamische Revolution« im Iran – zweifellos gefördert durch gewisse, den Dollar-Monopolisten entgegenstehende Interessen – ein zeitweise aus der Kontrolle zu entgleiten drohendes Eigenleben, gegen das schließlich Saddam Hussein mobilisiert wurde; wobei beide Seiten nicht nur mit Waffen unterstützt, sondern über die CIA auch mit Nachrichten über die Front versorgt wurden, womit das »Gleichgewicht der Kräfte« gewährleistet blieb.[1164]

Die Sowjets wiederum, durch den Fall Sir Anthony Blunts der berühmten Doppelspione Burgess McLean und Philby gewarnt und alarmiert, daß Nomenklatura und Sowjetregierung teilweise infiltriert waren, weigerten sich, die Rolle zu spielen, die sie aufgrund eines 1974 in Wladiwostock zwischen Ford und Breschnjew abgeschlossenen geheimen Teilungsabkommens hätten übernehmen sollen: nämlich mit Hilfe der mächtigen iranischen Tudeh-Partei, marxistisch orientierter Mudjahedins und linksgerichteter Luftwaffenoffiziere sowie möglicherweise durch eigene Truppenentsendungen einen Anlaß dafür zu schaffen, daß sich die USA den Rest der Ölfelder des Persischen Golfes – natürlich für die ganze freie Welt – militärisch sichern konnten, so wie sie es seit Beginn der siebziger Jahre geplant hatten. Offenbar hatten aber maßgebliche Sowjets erkannt, daß ein ihnen solcherart zugetriebenes Persien ein hochexplosives Danaer-Geschenk sein würde, ein islamischer Zeitzünder, dazu gedacht, den aus 50 Millionen Moslems bestehenden weichen Unterleib des sowjetischen Commonwealth aufzureißen, während der Kopf des zur Liquidation freigegebenen kommunistischen Systems ohnedies mittels ausgesuchter einzelner Dissidenten bereits »menschenrechtlich« bearbeitet wurde.

Doch man hat ja stets mehrere Eisen im Feuer und ist schließlich flexibel: CIA-Spezialisten für »dirty tricks« starteten gemeinsam mit den Chinesen[1165] eine lange vorbereitete Aktion in Afghanistan, als deren Konsequenz der afghanische Staatschef Amin dazu gebracht wurde,

Verbindungen mit Washington aufzunehmen und den Amerikanern sein Land als Stützpunkt anzubieten, während zugleich in bester Psychokriegsmanier die sowjetischen Berater abgemurkst wurden. Die Konsequenzen sind ja hinreichend bekannt. Die zu regelrecht panischen Einkreisungsängsten provozierten Sowjets tappten blindlings in die Falle.[1166] Die ganz große Ölkrise freilich, die Jimmy Carter und die Trilateralen für die »architektonische Kraftanstrengung« der Einführung eines geradezu diktatorischen Energiegesetzes und neuer Benzinsteuern nötig gehabt hätten, trat nicht ein. Trotz zeitweiliger künstlicher Verknappung und Panikmache, trotz revolutionsbedingtem iranischen Ausfall, trotz geradezu unverschämtem Druck beispielsweise auf Mexiko, wo gigantische Ölreserven entdeckt worden waren, stieg weltweit die Erdölproduktion; konsequenterweise war es an erster Stelle Saudi-Arabien, das mit freiwilligen Produktionseinschränkungen die Rohölpreise auf einem für Exxon & Co stets gewinnträchtigen Niveau hielt.

Der Krieg der guten Welt gegen den bösen Saddam Hussein für eine »Neue Weltordnung« schließlich war nicht nur lange zuvor geplant und vorbereitet, er war unter anderem auch eine konsequente und logische Fortsetzung der im Zuge der iranischen Operation zutage getretenen Interessenkonflikte, die sich bis dahin in Form von Terror, Geiselnahmen, Erpressungen, Bombenkrieg und Geheimdienstfehden im gesamten Nahen Osten, vorzugsweise im Libanon entluden; wobei die krampfhaften Bemühungen Reagans und der CIA, beispielsweise den gewiß fanatischen panislamischen Idealisten Gaddhafi als Urheber allen Terrorismus abzustempeln, um von den eigentlichen Drahtziehern abzulenken, zeitweise geradezu ins Lächerliche geraten waren.[1167]

Beim Krieg um Kuwait ging es kaum um Kuwait selbst (abgesehen von den für manche Interessengruppen durchaus positiven Aspekten der Liquidation des zur weltgrößten und reichsten Investitionsbank aufgestiegenen Emirats und des Ausfalls der kuwaitischen und irakischen Ölproduktion) oder etwa um die Menschenrechte im Irak, schon gar nicht um die immer wieder mißbrauchten und verratenen Kurden, ja nicht einmal um die mögliche atomare Option des Irak; sondern um die endgültige Durchführung der unter Carter/Kissinger/Brzezinski im Zug des trilateralen Khomeini-Projekts begonnenen geostrategischen Veränderungen der Verhältnisse im Nahen Osten.

Nach außen hin schien sich hier der Westen in einer Art heiligen Allianz gegen den bösen Dieb von Bagdad zusammengeschlossen zu haben, und gewiß starben die Menschen vorzugsweise im Irak unter dem alliierten Bombenhagel oder wurden von amerikanischen Bulldozern zu Hunderten lebendig in der Wüste begraben, weil »das die Genfer Konvention nicht verbietet«.[1168] Doch so mancher »Alliierte« kochte dabei sein eigenes Süppchen, und in Wirklichkeit ging es um ganz andere Dinge, nämlich genau um das, was Präsident Bush auch verkündete: um die Neue Weltordnung unter der Führung der anglo-amerikanischen Suprematie. Zwischen wem die eigentlichen Auseinandersetzungen dabei ausgetragen wurden, zeigt ein Blick auf die Verliererseite: Israel beispielsweise, oder vor allem Frankreich, das sich unter anderem erlaubt hatte, mit dem Irak einen Öllieferungsvertrag auf einer Staat-Staat-Basis abzuschließen und das nun nicht nur einen seiner besten Geschäftspartner einschließlich dessen gigantischen Schulden, sondern sozusagen auf diplomatischem Wege über die »Pax Syria« auch seine letzten Bauern im Spiel vor allem im Libanon verloren hat und in Europa vorderhand von der gesamtdeutsch-sowjetischen Achse geopolitisch an die Ringe gedrängt wurde.

Anders Großbritannien, das »perfide Albion«, das über seine »Glubb Paschas« und Freunde aus alten Zeiten sogleich seine Fäden zwischen dem bis dahin als Hort des Terrorismus geltenden Damaskus und Teheran zu spinnen und erneut an alten Bastionen zu mauern begonnen hatte, die eine Rückkehr Frankreichs auf den nahöstlichen Schauplatz fast total versperrten und den Rückschlag für britische Geschäftsinteressen in Kuwait durchaus kompensierten: vorläufiges Zwei-zu-null für die Rockmob-Maurer im Viertelfinale, auch in England selbst, wo schließlich für die Neue Weltordnung der anglo-amerikanischen Supranationalisten die israel-freundliche Margaret Thatcher über die politische Klinge springen mußte.

Das mag etwas verwirrend erscheinen, unter anderem angesichts der Rolle britischer Agenten bei der »Aufarbeitung« der islamischen Welt für die Neue Weltordnung auch in der Ära Thatcher und angesichts der sozusagen autonomen »City of London« als Sitz des Rothschildschen Kapitals, ist es aber nicht, wenn man sich immer wieder vor Augen hält, daß sich die Front der einander befehdenden Kräfte quer durch alle Staaten und zuweilen sogar Regierungen zieht. Beide Gruppen verfügen über mächtige Freunde und »Dienste« in den jeweils zum Einzugsgebiet des anderen gehörenden Ländern, das gilt für das Kapitol ebenso, wie es für den Kreml galt – und noch immer gilt. Zuweilen scheinen sich dabei sogar die Grenzen zwischen den finanzkapitalistischen Exponenten der beiden Lager der Weltmaurerei zu verwischen – etwa, wenn mysteriöse

Organisationen wie die Prieuré de Sion eigene Karten ins Spiel bringen. Einige besonders bemerkenswerte Punkte mögen eine Ahnung davon vermitteln, wo hier die eigentlichen Frontlinien verliefen. Dabei wird sich zeigen, daß es bei diesem amerikanischen Urbi-et-orbi-Krieg durchaus auch ganz spezifisch um die Neue Ordnung in Europa ging.

Nach Watergate, Lockheed-Affäre, CIA-Skandalen und Bilanzproblemen der Rockefellerschen Großbanken (stets von rothschildfreundlichen Medien enthüllt) wurde der aktuelle Stand der Auseinandersetzungen zwischen den One-World-Giganten 1986 durch Irangate markiert. Die Reaktion kam prompt. Ende 1987 wurde mit »diskreter nordamerikanischer Hilfe« die sogenannte »Intifada«, der Aufstand der palästinensischen Bevölkerung in den von Israel besetzten Gebieten,[1169] inszeniert, gefolgt von Kontaktaufnahmen seitens der USA zur PLO. George Herbert Walker Bush, der als Vize des Rothschild-geförderten Reagan mit seiner CFR-Mannschaft schon dafür gesorgt hatte, daß dessen Israelfreundlichkeit sich in Grenzen hielt (daß Bush im Haus der Familie jenes Attentäters aus und ein ging, der Reagan 70 Tage nach dessen Amtsantritt niederschoß, ist natürlich purer Zufall), trat dann 1989 das Amt des US-Präsidenten bereits mit präzisen Plänen für eine geostrategische nahöstliche »Globallösung« an, die nicht nur das bisher stets bevorzugte Israel alarmierten, sondern auch andere Staaten mit traditionellen Interessen in diesem Teil der Welt nervös machten.

Zu den Vorfällen im Vorfeld des Weltordnungs-Kreuzzuges des Eastern Establishment gehört auch die nicht zufällig 1989 erfolgte Entlarvung des amerikanischen Juden Jonathan Pollard als Spion des israelischen Geheimdienstes Mossad, der hochgeheime Dossiers der Defense Intelligence Agency an Israel weitergegeben haben soll. Die folglich berechtigte Vermutung, daß die Nachrichtendienste der USA einschließlich der CIA und der National Security Agency systematisch unter dem Mossad-Chef Nahum Admoni infiltriert worden waren, förderte gezielt ein Verstimmungspotential in der für Antisemitismus durchaus zugänglichen amerikanischen Öffentlichkeit gegen die unbewegliche israelische Politik und den Einfluß der jüdischen Lobby in den USA im allgemeinen.

Zu dieser Geschichte gehören auch die zahlreichen geheimen Kontakte zwischen Jerusalem und Bagdad vor und nach der irakischen Invasion in Kuwait. So gab es vor der Invasion mehrfache direkte Kontakte zwischen hohen israelischen Regierungsbeamten und Geheimdienstlern mit Tarek Aziz, Saddam Husseins christlichem Außenminister, dem ehemaligen Botschafter in Washington, Nizar Hamdun, und dem irakischen Vertreter in Ägypten, Nabil Nizam al-Takrit. Bei diesen Kontakten soll es um die Einrichtung einer Art »roten Telefons« zwischen Bagdad und Jerusalem zwecks Vermeidung von Irrtümern im Fall eines Krieges gegangen sein.[1170] Der frühere US-Verteidigungsminister Donald Rumsfeld war aktiv an der Vermittlung von Kontakten zwischen Jerusalem und Bagdad im Vorfeld der Invasion Kuwaits beteiligt. Mehrmals fungierten vor der Invasion die amerikanische Botschafterin im Irak, April Glaspie, und der jüdische amerikanische Kongreßabgeordnete Normann Berman als Übermittler von Botschaften der israelischen Regierung an Saddam Hussein. Unmittelbar vor der Invasion übermittelten beide eine direkte Nachricht des israelischen Premiers Yitzak Shamir. Diese Kontakte rissen auch nach der Invasion nicht ab. Wochen nach der Invasion, während der irakische Diktator vor der Weltöffentlichkeit mit Angriffen mit chemischen Waffen drohte, übermittelte der jordanische König Hussein insgeheim eine schriftliche Botschaft Saddam Husseins an die Israelis, in welcher dieser einen Nichtangriffspakt zwischen Israel und Irak im Falle eines Golfkrieges vorschlug.[1171]

Wer sich möglicherweise lange gewundert hat, warum der »Hitler von Bagdad« zunächst ungeschoren davongekommen ist, warum ihn nicht sogleich der »Dolch des Kadosch« getroffen hatte und warum er übergangslos seine Art von Minderheitenpolitik etwa gegen die ganz nach dem Muster der »osteuropäischen Aufstände« in den fünfziger und sechziger Jahren aufgestachelten und dann den Waffen Saddam Husseins (im Verein mit den braven Alliierten in der Türkei) überlassenen Kurden fortsetzen konnte, wird in den folgenden Fakten möglicherweise eine Antwort finden. Eine mögliche Antwort auch darauf, warum parallel zu den Bemühungen des US-Außenministers Baker, Israel an den Tisch einer nahöstlichen, von der Achse Riad–Damaskus–Washington dominierten Neuordnungskonferenz zu zwingen, der Konflikt mit Saddam Hussein über die Frage der UN-Kontrolle irakischer NuklearEinrichtungen auf kleiner Flamme eskalationsfähig gehalten wurde. Eine Drohung, die mit dem für Israel und seinen europäischen Freunden bestimmten Hinweis, daß Saddam Hussein nach wie vor über SCUD-Raketen, ja sogar tatsächlich über nukleare Waffen verfüge, an Deutlichkeit nichts zu wünschen übrig ließ: Man erinnere sich an die bereits einmal zitierte Dissertation über den Council on Foreign Relations von Brackenhausen:

»Diese allgemeine Furcht vor der Vernichtung sollte in solche Bahnen gelenkt werden, daß sich auf beiden Seiten die Bereitschaft einstellt, Einschränkungen der Handungsfreiheit zu akzeptieren [...] welche anderen Faktoren könnten alle industrialisierten Demokratien veranlassen, alle oder einige ihrer politischen Freiheiten aufzugeben und auf eine supranationale Institution zu übertragen.«[1172]

Was nämlich nun folgt, kann als eines der größten Täuschungsmanöver der Weltgeschichte in die Geschichtsbücher kommen, als Meisterstück der »Väter der Lüge« sozusagen, mit dem die Drahtzieher dieses Weltordnungseinsatzes am Golf Alliierte und Nichtalliierte regelrecht überfuhren. Es ist mehr als ein bloßer Verdacht, daß – natürlich im Interesse der Neuen Weltordnung und im Interesse von Frieden, Freiheit und allgemeinem psychischen Wohlsein vor dem TV-Schirm – die ganze Welt von Bush und seinen Helfershelfern James Baker III. und Eduard Schewardnadse, möglicherweise sogar im Verein mit Saddam Hussein für blöd verkauft wurde: ein abgefeimtes Spiel, das dem alten Abdullah ibn Maymun von der Kairoer Großloge zweifellos Ehre gemacht hätte. Die regen Kontakte zwischen den durch die von Strategen im Weißen Haus ausgetüftelten palästinensischen »Intifada« bereits unter Druck gesetzten Israelis und Saddam Hussein könnten ein Hinweis dafür sein, daß man zumindest in Israel möglicherweise ahnte, was gespielt wurde.

Nun, bereits Mitte 1989 begannen die amerikanischen Geheimdienste, allen voran die CIA, diverse Aktivitäten und besonderes Interesse für den Irak und Saddam Hussein zu entfalten; letzterer aufgrund seiner Rolle im Krieg gegen Iran; nach Washingtoner Redensart »einer unserer netten Hurensöhne«, wie einst auch andere Diktatoren etwa vom Schlage der Somozas und Trujillos. Nach präzisen, wenn auch nicht schriftlichen Instruktionen sollte dieser Schein auch – ungeachtet der zunehmenden Spannungen zwischen Kuwait und Irak und ungeachtet der Kriegsvorbereitungen – gewahrt bleiben.

Anfang 1990 begann eine rege Reisetätigkeit amerikanischer Senatoren nach Bagdad, um sich – wie etwa der demokratische Senator Alan Simpson – vom Friedenswillen und den guten Absichten Saddam Husseins überzeugen zu lassen. Einige dieser Besucher waren im Auftrag diverser Lobbys unterwegs, die an Investitionen im Irak interessiert waren und versuchten, das Kapitol für Krediterleichterungen für den Irak zu gewinnen. Andere waren zweifellos im Rahmen der im engsten Kreis von Bush ausgeheckten Täuschungsmanöver unterwegs. John Kelly etwa, Unterstaatssekretär für Nahost-Fragen, wurde bis einschließlich 31. Juli 1990 nicht müde, Saddam Hussein als Friedensstifter zu verteidigen und vor allem die Kongreßabgeordneten davon zu überzeugen, daß die USA nicht die Absicht hätten, Kuwait gegen eine eventuelle irakische Aggression zu verteidigen. Der demokratische Abgeordnete Howard Metzenbaum etwa bekundete bei einem Besuch in Bagdad dem Diktator seine Bewunderung: »Ich bin überzeugt, daß Sie ein intelligenter und starker Mensch sind, der den Frieden wünscht.« Für wen waren all diese Metzenbaums und Bermans eigentlich in Bagdad? Im Auftrag des Außenministeriums? Oder erfüllten sie eine Vermittlerfunktion für Israel?

Eine Schlüsselrolle spielte dann zweifellos Miß April Glaspie, die nicht nur als Botschafterin im Irak war, sondern im Rahmen einer nachrichtendienstlichen Spezialeinheit des State Departments mit spezielleren als nur diplomatischen Aufgaben beauftragt war, wie nicht zuletzt durch ihre Botentätigkeit zwischen Jerusalem und Bagdad offensichtlich wurde.

April Glaspies rätselhafte Aktivitäten ließen selbst einen *Penthouse*-Kolumnisten in einem versteckten Nebensatz nach dem Ende des Golfkrieges fast seinen Patriotismus vergessen: »What about the fact the State Department told Saddam it was okay with us if he invaded Kuwait? What about that?«[1173]

Ja, was ist damit? »Fact« ist eines: Am 25. Juli 1990, also wenige Tage vor der Invasion, suchte Miß Glaspie den irakischen Präsidenten Saddam Hussein auf, um ihm eine Botschaft aus dem Weißen Haus zu übermitteln, deren doppeldeutiger Text einem Lehrbuch für arabische Diplomatie hätte entnommen sein können: »Präsident Bush hat den persönlichen Wunsch zum Ausdruck gebracht, die Beziehungen zum Irak auszubauen und zu vertiefen.« Zugleich versicherte April Glaspie dem Diktator: »Wir haben zu innerarabischen Differenzen wie auch zu Ihren Auseinandersetzungen mit Kuwait nicht viel zu sagen. Wir alle sind davon überzeugt, daß Sie dieses Problem bald lösen werden.«[1174]

Zu diesen für die Weltöffentlichkeit bestimmten Täuschungsmanövern gehört auch die Tatsache, daß zu diesem Zeitpunkt die National Security Agency (NSA) die Truppenbewegungen im Süden Iraks aufmerksam verfolgte und folglich kein Zweifel daran bestand, daß die Invasion Kuwaits höchstens eine Frage von Tagen sein würde. Im nachhinein ist es freilich verständlich, warum Botschafterin Glaspie mit geradezu verdächtiger Eindringlichkeit in ihrer offiziellen Information an Außenminister Baker über ihr Treffen mit Saddam Hussein die Möglichkeit einer Invasion Kuwaits durch die Truppen Saddam Husseins bestritt. Am 1. August 1990, am Vorabend der Invasion, verließ April Glaspie Bagdad, um ihren »Urlaub« anzutreten. An diesem Tag traf sich US-Außenminister James Baker III. mit Eduard Schewardnadse am Baikalsee zum Fischen und – nach offizieller Lesart – um das nächste Gipfeltreffen zwischen Bush und Gorbatschow vorzubereiten. In Wirklichkeit fischten die beiden Außenminister in wesentlich tieferen und trüberen Gewässern.

Später wurde behauptet, alle im Nahen Osten tätigen Geheimdienste und alle Regierungen einschließlich der amerikanischen, der russischen oder selbst der israelischen seien von der Invasion Kuwaits am 2. August völlig überrascht worden. Da haben sich also alle Spione, von denen es im Nahen Osten nur so wimmelte, wieder einmal in einer gemeinsamen »Operation Schlafmohn« in Tiefschlaf versetzt? Da sind also sämtliche hochauflösenden amerikanischen Spionagesatelliten ausgefallen, sämtliche Abhöreinrichtungen der NSA, sämtliche Einrichtungen des Mossad oder des Amam, des israelischen militärischen Nachrichtendienstes? Da hatte der mit der CIA alliierte KGB, der im Irak praktisch zu Hause war, wohl gerade eine Wodka-Party gegeben?

Das ist natürlich nicht wahr. Zwischen Baker und Schewardnadse gab es an diesem 1. August 1990 nur ein einziges Thema: die bevorstehende Invasion Kuwaits durch den einstigen Verbündeten der Sowjetunion und das neue »Design« des Nahen und Mittleren Ostens im Rahmen einer »Neuen Weltordnung«. Baker führte in seinem Gepäck sämtliche Analysen und NSA-Berichte über die auf Hochtouren laufenden Vorbereitungen der Okkupation mit, während Schewardnadse seinem Kollegen mit den jüngsten Informationen der KGB-Station in Bagdad diente. Desgleichen war CIA-Chef William Webster in Washington über den kontrollierten Gang der Dinge völlig auf dem laufenden.[1175]

Das war auch Weltordner George Bush, der mit einer Schnelligkeit und Präzision bis ins taktische Detail nun seine Globalstrategie gegen den bösen Dieb von Bagdad in Szene setzte, die keinen Zweifel darüber offen ließ, daß der Präsident nicht nur genauestens über den Tag X informiert gewesen war, sondern daß sämtliche strategischen Optionen für diesen Fall bereits auf dem Tisch lagen und auch schon bis ins Detail ausgearbeitet war, wie Bush fortan seine Beziehungen zum Irak zu »vertiefen« gedachte. Für so manche Beobachter, die sich bis dahin über die farblose Inaktivität Bushs lustig gemacht hatten, machte es geradezu den Eindruck, als sei der Präsident auf diesen einen Augenblick, auf diese eine »Krise« hin trainiert und konditioniert worden, womit sie vermutlich gar nicht so unrecht hatten. Während fast verzögerungsfrei die strategischen, logistischen und finanziellen Vorbereitungen für den Krieg anliefen, zielten die politischen und diplomatischen Aktivitäten vom ersten Augenblick auf nichts anderes als die Legitimation des Einsatzes der amerikanischen »Weltpolizei« durch die UNO ab, mit der der Welt und vor allem aus dem Gleichschritt der Neuen Weltordnung stolpernden »Alliierten« ein für allemal klargemacht werden sollte, wo es auf »One World« langgeht.

Den didaktischen Inhalt der Lektion kann man in den *Protokollen* nachlesen: »Sobald ein Staat es wagt, uns Widerstand zu leisten, müssen wir in der Lage sein, seine Nachbarn zum Krieg gegen ihn zu veranlassen. Wollen aber auch die Nachbarn gemeinsame Sache mit ihm machen und gegen uns vorgehen, müßten wir den Weltkrieg entfesseln.« Da derlei heutzutage zwangsläufig menschheits- und weltzerstörend wäre, gibt es indessen zu Gemeinschaftsaktionen nach Art des Golfkrieges freilich keine andere offenstehende Alternative mehr als den vorläufigen Kompromiß zwischen den sich im Clinch befindlichen Weltordnern. Gerade Frankreich, das von den Rothschilds ebenso beherrscht wird wie die Vereinigten Staaten durch die Rockefellers, mußte dies zunächst einmal wenigstens einsehen und seine Rebellion gegen das neue »Jalta« von Irkutsk und die Baikal-See-Connection durch eine, wenn auch außerhalb der Kommando- und Entscheidungsstruktur der »Neuen Weltordnung« stehende, starke und entschiedene militärische Präsenz im Golf mehr und mehr kompensieren, obwohl es keinen Zweifel daran gab, daß der Krieg der multinationalen Streitkräfte gegen den Irak gleichbedeutend sein würde mit der definitiven Auflösung des politischen und kommerziellen französischen Einflusses im Nahen und Mittleren Osten. Da nützte »La France« auch die frenetisch hinübergerettete »Freiheit der Entscheidung und des Handelns« nichts.

Es läßt sich nicht übersehen, daß es im Golfkrieg tatsächlich um ganz andere und weiterreichende Dinge als bloß um Saddam Hussein oder Kuwait ging: Hier wurden nicht nur die nahöstlichen Karten völlig neu gemischt, sondern auch die geostrategischen Veränderungen in Europa zementiert, die sich mit dem Fall der Berliner Mauer und den Veränderungen in Osteuropa ja auch nicht gerade zufällig manifestiert hatten: Die alte Geometrie Westeuropas – politisch gekennzeichnet durch die kaum stabilisierte Achse Paris–Bonn als Grundlage einer künftigen, von

den USA unabhängigen europäischen Sicherheits- und Verteidigungs-
struktur – wurde auf die Müllhalde der jüngsten Geschichte befördert:
Eine Tatsache, die am 12. Juli 1994 von Bill Clinton noch einmal
ausdrücklich untermauert wurde, als er den deutschen Kanzler Kohl
gewissermaßen durchs Brandenburger Tor in die »europäische Führungsrolle« Deutschlands schob. Eingeklemmt und politisch isoliert
zwischen den Achsen der Geometrie der supranationalistischen Neuen
Weltordnung, der Allianz Berlin–Moskau einerseits und der Achse
Washington–Moskau samt dem trilateralen Überbau andererseits, und
konfrontiert mit der bedingungslosen britischen und deutschen Ak-
zeptanz der militärischen Führung und Vormacht Amerikas nicht bloß
im Kampf gegen das Böse, blieb Frankreich, oder vielmehr blieb Mitte-
rand vorderhand keine andere Wahl, als die Logik der Neuen Weltordnung und damit die Logik dieses Krieges zu akzeptieren, zumal auch
ein letzter Versuch, die Dinge über Gorbatschow zu beeinflussen, gescheitert war.[1176]

Der Logik dieses Weltkrieges hatten auch die Israelis nichts mehr
entgegenzusetzen, obwohl sie wirklich alles bis hin zur Drohung mit der
nuklearen Eskalation versuchten. Daß sich Geschichte eben am
allerwenigsten an Hand öffentlicher politischer Deklarationen darstellen
läßt, beweist das in den Kellern der Regierung Ytzak Shamirs nach
typisch britischer Countergang-Manier ausgetüftelte und vom Jerusalemer Polizeichef Jacob Turner provozierte Blutbad vor der Omar-
Moschee am 8. Oktober 1990, von dessen Auswirkungen sich die
Verantwortlichen einen Bruch der arabisch-amerikanischen Allianz und
in der Folge einen Abzug der amerikanischen Truppen aus dem Golfgebiet erhofften.[1177] Die Israelis hätten es freilich besser wissen müssen,
nachdem schon der massive Einsatz der amerikanisch-jüdischen Lobby,
Bush über Kongreß und Senat zu bremsen, gescheitert war: Zum erstenmal wurde Israel im Weltsicherheitsrat auch von den Vereinigten Staaten
kompromißlos verurteilt. Selbst der nun beginnende abgesprochene
verbale Schlagabtausch zwischen Israel und Saddam Hussein – hier die
Drohung mit chemischen Waffen, dort die Drohung mit atomarer Vergeltung –, um die Konfliktschwelle anzuheben, blieb ohne Eindruck auf
die Strategen der Neuen Ordnung.

Wie sehr alles Gerede von einer Suche nach einer diplomatischen
Lösung von vornherein eine Augenauswischerei war, beweist nicht
zuletzt der Umstand, daß unter Mißachtung des Völkerrechts und längst
vor dem Ablauf des Ultimatums der UNO, auf irakischem und kuwaiti-

schem Territorium der Krieg der Spezialeinheiten und Sonderkommandos voll im Gang war. Bereits wenige Tage nach der Invasion Kuwaits waren Spezialeinheiten der CIA und der DIA sowie diverse Luftwaffenkommandos in Saudi-Arabien dabei, die »strike cells« zur Aufklärung der Ziele im Irak zu installieren. Sonderkommandos des »Fleet Antiterrorist Security Teams« (FAST), der »Delta Force« und der »Special Forces« sickerten vom Süden in den Irak ein, während Spezialisten für Sabotage und Aufklärung und für das Schüren von Aufständen den Irak vom Norden her infiltrierten. Beteiligt daran waren auch die auf Zypern stationierten Sonderkommandos des britischen »Special Air Service« und Einheiten der 10. Special Force Group der US-Army vom GLADIO-Stützpunkt im bayrischen Bad Tölz. Dabei ist nicht sicher, ob einige dieser Geheimaktionen nur gegen Saddam Hussein allein gerichtet waren. So ist es in diesem Zusammenhang nicht uninteressant, daß Frankreich von Anfang an darauf bedacht war, sein imposantes Truppenaufgebot nicht nur unabhängig von jedweder amerikanischen Disposition und ohne jede logistische und technische Verbindung zur anglo-amerikanischen Führung zu etablieren, sondern vor allem in solchen Zonen zu stationieren, die die Möglichkeit koordinierter Aktionen mit den »Alliierten« nahezu ausschlossen. Die ersten »Investigation-Teams«, die schon Anfang Oktober in den Irak eindrangen, waren Kommandos des »Regiment de Hussards Parachutistes« der französischen Fremdenlegion. Abgeblich waren sie allesamt in irakische Gefangenschaft geraten, jedenfalls kehrten sie nicht mehr zurück.

Kein Zweifel: Der saubere High-Tech-Krieg für die künftige Weltordnung war in Wirklichkeit ein schmutziger Krieg mit fließenden Fronten und mit durchaus ähnlichen dramatischen Konsequenzen wie das Ende des Zweiten Weltkrieges, auch wenn diese ebensowenig wie der global-strategische Zusammenhang mit der Aufdröselung der für eine neue Weltordnung störenden zweiten »Weltmacht« nicht sogleich in aller Deutlichkeit sichtbar wurde: sozusagen die »Fortsetzung des Zweiten Weltkrieges mit anderen Mitteln«, die übrigens nahtlos in die jugoslawische Krise überging, wo Frankreich versuchte, seine verlorengegangene Führungsrolle zurückzugewinnen, und wo sich die alten innereuropäischen Fronten und Gegensätze nach außen hin in der scheinbaren, fast rührend anzusehenden Hilflosigkeit der »Vereinten Nationen von Europa« manifestierten.

Wesentliche Auseinandersetzungen fanden eben im Vorfeld und abseits der großen Schlachten statt, auch ganz im Stil der Geheimdienstkriege zu

Beginn des Jahrhunderts, teilweise geführt von Personen, die den Romanen eines Eric Ambler hätten entsprungen sein können: Waffenhändler, Doppelagenten, professionelle Killer und Spione nach Art der »Liebesgrüße aus Moskau«. Auch die eigentlichen Entscheidungen fanden nicht auf dem Schlachtfeld, sondern am Rande statt: in Irkutsk und in Damaskus. Nicht die großen Deklarationen der Schach- und Schauspieler beinhalteten das Wesentliche, sondern das Kleingedruckte, das ganz nebenher Konstruierte wie die Pax Syria im Libanon oder eben der geheime Deal der Fischer am Baikalsee, bei dem möglicherweise auch bereits der bald folgende Rücktritt Schewardnadses als Signal zur beginnenden Demontage Gorbatschows und der Sowjetunion über den kabarettreifen, aber typischen Countergang-Putsch zur Sprache gekommen war.[1178]

Auch die ersten Toten fielen nicht in der Wüste, sondern an entfernten Orten: in Kairo der ägyptische Parlamentspräsident beispielsweise, ermordet durch proirakische Palästinenser; in New York der Chef der jüdisch-israelischen Extremisten, Meir Kahane. Aber es gab noch etliche Tote mehr im Vorfeld des Golfkrieges: der kanadische Waffenfabrikant Gerald Bull etwa, eine Autorität in Sachen Ballistik und Raketen und Konstrukteur jener zweihundert 155-Millimeter-Kanonen, die während des iranisch-irakischen Krieges von der verstaatlichten Voest-Alpine des neutralen Österreich über Jordanien an den Irak geliefert wurden. Er wurde am 22. März 1990 in seinem Apartment in Brüssel erschossen. Kurz darauf wurde aufgedeckt, daß Bulls Space Research Corporation zwei Superkanonen für den Irak entwickelt hatte, »Baby Babylon« und »Big Babylon«, für die einige wesentliche Bestandteile von britischen Firmen geliefert wurden.

Ein anderes Vorkriegsopfer ist der bereits 1982 in Rio de Janeiro ermordete brasilianische Journalist »El Alemàn« Alexander von Baumgarten. Er hatte nicht nur ein hochbrisantes Dossier über die Aktivitäten des brasilianischen Geheimdienstes zusammengestellt, sondern auch den Fehler gemacht, einen Schlüsselroman über ein irakisch-brasilianisches Nukleargeschäft zu beginnen. Er kam nur bis zur Seite 87, dies reichte aber aus, um nicht nur die Lieferung von gewöhnlichem, sondern auch hochangereichertem, atombombenreifem Uran, genannt »Yellow Cake«, an den Irak zu enthüllen (was letztlich wiederum nur dank des Engagements der deutschen Nuklearindustrie in Brasilien möglich geworden war). Ein anderer, der britische Journalist und Waffenspezialist Jonathan Moyle, wurde am 31. März 1990 in Santiago de Chile ermordet aufgefunden. Moyle war, wie sich später herausstellte, nahe daran, einem chilenisch-irakischen Geschäft auf die Spur zu kommen, in dessen Mittelpunkt ein Helikopter des Typs »Cardoen Bell 206L-III« stand, insgeheim ausgerüstet mit einem von schwedischen, amerikanischen und britischen Firmen entwickelten, hochmodernen Waffensystem namens »Helios«.

In der »One-World« der Neuen Weltordnung läßt sich in der Tat das eine nicht vom anderen trennen, die Dinge sind geradezu unheimlich »interdependent«:

So gehört eben zur Geschichte dieses Weltordnungskrieges zweifellos nicht an letzter Stelle der gigantische Schuldenberg des Irak in der Höhe von zuletzt mehr als 70 Milliarden Dollar: Resultat des Krieges gegen den Iran und der geradezu grotesken und absurden Aufrüstung Bagdads, durch die Sowjetunion, daneben in erster Linie Frankreich, aber auch die Vereinigten Staaten, England, die BRD, Italien, Spanien – in zweiter Linie die ČSSR, Ungarn, Rumänien oder die Volksrepublik China. Milliarden und Abermilliarden von Dollar wurden dabei zwischen dem Nahen Osten über Banken in Wien, Frankfurt, Zürich, Genf, Monte Carlo, Paris, New York, Buenos Aires oder Rio de Janeiro bewegt: Spuren eines Verlustgeschäftes, das nach Kompensation verlangte.

Daß an diesen oft illegalen Geschäften mit den nahöstlichen Waffenkäufern ganz allgemein häufig die zwielichtigsten Gestalten des internationalen Waffenhandels beteiligt waren, ist unstrittig. Ebenso unbestreitbar ist die Tatsache, daß in diese Geschäfte vor allem auch die Schwarze Internationale und deren Peripherie über Genoud, Amaudruz, die Import-Export-Gesellschaft des Modenesener Grafen Gherardo Boschetti und das Zentrum des internationalen Waffenhandels in Italien, die »Mondial Export-Import«, Mardam Bey, Khashoggi oder Señora Skorzeny ebenso integriert waren wie die mit dem internationalen »Nazismus« eng verzahnte Propaganda due mit ihrem Großmeister von noch höheren Gnaden, Licio Gelli.

Letzterer, Waffenhändler und Einkäufer aus argentinischer Staatsräson, hatte beispielsweise beste Verbindungen zur französischen Firma »Aérospatiale«, die die Superrakete »Exocet« herstellte und deren Laufbänder zeitweise nahezu ausschließlich für Saddam Hussein liefen. Ist es ein Zufall, daß sich ausgerechnet zwischen Saddam Hussein und lateinamerikanischen Diktatoren und Regierungen, vor allem aber Militärs, die besten Beziehungen bis hin zu Freundschaften entwickelten und einige der bemerkenswertesten und kostspieligsten Waffendeals zwischen dem Irak und Ländern wie Chile, Argentinien und Brasilien abliefen, also traditionellen Stützpunkten der Nazi-Exilanten und der von diesen hochgezogenen weltweiten geschäftlichen – und ideologisch-subversiven – Aktivitäten?

Ein Beispiel dafür, wie eng subversive Organisationen wie die P2, internationaler Waffenhandel, wirtschaftliche Interessen und Politik miteinander verfilzt sind, zeigt das Beispiel der irakisch-argentinischen Rakete »Condor II«.

Deren Vorgeschichte ist pikant und in mancherlei Hinsicht vielsagend, auch im Hinblick auf die sich stets verwischenden Grenzen zwischen offizieller Politik und dem politisch-ökonomischen Untergrund. 1982, als Logenmeister Gelli von den italienischen Behörden bereits wegen einer schier endlosen Liste von Vergehen gesucht wurde, kam er seelenruhig nach Europa, um für Argentinien einen neuen Posten »Exocet«-Raketen nachzukaufen, die sich in dem damals in Gang befindlichen Falklandkrieg als »durchschlagender« Erfolg erwiesen hatten. Schon diese erste »Exocet«-Garnitur hatte Gelli in den siebziger Jahren besorgt, teilweise finanziert mit Krediten englischer Großbanken! 1982 nun logierte Gelli als Gast des bereits als »Papstmacher« bekannten Umberto Ortolani in einer Villa in Kap Ferrat und verhandelte dort mit internationalen Waffenhändlern, darunter auch direkt mit Vertretern der französischen Firma »Aérospatiale«, die die »Exocet« vorzugsweise für den Irak herstellte. Der britische Geheimdienst hatte Wind davon bekommen und die italienischen Kollegen alarmiert, worauf diese augenblicklich ein Sonderkommando nach Kap Ferrat schickten. Als jedoch die Italiener in die Villa eindringen wollten, um Gelli dingfest zu machen, wurden sie von Männern des französischen Geheimdienstes D.S.T. handfest daran gehindert: Gelli hatte noch allemal die besseren Karten in der Hand.

Nichtsdestoweniger waren Gellis Bemühungen, den argentinischen Militärs neue Raketen zu besorgen, zu spät gekommen. Der Krieg um die Falkland-Inseln endete für die letzteren bekanntlich mit einem Desaster. Und hier beginnt nun die Geschichte der Mittelstreckenrakete »Condor II«, die durchaus auch etwas mit dem Neuordnungskrieg am Golf zu tun hat und einmal mehr zeigt, daß es dabei auch am Rande der Neuen Weltordnung um viele Dinge mehr gegangen ist als um die Souveränität der mittlerweile weltgrößten Großbank namens Kuwait, der dank Saddam Husseins Angriff auch einiges Blut abgezapft werden konnte: nicht zuletzt auch zur offiziellen Amortisierung ohnedies zur Verschrottung freigegebener amerikanischer Bomben-Bestände.

Ungeachtet ihrer Falkland-Niederlage oder gerade wegen dieser kamen nun die argentinischen Luftwaffengeneräle auf die Idee, eine eigene Mittelstreckenrakete mit anderer Leute Geld zu entwickeln, eine Strategie, die ganz nach ihrem Intimfreund Licio Gelli riecht. 1983 trafen die argentinischen Militärs eine Übereinkunft mit den Regierungen Iraks und Ägyptens, im Rahmen eines offiziell argentinischen Projekts eine Rakete zu aller Nutzen zu entwickeln. Während irakische Petrodollar nach Buenos Aires flossen, entstand in den Sierras in der Nähe der argentinischen Stadt Còrdoba eine hochgeheime Fabrikationsanlage.

Was nun dort gebaut wurde, war keine komplette Neuentwicklung, sondern zum Teil nicht viel mehr als eine verbesserte Kopie der amerikanischen »Pershing 2«. Mit von der Partie im Condor-Spiel war ein seit den sechziger Jahren existierendes, aus sechzehn Firmen bestehendes Konsortium namens »Consens« mit Sitz im schweizerischen Zug und in Monte Carlo, ausgestattet mit vielen Filialen in ganz Europa, Südamerika vor allem, und im Nahen Osten ... Zu diesem Konsortium zählten die bundesdeutschen Messerschmitt-Bölkow-Blohm sowie MAN und Wegmann, die italienische Fiat-Tochter »Snia-BPD«, die französische Firma »Sagem« und die schwedische »Bofors«. Einige dieser Firmen waren früher an der Entwicklung der amerikanischen »Pershing2« beteiligt. Der Schluß liegt also nahe, daß etliches von der Pershing-Technologie in die »Condor II« transformiert wurde. Alles in allem war dies ein gigantisches Geschäft: Schätzungsweise fünf Milliarden Dollar kursierten im Laufe der nächsten Jahre zwischen diversen Konten in Argentinien, Deutschland, Österreich, Schweiz und Monaco im Verlauf der Realisierung dieses Projekts. Und in Pilcaniyeu arbeiteten argentinische Wissenschaftler mittlerweile an der für den Bau von Atombomben notwendigen Aufbereitung von Uran ...[1179] Was die Angelegenheit zusätzlich pikant macht, ist der Umstand, daß sich an der Finanzierung dieses Projekts an herausragender Stelle auch Kuwait beteiligte, während die High-Tech des Lenksystems, der »intelligente Kopf« der »Condor II«, im wesentlichen von Israel beigesteuert wurde.

Die Condor-Angelegenheit könnte allerdings nur ein Teil eines viel umfassenderen Projekts gewesen sein. Aarons und Loftus berufen sich auf einen früheren argentinischen Diplomaten, demzufolge während der sechziger Jahre dem deutsch-argentinischen Handelsvertrag ein geheimes Zusatzprotokoll hinzugefügt worden sein soll, worin es um nukleare Proliferation ging. Der Grund sei gewesen, daß Deutschland fürchtete, die NATO könnte eines Tages ihren Nuklearschirm von Deutschland nehmen. Angesichts der voraussehbaren sowjetischen Haltung bei einer eigenen nuklearen Aufrüstung Deutschlands sei entschieden worden, sich bei der geheimen Entwicklung eigener Atomwaffen der Dienste der nach Südafrika und Argentinien emigrierten deutschen Wissenschaftler zu bedienen ...[1180]

Der europäische Untergrund

Es hat vor allem historische oder zumindest in die Zeit des sogenannten Dritten Reiches zurückreichende zeitgeschichtliche, gewissermaßen weltordnungspolitische Gründe, daß sich Leute wie Genoud, Klaus Barbie, Skorzeny, Amaudruz, Rauti oder Schäfer inklusive ihrer moslemisch-extremistischen Verbündeten ebenso wie Logenmeister Licio Gelli und dessen Komplizen mit Unterstützung und Deckung auch demokratischer Regierungen und vor allem »demokratischer Dienste« international dermaßen entfalten und integrieren konnten, wie man gesehen hat – abgesehen von der Integration dieser Netzwerke in den internationalen Waffenhandel und den »Opiumkrieg« unserer Tage (sprich Drogenhandel) sowie den allgemeinen Destabilisierungsstrukturen. Hier liegen gewissermaßen auch die Ursachen für die jahrzehntelange bewußte Bagatellisierung der altnazistischen und vor allem neonazistischen Subkultur und Infrastruktur, ja der neonazistischen Gewalt durch »öffentliche Stellen in der Bundesrepublik«[1181] und in erster Linie auch durch die keineswegs nur rechten oder konservativen Medien. Selbst für eher linke Blätter bestand noch in den achtziger Jahren die Schwarze Internationale »ohnedies nur auf dem Papier«. Sie sahen, ähnlich wie die innerministeriellen Bürokraten, die Szene in schizophrenen Berichten über den Eurofaschismus mit beschränkter Sicht auf spinnerte Einzelgänger, Rabauken, Schläger und jungnazistische Splittergruppen und bestenfalls mit Blick auf die NPD und die Hilfsgemeinschaft der Waffen-SS (HIAG) als einzige Überreste des Dritten Reiches als eher harmlos an.[1182]

Selbst mit Blick auf Italien wurde getröstet: »Die Kleinsttruppen bilden – mit Ausnahme von Großbritannien – keine Gefahr für die Sicherheit der jeweiligen Staaten.«[1183] Dabei hatte die italienische Magistratur schon 1974 eine Akte mit der Aufschrift »Schwarze Internationale« angelegt, wußte man schon längst über die Existenz einer Organisation namens »Paladin« mit Hauptsitz in Spanien und Filialen in zahlreichen anderen Staaten Bescheid,[1184] verfügte seit langem selbst die Jung-Nazi-Szene international über eine ausgezeichnete Infrastruktur, die von den USA über England, Frankreich bis nach Teheran, Damaskus und nicht zuletzt Beirut reichte, wo nicht nur Wehrsportler der Hoffmann-Gruppe der PLO deutsche Gebrauchtwagen verscherbelten.[1185]

Die sogenannte und eher im Blickfeld stehende Neo-Nazi-Szene von Chicago bis München und dem Wienerwald ist freilich nur eine einzige Masche im Netz der Schwarzen Internationale, als solche aber nichtsdestoweniger – ebenso wie der sogenannte Linksterror – strategischer und nicht zu unterschätzender Bestandteil einer ganzen Skala von Subversions- und Destabilisierungs-Instrumentarien im Untergrund der Neuen Weltordnung, an deren hierarchischen Spitze CIA und KGB und diverse »International Nonterritorial Communities« nach Art der Propaganda due und anderer Logen oder diverser religiöser Sekten standen und stehen wie die von den Einweltlern von Vatikan bis Washington und Moskau hofierte »Vereinigungskirche« des Koreaners Mun: Was die Moslembrüder, die Fedayyns und Mudjahedins und andere terroristische Geheimbünde für die islamische Welt sind, das ist und war sowohl die linke als auch die weitaus komplexer organisierte rechte Subkultur einschließlich deren links- und rechtsfaschistischen Bodentruppen von Baader-Meinhof über die kroatischen Ustascha-Terroristen, die Wehrsportler und Neonazis von Hofmann bis Müller und Schubert, die Terrorkommandos des Abu Nidal, die Roten Armeen Italiens und Japans bis hin zu den Separatisten von Bretonien, Armenien und Südtirol und den »Befreiungsnationalisten« der Ukraine für den demokratischen Westen wie für den experimentellen, kommunistisch-staatskapitalistischen Osten.

Hinsichtlich ihrer Ziele ziehen die durchaus auch ideologisch verwandten geistigen Kinder des Hochgrad-Bruders Bakunin am selben Strang: Der Kampf gegen das jeweils bestehende System ist im Falle der westlichen Demokratien als permanent mobilisierbares Druckmittel gegen die Regierungen oder einzelne unbotmäßige Persönlichkeiten aus Politik und Wirtschaft einsetzbar. Eines ist jedenfalls nicht zu übersehen: All die Opfer des – in Deutschland und Italien vordergründig linken – politischen Terrorismus, angefangen bei Pakistans Ali Bhutto, über Saudi-Arabiens Feisal, Spaniens Carrero Blanco, Italiens Aldo Moro, die westdeutschen Opfer Jürgen Ponto und Schleyer bis zu Herrhausen, und nicht zuletzt der mexikanische Präsidentschaftskandidat Luís Donaldo Colosio und der Medien-Tycoon Maxwell hatten eines gemeinsam:

sie waren nicht Moskau im Wege, sie alle standen vor allem in Washingtons und St. Wallstreets Ungnade und waren Störfaktoren auf dem Marsch zur Neuen Weltordnung im Zeichen des Pentagramms und des Dollars.[1186]

Wer wissen will, wo die eigentlichen Urheber auch des (vordergründig von erzkonservativen Regierungen wie dem einstigen ostdeutschen SED-Regime gestützten) Linksterrorismus sitzen, dessen genasführte »Soldaten« der Weltrevolution an einer genügend langen Leine gelassen wurden, um hin und wieder marginale amerikanische und kapitalistische Einrichtungen ohne nennenswerte Schäden zu sabotieren, der untersuche einmal die Hintergründe der schon Jahre zuvor von einem gewissen Monsieur Plantard de Saint-Clair prophezeiten Pariser Unruhen von 1969, die Frankreich nahezu ein Drittel seiner Goldreserven kosteten.[1187] Die Lösung des Rätsels findet sich dann vielleicht in der Beantwortung der Frage, welche Loge eigentlich die Kosten dafür übernommen hatte, daß Kuron Modzelewski (alias Cohn Bendit) danach mit seiner »Huri« im Geld schwelgend von Mittelmeerinsel zu Mittelmeerinsel ziehen konnte. Man könnte diese Fragen auch noch ausweiten: Welche okkultistisch-esoterischen Kreise waren es eigentlich genau, denen die Pfarrerstochter Gudrun Ensslin nahestand?[1188] Wie eng waren denn die Verbindungen von Ulrike Meinhof, die mit ihren Informationen dem deutschen Sektenjäger und Okkultistenforscher Horst Knaut erst so richtig auf die Sprünge half, zu wirklich »geheimen« Logen und Okkultisten?[1189] Wenn der einstige Verfassungsschützer der BRD, Günther Nollau, meinte, man müsse »Religiosität und Okkultismus« in das vorterroristische Umfeld mit einbeziehen, so hat er bezüglich eines gemeinsamen Nenners (unter vielen anderen) und eines aktuellen Zusammenhangs mit der Ursprungsgeschichte des Dritten Reiches zweifellos den Nagel auf den Kopf getroffen.[1190]

Zweifellos auch, was die Praxis betrifft: »Es gibt geschützte religiöse Klausen, ›Klöster‹ und ähnliche Okkultverstecke weitverstreut, in denen man ungehindert untertauchen kann, in denen man lehren, planen, drucken und Bomben basteln kann. In denen Menschen verschwinden können, ohne daß Nichteingeweihte etwas davon erfahren«, resümierte einst Knaut in seinem *Testament des Bösen.* »Dort kann Gehirnwäsche angewandt werden. Dort können Menschen für alle Zwecke psychologisch disponiert, ja abgerichtet werden. Experten hat der religiöse, okkultistische Untergrund genügend anzubieten – Experten für kriminelle, gesellschaftsfeindliche, zerstörerische Lehren. Ich kann nur

schmunzeln, wenn die ›Terroristen‹ stereotyp immer wieder in Neubau-
wohnungen mit Garagen in der Nähe vermutet werden. Das sind nur
kleine Außenbasen – ihre häuslichen und geistigen Wohnungen sind
woanders.«[1191]

Das gilt vor allem auch für die Erben des Dritten Reiches insofern,
als sie in den verschiedensten Verkleidungen in Erscheinung treten und
in unterschiedlichsten gesellschaftspolitischen Unterströmungen zumindest ideologisch mitmischen: von den eher harmlosen Wotan-Anbe-
tern im Godenorden oder diversen neugrünen und neuheidnischen
Scholle-Blut-und-Heimat-Esoterikern bis zu den sich nicht zufälligerweise auch im Gefolge der Studentenbewegung der späten sechziger
Jahre herausentwickelnden, bis in die etablierte Parteienlandschaft hin-
einreichenden, national-revolutionären Strömungen und Philosophien,
die Links- und Rechtsextremisten schließlich ebenso umklammern und
infiltrieren wie diverse grüne und alternative Gruppierungen und separatistische Organisationen.

Im Dunstkreis dieses buntscheckigen Spektrums wie mit einem Spin-
nennetz miteinander verbundenen und unter diversen Tarnkappen
operierenden Bewegungen und Organisationen entwickelten sich
schließlich auch dem Muster der Roten Zellen nachempfundene Neo-
Nazi-Terrorgruppen im europäischen Untergrund: sozusagen als Nach-
geburt der Nazi-Terror-Internationale, die praktisch seit dem Ende des
Weltkrieges existiert.

Diese auch nicht wie der Blitz aus heiterem Himmel über die Welt
gekommenen Neo-Nazi-Terroristen waren es nun symptomatischerweise in erster Linie, die nach den blutigen Anschlägen von Bologna,
München und Paris im Jahr 1980 und nach anderen Aktionen »jenseits
der Alpträume« etwa deutscher Verfassungsschützer plötzlich behördliche und öffentlich-mediale Aufmerksamkeit erregten und nun, des-
informativ oder nach wie vor bloß dümmlich-ignorant, zu den alleinigen
Erben des Hitlerfaschismus hochstilisiert wurden.[1192]

Europaweites Informationsdefizit trat zutage: Resultat jahrzehnte-
langer milder Beurteilung und Verurteilung und Verharmlosung neonazistischer Betätigungen durch Richter und Fahnder; Resultat bewußter
oder unbewußter Fehleinschätzung insofern, als Rechtsradikalismus
als eher harmlose Veteranenklüngelei einiger unverbesserlicher Alt-
Faschisten eingestuft wurde.[1193] Zutage trat aber auch die völlige Ignoranz, was die historischen und geistesgeschichtlichen wie politischen
Hintergründe betraf: Nach wie vor galt auch akademisch rechtsextremes

Gedankengut bestenfalls als nostalgisch aufgeblasene Ideologie von anno dazumal ohne eigentlich beachtenswerte Substanz. Von einer internationalen Vernetzung oder einer Schwarzen Internationale, von Organisationen wie »Neue Europäische Ordnung«, »Cercle Violet«, »Gladio« oder »Euro-Destra«, von Namen und Vorbildern wie Skorzeny, Stefano della Chiaie, Fiebelkorn oder Barbie war im Zusammenhang mit dem neofaschistischen Terror in deutschen Landen nahezu gar nichts bekannt und wollte man anscheinend nichts wissen. Schon gar nichts aber von einer auch nur im Ansatz ernsthaften Auseinandersetzung mit den geistigen Sprengsätzen der neuen, »nationaleuropäischen«, »euro-sozialistischen«, national-revolutionären Ideologien der verschiedenen Richtungen der »Neuen Rechten« und des »Ordre Nouveau«, geprägt von den Ideen eines Alain de Benoist, eines Gaston Amaudruz, eines Armin Mohler, eines Hartwig Singer bis hin zu Lothar Penz, Michael Meinrad, Gert Waldemann, Alexander Epstein oder Wolfgang Strauß.

»Der 170 Seiten starke Jahresbericht des Bonner Verfassungsschutzes von 1979 handelt die internationalen Querverbindungen westdeutscher Neo-Nazis auf drei Schreibmaschinenseiten ab, ein Dokument bundesbehördlicher Ignoranz«, räsonniert *Der Spiegel*,[1194] der sein eigenes Informationsdefizit damals aus welchen Gründen auch immer mit einem auf die exotisch-spektakuläre Seite fokussierten Rundumblick abdeckte: auf die nun ja beim besten Willen nicht mehr zu verbergenden Umtriebe rechtsextremistischer Neonazis wie Hoffmann, Roeder, Eckehard Weil, Klaus-Ludwig Uhl oder Michael Kühnen und deren internationale Anlauf- und Kontaktstellen. Diese freilich waren und sind bemerkenswert genug, ebenso wie die offensichtliche behördliche Hilflosigkeit gegenüber dem so urplötzlich über sie hereinbrechenden rechtsextremen Aktivismus: »Selbst Merkmale, die im anderen Terrorspektrum Gefährlichkeit belegen, wurden verkannt. Während die Taten der ›Revolutionären Zellen‹ gerade deshalb so schwer aufzuklären sind, weil sie untereinander nicht organisatorisch verbunden sind und nur in MiniZirkeln Aktionen ausführen, von denen andere Gruppen nichts wissen, gilt die ›Zersplitterung‹ in viele kleine Gruppen auf der Rechten als Indiz für Harmlosigkeit. Den ›neo-nazistischen Gruppen‹, heißt es im letzten Verfassungsschutzbericht, ›ist es nicht gelungen, eine bundesweite Organisation aufzubauen‹.«[1195]

In die plötzliche Konfrontation mit einem auch auf akademischer Ebene verschlafenen Phänomen fügte sich nahtlos in althergebrachte und gewohnte Geschichtsklitterung: »Historische Attentate von rechts«, wurde da eine Studie über Terrorismus im Kaiserreich und in Weimar zitiert, seien »vornehmlich von Einzeltätern und Minigruppen begangen worden [...] Sie handelten aus eigenem Antrieb wie andere ›rechte Einzeltäter‹, etwa der Graf Arco-Valley, der den bayrischen Ministerpräsidenten Eisner erschoß.«[1196] Von des Grafen Verbindung zur Thule und zu germanophilen und anderen Geheimlogen hat man offenbar freilich noch nie etwas gehört: Es liegt ein Tabu auf der tatsächlich unbestreitbaren Organisationsfähigkeit und durch geplante Verwirrung getarnten Organisationsvielfalt des subversiven Nazitums.

Geradezu erschütternde Ahnungslosigkeit über Umfang, Struktur und Organisationsgrad selbst der Neo-Nazi-Internationale äußerte sich in diesem Bericht ebenso wie Unwissenheit über die eigentlichen Schlüsselfiguren der internationalen nazistischen Szene: etwa über den in Lausanne ansässigen Geschäfts- und Geistes-Freund von François Genoud, Gaston Armand Guy Amaudruz. Der vom Berner Polizeidepartement als »ausgesprochen harmlos« eingestufte Amaudruz wird lapidar als – immerhin – wichtiger Verbindungsmann der Ultrarechten angegeben. Nun ist Amaudruz gewiß kein Bombenleger von eigener Hand, aber doch auch mehr als bloß ein ultrarechter Verbindungsmann, nach eigener Darstellung im französischen *Figaro* in den siebziger Jahren immerhin »europäischer Koordinator« des internationalen Faschismus.[1197] Er war neben Genoud ohne Zweifel eine der Schlüsselfiguren beim Aufbau jener »Neuen Europäischen Ordnung«, in deren Schatten, unter dem Schutz und Schirm anglo-amerikanischer Dienste, ein umfassendes internationales Netzwerk heranwuchs, bei dem die Ursprünge diverser radikaler »grüner« Umweltschützer-Bewegungen ebenso zu suchen sind wie die Ursprünge des von dem österreichischen Schriftsteller Günther Schwab in Salzburg gegründeten »Weltbund zum Schutz des Lebens« (WSL) mit Zweigstellen in Schweden, Holland, Belgien, Schweiz, Italien, Jugoslawien, Spanien und sogar in Israel.

Einer der engsten Mitarbeiter Schwabs im WSL, dem nach Amaudruz' nicht unberechtigtem Hinweis große Bedeutung in der »grünen Bewegung« zukommt, war nicht von ungefähr der in Wien ansässige ehemalige SS-Offizier Theo Soucek. Daß ebendieser Weltbund sozusagen als Teilorganisation der »erbbewußten« Neuen Rechten wiederum in enger und, wie man noch sehen wird, in teils personeller Verbindung mit der in Hamburg ansässigen, offen rassistischen »Gesellschaft für biologische Anthropologie, Eugenik und Verhaltensforschung« steht, liegt ebenso in der Natur der Sache wie die Tatsache, daß letztere Gesellschaft wiederum durch Kontakte mit gar polizeilich gesuchten Rechtsextremisten wie zum Beispiel »Bauernschaftsführer« Thies Christophersen den Regelkreis nazistischen Treibens schloß.

Ein anderer Kreis schließt sich übrigens, wenn etwa ein BRD-Bundestagsabgeordneter aus der vordergründig unbedenklichen Peripherie des politischen Geschehens, wie der grüne Politiker Roland Vogt die Bedeutung der Kontakte zu algerischen FLN-Führern und Genoud-Freunden wie Ahmed Ben Bella hervorhob,[1198] der den »algerischen Sozialismus« hinter sich gelassen und als islamisch-fundamentalistischer Revolutionär und Moslembruder, als bekehrter Vorzeigepolitiker aus der »Aufbruchsphase« der islamischen Welt gewissermaßen, in den letzten Jahren eine bedeutende Rolle spielte: ausgerechnet als Leiter der »Internationalen Islamischen Kommission für Menschenrechte« im an anderer Stelle bereits erwähnten »Islamic Council of Europe« in London, als solcher er sicherlich stets ein besonderes Augenmerk auf die Liquidation der Andersgläubigen etwa in dem von den Moslembrüdern beherrschten und nach bekannter Art kambodschanisierten Sudan zu legen pflegte ...

Zweifellos: Vor allem in der Bundesrepublik haben sich die mit großer Gestik und verbalem Aufwand ohnedies zur bloßen Verdrängung geratene »Entnazifizierung« einerseits und die geschichtliche Volksverblödung durch die Gehirnwäsche der »re-education« andererseits auf eine paradox erscheinende und dennoch zwingend logische Weise ausgewirkt.

Jahrzehntelang genossen neonazistische Vereine unbeachtet Narrenfreiheit in einer Republik, die ihre heuchlerische und dem Ausland der Sieger gegenüber bis zur Peinlichkeit und Selbstzerfleischung zur Schau getragene Scham ob der monströsen Vergangenheit und alleinigen Schuldhaftigkeit dadurch kompensierte, daß sie in der inneren Realität ihre antifaschistische Grundhaltung nur sehr verschämt zeigte, »ja sogar – im emsigen Verschweigen des Widerstandes von Kommunisten und in ihrer Verfolgung seit Adenauer – kriminalisierte«.[1199] Die nicht zuletzt daraus resultierende Beschönigung und Verharmlosung und die zur allgemeinen Beruhigung immer wiederholte Behauptung von der Uneinigkeit und Zersplitterung der extremen Rechten, ja der eigentlichen Nichtexistenz nazistischer Restauration, haben dazu geführt, daß sich »die nationalen und internationalen Verbindungen fast ungestört entwickeln konnten und sich sogar – mit neuen Organisationen – bis in die sogenannte grüne Bewegung erstrecken konnten«, wie Gert Heidenreich über die von der nazistischen Szene perfekt betriebene Strategie der »Organisierten Verwirrung« feststellte.

Das extremistisch-terroristische Umfeld des Neonazismus ist zwar nur der Bodensatz in der Vielfalt der nazistischen Netzwerke, aber wie alle jüngeren neonazistischen Verbände ist auch dieser ohne die ideologische und praktische Anleitung und finanzielle wie personelle Unterstützung durch die seit dem Krieg bestehenden Verbindungen nicht denkbar und somit ein integraler Bestandteil des komplexen Ganzen.

Nichtsdestoweniger zeigt ein der allgemeinen Information dienender Blick auf diese Szene die bemerkenswert gut organisierte internationale Infrastruktur sogar der neonazistischen Untergründler auf, die von Britanniens rassistischer »National Front« bis zu den »Grauen Wölfen« des türkischen Faschisten Türkes reicht.

In Frankreich fanden und finden die Vorkämpfer für ein nationalsozialistisches Europa Unterstützung und Unterschlupf beim »Europäischen nationalistischen Bund« (FNE), bei der »Fédération d'action nationale européenne« (Fane) oder den Organisationen »Occident« und »Cercle Charlemagne«. Schweizer Kontaktstelle allenthalben flüchtiger Neonazis ist die »Europäische Neuordnung«. Eine der wichtigsten Drehscheiben der militanten Neofaschisten und Bodentruppen der Europäischen Neuordnung ist der schon einmal erwähnte »CEDADE«, der »Spanische Kreis der Freunde Europas«, der 1960 mit Billigung Francos von dem rührigen SS-Mann Otto Skorzeny ins Leben gerufen wurde. Und eine nicht unbedeutende Rolle im internationalen Netz spielt dabei die spanische faschistische Partei »Fuerza Nueva«, deren paramilitärischer Nachwuchs auch in demokratischen Zeiten noch beispielsweise im Jugendcamp der »Heiligen Maria zur guten Luft« nahe des 35 Kilometer von Madrid entfernten »Escorial« von einem strengen »Commandante Walter«, einem ehemaligen SS-Offizier, für den Kampf gegen Dekadenz und Kommunismus gedrillt wurde. Der »Führer« der »Fuerza Nueva«, Blas Piñas, war Initiator des nach der »Europäischen Sozialbewegung« und der Organisation »Neue Europäische Ordnung« wichtigsten Dach- und Sammelverbandes des Nazismus, nämlich der »Euro-Destra«.

In Dänemark hält ein »Dansk Nationalsocialisk Ungdohm Forlag« notfalls Wacht für Hitlers alte und neue Freunde, in Belgien sind es auf flämischer wie auf wallonischer Seite eine bunte Reihe gewalttätiger Grüppchen, ob sie nun »Were di«, »Voorpost«, »Front de la Jeunesse« oder »Mouvement Wallonie« heißen. Vor allem aber war und ist es der »Vlaamse Militante Orde (VMO)«, mit besten Beziehungen zu deutschen Hoffmännern jeder Art und in der gesamten Szene bekannt und beliebt ob seiner paramilitärischen Sommerlager in den Ardennen.

Logistisch durch Waffenhilfe und intensiven Informationsaustausch wie durch Unterschlupfgewährung sowohl mit der italienischen MSI, der »Wehrsportgruppe Hoffmann« beziehungsweise deren umgetauften Nachfolgetruppen wie mit den türkischen Grauen Wölfen und Frankreichs »Fane« stets engstens und brüderlich verbunden war und ist – eigentlich nicht verwunderlich – die neofaschistische Szene in Großbritannien mit der Konkursmasse der »British National Front« an der Spitze.

So mancher rechtsextreme Justizflüchtling fand bei der »League of St. George«, beim »British Movement« oder bei der »Column [Brigade] 88« Aufnahme, so etwa Manfred Roeder oder Willi Krause. Der Name der Brigade ist übrigens ein Code: »88« signalisiert nichts anderes als den achten Buchstaben im Alphabet, also »HH«, Symbol für »Heil Hitler« wie für »Heinrich Himmler«.

Daß der internationale Neonazismus in England unter anderem von der »World Anti-Communist League« gefördert wird, wurde in anderem Zusammenhang bereits erwähnt. Nicht zu vergessen sind die Vielzahl kleinerer und größerer, mehr oder weniger bedeutender NS-Zellen praktisch auf der ganzen Welt, vor allem aber in Nordamerika:

Beispielsweise Gerhard (Gerry Rex) Lauck aus Lincoln in Nebraska, dem manche zumindest für die Jungnazi-Szene gar eine Art »Klammerfunktion« zugemessen haben. Der Deutsch-Amerikaner Lauck, Mitglied der »National Socialist Party of America« und Gründer der NSDAPAO, der NSDAP-Auslands- und Aufbauorganisation, hielt stets engen Kontakt zu deutschen »Führern« wie etwa zu Michael Kühnen und dessen »Aktionsfront Nationaler Sozialisten« (ANS), die nach ihrem Verbot mit den aufgesammelten Resten anderer neonazistischer Gruppen wie der ebenfalls verbotenen WSG Hoffmann unter dem neuen Namen »ANS/NA« bei den hessischen Landtagswahlen von 1983 ganz legal »gegen Überfremdung und Umweltzerstörung« antrat.

Erwähnenswert ist Lauck vor allem auch, weil er neben der »Samisdat Publishers Ltd.« des Deutsch-Kanadiers Ernst Christoph Friedrich Zündel jahrelang als Hauptlieferant nazistischen Propagandamaterials für die deutschen Volksgenossen agierte und Stickers, Embleme, Nazi-Poster, Tonbänder mit Hitler- und Roeder-Reden sowie Pamphlete gegen »bolschewistische Untermenschen« und »Bonner Parlamentslumpen« zeitweise gleich säckeweise verschickte. Zu erwähnen sind auch noch die amerikanische »NS White Power Party« (NSWPP) des mit dem deutschen »Bauernschaftsführer« Christophersen liierten und freundschaftlich verbundenen Matt Koehl und die ebenfalls von diesem geführte »World Union of National Socialists« (WUNS), eine terroristische »Sturmtruppe«, die mit größter Wahrscheinlichkeit bei Terroranschlägen bundesdeutscher Neonazis nicht nur einmal zumindest logistisch und materiell mitgewirkt hat. Eine Untersuchung des deutschen Bundeskriminalamtes über die einstige Wehrsportgruppe Hoffmann zeigte, daß diese mit zumindest 78 rechtsextremistischen Organisationen auf der ganzen Welt Verbindungen pflegte: zwölf in Österreich, neun in den Niederlanden, sieben in Italien, acht in den USA, drei in der Schweiz, zehn in Großbritannien, neun in Frankreich, fünf in Dänemark, sechs in Belgien. Dazu kommen noch Kontakte nach Spanien, Südafrika, in den Nahen Osten, nach Kanada und Lateinamerika, hier vor allem Argentinien.

Ganz allgemein dienten dabei stets die am Rande der Legalität operierenden offiziellen Ultra-Rechtsparteien als wichtige Durchgangsstationen für das terroristische Fußvolk. Eine der wichtigsten diesbezüglichen Stützen auch auf internationaler Ebene war und ist zweifellos die faschistische Partei Italiens »Movimiento Sociale Italiano« (MSI), die Urmutter der in die Dutzende gehenden rechtsradikalen Gruppen und Terror-Zellen in Italien, deren Aktivitäten von dem Begründer der terroristischen »Ordine Nuovo«, CIA-Aktivisten und Drahtzieher zahlreicher blutiger Anschläge, dem MSI-Abgeordneten Pino Rauti koordiniert wurden, der ja bekanntlich auch als Kontaktmann der Internationale fungierte. Nachdem es in Italien als offenes Geheimnis gilt, daß die MSI und rechtsextremistische Jugendgruppen seit 1968 »verstärkt« von der CIA finanziert wurden, braucht man sich nicht darüber zu wundern, wie es dazu kam, daß der Altfaschist Giorgio Almirante die von ihm 1946 gegründete eindeutig faschistische MSI zur größten legalen ultrarechten Partei EG-Europas mit etwa zwei Millionen Wählerstimmen aufbauen konnte, obwohl Italiens Verfassung doch die »Wiedererrichtung der aufgelösten faschistischen Partei in jedweder Form« verbietet.

Es ist daher auch nicht verwunderlich, daß bis zum Sturz des CIA-gestützten Obristenregimes im Jahre 1974 allgemein Athen als Zentrale der »Schwarzen Internationale« galt, als Mekka auch für die italienischen Faschisten auf der Suche nach Geld und vor allem Waffen – was übrigens auch einer der Gründe dafür war, warum die griechische Armee bei dem von der Athener Junta vom Zaun gebrochenen Zypern-Konflikt nicht einsatzfähig war: Griechische Offiziere hatten jahrelang ihren Sold aufgebessert, indem sie große Waffenbestände aus amerikanischen Militärhilfelieferungen an italienische Faschistenorganisationen verschacherten.

Die als legale Partei operierende MSI und die scheinbar von ihr unabhängigen Terrorgruppen sind geradezu ein Schulbeispiel für die Strategie der organisierten Zersplitterung, für den instrumentalen und keineswegs zufälligen Charakter des schillernden Durcheinanders von sich ständig verändernden, immer wieder neu gegründeten und ebenso schnell wieder verschwindenden Organisationen, mit dem sich das internationale Nazitum ganz allgemein dem Zugriff von Behörden entzieht. Als beispielsweise wegen der Mailänder Attentate von 1969 ein Verfahren gegen Pino Rauti als einem der Hauptverdächtigen eingeleitet wurde, flüchtete er 1972 als MSI-Abgeordneter in die Immunität. Als der Generalsekretär der »Neuen Ordnung«, Graziani, 1973 verurteilt wurde, löste sich diese offiziell nach außen hin auf, um in mehreren Splittergruppen wieder zu entstehen, darunter die »Schwarze Ordnung« die mit dem Blutbad von Brescia im Mai desselben Jahres sogleich ihre Bewährungsprobe ablegte. Einer der berüchtigtsten Aktivisten der Nazi-Terror-Internationale, »il bombardieri di Roma« Stefano della Chiaie, stand ebenfalls stets in engem Kontakt mit MSI-Chef Almirante. Der behördlichen Verwirrung wegen wechselte Chiaie seine Gruppenzugehörigkeiten wie andere Leute nicht einmal ihre Hemden.

Obwohl es keinen Zweifel daran gibt, daß bei der MSI (und schließlich auch bei der Propaganda due) sämtliche Fäden des seit den sechziger Jahren bis in die achtziger eskalierenden blutigen Terrors in Italien zusammenliefen, blieben alle Versuche, diese Partei zu verbieten, vergeblich. Das wiederum liegt zum Teil auch daran, daß die italienischen Faschisten nach einem geheimen Marsch durch die Institutionen offenbar über getarnte Verbindungen nicht nur zum Geheimdienst und Militär, sondern bis in die Führung von Ministerien und etablierten Parteien anderer Couleur hinauf verfügen. So sollen beispielsweise an den Putschplänen des Fürsten Borghese im Jahr 1970 der damalige Ministerpräsident Emilio Colombo, der Innenminister Franco Restivo und der Sozialdemokrat und frühere Verteidigungsminister Tanasi nicht unbeteiligt gewesen sein.[1200]

Nahezu überflüssig zu erwähnen, daß die solcherart gelegten Netze teilweise mit jenen der Propaganda due identisch waren und vielfach Personalunion bestand. Die Fäden des Terrors liefen zwar bei der MSI und deren Umfeld zusammen, gezogen aber wurden sie – wie im Falle der Propaganda due – eben nicht immer nur in Italien. 1972 enthüllte der Prozeß gegen die nach der Freilassung Pino Rautis in der Haft verbliebenen Haupttäter der blutigen Mailänder Attentate von 1969, Giovanni Ventura und Franco Feda, daß bei diesen Attentaten auch der vom CIA gesteuerte griechische Geheimdienst KYP seine Hände im Spiel gehabt hatte.

Eine andere Spur führte von den Angeklagten direkt in den Staatsapparat: zum politischen Büro der Mailänder Quästur, zum Innenministerium und insbesondere zum dortigen Büro für »geheime Angelegenheiten«: »Von hier ging die Order aus, die die Jagd auf die Anarchisten auslöste und die Ermittlungen bewußt in die falsche Richtung lenkte. Hier wurden Beweisstücke unterschlagen und falsche Gegenbeweise aufgebaut. [Anm.: Hauptakteur dabei war der schließlich als Zeuge geladene und am 12. Mai 1972 auf offener Straße erschossene und solcherart zum Schweigen gebrachte Polizeikommissar Luigi Calabresi, der 1966 in den USA »fortgebildet« worden war und seither gute Kontakte zu wichtigen CIA-Leuten sogar in Washington gehabt hatte.] Eine dritte Spur führte zu den Geldgebern: zu dem Öl- und Zuckerindustriellen Monti, Besitzer einer Verlagskette, der gewisse Parallelen zu Springer nahelegt; zur lombardischen Zementindustrie, zu reichen Landbesitzern im Veneto; zu Finanz- und Wirtschaftskreisen des Vatikan; und last not least zum internationalen Waffenhandel, der in Italien sein Zentrum in der ›Mondial Export-Import‹ hat.«[1201]

Insgesamt hatten Italiens faschistische Terroristen wenig zu befürchten: Von durchschnittlich 150 Strafanzeigen, die in den siebziger Jahren pro Jahr allein in Mailand gegen Neofaschisten eingereicht wurden, zeitigten 148 keine Verurteilung. Und drohte einmal eine Verurteilung, verschwand der Beschuldigte ins Ausland, wo sich zahlreiche Plätze zur Erholung und Wiederaufrüstung boten. Nicht nur in Spanien, auch in Deutschland, wo sich schließlich der flüchtige Chef der »Ordine Nuovo«, Clementa Graziani, unbehelligt und wohl nicht zufällig in Bayern niederlassen und von dort aus internationale Treffen des Neonazitums besuchen konnte wie jenes von Lyon im Jahre 1975; vielleicht dank der traditionsreichen Verbindungen der »Neuen Europäischen Ordnung« nicht nur zur CIA, sondern auch zu anderen Nachrichtendiensten.

Wenngleich man es den bundesdeutschen Behörden nicht einmal übelnehmen kann, daß es sie zunächst eher belustigte, wenn Hoffmanns

Wehrsportler durchs kleinbayrische Unterholz robbten oder Manfred Roeder als Vorsitzender einer »Deutschen Bürgerinitiative« bei Idi Amin in Uganda um Unterstützung für den nationalen Befreiungskampf in Deutschland bat, so sahen sie dabei doch nur das Schwanzende eines Elefanten, die Spitze eines Eisberges.

Bei genauerem Hinblicken erweist sich selbst der nazistische Bodensatz als ein von Anfang an wohl durchorganisiertes, eng verflochtenes Netzwerk. Selbst dort, wo es sich um Kleinstgruppen und Einzeltäter handelt, und die Behauptung, rechtsaußen seien die politischen und terroristischen Kräfte zersplittert, besonders einsichtig erscheint, sollte man sich nicht täuschen. Auch die Einzeltäter, die zuweilen wegen Bankraubs, Körperverletzung oder Waffendiebstahls vor Gericht stehen, sind eingebunden in ein Netz von Kontakten, die gerade jugendliche Kleingruppen untereinander pflegen. »Die Unzahl von Bünden und Dachverbänden täuscht darüber hinweg«, stellt Gert Heidenreich 1984 fest, »daß sich die angebliche ideologische Zerstrittenheit fast ausschließlich im Bereich der Methoden nachweisen läßt [...] tatsächlich aber lassen sich die realen Gemeinsamkeiten nicht an Organisationen und Mitgliederzahlen erkennen, sondern werden erst dann sichtbar, wenn man dazu übergeht, die internen Verbindungen über einzelne Persönlichkeiten, ihre Mehrfachmitgliedschaften und Finanzierungstechniken zu hinterfragen. Dabei entsteht ein dichtes Netz von Querverbindungen, die keineswegs planlos oder zufällig zustande gekommen sind [...]«[1202]

Selbst zuweilen zutage tretende ideologische oder personelle Auseinandersetzungen sind oftmals gezielte subversiv-taktische Manöver, ebenso die öffentlichen Distanzierungen, wenn Mitglieder befreundeter Gruppen in Gerichtsverfahren verwickelt werden. »Sobald eine Gruppe es mit der Justiz zu tun bekommt«, zitiert Heidenreich den »Bauernschaftsführer« Thies Christophersen, »müssen sich andere Gruppen von dieser Gruppe distanzieren. Jedenfalls müssen sie das öffentlich bekanntgeben.«[1203]

Wichtigste Klammer ist freilich die »Ideologie«, das Ziel der »Neuen Ordnung« vorzugsweise in Europa, neuerdings kein bloßer ideologischer Wunschtraum mehr, sondern realitätsgestützt durch die »lodernde Flamme des Befreiungsnationalismus der Völker«, die von der demokratiefeindlichen Gruppierung »Deutschlandstiftung Kurt - Ziesels«[1204] über den bei CSU/CDU wohlangesehenen »Witiko-Bund« und biologistische Vereinigungen wie die »Gesellschaft für Anthropologie,

Eugenik und Verhaltensforschung« bis hin zur NPD, diversen Wieder-
aufbaugruppen der NSDAP und verschiedenen Wehrsportgruppen das
ganze alt- und neonazistische Spektrum vereinigt. Daneben aber sind
mehrfach sich überlagernde subtile Organisationsstrukturen erkennbar,
die alle darauf abzielen, den äußeren Schein von Zersplitterung bei
innerer Kohärenz zu wahren. Die wichtigsten Elemente dieser Taktik
sind neben der Kontaktnahme von Einzelpersonen untereinander und
mit verschiedenen Gruppen die Bildung von übergeordneten Initiati-
ven, Kongressen und Veranstaltungen, die die Einbindung unter-
schiedlichster Gruppen für konkrete und zeitlich begrenzte Ziele
erlaubt, schließlich die aktive Doppel- und Mehrfachmitgliedschaft von
Personen in verschiedenen Vereinigungen des konservativen bis
rechtsextremen Spektrums, um über Funktionärsämter den inneren
Kontakt zu garantieren, ohne daß nach außen hin eine Verbindung
zwischen diesen Gruppen offensichtlich wird. Für diese taktische Figur
»können beliebige Beispiele gefunden werden, von CSU/NPD-Kontak-
ten im ›Witiko-Bund‹ (von dort zur ›Gesellschaft für freie Publizistik‹
und zum ›Deutschen Kulturwerk Europäischen Geistes‹) über die ›Deutschlandstiftung‹ bis hin zur Doppel-Autorenschaft in *Bayernkurier* und
National-Zeitung.«

Ein zwar nicht brandaktuelles, aber geradezu klassisch-typisches und
in vielfacher Hinsicht aufschlußreiches Beispiel wurde von Gert Heidenreich skizziert: »Der in Rechtskreisen wohlbekannte Braunschweiger
Oberstadtdirektor, Dr. Hans-Günther Weber, sandte ein Grußtelegramm
zum Afrika-Seminar des ›Hilfskomitees Südliches Afrika‹ im September
1979. Weber trat ebenso als Gast in der ›Deutschlandstiftung‹ in Erscheinung wie auch bei der ›Paneuropa-Union‹ Otto von Habsburgs. Dort
leitet er einen Arbeitskreis unter Mitwirkung der italienischen Faschi-
sten-Organisation CTIM. Soweit seine CSU/CDU-Kontakte nach außen.
Zugleich ist Weber – der von der SPD kommt und, nach dem Münchner
Modell Günther Müllers, in Braunschweig die rechtslastige Abspaltung
SDU gründete – Präsident der CSU-nahen ›Ludwig-Frank-Stiftung‹, die
im Frühjahr 1978 F. J. Strauß als Gast begrüßen konnte.«[1205]

Folgt man der Spur Webers, werden weitere kohärente Zusammenhänge offenbar, wo sich – betrachtet man Organisationen und Ziele
isoliert – scheinbar keinerlei Verbindungen ergeben. So saß seinerzeit
im Vorstand der von Weber geleiteten Ludwig-Frank-Stiftung der Arzt
Dr. Dr. Werner Freytag, der zugleich wissenschaftlicher Beirat der in der
Bundesrepublik und in Österreich aktiven »Gesellschaft für biologische

Anthropologie, Eugenik und Verhaltensforschung« des als militanten Rassisten bekannten Hamburger Rechtsanwaltes Jürgen Rieger war. Ebenso in diesem Beirat fand sich ein Dr. Rolf Kosiek, der wiederum als Referent des »Deutschen Kulturwerkes Europäischen Geistes« in Erscheinung trat und 1978 stellvertretender Landesvorsitzender der NDP in Baden-Württemberg war.

Ebenfalls Beirat dieser auf Rassenhygiene bedachten Gesellschaft war Dr. F. J. Irsigler aus dem südafrikanischen Krügersdorp, dessen rassistische Vorträge wiederum von Bauernschaftsführer Christophersen von der Schweiz aus vertrieben wurden. Rieger selbst, Begründer eines CSU-Freundeskreises in Hamburg, verfügt über beste Verbindungen zu *National-Zeitung*-Herausgeber Gerhard Frey und damit zur »Deutschen Volksunion« und ähnlichen Vereinen.

Mit dem Franzosen Alain Benoist, der Galionsfigur der »Nouvelle Droite«, im Beirat dieser biopolitischen Gesellschaft Riegers ist die internationale Verbindung der Szene zur »Neuen Rechten« und deren intellektuellen und ideologischen Kaderschmiede GRECE (Groupement de Recherche et d'Étude pour la Civilisation Européenne) auch personell unübersehbar gewährleistet, obwohl sich letztere in ihrer philosophisch-ideologischen und politischen Konzeption einer »geistigen Neuordnung des Abendlandes« jenseits von Ökonomismus und kollektivistisch-totalitären sowie kapitalistischen Systemen vom Habitus der Altfaschisten wie der neonazistischen Rabauken etwa so unterscheidet wie die Wehrsportgruppe Hoffmann von der CSU.

Über Benoist führt auch die Spur zu bereits bekannten Namen: nämlich zu einem »Arbeitskreis für die Erforschung und das Studium der europäischen Kultur e.V.«, dem »Thule-Seminar« in Kassel und Tübingen, »das morgen ein Vaterland und neue kulturelle Werte für die Völker Europas schaffen wird« und zu dessen Gründung »einige entschlossene Europäer, die sich sowohl des Ursprungs ihrer Geschichte als auch deren Spezifität bewußt waren«, zusammengekommen waren: Dort faßte Benoist beispielsweise in einem von diesem Thule-Seminar herausgegebenen Buch das heiße Eisen einer heidnischen europäischen Glaubensalternative zur judäisch-christlichen Verfremdung an.[1206]

Mit Riegers Anthropologen-Gesellschaft kooperativ verbunden ist auch der oben bereits erwähnte »Weltbund zum Schutz des Lebens«, seinerseits eines der Bindeglieder zur Grünen Bewegung, in der sich vor allem die Organisationen der Neuen Rechten engagierten. »Hier suchten und fanden«, schreibt Heidenreich, »nationalistische Gruppierungen die Chance, ihre eigenen ideologischen Ansätze mit denen der ›Grünen‹ zu vermengen.

Dies zeigten sowohl die NPD bei ihrem Parteitag 1979 wie auch kleinere Gruppen: die ›Naturpolitische Volkspartei‹ (NVP), die ›Solidaristen – Solidaristische Volksbewegung‹ (SVB) mit ihrem Organ *SOL*, die ›Sache des Volkes – National-revolutionäre Aufbau-Organisation‹ (SdV – NRAO) und die ihr zuzuordnende Zeitschrift *Neue Zeit* [...] in Christophersens Zeitschrift *Die Bauernschaft* mehrten sich die Inserate für biologischen Landbau, Naturprodukte, Suchanzeigen für Öko-Gruppen zum gemeinsamen Erwerb von Bauernhöfen. Und Baldur Springmann, einst Bundesvorstand der ›Grünen‹ aus Schleswig-Holstein, hatte ›nichts dagegen, daß die *Bauernschaft* in einer Aufstellung biologischer Höfe auch‹ seinen Hof Springe anführte. Springmann, Mitglied im ›Weltbund zum Schutz des Lebens‹ (WSL), wörtlich: ›Thies Christophersen aber schätze ich als aufrechten Menschen.‹ Daß der 1977 amtierende Vizepräsident des WSL, Ernst-Otto Cohrs, schließlich neben Oberst Rudel und Manfred Roeder in den [Anm.: rechtsextremistischen] *Unabhängigen Nachrichten* (UN) erschien, wundert nicht mehr, wenn man weiß, daß Cohrs auch in Christophersens *Bauernschaft* für ›Naturgemäße Dünge- und Futtermittel, biologischer Pflanzenschutz‹ warb. Konsequent auch: Im März 1977 fand sich im Organ des WSL *LSI-Lebensschutz-Informationen* als Beilage eine Zeitschrift mit dem Titel *VgM – heiße Eisen*, in der für die rechtsextremistischen Magazine *Mut*, *Nation Europa* und *UN* geworben wird [...]«[1207]

Vor allem, um es vorwegzunehmen, waren es die Basisgruppen der Neuen Rechten, die sich sogleich an vorderster Stelle schon in den frühen siebziger Jahren in den verschiedensten Umweltschutzaktionen engagierten. So das Hamburger »Junge Forum«, das mit einer »Bürgerinitiative« gegen den Bau einer Stadtautobahn den Anfang machte und unter dem Stichwort »Biotop« ein eigenes Umweltschutzprogramm für den Hamburger Raum aufstellte, das für die gesamte Neue Rechte zum Vorbild wurde. Andere Gruppen sammelten Unterschriften gegen den Bau von Flugplätzen und sogar gegen den Bau von Truppenübungsplätzen in Erholungsgebieten und so weiter.

Der publizistische Regelkreis war übrigens stets einer der Hauptpfeiler der organisatorischen Infrastruktur der nazistischen und neonazistischen Netzwerke, auch in der Bundesrepublik: ein allen Gruppen bekanntes und von ihnen genutztes und unterstütztes System von Verlagen, die seit jeher teilweise bemerkenswert ungestört von der deutschen Justiz die Verherrlichung des Dritten Reiches betrieben haben und eine sichere finanzielle Basis garantierten. Und wo es ganz heikel wurde, griffen stets ausländische Helfer ein: Die *Auschwitz-Lüge* des Altnazis Christophersen durfte natürlich nicht in Deutschland erscheinen, dafür vertrieb der Schweizer Verlag »Courier du Continent« des Gaston Armand Guy Amaudruz das Werk. Andere ausländische Verlage für indizierte Schriften sind der »DNSU Forlag« im dänischen Aarhus und der »Samisdat«-Verlag in Toronto.

Insgesamt verfügen die Verlage, die sich gegenseitig Nachdruckrechte gewähren, über ein aufwendig gestaltetes Vertriebssystem von Versandbuchhandlungen. Bestens organisiert ist das Inseratwesen. Heidenreich: »Die Wehrsportgruppe Hoffmann inserierte in Christophersens *Bauernschaft*, Christophersen in Hoffmanns Zeitschrift *Kommando*, die Zeitschrift des neu-rechten Nationaleuropäers Wintzek *Mut* in *Nation Europa* und umgekehrt, die *Unabhängigen Nachrichten* (UN) in der *Bauernschaft*, und dafür veröffentlichte in dem ihr angeschlossenen ›Kritik‹-Verlag der frühere Herausgeber der UN, Martin Voigt, seine Hetzschrift *Staatsfeinde und andere Deutsche* [...] Selbstverständlich liegen den Monatsmagazinen in regelmäßiger Folge aufwendige Prospekte größerer Verlage der Szene – u. a. Grabert, Schütz, Druffel – bei, auch jenes ›Verlages für zeitgeschichtliche Dokumentation‹ in Hamburg, der die Bilder von Hitlers Leibfotograf Heinrich Hoffmann in einer fünfbändigen Buchkassette an die ›richtige‹ Leserschaft – die von *Nation Europa* – brachte. Daß der Buchversand auch Titel des konservativen Spektrums abdeckt, ist selbstverständlich: Diwalds *Geschichte der Deutschen* findet sich – in der 1. Auflage – nicht nur auf den Büchertischen rechtsextremistischer Veranstaltungen, sondern auch im ›Nordwind‹-Versand neben den Schriften des Neonazis Maier-Dorn. *Der Angriff – Moskaus Vorstoß zur Weltherrschaft* des CSU-Abgeordneten Hans Graf Huyn wird vom ›Nation-EuropaBuchversand‹ empfohlen und gleichzeitig in der vom rechtsradikalen Grabert-Verlag herausgegebenen Zeitschrift *Deutschland in Geschichte und Gegenwart* bejubelt; das Organ *Buchberater* desselben Verlages empfiehlt Bücher von F. J. Strauß.«[1208]

Dieser kurze Abriß einiger Vernetzungen des nazistischen und neonazistischen Untergrundes zeigt wohl mehr als deutlich, daß von einem Mangel an Organisation wahrhaftig keine Rede sein kann – selbst wenn man nicht geneigt ist, wie einst der von Stasi-Spitzen wie Schalck-Golodkowski auf dem laufenden gehaltene Franz Josef Strauß, in die nazistische Organisationsstruktur der Bundesrepublik auch den KGB, die DKP und die ostdeutsche SED einzubeziehen,[1209] obgleich in Anbetracht der in jeder Beziehung grenzüberschreitenden Subversion schier gar nichts unmöglich ist.

Es stimmt zwar, daß die kleinen neonazistischen »Führergestalten« der siebziger und achtziger Jahre zum Großteil zumindest zeitweise in Gefängnissen verschwunden sind oder ob ihres Alters und geistigen Zuschnitts ausgedient haben und bestenfalls noch dazu zu gebrauchen sind, in Zirkeln nationalistisch gesinnter Auslandsdeutscher herumgereicht zu werden, wenn sie nicht ohnedies schon – wie etwa Kühnen – gestorben sind. Das sollte aber nicht darüber hinwegtäuschen, daß die Szene und ihre Organisationsstrukturen existieren und der Boden in einem Europa des Umbruchs und der Malaise durchaus auf verschiedenen Agitationsebenen aufbereitet ist, wenn im richtigen historischen Augenblick und abseits der verbrauchten Zeichen vor allem eine neue und moderne Bewegung der alten Inhalte entsteht.

Ein Beispiel dafür, wie schnell so etwas gehen kann, bieten Frankreich und Italien. Da wäre einer als völlig durchgedrehter Spinner bezeichnet worden, der es etwa 1968, nach dem politischen und finanziellen Bankrott der faschistischen »Europe-Action«, zu prophezeien gewagt hätte, daß schon ein Jahrzehnt später die alten Faschisten zusammen mit ihren Verbündeten der Neuen Rechten die kulturelle Aktualität des Landes bestimmen, mit dem *Figaro* und dem *Figaro-Magazin* über ein Publikumsorgan mit zwei Millionen Lesern herrschen und in Politik, Armee und Verwaltung über wichtige Schlüsselpositionen verfügen würden. Und jeder politische Prophet wäre in den achtziger Jahren noch, als die Verschwörung der Propaganda due möglicherweise ganz gezielt aufgedeckt worden war, für verrückt erklärt worden, hätte er vorausgesagt, daß nur wenige Jahre später nicht nur ein Mitglied ebendieser Loge die Regierungsgeschäfte in Italien führen, sondern auch Mitglieder der faschistischen Partei auf Ministersesseln sitzen würden.

Mehr noch: Von den Anfängen der Bewegung der »Neuen Rechten« bedurfte es nur weniger Jahre bis zur Partei »Front Nationale« (FN), deren Wahlerfolg dann fast blitzartig zur Bündnisbereitschaft der bürgerlichen Parteien führte. Es geht nicht um Deutschland. Besten- oder schlimmstenfalls dient das wiedervereinigte Deutschland und die solcherart gelöste »nationale deutsche Frage« in dieser oder jener Form einmal mehr »höheren Endzwecken«:

Zunächst als Aufbruchsignal für eine ganze Reihe von Völkern und Minderheiten auf dem Weg zu nationaler Schein-Unabhängigkeit und Schein-Autonomie in einer multinational eingekochten Welt. Strategischer Zielpunkt eines möglichen »Khomeini-Projekts« der Gegenwart oder unmittelbaren Zukunft ist eben einmal mehr die Aufarbeitung des »Herzlandes« zwecks Beherrschung der »Weltinsel«, diesmal unter dem Motto »Europa vom Atlantik bis zum Ural«, das »Vaterland mit neuen geistigen Werten«, sprich alten Werten in alten Konzeptionen: der Kampf des alten Abendlandes gegen die Neue Weltordnung; wobei die Frage zu stellen ist, inwieweit die »Weltverbesserer«, die um die Vormacht im Rahmen der Neuen Weltordnung ringen, sich dabei wiederum nicht bloß im Stil der Judo-Kämpfer der sich im instinktiven Überlebenskampf der Reste eines gerade noch »europäischen« Europa entfaltenden und gezielt fehlgelenkten Kräfte bedienen, um Mackinders Weltinsel endgültig zum Mörtel einer seelenlosen Einheitswelt zu zerreiben.

Man halte sich eben auch in diesem Zusammenhang immer wieder vor Augen, daß die Etappenziele zur Erreichung der »höheren Endzwecke« diesen zuweilen entgegengesetzt zu sein scheinen und daß es die »brüderliche Arbeit an der Humanisierung der Welt« durchaus erlaubt, daß Demokraten, Nazis, Kommunisten, Anarchisten, Einweltler und Föderalisten an einem Strang ziehen, ohne es zu wissen.

Hier haben wir es nämlich längst nicht mehr nur mit den alten Nazis und ihren Verbündeten und Förderern von gestern zu tun. Deren Apparate überlappen sich ja auf nicht nur einer Ebene längst mit anderen einflußreichen und konspirativ arbeitenden Gruppierungen wie eben den Freimaurerlogen des Schottischen Ritus (etwa in Italien die Propaganda due, die Monte-Carlo-Loge in Monaco, die Alpina-Loge in Lausanne, die United Grand Mother Lodge in London), den Fraktionen verschiedener geheimer Dienste und »kleinchristlicher« Ritterorden und Vereinigungssekten oder dem Moslem-Brotherhood-Network. Darin sind nicht bloß Gesellschaften wie der »Weltbund zum Schutz des Lebens« integriert oder die »Gesellschaft für bedrohte Völker«, in der übrigens neben dem schwedischen Neonazi Per Engdahl auch die Göring-Nichte Brigitta von Wolf aktiv ist: Auch die autonomistischen und separatistischen Bewegungen der Basken, Korsen, Bretonen, Tiroler, der Elsässer, Armenier, Kroaten oder Ukrainer waren schon längst, ehe es in Osteuropa »losgegangen« ist, zu Hauptstützen und wichtigsten Bundesgenossen der Neuen Rechten im gesamteuropäischen Maßstab geworden, auch und vor allem im Bereich der autonomistischen »Kampftruppen«, wo sich die neurechten Nationalrevolutionäre mit Trotzkisten, mit Maoisten und Anarchisten zur gemeinsamen Tat vereinigen.[1210] Und das zum Teil auf handfeste Art und Weise. Längst schon vor seinem spektakulären Wahlsieg hatte etwa die ultrarechte russische »Liberaldemokratische Partei« des Wladimir Schirinowski dank der Emsigkeit seiner wahrhaftig »rechten Hand«, des einstigen stellvertretenden Sicherheitschefs im ZK-Gebäude, Alexej Wedenkin, über ganz Europa ein Netzwerk von Stützpunkten und Firmen aufgebaut, das über Niederlassungen in Österreich, Deutschland, Italien, Frankreich, Holland und der Schweiz verfügt. Das Netz verknüpft selbst Altnazis wie den Herausgeber der Nationalzeitung Gerhard Frey oder den Kärntner Holzhändler Edwin Neuwirth mit dem alten Nomenklaturafilz ebenso wie mit den alten und neuen Nationalisten in Rußland und den ehemaligen Ostblockstaaten.[1211]

Der Boden ist ohne Zweifel vorbereitet für die Saat. Der ideologische Sprengsatz des sozialrevolutionären Nationalismus der sich im Gegensatz zu den Alt-Nazis aus dem Thule-Reich bewußt rationalistisch gebenden Neuen Rechten könnte künftig mehr denn je einen entscheidenden Faktor bei der »ethnischen Pluralisierung« Europas und vor allem bei der weltordnungsmäßigen Aufarbeitung Osteuropas darstellen, deren Anfänge wir eben erleben. Wolfgang Strauß, einer der wichtigsten Ideologen der Neuen Rechten in Deutschland, hat schon 1968 in seinem Buch *Trotzdem – wir werden siegen* in bezug auf Osteuropa von der »permanenten Revolution der Nationen« gesprochen, vom »sozialrevolutionären Befreiungsnationalismus«, der den Marxismus überholt und in das Vakuum der abgestorbenen Idee eindringt, die dem Bolschewismus als Mittel zur Restauration des zaristischen Kolonialismus diente.[1212] Die Lehren, die Strauß etwa aus der fehlgeschlagenen ungarischen Revolution von 1956 zog, erscheinen geradezu wie die vorweggenommene Strategie für das gewesen zu sein, was sich Ende der achtziger Jahre abspielte: Die permanente Revolution der ihres Selbstbestimmungsrechtes beraubten Völker müßte synchronisiert und in ihren Schlägen gegen den unterdrückerischen Staatskommunismus zeitlich aufeinander abgestimmt werden. Dies würde militärische Interventionen der Sowjetarmee unmöglich machen oder die Streitkräfte heillos verzetteln ...

Nationalismus + Sozialismus = Europa?

Die sogenannte Neue Rechte, die sich weitgehend vom Hitler-Faschismus distanziert, weil er als einzige revolutionäre Bewegung noch im 20. Jahrhundert sein Weltanschauungsgebäude »auf Elementen der philosophischen Romantik, des Vitalismus und des Irrationalismus«[1213] errichtete, wuchs fast ganz im stillen und unbeachtet und folglich in ihrer Breitenwirkung völlig unterschätzt aus der braunen Vergangenheit Europas heran. Daß dies so ist und daß die weniger als sichtbare Organisation denn als Ideen-Bewegung identifizierbare Neue Rechte heutzutage tatsächlich mit der Überwindung der kulturellen und politischen Identitätskrise auf verführerische Weise aus der Malaise zu locken vermag, in die das Versagen der in den letzten Jahrzehnten vorherrschenden Denkmodelle wie Marxismus, Strukturalismus, Psychoanalyse und dergleichen geführt haben, ist zweifellos ein Erfolg ihrer Strategie und Taktik. Es ist wohl aber auch eine Folge der Trägheit, Eitelkeit und Präpotenz der sogenannten demokratisch gesinnten Intelligenz, die sich um eine ernsthafte Auseinandersetzung mit dieser Erscheinung gedrückt, die die hier heranwachsenden ideologischen Konzepte nicht ernst genommen oder sich selbst mit dem Blick auf sichtbare organisatorische Strukturen die Sicht auf das Wesentliche verstellt hat. Jenen, die vielleicht zu Beginn oder Mitte der achtziger Jahre noch über das »Land der faschistischen Sehnsucht, dessen Wiedervereinigung die Eurofaschisten prophezeien«, weil »Völker gegen die Geschichte recht haben«, spöttelten, mag mittlerweile zumindest angesichts der nationalistischen Revolutionen diverser Nationen das Spotten vielleicht schon vergangen sein. »Die außenpolitische Voraussetzung für den Erfolg der Neuen Rechten«, prophezeite Günther Bartsch schon 1975, »besteht in einer neuen russischen Revolution«.[1214] In der Tat sind die Grundpfeiler der Ideologie, der Strategie und Taktik der Neuen Rechten eng mit den Ereignissen in Osteuropa verknüpft.

Die Vordenker und eigentlichen Agitatoren der »Neuen Rechten« selbst haben mit dem nicht zuletzt von den einseitig auf Hoffmänner und diverse Dritte-Reich-Fossilien, pathologische Antisemiten und neudeutsche Asylantenverfolger fixierten Medien geprägten herkömmlichen Bild des typischen Neonazis kaum etwas gemein. In den Reihen der Neuen Rechten selbst findet man nur schwerlich die Schänder jüdischer Friedhöfe und extremistische Ausländerfeinde, was freilich nicht der Möglichkeit widerspricht, daß auch letztere Identifikationsmöglichkeiten in den biohumanen und ethnopluralistischen Konzepten einer hierarchischen und nach genetischen Gesichtspunkten ausgerichteten Gesellschaft der Zukunft finden können. Die »Nationalrevolutionäre« der Neuen Rechten sind freilich keine nostalgischen Ewiggestrigen, sondern in der Regel kultivierte, überaus gebildete und progressive Leute, die auf weite Sicht denken und planen, die ihre strategischen und taktischen Ziele mit wissenschaftlicher Akribie und psychologischer Raffinesse anzusteuern verstehen und die nicht selten ob verschiedenster ideologischer Identitäten in ihrer Umgebung als »linksradikal« oder als »Anarchisten« angesehen werden. Die viel treffender als »Nationalrevolutionäre Bewegung« zu bezeichnende »Neue Rechte« ist hinsichtlich ihrer Bedeutung nicht so sehr über ihre einzelnen Organisationen zu fassen, als über die suggestive »Macht der Ideen«, mit denen sie operiert, die sie »metapolitisch« gekonnt einsetzt, die sie für sich arbeiten läßt. Wie dies einer der führenden Theoretiker der »Nouvelle Droite«, Alain Benoist, einmal in mit aller nur wünschenswerten Deutlichkeit skizzierte: »Man soll das gar nicht verharmlosen. Es ist klar, daß IdeenBewegungen innerhalb einer Gesellschaft früher oder später den politischen Bereich berühren. Wenn das eintrifft, werden nicht wir es tun, das ist nicht unsere Rolle.«[1215]

Die Strategie der »Neuen Rechten« war und ist der konsequent nach Antonio Gramsci konzipierte und durchgeführte »Marsch durch die Institutionen«, die Plazierung ihrer Leute an hervorragenden gesellschaftlichen Positionen, die Infiltration des gemäßigten bis links-konservativen politischen Spektrums (nicht nur in der offenen Art, in der etwa neurechte Ideologen wie Hartwig Singer schon in den sechziger Jahren in die CDU überwechselten, als selbst in der intellektuellen Szene Frankreichs der Begriff »Nouvelle Droite« noch ein Fremdwort war): Agitation auf kulturellem Gebiet, kulturelle und politische Einflußnahme – und die Ausführung und möglicherweise Drecksarbeit zumindest in den ersten Stadien anderen überlassen, so ließe sich in etwa das Subversionsprogramm der »Neuen Rechten« auf einen knappen Nenner bringen, wobei vor allem gilt: »Wir müssen stets an die Notwendigkeit denken, in den vorgebrachten Standpunkten vorsichtig zu sein und der Suggestion gegenüber der Affirmation Priorität zu geben.«[1216]

Natürlich gehen auch die Ursprünge der Neuen Rechten nicht zuletzt auf die Anstrengungen Genouds und Gaston Armand Amaudruz' Anfang der fünfziger Jahre zurück, die verschiedenen Strömungen des Nachkriegs-Naziapparates auf internationaler Ebene zusammenzufassen und sind daher weder historisch noch ideengeschichtlich vom Hintergrund des National-Sozialismus zu trennen und auch nicht von dessen weltordnungspolitischer Funktion. 1950 fand in Rom die erste Konferenz in diesem Sinne statt, an der der britische Faschistenführer Sir Oswald Mosley, der venetianische Graf und Organisator der MSI, Loredan, der Schwede Per Engdahl und verschiedene andere Altnazis teilnahmen. 1951 gab es in Malmö die zweite dieser Konferenzen. Diese »Internationale« wurde zwar 1956 wegen zweitrangiger Differenzen zwischen den Delegierten formell aufgelöst, doch wurde insgesamt nicht nur die Infrastruktur für verdeckte Operationen aller Art weiter aufrechterhalten, aus ihr entwickelte sich auch unmittelbar als ideologische Vorstufe des Befreiungsnationalismus der Neuen Rechten die »nationaleuropäische Idee«. Es ist der Brite Sir Oswald Mosley gewesen, der bereits 1948 mit seinem Konzept der »Nation Europa« an die Öffentlichkeit trat. Zwischen 1953 und 1959 brachte seine neue »Unionsbewegung« die Monatsschrift *The Europeans* heraus. Zu Mosleys Mitarbeitern zählten Franzosen, Belgier und Deutsche, mit deren Unterstützung er 1962 eine Konferenz nach Venedig einberief. Auf dieser Konferenz, an der – Mosleys Memoiren zufolge – nur noch eine kleine Minderheit früherer Nationalsozialisten und Faschisten teilnahm, wurde das Idealbild eines Vereinten Europa als eigenständige dritte Macht proklamiert, »die einer Finanzherrschaft des amerikanischen Kapitalismus ebenso überlegen ist wie dem bürokratischen Apparat kommunistischer Tyrannei«[1217] – eine Zielsetzung, die durchaus mit den von der Neuen Rechten propagierten Europavorstellungen in Einklang zu bringen ist: dem Bild eines »europäischen Europa«, allerdings auf der Grundlage ethnischen Föderalismus und des »völkischen« oder »nationalen« Sozialismus, als »dritten Weg«.

Die Konferenz von Venedig führte zwar nicht zur Bildung einer »Nationaleuropäischen Partei«, vermochte aber doch diesbezügliche Impulse zu geben. So sammelte um 1964 der gebürtige Schlesier Bernhard C. Wintzek eine Studenten- und Schülergruppe in der »Aktion Kennwort Europa« um sich und nahm, ohne Mosley zu nennen oder sich auf ihn zu berufen, dessen nationaleuropäische Idee als einen neuen Leitgedanken für die Jugend in Anspruch. Bereits 1966 erschien der später in die bekannte Zeitschrift umgestaltete nationaleuropäische Pressedienst *Mut*, dessen Redaktion 1967 eine Grundsatzerklärung vorlegte, die zur Desintegration der Völker aus den ideologischen Systemen des Ostens wie des Westens aufrief. Wintzek und dessen nationaleuropäische

Gesinnungsgenossen waren es schließlich, die 1972 den bereits erwähnten 1. Nationaleuropäischen Jugendkongreß in Planegg bei München organisierten, wo Italien als vorrangiges Zielobjekt der Systemänderung ausgemacht wurde. Bei dieser multinationalen Veranstaltung, an der faschistische Terrororganisationen wie die »Ordine Nuovo« Rautis oder die »Avanguardia Nazionale« Stefano delle Chiaies ebenso teilnahmen wie neurechte »Volkskampfgruppen« aus Italien, Spanien und Frankreich, kam es zumindest auf deutscher Seite endgültig zum Schisma zwischen den alten, teilweise NPD-nahen nationalkonservativen und nationaleuropäischen Rechten einerseits und den neurechten »Vertretern eines neuen europäischen Sozialismus und Nationalsozialismus«[1218] andererseits, den Verfechtern »befreiungsnationalistischer Ideen und gesamteuropäischer Ideale«.[1219] Nicht zuletzt deshalb, weil sich die alte Rechte auf Westeuropa beschränken wollte, wo doch der deutsche Befreiungskampf »in Kroatien, in der Ukraine beginnt«.[1220]

Die Neue Rechte ging nun, obwohl die Verbindungen keineswegs abgebrochen wurden und zahlreiche ideologische Berührungspunkte weiterbestehen, andere Wege, die 1973 der französische Nationalrevolutionär Ato in einem Beitrag in *Wille und Tat* vorzeichnete. Die Vereinigung Europas, so Ato, setze eine europäische, zunächst einmal aber vor allem geistige Revolution voraus. »Das erfordert in jedem Land die Heranbildung verantwortungsbewußter politischer Elitekader, die einer ständigen intensiven Information und Schulung bedürfen. Ein einschlägiges Zentrum zur Realisierung dieser Aufgabe mit direkten Drähten zu allen nationalen Führungsstäben der Europanationalisten in den verschiedenen Staaten ist ein unverzichtbares Instrument zur Vorbereitung unserer Revolution. Und in diesem Zentrum gibt es noch eine andere, nicht minder entscheidende Aufgabe zu bewältigen: die Erarbeitung und Billigung einer einheitlichen ideologischen und politischen Strategie, die dann von allen nationalsozialistischen Verbänden in die Tat umzusetzen wäre.«[1221] Ato gab auch das Ziel vor: Nur durch die Energie der sozialrevolutionären Nationalisten könne sich die EWG, mit deren Technokratie freilich auch gebrochen werden müsse, bis an die Ränder des Kontinents ausbreiten.

Zur Zeit dieses ersten nationaleuropäischen Kongresses in München war die Neue Rechte zwar noch kein ernsthafter politischer Faktor, aber durchaus bereits eine europäische, wenngleich vor allem in Deutschland weitgehend unbeachtete Erscheinung. Da gab es die in Frankreich am stärksten vertretene (dort 1973 nach Zusammenstößen mit den Kommunisten illegale) »Neue Ordnung« (Ordre Nouveau). In mehreren Ländern existierten bereits »Volkskampfgruppen«, die in Italien ihre stärksten Bastionen besitzen. Dort besetzten sie im Mai 1969 an der Seite von Jungen Anarchisten und Maoisten die Universitäten. Ihre Ideologie ist eine Mischung aus nationalistischen, maoistischen und faschistischen Elementen. Vor allem bei den Autonomisten, ein entscheidender Faktor innerhalb der Neuen Rechten, verfließen zuweilen die Grenzen zwischen den neurechten Nationalrevolutionären, trotzkistischen Anarchisten, Syndikalisten und Maoisten, für deren chinesisches Modell neurechte Theoretiker wie etwa der Deutsche Michael Meinrad stets empfänglich waren. Autonomismus, im verstärkten Maße der Ökologismus und der Solidarismus entwickelten sich allgemein zu den wichtigsten Bindegliedern zwischen den Nationalrevolutionären Europas. Die »Solidaristen«, die der Theorie eines »organischen« Nationalismus und Sozialismus anhängen, waren zunächst in Belgien am stärksten vertreten. Eine besondere »Solidarische Bewegung« in Frankreich stützt sich philosophisch auf die Gedanken des russischen Kulturkritikers Berdjadew, vermengt mit Ideen des französischen Marquis. Als gesamtkontinentale Doktrin wurde der »Solidarismus« bereits seit den sechziger Jahren von Teilen der innersowjetischen Opposition akzeptiert. In der Bundesrepublik wurde er vor allem von Lothar Penz (Pseudonym Rudolf Junker) vertreten und entwickelte sich dort nach dem Auseinanderfall der »Aktion Neue Rechte« im Jahr 1974 als »Solidaristische Volksbewegung« zur zweiten wesentlichen Strömung der Neuen Rechten neben der die »Sozialisten« und die rein nationalrevolutionären Gruppierungen zusammenfassenden »Sache des Volkes«.

Der Neuen Rechten in Deutschland nahe steht der Nationale Jugendverband Norwegens (NUF), der 1968 ebenfalls als Neuer Nationalismus mit europäischer Perspektive, antiimperialistischer Haltung und Stoßrichtung gegen das herrschende Establishment entstand. Der Neuen Rechten zuzuzählen ist auch die »Freie Linke« in Schweden, deren Keimzelle sich 1969 aus der Neuschwedischen Bewegung auf Initiative des Studenten Lars-Erik Korse herauslöste und binnen eines Jahres so viele Anhänger gewinnen konnte, daß die Schaffung einer »Demokratischen Sozialistenpartei« möglich war, die allerdings 1971 wieder zerfiel. Daraufhin ging man auch in Schweden zu jener Strategie über, die allgemein viel charakteristischer für die Neue Rechte ist und ein viel kontinuierlicheres Element darstellt als die vielfach wechselnden Organisationsgruppen: die Schaffung von Denkgemeinschaften, von intellektuellen Studiengruppen und Gehirn-Trusts etwa nach Art der englischen Fabier und der Aufbau von mehr oder weniger autonomen und sehr lose miteinander verbundenen Zellen, die außerhalb bestehender Organisationsstrukturen operieren und die ideologische Hefe unters Volk streuen, um somit eine ideologische Plattform für die verschiedensten Organisationen und Richtungen zu bieten.

Dabei kommt in europäischem Rahmen zweifellos der französischen GRECE, dem »Groupement de Recherche et d'Études pour une Civilisation européenne« mit Alain Benoist als Galionsfigur der Neuen Rechten eine Führungsrolle zu. GRECE setzt sich aus zahlreichen Studiengruppen zusammen und umfaßt die intellektuelle Elite der Neuen Rechten in Frankreich aus allen Organisationen und Richtungen. Ihr gehören auch Studenten und Professoren an, die sich sonst nirgendwo organisiert haben. Der streng föderalistische Aufbau erinnert ebenso wie etwa Benoists Unterscheidung zwischen politischen und metapolitischen Strategien oder politischer und metapolitischer Gewalt an eine anarchistische Konzeption. Die Ergebnisse der verschiedenen Studiengruppen werden in Kolloquien ausgetauscht und diskutiert. Das Publikationsorgan von GRECE, die Zeitschrift *Nouvelle École*, wird nicht nur von einem erheblichen Teil der französischen Intelligenz gelesen. Sie scheint über die Grenzen Frankreichs hinaus meinungsbildend für die gesamte Neue Rechte zu sein, wie es etwa in der Aufarbeitung der in *Nouvelle École* vorgegebenen Themen zu der für die gesamte Neue Rechte bedeutungsvollen, auf dem logischen Empirismus der Wiener Philosophenschule um Ernst Mach, dem kritischen Rationalismus Karl Poppers und den Gedanken Max Webers und Bertrand Russells aufbauenden Theorie des »occidentalen Syndroms« durch den neurechten »Dutschke« Hartwig Singer schon in den Kinderjahren dieser Bewegung manifest wurde.

Der organisatorische Entwicklungsweg der Neuen Rechten etwa der Bundesrepublik über die Hamburger »Donnerstagrunde« beziehungsweise »Legion Europa«, über die Europa-Aktivisten um Jean Thiriart, die Arbeitskreise »Junges Forum« oder »Fragmente« bis hin zur »Außerparlamentarischen Mitarbeit«, zur »Aktion Neue Rechte« oder zur »Nationalrevolutionären Aufbauorganisation« und zu Organisationen wie »Unabhängige Arbeiterpartei« oder »Arbeitsgemeinschaft unabhängiger Deutscher« ist in unserem Zusammenhang relativ unwesentlich.

Von Bedeutung ist hier der von einem grenzüberschreitenden neurechten Gehirntrust getragene und entwickelte ideologische Überbau, dem es in vielerlei Hinsicht an Suggestivkraft und Faszination für viele Zeitgenossen nicht mangelt, da dieser in einer Zeit kultureller und politischer wie geistig-religiöser Orientierungslosigkeit, in einer Welt, deren Tragik »die Entwurzelung jeglicher Kultur, Entfremdung der Wesensart, Atomisierung des Menschen, Nivellierung der Werte und die Uniformität des Lebens« ist,[1222] vorgibt, Lösungen »einer höheren Wahrheit« anbieten zu können: »Unsere neue Schule betont den Primat des Lebens über sämtliche bislang vermittelte Lebensanschauungen, den Vorrang der Seele vor dem Geist sowie des Empfindungsvermögens vor dem Intellekt, den Vorzug schließlich des Charakters gegenüber dem Verstand [...] Es gebührt uns, eine höhere Wahrheit zu finden, die mehr Substanz bedeutet, mehr innere Logik ausstrahlt, eine größere Überzeugungskraft besitzt [...] Unsere Lebensanschauung bekräftigt also das Recht eines Volkes auf Verschiedenheit, d. h. das Recht darauf, seine ethnischen Besonderheiten zu wahren. Das führt uns einerseits zu einer Untersuchung und Wiederentdeckung unserer Herkunft, andererseits zu einer neuen Bestimmung der europäischen Werte, der Lebensanschauung sowie der indogermanischen Erkenntniskraft [...] Die von uns angekündigte Epoche ist eine Epoche der Völker mit ausgeprägter Hierarchisation; mit anderen Worten die spezifische Gesellschaft zu sich selbst gekommener Menschen: der Personen. Denn die Lebensanschauung der Differenzierungslehre läßt einen Humanismus aufkommen, bestimmt der einzige, der sich weder seiner Privilegien noch seiner Rechte zu schämen braucht: Denn er entspringt dem Leben, seiner Mannigfaltigkeit und seiner als Grundsatz hingestellten Ungleichheit; und er zieht aus dieser Ungleichheit die einzige Würde, die nicht unter den Schwächen und den oft einander widersprechenden Moralvorschriften zu leiden hat; das ist die Würde des innerhalb einer Hierarchie aufgefaßten Menschen, der seine Identität wahren und sich aufgrund seines Charakters gegen andere Menschen abgrenzen kann. Ein Humanismus schließlich in dem einzigen Zusammenhang, der nicht unter irgendwelcher metaphysischen Fiktion zu leiden hat, weil er organisch ist, weil er sich auf die Lebensgesetze stützt, nämlich auf das Volk.«[1223]

Nun wäre es wohl zu einfach, das Verführerische der neurechten Weltanschauung oberflächlich darauf zurückzuführen, daß sie sich als kritische und umfassende Auseinandersetzung mit dem modernen Wissen – von der Philosophie bis zur Ethnologie, von der Anthropologie bis zur Soziologie, von den Naturwissenschaften bis zur Geschichte und Pädagogik darstellt, dabei Nietzsches Philosophie des Übermenschen populistisch »mit der Attitüde des pubertierenden Pfadfinders kolportiert, leichtfertig mit Jahrtausenden jongliert, sich darüber hinaus idealistisch und konsumkritisch und auch noch europäisch gibt«[1224] und mit ihrer indoeuropäischen Zivilisation zwei Jahrtausende jüdisch-christlicher Zivilisation überwinden will.

Günther Bartsch hat bereits 1975 die sechs Grundsäulen der neurechten Weltanschauung herausgefiltert. An erster Stelle steht dabei der Bio-Humanismus als philosophischer Überbau, im wesentlichen gestützt auf die Erkenntnisse der modernen Verhaltensforschung, insbesondere der Arbeiten von Konrad Lorenz. Die Grundanschauung der Neuen Rechten ist also naturalistisch, sie verwirft sowohl den historischen Materialismus als auch den philosophischen Idealismus zugunsten eines hypothetischen Realismus: Der Mensch kommt mit einer angeborenen Triebverfassung zur Welt, die weder aufgehoben noch durch eine andere ersetzt werden kann, während das Kulturerbe erworben werden muß und die Kulturen wechseln. Eine echte demokratische und sozialistische Gesellschaft entsteht nicht aus Zwangskollektiven, sondern nur aus organischen Gemeinschaften und setzt die Befreiung der sozialen Triebe voraus.

Der zweite Grundpfeiler neurechten Denkens ist die bereits oben erwähnte »occidentale Erkenntnistheorie des Logischen Empirismus«, die Idee des »occidentalen Syndroms«, die erklären soll, wie Europa zum bedeutendsten Zentrum der Weltzivilisation werden konnte: dank einer aus dem Zusammenwirken von Leistungsorientierung, Individualismus und der biologischen Struktur der intellektuellen Anlagen des Europäers gespeisten Dynamik. Der logische Empirismus erscheint der Neuen Rechten als spezifische Denkmethode der weißen Rasse, insbesondere eben des Europäers.

Mit dem Bio-Humanismus verbindet sich zwangsläufig das ebenfalls aus der Verhaltensforschung abgeleitete biologistische Menschenbild der Neuen Rechten, das sie der Anthropologie des zum Spielball des Privat- und Staatskapitalismus (neuerdings wohl des multinationalen Kapitalismus) gewordenen Massenmenschen entgegensetzt. Konsequenterweise ergibt sich aus all dem auch das ideologische Standbein des Ethnopluralismus beziehungsweise die Differenzierungslehre, die die jensenistische Lehre von der Ungleichheit der Menschen ebenso berücksichtigt, wie sie sich zum Einsatz der modernen Gen-Technologie zur bevölkerungspolitischen Gesundheitspflege und Verbesserung der menschlichen Rasse, sprich Eugenik, bekennt: Denn, zum Beispiel,

»eine Million geisteskranker Franzosen, das gibt zu denken [...] es wäre um so unverzeihlicher, gegen die Gefahr genetischer Verminderung nicht einzuschreiten, als wir über beträchtliche Mittel verfügen.«[1225]

Der Ethnopluralismus strebt ein biologisches Ordnungsverhältnis zwischen den Rassen und eine Neuordnung im Verhältnis der Völker zueinander an, wobei sich vor allem die europäischen Nationen ihrer höheren Gemeinschaft bewußt werden sollten. Der Nationalsozialismus habe die biologischen Realitäten zwar gesehen, aber mißverstanden. Vom Antisemitismus des NS-Nationalsozialismus setzt sich die Neue Rechte dabei ab: Dadurch sei, wie schon Hartwig Singer feststellte, zum Schaden der Nation eine jahrhundertelange deutsch-jüdische Symbiose aus weniger biologischen, denn religiösen und wirtschaftlichen Vorurteilen heraus zerstört worden.[1226]

Der Ethnopluralismus hat indessen auch eine durchaus aktuelle Mission, nämlich den »nationalen Minderheiten zu gesicherter Eigenständigkeit zu verhelfen oder sie mit ihren Stammvölkern zu vereinigen«. Das bezieht sich auf die Südtiroler ebenso wie auf die Basken, Bretonen, die Kroaten oder die Korsen, auf die Armenier oder Ukrainer oder auf die Asserbeidschaner und verbindet sich nahtlos mit dem »Befreiungsnationalismus« auf der Basis eines die Merkmale der territorialen Einheit sowie der Staats-, Sprach-, Kultur- und Volksgemeinschaft wie historisches Eigenbewußtsein umfassenden Nation-Begriffs. Der Ethnopluralismus verbindet sich auch nahtlos mit den neurechten Sozialismusbegriffen, die ungeachtet verschiedener Varianten einen gemeinsamen Nenner haben:

Nicht irgendeine bestimmte Klasse oder soziale Schicht, sondern das »ungeteilte Volk« ist Träger dieses Sozialismus, der als Verkörperung des »modernsten und einzig wissenschaftlichen Sozialismus« Kapitalismus und Sozialismus aufheben soll: in der Herrschaft der Politik über das Kapital.[1227] Der Sozialismus der Neuen Rechten ergibt sich aus der »Bereitschaft, nationale Solidarität zu üben«,[1228] als dem sozialistischen Maßstab für den Wert des einzelnen Menschen: Jeder wirkliche Nationalist ist, dem auf Naturanschauung beruhenden Ganzheitsdenken entsprechend, notwendigerweise auch Sozialist. Letzten Endes hat die neurechte Konzeption eines Europäischen Sozialismus weniger eine ökonomische, sondern eine strategisch-politische Bedeutung als gesamtkontinentale Revolution: eben als Kapitalismus und Sozialismus überwindender dritter Weg, wie er auch von osteuropäischen Theoretikern wie Ota Sik skizziert wurde, den die Neue Rechte als Bundesgenossen adoptierte.

Die nationalistische Konzeption der Neuen Rechten hat verschiedene Ebenen, wobei der gesamtdeutschen (Österreich einschließenden) nach der Wiedervereinigung ebenso eine neue Bedeutung zukommt wie der großdeutschen beziehungsweise kontinentalen Konzeption, die gegen beide Blöcke gerichtet war: Während sich die alten Nationalismen gegenseitig ausschlossen, so daß es immer wieder zu Zusammenstößen kam, begreift sich der Nationalismus der Neuen Rechten als befreiend, weil er »solidarisch« gegen Unterdrückung und Überfremdung gerichtet ist und solcherart die ihm innewohnende Aggressivität in eine schöpferische Kraft umwandelt. Der neurechte Nationalrevolutionär sah und sieht sich seit jeher als eine gesamteuropäische Gestalt, die in West und Ost in verschiedenen Erscheinungsformen auftritt. Die Ukrainer, Krimtartaren, Litauer, Armenier und die zahlreichen sowjetisch unterdrückten und »überfremdeten« Randvölker der UdSSR waren daher stets die natürlichen Verbündeten der Neuen Rechten, selbst wenn sich der Kampf um die nationale Eigenart in »national-kommunistischer« Form äußerte. Solidaritätsaktionen für die osteuropäische und innersowjetische Opposition standen daher an allererster Stelle der neurechten Aktivitäten mit dem Ziel, eine einheitliche revolutionäre Front zwischen Nationalrevolutionären und Nationalkommunisten zu schmieden. Seit den siebziger Jahren gab es kaum ein gegen Systemkritiker gerichtetes Gerichtsurteil in Osteuropa, das die Neue Rechte nicht mit Flugblättern, Unterschriftenaktionen oder Demonstrationen beantwortet hätte. Es ist daher kein Zufall, daß neurechte Theoretiker zu denselben Schlüssen kamen wie etwa der marxistisch-leninistische polnische Philosoph Leszek Kolakowski, der in der Nationalisierung des Kommunismus einen der »wichtigsten Faktoren im politischen Kräftespiel des 20. Jahrhunderts«[1229] ortete und als Ausweg aus dem Dilemma eine Synthese von Kommunismus und Sozialismus sah.

Selbst wenn sie sich bekämpften und äußerlich zwischen den Neuen Rechten und den Neuen Linken wenig Gemeinsamkeit zu bestehen schien, so waren sie sich vor allem in national-sozialistischer Strategie und Taktik durchaus verbunden. Sowohl Bernd Rabehl als auch Rudi Dutschke befürworteten den Nationalismus als »revolutionäres Instrument«. Aus verschiedenen Notizen Rabehls geht hervor, daß er es ablehnte, den Nationalismus auf eine faschistische Haltung zurückzuführen. Seine positive Rolle in der Französischen, Russischen,

Jugoslawischen und Chinesischen Revolution sei unverkennbar. Wörtlich schrieb er sogar: »Die marxistische Linke muß Ansätze des Nationalismus weitertreiben, gerade auf den neuralgischen Punkt, daß Deutschland geteilt wurde durch den Bundesgenossen USA [...] Der Nationalismus in dieser Form ist eine Art Sammlung, schafft ein Bündnis zwischen den einzelnen Sozialisten, die dadurch politisch wirksam werden können.«[1230] Rudi Dutschke ging noch einen Schritt weiter und rechnete in diesem Zusammenhang mit SPD und KPD auch die NSDAP zu den »bedeutendsten deutschen Arbeiterparteien«.[1231] »Allein schon diese Abweichung von der kommunistisch-sozialistischen Schablone, die den Nationalsozialismus als kleinbürgerlich strukturiert und großbürgerlich finanziert hinzustellt, ließ auch bei Dutschke eine neue Form des nationalen Sozialismus zu, wie sie zur gleichen Zeit von den ersten Gruppen der Neuen Rechten angestrebt wurde.«[1232]

Während Neue Rechte und Neue Linke in anderen Ländern wie vor allem in Frankreich oder im spanischen Baskenland vielfach gemeinsam agierten, kam es in Deutschland freilich zu keiner Aktionseinheit zwischen den beiden Polen der Jugendbewegung: Die Linke bildete sich als neue Form des Antifaschismus, die Rechte sah sich unter anderem in der Tradition der Waffen-SS. Nur scheinbar kurioserweise stellte aber gerade auch in Deutschland der National-Sozialismus neben vielen anderen fundamentalen Gemeinsamkeiten sozusagen die ideologisch-strategische Klammer dar, die die Neue Linke wie die Neue Rechte auf eine gemeinsame Frontlinie in diesem bedeutenden »Kräftespiel des 20. Jahrhunderts« stellte. Wie man sehen wird, ist dies mit großer Wahrscheinlichkeit eben kein Zufall, und die Feststellung des neurechten Ideologen Singer über die Doppelnatur der Neuen Rechten hat, wenn auch nicht so gemeint, eine tiefgründigere Bedeutung: Er und seine Freunde, so Singer, kämen ihrer persönlichen Herkunft nach von der alten Rechten, ihre geistige Struktur entspräche aber »voll und ganz dem Ansatz des Denkens der Neuen Linken«.[1233] Die zwei Seiten einer Medaille: Ebenso wie bei Kuron Modzelewski alias Cohn Bendit wird man auch bei anderen neulinken und neurechten Wortführern wie etwa Alain Benoist dieselbe Frage zu stellen haben, die im Zusammenhang mit den seit den siebziger Jahren ebenfalls in Paris agierenden allerneuesten Linken »Neue Philosophen« André Glucksmann und Bernhard-Henri Lévy der Alt-Trotzkist Cornelius Castoriadis mit gewiß ätzender Bosheit stellte: »Wer gibt zum Beispiel Bernhard-Henri Lévy die Möglichkeit zu sprechen und zu publizieren? Woher kommt es, daß er ein Philosophie-Marketing veranstalten

kann, anstatt der achte Parfümhändler im Harem eines Sultans zu sein
– was vielleicht mehr der ›Ordnung der Dinge‹ entspräche?« In der
aktuellen Situation dürfte dem internationalen Konzept des neurechten
Befreiungsnationalismus (möglicherweise verbunden mit dem Ökologismus) erstrangige Bedeutung zukommen: das ethnische Ordnungsprinzip der völkischen Selbstbestimmung als explosiver Keim einer
neuen Weltordnung, was durchaus den Weltregierungsplänen aller pan-
föderalistischen Weltordner entgegenkommt, die alte Welt über Destabilisierung und Chaos in lauter selbstbestimmte, befreite Bundesstaaten
und als solche in ihre monopolkapitalistisch-multinationale Neue Weltordnung hinein zu »demokratisieren«. Das ist eben kein Widerspruch!
Wie der einstige amerikanische Botschafter in Italien, Richard Gardner,
im April 1974 in der CFR-Zeitschrift *Foreign Relations* schrieb: »[...]
das Haus der Weltordnung muß von unten nach oben gebaut werden und
nicht von oben nach unten. Ein Endspurt um die nationale Souveränität,
bei dem sie Stück für Stück abgetragen wird, wird sehr viel mehr
zustande bringen als der altmodische Frontalangriff.«

Das ethnopluralistische Ordnungsprinzip widerspricht übrigens keineswegs der Haltung der Neuen Rechten (und in gewisser Weise auch
der Linken) gegenüber der Fremdarbeiter- und Ausländerfrage, die als
moderner Sklavenhandel mit ihren Vaterländern entfremdeten Menschen zugunsten durchsichtiger Wirtschaftsinteressen betrachtet wird,
der das Nationalitätenprinzip untergräbt und die biologische und genetische Volkssubstanz bedroht: Hier verbirgt sich nicht mehr, sondern
offenbart sich bereits deutlich, wie man nicht zuletzt in Frankreich und
in der Bundesrepublik sieht, ein jederzeit sehr leicht manipulierbares
und explosives Konfliktpotential, das im Bedarfsfall zur ordnungs-
politischen Chaotisierung der jeweiligen Staaten und Gesellschaften zur
Verfügung steht.

Mochten befreiungsnationalistische Theorien, die ja, wie deutlich
wurde, nicht nur auf der »rechten« Seite zu finden waren, angesichts der
angeblich »realpolitischen Verhältnisse« vor Jahren noch als rückwärts-
gewandte Defensiv-Gefechte zu belächeln gewesen sein, so haben sie
sich nun mit den Umbrüchen in Osteuropa von allein in die Selbstbe-
stätigung und in die Offensive katapultiert.

Eigentlich müßte vor allem die Neue Rechte in den neuen Bundesländern
Gesamtdeutschlands ein Ehrenmal bekommen: Während sich die alte
Rechte und mittlere Rechte mit dem Status quo abgefunden und die

DDR (zumindest aus der Perspektive der Neuen Rechten betrachtet) von der SPD ostpolitisch verkauft wurde und selbst für die CDU die Wiedervereinigung bestenfalls noch eine papierene Utopie war, betrachtete die Neue Rechte den nationalen Befreiungskampf als verfassungsmäßige Pflicht. Mehr noch: Für sie war schon der Volksaufstand von 1953 der explosive Auftakt des nationalen Befreiungskampfes nicht nur in ganz Deutschland, sondern auch bei den Völkern Osteuropas. Bereits 1969 bezeichnete Wolfgang Strauß die ungarische Revolution von 1956 als »Vorbild des Kommenden«. Schon 1968 prognostizierte er für die achtziger Jahre einen Aufstand der Jugend in einer »Dritten Revolution« im Zeichen von Nationalismus und Sozialismus gegen die Privilegien einer von Arbeiterbewegung und Volk entfremdeten kommunistischen Funktionärsschicht im Osten und gegen des Besitzbürgertum im Westen:

»Die siebziger und achtziger Jahre unseres planetarischen Jahrhunderts werden im Zeichen einer großartigen Revolutionsflut stehen, die von Osten, in den Steppen Kasachstans und den Schmieden Sibiriens und der Ukraine anbrandend, nach Westen strömen muß. Lerne, altes Europa, die kommende Große Revolution zu fürchten.«[1234]

Die Revolutionen in Osteuropa haben nun stattgefunden, verbunden mit einem geradezu explosionsartigen Aufleben nationalistischer Tendenzen; und wer wagte heute schon zu prophezeien, wie es in zehn Jahren im neugeordneten Europa aussehen wird? Straußens Schrift *Die Dritte Revolution* ist in mehrerer Hinsicht bemerkenswert. So bringt er die nach den drei Gesetzen: nationale und befreiungspatriotische Dominanz, plebiszitäre Demokratie und schließlich Volkssozialismus jenseits von Kommunismus und Kapitalismus als »dritten Weg« stattfindende »dritte Revolution« nicht mit der Neuen Linken, sondern mit der Neuen Rechten Westeuropas in Verbindung. Er war es schließlich auch, der zur Versöhnung und zum politischen Bündnis mit den überfremdeten Völkern Osteuropas und den unterdrückten Nationen in der Sowjetunion aufrief und sich wie Dutschke für Kontakte mit den »Systemoppositionellen« in Ost und West aussprach. Damit verhalf er auch in Deutschland der aus der Tradition der alten Rechten heraus zunächst antikommunistischen Neuen Rechten zu der wichtigen Wende von einer antikommunistischen zu einer antiimperialistischen Haltung und stellte sie damit in eine Reihe mit den linken Bundesgenossen. Hier haben wir es mit den bewußtseinsbildenden Vorläufern einer allgemeinen und in der Tat explosiven Haltungsänderung im Ost-West-Verhältnis in den siebziger Jahren zu tun, die im Kontext mit mehreren anderen, zeitlich aufeinander abgestimmten Entwicklungen und Ereignissen der siebziger Jahre stehen: beispielsweise das Aufkommen des Eurokommunismus, der ebensowenig in Moskau erfunden wurde wie der Kommunismus selbst, mit dem klargemacht werden sollte, daß es möglicherweise doch einen Kommunismus mit menschlichem Antlitz, also einen humanen Sozialismus im Gegensatz zu seiner entarteten Form in der Sowjetunion geben könnte. Signalisiert wurden der Weltöffentlichkeit diese Möglichkeiten und damit eine radikale Abkehr von der bisherigen US-Politik, von dem früheren Experten für sowjetische Angelegenheiten am »Forschungsinstitut für internationale Veränderung« an der Columbia School in Washington, dem trilateralen Sicherheitsberater Jimmy Carters, Zbigniew Brzezinski, am 26. 4. 1976 in der *Time:* »Antikommunisten können sich als größere Gefahr entpuppen als die Kommunisten.«

Sekundiert von Persönlichkeiten wie Paul Warnke und George Ball, die sich ebenfalls in dieser Hinsicht äußerten, erklärte er, daß er weder Bedenken gegen eine Beteiligung der italienischen Kommunisten an der Regierung noch gegen einen Dialog mit der Regierung in Washington habe. Der frühere stellvertretende Außenminister George Ball fügte darüber hinaus hinzu: »[...] daß die Democristiani sich als korrupt erwiesen« habe.

Die Partei sei zu einer kraftlosen, nahezu nutzlosen Organisation geworden, während die kommunistische Partei dem italienischen Volk »Arbeitsplätze und Wohnungen gesichert« habe.[1235] Schon im März 1976 hatte ein interner Bericht der Trilateral Commission darüber gejubelt, welche fruchtbaren Kontakte man mit den deutschen sozialdemokratischen Politikern geknüpft habe und wie diese sich einigen von der Kommission vertretenen Thesen angeschlossen hätten. So assistierte denn auch bald Willy Brandt seinem trilateralen Vorreiter: »Ich habe Vertrauen zu den italienischen Kommunisten.« Und der Antikommunist Helmut Schmidt: »Eine Beteiligung an der Regierungsverantwortung muß nicht unbedingt eine Katastrophe sein.«[1236]

Nur wenige Wochen später, am 3. Juni 1976, sprang dann in Paris der Begriff »Eurokommunismus« in die Spalten der Weltpresse über, erstmals gebraucht von Enrico Berlinguer bei einer kommunistischen Großkundgebung mit italienischen und spanischen Gastarbeitern, also den potentiellen Mitgliedern »eurokommunistischer Parteien«. Natürlich sollte es nicht zu einer kommunistischen Regierungsbeteiligung kommen, und die war wohl auch nie wirklich gewollt. Dazu hatten CIA,

Propaganda due, der Vatikan und andere schon allzuviel in das antikommunistische Bollwerk Italien investiert: Der koalitionswillige Christdemokrat Aldo Moro wurde unter den bekannten mysteriösen Umständen rechtzeitig entführt und ermordet. Der Begriff »Eurokommunismus« als Synonym für guten, moskauunabhängigen Kommunismus jedoch blieb hängen. Beinahe gleichzeitig damit wurde Moskau »menschenrechtlich« mit Hilfe von Dissidenten unter Druck gesetzt, einer relativ kleinen Gruppe übernationaler Intellektueller, die nun fast über Nacht in den Mittelpunkt der Aufmerksamkeit der Medien und gar der Ost-West-Politik auf höchster Ebene gerieten und – das gilt bis auf einige Ausnahmen wohl für die meisten – unfreiwillig zum Spielball einer Politik wurden, die in Wirklichkeit mit Menschenrechten wenig im Sinn hat.

Gleichzeitig mit der Carterschen Menschenrechtskampagne und der trilateralen Einkreisungs- und Neuordnungspolitik, die beinahe wirklich zu einer bedrohlichen Auseinandersetzung der Großmächte geführt hätte, wurde sowohl innerhalb wie außerhalb der Sowjetunion russischer Antisemitismus und Nazi-Kommunismus mobilisiert, provoziert und propagiert: »Eine Art ›russischer Nazismus‹ scheint sich in der Sowjetunion herauszubilden«, teilte Victor Zorza der Weltöffentlichkeit in der *International Herald Tribune* am 9. 6. 1977 mit. »Falls und wenn der russische Nazismus eine vollendete Tatsache wird und seinen Marsch zur Macht begonnen hat, mag es zu spät sein, die Entwicklung zu beeinflussen.« Und schon einen Monat später, am 3. 8. 1977, wußte Zorza zu berichten: »Der Verdacht des Kreml, daß eine internationale jüdische Verschwörung die Weltherrschaft anstrebt und das sowjetische Regime vernichten will, beginnt sich wieder in der sowjetischen Presse bemerkbar zu machen [...] die verbreitete Zeitschrift *Ogonyk* empfiehlt ihren Lesern ein neues Buch, das, wie sie behauptet, ›das Gleichartige von Zionismus und Nazismus‹ nachweist und den Juden ›den gleichen menschenhassenden Eifer‹ bezüglich der ›ausgewählten Nation‹ und ›historischen Aufgabe‹ zuschreibt wie Hitler.« Angesichts der Tatsache, daß die sowjetische Presseagentur integraler Teil des in New York ansässigen »Weltordnungsinstitutes« war, sind derlei Synchronizitäten gewiß nicht verwunderlich.

Und dann kamen »les nouveaux philosophes«, die »Neuen Philosophen« Frankreichs wie Glucksmann, Levy, Clavels in der Nachfolge von Jean-Marie Benoist und dessen 1970 erschienenem Buch *Marx ist tot* und wurden zur Erfolgsstory des Jahres: »Die Parallele zwischen den neuen Philosophen und den Eurokommunisten ist klar«, hieß es in der *IHT* am 15. 7. 1977. »Herr Glucksmann, 40, zum Beispiel, ist ein früherer Marxist und Maoist, der durch den Stalinismus vom Kommunismus abgebracht wurde [...] Der kommunistische Parteigeschichtler Jean Elleinstein und die Historikerin Annie Kriegel, die die Partei 1956 verließen, stimmen überein, daß Sozialismus in Frankreich nicht stalinistisch, nicht leninistisch und vielleicht noch nicht einmal marxistisch sein würde. ›Wir werden unseren eigenen Sozialismus erbauen.‹«

Damit waren die Signale für das Ende des »Kommunistischen Experiments« im sowjetkommunistischen Block gesetzt, das den Weltordnern allmählich zu kostspielig und zu riskant geworden war. Damit war die Abkehr von der Dulles-Kennan-Ära, deren Merkmal der undifferenzierte Antikommunismus war, mit dem die osteuropäischen Völker bewußt dem russisch-sowjetischen Imperialismus zugetrieben worden waren, zu einer antisowjetischen, also anti-imperialistischen Politik vollzogen worden. Die Nationalisierung der Staaten Osteuropas war, nachdem der gegen sie als kommunistische Staaten gerichtete Druck weggefallen war, in der Tat nur mehr eine Frage der Zeit. Vorauszusehen war auch bereits, daß es keine »nationalkommunistische« Entwicklung geben würde: Zu sehr war der Kommunismus diskreditiert, zuviel hatten die Völker Osteuropas unter dem ihnen von außen aufgezwungenen Experiment gelitten.

Eigentlich eine positive Entwicklung, möchte man meinen, dieser Trend hin zu Freiheit und Demokratie, vielleicht zu einer neuen, gar nichtmarxistischen Art von Sozialismus. Nun, Richard Gardner wurde ja bereits zitiert: »Ein Endspurt um die nationale Souveränität, bei dem sie Stück für Stück abgetragen wird, wird sehr viel mehr zustande bringen als der altmodische Frontalangriff.«
Was hier passiert ist, das ist die Fortsetzung des Experiments »menschliches Universalgebäude«, im Grunde genommen der »Dritte Durchgang« zu dieser neuen Weltordnung, diesmal eben zunächst mit anderen als mit weltkriegerischen Mitteln. Und wie schon immer findet dieser Durchgang vorwiegend in Europa statt. Seine Synonyme: Neue Ordnung, Europäische Neuordnung, Vereintes Europa, Nation Europa, Haus Europa, Europäische Architektur und alles in allem natürlich Demokratie – Begriffe, mit denen nach dem zweiten Durchgang große Hoffnungen verbunden waren und für viele noch immer verbunden sind. Was aber wird sie letzten Endes bringen, diese Neue Ordnung, wie wird es aus-

sehen, das neue Haus, in dem so viele Menschen guten Willens »an dem
ewigen Ziel des Menschen eines Friedens auf Erden, eines Friedens nach
außen und eines Friedens in uns selbst« arbeiten?

Jedes Ding hat eben zwei Seiten. Auch die Geschichte des Vereinten
Europa. Ein Blick hinter die Fassaden, sozusagen in die Schwarzen
Löcher zwischen den flammenden Sternchen, mag vielleicht eine auf-
schlußreiche Ergänzung zu den Festtagsbüchern der Hallsteins und ganz
allgemein der großen Europäer bieten, jener vor allem, die schon immer
mal von einem Europa vom Atlantik bis zum Ural geträumt haben – und
das sind nicht bloß Faschisten ...

Am Anfang war ... die Korruption

Lexikographisch verkürzt liest sich die Geschichte der »europäischen
Bewegung« etwa so: Der Zusammenschluß der europäisch tätigen Verbände und Institute geht auf die erste Begegnung verschiedener privater
Föderalisten-Vereinigungen und Widerstandsgruppen des Zweiten Weltkrieges zurück, die auf Einladung der Schweizer Europa-Union 1946 in
Hertenstein stattfand. Im Hertensteiner Programm forderten sie eine europäische Gemeinschaft als UNO-Mitglied und Bestandteil einer Welt-
union, Aufgabe der nationalstaatlichen Souveränität innerhalb eines
europäischen Bundesstaates und ein europäisches Bürgerrecht. Noch im
gleichen Jahr erfolgte die Gründung der Union europäischer Föderalisten als Dachorganisation der Europagruppen.

Um die Tätigkeit dieser Bewegungen zu koordinieren und ihnen
politische Wirksamkeit zu verschaffen, regte Winston Churchill den
ersten europäischen Kongreß in Den Haag an, der 1948 zusammentrat.
Die Gründung des Europarats geht auf die dort artikulierten Forderungen
zurück.

Das klingt sauber und amtlich und ist größtenteils und oberflächlich
natürlich auch richtig. Man kann nur wiederholen, was oben schon betont
wurde: Viele Menschen, vor allem aus den Kreisen des Widerstandes,
vermutlich die meisten Menschen, die am Ende des Zweiten Weltkrieges
den europäischen Gedanken in die Tat umzusetzen bestrebt waren, taten
dies aus ehrlichster Überzeugung, reinsten Gewissens vermutlich, und
ohne irgendwelche illuminierte Hintergedanken; sie nahmen den Gedanken an ein Vereintes Europa auf, weil es logisch und einleuchtend schien,

daß damit endlich dem völkerverheizenden Treiben ein Ende bereitet werden könnte.

Natürlich war es logisch und einleuchtend.

Allerdings können ein vereintes Europa und ein Vereintes Europa zwei verschiedene Dinge sein, ebenso wie man sich unter einer Weltordnung Verschiedenes vorstellen kann. Hier stellt sich die Frage nach den »höheren Endzwecken«. Und ein Blick hinter die Kulissen zeigt, daß die Hertensteiner Forderungen nicht von ungefähr aus dem Programmheft der illuminierten Weltordner zu stammen scheinen und die Verbindungen diverser Widerstandskreise zu so absonderlichen und okkult angehauchten Organisationen wie Alpha Galates oder die Prieuré de Sion mitsamt ihren rosenkreuzerischen, martinistischen, traditionalistischen oder vatikanischen Ablegern einerseits und zu Churchills Special Operations Executive oder dem CIA-Vorläufer OSS ganz und gar nicht so zufällig waren: Hier wurde eben schon vor Beginn des Krieges und während des Krieges und mitten im Dritten Reich politisch exekutiert, was letztlich der Zweck dieses Durchgangs zur Neuen Ordnung war.

Sind sie also doch halbe Heilige, jene, die das Völkerverheizen zu einem so guten Endzweck betrieben haben?

Rekapitulieren wir kurz die vielschichtigen und zuweilen erstaunlichen Tätigkeiten jener mysteriösen Organisation, die offensichtlich seit nahezu tausend Jahren am Ablauf der Geschichte mitwirkt und unter Namen wie »Alpha Galates« und »Prieuré de Sion« in den letzten Jahrzehnten wieder in Erscheinung getreten ist.

Wie schon erwähnt, repräsentierte der spätere Großmeister der Prieuré de Sion, Monsieur Plantard, dem die Agenten des Reichsführers SS, Heinrich Himmler, während des Krieges den Titel eines Herzogs der Bretagne angeboten haben, jene als »Ritterorden« getarnte Organisation »Alpha Galates«. In dieser Eigenschaft gab Monsieur Plantard zwischen 1941 und 1943 eine angebliche Résistance-Zeitschrift bester Druckqualität mit dem Namen *Vaincre* heraus. Autoren dieser Zeitschrift wiederum waren Nazi-Sympathisanten und prominente Kollaborateure wie Professor Luis le Fur, zu dessen Mitarbeiterkreis wiederum so prominente spätere Europa-Politiker wie Robert Schuman zählten. Einer der Mitarbeiter war auch Robert Amadou, später als Autor esoterischer Bücher bekannt geworden, Mitglied der Schweizer Großloge Alpina und, vor allem, Martinist und Mitglied der Pariser Logen Memphis und Misraim, Theodor Reuß sowie Aleister Crowley. Diese sogenannte Résistance-Zeitschrift beschäftigte sich mit Vorliebe mit esoterischen und okkulten Themen, mit Atlantis, mit verborgenen Städten im Himalaja, mit Eingeweihten in Tibet, auf daß Madame Blavatsky ebenso wie Dietrich Eckart und Adolf Hitler die reinste Freude daran gehabt hätten. Letztere vor allem deswegen, weil man auch in der Redaktion von *Vaincre* zumindest offiziell der Meinung war, daß die falschen Dogmen und korrupten Prinzipien eines ehemals demokratischen jüdischen Freimaurertums ausgerottet werden müßten. Auf die ritterliche Art, versteht sich. Denn bekanntlich war eines der Hauptthemen von *Vaincre* die Restauration eines modernen Rittertums als Quell zunächst französisch-nationaler Wiederbelebung und in der Folge die Schaffung einer »westlichen Ordnung«, die »Vereinigten Staaten des Westens«.

Bemerkenswerterweise unterhielt Alpha Galates unter seinem Ordensmeister Plantard offensichtlich wirklich auch Beziehungen zum deutschen Widerstand, speziell zum sogenannten Kreisauer Kreis, der ebenfalls die Schaffung der »Vereinigten Staaten von Europa« verfolgte. Zu diesem Zweck hatte diese Gruppe Anfang 1943 Verbindung mit Vertretern des britischen Foreign Office in der Schweiz aufgenommen. Zudem unterhielt sie enge Beziehungen zum Chef der Berner Niederlassung des CIA-Vorläufers Allen Dulles.[1237]

Für diesen wurde bekanntlich 1943 sozusagen zum Schicksalsjahr, in dem die deutsche Niederlage bei Stalingrad seine bis dahin vorherrschenden Sympathien für Sowjetrußland in allergrößte Besorgnis bezüglich der von diesem Alliierten ausgehenden Bedrohung der freien Welt umwandelten, dermaßen, »daß er mit Gedanken dieser Art abends eingeschlafen und morgens aufgewacht« sein soll, wie eine damalige Mitarbeiterin Dulles' berichtete. Zwischen Einschlafen und Aufwachen wird er möglicherweise davon gealpträumt haben, daß sein Bruder, der spätere Außenminister der USA, John Foster Dulles, vor dem Krieg von Stalin als Rechtsberater der Sowjetunion in den USA angeworben worden war. Inwieweit seine Besorgnisse auch die Tatsache mit einbezogen, daß dieser für die freie Welt dermaßen bedrohliche Alliierte bis zur praktisch vollzogenen Aufteilung Europas bei der Stange und mittels amerikanischer Pacht- und Leihvertragshilfen und dergleichen kriegsfähig gehalten werden mußte – darüber ließe sich ja auch spekulieren.

Zweifellos unterhielt der Kreisauer Kreis auch Beziehungen zu der von Churchill geschaffenen Sabotage-Organisation »Special Operations Executive« (SOE). Zu dieser wiederum unterhielt auch »Alpha Galates« beziehungsweise die Prieuré de Sion enge Beziehungen, die vor allem

556

von dem einstigen Action-Française-Sympathisanten, späteren Minister und hochrangigen Prieuré-Ritter André Malraux geknüpft wurden, dessen Bruder Mitglied dieser Organisation war.[1238]

Man erinnere sich, daß ein gewisser Lord Selborne zwischen 1942 und 1945 als Churchills Minister für Wirtschaftskriegsführung auch Dienstherr der SOE, in Verbindung mit der Prieuré stand, wie etliche andere Churchill-Vertraute auch. Er gehörte zu jener Gruppe hochrangiger Engländer, die sich nach dem Krieg um Stammtafeln bemühten, die den merowingischen Anspruch auf den französischen Thron untermauern sollten.[1239]

Die Beziehungen der Prieuré zu SOE und OSS einerseits und zu Widerstandsbewegungen, die das »Vereinte Europa« auch schon zu Vorkriegszeiten auf ihre Fahnen geschrieben haben, andererseits, eröffnet einen Einblick in bemerkenswerte Zusammenhänge.

Doch zunächst noch die Geschichte der Prieuré:

Anfang 1943 verschwanden sowohl die erstaunliche Zeitschrift *Vaincre* als auch Monsieur Plantard von der Bildfläche. Ob nun Monsieur Plantard und seine Ritter während dieser Zeit tatsächlich in der Résistance und insbesondere schon für de Gaulle tätig waren, ist nicht nachzuweisen, läßt sich aber daraus schließen, daß sowohl Plantard als auch Malraux nach dem Krieg mehr oder weniger eine Königsmacher-Rolle bei der Machtübernahme durch de Gaulle spielten.

Plantard und die Prieuré tauchten, wie an anderer Stelle bereits erwähnt, 1956 wieder aus der Versenkung auf, und zwar mit der Eintragung der Prieuré im französischen *Journal officiel*.[1240]

In der Zwischenzeit scheinen Monsieur Plantard und die Prieuré insgesamt eine bemerkenswerte geistige Wandlung durchgemacht zu haben. Lincoln & Co dazu:

»Weder in *Vaincre* noch in anderen Publikationen oder in einem anderen Dokument wurde angedeutet, daß Monsieur Plantard oder die ›Prieuré de Sion‹ ausgesprochen katholisch seien. In *Vaincre* hatte Monsieur Plantard Begriffe wie esoterisch, heidnisch und theosophisch assoziieren lassen. In späteren Unterlagen kommt bei ihm wie bei der Prieuré ein weites Spektrum unterschiedlicher Traditionen ins Spiel, darunter Gnostizismus und mancherlei Formen abweichlerischen oder ketzerischen Christentums. Doch nach den Statuten von 1956 ist die ›Prieuré de Sion‹ zweifellos ein katholischer Ritterorden. Ihr Name trägt den Zusatz ›Chevalerie d'Institutions et Régles Catholiques, d'Union

Indépendante et Traditionaliste‹ (Ritterschaft katholischer Institutionen und Regeln der unabhängigen und traditionalistischen Union). Die Abkürzung CIRCUIT war gleichzeitig der Titel einer Zeitschrift, die laut Statuten ordensintern verbreitet wurde.«[1241] Und, wie der in Israel als angeblicher Spion erschossene Schweizer Journalist Paoli in seinem Buch *Les Dessous d'une Ambition Politique* nachwies, verteilt sie auch die Schweizer Großloge Alpina, von der sich etliche Mitglieder wiederum innerhalb der vatikanischen Freimaurergilde fanden beziehungsweise noch immer finden.[1242]

Was die plötzliche Hinwendung der Prieuré zum römischen Katholizismus betrifft, ist auch die Mitgliedschaft von Malteserrittern bei der Prieuré de Sion in doppelter Hinsicht erwähnenswert: zum einen, weil der Malteserritterorden rein historisch gesehen der Prieuré diametral entgegengesetzt sein müßte, andererseits, weil ebendieser Malteserritterorden sozusagen als diplomatisch immuner Geheimdienst während des Zweiten Weltkrieges mit denselben britischen und amerikanischen Geheimdiensten zusammengearbeitet hat wie offenbar Alpha Galates auch und bis in die Gegenwart als Nahtstelle zwischen CIA und Vatikan fungiert. Als Direktoren der sogenannten »Komitees für öffentliche Sicherheit«, in denen sich in dem von Vietnam- und Algerienkrise zerrütteten Nachkriegsfrankreich ehemalige Résistance-Kämpfer, Vichy-Vertreter und noch extremere rechte Elemente verbündet hatten, schien jedenfalls Monsieur Plantard im Verein mit Malraux und de Gaulle Ende der fünfziger Jahre ein Paradebeispiel »erlesenster machiavellistischer Staatskunst« geboten zu haben: Als Leiter des Pariser Zentralkomitees sorgte Monsieur Plantard dafür, daß die französischen Komitees de Gaulle tatsächlich in dem Glauben zur Macht verhalfen, dieser wolle Algeriens Kolonialstatus erhalten, während der General längst Algeriens Unabhängigkeit beschlossen hatte. Plantards Aufgabe war es, diese Komitees zu koordinieren, zu kontrollieren, sie propagandistisch und psychologisch auf das Programm de Gaulles einzustimmen und sie schließlich zu paralysieren und aufzulösen, als sie ihren Zweck erfüllt hatten.[1243]

Aber wen soll es denn verwundern? Alles ist in symbolischer Form zu finden, hieß es in einer der CIRCUIT-Ausgaben. Das Lothringer Kreuz, das Wappen von René d'Anjou, war von Anfang an das Symbol der Streitkräfte des freien Frankreich unter der Führung de Gaulles gewesen. Und das Lothringer Kreuz hat historisch gesehen mit Frankreich kaum etwas, mit der Prieuré bekanntlich aber sehr viel zu tun.[1244]

Nicht verwunderlich ist es daher auch, daß das Organ der Prieuré de Sion, nämlich CIRCUIT, schließlich laut Impressum als offizielles Organ der »Föderation französischer Streitkräfte« erschien, die in *Vaincre* bereits angeschnittenen esoterischen und mythologischen Themen wieder aufnahm, eine seltsame Astrologie mit dreizehn Tierkreiszeichen propagierte und sich selbstverständlich wiederum mit Neo-Rittertum und mit den Vereinigten Staaten von Europa beschäftigte. Wie Mathieu Paoli indessen herausgefunden hat, hat weder jemals eine »Föderation französischer Streitkräfte« existiert, noch ist unter der angegebenen Adresse jemals offiziell eine Zeitschrift herausgegeben worden, noch stimmte die angegebene Telefonnummer. Was Paoli zu dem Schluß veranlaßte: »Zweifellos verfügt die Prieuré de Sion über weitreichende Beziehungen. Normalerweise ist es doch so, daß jede Vereinsgründung nach einer Art Voruntersuchung durch den Innenminister genehmigt wird.

Diese Bestimmung gilt auch für eine Zeitschrift oder einen Verlag. Aber diese Leute können ungehindert publizieren: unter Pseudonymen, mit falschen Adressen, in nicht-existenten Verlagen. Sie geben Bücher und Schriften heraus, die weder in der Schweiz noch in Frankreich erhältlich sind. Da gibt es nur zwei Möglichkeiten: Entweder die Behörden vernachlässigen ihre Pflichten, oder aber [...]«[1245] – sie stecken eben mit der Prieuré unter einer Decke. Wie noch zu sehen sein wird, waren und sind im »Haus Europa« noch ganz andere Dinge möglich als die Herausgabe anonymer Schriften. Die Infrastruktur eines regelrechten Underground-Europa wurde zum Teil noch während des Zweiten Weltkrieges geschaffen.

Einer der Minister der ersten Regierung de Gaulles war bekanntlich André Malraux, während des Krieges bereits Verbindungsmann der Prieuré zur britischen Special Operations Executive. Wie Winston Churchill, der sich schon zu Beginn des Krieges als großer Europäer mit dem Gedanken an das Vereinte Europa herumschlug, war auch Prieuré-Kreuzritter Malraux folgerichtig ein Europäer der ersten Stunde und hat wie der SOE-Chef Sir Colin Gubbins in London etwas zur Untergrund-Struktur des werdenden Europa beigetragen. Intermarium-Agent Gubbins gründete sogleich bei Kriegsende eine Mitgliedervereinigung für frühere SOE-Angehörige. Diese war allerdings kein Veteranenverein mit nostalgischer Traditionspflege: Gubbins Verein sollte sicherstellen, »daß Menschen mit besonderen Talenten und Erfahrungen im Krisenfall rasch benachrichtigt und zusammengerufen werden konnten«.[1246]

Eine ähnliche Vereinigung, eine regelrechte Privatarmee aus ehemaligen Widerstandskämpfern, schuf Prieuré-Ritter Malraux in Frankreich, das sogenannte »Rassemblement du Peuple Français«, das wiederum als Vermittler für die Wahrung der Interessen der Prieuré in England gedient haben dürfte.[1247] Muß man da noch fragen, wo Sumpfblüten wie die NATO-Geheimorganisation GLADIO und verwandte Gefüge ihren Ursprung gehabt haben?

Nun, die Geburtsstunde des Vereinten Europa hatte auch so etwas wie einen Freiherr von Sebottendorf, allerdings von einem ganz anderen Kaliber. Die Rede ist von einem SOE-Angehörigen, gebürtigen Polen und Bruder der Schwedischen Hochgradloge, die bereits im Zusammenhang mit den sich auflösenden Illuminaten Adam Weishaupts erwähnt wurde: Die Rede ist von Joseph H. Retinger, dessen Namen man in den meisten zeitgeschichtlichen Werken zum Thema oder in diversen Lexika unter dem Stichwort Europa selbstverständlich nicht findet, obwohl man ihn mit Recht als einen der Hauptarchitekten des Nachkriegseuropa bezeichnen könnte. Retinger galt als die »graue Eminenz« der europäischen Politik und hielt zweifellos die meisten Fäden im Intrigenspiel geheimer Machtorganisierung auf allerhöchster Staatsebene in der Nachkriegszeit in seinen Händen. Retinger scheint in der Tat das Geschick und die Fähigkeiten einer »grauen Eminenz« gehabt zu haben, zumal er in der Öffentlichkeit unbekannt genug war (und ist), um die Geschäfte anderer aus dem Hintergrund heraus betreiben zu können.

Man sagt Retinger nach, daß er bloß den Telefonhörer abzuheben brauchte, um jeden gewünschten Termin beim amerikanischen Präsidenten oder irgendeinem europäischen Staatschef zu bekommen, daß er Zugang zu jedem politischen Zirkel vor allem in Europa hatte, ein Vorrecht, das er sich, wie die Londoner *Times* am 13. Juni 1960 anläßlich seines Ablebens schrieb, durch »Vertrauen, Hingabe und Loyalität, die er in anderen inspirierte, erworben hatte«. Überflüssig zu erwähnen, daß Retinger selbstverständlich in bestem Einvernehmen mit den Häusern Rockefeller, Warburg & Co jenseits und den Häusern Rothschild und Wallenberg diesseits des Atlantik stand. Der in Krakau als Sohn eines Großgrundbesitzers geborene Retinger, der übrigens an der Sorbonne in Paris studiert hatte, war in der Tat einer der »Europäer« der ersten Stunde. Seit den zwanziger Jahren war er aktiv für die europäische Einheit eingetreten, und er scheint sowohl zu Helmut James Graf von Moltke wie zu Hans Adolf von Moltke Verbindung gehabt zu haben.[1248] Während des Zweiten Weltkrieges war Retinger Adjutant und Berater des polnischen Generals Sikorski, der vermutlich ebenfalls Kontakt zu Hans Adolf von Moltke hatte, als dieser deutscher Botschafter in Polen war. Außerdem vertrat Retinger die polnische Exilregierung in London. 1943 schloß er sich dann der Special Operations Executive Churchills an. In dieser Eigenschaft sprang er noch im Alter von 58 Jahren hinter den deutschen Linien bei Warschau ab, um einige Millionen Dollar an die Partisanen zu übergeben. Nach dem Krieg ging er sogleich mit Eifer daran, das Vereinte Europa zu organisieren. Er begründete das »Europäische Kulturzentrum«, und niemand Geringerer als Retinger war es in Wirklichkeit, und nicht Churchill, der den Europa-Kongreß in Den Haag im Mai 1948 veranlaßte, aus dem sich dann wie erwähnt der Europarat formierte.

Mit ganz besonderer Hingabe aber widmete sich Retinger der Idee einer »Atlantischen Union«, in der die NATO lediglich eine Teilorganisation sein sollte und die, wäre sie verwirklicht worden, schon damals eine Art anglo-amerikanische Weltregierung dargestellt hätte.

Im Juni 1948 reiste Dr. Joseph H. Retinger gemeinsam mit Winston Churchill, Duncan Sandys und dem damaligen belgischen Ministerpräsidenten Paul-Henri Spaak in die Vereinigten Staaten, um finanzielle Unterstützung für die Europäische Bewegung zu erhalten, wie es heißt.

Diese Bemühungen führten am 29. März 1949 zur Gründung des »American Committee on an United Europe«, ACUE. Lincoln & Co dazu: »Mit ACUE war ein Prozeß in Gang geraten, in dessen Verlauf einige auf die europäische Einheit hinarbeitende Organisationen von amerikanischen Vereinigungen, die für amerikanische Interessen tätig waren, geschluckt wurden.«[1249]

Vorsitzender des ACUE war niemand anderer als OSS- bzw. CIA-Chef William »Wild Bill« Donovan. Sein Stellvertreter war Allen Dulles. Als Sekretär fungierte George S. Franklin, der damals den Council on Foreign Relations der Weltverbesserer leitete und der später Koordinator der »Trilateral Commission« David Rockefellers wurde. Als Executive-Director der ACUE war Thomas Braden, Leiter der internationalen Organisationsabteilung der CIA, tätig. Und in der Folge flossen diskret Dollarmillionen über Dollarmillionen aus den verschiedensten Quellen des amerikanischen Außenministeriums an das Brüsseler Hauptquartier der Europäischen Bewegung, natürlich nicht in erster Linie zwecks Förderung der europäischen Einheit in europäischem Interesse, wie man sich denken kann.

Schon bei Kriegsende hatten die USA keine Zeit verloren, den von »Wild Bill« Donovan aufgebauten Apparat vor allem in Italien – den vatikanischen Geheimdienst, die Malteserritter und Pater Morlions »Pro Deo« miteingeschlossen – zu nutzen. 1948 wurde unter dem Fähnchen der »Verteidigung der freien Welt« unter Führung des früheren OSS-Leiters in Rom, James Angleton, eine – wie erwähnt – nicht zuletzt von Nelson Rockefellers Begeisterung für verdeckte Operationen und psychologische Kniffe inspirierte Geheimoperation gestartet. Sie war von der beabsichtigten Wirkung her sozusagen der Gegenpol zu der von Allen Dulles später in Osteuropa praktizierten »Operation Splinter Factor« zur Läuterung der osteuropäischen Völker über den Weg durch die Hölle: »Es gab so viele Projekte, daß es für einen Mann fast unmöglich war, sie im Gleichgewicht zu halten«, schrieb 1973 der inzwischen als Leitartikler agierende Thomas Braden, der es als CIA-Mann und ACUE-Executive-Director ja wohl wissen mußte.[1250] Nicht nur in Italien, auch in Frankreich, Westdeutschland oder in Österreich bediente sich die »Special Procedure Group« dieses Verfahrens.[1251]

Da hat man den jungen Demokratien Westeuropas vor allem gleich Nachhilfeunterricht über das Wesen eines demokratisch legitimierten Geheimdienstes gegeben, und dies erfolgreich, wie man anhand des gesamtdeutschen Differenzierungsvermögens im Falle des ehemaligen DDR-Spionagechefs Wolf befriedigenderweise beobachten konnte. Es ist offenbar bloß eine Sache der Perspektive und der Identifikationsmöglichkeit, nicht wahr: Nach der Direktive NSC 10/2 des Nationalen Sicherheitsrates der USA vom 18. Juni 1948, mit der die Tätigkeit der CIA gesetzlich und demokratisch geregelt wurde, nachdem die alten OSS-Leute Donovan und Dulles unmittelbar nach dem Krieg eine Zeitlang sozusagen im gesetzlosen Rahmen operiert hatten, gibt es da keine Zweifel mehr: Propaganda, Sabotage, Demontage, Subversion und dergleichen müssen nur so durchgeführt werden, »daß nichtautorisierte Personen die Verantwortlichkeit der amerikanischen Regierung nicht erkennen können und daß die amerikanische Regierung für den Fall, daß solche Aktivitäten bekannt werden, jede Beteiligung dementieren kann«.[1252] Ausgerüstet mit diesen Verhaltensmaßregeln zog man nun in Westeuropa vor allem alle Register: Von der »Durchdringung« der Gastregierungen angefangen[1253] über die Unterwanderung von Parteien, Jugendorganisationen, Gewerkschaften und anderen gesellschaftsrelevanten Gruppen und Institutionen wie Universitäten,[1254] der »Subventionierung« wichtiger Einzelpersönlichkeiten wie z. B. sozialdemokratischer

Berliner Bürgermeister[1255] bis hin zur Einflußnahme beispielsweise sogar auf bekannte kommunistische Zeitungen in Frankreich.[1256] Die Palette reichte von der Verbreitung gefälschter kommunistischer Dokumente[1257] bis zur Unterstützung von Putschplänen und der finanziellen Subvention von Terroristen wie etwa in Italien.[1258] In geradezu rührender Selbstlosigkeit und bewundernswerter Rücksichtslosigkeit gegenüber der eigenen moralischen und demokratischen Integrität gab die Agentur allein zwischen 1950 und 1955 »weit über eine Milliarde Dollar aus, um nichtkommunistische Regierungen in Westeuropa zu stärken, um politische Parteien in der ganzen Welt zu unterstützen, um Radio Freies Europa und Radio Liberty für Propagandasendungen nach Osteuropa zu gründen, um Guerillaüberfälle in Asien zu inszenieren, um Linksregierungen in Guatemala oder im Iran zu stürzen und eine ganze Menge verdeckter Aktionen und heimlicher Programme durchzuführen«.[1259]

Allein in Italien gab man in den fünfziger Jahren im Schnitt zwischen zwanzig und dreißig Millionen Dollar jährlich aus, um führende Politiker, politische Parteien von den demokratischen sozialistischen Linken angefangen bis zu den Christdemokraten und den zur Erhaltung der freien Welt auferstandenen Faschisten Almirantes, Gewerkschaften, Pressure-Groups, einzelne Journalisten oder gleich ganze Verlage zu »subventionieren«. Vor allem aber erhielten von der Kirche geförderte Einrichtungen Mittel der CIA, insbesondere viele Monsignori und Bischöfe, eben auch der künftige Papst Montini, seit Kriegsende im direkten Dienst der OSS und der CIA, wurden mit CIA-Geldern versorgt.[1260] Einer der mit der Verteilung dieser CIA-Gelder Beschäftigten war der später wegen Anstiftung zum Mord und 60 anderer schwerer Vergehen angeklagte »Bankier Gottes«, Michele Sindona. Zu dessen Aufgaben gehörte es insbesondere in den sechziger Jahren, CIA-Gelder an Freunde der freien Welt in Jugoslawien einerseits sowie an die griechischen Obristen vor deren Machtübernahme im Jahr 1967 zwecks Installierung einer Diktatur zur »Sicherung der griechischen Demokratie« andererseits weiterzureichen.

1959 spendierte Michele Sindona dem Erzbischof von Mailand, Giovanni Battista Montini, nicht weniger als 2,4 Millionen Dollar für den Bau eines Altenheimes. Das Geld war Sindona im wesentlichen aus zwei Quellen zugeflossen: der CIA und der Mafia. In diesem Fall könnte der ehemalige CIA-Agent Victor Marchetti sogar recht haben, wenn er schreibt: »Es ist denkbar, daß Kardinal Montini nicht wußte, woher diese Gelder stammten. Vielleicht glaubte er, sie kämen von Freunden der

Kirche.«[1261] Nun ja. Die Liste politisch aktiver Priester, die Montini der CIA übergab, sowie andere Dienstleistungen für die »Company« werden sicherlich ihren Wert gehabt haben. Wie auch immer: Dieser Vorgang jedenfalls sollte schicksalshaft für die weitere Entwicklung innerhalb der Vatikan GmbH und zumindest in Italien sein: Michele Sindona und Montini, der letzteren nun für ein Finanzgenie hielt, wurden gute Freunde, und der spätere Papst verließ sich von da an bei Problemen mit Investitionen kirchlicher oder nichtkirchlicher Art zunehmend auf Rat und Tat Sindonas.[1262]

Auch die Loge Propaganda 2 mit Großmeister Licio Gelli an der Spitze empfing zwecks »Verteidigung der freien Welt« später großzügige Subventionen der CIA, schließlich bot sie vor allem mit ihren rechtsradikalen und alt- wie neufaschistischen Verbindungen die Möglichkeit, »antikommunistische Institutionen« und Regierungen in Europa und vor allem auch in Lateinamerika mit Geldern des Vatikan und der CIA auszustatten. Einer, der wie erwähnt eine bedeutsame Rolle bei der Beschaffung amerikanischen Schwarzgeldes für den Vatikan spielte, war CIA-Aktivist, Malteserritter und Kardinal Francis Spellman aus New York. Vor allem aber war Joseph Retingers CIA- und CFR-gestützte europäische Bewegung in Italien aktiv und vor allem bemüht, die Bande zwischen der amerikanischen CIA und dem Vatikan noch fester zu knüpfen, als sie dies ohnedies schon waren. Dazu versicherte sich Retinger der Hilfe seines alten Freundes Luigi Gedda, Oberhaupt der Katholischen Aktion in Italien und medizinischer Berater sowohl von Pius XII. als später auch von Paul VI. »Durch Gedda konnte Retinger auch die Dienste des künftigen Papstes Paul VI. in Anspruch nehmen, und die ›Azione Cattolica‹ wurde zu einer weiteren wichtigen Empfängerin von CIA-Mitteln.«[1263]

Alles in allem waren es diese »europäischen Aktivitäten« im Interesse von Stars und Stripes, die die Grundstruktur zu jener sinistren Subkultur schufen, in der dann ab Beginn der sechziger Jahre die Sumpfblüten aller möglichen geheimen und halbgeheimen Gesellschaften und Bünde religiöser, politischer, rein verbrecherischer oder hochfinanzieller Art gedeihen und sich fest etablieren konnten. Innerhalb dieses Sumpfes durften wiederum Leute wie Sindona, Gelli oder Calvi in stillschweigendem Einvernehmen mit der internationalen Finanz- und Bankwelt und mit dem Segen und der Mitwirkung höchster politischer Ebenen und vor allem des Vatikans ihre Geschäfte betreiben. Gerade hier zeigt sich, wie verschwommen die Grenzen zwischen dem polit- und wirtschaftskriminellen »Underground« und der, wie es scheint, über alles erhabenen »Overworld« jener ist, die sich anmaßen, mit dem Sauerteig der Menschen Geschichte machen zu müssen. Es zeigt sich hieran aber auch, wie hauchdünn die Grenzen zwischen legaler Politik und politischer und ökonomischer Verschwörung sind. Zur Vermehrung des irdischen Reichtums und unter Wahrung der Prinzipien ökonomischen Gedeihens vielleicht so nebenbei auch noch zur höheren Ehre Gottes ist etwa die katholische Kirche durchaus bereit, ein Bündnis mit den atheistischen Materialisten einzugehen, schlossen die kurialen Geschäftemacher auch schon mal einen Pakt mit dem kommunistischen Teufel. Wie Erzbischof Marcinkus stets zu sagen pflegte: Vom Ave Maria allein läuft eben nichts. Nur kleinkrämerische und engstirnige Geister sehen wohl nicht ein, daß zu den höheren Endzwecken eben verschiedene Pfade führen und auch der Weg in den Himmel des allmächtigen Baumeisters nur mit Dollars zu erreichen ist.

Am Ende ist es also so, wie einst Spartacus-Weishaupt sagte: »Wenn nur die Zwecke erreicht werden, so ist es gleichgültig, unter welcher Hülle es geschieht [...] Hören und erstaunen Sie: Nach diesem Gesichtspunkt richtet und bestimmt sich die ganze Moral, und Begriffe von Recht und Unrecht erhalten erst dadurch die nöthige Berechtigung [...]«

Geld regiert die Welt, so heißt es. Und so ist es wohl auch. Natürlich geht es hier zunächst in erster Linie um Geld und Vermögen und um Banken und um die damit verbundene Macht, für die der Normalbürger, der nichts weiß von der »hierarchischen Ordnung der höheren Welten«, zuweilen sogar über die Klinge springen muß. Vor allem geht es um die Macht, aus viel Geld oder aus gar nichts immer mehr Geld zu machen und die Welt eben zu allererst nach diesen Gesichtspunkten zu ordnen, vielleicht sogar, um am Ende tatsächlich irgendeinen »höheren Endzweck« zu erreichen, was dieser auch immer sein mag: die Aufsprengung des Ostblocks beispielsweise mit viel Ave Maria, vor allem aber mit illegal an die Gewerkschaft »Solidarität« transferierten Dollarmillionen höchst zweifelhafter Herkunft. Wobei es zunächst zum Verständnis der Dinge beitragen mag zu wissen, daß das meiste Geld heutzutage ohnedies nicht einmal mehr auf Papier existiert, sondern bestenfalls in der Form geisterhafter Zahlen, die von einem Computer zum anderen verschoben werden und zuweilen von den Meistern des Fachs sozusagen alchemistisch in reale Werte umgewandelt werden.

Michele Sindona, um beim »Krösus des Vatikan« zu beginnen, war in dieser Beziehung zweifellos ein Meister seines Fachs, wenngleich ihm letzten Endes dann doch die Weisheit und Übersicht gefehlt zu haben schien, die jene seiner Kollegen von der Hochfinanz auszuzeichnen pflegen, welche die Welt viel diskreter, dafür aber auch um so erfolgreicher regieren. Nichtsdestoweniger war der Finanzverwalter und Finanzberater des Vatikan und zugleich mächtiger Mafia-Familien, Freund des Meisters Licio Gelli, Geldwäscher und Geldverteiler der CIA, auf seine Weise ein Finanzgenie und korrupt bis in die Zellkerne.

Sindona wurde 1920 in der kleinsizilianischen Kleinstadt Patti bei Messina geboren, was seine Beziehungen zur Mafia verständlich macht. Von Jesuiten erzogen, schloß er schließlich 1942 sein Rechtsstudium an der Universität Messina mit Auszeichnung ab. Der darauf fälligen Einberufung ins italienische Heer entzog er sich mit Hilfe des Schwagers eines Cousins, der im Büro des vatikanischen Staatssekretärs arbeitete. Dieser spielte später eine nicht unwichtige Rolle, als es darum ging, Sindona mit mächtigen Persönlichkeiten des vatikanischen Finanzwesens bekanntzumachen, allen voran Massimo Spada, dem Vorgänger von Erzbischof Marcinkus als Chef der Vatikanbank. Seine zwielichtige Karriere startete Sindona allerdings nicht als Jurist, sondern zunächst als Schwarzhändler, der im Verein mit der Mafia die hungernde Bevölkerung ausnahm. Folgerichtig nahm er 1943 an den Vorbereitungen der von dem Mafia-Gangster Lucky Luciano orchestrierten amerikanischen Landung in Sizilien teil. Frühzeitig wußte Sindona den Wert guter Beziehungen vor allem zu kirchlichen Würdenträgern zu schätzen und die Freundschaft eines der mächtigsten Kirchenfürstens Siziliens, des Erzbischofs von Messina, zu pflegen. Mit einer Anzahl wertvoller Empfehlungsbriefe und der Mitgliedschaft der triumphierenden Christdemokratie ausgerüstet, zog Sindona 1947 nach Mailand um. Zu jener Zeit begann in zunehmendem Maße amerikanisches Kapital nach Italien einzuströmen, auch solches, das nicht von der CIA oder vom amerikanischen Außenministerium stammte. Folgerichtig spezialisierte sich Sindona darauf, diese amerikanischen Investoren durch die verschlungenen Pfade des italienischen Steuerrechts zu lotsen. Damit erregte er 1957 die besondere Aufmerksamkeit der Mafia-Clans, der Gambino in New York und der Inzerillos in Palermo. Sie brauchten einen Mann wie Sindona, der es verstand, die riesigen Gewinne aus dem beginnenden Heroinhandel nach Italien hinein und aus Italien hinaus zu manövrieren. Daß Sindona zu dieser Zeit bereits einer Anzahl von Firmen als Direktor vorstand und über beste Beziehungen zu den bedeutendsten Politikern Italiens verfügte, machte ihn zusätzlich interessant.

Knapp eineinhalb Jahre später, 1959, kaufte Sindona mit den Mafia-Geldern seine erste Bank, die »Banca Privata Finanziaria« in Mailand. Dazu David Yallop: »Er hatte eine der Grundregeln des Wirtschaftswachstums längst begriffen: Wenn du eine Bank möglichst wirkungsvoll ausrauben willst, kaufe sie.«[1264] Zu diesem Zweck gründete Sindona eine Holding namens »Fasco AG« mit Sitz im Fürstentum Liechtenstein, der der Vizepräsident der »American Crucible Company«, Daniel Porco, als Strohmann vorstand.[1265]

1930 von einem Ideologen der faschistischen Bewegung gegründet, war die BPF ein kleines, privates, sehr exklusives Bankinstitut, das einigen Auserwählten bereits als Vehikel für den illegalen Kapitaltransfer aus Italien diente. Zweifellos war diese stolze Tradition der Grund dafür, daß Sindona sich gerade für diese Bank erwärmte. Ungeachtet der Tatsache, daß er keine Lust hatte, für Mussolini in den Krieg zu ziehen, war und ist Sindona doch ein Faschist reinsten Wassers. Somit war die BPF durchaus ein kongeniales Objekt seines Erwerbstriebes: Der Geldwäscher hat sich eine eigene Wäscherei zugelegt.[1266]

Angesichts von Sindonas späteren engen Beziehungen zu Gelli und seiner Mitgliedschaft bei der mit der Schwarzen Internationale verzahnten Propaganda due braucht man nicht allzuviel Phantasie aufzubringen, um hinter die Identität der »wenigen Auserwählten« zu kommen. Zu jener Zeit stand Sindona auch schon in enger »geschäftlicher Beziehung« zur CIA, die damals neben den Faschisten auch die Mafia ganz allgemein für ein nützliches Instrument amerikanischer Außenpolitik hielt.

In ebendiesem Jahr tätigte Sindona wie erwähnt eine seiner entscheidendsten Investitionen, indem er Kardinal Montini sozusagen aus dem linken Ärmel heraus 2,5 Millionen Dollar spendierte. Von nun an war Sindonas Aufstieg nicht mehr aufzuhalten. Bald sollte er mehr Banken sein eigen nennen als so mancher andere Hemden. 1964 erwarb Sindona die »Banque de Financement« in Lausanne, kurz »Finabank« genannt, die mehrheitlich im Besitz des Vatikan war und wie die Mailänder BPF Umschlagplatz für illegales Fluchtgeld aus Italien. Auch nach dem Erwerb der »Finabank« durch Sindona hielt der Vatikan immerhin noch 29 Prozent der Aktien.

Im Jahr darauf folgten zwei weitere Banken, die in engen Geschäftsbeziehungen zum Vatikan standen und darüber hinaus an der »Finabank« beteiligt waren: Sindona verband seine BPF mit der Londoner »Hambros« und der »Continental Illinois National Bank & Trust Company« in

Chicago, deren Präsident und späterer Finanzminister unter Nixon, David Kennedy, von Sindonas Fähigkeit hellauf begeistert war. Nicht zuletzt war es Kennedy, der schließlich den Kontakt mit dem aus Chicago stammenden Prälaten Marcinkus herstellte.

Das Netz war ausgelegt. Das Geschäft konnte beginnen. Mittels einer Maklerfirma namens »Moneyrex« begann Sindona sein Bankennetz für umfangreiche schwarze Devisenoperationen und illegalen Kapitalexport zu nutzen, zum Teil im Auftrag von Banken wie der »Credito Italiana«, der »Banca Commerciale Italiana« und anderer nationaler Geldinstitute. Als »Relaisstation« dafür diente das »Institut für religiöse Werke«, die Vatikanbank. Das gilt auch für massive Diebstähle an den Bankkunden. So wurden beispielsweise bei der Banca Privata Finanziaria Geldbeträge ohne Wissen der Inhaber von Kundenkonten abgezogen und dem Konto der Vatikanbank gutgeschrieben. Die sie ihrerseits, abzüglich einer Provision von 15 Prozent, auf ein Konto bei der »Finabank« in Genf überwies. Dort unterhielt das »Institut für religiöse Werke«, seinerseits Miteigentümer der »Finabank«, eine ganze Reihe von Konten, über die schließlich gigantische Spekulationsgeschäfte abgewickelt wurden. Doch diese waren nur die kleinen Fische.

Das ganz große Geschäft, und zwar das ganz große Betrugsgeschäft sowohl im rein moralischen als auch im finanziellen Sinn begann gewissermaßen mit der Enzyklika *Populorum Progressio*, in der Papst Paul VI. im Jahr 1967 der Welt verkündet hatte:

»Gott hat die Erde mit allem, was sie enthält, zum Nutzen für alle Menschen und Völker bestimmt; darum müssen diese geschaffenen Güter in einem billigen Verhältnis allen zustatten kommen; dabei hat die Gerechtigkeit die Führung, Hand in Hand mit ihr geht die Liebe [...]«[1267]

Im Fall des Vatikan war das die Liebe zum Geld.

Und für die »Gerechtigkeit« sorgten Michele Sindona, Roberto Calvi und Bischof Marcinkus.

Einer der Gründe für die angebliche Trennung der »Kirche der Armen« von ihren Reichtümern war wohl eine Studie des »American Institute of Management«, welche schon 1956 zu folgendem Schluß gekommen war: »Die Tatsache, daß vatikanisches Kapital für so lange Zeit vorwiegend in Italien investiert wurde, läßt sich verschieden auslegen. Man kann daraus schließen, daß die zuständigen Männer der Kirche sich nicht vor Augen halten, daß es in anderen Ländern seit Jahrhunderten bessere Chancen für Investitionen gibt [...] Starke Beteiligungen an Hotels und Banken in Italien zu besitzen scheint uns keine allzukluge Wahl von seiten einer Organisation zu sein, die in der Lage ist zu wissen, wie der leiseste Wind in irgendeinem Teil der Welt weht.«[1268] Der zweite und vielleicht wichtigere Grund war das im Dezember 1962 vom italienischen Parlament verabschiedete Gesetz über die Besteuerung von Einkünften aus Aktienbesitz. Jahrelang hatte sich der Vatikan erfolgreich geweigert, dem italienischen Staat zu geben, was des Staates ist. Die Christdemokraten hatten sich ohnedies sogleich bekreuzigt und weiterhin Steuerfreiheit gewährt. Und als Aldo Moros sozialistischer Finanzminister Tremelloni erneut aufmüpfig wurde, drohte die Vatikan GmbH mit dem volkswirtschaftlichen Kollaps: nämlich von einem Tag auf den anderen sämtliche Aktien auf den Markt zu werfen. 1967 aber begann die Presse bohrende Fragen zu stellen und brachte zumindest eine Ahnung vom Umfang der Vatikan GmbH ans Licht. Der wachsende Unmut der italienischen Bürger, die nun auf einmal wußten, wo sie sich über hohe Strom- oder Wasserrechnungen und über schlecht funktionierende Telefone zu beschweren hatten und aus wessen Pharma-Unternehmen die Antibaby-Pillen stammten, gab der Regierung Rückhalt: Nun drohten tatsächlich Steuerbescheide. Das war das eigentliche Problem des Montini-Papstes und der Leute von den »religiösen Werken«.

»Der außerordentliche Aufstieg, der Marcinkus ermöglicht wurde«, schreibt Yallop, »war Bestandteil einer sorgfältig durchgeplanten Strategie mit dem Ziel einer Umorientierung der vatikanischen Politik [...] In diesem Sinn hatten der Papst und seine Berater den Entschluß gefaßt, ihre Präsenz auf dem italienischen Kapitalmark zu reduzieren und das Gros der vatikanischen Vermögenswerte anderswo anzulegen, vorzugsweise in den USA. Außerdem wollte man in die höchst einträgliche Welt der Eurodollar-Geschäfte und der Steuerparadiese einsteigen. Marcinkus wurde protegiert, weil ihm eine wesentliche Rolle im Rahmen dieser Strategie zufallen sollte. Eine andere Schlüsselrolle besetzte der Papst mit einem Mann aus ›seiner Mailänder Mafia‹ [...] sein Name war Michele Sindona.«[1269]

Ein Rundtanz der Effekten begann. Aber entgegen der Philosophie von »Populorum Progressio« flossen nun die Segnungen der Schöpfung nicht den Armen zu, dafür aber mit Hilfe des ungesetzlichen Devisen- und Kapitaltransfers von Sindonas italienischen Banken über die Vatikanbank in die Kassen der Schweizer Finabank, die Sindona und dem Vatikan gehörte, um so sicherer aus Italien heraus. Zu den ersten größeren Beteiligungen, die aus dem vatikanischen Portefeuille abgestoßen wurden, gehörte der Großteil der Aktienanteile an der »Società Generale

Immobiliare«. Im Juni 1969 verkaufte der Vatikan einen Teil dieser Aktien an die »Paribas Transcompany« in Luxemburg, die mit Rothschild verbunden war und von der mächtigen »Banque de Paris et des Pays-Bas« kontrolliert wurde. Einen Monat zuvor hatte Sindona einer Gruppe allgemeiner italienischer Versicherungen ein Paket abgekauft, das 3,5 Prozent sämtlicher Aktien der Immobilienfirma des Vatikan darstellte. Auf diese Weise konnte er am 14. Juni 1969 in den Führungsrat der Firma einsteigen. Sieben Monate später erwarb er über die Luxemburger Holding ein Drittel des Vermögens der Generale Immobiliare.[1270]

Dieses Geschäft wurde von niemand Geringerem als von Licio Gellis Kronprinzen, »Papstmacher« Umberto Ortolani, eingefädelt. Sindona bestritt die erforderlichen Anzahlungen zur Gänze mit Geldern, die er rechtswidrig von Kundenkonten der Banca Privata abgezweigt hatte, an denen bekanntlich die Vatikanbank selbst wieder mit 15 Prozent Provision beteiligt war.

Da hatte nun bald auch der italienische Staat die Quittung für seine Borniertheit. »Der massive illegale Kapitaltransfer aus Italien begann in den frühen siebziger Jahren schwerwiegende nachteilige Auswirkungen auf die Wirtschaft des Landes zu zeitigen. Für Sindona und Marcinkus mochte es höchst profitabel sein, Gelder aus Italien herauszuschaffen, aber für die Lira hatte dies verheerende Folgen. Die Arbeitslosigkeit nahm zu. Die Lebenshaltungskosten stiegen. Unbekümmert um diese Dinge setzten Sindona und seine Konsorten ihre Praktiken fort. Durch das Hochtreiben von Aktienkursen in völlig unrealistische Höhen zogen die Sindona-Banken einem gutgläubigen Publikum viele Millionen Dollar aus den Taschen.«[1271]

Daß diese und zahlreiche andere Betrügereien auch reibungslos funktionieren konnten, dafür sorgten Sindonas Schmiergeldzahlungen an Politiker und Parteien und natürlich der übermächtige Einfluß der Propaganda due. So ließ Sindona die Christdemokraten Millionen von Dollars »verdienen«. Unter der Chiffre SIDE eröffnete er für die Partei ein eigenes Konto bei der Finabank. Doch auch die Kommunisten hatten dort ihr Konto unter der Bezeichnung SICO, auf das monatlich eine dreiviertel Million Dollar aus Sindonas Beutezügen floß.

David Yallop resümiert: »Papst Pauls Kirche für die Armen mehrte ihren unermeßlichen Reichtum von Jahr zu Jahr. Der finanzielle Rückzug aus Italien hatte dazu geführt, daß Männer wie Sindona und Calvi überall Geld zusammenraubten, um St. Peter und Papst Paul auszuzahlen.«[1272] Im Verein mit Bischof Marcinkus spekulierte Sindona gegen die Lira, gegen die D-Mark, den Schweizer Franken und den Dollar. Und niemand anderer als der Mehrfachminister und Mehrfachministerpräsident Andreotti war es, der Sindona öffentlich als den »Retter der Lira« lobte.[1273] Das war 1973. In diesem Jahr wurde Sindona überdies auch mit einer Auszeichnung bedacht, die ihm sein Freund, der amerikanische Botschafter in Rom, Graham Martin, überbrachte: Sindona war zum »Mann des Jahre 1973« gekürt worden. Zwei Jahre darauf bezeichnete ihn das *Time Magazine* gar als »den wichtigsten Italiener seit Mussolini«.[1274] Dies hatte wohl damit zu tun, daß Sindona nicht nur dem Vatikan behilflich war, lästige Beteiligungen abzustoßen, sondern auch die CIA von einigen peinlichen Tochterfirmen zu befreien, beispielsweise durch den Kauf der Zeitung *Daily American*. Außerdem standen er und die Vatikan GmbH auch den Weltordnern von der Wallstreet bei etlichen profanen Monopoly-Spielereien zu Diensten.

Wie sehr die Vatikan-Connection in das internationale System hochfinanzieller Schiebereien eingebettet ist, zeigt eine Affäre, die 1969 in New York im Büro eines Mannes mit dem Beinamen »der Weise von Wallstreet« begonnen hatte: im Büro von André Meyer, des aus Frankreich stammenden amerikanischen Präsidenten von »Lazard frères et Cie«, die vor allem an der Politik des Transfers billiger kapitalistischer Kredite in die Länder des Ostblocks beteiligt war. Meyer war der Verbindungsmann zwischen der Familie Rockefeller und den französischen Banken beziehungsweise dem Rothschildschen Kapital. »Lazard frères« ist beispielsweise wichtigster Aktionär der Bank von Paris und der Niederlande, deren New Yorker Niederlassung »Paribas Corporation«, unter der Führung des Vizepräsidenten der Chase International, Robert Craft, eröffnet wurde. Als große Abteilung innerhalb der »Chase Manhattan« umfaßte die »Chase International« im Schoße ihrer Geschäftsleitung außer André Meyer noch David Rockefeller und John Jay McCloy, den ehemaligen Präsidenten der Weltbank. André Meyer sitzt in den Aufsichtsräten von etwa sechzig Multis und verwaltet die persönlichen Vermögen von Rockefeller, Giovanni Agnelli, den Kennedys sowie die Zinsen von so ungleichen Mandanten wie dem Vatikan und dem Konzern ITT.«[1275] (Es wird sich natürlich niemand darüber wundern, daß es sich bei all diesen Personen um CFR-Leute beziehungsweise, bei Agnelli, um einen Bilderberger handelt.)

Zu jener Zeit saß ein Mann namens Felix Rohaytn als Meyers Vertrauensmann im Vorstand von ITT. Er spielte eine beherrschende Rolle in der Strategie der Diversifikation der Tätigkeiten und der Übernahme von in Schwierigkeiten befindlichen Firmen. In ihrer strategischen Aktivität für die kommerziellen Imperien auf der ewigen Suche nach immer neuen Finanzmitteln und Gewinnen bieten diese Firmen stets regelmäßige Einnahmen über den Umweg kassierter Prämien und gewaltiger Effektenportefeuilles. 1969 wurden Verhandlungen zum Erwerb der in Connecticut ansässigen Versicherungsgesellschaft »Hartford« begonnen, deren Aktivum etwa zwei Milliarden Dollar darstellte. »Der Abschluß dieser Operation«, urteilte Charles Levinson, »dürfte den dicksten Brocken darstellen, den ITT jemals aufgenommen und verdaut hat«.[1276] Mit Hilfe Sindonas, der Vatikan GmbH und Richard Nixons.

Denn auch Giganten wie ITT müssen manchmal krumme Wege um vorzugsweise für die Masse gültige Gesetzesklippen gehen. Auch sie müssen sich hin und wieder mit unbequemen und lästigen und dennoch wertvollen Quertreibern herumschlagen, die der freien Welt wenigstens hin und wieder den Eindruck vermitteln, es gebe doch so etwas wie demokratische Kontrolle sogar im Führungsland der Demokratien. Wenn sie wirklich lästig werden und sich durch gar nichts korrumpieren lassen, schickt man sie auf die eine oder andere Weise in die Wüste: Der Chef der Kartellschutzabteilung, Richard McLaren, war über diese Absichten von ITT beunruhigt und hielt es für notwendig, derlei Fusionen ein Ende zu setzen, die zu »gefährlichen Verschiebungen der wirtschaftlichen und sozialen Ordnung zu führen drohen«.

Über diese »Unabhängigkeit des Handelns« von McLaren wiederum war ITT-Vizepräsident Ned Gerry beunruhigt und schickte einen Brief an seinen Freund Spiro Agnew, seinerzeit Vizepräsident der USA. Worauf Handelsminister Maurice Stans aktiv wurde und dem ITT-Vize ein beruhigendes Schreiben schickte: »Stans und Mitchell werden Kleindienst (im Watergate-Skandal angeklagter stellvertretender Justizminister) bitten, etwas für McLaren zu tun. Es ist eine rhetorische Frage, die hier aufgetaucht ist. Wie wird McLaren reagieren, oder, wenn Sie wollen, bis zu welchem Punkt wird er ein guter Republikaner sein?«[1277] In diesem Augenblick vollbrachte ITT unter Verletzung sämtlicher geltender Anti-Trust-Bestimmungen ihren Gewaltstreich, kaufte für dreißig Millionen Dollar 1,7 Millionen Hartford-Aktien und sicherte sich so die Kontrollmehrheit. Da die Operation äußerste Diskretion verlangte, mußten die Aktien zunächst auf Eis gelegt werden. Hier kam André Meyer ins Spiel, der dank seiner Verbindungen zum Vatikan und zu Sindona dafür sorgte, daß mit Zustimmung der italienischen Zentralbank gar die Aktien in der von Michele Sindona verwalteten »Mediobanca«

für eine Provision von 1,3 Millionen Dollar deponiert werden konnten, einer Bank, die ebenfalls eng mit den Geschäften des Vatikan verbunden war. Der Transfer erfolgte über die Züricher Niederlassung des Bankhauses Dreyfus. »Die Dinge entwickelten sich wie geplant. McLaren, der Mann der Anti-Trust-Maßnahmen, wurde abgesägt. Im Jahr 1972 beschäftigte sich ITT peinlich genau mit der Vorbereitung des republikanischen Parteikonvents in San Diego und spendete dem Ausschuß 400 000 Dollar für Nixons Wiederwahl. Kaum war der freundliche Präsident in sein Büro eingezogen, verschwanden auf einmal wie im Zeichentrick-Märchen sämtliche Handhaben gegen die armen Verantwortlichen von ITT wie durch Zauberhand, und die Transaktion ITT-Hartford wurde nachträglich genehmigt.«[1278]

Infolge der mit Sindonas Hilfe durchgeführten Streuung des aus Italien hinausgeschwindelten Vermögens erhielt das Portefeuille des Vatikans auch so illustre Aktienanteile wie die der Chase Manhattan, Celanese, Colgate, General Foods, Procter & Gamble, Standard Oil, Unilever, Westinghouse. Ein erheblicher Teil der Entwicklung des Areals im südlichen Manhattan durch die »Uris Building Corporation« und »Tisham Realty & Construction« wurde ebenfalls mit vatikanischem Geld durchgeführt, etliches davon floß auch in die Errichtung des Rockefellerschen World Trade Center in New York.[1279]

Und nicht nur das. Über kurz oder lang sah sich der Vatikan im Besitz der gesamten Geldwaschanlage der Mafia, da ihm dank der verbliebenen fünfprozentigen Beteiligung an der Immobiliare nicht nur nach wie vor ein Teil der Finabank gehörte, sondern die Mafia sich direkt der Vatikanbank bediente, um ihre Millionen hinein- und hinauszuschmuggeln. Das von Sindona geknüpfte Netz umspannte schließlich tatsächlich die Macht- und Nervenzentren der Welt. Seine Verbindungen erstreckten sich von den mächtigsten Mafia-Familien in New York und auf Sizilien bis zu Papst Paul VI. und einem Großteil der Kurie, sie deckten einen Ausschnitt des politischen Spektrums, der von den italienischen Faschisten und den Kommunisten bis zu Andreotti und Fanfani in Italien und bis zu David Kennedy und Richard Nixon im Weißen Haus reichte. Sie schlossen intime Geschäftsbeziehungen zu den mächtigsten Finanzinstituten der Welt ein, von »Hambros« und selbst der ehrwürdigen »National Westminster Bank« in London bis zur »Continental« in Chicago, von der »Chase Manhattan« der Rockefellers in New York bis zu den Rothschildhäusern in Paris und zu den Nummernkonten der sowjetischen »Moscow Narodny« in London: Auf diese Konten flossen – über die Finabank

Sindonas und des Vatikans, beispielsweise Gelder aus illegalen Transfers des mächtigen Montedison-Präsidenten Eugenio Céfis. Diese Transaktionen wurden mit einer Bürgschaft führender Vertreter der kommunistischen Partei Italiens abgewickelt.[1280] Über Logenmeister Licio Gelli hatte Sindona schließlich auch enge Bande zu jenen Männern geknüpft, die in Argentinien, Paraguay, Uruguay, Venezuela und Nicaragua herrschten und die auch allesamt etwas von dem Rahm abbekamen, den Sindona von seinen Banken abschöpfte.

Kein Wunder, daß es das alteingesessene Mailänder Finanzestablishment schließlich mit der Angst vor dem »zwiebelfressenden Sizilianer« zu tun bekam, als er sich 1971 daran machte, mit Unterstützung der Continental Illinois und der seit eh und je mit dem Vatikan verbundenen Morgan-Bank, die größte Mailänder Holding »Bastogi« zu schlucken. Unter Aufbietung aller gegen Sindona mobilisierbaren Kräfte gelang es, dies zu vereiteln, ebenso wie 1973 den Versuch, durch Vereinigung seiner sämtlichen italienischen Beteiligungen zu einer gigantischen Holding selbst Bilderberger Agnellis Fiat an Potenz zu übertreffen, ja, einen beträchtlichen Teil des italienischen Volksvermögens überhaupt zu erwerben. Da hörte der Spaß auf. Der Generalgouverneur der Bank von Italien, Guido Carli, war es, der Sindona stoppte. Er wurde 1976 damit belohnt, daß ihn die Kreise um Agnelli in den Präsidentensessel von »Confindustria« hievten.[1281]

Sindona selbst zog angesichts solch widriger Geschäftsbedingungen und Rassedünkels schmollend in die USA ab, um dort als Geschäftsrepräsentant des Papstes die vatikanischen Dollar vermehren zu helfen.

Während sein Meister, Licio Gelli, zu dieser Zeit in Peru die Rückkehr Peróns an die Macht organisierte, dessen erste Amtshandlung es schließlich war, dem Meister im Beisein Andreottis tatsächlich auf den Knien zu danken, versuchte Sindona in den USA, seinen Glauben an Amerika durch eine millionenschwere Wahlkampfspende für Richard Nixon zu demonstrieren. Angeblich wurde Sindonas Spende – ein Großteil davon war Vatikan-Geld – aus rechtlichen Gründen abgelehnt.[1282] Auf jeden Fall aber wußte Nixon wenigstens den guten Willen des päpstlichen Repräsentanten zu schätzen: denn Sindona war einer der Ehrengäste bei der Antrittsfete des neuen Präsidenten.

Sindonas größter Coup war dann auch sein letzter: der Kauf von 21,6 Prozent sfête der Franklin National Bank um 40 Millionen Dollar, die mit ihren 104 Niederlassungen in Manhattan und Long Island und fünf

Milliarden Dollar an Aktiva immerhin an zwanzigster Stelle der größten amerikanischen Banken stand. Dies war zu einer Zeit, nämlich 1972, als die Spekulationen um den Dollar in vollem Gang waren. Deshalb transferierte Bischof Marcinkus in der Hoffnung auf schnelle Gewinne auch sogleich einen erheblichen Teil vatikanischer Gelder in Sindonas neues Unternehmen. Am Ende erleichterte Sindona persönlich diese Bank um 55 Millionen Dollar, freilich ein Taschengeld im Vergleich zu den 2,5 Milliarden Dollar an Verlusten, für die schließlich die amerikanische Bankeneinlagenversicherung zahlen mußte, als die Bank am 8. Oktober 1974 zusammenbrach: Es war der größte Bankcrash der amerikanischen Geschichte. Sindona hatte sich auf ein allzu heißes Pflaster begeben. »Um seine Konkurrenten auszuschalten, hatte sich Sindona auf eine Politik der Darlehen verlegt, die den Unternehmen zu äußerst günstigen Zinssätzen gewährleistet wurden. Da er dies nicht allein durch die an seinen Schaltern eingezahlten Einlagen finanzieren konnte, machte er laufend Anleihen auf einem heißen Geldmarkt hochspekulativen Charakters ohne jegliche Regierungskontrolle: dem Eurodollarmarkt. 500 Milliarden Dollar, die sich allen restriktiven kreditpolitischen Maßnahmen entziehen, stehen den Unternehmen und Banken, welche flüssige Mittel suchen, kurzfristig zur Verfügung.«

Auf dieser Spielwiese der Hochfinanz tummelten sich im Ringelreihen mit ihren kapitalistischen Partnern nicht zuletzt die sowjetischen Banken wie die am Anfang der Schaffung des Eurodollarmarktes stehende, in Paris ansässige Eurobank, die Gosbank (die sowjetische Staatsbank), die Wneschtorg Bank (Außenhandel) und nicht zuletzt die Moscow Narodny Bank in London, was für sich schon einiges über den tatsächlichen Charakter des Ost-West-Verhältnisses aussagt. Die Moscow Narodny, im Besitz von fünfzehn Aktionären, die sämtlich Organe des Sowjetstaates waren, war überdies auf geheimnisvolle Weise zu einer britischen Bank unter Kontrolle der dem Rothschild-Kapital zuzurechnenden Bank von England geworden. Ihre weltweiten Aktivitäten bekam so mancher Durchschnittsbürger am eigenen Leib zu spüren, ohne eine Ahnung davon zu haben, wem er das zu verdanken hatte: beispielsweise als 1974 etliche österreichische Gesellschaften in Konkurs gingen, weil die Sowjets die Aktivitäten der in Wien eingerichteten Donau-Bank bremsen mußten, um ein Pleitegeschäft der Narodny mit einer Hongkonger Firma abzudecken.

So kam es ganz zwangsläufig, daß durch die Spekulationsgeschäfte von Marcinkus und Sindona der Vatikan zu einem natürlichen Geschäftspartner der bösen Kommunisten wurde. Und als nach dem Zusammenbruch des Sindona-Imperiums die Konkursmasse verteilt wurde, fand sich unter den Käufern eines Teiles der Immobiliare, der dem Vatikan bis dahin noch gehörte, ein geheimnisvolles Konsortium, von dem zumindest ein Aktionär mit der Kommunistischen Partei Italiens verbunden war.

Den Rest kaufte Agnellis Fiat. Und die »Franklin« wurde schließlich für 125 Millionen Dollar von einem bemerkenswerten Konsortium namens »European-American-Bank and Trust Company« ersteigert, dem die britische Midland Bank, die Deutsche Bank, die französische Société Générale, die belgische Société général de banque, die Amsterdam-Rotterdam-Bank und last not least die österreichische Creditanstalt angehörten.

Mit dem Zusammenbruch der Franklin war, nachdem schon im September 1974 die Banca Privata in Konkurs gegangen war, das Ende des Sindona-Imperiums gekommen. Man nannte dies »Il Crack Sindona«: Die gesamte europäische Finanzwelt erbebte, als in der Folge gleich mehrere Banken zusammenbrachen, die entweder von Sindona kontrolliert worden oder mit ihm liiert gewesen waren: das Bankhaus Wolff AG in Hamburg beispielsweise, die Herstatt Bank in Köln, die Amincor in Zürich und letztlich die Finabank in Genf.[1283] Schweizer Bankfachleute bezifferten die Verluste des Vatikan bei diesem »Crack« auf 250 Millionen Dollar, italienische Zeitungen sprachen sogar von 750 Millionen. Der Vatikan, der Sindona auf den Leim gegangen sein wollte, bezeichnete die Verluste als begrenzt, was durchaus wahr sein kann, wenn man von den Verlusten abzieht, was er zuvor dank Sindonas Gaunereien kassiert hatte.

Vor allem Bischof Marcinkus, der »Gorilla« aus Chicago, wollte nichts gewußt, ja Sindona schließlich nicht einmal gekannt haben. Nun war Marcinkus aber nicht nur Chef der Vatikanbank, deren Sonderstellung es der Mafia und Leuten wie Sindona, Calvi, Gelli und anderen zu einem Großteil überhaupt erst möglich gemacht hatte, ihre betrügerischen Geschäfte abzuwickeln; seit 1971 war er zudem Direktor der von Sindona und Calvi auf den Bahamas gegründeten Cisalpine Overseas Bank bzw. der Banco Ambrosiano Overseas Ltd.

Diese Bank auf den Bahamas, wo der golfspielende und zigarrenrauchende Bischof immer wieder mal Urlaub zu machen pflegte, war der Hauptumschlagplatz für die Mafia-Gelder, die gewaschen werden mußten und dann über die Banco Ambrosiano Calvis und die

Vatikanbank in irgendeinem fahndungssicheren schwarzen Loch verschwanden.

Wer glaubt, der Vatikan hätte sich nach den Erfahrungen des »Crack Sindona« endlich reuevoll bekreuzigt, irrt sich gewaltig. Das Spiel ging weiter, und zwar munterer denn je. Während sich Sindona zunächst als Schweizer Staatsbürger nach Genf absetzte und dann in New York jahrelang recht erfolgreich gegen seine Auslieferung nach Italien kämpfte und dabei allerlei Vergeltungspläne einschließlich Mordvorhaben schmiedete, »widmete sich die Vatikan GmbH bereits wieder dem Spekulationsgeschäft; diesmal bediente man sich eines Mannes, der in die Fußstapfen Sindonas getreten war: Roberto Calvi«.[1284] Calvi war sozusagen der Kämmerer, der Zahlmeister der Loge Propaganda 2. Nun übernahm er auch die Geldwäscherei für die Mafia und die Geschäfte des Vatikan. Calvi, der seit Jahr und Tag schon krumme Geschäfte mit Sindona gemacht hatte, war 1974 vom damaligen italienischen Staatspräsidenten für seine Verdienste um die italienische Wirtschaft zum »Cavaliere del Lavoro« ernannt worden. Man nannte ihn daher in Finanzkreisen schlicht den »Ritter«.

»Seine Fähigkeit, sich immer neue krumme Wege einfallen zu lassen, auf denen Mafia-Gelder gewaschen werden konnten, seine Expertise im illegalen Kapitalexport, im Umgehen von Steuern, im Verschleiern der ungesetzlichen Praxis, Aktien seiner eigenen Bank zu kaufen, im Manipulieren der Mailänder Börse, im Bestechen, im Unterlaufen des Rechtes, im Arrangieren eines Mordes hier, einer ungerechtfertigten Verhaftung dort – seine Fähigkeit zu all dem und anderem machte den Ritter zu einem Kriminellen ganz besonderer Güteklasse.«[1285]

Calvi startete seine Karriere in der Mailänder Banco Ambrosiano, bekannt als die »Bank der Priester«, weil jeder, der dort ein Konto eröffnen wollte, seinen katholischen Taufschein vorweisen mußte. Noch in den sechziger Jahren wurden Aufsichtsratssitzungen mit einem Dankgebet für die erzielten Umsätze und Gewinne abgeschlossen.

Zur Zeit, als Paul VI. die Finanzen des Vatikan in die Hände Michele Sindonas legte, waren dieser und Roberto Calvi bereits dicke Freunde und eben dabei, sich der Banco Ambrosiano zu bemächtigen. Von Sindona 1971 dem Bischof Marcinkus vorgestellt, wurde Calvi sogleich in den Kreis der »nomini fiducia«, der sogenannten Vertrauensmänner des Vatikan, aufgenommen. Das Vertrauen verdiente sich Calvi dann auch: »Calvis Beitrag bestand darin, das Krebsgeschwür vatikanisch inspirierter Wirtschaftskriminalität über die ganze Welt zu verbreiten.«[1286]

Calvis Transaktionen waren teilweise überaus kompliziert und eben wiederum nur deshalb möglich, weil Marcinkus die Vatikanbank bereitwillig zur Verfügung stellte, um, zunächst natürlich mit Gewinn, die Gesetze auf illegalen und kriminellen Schleichwegen zu umgehen.

Calvis Masche war der beständige, unsichtbare Diebstahl: kein Bagatelldiebstahl, kein großer Coup, sondern eben der Dauerdiebstahl. Calvi raubte, ohne sich staubig zu machen, weltweit die Banken gleich dutzendweise aus. Und die standen, wie Yallop schreibt, »auch noch Schlange, um sich von ihm ausrauben zu lassen, balgten sich um die Ehre, der Banco Ambrosiano Geld leihen zu dürfen«.[1287]

Bereits 1963 errichtete Calvi zu diesem Zweck eine in Luxemburg ansässige Firma namens »Compendium«, die er später in »Banco Ambrosiano Holding SA« umbenannte. Über diese Briefkastenfirma flossen im Laufe der Jahre mehr als 1,2 Milliarden geliehener Eurodollar, die wiederum an Peru und Nicaragua in Form von Krediten weiterflossen.[1288] Anfang der sechziger Jahre hatte er auch die »Banco de Gottardo« im kleinschweizerischen Lugano gekauft, die dann die zusammengebrochene Sindona-Bank Amincor in Zürich als Geldwaschzentrale ablöste. Dank der Direktorenschaft des Prälaten Marcinkus bei der Cisalpine in Nassau war es Calvi möglich, seine Geschäfte außerordentlich auszuweiten.

»Die Vatikanbank erhielt Jahr für Jahr riesige Geldbeträge dafür, daß sie dem Ritter für die Abwicklung gigantischer internationaler Schwindelgeschäfte ihren Namen und ihre Einrichtungen zur Verfügung stellte. Die Gelder wurden der Vatikanbank auf vielerlei Weise gutgebracht. Beispielsweise wurden alle vatikanischen Guthaben bei der Banco Ambrosiano um mindestens ein Prozent höher verzinst als die Guthaben anderer Einleger. Eine andere Methode bestand darin, daß die Ambrosiano dem Vatikan Aktien ›abkaufte‹. Das funktionierte so, daß die Vatikanbank pro forma ein Aktienpaket an eine in Panama registrierte Firma verkaufte, und zwar zu einem Preis, der bis zu 50 Prozent über dem tatsächlichen Wert der Aktien lag. Tatsächlich verließen die ›verkauften‹ Wertpapiere zu keinem Zeitpunkt das Portefeuille des Vatikans; am Ende der Operation war Marcinkus' Bank um einige Millionen Dollar reicher. Die panamesische Firma, die in der Regel ein Eigenkapital von nur wenigen tausend Dollar besaß, lieh sich die Millionen, die sie zur Bezahlung der Aktien brauchte, von der Banco Ambrosiano Overseas in Nassau, in deren Vorstand bekanntlich der unschuldige Erzbischof saß. Die Nassauer Bank wiederum hatte das Geld von ihrer Schwesterbank,

die es ihrerseits wiederum von internationalen Banken zusammenge-
borgt hatte.«[1289]

Besonders wertvoll und ergiebig erwies sich die »Zusammenarbeit«
mit der Vatikanbank im Zusammenhang mit der jahrelangen Manipulation
der Aktien der Ambrosiano selbst. Durch fallende Kurse an der Mailänder Börse in Atemnot geraten und zusätzlich nach dem »Crack
Sindona« der engen Beziehungen zu Sindona wegen vertrauensmäßig
angeschlagen, begann plötzlich ein Finanzinstitut namens »Suprafin SA«
unerschütterliches Vertrauen an Calvi und die Ambrosiano zu beweisen,
indem es Tag für Tag ganze Aktienpakete aufkaufte. Die Aktien wurden
dann so schnell wieder verkauft, daß gar keine Zeit blieb, den Namen
»Suprafin« in das Aktionärsverzeichnis aufzunehmen. Die Käufer waren Firmen in Liechtenstein und in Panama. Das allgemeine Vertrau-
en in Calvi und die Ambrosiano kehrte zurück – und die Suprafin kaufte weiter.

Dieses Unternehmen wiederum war im Besitz zweier Liechtensteiner
Firmen namens »Teclefin« und »Inparfin«. Beide gehörten auf dem
Papier, also theoretisch und rechtlich, der Vatikanbank. Das zur Finanzierung dieses Schwindels benötigte Geld stammte wiederum aus internationalen Krediten, die Calvis Luxemburger Tochterfirma aufgenommen
hatte, und aus der Ambrosiano selbst. Am Ende klaffte in der Bilanz
der Ambrosiano ein Loch von nicht weniger als 1,3 Milliarden Dollar.
Der Schwindel – und so manches andere – wäre, so ist David Yallop
überzeugt, bereits 1978 aufgeflogen, wäre Johannes Paul I., der
Überraschungsnachfolger Montinis, nicht gestorben worden: entweder durch Gottes undurchschaubares Wirken oder von Menschen-
hand, wovon Yallop überzeugt ist, der auch eine Reihe nahezu
unschlagbarer Indizien dafür liefert, daß Gelli, Calvi, Sindona, Marcinkus oder »Bruder« Kardinal Villot allesamt genügend Motive und
auch Möglichkeiten für solch eine altvatikanische Lösung ihrer Probleme hatten:[1290]

Der »lächelnde Papst«, der dank einer gewissen, gezielten kurialen
Öffentlichkeitsarbeit von ebender Öffentlichkeit gleich nicht recht für
voll genommen wurde, war tatsächlich drauf und dran gewesen, im
Vatikan einen Kehraus zu veranstalten.

Nun, Luciani starb, der Pole Wojtyla wurde endlich doch zum Papst
gewählt, und alles blieb beim alten. »Dem Mann, der sich vorgenommen
hatte, die Korruption im Vatikan zu beseitigen, war ein Mann auf den
päpstlichen Thron gefolgt, der von ganzem Herzen auf Bischof Marcinkus

schwor [...] Entweder ist Papst Johannes Paul II. von Marcinkus über Jahre hinweg belogen, hintergangen und in Unkenntnis gelassen worden, oder er war und ist in alles eingeweiht. In diesem Fall gehört er selbst an den Pranger.«[1291]

Daß Wojtyla von all dem nichts gewußt hätte, ist so unwahrscheinlich wie der Sonnenaufgang im Westen, und wie wir sehen werden, gibt es auch eine Menge politischer, sozusagen weltordnungspolitischer Gründe dafür, warum alles beim alten belassen wurde.

Mehr noch: Nach dem Auffliegen der Existenz der Loge Propaganda 2 im Frühjahr 1981 und der damit unmittelbar im Zusammenhang stehenden vorübergehenden Verhaftung Calvis, und nach dessen Verurteilung zu vier Jahren Freiheitsentzug und 16 Milliarden Lire Geldstrafe wegen der illegalen Ausfuhr von (allerdings lächerlichen) 24 Millionen Dollar, wurde Bischof Marcinkus von Johannes Paul II. zum Pro-Präsidenten der Pontifikalkommission, also praktisch zum Regierungschef des Vatikan-Staates und damit automatisch zum Erzbischof befördert; seine Stellung als Chef der Vatikanbank behielt er natürlich ebenfalls noch jahrelang bei.

Jedenfalls konnte Calvi im Verein mit der Vatikanbank nach dem Tod Johannes Paul I. seine haarsträubenden Betrügereien ungehindert, ja in verstärktem Ausmaß fortsetzen. Noch 1982, als sich die Schlinge nicht nur sprichwörtlich, sondern buchstäblich schon langsam um Calvis Hals legte, beauftragte der Papst den Ambrosiano-Chef mit der Neuordnung der vatikanischen Finanzen, und zwar angeblich mit den Worten: »Wenn es Ihnen gelingt, den Vatikan von diesen Schulden zu befreien, dann können Sie freie Hand bei der Neuordnung der Finanzen haben.«[1292]

Mit den Schulden war etwa eine Milliarde Dollar gemeint, was in etwa genau der Summe der Außenstände der Calvi-Banken entspräche ...

Mehr als 400 Millionen Dollar, also mehr als ein Fünftel der insgesamt abhanden gekommenen Summe von 1,3 Milliarden Dollar, sind erst nach Lucianis mysteriösem Tod in einem nicht weniger mysteriösen Panama-Dreieck verschwunden.

Wie mächtig der Einfluß der Propaganda 2 war und ist, läßt sich daran ersehen, daß Calvi ungeachtet seiner Verurteilung im Juni 1981 (er kam natürlich gegen Kaution auf freien Fuß) an die Spitze der Ambrosiano zurückkehrte und vom Aufsichtsrat einstimmig wieder als General-direktor bestätigt wurde. Noch 1982 überwies Calvi direkt von der Mailänder Mutterbank 470 Millionen Dollar nach Peru, von wo aus sie wieder klammheimlich auf mehrere Nummernkonten der Propaganda 2 in der Schweiz weitergeleitet wurden. Und nach dem Auftauchen der Liste mit den Namen der annähernd tausend P2-Logenbrüder, was zum Sturz der damaligen Regierung geführt hatte, weil sich darunter etliche amtierende Minister befanden, überwies Calvi wiederum 95 Millionen Dollar über eine Reihe bemerkenswerter Stationen – Rothschild in Zürich, Rothschild auf Guernsey und die Banque Nationale de Paris in Panama – an die panamesische Firma Bellatrix, ein Tarnunternehmen der Propaganda 2.

Zweifellos wäre es für die Propaganda 2 oder wohl auch für die hinter ihr stehende, »noch mächtigere Organisation« überaus lästig gewesen, hätte das von Luciani geplante Reinemachen im Vatikan seinerzeit tatsächlich stattgefunden, denn dann hätten sich die Brüder andere Schleichwege für ihre Raubzüge und für ihren Kapitaltransfer suchen müssen – und zu diesem Zweck gab und gibt es eben nichts Besseres als das »Institut für religiöse Werke«.

1981 wurde offenbar, daß Licio Gelli und die Propaganda due nicht etwa nur versucht hatten, Italien unter ihre Kontrolle zu bekommen: Die Loge hatte Italien tatsächlich unter Kontrolle, und Gelli war Italiens heimlicher Herrscher. Ohne ihn lief nichts. Daß die Loge schließlich doch aufflog, zumindest eine kleine Spitze des Eisberges, war dem größenwahnsinnigen Leichtsinn Sindonas und Calvis zuzuschreiben und eben der Tatsache, daß nicht alle Menschen völlig korrupt sind und es auch der Loge wohl nicht möglich war, sämtliche nichtkorrupten Staatsanwälte, Richter und Finanzprüfer umzulegen. Darüber hinaus wäre es durchaus möglich, daß auch das Auffliegen der Propaganda due nur die äußere Erscheinung einer Auseinandersetzung im inneren Kreis der über der Loge stehenden Kräfte war, einer Auseinandersetzung, die nicht nur zwischen den Kapitalinteressen und Machtansprüchen der um die Rockefellers und Rothschild versammelten Gruppen stattfindet, sondern sich, wie Lincoln & Co zeigten, auch innerhalb der geheimnisvollen Prieuré de Sion.

Immerhin hat Gelli auch danach noch eindrucksvolle Demonstrationen seines Einflusses geliefert, die auch die »ganz gewöhnliche Politik« betreffen. So setzten Gelli und Umberto Ortolani 1979 mehrere politische Hebel in Bewegung, um eine Verbindung zwischen dem früheren Regierungschef Andreotti und dem sozialistischen Parteiführer Craxi herbeizuführen. (Letzterer verteidigte Calvi nach dessen Verhaftung sogar im Parlament noch als italienischen Saubermann). Ungeachtet der

Enttarnung der Loge waren diese Bemühungen – wenn auch mit Verzögerung – von durchschlagendem Erfolg gekrönt worden: Bettino Craxi wurde italienischer Premierminister, und sein Außenminister hieß Andreotti.

Es war ja nicht anzunehmen, daß ein Mann wie Gelli, nachdem er 1983 nach einem mehrmonatigen Luxusaufenthalt im angeblich ausbruchssichersten Gefängnis der in derlei Dingen so peniblen Schweiz justament einen Tag, bevor die Schweiz dem italienischen Auslieferungsbegehren nach langem und schwerem Zögern schließlich stattgab, mir nichts, dir nichts verschwinden, in Pension gehen und sich in einem Schaukelstuhl auf der Veranda seiner Hazienda nahe Montevideo nur noch die Zeit vertreiben würde.

Jedenfalls war sein Verschwinden ein neuerlicher Beweis dafür, daß er nach wie vor »die Puppen tanzen lassen« konnte, oder, wie Bettino Craxi, einer der Nutznießer von Gellis Großzügigkeit, sagte: »Die Flucht Gellis bestätigt, daß der Großmeister über einen Kreis mächtiger Freunde verfügt.«[1293]

Dem war in der Tat so. Zu Beginn der neunziger Jahre waren die Dunkelmänner der Loge wieder obenauf. Pietro Longo, Exchef der Sozialdemokraten und Logenmitglied Nr. 2223, saß wieder im Vorstand seiner Partei. Admiral Antonio Geraci, Mitgliedsnummer 2096, wurde Oberbefehlshaber der NATO-Truppen in Südeuropa, und Staatspräsident Cossiga war noch immer stolz darauf, durch ein brüderliches Duz-Verhältnis mit Gelli verbunden zu sein, der mittlerweile, obschon von einem italienischen Gericht verurteilt, schon wieder Haftverschonung genoß und sogar seine Kandidatur für das Europa-Parlament ankündigte, diesmal auf der Liste der Grünen. Daß er schließlich doch wieder ins Gefängnis zurück mußte, besagt nicht, daß sich seine alten Freunde nicht darum kümmerten, daß es dem Großmeister an nichts fehlt. Die Wahl Berlusconis dürfte ihn zweifellos erheitert und darüber hinweggetröstet haben, daß die Bauernopfer der nationalen Erneuerung ausgerechnet seine alten Freunde Andreotti und Craxi sein mußten.

Sindona und Calvi waren allerdings für die mächtigen Freunde innerhalb und außerhalb der P2 zu einem lästigen Ballast geworden. Sindona wurde in New York wegen insgesamt 99 Gesetzesverstößen angeklagt und in 65 Fällen für schuldig befunden. In Italien wurde er unter anderem der Anstiftung zum Mord an dem Untersuchungsrichter Ambrosoli angeklagt. Sindona starb aus nie geklärten Gründen schließlich in einem italienischen Gefängnis, während er auf eine Gerichtsverhandlung wartete, die ihm, Calvi und Gelli sowie dem ehemaligen Chef der italienischen Geheimpolizei, Musenicci, unter anderem eine Verschwörung im Zusammenhang mit dem blutigen Bombenanschlag in Bologna im Jahr 1980 vorwarf.

Roberto Calvi, der es vorgezogen hatte, ins englische Exil zu gehen, wurde am 18. Juni erhängt aufgefunden. Seine Leiche hing an einem selbst für trainierte Akrobaten schwer zugänglichen Pfeiler der Blacksfriars-Brücke, mit den Füßen knapp über den kalten Wassern der Themse, und in seinen Taschen fand man zwölf Pfund Zementbrocken und Ziegel. Offenbar haben bestimmte Maurerbrüder das Initiations-Ritual ganz und gar wörtlich genommen, wo es heißt, der Verräter werde dort gehenkt, wo der Fluß seine Leiche bedeckt. Die Prozeßakten wurden geschlossen.

Knapp zehn Jahre später geisterte dann die Version durch den internationalen Blätterwald, die Mafia habe Calvi liquidiert. Selbst wenn dies zutrifft, besagt das nicht viel, denn auch hier sind die Grenzen zwischen den Brüdern zuweilen ziemlich verschwommen. Abgesehen davon sind der Mafia andere Methoden zu eigen: »sasso in bocca«, wie man in Familienkreisen zu sagen pflegt.

Calvi hatte sich indessen diesen »Lohn der Brüder« wirklich nicht verdient. Schließlich hat er vor allem und größtenteils für andere gestohlen und betrogen. Yallop dazu: »Die italienischen Christdemokraten, Kommunisten und Sozialisten waren nicht die einzigen politischen Gruppierungen, die einen Biß in den goldenen Apfel tun durften. Millionen flossen auf Gellis diskrete Anforderung hin an die Militärregierungen, die in Argentinien, Uruguay und Paraguay damals herrschten [...] Millionen flossen heimlich und illegal an die Kassen der ›Solidarität‹ in Polen. Bei diesen Geldern handelte es sich um eine Mischung aus Beutegeldern Calvis und Mitteln der Vatikanbank, die letzten Endes aus den von den katholischen Gläubigen gefüllten Sammelbüchsen stammten.«[1294]

Hier wird verständlich, warum der Papst aus Polen seine schützende Hand über Marcinkus hielt und warum der Vatikan auch nach 1981 noch Calvis Dienste in Anspruch nahm, obwohl der damalige italienische Finanzminister Adreatta den Vatikan geradezu angefleht hatte, Calvi die Unterstützung zu entziehen, um sich nicht selbst noch mehr in Schwierigkeiten und in Verruf zu bringen. Offenbar war der Finanzminister ein vatikantreuer Katholik.

Der Vatikan steckte selbst viel zu tief in allem mit drin. Die Betätigungen des »Instituts für religiöse Werke«, der Vatikanbank (von denen hier ja nur ein Bruchteil angeführt werden konnte), sind selbst wiederum nur ein Teil der vermögenspolitischen Gesamtaktivitäten des Vatikans. Die »Außerordentliche Sektion«, die zweite, die eigentliche, von der Weltbank und der Bank für internationalen Zahlungsausgleich in Basel als Zentralbank anerkannte »Vatikanbank«, war und ist im täglichen Spekulationsgeschäft an den großen Börsen der Welt nicht weniger aktiv. Sie widmete sich stets besonders dem Devisenmarkt und arbeitete eng mit der Credit Suisse und der Schweizerischen Bankgesellschaft zusammen.

»Das Pontifikat Johannes Paul II. hat sich als Glücksfall für Geldjongleure und Krämerseelen, für Kriecher und Lumpen, für internationale Polit- und Finanzgangster wie Calvi, Gelli und Sindona erwiesen!« urteilt David Yallop.[1295]

Während Wojtyla lateinamerikanische Priester wegen ihrer politischen Betätigung tadelte, begehrliche Blicke auf die eigene Ehefrau als eine Art von Ehebruch verurteilt und neuerdings per Enzyklika einem »demokratischen Sozialismus« sozusagen mit menschlichem Antlitz das Wort redet, »sorgen die Männer hinter den Kulissen dafür, daß die Kassen klingeln wie nie zuvor [...] Der jetzige Papst hat nicht nur zugelassen, daß der Vatikan eine ganze Reihe von Freimaurern aus einer ganzen Reihe verschiedener Logen offiziell in seinen Mauern duldet, er hat auch seinen Segen dazu gegeben, daß die Kirche sich eine hausgemachte Loge eigener Spielart zugelegt hat. Ihr Name ist Opus Dei – Werk Gottes«.[1296]

Das stimmt so nicht ganz: Wenn der polnische Papst ein Glücksfall für Geldjongleure und allerlei Lumpen und Gangster hinter den Kulissen war und ist, dann ist er es vor allem für die Neuordner im Olymp der Weltverbesserer.

Calvi sprach im Kreis von Vertrauten häufig von den heimlichen und illegalen Zahlungen des Vatikan nach Polen. Einer der »Vertrauten« ließ dabei, wie es sich für einen guten Logenbruder gehört, hin und wieder heimlich ein Tonband mitlaufen. Yallop zitiert daraus:

»Marcinkus muß auf Casaroli aufpassen, der der Kopf der gegen ihn arbeitenden Gruppe ist. Wenn Casaroli je einem dieser Finanziers in New York begegnen sollte, die für Marcinkus arbeiten, Geld an die Solidarität schicken, dann würde im Vatikan kein Stein auf dem anderen bleiben. Oder wenn Casaroli auch nur eins von diesen Blättchen Papier fände, von denen ich weiß – dann gute Nacht, Marcinkus. Gute Nacht Wojtyla. Gute Nacht Solidarität. Die letzten Operationen würden allein ausreichen, die mit 20 Millionen Dollar. Ich habe auch Andreotti davon erzählt, aber es ist nicht klar, auf wessen Seite er steht. Wenn die Dinge in Italien einen bestimmten Lauf nehmen sollten, dann wird sich der Vatikan ein Gebäude in Washington, hinter dem Pentagon, mieten müssen, ganz schön weit weg vom Petersdom.«[1297]

Die Gesamtsumme, die heimlich und illegal im Auftrag des Vatikan in die Kassen der »Solidarität« des Herrn Walesa geschleust wurden beläuft sich auf mehr als 100 Millionen Dollar. Neben den Beutegeldern Calvis und der Vatikanbank waren dies vor allem Gelder, die von Kardinal »Geldsack« Spellman, Verbindungsmann zur Wallstreet,[1298] Malteserritter und CIA-Aktivist, beschafft wurden, und vor allem aber auch von Kardinal John Cody, dem Erzbischof der wohlhabendsten Diözese der Welt, Chicago, dem Sitz der Continental Bank of Illinois, in deren Aufsichtsrat bezeichnenderweise Sindonas Busenfreund, der Jesuitenpriester Raymond C. Baumhart, saß.

Das Urteil eines Priesters aus der Diözese New Orleans, der Cody zuvor vorstand, sagt schon ziemlich viel: »Als dieser Dreckskerl Chicago bekam, haben wir eine Fete gefeiert und das Tedeum gesungen.«[1299]

Ein Jahr nach dem ersten USA-Besuch des Papstes fühlten sich die Justizbehörden zu einer, natürlich geheimen, Untersuchung gegen Kardinal Cody veranlaßt, unter anderem auch wegen des Vorwurfs, er habe seiner Freundin Helen Wilson eine Million Dollar aus Kirchengeldern zugeschustert.

Auch Cody war einer von denen, die Luciani zu feuern gedacht hatte und die unter Wojtyla ihr Spiel ungehindert weiterspielen konnten; Cody allerdings nicht mehr sehr lange, denn er starb im April 1982.

Was Cody, der seit den siebziger Jahren Hunderttausende von Dollar über die Continental of Illinois an Marcinkus in die Vatikanbank transferierte, in diesem Zusammenhang noch zusätzlich interessant macht, ist der Umstand, daß er nach eigenen Aussagen auch im Dienst der CIA gestanden hat; unter anderem habe er etliche Spezialaufträge für die CIA in Saigon erledigt. Alles in allem also war der Kirchenfürst wie sein Kollege Spellman und wie Papst Paul VI. seit den vierziger Jahren sozusagen für staatliche amerikanische Stellen nachrichtendienstlich tätig.[1300]

Hier schließen sich etliche Kreise. Das Spiel, das im Zweiten Weltkrieg mit Kürzeln wie Alpha Galates, OSS, SOE, CIA, ACUE und ODESSA begonnen hatte, das Spiel zwischen Freunden einer freien Welt und eines Vereinten Europa, zwischen CIA, KGB, Vatikan, Hochfinanz, Faschisten und Kommunisten, der Propaganda due und der hinter dieser steckenden mysteriösen Organisation, zeigt, daß die Wirklichkeit hinter den Fassaden der sogenannten freien Welt und der Demokratie auch in einem ganz und gar nicht esoterisch-okkulten Sinn ganz anders aussieht, als der wohlklingende verbale Verputz dies vermuten ließe.

Wenn der Vatikan Millionen und Abermillionen Dollar geheim und illegal nach Polen transferiert, um in altbewährter CIA-Manier eine bestimmte bevorzugte politische Kraft aufzupäppeln, dann ist das, wie immer man zur »Solidarität« stehen mochte, nichts anderes als eine verschwörerische Einmischung in die inneren Angelegenheiten eines souveränen Staates gewesen, und das Gewäsch von einer autonomen, innenpolitischen Opposition, die aus eigener Kraft und »heiligem Mut« gegen die Unterdrücker aufsteht, bleibt das, was es nun einmal ist: ein scheinheiliges, verlogenes Gewäsch.

Nun haben wir es hier freilich nicht mehr mit dem Schmutz im Keller des »Hauses der Neuen Ordnung« zu tun, sondern mit den höheren Etagen, da bewegt man sich schon auf einer Ebene, die man Weltpolitik oder Geschichte nennt. Dort hat nämlich der Vatikan wahrhaftig seine »priesterliche Oberhoheit« wahrgenommen, um das »kommunistische Experiment« auftragsgemäß zu beenden.

Denn selbstverständlich ging es dabei von allem Anfang an nicht nur um Polen.

Man könnte sich nun allerlei Spekulationen hingeben und sich fragen, wessen Geschäfte der polnische Papst nun eigentlich betrieb, ob er etwa auch in den Diensten des vatikanischen Geheimdienstes oder der CIA gestanden hat oder ob er vielleicht ebenfalls zu jener vatikanischen Freimaurergilde gehört, oder ob er gar etwas mit den Rittern von der Prieuré de Sion zu tun hat.

Immerhin hat er mit dem Schlagwort »Europa vom Atlantik bis zum Ural« sogleich nach seinem Amtsantritt das Programm der Prieuré de Sion und der mit dieser verfilzten Organisationen aufgegriffen und ausgespielt.

Wojtylas Rolle hat Leopold Unger in der *International Herald Tribune* im März 1979 angedeutet, nämlich kurz vor dessen Besuch in Polen. Wobei auch hier anzumerken ist, daß man die *IHT* als jene Publikation bezeichnen kann, in der sich wie kaum anderswo die Marksteine auf dem Weg zur Neuen Weltordnung herauslesen lassen, ganz nach dem Motto der Prieuré: Alles ist zumindest in symbolischer Form zu finden.

Der von Unger dabei hergestellte Zusammenhang mit dem Sturz des Schah von Persien durch Rockmob und CIA und der Rolle des in Paris aufgepäppelten Khomeini im Iran hat dabei gewiß seine Bedeutung. Unger schrieb:

»Edward Gierek, Führer der polnischen kommunistischen Partei, ist nicht Shapur Bakhtiar, der glücklose ehemalige iranische Premierminister. Auch hat Johannes Paul II. nichts gemeinsam mit dem Ayatollah Ruholah Khomeini. Trotzdem kommt dem geplanten Papstbesuch in Polen auf seine Weise die gleiche historische Wichtigkeit zu wie der Rückkehr des Mullah in den Iran [...] Die kommunistische Partei bekam letzten Monat einen kleinen Vorgeschmack von dem, was sie im Juni erwartet, als Millionen von Polen am 2. Februar, dem Tag der Lichtmesse, Sonder-messen für den Papst besuchten. Sie sprechen ein von den polnischen Bischöfen vorbereitetes Gebet, in dem es heißt, daß der Papst Hilfe bringen muß, nicht nur für das katholische Polen, sondern für den ganzen Osten Europas.

Und das ist ein ziemliches Programm [...] Johannes Paul II. hat wissen lassen, daß er Warschau, Gniezno, das im Jahr 970 Hauptstadt Polens war, und das Heiligtum der Schwarzen Jungfrau in Czestochowa besuchen möchte [...] Der Name Czestochowa ist außerhalb Polens schwierig auszusprechen, aber es war während Jahrhunderten ein Teil der pol-nischen Geschichte und kann vom Monat Juni an ein Teil der Geschichte der Welt sein.«[1301]

Das war es wohl ganz sicher, wenn auch in unserer schnellebigen Zeit die Glasnost-Publicity und die übrigen Ereignisse Ende der achtziger Jahre schon wieder fast vergessen ließen, wo und wie alles wirklich seinen Anfang genommen hatte, woher der Druck zur sogenannten Perestroika wirklich gekommen ist.

Ob das Ganze am allerletzten Ende des Baus am Haus Europa und des Hauses der Neuen Weltordnung wirklich so reich, so frei, so gleich, so brüderlich, so unabhängig sein wird, wie dies wohl so mancher in den ersten Jubelstunden nach der Liquidation des östlichen Experiments geträumt und geglaubt hatte, kann mittlerweile wohl schon bezweifelt werden und wird sich erst erweisen müssen. Das steht vielleicht in den Pentagramm-Sternchen der Europafähnchen geschrieben.

Der Papst, Chef des superkapitalistischen Vatikan-Konzerns und als Oberhaupt der Kirche zugleich moralische Autorität nicht nur für katho-lische Gläubige, hat der Welt einen nichtkapitalistischen und nicht-kommunistischen Kompromiß in Form einer Art »demokratischen Sozialismus« vorgeschlagen. Wie das aussehen könnte, darauf mag unter anderem eine der Nachkriegsgeburten eine Antwort geben, die der gesamteuropäische und transatlantische »Sebottendorf«, die »graue Eminenz« Joseph Retinger, gemeinsam mit dem früheren SOE-Chef Sir Collin Gubbins mit seinem Verein für Krisenfälle, mit dem damaligen italienischen Ministerpräsidenten, dem ehemaligen CIA-Direktor General Walter Beddel Smith und jenem früheren Mitglied der SS aus dem Hause Lippe-Biesterfeld, nämlich Prinz Bernhard der Niederlande, aus der Taufe heben half.[1302]

Die Neue Weltordnung

»Eine Frage hätte ich noch, Cornelia«, sagte Pat, »warum sind Sie so sicher, daß Prinz Bernhard stürzen wird? Dann scheint es doch mit der Macht der Bilderberger nicht ganz so weit her zu sein, wenn sie nicht einmal ihren eigenen Präsidenten schützen können!«

Die alte Dame lächelte.

»Die Geld-Elite, die im Kreis der Bilderberger die wirkliche Macht verkörpert – die anderen sind nur ihr Management oder gar nur Staffage –, vertritt die Auffassung, daß ›politische Entscheidungen von großer Tragweite nur selten von der Öffentlichkeit verstanden werden‹, vielleicht, weil die Völker so ganz andere Interessen haben. Jedenfalls hat es David einmal so formuliert – oder formulieren lassen. Er und die wenigen anderen, die sich als seinesgleichen betrachten können, zum Beispiel der liebe Edmond und in geringerem Maße Leute wie Giovanni Agnelli oder Marcus Wallenberg, der schwedische Krösus, sind sehr selbstbewußt und werden äußerst selten von Zweifeln an ihrer eigenen Unfehlbarkeit befallen. Sie verstehen sich als die eigentliche, von keinem Parlament kontrollierte, niemandem verantwortliche Regierung der Welt, zumindest des Einflußbereiches der USA [...]«

»Du meine Güte!« rief Pat. »Glauben sie das wirklich?«

»Gewiß«, erwiderte Mrs. Vandermeulen, »und die Tatsachen geben ihnen zweifellos recht. Übrigens, was den armen Bernhard betrifft, so nehmen ihn die Bilderberger nicht so wichtig. Er gehört zur Staffage, und da in Holland die Anforderungen an die Integrität eines nationalen Repräsentanten entschieden höher sind als anderswo« – sie warf Pat einen raschen Blick zu, der zu besagen schien: »Wir wissen ja wohl beide, was damit gemeint ist?!« –, »muß Bernhard wohl bald alle Ämter niederlegen. Dafür ist andererseits sichergestellt, daß das Königtum der Oranien-

Nassauer keinen Schaden nimmt und die holländische Monarchie erhalten bleibt.«

Das ist eine Szene aus dem Roman von Bernt Engelmann, *Hotel Bilderberg.*[1303] Die handelnden Personen sind leicht zu identifizieren: David Rockefeller und Baron Edmond de Rothschild unter anderem. Und Prinz Bernhard der Niederlande mußte in der Tat 1976 sein Amt als Präsident des Bilderberg-Clubs niederlegen, da er wie erwähnt durch Verwicklung in den Lockheed-Skandal zu stark belastet worden war. Sein Nachfolger bei der Frühjahrstagung 1977 im englischen Seebad Torquey wurde der ehemalige englische Premierminister Sir Douglas Home. 1980 durfte in Aachen übrigens der ehemalige deutsche Bundespräsident, Bruder Walter Scheel, den Vorsitz übernehmen.

Die Geschichte von den Bilderbergern ist also kein Roman. Dennoch hat man jahrzehntelang trotz des erlauchten Mitgliederkreises nichts von ihnen gehört oder gelesen, was angesichts der natürlichen Sensationsgier der Medien ganz einfach erstaunlich und geradezu sensationell ist. Auch öffentliche Stellen stellen sich plötzlich dümmer als sie sind, wenn der Bilderberger wegen nachgefragt wird: »Ihr Brief an den Präsidenten vom 10. März 1975 ist zur Beantwortung an unser Büro weitergeleitet worden, da niemand im Weißen Haus Informationen über ›die Bilderberger‹ vorliegen hat. Leider haben wir trotz Nachforschungen keine Informationen über ›die Bilderberger‹ auffinden können.«

Dieser Brief vom 8. April 1975 an eine Ms. McArthur ist gezeichnet mit Mary C. Lawton, ihres Zeichens damals zweiter stellvertretender Justizminister der Vereinigten Staaten im Office of Legal Council. Und geradezu grotesk nennt ein Autor völlig zu Recht »die platte Antwort« der deutschen Bundesregierung auf eine kleine Anfrage des Abgeordneten Kleinert und der Fraktion der Grünen nach Zweck und Themen der 36. Bilderberg-Konferenz, an der Bundeskanzler Helmut Kohl Anfang Juni 1988 sich mit David Rockefeller, Henry Kissinger, Königin Beatrix sowie etlichen hochkarätigen Politikern, Diplomaten, internationalen Bankiers und Industriellen in diskreter Runde ausgetauscht hatte: »Bei den Bilderberg-Konferenzen handelt es sich um inoffizielle und informelle private Gesprächskreise hochrangiger Persönlichkeiten aus aller Welt, die ad personam eingeladen werden.

Bilderberg-Konferenzen sind ohne feste Organisationsstruktur oder Statut und dementsprechend ohne Mitgliedschaft. Da es sich um keine offiziellen Veranstaltungen handelt, verfügt die Bundesregierung über die einschlägige Medienberichterstattung hinaus über keine zusätzlichen Informationen.«[1304]

Diesem Informationsdefizit ist allerdings abzuhelfen. Gegen derlei Platitüden, die verständlicherweise vor allem Bilderberger aus der Staffage von sich zu geben pflegen (wie dies auch die Trilateralisten tun), ließen sich zunächst einige ganz allgemeine Argumente anführen: Wenn diese Treffen so belanglos und unbedeutend sind, dann fragt sich, warum sich internationale Bankiers, Industrielle, Angehörige von Königshäusern, Regierungschefs und gar Staatsoberhäupter und nicht zuletzt die Spitzen von Wissenschaft und Forschung und der internationalen Bürokratie-Elite für eine halbe Woche von ihrem hektischen Alltag losreißen und oftmals eine halbe Weltreise unternehmen, um daran teilzunehmen.

Wenn es bei diesen jährlichen Bilderberger-Treffen (ebenso wie bei den Konferenzen des Council on Foreign Relations und der Trilateral Commission) jeweils um »die Schaffung einer profunden Basis, um die Bereitstellung von Denkmodellen und geistigen Anstößen« durch und für die politische, ökonomische und wissenschaftliche Elite der Welt geht, dann ist es schon bemerkenswert, wenn in keinem der wesentlichen wissenschaftlichen Werke über die amerikanische Außenpolitik etwa, über die westliche Bündnispolitik oder über wirtschaftspolitische Fragen auf diese Treffen Bezug genommen wird.

Daß sich aber diese strategischen Eliten, die sowohl die politischen als auch die sozio-ökonomischen Systeme ihrer Länder beherrschen, indessen nicht bloß zum geselligen Beisammensein oder zum Pokern treffen, liegt wohl nahe und geht schon aus den ungewöhnlichen Sicherheitsvorkehrungen hervor, die auf Kosten der ungefragten Steuerzahler des jeweiligen Gastlandes getroffen werden. Nicht bloß um den Schutz von Leib und Leben der hohen und höchsten Gäste geht es dabei – was ja noch verständlich wäre. Nein, um die hermetische Abgeschirmtheit des exklusiven Zirkels zu gewährleisten, werden die entsprechenden Hotels nicht nur von anderen, unbeteiligten Gästen geräumt: In der Regel werden sogar die regulären Bediensteten jener Hotels, in denen die Konferenzen stattfinden, gegen eigenes, nicht englischsprechendes Personal ausgetauscht sowie die Tagungsorte penibel nach »Wanzen« und anderen Abhöreinrichtungen durchsucht. Nichts von all dem, was hier ihren Wählern verantwortliche, »demokratische« Politiker oftmals beispielsweise mit ihren angeblichen politischen Feinden aus dem rechtskonservativen oder sozialistischen Lager besprechen, soll an die Öffentlichkeit dringen.

Es steht wohl außer Frage: Wenn die mächtigsten Männer der Welt demokratisch gewählte Politiker vom linken bis zum rechten politischen Spektrum zu sich zitieren, um hinter geschlossenen Türen klammheimlich über bedeutende politische, finanzielle und wirtschaftliche Probleme zu mauscheln, dann hat der Normalsterbliche Grund genug, besorgt zu sein. Vor allem auch angesichts des Umstands, daß sich selbst üblicherweise eitel-redselige prominente Journalisten, denen der Zutritt zu diesem erlauchten Kreis gestattet ist, in brüderlicher Komplizenschaft einen Maulkorb umhängen lassen und sich zum Stillschweigen, allenfalls zur Desinformation verpflichten. Das »Not for quotation« wird im Widerspruch zum Informationsauftrag, auf den sich die Medien üblicherweise stets berufen, bis hin zu den großen Nachrichtenagenturen wie Reuter, Associated Press, Deutsche Presseagentur usw. akzeptiert und in der Regel strengstens befolgt.

Der erste Hinweis auf diese seit 1954 jährlich in verschiedenen Ländern stattfindenden Treffen erschien elf Jahre nach der Gründung dieses Clubs im *Christian Science Monitor*, nämlich am 12. 4. 1965: »Diese Leute, eine Art Mafia der internationalen Politik, werden Bilderberger genannt [...] normale Bürger sind besorgt, wenn mächtige Männer zusammenkommen, um die Probleme der Welt zu lösen, sie sind es noch mehr, wenn die Mitgliedslisten bis auf wenige Ausnahmen fast nur aus internationalen Sozialisten, Geschäftsleuten und Finanziers bestehen [...]« Dieser Hinweis blieb freilich zunächst der einzige.

Erst in den siebziger Jahren, nachdem ein amerikanischer Kongreßabgeordneter namens James R. Rarick 1971 eine diesbezügliche Anfrage gestellt hatte und einige kleinere Artikel in der *New York Times* und in der *Washington Post* erschienen waren, vor allem aber nach den Enthüllungen über den Council on Foreign Relations und die Trilateral Commission in den Rothschild-freundlichen Blättern *New York Times* und *Washington Post* im Zuge der Auseinandersetzungen mit den Rockefeller-Maurern, folgten einige wenige Berichte allerdings desinformativen Charakters: Da mühte sich ein Bilderberger und Trilateralist in einer bundesdeutschen Wochenschrift beispielsweise einen ganzseitigen Artikel ab, um die Deutschen über die Aktivitäten der Trilateralen zu beruhigen,[1305] von denen Leonard Silk am 7. 1. 1977 in der *New York Times* geschrieben hat: »Diejenigen, die an die Verschwörungstheorie in der Geschichte glauben, müssen die Commission als eine Tarnorganisation des Establishments sehen, deren Hauptzweck es ist, Carter gemeinsam zu steuern.«

Angesichts solcher darauf folgenden vielsagenden Desinformationen konnte einem geradezu warm ums Herz werden, wenn sich beispielsweise bei diesem »Wanderzirkus«, der »die geheimnisumwitterte Trilateral Commission von allem Anfang an gewesen« ist, etwa »Zbignew Brzezinski, einst Gründer der Kommission«, gar »umflimmert vom Glanz seines Amtes« dem Freundeskreis stellte. Da erstaunt und erschauert man geradezu, wie »unabdingbar die Präsenz von David Rockefeller« etwa beim Bilderberger-Treffen im Steigenberger Parkhotel »Quellenhof« 1980 in Aachen gewesen war: »Große Aufregung herrschte denn auch vor seiner Ankunft. Er soll mit einem Privatjet landen. Da fährt ein Mercedes vor. Dr. Franz Schoser vom Deutschen Industrie- und Handelstag, Mitorganisator der Aachener Konferenz, der zuvor einen Song ›David, David, David‹ skandiert hatte, begibt sich aufgeregt zur Tür. Falscher Alarm. ›Wenn David kommt, müssen wir die Whiskys abräumen‹, raunte er seinen Helfern zu. Bei jedem neuen Mercedes, der beim Hotel vorfährt, vollführt Franz Schoser sein Ballett. Einige Autos später. Wieder Spurt zur Tür. Einen Augenblick später ist Schoser wieder in der Hotelhalle und verkündet mit ernsthaftem Gesicht: ›Er ist es.‹«[1306]

Wer in aller Welt wird denn da noch von Verschwörung reden wollen, wo doch jedes Kind weiß, daß es sich bei Verschwörern um normalerweise finstre Leute handelt, die sich an dunklen Orten Geheimnisvolles zuflüstern! Doch nicht an solchen Orten wie etwa im Hotel »Bristol« im »Nervenzentrum der Repubik«, wo sich im Oktober 1977 die Trilateralen trafen. Ganz ungezwungen und locker und alles andere als verschwörerisch geht es da zu: Da gab es doch tatsächlich »unter der Spiegeldecke des Nato-Saales nur 105 bequeme Sessel, doch dreißig härtere Stühle wurden hinzugeschoben, Helmut Schmidt machte es möglich [...]«,[1307] und schob offenbar eigenhändig und für alle sichtbar die fehlenden Stühle in den Saal. Einen vielleicht für Franz Josef Strauß, der sich für sein »bayrisch-akzentuiertes Amerikanisch« entschuldigte, während Jürgen »Ben Wisch« Wischnewski wie üblich »ganz einfach als Kerl« Eindruck machte, der Vorsitzende der europäischen Sektion Berthoin sehr stolz war, »ein Europäer zu sein«, wegen eines Fotos, auf dem Willy Brandt vor dem Denkmal im Warschauer Getto kniet: »Prasselnder Beifall brach über den zur Stummheit gerührten Willy Brandt herein.« Selbstverständlich applaudierten auch die Bilderberger Henry Kissinger und Max Kohnstamm ...

Und um den Lesern jeden Verdacht zu nehmen, wird auch das noch festgestellt: daß nämlich »keineswegs Rockefeller die Rechnungen bezahlt, sondern jedes Land seinen Anteil beisteuert, der sich nach dem jeweiligen Bruttosozialprodukt bemißt«.[1308]

Na also. Rockefeller besticht eben nichts und niemanden, auch nicht die amerikanische Regierung, schließlich zahlen er und die meisten anderen seiner Weltverbesserungs-Brüder vom Council on Foreign Relations dank des Tricks mit den Stiftungen fast keine Steuern.[1309]

Durch diese Art von Publizität jedenfalls wurde offenbar nicht erfolglos versucht, das ohnedies nur kurzfristig aufgeflammte Interesse am Treiben der Rundtischler vom »Round Table« über den »Council« bis zu den »Bilderbergern« und den trilateralen Kommissaren einzuschläfern. »Den Bilderbergern wird Geheimniskrämerei nachgesagt. Dabei bestehen keine Schwierigkeiten rauszufinden, wer Mitglied ist, welche Tagungsthemen zur Debatte stehen. Die Arbeitsprotokolle sind leicht einzusehen. Die Baden-Conference beispielsweise befaßt sich mit drei Punkten: ›Die gegenwärtige internationale monetäre Lage und ihre Konsequenzen für die westliche Zusammenarbeit‹, ›Die Auswirkungen der Instabilität im Mittleren Osten und in Afrika auf die westliche Welt‹ und ›Andere Fragen im Verhältnis Europa-Amerika‹. Auf meinem Pult liegen die Paperbacks der Treffen mehrerer Jahre. Bilderberger-Sekretär A. Hoogendoorn heftete die freundlichen Worte ›Sehr geehrter Herr, anbei finden Sie die Reports der Bilderberger-Konferenzen‹ an, als er mir das Material schickte. Die Bilderberger betreiben also auch PR, trotzdem wirft man ihnen Geheimniskrämerei und Schlimmeres vor. Etwa die heimliche Weltregierung zu sein. Tatsächlich steht auf dem Paperback über die Konferenzen ›Not for Quotation‹ – es darf daraus nicht zitiert werden. Das Siegel der Verschwiegenheit wird aber deshalb nicht gelüftet, um eine freie und offene Rede zu ermöglichen. Deshalb werden sowohl die Autoren wie auch diejenigen, die an den Erörterungen das Wort ergreifen, nicht namentlich, sondern nur nach ihrer Nationalität genannt. Nicht Verordnungen, nicht Richtlinien sind Zweck der Bilderberger. Es geht ihnen um die Schaffung einer profunden Basis, um die Bereitstellung von Denkmodellen und um geistige Anstöße.«[1310]

Da weiß es jetzt jedermann ganz genau und kann ruhig schlafen: Auch die Großen wollen manchmal bloß ein wenig unter sich sein und, vor allem wenn sie aus verschiedenen politischen Lagern kommen, das böse Spiel der für die demokratische Unterhaltung der dümmlichen Wähler gedachten Polemik ganz zwanglos vergessen. Da konnte sich stets fern von jedem parteipolitischen Hader Franz Josef Strauß (CSU) mit Jürgen Wischnewski (SPD) oder Willy Brandt (SPD) unterhalten, Gerhard

Stoltenberg mit Egon Bahr einen gemeinsamen Nenner finden, der rechtskonservative Axel Springer mit Klaus von Dohnany (SPD) und womöglich mit österreichischen Sozialisten wie Hannes Androsch oder Franz Vranitzky über die »Welt« reden; und Helmut Schmidt konnte sich womöglich mit Baron Rothschild über Nordseeturns auf der Privatjacht des Bankiers Warburg unterhalten, während Guy Mollet und Fritz Erler mit Josef Hermann Abs und anderen Klassenfeinden wie Marcus Wallenberg oder Herrn von Amerongen über ihre Gemeinsamkeiten plaudern konnten. Sozialdemokraten wie Olof Palme konnten sich mit Henry Kissinger über ihre gemeinsamen Erfahrungen bei dem zur Gänze von der CIA finanzierten internationalen Seminar in Havard[1311] austauschen, während vielleicht der einstige Chefkommentator des österreichischen Rundfunks, Alfons Dalma, ein Plauderstündchen mit Theo Sommer von der *Zeit* über die Bewältigung nationalsozialistischer Vergangenheit einschieben konnte. Und Helmut Kohl konnte sich womöglich schon beizeiten mit dem jungen Clinton über die künftige amerikanisch-europäische Führungsrolle des »neuen Deutschland« unterhalten oder einfach darüber, wie man amerikanischer Präsident wird.

Eben: »Man kennt sich, man plaudert völlig entspannt unter Ausschluß der Öffentlichkeit über öffentliche Belange und – man nimmt Direktiven mit nach Hause: direkte Anweisungen aus dem Hause Rockefeller, die sich in der Innenpolitik der NATO-Länder niederschlagen.«[1312] Aber das geht doch schließlich niemanden etwas an ... Wo nämlich käme die Politik hin, wenn jedermann erführe, was durch die Bilderberger-Treffen und die Aktivitäten der Trilateral Commission ja eigentlich offenkundig ist: daß es im Grunde genommen ab einer gewissen Stufe zwischen den in Westeuropa herrschenden Klassen und der sogenannten »sozialistischen« Opposition, daß es zwischen den Rechtsparteien und der Linken im Kern schon längst keine ideologischen oder sonstigen Gegensätze mehr gibt, die dann im politischen Alltag zu Hause freilich wieder zur allgemeinen Augenauswischerei ausgepackt werden, während man insgeheim am gemeinsamen Universalgebäude herumbaut. Weder die Wähler noch die kleinen Parteimitglieder, ja nicht einmal jene »Parteifreunde in der Mitverantwortung«, die nicht für würdig befunden werden, in diesen ehrsamen Kreis einzutreten, erfahren etwas von den gemeinsamen Aktivitäten, der »profunden gemeinsamen Basis« dieser polychromen Bauleute vom Bilderberg und vom Hause Rockefeller & Co. In Kenntnis dieser Zusammenhänge freilich gibt es keinen Grund mehr, sich darüber zu wundern, wie es kommt, daß viele der Unter-

nehmungen und Programme gerade sozialistischer Parteien ausgerechnet von der Central Intelligence Agency bezahlt worden sind.

Die Bilderberg-Konferenzen gehen auf die Initiative David Rockefellers
zurück und waren zumindest bis zur Gründung der Trilateral Commission organisatorisch der verlängerte Arm des Council on Foreign
Relations, »um die internationalen Beziehungen innerhalb des westlichen Bündnisses zu korrigieren«,[1313] konkret um unter anderem nach
dem Krieg die wirtschaftliche und politische Abhängigkeit Europas vom
anglo-amerikanischen Kapital zu gewährleisten. Es ist wohl kaum anders denkbar, als daß Rockefellers Bekanntschaft mit dem polnischen
Schwedenmaurer Joseph Retinger auf die geheimdienstliche Tätigkeit
beider während des Zweiten Weltkrieges zurückzuführen ist. Bekanntlich arbeitete Retinger in Churchills Special Operation Executive, während David Rockefeller als Hauptmann der US-Army in geheim-
dienstlicher Mission in Algier tätig war. Wie es der Zufall wollte, hatte
zu jener Zeit auch Prinz Bernhard der Niederlande als Chef des Verbindungsstabes der niederländischen Streitkräfte zu den Briten Kontakt zu
geheimdienstlichen Kreisen. Von Eisenhower begeistert unterstützt,
wurde dem Prinzen schließlich der holländische Untergrund unterstellt.
Mehrere dieser Engelandvaarders, die sich in England zum Kriegsdienst
gemeldet hatten, und einige der Führer des holländischen Widerstandes
wurden zu lebenslangen Freunden des Prinzen – und bemerkenswerterweise später zu führenden Vertretern der Firma Lockheed.[1314]
    Nach dem Krieg schien der Europäer der ersten Stunde, Dr. Joseph
Retinger, mit seinen ungewöhnlich guten Beziehungen der geeignete
Mann für Rockefeller zu sein, um eine unter seiner Kontrolle stehende,
übernationale und sozusagen überparteiliche europäische Organisation
zu gründen, ohne dabei selbst in Erscheinung treten zu müssen. Bekanntlich war Retinger an der Gründung verschiedenster europäischer Einrichtungen bereits aktiv beteiligt, unter anderem am »American
Committee on a United Europe« (ACUE); und vor allem widmete er sich
dem Gedanken einer »Atlantischen Union«, die in ihrer Konsequenz
bereits damals eine Art anglo-amerikanische Weltregierung dargestellt
hätte. Der niederländische Prinzgemahl Bernhard schien das geeignete
Aushängeschild für ein derartiges Vorhaben zu sein, und Retinger gelang
es auch, den Gatten der über Royal Dutch Shell und das multinationale
Kartell Société Général de Belgique eng mit dem Rothschild-Kapital
verbundenen Königin Juliana dafür zu erwärmen.

Um diesen angeblich so inoffiziellen Privatclub für informelle und bedeutungs- und folgenlose Privatgespräche hochrangiger Persönlichkeiten zu gründen, besprach der Prinz sich mit Zustimmung des belgischen Ministerpräsidenten van Zeeland mit führenden Sozialisten, Liberalen und Christdemokraten Europas. Für seine geheimen Verhandlungen mit Rockefeller schob Prinz Bernhard offiziell einen »notwendig gewordenen Aufenthalt im Walter-Reed-Hospital in Washington« vor. Dort fanden dann auch weitere Begegnungen mit einflußreichen Persönlichkeiten wie dem Vorsitzenden der Rockefeller-Stiftung, Dean Rusk, mit Johnson vom Carnegie-Fonds für den internationalen Frieden, dem CIA-Direktor Walter Bedell Smith und Senator Fulbright statt, wohl um die amerikanische Tagesordnung für diese weitere »europäische« Einrichtung zu besprechen.

Naturgemäß sind alle amerikanischen Teilnehmer an den Bilderberger-Konferenzen, zumindest solche in planenden oder führenden Funktionen, seit jeher CFR-Mitglieder beziehungsweise neuerdings Mitglieder der Trilateral Commission.

Im Mai 1954 war es dann soweit, als das kleine ostholländische Städtchen Oosterbeck für vier Tage zum Treffpunkt der Elite der Mächtigen Europas und der USA geworden war, die Prinz Bernhard in das Hotel »Bilderberg« geladen hatte: insgesamt an die hundert führende Personen aus Hochfinanz, Politik, internationalen Organisationen, Industrie, Gewerkschaft, Geheimdiensten, Militär, Universitäten und internationaler Presse. Diesmal war natürlich auch er selbst – David Rockefeller persönlich, – erschienen, wie alle Jahre seither wieder. Mehr als zehn Jahre lang, bis zum erwähnten Bericht im *Christian Science Monitor*, gelang es, diese Treffen völlig geheim zu halten, dank der Mitwirkung der führenden internationalen Zeitungen und Agenturen. Bis auf die unmittelbar Beteiligten wußte bis dahin niemand, daß diese angeblich so harmlosen Treffen überhaupt stattfanden, bei denen die verschiedenen Führer der atlantischen Gemeinschaft über die Köpfe ihrer Wähler hinweg zusammenarbeiteten, um über den international koordinierten Einsatz der von der synarchischen Freimaurerei benutzten Machtmittel Gold, Geld, Kredit, Währungswesen, Massenmedien, Ideologien und Parteien laut Teilnehmer Kissinger an dem ewigen Ziel der Menschen zu arbeiten: eines Friedens auf Erden, eines Friedens nach außen, eines Friedens im Vaterlande und eines Frieden in uns selbst ...

Dieser Friede hat natürlich eine konkrete Gestalt. Es ist das Haus der Neuen Weltordnung der Brüder vom Council on Foreign Relations: »Am

Ende des Zweiten Weltkrieges beschlossen einige international einge-stellte Männer, die unsere Wirtschaft ebenso kontrollieren wie die Regierung, eine neue Weltordnung unter US-Führung und mit Hilfe der Slogans der UNO aufzuziehen«, erklärte am 15. 9. 1971 James R. Rarick, der Abgeordnete von Louisiana, im amerikanischen Kongreß,[1315] freilich ohne zu berücksichtigen, daß es sich bei der Installierung der Bilderberg-Konferenzen nur um die Schaffung eines neuen und den veränderten Verhältnissen angepaßten Instrumentariums zur Verwirklichung eines alten Ziels handelte.

Die Neue Weltordnung ist zweifellos wie bei den anderen »Elite-Truppen« des illuminierten Novus Ordo Seclorum, dem CFR, der Trila-teral Commission und dem »Round Table« auch der Überbau und »höhere Endzweck« der Bilderberger.

Allerdings hatten die Bilderberg-Konferenzen zunächst neben dem Interessensausgleich zwischen den Rockefellerschen und den Rothschild-schen Monopolisten eine noch näherliegende Aufgabe, die unmit-telbar mit der über den Zweiten Weltkrieg in Szene gesetzten Neuord-nung Europas und mit dem kommunistischen Experiment zwecks bipolarer Machtentfaltung über die scheinbare Gegnerschaft zu tun hatte: Die Bilderberg-Konferenzen waren mehr oder weniger eine Maß-nahme, um die Folgen von Dulles' Aktivitäten zu neutralisieren und zu entschärfen.

»Um die extremen Tendenzen zu kontrollieren«, führte 1971 der erwähnte Abgeordnete Rarick aus, »mußte eine Art ständigen Forums außerhalb der formalen staatlichen Strukturen geschaffen werden, damit sich die US- und westeuropäischen Eliten treffen, Mißverständnisse ausräumen und ihre Zusammenarbeit entwickeln können. Ein System der Interdependenz, das neuen übernationalen Gruppen ermöglichen würde, privat miteinander in Verbindung zu stehen und die geeigneten Entscheidungen zu treffen, um die klassischen politischen Strukturen beiderseits des Atlantiks zu bearbeiten.«[1316]

Die »ideologische« und praktische Bearbeitung des Westens hatte wie erwähnt mehr oder weniger bereits mit Allen Dulles' »Bekehrung nach Stalingrad« begonnen. George F. Kennan durfte dann 1947 offiziell im Auftrag des Council on Foreign Relations zum kalten Krieg blasen,[1317] um die Demarkationslinien der neuen Nachkriegsordnung auch ideo-logisch zu zementieren. Die Truman-Doktrin tat ihr Übriges, um die Schotten zwischen dem Reservat des kommunistischen Experiments in Osteuropa und der kapitalistischen Spielwiese im Westen dichtzumachen. An vorderster Stelle war es die CIA, die mit der praktischen Umsetzung des »kalten Krieges« beauftragt war und auch dafür sorgte, daß sich in Westeuropa das entsprechende Feindbild entwickelte, indem hier alle Register der Subversion und der psychologischen Determination gezogen wurden, um einen geradezu hysterischen Anitkommunismus zu entfachen.

Wie aber konnte man die Entwicklung in Osteuropa beeinflussen, sozusagen unter Kontrolle bekommen, um die dort lebenden Völker im Zuge dieser entscheidenden, »kreativen Phase der Ausreifung des menschlichen Universalgebildes« laboratoriumsmäßig zu bearbeiten? Wie konnte man die osteuropäischen Völker dazu bringen, durch die stalinistische Hölle zu gehen?

»Man kann heute«, schrieb Steward Steven, »zumindest zur Diskussion stellen, [...] ob nicht der Zuwachs des kommunistischen Einflusses in Osteuropa eher die Folge als die Ursache des Zusammenbruchs der Beziehungen zwischen den Großmächten gewesen sei.«[1318]

Wenn man sich die Entwicklung des »kalten Krieges« aus der Distanz und frei von dem von Dulles, Kennan, Churchill, Truman und der CIA samt ihren antibolschewistischen Profis aus der Nazi-Zeit provozierten Antikommunismus betrachtet, kommt man nicht umhin, diese Feststellung zu bejahen. Mehr noch: Wenn sich Roosevelt bloß einen Witz erlaubt hätte und in der Politik nichts von dem, was geschieht, in irgendeiner Form geplant wäre, dann müßte man weniger auf die Zufallstheorie denn auf eine noch zu entwickelnde Theorie politischer Dummheit zurückgreifen. Die Tatsache freilich, daß zuweilen im schroffen Gegensatz zur offiziellen Politik die Sowjetunion von allem Anfang an ein Kind des amerikanischen beziehungsweise multinationalen Kapitals war, bestätigt mehr als alles andere, daß hier »höhere« Absicht mit im Spiele war. Gerade in diesem Zusammenhang ist diese Tatsache besonders bemerkenswert und verdient wiederholt hervorgehoben zu werden: »Die sowjetische Wirtschaftsentwicklung zwischen 1917 und 1930 beruhte im wesentlichen auf der technologischen Hilfe der Vereinigten Staaten. Mindestens 95 Prozent der industriellen Strukturentwicklung der UdSSR sind von ihnen unterstützt worden«, bestätigte Zbigniew Brzezinski das unwiderlegbare Kindschaftsverhältnis,[1319] obwohl doch die Westmächte 1917 offiziell ein Wirtschaftsembargo gegen die junge Sowjetunion verhängt hatten.

Max Warburg und Jacob Schiff, die beiden Hauptaktionäre von Kuhn, Loeb & Co, offiziöse Partner von John Rockefeller und John P. Morgan, finanzierten Lenin und seine Gruppe von jenem Zeitpunkt an, als es sich als sicher erwies, daß die Romanows nicht mehr die Macht ausübten und Kerenskij nur einen zufälligen Übergang darstellte. Nach Feststellung der *Washington Post* vom 2. Februar 1918 soll die Bank Morgan mindestens eine Million Dollar an diese Adepten der Revolution bezahlt haben. In einem Bericht des US-Außenministeriums hieß es: »Kuhn, Loeb & Co, der größte New Yorker Finanzier, beteiligte sich an der Finanzierung des ersten Fünfjahresplanes, nachdem er der bolschewistischen Regierung, die ihm von 1918 bis 1922 über 600 Millionen Rubel in Gold transferierte, als Depotbank gedient hatte.«

Am 14. Juni 1933 erklärte Louis McFadden, Präsident des House Banking Committee, vor seinen Kollegen: »Die sowjetische Regierung hat aus dem amerikanischen Schatz stammende Gelder bekommen, und zwar durch Vermittlung des Federal Reserve Board. Die Bundesbanken haben in dieser Angelegenheit zusammengearbeitet mit der Chase Bank, der Guaranty Trust Company und anderen New Yorker Großbanken [...]«[1320]

Dies sind nur ein paar wenige Beispiele für die Verquickung der Interessen des multinationalen Kapitals mit ihren angeblichen Feinden und der Entwicklung der Sowjetunion, die den plötzlichen und künstlich aufgeputschten Antikommunismus eben in einem anderen Licht erscheinen lassen. Die angebliche Überraschung des Westens ob der Erkenntnis, daß Stalins Bekenntnisse zur Demokratie lediglich auf dem Papier standen, wirkt in diesem Zusammenhang schon beinahe komisch.

Man kann wohl auch heute noch über die Details der Entwicklung zum kalten Krieg und zur Teilung Europas mit all ihren Schrecken diskutieren, eines aber steht außer Zweifel: Die sogenannte Containment-Politik Trumans und die Aktivitäten Dulles' haben nichts dazu getan, diese Teilung aufzuhalten, im Gegenteil, die Politik der »Eindämmung« hat diese Teilung erst zementiert und das Schicksal der osteuropäischen Völker für mehr als vier Jahrzehnte besiegelt. Und wenn dies nicht Absicht war, wofür eigentlich alles spricht, dann war es nicht zu überbietende Dummheit. Und welcher Zynismus dabei im Spiel war, zeigte sich schon allein darin, daß Dulles zwischen 1946 und 1948 mit Hilfe »religiöser und wohltätiger Organisationen« zwar einige hundert »prominente« Antikommunisten aus Osteuropa herausholte, die Menschenfreunde Churchill und Roosevelt andererseits aber ohne mit der Wimper zu zucken mindestens zwei Millionen Osteuropäer an Stalin zurückschickten, obwohl jedem klar war, was diese Menschen erwartete: Hinrichtung, Folter, Zwangsarbeit.[1321]

Es wäre wohl kindisch anzunehmen, Osteuropa hätte damals ausschließlich aus lauter Antikommunisten bestanden, die nur darauf warteten, durch die westlichen Alliierten von den sowjetischen Unterdrückern befreit zu werden. Man wird hier eher Steward Steven beizupflichten haben, wenn er schreibt: »Die Wahrheit ist, daß die Völker Osteuropas die Rote Armee als Befreier begrüßten. Politisch gesehen hatte der Krieg, so beharrlich die alten rechtsgerichteten Emigrantenkreise in Amerika auch das Gegenteil behaupten – die Atmosphäre in diesen Ländern gereinigt; sie waren bereit zum Sozialismus und zu einem freundschaftlichen, festen Bündnis mit der Sowjetunion. Die meisten ihrer Wirtschaftler waren sich darüber im klaren, daß Amerika ihnen zwar beim Wiederaufbau ihrer zerstörten Industrie helfen würde, daß sie sich ihre Handelspartner aber im Osten suchen mußten.

Wegen ihrer geographischen Lage war ihr Schicksal unauflöslich mit dem der Sowjetunion verbunden. Wenn das bedeutete, daß sie einige ihrer politischen Institutionen denen des neuen Partners angleichen mußten, so würde man sich damit auch noch abfinden. Stalin glaubte natürlich, wesentlich mehr verlangen zu können, und auf dieser Ebene hätte man ihn mit Erfolg herausfordern können.

Unglücklicherweise entschied sich der Westen dafür, ihn auf einem anderen – falschen – Gebiet anzugreifen. Anstatt sich gegen seine auf russischen Imperialismus hinauslaufenden Machenschaften zu wenden, also etwa dagegen, daß er Länder wie Polen und Ungarn in sein Sowjetimperium zerrte, obwohl sie sich mit Händen und Füßen dagegen sträubten, redeten Amerika und seine Verbündeten immer nur von einem ›kommunistischen Imperialismus‹. Dadurch unterhöhlten sie die Position der Nationalisten, die zu Recht oder zu Unrecht der Ansicht waren, daß die Anwendung marxistischer Lehren in ihren Ländern der einzige Weg zum Fortschritt sei, sich aber gleichzeitig vorgenommen hatten, für das Recht der Tschechoslowakei, Polens und Ungarns einzutreten, jeweils ihren eigenen Weg zum Sozialismus zu gehen. Sie wollten unabhängig von Rußland und Amerika sein, wenngleich sie sich darüber im klaren waren, daß sie wahrscheinlich nicht ohne enge, auf gegenseitiger Abhängigkeit beruhende Verflechtung mit Rußland auskommen würden. Ein großer Teil der Intelligenz in ihren Ländern stimmte darin mit ihnen überein und war bereit, die Folgen des politischen Kampfes zur

Aufrechterhaltung einer Position der Unabhängigkeit von der Sowjetunion auf sich zu nehmen. Und zunächst hatte es auch den Anschein, daß sie sich damit durchsetzen würden.«[1322]

Aber so war es eben nicht geplant. So weit war man noch nicht bei der Neuordnung der Welt, die mit der Zerschlagung der alten monarchistischen Großreiche begonnen wurde und deren Nationalismen erst noch zwischen den Blöcken reifgepreßt werden sollten für das große Werk einer Welt, in der die Bereiche ausschließlicher Vorherrschaft endgültig verschwinden.

Daß es zu keinen eigenständigen Entwicklungen in Osteuropa kam, ist nicht zuletzt auf die von den Weltverbesserern des Council on Foreign Relations konzipierte Politik zurückzuführen. »Die amerikanische Reaktion machte ihre Position unhaltbar. Indem sie Kommunismus mit russischem Imperialismus gleichsetzten, bezogen die Amerikaner einen ähnlichen Standpunkt wie Stalin: Die Satellitenstaaten mußten sich zwischen Rußland und Amerika, zwischen Kommunismus und Kapitalismus entscheiden. Es war unmöglich, ungarischer Kommunist zu sein und als solcher von Rußland und Amerika akzeptiert zu werden. Beide Seiten erklärten, daß man nur entweder Kommunist oder Antikommunist sein könne. Kommunist war, wer die ›führende Rolle der Sowjetunion‹ anerkannte, Antikommunist war, wer für Amerika und gegen Rußland war.«[1323]

In erster Linie war es der mittlerweile zum CIA-Chef avancierte Allen Dulles, der sich nun brutal über die Ansicht so mancher westlicher Politiker und Diplomaten hinwegsetzte, man müsse gerade den Nationalkommunisten jede mögliche Unterstützung diplomatischer oder sonstiger Art zukommen lassen, da sie noch am ehesten Gewähr dafür böten, daß der Westen sich ein gewisses Maß an Einfluß hinter dem Eisernen Vorhang bewahren könne. Diese konnten wohl nicht recht die Beweggründe für Dulles' Ansicht begreifen, ein Nationalkommunist sei den Interessen der westlichen Demokratien abträglich, wenn dieser die Politik verfolgte, die Satelliten aus der allzu innigen Umarmung Moskaus zu befreien: daß es nämlich eines monolithischen Blocks bedurfte, um einerseits das kommunistische Experiment staatskapitalistischer Ausbeutung ungehindert und störungsfrei voranzutreiben, und andererseits mit Hilfe einer zweiten Weltmacht als dialektische Gegenkraft die Macht zu globalisieren.

Dulles' Argumente waren schließlich in der damals vorherrschenden und vom CIA sowie nachgeschalteten Meinungsforschungsinstrumenten aufbereiteten Stimmung nicht vom Tisch zu wischen: Die National-kommunisten seien auf Dauer für die westlichen Demokratien noch gefährlicher als die extremen Stalinisten. Falls man zuließe, daß jene Form des Kommunismus, die die »Liberalen« vertraten, innerhalb des Ostblocks Fuß faßte, würde der Kommunismus salonfähig werden und auch im Westen für so manche eine Verlockung und Alternative darstellen: Dies freilich hätte zu einer möglicherweise unkontrollierbaren Entwicklung geführt.

Also startete Dulles Anfang der fünfziger Jahre, nicht zuletzt mit Hilfe von »agents provocateurs«, die in weiser Voraussicht schon lange vor dem Krieg in die diversen kommunistischen Parteien eingeschleust worden waren und nun zum Teil sogar hohe Regierungsämter bekleideten und unter Mißbrauch völlig unschuldiger Personen die »Operation Splinter Factor«, »Red Sox« oder »Red Cape«, um die liberalen Tendenzen im Ostblock im Keim zu ersticken. Die Taktik war ebenso simpel wie zynisch und teuflisch: über einige wenige Agenten wie den Polen Josef Swiatlo sollte innerhalb des Ostblocks permanent Mißtrauen gesät werden, um die stalinistischen Herrscher zu zwingen, mit immer brutaleren Methoden durchzugreifen, angeblich, um die osteuropäischen Völker über die Erfahrung des Leidens im Gulag dazu zu bewegen, sich schließlich gegen den Terror zu erheben. Höchste und kleine Parteifunktionäre wurden als amerikanische Agenten denunziert, nichtvorhandene Agentennetze schienen glaubhaft das gesamte kommunistische System unterwandert zu haben, Stalin und die ihm hörigen Vasallen bekamen jeden Vorwand geliefert, um die Osteuropäer das Fürchten zu lehren. »Was die Russen betraf – die würde man mit einer so dicken Verschwörung füttern, daß sie daran ersticken mußten. Ein neues Zeitalter der Finsternis würde sich über die Völker Osteuropas herabsenken. Die Wahrheit würde zu einem politischen Makel, die Lüge zu einem Instrument der Staatskunst werden. Folter und Mord würden an der Tagesordnung sein; die Zuchthäuser würden sich mit Menschen füllen, die ihr Leben der Sache geweiht hatten, die sie jetzt vernichtete; die Gerichte würden zum Spielzeug subalterner Tyrannen werden. Ein Meister wie Josef Stalin, das wußte Dulles, würde nichts auslassen.«[1324]

Viele liberale Politiker etwa vom Schlage eines Gomulka, die nichts anderes im Sinne gehabt hatten, als nach einem »Dritten Weg«, nach einem Ausweg für ihre Länder aus der sowjetkommunistischen Umklammerung zu suchen, fielen dank Dulles' »Operation Splinter Factor« den stalinistischen Säuberungswellen zum Opfer. Heute zu sagen, letzten

Endes hätte Dulles ja doch Erfolg gehabt, wäre ein zynischer Witz. Denn genau das galt es zunächst zu verhindern: daß sich die Völker Osteuropas gegen ihre Entmündigung zur Wehr setzten. Als sie sich etwa 1953 in der DDR, in Ungarn 1956 oder 1968 in der Tschechoslowakei – von der CIA und ihren Radiostationen zum Kochen gebracht – erhoben, da waren dies die Stunden der Wahrheit: Die Formel von der Zurückdrängung des Kommunismus erwies sich als bloße Propaganda, als politische Deklamation ohne jede Realisierungschance, die besonders den Ungarn, denen Unterstützung durch Spezialeinheiten versprochen worden war, zum Verhängnis wurde. Es gab trotz der »Strategie der Befreiung«, mit denen die Aufstände der fünfziger Jahre provoziert wurden, um den aufgestauten Druck abzulassen, nicht einmal den Versuch einer Drohung an die Adresse der Sowjetunion. Es war auch niemals geplant, etwas gegen die Sowjetunion zu unternehmen, im Gegenteil, die antikommunistische Politik nach außen hin hatte genau die erhofften Ergebnisse gezeigt: Statt zu einer Verringerung des russischen Einflusses hatte sie wie beabsichtigt zu dessen Verstärkung in den Ostblockländern beigetragen, die Autorität der Stalinisten wurde gestärkt, und den Nationen Osteuropas wurde eine Art Kolonialstatus auferlegt, der sie reif machte für die doppelte Ausbeutung durch die Staatskapitalisten ebenso wie durch das multinationale Kapital.

Freilich war dieses Spiel nicht ungefährlich und konnte aus vielerlei Gründen stets außer Kontrolle geraten. Wie der bereits erwähnte US-Abgeordnete im Zusammenhang mit seinen Ausführungen über die Bilderberger vor dem Kongreß erklärte, seien einige der »Eingeweihten« unter den Liberalen und Sozialisten, die im Schatten der bekannten internationalen Organisationen wie dem Marshallplan und dergleichen manövrierten, über die antikommunistische Welle erschrocken, die ihnen zwischen 1947 und 1953 zeitweilig zu entgleiten drohte.

Es ging im Grunde genommen eben niemals darum, den Kommunismus zu besiegen, sondern der Sowjetunion klarzumachen, daß sie ihren Part im Weltordnungsspiel zu spielen habe, dessen unmittelbares Ziel zunächst darin bestand, den Überbau der Entscheidungen im Osten wie im Westen durch eine aus Steuermitteln finanzierte internationale Bürokratie völlig zu beherrschen, und, wie Zbigniew Brzezinski sich auszudrücken pflegte, »die Fahne der Internationalen« aufzuziehen.[1325]

Die Bilderberg-Konferenzen dienten also dazu, über die künstlichen geographischen, politischen wie ideologischen Grenzen hinweg einen Ausgleich zu schaffen, die maurerischen Eliten aus Hominismus, Kapital und Politik auf den gemeinsamen königlichen Weg zur Neuen Weltordnung einzustimmen und etwaige gefährliche Unwägbarkeiten, die bei der Auflösung der alten Strukturen entstehen mochten, zu entschärfen. Vor allem dienten die Bilderberg-Konferenzen ebenso wie der CFR und der Round Table dazu, die Interessen zwischen den zwei verschiedenen Lagern des Kapitals, synonym mit Rockefeller und Rothschild gekennzeichnet, zu koordinieren und unter das gemeinsame ideologische Dach der Novus Ordo Seclorum zu bringen. Dies funktionierte so lange, wie sich die materiellen Interessen der beiden Lager im CFR durch die gemeinsame Ölförderung und die gemeinsame Förderung des Zionismus, sprich Israels, auf einen Nenner bringen lassen konnten.

Hier ist ein kurzer Blick in die Historie erforderlich:[1326] Die Geschichte der Rothschilds könnte man als das bis heute gültige Lehrstück dafür bezeichnen, wie man mittels Krieg immer reicher und reicher wird, wobei es völlig unwesentlich ist, durch welche Betrügereien der Begründer der Dynastie, Meyer Amschel Rothschild, im 18. Jahrhundert den Grundstock für das gigantische Vermögen geschaffen hatte: Nahezu sämtliche Kriege, die in der Folge in Europa geführt wurden, waren von den Rothschilds finanziert worden. Die auf Frankfurt, London, Paris und Neapel verteilte Familie verstand es geradezu meisterhaft, die Völker derart zu gruppieren, daß stets ein neuer Krieg ausbrach, falls ein Schuldner aus der Reihe tanzte. Der Verlierer hatte dann jedesmal die abgelaufenen Schulden zuzüglich der Zinsen im Wege der Reparationen zu tilgen. Zu Beginn des 19. Jahrhunderts kontrollierte das Rothschild-Kapital mehr oder weniger ganz Europa und nicht zuletzt über die Londoner »City« den Großteil des britischen Kolonial-Imperiums. Der amerikanische Bürgerkrieg schließlich bot den Rothschilds auch den willkommenen Einstieg in die »Neue Welt«: Sie finanzierten wie üblich beide Seiten. Inwieweit schließlich die Ermordung Abraham Lincolns durch John Wilkes Booth am 14. April 1865 damit in Zusammenhang steht, daß Lincoln sich geweigert hatte, die von den Rothschilds geforderten unmäßigen Zinsen zu bezahlen, wird wohl niemals geklärt werden können.

Jedenfalls versäumten die Rothschilds keine Zeit, ihre Tätigkeiten in den nunmehr Vereinigten Staaten zu entfalten. Ihr Hauptagent war der deutsche Einwanderer Jakob Schiff, der 1867 als Teilhaber in das Bankhaus Kuhn, Loeb & Co einstieg und dafür sorgte, daß nunmehr über die Bankhäuser der Warburgs in Hamburg und Amsterdam europäisches Kapital mit der amerikanischen Industrie zusammenkam: Innerhalb von knapp zwei Jahrzehnten stellten die Rothschilds über die Warburg-Schiff-Verbindung unter anderem jenes Kapital bereit, das es dem alten John D. Rockefeller erlaubte, sein Standard-Oil-Imperium zu jenem bekannten gigantischen Komplex auszubauen. Um die Jahrhundertwende wurde Paul Moritz Warburg persönlich nach New York geschickt, um den größten Coup einzuleiten: die Gründung des in Privathänden befindlichen »Federal Reserve Systems«, also praktisch der amerikanischen Zentralbank, über die seither die Kapitalmonopolisten die Finanzen der USA, natürlich im Interesse von Frieden, Glück und Wohlfahrt ihrer selbst, kontrollieren.

Abgesehen von diesen finanziellen Verquickungen gab es zu diesem Zeitpunkt längst auch ideelle Verbindungen zwischen dem um die Rothschilds versammelten Kapital und den amerikanischen »Rittern von der Kette«, den »Pilgrims« um Rockefeller, Morgan, Vanderbilt und Carnegie, die sich ebenfalls in dem »schlichten Wunsch nach einer Regierung der Welt«[1327] verbunden hatten: Die gemeinsame Klammer waren die Round-Table-Gruppen, eine Geheimorganisation, die dem Lebenstraum des 1873 in die Freimaurerei aufgenommenen britischen Gold- und Diamantmagnaten Cecil Rhodes von einer »Neuen Weltordnung« entsprangen.[1328]

1891 gründete Rhodes, dem es mit der finanziellen Unterstützung Lord Rothschilds gelungen war, die südafrikanischen Diamantenfelder und Goldminen zu monopolisieren, gemeinsam mit dem Journalisten William T. Stead eine nach dem Vorbild der Jesuiten und der Freimaurerei strukturierte Organisation mit einem Kreis von Eingeweihten und einem äußeren Kreis von Helfern. Der Kreis der Eingeweihten bestand aus Arthur Lord Balfour, Albert Lord Grey, Sir Henry Johnston, Lord Nathaniel Rothschild, dem Historiker Arnold Toynbee von der Universität Oxford, Sir John B. Seeley von Cambridge, Reginald B. Brett und nicht zuletzt Alfred Lord Milner, dem Gouverneur der Kapkolonie und späteren Nachfolger Rhodes'. Ziel dieser Organisation war die Verwirklichung der humanistisch-rationalen Ideale der Freimaurerei über die Macht des Kapitals und der Wirtschaft in einer neuen, die ganze Welt umfassenden Ordnung: Sowohl hinsichtlich der Zielsetzungen als auch in bezug auf die Organisationsstruktur ist die Verwandtschaft dieser Organisation mit dem Illuminaten-Orden Adam Weishaupts nicht zu übersehen.

In seinem Testament setzte Rhodes 1888 seinen Finanzier, Lord Rothschild, als seinen Erben ein. Vermutlich aus strategischen Gründen zog sich Rothschild aber aus der vordersten Reihe des Systems zurück, so daß in Rhodes' letztem Testament dessen Schwiegersohn, Lord Rosebery, zum Treuhänder der Gesellschaft bestimmt wurde.

Nach Rhodes' Tod im Jahr 1902 führte Lord Milner für die Rothschilds diesen hinter den Kulissen der britischen Regierung arbeitenden exklusiven Herrenclub und schuf, um den Einfluß der Gesellschaft auszuweiten, in den wichtigsten Kolonien und in den USA die halbgeheimen Round-Table-Gruppen. 1919 wurden, sozusagen als Frontorganisationen, das »Royal Institute of International Affairs« mit Sitz im Londoner Chatham House und der berühmte »Council on Foreign Relations« gegründet, der von Christian A. Herter und den mit den Rockefellers eng und sogar verwandtschaftlich verbundenen Brüder Allen und John Foster Dulles geleitet wurde. Bemerkenswerterweise fand die Gründungsversammlung des CFR am 15. 9. 1919 im Hotel »Majestic« in Paris statt.

Initiiert wurde die Schaffung eines »Rates für auswärtige Angelegenheiten« von Präsident Wilsons Manager, Colonel Edward Mandel House, nachdem dieser bezüglich des Eintritts der USA in den eben entstehenden »Völkerbund« im Kongreß eine Abfuhr erlitten hatte. Nach dem »zweiten Durchgang« hatte der CFR bekanntlich mehr Erfolg mit der Gründung der »Vereinten Nationen«. Bei der russischen Revolution spielten die Rundtischler übrigens eine nicht unbedeutende Rolle: so der englische Botschafter in Petersburg, Sir George Buchanan, der dem Freimaurer und Prinzen Lvov und Kerenskij mit nicht weniger als 21 Millionen Rubel unter die revolutionären Arme gegriffen hatte. Lord Milner persönlich hintertrieb als britischer Emissär 1917 einen unter anderem von Rasputin befürworteten Separatfrieden mit Deutschland. Kein Wunder daher, daß die führenden Rundtischler wie Lord Milner und Lord Balfour 1918 an der Unterzeichnung der Versailler Verträge teilgenommen hatten.

Die allen nun im CFR und im Royal Institute of International Affairs sowie in deren Ablegern wie den Bilderbergern vereinten Weltverbesserern gemeinsame Ideologie hat – im doppeldeutigen Sinne – durchaus einen esoterischen Charakter. Sie beruht auf dem »Ideal des vernünftigen Humanitarismus auf weltweiter Ebene« und entspricht der Doktrin Adam Weishaupts ebenso wie den pseudo-humanistischen Idealen der synarchischen Freimaurerei. Es ist die Doktrin, wonach sich die Verpflichtungen des Menschen auf den Menschen beschränken und nicht ausschließlich von ihm ausgehen, vielmehr von einer Elite: Denn es habe sich herausgestellt, daß die Machbarkeit der One World auf der Basis der

Einsichtigkeit und Vernunft der Menschen guten Willens nicht zu realisieren ist. Weniger noch als einst die im Transzendenten verankerten »10 Gebote« vermochten die »humanistischen« Ideale die hoministische Raubtiernatur zu zügeln. Also bedürfte es einer konsequenten Umwälzung der Strukturen, die letzten Endes den jedes allgemeinverbindlichen, übergeordneten und somit absolut verpflichtenden Ordnungsfaktors (Religion, Ideologie etc.) verlustig gegangenen Menschen in die neue Ordnung hineinzwingt, ob er will oder nicht. Im Klartext bedeutet dies: Da sich der Mensch von selbst nicht ändert, muß die ihn umgebende Gesellschaft geändert, der Mensch über die Herauslösung aus seinen traditionellen Bindungen »sozialisiert« werden, ebenso wie die einzelnen Nationen über die Zerschlagung der alten, historisch gewachsenen Strukturen »internationalisiert« werden, indem an die Stelle absterbender Institutionen weltweite Planung und ihre Durchsetzungsmöglichkeiten treten.

Dies ist übrigens keineswegs ein Widerspruch zum »Ende des kommunistischen Experiments«, das ja nicht das Ende des »Sozialismus«, sondern vielmehr den Übergang zu einer neuen, »nichtmarxistischen« Form des »Sozialismus« als zwangsläufige Folge des zum Ordnungsprinzip erhobenen multinationalen Kapitalismus bedeutet: die schleichende, sozusagen fabianische Enteignung der Produktionsmittel und der Staats- und Volksvermögen durch die anonyme Kapitalbürokratie der Multinationalen, der Banken, Zentralbanken, des Weltwährungsfonds und der Monopole.

Ebensowenig ist etwa die nunmehr erfolgte Aufdröselung des synthetischen Ostblocks und der nicht weniger synthetischen Sowjetunion in mehrere, teilweise noch föderierte einzelne nationale Staatsgebilde ein Widerspruch zur notwendigen Beseitigung nationaler Eigenständigkeiten zugunsten multinationaler Einrichtungen und dem von Brzezinski prophezeiten Verschwinden ausschließlich nationaler Vorherrschaft.

Wenn heute – vor allem im Zusammenhang mit der Entwicklung in Osteuropa – von Marktwirtschaft, freiem Unternehmertum und dergleichen die Rede ist, dann stammen solche Ansichten von Leuten, die in den letzten Jahrzehnten auf dem Mond gelebt haben müssen. Was Charles Levinson 1978 schrieb, gilt heute noch mehr: »Auf multinationaler Ebene kontrollieren eintausend Firmen, die wie in einem Molekül mit den großen Banken verbunden sind, die Weltwirtschaft und sichern vier Fünftel ihrer Produktion. Diese Unternehmen haben Macht und Vermögen erworben auf eine Weise, die das Stadium der Marktwirtschaft und das Phänomen der Konkurrenz gänzlich überholt hat.«[1329] Und auch das trifft zu: »Die multinationalen Konzerne sind also der Kern des modernen Kapitalismus; sie haben die Nationalstaaten des Westens ersetzt, denn sie stellen die wahren politischen Zentren unseres Zeitalters dar. Dieser Übergang der Macht an die multinationalen Unternehmungen hat eine tiefgreifende strukturelle Wandlung des gesamten westlichen Systems hervorgerufen.«[1330] Und dies gilt auch für den Osten, der nicht erst seit dem Beginn der von einer winzigen Elitekruste ausgetüftelten Politik der Entspannung, sprich Kooperation zwischen den autoritären Staatskapitalisten und nicht minder autoritären westlichen Multinationalen zwecks Ausbeutung der billigen Produktivkräfte, zum Zielobjekt für Standard-Oil, Shell Oil, General Electric, Siemens, Krupp, die Morgan Guaranty Trust, die Crédit Lyonnais, die Deutsche Bank, die Rothschildsche Paribas und vor allem die Chase Manhattan und die Rockefellerschen Erdölbanken wurde. »Diese Politik der Gewährung von Krediten an ein Regime, das sich der Industrialisierung öffnet, ist geschickt«, schrieb Levinson. »Erst heute entdecken die kommunistischen Führer, daß die Technologie nicht neutral ist und daß ihr Einkauf nicht zu trennen ist von einer Strategie ökonomischer Herrschaft, die jede anders ausgerichtete ideologische Haltung gegenstandslos macht.«[1331]

Daran wird sich auch nichts ändern, nachdem die Verschuldung des (in bezug auf die Art des Ost-West-Handels) »Entwicklungslandes Ostblock« offenbar die für die Neuerschaffer der Welt verschmerzbare Toleranzgrenze überschritten hat und der gesamte Ostblock in die Mangel genommen und zum Schlachtfeld der zweigeteilten Einweltler wurde.

So paradox es nämlich auch klingen mag: Die Beseitigung der nationalen Eigenständigkeiten und das Vergehen ausschließlicher nationaler Vorherrschaft bedeutet nicht etwa das Ende des Nationalstaates; ganz im Gegenteil kommt der Vielzahl der möglicherweise über die Phrase des Selbstbestimmungsrechtes der Völker noch aus der Taufe zu hebenden Nationalsstaaten und vor allem den nationalen Regierungen in der Neuen Weltordnung und bei der Verwirklichung der Welt »ohne Grenzen« eine ganz besondere Bedeutung zu, die man ja schon jetzt beobachten kann: Regierungen sind dazu da, von den Konsumenten Steuern zu erheben, mit denen die Regierungen den Konzernen die gesamte Infrastruktur für den Weltsupermarkt bereitstellen.

Der »Modellstaat des 21. Jahrhunderts zeigt schon gewisse Spezifikationen auf: Er schützt den ungehinderten Kapital- und Warenverkehr;

er reguliert und bildet den Arbeitsmarkt aus; er balanciert die Privatwirtschaft aus; er schafft einen allgemeinen Konsensus und kann zumindest die korrigierbaren Ungerechtigkeiten durch unentgeltliche Zuwendungen, wie Sozialversicherung, Arbeitslosenunterstützung etc., lindern und die sozialen Auswirkungen der nicht korrigierbaren Ungerechtigkeiten mit Gewalt unterdrücken; er schützt die nationale Umwelt und erhält alle Aspekte der sozialen Infrastruktur, die für ein gutes Geschäftsklima nötig sind – saubere Luft, trinkbares Wasser, geeignete Schulen, Krankenhäuser, Kommunikationswesen, Abfallbeseitigung und vor allem eine einigermaßen zufriedene Bevölkerung«,[1332] die zum Wohle des Weltkonzerns arbeiten und konsumieren und selbst ihr eigenes Wohlsein durch die Steuern bezahlen darf: Hier wäre wohl einzufügen und hervorzuheben, daß die meisten milliardenschweren Weltverbesserer mit dem Trick der Stiftungen von dieser Last, nämlich Steuern zu bezahlen, befreit sind.

Um diesen Idealzustand der Weltgemeinschaft herbeizuführen, denken die Weltverbesserer freilich nicht an demokratische Methoden. Auf der Tagung der Trilateral Commission 1975 in Tokio zum Thema »Die Regierungsfähigkeit der Demokratie« kam man zu dem Schluß, daß »richtig eingewiesene Regierungen vor allen Bemühungen seitens ihrer Völker oder Presse, sie zu zerstören, bewahrt werden müssen«. In der Studie heißt es – aufgezeigt am Beispiel des Präsidenten der USA – dann weiter: »Ist er einmal gewählt, so hat das Wahlkomitee seine Aufgabe erfüllt. Einen Tag nach der Wahl ist der Umfang der Wahlmehrheit bereits fast – wenn nicht vollständig – unerheblich bezüglich seiner Fähigkeit, das Land zu regieren. Was dann noch zählt, ist allein seine Fähigkeit, Unterstützung von den Führern der Schlüsselinstitutionen in der Gesellschaft und in der Regierung zu mobilisieren.«[1333]

In der von CFR-Mitglied und Harvard-Professor Samuel Huntington herausgegebenen trilateralen Studie *Krise der Demokratien* heißt es dann auch wörtlich: »Im Laufe der letzten Jahre hat das Funktionieren der Demokratie wohl unleugbar das Versagen herkömmlicher Mittel zur gesellschaftlichen Kontrolle und somit eine Begrenzung der öffentlichen Macht nach sich gebracht.«[1334]

Und Brzezinskis schon bekannte Vision vom künftigen »technotronischen Zeitalter« zeigt, wo es langgeht: »Diese Elite dürfte nicht zögern, ihre politischen Ziele unter Einsatz der allermodernsten Techniken zu verwirklichen, mit denen sich das Volksverhalten beeinflussen läßt und die Gesellschaft genauestens überwacht und kontrolliert werden kann [...]«

Die Verfasser der *Protokolle* wären über derart gelehrige Schüler vermutlich höchst erfreut gewesen, und in bezug auf die Art der Neuen Weltordnung und die Manier, diese international durchzusetzen, dürfte sich, wie in bezug auf den ideologischen, humanitaristischen Überbau, die Crème der Weltverbesserer einig sein.

Auch hinsichtlich des erfolgreichen Einsatzes der Organe der »Neuen Ordnung« wie UNO, UNESCO, Weltwährungsfonds, Weltbank, ILO, Weltkirchenrat, Stiftungen, Club of Rome, KSZE, CIA, KGB, Weltordnungsinstitut, Nowosti und so weiter bei der »Öffnung« der Welt durch Internationalisierung lokaler Probleme oder Konflikte, durch über »Kapitalhilfe« eingeführte Tributpflicht, durch Destabilisierung unabhängiger Regierungen, separatistische Aufarbeitung alter staatlicher Strukturen, ferngelenkte Kriege, Zerstörung von Währungen, Deportationen, Flüchtlingswesen und andere »multikulturelle« Aktivitäten, Förderung der multinationalen Monopole bis hin zur Neutralisierung uneinsichtiger Staatsmänner vorzugsweise durch Terroristen. Terrorismus und gelenkte Kriege werden aber auch zur Waffe innerhalb der verschiedenen Pole der internationalen Machtelite, wenn die mit natürlicher Gesetzmäßigkeit auftretenden Gegensätze durch Machtausgleich nicht mehr zu bereinigen sind: Da hilft so manchem Mitläufer zuweilen auch kein Logenausweis mehr.

Machtausgleich und Interessengemeinschaft zwischen den »Rothschildschen« und den »Rockefellerschen« Interessen bestand, solange sich die gemeinsame Förderung von Erdöl und Israel nicht im Wege standen und sich letztlich der dem Kapital eigene Ausschließlichkeitsanspruch nach dem Rockefellerschen Motto »Konkurrenz ist Sünde« nicht zu einem zwangsläufigen Ausleseprozeß steigerte: Wer nun also soll der menschliche Beherrscher des menschlichen Universalgebäudes sein? Die steuernden Kräfte aus der alten abendländischen Tradition mit Jerusalem als Welthaupt- und Gerichts-Stadt und geistig-politisches Zentrum zur transzendentalen Kompensation des einzig gültigen Wertmaßstabes der Neuen Weltordnung, der da heißt »Kapital«? Oder die anglo-amerikanische Suprematie mit ihren Tempeln Mammons und dem Fetisch eines Fortschritts, für den möglicherweise gilt, was schon in den Protokollen steht: »Es gibt unter ihnen keinen Verstand, der es zu fassen vermöchte, daß dieses Wort in allen Fällen die Wahrheit verdunkelt, wo es sich nicht um wirtschaftliche Erfindungen handelt; denn es gibt nur eine ewige Wahrheit, die keinen Raum für

Fortschritt läßt. Wie jeder falsche Gedanke, so dient auch der Fortschritt nur zur Verdunkelung der Wahrheit, damit sie von niemandem außer uns, den Hütern der Wahrheit, erkannt werde.«

Mit dem Währungsabkommen von Bretton-Woods im Jahre 1944 konnte zwischen den Machteliten des amerikanischen »Eastern Establishment« und den sozusagen am südafrikanischen Gold hängenden Rothschilds zumindest auf materieller Ebene ein Ausgleich zwischen Dollar und Gold geschaffen werden. Die Rockefellers allerdings hielten sich nicht lange an diese Abmachung, wonach eine Unze Gold mit 35 Dollar aufzuwiegen sei. 1971 kam es zum endgültigen Bruch, und sie machten aus dem unbegrenzt machbaren Dollar das allesbeherrschende Weltwährungsmonopol, das freilich nur über die Kontrolle der den Ölpreis auf Dollarbasis bestimmenden arabischen Produzenten aufrechterhalten werden kann. Dies erlaubte den Dollarmonopolisten, weltweit Rohstoffe und Industrien aufkaufen zu können, ohne auf die Handelsbilanz der USA oder auf die Höhe der den Zentralbanken der »freien Welt« aufgezwungenen Dollarverpflichtungen Rücksicht zu nehmen. Gleichsam mit aus der Luft geschöpftem Kapital, über Kredit und Zins, Anleihen und Sonderziehungsrechte kann so die Welt ausgenommen werden wie eine Weihnachtsgans, kann Staat für Staat in die Zinsknechtschaft der Neuen Weltordnung gezwungen werden, während dem Rothschildschen Kapital mit seiner dem Weltwährungsfonds entgegengesetzten Basler Bank für internationalen Zahlungsausgleich zum Teil nur mehr monetäre Rückzugsgefechte möglich waren.

Auf der politischen Ebene freilich durften einzelne und ganze Völker immer wieder einmal den Preis für diesen Kampf um die Weltherrschaft bezahlen, denn zweifellos erschöpfte sich diese Auseinandersetzung nicht nur in kleinkrämerischem Gezänk wie die Mai-Ereignisse in Paris 1968, Watergate, Lockheed- und CIA-Skandale und dergleichen, wie die Ereignisse im Nahen Osten seit dem Ende der achtziger Jahre gezeigt haben. Vor allem in Osteuropa haben die Querelen bereits in den sechziger Jahren begonnen. So wickelten sich zunächst die Handelsbeziehungen der in Paris ansässigen OECD (Organization for Economic Cooperation and Development) mit der Sowjetunion vorwiegend über das Haus Rothschild ab.

Um dem abzuhelfen, schuf sich Rockefeller das Instrumentarium der Dartmouth-Konferenzen, benannt nach dem Ort der ersten diesbezüglichen unmittelbaren Kontakte mit den Sowjets. Diese wechselweise auch in der Sowjetunion stattfindenden Konferenzen wurden zunächst von den Fords beziehungsweise von der Fordstiftung, ab 1969 überwiegend von der Rockefeller-Stiftung direkt finanziert. Ziel der Konferenzen war nichts anderes als die Ausschaltung der Rothschilds und damit überwiegend Westeuropas aus dem lukrativen Ostblockgeschäft. Damit geriet der Ostblock in die vorwiegend über die Chase Manhattan laufende Kredit- und Zinsmühle der Dollarmonopolisten, die sich in der Sowjetunion seit jeher ohnedies dermaßen zu Hause fühlten, daß sie dort sogar die winzigen Kugellager herstellen ließen, die für das Steuerungssystem der amerikanischen MIRV-Fernlenkwaffen mit Mehrfachsprengköpfen unerläßlich waren.[1335] Dazwischen durfte Henry Kissinger hin und wieder den Europäern mit einem auf Europa beschränkten Krieg drohen. Dartmouth jedenfalls war ein voller Erfolg. Schon bei der sechsten Konferenz zeigte die Bilanz, daß der westeuropäisch-französische Einfluß auf das Ostgeschäft zur Bedeutungslosigkeit herabgemindert und der Handel mit der Sowjetunion zu einem anglo-amerikanischen Monopol geworden war. Nach der siebten Konferenz im Jahr 1972 verdoppelten sich die Verkäufe russischen Goldes und russischer Rohstoffe: Die Zinsen wollten bezahlt werden. Als 1974 die achte Dartmouth-Konferenz stattfand, war der Umsatzwert von 156 Millionen bereits auf 1,5 Milliarden gestiegen. Bei dieser Konferenz traf man übrigens auf Vertreter der vatikanischen Bank of America, wie überhaupt die katholische Kirche an diesen Zusammenkünften sehr interessiert war.

Bei der siebten Konferenz fand sich auch ein alter Bekannter ein: Pater Felix Morlion SJ, von dem als Universität getarnten CIA-Zweig »Pro Deo« in Rom. Bei der zehnten, aus gutem Grund geheimgehaltenen Konferenz der Freunde aus Ost und West, an der auf amerikanischer Seite David Rockefeller, Jimmy Carter, Zbigniew Brzezinski, Richard Gardner, Paul Warnke und Charles W. Yost teilnahmen, war die Schuldenlast der Sowjetunion schon zu einem 60-Milliarden-Dollar-Problem geworden: Zentralthema dieser Konferenz war die Sicherheitsleistung der Sowjetunion für den Fall eines »arranged war«, also eines arrangierten Krieges, um die von den Russen eingegangenen und noch nicht bezahlten Verpflichtungen. Daß es nicht dazu gekommen ist, schafft die Tatsache nicht aus der Welt, daß der Krieg noch allemal als Möglichkeit der Fortsetzung der Politik mit anderen Mitteln in gewissen Köpfen herumgeistert und die Drohung mit der Vernichtung als eine der Trumpfkarten in den Ärmeln der Teilnehmer an diesem Pokerspiel gilt.

Um den amerikanischen Führungsanspruch unabhängig von den Bilderbergern, wo sich das CFR-Establishment und die alten Rundtischler

Macht und Einfluß nach wie vor mit den Rothschilds teilen müssen, weltweit durchzusetzen, rief David Rockefeller 1972 die Trilateral Commission ins Leben.[1336]

Im Gegensatz zu den Bilderbergern, wo die Staffage der Konferenzteilnehmer je nach Bedarf fluktuiert, besteht die Trilateral Commission aus 200 ständigen Kommissaren, die sich aus allen gesellschaftsrelevanten Schichten der USA, Europas und Japans rekrutieren und die die strategischen Schlüsselpositionen in Staat und Gesellschaft und in internationalen Gremien besetzen: Bankiers, Industrielle, Manager, Intellektuelle, Schriftsteller, Journalisten, Beamte, Politiker, Abgeordnete und Gewerkschaftler.

Daß einer der europäischen Kommissare Edmond de Rothschild ist und mehrere Trilaterale zugleich Bilderberger und Rundtischler sind, ändert nichts an der Tatsache, daß der Gehirn-Trust der Rockefellers und des CFR hier den Ton angibt, und zeigt eben nur, daß man sich im Grundsätzlichen einig ist, selbst dann, wenn die eigentlichen Herrscher der Welt zwischendurch uneins sind, ihre ehrgeizigen Marionetten aufeinander loslassen und im Zuge ihrer menschheitsbeglückenden Umtriebe einige Völker verheizen: Der Gesetzmäßigkeit der Polaritäten entsprechend, führt dies letzten Endes auch zu dem einen Ziel der absoluten Kontrolle und Macht über die Reichtümer und Produktivkräfte der Welt, zu dem es möglicherweise tatsächlich keine anderen Alternativen gibt als die totale Umweltzerstörung oder nukleare Vernichtung: »Wir werden diese Ordnung durchführen, wenn es dabei auch nicht ohne Gewalttätigkeiten abgehen wird. Wir werden zu beweisen wissen, daß wir die Wohltäter der Menschheit sind, die der zerrissenen Erde die wahre Wohlfahrt und Freiheit der Persönlichkeit wiedergegeben haben. Ein jeder, der unsere Gesetze achtet, wird sich der Segnungen des Friedens und der Wohlfahrt erfreuen können.« Ein Satz, der auch von Henry Kissinger stammen könnte, aber schon in den *Protokollen* zu finden ist und der bekanntlich von James Warburg auf die knappere Formel gebracht wurde: »Wir werden eine Weltregierung haben, ob Sie es wollen oder nicht!«

Die erklärte Absicht der Trilateral Commission ist die Neue Weltordnung, die innerhalb einer aus drei bis fünf Regionalföderationen unterteilten Plangesellschaft realisiert werden soll, welche durch multinationale Körperschaften zentral gesteuert werden. Die »abendländischen« Baumeister mögen vielleicht aus Traditionsverbundenheit und aus dem Drang nach Selbsterhaltung heraus mehr Wert auf pluralistischere Strukturen innerhalb der Neuen Weltordnung legen, letzten Endes ist dies aber doch nur eine eher nebensächliche Facette auf dem Weg zum höheren Endzweck: »Um unbeschränkt herrschen zu können, muß die Geldmacht das ausschließliche Recht für jede Tätigkeit in Handel und Gewerbe erringen. Unsere Hände sind schon am Werk, um diesen Plan in der ganzen Welt zu verwirklichen.«

Darum allein geht es letzten Endes, mögen auch die zahlreichen Idealisten in ihren »Pflanzschulen« tatsächlich glauben, es ginge um das Wohl der Menschen und der Völker: ein Synonym für Wohlverhalten und jenen Frieden »im Inneren und im Äußeren«, der zum höheren Wohle einiger weniger unbeschränkte Machtentfaltung erlaubt. Wenn sich neuerdings etwa die trilateralen Kommissare Gedanken um die Umwelt machen und über die »gegenseitige Abhängigkeit hinaus« die »Verflechtung der Weltwirtschaft mit der Ökologie der Erde« bearbeiten und »ihre« Regierungen dazu auffordern, für ihre internationalen Vorhaben mehr Steuern aus den Bürgern herauszupressen, dann geht es vor allem um die Säuberung der Umwelt als Neuland zur Finanzmanipulation und um die »ökologische Beruhigung« der instabilen und solcherart die Ordnung bedrohenden dritten Welt.

Das Recht der Völker auf Selbstbestimmung, Demokratie und Freiheit sind nur hohle, wenngleich psychologisch wirksame Begriffe, die beliebig aufgefüllt der Täuschung und der Manipulation dienen und von denen letzten Endes doch nur übrigbleibt, was das »internationale Sittenregiment« der Hüter der Wahrheit erlaubt. Danach richten sich die Inhalte von Gut und Böse, von Moral und Unmoral, und danach werden sie irgendwann auch zu messen sein, wenn die »höheren Endzwecke« erreicht sein werden: Und das sind auch die durchgängigen Spuren, die sich seit den Tagen des Spartacus-Weishaupt nicht mehr bloß im verschwörerischen Untergrund verfolgen lassen. Die Revolutionen mit ihren Wechselbädern von Horror und dem Erfolgserlebnis scheinbarer Befreiung; der Fortschritt, der das Leben erleichtert und zugleich gefährdet und den Brzezinskis die Möglichkeit eröffnet, mit allermodernsten Techniken das Volksverhalten zu beeinflussen, die Gesellschaft wie den einzelnen genauestens zu kontrollieren und zu überwachen; die Zerschlagung der Monarchien, möglicherweise nach dem Prinzip, etwas zu verlieren, um andererseits um so mehr zu gewinnen; der Nationalismus als »gigantischer Schritt« in der »fortschreitenden Neudefinition vom Wesen des Menschen«; der »Kommunismus als Sieg des Denkens über den Glauben«: Die »Neuordnungskriege« dieses Jahrhunderts und auch Hitler und das Dritte Reich sind letzten Endes also notwendige Ecksteine im Haus der Neuen Ordnung, Stationen und Durchgänge auf dem Weg zur Weltherrschaft einer kleinen, aber mächtigen Elite, für die selbst die Mächte des Kapitals möglicherweise nur Werkzeuge sind.

Hitler ist in der Geschichte der Neuen Weltordnung lediglich ein Synonym für eine ganze Reihe von Hitlers, die, vor den Karren der illuminierten Weltordnung gespannt, die Menschheit in die geplante Zukunft ziehen, führen, locken und prügeln. Hitler ist gewiß nicht tot. Er hat bloß verschiedene Gestalten, Gesichter, Namen, verschiedene Rollen: die des Diktators, des Massenmörders, des Demokraten, des Rebellen und Revolutionärs, des Friedensstifters, des unkritischen Mitläufers, des zynischen Ehrgeizlings, des Verführten und des Verführers, des Welterlösers und des Vernichters, des »rex mundi« und des »nützlichen Idioten« im relativen Guten wie im relativen Bösen.

Heute verfügen die Neuerschaffer der Welt, eben dank des Fortschritts, bereits über jene unbegrenzte Macht, die der Vision eines Brzezinski von der technotronischen Gesellschaft zugrunde liegt. Die ganze Bandbreite an Möglichkeiten psychologischer, intellektueller, politischer, ja auch religiöser Manipulation steht ihnen zur Verfügung. Gerade weil der einzige Wertmaßstab der Hüter der Wahrheit die nackte Macht über Mensch und Gesellschaft ist, können sie sich auch jedes Mythos bedienen, der ihren Endzwecken dienlich ist: irgendeiner kosmologischen Ordnung, irgendeiner Religion, irgendwelcher traditioneller Werte oder Hierarchien in jeder beliebigen verführerischen Verpackung. Die Instrumentarien stehen ihnen zur Verfügung, um auf viel subtilere Weise, als dies je zuvor möglich war, nach der Seele des gerade heute immer mehr unter dem Eindruck seiner Mediokrität und Bedeutungslosigkeit leidenden Menschen zu greifen und ihr durch gezielte Verwirrung die vielleicht mögliche Erkenntnis einer höheren Wirklichkeit zu verbauen. Viel wirksamer als dies die roten Fahnenmeere der Kommunisten und die Aufmärsche der Nationalsozialisten aus dem Thule-Reich jemals vermochten, können sie in jedem Wohnzimmer dem Menschen jene Rituale, jene Schauspiele, jenen Pomp und jene Farbenpracht bieten, mit denen gerade der moderne Geist zu manipulieren, mit denen mit den Emotionen des einzelnen wie der Masse nach Belieben zu spielen ist. Dank ihrer vielen freiwilligen und unfreiwilligen Helfershelfer können sie der Menschheit sogar einen Krieg als ästhetisches technisches Vergnügen der Neuen Weltordnung verkaufen.

Die Frage ist, wann, wie es in den Protokollen heißt, endgültig »die Zeit unserer offenen Herrschaft kommt, da wir ihre Segnungen verkünden können«. Die Frage ist auch, wie sie kommt. Ob wir uns nun in der von Meister Pike vorausgesagten Phase der Neuordnung befinden, da sie endgültig »die Nihilisten und Atheisten loslassen«, einen »gewaltigen gesellschaftlichen Zusammenbruch provozieren, der in seinem ganzen Schrecken den Nationen die Auswirkungen von absolutem Atheismus, dem Ursprung der Grausamkeit und der blutigsten Unruhen vor Augen führen wird«. Ob tatsächlich eintritt, was Pike geschrieben hat: »Dann werden die Bürger – gezwungen, sich gegen die Minderheit der Revolutionäre zur Wehr zu setzen – jenen Zerstörer der Zivilisation ausrotten, und die Mehrheit der Menschen wird, gottgläubig wie sie ist, nach der Enttäuschung durch das Christentum und daher ohne Kompaß, besorgt nach einem Ideal Ausschau halten, ohne jedoch zu wissen, wen oder was sie anbeten sollen [...]«

Gibt es eine Alternative? Vermutlich nicht. Es ist zumindest keine in Sicht. Jedenfalls keine, die über die Möglichkeit des einzelnen hinausgeht, für sich selbst die Wahrheit zu suchen, um sich so der stufenweisen Umerziehung zu einem Zombie der Neuen Weltordnung entgegenzustellen.

Aber vielleicht ist es schon ganz gut zu wissen, wem man letzten Endes sein Glück oder Unglück verdankt, und vielleicht liegt darin sogar die Möglichkeit einer Alternative: so schnell und so viel wie möglich über unsere Lage herauszufinden.

In den Protokollen selbst findet sich die – freilich zynisch-doppeldeutige – Aufforderung dazu. Man sollte sie vielleicht wirklich befolgen:

> *Es ist alles schrecklich gegangen, ihr alle seid vor Leid und Gram erschöpft, seht, wir beseitigen die Ursachen eurer Leiden: die Nationalitäten, die Landesgrenzen, die Verschiedenartigkeit der Währungen. Natürlich könnt ihr über uns richten, euer Urteil wäre aber notgedrungen ungerecht, falls ihr es fällen wolltet, ohne vorher diejenigen Einrichtungen ernstlich zu prüfen, die wir euch bieten.*

Nun also, prüfen wir.

2006: Ein Nachtrag

Heute, gegen Ende des Jahres 2006, müßte man das Vorwort zu diesem Buch zweifellos so beginnen: Weder der Erste noch der Zweite Weltkrieg, weder der Kommunismus noch das Dritte Reich Adolf Hitlers, weder die Kriege und humanitären Interventionen in Bosnien, im Kosovo, im Irak und in Afghanistan und schon gar nicht der Anschlag auf das World Trade Center in New York am 11. September 2001 waren bzw. sind Zufälle oder bloße Betriebsunfälle der Geschichte. Es handelte sich in allen Fällen um gewollte und inszenierte, von langer Hand vorbereitete Ereignisse, die die Welt Schritt für Schritt der Neuen Weltordnung näher brachten. Okkult-esoterische Machenschaften standen hinter dem Experiment eines auf rein spirituell-magischer Basis aufgebauten Dritten Reiches ebenso wie hinter dem schließlich mit vatikanischer Hilfe beendeten »sozialinnovativen« kommunistischen Experiment im labormäßig abgeschotteten Ostblock oder der Inszenierung des ersten »Pearl Harbour« des 21. Jahrhunderts, des 11. September 2001, als Vorbereitung des Dritten Durchgangs über den »Clash of Civilizations« zum höheren Endzweck aller Globalisierung: dem Novus Ordo Seclorum.

Der Anschlag auf die Zwillingstürme von New York hat ohne Zweifel die weltpolitische Lage verändert. Und schon wenige Jahre danach ist dieses Ereignis zu einem Mythos geworden, dessen realer Hintergrund sich bereits in der historischen Dunkelheit verflüchtigt. Auch an der vermythologisierenden Überhöhung des internationalen, in der Regel »islamistisch« identifizierten Terrorismus als geschichtliches Naturereignis wird seit dem 11. September 2001 allenthalben gearbeitet: Der globale Terrorismus sei das naturgegebene Produkt der Globalisierung selbst, Ausdruck der Verzweiflung unterdrückter Völker, »das politische Projekt eines gewaltsamen, aber berechtigten Aufruhrs gegen die derzeitige Weltordnung«.[1337] Ereignisse wie 9/11 oder die Anschläge von Madrid und London seien die katastrophische Konsequenz der Eigendynamik des Systems schlechthin.[1338]

Aufruhr gegen das System: Das mag auf einer unteren Ebene zutreffen, dort, wo die Wut und Verzweiflung direkt Betroffener tatsächlich Antrieb und Motiv des Kampfes mit den Mitteln des Schreckens ist. Aber das ist nicht der internationale Terrorismus (wenngleich sich dieser der Verzweifelten bedient). Dieser ist vielmehr wie der staatliche Gegenterrorismus, der »Großterrorismus« der USA[1339], ein Instrument der Globalisierung: Der internationale islamistische Terrorismus ist vor allem seit der Beendigung des sowjet-kommunistischen Experiments der neue Amboß, auf dem die Globalisierer die Welt mittels eines »Kampfs der Kulturen« hinprügeln zur ihrer Version der Neuen Weltordnung – das nennt sich dann »Kampf gegen den Terrorismus« oder auch »präventive unilaterale Selbstverteidigung«, etwas, das, wie vieles andere, ohne den 11. September 2001, ohne »9/11«, schlicht undenkbar wäre.

Geschichte und das, woraus sie insgesamt besteht, sind eben sehr relative Dinge. Vermutlich ist Geschichte von allen Dingen das relativste »Ding an sich«. Darum kann man wohl auch ohne Hemmungen behaupten, daß wir Zeugen einer aufregenden Zeit sind, einer Zeit sozialer, philosophischer, politischer, strategischer, ja insgesamt historischer Paradigmenwechsel, Wertewandel und Tabubrüche. Was ist dank dieses – scheinbar alle bis dahin stattgefundenen globalen Ereignisse an atem- und verstandesraubender Symbolkraft übertreffenden – 11. September 2001 nicht alles quasi über Nacht möglich geworden? Menschen verlieren durch den angeblichen Kampf um die Menschenrechte ebendiese. Menschen werden im Namen von Demokratie und Freiheit entführt, zwecks »infinite justice« in geheimgehaltenen Gefängnissen ohne Prozesse festgehalten und gefoltert. Kriegsgefangene werden nicht mehr dem Roten Kreuz gemeldet. Nationales wie internationales Recht wird mit Füßen getreten auf dem Weg zu »enduring freedom«; Bankkonten werden ausspioniert, Telefone, Handys, E-Mails abgehört, Verträge gebrochen, das Gesetz gegen das Gesetz mißbraucht, alle nur möglichen Verbrechen begangen … Die Liste könnte endlos weitergeführt werden, bis hin zu dem »unverhältnismäßigen« Wutanfall, mit dem die Israelis im Sommer 2006 den Libanon zerbomben durften, um dort die Verhältnisse zumindest zwischenzeitlich »neu zu ordnen« – »enduring freedom« und »infinite justice« eben, unendliche, mörderische Narrenfreiheit für auserwählte Freunde und Brüder.

Fürwahr: Die historische Gegenwart, das sogenannte Zeitgeschehen, ist vordergründig an Lächerlichkeit und Peinlichkeit eigentlich kaum mehr zu überbieten. Seit dem 11. September 2001 wird mit einer solchen Dreistigkeit geheuchelt und gelogen, läßt sich die gutgläubige Weltöffentlichkeit verschaukeln und für dumm verkaufen, daß es einem schier die Sprache verschlägt. Seit diesem denkwürdigen Tag gehen die Ziegelträger der Neuen Weltordnung mit einer geradezu grotesken zynischen Unverschämtheit zu Werke, die einen fast schon zum Lachen reizen könnte – wären die nicht vielen ganz realen Toten …

Aber siehe da: Über die Geschichte ganz allgemein als Ergebnis einer permanenten Verschwörung zu reden ist sogar bis in die offizielle Historiographie hinein kein Tabubruch mehr. Im Gegenteil: Nun ist die Verschwörerei zum feuilletonistisch zerdiskutierten Filmvergnügen und sogar zum Handy-Spiel geworden. Jetzt kann man furchtlos und ungeniert gar den Dreipunktebrüdern im Vatikan an den Freimaurerschurz und dem Opus Dei auch schon mal bedenkenlos ans eherne Strumpfband gehen. Da kann man sich ergötzen an den braven und an den bösen Buben, die über die Jahrtausende hinweg katholische, sprich globale Geschichte machen. Die Freimaurerei outet sich als eine Art UNICEF für entwicklungsbedürftige Erwachsene, geht neuerdings sozusagen in die Offensive durch geradezu entwaffnend nichtssagende Selbstenthüllungen via TV. Tititainment par excellence: Verschwörung als allgemein akzeptierter historischer Seinszustand – was soll es da noch zu enthüllen geben?

Der kleine »Herr der Welt« an der langen Leine, der Präsident der, wie man sagt, einzigen verbliebenen Supermacht – die alles darf und fast alles kann, weil schließlich Gott mit ihr ist –, ist auch (zumindest zeitweise) zum von der Zensur geduldeten Lachobjekt in den Comedy-Shows seines eigenen Landes geworden. Dort spielen die Kollateralschäden des globalen Staatsterrorismus freilich die geringste Rolle, dort kann man lachend den Dampf ablassen, der sich anstaut – weil man das ja doch durchaus menschliche Genieren wenigstens über die »humanitären Einsätze« im Foltergefängnis von Abu Ghraib oder in Guantanamo patriotisch verdrängen können muß, während man beim Absingen der Hymne die Hand aufs Herz legt.

In Deutschland durften vor etlichen Jahren TV-Sendungen sogar in ernsthafter Weise die eigenen Politiker auch mal kriegstreiberischer und kriegsprovozierender Lügnerei bezichtigen, ohne daß dies freilich für größeres Aufsehen gesorgt hat.[1340] Man gewöhnt sich ja an alles. Schließlich weiß man zumindest tief im Inneren, daß die Politiker, an die Matrix der Neuen Weltordnung angestöpselte Harlekine, die sie nun einmal sind, gar nicht anders können. Und die Politiker selbst wiederum wissen, daß die Eigendynamik einer einmal in Gang gesetzten Schweigespirale klaglos funktioniert, daß bald alles wieder vergessen ist in unseren schnellen, aufregenden Zeiten – oder eher: hinausgewaschen und hinausverschwiegen aus den Gehirnen mit geballter Medienmacht. Auch Schweigen ist Gehirnwäsche. Und Schweigen ist auch ausgesprochen bequem und wohltuend.

Was also soll man noch ernst nehmen in diesem Spiel? Welche Art von Realität ist gültig in diesen Zeiten des alltäglichen spektakulären Schreckens, in diesem Spiel, das ungeachtet seiner Verkommenheit und Verlogenheit unsere Geschichte ist und irgendwann einmal unser aller lächerliche Geschichte sein wird? Zumindest das, was die Geschichtsschreiber in ihren ab- und fortgeschriebenen Lügen und Halbwahrheiten unseren Nachfahren zurücklassen werden auf den Trümmerfeldern einer Wahrheit, die sich schon in der Gegenwart im medialen Nonsens verflüchtigt. Die Wahrheit stirbt gewiß nicht erst im Krieg, und man ist ja auch nicht müde geworden, während der jüngsten Kriege der Öffentlichkeit die Notwendigkeit des Lügens zu erklären.

Aber wie gesagt: Geschichte ist relativ. Es kommt auf den Blickwinkel an. Wo gehobelt wird, da fallen auch schon mal Späne. Da muß man es sich als Hampelmann der Weltgeschichte auch mal leisten können, auf den Vorwurf, ein Lügner, gar ein Kriegsverbrecher oder auch nur ein Idiot zu sein, mit einem Achselzucken oder einem Grinsen zu reagieren. Geschichte wird schließlich nicht in Legislaturperioden gemacht – das wird auch der Papst bestätigen können (wenn auch vielleicht nicht der offizielle amerikanische Präsident).[1341] Geschichte denkt man in der Perspektive der Kontinuität von Jahrhunderten, wenn nicht Jahrtausenden. Geschichte »macht« man, den manchmal hinderlichen »menschlichen Faktor« selbstverständlich miteinkalkulierend. Da haben dann auch häufig kleingeistig aufgefaßte Begriffe wie Wahrheit, Lug und Trug eine ganz andere Qualität, vor allem, wenn es um deren handwerkliche, instrumentale, sozusagen geschichtsformende Bedeutung geht. Wo wäre beispielsweise heute das sogenannte Abendland in seiner gesamten Selbsteinschätzung, hätte nicht schon der heilige Augustinus mit seiner manichäischen *Civitas dei* gegen den berechtigten Vorwurf der Antike angeschrieben, daß die Christen und nicht die bösen Goten den Untergang Westroms verursacht hätten?[1342] Wo wären wir, wäre die damals noch junge, aber schon längst nicht mehr unschuldige Christenheit nicht durch eine der gigantischsten Fälschungen in der Geschichte, die sogenannten »Konstantinische Schen-

kung«, zur durchaus irdischen Weltmacht hochgefälscht worden?[1343]
Um dann durch später kreierte »pippinische« und »karolingische
Schenkungen« den Eindruck zu erwecken, den Kirchenstaat von den
westlichen Herrschern und nicht dank der »Konstantinischen Fälschung« von den byzantinischen Kaisern erhalten zu haben?[1344] Wes-
wegen man auch (und hier treten wir ein ins ungebrochene historische
Kontinuum mit ganz und gar aktuellen Bezügen) »Kreuzzüge« zur angeblichen Befreiung des Heiligen Landes organisierte, deren wirkliches
Ziel aber etwas ganz anderes war: in erster Linie – und im insgeheimen
Arrangement mit der damaligen islamischen Führung[1345] – die Zerstörung, Vernichtung, Ausradierung von Konstantinopel, der byzantinischen Konkurrenz,[1346] und gleichzeitig die massive Destabilisierung
der europäischen Staatenwelt durch die permanente Abwesenheit des
Kerns der staatstragenden Bevölkerungsschicht und nicht zuletzt durch
die mit den Kreuzzügen inaugurierten Judenpogrome.[1347] Bei näherem
Hinsehen erweist sich die sogenannte abendländische Geschichte, vor
allem fast das ganze Mittelalter, als das Produkt einer regelrechten gigantischen Fälscherindustrie.[1348]

Da stellt sich zwangsläufig die Frage nach dem Sinn von Geschichtsschreibung überhaupt. »Dient sie ausschließlich den Interessen der jeweils Mächtigen, ist sie blanke Volksverdummung, ja sogar Volksver-
hetzung. (…) Hat sie im Laufe der Neuzeit ihren Charakter geändert,
ist sie nicht nur ›Sinngebung des Sinnlosen‹ gemäß Theodor Lessing,
sondern zu manchen Zeiten Sinnstiftung ex nihilo? Und gab es für diese
massiven Fälschungen Antriebskräfte, die über reine Machtpolitik hinausgehen?«[1349]

Wieso soll das heute anders sein, wenn es schon immer so war?

Wie sollte es einen verwundern, daß die offizielle Historiographie
noch immer und auch noch die nächsten Jahrhunderte mit offenem
Mund vor dem Phänomen Hitlers und des »Dritten Reichs« steht und
stehen wird und nicht offenlegen will oder darf, wie es tatsächlich dazu
kommen konnte? Und wen sollte es in hundert Jahren wundern, wenn
einem dann niemand mehr wird sagen können oder wollen, wie es im
21. Jahrhundert zum »Clash of Civilizations«, zum Dritten Weltkrieg
gekommen ist?

Viele Leser haben immer wieder die Frage gestellt, warum es keine
Fortsetzung von *Das schwarze Reich* gegeben hat. Meine schon stereotyp gewordene Antwort darauf lautete stets: Es ist im Grunde genommen mit diesem Buch schon alles gesagt, es muß nichts hinzugefügt

werden. An den »höheren Endzwecken« der »Neuen Weltordnung« hat sich nichts geändert und wird sich auch nichts ändern. Die Linien sind vorgegeben, sind vorgezeichnet im wahrsten Sinne des Wortes. Im Grunde genommen ist alles bekannt. Es existieren unzählige Informationen über die einzelnen Ereignisse und teilweise auch über deren Zusammenhänge. Das Internet ist voll von Analysen, Kommentaren, Informationen. Zahlreiche Arbeiten beweisen uns, daß die offizielle Version zum 11. September nicht einmal eine geringfügige Annäherung an die Wahrheit ist. Viele Berichte und Untersuchungen legen uns nahe, was nur deshalb nicht geglaubt werden will, weil es so unglaublich ist, daß es unsere Weltsicht völlig ins Wanken zu bringen droht: daß dieser Anschlag inszeniert wurde vom Exekutivorgan der Neuen Weltordnung selbst, nämlich dem Kriegs- und Terrorapparat der USA.[1350]

Die Regisseure dieses Welttheaters wußten schon immer um die traumatisierende Wirkung der informativen Erstprägung, die später keine andere Wahrheit mehr durchläßt, selbst wenn jene die offensichtlichere ist und immer wieder belegt wird. Spätestens seit George Morgensterns, vor allem aber Robert B. Stinnetts lückenloser Dokumentation etwa gibt es nicht mehr den leisesten Zweifel daran, daß die damalige amerikanische Regierung die Angriffe auf Pearl Harbour *bewußt* provozierte und 2476 ihrer Bürger *bewußt* ihren »höheren« Endzwecken opferte.[1351] Trotzdem riskiert man, wenn man sich – zumal in Deutschland – mit den mehr als unglaublichen Ungereimtheiten rund um 9/11 auch nur befaßt, in die Nähe der Auschwitzlügner gerückt zu werden:[1352] durchaus ein meinungsterroristischer Aspekt innerhalb der Institutionalisierung des offiziellen Schweigens über das Offensichtliche.

So auch darüber, daß wirklich jede der erlogenen, gefälschten Rechtfertigungen, die etwa die amerikanische Regierung für den völkerrechtswidrigen Krieg gegen den Irak vorbrachte,[1353] sich in Luft aufgelöst hat.[1354] Weder gab es die berüchtigten Massenvernichtungswaffen, noch hatte Saddam Hussein etwas mit Osama bin Laden und der Al-Qaida zu tun, noch war Saddam Hussein eine Gefahr für die Vereinigten Staaten von Amerika. Es ist ja auch schon wiederholt geschrieben worden, daß dieser Krieg im Rahmen des »Project for the New American Century« schon lange vor dem 11. September 2001 gewollt und geplant war[1355] – nicht etwa, weil Saddam Hussein ein Böser war, ein Diktator und Schlächter. Es geht vielmehr, auch das weiß jeder, um die Ölreserven dieser Welt und um deren Kontrolle, und gewiß ging und geht es auch darum, daß man »die Idee des Krieges von Zeit zu Zeit durch spektakuläre Inszenierungen wie im Golf oder heute in Afghanistan retten muß«.[1356] Und nicht zuletzt war und ist der Irakkrieg eine Szene aus dem Vorspann zum Streifen »Kampf der Kulturen«, bei dem es auch um die Kontrolle der guten alten Seidenstraße geht. Muß wirklich wiederholt werden, daß die USA und Großbritannien in den achtziger Jahren ihren Freund und Verbündeten Saddam Hussein unterstützt haben[1357] wie dereinst ihren »vorbildhaften Staatsmann Adolf Hitler«?[1358] Daß die USA Saddam Hussein bei den allerschlimmsten Greueltaten wie den Gasangriffen gegen die Kurden geholfen haben, mit Giftgas übrigens, dessen Bestandteile von der Firma American La Farge stammte, deren Haupteigentümer George Bush senior war?[1359] Fast könnte man meinen, hinter der Kurdenvernichtung steckten die USA selbst – denn wie sonst wäre es zu erklären, daß die Clinton-Regierung in den neunziger Jahren 80 Prozent der Waffen stellte für einen der schlimmsten Feldzüge der türkischen Regierung gegen die Kurden, einen Feldzug, über den aus gutem Grund kaum etwas bekannt geworden ist, bei dem Zehntausende starben, drei Millionen Menschen vertrieben und 3500 Dörfer zerstört wurden, dreimal soviel wie durch die NATO-Bomben im Kosovo.[1360] Und was soll man davon halten, daß sich die USA in den achtziger Jahren des vergangenen Jahrhunderts »ihrer islamistischen Lieblingskiller« in ihrem Krieg gegen die katholische Kirche in Lateinamerika bediente[1361] – wohlgemerkt gegen die *katholische Kirche in Lateinamerika,* deren Vertreter ganz und gar nicht das Wohlgefallen der römischen Zentrale und des nun schon fast heiligen Papstes gefunden hatten. Vielleicht sollte man dies als Hinweis auf die weltpolitisch schon immer bedeutsame »real existierende Ökumene« zwischen der himmlischen und der irdischen Säule der Macht begreifen.

Tatsächlich ist alles Wissen greifbar, bereit und aufbereitet. Man muß sich nur bedienen, um die Dinge so zu sehen, wie sie möglicherweise tatsächlich sind.

Ist es so?

Es klafft ein paradoxer Widerspruch zwischen dem, was gewußt werden könnte, und der sogenannten öffentlichen Meinung, zwischen dem, was in Erfahrung gebracht werden kann, und der »veröffentlichten Meinung«, dem »Mainstream«, der vorgibt, was gesagt, gedacht oder geschrieben werden darf. Man hat manches noch irgendwie im Hinterkopf, aber man spricht nicht mehr darüber: etwa über die engen wirtschaftlichen Verbindungen der Familie Bush mit der Familie des angeblichen Oberterroristen Osama bin Laden;[1362] darüber, wie die USA mit Hilfe arabischer und vor allem chinesischer Moslems den Einmarsch der Sowjetunion in Afghanistan provoziert hatten;[1363] darüber, wie die USA für den Kampf gegen die solcherart provozierte Sowjetinvasion eine internationale islamistische Terroristenarmee ausbildeten, finanzierten, bewaffneten,[1364] deren Mitglieder dann, sozusagen arbeitslos geworden, von der bosnischen Regierung willkommen geheißen und für ihre »militärischen Leistungen« mit der bosnischen Staatsbürgerschaft belohnt wurden;[1365] darüber, daß einer der vordergründigen Hauptnutznießer in Afghanistan und im Irak wie schon im Kosovo das Firmenimperium Halliburton des US-Vizepräsidenten Dick Cheney war und ist;[1366] darüber, wie eng die CIA, der pakistanische Geheimdienst ISI und die »Terroristen« Osama Bin Ladens vom Bosnienkrieg bis hin zur Vorbereitung des 11. September 2001 zusammengearbeitet haben.[1367]

Das strategische Kalkül der globalisierten Gehirnwäscher, der Mainstreamjournaille, mit der intellektuellen Feigheit, allgemeinen Ignoranz, Vergeßlichkeit und Bequemlichkeit einer bis zur schieren Tumbheit desinformierten, intellektuell mehr und mehr verwahrlosenden Konsumgesellschaft scheint aufzugehen: Nicht erst die Geschichte wird »nachkonstruiert«, schon die Gegenwart ist ein wahrer Friedhof des Tatsächlichen. So war es nachgerade ein Witz (wenn auch ein wohlkalkulierter), wenn ein US-Abgeordneter ein einzelnes von US-Soldaten im Irak angerichtetes Massaker zur moralischen Gretchenfrage des Irakkrieges insgesamt hochspielt oder wenn die demokratischen europäischen Freunde der USA zwecks Beruhigung ihres eigenen Gewissens den rechtsfreien Raum von Guantanamo zum Mittelpunkt ihrer menschenrechtlichen Besorgnisse machen: Als wäre nicht der Irakkrieg insgesamt, ebenso wie der Afghanistankrieg und der NATO-Krieg im Kosovo, ein widerrechtlicher Krieg gewesen, als wäre nicht insbesondere der Irakkrieg nach den trotz allem noch immer geltenden Regeln »das schwerste internationale Verbrechen, das sich von anderen Kriegsverbrechen nur dadurch unterscheidet, daß es in sich alle Schrecken vereinigt und anhäuft«, wie es im Urteil des Nürnberger Tribunals heißt.[1368]

Um nicht den Verdacht zu nähren, hier seien persönliche, antiamerikanische oder gegen Herrn Bush und seine »Koalition der Willigen« gerichtete Emotionen meinerseits im Spiel,[1369] möchte ich zitieren, was der renommierte kanadische Rechtswissenschaftler Michael Mandel in diesem Zusammenhang schreibt: »Nach diesem für das gesamte internationale Strafrecht grundlegenden Urteil haben sich somit die Amerikaner, das heißt ihre politische Führung – Bush, Rumsfeld, Powell, General Franks, Rice etc. – sowie ihre Verbündeten Blair, Hoon, Straw und andere im Irak des größten internationalen Verbrechens schuldig gemacht, jenes Verbrechens, das alle Schrecken in sich vereinigt. Mehr noch: Diese Führungskräfte tragen die Schuld an jeder Gewalttat, mit der dieser Krieg geführt wurde. (…) Präsident Bush und seine Kollegen haben sich also nach Recht und Gesetz des Mordes an Tausenden Menschen schuldig gemacht, ganz zu schweigen vom schweren Überfall auf Zehntausende weitere Menschen bis hin zu den schwersten Verbrechen im Strafrecht eines jeden Landes. Würde man auch nur einen Bruchteil dieser Verbrechen in Texas, der Heimat der Familie Bush, begehen, brächte es den Täter dort unwiderruflich in die Todeszelle. Daß der US-Kongreß den Krieg gebilligt hat, spielt dabei keine Rolle, auch wenn er nach amerikanischem Recht damit legalisiert wurde, denn für das internationale Recht ist es unerheblich, ob ein Krieg nach den Gesetzen des betreffenden Landes gesetzmäßig ist. Der Krieg der Nazis war nach den Nazi-Gesetzen legal. Im Völkerrecht geht es um internationale Normen und internationale Verträge wie die Charta der UN (denen die USA, allem Anschein zum Trotz, nach wie vor angehören), nach der dieser Krieg zweifelsfrei rechtswidrig war. (…) Bush erwartet aber nicht die Todeszelle, er wird nicht einmal vor Gericht gestellt. Denn trotz allem, was wir über Kriegsverbrecher und internationale Gerichtshöfe hören, gibt es kein Gericht, das über solche Schwerverbrecher Recht sprechen dürfte. Zwar gibt es einen neugeschaffenen Internationalen Gerichtshof in Den Haag, der Menschen wegen Kriegsverbrechen verurteilen soll, aber um die Amerikaner – die diesen Gerichtshof nicht anerkennen – nicht gegen sich aufzubringen, bezieht sich die Zuständigkeit dieses Gerichts nicht auf das größte Verbrechen, einen rechtswidrigen Krieg anzufangen, sondern nur auf die minder schweren Verbrechen gegen die sogenannten ›Gesetze und Gebräuche‹ des Krieges.«[1370]

Soviel zum Unterschied zwischen juristischer Realität und politischer Public-Relations-Realität. Da sich George W. Bush, Donald Rumsfeld, Condoleezza Rice und Tony Blair juristisch verifizierbar »der schwersten Verbrechen im Strafrecht eines jeden Landes« schuldig gemacht haben, müßten sie von Rechts wegen schon längst beispielsweise in

Frankreich, Spanien, der Bundesrepublik, in Österreich oder sonstwo, selbstverständlich unter Wahrung aller rechtsstaatlichen Regeln und Menschenrechte, hinter Gittern sitzen.

Natürlich tun sie das nicht. Für George W. Bush oder Tony Blair, wie schon für Bill Clinton und Ronald Reagan, Richard Nixon, John F. Kennedy, Harry S. Truman, Franklin D. Roosevelt, Winston Churchill und deren internationalistische Komplizen hat das, was üblicherweise in Rechtsstaaten und Demokratien rechtens sein sollte, nie eine Rolle gespielt.

Somit reduziert sich im Mainstream das Verbrechen auf so öffentlichkeitswirksame Perversitäten wie die Folter-Videos aus dem US-Gefängnis in Abu Ghraib, auf die gesichts- wie geschichtslosen kleinen Soldaten, und der Hintergrund verschwindet allmählich im Dunkel des Vergessens und Verdrängens. Dabei dürfte Abu Ghraib am Ende selbst nur ein inszeniertes Ereignis zur Aufrechterhaltung des Drucks, des gezielt geschürten Verstimmungspotentials im gesamten islamischen Raum gewesen sein, ebenso wie die lächerlich aufgebauschte Karikaturengeschichte oder die sporadisch ans Licht und vor allem ins Bild gebrachten Greueltaten der humanitären Interventionssoldaten (denn so viel Ungeschicktheit wäre ja sonst kaum erklärbar).

Ich sah also lange Zeit keinen Grund, mich im Zusammenhang mit dem *Schwarzen Reich* zu diesen Entwicklungen zu äußern und dem, was ich schon damals im älteren Vorwort geschrieben hatte, etwas hinzuzufügen:

»Das Dritte Reich Hitlers ging unter, es hatte seinen Zweck erfüllt. Das Reich, jenes okkulte Reich, als dessen Bestandteil und Instrument sich das nationalsozialistische Deutschland manifestiert hatte, ging freilich niemals unter. Hitler ist in der Geschichte der Neuen Weltordnung lediglich ein Synonym für eine ganze Reihe von Hitlers, die vor den Karren des Novus Ordo Seclorum gespannt, die Menschheit in eine bestimmte Zukunft ziehen, führen, locken, notfalls und nicht eben selten prügeln. (…) Das Reich ist dabei, sich mehr und mehr zu offenbaren. Die Terminologie seiner heimlichen Diener, die dabei sind, die letzten Bausteine zu bearbeiten, spricht eine deutliche Sprache.«

Manchmal braucht man aber einen gewissen Anstoß, um die Dinge im richtigen Winkel zu sehen. Ein solcher war für mich persönlich der österreichische Dichter Peter Handke. Gegen die geballte »Weltmeinung« – und somit gegen alle Logik und Vernunft und gegen jeden gesunden Hausverstand – stellte sich dieser Mann im Frühjahr 2006 an das Grab des unter durchaus zwielichtigen Umständen zu Tode gekommenen ehemaligen serbischen Ministerpräsidenten Milošević und hielt eine Rede! Handke – von allen guten Geistern verlassen? Der geistige Komplize eines angeblichen Kriegsverbrechers? Ein sich nun einmal mehr outender Anhänger des großserbischen Nationalismus (anstelle des eurokleinkroatischen, des eurokleinslowenischen, des kleinkosovarischen, des kleinbosnischen, des kleinmontenegrinischen?) Mitnichten. Handke stellte sich da hin, um Stellung zu nehmen gegen die unglaubliche Verlogenheit, die die von amerikanischen Public-Relations-Firmen von Anfang an propagandistisch inszenierten Jugoslawienkriege begleitet hatte, um »der dreckigen, vorgestanzten Sprache der Medien eine andere Sprache entgegenzusetzen«.[1371]

Weniger der heuchlerische Aufschrei der Empörung vor allem jener Vasallen-Kreise in Deutschland und Österreich, die an der Inszenierung der Balkan-Tragödien beteiligt waren, als vielmehr die durchschlagende Wirkung der allgemeinen Desinformation, die offensichtlich der geheuchelten Entrüstung von oben die tatsächliche und ehrlich gemeinte Empörung von unten folgen ließ, zeigte, wie perfekt gerade hier die Orwellsche Verdrehungsmaschinerie gearbeitet hat. Es handelt sich hierbei nachgerade um ein Paradebeispiel, wie aus einem Lehrbuch für die perfekte Verschwörung: Ein wirklich guter Verschwörer ist der, der es versteht, einen Krieg anzuzetteln und dabei die Welt, vor allem aber den unterlegenen Gegner selbst dazu zu bringen, daran zu glauben, daß er es ist, der den Krieg begonnen hat und dafür bestraft werden muß. Ein perfekter Verschwörer bringt den solcherart gehirngewaschenen Gegner auch dazu, daß dieser selbst jeden als Lügner und Bösewicht diffamiert und bestraft, der es wagt, zu behaupten, der, der den Krieg wirklich begonnen habe, sei der eigentliche Bösewicht. Das klingt kompliziert – aber so funktioniert es, hat es schon öfters funktioniert, und so lief es auch auf dem Balkan ab – vor allem bei der »humanitären Intervention« im Kosovo, wo auf drastisch offensichtliche Weise das alte Spiel gespielt wurde: Wie auch in Darfour »unterstützten die USA die Umsturzpläne einer Rebellengruppe gegen die Regierung, nicht um einen Sieg der Rebellen herbeizuführen, sondern um Vergeltungsaktionen zu provozieren, die dann als ›Out of Area‹-Intervention der NATO (der USA) herhalten mußten.«[1372]

Es kann hier freilich nicht darum gehen, die gesamte Vorgeschichte der sogenannten Balkankrise in allen Details herauszuarbeiten. Das haben – wenngleich offensichtlich unter der hermetisch abdichtenden »Donnerkuppel« der Schweigespirale – in objektiver Weise andere getan, etwa der schon erwähnte Rechtswissenschaftler Michael Mandel,[1373] Noam Chomsky,[1374] der ehemalige britische Außenminister David Owen[1375], Michal Chossudovsky[1376] und viele andere. Hier geht es auch vor allem darum, den durchaus bemerkenswerten Platz der Balkankriege auf dem Weg zur Neuen Weltordnung zu fixieren: hinsichtlich des unverhohlenen Abgehens von der Legalität als grundlegendem Bezugspunkt internationaler Beziehungen,[1377] der in der »One World« offenbar keinen Platz mehr hat. Von Bosnien-Herzegowina und Kosovo führt der Weg konsequent über New York nach Kabul und Bagdad und möglicherweise weiter nach Teheran, denn irgendwann müssen sich ja auch die unter dem Codewort TIRANNT seit mindestens fünf Jahren laufenden Kriegsvorbereitungen amortisieren.[1378]

Unbestreitbar (und vielfach belegt) waren es die westeuropäischen Staaten und die USA, die ganz im Sinne von Deuteronomium 15,6[1379] Jugoslawien bewußt über Weltbank und Weltwährungsfonds in den wirtschaftlichen wie politischen Ruin und damit in eine Katastrophe trieben, die sie dann vorgaben, mit Bomben lösen zu müssen. Man hätte zu diesem Zeitpunkt gar kein vorausblickender Europapolitiker wie Hans-Dietrich Genscher oder Alois Mock sein müssen, auch ein politischer Banause hätte gewußt, daß es mit dem von Deutschland und Österreich forcierten vorzeitigen Herausbrechen Sloweniens, vor allem aber Kroatiens aus der jugoslawischen Förderation zu ethnischen Bürgerkriegen und letztlich zu einer separatistischen Explosion in Bosnien kommen mußte.

So fällt es einem schwer zu glauben, die Europäer hätten nicht schon damals eine ihnen zugedachte Alibi-Rolle gespielt, sondern hätten, freilich in dem Irrglauben, eine relevante Rolle in der auf sie zukommenden »Neuen Ordnung« zu spielen, zunächst tatsächlich ernsthaft versucht, den Ausbruch der bosnischen Katastrophe durch eine alle Seiten zufriedenstellende Kompromißlösung zu verhindern. Dies wurde aber von Anfang an von der Regierung Clinton sabotiert,[1380] der damit die Politik seines Vorgängers Bush senior fortsetzte und aus denselben Gründen die Al-Qaida-gestützten bosnischen Muslime einseitig unterstützte,[1381] mehr noch, über China, Nordkorea und Iran Bosnien zu einem regelrechten Stützpunkt militanter Islamisten aufrüstete.[1382] Die USA führten ganz bewußt den Bosnienkrieg herbei, um dann nach drei Jahren voller Greueltaten und Morde auf allen Seiten den Europäern endgültig das Heft aus der Hand zu nehmen und mit den Bombardierungen serbischer Stellungen zu beginnen – damals noch mit der Legitimation einiger UN-Resolutionen im Rücken. Erst dann »bewegten« die USA ihre »muslimischen Satelliten«[1383] in Bosnien dazu, in Dayton einem »Friedensplan« zuzustimmen, »der sich von den Vereinbarungen in Lissabon 1992 oder Genf hauptsächlich darin unterschied, daß das Gebiet dauerhaft der NATO unterstellt werden sollte und die Regelung durch militärischen Druck der Amerikaner zustande gekommen war«.[1384]

Natürlich hatte »die Welt« zu diesem Zeitpunkt bereits »vergessen«, daß es immerhin Serben waren, die in Bosnien 1991 als erste Opfer ethnischer Säuberungen durch Kroaten geworden waren[1385] – was selbstverständlich keinen an wem auch immer begangenen Mord durch Serben entschuldigt und im Prinzip auch keine Rolle spielt, aber die vorgegebene Richtung zeigt. Bei der Meinungsmache war nichts dem Zufall überlassen worden. Die amerikanische PR-Firma Ruder Finn, die am 29. Juni 1992 offiziell zur »Nazifizierung« der Serben von der bosnischen Regierung Izetbegović engagiert worden war,[1386] machte wahrhaftig ganze Sache bei der bosnischen Vorbereitung des schon längst geplanten »Präzedenzfalles« Kosovo zur Aushebelung des UN-Sicherheitsrates und der NATO zugunsten eines, wie es so schön heißt, »unilateralen Interventionismus«. Da war von drohendem Völkermord die Rede, da mußte Auschwitz herhalten und der Holocaust, da wurde die ansonsten zu Recht gegen jede Aufrechnung und jeden Vergleich verteidigte Singularität des Genozids auf eine Weise mißbraucht, daß es eine ganze Armada an Finkelsteins[1387] gegen diesen Frevel hätte auf den Plan rufen müssen, gegen diesen schändlichen propagandistischen Mißbrauch von 6 Millionen ermordeten Juden zur Vorbereitung eines absolut unsittlichen, illegalen, durch nichts gerechtfertigten illegalen Bombenkriegs gegen Jugoslawien.

Gleichwohl stützten die bosnische Regierung und ihre Verbündeten ihre internationale PR-Kampagne gänzlich auf die Holocaust-Analogie und waren damit sehr frühzeitig erfolgreich: »Die plumpe Propagandakampagne zur Nazifizierung der Serben hatte im August 1992 großen Erfolg, und genau hier liegt der Grundstein des Internationalen Gerichtshofes für das ehemalige Jugoslawien und seiner gesamten modernen Nachkommenschaft auf dem Gebiet der Strafverfolgung von Kriegsverbrechen.«[1388]

Auch das ist wahrhaftig ein Unikum und eine Perversität zugleich:

Erstmals in der Geschichte wurde ein Strafgerichtshof vor dem Krieg geschaffen, »dessen Verbrechen er ahnden sollte«, wodurch er »eine Rolle in diesem Krieg zu spielen vermochte«[1389] – was er auch tat, indem er etwa durch präventive Anklagen wegen eines zu erwartenden Völkermordes den Rechtsbruch der NATO scheinbar legitimierte. Denn wenn die NATO angeklagte Verbrecher jagte, konnte sie den Rechtsbruch glatt als »Rechtsdurchsetzung« verkaufen. Da der Kosovokrieg trotz aller orwellschen Tricks ein rechtswidriger Krieg war, dem nicht nur die Billigung durch den Sicherheitsrat, sondern auch die Zustimmung der Mitglieder der Vereinten Nationen fehlte, war der Internationale Gerichtshof nicht nur ein schlechter juristischer Witz, sondern als Instrument dieses Krieges selbst mitverantwortlich für den Abwurf von »25 000 der verheerendsten nichtatomaren Bomben und Raketen der Welt auf das ehemalige Jugoslawien«.[1390]

Nach dem Krieg hatte der Schauprozeß gegen Milošević nur eine einzige Funktion, nämlich die nachträgliche Rechtfertigung der NATO-Bombardierungen. »Es genügte nicht, die Serben zu bombardieren und einen Teil ihres Gebietes abzutrennen. Das serbische Volk mußte dazu gebracht werden, zu glauben – oder es vorzugeben –, daß es das verdient hatte. In der neuen Weltordnung mußte das Verbrechen der Strafe angepaßt werden«.[1391] Denn: »Ein großes Problem stellte sich bei der Rechtfertigung der massiven Bombardierungen Jugoslawiens: Es gab keinen Völkermord im Kosovo. Nicht einmal einen versuchten Völkermord.«[1392] Und das, obwohl sich ausgerechnet auch die Deutschen bei der Konstruktion der »Genozidlüge« größte Mühe gegeben hatten.[1393] Wenngleich sich die NATO nach dem Krieg fieberhaft auf die Suche nach den angeblichen Konzentrations- und Vernichtungslagern machte: es war vergebliche Mühe. Die Konzentrationslager des damaligen deutschen Verteidigungsministers Rudolf Scharping blieben, was sie waren: die fast schon pathologische Ausgeburt einer ausgeprägten Vasallen-Phantasie.

Und das ist das eigentlich Unfaßbare: Die Serben sollten über die NATO-Bombardierungen zu einem Völkermord provoziert werden, mit dem die Bombardierungen nachträglich legitimiert werden sollten, und die Kosovo-Albaner das Bauernopfer auf dem Schachbrett der Weltordner sein: »Die Bombardierungen waren eine Einladung der Regierung Clinton zum Genozid gewesen, die von den Serben wider Erwarten nicht angenommen wurde.«[1394] Zweifellos: Samuel Huntington hat sich auch in dieser Hinsicht geirrt, wenn er die Meinung vertritt, die

Modernisierung hätte wenigstens im Westen neben dem materiellen Niveau auch die moralische und kulturelle Dimension der Zivilisation gefördert.[1395]

Natürlich könnte man noch Seiten, ja ganze Bücher füllen über die Provokationen der von den USA unterstützten (von der UNO auch als solche bezeichneten) albanischen UCK-Terroristen im Kosovo Ende der neunziger Jahre;[1396] über die Tatsache, daß NATO und US-Außenministerium in einträchtiger Komplizenschaft islamistische Mudschahedin-Söldner aus dem Nahen Osten und Zentralasien für die UCK-Terroristen rekrutierten;[1397] über die Farce der Kriegskonferenz von Rambouilett;[1398] über die zwielichtigen Rollen der Anklägerin des internationalen Gerichtshofes, Luise Arbour, und des (1989 im Zusammenhang mit der Ermordung von sechs Jesuitenpriestern in El Salvador ins Rampenlicht geratenen) US-Diplomaten William Walker bei der Aufbereitung des Anlasses für die Bombardierungen, einem alles andere als geklärten angeblichen Massaker an 45 Kosovo-Albanern.[1399] Man könnte noch Seiten füllen, wie man schließlich den Begriff »Völkermord« so verwässerte und anthropologisierte, daß man schließlich über die gewiß nicht zu leugnenden Greuel im bosnischen Srebrenica doch noch einen propagandistisch verwertbaren Genozid bekommen konnte, was sogar einen damals fast notorischen Kriegsbefürworter wie den Friedensnobelpreisträger Elie Wiesel in Rage brachte.[1400] Man könnte auch noch Fragen stellen zu den umgekehrten ethnischen Säuberungen und Vertreibungen von rund 100 000 Serben und 150 000 Roma nach den Bombardierungen sozusagen unter NATO-Aufsicht;[1401] man könnte auch noch jede Menge Fragen stellen über den Ausbau und die künftige strategische Bedeutung der amerikanischen Militärbasis Camp Bondsteel im Kosovo zu einem dauerhaften Standbein der amerikanischen Streitkräfte in Europa durch die Halliburton-Tochter Brown & Root.[1402]

Wie auch immer: Kriege sind dazu da, um vollendete Tatsachen zu schaffen. In Jugoslawien ging es nicht nur um die (ohnedies nie wirklich bedrohte) Vorherrschaft des amerikanisch dominierten internationalen Kapitals oder darum, klarzustellen, daß die unsichtbare Macht des Marktes nie ohne die versteckte Faust funktioniert. Es ging um viel mehr und viel weitreichendere Dinge. Deshalb »brannten« die USA geradezu auf den Gewalteinsatz, wie der ehemalige UN-Generalsekretär Boutros Boutros-Ghali bezeugt,[1403] dem Clintons Außenministerin Madeleine Albright frei heraus erklärte, warum er »gefeuert« werde:

weil er sich geweigert hatte, die Amerikaner 1993 zum Gewalteinsatz in Bosnien zu ermächtigen. Um ihre Ziele zu erreichen, brauchten die Weltordner zweifellos auch den richtigen Mann in der UNO. Die Clinton/Albright-Marionette aus Ghana, Kofi Annan, war dieser Mann.[1404] Nicht nur, daß dieser sich während des Kosovo-Krieges »durch ohrenbetäubendes Schweigen zur Verletzung der UNO-Charta durch die NATO auszeichnete«,[1405] er arbeitete auch aktiv mit an der diplomatischen Rückendeckung zur Aushebelung des Gewaltmonopols des UN-Sicherheitsrates. Dies war der eigentliche höhere Endzweck des Kosovo-Krieges: die Durchsetzung des »unilateralen Interventionismus« als erste Etappe hin zur »präventiven Selbstverteidigung«, die es den USA als Vollzugsorgan der Neuen Weltordnung künftig erlauben sollte, gegen jeden Krieg zu führen, der über sie auch nur die Nase rümpfte.

Mehr noch als zur Schaffung eines Präzedenzfalles für den ungehemmten »humanitären Interventionismus« diente der Kosovokrieg als Vehikel zur Neudefinition der Idee staatlicher Souveränität, auf die die Subversionsagenten der Neuen Weltordnung wie Kofi Annan, Tony Blair oder Václav Havel während der Vorbereitung bzw. zur Rechtfertigung des Kosovokrieges im Chor eindroschen. Da forderte Blair »neue Regeln« für die »neue Welt des neuen Millenniums«, in dem das »Prinzip der Nichteinmischung in wesentlichen Hinsichten eingeschränkt werden« müsse, da »unsere Existenz als Staaten nicht länger bedroht« sei.[1406] Und Havel, einer der eifrigsten Befürworter des NATO-Einsatzes und somit des »unilateralen Interventionismus«, bezeichnete insofern folgerichtig die Bombardierungen als »wichtigen Präzedenzfall für die Zukunft«,[1407] in der »internationales Handeln zur Aufrechterhaltung der Menschenrechte« ein »neues Verständnis des Staates und der individuellen Souveränität« erfordere, wie es UN-Generalsekretär Annan höchstselbst definierte.[1408]

Es ist eben so: »Eine Welt mit einer einzigen Supermacht ist eine Welt, in der nur diese Supermacht Anspruch auf ›nationale Souveränität‹ besitzt. Für den Rest der Welt ein überkommener Begriff.«[1409] Der Rest der Welt wollte sich aber mit dieser Transformation des US-Militärs und der »Battle-Groups« der der Neuen Weltordnung bereits unterworfenen Vasallenstaaten zu einer von den Belastungen des Völkerrechts oder der UNO-Charta befreiten, jederzeit global einsetzbaren Kriegs- und Züchtigungsmaschinerie nicht zufrieden geben. Beim Südgipfel der Entwicklungsländer im April 2000 gaben 133 Staaten folgende Erklärung ab:

»Wir lehnen das sogenannte »Recht« auf humanitäre Intervention ab, das keine Rechtsgrundlage in der Charta der Vereinten Nationen oder in den allgemeinen Völkerrechtsprinzipien besitzt.«[1410]

Offenbar benötigte die uneinsichtige »Rest«-Welt doch noch ein paar Lektionen auf dem Weg zur endzeitlichen »One World« des Novus Ordo Seclorum, dieser »einzigen Weltrepublik, die aus allen Nationen gebildet werde«, wie es sich Bruder Kardinal Ottaviani 1966 unter großem katholisch-globalen Beifall vorausträumte.[1411] Also brauchte es einen neuen Präzedenzfall auf dem Weg zur staatsfreien Globalisierung, die denn auch von Papst Johannes Paul II. abgesegnet wurde, weil sie (entgegen aller Offensichtlichkeit) »nicht die Menschlichkeit verletzt«:[1412] den »Krieg gegen den internationalen Terrorismus«, gegen das ominöse, nichtgreifbare Böse an sich, bei dem man entweder »mit uns« oder »gegen uns« ist, bei dem es keine staatlichen Grenzen oder Souveränitäten und ähnlichen überkommenen Krimskrams geben kann, weil schon die Wohnung des Nachbarn in Madrid, London oder sonstwo eine terroristische Keimzelle beherbergen kann …

Der Mythos 9/11 erhält dadurch einen ganz realpolitischen, weltpolitisch gestalterischen Sinn. Um diese Aufgabe wahrhaftig globalen Ausmaßes angehen und legalisieren zu können, genügte nicht etwa eine längst schon zur Alltäglichkeit gewordene Liquidierung irgendeiner unbotsamen Staatsperson oder eine mittelgroße Autobombe – sondern es brauchte, der Größe der Aufgabe angemessen, eine Art »Pearl Harbour«: eben den hypnotisierenden, sich tagelang wiederholenden Einsturz eines (ohnehin abbruchreifen, asbestverseuchten) Symbols der alten Ordnung.

Da sage noch einer, die Weltpolitik von heute werde von bloßen Karikaturen gemacht. Auch jene Politiker, die heutzutage Weltpolitik »machen« beziehungsweise exekutieren, sind keineswegs Vollidioten, auch wenn sie manchmal so tun beziehungsweise gezwungen werden so zu tun – zuweilen im vorauseilenden Logengehorsam bis zur Selbstaufopferung (eine Rolle, die neuerdings der iranische Präsident Ahmadinejad mit seinen nuklearpolitischen Spielchen geradezu mit Bravour auszufüllen scheint).

Daß US-Präsident George W. Bush zum Beginn des damaligen Ramadan im November 2001 demonstrativ eine Moschee aufsuchen mußte, während der Papst den 14. November 2001, also den Tag des feierlichen Endes des moslemischen Fastenmonats, nahezu in *communicatio in sacris* zum außerordentlichen Fastentag für die Katholiken erhob,[1413] war ein deutliches Signal an die Führer der moslemischen

Welt, daß der »Kampf gegen den internationalen Terrorismus« in der Kontinuität der Weltgeschichte die Tradition der Kreuzzüge aufrechterhält, indem am Ende jemand ganz anderer geschlagen werden soll als der vorgebliche große Feind.

Im vorliegenden Buch habe ich auf Seite 388 in dem Kapitel *Haus der neuen Ordnung* die 1890 (!) in der auflagenstarken britischen Wochenschrift *The Truth* erschienene zukunftsweisende Schulungslandkarte des englischen Staatsmanns und Maurer-Bruders Labouchère erwähnt, die in verblüffender Weise den geopolitischen Zustand Europas skizzierte, wie er sich nach den beiden Durchgängen zur Neuen Weltordnung (dem Ersten und dem Zweiten Weltkrieg) dann auch tatsächlich ergab. Seit dem Jahr 1990 (!) sind nunmehr für die 33-Grad-Brüder sozusagen neue Arbeitstafeln auf dem Markt. Die neuen Landkarten der Neuen Weltordnung erschienen zunächst gemeinsam mit einem enthüllenden Artikel in der Beilage des *Economist,* verfaßt von dessen Associate Editor Brian Beedham.[1414] Beedhams Gedanken und vor allem dessen Kartenwerk wurden schließlich durch Samuel Huntington 1993 im Mainstream-Organ des amerikanischen Council on Foreign Relations namens »Foreign Affairs« und schließlich 1996 im Buch *Clash of Civilizations* präzisiert und zur »Bearbeitung« der breiteren Öffentlichkeit nahegebracht. Beide Karten, vor allem aber die Huntingtons,[1415] zeigen, daß sich an der mittels des Großen Schismas von 1009 bzw. 1054 im Süden und mittels der sogenannten Reformation im Norden gezogenen europäischen Demarkationslinie zwischen dem christlichen Westen auf der einen und der Orthodoxie und dem Islam auf der anderen Seite auch in Zukunft nichts ändern wird: jene Demarkationslinie, an die sich auch der Islam über die Jahrhunderte hinweg gehalten hat (bis auf die wenigen Überschreitungen als türkische »Geißel Gottes« für die Unbotmäßigen im Westen). In Beedhams Karte, übertitelt mit *A new and accurate map of the world,* wird die Welt in fünf Kernbereiche bzw. Kontinente aufgeteilt: Da ist zum einen »Euro-America«, ein sozusagen in Rückgängigmachung der Kontinentalverschiebung zusammengeschmolzenes, nach Huntingtons prognostischer Vision von den »konfliktstiftenden Sirenengesängen des Multikulturalismus« befreites, gewissermaßen »gesäubertes« Konglomerat.[1416] »Dieses ›Euro-America‹ nun findet sich von der Landkarte getrennt durch einen tiefen Wassergraben, der im Süden der Grenze des Großen Morgenländischen Schismas von 1054 folgt und im Norden Finnland, Polen und Ungarn und das nördliche Jugoslawien ›Euro-Amerika‹ zuschlägt«.[1417] Den orthodoxen osteuropäischen Rest bezeichnet die Karte als Kontinent »Eurasia«, im Süden begrenzt durch ein zu guter Letzt wohl doch wieder domestiziertes »Islamistan« (ohne Israel-Enklave übrigens) und einem zu einem Zwergkontinent geschrumpften »Hinduland«. »Confuciania« im Osten zeigt deutlich, daß man offenbar nicht geneigt ist, etwaige chinesische Großmachtträume durchgehen zu lassen,[1418] während man Afrika zumindest geopolitisch und geostrategisch vollends aus der Geschichte entlassen hat.

Huntingtons »Clash of Civilizations« wird wohl nicht an den Bruchlinien der Kulturen stattfinden, wie auch die Balkankriege keine interkulturellen Bruchlinienkriege waren. Der »Clash« wird sich auch nicht als Kampf der »Kulturen« äußern, deren Konturen – sieht man von der von außen gesteuerten Re-Islamisierung von Islamistan ab – längst zur Konturlosigkeit einer leeren Cola-Flasche sogar in Dalai Lama's Tibet verschwommen sind. Er wird dort stattfinden, wo er zur Erreichung der höheren Endzwecke dieser Neuen Weltordnung gebraucht wird. Es werden vor allem innerkulturelle »Clashes« sein. Vielleicht war denn auch dies der Grund, warum Beedham in seiner Analyse mehrmals hervorhob, was vor allem Sinn und Zweck der definitiven Verschmelzung des christlichen Westeuropa mit Amerika ist: nämlich »to keep a watch on Germany«.

Dies hat auch mit der inneren Befindlichkeit der westeuropäischen Staaten zu tun. Neuerdings hört man in allen möglichen Diskussionsforen, daß bald nichts mehr so sein werde, wie es war, und wir alles, was wir heute kennen, bald verloren haben würden. Schon wegen der Demographie. Wir würden uns noch wundern, sagen die Soziologen und Philosophen und Politologen.

Und freilich: Fortschritt, der sich mehr und mehr als Rückschritt entpuppt, führt die Politik schnell an die Glaubwürdigkeitsgrenze. Einer Nation (seien es die Franzosen, die Italiener oder die Deutschen) aber einen »gewollten Rückschritt« zu verordnen, dessen Sinn der aktuelle Focus schlichtweg nicht zu erfassen vermag, dürfte wohl ohne das Risiko sozialer Explosionen unmöglich sein.

Das ist dann möglicherweise die Zeit, wieder einmal den Knüppel hervorzuholen. Die Zeit nicht für einen »Clash of *Civilizations*«, sondern einen »Clash of *Civilization*«.

Das neue Zieldatum lautet übrigens 2090. In jenem Jahr soll die

»Schöne Neue Welt« Wirklichkeit geworden sein, im globalen Glauben an die Einheit aller in der Vielheit ... Wir haben also noch genügend Zeit, uns über den seltsamen Lauf der Weltgeschichte gebührlich zu wundern.

Anmerkungen

1 Bentine, Michael, *The Door Market Summer*, London 1981, S. 291.

2 Gilbert, Martin, *Auschwitz und die Alliierten*, München 1982. Gilberts Untersuchung hat bei Erscheinen der englischsprachigen Ausgabe 1981 in der angelsächsischen Welt nicht grundlos Unbehagen und Erschrecken ausgelöst. Denn er dokumentiert allzudeutlich, daß im Zusammenhang mit dem Schicksal der Juden auf seiten sämtlicher Alliierten politische Erwägungen noch allemal Vorrang vor der Menschlichkeit hatten, für die zu kämpfen sie vorgaben. Spätestens seit Ende 1940 waren die Alliierten über die anlaufende »Endlösung« informiert. Unglaube, Skepsis, vor allem aber die Angst vor einer Flut jüdischer Flüchtlinge, denen der Westen hätte Asyl gewähren müssen, durchkreuzten alle Bemühungen zur Rettung der Betroffenen. Als 1944 die volle Wahrheit über Auschwitz bekannt wurde, wurden eventuelle Gegenmaßnahmen als »Kosten ohne Nutzeffekt« berechnet. Vgl. dazu auch Laqueur, Walter, *The terrible secret*, London 1981.

Siehe dazu auch Hausner, Gideon, *Die Vernichtung der Juden*, München 1979. Er belegt in diesem Zusammenhang die »vorbedachten Versuche« des amerikanischen Außenministeriums, den Druck der Öffentlichkeit auszuschalten, indem es den Zufluß von Informationen, die ihn nährten, an der Quelle abschaltete. Hausner zitiert u.a. Stephen Wise: »Die Geschichte möge also für alle Zeiten festhalten, daß ohne die bürokratischen Tölpeleien und die Gefühllosigkeit des amerikanischen und britischen Außenministeriums Tausende von Menschen hätten gerettet und die jüdische Katastrophe zum Teil hätte abgewendet werden können.« Goebbels konnte nicht ohne Berechtigung in sein Tagebuch schreiben: »Im Grunde genommen sind, glaube ich, die Amerikaner und Engländer froh darüber, daß wir mit dem Judengesindel aufräumen.« (Hausner, S. 319–327.)

Dieser Verdacht lag denn wohl auch nahe. Ungeachtet der unbestreitbaren Tatsache, daß der pathologische Judenhaß der Nationalsozialisten von allem Anfang an existent und historisch von vielen (auch nichtdeutschen Quellen) gespeist war, ist in diesem Zusammenhang bemerkenswert, was Henry Piker zur Frage der Endlösung geschrieben hat: »Nach der offiziellen Kriegserklärung des organisierten Welt-Judentums, des Welt-Zionistenkongresses, an Deutschland vom 5. September 1939 (Jewish Chronicle vom 8. September 1939) proklamierte Hitler ›die‹ Juden kollektiv zu ›Feinden des deutschen Reiches‹, die nach Völkerrecht zu internieren seien, soweit sie in seinem Herrschaftsbereich angetroffen würden. Über Schacht versuchte er sodann 1940/41 noch einmal wie bei der Evian-Konferenz von 1938, ihre Massenauswanderung nach Madagaskar oder nach einem sonstigen (nicht auf arabischem Gebiet zu errichtenden!) ›jüdischen Nationalstaat‹ zu bewerkstelligen. Als das ergebnislos blieb, weil die jüdisch beeinflußten Weltbanken die Vorfinanzierung und Großbritannien das freie Geleit für die Auswandererschiffe versagten, fand im Interpol-Polizeigebäude in Berlin-Wannsee am 20. Januar 1942 unter der Leitung des Chefs des Reichssicherheitshauptamtes, SS-Obergruppenführer Reinhard Heydrich, die berüchtigte ›Wannsee-Konferenz‹ statt, wo erstmals über eine ›Endlösung‹ der Judenfrage im Hitlerschen Herrschaftsbereich im Sinne einer Massendeportation der westeuropäischen Juden nach dem Osten beraten wurde.« Piker, Henry, *Hitlers Tischgespräche im Führerhauptquartier*, München 1979, S. 305.

Bereits im April 1943 trafen sich britische und amerikanische Vertreter auf den Bermudas und entschieden, daß nichts getan werden könnte, um den Holocaust zu verhindern. Alle Pläne für eine mögliche Rettung wurden verworfen. Sowohl das britische Foreign Office als auch das amerikanische State Department befürchteten, das Dritte Reich könnte insgeheim bereit, ja sogar begierig darauf sein, die Gaskammern zu stoppen, die Konzentrationslager zu öffnen und Hunderttausende, wenn nicht sogar Millionen überlebende Juden in die Freiheit und damit in den Westen zu lassen. Das Foreign Office offenbarte dem State Department »im Vertrauen« seine Befürchtung, daß jedwede Annäherung an Deutschland bezüglich einer Freilassung dazu führen könnte, daß dies tatsächlich geschieht. (Wymann, David S., *The abandonment of the Jews*, New York 1984, S. 342).

Tatsächlich hatten die Alliierten vor der Bermuda-Konferenz bereits die Forderungen der Jewish-Agency nach direkten Verhandlungen mit den Deutschen abgewiesen, in denen geklärt werden sollte, ob Hitler bereit war, die überlebenden Juden aus dem NS-Herrschaftsbereich herauszulassen. (Gilbert, Martin, *Auschwitz und die Alliierten*, a.a.O., S. 159). Für Churchill und Roosevelt war das Schicksal der Juden lediglich willkommenes Propaganda-Sujet.

3 Vgl. etwa Mee, Charles L., *Die Teilung der Beute*, Wien 1975, S. 23ff. Daß die Morgenthau-Pläne nicht durchgeführt wurden, war eine Frage praktischer Politik. »Das besiegte Deutschland sollte für die Nachkriegspläne der großen Drei nützlich gemacht werden.« Das ändert nun aber nichts an der Tatsache, daß diese Pläne – Deutschland völlig zu zerstückeln, zu entindustrialisieren und in eine schwache, untergeordnete Nation zu verwandeln – existierten.

Der Slogan »Germany must perish« (»Deutschland muß untergehen«) war desgleichen keine Erfindung der Goebbels-Propaganda: 1941 publizierte der amerikanische Jude Theodore Newton Kaufmann in dem von ihm selbst gegründeten Verlag Argyle Press das Buch »Germany must perish« (Newark 1941), in welchem Kaufmann die Sterilisierung der Deutschen nach dem Sieg forderte. Für die Goebbels-Propaganda war dies natürlich ein gefundenes Fressen, schließlich auch ein willkommener Beleg für die Rechtfertigung der Judenvernichtung. Daß es für die von der Nazi-Propaganda hervorgehobene Nähe Kaufmanns zu Roosevelt oder überhaupt zur damaligen amerikanischen Regierung keinen Beweis gibt, besagt – wie vor allem die neueste Geschichte nicht nur der amerikanischen Geheimpolitik und diversen Aktivitäten auf dem Gebiet der psychologischen Kriegsführung beweist – freilich nichts und ist in bezug auf die psychologische Wirkung auf die Deutschen gerade im Zusammenhang mit den Morgenthau-Plänen und den alliierten Kriegszielen letzten Endes unerheblich.

4 Vgl. Anm. 16, 289, 313, 314.

5 Höhne, Heinz, *Der Orden unter dem Totenkopf – Die Geschichte der SS*, München 1978, S. 9, 18.

6 Orzechowski, Peter, *Schwarze Magie – Braune Macht*, Zürich o.J., S. 199. Es ist übrigens bemerkenswert, wenn nicht rätselhaft, wie sich Orzechowski nach seinem Streifzug durch das magisch-okkulte Vor- und Umfeld des Dritten Reiches, der auch die Thule-Gesellschaft mit einbezog, diesem »übereinstimmenden Urteil der jüngsten Geschichtsforschung«, die die Rolle esoterischer Geheimbünde und okkulter Weltanschauungen unter unsäglichen Verrenkungen ignoriert, anschließen konnte. Der Inhalt seines – übrigens nach *Guru Hitler* (Carmin, E. R., *Guru Hitler – Die Geburt des Nationalsozialismus aus dem Geiste von Mystik und Magie*, Zürich 1985) erschienen – Buches, das die Möglichkeit der Existenz einer »anderen Welt« neben der »stofflich erfahrbaren Welt« voraussetzt, besagt eigentlich das Gegenteil.

7 Zit. bei Bronder, Dietrich, *Bevor Hitler kam*, Genf 1975, S. 25.

8 Sontheimer, Kurt, *Antidemokratisches Denken in der Weimarer Republik*, München 1992, S. 353.

9 Vgl. Anm. 110, 117, 118. Der linkslastige Charakter des Mussolini-Faschismus wird in der großen Mussolini-Biographie von Felice, Renzo de, - *Mussolini il revoluzionario – 1883–1920*, Bd.1, Turin 1965, besonders deutlich. Die traditionelle Rolle der Religion blieb während der Herrschaft Mussolinis weitgehend der Kirche erhalten. Mussolini war zwar alles andere als ein Homo religiosus, aber das antichristliche Element des deutschen Nationalsozialismus fehlte im Faschismus völlig.

10 In Spanien war Franco von allem Anfang an bemüht, sich eng mit der Kirche zu verbünden. Die Falange-Partei war nie mehr als politisches Instrument Francos und hatte kaum wesentliche Machtpositionen inne. Nach Richard Wright im SPD-Organ »Vorwärts« vom 1.11.1969 entstammte der Freimaurer und Katholik Franco einer jüdisch-konservativen Familie und wurde von dem jüdischen Bankier Juan March finanziert. Tatsächlich ließ Franco 1959 für die jüdische Gemeinde in Madrid die erste Synagoge Spaniens seit der Vertreibung der Juden aus dem Land im Jahre 1492 errichten.

11 Dahrendorf, Ralf, *Gesellschaft und Demokratie in Deutschland*, München 1971, S. 416.

12 Bronder, a.a.O., S. 17. Was Bronder zum Thema mit einer geradezu erstaunlichen Fülle von Fakten und Zitaten im Detail beisteuert (die seinem Buch den Vorwurf eingebracht hatte, es handle sich dabei um einen »umgestülpten Zettelkasten«), läßt sich teilweise zumindest in »konventioneller« und solcherart allgemein akzeptierter Form durchaus bei anderen Autoren nachvollziehen, beispielsweise bei Schultz, Gerhard, *Aufstieg des Nationalsozialismus – Krise und Revolution in Deutschland*, Frankfurt/M. 1975.

13 Vgl. Anm. 84. Sozusagen als Vater der Rassenlehre gilt der französische Graf und Orientalist Joseph Arthur Gobineau (1816–82), der 1853 in Paris sein Hauptwerk *Essay sur l'inégalité des races humaines* (»Untersuchung über die Ungleichheit der Menschenrassen«) herausbrachte. Neben Gobineau war der französische Graf Vacher de Lapuge (1854–1936) einer der Hauptverfechter der Theorie von der Bedeutung der Rasse für die kulturellen Leistungen der Völker. Schon 1899 propagierte er in seinem Hauptwerk *L'Aryen, son rôle social* (»Der Arier und seine gesellschaftliche Bedeutung«) die Überlegenheit der nordischen Rasse gegenüber allen anderen. Nicht ohne Grund wurde schließlich der Amerikaner Madison Grant von den Nationalsozialisten als geistiger

Wegbereiter gefeiert. Er schrieb 1916 das Buch *The Passing of the Great Race* (Der Untergang der großen Rasse, dt. 1915), in dem er die Befürchtung äußerte, daß der Untergang der USA unvermeidlich sei, wenn dem Einströmen alpiner Kontinentaleuropäer und vor allen von Juden und der damit verbundenen Verschlechterung der nordischen Herrenrasse in den USA nicht Einhalt geboten werde. Noch schwerwiegender wirkte sich der Amerikaner Lothrop Stoddard mit seinen Werken *The rising tide of color*, 1921, und *The revolt against civilisation*, 1924, aus. Stoddard war der Erfinder des von den Nationalsozialisten so häufig gebrauchten Wortes »Untermensch« – von Stoddard allerdings nicht in bezug auf Rassen, sondern in bezug auf einzelne bzw. Gruppen innerhalb aller Völker gebraucht. Grant und Stoddard trugen im übrigen wesentlich zur Bevorzugung der nordischen Völker bei der amerikanischen Einwanderungsgesetzgebung von 1921 bei. (Bronder, a.a.O., S. 296ff.) Insofern war der als der eigentliche Wegbereiter der nationalsozialistischen Rassentheorien geltende Sohn eines englischen Admirals, Houston Steward Chamberlain, nur ein rassistischer Pfadfinder unter vielen. Chamberlain, schon Kaiser Wilhelms eifrigster Streiter gegen Rom und Jerusalem, »war begabt, neurotisch und galt weithin als einer der führenden Männer des geistigen Lebens seiner Zeit; ein Verehrer Wagners, hatte er dessen Tochter Eva geheiratet. Von Hitler war Houston Steward Chamberlain nach dessen Besuch derart eingenommen, daß er sich in der Nacht darauf eines ›längeren und erfrischenderen Schlafes erfreute‹, als je zuvor seit dem August 1914. Einige Tage später schrieb er Hitler, mit einem Schlag habe er den Zustand seiner Seele verändert. ›Daß Deutschland in den Stunden seiner höchsten Not sich einen Hitler gebiert – das bezeugt sein Lebendigsein.‹« (Toland, John, *Adolf Hitler. 1889 bis 1939: Werden und Weg – Führer und Reichskanzler*, Bd. 1, Taschenbuchausgabe, Bergisch-Gladbach 1977, S. 199.)

Natürlich hatte der Rassismus und vor allem der Antisemitismus auch eine reiche deutsche Tradition, aus der der Nationalsozialismus schöpfen konnte. Karl Marx beispielsweise war einer der unerbittlichsten Judenfeinde, der auch so eine Art »Endlösung« der Judenfrage anstrebte. Nicht die Juden gehörten emanzipiert, meinte er, sondern die Menschheit von den Juden. (Marx, Karl, *Zur Judenfrage*, in: *Frühschriften*, S. Landshut [Hrsg.], Stuttgart 1953, S. 171ff.) In *Das Kapital*, Bd. 1, Kap. IV, S. 169, in: Marx-Engels, *Werke*, Bd. 23, Berlin 1972, kann man nachlesen, »daß alle Waren, wie lumpig sie auch immer aussehen oder wie schlecht sie immer riechen, im Glauben und in der Wahrheit Geld, innerlich beschnittene Juden sind...« (Vgl. dazu auch Anm. 470 u. 1189) Der Begründer der deutschen Sozialpolitik, der jüdische Politiker, Hegelianer, Nationalist und Staatssozialist, Ferdinand (Feist) Lasalle: »Ich liebe die Juden gar nicht, ich hasse sie sogar ganz allgemein.« (Zit. bei Bronder, a.a.O., S. 40, unter Bezugnahme auf ein 1961 in Berlin erschienenes Buch des Jerusalemer Professors Dr. Edmund Silberner, *Sozialisten zur Judenfrage*, das sich insbesondere mit dem Antisemitismus unter den Sozialisten beschäftigte.) Lasalle ist damit in schlechtester Gesellschaft etwa mit Wilhelm Marr (*Der Judenspiegel*, Hamburg 1862, *Der Sieg des Judenthums über das Germanenthum*, Hamburg 1871), mit Georg Daumer (*Die Geheimnisse des christlichen Alterthums*, Hamburg 1874), Eugen Dühring oder Bruno Bauer, der desgleichen das »jüdische Christentum« anprangerte (*Das entdeckte Christentum*, Zürich 1843). Dies nur zur Illustration des weiten Vorfelds von Arierwahn, Nationalismus und Judenhaß, die keineswegs exklusiv nationalsozialistische Charakteristika waren und sind. Was den Nationalismus betrifft, so seien die Engländer Thomas Arnold, William Stubbs und vor allem der berühmte Oxforder Historiker Edward Freeman erwähnt, der im November 1870 in einem offenen Brief an die *Pall Mall Gazette* schrieb, daß es die »hohe Mission Deutschlands sei, der französischen Verschwörung gegen den Weltfrieden endlich ein Ende zu bereiten.« (Messerschmidt, Manfred, *Deutschland in englischer Sicht*, 1955, S. 20, 32, 51.) Karl Marx war nicht gerade von der feinen Sorte, wenn er die Slawen mit Ausnahme der Polen »Völkerabfall und Lumpengesindel« nannte, das die »germanische Freiheit erwürgen« wolle (Bronder, a.a.O., S. 180).

Was den Antisemitismus betrifft, so sei nicht zuletzt auf die Leitsätze des katholischen Kirchenrechtes in dem bis 1918 geltenden Abschnitt VI »De Judaeis« verwiesen und auf das vom Jesuitenorden 1593 erlassene Judendekret. Martin Luther schließlich gab in seinem Werk *Von den Juden und ihren Lügen* (WA 53) den Christen treuen Rat, was mit diesem verworfenen, verdammten Volk der Juden zu geschehen habe: »1. Daß man ihre Schulen und Synagogen mit Feuer anstecke [...] 2. Daß man ihre Häuser und desgleichen zerbreche, und zerstöre [...] 5. Daß man den Juden das freie Geleit und Recht auf den Straßen ganz aufhebe [...] 7. Daß man den jungen, starken Juden und Jüdinnen Axt, Hacke, Spaten, Rock und Spindel in die Hand gebe, und lasse sie ihr Brot verdienen im Schweiße ihrer Nasen [...] 8. Fürchten wir uns aber, daß sie uns Schaden antun könnten, wenn sie uns dienen und arbeiten sollen [...] so laßt uns mit ihnen nachrechnen, was sie uns abgewuchert haben, und danach gütlich geteilt, sie aber für immer zum Lande austreiben.« In der Tat, der Flensburger Pastor und nach 1946 Bischof in Schleswig Holstein, Wilhelm Halfmann, hatte völlig recht, wenn er in der 1936 im Auftrag des evangelischen Amtes für Volksmission herausgegebenen Schrift mit dem Titel *Die Kirche und die Juden* schrieb: »Das, was heute mit den Juden geschieht, ist ein mildes Verfahren gegenüber dem, was Luther und viele andere gute Christen für nötig gehalten haben ...« (vgl. Bronder, a.a.O., S. 352, 355).Schließlich wäre es auch angebracht, sich mit der Breitenwirkung der eigentlichen Erfinder des modernen Antisemitismus, den »Aufklärern« wie Jean-Baptist Mirabaud, Baron von Holbach und al- len voran Voltaire zu beschäftigen. (Man lese dazu Poliakov, Leòn, *Histoire de l'antisémitisme de Voltaire à Wagner*, Paris 1976). Unter den 118 Artikeln in Voltaires *Dictionaire philosophique* finden sich nicht weniger als dreißig, in denen die Juden in einer Weise beschimpft werden, die durchaus dem *Stürmer* als Vorbild hätte dienen können.

14 Der 1883 in Kiew geborene Schwartz-Bostunitsch war Rechtsanwalt, dann Journalist, schließlich Professor für Theater- und Literaturwissenschaften und später Theaterdirektor in Kiew. Während der Revolution agierte er auf der Seite der weißrussischen Generäle Denikin und Wrangel und dürfte hier auch in Kontakt mit der Idee der jüdisch-freimaurerischen Weltverschwörung und den *Protokollen der Weisen von Zion* gekommen sein. Von den Bolschewiken zum Tode verurteilt, gelang ihm 1920 die Flucht nach Bulgarien, wo er Kontakte zu den Theosophen und Meister Petr Deunow knüpfte und solcherart Bekanntschaft mit einem aus dem esoterischen Rassismus der Blavatsky abgeleiteten slawischen Messianismus machte. In den nächsten Jahren verbreitete er seine Lehren von der jüdisch-freimaurerischen Weltverschwörung zunächst in Jugoslawien, ehe er 1922 nach Deutschland emigrierte, wo er es im Dienste Himmlers bis zum Standartenführer brachte. Zunächst aber war er begeisterter Anhänger der Anthroposophie Rudolf Steiners, ehe er 1922 auch diese als Teil der antideutschen Verschwörung zu erkennen glaubte. In seiner Schmähschrift *Doktor Steiner – ein Schwindler wie keiner*, Berlin 1930, S. 3, erwähnt er seinen »ersten Lehrer in esoterischem Wissen«, der ihn im Kaukasus bereits in den Jahren 1917 bis 1918 schon vor Steiner gewarnt habe. Nach Webb, James, *The harmonious Circle – The lives and works of G. J. Gurdjieff, P. D. Ouspensky and their followers*, London 1980, Seite 185ff. sowie ders., *The occult establishment*, London 1976, S. 186, 266ff. war dies mit allergrößter Wahrscheinlichkeit G. I. Gurdjieff, der selbst wiederum Kontakt zu General Denikin hatte. Vgl. dazu auch Anm. 71.

Wie viele andere russische Emigranten gehörte auch Schwartz-Bostunitsch zu dem sogenannten Coburger Kreis um den Baltendeutschen Scheubner-Richter, der bis zu seinem Tod beim Münchner Putschversuch im November 1923 der NSDAP und Hitler dank seiner Verbindungen zur russischen Aristokratie bedeutsame Geldquellen erschloß und der Verbindungsmann der Nationalsozialisten zu Baron Wrangel und dessen weißrussischen Truppen war (vgl. Anm. 141). Daß Scheubner-Richter darüber hinaus über gute Beziehungen zu kirchlichen Kreisen verfügte, ist gerade in dieser Kombination zweifellos bemerkenswert. (Vgl. Fest, Joachim C., *Hitler*, Frankfurt/M., Berlin, Wien 1973) Auch Richter hatte einen abenteuerlichen Lebenslauf: Er studierte in Riga und München Chemie, diente im Ersten Weltkrieg als Offizier in einem königlich-bayrischen Chevauxlegers-Regiment, erhielt ein Kommando in die Türkei zu militärischen Diversionsakten in Persien, wurde kaiserlich-deutscher Vizekonsul im armenischen Ezerum und schließlich Pressechef des deutschen Gouvernements im Baltikum. 1921 stieß er als überzeugter Judenfeind und Experte für Ostfragen zu Hitler. Es mag reiner Zufall sein, daß es etwa Schwartz-Bostunitsch nach Deutschland und in Hitlers Nähe verschlug, anstatt nach Paris, dem Zentrum der russischen Emigration, und es muß der Spekulation überlassen bleiben, ob ihn und Scheubner-Richter, dessen Verbindungen bis zum russischen Thronprätendenten Großfürst Kyrill Wladimirowitsch reichten, mehr als zufällige Gemeinsamkeiten mit dem weißrussischen General und Prinzen Turkul verbanden. Es ist aber immerhin erwähnenswert, daß der weißrussische General Baron Wrangel damals zu jenen Exil-Generälen in Paris gehörte, die das sogenannte Weißrussische Veteranencorps ROW (Ruski Obtsehe Wojenni Sojuz) auf die Beine stellten, eine der Vororganisationen eines von Turkul infiltrierten internationalen Agentennetzwerkes, das – siehe auch die Kapitel »Das Reich zerfiel ...« und »Nazis, CIA und Vatikan« – während des Zweiten Weltkrieges ebenso wie zur Zeit des kalten Krieges den Lauf der Dinge auf allen Seiten kontrollierte, wie Mark Aarons und John Loftus (vgl. Anm. 911, 930, 944–951,1012–1058) in: *Unholy Trinity – The Vatican, the Nazis, and Soviet Intelligence*, New York 1992 (in der Folge zit. als Aarons/Loftus, *Unholy Trinity*) belegen. Als weißrussischer Offizier hatte Turkul häufig dafür gesorgt, daß britische Waffenlieferungen den Roten in die Hände fielen (ebenda, a.a.O., S. 152), ganz im Sinne der probolschewistischen Geheimpolitik des für den internationalen Waffenhändler Sir Basil Zaharoff arbeitenden britischen Premierministers Lloyd George und der grauen Eminenz des Commonwealth, Leiter des geheimen Round Table, Banker und pro-marxistisches Mitglied des britischen Kriegskabinetts, Lord Alfred Milner. (McCormick, Donald, *The Mask of Merlin*, London 1964, S. 208; Sutton, Anthony C., *Wallstreet and the Bolshevik Revolution*, Arlington House 1974, S. 91ff., 175.) Einer der Schlüssel für den Sieg der Bolschewiken im russischen Bürgerkrieg ist neben der Finanzierung durch die Wallstreetbanker und deren europäische Komplizen zweifellos der Umstand, daß zahlreiche weißrussische Generäle wie Turkul, Skoblin oder Voss für Lenin, Trotzki und für die Briten arbeiteten (Aarons/Loftus, *Unholy Trinity*, a.a.O., S. 152). Daß sich die Briten ebenso wie die Franzosen seit jeher zum Zwecke der Rekrutierung ihrer Agenten diverser Freimaurerlogen bedienten (bzw. umgekehrt), ist evident (ebenda, S. 55) und keine Unterstellung; esoterisch angehauchte, über Nacht sozusagen »völkisch« gewordene agents provocateurs sind daher kein Grund zum Verwundern. Der während des Krieges als britischer Agent tätige spätere SA-Führer Luedecke, beispielsweise, der in den Anfangsjahren die Bewegung mit französischen Devisen versorgte (Gumbel, Emil Julius, *Verschwörer – Beiträge zur Geschichte und Soziologie der deutschen nationalistischen Geheimbünde seit 1918*, Wien 1924, S. 236, in der Folge zit. als Gumbel, *Verschwörer*; vgl. auch Luedecke, Kurt G. W., *I knew Hitler*, London, 1938), war kein Einzelfall und auch kein deutscher Sonderfall: Nazi-Marionetten wie der ukrainische Nationalistenführer Bandera, oder der Führer der galizischen SS, General Pavel Shandruk, waren vor dem Krieg teilweise an führender Stelle an britischen Operationen beteiligt und wurden nach ihrem Gastspiel im Dritten Reich mitsamt ihrem Nazi-Gefolge nahtlos wieder ins britische SIS eingegliedert. Der Mann, der sie aber wirklich an der Leine hielt, war Anatol Turkul (Aarons/Loftus, *Unholy Trinity*, a.a.O., S. 200).

15 Rauschning, Hermann, *Gespräche mit Hitler*, Zürich 1940, S. 5. Zum Quellenwert der *Gespräche mit Hitler* des Danziger Senatspräsidenten Rauschning ist einiges zu bemerken. Gerade in bezug auf die Geschichte des Dritten Reiches kann man allenthalben etwas recht erfolgreich als Fälschung abqualifizieren, was nicht in den aktuellen politischen Kram paßt oder in das vorgeklitterte Geschichtsbild, und umgekehrt kann als unumstößlich authentisch hingestellt werden, was offensichtlich eine Fälschung ist: Schließlich verschwanden nach der Kapitulation von 1945 aus deutschen Amtsstuben und Ministerien nicht nur alles Quellenmaterial über die vorausgegangenen dreißig Jahre, sondern auch viel unbeschriebenes Briefpapier mit amtlichem Briefkopf und den dazugehörigen Stempeln. Zum Fall Rauschning ist folgendes zu sagen: Interessanterweise kurz nach Erscheinen von *Guru Hitler* (vgl. Anm. 6) wurde 1985 von der zeitgeschichtlichen Forschungsstelle in Ingolstadt eine Arbeit des aus der einstigen DDR stammenden Schweizer Bezirkslehrers und Zeitgeschichtsforschers Wolfgang Hähnel herausgegeben, in dem das 1939 erstmals in London und Paris und 1940 in deutscher Übersetzung und zensiert in Zürich erschienene Buch als Fälschung und der Autor als notorischer Lügner »entlarvt« wird. Die Beweise dafür sind freilich mehr als dürftig, und so bleibt die Frage, Fälschung oder nicht, eine Sache der Definition: Hähnel stützte sich auf die Aussage des gebürtigen Ungarn Imre Revesz, der nach seiner Flucht aus Deutschland 1933 in London eine Presseagentur, die Cooperation Press Service, aufbaute (daß Politiker wie Churchill, Blum, Eden und Cooper sich dieser Agentur bedienten, muß nicht unbedingt eine Referenz sein). Nach Revesz jedenfalls sei Rauschning, der bereits zuvor mit seinem Buch *The Revolution of Nihilism* (Zürich, New York 1938) mit Hitler und dem Nationalsozialismus abgerechnet hatte, mit einer Sammlung von Notizen und Hitler-Zitaten bei ihm erschienen, die ihn dermaßen begeisterten, daß er Rauschning dazu überredete, daraus ein Buch, eben die *Gespräche mit Hitler* zu machen. Dies als Beweis für die »Fälschung« zu werten ist wohl ebenso tendenziös wie der Umstand, daß ausgerechnet Göring als Zeuge gegen Rauschning herhalten muß. Daß es für die angeblichen Vier-Augen-Gespräche zwischen Rauschning und Hitler keine Augen- und Ohrenzeugen gibt, widerlegt ebenfalls nicht die Möglichkeit zumindest teilweiser Authentizität. Dies gilt auch für den Vorwurf, Rauschning habe seine eigenen Notizen durch Plagiate aus zeitgenössischen Publikationen, durch Zitate aus späteren Hitler-Reden oder aus *Mein Kampf* angereichert. Dies wäre dann nur eine Bestätigung dafür, daß dieser oder jener Ausspruch tatsächlich gemacht wurde. Hähnels »Enthüllungen« waren indessen keineswegs so sensationell, wie dies von manchen Blättern in Goebbelsschem Ton bejubelt wurde. Vgl. dazu Tobias, Fritz, *Auch Fälschungen haben lange Beine – Des Senatspräsidenten Rauschnings »Gespräche mit Hitler«*, in: Corino, Karl, *Gefälscht – Betrug in Politik, Literatur, Wissenschaft, Kunst und Musik*, Frankfurt/M. 1990. Auch hier hat man den Eindruck, als sei nun Rauschning der eigentlich Schuldige im Dritten Reich, der es gewagt hatte, schon 1932 Hitler Aussprüche in den Mund zu legen, die 1939 »nicht nur realistisch, sondern sogar höchst

wahrscheinlich« zu sein schienen. In seiner von offensichtlich persönlicher Aversion bestimmten Abhandlung kann es sich Tobias nicht ver-
kneifen, dem Leser zu suggerieren, Rauschnings frühe Behauptungen
seien beispielsweise einer der Gründe für Amerikas Kriegseintritt gewesen.
»Man darf vermuten, Hitlers von Rauschning überliefertes verächtliches
Urteil dürfte die erhoffte Wirkung in den Vereinigten Staaten gehabt
haben. Ein Jahr später traten die Amerikaner in den Krieg gegen den
›überheblichen‹ Hitler ein.« Das allerdings ist doch wohl eine arge
Überschätzung Rauschnings und seiner »Fälschung«.

Bedenken zum Quellenwert der *Gespräche mit Hitler* äußerte schon
1972 T. Schieder (*Hermann Rauschnings* Gespräche mit Hitler *als
Geschichtsquelle*, Opladen 1972, insbes. S. 62). Aber wie Jochen Thies
(*Architekt der Weltherrschaft – Die Endziele Hitlers*, Düsseldorf 1980,
S. 59) feststellt, »kann auf sie nicht verzichtet werden, da sie als Sekun-
därquelle ein atmosphärischer Beleg für die Kontinuität der Endziel-
vorstellungen Hitlers im Zeitraum der ›Machtergreifung‹ sind. Die
Ausführungen Hitlers über eine revolutionäre Kriegsführung der Zukunft, die Rolle des deutschen Rassekerns von 80–100 Millionen Menschen als der ›neue[n] Herrenschicht der Welt‹ sind hinreichend durch
Zeugnisse der vorangegangenen Jahre belegt und abgesichert ...« Wie
auch immer: Die in Rauschnings Buch enthaltenen Aussagen, ob authentisch oder nicht, werden in frappierender Weise durch die verschiedensten Äußerungen Hitlers, Görings, Himmlers und andere Exponenten
des Dritten Reiches, durch weitere Zeitzeugen und nicht zuletzt durch
die Ereignisse selbst bestätigt. Es bestand daher kein Grund, auf die
Rauschning-Zitate zu verzichten, zumal ihre zumindest »atmosphäri-
sche« Richtigkeit im Zusammenhang mit dieser Arbeit mehr und mehr
bestätigt wurde.

16 Mund, Rudolf J., *Der Rasputin Himmlers – Die Wiligut-Saga*, Wien
1982. Vgl. auch Goodrick-Clark, Nicholas, *The occult roots of nazism –
the ariosophists of Austria and Germany 1890–1935*, Wellingborough
1985, S. 177ff. Der aus Wien stammende ehemalige Offizier, zwischen
1933 und 1939 Chef der Abteilung für vor- und frühgeschichtliche
Forschung im Rasse- und Siedlungshauptamt, hatte Himmler zweifellos
beeindruckt.
Etliche der Zeremonien und Rituale der SS gehen auf Wiliguts Einfluß
zurück. So war er für das Design des SS-Totenkopfringes ebenso verantwortlich, wie er die Konzeption der SS-Ordensburg Wewelsburg beeinflußte. Seine bis zu den Asen und Wanen zurückreichende hellsichtige

Stammes-Erinnerung und die sich aus dieser angeblichen Fähigkeit ergebende Weltsicht fügte sich nahtlos in den Kreis nordischer, germanischer, ariosophischer und theosophischer Mythologien um Atlantis, Hyperborea, Thule, urzeitliche Riesen und göttergleiche Menschen, in den Kreis der Theorien von Lanz Liebenfels, Gorsleben bis Hörbiger ein. Darüber hinaus dichtete Wiligut die christliche Bibel ins Germanische um, in die prähistorische Religion eines germanischen Gottes Krist und dessen gekreuzigten Propheten Baldur-Chrestos, deren Symbol der Irminsul sozusagen als Anti-Kreuz auch heute noch bzw. wieder so manche deutsche Goden-Wohnung schmückt. Den Mythos der christlichen Kirche durch konsequentes Neuheidentum zu ersetzen war ohne Zweifel die von Himmler der SS zugedachte moralische und ideologische Mission.

Einen ähnlichen Einfluß auf Himmler und in diesem Zusammenhang auf die Tätigkeiten des Amtes »Ahnenerbe« dürfte Wiliguts Freund, ein frühes Mitglied der Berliner List-Gesellschaft und ariosophischer Genealoge, Günther Kirchhoff, gehabt haben. Vgl. Goodrick-Clarke, *The occult roots*, a.a.O., S. 184f.

17 Höhne, a.a.O., S. 145ff. kommt nicht umhin, für die SS und Himmler die Begriffe Orden, Ordensmystik, Großmeister, Ordensmeister, Orden germanischer Sippen usw. bei der Beschreibung der Bemühungen Himmlers zu verwenden, aus der SS eben einen Orden »gottgläubiger« Germanen zu schmieden, schlägt dann aber die notwendigen Haken, um Himmler und die SS pflichtschuldigst wieder von jedem Okkultismusverdacht zu befreien: »Derartiger Okkultismus entsprang jedoch keiner zwecklosen Liebe zur Geschichte. Der Umgang mit der Vergangenheit sollte dem SS-Orden einen Geist der Auserwähltheit einprägen. Der Ahnen- und Germanenkult war von Himmler offenbar dazu ausersehen, der SS die ideologische Geschlossenheit zu verleihen, die der Schutzstaffel fehlte. Auch die künstlich nachgeahmte Ordensmystik der Runenmänner konnte nicht darüber hinwegtäuschen, daß die SS nicht besaß, was einen Orden auch von einer Umwelt unterscheidet. An weltanschaulichen Grundsätzen wußte die SS nicht mehr zu bieten, als andere NS-Formationen ebenso offerierten: die byzantische Hitlergläubigkeit, einen hypertrophierten Nationalismus und die rassistische Wahnidee.« Vgl. zu Himmlers Nähe zum Okkultismus auch Fest, Joachim C., *Das Gesicht des Dritten Reiches – Profile einer totalitären Herrschaft*, München 1963, S. 111 ff.; vgl. auch Besgen, Achim, *Der stille Befehl – Medizinalrat Kersten und das Dritte Reich*, München. 1960, S. 74.

18 Schellenberg, Walter, *Aufzeichnungen*, München 1979, S. 39ff.

19 *Der Spiegel*, Nr. 11, 35. Jg., 9. März 1981 (Wilhelm Bittorf über den Ashram in Poona).

20 Rauschning, a.a.O., S. 211, 212.

21 Vgl. Anm. 1.

22 In seiner aufsehenerregenden Schrift von 1930: *Weltkrieg droht auf deutschen Boden*, zit. Bronder, a.a.O., S. 119.

23 Zit. in der Wochenschrift *Das Reich* v. 14. 11. 1943. Vgl. auch Bronder, a.a.O., S. 250.

24 Guderian, Heinz, *Erinnerungen eines Soldaten*, Heidelberg 1951, S. 405.

25 Lincoln/Baigent/Leigh, *Das Vermächtnis des Messias – Auftrag und geheimes Wirken der Bruderschaft vom Heiligen Gral*, Bergisch-Gladbach 1987, S. 226f. (in der Folge zit. als Lincoln, *Messias*).

26 Wäre Präsident Lincoln nicht ermordet worden, wäre vielleicht von seinem Mythos als großer Präsident und Menschenfreund nicht viel übriggeblieben, und er wäre wohl bloß als der Verantwortliche für einen der grauenhaftesten Bruderkriege in die Geschichte eingegangen. Der Vernichtungsfeldzug der Nordstaaten gegen den konföderierten Süden war eine Art Hiroshima und Nagasaki ohne Atombomben, eine sinnlose und barbarische Manifestation totalen Vernichtungswillens. General Sherman nahm seinen präzisen Auftrag wörtlich: *Kill and destroy!* Wo immer seine Armee durchzog, wurde alles vernichtet, was man vorfand: Häuser, Fabriken, Maschinen, Farmen, Tiere, Pflanzungen, Getreide, Baumwolle, Zuckerrohr, Brücken, Straßen. 1863 hat der als Menschlichkeitsapostel geltende Lincoln dann auch die Tötung von Geiseln abgesegnet, ein Auftrag, den Sherman bereitwilligst ausführte: Er ließ 54 Kriegsgefangene als Repressalie für die Ermordung von 27 eigenen Soldaten töten. Darüber hinaus findet man im amerikanischen Bürgerkrieg auch die ersten Konzentrationslager-Greuel der neueren Geschichte. Darüber berichtete der Pulitzerpreisträger von 1956, Kanto MacKinlay, in seinem 1959 erschienenen Buch Andersonville: »Es ist die Geschichte eines Konzentrationslagers für 35 000 Menschen, von denen innerhalb eines knappen Jahres 14 000 in Sumpf und Kloake umkamen, teilweise mutwillig abgeknallt von den Bewachern. Daß der Lagerkommandant, Henry Wirz, schließlich am Galgen endete, macht diese Ereignisse nicht ungeschehen, einmal ganz abgesehen von den eigentlichen, rein ökonomischen und machtpolitischen Motiven dieses Bürgerkrieges, bei dem die ›Sklavenbefreiung‹ nur ein scheinheiliger Vorwand war, zufälligerweise mit humanen Auswirkungen.«

27 Ein »Picknick mit Schweineschießen« (*International Herald Tribune* [Philadelphia Public Letter] v. 24. 6. 1902) sollte nach Meinung der Engländer der Krieg gegen die Buren sein, indessen dauerte er fast zwei Jahre und acht Monate. Die Buren waren eben doch nicht so leicht kleinzukriegen. Deshalb sperrte man – mangels der damals noch nicht möglichen Flächenbombardierungen – kurzerhand 117 000 Zivilisten in Konzentrationslager ein, die 1901 von Feldmarschall Lord Kitchener eingerichtet worden waren, um damit den Widerstand der noch kämpfenden Männer zu brechen. Der spätere große Europäer Winston Churchill sagte damals: »Es gibt nur ein Mittel, den Widerstand der Buren zu brechen, das ist die härteste Unterdrückung. Mit anderen Worten: Wir müssen die Eltern töten, damit ihre Kinder Respekt vor uns haben.« (Zit. bei Bronder, a.a.O., S. 165.) Von den damals noch kämpfenden Männern fielen nur 5000 im Kampf, von den Zivilisten gingen indessen an die 30 000 in den 40 KZ-Lagern Lord Kitcheners an der brutalen Behandlung und der schlechten Ernährung zugrunde. Seltsamer Zufall übrigens: Lord Kitchener zählte zum Freundeskreis des »Ordo Novi Templi« des Wieners Lanz von Liebenfels (vgl. Anm. 44), einer Nahtstelle zwischen Theosophie, Ariosophie und dem Thule-Orden. Und Karl Haushofer, der als die »graue Eminenz« des Dritten Reiches gilt, schrieb eine Kitchener-Biographie.

28 Die freimaurerische Arbeit an der Humanisierung der Welt durch Winston Churchill, der seine politische Karriere weitgehend der Protektion des Heredomus-Bruders und Hitler-Verehrers Lloyd George (siehe Anm. 85) verdankte, war nie ein Geheimnis. Vgl. Lennhof, Eugen/Posner, Oskar, *Internationales Freimaurerlexikon*, Wien 1932, S. 277.

29 Churchill zeichnete sich stets durch eine von einer besonderen Art von trockenem Humor gekennzeichnete Menschenfreundlichkeit aus. Im Zusammenhang mit seinem Einsatz bei der als Malakaland-Expeditionscorps bekanntgewordenen Truppe General Bloods an der Nordgrenze Indiens gegen aufständische Afghanenstämme schrieb Churchill später stolz: »Wir gingen systematisch vor. Von Dorf zu Dorf. Wir zerstörten als Strafmaßnahme die Häuser, warfen die Brunnen zu, fällten die großen schattenspendenden Bäume, brannten die Ernten ab und zerstörten die Wasserreservoirs. Jedenfalls war nach Ablauf von 14 Tagen das Tal eine Wüste und unserer Ehre Genüge getan.« (Zit. Bronder, a.a.O., Anm. 85, S. 437.) Vgl. auch Brendon, Piers, *Churchill. Stratege – Visionär – Künstler*, München 1984, S. 37f.: »Churchill verteidigte dieses Vorgehen, weil es, obwohl ›grausam und barbarisch wie alles im Krieg‹, effektiv war.« Die damals verwendeten Dumdum-Geschosse bezeichnete er als »eine vom technischen Standpunkt her wunderschöne Waffe«, bestens geeignet, mit den Afghanen, »eine minderwertige Rasse am Rande der Menschheit«, aufzuräumen. Das galt offenbar später auch für die Buren und für die Iren, wo die Briten unter Anleitung Winston Churchills in den Jahren 1919/1920 zahlreiche und grausame Repressaltötungen verübten. Vgl. Siegert, Karl, *Repressalie, Requisition, Höherer Befehl*, Göttingen 1953. S. 14, 16; Bronder, a.a.O., S. 164. Und das galt natürlich auch für die Deutschen: »Churchill hatte sich bereits 10–15 Jahre vor dem II. Weltkriege mit den Theorien des Massenmords befaßt, die er dann praktizierte. In seinen *Memoiren*, Bd. I., S. 59/62, weist er darauf hin, daß eigentlich schon 1919 Tausende von Flugzeugen Deutschlands Städte hätten zertrümmern und die Bevölkerung ›mit unglaublich bösartigen Giftgasen‹ hätten ersticken sollen. ›Der Kampf von 1919 wurde nie ausgefochten, aber seine Ideen schreiten weiter voran‹, schreibt der Autor und bezeichnete den damaligen Frieden nur als ›Erschöpfungsphase‹. Er fragt sogar schon nach der Atombombe (1925): ›Sollte es keine Methoden zur Verwendung explosiver Energie geben, die unvergleichlich intensiver als alles bisher Entdeckte wären? Könnte nicht eine Bombe erfunden werden, nicht größer als eine Orange, die eine Stadt mit einem Schlage zertrümmern könnte?‹« (Bronder, a.a.O., S. 438.) Konsequenterweise war es denn auch Churchill, der den Luftkrieg vom Zaun gebrochen hat und schließlich für das Dresden-Massaker verantwortlich zeichnete, bei dem 60 000 Menschen erschlagen und 120 000 lebend verbrannt wurden. Siehe dazu Anm. 388, 389, 390, 391, 392.

30 Vgl. dazu Anm. 410, 415, 416.

31 Vgl. Anm. 2.

32 Siehe dazu das Kapitel »Im Zeichen des Pentagramms«.

33 Beispielsweise Shah, Idris, *Die Sufis – Botschaft der Derwische, Weisheit der Magier*, Düsseldorf, Köln 1980, S. 218 über »Sufi« Sir Burtons Gedicht »Kasidah«: »Gut und Böse im eigentlichen Sinne gibt es nicht, so versichert Burton, aber er läßt den sufischen Zusatz aus, daß nur das innere Bewußtsein des Sufi verstehen kann, was dies bedeutet [...] Jedes Laster ist einmal Tugend genannt worden, alles Gute war schon Sünde und Verbrechen. Gut und Böse sind miteinander verflochten. Nur Khiz (der vollendete Sufi) sieht, wo eines aufhört und das andere anfängt.« Vgl. dazu die Kapitel: »Die Hohe Schule der geheimen Macht« und »Die Moslem-Connection«.

34 Der Krieg hätte 1943 beendet werden können. Zahlreiche Angebote von hohen deutschen Stellen, insbesondere und bemerkenswerterweise von hohen SS-Angehörigen, erreichten zwar das Weiße Haus ebenso wie die Downing Street in London, wurden aber ignoriert. »Tatsache ist, daß Schellenberg und Himmler, assistiert von Himmlers Leibarzt Felix Kersten und dem Chef des persönlichen Stabes RFSS Obergruppenführer Karl Wolff, ernsthaft versucht hatten, einen Sonderfrieden mit dem Westen herbeizuführen, der auch die Beseitigung Hitlers mit einschloß.« (Höhne, a.a.O., S. 482f.). Die Verhandlungen mit dem US-Beauftragten in Bern, Allen Dulles, begannen am 15. Januar 1943 über vatikanische Vermittlung. Im Frühjahr 1943 wurde ein hoher SS-Offizier, nämlich Walter Rauff, von Hitler-Stellvertreter Bormann möglicherweise mit einem ähnlichen Auftrag nach Rom entsandt (Brockdorff, Werner [Alfred Jarschel], *Flucht vor Nürnberg – Pläne und Organisation der Nazi-Prominenz im »Römischen Weg«*, Wels, München 1969, S. 25ff.) Jedenfalls begann später über Rauffs Vermittlung eine Serie von Kapitulationsverhandlungen der Wehrmachtskommandanten in Norditalien mit Dulles. Vgl. auch Anm. 400 und 800 und insbesondere das Kapitel »Das Haus der Neuen Ordnung«.

35 James Paul Warburg in seinem 1949 erschienenen Buch *Deutschland – Brücke oder Schlachtfeld?*, zit. bei Pfeifer, Heinz, *Brüder des Schattens*, Zürich 1981, S. 117.

36 Etwa Capra, Fritjof, *Wendezeit. Bausteine für ein neues Weltbild*, München 1988, um eines der symptomatischen Werke zu nennen.

37 Insgesamt sollen mindestens 100 Millionen Dollar aus zum Teil dubiosen Quellen und über ebenso dubiose Kanäle via Vatikan an die Gewerkschaft Solidarität transferiert worden sein. Vgl. das Kapitel: »Am Anfang war ... die Korruption«, sowie Anm. 1082, 1299, 1303.

38 Faber, Gustav, *Die Manipulierte Mehrheit – Schleichwege der Macht*, Tübingen, Basel 1971, S. 9.

39 Der Begriff »Staatsschulden« verleitet zu der Illusion, die Staaten schuldeten ihre Schulden sich selbst. Das ist natürlich Unsinn. Auch angesichts der sich neuerdings wieder vermehrenden Zahl von Nationalstaaten kann von einer staatlichen Souveränität überhaupt nicht die Rede sein. Die Bank von England, die Bank von Frankreich, die amerikanische Bundesreservebank (Federal Reserve Board) sind privateigene Monopole. Und wer die Kredite vergibt, hat auch die Kontrolle. Das wußte auch Karl Marx, der im »Kommunistischen Manifest« festhielt: »Zentralisation des Kredits in den Händen des Staates durch eine Nationalbank mit Staatskapital und ausschließlichem Monopol.« (Marx, Karl, *Manifest der Kommunistischen Partei*, Reclam, Universal-Bibliothek, Stuttgart, S. 46.) An dieses Rezept hielten sich stets auch die führenden Köpfe der Hochfinanz. Der amerikanische Historiker Caroll Quigley (*Tragedy and Hope*, New York 1966, S. 326–327; vgl. Anm. 422): »Man darf nicht glauben, daß die Köpfe der zentralen Hauptbanken der Welt selbst die tatsächlichen Machthaber in der Weltfinanz sind. Vielmehr sind sie nur Techniker und Agenten der beherrschenden Investment-Banker ihrer eigenen Länder, die sie hochgehoben haben und die durchaus in der Lage sind, sie wieder fallenzulassen. Die tatsächliche finanzielle Macht der Welt ist in den Händen dieser Investment-Banker (auch internationale oder Großbankiers genannt), die zum größten Teil hinter den Kulissen ihrer eigenen, nicht zusammengeschlossenen Privatbanken verbleiben. Dies formte ein System der internationalen Kooperation und der nationalen Dominanz, das privater, machtvoller und geheimer war als das ihrer Agenten in den Zentralbanken.«

Heute von souveränen Nationalstaaten zu sprechen ist ein reiner Schwindel. Es gibt sie nicht, es sei denn, um sie, wie eh und je, zu mißbrauchen und gegeneinander zwecks Vermehrung der Schuldenlasten auszuspielen, oder zwecks Erreichung der Neuen Weltordnung der Multinationalen. »Die multinationalen Konzerne sind also der Kern des modernen Kapitalismus; sie haben die Nationalstaaten des Westens ersetzt, denn sie stellen die wahren politischen Zentren unseres Zeitalters dar.« (Levinson, Richard, *Wodka-Cola – Die gefährliche Kehrseite der wirtschaftlichen Zusammenarbeit zwischen Ost und West*, Reinbek/Hamburg 1978, S. 21. Vgl. Anm. 865, 902.) »Auf multinationaler Ebene kontrollieren eintausend Firmen, die wie in einem Molekül mit den großen Banken verbunden sind, die Weltwirtschaft und sichern vier Fünftel ihrer Produktion. Diese Unternehmen haben Macht und Vermögen erworben auf eine Weise, die das Stadium der Marktwirtschaft und das Phänomen der Konkurrenz gänzlich überholt hat.« (Levinson, a.a.O., S. 183.)

Schon längst haben die Kurzfristigkeit klassischer Marktgesetze und die Mittelfristigkeit politischer Planung in den Demokratien einer langfristig vorgeplanten und vorgeprägten Erzwingung der Zukunft durch die Weltkonzerne Platz gemacht. Im Widerstreit zwischen Planung und demokratischer Freiheit haben sich die Bosse des multinationalen Supermarktes längst für die unkontrollierbare und zentrale Planung entschieden und die gewählten Politiker zu ihren Hampelmännern degradiert, die dazu da sind, der Öffentlichkeit die Illusion demokratischer Freiräume vorzugaukeln und die zentralen Vorgaben des Weltkonzerns für die Schaffung nationaler Infrastrukturen pseudo-demokratisch zu exekutieren. »Der multinationale Konzern ist die erste Institution der menschlichen Geschichte, die bemüht ist, auf weltweiter Ebene zentralisiert zu planen. Da seine Hauptabsicht darin besteht, die wirtschaftlichen Aktivitäten auf der ganzen Erde so zu organisieren und zu integrieren, daß der globale Profit maximiert wird, ist der Weltkonzern ein organisches Gefüge, wo jedes Teil dem Ganzen zu dienen hat [...] Der revolutionärste Aspekt des multinationalen Unternehmens ist in der Tat nicht seine Größe, sondern seine globale Vision. Die Manager der Weltkonzerne wollen eine Theorie menschlicher Organisation durchsetzen, die das System der Nationalstaaten, nach dem die menschliche Gesellschaft über vierhundert Jahre lang organisiert wurde, gründlich verändern soll.« (Barnet, Richard J./Müller, Ronald E., *Die Krisenmacher. Die Multinationalen und die Verwandlung des Kapitalismus*, Reinbek/Hamburg 1975, S. 14. Erich Fromm schrieb zu diesem Buch den frommen Wunsch: »Wenn überhaupt ein Buch dazu beitragen kann, daß unsere Zukunft eine bessere Zukunft ist, dann dieses.«)

40 Was noch im März 1994 selbst in üblicherweise auf faschistische Tendenzen sensibel eingestellten internationalen Medien als »neuestes Gerücht« gehandelt wurde, um Wochen später als unwichtige Gewißheit in Nebensätzen abgetan zu werden, nämlich Berlusconis Mitgliedschaft in der verschwörerischen Freimaurerloge Propaganda due, war keineswegs eine Neuheit, sondern eine altbekannte Tatsache. Jürgen Roth schrieb bereits in seinem erstmals 1990 erschienenen Buch *Die Mitternachtsregierung. Wie westliche Geheimdienste internationale Politik manipulieren*, Hamburg 1990, München 1992, Seite 155f.: »Von Anfang an strebte die Loge die Manipulation der öffentlichen Meinung durch die Medien an. Denn als ›zweites Charakteristikum‹ der P2 [neben der geheimdienstlichen Tätigkeit] bezeichnete Giuseppe D'Alma, Mitglied der P2-Parlamentskommission, ›die Nutzung der bürgerlichen Presse als weiteres Machtinstrument.‹ [...] Das Ziel, in den siebziger Jahren angepeilt, scheint jetzt, 1990, auch im Medienbereich erreicht worden zu sein. Bestes Beispiel ist ein Mann, der inzwischen über eine Vielzahl von Fernsehsendern und Zeitschriftenverlagen, nicht nur in Italien, verfügt. Es ist ein Unternehmer aus Mailand, dessen Namen man sich unbedingt merken sollte: Silvio Berlusconi. Der ehemalige Bauunternehmer trat am 26. 1. 1978 in die Loge P2 ein, erhielt die Mitgliedsnummer 1816, behauptet heute, daß er das Mitgliedsbuch, das ihm unaufgefordert zugeschickt wurde, in den Papierkorb geworfen habe. Jetzt ist er Italiens unbestrittener Medienmogul, der seine Privatsenderkette gegenwärtig europaweit ausdehnt. [...] Gelli kann sich die Hände reiben. In seiner Villa ›Wanda‹ triumphiert er über den Erfolg des ehemaligen Logenbruders: ›Ich bin zufrieden, sehr zufrieden.‹«

Immerhin ein bedenkenswerter Zufall, daß Berlusconi in das Mediengeschäft eben erst und ausgerechnet in jenem Jahr 1978 einstieg, als er den Logenausweis in den Papierkorb geworfen haben will. Und ebenso unbestreitbar und unübersehbar wie die europaweite multimediale Macht Berlusconis (über Aufstieg und Ausbreitung dieses Medienimperiums siehe beispielsweise Peter Murik: *Die Medienmultis*, Wien 1990, S. 192–196) ist die Tatsache, daß Berlusconi seinen Aufstieg der brüderlichen Hilfe zweier mit den Umtrieben der P2 engstens verbundenen einstigen Mächtigen zu verdanken hat: Bettino Craxi und Giulio Andreotti von der alten Garde, die offenbar gezwungenermaßen, vielleicht sogar in freiwilliger Logentreue abgetreten wurden, um den neuen Gesichtern, vor allem dem zwischenzeitlichen »uomo della provvidenza«, dem neuen »Mann der Vorsehung«, den Weg freizumachen: Der eine, Craxi, muß stellvertretend für ein ganzes System, wenngleich berechtigterweise, wegen zahlreicher Korruptionsfälle Ruf und Kopf hinhalten, der andere, der »demutsvolle« Katholik und Altlogenbruder Andreotti, erwies sich gar als diabolische Konzentrationsfigur der sündigen alten Republik: Ob es sich um Mafiamorde, um die Liquidierung Aldo Moros, des Journalisten Pecorelli oder des Sindona-Ermittlers Ambrosoli handelt, um den Skandal um die Banco Ambrosiano, die Organisation GLADIO oder eben um die P2-Verschwörung, stets taucht Andreotti als die Schlüsselfigur auf. Mit gewissem Erfolg: Von den neuen Gesichtern, die aus dem Dunstkreis der Loge zwecks nationaler Erneuerung an die Macht katapultiert wurden, sprach vordergründig zumindest zunächst niemand mehr. Vgl. auch Anmerkung 437, 1293.

41 Wilson, Robert Anton, »Wer hat hier das Sagen?«, Einführung zu Donald Holmes' Roman: *System Sapiens – Die Verschwörung der Illuminaten*, München 1989, S. 14.

42 Schon einige Monate zuvor, am 1.2.1896, schrieb die *Saturday Review*: »Wäre morgen jeder Deutsche beseitigt, es gäbe kein englisches Geschäft noch irgendein englisches Unternehmen, das nicht gewänne. Hier wird also der erste große Artenkampf der Zukunft sichtbar. Hier sind zwei wachsende Nationen [...] eine von beiden muß das Feld räumen. Macht euch also bereit zum Kampf mit Deutschland, denn Germanien esse delendam.«

43 Jones, Sidney, *Hitlers Weg begann in Wien. 1907–1913*, München 1980, S. 146f. Vgl. auch Greiner, Josef, *Das Ende des Hitler-Mythos*, Wien 1947, insbes. S. 86–93; auch Ravenscroft, Trevor, *Der Speer des Schicksals*, Neuauflage, Wien 1988, zu Hitlers leidenschaftlicher Beschäftigung mit jeder Art okkulter und historischer Literatur, insbes. S. 30ff. Ravenscrofts Buch gilt allgemein als eine der besten Quellen zum Thema Okkultismus im Dritten Reich, wenngleich seine Thesen wissenschaftlich schwerlich beweisbar sind. Bezüglich der Auswahl der Lektüre durch Hitler in diesen Jahren zitierte er jedoch einen »unverfänglichen« und auch ob seiner wissenschaftlichen Objektivität unverdächtigen Zeugen, nämlich Bullock, Allen, *A study in tyranny*, New York 1953: »Er verbrachte viele Stunden in den öffentlichen Bibliotheken. Aber las wahllos und unsystematisch: das antike Rom, orientalische Religionen, Joga, Okkultismus, Hypnotismus, Astrologie.«

Hitlers von den NS-Forschern in anderen Belangen vielzitierter Jugendfreund, August Kubizek, sieht Hitlers Leseverhalten allerdings nicht mit der akademischen Überheblichkeit der Historiografen gegenüber dem nicht-akademisch ausgebildeten Hitler: »[...] ich sah nur, daß er sich in zunehmendem Maße mit Fachliteratur umgab [...] Sein Gedächtnis war geradezu bewundernswert. Ich kann mich nicht erinnern, jemals die Grenze seines Merkvermögens festgestellt zu haben. Sein außergewöhnliches Gedächtnis kam natürlich seinem Selbststudium sehr zugute [...] Bücher waren seine Welt [...] In Wien benützte er die Hofbibliothek, und zwar so eifrig, daß ich ihn einmal allen Ernstes fragte, ob er sich denn vorgenommen habe, die ganze Bibliothek auswendig zu lernen [...] Er las unerhört viel und hielt mit Hilfe seines außergewöhnlichen Gedächtnisses ein Wissen fest, das weit über das Niveau eines noch nicht einmal Zwanzigjährigen hinausragte [...]« Kubizek, August, *Adolf Hitler – Mein Jugendfreund*, 4. Aufl., Graz 1975, S. 185f.Vgl. zu diesem Thema auch Brennan, J. H., *The Occult Reich*, London 1974. Aufschlußreich zu diesem Thema ist vor allem auch die neueste umfangreiche Untersuchung der österreichischen Historikerin Brigitte Hamann (*Hitlers Wien. Lehrjahre eines Diktators*, München 1996), in der sie, allerdings ganz im Gegensatz zur Suggestion des Untertitels, völlig mit der der Historiografie liebgewordenen Tradition bricht, die die Wiener Einflüsse als bestimmend für den späteren Diktator qualifizieren. »In Wien wäre Hitler nicht zu dem geworden, was er wurde« (Interview in *Die Presse*, 27.9.1996). Haman n ortet zwischen Hitlers Wiener Jahren und seinem Auftreten 1919 in München einen eindeutigen Bruch, eine

»Lücke in der Überlieferung«: »Ich weiß nicht, was da geschehen ist. Ich kann nur sagen, als er 1919 in München als Politiker hervortrat, tat er das mit antisemitischen Parolen (...) die er in Wien kennengelernt hatte. Aber bis 1913 war er (...) kein Antisemit.«

44 Grundsätzlich Daim, Wilfried, *Der Mann, der Hitler die Ideen gab – Die sektiererischen Grundlagen des Nationalsozialismus*, Graz 1985; insbes. aber auch Goodrick-Clarke, *The occult roots*, a.a.O., der weit über Daims auf Jörg Lanz von Liebenfels' beschränkte Untersuchung hinausging und eine umfassende Analyse des okkultistisch-ariosophischen Amalgams lieferte, dem das Reich Hitlers und Himmlers entwuchs. Vgl. dazu auch Mund, Rudolf J., *Jörg Lanz von Liebenfels und der Neue Templer Orden – Die Esoterik des Christentums*, Stuttgart 1976; Sidney Jones, a.a.O., Brennan, a.a.O.; Greiner, a.a.O.; die detaillierte Zusammenfassung von Orzechowski, a.a.O., insbes. S. 79 ff; Bronder, a.a.O., S. 226 ff.; Angebert, Jean Michel, *Hitler et la Tradition Cathare*, Paris 1971 (in der englischen Übersetzung: *The Occult and the Third Reich – The Mystical Origins of Nazism and the search for the Holy Grail*, New York 1974), oder auch Ravenscroft, Trevor, a.a.O., insbes. S. 93ff.Hamann, Brigitte, *Hitlers Wien*, o.a.O., besonders aber auch Cohn, Norman, *Les Fanatiques de l'apocalypse*, Paris 1962, J.-J. Goux, *Les Iconoclastes*, Paris 1978 und nicht zuletzt W.L. Shirer, *Le triosième Reich des origienes à la chute*, Paris 1973. Sowohl die mit Schönerer eng verbundene, die heroische teutonische Vergangenheit verklärende »Guido-von-List-Gesellschaft« wie der von dem ehemaligen Zisterziensermönch Lanz von Liebenfels gegründete Neutemplerorden (Ordo Novi Templi, ONT) waren Nahtstellen zwischen Theosophie, Ariosophie, Okkultismus und verschiedensten esoterischen Philosophien. Die Mitgliedschaften in beiden Gesellschaften haben sich weitgehend überschnitten. Der Einfluß der theosophischen Lehren der ehemaligen Carbonari Blavatsky auf beide Gesellschaften ist unbestritten. Nahezu geschlossen war die damalige Wiener Theosophische Gesellschaft in der Guido-von-List-Gesellschaft tätig, während Blavatskys »Geheimlehre« (Blavatsky, Helena Petrowna, *Die Geheimlehre*, 4 Bde.: *Kosmogenesis, Anthropogenesis, Esoterik, Index*, Übers. d. 3. engl. Aufl. von Robert Froebe, Den Haag o.J.) Vorbild und Bestätigung für Liebenfels' Religion der Ario-Germanen war. Über den Theosophen Franz Hartmann, späterer Mitbegründer des schließlich im wesentlichen von Aleister Crowley geprägten Ordo Templi Orientis (OTO), ergibt sich eine Verbindung zu einem weiteren, für die Religion von Thule nicht unwesentlichen Zweig des Okkultismus. Was aber den Rassismus bzw. Antisemitismus betrifft, dürften List wie Liebenfels nur geringen Einfluß auf die Weltanschauung der Nationalsozialisten gehabt haben. Hier wurde zwar ein ariophiler Rassismus gepflegt, der allerdings keineswegs antisemitisch geprägt war. List etwa wurde erst später, mit dem Anwachsen der NSDAP, zum Antisemiten. Auch im ONT war durchaus Platz für Mitglieder jüdischer Abstammung, wie den Herausgeber der Wiener Zeitschrift *Die Fackel*, Karl Kraus, den Lanz als Arioheroiker einstufte. Der Ordenskonvent tagte jeweils auf der Burgruine Werfenstein im Strudengau an der Donau (wo 1907 erstmals die Hakenkreuzfahne wehte). Kurioserweise feierte hier auch die Wiener jüdische Gemeinde ihr Laubhüttenfest. Die Verbindung zwischen Liebenfels und der jüdischen Gemeinde Wiens stellte der Rabinatskandidat Moritz Altschüler her, ein Freund des Ordensmeisters und Mitarbeiter der »Monumenta judaica«, an denen bemerkenswerterweise Lanz von Liebenfels selbst mitschuf. (Daim, S. 67f., S. 80f.; Bronder, S. 235).

Der Freundeskreis des ONT war international. Dazu zählten beispielsweise der britische Feldmarschall und Kriegsminister von 1914, Herbert Lord Kitchener of Khartoum, ebenso wie der schwedische Dichter August Strindberg, der in einem Brief an Liebenfels schrieb: »In einem Zug habe ich Ihr Buch gelesen und bin erstaunt. Ist es nicht das Licht selbst, so bleibt es eine Lichtquelle.« Auch Weltrevolutionär Lenin soll sich nach den Angaben von Liebenfels' selbst positiv geäußert haben: »Schade um Sie. Ihre Ideen sind richtig. Aber von Ihren Ideen werden unsere Gegenideen Wirklichkeit werden.« (Daim, S. 110f.) Nichtsdestoweniger dürfte der Einfluß des ONT oder der List-Gesellschaft auf Hitler und den Nationalsozialismus überbewertet werden. Der ONT wie die List-Gesellschaft waren letztlich nur marginale Randerscheinungen eines viel weiteren und vielschichtigeren okkulten Umfeldes, aus dem der innere Kreis der Thule-Gesellschaft, aus der schließlich die NSDAP hervorging, seine geistige Nahrung bezog. (Vgl. Hieronimus, Eckehard, *Lanz von Liebenfels: Lebensspuren*, in: *Wege und Abwege*, Beiträge zur europäischen Geistesgeschichte der Neuzeit. Festschrift für Ellic Howe zum 20. September 1990. Herausgegeben von Albrecht Götz von Olenhusen in Verbindung mit Nikolas Barker, Herbert Franke und Helmut Möller. Hochschulverlag, Freiburg 1990, S. 157ff., insbes. S. 170. Hieronimus kommt desgleichen zu dem berechtigten – zweifellos auch für List gültigen – Schluß, daß Lanz »eine Einzelfigur ohne wirkliche Breitenwirkung« geblieben ist.)

Was Rassismus und vor allem den Antisemitismus betrifft, dürfte der Einfluß eines Gobineau oder Chamberlains, Richard Wagners Schwiegersohn, erheblich größer gewesen sein als jener der austro-katholischen Ariogermanomanie. Gerhard Schultz weist zwar darauf hin, daß im bayrischen Flügel der neuorganisierten Neudeutschen während und nach der Gründungszeit der Thule-Gesellschaft der »von Österreich herüberreichende Einfluß stärker gewesen sein dürfte als die deutsche, volkstümelnde, stark ideologisch bestimmte Vor- und Frühgeschichte von Gustav Kosinna und Ludwig Wilser«, meint aber schließlich: »Für die geistige Atmosphäre, in der Hitler aufwuchs, ist das Buch von Friedrich Heer [Heer, Friedrich, *Der Glaube des Adolf Hitler – Anatomie einer politischen Religiosität*, München, Esslingen 1969], ist sogar das von Sebottendorf wichtiger als das von Daim«. (Schultz, Gerhard, *Aufstieg des Nationalsozialismus – Krise und Revolution in Deutschland*, Frankfurt/M. 1975, S. 827.) Siehe dazu auch etwa Shirer, William L., *Aufstieg und Fall des Dritten Reiches*, München 1963, S. 132: »Am stärksten jedoch wirkte sich der Einfluß dieses Engländers [Anm.: Chamberlain] auf das Dritte Reich aus, das zwar erst sechs Jahre nach seinem Tod entstand, dessen Kommen er aber vorausgesagt hatte. Seine Rassentheorien und seine Vorstellungen von der Aufgabe Deutschlands und der Deutschen wurden von den Nationalsozialisten übernommen, die ihn als einen ihrer Propheten hinstellten. Während des Hitler-Regimes erschienen zahlreiche Bücher, Broschüren und Aufsätze, die den ›geistigen Begründer‹ des neuen Deutschland priesen. Rosenberg versuchte oft, seine Begeisterung für den englischen Philosophen auf Hitler zu übertragen. Es ist indes möglich, daß Hitler Chamberlains Schriften schon in seiner Wiener Zeit kennengelernt hatte [...] In *Mein Kampf* äußert er sein Bedauern, daß man im Zweiten Reich so gleichgültig an Chamberlains Erkenntnissen vorübergegangen sei.« (Vgl. dazu auch Anm. 13).

Indessen kann von Chamberlain, schon für Kaiser Wilhelm II. ein »Streitkumpan und Bundesgenosse im Kampf für Germanien gegen Rom und Jerusalem« (Lukacs, Georg, *Die Zerstörung der Vernunft*, Berlin, 1955, S. 551), nicht ohne Bezugnahme auf okkulte Hintergründe gesprochen werden. Trevor Ravenscroft (a.a.O., S. 131) vergleicht den Einfluß dieses Engländers auf den deutschen Kaiserhof mit jenem Rasputins am Hof des Zaren. Vgl. dazu auch Shirer, a.a.O., S. 128f.: »Houston Steward Chamberlain verfügte über die Gabe, Dämonen zu sehen, die ihn, seiner eigenen Darstellung zufolge, unablässig antrieben, neue Studiengebiete zu suchen und seine erstaunlichen Schriften zu mehren. [...] Da er sich von Dämonen gelenkt fühlte, schrieb er seine Schriften wie im Fieber, in einem wahrhaften Trancezustand, im Rausch, so daß er sie, wie er in seiner Autobiographie *Lebenswege meines Denkens* sagt, oft nicht als eigene Werke erkannte, weil sie seine Erwartungen übertrafen.« Im Zusammenhang bemerkenswert die Äußerung Konrad Heidens in seiner Hitlerbiographie (Heiden, Konrad, *Adolf Hitler*, Zürich 1936, S. 130f.): »Chamberlain hatte von den großen Meistern der Weltherrschaft gelernt, von den jüdischen Propheten Hesekiel, Esra und Nehemia, die, wie er sagt, auf Befehl des Perserkönigs das rassenbewußte jüdische Volk schufen.« Gemäß Chamberlains Theorien war arisches Blut der wesentliche Faktor für die Heranzüchtung eines künftigen Herrenvolkes. Von Geburt an war ein Mensch durch das Blut, das in seinen Adern rann, dazu vorausbestimmt, entweder ein erhöhtes Mitglied des Herrenvolkes zu werden oder als Untermensch zu einem Leben in Sklaverei verdammt zu sein. »Diese Theorie griff der Gestapo, den Totenkopfverbänden der SS und den Konzentrationslagern – ja, selbst den Gaskammern, weit vor [...] Eines ist gewiß: Chamberlain überzeugte Hitler, daß Religion und Politik miteinander vermengt werden mußten, um dem Herrenvolk sein neues Aussehen zu geben.« (Ravenscroft, a.a.O., S. 158ff.) Vgl. dazu auch Anm. 43, 46, 288, 674.

45 Vgl. Rauschning, a.a.O., S. 50, 216; Schultz, a.a.O., S. 124, 131; inbes. Fest, Joachim C., *Hitler*, Frankfurt/M., Berlin, Wien 1973, S. 81f., 187: »[...] waren unschwer die Spuren Gobineaus zu erkennen, dessen schon erwähnte Lehre von der Ungleichheit der menschlichen Rassen erstmals die Angst vor dem Rassenwirrwarr der Neuzeit formuliert und den Untergang der Kulturen mit der Promiskuität des Blutes verknüpft hatte [...] hat der Entwurf in seiner ideenreichen Willkür und genialen Unbestimmtheit das schriftstellernde Sektierertum der Zeit anhaltend inspiriert und eine umfangreiche, ausschweifende Anschlußliteratur hervorgebracht [...] Hitler hat diese Lehre bezeichnenderweise abermals verengt, bis sie demagogisch handlich wurde und ein System plausibler Erklärungen für alle Mißgefühle, Ängste, Krisenerscheinungen der Gegenwart bot. Versailles und die Schrecken der Räterepublik, der Druck der kapitalistischen Ordnung und die moderne Kunst, das Nachtleben und die Syphilis wurden nun zu Erscheinungsformen jenes uralten Ringens, das die niederrassigen Schichten im tödlichen Ansturm gegen den arischen Menschenadel zeigte ...«

46 Vgl. Anm. 44; auch Fest, a.a.O., S. 82, 199, 259, 288 ff.; Schultz, a.a.O., S. 111, 131, 191, 195, 307, 333; Rauschning, a.a.O., S. 50.

47 Rosenberg, Alfred, *Mythus des 20. Jahrhunderts*, München 1930.

48 Jones, a.a.O., S. 144; Ravenscroft, a.a.O., S. 93. Da Hartmann, der Begründer des zunächst von dem späteren Anthroposophen Steiner und nach diesem von Aleister Crowley geleiteten Ordo Templi Orientis, zum Kreis um List zählte, ist es kaum verwunderlich, daß man sich auch innerhalb der List-Gesellschaft mit tantrischen Praktiken beschäftigte. Vgl. Anm. 44, 52, 55, 57.

49 Jones, a.a.O., S. 144; offenbar verwenden die verschiedenen Autoren jeweils (allerdings geringfügig) verschiedene Texte. Vgl. etwa Fest, a.a.O., S. 717, mit Toland, John, *Adolf Hitler. 1889–1939: Werden und Weg – Führer und Reichskanzler*, Bd. 1, Taschenbuchausgabe, Bergisch-Gladbach 1977, S. 504.

50 Zur Definition des Begriffes Theosophie nach Blavatsky und Hartmann siehe Miers, Horst E., *Lexikon der Geheimwissenschaften*, München 1979, S. 403; das. Annie Besants Zitat über die »Meister«.

51 Zur Biographie Blavatskys siehe ebenfalls die Zusammenfassung bei Miers a.a.O., S. 75; vgl. auch Wilson, Colin, *Das Okkulte*, Wiesbaden 1988, S. 472ff. Blavatsky, eigentlich Helena Hahn, wurde 1831 als Tochter eines russischen Obersten geboren. Bemerkenswerterweise war sie die Cousine von Sergej Juljewitsch Graf Witte, dem russischen Finanzminister und Premierminister (1905–1906), einem engen Freund von Rasputin. Nach Scott, Ernest, *Die Geheimnisträger – Auf den Spuren der verborgenen Baumeister der Evolution*, München 1989, S. 259, war Blavatsky Mitglied der freimaurerischen und revolutionären italienischen Geheimgesellschaft der Carbonari. Vgl. Anm. 652.

52 Dr. Franz Hartmann und der Wiener Eisenhüttenbesitzer Karl Kellner waren »bekannte Großmeister in Freimaurerlogen«. Im Laufe einer ausgedehnten Asienreise wurde Kellner von dem arabischen Fakir Soliman ben Aifha und den indischen Yogis Bhima Sen Pratab und Sri Mahatma Agamya Guru Paramahansa initiiert und in die Geheimnisse des Tantra-Yoga eingeweiht (Symonds, John, *Aleister Crowley – Das Tier 666 – Leben und Magick*, Basel 1983, S. 192, 198). Bei der geheimen Lehre, die Kellner schließlich mit nach Österreich und Deutschland brachte, handelte es sich um das Ritual der Vamacharis oder »Jünger des Pfades zur Linken«, der seinen Namen der Tatsache verdankt, daß die Vamacharis ihre »Gottesdienste« zusammen mit Frauen ableisten, die »lunar« sind, bzw. eben »zur Linken« (Symonds, a.a.O., S. 198). Aus Asien zurückgekehrt, lehrte Kellner eine an den Westen angepaßte Version dieses fernöstlichen Tantra-Kultes, bei dem die weiblichen Aspekte der obersten Gottheit – unter Namen wie Devi, Radha, Kali und Durga – im Mittelpunkt stehen. »Was im christlichen Ritus Brot und Wein, das sind im tantrischen Ritual Wein, Fleisch, Fisch, Getreide und der Geschlechtsverkehr. Die Anbetung von Durga und Kali (den destruktiven Aspekten der Göttin) ist manchmal mit ausschweifenden Sexualorgien verbunden. Diese Richtung des Tantra-Yoga wurde Pfad zur Linken genannt.« (Wilson, a.a.O., S. 191.) Letzten Endes ging es bei der von Kellner mitgebrachten Lehre darum, daß der Mensch die sexuelle Ekstase als Stufenleiter zu immer höheren Graden der Erleuchtung und vor allem der Macht benutzen könne.

53 Bei der ursprünglichen Ordensgründung durch Kellner und Hartmann dürfte es sich um einen zunächst eher exklusiven, geheimen und ziemlich begrenzten Kreis von Mitgliedern gehandelt haben, die sich dem Studium der Sexualmagie widmeten. Nach Symonds, a.a.O., wurde der Ordo Templi Orientis dann 1902 speziell für einen »inneren Zirkel von Adepten errichtet, die angesichts der neuen und erregenden Lehren die Ancient and Accepted Scottish Rite der Freimaurerei eher zahm fanden und denen die siebenundneunzig Grade des ermüdenden Ritus von Memphis reichlich unnötig vorkamen«. Nach Miers, a.a.O., S. 306, wurde der OTO »öffentlich mehr bekannt durch die von Theodor Reuß 1912 autorisierte Neugründung«. Darauf beziehen sich möglicherweise Lennhof/Posner, a.a.O., S. 1570, wenn sie den Ordo Templi Orientis als eine Gründung des »Abenteurers Theodor Reuß« bezeichnen: »Der OTO gab vor, eine ›Academia Masonica‹ zum Studium aller maurerischen Systeme, eine ›die reine und heilige Magie des Lichts, die Geheimnisse der mystischen Vollkommenheit und alle Formen von Yoga lehrende Körperschaft von Eingeweihten zu sein‹, in der sich die ›gesamte geheime‹ Weisheit und Erkenntnis von mindestens zwei Dutzend Orden und Riten konzentriere und die in der ›weißen Sexualmagie‹ den Schlüssel besitze, der alle maurerischen und hermetischen Geheimnisse erschließe. Nach einer von Reuß 1906 in London herausgegebenen Konstitution stellte der ›alte‹ Orden eine Reorganisation einer angeblich vorher bestandenen rosenkreuzerisch-esoterischen ›Hermetischen Bruderschaft des Lichts‹ (Hermetic Brotherhood of Light) dar [...] Laut Jubiläumsausgabe der *Oriflamme* [Anm.: Die Ordenszeitschrift des heute noch von der Schweiz aus operierenden OTO] von 1912 konnte niemand ›Eingeweihter‹ werden, der nicht vorher die drei Johannisgrade der Freimaurerei empfangen hatte.« (Lennhof/Posner, a.a.O.)

Den verschiedensten Quellen zufolge soll der Ordo Templi Orientis aus einer Verschmelzung der von Leopold Engels wiederbelebten Illuminaten mit Paschal Beverly Randolphs Hermetic Brotherhood of Light hervorgegangen sein. Daran dürfte insofern etwas Wahres sein, als Kellner bei der Gründung des OTO stark von dem 1875 verstorbenen Randolph beeinflußt war. Der farbige Amerikaner Randolph war einer der ersten westlichen Sexualmagier, sozusagen der Vorgänger Aleister Crowleys. Vgl. dazu Tegtmeier, Ralph, *Aleister Crowley – Die tausend Masken des Meisters*, 3. verm. u. akt. Ausg., Bad Münstereifel 1992, S. 36. Theodor Reuß, Vorgänger Crowleys als Ordensoberhaupt, wiederum hatte bei der Wiederbelebung des »Illuminaten-Ordens« durch Engel im Jahr 1906 Pate gestanden. Vgl. Miers, a.a.O., S. 207. Da Reuß überdies mit dem französischen Martinisten, Freimaurer und Okkultisten Papus (Dr. Gérard A. V. Encausse) in enger Verbindung stand, der selbst wiederum enge Kontakte mit Rasputin am russischen Zarenhof unterhielt (vgl. Anm. 818, 819, 820), ist es keineswegs unwahrscheinlich, daß der OTO tatsächlich engen Kontakt zu einem Derwisch- bzw. Sufi-Orden im Nahen Osten unterhielt, jenem Derwisch-Orden, dem wiederum P. B. Randolph seine Ausbildung verdankt haben soll. Mit ebendiesem Orden soll auch Rasputin in Verbindung gestanden haben, desgleichen Colonel Dragutin Dimitrijević, Chef des serbischen Geheimdienstes, der unter dem Decknamen »Apis« zur gleichen Zeit auch Mitglied einer pan-serbischen, geheimen revolutionären Zelle »Union oder Tod« war. Diese Hinweise finden sich bei Robert A. Wilson, *Die Masken der Illuminaten*, Hamburg 1986, S. 264f. Zweifellos haben alle die um die Jahrhundertwende entstandenen esoterischen Zirkel und Orden mehr als nur einen gemeinsamen Nenner. Der wesentlichste indessen war sicherlich Madame Blavatskys Theosophische Gesellschaft, die wie keine zweite Organisation Einfluß auf die Entwicklung des Okkultismus genommen hat, und zwar bis heute. Ohne die »Vorarbeit« der Theosophischen Gesellschaft hätte es vermutlich keinen OTO, keinen englischen Rosenkreuzer-Orden »Golden Dawn«, keine Steinersche Anthroposophie gegeben. Auch Rudolf von Sebottendorf, eine der wohl wichtigsten, mysteriösesten und vernachläßigtsten Gestalten an der Wiege des Dritten Reiches, war nicht nur Rosenkreuzer, sondern zählte zweifellos zu den führenden Kreisen der deutschen Theosophie. Weit mehr als die Wiener List und Liebenfels kann Sebottendorf als der führende Ideologe der aus der Theosophie in dämonischer Apotheose hervorgegangenen »Ariosophie« des Dritten Reiches bezeichnet werden. Vgl. Anm. 96. Daß die Meister der Theosophie und der Madame Blavatsky ebenso wie der Rosenkreuzer vom Golden Dawn womöglich nicht irgendwo im Himalaya thronen, läßt sich wiederum aus dem Umstand schließen, daß sowohl Blavatsky als auch der Schöpfer des reformierten Alten und Angenommenen Schottischen Ritus der Freimaurerei, Albert Pike, eifrig von den Schriften eines gewissen Alphonse-Louis Constant alias Eliphas Lévi gezehrt haben, einer zentralen Figur eines in Frankreich beheimateten Okkultismus. Siehe dazu die Kapitel: »Die Ritter der Vereinigten Staaten von Europa«, »Die verborgene Kraft der Geschichte« und »Die Weisen von Sion«.

54 Vgl. Lennhof/Posner, a.a.O., S. 1308: »Reuß, Theodor, Opernsänger, später Journalist, 1855 in Augsburg geboren, beschäftigte sich Anfang des 20. Jahrhunderts in Deutschland als Gründer und Leiter und Importeur aller möglichen irregulären Riten. So führte er den Memphis- und Misraim-Ritus, den Swedenborg-Ritus, das Cernau-System, die Orientalischen Templer usw. ein und erteilte auch Patente für ausländische Gründungen gleicher Art. Zu geschäftlichen Zwecken benutzte Reuß die Freimaurerei, in der er in London Eingang gefunden hatte, mißbräuchlich als Aushängeschild. In einigen der Systeme wurden sexuelle Yoga-Übungen abgehalten.« Darüber hinaus praktizierte Reuß gemeinsam mit Dr. Franz Hartmann den durchaus regulären Alten und Angenommenen Schottischen Ritus, führte Rudolf Steiner der Freimaurerei zu (Miers, a.a.O., S. 343), verkaufte diesem schließlich ein Patent zur Gründung eines Großrates »Mystica Aeterna«, war Vorstandsmitglied der britischen Socialist League, für die er sich unter anderem bei Solidaritätskonzerten als Sänger produzierte. Allerdings nicht immer mit Erfolg, denn seine Lieder ekelten zum Beispiel seine Genossin Elanor (Tussy) Marx (die Tochter von Karl Marx) so an, daß sie ihn als »vulgären und dreckigen Gesellen« bezeichnete. (Symonds, a.a.O., S. 194.) Reuß wurde allerdings 1884 als angeblich deutscher Spion aus der Socialist League ausgeschlossen, was seiner weiteren Spionagetätigkeit wohl keinen Abbruch tat. Die Vermutung liegt nahe, daß Reuß nicht nur Marx und Genossen für den deutschen Geheimdienst ausspioniert hatte, sondern den Marxisten desgleichen Informationen beschaffte. Nichtsdestoweniger spielte Reuß im internationalen okkultistischen Untergrund eine nicht zu unterschätzende Rolle. So war es niemand Geringerer als Papus, der von Reuß zum Großmeister des von ihm anläßlich des Kongresses der glaubensorientierten Freimaurer 1908 in Paris gegründeten Souveränen Generalgroßrates des Memphis-Misraim-Ritus eingesetzt wurde. Außerdem war Reuß auch der Gründer des Theosophical Publishing House der Adyar-Theosophischen Gesellschaft. (Miers, a.a.O.)

55 Rudolf Steiner wurde 1905 von Reuß in den inneren Orden des OTO eingeführt (vgl. Symonds, a.a.O., S. 198) und zum Rex summus, d.h. Großmeister des OTO und seines Zweiges Mysteria Mystica Aeterna gemacht (vgl. Miers, a.a.O., S. 385f.). Nicht zuletzt waren es Aleister Crowley und dessen magische Aktivitäten, die Steiner bewogen, dem OTO und gleichermaßen den Theosophen den Rücken zu kehren, die seiner Meinung nach wie die meisten neuheidnischen Gesellschaften ihren Ursprung in der großen unterirdischen Welt des Bösen hatten. Steiner prophezeite ein dämonisches Zeitalter und bemühte sich, in seinen eigenen Okkultismus eine Art moralischer Doktrin einzubauen, wonach die Eingeweihten gehalten waren, sich nur positiver Kräfte zu bedienen. Kein Wunder daher, daß es die ersten Thule-Leute waren, die die Zusammenkünfte der Anthroposophen immer wieder mit Gewalt sprengten und die Steiner-Anhänger mit dem Tod bedrohten. Die Steinerianer, denen die schwarzen Magier von Thule sexuelle Ausbeutung von Frauen zum Zwecke der Erlangung höherer Erkenntnis vorwarfen, mußten schließlich fliehen. 1924 ging das von Steiner in Dornach bei Basel errichtete Zentrum seiner Bewegung in Flammen auf, die Archive wurden vernichtet. Das war die Zeit, da die Thule-Brüder begonnen hatten, die Spuren ihrer eigenen okkulten Herkunft zu beseitigen.

56 Rauschning, a.a.O., S. 233, 239.

57 Zu Geschichte, Struktur und Mitgliedschaft des Golden Dawn vgl. Birven, Henri, *Lebenskunst in Yoga und Magie*, Zürich 1953; ders. in *Oriflamme*, Nr. 113–133, Zürich 1971–1973: *Aus dem Leben Aleister Crowleys*; Howe, Ellic, *The Magician of the Golden Dawn – A documental history of a magical order 1827–1923*, London 1972; Regardie, Israel, *Das magische System des Golden Dawn*, 3 Bde., Freiburg 1987, 1988; Wilson, Colin, a.a.O., S. 499 ff.; Symonds, a.a.O., S. 169; Jones, Mervyn, *Die Rosenkreuzer*, in: MacKenzie, Norman (Hrsg.), *Geheimgesellschaften*. Genf 1969, S. 146f.; vgl. auch die Zusammenfassung bei Miers, a.a.O., S. 169. Die Gründungsgeschichte der »Hermetic Students of the Golden Dawn« bzw. des »Hermetic Order of the Golden Dawn« verliert sich im mysteriösen und mythischen Dunkel verschiedenster Versionen, von denen die einen mehr, die anderen weniger wahrscheinlich sind. Sicher ist jedenfalls – mag die sogenannte reguläre Freimaurerei dies noch so sehr bestreiten –, daß es sich bei den Gründungsmitgliedern in der Regel um hochgradige Freimaurer handelte, die sich in der Societas Rosicruciana in Anglia (SRIA) mit dem Studium der Kabbala, der Alchemie, der Theosophie, der Astrologie und dergleichen beschäftigten. Mitglied der SRIA konnten in der Regel nur Freimaurer ab dem Meistergrad sein (Lennhof/Posner, a.a.O., S. 1471; die historische Verwandtschaft des Rosenkreuzertums mit den englischen Societies of Freemasons einerseits und dem englischen Großlogensystem von 1717 andererseits ist einwandfrei nachweisbar. Vgl.: Schick, Dr. Hans, *Die geheime Geschichte der Rosenkreuzer*, Documenta Rosicruciana I., Nachdruck der Ausgabe Berlin 1942, Schwarzenburg 1980, S. 280ff., 289ff.). Zu den bekanntesten Mitgliedern der SRIA zählten deren Begründer Wentworth Little, MacGregor Mathers, John Yarker, A. E. Waite, E. Bullwer-Lytton, der deutsche Theosoph Rudolf Steiner, der französische Okkultist Eliphas Lévi, William Wynn Westcott, Dr. Franz Hartmann und nicht zuletzt Theodor Reuß. Westcott, Gründungsmitglied des Golden Dawn, trat 1892 auch an die Spitze dieses Rosenkreuzerordens an Stelle von Wentworth Little. Nach einer Version, die unter anderem von dem Dichter W. B. Yeats verbreitet wurde, war der Golden Dawn der Nachfolgeorden eines anderen esoterischen Vereins, nämlich der »Hermetic Students«. Ein unbekannter Meister sei eines Tages MacGregor Mathers erschienen, um ihn in die Mysterien einzuweihen und mit der Gründung der Hermetic Students zu beauftragen. Nach der gängigeren Version soll Dr. William Woodman in einem alten Laden in der Londoner Farrington Road ein geheimnisvolles Buch über die zeremonielle Magie gefunden haben, abgefaßt in »henochischer« Geheimsprache. Dennoch gelang es Mathers und Westcott, den Code zu knacken und den Text zu entziffern. Dabei fand sich auch die Anschrift eines Fräulein Sprengel in Ingolstadt, Bayern, Oberhaupt eines Licht-Liebe-Leben-Tempels in Nürnberg und Adept eines geheimen Rosenkreuzerordens. Nachdem die britischen Maurer mit Frl. Sprengel Kontakt aufgenommen hatten, erhielten sie nun tatsächlich die Ermächtigung zur Gründung eines britischen Ablegers dieses mysteriösen Ordens. Es gelang allerdings nie, die Existenz dieses Frl. Sprengel, die im Golden Dawn mit dem Ordensnamen S.D.A. (Sapiens dominabur astris = Der Weise wird mit Hilfe der Sterne herrschen) versehen wurde, definitiv nachzuweisen. Daß Theodor Reuß eine Sekretärin mit dem Namen Sprengel gehabt haben soll, die später – bis 1937 – eine Loge des OTO in Locarno leitete, verleitet diesbezüglich zu Spekulationen. Nach Lincoln/Baigent/Leigh, *Der Heilige Gral und seine Erben – Ursprung und Gegenwart eines geheimen Ordens – Sein Wissen und seine Macht*, Bergisch-Gladbach 1982 (in der Folge als Lincoln, *Der Gral*), S. 127, hat MacGregor Mathers auf Anregung von Jules Bois, der dem Kreis der okkulten Erneuerer in

Frankreich um Claude Debussy, Eliphas Lévi, Emma Calvé und dem Begründer des Ordre cabbalistique de la Rose-Croix, Marquis Stanislas de Guaïta (vgl. auch Wilson, Colin, a.a.O., S. 496), angehörte, den Orden der Hermetic Students of the Rosicrucian gegründet. (Vgl. die Kapitel »Reformation im Zeichen der Rose« und »Die Weisen von Sion«.) Da nach Lincoln, *Der Gral*, S. 117, Robert Boyle ebenso wie der englische Rosenkreuzer Fludd Großmeister des französischen Geheimordens »Prieuré de Sion« war, ist es nicht unwahrscheinlich, daß es sich bei den geheimnisvollen Dokumenten, die Mathers von einem »unbekannten Meister« überbracht worden sein sollen, um das kabbalistisch-okkultistische Arbeitsrepertoire des »Invisible College« gehandelt hat, das von nach England geflohenen Rosenkreuzern und englischen Freimaurern gegründet worden war und das später in der berühmten Royal Society aufgegangen ist. Unbestreitbar ist auch der Einfluß der Theosophischen Bewegung der Frau Blavatsky auf den »Hermetischen Orden der Goldenen Morgenröte«, zu der Kontakte und teilweise auch Doppelmitgliedschaften bestanden. Vor allem wurde das von Blavatsky und ihrer Theosophical Society popularisierte, auf antike indische Überlieferungen zurückzuführende Konzept der Verborgenen Meister bzw. geheimen Oberen oder Mahatmas, die verborgenen Lenker der Welt- geschichte, übernommen.

58 Zwar nicht wie Gurdjieff mit seinen Wahrheitssuchern auf Stelzen durch die Wüste Gobi (siehe G. Gurdjieff, *Begegnungen mit bemerkenswerten Menschen*, Freiburg 1988, S. 185ff.), immerhin aber auf dem Rücken eines Esels, streifte Crowley durch die chinesische Provinz Yunnan, irgendwo zwischen Tengyueh und Talifu. (Symonds, a.a.O., S. 122.) Wie Gurdjieff (vgl. Anm. 71) oder Reuß war auch Crowley ohne Zweifel im Dienste eines oder mehrerer Geheimdienste. Vielleicht war es Zufall, daß sich Crowley ausgerechnet nach Mussolinis Machtergreifung in Italien aufhielt, bis zu »seiner ohnehin ziemlich undurchsichtigen Ausweisung aus dem strategisch wichtigen Sizilien« (Tegtmeier, a.a.O., S.91, Symonds, S. 366f.). 1929 wurde Crowley aus Frankreich de facto ausgewiesen, da man ihn der Spionage für Deutschland verdächtigte. Er wurde beschuldigt, den OTO mit seinen deutschen Mitgliedern als Tarnung benutzt zu haben. (Symonds, a.a.O., S. 428.) Tatsächlich arbeitete Crowley im Ersten Weltkrieg während seines Amerika-Aufenthaltes für die von einem Georges Sylvester Viereck geleitete deutsche Propagandazentrale in New York, schrieb in Vierecks Zeitschrift *The Fatherland* (Untertitel: Fair Play for Germany and Austria) »unflätige antibritische und pro-deutsche Propaganda« und redigierte die im selben Verlag erscheinende Publikation *The International*. Crowley selbst sagte später, er habe bloß versucht, auf seine Art, nämlich auf der Ebene der »reductio ad absurdum«, die deutsche Propaganda zu durchlöchern (Symonds, a.a.O., S. 247f.). Die britischen Behörden bezeichneten ihn zwar als Verräter und unternahmen sogar eine Razzia in den Räumen des Londoner OTO, doch es spricht einiges dafür, daß Crowley in Wirklichkeit für den britischen Geheimdienst gearbeitet hat. Immerhin ist es mehr als erstaunlich, daß Crowley nach seiner Rückkehr nach England nicht der Prozeß gemacht wurde, zumal »auch im – gar nicht wirklich so liberalen – England ›Verräter‹ schon aus weitaus nichtigerem Anlaß ostraziert« wurden, »und nach dem gewonnenen Krieg war der britische Chauvinismus aufgepeitscht genug, um ein Verfahren wahrscheinlich zu machen, zumal es an einschlägigen Aufforderungen in der Presse nicht fehlte, die Crowley schon längst zum Freiwild erklärt hatte.« (Tegtmeier, a.a.O., S. 38.) Nach Crowleys Tod wurde in seiner Brieftasche eine Karte gefunden, die kurz nach Ausbruch des Zweiten Weltkrieges datiert war. Sie stammte vom Chef der britischen Marineaufklärung, der den angeblichen Verräter darin einlud, ihn aufzusuchen. (Tegtmeier, a.a.O., S. 39.) Außerdem soll Crowley Verbindungen zu einem Commander Mason vom britischen Geheimdienst gehabt haben, und auch der in seiner Autobiographie erwähnte »Hon. A.B.« (Hon. Everard Feilding) tat beim britischen Geheimdienst in London Dienst. Crowleys Jugendfreund und Schwager Gerald Kelly arbeitete während des Krieges nachweislich als Geheimagent in Spanien. (Symonds, a.a.O., S. 248, Tegtmeier, a.a.O., S. 39.) Alles in allem Indizien genug, um die geheimdienstliche und politische Rolle sogenannter Okkultisten näher zu untersuchen. Um den Kreis zu schließen: 1920 lebte Crowley in Fontainebleau bei Paris, wo auch Gurdjieff mit seinen Schülern residierte und sein Institut zur Entwicklung des Menschen betrieb. Es scheint zwar keine Belege für direkte Kontakte zwischen den beiden Asienreisenden zu geben, nach Symonds, a.a.O., S. 322 dürfte Crowley jedoch zumindest 1924 Gurdjieffs Residenz in Fontainebleau besucht haben. Neben den bereits angeführten Werken vgl. zu Wesen, Person und Werk des »Propheten des Wassermann-Zeitalters« auch Markus M. Jungkurth/Michael D. Eschner, *Aleister Crowley – Das Tier 666 – Leben und Magick*, Berlin 1982.

59 Ouspensky, P. D., *Auf der Suche nach dem Wunderbaren*, Bern, München, Wien 1982, S. 67. Vgl. Bennett, J.F., *Gurdjieff – Der Aufbau* *einer neuen Welt*, Freiburg 1976, S. 202. Nach Gurdjieff ist das natürliche Gesetz für den Menschen sein Dasein im Bereich der mechanischen Einflüsse, dem Zustand der »Maschine Mensch«. Um das Gesetz menschlicher Evolution zu verstehen, sagt Gurdjieff, sei es notwendig zu begreifen, daß über einen gewissen Punkt hinaus diese Evolution gar nicht notwendig ist, das heißt, nicht notwendig für die Natur in einem bestimmten Zeitpunkt ihrer Entwicklung. Die Menschheit als Ganzes könne niemals der Natur entrinnen, denn sogar im Kampf gegen die Natur handle der Mensch in Übereinstimmung mit ihren Zwecken. Die Arbeit, durch die der Mensch umgewandelt wird, ist evolutionär, geht demnach gegen den Strom des Lebens, gegen das Gesetz der Natur. Einzelne Menschen hätten die Möglichkeit der Evolution, niemals aber die Menschheit als Ganzes, denn die Evolution großer Massen, so Gurdjieff, sei den Zwecken der Natur entgegengesetzt, sei für die Zwecke der Erde und der Planetenwelt auch nicht notwendig, ja sogar schädlich.

60 Vgl. dazu Knaut, a.a.O., S. 186 ff.; Haack, Friedrich-W., *Von Gott und der Welt verlassen – Der religiöse Untergrund in unserer Welt*, Düsseldorf 1977, S. 116ff. Auch so manche der internationalen Großsekten haben ihren Ursprung in jenen okkulten Bewegungen, deren Vorstellungen sich im Reich Thule konzentrierten. Symonds, a.a.O., S. 464, belegt beispielsweise, daß Ron Hubbard, der Begründer der sogenannten Church of Scientology, seine »magische Lehrzeit« in Crowleys Kirche Thelema in Kalifornien absolviert hatte, genauer gesagt in der »Agape Lodge« in Pasadena, wo die Thelemiten hingebungsvoll Tag für Tag in ihrem Tempel Crowleys Gnostische Messe (Ecclesia Gnosticae Catholicae Canon Missae) zelebrierten, »die mindestens vierzig Minuten dauert und die zu ihrer ordnungsgemäßen Durchführung eines Priesters, einer Priesterin, eines Diakons, einer Jungfrau, zweier Kinder sowie eines Chors (das Volk) bedarf.« (Symonds, a.a.O.) In diesem Zusammenhang bemerkenswert dürfte der nachwirkende Einfluß Aleister Crowleys auf die moderne Rock-Musik sein, wie Tegtmeier, a.a.O., S. 232, ausführlich darlegt. Demnach ist der Stones-Song »Sympathy for the Devil« wie auch das Album »Her Satanic Majesty Requests and Requires« von Crowleys Geist ebenso inspiriert wie Superstar David Bowies Song »Quicksand« (»closer to the Golden Dawn, immersed in Crowley's uniform of imagery«), »Gloria« von Patti Smith oder »Hate and War« der Gruppe The Clash, um neben Jimmy Page von der Rockgruppe »Led Zeppelin« und dem Rockpionier Graham Bond, zwei dezidierten

Crowley-Anhängern, nur einige zu nennen. Auch die Beatles erwiesen dem Großen Tier 666 ihre Reverenz: Sein Konterfei zierte beispielsweise das Cover ihrer LP »St. Pepper's Lonely Hearts Club Band«.

61 Crowley, Aleister, *Das Buch des Gesetzes – Liber Al vel Legis*, Basel 1981, insbes. S. 21, 39, 59.

62 Rauschning, a.a.O., S. 257.

63 Ebd., S. 237.

64 Ebd., S. 231.

65 Ebd., S. 217.

66 Vgl. Knaut, a.a.O., S. 228; Tegtmeier, a.a.O., S. 91f. Der britische Generalmajor, Militärhistoriker (z.B. *The Second World War 1939–1945*, New York 1949, wo er wie zahlreiche andere Autoren belegt, daß der britisch-deutsche Luftkrieg von den Briten geplant und vom Zaun gebrochen wurde, vgl. Anm. 392), nach Kennermeinung einer der brillantesten Militärstrategen der britischen Kriegsgeschichte und Erfinder des Blitzkrieges, John Frederick Charles Fuller, war einer von zwei Engländern, die 1939 zu Hitlers 50. Geburtstag geladen waren. Eine an sich schon bemerkenswerte Angelegenheit, die zweifellos durch Fullers Beziehungen zu Aleister Crowley noch gewürzt wird. Fuller war einer der allerersten Crowley-Jünger. Um den Verkauf seiner *Collected Works* anzukurbeln, hatte Aleister Crowley beim Erscheinen des ersten Bandes im Frühjahr 1906 einen Preis von 100 Pfund für den besten kritischen Essay über seine Werke ausgesetzt. Der einzige, der sich an diesem Wettbewerb beteiligte, war der damalige Hauptmann von der First Oxfordshire Light Infantery, J. F. C. Fuller, der den Magier auf geradezu unanständige Weise anhimmelte: »Crowley ist mehr als nur die Neugeburt des Dionysos, mehr als Blake, Rabelais oder Heine, denn er steht vor uns als Priester des Apoll, schwebend zwischen des Himmels nebligem Blau und dem ernsten Purpur des tiefsten Wassers der Ozeane. Hundert Millionen Jahre brauchte es, um Aleister Crowley hervorzubringen. Wahrlich, die Welt kreiste, und endlich gebar sie einen Menschen.« (Symonds, a.a.O., S. 128.) 1911 kam es zwar zu einem Streit zwischen Crowley und seinem Bewunderer, doch rissen die Beziehungen offensichtlich nicht ab. So schrieb Fuller auch noch Jahre später Beiträge für die von Crowley zweimal jährlich herausgegebene Ordensschrift des Agenteum Astrum, *The Equinox* (Symonds, a.a.O., S. 156).

67 Man kann natürlich der Ansicht von Symonds, a.a.O., S. 409, sein, daß Crowley in England als Kannibale verurteilt worden war, »aber in Deutschland, der Heimat der Mystik, wo der OTO gegründet worden war, fand das Große Tier 666, mit seinen heidnischen Göttern und dem

Gesetz, nach dem man tut, was man will, größten Anklang«. Verständlich, daß ein Brite bemüht ist, den Crowleyanismus am Ende noch zu germanisieren. Ungeachtet dessen stimmt es durchaus, daß Crowley in Deutschland einige seiner treuesten Anhänger fand, so zum Beispiel Karl Johannes Germer (Bruder Saturnus), Übersetzer der Lehren des Rosenkreuzers und OTO-Gründers Franz Hartmann, Eugen Grosche (Pseudonym: Gregor A. Gregorius), Gründer und Großmeister der »Fraternitas Saturni« in Berlin mit besten Beziehungen zu zahlreichen Esoterikern, Astrologen und Okkultisten seiner Zeit, und nicht zuletzt Heinrich Tränker (Frater Recnartus, Meister Garuda), nach dem Abgang von Theodor Reuß der führende Kopf des OTO in Deutschland und spätere Leiter der deutschen Rosenkreuzer-Bewegung in der Nachfolge von Franz Hartmann, die als »Pansophia«-Loge in Erscheinung trat. Tränker, »der eine außerordentliche Begabung für Erleuchtungen hatte« (Symonds, a.a.O., S. 408ff.), erkannte um 1924 herum Aleister Crowley in einer Vision »als den Führer einer Gruppe von Meistern«, womit klar war, daß nur einer die höchste Position im Heiligtum des Ordo Templi Orienti besetzen konnte, nämlich »Baphomet« Aleister Crowley, der 1912 durch Theodor Reuß in die Ordensgeheimnisse eingeweiht und sogleich zum Chef der britischen Sektion des OTO, der »Mysteria Mystica Maxima«, gemacht worden war. Tränker, Germer und andere riefen in Weida/Thüringen schließlich im Jahr 1925 Crowley als den besonders von der Theosophischen Gesellschaft erwarteten Weltheiland, als den »Überbringer des Wortes, nach dem die Seele der Menschheit dürstet«, aus.

Eine der Unterzeichnerinnen dieses Manifestes war die Freundin von Madame Blavatsky und Okkultistin Martha Küntzel (Schwester I.W.E.) aus Leipzig, bei der sich Crowley in den folgenden Jahren mehrmals aufhielt, zuletzt im Jahr 1930. Martha Küntzel hegte für Hitler gleichviel Bewunderung wie für Crowley. »In ihren Augen arbeiteten diese beiden Führer einer Nation bzw. eines mystischen Ordens auf das gleiche Ziel hin: die Errichtung einer neuen und auf den wahren Willen gegründeten Ordnung. Crowley hatte ihr 1925 erzählt, daß die Nation, die als erste *Das Buch des Gesetzes* übernahm, die Welt beherrschen werde.« (Symonds, a.a.O., S. 461.) Jedenfalls dürfte Hitler Crowleys *Buch des Gesetzes* gekannt haben. Denn Martha Küntzel, die ihn schon frühzeitig als den kommenden Mann Deutschlands betrachtete, schickte ihm ein Exemplar des von ihr ins Deutsche übersetzten *Liber Al vel Legis*. »In ihren Augen war Meister Therion der Prophet des Nationalsozialismus und das Gesetz Thelema seine philosophische Grundlage. Hitler selbst war ebenfalls ein

Thelemit, durch den das deutsche Volk seinem Willen Ausdruck geben konnte. Dieser Gedanke ist auch die Grundlage für Martha Küntzels Behauptung, Hitler sei ihr magischer Sohn.« (Symonds, a.a.O.)

Im Zusammenhang nicht uninteressant ist die Äußerung eines deutschen OTO-Bruders namens Albin Grau zur Crowley-Bibel: »Unglücklicherweise wurde mir der Inhalt des Liber Legis zu spät bekannt gemacht, ein Buch, gebrandmarkt mit dem dreifachen KEOU. Ich bekam auf diese Weise – zu meinem Schrecken – einen wirklichen Einblick in die geplante Rekonstruktion des A∴A∴, eine primitive Weltordnung, die an die schwärzesten Tage von Atlantis erinnert. Wenn mir diese Ideen zur rechten Zeit bekannt geworden wären, könnte Sir Crowley versichert sein, daß ich mich nicht so bereitwillig vor den Karren des A∴A∴ hätte spannen lassen, und ich hätte nicht den Stiefel zu spüren bekommen, für im guten Glauben geleistete Dienste, auch wenn sie in den Augen von Sir Crowley ärmlich und mangelhaft erscheinen mögen. Die Deutschen haben solche Stiefel zu oft zu spüren bekommen, ohne dadurch klüger zu werden [...]« (Symonds, a.a.O., S. 414.) Die Nationalsozialisten dankten ihr 1935 diese Adoption mit der Beschlagnahme sämtlicher Dokumente. Bruder Saturnus (Germer), der mit ihr den Leipziger Thelema-Verlag gegründet hatte, wurde für zehn Monate Schutzhaft in ein Konzentrationslager gesteckt, die er dank seines Schutzgeistes gut überstand. Er ging darauf nach Belgien, wo er das »Tier« und dessen Treiben und Wirken wie zuvor in Deutschland finanzierte. 1940 wurde er nach Frankreich abgeschoben, wo er wiederum zehn Monate im KZ verbrachte. 1941 emigrierte er in die USA.

68 Hitler, Adolf, *Mein Kampf*, München 1925/26, S. 126.

69 Über die Verbindungen Haushofers zu Hitler ist sich die etablierte NS-Forschung offenbar selbst nicht einig. Man findet es auch nicht der Mühe wert, Hinweisen nachzugehen, die über die Übernahme des Begriffes »Lebensraum« durch die Nationalsozialisten hinausführen. Und selbst hier hat man den Eindruck, als sei man geradezu krampfhaft bemüht, mehr zu verschweigen als zu erforschen. So kommt es, daß selbst über den Zeitpunkt eines ersten Kontaktes zwischen Haushofer und Hitler Uneinigkeit besteht. So etwa Joachim Fest, a.a.O., S. 309: »Der Lebensraumgedanke [...] ist offenbar über Rudolf Heß in die Ideenwelt Hitlers geraten. Dank seiner aufdringlichen Bewunderung für den Mann, wie er Hitler mit der Atemlosigkeit des wahrhaft Gläubigen zu nennen liebte, war es ihm im Laufe der Zeit gelungen, alle Rivalen in der Landsberger Haftanstalt zu verdrängen und insbesondere Emil Maurice die Sekretärsstellung streitig zu machen. Heß hatte auch, offenbar schon im Jahre 1922, den persönlichen Kontakt zwischen Hitler und seinem Lehrer Haushofer vermittelt, der den ursprünglich fruchtbaren Ansatz einer politischen Geographie, die von dem Engländer Sir Halford Mackinder begründete ›Geopolitik‹, zu einer imperialistischen Expansionsphilosophie weiter entwickelt hatte.«

Schultz, a.a.O., S. 359, weist hingegen darauf hin, daß »der auslandsdeutsche Münchner Student Rudolf Heß [...] im Mai 1921 dem bayrischen Ministerpräsidenten Ritter v. Kahr einen empfehlenden Brief über Hitler schrieb, der zu einem mustergültigen Lobgedicht geriet, das er am Ende mit dem Namen des angesehenen ehemaligen Generals und Universitätsprofessors Karl Haushofer bekräftigte.«

Haushofer war es schließlich, der Rudolf Heß nach der Verurteilung Hitlers im April 1924 dazu bewogen hatte, sich freiwillig zu stellen. In der Festung Landsberg half nun der Schüler und glühende Verehrer Haushofers Hitler bei der Formulierung von *Mein Kampf* (vgl. Toland, a.a.O., S. 172, 269).

Zumindest bis 1938 scheint der direkte Einfluß Haushofers auf Hitler so stark gewesen zu sein, daß Haushofers Sohn Heinz immerhin behaupten konnte, sein Vater habe zu denen gehört, die »dem Führer das Münchner Abkommen aufzwangen«. (Leasor, James, *Der utopische Friede – Der Englandflug von Rudolf Heß*, Bergisch-Gladbach 1979, S. 48; siehe auch das Kapitel »Götterdämmerung«).

Es gibt zahlreiche Hinweise darauf, daß Haushofer tatsächlich mehr war als nur ein Geopolitiker mit zufälligerweise guten Beziehungen zu Heß und Hitler und darüber hinaus zur britischen Gesellschaft wie dem Haus Windsor. Bei Miers, a.a.O., S. 186, wird Haushofer als »Vertrauter Hitlers und Gurdjieffs« bezeichnet. 1923 soll Haushofer eine esoterische Gesellschaft tibetischer Prägung gemeinsam mit Hitlers Leibarzt Prof. Morell gegründet haben, die mit der Thule-Gesellschaft in Verbindung stand, wenn nicht mit dieser identisch war. Möglicherweise handelt es sich dabei um den nach der Auflösung der Thule-Gesellschaft weiterbestehenden inneren Kreis des Thule-Ordens. Nach Jack Fishman, *The Seven Men of Spandau*, und Louis de Wohl, *Sterne, Krieg und Frieden*, beide zitiert bei Louis Pauwels/Jacques Bergier, *Aufbruch ins dritte Jahrtausend – Von der Zukunft der phantastischen Vernunft*, Bern, München 1979, S. 304f., war Haushofer jedenfalls Mitglied der »Loge der Brüder vom Licht«, auch Vril-Gesellschaft genannt, die eng mit theosophischen und rosenkreuzerischen Kreisen in Verbindung stand. Weltanschauliche

Grundlage dieser Gesellschaft war der Roman des englischen Rosenkreuzers und Freimaurers Edward Bulwer-Lytton, *The coming race*, London 1871, sowie das Madame Blavatsky von unbekannten Meistern diktierte Buch *Dzyan* (vgl. Anm. 74).

Horst Knaut, a.a.O., S. 226, nennt als »engste Eingeweihte des geheimnisumwitterten Thule-Ordens« Haushofer in einem Atemzug mit Ordenshochmeister Rudolf Freiherr von Sebottendorf, Guido von List, Jörg Lanz von Liebenfels, Adolf Hitler, Rudolf Heß, Göring, Himmler, Rosenberg, Frank, Streicher, Dr. Feder, Dietrich Eckart, Dr. Bernhard Stempfle. Nach Pauwels/Bergier, a.a.O., S. 368, gewann die Thule-Gesellschaft erst durch das Auftreten Karl Haushofers ihren wahren Charakter: »Sie wird zu einer Geheimgesellschaft, deren Mitglieder in Verbindung mit dem Unsichtbaren stehen – zum magischen Mittelpunkt des Nationalsozialismus«. Nach Bronder, a.a.O., S. 247, gehörte Haushofer darüber hinaus zu der Gruppe der »Wahrheitssucher« Gurdjieffs, von denen dieser in seinen *Begegnungen mit bemerkenswerten Menschen* (vgl. Anm. 58) berichtet. Nach Ravenscroft, a.a.O., S. 251ff., soll die »Loge der Brüder vom Licht« nicht nur aus den führenden okkulten Bewegungen Europas ihre Mitglieder gesammelt, sondern auch Eingeweihte aus allen Gegenden der Welt an sich gezogen haben, so aus Tibet, Japan, Indien, Kashmir, Turkestan und Ceylon. In der Hauptniederlassung in Berlin saßen tibetanische Lamas, japanische Buddhisten und Angehörige anderer orientalischer Sekten Schulter an Schulter zusammen mit früheren Studenten von Gurdjieff, Mitgliedern verschiedener obskurer Rosenkreuzerorden, früheren Angehörigen der Pariser Loge des Golden Dawn und, so Ravenscroft, zweifelhafte Personen von Aleister Crowleys Ordo Templi Orientis. Nach Bronder, a.a.O., S. 248, hatte die Thule-Gesellschaft über die starke tibetanische Kolonie in Berlin, zu der Haushofer laufend Kontakte hielt, Verbindungen zu den mönchischen Geheimgesellschaften Tibets aufgenommen. Die durch Trebitsch-Lincoln (siehe Anm. 136, 145), Haushofer und Heß zum tibetanischen Buddhismus geknüpften Beziehungen wurden von Karo Nichi, einem Gesandten der tibetanischen Agartha in Berlin, vertreten. Tatsächlich wurden von der SS Expeditionen nach Tibet unternommen, 1939 eine von Karo Nichi, Eva Speimüller und dem SS-Mann Schäfer geleitet, um dem Dalai Lama Funkgeräte zur Aufnahme der Verbindung zwischen Lhasa und Berlin zu überbringen. (Vgl. Anm. 368.) Haushofer, dem auch von okkulten und esoterischen Dingen fernstehenden Autoren wie seinem Biographen Hans-Adolf Jacobson, *Karl Haushofer – Leben und Werk*, 2 Bde., Boppard 1979, mediale, hellseherische Fähigkeiten nachgesagt werden, hat nach Ravenscroft, a.a.O., S. 253, während seines Japanaufenthaltes die außerordentlich schweren Prüfungen eines Adepten der Geheimgesellschaft Grüner Drache auf sich genommen, um seine okkultistische und magische Ausbildung zu vervollkommnen, die ihm zunächst Gurdjieff angeblich hatte angedeihen lassen.

Nun bleiben alle Autoren, die über Haushofers zwielichtige Rolle als okkulte graue Eminenz des Dritten Reiches berichten, letztendlich in der Tat den wissenschaftlich verifizierbaren Beweis schuldig. Das freilich ist wiederum kein Beweis dafür, daß an all dem nichts wäre. Weder die Thule-Leute selbst noch Haushofer, sofern er diese Rolle tatsächlich gespielt hatte, noch die hinter Thule stehenden Kräfte dürften ein Interesse daran gehabt haben, allzu deutliche Spuren zu hinterlassen – aus möglicherweise denselben Gründen, aus denen die Alliierten kein Interesse daran hatten, daß in Nürnberg etwa der okkultistische Hintergrund des Dritten Reiches zur Sprache kam (vgl. Anm. 1). Immerhin kann im Falle Haushofers wissenschaftlich verifiziert werden, daß er in den Jahren 1909 und 1910 in der alten japanischen Kaiserstadt Kyoto mit ihren mehr als 1500 buddhistischen Tempeln und über 200 Shinto-Schreinen in einem religiös-spirituellen Zentrum gelebt hat: im Heim des Priesterhauses Hoonji, dessen Gartenanlagen einen Kwannon-Tempel und die Kaisergräber beherbergen (vgl. Orzechowski, a.a.O., S. 130). Letzten Endes spielt es aber für die belegbare okkulte Seite des Dritten Reiches eher eine untergeordnete Rolle, ob Haushofer die graue Eminenz hinter Thule war oder Rudolf Heß selbst, der »Yogi aus Ägypten«, der zumindest nach der von Bronder, a.a.O., S.256, zitierten Mitteilung des Hochmeisters des Rosenkreuzerordens in Ostasien und Großmeisters der Freimaurerloge von Shanghai, eines Ingenieurs namens Kaffka alias Bruder Renatus, etliche Ordensgrade höher stand als Adolf Hitler selbst, dem es bestimmt gewesen sei, die schmutzige Arbeit in der Politik für den Orden zu leisten.

70 Miers, a.a.O., S. 85. Vril ist eine alte indische Bezeichnung für die enormen Energiequellen, die im Menschen erschlossen werden können, wenn es ihm, nach Ravenscroft, a.a.O., S. 252, gelingt, seinen ätherischen Körper bzw. seinen Zeitorganismus zu erweitern.

71 In der deutschen Ausgabe von Pauwels/Bergier, a.a.O., S. 489, nach der französischen Fassung von P. D. Ouspenskys *Fragments d'un Enseigment inconnu*. In der aus dem Amerikanischen (*In search of the miraculous – Fragments of an unknown teaching*) von Arnold Keyserling und Louise March ins Deutsche übertragenen Fassung: Ouspensky, *Auf der Suche nach dem Wunderbaren*, Bern, München, Wien, 4. Aufl. 1982, S. 323, lautet diese Passage: »Was ist denn im allgemeinen notwendig, um einen schlafenden Menschen aufzuwecken? Ein heftiger Schock ist notwendig. Aber wenn einer fest schläft, ist ein Schock nicht genug, dann benötigt man eine lange Reihe dauernder Schocks. Folglich muß einer da sein, der diese Schocks erteilt. Ich sagte schon früher, daß, wenn jemand erwachen will, er jemand anstellen muß, der ihn eine längere Zeit hindurch dauernd schüttelt.« (Vgl. auch S. 208.)

Dieses »Schütteln« bzw. Aufwecken hat in der Regel durch eine Schule bzw. einen Lehrer/Meister zu erfolgen, der bzw. dem sich derjenige, der Herrschaft über sich selbst zu gewinnen bzw. aufzuwachen trachtet, bedingungslos unterzuordnen hat. »Er muß einsehen, daß er nicht existiert; er muß einsehen, daß er nichts zu verlieren hat; er muß seine Nichtigkeit im vollen Sinne des Wortes einsehen.« (S. 233f.) Um sich weiter zu entwickeln, oder überhaupt einmal damit zu beginnen, muß nach Gurdjieff »ein Mensch sterben, das heißt, er muß sich von tausend kleinlichen Bindungen und Identifizierungen freimachen, die ihn in der Lage festhalten, in der er sich befindet.« (S. 318) Und diese Lage ist ziemlich trostlos: »Der Mensch ist eine Maschine. All seine Taten, Handlungen, Worte, Gedanken, Gefühle, Überzeugungen, Meinungen und Gewohnheiten sind das Ergebnis äußerer Einflüsse, äußerer Eindrücke. Aus sich heraus kann der Mensch weder eine einzelne Tat vollbringen noch einen einzigen Gedanken denken. Alles, was er sagt, tut, denkt, fühlt – all dies geschieht.« (S. 28) Im Grunde genommen mag Gurdjieff mit seiner Psychologie des Menschen durchaus recht haben, die Frage ist eben stets, wer sich eine Lehre aneignet und auf welche Art und Weise er sie interpretiert bzw. in die Praxis umsetzt. Das gilt zweifellos auch für Crowleys Lehrsatz: »Tu was du willst soll sein das ganze Gesetz.« Zur Lehre Gurdjieffs vgl. auch: *Aus der wirklichen Welt. Gurdjieffs Gespräche mit seinen Schülern*, Basel 1982; Gurdjieff, G. I., *Das Leben ist nur dann wirklich, wenn »ich bin«*, Basel, 1987; vgl. auch Wilson, Colin, *Gurdjieff – Der Kampf gegen den Schlaf*, München 1980; ders., *Das Okkulte*, a.a.O., S. 556 ff.; die hervorragende Biographie von James Moore, *Georg Iwanowitsch Gurdjieff – Magier, Mystiker, Seelenfänger*, München 1992 (in der Folge zit. Moore, *Gurdjieff*); Bennett, a.a.O., Pauwels, Louis, *Gurdjieff, der Magier*, München 1980; Zuber, René, *Wer sind Sie, Herr Gurdjieff?*, Basel 1981; Lefort, Rafael, *Die Sufi-Lehrer Gurdjieffs*, München 1985; Webb, James, *The harmonious circle*, a.a.O. Letzterem verdanken wir den Hinweis, daß es zwischen Stalin und Gurdjieff engere Beziehungen gegeben haben muß. Während seiner Priesterausbildung in Tiflis lebte demnach Stalin im Jahr 1899 oder 1900 bei der Familie Gurdjieffs (Webb, *The harmonious circle*, S. 45). Stalins Tochter Swetlana, die in den fünfziger Jahren in die USA floh, schloß sich dort folgerichtig einer Gurdjieff-Gruppe an (ebenda, S. 425). Nach Bronder, a.a.O., S. 247, wirkte Gurdjieff zehn Jahre lang als Hauptagent des russischen Geheimdienstes in Tibet, war dort Erzieher des Dalai Lama und floh schließlich mit diesem, als die Engländer einmarschierten. Auch für Frankreich soll Gurdjieff im Orient geheimdienstlich tätig gewesen sein. Gurdjieff-Biograph James Moore, *Gurdjieff*, a.a.O., S. 35, bestätigt dessen geheimdienstliche Aktivitäten: »Doch die Indizien ergeben immerhin eine faszinierende Bildergalerie von Gurdjieff: 1887 Kurier der armenischen Geheimgesellschaft der Armenakans; ab 1890 Mitglied der armenischen Geheimgesellschaft der Dschanaksutier; um das Jahr 1896 militanter Kämpfer für die hellenistisch-spartakistische Vereinigung Ethnike Hetairia, und während der zehn Jahre von 1898 bis 1908 zaristischer Spion.« Moore zitiert dazu Gurdjieff selbst (ebenda, S.36): »Im Zusammenhang mit meinen ganz besonderen Lebensumständen hatte ich die Möglichkeit, Zugang zum sogenannten ›Allerheiligsten‹ fast aller Geheimorganisationen zu erhalten, etwa zu religiösen, philosophischen, okkulten, politischen und mystischen Gesellschaften, Kongregationen, Parteien, Vereinigungen, usw., die dem gewöhnlichen Menschen verschlossen waren.« Während Gurdjieffs Aufenthalt in Konstantinopel 1920/1921 erhielt der dortige Chef der Abteilung »B« des britischen militärischen Geheimdienstes Captain John Bennet ein belastendes Dossier aus Neu Delhi zugeschickt, wonach es sich bei diesem Gurdjieff um einen »sehr gefährlichen russischen Agenten« handelte (ebenda, S. 162). Bennet ignorierte allerdings dieses Dossier und wurde selbst zu einem Schüler Gurdjieffs.

Einen weiteren Hinweis liefert auch Colin Wilson, *Das Okkulte*, a.a.O., S. 579. Wilson zitiert den Schriftsteller Rom Landau, der in seinem 1935 erschienen Buch *God is my adventure* desgleichen erwähnt, daß er Beweise dafür habe, wonach sich Gurdjieff in Tibet aufgehalten habe. Wilson erwähnt in diesem Zusammenhang den arabischen Schriftsteller Ahmed Abdullah, der seinen Angaben zufolge Gurdjieff in der verbotenen Stadt Lhasa kennengelernt habe, wo dieser als Agent der russischen Geheimpolizei tätig war. Gurdjieff scheint also diesbezüglich vielseitig talentiert gewesen zu sein, so daß zu bezweifeln ist, ob er tatsächlich durch die russische Revolution gezwungen worden war, Rußland zu verlassen, weil er sonst ziemlich bald als Organisator von »geheimen Gruppen« liquidiert worden wäre, wie Wilson, a.a.O., S. 578, schreibt.

In *Begegnungen mit bemerkenswerten Menschen*, a.a.O., S. 303ff., berichtet Gurdjieff selbst, daß er inmitten der blutigen Wirren der Revolution von den Bolschewiken einen Zug zur Verfügung gestellt bekam – »dies zu einer Zeit, wo es durch die dauernden Truppenbewegungen sogar für einen einzelnen ohne Gepäck ganz undenkbar war, mit der Bahn zu reisen« –, der ihn mitsamt 21 Anhängern, Pferden, Maultieren, Proviant und Ausrüstung bis Maikop an die Grenze des damaligen bolschewistischen Hoheitsgebietes brachte: angeblich zwecks einer – von den bolschewistischen Behörden genehmigten Expedition zum Berg Induc im Kaukasus, um dort nach Dolmen und Gold zu suchen. Um zu beweisen, wie gut er sich mit beiden Seiten verstand, zitiert Gurdjieff, a.a.O., S. 307, u.a. auch die Genehmigungen sowohl des »roten« Präsidenten des Soldaten- und Arbeiterrates von Essentuki wie des »weißen« Generals Denikin, ausgestellt in Maikop, eine Waffe bei sich zu führen. Vgl. dazu Bechhofer-Roberts, C. E., *In Denikins Russia and the Caucasus, 1919–1920, Being the Record of a Journey to South Russia, the Crimea, Armenia, Georgia and Baku in 1919 and 1920*, London 1921. Bekanntlich war Rosenbergs Okkultismus-Experte und vermutlicher Gurdjieff-Schüler Schwartz-Bostunitsch für General Denikin tätig gewesen (vgl. Anm. 13).

Die Beziehungen zu Deutschland gingen erwiesenermaßen über das bloße Vorhandensein einer Gruppe von deutschen Anhängern seiner Lehre hinaus. In den zwanziger Jahren hielt sich Gurdjieff mehrmals in Deutschland auf, wo er sein »Institut zur harmonischen Entwicklung des Menschen« zu installieren gedachte, nachdem ihm in Konstantinopel die »Klügeleien der Jungtürken« auf die Nerven gegangen waren. »In Berlin brachte ich diejenigen, die mit mir gereist waren, in Hotels unter und mietete im Stadtteil Schmargendorf einen großen Saal, wo die unterbrochene Arbeit fortgesetzt werden konnte. Dann reiste ich in Deutschland umher, um mir für das Institut in Frage kommende Gebäude anzuschauen, nach denen sich Bekannte von mir zuvor umgesehen hatten. Nachdem ich eine Reihe davon besichtigt hatte, fiel meine Wahl schließlich auf ein Gebäude in Hellerau, nicht weit von Dresden, das eigens für eine neue Bewegung, die kurze Zeit vorher unter dem Namen System Dalcroze viel von sich reden gemacht hatte, gebaut und großzügig angelegt worden war. Da dieses Haus und seine Ausstattung für die Errichtung und künftige Entwicklung der Zentrale des Institutes mehr oder weniger geeignet war, beschloß ich, das ganze Anwesen zu kaufen. Aber während der Verhandlungen mit dem Besitzer wurde mir von einer Gruppe Engländer, die an meinen Ideen interessiert war, der Vorschlag unterbreitet, mein Institut in London zu errichten; sie erboten sich, alle Kosten und Probleme der Organisation zu übernehmen. In Anbetracht der unsicheren finanziellen Lage, in der wir uns befanden, reizte mich dieses Angebot, um mich an Ort und Stelle mit den Umständen in diesem Land vertraut zu machen. Da aber der Fortgang meiner Arbeit in Berlin von großer Bedeutung für mich war und meine längere Abwesenheit höchst nachteilig gewesen wäre [...] reiste ich alle zwei oder drei Wochen für drei, vier Tage nach London.« (Gurdjieff, a.a.O., S. 316.) Daß man sich – abgesehen von den Kontakten Haushofers zu dem russischen Thaumaturgen und Magier, in allerhöchsten NS-Kreisen mit Gurdjieffs Werk auseinandergesetzt hat, belegt u.a. Webb, a.a.O., S.275, der auf einen Parteigenossen verweist, der im selben Haus wie Alfred Rosenberg wohnte und bezeugte, daß der NS-Ideologe und Blut- und Rasse-Philosoph Rosenberg Gurdjieffs Werke gelesen hatte. Das ist keineswegs erstaunlich, sondern naheliegend. Schließlich hatte der Baltendeutsche in Moskau studiert, also durchaus die Möglichkeit gehabt, mit den Kreisen um Gurdjieff in Kontakt zu kommen. Darüber hinaus läßt Rosenbergs frühe Beschäftigung mit Fragen der Philosophie, insbesondere der indischen Literatur und der Freimaurerei, ein Interesse an Fragen der Esoterik als naheliegend erscheinen (Hart, F. Th., *Alfred Rosenberg – Der Mann und sein Werk*, Berlin 1939, S. 36ff., 42) Bezüglich Rosenbergs im *Mythus des zwanzigsten Jahrhunderts* entwickelter Religion des nordisch-arischen Blutes ist übrigens eine Bemerkung Gurdjieffs in seinem letzten, unvollendeten Werk interessant: »Menschen aus Deutschland, vor allem aus Bayern, die sich [Anm.: als Teilaspekt aus seiner Gesamtlehre] Kenntnisse über die Möglichkeit einer wirkungsvollen Ernährung nicht allein durch gewöhnliche Nahrung, sondern auch mittels der Luft zu eigen gemacht hatten, wählten als Steckenpferd den Gedanken, sie könnten der Zusammensetzung ihres Blutes eine Eigenschaft verleihen, die es in die Lage versetze, allen Erfordernissen des physischen Körpers nachzukommen und zugleich zur Entwicklung und Vervollkommnung des Astralleibs beizutragen.« (Gurdjieff, *Das Leben* ..., a.a.O., S. 104.)

Darüber hinaus gibt es eine bemerkenswerte direkte persönliche Beziehung aus dem Kreis um Gurdjieff zu Hitler selbst. Eine begeisterte und aufgrund ihres Einflusses und Vermögens überaus wertvolle Gurdjieff-Anhängerin war Lady Rothermere, die Gattin des Viscount

Rothermere und somit Schwägerin von Lord Northcliffe, die zusammen die meisten Zeitungen Englands kontrollierten (Moore, *Gurdjieff*, a.a.O., S. 171f.) Dem Einfluß der Rothermeres war es zu verdanken, daß man im britischen Innenministerium schließlich nicht nur ein Auge, sondern beide Augen angesichts dieses »gefährlichen Spions« verschloß, ihn einreisen ließ und trotz eines negativen Berichtes von General Milnes aus Neu Delhi entschied, er sei kein bolschewistischer (!) Spion, sondern sei im Gegenteil vor den Bolschewiken geflohen (ebd., S. 178). Lady Rothermere stellte dem Meister ihr prächtiges Studio in der Circus Road, St. John's Wood, zur Verfügung (ebd., S.177) und ließ es sich später nicht nehmen, Gurdjieffs »Institut zur harmonischen Entwicklung des Menschen« in der Prieuré in Fontainebleau bei Paris zu besuchen (ebenda, S. 188). Für Adolf Hitler wiederum war der Zeitungszar und solcherart bekanntes Mitglied der Anglo-German-Fellowship Lord Rothermere ein überaus wichtiger Mann in seinem Bestreben, die Sympathien der Briten zu gewinnen. So war Lord Rothermere am 19. Dezember 1935 einer der 25 Gäste einer von Hitler gegebenen Gesellschaft – gemeinsam mit seinem Sohn Ward Price, Herausgeber der *Daily Mail*, die Hitlers Politik massiv unterstützte (Toland: *Adolf Hitler*, a.a.O., S. 492). Aber von Lord Rothermere war ja nicht nur tatkräftige ideelle Unterstützung gekommen: In dem Glauben oder in der Hoffnung, daß Hitlers Sieg unvermeidlich sei, hat er seinen Aufstieg mit insgesamt 5 Millionen Dollar in bar erleichtert (Higham, Charles, *Trading with the Enemy*, New York, 1983, S. 182, vgl. Aarons/Loftus, *Unholy Trinity*, a.a.O., S. 212).

Er war nicht der einzige Engländer von Rang, der Hitler finanzierte, daher wäre es in diesem Fall natürlich eine rein spekulative Frage, inwieweit die gleichzeitige Verbindung zu Gurdjieff eine wie immer geartete Rolle gespielt haben mag (vgl. Anm. 372). Es ist übrigens bemerkenswert, daß die Bekanntschaft zwischen Hitler und den Rothermeres von Prinzessin Stephanie von Hohenlohe, einer Halbjüdin, vermittelt worden war.

Zum Komplex Gurdjieff und das Dritte Reich vgl. auch Spence, Lewis, *The occult causes of the present war*, London 1941.

72 Rauschning, a.a.O., S. 238.

73 Zit. v. Wilhelm Bittorf in: *Der Spiegel*, Nr. 11, Jahrg. 35, 9. März 1981, S. 224, über den Ashram in Poona.

74 In: *Der Spiegel*, Nr. 10, Jahrg. 35, 2. März 1981, zitiert Bittorf einen indischen Dozenten, »der wie andere kritische Inder seinen Namen nicht genannt wissen möchte – aus Furcht vor der Reaktion fanatischer Bhagwan-Anhänger«: »Noch nie ist in Indien so geschuftet worden, wie diese Leute für Rajneesh schuften. Es ist eine Art freiwillige Leibeigenschaft. Wenn ich ein Zyniker wäre, würde ich sagen, Rajneesh sei Indiens späte Rache für die Ost-Indien-Kompanie.« Dazu Bittorf: »Was rational erzogene und intelligente Menschen, junge und nicht mehr junge, bereit sind zu tun, zu opfern, zu schaffen, zu entbehren, zu schlucken und auf sich zu nehmen, wenn jemand ihre Gläubigkeit weckt und an sich bindet: Das ist der erste und bleibt der beherrschende Eindruck, den der Besucher in Poona empfängt.«

75 So heißt es im Befehlsblatt für die SS-Totenkopfverbände vom Juni 1937: »Wir müssen die Männer lehren, selbstlos das bißchen ›ich‹ zu vergessen, damit sie sich, wenn es sein muß, vorbehaltlos einsetzen und verbissen ihre Pflicht erfüllen.« Zit. nach Hans Buchheim: »Die SS – das Herrschaftsinstrument. Befehl und Gehorsam«, in: Buchheim, Hans/Boszat, Martin/Jacobson, Hans-Adolf/Krausnick, Helmut, *Die Anatomie des SS-Staates*, Bd. 1 (in der Folge: Buchheim, *Anatomie*), München 1967, S. 244.

76 Seraphim, Hans-Günther, *Das politische Tagebuch Alfred Rosenbergs 1934/35 und 1939/40*, München 1964, S. 177.

77 Gurdjieff, G. I., *Beelzebubs Erzählungen für seinen Enkel*, 3 Bde., Basel 1983. Vgl. auch Anm. 71.

78 Pauwels/Bergier, *Aufbruch*, a.a.O., S. 372; Ravenscroft, a.a.O., S. 235; Leasor, a.a.O., S. 65.

79 *Sieben Strophen aus dem Buch Dzyan*, in: Blavatsky, H. P., *Die Geheimlehre*, Bd. 1, Kosmogenesis, a.a.O., S. 55 bis 320.

80 Im Zusammenhang mit dem Begriff »Thule« findet sich in dem 1931 erstmals erschienenen, seinem ägyptischen Lehrer Scheich Abd-er-Rachman Elish e-Kebir gewidmeten Werk von René Guénon, *Le Symbolisme de la Croix* (*Die Symbolik des Kreuzes*, Freiburg/Breisgau 1987) eine bemerkenswerte Notiz: »Kürzlich fand ich in einem Artikel des Journal des Débats vom 22. Januar 1929 den folgenden Bericht, der darauf zu verweisen scheint, daß die uralten Überlieferungen doch nicht so völlig in Vergessenheit geraten sind, wie man denkt: ›1925 erhob sich ein großer Teil der Cuna-Indianer. Sie töteten die Polizisten von Panama in ihrem Territorium und gründeten die unabhängige Republik Thule, deren Fahne ein Hakenkreuz auf orangefarbenem Grund mit rotem Rand zeigt.‹ Bemerkenswert daran ist vor allem die Verbindung des Hakenkreuzes mit dem Namen Thule, der eine der ältesten Bezeichnungen für das höchste geistige Zentrum darstellt und später auch für einige untergeordnete Zentren Anwendung findet.«

Auf eines solcher Zentren weist möglicherweise das Buch des deutschen Fernsehkorrespondenten Karl Brugger, *Die Chronik von Akakor. Erzählt von Tatunca Nara, dem Häuptling der Ugha Mongulala*, Düsseldorf, Wien 1967, hin. Es ist die Geschichte eines vor 15 000 Jahren von Göttern auserwählten Volkes, das heute noch im »Tempel der Sonne« in einer geheimnisvollen unterirdischen Stadt in den peruanischen Anden die Geheimnisse der »Göttersöhne« bewacht, nachdem sich – bedingt durch das Vordringen der »Weißen Barbaren« – das Volk der Ugha Mongulala aus ihrem Reich und ihrer Hauptstadt Akakor im westlichen Amazonien in »dreizehn unterirdische Wohnstätten« zurückgezogen hatte: der Chronik nach gemeinsam mit 2000 deutschen Soldaten, die zwischen 1940 und 1945 in die Hauptstadt der Ugha Mongulala gekommen waren und sich schließlich entschieden hatten, ihr Schicksal mit diesen »weißen Indianern« Amazoniens zu teilen. Ausgangspunkt dieses Geheimunternehmens war Brugger zufolge Marseille. Brugger hat die Angaben Tatunca Naras auf ihren Wahrheitsgehalt, mit historischen Daten und zeitgenössischen Geschichtsschreibern, z.B. der spanischen und portugiesischen Eroberungszüge, überprüft und kommt zu dem Schluß, daß an der Authentizität der *Chronik von Akakor* nicht zu zweifeln ist. Brugger war kein Phantast. 1942 in der Nähe von München geboren, studierte er Zeitgeschichte und Soziologie in München und Paris. Bis 1974 arbeitete er als freier Korrespondent für verschiedene Rundfunk- und Fernsehanstalten und schließlich als ARD-Auslandskorrespondent in Rio de Janeiro. Brugger galt als Spezialist für Indianerfragen, aber auch für die Tätigkeiten deutscher Geheimbünde und geheimer Unternehmen während des Zweiten Weltkrieges in Lateinamerika. 1984 wurde er eines Nachts in Rio de Janeiro erschossen. Er ist nicht das einzige Todesopfer unter denen, die von Akakor wußten. 1972 verunglückte auf mysteriöse Weise der katholische Bischof von Rio Branco, Grotti, der bislang als einziger Außenstehender die auf Holz, Fellen und Pergament niedergeschriebene Original-Chronik von Akakor mit eigenen Augen gesehen und auszugsweise Kopien davon verfertigt hatte. Seit Grottis Tod sind auch diese Dokumente spurlos verschwunden, und es steht zu vermuten, daß sie möglicherweise in den Geheimarchiven des Vatikan eins unter vielen anderen wohlbehüteten Geheimnissen bilden.

Möglicherweise hatte aber der Tod von Karl Brugger auch gar nichts oder nur am Rande mit Akakor zu tun. Persönlichen Mitteilungen zufolge war Brugger nämlich auf einer anderen »heißen Spur«: auf der

Spur des Privatflugzeugs Hitlers, das angeblich in Lateinamerika gefunden worden sein soll ...

81 Rauschning, a.a.O., S. 52.

82 Zit. von Bittorf in: *Der Spiegel*, Nr. 11, Jahrg. 35 v. 9. 3. 1981, S. 222.

83 René Guénon in einer 1921 veröffentlichten Studie mit dem Titel: *Le Théosophisme, histoire d'une pseudo-religion*, zit. nach Pauwels/Bergier, a.a.O., S. 309; vgl. auch Ravenscroft, a.a.O., S. 168.

84 Sebottendorf, Rudolf von, *Bevor Hitler kam – Urkundliches aus der Frühzeit der Nationalsozialistischen Bewegung*, München 1933, S. 7. Sebottendorf ist zweifellos ein Stiefkind der NS-Forschung. In dem Bestreben, die Bedeutung seiner Thule-Gesellschaft und des Thule-Ordens im Zusammenhang mit den Ursprüngen des Hitler-Nationalsozialismus zu verniedlichen, findet er sich in maßgeblichen Werken allenfalls als Fußnote oder Nebenbemerkung unter »ferner liefen«. So geht etwa Schultz, a.a.O., in seinem 921 Seiten starken Werk mit einem einzigen Satz im Zusammenhang mit der Thule-Gesellschaft über ihn hinweg: »Als Organisator und Leiter tat sich ein dubioser Freiherr v. Sebottendorf hervor, der eine ebenso dunkle wie offenbar abenteuerliche Vergangenheit hatte und Astrologe geworden war.« (Schultz, a.a.O., S. 196.) Vgl. Anm. 96.

85 Pfeifer, a.a.O., S. 89. Möglicherweise zählte zu dieser Genickschlagpolitik bzw. zu deren Fortsetzung die Tatsache, daß dieser hervorragende Liberale und Churchills maurerischer Protegé David Lloyd George später einmal erklären sollte, daß Hitler wunderbar sei, daß das deutsche Volk das glücklichste auf der Welt sei und daß Polen sein trauriges Schicksal reichlich verdient habe (Associated Press v. 22. September 1936; *The New York Times* v. 28. September 1939 und 7. Oktober 1939).

86 Vgl. Griffin, Des, *Die Absteiger – Planet der Sklaven?* Wiesbaden 1981, S. 170.

87 Pfeifer, a.a.O., S. 99.

88 Ebenda, S. 79. Aus dem Verhör des angeklagten Bombenattentäters von Sarajevo, Cabrinowitsch, ergab sich, daß die Drahtzieher des Mordes an dem Erzherzog sämtlich Freimaurer waren (ebd., S. 78, zit: Prof. Dr. Köhler, *Der Prozeß gegen die Attentäter von Sarajevo*, Berlin 1918; vgl. auch Anm. 53 sowie Anm. 818, 819, 820).

89 Poincaré, Raymond, *Mémoirs*, Bd. 5, *L'invasion*, Paris 1928, S. 21: »C'est envers l'Autriche que Clemenceau parait avoir le plus de ressentiments.« Folgerichtig war es dann auch Clemenceau, der die österreichische Friedensaktion über den Prinzen Sixtus torpedierte.

90 Gulewitsch, Arséne de, *Czarism and Revolution*, Hawthorn, Calif. 1961, S. 230: Die Revolution sei »von den Engländern, genauer gesagt von Sir George Buchanan und Lord (Alfred) Milner [...] in die Wege geleitet worden [...] In Privatgesprächen wurde mir mitgeteilt, daß Lord Milner mehr als 21 Millionen Rubel für die Finanzierung der russischen Revolution aufgewandt hat.« Vgl. Sutton, *Wallstreet and the Bolshevik Revolution*, Arlington House , 1974, S. 89f., 93f., 102, 175; die Anm. 14 und 1320 und das Kapitel »Die Neue Weltordnung«.

91 Pfeifer, a.a.O., S. 90.

92 Ebenda, S. 90, 105.

93 Sutton, Anthony A., *Wallstreet and the Bolshevik Revolution*, a.a.O., S. 25ff. Vgl. dazu auch Griffin, *Die Absteiger*, a.a.O., S. 94ff., oder Levinson, a.a.O., S. 181: »Trotzki verließ New York am 27. März 1917 an Bord der SS-Christina mit einem ihm von Armand Hammer persönlich besorgten Reisepaß.« Einer von Trotzkis Onkeln lenkte übrigens zu jener Zeit die Interessen der Ford Motor Company im zaristischen Rußland. Vielleicht war das einer der Gründe, warum sich der künftige Chef der Roten Armee sogleich an den Superkapitalisten und Lenin-Freund Hammer wandte, als er in den Vereinigten Staaten landete, um Finanzhilfe für die bolschewistische Revolution zu suchen. Im *New York Journal American* vom 3. Februar 1949 steht zu lesen: »Jakobs Enkel John Schiff schätzt heute, daß sein Großvater ungefähr 10 Millionen Dollar für den endgültigen Triumph des Bolschewismus in Rußland aufbrachte.« Dieses Zitat findet sich auch bei John Toland, a.a.O., S. 1134, Anm. 74, allerdings mit dem Hinweis, es handle sich dabei um eine antiamerikanische Verleumdung rechtsradikaler weißrussischer Kreise, »die später auch einige Zeit engen Kontakt mit der NSDAP pflegten«. Hier ist Toland wohl der Propaganda-Maschinerie der Wallstreet aufgesessen, denn diese Ansicht kann als völlig widerlegt betrachtet werden, nicht zuletzt durch die Arbeiten von Quigley, a.a.O., und Sutton, a.a.O., und etlichen anderen mehr. »Max Warburg und Jakob Schiff, die beiden Hauptaktionäre von Kuhn Loeb, offiziöse Partner von John Rockefeller und John P. Morgan, finanzierten Lenin und seine Gruppe von dem Zeitpunkt an, als es sich als sicher erwies, daß die Romanows nicht mehr die Macht ausübten und Kerenski nur einen zufälligen Übergang darstellte. Nach der *Washington Post* v. 2. Februar 1918 hat die Bank Morgan mindestens eine Million Dollar an diese Adepten der Nationalisierung der Produktionsmittel ausbezahlt. Das Geld stammte von dem Magnaten William Boyce Thompson, der damals höchstpersönlich die amerikanische Rot-Kreuz-Mission in Rußland als Infiltrations- und Kontrollinstrument der Revolution für die Wallstreet leitete« (Sutton, *Wallstreet and the Bolshevik Revolution*, a.a.O., S. 83; vgl. Hagedorn, Hermann, *The Magnate: William Boyce Thompson and his time [1869–1930]*, New York 1935). In einem Bericht des Außenministeriums heißt es: »Kuhn Loeb & Co, der größte New Yorker Finanzier, beteiligte sich an der Finanzierung des ersten Fünfjahresplanes, nachdem er der bolschewistischen Regierung, die ihm von 1918 bis 1922 über 600 Millionen Rubel in Gold transferierte, als Depotbank gedient hatte.« Vgl. Sutton, a.a.O., S. 146, 159ff., vgl. auch Anm. 90. Nach der erfolgreichen kontrollierten Revolution durch die Wallstreet-Connection begann General Electric mit der Elektrifizierung der jungen Sowjetunion im Sinne von Lenins Diktum: Sozialismus = Elektrifizierung, Standard Oil kaufte im Paradies der Verstaatlicher 50 Prozent der riesigen kaukasischen Ölfelder von Nobel, und bald (1930) wird Henry Ford die erste sowjetische Automobilfabrik bei Gorki errichten.

94 Pfeifer, a.a.O., S. 127f., 136, 139; Griffin, *Die Absteiger*, S. 96f.; ders. in: *Die Herrscher – Luzifers 5. Kolonne*, Wiesbaden 1980, S. 102ff. Vgl. auch Pearson, Michael, *Der plombierte Waggon – Lenins Weg aus dem Exil zur Macht*, München 1973; Sutton, a.a.O., S. 39ff.; Allen, *Die Insider*, a.a.O., S. 93ff. Vgl. auch Zeman, Z. A. B./Scharlau, W. B., *The merchant of revolution: The life of Alexander Israel Helphand (Parvus) – 1867–1924*, New York 1965.

95 Zit. Allen, Gary, *Die Insider. Wohltäter oder Diktatoren?,* Wiesbaden 1974, S. 104; vgl. Pfeifer, a.a.O., S. 109; Griffin, *Die Absteiger*, S. 169f.

96 Sebottendorf, Rudolf von, *Die Praxis der alten türkischen Freimaurerei – Der Schlüssel zum Verständnis der Alchemie – Eine Darstellung des Rituals, der Lehre, der Erkennungszeichen orientalischer Freimaurer*, Leipzig 1924, veränderte Neuauflage Freiburg 1954, Faksimile-Reprint Bad Münstereifel 1993; *Der Talisman des Rosenkreuzers*, Pfullingen 1923; *Astrologisches Lehrbuch*, Leipzig 1927; *Die Symbole des Tierkreises – Zur Symbolik jedes Grads nach alten Quellen gesammelt*, Leipzig 1921; *Stunden- und Frage-Horoskopie – Mit Berücksichtigung der Perioden, Zyklen, Tatwas, kabbalistische Horoskopie*, Leipzig 1921; *Sterntafel (Ephemeriden) von 1838 bis 1922*, Leipzig 1922; *Praktischer Lehrgang zur Horoskopie*, Leipzig 1922; *Geschichte der Astrologie*, Bd. 1., *Urzeit und Altertum*, Leipzig 1923. Darüber hinaus schrieb Sebottendorf auch einige Arbeiten in türkischer und persischer Sprache, etwa über deutsche Mystik. Vgl. dazu auch Sebottendorf, *Bevor Hitler kam*, a.a.O., im Zusammenhang insbesondere S. 258. Die Biographie Sebottendorfs gibt nach wie vor Rätsel auf und läßt noch vieles im unerforschten Dunkel. Nach Bronder, a.a.O., S. 239, tauchte der »Freiherr« schon im Balkankrieg 1912/1913 als türkischer Staatsangehöriger auf und spielte als Leiter des türkischen Roten Halbmonds (des islamischen Roten Kreuzes) eine »gewisse Rolle«. Nachdem er in Deutschland seine Arbeit getan hatte und Hitlers Aufstieg zur Macht abgesichert war, tauchte er wieder in der Türkei unter, wo er während des Zweiten Weltkrieges für Canaris, den Chef der deutschen Abwehr und führenden Kopf der von den Briten, dem Vatikan und über die »Rote Kapelle« beziehungsweise Anatol Turkul von den Sowjets gleichermaßen infiltrierten und kontrollierten »Schwarzen Kapelle« (Aarons/Loftus, *Unholy Trinity*, a.a.O., S. 143ff., vgl. auch die Kapitel »Das Reich zerfiel...«, »Nazis, CIA und Vatikan« sowie »Die Neue Weltordnung«) als V-Mann tätig gewesen sein soll. Am Tag nach der deutschen Kapitulation, am 9. Mai 1945, beging Sebottendorf angeblich Selbstmord im Bosporus.

Bei Ravenscroft, a.a.O., S. 169, heißt es: »Rudolf Glauer ließ sich im Alter von sechsundzwanzig Jahren nach einem abenteuerlichen Seemannsleben 1901 in der Türkei nieder. Während der dreizehn Jahre, die er als Ingenieur und Inspektor eines großen Gutes in der Türkei arbeitete, widmete er sich in seiner Freizeit der Sufi-Meditation und dem Studium der orientalischen Philosophie. Er war auch stark von der zeitgenössischen theosophischen Literatur beeindruckt, in sonderheit von Madame Blavatskys Schriften, und die Idee, den Thule-Mythos wieder aufleben zu lassen, verdankte er fast ausschließlich ihrem dreibändigen Werk ›Die Geheime Lehre‹.«

Eine der »dichtesten« biographischen Zusammenfassungen bietet zweifellos Goodrick-Clarke, *The occult roots*, a.a.O., S. 135ff., die wiederum in der Hauptsache auf einer bisher unpublizierten Arbeit von Ellic Howe, *Rudolf Freiherr von Sebottendorf* (1968; ein Expl. hinterlegt beim Institut für Zeitgeschichte, München) basiert, sowie auf der biographischen Skizze von Ernst Tiede, *Astrologisches Lexikon*, Leipzig 1922, S. 279, sowie Sebottendorfs eigenen semi-fiktiven autobiographischen Romanen: *Der Talisman des Rosenkreuzers*, a.a.O., sowie *Ernst Haller, ein deutscher Kaufmann in der Türkei*, in: *Münchner Beobachter* v. 31. August 1918 bis 10. Mai 1919, ebenso Sebottendorfs Buch *Bevor Hitler kam*, a.a.O. Nach wie vor bleiben etliche dunkle Flecken und Unvereinbarkeiten in Sebottendorfs Biographie offen, was allerdings nicht verwunderlich ist: Getürkte Lebensläufe gehören nun einmal zu diesem Geschäft. Bei allen

Vorbehalten schälen sich dennoch einige Konstanten heraus, die zumindest eines widerlegen, was immer wieder behauptet wird, daß Jörg Lanz von Liebenfels und Guido von List Sebottendorfs »geistige Ahnherren« gewesen seien – wie jüngst wieder bei Albrecht Götz von Olenhusen, »Bürgerrat, Einwohnerwehr und Gegenrevolution Freiburg 1918–1920, zugleich ein Beitrag zur Biographie des Rudolf Freiherr von Sebottendorf«, in: *Wege und Abwege – Beiträge zur europäischen Geistesgeschichte der Neuzeit*, a.a.O., S. 124.

Im April 1898 gab Adam Alfred Rudolf Glauer (sein Urgroßvater väterlicherseits war ein französischer Offizier namens Torre – daher das allenthalben auftauchende Namensproblem) sein Studium am Polytechnikum in Berlin-Charlottenburg auf, um danach zur See zu gehen. Seine Seemannskarriere führte ihn schließlich bis Australien, wo er sich mit einem Freund als Goldgräber versuchte. Nach dem Tod des Freundes schiffte er sich nach Ägypten ein, wo er die Bekanntschaft eines einflußreichen Großgrundbesitzers, Hussein Pascha, und möglicherweise auch die des Khediven Abbas Hilmi machte. Ende Juli 1900 reiste Glauer in die Türkei, wo er im Landhaus Husseins in Çubuklu in der Nähe von Beykoz wohnte. Vom Imam der dortigen Moschee lernte er die türkische Sprache, was es ihm schließlich ermöglichte, die anatolischen Güter Hussein Paschas bei Bandirma und in Yeniköy nahe Bursa erfolgreich zu verwalten. Kontakte mit den tanzenden Mewlewi-Derwischen weckten sein Interesse für exotische Religionen und führten Glauer schließlich zu einem ernsthaften Studium okkulter Lehren, wozu zweifellos auch der Umstand beitrug, daß sein wohlhabender Gastgeber, Hussein, selbst praktizierendes Mitglied einer Sufi-Gemeinschaft war. In Bursa machte Glauer schließlich die Bekanntschaft mit der Familie Termudi, wohlhabenden griechischen Juden aus Saloniki. Der alte Termudi hatte sich von seinen Geschäften zurückgezogen und widmete sich dem Studium der Kabbala und dem Sammeln alchemistischer und rosenkreuzerischer Texte, während seine Söhne den Bankgeschäften in Bursa und Saloniki nachgingen. Die Termudis waren Freimaurer und gehörten aller Wahrscheinlichkeit nach einer den französischen Memphis-Misraim-Ritus praktizierenden Loge an (vgl. Goodrick-Clarke, *The occult roots*, a.a.O., S. 138 sowie Anm. 49, 53, 57). Termudi führte Glauer schließlich auch in die Loge ein und stellte ihm seine okkulte Bibliothek zur Verfügung. Folgt man etwa Sebottendorfs Angaben in *Der Talisman des Rosenkreuzers*, a.a.O., S. 65, entdeckte er in einem der Bücher Notizen von Hussein Pascha über die geheimen mystischen Riten und Traditionen islamischer Alchemisten, wie sie von den Derwischen der von Hadschi Bektasch von

Chorassan gegründeten Bektaschi-Sekte nach wie vor praktiziert wurden und werden. Glauers Studien dieser Praktiken fanden tatsächlich ihren Niederschlag in *Die Praxis der alten türkischen Freimaurerei*, a.a.O. Dies ist, wenn schon von »geistigen Ahnherren« Sebottendorfs gesprochen wird, höchst bemerkenswert. Denn in der Tat behaupten die Bektaschi-Derwische von sich selbst, »Baumeister« und solcherart »gleichgestellt« mit den Freimaurern zu sein. Vgl. Brown, J. P., *The Darwisches*, London 1927, S. 166ff., durchaus ein weiterer früher Beleg für die Verbindungen zwischen Sufismus und Freimaurerei, wie sie neuerdings etwa von Idris Shah, *Die Sufis*, a.a.O., S. 166ff., oder von Ernest Scott, *Die Geheimnisträger*, a.a.O., an die Öffentlichkeit gebracht werden (vgl. auch Birge, J. K., *The Bektashi Order of Dervishes*, London 1937). Bemerkenswerterweise sind einige der Übungen, die Gurdjieff im Westen lehrte, mit denen der Bektaschis identisch (vgl. Scott, a.a.O., S. 258, sowie Lefort, Rafael, *Die Sufi-Lehrer Gurdjieffs*, a.a.O., und Anm. 609). Darüber hinaus ähnelt auch die theosophische Doktrin von den verborgenen Meistern frappant der sufischen Überlieferung von den Chwadjadschan: alles in allem mehr als Indizien nicht nur für einen gemeinsamen Nenner, sondern vor allem Beweis für einen geistigen Hintergrund Sebottendorfs, der sehr weit über die wienerische christophile Ariomanie des Lanz von Liebenfels hinausgeht.

Es gibt noch einige bemerkenswerte und im Zusammenhang relevante Punkte. Lassen seine Hinweise in *Der Talisman des Rosenkreuzers* darauf schließen, Glauer habe bis 1908 dauernd in Yeniköy gelebt, so zeigen die Akten diverser Behörden, daß er sich zumindest zeitweise in Deutschland aufgehalten, beispielsweise 1905 in Dresden eine Maria Voss geheiratet hatte, um sich 1907 scheiden zu lassen, ehe er 1908 wieder in Konstantinopel auftauchte: gerade rechtzeitig, um als mit den Jungtürken sympathisierender »Zeuge« deren Niederschlagung der reaktionären Konterrevolution des Sultans Abdul Hamid II. mitzuerleben. Die Freimaurerloge, in die Glauer-Sebottendorf 1901 von Termudi eingeführt wurde, dürfte eine lokale Kaderorganisation der vorrevolutionären Geheimgesellschaft »Union und Fortschritt« gewesen sein, die ebenfalls nach dem Vorbild der Freimaurerei von Türken in Saloniki gegründet worden war, um während des repressiven Regimes des Sultans liberales Gedankengut zu verbreiten. Die sufischen Kreise, mit denen Sebottendorf in der Türkei zu tun hatte, waren wohl dieselben, mit denen auch Papus, Rasputin und die Gründungsmitglieder des Ordo Templi Orientis in Verbindung gestanden hatten, ebenso wie die pan-serbische

Geheimorganisation »Union oder Tod« (vgl. das Kapitel »Die Weisen von Sion«).

Nach der Niederschlagung der Konterrevolution ließ sich Glauer im Pera-Distrikt in Konstantinopel nieder, hielt in seinem Apartment esoterische Vorträge, gründete im Dezember 1910 eine mystische Loge und schrieb seine Arbeit über den einflußreichen Orden der Bektaschi-Derwische. 1911 erhielt er erwiesenermaßen die türkische Staatsbürgerschaft und wurde kurz darauf nach türkischem Recht von einem Baron Heinrich von Sebottendorf adoptiert. (Um deutschem Recht zu genügen, wurde 1914 in Wiesbaden diese Adoption von einem Siegmund von Sebottendorf von der Rose wiederholt.) 1912 zog er mit der türkischen Armee in den zweiten Balkankrieg, um 1913 als vermögender Mann in Deutschland aufzutauchen. Mit einem völlig neuen politischen Profil: Aus einem Streiter für die Modernisierung und »demokratische Bearbeitung« der Türkei sollte bald ein fanatischer Germanenbündler werden.

Zur Biographie Sebottendorfs siehe auch: Howe, Ellic, *Rudolf Freiherr von Sebottendorf*, Hrsg. und mit einer Zeittafel zur Biografie Sebottendorfs und einer vorläufig kommentierten Bibliografie seiner Schriften versehen von Albrecht Götz von Olenhusen, Freiburg/Br. 1989; Howe, Ellic, *Astrology and the Third Reich – Astrological beliefs in Western Europe since 1700 and in Hitler's Germany 1933–1945*, Wellingborough 1984, S.86f.; Möller, Helmut/ Howe, Ellic, *Jahrhundertfeier – Vom Untergrund des Abendlands*, Göttingen 1975, S. 8ff.

97 Vgl. Miers, a.a.O., S. 188, 366.

98 Rauschning, a.a.O., S. 208f.

99 Sebottendorf, *Bevor Hitler kam*, a.a.O., S. 33. Vgl auch S. 47f.

100 Ebd., S. 23f.

101 Ebd., S. 35.

102 Ebd., S. 41f., 62. Vgl. auch Maser, Werner, *Der Sturm auf die Repulik. Frühgeschichte der NSDAP*. Düsseldorf, Wien, New York, Moskau, 1994, in der Folge zit. als Maser, *Sturm auf die Republik*, S.146, 147ff., 150f., 227f., 311.

103 Ebd., S. 202: Abbildung des Werbeblattes Nr. 1, unterzeichnet mit »Heil und Sieg, Sebottendorf«.

104 Ebd., S. 42.

105 Ebd., S. 52f.

106 Ebd., S. 62. Ein deutlicher Hinweis darauf, daß Thule nun auf mehreren verschiedenen Bahnen marschierte, findet sich hier: »Die

Thule-Gesellschaft sollte weiter bestehen, aber nicht aktiv in den zu erwartenden Kampf eingreifen, ihre Bestimmung war die Arbeit an sich selber. Nach außen hin sollte ein Kampfbund in Erscheinung treten, dessen Leitung Sebottendorf sich vorbehielt. Dieser Kampfbund nahm bald einen ungeahnten Aufschwung.« Vgl. dazu Ravenscroft, a.a.O., S. 167f.: »Die vierzig Mitglieder der Thule-Gesellschaft, die an dem historischen Treffen der Deutschen Arbeiterpartei teilnahmen, um Adolf Hitler zum erstenmal in Augenschein zu nehmen, waren eine sehr gemischte Gesellschaft. Einige, wie zum Beispiel Anton Drexler, waren nur politisch orientiert und verfügten über ein geringes okkultes Wissen, das gerade ausreichte, ihren rassistischen Ideen eine gewisse Grundlage zu geben. Andere, wie Dr. William Guthbertlet, der bei dieser Gelegenheit Hitlers Horoskop anfertigte, waren harmlose Mitläufer. Nur ein kleiner Kern, dem Eckart Anweisung gegeben hatte, zugegen zu sein, war zu einem etwas umfassenderen Wissen über okkulte Zusammenhänge gelangt. Sie waren Mitglieder in den verschiedensten Logen, Bewegungen und Gesellschaften [...] Die Existenz dieses festen inneren Kerns der Thule-Gesellschaft war den gewöhnlichen Mitgliedern, die die baldige Ankunft eines deutschen Messias erwarteten, unbekannt.«

107 Vgl. Bronder, a.a.O., S. 239f., Orzechowski, a.a.O., S. 19f., Sebottendorf, a.a.O., S. 221ff. Ravenscroft, a.a.O., S. 117: »Dieser mächtige okkulte Kreis zählte zu seinen Mitgliedern und Anhängern Richter, Polizeichefs, Anwälte, Rechtsgelehrte, Universitätsprofessoren und Dozenten, aristokratische Familien, darunter auch Personen, die den Wittelsbachern nahestanden, führende Industrielle, Ärzte, Wissenschaftler und eine Menge einflußreicher und vermögender Mitbürger wie zum Beispiel den Besitzer des berühmten Hotels ›Vier Jahreszeiten‹ in München. Auch der bayrische Ministerpräsident Franz Gürtner war ein aktives Mitglied der Thule-Gesellschaft. Desgleichen der Polizeichef Münchens, Pöhner, und Wilhelm Frick, sein Stellvertreter, der später Innenminister des Dritten Reiches werden sollte. Gürtner wurde zum Dank für seine Dienste, die er Hitler schon zur Zeit der Thulegruppe geleistet hatte, später Justizminister.«

108 In diesem Zusammenhang ist Bronders diesbezügliche Untersuchung über die Herkunft und Abstammung führender Nationalsozialisten erwähnenswert. Demnach befanden sich unter 4000 Männern der Reichsführung 120 Ausländer von Geburt, viele mit einem oder zwei Elternteilen ausländischer Herkunft und ein Prozent sogar jüdischer Herkunft. Zu den Auslandsgeborenen gehört: Reichsminister und Führerstellvertreter Rudolf

Heß (Ägypten), Reichsminister Darré (Argentinien), Gauleiter und Staatssekretär E. W. Bohle sowie Reichskommissar Herzog von Sachsen-Coburg (England), General der Waffen-SS Phleps (Rumänien), Generaloberst Löhr (Jugoslawien), Reichsärzteführer und Staatssekretär Dr. Conti und der Berliner Oberbürgermeister Lippert (Schweiz), Reichsminister und Reichsleiter Rosenberg, NS-Reichshauptamtsleiter Brockhausen, Dr. von Renteln und Schickedanz, Reichsminister Backe, Präsident Dr. Neubert u.a. (Rußland).

Von einem oder zwei ausländischen Elternteilen stammt Reichsjugendführer Baldur von Schirach, Generaloberst Rendulic, Botschafter von Papen sowie Gustav Krupp von Bohlen-Halbach neben vielen anderen ab.

Selbst jüdischer Herkunft bzw. mit jüdischen Familien verwandt waren: Führer und Reichskanzler Adolf Hitler (möglicherweise), die Reichsminister Rudolf Heß und Reichsmarschall Hermann Göring, die Reichsleiter der NSDAP Gregor Strasser, Dr. Josef Goebbels, Alfred Rosenberg, Hans Frank und Heinrich Himmler; die Reichsminister von Ribbentrop, Funk und Keudell; die Gauleiter Globicznik (der Judenvernichter), Jordan und Wilhelm Kube; die hohen und zum Teil in der Judenvernichtung tätigen SS-Führer Heydrich, Erich von dem Bach-Zelewski; schließlich die Bankiers und alten Förderer Hitlers vor 1933, Ritter von Strauß (Vizepräsident des NS-Reichstages) und von Stein; der alte Weggefährte und NS-Auslandssprecher Hanfstaengl und nicht zuletzt Prof. Haushofer. (Bronder, a.a.O., S. 210f.)

109 Rauschning, a.a.O., S. 41, 46.

110 Ebd., S. 47.

111 Ebd., S. 234f.

112 Sebottendorf, a.a.O., S. 62. Zu dieser Taktik der Thule-Gesellschaft vgl. auch Maser, *Sturm auf die Repuplik*, a.a.O., S.150: »Während der Politische Arbeiterzirkel eindeutig als Thule-Schöpfung zu gelten hatte, sollte die Deutsche Arbeiterpartei dagegen aus taktischen Erwägungen als Gründung Drexlers erscheinen, dessen *Richtlinien der Deutschen Arbeiterpartei* nach außen hin auch konzeptionelle Grundlage blieben.« Vgl. auch S. 148: »Bei der Gründung der Bürgerwehr (Ende 1919), die in dem von der Thule-Gesellschaft intensiv betriebenen Sabotage- und Nachrichtendienst eingesetzt wurde, hatte die Thule-Gesellschaft ihre Hände entscheidend im Spiele, das politisch und militärisch bedeutsame Freikorps ›Oberland‹ stellt Rudolf v. Sebottendorff auf. Alle Vereinigungen, die gegen ›die Juden‹ kämpften, wurden von dort gefördert.«

113 Ebd., S. 190.

114 Ebd., S. 44: »Der Beobachter wurde als Sportblatt aufgezogen [...] damit er in die Hände der Jugend käme. Noch ein anderes ließ diese Aufmachung besonders günstig erscheinen. Der Jude hat nur dann Interesse am Sport, wenn er auch etwas einbringt. Die Juden würden also den Beobachter nicht kaufen und auch nicht lesen, denn sie hatten kein Interesse am Sport an sich. Ein Sportblatt kann also unbeobachteter seine Propaganda treiben. Wie richtig diese Kalkulation war, zeigte später die jüdische Wut gerade über den Redakteur eines ›Sportblatts‹, wie Sebottendorf immer genannt wurde. Immer wieder kam dies zum Durchbruch, ein Zeichen, wie sehr sich Juda ärgerte, daß es dieses Sportblatt als so unwichtig eingeschätzt hatte.«

115 Ebd., S. 171: »Aus der Thule-Gesellschaft gingen hervor und wurden selbständig: der Deutsche Arbeiterverein, später Deutsche Arbeiterpartei (DAP) und die Deutsch-Sozialistische Arbeitsgemeinschaft, später Deutsch-Sozialistische Partei (DSP), mit ihrem Organ: *Münchner Beobachter*, später *Völkischer Beobachter*.« Auf Seite 73: »Die Vorträge Gottfried Feders ließen den Plan reifen, der Sebottendorf schon lange bewegte. Er wollte die Arbeiter gewinnen. In der Thule-Brüderschaft wurde Bruder Karl Harrer ausgewählt, um einen Arbeiter-Ring zu bilden.« Seite 81: »Im Januar 1919 wurde in den Räumen der Thule-Gesellschaft der nationalsozialistische deutsche Arbeiterverein gegründet. Schriftsteller Karl Harrer war erster, Metalldreher Anton Drexler zweiter Vorsitzender.« Schließlich auf Seite 188 der Bericht vom *Völkischen Beobachter* Nr. 17 v. 28. Februar 1920: »über die ›Erste große öffentliche Volksversammlung‹ der Deutschen Arbeiterpartei [...] In der sehr stark besuchten Versammlung im Hofbräuhaussaal sprach Dr. Johannes Dingfelder als Gast der Deutschen Arbeiterpartei über das Thema: ›Was uns Not tut‹ [...] Hitler (Deutsche Arbeiterpartei) entwickelte nunmehr treffende politische Bilder, die stürmischen Beifall fanden [...]« Schultz, a.a.O., S. 196, kommt nicht umhin, festzustellen: »Da die Thule-Gesellschaft 1918/19 beträchtlichen Zulauf bekam [...] kann ihre Bedeutung in der Umbruchphase gar nicht überschätzt werden [...] Mit ihrer Unterstützung behauptete sich in München die bis Kriegsende nicht recht gedeihende Filiale eines antisemitischen ›Freien Ausschusses für einen deutschen Arbeiterfrieden‹ unter dem Arbeiter Anton Drexler. Mit ihm begann die Geschichte der ›Deutschen Arbeiterpartei‹ als einer an den Fäden der Thule-Gesellschaft hängenden Vorläuferin der NSDAP, die am 5. Januar 1919 gegründet wurde.« Mit einem stilistischen Dreh wird damit auch hier die oben festgestellte Bedeutung der Thule-Gesellschaft abgemildert, um fortan in der NS-Historie keinerlei mehr Rolle zu spielen. Dasselbe Schicksal widerfährt Thule etwa auch bei Johannes Fest, a.a.O., S. 169: »Im Auftrag der Thule-Gesellschaft hatte Karl Harrer, ein Sportjournalist, zusammen mit dem Werkzeugschlosser Anton Drexler im Oktober 1918 einen ›Politischen Arbeiterzirkel‹ gegründet.« Auch hier findet Thule keine weitere Erwähnung mehr. Nun ist es Anton Drexler, der sozusagen völlig eigenständig und zusammen mit fünfundzwanzig Arbeitern seines Betriebes am 5. Januar 1919 im Fürstenfelder Hof eine eigene Partei gründete (S. 169f.). Lediglich Maser, *Sturm auf die Republik*, a.a.O., bezeichnet zwar die DAP dezidiert und eindeutig als Tochter der Thule-Gesellschaft (vgl. S. 150, 151, 157, 196, 227), um so auffälliger daher der Umstand, daß sich Maser in seiner als Standardwerk gehandelten Frühgeschichte der NSDAP mit der Thule-Gesellschaft selbst und mit Sebottendorf nur oberflächlich und eigentlich nur in Nebensätzen beschäftigt.

116 Diese neue Partei nannte sich Národnê Socialistická Srana Ceská.

117 Vgl. Kalivoda, Robert, *Revolution und Ideologie – Der Hussitismus*, Köln, Wien 1976, über den Einfluß der taboristischen Bewegung auf die europäische Entwicklung insgesamt.

Mussolinis *Giovanni Huß il Veridico* findet sich in Bd. 33 der *Opera Omnia di Benito Mussolini*, Florenz 1961, S. 272ff.

118 Vgl. Anm. 9.

119 Pfitzner, Josef, *Das Sudetendeutschtum*, Köln 1938, S. 23f.

120 Schultz, a.a.O., S. 189; Fest, a.a.O., S. 156: »Zwei Tage eher als in Berlin, am 7. November 1918, hatte hier der Weltverbesserungswille einiger linksgerichteter Außenseiter die tausendjährige Dynastie der Wittelsbacher gestürzt und sich überraschend an der Macht gesehen. Unter der Führung Kurt Eisners, eines bärtigen Bohemiens und Theaterkritikers der *Münchner Post*, hatten sie, ganz im Sinne einer wörtlichen Auslegung der Noten Woodrow Wilsons, versucht, durch eine revolutionäre Änderung der Verhältnisse ›Deutschland für den Völkerbund [zu] rüsten‹ [...] Als er auf einer Sozialistenkonferenz in Bern von einer deutschen Schuld am Ausbruch des Krieges sprach, sah er sich alsbald im Mittelpunkt einer organisierten Kampagne [...]« (Vgl. auch Sebottendorf, a.a.O., S. 65.)

121 Sebottendorf, a.a.O., S. 74, 171f., 239.

122 Ebd., S. 81, 182f. Vgl. dazu auch Maser, *Sturm auf die Republik*, a.a.O., S. 227: »Wie die Deutsche Arbeiterpartei war auch die DSP auf Initiative von Freiherr v. Sebottendorff als Thule-Kind (unter dem Namen Deutschsozialistische Arbeitsgemeinschaft im Mai 1919) in München ins Leben gerufen worden. Aus der Arbeitsgruppe war die Münchner Ortsgruppe der Deutschsozialistischen Partei unter dem Vorsitz des Buchdruckers Hans-Georg Grassinger hervorgegangen. [...] Den Anstoß zur Gründung der DSP hatte Sebottendorf im Dezember 1918 auf der »Jultagung« der Loge in Berlin erhalten.« Von Interesse im Zusammenhang mit der Arbeitsweise der Thule-Gesellschaft ist der Hinweis Masers, daß die DSP im Gegensatz zur DAP anfänglich keineswegs auf München beschränkt war. »Ihre Tendenz, sich sofort über ganz Deutschland auszubreiten, stand zunächst in krassem Gegensatz zu den taktischen Erwägungen der Führer der DAP, was von politischen Beobachtern sofort aufmerksam registriert wurde. [...] Nicht nur in Leipzig, Berlin und Düsseldorf entstanden Ortsgruppen der DSP, die sich im Gegensatz zur DAP und NSDAP an Wahlen beteiligte und während der Reichstagswahlen im Mai 1920 bereits 2084 Stimmen auf sich vereinigte. Seit 1919 pflegten die DSP-Führer [...] auch Kontakte zu den sudetendeutschen und österreichischen Nationalsozialisten.« (S. 228)

123 Sebottendorf, a.a.O., S. 82.

124 Ebd., S. 107ff.

125 Ebd., S. 87f. Vgl. auch Fest, a.a.O., S. 161ff.; besonders bildhaft wird diese Episode der Räteherrschaft von John Toland, a.a.O., S. 109ff., geschildert: »Die Regierung bestand aus einer Versammlung übereifriger Exzentriker: Der Minister für Wohnungsbau ordnete zum Beispiel an, künftig habe sich in allen Wohnungen das Wohnzimmer über der Küche und dem Schlafzimmer zu befinden. Den Vogel schoß jedoch der Außenminister Dr. Franz Lipp ab, der eine Zeitlang in einer Irrenanstalt behandelt worden war und der seinen jetzigen Posten vor allem deshalb erhalten hatte, weil er äußerlich der damaligen Idealvorstellung eines Diplomaten zu entsprechen schien. Lipp schickte sogleich ein Telegramm nach Moskau, in dem er die bolschewistische Führung darüber informierte, daß Eisners Nachfolger als Ministerpräsident, der frühere Schullehrer Johannes Hoffmann, in dieser schwierigen Situation die Schlüssel zur Diensttoilette mitgenommen habe, und erklärte dann Württemberg und der Schweiz den Krieg, weil ›diese Hunde‹ ihm nicht auf einen Schlag sechzig Lokomotiven geliehen hätten.« (Zit. nach Noske, Gustav, *Von Kiel bis Kapp*, Berlin 1920, S. 136.)

126 Sebottendorf, a.a.O., S. 91f.

127 Ebd., S. 93, 105.

128 Ebd., S. 125.

129 Ebd., S. 165.

130 Siehe Anm. 115.

131 Ebd.

132 Sebottendorf, a.a.O., S. 167: »Wenige Wochen nach Sebottendorfs Weggang betrat Adolf Hitler die Räume der Thule [...]«

133 Ebd., S. 168ff., insbesondere S. 169: »[...] hatten sich jene sieben Thule-Leute für die Idee geopfert, so mußte Sebottendorf sich für die Bewegung opfern.« 1923 verließ Sebottendorf Deutschland und ließ sich einige Zeit in Lugano nieder, um seine Arbeit über die Bektaschi-Derwische und deren Verbindungen zu Alchemisten und Rosenkreuzern zu beenden. 1924 kehrte er in die Türkei zurück, wo er zwischen 1926 und 1928 als mexikanischer Honorarkonsul tätig war. Zwischen 1929 und 1931 hielt er sich in Zentralamerika und in den Vereinigten Staaten auf. 1933 kehrte Sebottendorf nach Deutschland zurück, um »Urkundliches aus der Frühzeit der nationalsozialistischen Bewegung« in seinem Buch *Bevor Hitler kam*, a.a.O., preiszugeben. Das nahmen ihm seine Brüder in Thule auf dem Weg zur Machtergreifung offenbar übel: Anfang 1934 wurde er für kurze Zeit interniert. Über die Schweiz reiste Sebottendorf daraufhin erneut in die Türkei, um für die deutsche Abwehr zu arbeiten – und möglicherweise für den britischen Secret Intelligence Service. Vgl. Goodrick-Clarke, *The occult roots*, a.a.O., S. 152; Knaut, a.a.O., S. 234ff., sowie die Erinnerungen des Chefs des deutschen Geheimdienstes in Istanbul während des Krieges, Herbert Rittlinger, *Von hier bis Babylon*, Stuttgart 1965.

134 Sebottendorf, a.a.O., S. 168; vgl. auch Bronder, a.a.O., S. 246; Toland, a.a.O., S. 170ff. Heß gewann mit diesem Aufsatz 1921 einen in Spanien von einem Auslandsdeutschen ausgeschriebenen Wettbewerb zum Thema: »Wie wird der Mann beschaffen sein, der Deutschland wieder zur Höhe führt?« Dieser Mann, so schrieb der Student Heß, müsse ein Diktator sein, der vor Propaganda-Parolen, Straßenaufmärschen und Demagogie nicht zurückschrecke: ein Mann des Volkes, der doch nichts mit der Masse gemein haben dürfe. Wie jeder wirklich große Mann müsse er »ganz Persönlichkeit« sein und dürfe Blutvergießen nicht scheuen. »Große Fragen werden durch Blut und Eisen entschieden.« Um sein Ziel zu erreichen, müsse dieser Führer darauf gerüstet sein, »über seine nächsten Freunde hinwegzustampfen, mit erbarmungsloser Härte« auf das Recht verzichten und Völker und Nationen mit »einer stählernen Faust in samtenem Handschuh« lenken, oder, wenn notwendig, auf ihnen »mit den Stiefeln eines Grenadiers herumtreten«. Am Schluß dieses Aufsatzes schrieb Heß: »Noch wissen wir nicht, wann der rettend eingreift, der ›Mann‹. Aber daß er kommt, fühlen Millionen [...]«

Siehe dazu u.a. auch Knaut, a.a.O., S. 233f.: »Als geheimer Chef des Ordens agierte der Okkultist Karl Haushofer weiter. Als Geopolitiker und Kenner fernöstlicher Weisheiten mit weitreichenden Verbindungen zu internationalen Geheimbünden stand er in Hitlers großer Gunst [...] Rudolf Heß war sein Assistent. Nach Hitlers Machtübernahme ging Haushofer nach Berlin und wurde Präsident des Volksbundes für das Deutschtum im Ausland – VDA.« Dem widerspricht keineswegs die spätere Entfremdung zwischen Haushofer und Hitler, die möglicherweise gewollt war, um jede Spur zu Thule zu verwischen, möglicherweise aber auch darauf zurückzuführen war, daß Hitler, in einem Automatismus des Machtwahns gefangen, begonnen hatte, eigene Wege zu gehen und sich aus der Rolle des »Harlekins« zu emanzipieren. Eine freilich rein hypothetische Spekulation. Haushofers Aussage beim Nürnberger Prozeß, daß Hitler über Heß seine Theorien bloß rezipiert habe, ohne sie zu verstehen, und sie einfach für seine Zwecke umgewandelt habe (Bird, E. K., *Heß. Der Stellvertreter des Führers*, München 1974, S. 41ff., 251), ist sicherlich nicht der vielzitierte Beleg dafür, daß Haushofer mit den Nazis nur am Rande etwas zu tun gehabt hätte und nicht zumindest eine der »grauen Eminenzen« hinter den Nationalsozialisten mit vielfältigen Verbindungen zum okkulten wie profan-politischen angelsächsischen Ausland gewesen wäre. Zumindest muß auch Haushofers Sohn Albrecht einen Grund gehabt haben, in seinen berühmten *Moabiter Sonetten* davon zu schreiben, daß sein Vater den Dämon habe »in die Welt entwehn« lassen. (Vgl. Anm. 320.) Zur Beziehung von Heß zu Hitler und zur Thule-Gesellschaft vgl. etwa auch Leasor, James, a.a.O., S. 42; Maser, Werner, *Adolf Hitler – Das Ende einer Führerlegende*, Düsseldorf 1980, S. 263, 282; Schultz, a.a.O., S. 360.

135 Maser, a.a.O., S. 268f.; Schultz, a.a.O., S. 204; Fest, a.a.O., S. 171f.; Toland, a.a.O., S. 117–119. Hier wird ohne Rückgriff auf die angeblich nicht zu unterschätzende Thule-Gesellschaft (vgl. Anm. 115) Hitlers in *Mein Kampf* geschilderte Version sozusagen als historisch gültig übernommen, er habe nächtelang mit sich gerungen, ob er diesem langweiligen und unbedeutenden Verein beitreten sollte.

136 Vgl. Seraphim, a.a.O., S. 30. Im übrigen teilt Trebitsch-Lincoln in der gesamten NS-Historiografie das Schicksal Sebottendorfs: Er findet nicht statt bzw. wird mit dem Hinweis »ein Abenteurer« und »ungarischer Jude« unter »ferner liefen« abgehakt. Zu Trebitsch-Lincoln vgl. Bronder, a.a.O., S. 249f., der sich insbesondere auf Lincolns Memoiren *Der größte Abenteurer des XX. Jahrhunderts – die Wahrheit über mein Leben*, Berlin 1931, stützt; vgl. auch Larson, Egon, *Die Weimarer Republik – Ein Augenzeuge berichtet*, München 1980, S. 40.

137 Vgl. Pfeifer, a.a.O., S. 104f.: »Dann gab es noch das Verlangen nach einer Auslieferung des Kaisers. Er sollte mit sämtlichen Offizieren der Generalität als »Kriegsverbrecher« vor ein internationales Tribunal gestellt werden. Wegen des dadurch weltweit erregten Protestes sah man schließlich davon ab. Die Absichten dafür lagen in dem Beschluß des Grand Orient von Frankreich am 26. 11. 1870, der dahingehend abgeändert wurde, die Aburteilung einem obersten Tribunal zu überlassen und als Verbrecher miteinzubeziehen den Kaiser von Österreich, die deutschen Könige, den Kronprinzen von Preußen und die kommandierenden Generäle.« Vgl. auch Anm. 89.

138 Vgl. *Der Friedensvertrag von Versailles*, in: Römefarth, H./Euler, H., *Konferenzen und Verträge*, Vertrags-Ploetz. Bd. 4, Würzburg 1959, S. 40ff.; siehe u.a. auch Pfeifer, a.a.O., S. 103f.

139 Zur Rolle Ludendorffs ganz allgemein Goodspeed, D. I., *Ludendorff*, London 1966. Eine ausgezeichnete Darstellung der Rolle Ludendorffs bis zu seiner Entlassung gibt Ludwig Reiners: *In Europa gehen die Lichter aus – Der Untergang des wilhelminischen Reiches*, München 1981. Vgl. auch Görlitz, Walter [Hrsg.], *Regierte der Kaiser? Kriegstagebücher, Aufzeichnungen und Briefe des Chefs des Marine-Kabinetts Admiral Georg Alexander von Müller 1914–1918*, Göttingen 1959; auch Ravenscroft, a.a.O., S. 161f.: »Als Militärdiktator Deutschlands war er auch verantwortlich dafür, daß alle Gebiete des öffentlichen Lebens voll in den Dienst des Krieges gestellt wurden. Die auf diese Weise geschaffene Militärregierung war gewissermaßen das Muster für die totale Verwaltung in Hitlers Drittem Reich. Auch der erste Keim zur späteren Judenverfolgung wurde in dieser Zeit gelegt, als Ludendorff öffentlich verlauten ließ, daß Tausende junger Juden dem Aufruf zu den Fahnen keine Folge geleistet hätten und daß die Mehrheit der deutschen Juden sich mit Geschäften befaßte, die keinen positiven Beitrag zu Erringung des Sieges darstellten.« Vgl. dazu auch Larson, Egon, a.a.O., S. 44, im Zusammenhang mit Hitlers erstem größeren Auftritt im Sterneckerbräu: »Ich kann mich nicht erinnern, daß wir schockiert oder beunruhigt waren; man hatte es schon zu oft in jenen ersten Jahren der Republik gehört, mit einigen Variationen auch von General Ludendorff – er hatte seine Offensive gegen die finsteren internationalen Mächte begonnen, die die Welt regierten: die Juden, die Katholiken, die Freimaurer. Er und seine wirrköpfige Seelenfreundin Mathilde, eine militante Dame aus der Oberschicht, erschienen uns nur als komische Käuze.« Und auf S. 51 im Zusammenhang mit der Ermordung Rathenaus: »Es ergab sich, daß für sie [die Attentäter] Rosenberg und Ludendorff die Autoritäten in Sachen der Verschwörung des Weltjudentums gegen Deutschland waren.«

140 Larson, a.a.O., S. 36f.: »Erich Ludendorff [...] war als Zivilist verkleidet und mit dunkler Brille am Kriegsende nach Schweden geflohen, kam aber schon Anfang 1919 wieder zurück, als er merkte, daß ihm in Deutschland niemand etwas anhaben wollte. Bald lud ihn General Sir Neill Malcolm, der Chef der britischen Militärkommission in Berlin, zum Dinner ein. Es war ein kollegiales Beisammensein, vergleichbar mit dem freundschaftlichen Händedruck der beiden Teamführer nach einem Cricketmatch.« Im Zusammenhang mit der Lebensgeschichte des angeblich »ungarischen« Juden Trebitsch-Lincoln, der »es 1910 geschafft hatte, sich als liberaler Abgeordneter ins britische Unterhaus wählen zu lassen« (Larsen, a.a.O., S. 40), den engen Verbindungen von Heß und den Haushofers zu britischen Freunden und der britischen Herkunft der Golden-Dawn-Rosenkreuzer nicht uninteressant.

141 Vgl. Görlitz, Walter, *Geldgeber der Macht – Wie Hitler, Lenin, Mao Tse-tung, Mussolini, Stalin und Tito finanziert wurden*, Düsseldorf 1976, S. 34. Görlitz bezeichnet den ehemaligen kommandierenden General des III. Korps der Weißen Armee in Südrußland und »Premierminister« des Thronanwärters Großfürst Kyrill Wladimirowitsch als mit Ludendorff und Hitler befreundet. General Biskupski zählte bekanntlich zu dem sogenannten Coburger Kreis um den Baltendeutschen Scheubner-Richter (vgl. Anm. 14). Darüber hinaus soll Biskupski nach Ravenscroft, a.a.O., S. 118f., gemeinsam mit seinem Kameraden General Skoropadski eifriger Teilnehmer bei von Hitler-Erzieher Dietrich Eckart veranstalteten okkultistischen Séancen gewesen sein.

142 Vgl. Toland, a.a.O., S. 141f.; Maser, a.a.O., S. 230: »Als Kapp und von Lüttwitz am 13. März in Berlin putschten, entsandten Bayerns führende Politiker den noch unbekannten Adolf Hitler mit dem Auftrag nach Berlin, dort die bayrischen Interessen wahrzunehmen. Daß der diplomatischen Mission kein Erfolg beschieden war, lag nicht an Hitler, denn als er mit Dietrich Eckart in der Hauptstadt des Reiches eintraf, trat ihm Kapps Pressereferent, der ungarische Jude Trebitsch-Lincoln, auf der Schwelle der Reichskanzlei entgegen und riet ihm, sich wieder auf den Weg nach München zu machen, weil der Putsch gescheitert und Kapp bereits geflohen sei.« Vgl. auch Heiden, Konrad, *Adolf Hitler*, Zürich 1936, S. 137. Bei Fest, a.a.O., S. 196, heißt es: »Eckart hatte Hitler schon frühzeitig kennengelernt, und im März 1920, während des Kapp-Putsches, waren beide im Auftrag ihrer nationalen Hintermänner zur Beobachtung nach Berlin gereist.« Wer die dunklen Hintermänner also tatsächlich waren, die einen angeblich dubiosen und allgemein als rauschgiftsüchtig bekannten Alkoholiker und Dichter und einen noch nicht demobilisierten Reichswehr-Gefreiten namens Hitler mit einer Maschine der Reichswehrkommandantur nach Berlin entsandten, beliebt man im Dunkeln zu lassen, und die ganze Angelegenheit bleibt unverständlich, es sei denn, man akzeptiert die Tatsache, daß hier übergeordnete Machtstrukturen im Spiel waren, auf die zwar Emil Julius Gumbel, *Verschwörer – Beiträge zur Geschichte und Soziologie der deutschen nationalistischen Geheimbünde seit 1918*, Wien 1924, hindeutet, freilich ohne auch nur ein einziges Mal den Namen Thule zu erwähnen.

143 Ungeachtet der bedrohlichen Situation blieben Hitler und Eckart jedoch in Berlin. In diesem Zusammenhang ist die Schilderung von Egon Larsen, a.a.O., S. 41, damals Korrespondent der *Münchner Neuesten Nachrichten* und der *New York Times*, bemerkenswert: »Immerhin hielten sie [die Putschisten] vier Tage lang aus – lange genug für Trebitsch-Lincoln, um verschiedene Projekte und Intrigen einzuleiten. Er ließ einen ihm bekannten reaktionären jungen Adligen, den reichen Weinreisenden Joachim von Ribbentrop, in sein Büro in die Kanzlei kommen, um zwei ›wichtige Leute‹ aus München kennenzulernen. Der eine war der Dichter und Dramatiker, Alkoholiker und Rauschgiftsüchtige Dietrich Eckart [...] der andere ein noch nicht demobilisierter Unteroffizier namens Adolf Hitler.«

144 Sebottendorf, a.a.O., S. 195; Bronder, a.a.O., S. 245; vgl. Fest, a.a.O., S. 195, 1064, Anm. 52; sowie Maser, a.a.O., S. 273: »Nach Fest und Maser kaufte die NSDAP 1920 den VB um einen Kaufpreis von 120 000 RM bei gleichzeitiger Übernahme von 250 000 RM Schulden, für die zusätzlich 150 000 Mark aufgebracht werden mußten. Nach Maser besorgte ›allein Eckart 60 000 RM aus einem Reichswehrfonds‹. Fest erwähnt, daß Dietrich Eckart im VB vom 15. Juli 1922 gestanden habe, persönlich von General von Epp 60 000 RM erhalten zu haben. Sebottendorf selbst weist allerdings auf eine Eintragung vom 17. Dezember 1920 in den betreffenden Register-Akten des Amtsgerichtes München hin, wonach noch immer Frl. Käthe Bierbaumer im Besitz von Anteilen im Gegenwert von 46 000 Mark und Sebottendorfs Schwester, Dora Kunze, im Besitz von Anteilen im Wert von 10 000 Mark waren, während die restlichen Anteile im Wert von 63 500 Mark Anton Drexler gehörten. Am 16. November wies sich dann Adolf Hitler als alleiniger Besitzer des VB aus.«

145 Noch am Hitler-Putsch am 9. November 1923 nahm »Pinkeles« Trebitsch-Lincoln als Berater der Führer Hitler und Ludendorff teil (lt. Rundfunkzeitschrift *Hör zu*, Nr. 38, 1949, Zit. Bronder, a.a.O., S. 250). Dann setzte sich Trebitsch-Lincoln nach China ab. Auf der Insel Ceylon erhielt er angeblich die höchsten Weihen als buddhistischer Hoher Priester. Er organisiert verschiedene Revolutionen im Fernen Osten, predigt zwischendurch vor Frauen der höheren Gesellschaft in Nizza. Als Mitglied der tibetanischen Agartha, der Priesterschaft der Lamas, hat er Verbindungen zu zahlreichen Geheimgesellschaften Asiens wie etwa dem berühmten »Schwarzen Drachen« unter der Führung von philosophischen Asketen wie Toayama oder General Araki. 1932 errichtete Trebitsch-Lincoln ein buddhistisches Kloster in Berlin. Vgl. auch Larsen, a.a.O., S. 41, wonach »Trebitsch-Lincoln verschwand, um bald darauf in seiner ungarischen Heimat und schließlich als buddhistischer Mönch in Tibet aufzutauchen«. Siehe auch Anm. 69 und 14.

146 Pfeifer, a.a.O., S. 97.

147 Leasor, James, a.a.O., S. 37.

148 Toland, a.a.O., S. 97. Bemerkenswert in diesem Zusammenhang ist der von Maser, *Sturm auf die Republik*, a.a.O., S. 157, erwähnte Umstand, daß in der ziemlich umfangreichen Liste Hauptmann Meyers unter den zu beobachtenden Parteien, Vereinen und Organisationen die wohl subversivste Organisation nicht erschien, nämlich die Thule-Gesellschaft.

149 Laqueur, Walter, *Deutschland und Rußland*, Berlin 1965, S. 313ff. In einem Artikel im *Illustrated Sunday Herald* v. 8. Februar 1920 schreibt Churchill: »[Seit] den Tagen Spartacus Weishaupts über Karl Marx, Trotzki, Bela-Kuhn, Rosa Luxemburg und Emma Goldmann ist diese stetige Verschwörung ständig angewachsen. Sie spielte in der Tragödie der Französischen Revolution eine erkennbare Rolle. Sie war die Triebfeder jeder subversiven Bewegung des 19. Jahrhunderts, und jetzt hat diese Gruppe außergewöhnlicher Persönlichkeiten aus der Unterwelt der großen Städte Amerikas und Europas das russische Volk beim Schopf gepackt und ist praktisch der unumschränkte Herrscher dieses Riesenreiches geworden.«

150 Pfeifer, a.a.O., S. 96.

151 Hitler, *Mein Kampf*, S. 234: »So waren die Erkenntnisse Gottfried Feders die Veranlassung, mich in gründlicher Weise mit diesem mir ja bis dahin noch wenig vertrauten Gebiete zu befassen. Ich begann wieder zu lernen und kam nun erst recht zum Verständnis des Inhaltes und Wollens der Lebensarbeit des Juden Karl Marx.« Über die Verbindung Feders zu Thule vgl. auch Fest, a.a.O., S. 165ff.; Toland, a.a.O., S. 114ff.; Sebottendorf, a.a.O., S. 62.

152 Hitler, *Mein Kampf*, a.a.O., S. 229; vgl. auch Shirer, a.a.O., S. 51, 53; Toland, a.a.O., S. 115.

153 Hitlers rethorische Begabung wird allgemein anerkannt. Sie war es, die Hauptmann Mayr dermaßen beeindruckte, daß er Hitler zu einem propagandistischen Spezialeinsatz außerhalb Münchens abkommandierte, um spartakistisch beeinflußte zurückkehrende Kriegsgefangene wieder auf den rechten antisozialistischen Weg zu führen. Nach einem Vortrag Feders wurde dessen Schwager, ein Professor von Müller, auf eine kleine lebhaft diskutierende Gruppe aufmerksam: »Sie schien festgebannt um einen Mann in ihrer Mitte, der mit einer seltsam gutturalen Stimme unaufhaltsam und mit wachsender Leidenschaft auf sie einsprach. Ich hatte das sonderbare Gefühl, als ob ihre Erregung sein Werk wäre und zugleich wieder ihm selbst die Stimme gebe. Ich sah ein bleiches, mageres Gesicht unter einer unsoldatisch hereinhängenden Haarsträhne, mit kurzgeschnittenem Schnurrbart und auffällig großen, hellblauen, fanatisch kalt glänzenden Augen.« Müller, Karl Alexander von, *Mars und Venus*, Stuttgart 1954, S. 338; vgl. Toland, a.a.O., S. 115.

154 Toland, a.a.O., S. 120. Dieser Versuchung kann sich merkwürdigerweise auch Maser selbst in seiner als Standardwerk gehandelten Frühgeschichte der NSDAP nicht entziehen, obwohl er nicht umhinkommt festzustellen: »Daß hinter der kleinen DAP sehr einflußreiche Männer der (seit Mai 1919 im ›Rückzug‹ befindlichen) Thule-Gesellschaft standen, war nur genau informierten Mitgliedern bekannt. Hitler störten diese Bindungen, weil er in einer solchen Kombination bestenfalls ein aus dem Hinterhalt gesteuerter Exponent der Thule-Gesellschaft hätte werden können. So bemühte er sich denn auch bereits seit Dezember 1919, Karl Harrer auszuschalten.« (Maser, *Sturm auf die Republik*, a.a.O., S. 169.) Dies dürfte nicht schwierig gewesen sein, denn: Harrer hatte ohnedies nur »hauptsächlich als Thule-Mitglied fungiert.« (Ebenda, S.170.) Ungeachtet der »einflußreichen Männer« hinter der DAP versuchte Maser diese Thule-Kreation dann doch wieder zu hitlerisieren: »Hitler führte der Partei (und besonders auch dem Ausschuß) jedoch nicht nur ehemalige Soldaten zu. Auch Angehörige gehobener ziviler Berufe interessierten sich für die Veranstaltungen der Deutschen Arbeiterpartei, seit sie den hervorragenden Redner Hitler zu ihren Mitgliedern zählte.« (Ebenda S. 170.) Die Mitglieder des Ausschusses und auch die meisten anderen Angehörigen »gehobener ziviler Berufe« waren indessen schon Mitglieder der Thule, als die DAP noch nicht existierte. (Vgl. ebenda, S. 27, 277, 179.) Und wie läßt sich die »Führerlegende«, daß Hitler einerseits einen Teil dieser Ausschußmitglieder bereits seit 1919 »beherrschte« (ebenda, S. 179), seiner Umgebung seine eigene Position aufzwang und alles an sich riß, was er für wichtig hielt (ebenda, S. 172), damit vereinbaren, daß ihn Thule-Bruder Drexler noch 1929 erfolglos drängte, die Parteiführung doch endlich zu übernehmen (Maser, *Führerlegende*, a.a.O., S. 275) und der »Führer« ganz allgemein stets vor Verantwortung und Entscheidungen zurückwich (ebenda, S. 276f.)?

155 Hitler, *Mein Kampf*, S. 244: »So meldete ich mich als Mitglied der ›Deutschen Arbeiterpartei‹ und erhielt einen provisorischen Mitgliedsschein mit der Nummer 7.« Shirer, a.a.O., S. 54 (»So trat Hitler als Mitglied Nr. 7 der Deutschen Arbeiterpartei bei«) und S. 56f. hält sich strikt an diese sozusagen parteiamtliche Version. Desgleichen etwa Toland, a.a.O., S. 126. Tatsächlich zeigt die Mitgliedskarte (abgebildet bei Fest, a.a.O., S. 176) die Nummer 555. Sie ist unterschrieben von Anton Drexler. In einem im Januar 1940 an Hitler gerichteten, jedoch nicht abgesandten Brief erklärt Drexler: »Niemand weiß besser als Sie selbst, mein Führer, daß Sie niemals das siebte Mitglied der Partei, sondern höchstens das siebte Mitglied des Ausschusses waren, in den ich sie bat, als Werbeobmann einzutreten. Und vor einigen Jahren mußte ich mich bei einer Parteistelle beschweren, daß Ihre erste richtige Mitgliedskarte der DAP, die Schüsslers und meine Unterschrift trägt, gefälscht wurde, in dem die Nummer 555 herausretuschiert, und die Nummer 7 eingesetzt war.« (Deuerlein, Ernst, *Der Aufstieg der NSDAP in Augenzeugenberichten*, München 1968, S. 97.)

156 Hitler, *Mein Kampf*, S. 238; vgl. Toland, a.a.O., S. 117ff.; Shirer, a.a.O., S. 52.

157 Fest, a.a.O., S. 173. Inwieweit man die Mitglieder der Thule-Gesellschaft, die weitgehend mit den ersten Mitgliedern der DAP identisch sind, als furchtsame, unbewegliche Stammtischrunde bezeichnen kann, als Mitglieder, die in kleinen Verhältnissen zu Hause waren, »unter deren

fassungslosen Blick« Hitler den »langweiligen Verein« an die Öffentlichkeit zu drängen begann, muß wohl nicht weiter kommentiert werden.

158 Ebd., S. 169.

159 Vgl. Anm. 115.

160 Maser, a.a.O., S. 273; vgl. Sebottendorf, a.a.O., S. 191ff.

161 Fest, a.a.O., S. 175, 168f.; vgl. wiederum Schultz, a.a.O., S. 196,
bezüglich der engen Verbindungen der Thule-Gesellschaft zum Freikorps »Oberland«, aus dem sich später ein Teil der SA entwickelte. Vgl.
auch Sebottendorf, a.a.O., S. 105ff., über den »Kampfbund der Thule«.
Ravenscroft, a.a.O., S. 116 ff.: »Die Deutsche Arbeiterpartei, die viele
Male ihren offiziellen Namen gewechselt hatte [...] hatte während des
Ersten Weltkrieges viele Hunderttausend Anhänger gehabt. Ihr Ziel war
in erster Linie gewesen, dem Oberkommando patriotische Unterstützung
zu geben und der wachsenden inneren Unzufriedenheit entgegenzuar-
beiten, in der Sozialismus und Marxismus zu gedeihen begannen. Im
September 1919 wurde sie von den politischen Agenten der Reichswehr
neu errichtet, um den antimilitaristischen und antinationalistischen Ge-
fühlen der arbeitenden Klassen entgegenzutreten [...]« Diese Version
steht der sogenannten offiziellen Geschichtsschreibung, die die von der
nationalsozialistischen Selbstdarstellung übernommene Auffassung propagiert, die NSDAP habe sich dank Hitler mehr oder weniger aus einer
siebenköpfigen Biertischrunde um Anton Drexler entwickelt, diametral
entgegen. Daß Ludendorff persönlich hinter Hitlers Eintritt in die DAP
stand, scheint indessen kein Geheimnis zu sein. (Vgl. Anm. 165, Zit.
Toland, a.a.O., S. 120, 128.) Damit erklären sich auch die »Hintermänner«, die Eckart und Hitler zum Kapp-Putsch nach Berlin entsandten
(vgl. Anm. 142). In diesem Zusammenhang ist Ravenscroft, a.a.O.,
durchaus glaubwürdig, wenn er feststellt: »Die Wahrheit ist, daß Adolf
Hitler vom Nachrichtendienst der Reichswehr den Auftag erhielt, sich
der Deutschen Arbeiterpartei anzuschließen und ihre Führung zu übernehmen [vgl. Toland, a.a.O., S. 143] [...] Hitler hatte von General von
Epp und seinem Gehilfen Hauptmann Röhm eine Garantie erhalten, daß
er jedwede finanzielle Unterstützung bekommen sollte [vgl. Anm. 144
bezüglich der Finanzierung des VB], die er brauchte, und darüber hinaus
das Versprechen, daß reguläre Truppen und altgediente Soldaten sich in
der ersten Zeit in die Partei einschreiben würden, um die Mitgliedszahl
zu erhöhen und ihre ersten öffentlichen Versammlungen vor den heftigen
Demonstrationen der Kommunisten zu schützen. Außer der Tatsache,
daß er als untergeordneter Angehöriger und Beauftragter der Reichswehr

zu politischer Macht aufstieg, gibt es noch weitere bedeutungsvolle Umstände, die Hitler sich hütete, in *Mein Kampf* zu erwähnen. Worüber er sich vor allem ausschwieg, war die Tatsache, daß der Vorstand und die vierzig ursprünglichen Mitglieder der neuen Deutschen Arbeiterpartei samt und sonders von der mächtigsten okkulten Gesellschaft kamen, die ebenfalls vom Oberkommando finanziert wurde – der Thule-Gesellschaft. Die Thulegruppe streckte ihre heimlichen Fangarme weit aus und steckte hinter allem, was in Bayern geschah; besonders auf der politischen Bühne, wo sie Verantwortung für einen Großteil des Terrors und Rassenhasses und die meisten der kaltblütigen Morde trug, die so gut wie täglich verübt wurden.« S. 179: »Ganz abgesehen von den 300 oder mehr politischen Morden, die zwischen 1919 und 1923 begangen wurden, gab es im Gebiet von München auch eine große Anzahl von Menschen, die unter mysteriösen Umständen verschwanden und als vermißt gemeldet wurden. Und gerade unter diesen Vermißten, bei denen es sich meist um Juden oder Kommunisten handelte, sind die ›Schlachtopfer‹ zu suchen, die nach den Riten der astrologischen Magie vom inneren Kreise um Dietrich Eckart und der Thulegruppe umgebracht wurden.« Vgl. dazu auch Maser, *Sturm auf die Republik*, a.a.O., S. 148, bezgl. der Bürgerwehr, die in dem von der Thule-Gesellschaft »intensiv betriebenen Sabotage- und Nachrichtendienst« eingesetzt wurde.

162 Toland, a.a.O., S. 116ff.; Fest, a.a.O., S. 126.

163 Hitler, *Mein Kampf*, S. 321, 225.

164 Sebottendorf, a.a.O., S. 184ff.

165 Anm. 115; vgl. Toland, a.a.O., S. 120, 128; Görlitz, a.a.O., S. 19, 20.

166 Vgl. Fest, a.a.O., S. 167; Toland, a.a.O., S. 120.

167 Maser, a.a.O., S. 275.

168 Ebd.; vgl. dazu Anm. 106.

169 Toland, a.a.O., S. 127; Fest, a.a.O., S. 174; vgl. desgleichen Anm. 106, 115.

170 Horn, Wolfgang, *Der Marsch zur Machtergreifung – Die NSDAP bis 1933*, Düsseldorf 1972, Nachdruck 1980, S. 31; Schultz, a.a.O., S. 204, 205: »Er [Hitler] kam bald mit den prominenten Köpfen der politischen Münchner Szenerie zusammen, in den Salons alldeutsch gesinnter Verleger und Unternehmer, und mit Offizieren, wie dem populären Oberst Ritter von Epp und dem Stabschef des Münchner Stadtkommandanten, Hauptmann Röhm [...] Als Hitler die Führung der zur Nationalsozialistischen Deutschen Arbeiterpartei umgewandelten DAP übernahm und ihr Parteiprogramm verkündete, das offenbar aus anderen programmatischen Schriften der Zeit, im wesentlichen von Anton Drexler, Dietrich Eckart, Gottfried Feder, Hans Frank und anderen Mitgliedern der Thule-Gesellschaft kompiliert wurde, verfügte er bereits über zahlreiche Kontakte und Beziehungen [...]«

171 Horn, a.a.O.

172 Pike, Albert, *Morals and Dogma of the Ancient and Accepted Scottish Rite of Freemasonry*, 1872ff. Nachdruck o. J., S. 1f.: »Ungelenkte oder fehlgeleitete Kraft ist im leeren Raum verschwendet wie Schießpulver, das in freier Luft verraucht, oder Dampf, der nicht von der Wissenschaft kanalisiert wird; wenn sie darüber hinaus im Dunkeln angewendet wird, wo sie das Ziel verfehlen muß, wird sie in Form von Eigenzerstörung auf sich selbst zurückfallen [...] So bedeutet sie nur Zerstörung und Ruin [...] nicht Wachstum und Fortschritt [...] Die blinde Kraft des Volkes muß wirtschaftlich genutzt und kontrolliert werden [...], wenn alle Kräfte vereint sind und vom Intellekt gesteuert werden, wenn Recht und Gesetz sie beherrschen und alle Bewegungen unter systematischer Kontrolle stehen, dann wird die jahrhundertelang geplante Revolution zu marschieren beginnen [...]« Vgl. auch Hitlers Ausführungen in *Mein Kampf*, S. 44, 46; Maser, a.a.O., S. 297: »Doch seine ›Lehren‹ [...] stimmen verblüffend mit den Theorien über die Techniken der Menschenführung überein, die heute von Politikwissenschaftlern, Psychologen und Soziologen als Hilfen zur Bewältigung von Führungsproblemen empfohlen werden.« Fest, a.a.O., S. 187, meint zwar wie viele andere Hitlerinterpreten, Hitler habe sich eben aus vielen Elementen dank seines kombinierenden Talents »willkürlich, kurios, voll halbgebildeter Kühnheit, doch nicht ohne Geschlossenheit« ein Bild aus »Richard Wagner und Lenin, Gobineau, Nietzsche und Le Bon, Ludendorff, Lord Northcliffe, Schopenhauer und Karl Lueger« zusammengebracht; Maser, a.a.O., S. 321, findet Hitlers Feststellungen in *Mein Kampf* hinsichtlich der psychologischen Taktik und insbesondere über die Bedeutung und Wirkungsmöglichkeiten eines Redners »aufschlußreicher als beispielsweise die Lehren über die Psychologie der Massen von Le Bon und McDougall, weil er Erfahrungen mitteilte und sowohl eine Wirkungsbestimmung der Propaganda als auch eine Apologie des gesprochenen Wortes vorlegte.«

»*Mein Kampf* beweist, daß er seine rednerischen Möglichkeiten kausal-psychologisch begriff.« Fest, a.a.O., S. 448, schreibt im Zusammenhang mit Hitlers Ausstrahlung auf die Masse und vor allem auf die Frauen in Zusammenhang mit einer Rede, die er unmittelbar nach dem Selbstmord seiner Nichte und (möglicherweise) Geliebten Geli Raubal in Hamburg hielt: »[...] und hielt, unter dem Jubel Tausender, eine jener aufpeitschenden Reden, in deren Verlauf das Publikum wie zu kollektiver Ausschweifung zusammenschmolz: begierig auf den Augenblick der Enthemmung, der großen Lustauslösung, der sich im überschwappenden Aufschrei anzeigte. Der Zusammenhang ist zu offensichtlich, um übergangen zu werden: Er erlaubt es, die rhetorischen Triumphe Hitlers als Ersatzhandlung einer ins Leere laufenden Sexualität zu deuten. Wohl nicht ohne Grund pflegte Hitler die Masse schon begrifflich ›dem Weibe‹ gleichzusetzen, und es bedarf nur eines Blicks auf die entsprechenden Seiten seines Buches *Mein Kampf*, auf die durchaus erotische Inbrunst, die Idee und Vorstellung der Masse in ihm wecken, ihm die Sprache zu immerhin bemerkenswerter stilistischer Freiheit lösen, um zu erkennen, was dieser Kontaktgestörte, Einsame, in den immer süchtiger begehrten Kollektivvereinigungen, hoch auf dem Podium über seiner Masse, suchte und fand: In einer enthüllenden Wendung hatte er sie denn auch, wenn wir der Quelle glauben schenken können, seine ›einzige Braut‹ genannt. [...] Die Tondokumente der Zeit geben den eigentümlich obszönen Kopulationscharakter der Veranstaltungen deutlich wieder: die atemverhaltene Stille zu Beginn, die kurzen, schrillen Aufschreie, die Steigerungen und ersten Befreiungslaute der Menge, schließlich der Taumel, neue Steigerungen und dann die ekstatischen Verzückungen angesichts der endlich enthemmt dahin strömenden Redeorgasmen: Der Dichter René Schickele hat gelegentlich von den Reden Hitlers gesprochen, ›die wie Lustmorde‹ sind, und zahlreiche andere zeitgenössischen Beobachter haben das scharfe, sinnlich aufgeladene Fluidum dieser Kundgebungen, dem Sinne nach gleich, mit dem Vokabular von Walpurgisnacht und Bocksberg zu fassen versucht.« (Vgl. dazu auch das Kapitel »Götterdämmerung«, Anm. 331.) »Gleichwohl,« schreibt Fest weiter, »täuscht sich, wer in der triebhaften, aufs sexuelle Surrogat abzielenden Ausschweifung das ganze Erfolgsrezept des Redners Hitler erblickte, vielmehr war es auch hier wieder das eigentümlich verwobene Nebeneinander von Rausch und Rationalität, das ihn kennzeichnete.«

Die Einbeziehung des religiös-kultisch-magischen Aspektes in die Betrachtung des Phänomens Hitlers würde der NS-Historiografie zweifellos das Verständnis für dieses »besondere Fluidum« dieser Veranstaltungen erleichtern. Außerdem scheint sich Hitler auch hier strikt an seine Lehrmeister und insbesondere an Le Bons Feststellung gehalten zu haben: »Überall sind die Massen weibisch!« Dessen ungeachtet ist Hitlers

Wirkung speziell auf die Frauen bemerkenswert. Wie Maser, a.a.O., S. 316, feststellt, befanden sich bereits 1920 bis zu 30 Prozent Frauen unter den Teilnehmern der Hitler-Versammlungen. So wurden beispielsweise am 20. September 1920 rund 400 bis 500 Frauen (von 2000 Teilnehmern) und am 24. Septemver 1920 etwa 900 bis 1200 Frauen (von 3000 bis 4000 Teilnehmern) in Hitler-Versammlungen über die Themen »Macht und Recht«, »Versöhnung oder Gewalt« und »Internationale Solidarität oder Selbsthilfe« gezählt (nach dem *Versammlungsbericht der Abt. I. b/P*, Hauptstaatsarchiv München, Abt. II, Gruppenkommando 4, 46/6).

Ebenfalls bei Maser, a.a.O., S. 320, findet sich eine weitere erstaunliche Erklärung für Hitlers Erfolge als Redner: »Ein beträchtlicher Teil seiner Erfolge als Redner – und schließlich auch als Führer – beruhte auf der außergewöhnlichen Modulationsfähigkeit seiner Sprechweise, die es ihm ermöglichte, die Hirnfunktionen seiner Zuhörer gezielt zu beeinflussen. Durch den 2 Oktaven umfassenden Frequenzbereich seiner Sprechweise vermochte er die logischen Denkfunktionen zu hemmen und zugleich die emotionalen Bereiche zu aktivieren. So war er, was exakt meßbar ist, stets in der Lage, die Töne, die sich aus den rhythmischen Hervorhebungen ergeben, zwischen 200 und 300 Hertz (Hz) auszusprechen, obwohl seine normale Tonlage zwischen 170 und mindestens 160 Hertz aufwies [...] Hitler, dessen Sprecheigenarten habituell verankert waren und von ihm zielgerecht eingesetzt wurden, gelang es mit Hilfe von Rhythmus, Gliederungsart und Melodik, die logischen Denkfunktionen der Großhirnrinde weitgehend zu paralysieren und je nach Absicht die emotionalen Bereiche [...] stärker zu aktivieren.« (Zit. nach Schaubner, Cornelius, *Wie Hitler sprach und schrieb – Zur Psychologie und Prosodik der faschistischen Rhetorik*, Frankfurt 1972, S. 29ff.)

Daß Hitler nichts dem Zufall überließ, belegt Toland, a.a.O., S. 308: »Ein Auftritt Hitlers im Herbst 1927 ermöglichte dem damaligen Hamburger Gauleiter Albert Krebs einen Einblick in die Methode, mit der Hitler sich auf seine Reden vorbereitete. Er hielt sich zum Beispiel strikt an den vorher sorgfältig ausgearbeiteten Entwurf, den er durch Stichworte ergänzte: Selbst ganze Redewendungen und Sätze, die beim Vortrag spontan und improvisiert wirkten, waren schriftlich festgelegt [...] er baute seine Reden systematisch auf und wußte genau, was er sagte und welche Wirkung er mit dem Gesagten erzielen wollte [...] Er war sich klar darüber, daß er die Aufmerksamkeit der Masse nur dann gewinnen konnte, wenn er die übliche Terminologie vermied und mit neuen Worten und Begriffen arbeitete. Die von ihm auf diese Weise entwickelten Gedankengänge waren dann so allgemeinverbindlicher Art, daß Menschen der verschiedensten politischen Richtungen ihm zustimmen konnten.«

173 Le Bon, Gustave, *Psychologie der Massen*, Neuaufl. Stuttgart 1973, S. (in der Reihenfolge der verw. Zitate) 13, 22, 15, 24, 31, 83, 34, 49, 80, 39, 71, 75, 23, 31, 50, 78, 82.

174 Vgl. Anm. 106; Toland, a.a.O., S. 107; Fest, a.a.O., S. 168f., 309.

175 Maser, a.a.O., S. 273.

176 Sebottendorf, a.a.O., S. 62.

177 Schultz, a.a.O., S. 190f., 196, 361; Fest, a.a.O., S. 169; Toland, a.a.O., S. 107.

178 Heiden, a.a.O., S. 116; Dietrich, Otto, *Zwölf Jahre mit Hitler*, München 1955. Vgl. auch Ravenscroft, a.a.O., S. 107f., 165f.; Pauwels/Bergier, a.a.O., S. 282f. Vgl. auch Maser, *Sturm auf die Republik*, a.a.O., S. 180: »Hitler, der sich mit Eckart dutzte, lernte manches von ihm. Manchen Hinweis über Schrift, Wort und Stil, erhebliche Geldbeträge, das Auto für Propagandazwecke, wichtige gesellschaftliche Beziehungen und verschiedene Akzente und Stationen seiner Karriere verdankte er Eckart.« Nicht nur Eckart, sondern auch anderen Thule-Brüdern natürlich, beispielsweise Dr. Friedrich Krohn, »der über eine ›nationalsozialistische‹ Bibliothek mit über 2500 Bänden verfügte, die besonders Hitler von 1919 bis Sommer 1921 eifrig benutzte [...]«. (Ebenda, S.149.)

179 Toland, a.a.O., S. 140; Schultz, a.a.O., S. 361; Heiden, a.a.O., S. 57; Fest, a.a.O., S. 196f.: »Eckart hatte Hitler schon frühzeitig kennengelernt [...] Er lieh und empfahl ihm Bücher, schulte seine Umgangsformen, korrigierte ihn im Ausdruck und öffnete ihm viele Türen [...] Eckart habe, meinte Hitler in seiner Huldigung, ›Gedichte geschrieben, so schön wie Goethe‹. Er hat den Dichter öffentlich seinen ›väterlichen Freund‹ genannt, sich selbst auch als Schüler Eckarts bezeichnet, und es scheint, als habe dieser neben Rosenberg und den Deutschbalten den nachhaltigsten Einfluß während jener Zeit auf ihn ausgeübt. Gleichzeitig hat er Hitler offenbar erstmals die Augen für den eigenen Rang geöffnet.« Bemerkenswerterweise endet denn auch der zweite Band von *Mein Kampf* mit dem gesperrt gedruckten Namen von Dietrich Eckart (Hitler, *Mein Kampf*, a.a.O., S. 781), »[...] der als der Besten einer sein Leben dem Erwachen des, unseres Volkes gewidmet hat im Dichten, und im Denken und am Ende in der Tat.« Vgl. dazu auch Shirer, a.a.O., S. 55.

180 Eckart, Dietrich, *Der Bolschewismus von Moses bis Lenin – Zwiegespräche zwischen Adolf Hitler und mir*, München 1924. Vor allem bezieht sich dieses Buch Eckarts auf die Propaganda-Doktrin der Thule und der Nationalsozialisten. In erster Linie geht es um die verborgene Kraft der Geschichte, für Hitler wie für Eckart das teuflische Judentum: Rasse, Ariertum, jüdische Weltverschwörung, Freimaurerei, die Schuld Martin Luthers, der trotz seiner Judenfeindlichkeit durch die Spaltung des Christentums dem Judentum einen Dienst erwiesen habe, sind die durchgängigen Themen dieses Buches. Ravenscroft, a.a.O., S. 107, über Eckart: »Der imposante Bayer, der zu den sieben Gründern der Nazi-Partei zählte, war nach außen hin bekannt als Dichter, begabter Schriftsteller, Historiker sowie als bon vivant und Liebhaber geistvoller Gespräche. Wer ihn scheinbar ganz dem munteren Treiben in Münchens Bierkellern hingegeben sah, konnte nicht ahnen, daß sich hinter dem jovialen Äußeren dieses ehemaligen Offiziers ein fanatischer Teufelsanbeter versteckte, ein Mann, der die höchsten Weihen in den Künsten der Schwarzen Magie und Ritualen empfangen hatte und Mittelpunkt eines einflußreichen und ausgedehnten Kreises von Okkultisten war – nämlich der Thulegruppe.« Wie Ravenscroft an anderer Stelle ausführt (S. 165), habe Eckart wie auch Hitler selbst durch den Gebrauch von gewissen Narkotika eine Art transzendentaler Bewußtheit erlangt. Unter anderem habe Eckart in Berlin zu einer jener Gruppen gehört, die bei der Ausübung ihrer neuheidnischen magischen Rituale mit dem mexikanischen Kaktus Peyote experimentiert hatten; das ist angesichts der evidenten Morphium- und Alkoholsüchtigkeit Eckarts durchaus nicht unwahrscheinlich. Darüber hinaus war Eckart weitgereist, hielt sich häufiger bei den arabischen Volksstämmen in Nordafrika auf und besuchte auch mehrmals jene Stätten, wo die alten islamischen Hochburgen des mittelalterlichen Spanien gelegen hatten, darunter Granada und Barcelona. Eckart selbst soll sich nach Ravenscroft für eine Reinkarnation des Bernhard von Barcelona gehalten haben, einer Persönlichkeit aus dem neunten Jahrhundert, die eine maßgebliche Rolle beim Zusammenprall der christlich-abendländischen mit der islamischen Welt vor allem durch sein geheimes Zusammenspiel mit der arabischen Welt spielte. Daraus könnte sich auch die oft geäußerte Begeisterung Hitlers für den Islam erklären: »Der Mohammedanismus könnte mich noch für den Himmel begeistern!« (vgl. Picker, a.a.O., S. 81), oder: »Wenn wir Mohammedaner geworden wären, würden wir heute die Welt besitzen.« (Hewel-Tagebuch 1941, Eintrag vom 8.6.41, Zit. bei Thies, a.a.O., S. 30.)

181 Rauschning, a.a.O., S. 238.
182 Vgl. Toland, a.a.O., S. 143.

183 Ebd., S. 128, 143.

184 Maser, a.a.O., S. 276f.; Fest, a.a.O., S. 176, 181; Toland, a.a.O., S. 139.

185 Fest, a.a.O., S. 183. Anhand solcher Beispiele läßt sich der Eindruck nicht vermeiden, daß die Rolle der Thule-Gesellschaft absichtlich aus der NS-Geschichte geklittert werden sollte.

186 Vgl. auch Toland, a.a.O., S. 148.

187 Sebottendorf, a.a.O., S. 166: »Zwei Tage nach der Beerdigung der Gräfin Heila fand in der Thule die Trauerloge statt. Das Rednerpult war mit einer erbeuteten Kommunistenfahne bedeckt, an Stelle des Hammers und der Sichel hatte eine Schwesternhand das Hakenkreuz im weißen Felde angebracht, das Hakenkreuz, das alle Wände der Loge schmückte, für das die Thule-Leute in den Tod gegangen waren.«

188 Toland, a.a.O., S. 144: »Und eines Abends, Hitler stand neben ihm auf der Rednertribüne, erklärte er auf einer Parteiversammlung, die deutschen Kommunisten seien Idealisten, die im Grunde genommen für Deutschlands Rettung kämpften, ohne es zu wissen.«

189 Rauschning, a.a.O., S. 124f. Auf Seite 125 wird Hitler folgendermaßen zitiert: »Eine soziale Revolution wird mir ganz ungeahnte, neue Kräfte leihen. Ich fürchte nicht eine revolutionäre Zersetzung durch kommunistische Propaganda. Aber wir haben hier einen ebenbürtigen Gegner oder Partner, vor dem man auf der Hut sein muß. Deutschland und Rußland ergänzen sich auf unerhörte Weise. Sie sind geradezu füreinander geschaffen. Aber gerade da liegt die Gefahr für uns, daß wir aufgesaugt werden und uns als Volk auflösen. Haben Sie gemerkt, wie Deutsche, die lange in Rußland gewesen sind, nie mehr Deutsche sein können? Der gewaltige Raum hat sie fasziniert. Der Rosenberg ist ja nur darum so gegen die Bolschewiken, weil sie es ihm unmöglich machen, ein Russe zu sein.«

190 Vgl. Pearson, Michael, *Der plombierte Waggon – Lenins Weg aus dem Exil zur Macht*, München 1973, S. 64, 83, 250ff.; Pfeifer, a.a.O., S. 125, 128; Griffin, *Die Absteiger*, a.a.O., S. 96, 117; Griffin, *Die Herrscher*, a.a.O., S. 102.

191 Toland, a.a.O., S. 303, 292f.: »Goebbels war in mancherlei Hinsicht noch immer Marxist, und er versuchte beharrlich, Kommunisten für den Nationalsozialismus zu gewinnen [...] Ebenso wie Strasser war er überzeugt, die Partei solle für die Sache der Arbeiter im allgemeinen und für die Ziele der Gewerkschaften im besonderen eintreten [...] Er hoffte, Hitler bei dessen nächster Reise nach Nordwestdeutschland überzeugen zu können; und dann war er in der Lage, den Nachweis dafür zu führen, daß zwischen den

Kommunisten und den Nationalsozialisten nichts anderes stehe als der Internationalismus der Roten.« Vgl. auch Fest, a.a.O., S. 187, 330, 384f.; Schultz, a.a.O., S. 413; Rauschning, a.a.O., S. 121, 125.

192 Sebottendorf, a.a.O., S. 194 bis 196; Toland, a.a.O., S. 151f.; Maser, a.a.O., S. 273; Görlitz, *Geldgeber der Macht*, a.a.O., S. 24.

193 Churchill, Winston, *Step by Step*, New York 1939. Vgl. Anm. 85 (Lloyd Georges Äußerung, Hitler sei wunderbar und das deutsche Volk das glücklichste auf der Welt). Vgl. auch Anm. 360.

194 Vgl. Maser, a.a.O., S. 311.

195 Toland, a.a.O., S. 269.

196 Ebd., S. 268f., 270 bis 272, 288; bzgl. Pater Stempfles Tätigkeiten auch Fest, a.a.O., S. 638; vgl. auch Bronder, a.a.O., S. 272.

197 Toland, a.a.O., S. 172; vgl. auch Anm. 134.

198 Schramm, Wilhelm v., *Geheimdienst im Zweiten Weltkrieg – Organisationen, Methoden, Erfolge*, München 1974, S. 385; Toland, a.a.O., S. 172; Leasor, a.a.O., S. 47.

199 Schultz, a.a.O., S. 425.

200 Hitler, *Mein Kampf*, S. 738 bis 742.

201 Fest, a.a.O., S. 309; vgl. Thies, a.a.O., S. 149ff.

202 Thies, a.a.O., S. 154 ff.: »Ungeachtet seiner [Hitlers] zeitweiligen taktischen Wendungen und Äußerungen gegenüber dem idealen Bündnispartner hat es vielmehr den Anschein, als wenn Hitler zu keiner Zeit von seiner grundsätzlich positiven Einschätzung von England in bezug auf seinen ›Rassenwert‹ abgewichen sei. Zwar befürchtete er von Zeit zu Zeit ein Abschwenken Englands in eine Koalition mit den USA, damit die militärische Auseinandersetzung, andererseits hoffte er – bei rechtzeitigem Abschluß des Barbarossa-Unternehmens im Herbst 1941 –, England kurzfristig als Verbündeten und Juniorpartner auf seine Seite ziehen zu können!« Vgl. auch Irving, David, *Hitler und seine Feldherren*, Frankfurt 1975, S. 127, 135, 154, 246. Vgl. auch Irving, David, *Hitlers Weg zum Krieg*, München 1978, insbes. S. 126f.: »Seit 1922 hatte Hitler in England den zukünftigen Partner Deutschlands bei der Beherrschung der Welt gesehen [...] des öfteren hatte er geäußert: ›Der Zusammenbruch des britischen Empire wäre ein großes Unglück für Deutschland und Europa.‹ Er entwickelte vage Pläne, wonach Deutschlands neue Wehrmacht Großbritannien zur Verfügung stehen sollte, wenn seine Kolonien in Fernost angegriffen würden.« Bemerkenswerterweise war einer der Exponenten dieser Anglophilie Hitlers jener Mann, den Trebitsch-Lincoln während des Kapp-Putsches in Berlin zwei wichtigen Persönlichkeiten aus München vorstellte (siehe Anm. 143), nämlich Ribbentrop, zeitweiliger politischer Berater von Heß, der schließlich bekannterweise sogar nach England flog. Irving, a.a.O., S. 127, zitiert eine Erklärung Ribbentrops gegenüber dem türkischen Diplomaten Acikalin aus dem Jahr 1941: »Tatsache ist, daß ich dem Führer immer geraten habe, alles nur irgend mögliche zu tun, um die Freundschaft mit England herbeizuführen.« Vgl. Rauschning, a.a.O., S. 113ff. Zu Haushofers Beziehungen zu England, insbes. zu Familie des Herzogs von Hamilton, vgl. auch Leasor, a.a.O., S. 60ff., insbes. S. 64; zu den englischen Freunden von Heß ebd., S. 85f., auch Schellenberg, a.a.O., S. 160.

203 Vgl. Anmerkungen 381–386.

204 Vgl. Pauwels/Bergier, a.a.O., S. 376ff.; Ravenscroft, a.a.O., S. 253ff., 260ff.; vgl. auch Anm. 13, 69, 145.

205 Fest, a.a.O., S. 208.

206 Toland, a.a.O., S. 293.

207 Pauwels/Bergier, a.a.O., S. 368; in einer leicht abgeänderten Version bei Ravenscroft, a.a.O., S. 107: »Folgt Hitler! Er will tanzen, aber ich bin es, der die Melodie angestimmt hat! Ich habe ihn in die geheime Lehre eingeweiht, seine Visionszentren geöffnet und ihm die Mittel gegeben, mit den Mächten zu kommunizieren. Trauert nicht um mich: Ich werde die Geschichte mehr als alle anderen Deutschen beeinflußt haben!« Vgl. auch Schultz, a.a.O., S. 189, 361; Irving, *Hitlers Weg zum Krieg*, a.a.O., S. 146; Jones, Sidney, a.a.O., S. 319; vgl. auch Orzechowski, a.a.O., S. 50, unter Hinweis auf Engelmann, Ralph Max, *Dietrich Eckart and the genesis of Nazism*, Phil. Diss., Washington Unversity, St. Louis/Missouri 1971, und Plewnia, Margarete, *Auf dem Weg zu Hitler – Der »völkische« Publizist Dietrich Eckart*, Bremen 1970. Nach Ravenscroft, a.a.O., S. 108, soll Eckart auch einmal gleichermaßen pathetisch wie blasphemisch ausgerufen haben: »Hier ist der, für den ich nur ein Prophet und Vorläufer bin.«

208 Zur Stimmung auf dem Obersalzberg vgl. u.a. Toland, a.a.O., S. 288; Fest, a.a.O., S. 527; Rauschning, a.a.O., S. 246. Zur Publizität Hitlers in den USA vor allem mit Hilfe der Blätter des Hearst-Konzerns vgl. auch Toland, a.a.O., S. 356; Rauschning, a.a.O., S. 90; desgleichen Warburg, Sidney, *De geldbronnen van het NationalSocialisme. Drie Gesprekken met Hitler*, Amsterdam 1933, S. 34ff.; auch Anm. 268, 354.

209 Pauwels/Bergier, a.a.O., S. 307; vgl. Rauschning, a.a.O., S. 81, 66, 160, 233, 146; auch Warburg, a.a.O., S. 92.

210 Rauschning, a.a.O., S. 230.

211 Ebd., S. 232.

212 Ebd., S. 232, 233.

213 Ebd., S. 266f.

214 Ebd., S. 230.

215 Ebd.

216 Ebd., S. 138f.

217 Ebd., S. 257.

218 Zit. nach Syberberg, Hans-Jürgen, *Hitler – ein Film aus Deutschland*, Hamburg, 1978.

219 Langer, Walter C., *The mind of Adolf Hitler – The secret wartime report*, New York 1972; Waite, Robert G. L., *The psychopathic god, Adolf Hitler*, New York 1977. Vgl. insbes. Jones, Sidney, a.a.O., S. 91f., 307f.; Ravenscroft, a.a.O., S. 182f.

220 Rauschning, a.a.O., S. 240ff. Vgl. dazu Anm. 52, 53, 60, 172.

221 Rauschning, a.a.O., S. 202.

222 Ebd., S. 60, 203f. Vgl. dazu ganz allgemein Maser, *Adolf Hitler – das Ende einer Führerlegende.*

223 Der Eindruck Hitlers als eines Mediums, einer Hülle, die von irgendwelchen Kräften benutzt wurde, eines Automaten, der an- und ausgeschaltet werden kann, wird immer wieder beschrieben. Vgl. etwa Toland, a.a.O., S. 285, über einen dieser Auftritte, an die sich Heinz Haushofer erinnerte, der von seinem Vater zu einer Rede Hitlers in einen Münchner Salon mitgenommen wurde. »Hitler gebärdete sich, als ob er hinter dem Rednerpult im Zirkus Krone stünde. Es war entsetzlich [...] er schrie und gestikulierte mit den Armen. Niemand unterbrach ihn.

Er redete und redete, wie eine Schallplatte, eine oder eineinhalb Stunden hindurch, bis er absolut erschöpft war [...] als er geendet hatte und atemlos dasaß, zeigte er sich wieder als der einfache und freundliche Mann [...] Es war, als ob er in einen anderen Gang geschaltet hätte. Und es gab kein Zwischenstadium.« Vgl. auch Anm. 209.

224 Zit. Pauwels/Bergier, a.a.O., S. 306; Ravenscroft, a.a.O., S. 177.

225 Rauschning, a.a.O., S. 204.

226 Ebd., S. 81.

227 Ebd., S. 211.

228 Ebd., S. 255.

229 Ebd., S. 95, 256.

230 Ebd., S. 198f.

231 Ebd., S. 45.

232 Ebd., S. 141ff. (vgl. Anm. 156).

233 Ebd., S. 164f.

234 Ebd., S. 238.

235 Ebd., S. 165.

236 Ebd., S. 44 (vgl. Anm. 253).

237 Ebd., S. 45f.

238 Buchheim, a.a.O., S. 33; Rauschning, a.a.O., S. 36f.

239 Vgl. Schultz, a.a.O., S. 611, 860; Höhne, a.a.O., S. 49; Krausnick in: Buchheim/Broszat/Jacobsen/Krausnick [Hrsg.], *Anatomie des SS-Staates*, a.a.O., Bd. 2, S. 247; Rauschning, a.a.O., S. 36f.

240 Höhne, a.a.O., S. 53, 134, 138, 146; Rauschning, a.a.O., S. 36ff. Zum Thema der Lebensborn-Heime siehe Hillel, Marc, *Lebensborn e.V. – Im Namen der Rasse*, Wien 1975.

241 Rauschning, a.a.O., S. 122; vgl. Anm. 344, 345, 346, 347.

242 Thies, a.a.O., S. 150: »Der Führer gibt seiner unumstößlichen Gewißheit Ausdruck, daß das Reich einmal ganz Europa beherrschen wird. Wir werden dafür noch sehr viele Kämpfe zu bestehen haben, aber sie werden zweifellos zu den herrlichsten Erfolgen führen. Von da ab ist praktisch der Weg zu einer Weltherrschaft vorgezeichnet. Wer Europa besitzt, der wird damit die Führung der Welt an sich reißen.« (Zit. nach *Goebbels Tagebücher. Aus den Jahren 1942–43*, mit anderen Dokumenten hrsg. von L. P. Lochner, Zürich 1948, S. 327, Eintrag vom 8. 5. 1943).

243 Gruchmann, L., *Nationalsozialistische Großraumordnung – Die Konstruktion einer deutschen »Monroe-Doktrin«*, Stuttgart 1962, S. 151; Vgl. Thies, a.a.O., S. 149f.; Fest, a.a.O., S. 309.

244 Rauschning, a.a.O., S. 128; Vgl. Anm. 347.

245 Ebd., S. 234; vgl. Anm. 71.

246 Ebd., S. 177f.

247 Ebd., S. 218.

248 Ebd., S. 52.

249 Ebd., S. 214.

250 Ebd., S. 181.

251 Ebd., S. 218f.

252 Ebd., S. 222.

253 Ebd., S. 130ff.

254 Ebd., S. 139.

255 Buchheim 1, a.a.O., S. 249f. In dieser Ansprache vor Offizieren der Wehrmacht am 22. Juni 1944 zur Unvermeidbarkeit des Krieges und der Macht des Stärkeren als kosmisches Gesetz führte Hitler weiter aus: »Es ist eine andere Weltordnung und ein anderes Weltgesetz nicht denkbar in einem Universum, in dem die Fixsterne Planeten zwingen, um sie zu kreisen, und Planeten Monde in ihre Bahn bringen, in dem im gewaltigsten und gigantischsten Geschehen Sonnen eines Tages zerstört werden und andere an ihre Stelle treten. Sie lehrt uns, daß auch, was im Großen gilt, im Kleinen genau so als Gesetz, selbstverständlich ist.«

256 Pauwels/Bergier, a.a.O., S. 388.

257 Brugg, Elmar, *Spießbürger gegen Genie*, Zürich 1952; Zit: Pauwels/Bergier, a.a.O., S. 336ff.; zur Welteislehre allgemein siehe Fauth, Phil., *Hörbigers Glacial-Kosmogonie*, Kaiserslautern 1913. Picker, a.a.O., S. 94, zitiert Hitler in diesem Zusammenhang: »Ich neige der Welteislehre von Hörbiger zu. Vielleicht hat um das Jahr 10 000 vor unserer Zeitrechnung ein Einbruch des Mondes stattgefunden. Es ist nicht ausgeschlossen, daß die Erde den Mond damals in seine jetzige Bahn gezwungen hat. Möglich auch, daß das, was der Mond als Atmosphäre um sich hatte, unsere Erde an sich gerissen hat, womit sich die Lebensbedingungen der Menschheit auf der Erde von Grund auf verändert haben. Denkbar ist, daß es damals Wesen gab, die in jeder Höhe und Tiefe haben existieren können, weil es den Zwang des atmosphärischen Drucks nicht gegeben hat [...] ich glaube, diese Fragen werden sich nur lösen, wenn eines Tages ein Mensch intuitiv Zusammenhänge schaut und der exakten Wissenschaft damit den Weg weist.«

258 *Linzer Volksblatt*, Nr. 244/1931.

259 Blavatsky, *Geheimlehre*, Bd. 1, a.a.O., S. 66.

260 Rauschning, a.a.O., S. 232.

261 Ebd., S. 231.

262 Ebd., S. 106.

263 Vgl. Pauwels/Bergier, a.a.O., S. 312, 339; Knaut, a.a.O., S. 224ff.; Hagenau, Gerda, *Verkünder und Verführer – Prophetie und Weissagung in der Geschichte*, München 1979, S. 238ff.; allgemein und insbesondere zu Krafft vgl. vor allem Howe: *Astrology and the Third Reich*, a.a.O., sowie auch Wilson, Colin, *Das Okkulte*, a.a.O., S. 355. Nach dem Englandflug von Heß fiel Krafft der allgemeinen Säuberungskampagne unter den Astrologen zum Opfer. Er starb 1945 auf dem Transport nach Buchenwald. Wilhelm Wulff erstellte im Spätsommer 1923 Hitlers Horoskop und sagte »Gewaltanwendung mit einem verheerenden Ergebnis am 8. und 9. November« voraus. Er avancierte schließlich zum astrologischen Berater der SS. (Toland, a.a.O., S. 198.) Nach 1943 wurde allerdings auch Wulff KZ-interniert und arbeitete weiter als Astrologe

»gezwungenermaßen für den Staatssicherheitsdienst unter besonderer Aufsicht des Himmler-Masseurs Med. Rat. Felix Kersten« (Syberberg, a.a.O., S. 315). Himmler selbst konsultierte ihn noch in den letzten Wochen und Tagen des 2. Weltkrieges (vgl. Wulff, Wilhelm Th. H., *Tierkreis und Hakenkreuz*, Gütersloh 1968, engl.: *Zodiak and swastika*, New York 1973).

Erwiesenermaßen erlebte die Astrologie mit dem Aufstieg des Nationalsozialismus einen gewaltigen Aufschwung. Deutsche Psychiater und Psychologen beschäftigten sich mit Überlegungen für eine »psychologische Astrologie«. So vertrat Dr. O. A. H. Schmitz, ein glühender Anhänger des Schweizer Psychologen C. G. Jung, die Ansicht, die Astrologie könne genau das sein, was die Psychologie benötigte. (Toland, a.a.O.; vgl. dazu ganz allgemein MacNeice, Louis, *Astrologie*, Frankfurt 1965; Wulff, Wilhelm, a.a.O.)

264 Müllern-Schönhausen, Dr. Johannes von, *Die Lösung des Rätsels Adolf Hitler*, Wien 1959, S. 118: Nach Müllern-Schönhausen war es Erik Jan Hanussen, der Hitler die für seine Auftritte charakteristische Körpersprache beibrachte. Als Hitler 1926 zum erstenmal mit Hanussen in einem Berliner Salon zusammentraf, habe Hanussen die Frage gestellt: »Wenn Sie schon Politik betreiben wollen, warum lernen Sie nicht sprechen?« Hanussen erklärte Hitler, er nutze die Möglichkeit, seinen Worten durch entsprechende Gebärdensprache Nachdruck zu verleihen, nicht aus. Nach Müllern-Schönhausen seien Hitler und Hanussen in den folgenden Jahren immer wieder zusammmengekommen, und Hanussen habe ihm nicht nur die Feinheiten der Redekunst beigebracht, sondern ihn auch wesentlich bei der Auswahl seiner politischen Mitarbeiter beraten. Vgl. dazu auch Toland, a.a.O., S. 297, 303, 384, 393, 402; Knaut, a.a.O., S. 226ff.; Bronder, a.a.O., S. 231; auch Wilde, Harry, *Die Reichskanzlei 1933–1945 – Befehlszentrale des Dritten Reiches*, Frankfurt 1978, S. 67ff.

265 Pauwels/Bergier, a.a.O., S. 350ff.; vgl. auch Macksey, Kenneth, *Guderian – Der Panzergeneral*, Düsseldorf 1978, S. 234ff., 239: »Die fünfstündige Unterredung mit Hitler am 20. Dezember war völlig unproduktiv. Jedesmal wenn Guderian Beweise für die schrecklichen Zustände an der Front vorlegte, fegte sie Hitler mit unpraktischen Lösungen vom Tisch. Als Hitler Guderians Sorgen angesichts des ihm unausweichlich scheinenden Verhängnisses mit einer historischen Analogie widerlegen wollte, hatte auch Guderian ein passendes Beispiel parat [...] Der leiseste Hinweis darauf, daß das OKW die Lage an der

Front verkenne, stimulierte Hitlers Ungehaltenheit und Zorn [...] und Guderian war gezwungen, an die Front zurückzukehren und das Beste aus seiner schlechten Aufgabe zu machen: Verteidigungslinien zu halten, wo wegen des tiefgefrorenen Bodens keine Dauerstellungen möglich waren, Material zu verwenden, das auseinanderzufallen drohte, und Männer zu führen, die ermattet und niedergeschlagen, wenn auch noch nicht gebrochen waren.«

266 Kogon, Eugen, *Der SS-Staat – Das System der deutschen Konzentrationslager*, Frankfurt 1965, S. 23, 26.

267 Rauschning, a.a.O., S. 223.

268 Wenn man in Betracht zieht, daß Herschel Steinschneider alias Jan Erik Hanussen jüdischer Abstammung war, ebenso wie Trebitsch-Lincoln (siehe Anm. 136, 142, 264), ist es zweifellos gerechtfertigt, davon zu sprechen, daß auch Juden bereit gewesen wären, Hitler in seinem politischen Kampf zu helfen. Auch die Namensliste der Thule-Gesellschaft weist darauf hin, daß schon hinter den verschlossenen Türen dieser Geheimgesellschaft praktiziert wurde, was Göring später so ausdrückte: »Wer Jude ist, bestimme ich.« Unter jenen deutschen Industriellen, die die nationalsozialistische Bewegung finanziell unterstützten, finden sich auch Förderer jüdischer Abstammung wie der Aufsichtsrats-Vorsitzende der »Rheinbraun AG«, Paul Silverberg. Ihn bewegte die Frage, wie eine – so ein Urteil – wertvolle nationale Massenbewegung wie die von Hitler ausgelöste in vernünftige Bahnen zu lenken sei (Görlitz, *Geldgeber der Macht*, a.a.O., S. 57f.). Ein anderer, dem die für einen deutschen Juden wahrhaftig zweifelhafte Auszeichnung eines »Ehren-Ariers« zuteil wurde, war Waldemar von Oppenheim vom Kölner Bankhaus Sal Oppenheim, dem es möglich war, nach der Arisierung der Bank die Geschäfte gemeinsam mit Robert Pferdmenges weiterzuführen, der übrigens mit den Amerikanern Swope, Minor, Baldwin und Young über General Electric im Vorstand der AEG saß, als diese ihr nicht unbeträchtliches Schärflein zum Polit-Fonds Hitlers beisteuerte (Sutton, *Wallstreet and the Rise of Hitler*, a.a.O., S. 55f., 59f., 130). Abgesehen davon hätte Hitlers diesbezügliche Äußerung durchaus auch seine Richtigkeit in bezug auf Kreise der amerikanischen Hochfinanz, insbesondere der Bankiersfamilie Warburg und des Bankhauses Kuhn, Loeb & Co gehabt. Vgl. Sutton, a.a.O., insbes. S. 146 und 147, desgleichen Anm. 553. Dieses ohne schlüssigen Beweis immer wieder als Fälschung diskreditierte, 1933 von dem amerikanischen Bankier James P. Warburg entweder selbst unter dem Namen Sidney Warburg oder von seinem Sohn

Sidney Warburg in Amsterdam veröffentlichte Buch belegt die Finanzierung Hitlers und der NSDAP durch die Wallstreet-Banker mit insgesamt 32 Millionen US-Dollar. Bei James P. Warburg handelt es sich um einen Neffen des einstigen Vizechefs und Mitbegründer des amerikanischen Federal Reserve Board, Paul Warburg, und Max Warburg, er war als Chef des deutschen Geheimdienstes dafür verantwortlich, daß Lenin in jenem berühmten plombierten Wagon heil durch Deutschland kam. Außerdem kümmerte er sich als Finanzier Wilhelms II. um die Finanzgeschäfte der Reichsregierung und leitete die Familienbank M. N. Warburg & Co in Frankfurt. Die Ernennungsurkunde von Hjalmar Schacht zum Präsidenten der Reichsbank trägt die Unterschriften von Adolf Hitler und Max Warburg; sie dürfte schwerlich als Fälschung klassifiziert werden können.

Neben diesen direkten Zuwendungen läßt sich eine indirekte Finanzierung bzw. Rüstungshilfe der US-Hochfinanz für das Dritte Reich in geradezu phänomenalem Ausmaß nachweisen: Schon Ende 1929 heirateten I.G. Farben und Standard Oil. Standard gab dafür I.G. Farben 546 000 seiner Stammaktien im Wert von 30 Millionen Dollar.

Zwei Jahre später unterzeichnete I.G. Farben ein Abkommen in Alcoa; beide Firmen legten Patente und Know-how in der Magnesiumherstellung zusammen. Auch Henry Ford kam nach Deutschland und beteiligte sich mit 40 Prozent an I.G. Farben. Am Vorabend des Zweiten Weltkrieges, 1937 bis 1939, stellten die I.G. Farben und die Vereinigten Stahlwerke 95 Prozent der deutschen Explosivstoffe her. Die beiden größten Panzer-Hersteller im Hitler-Deutschland waren mehr oder weniger amerikanische Firmen: Opel war eine hundertprozentige Tochter von General Motors, die ihrerseits von J. P. Morgan kontrolliert wurde. Die Ford AG war eine Tochterfirma der Ford Motor Company in Detroit. Sutton, Anthony, C., *Wallstreet and the rise of Hitler*, Standford, Calif. 1973, S. 21, 23, 31ff. Sorgfältig dokumentierte Beweise dafür, daß amerikanische Bank- und Industriekreise am Aufstieg des Dritten Reiches maßgeblich beteiligt waren, sind in den Protokollen und Berichten über Regierungshearings zu finden, die von den verschiedensten amerikanischen Senats- und Kongreßausschüssen veröffentlicht wurden: *U.S. – Federal Reserve Board Bulletins*, 1914–1951; *House Subcommittee to Investigate Nazi Propaganda*, 1934; *House Temporary National Economic Committee*, 1914; *Senate Subcommittee on War Mobilization*, 1946; *Senate Hearings on B. McCabe to be a Governor of the Federal Reserve System*, 1948; *Senate Hearings on Office of Price Administration*, 1941,

1944; vgl. auch Pfeifer, a.a.O., S. 135ff.; Griffin, *Die Absteiger*, a.a.O., S. 177ff.; vgl. Anm. 553.

269 Zit. bei Pfeifer, a.a.O., S. 120.

270 Rauschning, a.a.O., S. 227; vgl. Krausnick, in: Buchheim 2, a.a.O., S. 256: »Für die sogenannte nationalsozialistische Weltanschauung war die nordische Rasse – verkörpert durch den ›Führer‹ – das Prinzip des Guten, der Jude aber die ›Gegenrasse‹, das mit fast übernatürlichen Kräften ausgestattete Prinzip des Bösen, gleichsam der Teufel.« Vgl. Joachim Fest, a.a.O., S. 302: »Es war eine infernalische, fratzenhafte Spukgestalt, ›eine Wucherung über die ganze Erde hinweg‹, der Erbfeind und ›Herr der Gegenwelt‹, eine schwer entwirrbare Konstruktion aus Besessenheit und psychologischer Berechnung.« Schon 1923 hatte Hitler in einer Rede im Zirkus Krone ausgerufen: »Der Jude ist wohl Rasse, aber nicht Mensch. Er kann gar nicht Mensch im Sinne des Ebenbildes Gottes, des Ewigen sein. Der Jude ist das Ebenbild des Teufels.«

271 Zit. Knaut, a.a.O., S. 228, vgl. auch S. 136ff.

272 Schellenberg, Walter, *Aufzeichnungen*, Wiesbaden 1979, S. 40; Höhne, a.a.O., S. 142ff.

273 Vgl. Höhne, a.a.O., S. 142ff.; Hüser, Karl, *Wewelsburg 1933 bis 1945 – Kult- und Terrorstätte der SS – Eine Dokumentation*, Paderborn 1982; vgl. auch Wykes, Allan, *Himmler*, London 1973, S. 121f.; Ravenscroft, a.a.O., S. 311ff.

274 Höhne, a.a.O., S. 143.

275 Ebd., S. 143.

276 Vgl. Höhne, a.a.O., S. 53, 141: »Durch das Kollektiv der SS zog der Reichsführer eine Grenzlinie, die des Ordens Priesterschaft und hohe Priesterschaft von den Laienbrüdern trennte.« Vgl. auch Buchheim 1, a.a.O., S. 103: »Es war Himmler bewußt, daß in der Verschmelzung von SS und Polizei ein gewisser Widerspruch lag: Denn der Orden der SS sollte eine Auslese nach nationalsozialistischen Gesichtspunkten sein, die Mannschaft der Polizei hingegen war das nicht und mußte deshalb, soweit sie in die SS übernommen wurde, deren Ordenscharakter verwässern.« Vgl. auch Knaut, a.a.O., S. 231f.; Wykes, a.a.O., S. 121.

277 Höhne, a.a.O., S. 18.

278 Schellenberg, a.a.O., S. 39.

279 Höhne, a.a.O., S. 135f.; vgl. auch 270ff.; Rauschning, a.a.O., S. 225f.

280 Pauwels/Bergier, a.a.O., S. 386.

Vgl. Höhne, a.a.O., S. 516, 532: »Als sich das Dritte Reich seinem Ende zuneigte, vor allem nach seiner Ablösung als Oberbefehlshaber der

Heeresgruppe Weichsel, nahm Himmler Abschied [...] ›von einem lebenslangen Idol‹, von ›einem Gott, dem der Mystiker im SS-Rock die
grausigsten Blutopfer dargebracht hatte‹ [...] Von diesem 20. März
[1945] an wollte Himmler retten, was er noch retten zu können glaubte:
das eigene Leben, den Orden, die Illusion einer düsteren Karriere. Es
wäre freilich nicht Heinrich Himmler gewesen, hätte er sich nicht in eine
neue Wahnwelt geflüchtet, in neue Illusionen, die ihm vorgaukelten, er
sei dazu berufen, Frieden zu stiften und das von Hitler befreite Nachkriegsdeutschland zu leiten.« Immer eindringlicher beschworen SS-
Chef Schellenberg und auch Finanzminister Graf Schwerin von Krosigk
den SS-Chef, »Deutschland von diesem Wahnsinnigen in der Reichskanzlei zu befreien«. Als alle diese Appelle den zaudernden Himmler
nicht zur Tat zu bewegen vermochten, ließ Schellenberg einen neuen
Helfer anrücken, Himmlers skandinavischen Wunderheiler, den Magnetiseur Kersten. Kurioserweise brachte dieser zu dem Versuch, den SS-
Chef zur Machtübernahme zu überreden, »den denkwürdigsten
Besucher mit, den man sich vorstellen konnte: Robert Mansur, den
offiziellen Vertreter des jüdischen Weltkongresses«.

Vgl. dazu auch die Kapitel »Die Ritter der Vereinigten Staaten von
Europa«, »Nazis, CIA und Vatikan« und »Die Neue Weltordnung«.

281 *Der Spiegel*, 35. Jg., Nr. 11 v. 9. März 1981, S. 213; vgl. Buchheim
1, a.a.O., S. 244: »Wir müssen die Männer lehren, selbstlos das bißchen
›ich‹ zu vergessen, damit sie sich, wenn es sein muß, vorbehaltlos
einsetzen und ihre Pflicht erfüllen.«

282 Rauschning, a.a.O., S. 225.

283 Ebd.

284 Ebd., S. 226.

285 Schultz, a.a.O., S. 295.

286 Vgl. Pauwels/Bergier, a.a.O., S. 390ff. Bronder, a.a.O., S. 93, über
den von Friedrich Hielscher 1931 geschriebenen Roman *Das Reich:*
»Darin stellt er fest, daß die Idee eines göttlichen Reiches nirgends auf
Erden so lebendig ist wie in der deutschen Seele. Es sei ein kleiner Kreis,
eine Gemeinschaft der Heiligen, das Reich der Auserwählten und eine
Einheit von ›Seelen, welche diese Fülle des Glaubens besitzen‹.« Vgl.
auch Schultz, a.a.O., S. 295, 325, 818.

287 Vgl. Pauwels/Bergier, a.a.O., S. 389; Toland, a.a.O., S. 545; Hedin,
Sven, *Germany and world peace*, London 1937, S. 99: »Ein Mann
[Hitler], der im Zeitraum von vier Jahren sein Volk aus dem tiefsten
Abgrund zum Selbstbewußtsein, zum Stolz, zur Disziplin und zur Macht

gebracht hat, verdient die Dankbarkeit seiner Mitbürger und die Bewunderung der ganzen Menschheit.«

288 Zit. nach Pauwels/Bergier, a.a.O., S. 390f. Daß dieser Verdacht durchaus begründet war und es sich dabei keineswegs nur um Spekulation handelt, beweisen die von Rosenberg verfaßten »dreißig Grundartikel« der »nationalen Reichskirche«. Vgl. dazu J.-J. Goux, *Les Iconoclastes*, o.a.O., S. 56.

289 Ravenscroft, a.a.O., S. 265: »Hielscher, ein Eingeweihter noch höheren Ranges als Haushofer und diesem im Wissen über die ›Heimliche Lehre‹ weitaus überlegen, trat niemals der Nazi-Partei bei. Als Mitglied eines weltumspannenden Kults von höherer Ordnung betrachteten viele führenden Nazis ihn als ihren geistigen Lehrer und Beichtvater, von Sievers, Heydrich und Kaltenbrunner waren ihm ergeben. Heinrich Himmler sprach flüsternd voller Ehrerbietung von ihm [...]«

290 Höhne, a.a.O., S. 19ff. Vgl. auch Tournier, Michael, *Der Erlkönig*, Hamburg 1972, S. 340ff.

291 Höhne, a.a.O., S. 127.

292 Ebd., S. 139.

293 Ebd.

294 Vgl. Höhne, a.a.O., S. 140, Buchheim 1, a.a.O., S. 153ff., 216.

295 Vgl. Buchheim 1, a.a.O., S. 231.

296 Ebd., S. 239ff.

297 Ebd., S. 241; Höhne, a.a.O., S. 149.

298 Buchheim 1, a.a.O., S. 244.

299 Vgl. Buchheim 1, a.a.O., S. 266.

300 Höhne, a.a.O., S. 235: »Himmler kannte nur zu gut die Qualen seiner Spießerseelen. Er ließ keine Gelegenheit aus, die Männer der Einsatzgruppen moralisch wieder hochzupäppeln – in jener pseudopatriotischen Doktrin, die auch dem zynischsten Zuhörer einsuggerieren sollte, Teilhaber eines gewaltigen, von Menschenhirnen kaum zu begreifenden Weltplans zu Errettung des deutschen Volkes und der nordischen Rasse zu sein. ›Von euch werden die meisten wissen‹, so sprach er sie an, ›was es heißt, wenn 100 Leichen beisammen liegen, wenn 500 daliegen oder wenn 1000 daliegen. Dies durchgehalten zu haben und dabei – abgesehen von Ausnahmen menschlicher Schwächen – anständig geblieben zu sein, das hat uns hart gemacht. Dies ist ein niemals geschriebenes und niemals zu schreibendes Ruhmesblatt unserer Geschichte.‹«

301 Buchheim, a.a.O., S. 286.

302 Ebd., S. 252.

303 Ebd., S. 292.

304 Ebd., S. 255ff.

305 Rauschning, a.a.O., S. 44.

306 Vgl. Höhne, a.a.O., S. 141.

307 Buchheim 1, a.a.O., S. 244.

308 Höhne, a.a.O., S. 144.

309 Ebd., S. 145.

310 Ebd.

311 Rauschning, a.a.O., S. 212; vgl. Picker, a.a.O., S. 40: »Man hat diesen Nimbus Hitlers mit der Ideenentwicklung des 19. Jahrhunderts zu erklären versucht. Denn sie ließ mit ihrer rasch fortschreitenden Verweltlichung das metaphysische Denken, die religiösen Bindungen, Freiheit und Würde des Einzelmenschen und das Gesetz des sittlichen Gewissens verkümmern und erhob die Idee der Nation als Gottheit auf den Altar des Glaubens, als deren Personifikation Hitler in Deutschland ebenso erschien, wie Stalin in der UdSSR.«

312 Höhne, a.a.O., S. 147.

313 Rauschning, a.a.O., S. 51, 55.

314 Ebd., S. 39ff.; vgl. Höhne, a.a.O., S. 240ff., 270ff.

315 Rauschning, a.a.O., S. 40; vgl. auch Goodrick-Clarke, *The occult roots*, a.a.O., S. 177, hinsichtlich der Tatsache, daß Himmler gemeinsam mit Darré das berühmte »Amt Ahnenerbe« zwecks okkulter prähistorischer germanischer Wurzelforschung begründete.

316 Dazu allgemein Hillel, *Lebensborn*, a.a.O.; Höhne, a.a.O., S. 148: »Hauptattraktion des Lebensborn war, daß in seinen Heimen auch und vor allem ledige Mütter ihre Kinder gebären konnten. Lebensborn-Geschäftsführer Dr. Ebner rühmte: »Lebensborn ist nämlich als einzige Organisation dazu in der Lage, durch seine Einrichtungen die restlose Geheimhaltung einer Entbindung durchzuführen.« Der Reichsführer habe damit »jedem SS-Mann den Befehl gegeben, sich schützend vor die werdende Mutter guten Blutes zu stellen«. Auch diesen deutlichen Wink, zum Wohle des »guten Blutes« alle Schranken bürgerlicher Konvention zu durchbrechen, überhörten die meisten SS-Männer. Von 12 081 Kindern der verheirateten SS-Führer zwischen zwanzig und fünfzig Jahren entstammten nur 135 unehelichen Verhältnissen.

317 Vgl. Höhne, a.a.O., S. 290, 463.

318 Vgl. Pauwels/Bergier, a.a.O., S. 388ff.; Ravenscroft, a.a.O., S. 253; vgl. zur Bestellung Wusts und über das Forschungsamt Ahnenerbe im allgemeinen auch Bollmus, Reinhard, *Das Amt Rosenberg und seine Gegner. Zum Machtkampf im nationalsozialistischen Herrschaftssystem. Studien zur Zeitgeschichte*, Stuttgart 1970, S. 178ff. Allgemein zum Thema: Kater, Michael H., *Das »Ahnenerbe« der SS 1935–1945*, Stuttgart 1974; dazu auch Mund, *Der Rasputin Himmlers*, a.a.O. Im übrigen zeigt sich in der NS-Historiografie bezüglich des Amtes Ahnenerbe dieselbe bemerkenswerte Zurückhaltung wie etwa gegenüber Sebottendorf, Trebitsch-Lincoln usw.

319 Pauwels/Bergier, a.a.O., S. 390; Ravenscroft, a.a.O., S. 263ff.

320 Herzfeld, Hans [Hrsg.], *Geschichte in Gestalten – Ein biographisches Lexikon*, Frankfurt a.M. 1981, Bd. 2, S. 159f.

321 Weishaupt, Adam, *Apologie der Illuminaten*, Frankfurt, Leipzig (Nürnberg) 1786, S. 126, 127. Vgl. Dülmen, Richard von, *Der Geheimbund der Illuminaten. Neuzeit im Aufbruch 1*, Stuttgart/Bad Cannstadt 1975 (in Folge Zit. als Dü), S. 214.

322 Weishaupt, *Apologie*, a.a.O., S. 128 (Dü 215).

323 Ebd., S. 127 (Dü 215).

324 Schirach bei seinem Prozeß in Nürnberg 1946: *Der Prozeß gegen die Hauptkriegsverbrecher vor dem Internationalen Militärgerichtshof*, Bd. 14, Nürnberg, 1948, S. 529.

325 Langer, a.a.O., deutsche Übers. v. Walter C. Langer, *Das Adolf-Hitler-Psychogramm – Eine Analyse seiner Person und seines Verhaltens, verfaßt für die psychologische Kriegsführung der USA*, Wien, München, Zürich 1973, S. 71. Vgl. Anm. 213, 306, 307 mit ähnlichen Äußerungen Hitlers etwa in: *Mein Kampf*, a.a.O., S. 395.

326 Bronder, a.a.O., S. 266.

327 Bronder, a.a.O., S. 263

328 Langer, a.a.O., S. 71.

329 Bronder, a.a.O., S. 283.

330 Langer, a.a.O., S. 71.

331 Tournier, a.a.O., S. 340f.; vgl. Anm. 290.

332 Siehe Anm. 172.

333 Siehe Anm. 264.

334 In einem Aufsatz in *Deutsche Hochschullehrer Zeitung*, Nr. 4, 1961, S. 13; Zit. Bronder, a.a.O., S. 14, 431, Anm. 3. Über das von dem einschlägig bekannten Tübinger Verlag Grabert herausgegebene, im Titel leicht hochstapelnde Blatt der rechten Szene wäre allerdings etliches zu sagen, insbesondere aber zu David L. Hoggan, der 1961 in ebendiesem Verlag sein Buch *Der erzwungene Krieg* herausbrachte, das von der -

nostalgischen wie neo-rechtsextremen Szene mit Jubel als Geschichtsbibel aufgenommen wurde. Kein Wunder: Erscheint darin Hitler doch als Staatsmann mit politischem Weitblick, als Anwalt eines schier pazifistischen Humanismus, dem nichts ferner lag als der Gedanke an Krieg und dessen Friedenspolitik einzig am Kriegswillen der Deutschenhasser in London und Washington scheiterte. Davon kann natürlich in solcher Einseitigkeit nicht die Rede sein. Daß gewisse Kräfte in London und Washington tatsächlich den Krieg wollten, spricht Hitler und vor allem jene Deutschen nicht frei, die mit Washington und London unter einer Decke steckten, die Welt in den Krieg hineinmanövrierten und dabei beachtlichen Gewinn aus dem Elend der Völker zogen. Hier zeigt sich in der Tat einmal mehr, wie schwierig es ist, gewisse Tatsachen, die tatsächlich im Widerspruch zur offiziellen Historiografie stehen, ohne einen übergeordneten Ansatz wie jenen der Verbindung von offizieller, sichtbarer und okkulter, verborgener Politik mit der Wirklichkeit unter einen Hut zu bringen, ohne in eine Extremposition abzugleiten. Ungeachtet dessen besteht aber kein Grund, Hoggans Untersuchung über den Bildungsstand der Nationalsozialisten in Zweifel zu ziehen. Man wird immer wieder den Unterschied hervorzuheben haben zwischen dem, was sich hinter dem Hitlerismus verbarg, und der »national-sozialistischen Möglichkeit«, die sich in dem Kürzel NSDAP zumindest zu verbergen schien – im Sinne Sontheimers als »Synthese der beiden mächtigsten Antriebe der Epoche« (vgl. Anm. 8) und im Sinne von Dahrendorf, nämlich als »Einbruch der Moderne in Deutschland« (vgl. Anm. 11). Man bedenke, wie viele herausragende Intellektuelle im Banne des Nationalsozialismus gestanden haben, zumindest in dessen Anfangsjahren: Gottfried Benn beispielsweise, Arnolt Bronnen, Hans Grimm, Friedrich Sieburg, Veit Harlan, Arno Breker, Richard Srauß, Rudolf von Laban, Arnold Gehlen, Hans Freyer, Carl Schmitt, Ernst Forsthof bis hin zu Michael Schmaus (Corino, Karl [Hrsg.], *Intellektuelle im Bann des Nationalsozialismus*, mit einem Vorwort von Eberhard Jäckel, Hamburg 1980).

335 Orzechowski, a.a.O., S. 199 (nach Fest, Joachim C., *Das Gesicht des Dritten Reiches – Profile einer totalitären Herrschaft*, München 1963).

336 Buchheim 1, a.a.O., S. 199; vgl. Goodrick-Clarke, *The occult roots*, a.a.O., S. 188f.; Angebert, *Hitler et la Tradition Cathare*, a.a.O., sowie Anmerkungen 658, 674–676.

337 Picker, a.a.O., S. 127.

338 Frank, Hans, *Im Angesicht des Galgens – Deutung Hitlers und seiner Zeit auf Grund eigener Erlebnisse und Erkenntnisse*, München 1953, S. 320; Zit. nach Thies, a.a.O., S. 90.

339 Thies, a.a.O., S. 78.

340 Ebd., S. 81.

341 Ebd., S. 78.

342 Ebd., S. 76.

343 Ebd., S. 71; vgl. Hitler, *Mein Kampf*, a.a.O., S. 381.

344 Ebd., S. 81, 97f.; vgl. Speer, Albert, *Erinnerungen*, Frankfurt, Berlin 1969, S. 149ff., insbes. 171; desgleichen ders., *Spandauer Tagebücher*, Frankfurt a.M., Berlin, Wien 1975, S. 84f., 201f.

345 Ebd., S. 90.

346 Ebd., S. 91.

347 Ebd., S. 101.

348 Ebd.

349 Ebd., S. 53.

350 Ebd.

351 Ebd., Anm. 50; vgl. Krebs, Albert, *Tendenzen und Gestalten der NSDAP – Erinnerungen an die Frühzeit der Partei*, Stuttgart 1959, S. 137.

352 Ebd.

353 Ebd., S. 99.

354 Vgl. Sutton, *Wallstreet and the rise of Hitler*, a.a.O., S. 147.

355 Toland, a.a.O., S. 544; Fest, Joachim C., *Hitler*, a.a.O., S. 25, verschiebt diesen Zeitpunkt möglicher posthumer historischer Größe sogar bis Ende 1938: »Wenn Hitler Ende 1938 einem Attentat zum Opfer gefallen wäre, würden nur wenige zögern, ihn einen der größten Staatsmänner der Deutschen, vielleicht den Vollender ihrer Geschichte, zu nennen. Die aggressiven Reden und *Mein Kampf*, der Antisemitisms und das Weltherrschaftskonzept wären vermutlich als Fantasiewerk früher Jahre in Vergessenheit geraten und nur gelegentlich einer ungehaltenen Nation von ihren Kritikern zum Bewußsein gebracht worden.«

356 Toland, a.a.O., S. 951 (Zit. *Goebbels Diaries*, S. 279); vgl. auch Jacobson, Hans-Adolf, *Der Weg zur Teilung der Welt – Politik und Strategie von 1939 bis 1945*, Koblenz, Bonn 1977, S. 230, 270f., 274.

357 Wilson, *Das Okkulte*, a.a.O., S. 483.

358 Siehe Anm. 287.

359 Ebd.

360 Toland, a.a.O., S. 545.

361 Lincoln, *Messias*, a.a.O., S. 324. Vgl. das Kapitel »Die Ritter der Vereinigten Staaten von Europa«.

362 Toland, a.a.O., S. 545.

363 Ebd. Es ist daher nicht verwunderlich, daß Ex-Nazis aller Länder und vor allem auch Deutschlands nach dem Zweiten Weltkrieg sozusagen das Fundament des westlichen »Bollwerks gegen den Kommunismus« bilden sollten.

364 Bronder, a.a.O., S. 235.

365 Toland, a.a.O., S. 546. Vgl. Anm. 13.

366 Siehe Anm. 13.

367 Toland, a.a.O.

368 Bronder, a.a.O., S. 251; vgl. Anm. 69.

369 Siehe Anm. 193. In der Auseinandersetzung mit Daniel Goldhagens Buch *Hitlers willige Vollstrecker*, München 1996, kommt auch *Der Spiegel* (Nr. 21, 20.5.1996, S. 64) nicht umhin, Churchills Faible für Hitlers Führerqualitäten zu erwähnen: »Der britische Journalist Winston Churchill, später Premier, meinte vier Wochen vor der ›Reichskristallnacht‹ 1938 in einem Essay: ›Unsere Führung muß mindestens ein Stück vom Geist jenes österreichischen Gefreiten haben, der, als alles rings um ihn in Trümmer zerfallen war, als Deutschland für alle Zukunft im Chaos versunken zu sein schien, nicht zögerte, gegen die gewaltige Schlachtenreihe der siegreichen Nationen zu marschieren und gegen sie schon entscheidend den Spieß umgedreht hat.‹ « J.-M. Domenach, *Le Retour du tragique*, Paris 1967, Seite 148, zitiert einen offenen Brief Churchills an Hitler, der im August 1937 in der *Sunday Times* erschien: »Sollte England ein ähnliches Unglück widerfahren wie Deutschland im Jahre 1918, würde ich zu Gott beten, er möge uns einen Mann mit der gleichen Kraft des Willens und des Geistes schicken wie Sie.«

370 Vgl. Anm. 85.

371 Aarons/Loftus, *Unholy Trinity*, a.a.O., S. 212; Higham, *Trading with the Enemy*, a.a.O., S. 182.

372 Ebd.; vgl. Anm. 71.

373 Vgl. Aarons/Loftus, a.a.O., S. 210ff. Nach dem Tod von König Georg V. hegte man vor allem in Moskau etliche vom sowjetischen Standpunkt (und vom Standpunkt einer geregelten »Neuordnung« der Welt) durchaus verständliche Befürchtungen nicht nur wegen der allgemein bekannten pro-deutschen Sympathien des neuen Königs Edward VIII., sondern vor allem auf Grund von alarmierenden Informationen, die ein GRU-Maulwurf namens Putlitz in der deutschen Botschaft in London geliefert hatte (Costello, John, *Mask of treachery*, New York 1988, S. 311f.): Wallis Simpson war eine Agentin der Nazis! Die Information wurde von einem britischen Langzeitagenten innerhalb des sowjetischen

Geheimdienstes, Anatol Bajkolow, an seinen MI5-Kontakt Guy Liddell in London weitergeleitet (Costello, a.a.O.), der wie Bajkolow selbst zu dem von dem weißrussischen Prinzen Anton Wasilewitsch Turkul aufgebauten Netzwerk von Doppel- und Mehrfachagenten gehörte, die gleichermaßen für die Briten, die Nazis und nicht zuletzt für Sowjets (und später wieder für Gehlen und für Dulles' CIA) arbeiteten (Aarons/Loftus, a.a.O., S. 209, 213f.) und solcherart für einen »ausgewogenen« Austausch echter oder getürkter Informationen sorgten. Der Schock bei den Briten war verständlicherweise gehörig: eine Nazi-Spionin in des Königs Bett! Aber es sollte noch dicker kommen: Guy Liddel, Bajkolows MI5-Verbindung, ließ die Telefone von Ribbentrops Londoner Botschafts-Residenz abhorchen, und die Tonbänder zeigten, daß Mrs. Simpson noch das geringste aller Probleme war. Bis heute sind die Niederschriften dieser Tonbänder der Öffentlichkeit nicht zugänglich, sofern sie überhaupt noch existieren. (Daß die Ende des Jahres 1996 von der britischen Regierung vorzeitig zur öffentlichen Einsicht freigegebenen Geheimakten zur Causa Windsor kein diesbezügliches Belastungsmaterial enthalten, besagt nicht, daß solches nicht exiatiert hat oder nicht noch immer existiert). Aarons und Loftus entdeckten immerhin in den US National Archives die hochgeheimen amerikanischen Vernehmungsakten von Hitlers damaligem Botschafter in London, Joachim von Ribbentrop. Kurz vor seiner Hinrichtung in Nürnberg gab er zu, daß es ihm in den dreißiger Jahren beinahe gelungen sei, eine deutsch-britische Allianz zu verwirklichen, und zwar mit Hilfe zweier, insgeheim mit den Nazis sympathisierenden führenden britischen Persönlichkeiten: dem früheren britischen Premierminister Ramsey MacDonald und dem künftigen König Edward VIII. (Aarons/Loftus, a.a.O., S. 211, Zit. Ribbentrop, Joachim von, *CC HQ GP CC, 2. July 1945, Top Secret Interrogation Summaries*, Vault 14W, USNA). Es kam zwar keine Allianz zwischen dem Reich und Großbritannien zustande, dennoch waren Ribbentrops Bemühungen nicht ganz erfolglos: Unmittelbar nach dem Tod seines Vaters hatte der Prince of Wales den Nazis mitteilen lassen, daß eine deutsch-britische Allianz von »dringender Notwendigkeit« sei. Großbritannien werde sich in keine seiner Pläne einmischen, hatte der Prince of Wales dem Führer des Deutschen Reiches versprochen, »re Jews or re anything else« (Aarons/Loftus, a.a.O., S. 11, Brown, Cave, *»C«: The Secret Life of Sir Steward Menzies*, New York 1987, S. 178ff.). Auf Grund der Versicherungen Windsors, jedwede britische Intervention zu verhindern, besetzte Hitler folgerichtig das Rheinland. Das war der eigentliche

Grund für den schließlich erzwungenen Rücktritt Edward VIII., während man der Weltöffentlichkeit die auf die Tränendrüsen drückende Story vom König erzählte, der auf alles verzichtete, nur um seine Geliebte Wallis Simpson heiraten zu können. Allerdings hielt man den nunmehrigen Herzog von Windsor offenbar für nicht so gefährlich, wie dies der FBI-Chef J. Edgar Hoover tat (Aarons/Loftus, a.a.O., S. 211, Zit.: *Memo from Director to US Attorney General, Justice Department Files, Washington, Attorney General's Eyes Only Records, Sixth Floor Vault, Main Justice Departement, indexed under »Windsor«*) und vertraute ihm einen Posten im Verbindungsstab der britischen Militär-Mission und dem französischen Militär-Kommando an. Doch dann mußten die Briten feststellen, daß der Herzog nach wie vor mit Hitler über politische Angelegenheiten in einer Weise korrespondierte, die dem Verrat gleichkam (Brown, Cave, *Menzies*, a.a.O., S. 180). Mehr noch: Als Mitglied des Verbindungsstabes verriet der Herzog den Nazis über einen Agenten die detaillierten Ergebnisse eines geheimen Treffens des Alliierten Kriegsrates bezüglich der alliierten Reaktion für den Fall, daß Deutschland Belgien besetzen würde (Higham, *Trading with the Enemy*, a.a.O., S. 182; Aarons/Loftus, a.a.O., S. 212).

Als MI5 das gesamte Ausmaß der Windsor-Verschwörung bestätigte, mühten sich Winston Churchill und Robert Vandsittart, der im Foreign Office für die heikleren Angelegenheiten zuständig war, verzweifelt ab, um den Skandal zu vertuschen, der einen einflußreichen Teil des britischen Establishments betraf. Mit Erfolg. Auch die Sowjets schwiegen, und das aus gutem Grund: Denn die Hüter des Geheimnisses, die Agenten Turkuls wie Baykolow, Liddell, Roger Hollis, Ellis und später die gesamte »Cambridge Connection« um Guy Burgess, Philby oder Anthony Blunt arbeiteten allesamt auch für Moskau (Aarons/Loftus, a.a.O., S. 213). Und ihr Schweigen hatte natürlich seinen Preis. Einen vorzüglichen Einblick in das »Ambiente« der Cambridge-Connection, wenn auch noch ganz durch den Schwarz-Weiß-Raster des kalten Krieges gesehen, gibt übrigens Andrew Boyle, *Der Ring der Verräter – Fünf Spione für Rußland*, Hamburg 1980.

374 Vgl. Bryan III. J./Murphy, Charles J. V., *Die Windsor Story*, Wien 1979, S. 360. Die Autoren verbreiten freilich die allgemein bekannte Version über die Abdankungsgründe König Edwards VIII. und können sich naturgemäß keinen Reim auf des Herzogs seltsames Verhalten im Jahr 1940 in Frankreich machen, als Schellenberg nicht von ungefähr über von Ribbentrop den Führerauftrag übermittelt bekam,

den Herzog zu »befreien«. Vgl. Schellenberg, *Aufzeichnungen*, a.a.O.,
S. 108ff.

375 Higham, *Trading with the Enemy*, a.a.O., S.189ff.

376 Barnes, Harry Elmer, *The Genesis of the World War*, New York 1926,
S. 593ff.

377 Vgl. Schellenberg, *Aufzeichnungen*, a.a.O., S. 97, über Hitlers »ursprüngliche Konzeption, mit dem ›germanischen Brudervolk‹ England
zu einer Einigung zu kommen, und zwar in so weitgehender Weise,
daß man das biologische und politische Potential beider Völker fusio-
nierte, um es dem größten Gegner des Abendlandes, dem ›kommunistischen Untermenschentum‹, entgegenzuwerfen«. Vgl. auch Toland,
a.a.O., S. 952: Noch 1943 notierte Hitler: »England muß zum Wohle der
ganzen Welt in seiner heutigen Form unverändert erhalten bleiben.
Deshalb wird nach dem Endsieg eine großzügige Versöhnungspolitik
einsetzen. Keine Demütigungen! Keine Reparationen! Nur der König
muß gehen – an seine Stelle kommt der Herzog von Windsor. Mit ihm
wird, anstelle eines Friedensvertrages, ein Freundschaftsvertrag für alle
Zeiten abgeschlossen. Ribbentrop wird von seinen Ämtern in Deutschland entbunden und als Generalbevollmächtigter und Berater des Königs
nach England geschickt. Er bekommt vom König Titel und Würde eines
englischen Herzogs.«

378 Dulles, F. R., *The road to Teheran*, Princeton 1944, S. 6.

379 Dall, Curtis, *F.D.R. – My exploited father-in-law*, Tulsa, CCP 1968,
S. 93. Vgl. zu Roosevelts engsten Verhältnissen zur Wallstreet auch
Sutton, *Wallstreet and the rise of Hitler*, a.a.O., insbes. S. 121f.

380 *Der Spiegel*, Nr. 50/1975.

381 Daß sich Roosevelt keineswegs zufällig über den Umweg Japan der
Katastrophe des Zweiten Weltkrieges genähert hatte und Pearl Harbor
nicht wie der Blitz aus heiterem Himmel über die USA gekommen war,
schildert kompakt Hellmuth G. Dahms, *Roosevelt und der Krieg.
Die Vorgeschichte von Pearl Harbor*, Berichte zur Weltgeschichte,
Rössler, Prof. H./Reim, Prof G. A. [Hrsgg.], München 1958. Die kriegs-
treiberischen Manöver der internationalen Bankiers schildert insgesamt
James Martin, *All Honorable Men*, a.a.O.; vgl. dazu auch Barnes,
Harry Elmer, *Perpetual War for Perpetual Peace*, Caldwell, Idaho
1953; Sanborn, Frederick R., *Design for war*, New York 1951; Nixon,
Edgar B., *Franklin D. Roosevelt and Foreign Affairs*, Cambridge
1969; allgemein zu den Hintergründen des Zweiten Weltkrieges siehe
auch Neilson, Francis, *The makers of war*, Appleton, Wisc. 1950, sowie

Quigley, Caroll, *Tragedy and Hope*, a.a.O., insbes. S. 313ff., 407ff., 605–819. Vgl. auch Sutton, Anthony, *Wallstreet and the rise of Hitler*, a.a.O.; Griffin, *Die Absteiger*, a.a.O.; Allen, *Die Insider*, a.a.O.

382 Vgl. Griffin, *Die Absteiger*, a.a.O., S. 170.

383 Ebd.; vgl. auch Griffin, *Die Herrscher*, a.a.O., S. 110; Allen, Gary, *Die Insider*, a.a.O., S.104.

384 Mann, Golo, *Geschichten und Geschichte*, Frankfurt 1961, S. 162f.; vgl. Anm. 89.

385 Vgl. Anm. 249.

386 Im Dezember 1890 erstmals erschienen in der von dem Politiker und Freimaurer Henry Labouchére herausgegebenen englischen Wochenschrift *Truth*.

387 Vgl. Anm. 29.

388 Über diese Seite des berühmten Staatsmannes informiert u.a. Mendelssohn, Peter de, *The age of Churchill*, London 1961, insbes. Bd. 1.

389 Bronder, a.a.O., S. 438, Anm. 29.

390 Ebd.

391 Irving, David, *The destruction of Dresden*, London 1963, auch Veale, F. J. P., *Advance to barbarism*, New York 1968, lassen keinen Zweifel an dem Tatbestand persönlicher Verantwortlichkeit für dieses Kriegsverbrechen, mit dem Churchills frühe Träume in bezug auf Deutschland mehr oder weniger realisiert wurden (vgl. Anm. 29).

392 Diese Tatsache ist vielfach belegt, nicht zuletzt durch den damaligen Hauptsekretär des britischen Luftfahrtministeriums, J. M. Spaight, *Bombing vindicated*, London 1944, insbes. S. 74f.; ders., *The Battle of Britain 1940*, London 1941, S. 22, 30, 34, 217ff. Vgl. auch Irving, David, a.a.O., S. 20ff.; Fuller, J. F. C., *The Second World War – 1939–1945*, New York 1949 (s. auch Anm. 66); Liddel-Hart, B. H., *War Limited*, in: *Harper's Magazine* v. März 1946, S. 198f., und last not least Churchill, Winston, *The Second World War*, Bd. 2, London 1952, S. 567.

393 Churchill, Winston, *The Second World War*, Bd. 5, London 1952, S. 320.

394 Ciechanowski, Jan, *Defeat in Victory*, Garden City 1947, S. 332f.

395 Vgl. Moran (Lord), *Winston Churchill*, London 1966, S. 227; desgleichen MacLean, Fitzroy, *Escape to adventure*, Boston 1951, S. 309ff.

396 Frankland, Webster, *The strategic air offensive against Germany 1939–1945*, London 1961; vgl. auch Bronder, a.a.O., S. 181.

397 Pfeifer, a.a.O., S. 105. Zeitgerecht wurde diese Schulungslandkarte aus dem Jahr 1890 im Jahr 1914 für den »ersten Durchgang« von den Bauleuten Europas aus der Schublade geholt. Vgl. Anm. 376.

398 Vgl. Griffin, *Die Absteiger*, a.a.O., S. 208.

399 Angesichts des von Frankland, a.a.O., und Spaight, *Bombing vindicated*, a.a.O., bestätigten Umstandes, daß Großbritannien bereits 1929 begonnen hatte, sich auf einen Luftkrieg gegen Deutschland vorzubereiten und spätestens seit 1936 (!) eine Luftoffensive auf Deutschland geplant hatte, ist diese zunächst überraschende Interpretation der vielzitierten Appeasement-Politik durch Joachim Fernau, *Halleluja – Die Geschichte der USA*, München, Berlin 1977, S. 280, von zwingender Logik.

400 Leasor, a.a.O., S. 48; siehe Anm. 69.

401 Vgl. Böddeker, Günther/Winter, Rüdiger, *Die Kapsel. Das Geheimnis um Görings Tod*, München 1983, S. 92, 103, 127.

402 Rauschning, a.a.O., S. 14, 67.

403 Thies, a.a.O., S. 110.

404 Ebd., S. 154f.

405 Ebd., S. 156 (Hewel-Tagebuch, 8.9.41).

406 Ebd., S. 157f.

407 Ebd., S. 157.

408 Ebd., S. 155; vgl. auch S. 168: »Nicht nur die Dichte entsprechender Belege, sondern auch das schon an anderer Stelle skizzierte Kriegsbild Hitlers sprechen für die These, daß er an eine automatische Entwicklung hin zur Weltherrschaft geglaubt hat [...] Seit dem sich abzeichnenden Sieg über Frankreich hat er auf ein ›Greifen‹ seiner Theorien gehofft. Die Äußerung gegenüber Darlan, er wäre froh über ein Kriegsende im Juni/Juli 1940 gewesen, da er ohne Ehrgeiz als Feldherr sei, vielmehr als ›Führer seines Volkes den kulturellen und sozialen Aufstieg der deutschen Nation‹ sichern wolle, erscheint glaubhaft.«

409 Vgl. Schellenberg, a.a.O., S. 106f., 161; Leasor, a.a.O., S. 55, 75, 173; vgl. Thies, a.a.O., S. 177: »Seine [Heß'] Äußerungen in England nach dem Flug beweisen allerdings, daß er sich lediglich als die Stimme seines Herrn verstand. Dies läßt sich bis in die Diktion hinein nachweisen. Der Entschluß zum Flug sei ihm im Juni 1940 bei einem Besuch in Hitlers Hauptquartier gekommen, berichtet er. ›Ich muß gestehen, daß ich vor einem sehr schweren Entschluß stand, dem schwersten meines Lebens, selbstverständlich.‹ Heß gab weiter an, ohne Auftrag in der Hoffnung auf die friedensbereite Churchill-Opposition gekommen zu sein. Deutschlands Sieg sei klar. Daher müsse man das Empire erhalten.«

410 Leasor, a.a.O., S. 174.

411 Ebd.

412 Ebd., S. 54.

413 Ebd., S. 80, 149ff., 159, 209; Schellenberg, a.a.O., S. 161.

414 Ebd.

415 Ebd., S. 169.

416 Ebd., S. 169.

417 Dahms, a.a.O., S. 80ff.; vgl. Griffin, *Die Absteiger*, a.a.O., S. 215f., in welchem der Kongreßabgeordnete Hamilton Fish mit seinem Buch *FDR – The other side of the coin* zitiert wird, wonach Roosevelt ganz bewußt die Japaner zu ihrer kriegerischen Aktion provoziert hatte. Vgl. auch Theobald, Robert A., *The final secret of Pearl Harbor*, New York, Co. 1954.

418 Zu dieser bis 1972 als Geheimsache geltenden und Recherchen nicht zugänglichen Geheimoperation »Keelhaul« vgl. man das erschütternde Buch von Nikolai Tolstoi; *Die Verratenen von Jalta – Die Schuld der Alliierten vor der Geschichte*, München, Wien 1981; sowie Nicholas Bethell, *Das letzte Geheimnis – Die Auslieferung russischer Flüchtlinge an die Sowjets durch die Alliierten 1944–47*, Berlin, Wien 1974; vgl. dazu auch Wenzel, Edgar M., *So gingen die Kosaken durch die Hölle*, Wien 1976.

419 Weishaupt, *Apologie*, S. 127 (Dü 214).

420 Vgl. Ravenscroft, a.a.O., S. 11 ff.: »Er verstand, warum die Richter sich so einig waren, die Angeklagten zu behandeln, als seien sie ein integrierender Teil des humanistischen und kartesianischen Systems der westlichen Welt. Wenn sie auch nur einen Augenblick zugegeben hätten, wie es um ihre geschlagenen Feinde wirklich bestellt war, und wenn sie den Schleier für die wirklichen Motive zu einer derart verblüffenden Umstoßung aller Werte gelüftet hätten, würden sie unter Umständen Millionen von Menschen der Gefahr einer schrecklichen Verderbtheit ausgesetzt haben [...] Man hielt es für zweckdienlich, sich trockener psychoanalytischer Ausdrücke zu bedienen, wenn man die Motive untersuchte [...] statt zu enthüllen, daß solche Praktiken integrierender Bestandteil eines fleißigen Umgangs mit bösen Mächten waren.« Vgl. auch Lincoln, *Messias*, a.a.O., S. 224: »Die Ankläger wußten nur zu gut Bescheid [...] Sie fürchteten die psychologischen und geistigen Konsequenzen im Westen, wenn öffentlich bekannt wurde, daß ein Staat des 20. Jahrhunderts sich auf der Grundlage solcher Prinzipien hatte etablieren und solche Macht erlangen können.« Nicht abzusehen indessen die Konsequenzen, wenn öffentlich bekannt geworden wäre, daß die Trennlinie zwischen Gut und Böse in diesem Fall nicht so eindeutig zu orten ist, wie es den Anschein hatte.

421 Bereits 1971 berichtete Gary Allen, *Die Insider*, a.a.O., S. 169f., darüber, wie das »humanitäre Utopia« exakt vorbereitet wird: »Unter der gewaltigen Kuppel der Southern Illinois University befindet sich eine vollständig detaillierte Weltkarte, die den Raum von drei Fußballfeldern einnimmt. Gefördert durch Stipendien der Ford-, Carnegie- und Rockefeller-Stiftungen (alle eng verknüpft mit dem CFR), macht hier eine Batterie von Wissenschaftlern aller Sachgebiete – Geographen, Psychologen, Verhaltensforscher, Biologen, Biochemiker und Agronomen – Pläne zur Kontrolle der Menschheit. Diese Eliteplaner exerzieren das, was sie das ›Weltspiel‹ nennen. Zum Beispiel: Es leben zu viel Leute im Land A und nicht genügend Leute in Land B. Wie bewegt man die Leute von Land A in Land B? [...] Hier wird die globale Kontrolle bis ins Detail hinein exerziert. Man kann sich bei einer Weltregierung nicht auf Zufälle verlassen.« Wem diese Schilderung tendenziös oder übertrieben vorkommt, der informiere sich doch mal an Hand von Lundberg, Ferdinand, *Die Mächtigen und die Supermächtigen – Das Rockefeller-Syndrom*, München 1975, über den Einfluß ganz weniger mächtiger Persönlichkeiten nicht nur auf das amerikanische, sondern auf das weltweite Erziehungswesen über jene Steuerhinterziehungs-Einrichtungen, die man im allgemeinen »Stiftungen« nennt. Vgl. dazu auch Wormser, René, *Foundations: Their power and influence*, New York 1958.

422 Quigley, *Tragedy and Hope*, a.a.O., S. 132, 324f., 582, 952, 992.

423 Ebd., S. 950.

424 Ebd., S. 324.

425 Ebd., S. 130ff.

426 Ebd., S. 256.

427 *Die Zeit* v. 10. 6. 1977.

428 *International Herald Tribune* v. 12.4.1979.

429 Brzezinski, Zbignew, *Das gescheiterte Experiment. Das Ende des kommunistischen Systems*, Wien 1989.

430 *New York Times* v. 4.6.1976. Unter dem Titel »Nicht 1776, sondern 1789« meinte Reston: »›Über das Idealziel menschlicher Anstrengungen‹, schrieb Huxley in *Ends and Means*, ›gibt es in unserer heutigen Zivilisation wie auch während nahezu 30 Jahrhunderten eine weitgehende Übereinstimmung. Von Jesaja bis Karl Marx [!] haben die Propheten die gleiche Sprache gesprochen. Im Goldenen Zeitalter, dem sie entgegensehen, wird es Freiheit, Friede, Recht und brüderliche Liebe ge-ben [...] Während der größte Teil der Welt Angst vor Freiheit hat, geht das alte Experiment von 1776 und 1789 in den USA weiter voran. Es ist natürlich ein sehr risikoreiches Unterfangen [...] Vielleicht war die Geburtstagsparty verfrüht. Nach 1776 kamen 13 Jahre Katzenjammer. Das große Aufblühen sollte deshalb 1989 kommen.‹«

431 *CIRCUIT*, November 1959, Nr. 5, S. 1; Zit. Lincoln, *Messias*, a.a.O., S. 445.

432 Ebd.

433 Vgl. Roth, Jürgen, *Die Mitternachtsregierung – Wie westliche Geheimdienste internationale Politik manipulieren*, München 1992, S. 12, 127, 132. Als der Schmuggel aufflog und das Landeskriminalamt in Stuttgart einen der Verdächtigen verhaften wollte, »verschwand er in der Uniform eines Generals im Hauptquartier der US-Streitkräfte in Stuttgart.« Dies war keineswegs die letzte Drogen-Aktion der CIA. Das venezolanische Büro der »Firma« war beispielsweise zwischen 1990 und 1991 am Schmuggel von nicht weniger als einer Tonne Kokain im Wert von 20 Millionen Dollar in die USA beteiligt, diesmal, wie im November 1993 der Ex-Chef der amerikanischen Anti-Drogenbehörde, Robert Bronner, meinte, um die kolumbianische Drogenmafia zu infiltrieren.

434 Ebd., S. 248, 261ff. Im Zusammenhang mit dem von dem Mossad-Agenten Richard Brennecke und dem Deutschen Klaus Dieter Lensch eingefädelten Einkauf und der Lieferung von tschechischen Waffen an die Contras kam es 1985 zu einer engen Kooperation der CIA mit den Drogenbossen im Medellin: eine Wiederholung der Aktivitäten der Study Observations-Group der CIA während des Vietnamkrieges, die den Drogenhandel in Südostasien erst so richtig in Schwung gebracht hatten. Die Zusammenarbeit mit dem Drogenkartell von Medellin kam über den Sicherheitsberater von George Bush und späteren Botschafter in Südkorea, Donald Gregg, und einen CIA-Mann namens Felix Rodriguez zustande. Vom Medellin-Kartell kamen 9 Millionen Dollar für die Contras. »Als Gegenleistung erhoffte sich das Kartell, daß es von der Reagan-Administration ein klein wenig toleriert werde.« (Vgl. Eddy, Paùl/Sabogal, Hugo/Walden, Sara, *The cocain wars*, New York 1989, S. 334). Gewaschen wurden die Gelder aus dem Drogen-Waffen-Deal über die City-Bank in Dhubai und die Bank Bruxelles Lambert.

435 Vgl. Aarons/Loftus, *Unholy Trinity*, a.a.O., S. 268f., 276f.

436 Roth, Jürgen, *Mitternachtsregierung*, a.a.O., S. 28ff. Diese rechtsgerichtete Subversionsorganisation hat ihre Ursprünge in dem von dem ehemaligen CIA-Agenten Brian Crozier gegründeten Londoner Institut für Konfliktforschung und der »Academie Européene des Sciences Politiques« (Europäische Akademie für Politische Wissenschaften) in Paris, die Ende der sechziger Jahre von dem Rechtsanwalt und SDECE-Agenten (franz. Geheimdienst) Jean Violet gegründet wurde. Bei einer Tagung des Brezier-Instituts in Rom einigte man sich mit Ex-CIA-Chef Colby, »Denkfabriken« zu gründen, von denen nach gezielten Desinformationen sofort die Lösungen für die von ihnen selbst produzierten Konflikte angeboten werden sollten. In Deutschland sind es hauptsächlich ehemalige CIA- und BND-Leute, die im »Cercle« aktiv sind und vor allem – aber nicht nur – in Bayern das konservative Lager unterwandert haben.

437 Die Rolle des christdemokratischen Parteiführers Moro war es offensichtlich, Christdemokraten und Kommunisten im Zuge der von Brzezinski, Carter, Warnke und Ball und den »nouveaux philosophes« initiierten eurokommunistischen Farce zur Diskreditierung des kommunistischen Experiments zusammenzuführen. Dies sollte im »antikommunistischen Bollwerk Italien« jedoch keineswegs zu einer Regierungsbeteiligung der KPI und damit zu einem Nachweis möglicher politischer Verantwortungsfähigkeit der Kommunisten führen, sondern im Gegenteil den Nachweis bringen, daß sich durch eine Zusammenarbeit mit der KPI in Italien eben nichts ändern würde. Dazu brauchte man in der Tat keinen Moro mehr, der Moro hatte sozusagen seine Schuldigkeit getan. Mehr noch: Erst mit einem toten Moro, der das miese Spiel durchschaut und vor allem auch begriffen hatte, daß »Rote Brigaden« und Linksterroristen nämlich keineswegs von linken Händen gelenkt wurden, ließ sich der Staat munter weiterzerfleddern. Einige Monate nach der Beseitigung Moros waren in einem Versteck der Roten Brigaden von den Carabinieri des Generals Dalla Chiesa Briefe von Aldo Moro entdeckt worden. Die Dokumente enthielten unter anderem ebenso Informationen über die Finanzierung der Christdemokraten durch die CIA wie Andeutungen über die Verwicklung der Democristiani und deren führenden Politiker in die Umtriebe der NATO-Geheimorganisation GLADIO. Im parlamentarischen Untersuchungsausschuß zum Fall Moro wurde – selbstverständlich – nie über diese Informationen gesprochen. Erst 1990, als man Kopien der Dokumente fand, kam diese Angelegenheit ans Licht. Die Ermordung des Generals Dalla Chiesa hatte also durchaus einen triftigen Grund: Der Mann wußte zuviel, ebenso wie Pecorelli. Siehe zur »Erfindung des Eurokommunismus« und zur Affäre Moro auch Seite 290, 317, 334f., 480.

438 In seinem Roman *Coningsby*, London 1844. Vgl. Anm. 832.

439 Als »Periode des Übergangs« bezeichnet Caroll Quigley, *Tragedy and Hope*, a.a.O., S. 1310, die Zeit von 1895 bis 1950, und zwar als Periode des Übergangs von der Europa-dominierten Welt des 19. Jahrhunderts zur Drei-Blöcke-Welt des 20. Jahrhunderts über »zwei Weltkriege und eine weltweite ökonomische Depression«, wobei das für Quigley eigentlich erst nach dem Zweiten Weltkrieg, spätestens eben 1950 begonnene 20. Jahrhundert wiederum nur ein Zwischenstadium darstellt auf dem Weg zum »Universal Empire«, also den »Vereinigten Staaten« (S. 11).

440 Quigley, *Tragedy and Hope*, a.a.O., S. 11ff., zählt eine ganze Reihe von hervorragenden Qualitäten und Attributen der internationalen Banker seit den frühen Tagen der Rothschilds auf: mehr kosmopolitisch als national, »ungewöhnlich hochzivilisierte, kultivierte Gentlemen, Schutzherren und Gönner der Erziehung und der Künste, so daß heute Schulen, Lehrstühle, Opernhäuser, Sinfonie-Orchester, Büchereien und Kunstsammlungen ihre Großzügigkeit widerspiegeln.« Von den gewöhnlichen Bankern unterschieden sich, so Quigley, die Bankiersdynastien wie »Baring, Lazard, Erlanger, Warburg, Schröder, Seligman, Speyer, Mirabaud, Mallet, Bould und vor allen anderen Rothschild und Morgan« eben durch ihre kosmopolitische und internationale Sicht der Dinge: »Sie arbeiteten eng mit Regierungen zusammen und waren häufig mit Regierungsangelegenheiten befaßt, einschließlich der Frage ausländischer Regierungsschulden [...] und fast alle hatten gleichermaßen einen Hang zur Geheimhaltung und zum geheimen Einsatz ihrer finanziellen Macht im politischen Leben [...] Eine ihrer weniger offensichtlichen Charakteristiken war, daß sie als private, höchstens durch Partnerschaften verbundene, nicht vergesellschaftete Familienbetriebe arbeiteten [...] Ihre bis heute fortdauernde Existenz als private Firmen sichert ein Maximum an Anonymität und Geheimhaltung [...] Gewöhnliche Leute haben daher kaum Zugang zu Informationen über das wahre Ausmaß des Reichtums und der Operationsgebiete dieser Firmen. Und kaum etwas ist verschwommener als die Zugehörigkeit diverser Persönlichkeiten zu diesen Bankinstituten. Selbst Menschen mit ausreichendem politischem Wissen würden Namen wie Walter Burns, Clinton Dawkins, Edward Grenfell, William Straight, Thomas Lamont, Dwight Morrow, Nelson Perkins, Russel Leffingwell, Elihu Root, John W. Davis, John Foster Dulles oder S. Parker Gilbert kaum mit dem Namen ›Morgan‹ assoziieren.«

441 Vgl. Quigley, *Tragedy and Hope*, a.a.O., S. 57ff.

442 Ebd., S. 53.

443 Ebd., S. 326f.

444 Nach J. R. R. Tolkiens Epos *Der Herr der Ringe*, in dem man durchaus gewisse Analogien zu den »Lords of the Wallstreet« finden kann – auch hinsichtlich dessen, was der »gute Zauberer« über die bösen sagt: »Man kann bei diesem teuflischen Volk nie recht sicher sein, ob sie gerade miteinander verbrüdert sind oder ob sie einander betrügen.«

445 Allen, *Die Insider*, S. 66, 67f.

446 Quigley, *Tragedy and Hope*, a.a.O., S. 257.

447 Vgl. Anm. 42: Man erinnere sich an die menschenfreundlichen Aufforderungen der britischen *Saturday Review* v. 1. 2. 1896 und v. 11. 9. 1897: »Wenn Deutschland heute vernichtet wird, so gibt es keinen Engländer, der dadurch morgen nicht um so reicher würde. Sollten Völker nicht Kriege führen um einen Millionenhandel?«

448 Zur »Lusitania-Affäre«: Barnes, Harry Elmer, *The Genesis of the World War*, New York 1926; desgleichen Colin Simpson, *The Lusitania*, London 1974. Vgl. auch Quigley, *Tragedy and Hope*, a.a.O., S. 250ff.

449 Zu den Hintergründen des amerikanischen Eintritts in den Ersten Weltkrieg vgl. auch Neilson, Francis, *The makers of war*, a.a.O.; George, Alexander und Juliette, *Woodrow Wilson and Colonel House*, New York 1956; vgl. auch Allen, *Die Insider*, a.a.O., S. 84ff.

450 Sutton, *Wallstreet and the rise of Hitler*, a.a.O., S. 21, 23ff. Vgl. auch Quigley, a.a.O., S. 305, 308, 312.

451 Quigley, a.a.O., S. 308f.

452 Sutton, a.a.O., S. 25, 28f.

453 Ebd., S. 25.

454 Ebd., S. 115ff.; vgl. auch Hanfstaengl, Ernst, *Unheard witness*, New York 1957. Nachdem »Putzi« Hanfstaengl die Gunst Hitlers und der Nazis verlor und aus Deutschland flüchtete, wurde er in einem kanadischen Kriegsgefangenenlager interniert. Allerdings nur kurzfristig: Denn Präsident Roosevelt intervenierte persönlich. Sutton hält es nicht für ausgeschlossen, daß Hanfstaengl als Agent für das »Liberal Establishment« in den USA arbeitete. In der Tat ist es merkwürdig, daß, wie Farago, Ladislas, *The game of the foxes*, New York 1973, S. 97ff., berichtet, es beispielsweise Hanfstaengl war, der Hitler vor einer britischen Infiltration allerhöchster Nazi-Kreise und insbesondere vor seinem Vertrauensmann in britischen Angelegenheiten, Baron William S. de Ropp, warnte.

455 Görlitz, *Geldgeber der Macht*, a.a.O., S.33, 38.

456 Gumbel, *Verschwörer*, a.a.O., insbes. S. 33ff., 223ff., 241ff. Im Zusammenhang mit dem Putschversuch im Jahr 1923 in München schreibt Gumbel: »Die bayrische Regierung hat entgegen den reichsrechtlichen Vorschriften (Friedensvertrag, Entwaffnungsgesetz) die ›vaterländischen‹ und anderen Verbände entweder selbst mit Waffen ausgerüstet oder wenigstens ihre Waffenhaltung geduldet und unterstützt. Und wenn in dem heute noch nicht abgeschlossenen Hochverratsprozeß gegen Hitler und Ludendorff die Angeklagten selbst und die Verteidiger der Angeklagten dem bayrischen Generalstaatskommissar von Kahr unaufhörlich vorgeworfen haben, daß, falls sie selbst Hochverrat gegen das Reich betrieben haben, er dies ebenfalls getan habe, so haben sie mit dieser Erklärung meiner Überzeugung nach vollkommen recht.« (S. 34)

457 Ebd., S. 147.

458 Ebd., S. 178.

459 Ebd.

460 Aarons/Loftus, *Unholy Trinity*, S. 50ff., 221.

461 Ebd., S. 51.

462 Ebd., S. 54, 55.

463 Gumbel, a.a.O., S. 181.

464 Ebd., S. 173.

465 Ebd.

466 Ebd., S. 206f. Vgl. dazu etwa auch Schultz, Gerhard, *Aufstieg des Nationalsozialismus*, a.a.O., S. 195, wo er Bayern als einen »Schauplatz rivalisierender Mächte überwiegend antiweimarerischer, stets aber extremistischer Richtung«, beschreibt, »unter denen geheime Nachrichtendienste, aber auch heimliche französische Einflüsse kaum genau bestimmbare Wirkungen zeitigten. Die Spitzen der Polizeibehörden [...] sowie der Justizminister Roth sorgten für Abdeckung und Absicherung hintergründiger Vorgänge und Umtriebe [...]«. Siehe dazu auch Schwend, Karl, *Bayern zwischen Monarchie und Diktatur – Beiträge zur Bayrischen Frage in der Zeit von 1919 bis 1933*, München 1954.

467 Gumbel, a.a.O., S. 236; vgl. auch Görlitz, *Geldgeber*, a.a.O., S. 32.

468 Görlitz, a.a.O., S. 44.

469 Brünning, Heinrich, *Memoiren 1918–1934*, Bd. 1., München 1972, S. 66.

470 Vgl. Görlitz, *Geldgeber*, a.a.O., S. 11. Sieht man davon ab, daß letzten Endes hinter den Bolschewiken und den Hitlerschen Nationalsozialisten dieselben Interessen standen und die bolschewistische Propaganda in Deutschland mit Karl Radek an der Spitze des Leninschen Volkskommissariats für ausländische Angelegenheiten von dem Wallstreet-Magnaten Thompson und anderen J.-P. Morgan-Partnern finanziert und organisiert worden war (Sutton, *Wallstreet and the Bolshevik Revolution*, a.a.O., S. 96ff.), war die »sozialistische Komponente« der nationalen Bewegung, deren sich die Thule-Leute um Hitler bis zur »Abrechnung« mit den Strasser-Brüdern etwa und der SA bedienten, nicht zu leugnen. Selbst bei den »vor-nationalsozialistischen« Bünden und Wehrverbänden waren, wie Zeitgenosse Gumbel, *Verschwörung*, a.a.O., S. 261, speziell in bezug auf Sebottendorfs Freikorps Oberland feststellte, »nationalbolschewistische Neigungen« zu erkennen. Vgl. dazu auch Meissner, Hans Otto, *30. Januar 1933 – Hitlers Machtergreifung*, München 1979, S. 53, 357 (Anm. 24): »Zwischen der SA und Rotfrontanhängern kam es oft zu einem Frontwechsel. Einige SA-Stürme setzten sich fast ausnahmslos aus ehemaligen Kommunisten zusammen, beispielsweise der Sturm Horst Wessel. Im Herbst 1932 gelang es dagegen einem Kommunisten, einige Stürme des Berliner Weddings dazuzugewinnen, eine ›Rote SA‹ zu bilden. Bevor es zum Bruch mit Hitler kam, wurde dieser [...] Kommunist nach Moskau befohlen.« Vgl. dazu die nicht uninteressante Theorie von Jan Valtin, *Out of the night*, New York 1941, wonach es die Linken waren, die die Nazis in Deutschland an die Macht gebracht haben. Mehr oder weniger wird dies von Otto Strasser in *Hitler und ich*, deutsche Ausgabe Konstanz 1948, auch bestätigt. Zeitweise, so etwa im November 1932, bestand zwischen KPD und NSDAP eine Aktionseinheit, die so eng war, daß man sie durchaus als »Volksfront« bezeichnen könnte. Siehe dazu insgesamt Jean Pierre Faye, *Langages totalitaires*, Paris 1972, insbes. Seite 447 f. Im Zusammenhang dazu kann bei Quigley, a.a.O., S. 938, nachgelesen werden, auf welche Weise es wiederum Super-Kapitalisten wie Morgan & Co verstehen, die Linken zu infiltrieren und für ihre Zwecke nutzbar zu machen. Zum Thema siehe auch Schüddekopf, Otto Ernst, *Linke Leute von rechts – die nationalrevolutionären Minderheiten und der Kommunismus in der Weimarer Republik*, Stuttgart 1960.

471 Sutton, *Wallstreet and the Bolshevik Revolution*, a.a.O., S. 96, insbes. S. 104, 105ff.

472 Görlitz, *Geldgeber*, a.a.O., S. 38.

473 Toland, *Adolf Hitler*, a.a.O., S. 1145, beruft sich auf eine Auskunft des SPD-Politikers Wilhelm Hoegner, der in den Jahren der Weimarer Republik eine Untersuchung über die Geldquellen der NSDAP geleitet hatte. Demnach reiste Hitler bereits 1921 in die Schweiz, um für die Partei Spendengelder zu bekommen, »die ihm den Kampf gegen die katholische Kirche in Deutschland ermöglichen sollten«. Am 25. November 1924 berichteten zwei Genfer Zeitungen, Hitler habe sich im September 1923 im Hotel St. Gotthard in Zürich aufgehalten und dort Zuwendungen in Höhe von 33 000 Schweizer Franken erhalten. Nach Görlitz, *Geldgeber*, a.a.O., S. 40, hat es sich dabei um das Honorar für einen von dem Schweizer Nationalisten Dr. Hans Öhler am 26. August 1923 organisierten Vortrag gehandelt. Nach Fest, Hitler, a.a.O., S. 241, ist Hitler damals mit einem jener von Mücke erwähnten Kabinenkoffern, »gefüllt mit Schweizer Franken und Dollars«, nach München zurückgekehrt.

474 Görlitz, *Geldgeber*, a.a.O., S. 38.

475 Gumbel, *Verschwörer*, a.a.O., S. 141. Nach Fest, a.a.O., S. 223, waren es im November 1923 nicht mehr als »über 55 000« Mitglieder.

476 Gumbel, a.a.O., S. 241.

477 Heiden, Konrad, *Adolf Hitler*, Bd. 1. Zürich 1936, S. 253ff. Vgl. auch Meissner, *30. Januar 1933*, a.a.O., S. 354.

478 Meissner, a.a.O., S. 354.

479 Ebd. Während Hitler und die Partei 1921 vor allem im Zusammenhang mit der Rheinlandbesetzung in der Tat auffallend »franzosenfreundlich« waren, war der Putschversuch im Jahre 1923 eindeutig gegen die separatistischen französischen Interessen in Bayern gerichtet. Es ist nicht von der Hand zu weisen, daß, wie Hitler 1930 sagte, der Putschversuch den drohenden »Abfall Bayerns vom Reich« verhindert habe. Daß gewisse Kräfte um Generalstaatskommissar von Kahr an diesem Abfall arbeiteten, kann kaum bestritten werden. Vgl. Gumbel, *Verschwörer*, a.a.O., S. 176f.; desgleichen Schwend, Karl, *Bayern zwischen Monarchie und Diktatur – Beiträge zur bayrischen Frage in der Zeit von 1919 bis 1933*, München 1954, S. 215ff., 234ff.; Görlitz, a.a.O., S. 44; Schultz, a.a.O., S. 195.

Die Tatsache, daß im Herbst 1922 der amerikanische Botschafter in Berlin den stellvertretenden Militärattaché, Hauptmann Truman Smith, nach München sandte, um die Stärke und die potentiellen Möglichkeiten der NSDAP und Hitlers zu untersuchen, mag in diesem Zusammenhang ein reiner Zufall sein. (Vgl. Toland, a.a.O., S. 174.)

480 Vgl. Sutton, *Wallstreet and the rise of Hitler*, a.a.O., S. 79f.; Meissner, a.a.O., S. 438.

481 Brünning in einem Brief an den Herausgeber der *Deutschen Rundschau*, Dr. Rudolf Pechel, Heft 7, 1947. In seinen Memoiren erwähnt er davon überhaupt nichts mehr, nimmt aber auf sehr kryptische Weise Bezug auf diesen Brief: »Mein im Jahre 1947 in der Deutschen Rundschau veröffentlichter Brief sollte eine Warnung sein für einzelne Persönlichkeiten, ebenso vor dem Mißbrauch von Aussagen vor den Alliierten Gerichten. Solche Aussagen und Memoiren und selbst die Darstellungen von objektiven Historikern beweisen, wie schwer es ist, Geschichte zu schreiben aufgrund rein zufällig erhaltener und unter dem Einfluß bestimmter zeitgebundener Strömungen geschriebener Aufzeichnungen oder Dokumente.«

482 Kempner, Robert M. W. [Hrsg.], *Der verpaßte Nazi-Stopp – Die NSDAP als staats- und republikfeindliche, hochverräterische Verbindung*, Preußische Denkschrift von 1930, Frankfurt a.M., Berlin, Wien 1983, insbes. S. 11f., 13, 144.

483 Vgl. Toland, *Adolf Hitler*, a.a.O., S. 384; auch Schultz, a.a.O., S. 207: »Aber die Tatsache gibt doch zu denken, daß die NSDAP, wie die Reichstagswahl 1928 zeigte, äußerlich auf den Stand einer kleinen, unbedeutenden Gruppe zurückgegangen war, die nur noch durch das absolute Verhältniswahlrecht der Weimarer Republik am Leben erhalten wurde.«

484 Müllern-Schönhausen, *Die Lösung des Rätsels Adolf Hitler*, a.a.O., S. 137.

485 Vgl. Brünning in der *Deutschen Rundschau*, 7/47.

486 Görlitz, *Geldgeber*, a.a.O., S. 50.

487 Ebd.

488 Ebd., S. 51. Zu Deterdings Beziehungen zum Reich siehe Sutton, *Wallstreet/Hitler*, a.a.O., S. 101f.

489 Görlitz, a.a.O., S. 60.

490 Ebd., S. 57.

491 Ebd., S. 60.

492 Sutton, *Wallstreet/Hitler*, a.a.O., S. 99.

493 Meissner, a.a.O., S. 356.

494 Ebd.; vgl. Krosigk, Lutz Graf Schwerin von, *Es geschah in Deutschland*, Stuttgart 1951, S. 116.

495 Sutton, *Wallstreet/Hitler*, a.a.O., S. 79f., 128ff.; vgl. Sampson, Anthony, *Weltmacht ITT – Die politischen Geschäfte eines multinationalen Konzerns*, Reinbek/Hamburg 1973, S. 23, 41.

496 Sampson, a.a.O., S. 35.

497 Warburg, Sidney, *De geldbronnen van het National-Socialisme. Drie gesprekken met Hitler. Vertaald door J. G. Schoup*, Amsterdam 1933, S. 20.

498 Eine deutsche Übersetzung wurde nach dem Krieg in der Schweizerischen Landesbibliothek in Bern und im Schweizerischen Sozialarchiv in Zürich archiviert.

499 Sutton, *Wallstreet/Hitler*, a.a.O., S. 134.

500 Sonderegger, René (Pseud. Reinhardt, Severin), *Spanischer Sommer*, Affoltern 1948.

501 Zimmermann, Werner, *Liebet Eure Feinde*, Thielle-Neuchâtel 1948.

502 Die eidesstattliche Erklärung Warburgs erschien als Anhang zu Papen, Franz von, *Memoirs*, New York 1956. Vgl. Papen, Franz von, *Der Wahrheit eine Gasse*, München 1952, S. 257ff.

503 Sutton, *Wallstreet/Hitler*, a.a.O., S. 142.

504 Ebd., S. 135.

505 Vgl. Papen, *Memoirs*, a.a.O.

506 Ebd., S. 23: »James Paul Warburg is able to refute the whole falsification in his affidavit [...] For my own part I am most grateful to Mr. Warburg for disposing once and for all of this malicious libel. It is almost impossible to refute accusations of this sort by simple negation, and his authoritative denial has enabled me to give body to my own protestations.« Vgl. auch Sutton, a.a.O., S. 141.

507 Sutton, a.a.O., S. 146.

508 Ebd., S. 140.

509 Ebd., S. 147; vgl. Sutton, *Wallstreet and the Bolshevik Revolution*, a.a.O., S. 64ff., 67ff., 161ff.

510 Sutton, *Wallstreet/Hitler*, a.a.O., S. 147

511 Vgl. Pfeifer, *Brüder des Schattens*, a.a.O., S. 139f. Abegg war im übrigen auch für die Zusammensetzung jener Gruppe um Polizeivizepräsident Bernhard Weiß, Regierungsassessor Hans Schoch und Kriminalkommissar Johannes Stumm und den Justitiar der Polizeiabteilung im Preußischen Innenministerium, den späteren US-Ankläger Robert M. W. Kemper, zuständig, die die NSDAP hinsichtlich ihres staatsfeindlichen, hochverräterischen Charakters zu untersuchen hatte und schließlich die Preußische Denkschrift von 1930 verfaßte. (Vgl. Kemper, *Der verpaßte Nazi-Stopp*, a.a.O.)

512 Sutton, *Wallstreet/Hitler*, a.a.O., S. 147f.

513 Ebd., S. 21 (Zit. *Zeugenaussage vor dem US-Senat, Committee on Military Affairs*, 1946).

514 Ebd., S. 21.

515 Martin, James, *All honorable men*, a.a.O., S. 70; vgl. Sutton, a.a.O., S. 28.

516 Sutton, a.a.O., S. 27. Daß die Einrichtung der Bank for International Settlement in Basel als essentielles Instrument des sogenannten Young-Plans ursprünglich auf Hjalmar Schacht zurückging, wird von diesem in seinem Buch *Confessions of »The Old Wizard«*, Boxton 1956, S. 18, selbst bestätigt. Der ohnedies erfolglose Widerstand der Nazis gegen den unvermeidlichen Young-Plan hatte offenbar nur kosmetische Gründe. Aus welchen taktischen Gründen sich Schacht am Vorabend des Zweiten Weltkrieges von Hitler zu distanzieren begann, mag dahingestellt bleiben. Seine Opposition als seit 1935 für die Rüstungsindustrie Verantwortlicher (vgl. Toland, a.a.O., S. 499) gegen Hitlers Aufrüstungspläne, »gegen die Pläne des Kriegsministeriums und des I.G. Farben-Konzerns, künstlichen Kautschuk zu produzieren«, und seine Haltung gegenüber Blombergs Verlangen, »die Produktion von Kraftstoff zu erhöhen«, weil er fürchtete, »diese Maßnahmen würden die Friedenswirtschaft aus dem Gleichgewicht bringen« (Toland, a.a.O., S. 543), ist unglaubwürdig, und wenn sie tatsächlich existierte, hatte sie nur taktische Bedeutung. Denn es ist kaum anzunehmen, daß der nicht zuletzt über die Equitable Trust Company der Morgans, bei der sein Vater 30 Jahre lang gearbeitet hatte, in engen Beziehungen zur Wallstreet stehende Schacht gegen die Interessen der internationalen Hochfinanz arbeitete, zu der er selbst gehörte. Zeitgenössische Quellen wie Zeitungen belegen, daß sich Schacht beispielsweise immer wieder mit Owen Young von General Electric oder mit W.S.Farish, dem Vorsitzenden von Standard Oil of New Jersey, getroffen hat.

Es war Standard Oil, die über die I.G. Farben eben dank der Kriegsrüstung in Deutschland abgestaubt hat, und es war das sogenannte Jasco-Agreement zwischen Standard Oil und I.G. Farben, das dem deutschen Konzern sozusagen grünes Licht für die Produktion von synthetischem Kautschuk in Deutschland gab, natürlich ebensowenig zum Schaden von Standard Oil. Daß Hitler Schacht 1944 in einem Sonderlager internieren ließ, könnte man angesichts von Nürnberg wegen der besonderen Verdienste Schachts um Führer und Vaterland beinahe als einen Freundschaftsdienst betrachten. Man konnte nach dem Krieg zwar viel hinsichtlich Schachts eigentlicher Rolle im Dritten Reich vertuschen, aber das, was sich nicht vertuschen ließ, war noch immer genug, um ihn einer Entnazifizierungskur unterziehen zu müssen, ehe er als Privatbanker wieder in den Kreis der alten Freunde aufgenommen werden konnte: Zu sehr hat er im Rampenlicht gestanden. Vgl. u.a. auch Peterson, Edward Norman, *Hjalmar Schacht*, Boston 1954.

517 Quigley, Caroll, *Tragedy and Hope*, a.a.O., S. 324.
518 Vgl. Sutton, a.a.O., S. 27.
519 Vgl. u.a. Görlitz, *Geldgeber*, a.a.O., S. 59; Toland, a.a.O., S. 378.

520 Sutton, a.a.O., S. 80. Zugleich wurde Schröder auch zum Leiter einer Gruppe von Privatbankiers ernannt, deren Aufgabe es war, die Deutsche Reichsbank zu beraten. Allein die Positionen, die Schröder 1940 innehatte, zeigen, wer in Nazi-Deutschland das Sagen hatte: SS-Obergruppenführer, Träger des Eisernen Kreuzes Erster und Zweiter Klasse, schwedischer Generalkonsul, Mitglied des Verwaltungskomitees der Internationalen Handelskammer, Mitglied des beratenden Gremiums der Reichspost, Präsidiumsmitglied der deutschen Industrie- und Handelsvereinigung, Mitglied der Reichskommission für Wirtschaftsangelegenheiten, Präsident des Verwaltungsrates der Deutschen Reichsbahn, Mitglied der Akademie für deutsches Recht, Manager der Handelsgruppe für Groß- und Außenhandel, Stadtrat von Köln, Mitglied des Kuratoriums der Universität Köln, Direktoriumsmitglied der Bank für internationalen Zahlungsverkehr in Basel, Partner des Bankhauses J. H. Stein & Co in Köln, Berater des Managements der Reichsbank, Vorstandsvorsitzender der von der Reichsbank kontrollierten Verkehrs- und Kreditbank AG. Berlin, Aufsichtsrat der Deutschen überseeischen Bank usw. In diesem Zusammenhang nicht uninteressant eine Auflistung einiger Mitglieder im sogenannten Freundeskreis Himmlers: Deutsche Bank, Dresdner Bank, Commerz- und Privatbank, Reichsbank, Bankhaus Stein, Norddeutscher Lloyd, Hamburg-Amerika-Linie, Deutsch-Amerikanische Petroleumgesellschaft, Continentale Ölgesellschaft, I.G. Farben, Mitteldeutsche Stahlwerke AG. usw. (Vgl. Höhne, a.a.O., S. 131f.)

Zu dem historischen Treffen zwischen Hitler und Papen vgl. u.a. Toland, a.a.O., S. 385, sowie Plehwe, Friedrich-Karl von, *Reichskanzler Kurt von Schleicher – Weimars letzte Chance gegen Hitler*, Esslingen 1983, S. 264f.

521 Sutton, a.a.O., S. 79, 80, 82.

522 Vgl. Pfeifer, *Brüder des Schattens*, a.a.O., S. 140.

523 Sutton, a.a.O., S. 80.

524 Ebd., S. 108ff.

525 Ebd., S. 27. Wie das System der BIS und der mit ihr verbundenen sieben Zentralbanken funktionierte, beschreibt im Detail Quigley, *Tragedy and Hope*, a.a.O., S. 324ff. Über die Aktivitäten der BIS bietet auch Gian Trepp: *Bankgeschäfte mit dem Feind. Die Bank für internationalen Zahlungsausgleich im 2. Weltkrieg*, Zürich 1994, erhellende Informationen.

526 Sutton, a.a.O., S. 28. Vgl. allgemein Schloß, Henry H., *The Bank for International Settlements*, Amsterdam 1958.

527 Sutton, a.a.O., S. 28.

528 Ebd. Vgl. Hargrave, John, *Montague Norman*, New York o. J., S. 108.

529 Quigley, a.a.O., S. 62, 325.

530 Higham, Charles, *Trading with the Enemy*, a.a.O., S. 182; vgl. Aarons/Loftus, *Unholy Trinity*, a.a.O., S. 212.

531 Aarons/Loftus, a.a.O., S. 275; Higham, a.a.O., S. 117.

532 Aarons/Loftus, a.a.O., S. 276; Higham, a.a.O., S. 117.

533 Sutton, a.a.O., S. 34, Zit. *Senator Homer T. Bone vor dem Committee on Military Affairs des US-Senats am 4. Juni 1943.*

534 Aarons/Loftus, a.a.O., S. 275; Higham, a.a.O., S. 10.

535 Aarons/Loftus, a.a.O., S. 276; Higham, a.a.O., S. 122; vgl. zur späteren Rolle Lord Selbournes bei der »Suche nach dem Hl. Gral« Lincoln/Baigent/Leigh, *Das Vermächtnis des Messias – Auftrag und geheimes Wirken der Bruderschaft vom Heiligen Gral*, Bergisch-Gladbach 1987, S. 335ff.

536 Aarons/Loftus, a.a.O., S. 276.

537 Ebd.

538 Ebd.; zur Rolle von Chase und Morgan et Cie. im besetzten Frankreich siehe Sutton, a.a.O., S. 149ff.

539 Aarons/Loftus, a.a.O., S. 276; Higham, a.a.O., S. 11, Zit. *beeidete Zeugenaussage von Otto Abetz vor amerikanischen Behörden am 21. Juni 1946.*

540 Aarons/Loftus, a.a.O., S. 277.

541 Ebd., S. 278.

542 In *All honorable men*, a.a.O., beschreibt James Steward Martin ausführlichst seine Erfahrungen als Chef der Economic Warfare Section des amerikanischen Justizministeriums, die mit der Untersuchung der Strukturen der nationalsozialistischen Industrie bzw. mit den Vorarbeiten zur Kartellentflechtung beauftragt war. Martin zeigt, wie amerikanische und britische Geschäftsleute Schlüsselpositionen bei diesen Untersuchungen nach dem Krieg besetzten und diese Untersuchungen mit allen Mitteln sabotierten. Vgl. dazu auch Sutton, a.a.O., S. 83f., und Sampson, Anthony, *Weltmacht ITT*, a.a.O., S. 36: »Es war eine Zeit, in der sich militärische Operationen der Alliierten in Deutschland mit kommerziellen Operationen zu überlappen und zu verwickeln begannen; es war ein surrealistischer Alptraum – den ich selbst in der Nähe von Hamburg als britischer Marineoffizier miterlebt habe –, und die Militärregierungen waren nicht in der Lage, auch nur zu begreifen, was um sie herum vorging, geschweige denn, es unter Kontrolle zu bringen.«

543 Sutton, a.a.O., S. 24ff.; Martin, a.a.O., S. 70.

544 Ebd., S. 31, 33ff. 1939 hatte die I.G. Farben Beteiligungen und Einfluß im Management von nicht weniger als 380 deutschen und über 500 ausländischen Firmen. Darüber hinaus existierten mehr als 2000 Kartell-Vereinbarungen zwischen Farben und ausländischen Firmen wie Standard Oil of New Jersey, DuPont, Alcoa, Dow Chemical und anderen US-Firmen.

Farben verfügte über eigene Kohleminen, Elektrizitätswerke, Stahl- und Eisenhütten, Banken, Forschungsabteilungen und Handelsfirmen. 1943 produzierte Farben an kriegswichtigen Materialien 100 Prozent des synthetischen Kautschuks, 95 Prozent der Giftgase (einschließlich Zyklon B), 90 Prozent der Kunststoffprodukte, 88 Prozent des Magnesiums, 84 Prozent der Explosivstoffe, 70 Prozent des Schießpulvers, 46 Prozent des Flugzeugbenzins und 33 Prozent des aus dem Kohle-Hydrierverfahren gewonnenen Benzins. Zum Komplex I.G. Farben vgl. vor allem Sasuly, Richard, *I.G. Farben*, New York 1947.

545 Sutton, a.a.O., S. 46.

546 Ebd., S. 47ff., 68; vgl. auch Sasuly, a.a.O., S. 144ff., 253ff.

547 Sutton, a.a.O., S. 68.

548 Ebd., S. 69, 73.

549 Ebd., S. 75.

550 Ebd., S. 42.

551 Ebd., S. 41, 42.

552 Ebd., S. 37f., Zit. *U.S. Congress, House of Representatives, Special Committee on Un-American Activities, Investigation of Nazi Propaganda Activities and Investigation of Certain other Propaganda Activities, 2nd Session, Hearings No. 73-DC-4* (Washington, Government Printing Office 1934), Volume VIII, S. 954, 955, 7323.

553 Sutton, a.a.O., S. 34, 60.

554 Ebd., S. 49, vgl. insbesondere auch Sutton, *Wallstreet and the Bolshevik Revolution*, a.a.O., S. 156, 172, 210f., sowie Sutton, Anthony C., *Western technology and Soviet economic development – 1917–1930*, 3 Bde., Stanford, Calif. 1968, 1971, 1973.

555 Sutton, *Wallstreet/Hitler*, a.a.O., S. 50, 120; vgl. Rathenau, Walter, *In days to come*, London o.J. Daß zwischen Roosevelts New Deal und dem Nationalsozialismus eine gewisse Affinität bestand, zeigt eine Botschaft Hitlers an Roosevelt, die Reichsaußenminister von Neurath dem amerikanischen Botschafter in Berlin, Dodd, übermitteln ließ: »Reichs-kanzler bittet Herrn Dodd, dem Präsidenten Roosevelt seine Grüße zu übermitteln. Er beglückwünscht [den] Präsidenten zu seiner heroischen Anstrengung im Interesse [des] amerikanischen Volkes; erfolgreicher Kampf [des] Präsidenten gegen wirtschaftliche Notlage werde vom gesamten deutschen Volk mit Interesse und Bewunderung verfolgt. Reichskanzler stimme mit dem Präsidenten darin überein, daß die Tugenden der Pflicht, der Opferbereitschaft und der Disziplin ganzes Volk beherrschen müßten. Diese sittliche Forderung, die [der] Präsident an jeden einzelnen Bürger stelle, sei auch Quintessenz deutscher Staatsauffassung mit ihrem Wahlspruch: ›Gemeinnutz geht vor Eigennutz.‹« Vgl. Toland, a.a.O., S. 436. Daß man sich in Deutschland gewisser Ähnlichkeiten dieser ökonomischen Programme bewußt war, zeigt auch ein Buch in der Roosevelt Library von Helmut Magers, *Ein Revolutionär aus Common Sense*, Leipzig 1934, mit der Widmung: »To the President of the United States, Franklin D. Roosevelt, in profound admiration of his conception of a new economic order and with devotion for his personality. The Author, Baden, Germany, November 9, 1933.« (Sutton, a.a.O., S. 120.)

556 Sutton, *Wallstreet/Hitler*, a.a.O., S. 55.

557 Ebd., S. 105, 125, 126f.

558 Ebd., S. 111.

559 Ebd., S. 107f., 109f.

560 Ebd., S. 104; vgl. auch Görlitz, a.a.O., S. 37, 45ff., 51ff.

561 Sutton, *Wallstreet and the Bolshevik Revolution*, a.a.O., S. 76, 183.

562 Sampson, Anthony, *Weltmacht ITT*, a.a.O., S. 40.

563 Ebd.

564 Ebd., S. 41.

565 Sutton, *Wallstreet/Hitler*, a.a.O., S. 77f.

566 Ebd., S. 78.

567 Ebd., S. 79; vgl. Sampson, a.a.O., S. 23ff.

568 Sutton, a.a.O.

569 Ebd., S. 15. Vgl. Dodd, William E. jr. and Martha [ed.], *Ambassador Dodd's diary 1933–1938*, New York 1941.

570 Sutton, a.a.O., S. 79, 128. Vgl. auch Höhne, *Der Orden unter dem Totenkopf*, a.a.O., S. 131f. Vom Sonderkonto »S« bei J. H. Stein, wo Schröder im Vorstand saß, wurden die Gelder an das SS-eigene Sonderkonto »R« bei der Dresdner Bank eingezahlt, über das Himmlers Chefadjutant Karl Wolff per Scheck verfügen konnte.

571 Sutton, a.a.O., S. 130. Vgl. auch Höhne, a.a.O.

572 Sutton, a.a.O., S. 82; vgl. auch Sampson, a.a.O., S. 34, der ein Treffen von ITT-Vizepräsident Kenneth Stockton mit deutschen Funktionären in

Spanien erwähnt, wo die Zukunft der deutschen Anlagebestände erörtert wurde.

573 Sutton, a.a.O., S. 82.

574 Sampson, a.a.O., S. 37.

575 Sutton, a.a.O., S. 61ff.

576 Sampson, a.a.O., S. 36.

577 Ebd., S. 38.

578 Martin, a.a.O., S. 52; Sutton, a.a.O., S. 85.

579 Sutton, a.a.O., S. 31.

580 Thies, a.a.O., S. 54.

581 Pfeifer, a.a.O., S. 56.

582 Webb, a.a.O., S. 45. Vgl. Anm. 71.

583 Mendel, A. P., *Michael Bakunin – Roots of Apocalypse*, New York 1981, S. 372, 430. Im übrigen stammt der Begriff »sozialdemokratisch« von Bakunin, der allerdings stets den »religiösen« wie auch totalitären Charakter dessen betonte, was er unter Demokratie verstand. Vgl. Masaryk, Th. G., *Zur russischen Geschichts- und Religionsphilosophie*, Bd. 2, Jena 1913, S. 23.

584 Als Washington als erster Präsident der Vereinigten Staaten eingesetzt wurde, nahm ihm der Großkanzler der Großloge von New York, der Staatskanzler Robert R. Livingston, den Eid auf die Bibel der New Yorker St. John's Lodge Nr. 1 ab. Als Marschall fungierte General Jacob Morton, der Meister dieser Loge. Als am 18. September 1793 der Grundstein zum Kapitol in Washington gelegt wurde, erschien der Präsident in maurerischer Bekleidung und nahm den feierlichen Akt nach maurerischem Ritus vor (Lennhof/Posner, a.a.O., S. 1125).

585 Kurfürstliches Illuminatenmandat, München, 16. August 1787, *Generalien-Sammlung der kurpfalzbaierischen allgem. u. bes. Landesverordnungen.* G. K. Mayr [Hrsg.], S. 1784ff. (Dü, S. 403).

586 *Instruction für den ganzen Regentengrad.* Kapitel XXII, in: *Die neuesten Arbeiten des Spartacus (Adam Weishaupt) und Philo (Adolf Frhr. v. Knigge) in dem Illuminatenorden*, jetzt zum erstenmal gedruckt und zur Beherzigung bey gegenwärtigen Zeitläufen hersg. (von Ludw. Adolf Christian v. Grolmann), Frankfurt 1793, Ausgabe 1794 (in der Folge zitiert als *NA*), S. 165 (Dü, S. 198).

587 Ebd., S. 166 (Dü, S. 198).

588 *Diarium von Zwack v. 11. 1778*, in: *Einige Originalschriften des Illuminatenordens, welche bey (Franz Xaver v.) Zwack(h) durch vorgenommene Hausvisitation zu Landshut den 11. und 12. Oct. 1786* *vorgefunden worden*, Auf höchsten Befehl seiner Churfürstlichen Durchlaucht zum Druck befördert, München 1787 (in der Folge Zit. als *Originalschriften*), S. 300, (Dü, S. 38).

589 *Instruction für den Regentengrad*, Kapitel XXV, *NA*, S. 166 (Dü, S. 198).

590 Ebd., *NA*, S. 156 (Dü (S. 194).

591 *Weishaupt an Zwack, Ingolstadt, 16. Februar 1782*, in: *Nachtrag von weiteren Originalschriften, welche die Illuminatensekte überhaupt, sonderbar aber den Stifter Adam Weishaupt, betreffen, und bey der auf dem Baron Bassusischen Schloß zu Sandersdorf, einem bekannten Illuminatenneste, vorgenommenen Visitation entdeckt*, sofort auf Churfürstlich höchsten Befehl gedruckt und zum geheimen Archiv genommen worden sind, um solche jedermann auf Verlangen zur Einsicht vorlegen zu lassen. Abth. 1,2., 1. *Correspondenz* (252 S.), 2. *Documente* (159 S.), München 1787 (in der Folge zitiert als *Nachtrag*), S. 32 (Dü, S. 258).

592 Pike, Albert, *Morals and Dogma of the Ancient and Accepted Scottish Rite of Freemasonry*, 1872ff. Nachdruck o.J., S. 819. Vgl. zu diesem Thema ganz allgemein: Webster, Nesta, *Secret societies and subversive movements*, Hawthorne, Calif. 1967; Webster, Nesta/Gittens, Anthony, *World Revolution*, New York 1972. Zum Thema der Illuminaten insbes. Robison, John, *Proofs of a Conspiracy against all the Religions and Governments of Europe, carried on in the secret meetings of Free Masons, Illuminati and Reading Societies*, Edinburgh/London 1797, Neudruck, Boston, Los Angeles o.J. Über den ideologisch-religiösen, gnostisch-paganistischen »Überbau« der angeblich politisch wie religiös so neutralen Freimaurerei siehe im Zusammenhang mit dem von Pike zitierten Satz die bemerkenswerte, aktuelle Analyse von Ricardo de la Cierva: *El Triple Secreto de la Masoneria. Origenes, Constitutiones y rituales masónicos vigentes nunca publicada en España*, Toledo, Madrid 1994.

593 *Diarium von Zwack v. 11. 1778, Originalschriften*, S. 300 (Dü, S. 38 und 41): »Daß wir eine eigene Maurerloge halten sollten. 3. Daß wir diese als unsere Pflanzschule sollten betrachten.« (Vgl. Anm. 586, 588.)

594 Vgl. Dü, S. 111: »Auch wenn alle Statuten ausdrücklich betonten, nichts gegen Staat und Religion zu unternehmen, so galt dies nur für die unteren Grade und widerspricht nicht der politischen Intention des Ordenssystems.«

Vgl. auch Webster/Gittens, a.a.O., S. 13: »Das Bewunderungswürdigste von allem ist, daß bedeutende und reformierte Theologen, die unserem Orden angehören, wirklich der Ansicht sind, der Orden sei die wahre, unverfälschte Verkörperung der christlichen Religion. O Mensch, was kann man dich nicht glauben machen!« (Weishaupt in einem Brief an Cato = Zwack.) Bezüglich der Ausbreitung des Illuminatenordens heißt es bei van Dülmen (72): »Zwar behauptete der Orden weit über das Reichsgebiet auch Mitglieder in Italien, Frankreich, Skandinavien, Ungarn, ja in Amerika angeworben zu haben [...] Von den Verbindungen nach Polen, Frankreich und Amerika wissen wir letztlich so gut wie nichts«; über die Aktivitäten des Ordens in den USA läßt das 1799 in Philadelphia erschienene Buch *A view of the new England-Illuminati* ebensowenig Zweifel wie die Arbeiten der britischen Historikerin Nesta Webster, ebenso wie nach Abbé Augustin Barruels Werk *Memoirs sur L'Historie du Jakobinisme*, Paris 1797 (*Denkwürdigkeiten zur Geschichte des Jakobinismus. Nach der in London erschienenen französischen Originalausgabe ins Teutsche übersetzt von einer Gesellschaft verschiedener Gelehrten*, 4 Bde., Münster, Leipzig 1800–1803) der Einfluß des Illuminatentums auf die Französische Revolution kaum übergangen werden kann.

595 Schüttler, Hermann (Hrsg.): Johann Joachim Christoph Bode. *Journal von einer Reise von Weimar nach Frankreich. Im Jahre 1787*, herausgegeben und mit einem dokumentarischen Anhang versehen von Hermann Schüttler, München 1994.

596 Didon, P., *Les Illuminés de Bavière et leur influence d'aprés théses du MS de Forestier*, in: *Etudes*, 1919, S. 175ff. (Dü, S. 198).

597 Hoffmann, A., *Fragmente zur Biographie des verstorbenen Geheimen Raths Bode in Weimar*, Wien 1795 (Dü, S. 98).

598 Francovich, C., *Albori socialisti nel Resorgimento*, 1962 (Dü, S. 72).

599 Andreasen, O. [Hrsg.], *Aus dem Briefwechsel Friedrich Münters*, 3 Bde., Kopenhagen, Leipzig 1937/44 (Dü, S. 72).

600 *Allgemeine Übersicht des ganzen Ordenssystems (1782)*, in: *Der ächte Illuminat oder die wahren, unverbesserten Rituale der Illuminaten, Enth. 1. Die Vorbereitung, 2. Das Noviziat, 3. den Minervalgrad, 4. den kleinen und 5. den großen Illuminatengrad, ohne Zusatz und ohne Hinweglassung*, Faber, Joh. Heinr. [Hrsg.], Edessa (Frankfurt) 1788, (in der Folge zit. als *Der ächte Illuminat*), S. 207, 208 (Dü, S. 213).

601 Ebd., S. 206 (Dü, S. 212).

602 Bundy, William P., Zit. in: Quina von Brackenhausen, *CFR – Anatomie einer Elite*, Euskirchen 1977, S. 94.

Über das Ausmaß dieser »informellen Demokratie« informiert u.a. erschöpfend Allen, Gary, *Die Insider*, a.a.O., S. 120ff., wonach der Council on Foreign Relations völlig verknüpft ist mit den großen Stiftungen und den großen Denkfabriken wie Rand Corporation, Hudson Institut, Brookings Institut, die selbst durchaus schon meinungsbildend wirken. Darüber hinaus kontrollieren CFR und Trilateral Commission u.a. die National Broadcasting Corporation (NBC), die Columbia Broadcasting Corporation (CBC), *Time*, *Life*, *Fortune*, *Look*, *Newsweek*, *New York Times*, *Washington Post*, *Los Angeles Times*, *New York Post* usw. Dazu kommen noch zahlreiche Verlage. Eine wesentliche Rolle spielt dabei die *New York Times*, für die, wie Allen, Gary, *Die Rockefeller-Papiere*. *Schritte zu einer neuen Weltordnung*, Wiesbaden 1976, S. 86f., James Reston zitiert, der Multiplikator-Effekt bezeichnend ist, was soviel bedeutet, daß die meisten Redakteure und Nachrichtenleute, Reporter und Kommentatoren von Publikationen wie *Life*, *Look*, *Newsweek* usw. ihre Nachrichten und redaktionellen Hinweise aus der *New York Times* beziehen. Dies beschränkt sich freilich nicht nur auf den amerikanischen Raum, sondern gilt insbesondere auch für den europäischen, wo in den Chefredaktionsetagen die zweite Garnitur der CFR/Bilderberger-Meinungsverbreiter sitzt, die nachbeten darf, was die Senioren der von der Synarchie der Neuen Weltordnung autorisierten Nachrichtenvermittler wie Reston, Lewis, Unger, Novak oder Zorza vorzugsweise in der *New York Times* und in der *International Herald Tribune* vorbeten, weissagen und interpretieren.

603 Weishaupt, *Instruction der Präfecten oder Local-Obern (1782)*, *NA*, S. 176 (Dü, S. 202).

604 Weishaupt, *Anrede an die neu aufzunehmenden Illuminates dirigentes (1782)*, *Nachtrag*, a.a.O., S. 45 (Dü, S. 166).

605 Ebd., S. 51 (Dü, S. 168).

606 Ebd., S. 80 (Dü, S. 179).

607 *Allgemeine Übersicht des ganzen Ordenssystems (1782)*, in: *Der ächte Illuminat*, a.a.O., S.202 (Dü, S. 210f.).

608 Ebd., S. 204 (Dü, S. 211).

609 *Weishaupt an Zwack und Hertl, 6. April 1977*, in: *Originalschriften*, a.a.O., S. 330, 331 (Dü, S. 231f.): »[...] daher heißt der Orden in weiteren Graden, der Feuerdienst, Feuerorden, Parsenorden: das ist etwas über alle Erwartung Prächtiges. Sie werden es sehen, finden sie mir nur einen Namen für die Klasse, der ich den Namen der Republik der Bienen geben wollte, ich habe sie indessen Illuminaten geheissen.« In einem anderen Brief an Zwack, vom 31. 12. 1779, *Originalschriften*, a.a.O., S. 320, heißt es: »Wenn es ihnen beliebig, und nicht allzuviel Mühe macht, so geben sie dem Orden statt Illuminaten den Namen Bienenorden, oder Bienengesellschaft. Kleiden sie die ganzen Statuten in diese Allegorie ein, v.g. daß dieser Grad die Vorbereitungsstufe sey, das Honigsammeln, um auf künftige Zeiten seine Auskunft, Nahrung, erforderlichen Unterricht und Wissenschaft zu haben [...]« Dieser Absicht Weishaupts, seinen Bund Bienenorden zu nennen, kommt möglicherweise eine ganz andere und erstaunlichere Bedeutung zu als jener einer bloßen Allegorie auf den Fleiß des Bienenvolkes und steht möglicherweise im Zusammenhang mit der zoroastrischen und parsischen Tradition, aus der Weishaupt ganz offensichtlich schöpfte. Damit erscheint auch jener mysteriöse und anonyme Besucher, der Weishaupt 1771 in Ingolstadt eingeweiht haben soll und somit der eigentliche Initiator des Weishauptschen Illuminismus war, in einem ganz anderen Licht. Pfeifer, a.a.O., S.27, zitiert Lecouteulx de Canteleus *Les Sectes et Sociétés Secrétes*, wonach es sich bei diesem angeblichen, nach Abbé Barruel, a.a.O., im Orient in die Lehren des Manichäismus eingeweihten jütländischen Kaufmann Kölmer in Wirklichkeit um einen Armenier gehandelt habe, der unter dem Namen Altotas aufgetreten war und sein Wissen in arabisch-islamischen Schulen in der Tradition der berühmten Akademie von Gondishapur erhalten habe. Nun wird bei Gurdjieff mehrmals eine Bruderschaft Erleuchteter (Illuminierter) erwähnt, die »bei den Derwischen unter dem Namen Sarmun bekannt ist und deren Hauptkloster irgendwo in der Mitte Asiens liegt (Gurdjieff, *Begegnungen mit bemerkenswerten Menschen*, a.a.O., S. 167f.). Allem Anschein nach hat Gurdjieff die meisten seiner wesentlichen Prinzipien und Lehren von den Sarmung-Klöstern übernommen, wo er als Schüler weilen durfte (vgl. Gurdjieff, a.a.O., S. 169f., 263f., *Beelzebubs Erzählungen*, a.a.O., S. 1161; vgl. auch Wilson, Colin, *Der Kampf gegen den Schlaf*, a.a.O., S. 41). Bei diesen Sarmunis soll es sich um den innersten Kreis der Menschheit, die Erleuchteten also handeln, möglicherweise in Verbindung mit der Tradition des Sufi-Ordens der Chwadjadschan-Derwische bzw. deren Nachfolgern, den Naqschbandis, der vermutlich größten und einflußreichsten Sufi-Gemeinschaft der Welt, in deren innerstem Kreis wiederum möglicherweise auch die sogenannten »geheimen Meister« der Madame Blavatsky zu suchen sind. Nach Bennet, *Gurdjieff – Der Aufbau einer neuen Welt*, a.a.O., S. 62f., stammt das Wort Sarmun (oder Sarmoun bzw. Sarman) aus dem Altpersischen und »erscheint tatsächlich in einigen der Pahlawi-Texte, um jene zu bezeichnen, die die Lehren Zarathustras bewahrten. Das Wort kann auf dreierlei Weise gedeutet werden. Es ist das Wort für die Biene, die immer ein Symbol für jene war, die den wertvollen ›Honig‹ überlieferter Weisheit sammeln und ihn für zukünftige Generationen aufbewahren. Eine Legendensammlung, die in armenischen und syrischen Kreisen unter dem Titel *Die Bienen* gut bekannt ist, wurde im dreizehnten Jahrhundert, das heißt ungefähr zur Zeit Tschingis Khans von Mar Salomon, einem nestorianischen Archimandriten, neu bearbeitet. Das Buch *Die Bienen* befaßt sich mit einer geheimnisvollen Kraft, die aus der Zeit Zarathustras übermittelt und zur Zeit Christi offenkundig wurde. Eine einleuchtendere Wiedergabe muß das ›man‹ in seiner persischen Bedeutung nehmen als die durch Vererbung vermittelte Qualität und von daher eine bedeutende Familie oder Sippe. Es kann der Aufbewahrungsort eines Erbstücks oder einer Überlieferung sein. Das Wort ›sar‹ bedeutet Kopf und sowohl wortwörtlich als auch im Sinne Oberster und Führer. Die Verbindung Sarman würde somit der oberste Aufbewahrungsort der Überlieferung bedeuten, der als die ›immerwährende Philosophie‹ bezeichnet wurde, die von Generation zu Generation durch ›Eingeweihte‹, um Gurdjieffs Beschreibung zu gebrauchen, weitergereicht wurde. Und noch eine andere mögliche Bedeutung des Wortes ›Sarman‹ ist ›jene, die erleuchtet wurden‹; wörtlich, jene, deren Köpfe gereinigt worden sind [...]« Scott, Ernest, *Die Geheimnisträger*, a.a.O., S. 248: »Die Sarmounis (›Die Bienen‹) glauben, daß die Lehre, der sie folgen, noch aus vorsintflutlicher Zeit stammt. Sie behaupten, daß objektive Erkenntnis eine stoffliche Substanz sei und wie Honig gesammelt und gespeichert werden könne.

Dies geschieht in Geschichtsperioden, in denen die Welt Honig nicht zu schätzen weiß. An kritischen Zeitpunkten verteilen die Sarmounis den ›Honig‹ vermittels speziell ausgebildeter Botschafter in der ganzen Welt.« Ebendiese Intention wird durchaus in den Schriften Weishaupts deutlich: die Illuminaten als Hüter des Weltwissens, von dem sie nach Bedarf und Gusto der Allgemeinheit bekömmliche Häppchen abgeben. Vgl. Anm. 610, 611.

610 *Rezeß unter den Areopagiten* (v. Knigge, Hertel, Zwack, Baader, aufgesetzt von Zwack, München, 20. Dezember 1781), in: *Nachtrag*, a.a.O., (2), S. 13, 14 (Dü, S. 123, 252).

611 *Philo's* (= Adolf Frhr. v. Knigge) *endliche Erklärung und Antwort, auf verschiedene Anforderungen und Fragen, die an ihn ergangen, seine Verbindung mit dem Orden der Illuminaten betreffend*, Hannover 1788, (in der Folge zit. als *Philo's endliche Erklärung*), S. 115 (Dü, S. 124, 357): »[...] und nach und nach wäre der Orden in den Besitz der seltensten Kenntnisse in allen Theilen der Gelehrsamkeit gekommen, die man als Depot bewahrt [...]«

612 *Instruction für den Regentengrad*, XV; *NA*, S. 162 (Dü, S. 197).

613 *Weishaupt an Zwack, 10. 3. 1778, Originalschriften*, a.a.O., S. 216 (Dü, S. 222).

614 *Rezeß unter den Aeropagiten, Nachtrag*, a.a.O., (2), S. 14f.; (Dü, S. 254).

615 Hart, a.a.O., S. 36ff., 42; vgl. Anm. 71.

616 Toland, a.a.O., S. 107.

617 Vgl. Ravenscroft, a.a.O., S. 121f.: »Trotz seiner jüdischen Abstammung gewann Rosenberg Anschluß an die Thule-Gesellschaft, als er Dietrich Eckart die Protokolle vorlegte. Eckart geriet bei ihrer Lektüre in große Erregung [...] Die Thule-Anhänger beschlossen, die Veröffentlichung der Protokolle nicht mit ihrer eigenen okkulten Bewegung in Verbindung zu bringen, da diese überall wegen ihrer antisemitischen Haltung bekannt war. Ein unabhängiger Verleger in München, Ludwig Müller, wurde beauftragt, die erste Ausgabe des Werkes herauszugeben.« Tatsächlich veröffentlichte ein Mitarbeiter Ludendorffs, der Hauptmann Müller von Hausen, unter dem Decknamen Gottfried zur Beck bereits im November 1919 eine erste deutsche Übersetzung, gewidmet den Herrschern Europas (vgl. Bronder, a.a.O., S. 404). In Wirklichkeit wurden die Protokolle von Hitler bereits viel früher als lange Zeit angenommen studiert. Spätestens im Februar 1920 kursierten die Protokolle innerhalb der DAP, wie Horn, Wolfgang, *Führerideologie und Parteiorganisation in der NSDAP 1919–1933*, Düsseldorf 1971, S. 31, Anm. 5, belegt. Vgl. Thies, a.a.O., S. 28.

618 *CFR-Mitglied James Paul Warburg vor dem US-Senatsausschuß für auswärtige Angelegenheiten am 19. Februar 1950* (Zit. Allen, Gary, *Rockefeller-Papiere*, a.a.O., S. 100).

619 Ebd., S. 161, 163.

620 Brackhausen, a.a.O., S. 78.

621 Blechmann, Barry M./Fried, Edward R., *Controlling the Defense Budget*, in: *Foreign Affairs*, Januar 1976, S. 249.

622 Brackhausen, a.a.O., S. 96.

623 Ebd., S. 97.

624 Nilus, *Protokolle*, Nr. 8. Seit 1906 befindet sich ein Exemplar der *Protokolle der Weisen von Zion* im Britischen Museum. Allein in Großbritannien sind bis 1960 dreiundachtzig Auflagen erschienen, was eigentlich vermuten läßt, daß der Antisemitismus hier weit verbreitet ist. Ein Textvergleich mit der von Gottfried zur Beck 1919 erstmals in deutscher Sprache

veröffentlichten Übersetzung (4. Auflage, Charlottenburg 1920, 13. Auflage 1933), zeigt hinsichtlich des Inhalts und der Aussage keinerlei bedeutende Abweichungen oder spezifisch »deutsche« Interpretationen.

625 Ebd.

626 Ebd., Nr. 9.

627 Ebd., Nr. 15.

628 Ebd., Nr. 4.

629 Ebd., Nr. 8.

630 Ebd., Nr. 12.

631 Ebd.

632 Ebd., Nr. 13.

633 Ebd., Nr. 10.

634 Ebd., Nr. 7.

635 Ebd., Nr. 14.

636 Ebd., Nr. 10.

637 Ebd., Nr. 15.

638 Ebd., Nr. 5. In bezug auf die aktuelle weltpolitische Entwicklung
nicht uninteressant die darauf folgende Passage: »Wenn erst dieses Ziel
erreicht ist, dann werden die Inhaber der Geldmacht solches Über-
gewicht im staatlichen Leben gewinnen, daß sie ungestört das Volk
ausbeuten können. Heute ist es wichtiger, die Völker zu entwaffnen, als
in den Krieg zu führen; es ist wichtiger, die entflammten Leidenschaften
für unsere Zwecke zu nutzen, als sie einzudämmen; es ist wichtiger,
fremde Gedanken aufzugreifen und im eigenen Sinn zu interpretieren,
als sie, wie früher, mit Feuer und Schwert zu vertreiben.«

639 Ebd.

640 Ebd.

641 Ebd., Nr. 1. »Indessen waren jene Worte die Würmer, welche am
Wohlstand der Herrschenden nagten [...] Unser Triumph wurde dadurch
erleichtert, daß wir unter Ausnutzung jener, die wir gebrauchen konnten,
immer auf die empfänglichste Seite des menschlichen Verstandes hinge-
wirkt haben: auf die Rechnung mit dem Geld, auf die Gewinnsucht. Jede
dieser außerordentlich zahlreichen menschlichen Schwächen ist, sobald
man die richtige Methode verwendet, geeignet, den Willen der Menschen
demjenigen zu unterwerfen, der diese Schwächen am geschicktesten
auszunutzen versteht.«

642 Ebd.

643 Ebd., Nr. 22.

644 Ebd., Nr. 12.

645 Weishaupt, *Anrede an die neuaufzunehmenden Illuminatos dirigentes (1782), Nachtrag*, a.a.O., S. 88, 89 (Dü, S. 182).

646 In der Zeitschrift *Titanic*, Juli 1980.

647 Pfeifer, a.a.O., S. 43ff.; vgl. Lennhof/Posner, a.a.O., insbes. S. 168, 1090, 1426f.; Nourry, E., *Histoire de la Franc Maçonnerie française*, Paris 1925.

648 Vgl. Jones, Mervyn, *Die Freimaurer*, in: MacKenzie, Norman [Hrsg.], *Geheimgesellschaften*, Genf 1969, S. 172f.; Annan, David, *Nationalsozialistische Geheimgesellschaften*, ebd., S. 195ff.

649 Vgl. Anm. 583.

650 Vgl. Miers, a.a.O., S. 1f.; Lennhof/Posner, a.a.O., insbes. S. 1210f., 1405f.; Lachmann, H./Schiffmann, G. A., *Hochgrade der Freimaurerei*, 1866, 1878, 1882, Reprint Graz 1974; Teufel, Walter, *Der Alte und Angenommene Schottische Ritus und seine Vorläufer*, Hamburg 1966; Mellor, Alec, *Logen, Hochgrade, Rituale – Handbuch der Freimaurerei*, Graz 1966; Mehrhart, Ulrich von, *Weltfreimaurerei – Ein Überblick von ihrem Beginn bis zur Gegenwart*, Hamburg 1969; Lerich, Dr. Konrad, *Der Tempel der Freimaurer – Der 1. bis 33. Grad – Vom Suchenden zum Wissenden*, Berlin 1937. Einen der aktuellsten und informativsten Einblicke in das Wesen der Freimaurerei bietet Ricardo de la Cierva, *El Triple Secreto de la Masoneria*, a.a.O.

651 *The Science of Government, founded on Natural Law*, By Clinton Roosevelt, New York, published by Dean & Trevett, 121 Fulton Street, 1841; Entered according to Act of Congress, in the year 1841, by Clinton Roosevelt, in the Clerk's Office of the District Court for the Southern District of New York; Weishaupt, Adam, *Pythagoras oder Betrachtungen über geheime Welt- und Regierungskunst*, Frankfurt, Leipzig 1790; vgl. auch Griffin, *Die Herrscher*, a.a.O., S. 70f.

652 Vgl. Miers, a.a.O., S. 319f.; Lennhof/Posner, a.a.O., S. 1210f.; Griffin, a.a.O., S. 74ff. bezüglich Blavatsky, Anm. 51.

653 Griffin, *Die Herrscher*, a.a.O., S. 78, Zit. Lady Queensborough, *The Occult Theocracy*.

654 Ebd., S. 81.

655 Vgl. Anm. 172.

656 Griffin, a.a.O., S. 80, Zit. *La Femme et l'enfant dans la Franc Maçonnerie Universelle* von A.C. de la Rive, S. 558, sowie Queensborough, *The Occult Theocracy*, S. 220f.

657 Vgl. Anm. 52, 53, 54, 57.

658 Lincoln, *Messias*, a.a.O., S. 324.

659 Vgl. Anm. 280.

660 Lincoln, *Gral*, a.a.O., S. 183.

661 Rauschning, a.a.O., S. 216.

662 Ravenscroft, a.a.O., S. 51, 87ff.

663 Ebd., S. 29.

664 Pauwels/Bergier, a.a.O., S. 288, 389; vgl. Anm. 16, 336.

665 Ravenscroft, a.a.O., S. 38.

666 Ebd., S. 53.

667 Ebd., S. 52.

668 Ebd., S. 53.

669 Vgl. Anm. 71.

670 Ravenscroft, a.a.O., S. 67.

671 Ebd., S. 69.

672 Ebd., S. 104.

673 Zit. Scott, Ernest, *Geheimnisträger*, a.a.O., S. 144.

674 Buchheim 1, a.a.O., S. 242; vgl. Rahn, Otto, *Luzifers Hofgesind –
Reise zu Europas guten Geistern*, Leipzig, Berlin 1937, Struckum, 1985;
ders., *Kreuzzug gegen den Gral*, Freiburg 1933, Stuttgart 1965; Bernadac, Christian, *Le mysteré Otto Rahn. Le Gral et Montségur: du catharisme au nazisme*, Paris 1978; Goodrick-Clarke, *The occult roots*, a.a.O.,
S. 188ff. Markale, Jean, *Die Katharer von Montsegur – Das geheime
Wissen der Ketzer*, München 1993, S. 254ff., weist auf die Parallelitäten
zwischen den nordländischen Mythologien um Ultima Thule, ja selbst
der Hörbigerschen Welteislehre und der Lehre der Katharer hin, in der
desgleichen der Kampf zwischen den zwei Prinzipien Licht-Feuer und
Dunkelheit-Kälte zum Ausdruck kommt. »Die Katharer sind zwar in
südlichen Ländern in Erscheinung getreten, doch besteht kein Zweifel
an den nordländischen Komponenten ihrer Doktrin, die zur Genüge
erklären, warum sich die heutigen ›Nordländer‹ so lange mit ihnen ausein-
andersetzten.« (S. 259) Im übrigen hatte Himmlers Ketzerromantik
durchaus seinen Hintergrund: Schon in Rosenbergs *Mythus des 20. Jahrhunderts* findet sich ein ganzes Kapitel, in dem der NSDAP-Ideologe ein
Loblied auf die »ketzerischen Begarden und Beguinen«, diese »Brüder
vom freien Geist« anstimmt. Die Albigenser und die Waldenser sieht
Rosenberg als nachahmenswerte Vorbilder, die sich gegen die weltliche
und religiöse Macht zu wehren hatten. Vgl. dazu Cohn, Norman, *Les
Fanatiques de l'apocalypse*, o.a.O., Seite 295.

675 Rahn, *Kreuzzug*, a.a.O., S. 37.

676 Pauwels/Bergier, a.a.O.

677 Rougemont, Denis de, *Die Liebe und das Abendland*, Köln 1966, S. 96; vgl. Lincoln, *Gral*, a.a.O., S. 39.

678 Lincoln, *Gral*, a.a.O., S. 55.

679 Ebd., S. 74f.; vgl. auch Fiebag, Johannes und Peter, *Die Entdeckung des Grals – Das kosmische Geheimnis der Bundeslade und des Templerordens*, München 1989, S. 259.

680 *Ordo Militiae Crucis Templi – Tempelherren-Orden*, Deutsches Priorat e.V., Hrsg. vom O.M.C.T. Deutsches Priorat e.V., mit Beiträgen von Dr. R. W. Horst und Hugo Wellems, Wiesbaden o.J., Reprint Bremen 1981, S. 9.

Bzgl. der Ursprungsgeschichte der Templer sind die Thesen von Lincoln, Baigent, Leigh zweifellos einleuchtender als jene Interpretationen, die sich auf die Überlieferungen des Geschichtsschreibers Wilhelm von Tyrus beziehen (Lincoln, *Gral*, a.a.O., S. 45ff.).

681 Lincoln, *Gral*, a.a.O., S. 70.

682 Ebd., S. 48.

683 Ebd., S. 53; vgl. auch Annan, David, *Die Assassinen und die Tempelritter*, in: MacKenzie, *Geheimgesellschaften*, a.a.O., S. 119; Marques-Riviére, Jean, *Der Orden der Tempelherren*, in: *Moderne Universalgeschichte der Geheimwissenschaften*, Bd. 3: *Geheimgesellschaften und Geheimbünde*, Wien 1979, S. 265; Seward, Desmond, *The monks of war*, St. Albans 1974, bemerkt treffend bezüglich der ökonomischen Leistungen der Templer: »Die wirtschaftlich weitreichendste Leistung der Tempelritter war ihr Beitrag zur Änderung der kirchlichen Haltung hinsichtlich des Wuchers. Keine mittelalterliche Institution hat mehr für den Aufstieg des Kapitalismus geleistet. Natürlich beschränkt sich die ›Leistung‹ der Tempelritter nicht auf diese ökonomischen Aspekte, möglicherweise geht sie weit darüber hinaus, wenn man sie als Übermittler einer uralten Tradition betrachtet, das möglicherweise in die Kathedralen der Île-de-France geschriebenen Geheimnisses.« (S.213) Vgl. Charpentier, Louis, *Die Geheimnisse der Kathedrale von Chartres*, Köln 1972, insbes. S. 45f., 147ff.

Allgemein zur Geschichte des Templerordens vgl. Prutz, Hans, *Entwicklung und Untergang des Templerordens*, 1888, Reprint Walluf 1972; Schottmüller, Konrad, *Der Untergang des Templerordens*, mit urkundlichen und kritischen Beiträgen, 2 Bde., 1887, Reprint Walluf 1970; Séde, Gérard de, *Die Templer sind unter uns oder das Rätsel von Gisors*, Berlin, Frankfurt, Wien 1963; Fincke, H., *Papsttum und Untergang des Templerordens*, 2 Bde., Münster 1902.

684 Lincoln, *Gral*, a.a.O., S. 52f.

685 Ebd., S. 135.

686 Marques-Riviére, *Der Orden der Tempelherren*, a.a.O., S. 285, 291; vgl. auch Annan, David, *Die Assassinen und die Tempelritter*, a.a.O., S. 117.

687 Vgl. Annan, a.a.O., S. 108, 117.

688 Aus dem *Buch der Zwei Weisheiten* von Nasi-i-Chusrau, Teheran, Paris, S. 23, Zit. Hutin, Serge, *Die mohammedanischen Geheimbünde*, in: *Moderne Universalgeschichte der Geheimwissenschaften*, a.a.O., S. 256.

689 Vgl. Annan, a.a.O., S. 106ff.; Hutin, Serge, a.a.O., S. 151ff.; Marques-Riviére, a.a.O., S. 282ff.; Schweizer, Gerhard, *Die Derwische – Heilige und Ketzer des Islam*, Salzburg 1980, insbes. S. 98ff.; Doucet (Friedrich W.), *Okkultismus*, München 1980, S. 176; allgemein zu diesem Thema: Konzelmann, Gerhard, *Die Schiiten und die islamische Republik*, München 1979; Horten, Max, *Indische Strömungen in der islamischen Mystik*, Heidelberg 1928; Rice, Cyprian, *The Persian Sufis*, London 1964; Shah, Idris, *Die Sufis*, a.a.O.; Scott, *Geheimnisträger*, a.a.O., insbes. S. 278ff.; Daraul, Arkon, *Secret societies*, London 1983.

690 Charpentier, a.a.O., S. 26f.

691 Einem österreichischen Orientalisten des 19. Jahrhunderts, Baron Joseph Hammer-Purgstall zufolge, der die Inschrift einer im Burgund aufgefundenen Truhe untersuchte, ist der Name Baphomet aus dem Griechischen und bedeutet Taufe der Metis (Weisheit). Die von Hammer-Purgstall untersuchte Inschrift lautet übersetzt: »Gelobt sei Metis (d.h. Baphomet), der alles knospen und blühen läßt. Er ist unsere Wurzel; sie ist eins und sieben; schwöre ab dem Glauben und gib dich hin der Lust.« (Symonds, a.a.O., S. 193. Im Englischen wird der Begriff »Taufe der Metis« als »Aufgehen in Weisheit« ausgedrückt, womit sich natürlich wiederum das »[...] gib dich hin der Lust« anders interpretieren ließe.)

692 Marques-Riviére, *Tempelherren*, a.a.O., S. 290f.

693 Marques-Riviére, *Die Rosenkreuzer*, in: *Moderne Universalgeschichte der Geheimwissenschaften*, a.a.O., S. 296.

694 Miers, a.a.O., S. 21, nach: Heppe, *Geschichte der quietistischen Mystik*, Berlin 1875; vgl. Marques-Riviére, a.a.O., S. 311.

695 Marques-Riviére, *Rosenkreuzer*, a.a.O., S. 304, 315; zur Geschichte der Rosenkreuzer vgl. Schick, a.a.O.; Wehr, Gerhard [Hrsg.], *Die Bruderschaft der Rosenkreuzer – Esoterische Texte*, Köln 1984, insbes.

S. 20ff. bezüglich der Zusammenhänge zwischen Rosenkreuzertum und Reformation. U.a. zitiert Wehr auch *Luthers Coburger Brief vom 8. Juli 1530 an den Nürnberger Ratsschreiber Lazarus Spengler* hinsichtlich des »Merkzeichens« seiner Theologie: »Das erste soll ein schwarz' Kreuz sein im Herzen, welches Herz seine natürliche [d.h. rote] Farbe hat, damit ich mir selbst Erinnerung gebe, daß der Glaube an den Gekreuzigten uns selig macht [...] Ob's nun wohl ein schwarz' Kreuz ist, mortifiziert [tötet] und soll auch weh tun, dennoch läßt es das Herz in seiner Farbe, verderbt die Natur nicht, das ist, es tötet nicht, sondern es erhält lebendig [...] Solch ein Herz soll aber mitten in einer weißen Rose stehen, anzuzeigen, daß der Glaube Freude, Trost und Frieden gibt und sogleich in eine weiße, fröhliche Rose setzt, nicht wie die Welt Friede und Freude gibt [...]« Vgl. auch Peuckert, Will-Erich, *Die Rosenkreuzer*, Jena 1928; Wehr, Gerhard, *Christian Rosenkreuz – Urbild und Inspiration neuzeitlicher Esoterik*, Freiburg 1980; Dülmen, Richard van, *Die Utopie einer christlichen Gesellschaft*, Stuttgart 1978; ders., *Reformation als Revolution. Soziale Bewegung und religiöser Radikalismus in der deutschen Reformation*, Frankfurt 1987, insbes. bemerkenswert das Kapitel über »Das Königreich Sion zu Münster 1534/35«, S. 208ff.

696 Marques-Riviére, *Tempelherren*, a.a.O., S. 290.

697 Lincoln, *Gral*, a.a.O., S. 61.

698 Marques-Riviére, a.a.O., S. 268; vgl. zu diesem Thema auch Baigent, Michael/Leigh, Richard, *Der Tempel und die Loge. Das Geheime Erbe der Templer in der Freimaurerei*, Bergisch-Gladbach 1989.

699 Lincoln, *Messias*, a.a.O., S. 418.

700 Ebd., S. 419; *Vaincre*, 21. Sept. 1942, Nr. 1, S. 1.

701 Ebd.; *Vaincre*, 21. Okt. 1942, Nr. 2, S. 3.

702 Ebd., S. 422; *Vaincre*, 21. Sept. 1942, Nr. 1, S. 2.

703 Ebd., S. 420, 421, 517 (Anm. 6).

704 Ebd., S. 422.

705 Ebd., S. 421.

706 Ebd., S. 425; *Vaincre*, 21. Nov. 1942, Nr. 3, S. 1.

707 Ebd.; *Vaincre*, 21. Sept. 1942, Nr. 1, S. 3.

708 Ebd., S. 426f.; *Vaincre*, 21. Jan. 1943, Nr. 5, S. 2.

709 Ebd., S. 427.

710 Aarons/Loftus, *Unholy Trinity*, a.a.O., S. 252f., 284 (Zit. *INSCOM Dossier*, François Poncet, US Army Investigative Records, Repository, Ft. George V. Meade, Md., released under US FOIA [S. 346, Anm. 80]; *43rd CIC, Vienna City Section, Memo of 16. Dezember 1946, INSCOM*

Dossier, RED CROSS CENSORSHIP, US Army Investigative Records Repository, Ft. George V. Meade, Md. p 7, released under US FOIA [S. 346, Anm. 81]; 1984–5 Confidential Interviews including John Bross [now Deceased]. Permission to write an unclassified version of Poncet's activities for *Stern Magazine* was obtained in a series of correspondence with CIA/PRC, copies in author's possession; *Bowie interview 1985) (S. 347, Anm. 85).*

711 Ebd., S. 252, 268 (Zit. *IRS, HQ EUCON [contd] 20 July 1949* [Barbie interrogated some very high French officials including François Poncet and Lebrun]) (S. 346, Anm. 75); *Incoming Telegram, Department of State, No. 2172, 8. May 1950, App. 365* (Barbie case has »highly embarassing possibilities to put it mildly«) (S. 346, Anm. 77).

712 Ebd., S. 253 (Zit. *INSCOM Dossier RED CROSS CENSORSHIP*, US Army Investigative Records Repository, Ft. George V. Meade, Md., released under US FOIA) (S. 346, Anm. 83).

713 Ebd., S. 161 ff. Der britische Doppelagent Jahnke vom als Jahnke-Büro bekannten persönlichen Nachrichtendienst Ribbentrops und Canaris' waren die führenden Köpfe der »Schwarzen Kapelle«, die über die Relaisstation Vatikan vor und während des Krieges die Verbindung vor allem zu den Briten aufrechterhielt. Möglicherweise, vermutlich sogar wahrscheinlich, wußten weder Jahnke noch Canaris, und später auch nicht Schellenberg, daß die »Schwarze Kapelle« praktisch von Intermarium kontrolliert wurde und sämtliche Informationen, die über den Vatikan liefen, auch brühwarm an die Russen weitergeleitet wurden – und an die Gestapo gleichermaßen. 1939 konspirierten Jahnke und Canaris gegen den Ribbentrop-Molotow-Pakt und wollten Hitler sogar beseitigen, um den Weg für eine antikommunistische deutsch-britische Allianz freizumachen. Als Jahnkes Kurier aus London zurückkam, war die Gestapo bereits informiert und wollte Jahnke wegen Hochverrats verhaften. Dies wiederum konnte Canaris verhindern – den Hitler-Stalin-Pakt und den Krieg freilich nicht. Aarons und Loftus gehen natürlich davon aus, daß es ausschließlich in Stalins Interesse war, Hitler am Leben zu erhalten, um Frankreich und England mit Deutschland in einen Krieg zu verwickeln, und daß die Infiltration von Intermarium, der »Schwarzen Kapelle« und später des BND, des MI5 und Teilen des CIA usw. ein Geniestreich des GRU bzw. KGB war. Gerade auch im Hinblick auf das Spiel der Banker im Zweiten Weltkrieg legen die von Aarons und Loftus entdeckten Materialien den Schluß nahe, daß die Infiltration allseitig war.

714 Ebd., S. 429, 517; vgl. Roon, Ger van, *Neuordnung im Widerstand – Der Kreisauer Kreis innerhalb der deutschen Widerstandsbewegung*, München 1967, insbes. S. 215, 336, 452.

715 Martin, James, *All honorable men*, a.a.O., S.51. Vgl. auch Anm. 263. Martin, der die Manöver der internationalen Banken im Vorfeld des Zweiten Weltkrieges detailliert untersuchte, war übrigens Chef des Referates für Wirtschaftskrieg im Justizministerium, welches die Struktur der Nazi-Industrie zu untersuchen hatte. Die Schroeder-Bank übernahm jene honorable Anwaltsfirma Sullivan und Cromwell in New York, zu deren Senior-Partnern die Dulles-Brüder gehörten.

716 Powers, Thomas, *CIA – Die Geschichte. Die Methoden. Die Komplotte – Ein Insider-Bericht*, Hamburg 1980, S. 53.

717 Vgl. Anm. 1237 bis 1241.

718 Ebd., Aarons/Loftus, a.a.O., S.216, 274.

719 Ebd.

720 Toland, a.a.O., S. 544; vgl. Anm. 362.

721 Lincoln, *Messias*, a.a.O., S. 451.

722 Ebd., S. 343.

723 Ebd., S. 336f.

724 Ebd., S. 472; Lincoln, *Gral*, a.a.O., S. 178, unter Bezugnahme auf einen Artikel in der Zeitschrift *Haut-Anjou* vom 19. und 20. Januar 1981.

725 Lincoln, *Messias*, a.a.O., S. 256f.

726 Ebd., S. 477f.

727 Ebd., S. 479.

728 Ebd., S. 415. Hinsichtlich der aktuellen Verbindungen und Verwicklungen der Prieuré ließen sich etliche interessante Schlüsse ziehen, die darüber hinausgehen, daß, zumindest in bezug auf die Schaffung der Vereinigten Staaten von Europa, »die Prieuré fast identisch« sein dürfte »mit jener Europäischen Bewegung, der heute Otto von Habsburg vorsteht, einer auf Europäische Einheit abzielenden Organisation, die wie der Kreisauer Kreis und andere ein keltisches Kreuz in einem Zirkel als Symbol benutzt.« (S. 448) Immerhin war ein Habsburger des 18. Jahrhunderts, nämlich Josef II., ein Freund der Freimaurerei und ein Held der Illuminaten (Beethovens »Kantate auf den Tod von Kaiser Josef II.« preist diesen nicht ohne Grund als »Lichtbringer«), ein anderer Habsburger verhalf einem französischen Dorfpfarrer mit guten Beziehungen zur Prieuré de Sion und zu Kreisen der okkulten Erneuerung in Paris zu immensem Reichtum (siehe das Kapitel: »Die Weisen von Sion«, Anm. 808), und das gegenwärtige Oberhaupt der Familie, Dr. Otto von Habsburg, wiederum ist führendes Mitglied der »Bilderberger«, eines verschwiegenen und mächtigen Kreises von Finanzmännern. Eines der bekanntesten Mitglieder dieses erlauchten Kreises wiederum ist David Rockefeller, der mehr oder weniger das amerikanische Banksystem kontrolliert, und ein anderer, dessen genetische Wurzeln sich wie die der Habsburger auf den merowingischen Pool zurückführen lassen, war jahrelang (von Rockefeller vorgeschobener) Bilderberg-Vorsitzender: der niederländische Prinzgemahl Bernhard Lippe-Biesterfeld (vgl. *Bilderberg-Meetings, The Hague*, New York o.J.; vgl. Anm. 1303, 1314).

729 Lincoln, *Gral*, a.a.O., S. 91f., 98.

730 Ebd.; Lincoln, *Messias*, a.a.O., S. 411f.

731 Lincoln, *Gral*, a.a.O., S. 91. Dabei handelt es sich um Dokumente mit Siegel und Unterschrift des einen oder anderen Priors von »Notre-Dame de Sion«, wiedergegeben bei Röhricht, Reinhold, *Regesta Regni hierosolymitani*, Innsbruck 1893, S. 19, Nr. 83, S. 25, Nr. 105.

732 Lincoln, *Gral*, a.a.O., S. 95; Messias, a.a.O., S. 412.

733 Lincoln, *Gral*, a.a.O., S. 87.

734 Ebd., S. 95; vgl. Annan, *Die Assassinen und die Tempelritter*, a.a.O., S. 122ff.

735 Lincoln, *Gral*, a.a.O., S. 97f.

736 Ebd., S. 87.

737 Ebd., S. 89ff.; insbes. Lincoln, *Messias*, S. 413 (Le Maire, François, *Histoire et antiquitez de la vielle et duché d'Orléans*, 2 vols., Orléans 1648; Cottineau, L. H., *Repertoire too-bibliographique des abbayes et prieurés*, 3 vol., Macon 1935–1971, S. 2138; Soyer, J., *Annales prioratus sancti sansnis avrelianensis ad monasterium beatae Mariae de Monte Sion in Hierusalem pertinentis*, in: *Bulletin de la Société Archéologique de l'Orléanais*, Tom. XVII. Nr. 206., 1914, S. 222ff.).

738 Lincoln, *Gral*, a.a.O., S. 165.

739 Jones, Mervyn, *Die Rosenkreuzer*, in: MacKenzie, a.a.O., S. 130.

740 Lincoln, *Messias*, a.a.O., S. 413.

741 Lincoln, *Gral*, a.a.O., S. 87, 193ff.

742 Ebd., S. 105ff.

743 Ebd., S. 174, Zit. Delaude, Jean, *Le cercle d'Ulysse*, Toulouse 1977, S. 6.

744 Ebd., S. 177.

745 Lincoln, *Messias*, a.a.O., S. 483.

746 Lincoln, *Gral*, a.a.O., S. 188.

747 Ebd., S. 183; diese Äußerung machte Plantard gegenüber Gérard de Séde, dem Autor von *Die Templer sind unter uns*; vgl. Anm. 683.

748 Lincoln, *Messias*, a.a.O., S. 435ff.; ders., *Gral*, a.a.O., S. 184.

749 Lincoln, *Gral*, a.a.O., S. 87.

750 Paoli, Mathieu, *Les dessous d'une ambition politique – Nouvelles révelations sur les trésors du Razés et de Gisors*, Nyon 1973, S. 86, 112; vgl. Lincoln, *Gral*, a.a.O., S. 189ff.

751 Lincoln, *Messias*, a.a.O., S. 484.

752 Andererseits ist der Gedanke an eine Restauration der Monarchien durchaus nicht so unwahrscheinlich, wie man zunächst glaubt. Man denke an den in der früheren Sowjetunion, insbesondere in Rußland auflebenden Kult um den letzten Zaren. *Der Spiegel*, Nr. 23 v. 3. Juni 1991 schreibt dazu auf Seite 173: »Enttäuscht von der postkommunistischen Demokratie, fordern immer mehr Bürger in den Balkanländern die Wiedereinführung der Monarchie. Die Bulgaren wollen Anfang Juli per Referendum darüber entscheiden, ob Zar Simeon II., 53, aus der Linie Sachsen-Coburg-Gotha, zur Zeit im spanischen Exil, wieder den Thron besteigen darf. Meinungsumfragen zufolge ist über die Hälfte der Bevölkerung dafür. Der König von Rumänien, Michael I., aus dem Hause Hohenzollern, 69, Exilwohnsitz bei Genf, ist ebenfalls davon überzeugt, daß sein Volk ihn wieder haben will [...] Leka I. von Albanien [...] unterhält im südafrikanischen Exil eine Söldnertruppe, mit der er seine Rückkehr notfalls erzwingen möchte [...]« Und Karl von Habsburg, Enkel des letzten österreichischen Kaisers, der kurzeitig als TV-Talkmaster nicht gerade mit übermäßigem Erfolg Publicity aufzubauen suchte, wollte im März 1994 in einem Interview keineswegs ausschließen, den ungarischen Königsthron zu besteigen, sollte sich eine entsprechende Gelegenheit ergeben (News, 12/94).

753 Lincoln, *Gral*, a.a.O., S. 221ff.; dazu allgemein Lincoln, *Das Vermächtnis des Messias*, a.a.O., sowie vor allem auch Kersten, Holger/Gruber, Elmar R., *Das Jesus Komplott – Die Wahrheit über das »Turiner Grabtuch«*, München 1992, ein akribisch recherchierter Report, der die Thesen von Lincoln, Baigent und Leigh stützt. Die Autoren decken den Versuch einer bemerkenswerten Fälschung auf: 1988 versuchte man, das Alter des Turiner Grabtuches mit Hilfe der Radiokarbon-Methode zu datieren. Das Ergebnis schien alle bisherigen Erkenntnisse und Theorien über diese wohl bedeutendste Reliquie der Christenheit in Frage zu stellen: Das Grabtuch soll eine Fälschung aus dem 14. Jahrhundert sein. Wenn Kerstens und Grubers

Recherchen zutreffen, dann hatten jene Grabtuch-Experten recht, die vermuteten, daß an der Datierung irgend etwas nicht stimmen könne: Das Grabtuch ist echt, die Radiokarbon-Datierung eine Fälschung, mit deren Hilfe das eigentliche Geheimnis vertuscht werden sollte. Moderne Analysen und gerichtsmedizinische Gutachten scheinen in der Tat zu beweisen, daß der Mann noch gelebt hatte, als er in das Grabtuch gelegt wurde. Über die internationalen Intrigen im Zusammenhang mit diesem Thema, an denen nicht nur die Kirche und akademische Kreise, sondern auch Geheimdienste und Regierungen beteiligt sind, informiert ausführlich das Buch von Michael Baigent und Richard Leigh, *Verschlußsache Jesus – Die Qumranrollen und die Wahrheit über das frühe Christentum*, München 1991.

754 Lehmann, Johannes, *Die Jesus GmbH – Was Jesus wirklich wollte – Wie Paulus Christus schuf – Report einer Diskussion*, Düsseldorf 1972, S. 19.

755 Ebd., S. 50.

756 Papus, *Die Kabbala*, autorisierte Übs.: Julius Nestler, k. k. Professor, Neudruck, Wiesbaden o. J., S. 40.

757 Pagels, Elaine, *Versuchung durch Erkenntnis – Die gnostischen Evangelien*, Frankfurt 1981, S. 15.

758 *Thomas-Evangelium 32,10–11*, in: *Nag Hammadi Library in English*, transl. by members of the Coptic Gnostic Library Project of the Institute for Antiquity and Christianity, Leiden 1977 (in der Folge als *NHL* zitiert), S. 118; dt. Übs.: *Das Evangelium nach Thomas*, koptisch und deutsch von Johannes Leipoldt, Akademie-Verlag, Berlin 1967 (Pagels, a.a.O., S. 10).

759 *Zweiter Logos des großen Seth 59,22–29*, in: *NHL*, a.a.O., S. 333–334 (Pagels, a.a.O., S. 157).

760 *Apokalypse des Petrus 74,16–22*, in: *NHL*, a.a.O., S. 341 (Pagels, a.a.O., S. 157).

761 Vgl. Pagels, a.a.O., S. 165.

762 *Testimonium der Wahrheit, 31,24–32,2*, in: *NHL*, a.a.O., S. 407 (Pagels, a.a.O., S. 158).

763 *Apokalypse des Petrus, 76,27–34*, in: *NHL*, a.a.O., S. 342 (Pagels, a.a.O., S. 158).

764 Ebd., 70,24–71,4, in: *NHL*, S. 340 (Pagels, S. 161).

765 Ebd., 71, 20–21,4; *NHL*, S. 340 (Pagels, S. 161).

766 Ebd., *79,1–4*, in: *NHL*, S. 343 (Pagels, S. 161).

767 *The Nag Hammadi Library in English*, transl. by members of the Coptic Gnostic Library Project of the Institute for Antiquity and Christianity, dir. James M. Robinson, Leiden 1977 (in der Folge zitiert als *NHLE*), S. 332 (Lincoln, *Gral*, S. 344).

768 Origenes, *Commentarium in I Corinthos*, Journal of Theological Studies 10, 1909, S. 46–47 (Pagels, S. 48).

769 Vgl. Pagels, S. 49.

770 Ebd., S. 46.

771 *Dialog des Erlösers, 139,12–13*, in: *NHL*, S. 235 (Pagels, S. 60); *Philippusevangelium*, in: *NHLE*, S. 135ff. (Lincoln, *Gral*, S. 345).

772 *Philippusevangelium, 63,32–64,5*, in: *NHL*, S. 126, dt. Übs.: *Das Philippusevangelium*, in: *Die Gnosis*, Bd. II, Carl Andresen [Hrsg.], eingeleitet, übersetzt von Martin Krause und Kurt Rudolf, Zürich, Stuttgart 1971, S. 95–124 (Pagels, S. 11); *The Gospel of Philip*, in: *NHLE*, S. 138 (Lincoln, *Gral*, S. 345).

773 *Philippusevangelium* (The Gospel of Philip), in: *NHLE*, S. 139 (Lincoln, *Gral*, S. 345).

774 Ebd., *NHLE*, S. 148 (Lincoln, S. 345/46).

775 Vgl. Pagels, S. 16.

776 Alexandrinus, Clemens, *Stromata VII, 7*; dt.: Alexandria, Clemens von, *Teppiche*, übs. Stählin, O., München 1938, BdKV Bd. 2, 20 (Pagels, S. 79).

777 Irenäus, *Libros quinque adversus haeresis, III, 2,1–3,1* (in der Folge Zit. als *Irenäus, AH*), dt. *Des Heiligen Irenäus fünf Bücher gegen die Häresien*, Übs. Klebba, E., 2 Bde., München 1912, BdKV Bd. 3, 4 (Pagels, S. 79).

778 Alexandrinus, Clemens, *Stromata IV, 89,6–90,1* (Pagels, S. 79).

779 *Der dreiteilige Traktat, 69,7–10*, in: *NHL*, S. 64; *70,21–29*, *NHL*, S. 65; *Der dreiteilige Traktat, 72,16–19*, in: *NHL*, S. 66 (Pagels, S. 83).

780 *Das Wesen der Archonten II, 86,27–94,26*, in: *NHL*, S. 135–158. Übs. *Das Wesen der Archonten*, in: *Die Gnosis*, Zürich, Stuttgart 1971, S. 53–62; Layton, Bentlay, *The Hypostasis of the Archons*, Harvard Theological Review 67, 1974, S. 351ff. (Pagels, S. 70).

781 *Vom Ursprung der Welt II, 103,9–20*, in: *NHL*, S. 165 (Pagels, S. 71).

782 *Irenäus, AH I, 30,6* (Pagels, S. 104).

783 *Das Wesen der Archonten, 89,11–91,1*, in: *NHL*, S. 154 (Pagels, S. 73).

784 *Apokryphen des Johannes 1,31–2,9; NHL*, S. 99 (Pagels, S. 94).

785 Hippolitus, *Refutationis omnium haeresium I – Des Heiligen Hippolitus von Rom Widerlegung aller Häresien*, übs. Preysind, K., München

o. J., BdKV Bd. 40, 6, 17, in der Folge Zit. als Hippolyt, *REF* (Pagels, S. 97).

786 *Apokryphen des Johannes, 4,34–5,7*, in: *NHL*, S. 101 (Pagels, S. 98).

787 *Hebräerevangelium*, Zit. bei Origenes, *Commentarium in Johannes, 2,12* (Pagels, S. 98).

788 *Thomasevangelium, 49,32–50,1*, in: *NHL*, S. 128–129 (Pagels, S. 98).

789 *Philippusevangelium, 52,24*, in: *NHL*, S. 132 (Pagels, S. 98).

790 Ebd., *55,25–26*, in: *NHL*, S. 134 (Pagels, S. 99).

791 Ebd., *71,16–19*, in: *NHL*, S. 143 (Pagels, S. 99).

792 *Der Donner, Vollkommener Verstand, 13,16–16,25*, in: *NHL*, S. 271–274, dt. Übs. *Nebront oder Vollkommener Verstand*, eingel. und übers. vom Berliner Arbeitskreis für koptisch-gnostische Schriften. TblZ 98, 1973, S. 100; *Der Donner, der vollkommene Nous*, in: Krause, Martin/Labib, Pahor, *Gnostische und Hermetische Schriften aus Codex II und Codex VI*, Glücksstadt 1971, S. 122–131 (Pagels, S. 106).

793 Ebd. (Pagels, S. 13).

794 Vgl. Anm. 683, 690.

795 Lincoln, *Gral*, S. 82. Diese sogenannten »geheimen Dossiers« zum Fall Prieuré de Sion stehen im Mittelpunkt ziemlich abenteuerlicher Geschichten. So wurden die großteils unter dem Pseudonym Henri Lobinau gesammelten Dokumente und Stammtafeln einem österreichischen Historiker und Antiquar namens Leo Schidlhof zugeschrieben, der in der Schweiz gelebt haben soll und 1966 starb. Als es Lincoln und seinen Mitarbeitern endlich gelungen war, Schidlhofs Tochter in England ausfindig zu machen, erklärte diese, ihr Vater habe damit niemals etwas zu tun gehabt; dennoch sei er ständig mit Briefen und Telefonanrufen von Leuten aus Europa und den USA belästigt worden, die mit ihm über Dinge sprechen wollten, von denen er nicht das geringste gewußt haben soll. Bemerkenswert ist jedoch der Umstand, daß die amerikanischen Behörden Schidlhof 1946 wegen Verdachts auf geheimdienstliche Tätigkeiten ein Einreisevisum verweigert hatten. Überdies fand sich unter den Dossiers secrets eine Notiz, in der von einer Aktentasche Schidlhofs die Rede war, die mehrere Dokumente geheimer Art zur Geschichte von Rennes-le-Château enthalten habe und in die Hände eines Kuriers namens Fakhar ul-Islam gelangt sei. Dieser sollte sich im Februar 1967 in Ostdeutschland mit einem »Agenten aus Genf« treffen, um diesem die Tasche zu übergeben. Bevor die Transaktion jedoch stattfinden konnte, wurde Fakhar ul-Islam von den DDR-Behörden ausgewiesen. Am 20. Februar 1967 fand man seine Leiche am Bahnkörper bei Melun – er war aus dem fahrenden Schnellzug Genf–Paris geworfen worden. Schidlhofs »lederne Aktentasche« indessen war spurlos verschwunden.

796 Ebd., S. 83; Feugére, Pierre/Saint-Maxent, Louis/Koker, Gaston de, *Le serpent rouge, notes sur Saint-Germain-des-Près et Saint-Sulpice de Paris*, Pontoise 1967, S. 4. Die drei angeblichen oder tatsächlichen Autoren von *Serpent rouge* erlitten ein ähnliches Schicksal wie Fakhar ul-Islam: Am 6. März 1967 wurden Louis Saint-Maxent sowie Gaston de Koker, einen Tag später, am 7. März, wurde Feugére erhängt aufgefunden.

797 Lincoln, *Messias*, a.a.O., 1. Teil, befaßt sich eingehend mit den neuesten Ergebnissen der Bibelforschung unter besonderer Berücksichtigung des »historischen Jesus«. Desgleichen Lincoln, *Gral*, S. 256ff. Vgl. dazu Mendelsohn, Harald von, *Jesus – Rebell oder Erlöser – Die Geschichte des frühen Christentums*, Hamburg 1981; Smith, Morton, *Jesus der Magier*, München 1981; Schonfield, Hugh Joseph, *Planziel Golgotha*, Tuttingen 1969; Grant, Michael, *Jesus*, Bergisch-Gladbach 1979; Wilhelm Kestranek, *Der wahre Jesus. Mensch und Sendung im Zeitalterwandel – Auseinandersetzung mit Philosophen, Theologen, Doz. Holl und verschiedenen Irrlehrern*, Bergisch-Gladbach 1979.

798 Ebd., S. 115 (Math. 5,17).

799 Ebd., S. 52ff., 97ff.

800 Ebd., S. 117; vgl. auch Lehmann, a.a.O., S. 50ff.; insbes. zu diesem Thema auch Schonfield, Hugh Joseph, *Die Essener – Das Geheimnis des wahren Lehrers und der Einfluß der Essener auf die Gestaltung der Geschichte*, Südergellersen 1985; ders., *Unerhört, diese Christen*, Wien, München 1969; vgl. auch Anm. 797.

801 Ebd.; vgl. Vermaseren, Maarten Jozef, *Mithras – Geschichte eines Kultes*, Stuttgart 1965, S. 83f.

802 Lincoln, *Gral*, S. 170.

803 Ebd., S. 170f.

804 Ebd., S. 171.

805 Ebd., S. 356ff.

806 Darüber spekuliert Gérard de Séde in: *La race fabuleuse – Extraterrestres et mythologie merivingiénne*, Paris 1973. De Sédes Geschichte der Prieuré und der Merowinger gipfelt in der Theorie, daß es sich bei diesen gewissermaßen um übermenschliche Wesen, Abkömmlinge einer Verbindung zwischen dem Stamm Benjamin im alten Israel und Außerirdischen vom Sirius, handelt.

807 Fiebag, a.a.O.

808 Lincoln, *Gral*, S. 23f.

809 Ebd., S. 24, 161.

810 Ebd., S. 161.

811 Ebd.

812 Ebd.

813 Ebd., S. 162.

814 Ebd., S. 21f., 162; vgl. Anm. 53.

815 Auf diesen personellen Zusammenhang weist u.a. Robert A. Wilson in »Wer hat hier das Sagen?« in: Holmes, Donald, *System Sapiens*, a.a.O., S. 49, hin.

816 Vgl. Wilson, *Das Okkulte*, a.a.O., S. 455f. Über das Werk des »Philosophe inconnu« insbes. Amadou, Robert, *Louis Claude de Saint-Martin et le Martinisme*, Paris 1946.

817 Vgl. Lennhof/Posner, a.a.O., S. 1183; Lincoln, *Gral*, S. 421, Anm. 30.

818 Ebd.

819 Wilson, a.a.O., S. 543ff., insbes. S. 551. Vgl. auch Pfeifer, a.a.O., S. 88: »Grigorij Jafimowitsch Rasputin [...] setzte sich nachhaltig für eine Beendigung des Krieges ein [...] nachdem Kerenskij Justizminister geworden war [...] ließ er die Untersuchungen gegen Rasputins Mörder, Großfürst Paulowitsch und den Fürsten Yusupow, einstellen und sie nach Petersburg zurückrufen. Die Weltloge feierte die Attentäter als ›Engel des Todes‹.« (Logenzeitung *Gazette de Lausanne* vom 5. 2. 1917).

820 Vgl. Lennhof/Posner, a.a.O., S. 1183f.

821 Vgl. *Philo-Lexikon – Handbuch des jüdischen Wissens*, Jüdischer Verlag, Nachdruck der Aufl. 1936, Königstein 1982, S. 647: »Nach dem Muster d. altj. Gerichtshofes von Napoleon 1807 einberufenes Gremium von Rabbinern (Vorsitzender: David Sinzheim) und Laien (Sprecher: Abraham Furtado) zwecks Regelung zwischen Staat und j. Religionsgesetz strittigen Fragen im Sinne d. Staates.« Zur Geschichte der Protokolle vgl. Cohn, Norman/Colin, Rufus, *Warrant for genocide – The myth of the jewish world-conspiracy and the protocols of the Elders of Zion*, London 1967; die Zusammenfassung verschiedenster Versionen bei Bronder, a.a.O., S. 404f.; Ravenscroft, a.a.O., S. 121f., sowie im *Weltalmanach des Übersinnlichen – Ein einzigartiges Kompendium aller rätselhaften Phänomene und unglaublichen Erscheinungen*, München 1982, S. 532.

822 Lennhof/Posner, a.a.O., S. 1258.

823 Vgl. Bronder, a.a.O., S. 404.

824 Pfeifer, a.a.O., S. 124.

825 Lincoln, *Messias*, S. 252. Zweifel an dieser Definition zerstreut die Lektüre der *Monita Secreta – Die Geheimen Instruktionen der Jesuiten*, lat. u. dt., dt. Übs.: Julius Hochstetter, Lorch (Württemberg) 1924. Über die zentrale Rolle, die der Jesuitenorden in der Auseinandersetzung des Vatikans mit Moskau und im Zusammenhang mit der Intermarium-Operation der Infiltration der kommunistischen osteuropäischen Länder spielte, informieren Aarons/Loftus: *Unholy Trinity*, a.a.O., S. 22ff., 59, 165ff. Vgl. dazu auch Paris, Edmond, *The secret history of the Jesuits*, Chick Publications, USA 1982.

826 Bronder, a.a.O., S. 176.

827 *Civiltá Cattolica*, 19. 5. 1928 (Bronder, a.a.O., S. 356).

828 Bronder, a.a.O.

829 Ebd., S. 269.

830 Ebd., S. 404. Die Protokolle erfreuen sich auch in jüngster Zeit weltweiter Publizität. Vor allem in den sechziger Jahren wurden speziell im Libanon und in Kuwait verschiedene neue arabische Versionen publiziert.

1968 ließ das Islamic Institute for Research and Publication in Beirut 200 000 Kopien der Protokolle in Französisch und 100 000 Kopien in anderen Sprachen drucken. Der ägyptische Präsident Nasser erklärte die Protokolle öffentlich für authentisch. Libyens Führer Gaddhafi oder beispielsweise der ermordete König Feisal von Saudi-Arabien überreichten regelmäßig ausländischen Besuchern ein Exemplar dieses Werkes. In den siebziger Jahren erschienen Neuausgaben in Argentinien, Brasilien und bemerkenswerterweise in Italien. (*Weltalmanach*, a.a.O., S. 534.) Über die bedeutende Rolle, die die Protokolle schließlich in Deutschland spielten, vgl. auch Cohn, Norman, *Warrant for genocide*, London 1967, insbes. S. 126–215.

831 Vgl. Lincoln, *Gral*, a.a.O., S. 157.

832 Vgl. Bronder, a.a.O., S. 449, Anm. 275.

833 Lincoln, *Gral*, S. 158.

834 Griffin, *Herrscher*, a.a.O., S. 239.

835 Lincoln, *Messias*, a.a.O., S. 487. Laut Otto von Habsburg erörterten sie auch die Möglichkeit, Lord Louis Mountbatten zum Kaiser eines neuen deutschen Bundes zu machen. Damit hätten die Deutschen sozusagen ein volksnahes Herrscherhaus bekommen, zumindest abstammungsmäßig, denn die Mountbattens hießen nicht immer so, sondern schlicht »von Battenberg«: Name eines im 14. Jahrhundert ausgestorbenen hessischen Geschlechts, mit dem die Gattin von Prinz Alexander von Hessen, eine schlichte Julie von Hauke, sozusagen gesellschaftsfähig gemacht worden war.

836 Symonds, a.a.O., S. 16; Tegtmeier, a.a.O., S. 103; zu Eliphas Lévi vgl. Miers, a.a.O., S. 253; Wilson, *Das Okkulte*, a.a.O., S. 464ff.; Jones, Mervyn, *Die Rosenkreuzer*, in: MacKenzie, *Geheimgesellschaften*, a.a.O., S. 144ff. Lincoln, *Gral*, a.a.O., S. 123f.; Laarss, R. H., *Eliphas Levi, der große Kabbalist und seine magischen Werke*, Wien 1922; vgl. auch Anm. 53, 57.

837 Lincoln, *Gral*, S. 123f.

838 Ebd., S. 125, 152, 420, Anm. 24.

839 Ebd., S. 125.

840 Ebd.

841 Ebd., S. 126.

842 Ebd., S. 159. Dieses im 18. Jahrhundert gegründete Hochgradsystem der »Strikten Observanz«, das sich auf die Tradition der Templer berief und einen Großteil der deutschen Freimaurerlogen an sich zog (nicht weniger als 26 deutsche Fürsten gehörten diesem Orden an), ist in diesem Zusammenhang auch insofern erwähnenswert, als sich Freiherr von Hund ebenfalls auf »höhere Unbekannte« als die eigentlichen Leiter des Ordens berief. Vgl. Miers, a.a.O., S. 389; Lennhof/Posner, a.a.O., S. 1520: »Die Wurzeln des Systems der Strikten Observanz sind eindeutig in Frankreich zu suchen und stehen mit dem Heredom-Kilwinning-System im Zusammenhang. Immer wieder wurde behauptet, die eigentlichen Drahtzieher hinter Hund seien französische und schottische Jesuiten gewesen, die nicht nur der Partei des katholischen Prätendenten Karl Eduard Stuart in Frankreich eine gegen das protestantische Königshaus von England-Hannover gerichtete, freimaurerisch organisierte Kerntruppe schaffen wollten, sondern dabei auch auf die Stärkung des katholischen Einflusses in Deutschland abzielten.«

843 *Protokolle*, Nr. 24.

844 Lincoln, *Gral*, a.a.O., S. 159.

845 Koestler, Arthur, *Der dreizehnte Stamm – Das Reich der Khasaren und sein Erbe*, Bergisch-Gladbach 1989, Hersching 1991. Obzwar Koestler schreibt: »Es ist vielleicht symbolisch, daß Abraham Poliak, ein Professor der Geschichte an der Universität von Tel Aviv und ohne Zweifel ein israelischer Patriot, einen der Hauptbeiträge zu unserem Wissen über die Abstammung des Judentums von den Khasaren geleistet und damit die Legende vom Auserwählten Volk untergraben hat«, wird dieses gewiß heikle Thema von jüdischen wie nichtjüdischen Historikern (verständlicherweise, angesichts der weitreichenden Konsequenzen) tunlichst gemieden. So bescheidet sich das *Philo-Lexikon – Handbuch des jüdischen Wissens*, mit folgender Notiz: »Chasaren, nichtsemitisches Volk, vermutlich tartarisch, bildeten seit 4. Jhd. im heutigen Südrußland (an Don, Wolga, Kaspischem und Schwarzem Meer) ein Reich, dessen Könige und Oberschicht bei Abkehr vom Heidentum d. Jt. annahmen (um 740), u. erlagen d. Byzantinern u. Russen (10.–12. Jh.). Zeugnisse u. literar. Fortleben: *Brief d. Chasdei ibn Schaprut an C.-König Josef* (10. Jh.); Juda Helevis ›Kusari‹ (Chasari), *Gedichtete Dialoge zwischen einem j. Gelehrten u. einem C.-König* (12. Jh.).«

846 Koestler, a.a.O., S. 7.

847 Ebd., S. 11.

848 Ebd., S. 123.

849 Ebd., S. 71.

850 Ebd., S. 57.

851 Lincoln, *Gral*, a.a.O., S. 159.

852 Ebd., S. 160.

853 Beispielsweise die österreichische Bischofskonferenz in ihrer Empfehlung für die Volksabstimmung zum Beitritt in die EWU, wobei sich freilich die Frage stellt, ob man hier nur das gängige Freimaurervokabular des Europarates nachgeplappert hat oder ob die Eminenzen aus Österreich nicht doch auch zu den Ziegelträgern der Euro-Architekten zählen : »[...] bei aller gebotenen sorgsamen Abwägung des Für und Wider den Auftrag und die Chance ernst nehmen, auf dem Bauplatz Europa mit den Maßstäben des Evangeliums mittätig zu sein.« (*Oberösterreichische Nachrichten* v. 26. März 1994.)

854 Clausewitz, Carl von, *Hinterlassenes Werk. Vom Kriege*, Werner Hahlweg [Hrsg.], Bonn 1952, Seite 156f.

855 *Protokolle*, Nr. 16.

856 Man vergleiche die vielleicht erst teilweise in Erfüllung gegangene prophetische Drohung aus den *Protokollen* (Nr. 7): »Fassen wir den Plan zur Niederwerfung der Staaten in Europa in wenigen Worten zusammen: Einem von ihnen werden wir unsere Macht durch Mordanschläge, also durch die Schreckensmänner, den Terror, beweisen. Sollte es zu einer gemeinsamen Erhebung aller europäischen Staaten wider uns kommen, so werden ihnen amerikanische, chinesische oder japanische Geschütze in unserem Namen antworten.« Man ist versucht, einen Zusammenhang mit der Feststellung der *International Harald Tribune* vom 30. 6. 1977 zu sehen: »Während der letzten 35 Jahre hat die US-Regierung sich des

Terrorismus als eines regulären Instrumentes ihrer Außenpolitik bedient.« Von C. F. von Weizsäcker ist im Zusammenhang der Ausspruch überliefert: »Den Terror, den wir heute haben, wird es immer geben.« Welche Art von Terror wohl damit gemeint war?

857 Vgl. Anm. 356.

858 Vgl. Anm. 426.

859 Brzezinski, Zbignew, *Between two ages. America's role in the Technotronic Era*, New York 1970, S. 72.

860 Vgl. Anm. 430.

861 Brzezinski, Zbignew, *Macht und Moral. Neue Werte für die Weltpolitik*. Hamburg 1994.

862 Brzezinski, *Between two Ages* a.a.O., S. 70f.; vgl. auch Griffin, *Die Absteiger*, a.a.O., S. 463ff.

863 Ebd., S. 72.

864 Ebd., S. 83, 123.

865 Ebd., S. 146f. Wohl deswegen befaßte sich Brzezinski stets intensiv mit dem Problem des Systemausgleichs und war voller Hoffnung hinsichtlich der Sowjetunion, die er im Gegensatz zu den satten, unbeweglichen USA als flexibel, in voller Entwicklung begriffen und neuen Erfordernissen stets aufgeschlossen bezeichnete. (Brzezinski, Zbignew, *Alternative zur Teilung. Neue Möglichkeiten für eine gesamteuropäische Politik*, Köln, Berlin 1966, S. 154f.) Chruschtschow habe, so schrieb Brzezinski, die Sowjetunion als eine »höchst dynamische, pragmatische Gesellschaft« populär gemacht. Daß Brzezinskis trilaterale Weltordnungskonzepte nicht ganz so plan- und konzeptlos gewesen sein dürften, zeigt sich darin, daß sich letztlich seine Voraussagen erfüllten: »Die Entspannung mußte der erklärte Ausgangspunkt für Schritte sein, um die Spaltung Europas und Deutschlands zu beenden, ein Ziel, dem sich die Europäer kaum widersetzen konnten.« (Brzezinski, *Alternative*, a.a.O., S. 155.) In diesem Zusammenhang plädierte er stets für eine Aushöhlung der sowjetischen Stellung in Osteuropa, »bis die europäischen Staaten nicht länger als willige Werkzeuge fungieren und Ostdeutschland zu einer isolierten, ausschließlich auf sowjetische Garnisonen begründeten Sowjetkolonie geworden ist.« (A.a.O., S. 188.) Und dann »treten wir in eine Phase ein, wo es darum geht, eine Weltgemeinschaft zu organisieren. Das wird nur möglich sein, wenn vor allem die Vereinigten Staaten den Anstoß geben, Freiheit und Gleichheit auszutarieren [...]« (Brzezinski, in: *Die Zeit* v. 14. 10. 1977.)

866 Vgl. Anm. 172.

867 Brzezinski, *Between two ages*, a.a.O.; vgl. Griffin, a.a.O., S. 468.

868 *Encaunter*, Januar 1968, Zit. Griffin, a.a.O.

869 *Der Spiegel*, Nr. 24, 1976.

870 *The Freeman Digest* v. 15. 1. 1978; Brzezinski, a.a.O., S. 274.

871 Vgl. Allen, Gary, *Die Insider*, a.a.O., S. 117; Griffin, *Die Herrscher*, a.a.O., S. 162; Levinson, a.a.O., S. 149.

872 Vgl. Anm. 39.

873 Diese schon längst unter der Hand gehandelte Information wurde jüngst durch den spanischen Autor und profunden Kenner der modernen Freimaurerei, Ricardo de la Cierva, bestätigt:

El Triple Secreto de la Masoneria, a.a.O., S. 13: Cierva erwähnt auch die eigentliche Ursache dafür, warum der ewige Kronprinz Charles Windsor noch immer und womöglich bis zu seinem Lebensende darauf wartet, sich endlich die Krone aufsetzen zu dürfen: Er ist der erste Prince of Wales seit Beginn des 18. Jahrhunderts, der sich der Initiation in die Freimaurerei widersetzt. Nicht uninteressant wegen des Übertritts der Herzogin von Kent zum Katholizismus dürfte die Mitteilung sein, daß der gegenwärtige (1994) Großmeister der englischen Großloge ihr Mann, der Herzog von Kent, ist.

874 *Newsweek* v. 11. Dezember 1978.

875 *Protokolle*, Nr. 3.

876 Ebd., Nr. 2.

877 Griffin, *Absteiger*, a.a.O., S. 294.

878 Vgl. Anm. 845, 847, 850.

879 Vgl. Anm. 39. Der Ausspruch stammt von dem amerikanischen Ex-Senator Pettigrew.

880 Vgl. dazu Levinson, a.a.O., S. 142ff., 156ff., 164ff.; allgemein Quigley, a.a.O.; Lundberg, a.a.O.; Brakenhausen, a.a.O.; Allen, a.a.O.; Smoot, Dan, *The invisible government – The Dan Smoot Report*, Dallas 1962; Wormser, Rene, *Foundations – Their power and influence*, New York 1958. Dies ist nur eine kleine Auswahl von Werken, die eindeutig belegen, daß – unabhängig von Wahlausgängen – das amerikanische Außenministerium in der Hand des CFR bzw. der Trilateral-Commission ist. Auch bei dem Demokraten, Bilderberger und Trilateralisten Bill Clinton war und ist es nicht anders. Der Alt-Trilaterist Warren Christopher kontrollierte übrigens bereits die Zusammenstellung von Clintons Regierungsmannschaft.

881 NPD-Funktionär Günter Deckert in einem Interview mit dem neonazistischen Magazin *Mut*, Nr. 147, November 1979, S. 47: »Die einzig stimmige und lebensrichtig geistige Kraft unserer Zeit ist der Befreiungs-nationalismus der Völker.« Damit reflektierte Deckert allerdings nur, was schon lange vor ihm ein in der Öffentlichkeit relativ unbekannter Braintrust der sogenannten Neuen Rechten deutschland- und europaweit vorgedacht hatte, insbes. Wolfgang Strauß in seinem Buch *Trotz allem – wir werden siegen*, München 1969. Vgl. Anm. 1233, 1234.

882 Bereits am 23. März 1943 war mit Wissen und Billigung hoher SS-Angehöriger ein »Arbeitskreis für außerwirtschaftliche Fragen« gegründet worden, der sich u.a. mit den Möglichkeiten frühzeitiger Kontakt-aufnahme mit den Konzernen und Banken der künftigen Besatzungsmächte befaßte. Vgl. Engelmann, Bernt, *Wie wir wurden, was wir sind. Von der bedingungslosen Kapitulation bis zur unbedingten Wiederbewaffnung*, München 1982, S. 272. Vgl. auch Anm. 1007.

883 Engelmann, a.a.O., S. 265.

884 Ebd., S. 270.

885 Ebd., S. 265f.

886 Ebd., S. 270, 273.

887 Ebd., S. 275.

888 Ebd., S. 274.

889 Sutton, *Wallstreet/Hitler*, a.a.O., S. 149f.

890 Aarons/Loftus, *Unholy Trinity*, a.a.O., S. 278; vgl.: Manning, Paul, *Martin Bormann: nazi in exile*, New York 1981, S. 71, 72.

891 Aarons/Loftus, a.a.O., S. 277; vgl. Manning, a.a.O., S. 205.

892 Aarons/Loftus, S. 277 (Zit. *Buenos Aires despatch of 23 July 1947, enclosure to Secret Letter No. 1563, Subject: Illegal Emigration from Italy to South America*, Rome, 5 September 1947, USNA [US-National Archive] RG 59, 800, 142/9-547, S. 352, Anm. 32).

893 Ebd., S. 277.

894 Ebd., S. 277 (Zit.: *US Departments Post Files, Switzerland, Folder for Operation Safehaven*, Interrogation of Allen Dulles, USNA, S. 352, Anm. 34); vgl. Manning, *Bormann*, S. 251.

895 Aarons/Loftus, a.a.O., S. 277, 523, Anm. 35.

896 Ebd.; vgl. Manning, a.a.O., S. 251.

897 Aarons/Loftus, a.a.O., S. 278 (Zit.: *Memos of meetings with Hans Gisevius and Australian Government ministers and officials*, Australian Archives, Canberra, AA CRS, A 445, items 194/2/3 P 3, and 194/2/4 [citing Rockefeller's assistance to the Committee of Free Europe]; Simpson, Christopher, *Blowback*, New York 1988, S. 202, 203, 352, Anm. 37).

898 Ebd., S. 278 (Zit.: *Matter of Minerals Corp. and Panamerican Commodities, Vol. 15*, New York State Appellate Division Reports, 2nd Series, p. 432, 1st Department, 27. Februar 1962 [World Commerce Corporation, represented by Donovan, Leisure, Newton & Irvine], S. 353, Anm. 38).

899 Ebd., S. 279; vgl. Manning, a.a.O., S. 59, Zit.: *Eidesstattliche Erklärung von Georg Wilhelm Marty vor den Untersuchungsrichtern des Nürnberger Tribunals.*

900 Ebd., S. 278; Manning, a.a.O., S. 268, Zit.: *Zeugenaussage von Julius Klein.*

901 Dulles, Allen/Gaevernitz, Gero v. S., *Unternehmen »Sunrise« – Die geheime Geschichte des Kriegsendes in Italien*, Düsseldorf, Wien 1967, S. 306.

902 Boulton, David, *Die Lockheed Papiere. Politik und Geschäft der Rüstungsgiganten*, Oldenburg, München, Hamburg 1979, S. 103f. Einen lockeren, aber nichtsdestoweniger faktenreichen Überblick über die Zusammenhänge zwischen Politik, Geschäft, Korruption, internationalem Kapital und Institutionen wie den Bilderberg-Konferenzen bietet Bernt Engelmann in seinem Tatsachenroman *Hotel Bilderberg*, München 1977.

903 Engelmann, a.a.O., S. 140; Boulton, a.a.O., S. 137ff., 140.

904 Boulton, a.a.O., S. 148f.

905 Ebd., S. 151.

906 Ebd.

907 Insbes. durch die CIA-Insider Philipp Agee, *Inside the Company: CIA-Diary*, New York 1975; Marchetti, Victor/Marks, John D., *CIA and the Cult of Intelligence*, New York 1974, dt. *CIA*, Stuttgart 1974; Powers, Thomas, a.a.O.; sowie durch *Washington Post* und *New York Times*.

908 Engelmann, a.a.O., S. 140.

909 Boulton, a.a.O., S. 105f.

910 Ebd.

911 Aarons/Loftus, a.a.O., S. 152, 232, 235f., 240f.; siehe insbes. S. 338, Anm. 147, Zit. *CIC File, Subject »Black Orchestra« containing 1951 correspondence to DDU and DAD*, declassified under US FOIA May 1990; *Letter of 23. August 1946 to Captain O'Neal SSU/War Department Detachment, 1/017*, wo die Autoren darauf verweisen, daß die CIA zwar eine voluminöse Geschichte der früheren Dispute zwischen Dulles und CIA veröffentlicht hatte, den sogenannten *Darlin-Report*, der im Hauptlesesaal des US National Archive zur Verfügung steht, daß aber weder

der *Darlin-Report* noch irgendeine andere CIA-Enthüllung bisher die DDU (Document Disposal Unit) als supergeheime Tarnorganisation für Dulles' unter der Deckung des State Departments aufgezogenen Privat-Geheimdienst genannt hatte.

912 Ebd., S. 107f.; vgl. Engelmann, a.a.O., S. 84f.

913 Ebd.; vgl. auch Engelmann, *Wie sie wurden* ..., S. 46f.

914 Vgl. Engelmann, a.a.O., S. 48.

915 Aarons/Loftus, *Unholy Trinity*, a.a.O., S. 162ff., 252, Zit. Brown, Anthony Cave, *Bodygard of Lies*, London 1977, S. 181ff.

916 Engelmann, a.a.O., S. 51.

917 Boulton, a.a.O., S. 109ff.

918 Ebd.

919 Ebd., S. 116.

920 Ebd., S. 112ff.

921 Ebd., S. 114f.

922 Ebd.

923 Ebd., S. 110, 116f.

924 Ebd.; vgl. Engelmann, *Bilderberg*, S. 142.

925 Z.B. ein Oberbürgermeister von Berlin. Vgl. Marchetti/Marks, a.a.O., S. 78; vgl. dazu auch Levinson, a.a.O., S. 152, wonach vorzugsweise Sozialistenführer wie etwa Olof Palme oder der Türke Ecevit sich alljährlich an von der CIA finanzierten Harvard-Seminaren beteiligten. Nach Philipp Agees, a.a.O., dienten die westeuropäischen sozialdemokratischen Parteien und die Gewerkschaften als »Kanal« für mehrere Millionen Dollar Bestechungsgelder für die sozialistische Partei Portugals nach dem von den Bilderbergern organisierten und von der NATO abgestützten Putsch vom Juni 1974.

926 Vgl. Engelmann, *Wie sie wurden* ..., S. 51.

927 Ebd., S. 278f.

928 Höhne, a.a.O., S. 536.

929 Ebd.; vgl. Engelmann, a.a.O., S. 107f.

930 Daran kann schon aufgrund der personellen Verbindungen kein Zweifel bestehen. Daß Allen Dulles, der erste CIA-Chef (und CFR-Vorsitzender) ebenso ein Rockefeller-Mann war (als Rechtsberater) wie sein Bruder, der spätere Außenminister John Foster (Präsident der Rockefeller-Stiftung), ist kein Zufall. Vgl. Marchetti/Marks, a.a.O., S. 336:»Es war kein Zufall, daß der frühere Chef der heimlichen Dienste, Richard Bissell [...] 1968 vor einer Diskussionsgruppe im Außenpolitischen Rat [Anm: Council on Foreign Relations = CFR] seine ›vertrauliche‹ Rede über verdeckte Aktionen hielt. Denn der einflußreiche, doch private Rat, der sich aus mehreren Hundert der führenden Politiker, Militärs und Geschäftsleute des Landes zusammensetzt, war lange Zeit der Hauptanhängerkreis der CIA in der amerikanischen Öffentlichkeit. Wenn die Agentur prominente Bürger brauchte, um als Strohmänner für ihre Gesellschaften zu fungieren, oder für sonstige Hilfsleistungen, wandte sie sich häufig an die Mitglieder des Rates.« So kann man es natürlich auch ausdrücken, wenn man nicht dezidiert aussagen will, daß es sich umgekehrt verhält und die »Firma« ein Instrument des Rates war und ist. Vgl. dazu etwa auch Lundberg, a.a.O., S. 17, 18, 217, 321ff., 414ff. Marchetti/Marks, a.a.O., schreiben selbst: »Allen Dulles, ein ehemaliger amerikanischer Diplomat [Anm.: eine vornehme Umschreibung für Geheimdienstler] und Anwalt aus der Wallstreet [...] bestimmte die Linie einer Agentur voller Roosevelts, Bundys, Cleaveland Amorys und anderen Sprößlingen der führenden amerikanischen Familien.«

931 Engelmann, a.a.O., S. 111f.

932 Ebd., S. 114; vgl. dazu auch Joesten, Joachim, *Im Dienste des Mißtrauens – Das Geschäft mit Spionage und Abwehr*, München 1964, S. 177f.

933 Engelmann, a.a.O., S. 115.

934 Ebd., S. 116.

935 Ebd.

936 Ebd., S. 221.

937 Ebd., S. 226.

938 Ebd., S. 207.

939 Joesten, a.a.O., S. 179.

940 Ebd., S. 173.

941 Vgl. Aarons/Loftus, a.a.O. Der Anwalt John Loftus arbeitete an Untersuchungen für die für sich in den USA aufhaltende Ex-Nazis zuständige Abteilung des US Justice Department. In dieser Eigenschaft hatte er Zugang zu hochgeheimen NATO-Dokumenten über die geheime Rekrutierung von Faschisten jeder Art während des kalten Krieges. 1981 verließ Loftus das Justice Department, um sein Buch *The Belarus Secret* (New York 1982) zu schreiben, eine Studie über amerikanische Operationen, an denen Nazi-Kriegsverbrecher beteiligt waren. Vor dem Kongreß trat er in dieser Angelegenheit als Zeuge auf. Mark Aarons arbeitet für die Australian Broadcasting Corporation. Aufgrund seiner Recherchen wurden in Australien erstmals dort untergetauchte Nazi-Massenmörder gerichtlich verfolgt.

942 Farago, Ladislas, *Burn after Reading*, New York 1961, S. 116ff.; vgl. Aarons/Loftus, a.a.O., S. 159ff.

943 Aarons/Loftus, a.a.O., S. 159ff.; vgl. auch Höhne, Heinz/Zolling, Hermann, *The general was a spy*, New York 1961, S. 22ff.

944 Aarons/Loftus, a.a.O., S. 151.

945 Ebd., S. 158.

946 Ebd., S. 165.

947 Ebd., S. 157, 159ff.; u.a. Zit.: *CIC IRS, »Die Schwarze Kapelle«*, 24. April 1952, declassified under US FOIA, sowie *Special Interrogation Report on Kauder, aka Klatt*, undated, ca. 1946, MISC-USFET Counter Intelligence. In diesem Zusammenhang erwähnenswert ist der zweifellos große Einfluß Jahnkes auf Heß und über Heß bis zu dessen Englandflug auf Hitler. Jahnke war ab 1935 auch der persönliche Sachbearbeiter für geheimdienstliche Fragen bei Heß gewesen, der viele seiner Berichte Hitler direkt vorlegte. Vgl. Schellenberg, *Aufzeichnungen*, a.a.O., S. 202.

948 Aarons/Loftus, a.a.O., S. 185.

949 Ebd., S. 171.

950 Ebd., S. 243.

951 Ebd., S. 245f.

952 Ebd., S. 259, 342, u.a. Zit.: *Interview with former 940th CIC-Officiers, 1988–90*.

953 Powers, a.a.O., S. 48.

954 Vgl. Anm. 980, 1317.

955 Powers, a.a.O., S. 63, 65.

956 Ebd., S. 491, Anm. 7: »Dieser Krieg [Anm.: mit der Sowjetunion] wurde von allen, nur nicht von den Experten der CIA im Büro für Nationale Schätzungen (BNE) erwartet, die einen Kriegsausbruch in der unmittelbar bevorstehenden Zeit für ›höchst unwahrscheinlich‹ hielten.« Powers zitiert einen der CIA-Experten vom BNE, DeForrest Van Slyk: »Mein Gott, wenn die Russen hätten hören können, was einige dieser Luftwaffengeneräle gesagt haben!« Ende der vierziger Jahre arbeitete Van Slyk an einer Studie über die Kriegsgefahr in Westeuropa mit der Bezeichnung ORE 91 (Office of Research and Estimates).

»Nach monatelangen Studien kam Van Slyk zu dem Schluß, daß Moskau die Lage anders beurteilte. Die Sowjets glaubten, die industrielle Basis in Europa werde durch einen Krieg vernichtet werden, Widerstandsgruppen würden den Einsatz starker Besatzungstruppen erforderlich machen und die Russen würden auch im Fall eines Sieges nichts gewinnen. Wie Van Slyk berichtet, widersprachen die Militärs seinen

Auffassungen [...] Der damalige Chef des Nachrichtendienstes der Luftstreitkräfte und spätere stellvertretende Direktor der Central Intelligence, General Charles Peare Cabell, erklärte, wie Slyk berichtet: ›Wir können dieses Papier nicht akzeptieren. Damit werden wir den Etat nicht durchbekommen.‹«

Die Beurteilung durch Levinson, a.a.O., S. 133, in bezug auf das Rüstungsgeschäft und das Ost-West-Verhältnis galt zweifellos auch schon damals, was durch den unwiderlegbaren Umstand bestätigt wird, daß der westliche Kapitalismus sehr wohl an der sowjetischen Rüstung partizipierte. Vgl. Anm. 1334, 1335: »Der technologische Stand der Rüstung und die äußerste Verfeinerung des Materials schließen jeden bewaffneten Zusammenstoß zwischen den beiden Großen aus. Es handelt sich in der Hauptsache darum, Aufträge über die Herstellung von Material hereinzuholen, das nach einigen Jahren Gebrauch bereits überholt ist und deshalb auf der Stelle durch neues ersetzt werden muß. Die Lage im Osten ist kaum anders, wo das militärische Establishment neben der Partei und dem KGB einen der drei Stützpfeiler des Regimes bildet. Es hat unmittelbar einen großen Teil der russischen Industrie in der Hand, besitzt eigene Fabriken und Forschungslaboratorien und spielt bei Haushaltsfragen stets eine entscheidende Rolle.« Man vgl. dazu auch Marchetti/Marks, a.a.O., insbes. S. 372f, und vor allem Sutton, Anthony C., *Western technology and Soviet economic development 1917–1930*, Stanford, Cal. 1968, 1971, 1973; insbes. Bd. 2, 1945–1965, Stanford, Cal. 1973. Über die Gemeingefährlichkeit der amerikanischen Politik, dieses Spiel stets bis an den Rand der Apokalypse durchzuspielen, vgl. Pringle, Peter/Arkin, William, *SIOP – Der geheime Atomkriegsplan der USA*, Berlin, Bonn 1985; auch Sommerville, John, *Durchbruch zum Frieden – Eine amerikanische Gesellschaftskritik*, Darmstadt 1973, wo die Meinung vertreten wird, daß ausschließlich sowjetische Vernunft und Einsicht (zumindest solange die Sowjetunion bestand) den Ausbruch eines nuklearen Weltkrieges verhindert hatten (S. 43). Sommerville bezieht in seinen Überlegungen natürlich nicht die Existenz einer supranationalen Clique mit ein.

957 Powers, a.a.O., S. 55.

958 Ebd., S. 54.

959 Steven, Steward, *Sprengsatz – Die Operation Splinter Factor der CIA*, Stuttgart 1975, S. 53. Zur »Schlüssel-Rolle« der Dulles-Brüder im Weltordnungsspiel ganz allgemein: Strang, Alan, *The actor*, Boston, Los Angeles 1968.

960 Die Dulles waren Vettern der Rockefellers. Vgl. Allen, Gary, *Rockefeller-Papiere*, a.a.O., S. 200.

961 Als Präsident der Rockefeller-Stiftung.

962 Quigley, a.a.O., S. 950.

963 Steven, a.a.O., S. 50.

964 Powers, a.a.O., S. 55.

965 Vgl. Levinson, a.a.O., S. 148; Quigley, a.a.O., S. 951ff.; Allen, *Die Insider*, a.a.O., S. 113ff.

966 Levinson, a.a.O., S. 148: »Keine einzige wichtige Entscheidung in der amerikanischen Regierung wurde getroffen, die nicht von diesem Rat ausgearbeitet und vorgeschlagen worden wäre [...] von den 82 Persönlichkeiten, die John F. Kennedy in den Generalstab des Außenministeriums geholt hatte, gehörten 64 dem Rat an, Republikaner wie Demokraten.

Sein Außenminister, Dean Rusk (Demokrat), und sein Finanzminister, Douglas Millon (Republikaner), waren beide im Rat und der Rockefeller-Stiftung vertreten [...]«

Im Grunde genommen haben die Amerikaner (und damit wohl auch die Welt) keinerlei Wahl: Ob sie demokratisch oder republikanisch wählen, das Ergebnis heißt stets CFR bzw. Rockefeller & Co. Beispielsweise trat 1952 und 1956 CFR-Mann Adlai Stevenson gegen CFR-Mann Eisenhower an. 1960 hieß die Begegnung CFR-Mann Nixon gegen CFR-Mann Kennedy. Nach der erfolgreich niedergeschlagenen Goldwater-Revolte von 1964 stand 1968 CFR-Mann Nixon gegen CFR-Mann Humphrey im Ring. Jimmy Carter war eine Rockefeller-Marionette und besorgte die Geschäfte von CFR-, Trilateraler Kommission und Coca-Cola gleichermaßen. Bei Reagan sorgte schließlich CFR-Mann und Ex-CIA-Chef und Gegenkandidat George Herbert Walker Bush dafür, daß alles beim alten blieb. Mit Bush selbst als Präsident traten die Weltordner bekanntlich zum Gipfelsturm ihrer neuen CFR-Weltordnung an. Und mit Clinton gab es diesbezüglich auch kein Problem, denn er hat seine außen- und weltpolitische Bildung sowohl bei den Bildeberger-Konferenzen als auch von den Räten der Trilateral Commission erhalten. Vgl. dazu Lundberg, a.a.O., S. 321ff., 414ff.; Allen, Gary, *Rockefeller-Papiere*, S. 74ff.; Levinson, a.a.O., S. 164ff. Wie man in diesen Kreisen einen Präsidenten »macht«, kann man recht eindrücklich bei White, Theodor, *The making of the President*, New York 1960, nachlesen.

967 Levinson, a.a.O., S. 149. Eine Tatsache, die auch in der *State Department Publication 2349 – Bericht des Secretary of State Edward*

R. Stettinius an Präsident Truman über die Resultate der UNO-Gründungskonferenz in San Francisco nachzulesen ist.

968 Vgl. Steven, a.a.O., S. 56f.; Powers, a.a.O., S. 143f., 146: »Dulles war in der Tat ein harter Mann; er scheute sich nicht, die Ermordung ausländischer Politiker anzuordnen [...] Nasser hatte Dulles zwar überlebt, aber zwei andere führende Politiker, die sich den Zorn der Brüder Dulles zugezogen hatten, kamen weit weniger glimpflich davon: Mohammed Mossadegh im Iran und Jacobo Arbenz in Guatemala. Die Beseitigung Mossadeghs, der die im britischen Besitz befindliche Anglo-Iranian Oil Company verstaatlicht hatte, war ein klassisches Beispiel für einen in aller Stille durchgeführten Akt politischer Subversion.« Vgl. auch Marchetti/Marks, a.a.O., S. 58, 76, 336 zur Rolle Dulles' als CIA-Chef, S. 439 zur Aufgabe der CIA: »Die CIA verteidigt nicht unsere nationale Sicherheit. Sie versucht vielmehr, den Status quo aufrechtzuerhalten und die Uhr der kulturellen Entwicklung in Gegenden zu bremsen, die von geringer oder gar keiner Bedeutung für das amerikanische Volk sind.«

969 Vgl. Anm. 856.

970 Vgl. Levinson, a.a.O., S. 150ff., 152: »In vielen Ländern sind die Interessen der Rockefellers und die Verbindungen des CIA unlösbar miteinander verknüpft.«

971 Marchetti/Marks, a.a.O., S. 34.

972 Ebensowenig sind letzten Endes die amerikanischen Streitkräfte dazu da, die Interessen der amerikanischen Bürger zu verteidigen oder New York, Iowa, San Francisco oder Chicago zu beschützen, sondern die Ölfelder im Nahen Osten oder sonstwo im Namen der stets gefährdeten nationalen Sicherheit der CFR-Mitglieder aufzubereiten.

Vgl. Lundberg, a.a.O., S. 327. Wo diese Interessen liegen, zeigen zuweilen auch die Schwerpunkte der Tätigkeiten der sogenannten Stiftungen (die, abgesehen von ihrer Funktion als Instrumente politischer Einflußnahme und ökonomischer Kontrolle, vor allem dazu dienen, den Stiftern das Steuerzahlen zu ersparen). 1966 beispielsweise gab die Rockefeller-Stiftung eine Millionen Dollar für die Erziehung und Ausbildung der Elite in Nigeria aus, aber nur 1000 Dollar für Kentucky. Aus Nigeria freilich wurde mittlerweile der größte afrikanische Erdöllieferant.

973 Marchetti/Marks, a.a.O., S. 12 (Victor Marchetti in seinem Vorwort).

974 Powers, a.a.O., S. 61.

975 Ebd.

976 Vgl. insbes. Steven, a.a.O., S. 56f.; Powers, a.a.O., S. 62f.; Marchetti/Marks, a.a.O., insbes. S. 39f., 51f., 354f. Vgl. dazu ganz allgemein Dulles, Allen Welsh, *Im Geheimdienst*, Düsseldorf 1963.

977 Steven, a.a.O., S. 60.

978 Ebd., S. 55.

979 Vgl. Anm. 1074, 1081.

980 Levinson, a.a.O., S. 149f.

981 Ebd., S. 177ff.; Quigley, a.a.O., S. 950f., insbes. Sutton, Anthony, a.a.O.; Allen, Gary, *Die Insider*, a.a.O., S. 134ff.; ders., *Rockefeller-Papiere*, a.a.O., S. 156f.

982 Levinson, a.a.O., S. 182.

983 Powers, a.a.O., S. 104f. Hier wird ein Ausspruch von Richard Bissel, dem einstigen Chef der »heimlichen Dienste«, zitiert: »Sie [die Konservativen in der Regierung Eisenhower] wissen es zwar nicht, aber wir sind die eigentlichen Revolutionäre.«

984 Vgl. Powers, a.a.O., S. 105: Die vielen Mitarbeiter des CIA-Büros in Saigon lagen während des Vietnamkrieges ständig mit Washington im Streit wegen seiner stramm antikommunistischen Politik. In Tunesien und Marokko, vielleicht sogar in Frankreich zur Zeit des Französisch-Algerischen Krieges, »fühlten sich die Mitarbeiter des CIA an Ort und Stelle mehr zur FLN hingezogen, als zur Regierung de Gaulle, obwohl das offizielle Washington die Haltung der französischen Regierung unterstützte.« Das ist natürlich nur ein scheinbarer Widerspruch zu insgeheimen Beschuldigungen französischer Geheimdienstkreise, CIA-Agenten seien mit OAS-Leuten in Mordkomplotte gegen de Gaulle verwickelt gewesen.

985 Steven, a.a.O., S. 53.

986 Ebd.

987 Ebd.

988 Vgl. Heller, Siegfried, *Nazi-Internationale. Netzwerke des Herrn Genoud*, in: *Diagnosen*, Nr. 9, September 1983, S. 36f.

989 Höhne, a.a.O., S. 529.

990 Ebd., S. 531.

991 Ebd.

992 Ebd., S. 529.

993 Ebd.

994 Vgl. Quigley, a.a.O., S. 805f.: »Aufgrund dieser Entscheidung konnten die Sowjets sämtliche Hauptstädte in Mitteleuropa ›befreien‹. Budapest fiel am 13. Februar in russische Hand, dann Wien am 13. April. Am 25. 4.

kreisten russische Streitkräfte Berlin ein und kamen mit den amerikanischen Truppen in Berührung, die nur 110 Kilometer entfernt, im Süden bei Torgau an der Elbe standen [...] Noch am 4. Mai, als die Amerikaner 100 Kilometer vor Prag und die Sowjets mehr als 150 Kilometer davon entfernt waren, wurde der Versuch der ersteren, auf die Stadt vorzurücken, auf Geheiß des sowjetischen Kommandanten abgeblasen.« Vgl. dazu auch Allen, Gary, *Rockefeller-Papiere*, a.a.O., S. 244f.: »Der Alliierte Oberbefehlshaber im Westen, der so nett auf die sowjetischen Verbündeten gewartet hatte, war General Dwight D. Eisenhower. Er gehörte ebenso wie sein Präsident, Franklin D. Roosevelt, dem Rat für auswärtige Beziehungen (CFR) in New York an.« (Vgl. auch Griffin, *Die Absteiger*, a.a.O., S. 260ff.) Daß es eben in erster Linie nicht um Deutschland, sondern um die Veränderung der politischen Landkarte in Europa gegangen war, wird auch daraus ersichtlich, daß die Alliierten aus scheinbar unerfindlichen Gründen nicht den direkten Weg gewählt hatten, von Italien aus den entscheidenden Vorstoß ins Dritte Reich Hitlers zu unternehmen. Über diese scheinbar unerfindlichen Gründe gibt Roosevelts Schwiegersohn, Curtis Dall, a.a.O., insbes. S. 147f., Auskunft. Dall schildert ein Gespräch mit einem Freund Roosevelts, Commander George Earle: »Ich habe Ihrem verstorbenen Schwiegervater, FDR, gesagt, wie er den Zweiten Weltkrieg beenden könnte. Er wollte nicht auf mich hören. Oder soll ich sagen: Er durfte nicht auf mich hören. Können Sie sich das vorstellen?«

995 Steven, a.a.O., S. 53f.

996 Ebd., S. 16. Um Japan niederzuzwingen, war der Abwurf der Atombomben völlig überflüssig. Bereits im März 1945 hatten die Japaner zu erkennen gegeben, daß die kaiserliche Regierung zur bedingungslosen Kapitulation bereit sei. Außerdem waren die Angriffe etwa auf Tokio mit speziell für den japanischen Einsatz umgerüsteten und mit Brandbomben vollgestopften B-29-Bombern in ihrer zerstörerischen Wirkung nahezu der Hiroshima-Bombe gleichzusetzen. Vgl. Quigley, a.a.O., S. 114f.; Griffin, *Die Absteiger*, a.a.O., S. 270f.

997 Vgl. Mee, Charles L., a.a.O., S. 10.

998 Steven, a.a.O., S. 17.

999 Vgl. Anm. 859.

1000 Vgl. Levinson, a.a.O., S. 32: Bereits in diesem 1978 geschriebenen Buch wird die Verschuldung der Sowjetunion und des Ostblocks aufgrund vertraulicher NATO-Berichte auf mehr als 50 Milliarden Dollar geschätzt. Levinson schreibt dazu: »In der Realität dürfte die wahre

Schuld 60 Milliarden überschreiten, wenn man berücksichtigt, daß Länder wie Frankreich und Italien Zahlen veröffentlichen, die beträchtlich unter den von ihnen tatsächlich zugesagten Krediten liegen.« Eine jener amerikanischen Großbanken, die aufgrund ihrer überzogenen Kredite an die Sowjetunion schließlich in Bilanzschwierigkeiten gerieten, war u.a. die Rockefellersche Chase Manhattan Bank.

1001 Steven, a.a.O., S. 92.

1002 Vgl. das Kapitel »Die Ritter der Vereinigten Staaten von Europa«.

1003 Vgl. Anm. 883, 886.

1004 Powers, a.a.O., S. 105f.

1005 Vgl. *Die Zeit*, Dossier v. 31. 10. 1980; *Der Spiegel*, insbes. Nr. 4/81, 14/81; auch Müller, Rudolf, »Schule des Terrorismus – Die Wehrsportgruppe Hoffmann und andere militante Neonazis«, in: Wolfgang Benz [Hrsg.], *Rechtsextremismus in der Bundesrepublik – Voraussetzungen, Zusammenhänge, Wirkungen*, Frankfurt 1984, S. 239f.

1006 Steven, a.a.O., S. 54.

1007 Vgl. Bremer, Georg, »Seid umschlungen Millionen – Wie Fluchtgeld in saubere Schweizer Fränkli verwandelt wird«, in: *Die Zeit*, Nr. 18, Dossier v. 27. April 1984.

1008 Vgl. Gutierrez, Ignacio, »Arriba und Heil Hitler«, in: *Die Zeit*, Dossier v. 31. 10. 1980; vgl. auch Purtscheller, Wolfgang, *Aufbruch der Völkischen – Das braune Netzwerk*, Wien 1992, S. 30ff., insbes. S. 33f.: Zu Skorzenys erfolgreichen Unternehmungen trug wesentlich auch der Umstand bei, daß seiner spanischen Firma ungeachtet seiner Kriegsverbrechen und ungeachtet des Umstandes, daß zumindest damals in Österreich ein Haftbefehl gegen ihn vorlag, die Generalrepräsentanz der verstaatlichten österreichischen VöEST (vormals Hermann-Göring-Werke) für die Iberische Halbinsel und Lateinamerika übertragen worden war. Skorzeny war übrigens eine der treibenden Kräfte hinter der »Organisation ehemaliger SS-Angehöriger«, allgemein als ODESSA bekannt. Heute dient Skorzenys spanische CEDADE auch als Regenerationsort für wegen Wiederbetätigung verurteilte Neonazis wie etwa die Österreicher Walter Ochsenberger und Gerd Honsik.

1009 Lo Bello, Nino, *Vatikan im Zwielicht – Die unheiligen Geschäfte des Kirchenstaates*, München 1983, S. 67.

1010 Die Schlepperorganisation DIE SPINNE wurde sozusagen im österreichischen Internierungslager Glasenbach erfunden. Einer der Gründer dieser Fluchthilfestruktur war nicht von ungefähr der Schriftsteller Erich Kernmayer, der in seinen Büchern, die er mit dem Pseudonym Erich Knud Kern signierte, das NS-Regime und die SS geradezu als eine Art europäische Verteidigungsallianz gegen den gleichmacherischen Bolschewismus verklärte. Kernmayer-Titel, deren Auflagen in die Hunderttausende gingen und sozusagen zur Basisliteratur der neofaschistischen Szene wurden: *Insel der Tapferkeit, Das Buch der Tapferkeit, Buch der Tapferkeit: Soldatenschicksale unseres Jahrhunderts, Adolf Hitler und das Deutsche Reich: Der Staatsmann, Adolf Hitler und das Deutsche Reich: Der Feldherr* usw.

1011 Aarons/Loftus, a.a.O., S. 18.

1012 Ebd., S. XII.

1013 Ebd., S. 28ff.

1014 Ebd., S. 39f., u.a. Zit.: *Department of State, Report from Vinvent La Vista to Herbert J. Cummings, 15. May 1947*, USNA (US National Archive), RG 59, FW 800.0128/5 – 1547.

1015 Ebd., Zit.: *Interview with Simon Wiesenthal*, Vienna 21. February 1985. Vgl. Brockdorf, Werner (Alfred Jarschel), *Flucht vor Nürnberg*, a.a.O., S. 55ff., S. 81.

1016 Ebd., vgl. Brockdorff, a.a.O., S. 79.

1017 Ebd.

1018 Ebd., S. 47ff.

1019 Lo Bello, a.a.O., S. 70.

1020 Aarons/Loftus, a.a.O., S. 71, 72. Der britische Geheimdienst hatte engste Beziehungen zu Pavelić' Terroristennetz unterhalten, vor allem nach der Ermordung des jugoslawischen Königs Alexander in Marseille im Jahr 1934.

1021 Ebd., S. 56ff. u.a. Zit.: *Gowen CIC report of 23. June 1947*, Vajta file, obtained under the US FOIA, pp. 49–51; and *CIC memos of 21. August, 4. and 5. October, and 10. December 1946*, Intermarium file, obtained under US FOIA, pp. 1–6.

1022 Ebd., S. 87.

1023 Ebd., S. 59.

1024 Ebd., S. 58f., 180, 200.

1025 Ebd., S. 88.

1026 Ebd., S. 72; zu Ante Pavelić vgl. Irnberger, Harald, *Die Terror-Multis*, Wien, München 1976, S. 128ff.

1027 Deschner, Karlheinz, *Kirche und Faschismus*, Rastatt 1993, S. 110. Deschner gibt in seinem Buch in der Tat erschöpfend Auskunft über die grauenhaften Umtriebe der Ustascha im Verein mit dem katholischen Klerus, insbes. auf S. 101ff. sowie 106ff. Im Mai 1941 reiste Pavelić mitsamt seinen Ministern und etlichen Geistlichen, darunter der Generalvikar des Erzbischofs Stepinac, Bischof Salis-Sewis nach Rom, wo er auch in »besonders feierlicher Privataudienz von Pius XII. empfangen und gesegnet« wurde. »Der Papst entließ ihn und seine Suite mit den besten Wünschen für ›weitere Arbeit‹. Darauf wurden im ›Unabhängigen Kroatien‹ 299 serbisch-orthodoxe Kirchen ausgeraubt und vernichtet, weitere Kirchen in katholische umgewandelt, in Schlachthäuser, Warenhäuser, öffentliche Toiletten und Ställe. In Gegenden, wo die Serbisch-Orthodoxen die Bevölkerungsmehrheit bildeten, hat man ihre Kirchen meist total zerstört, wo die Orthodoxen in der Minderheit waren, wurden ihre Kirchen für katholische Zwecke umgewandelt. Alles zeigt, daß eine wohlgeplante Politik befolgt worden ist. Der ganze Besitz der serbisch-orthodoxen Kirche ging in den Besitz der katholischen über. [...] In Zagreb, wo der Primas der kroatischen Katholiken, Erzbischof Stepinac, und der apostolische Nuntius Marcone residierten, schlug und quälte man den orthodoxen Metropoliten Dositej derart, daß er wahnsinnig wurde. Andere orthodoxe Patriarchen und Bischöfe schleppte man nach Dachau oder in italienische Konzentrationslager, wo sie bis zum Ende des Krieges blieben. [...] Bischof Platon und seinem Begleiter, dem Priester Dusan Subotić, stach man, während auf ihrer Brust ein Feuer brannte, die Augen aus, schnitt ihnen die Ohren ab und gab ihnen endlich den Todesstoß. Überall forderte der katholische Klerus die Orthodoxen zur Konversion auf. ›Wenn ihr zur katholischen Kirche übergetreten seid‹, versprach der Bischof Aksamović von Djakovo, ›werdet ihr in euren Häusern in Ruhe gelassen werden.‹ Viele wurden so katholisch, noch mehr aber wurden massakriert: erschossen, erstochen, zerstückelt, lebendig begraben oder gekreuzigt. Als Pavelić am 26. Juni 1941 den katholischen Episkopat in Audienz empfing und Erzbischof Stepinac sagte: ›Wir bezeugen von ganzem Herzen Ehrerbietung und versprechen ergebene und treue Mitarbeit für die strahlendste Zukunft unseres Vaterlandes‹, hatte man innerhalb von sechs Wochen bereits drei orthodoxe Bischöfe, mehr als hundert orthodoxe Priester und Ordensleute sowie 180 000 Serben und Juden ermordet.«

1028 Aarons/Loftus, a.a.O., S. 79.
1029 Ebd., S. 132; vgl. auch S. 128ff. und 132 über die Rolle des Nazi-Quislings und spirituellen Führers der slowenischen Ustascha-Einheiten, Bischof Gregory Rozman, bei der Geldwäsche von Ustascha-Vermögen in Bern. Über Vermittlung des amerikanischen Kardinals Spellman und Erzbischof Rohracher in Salzburg durfte er 1948 ungehin-

dert in die USA einreisen und sich in Cleveland, Ohio, niederlassen. U.a. Zit.: *Harrington CIC memo of 9. March 1948, »Activity of Bishops Rozman and Sarić«, released under US FOIA; Airgram from Berne to State Department*, USNA, Myron Taylor Papers, Box 21.

1030 Ebd., S. 51, 125.

1031 Ebd., S. 267f.

1032 Ebd., S. 266. Damit wird im Zusammenhang mit der Waldheim-Affäre einiges klar. Waldheim behauptete stets, daß er nicht in die blutigen Kozara-Massaker von 1942 verwickelt war, da er zu dieser Zeit im Stab des deutschen Quartiermeisters in Westjugoslawien Dienst getan habe. Immerhin aber könnte er durchaus Gelegenheit gehabt haben, Pater Draganović kennenzulernen, der zur Zeit der Kozara-Offensive in West-Bosnien auf Requisitionstour war. Auf welche Weise Waldheim Ante Pavelić dermaßen beeindruckt haben konnte, daß dieser ihm die silberne Medaille mit Eichenlaub für seine Dienste in dieser Gegend verlieh, bleibt wohl ein Rätsel, bis entsprechende Dokumente freigegeben werden. Für welche Verdienste Waldheim nun genau im Juli 1994 eine der höchsten päpstlichen Auszeichnungen, nämlich den Pius-Orden, verliehen bekam, bleibe dahingestellt. Möglicherweise war es eine späte Belohnung für die Tätigkeit im Rahmen der Intermarium-Operationen des Vatikans.

1033 Ebd. Wie Waldheims früherer Vorgesetzter im österreichischen Außenministerium, Karl Gruber, zugegeben hat, hätten die alliierten Nachrichtendienste Waldheim vermutlich von jeder Betätigung im österreichischen Außenministerium zunächst disqualifiziert. Doch dank eines von Molden der Regierung zugespielten gewaschenen Lebenslaufes war Waldheim schließlich sauber genug, um in das diplomatische Corps einzutreten: zu jener Zeit also, da die österreichische Regierung die Umtriebe des Terroristen-Netzes der Križari auf ihrem Territorium förderte. Draganović wurde bemerkenswerterweise österreichischer Staatsbürger, ehe er hinter den Eisernen Vorhang in Titos Reich zurückkehrte, den Titoismus über den grünen Klee lobte und wegen seiner Ustascha- und Križari-Vergangenheit völlig ungeschoren blieb. Im Zusammenhang mit Waldheim, Gruber und Molden u.a. Zit.: *London Observer Service, Interview with Karl Gruber, reported in Quincy Patriot Ledger, 29. April 1986.* Der Verleger Fritz Molden produzierte sich übrigens Ende der fünfziger Jahre ebenso wie der damalige *Express*-Chefredakteur und spätere ORF-Generalintendant Gerd Bacher als finanzieller und medialer Förderer jener rechtsextremen Südtiroler, die als sogenannte »Bumser« in die Zeitgeschichte eingegangen sind. (Vgl. Purtscheller, *Aufbruch der Völkischen*, a.a.O., S. 46f.)

1034 Aarons/Loftus, a.a.O., S. 126, 132.

1035 Ebd., a.a.O., S. 203f.

1036 Ebd., S. XIIff.

1037 Ebd., S. 236, Zit.: *INSCOM-DOSSIER, Subject: »Giovanni Montini«*, Memo of July 1946, Unattributed, US Army Investigate Records Repository, Ft. George V. Meade, Md., declassified under US FOIA.

1038 Ebd., S. 269.

1039 Ebd., S. 138; vgl. auch S. 173ff., 189ff., 207ff.

1040 Ebd., S. 203, Zit.: Simpson, Christopher, *Blowback*, New York, 1988, 180f. Im Laufe der Nachkriegszeit entstand dank entsprechender Propaganda und Verschleierungstaktik der Beteiligten die Ansicht, die Mitglieder der Galizischen SS seien so etwas wie Opfer der nazistischen Unterdrückung gewesen. Tatsache indessen ist, daß gerade zahlreiche Mitglieder dieser SS-Einheit für ihre Brutalität während der grausamen Exekutions-Aktionen in der Ukraine bekannt waren. Viele von ihnen waren als Mitglieder der mobilen SS-Mordeinheiten an Massakern wie jenem von Babi Yar beteiligt (vgl. S. 180, 189, 192).

1041 Ebd., S. 259, 260f.

1042 Vgl. O'Shaughnessy, Hugh, »Europe's best kept secret«, in: *The Observer* v. 7. Juni 1992, S. 53, wo P2-Logenchef Gelli als Schlüsselfigur auch dieser NATO-Geheimorganisation identifiziert wird. Außerdem wird James Jesus Angleton als die treibende Kraft beim rechtsradikalen und terroristischen Niedergang dieser aus ursprünglich ganz und gar edlen und unschuldigen Gründen zur Verteidigung des Westens vor den Russen installierten Untergrund-Organisation genannt.

1043 Aarons/Loftus, a.a.O., S. 285.

1044 Ebd., S. XIII.

1045 Ebd.; vgl. Lernoux, Penny, *In banks we trust*, New York 1984, insbes. S. 181ff.; über Zusammenhänge zwischen den finanziellen Transaktionen der Loge P2 und dem amerikanischen Wahlbetrug von 1980 bzw. personelle Verbindungen zwischen Licio Gelli und George Bush vgl. Roth, *Mitternachtsregierung*, a.a.O., S. 132ff.

Siehe zum Thema Vatikan-Banken auch die Zusammenfassung bei Malachi, Martin, *Das letzte Konklave*, Wien, Hamburg 1978, S. 40 bis 48.

1046 Görlitz, *Geldgeber*, a.a.O., S. 213f., insbes. S. 220f.

1047 Ebd., S. 129.

1048 Ebd.; vgl. Engelmann, Bernt/Walraff, Günter, *Ihr da oben – wir da unten*, Köln 1973, S. 114.

1049 Yallop, David A., *Im Namen Gottes? Der mysteriöse Tod des 33-Tage-Papstes Johannes Paul I. – Tatsachen und Hintergründe*, München 1984, S. 159f.

1050 Ebd., S. 160. Vgl. bezüglich der Täuschungsmanöver, mit denen das Counter Intelligence Corps ausgetrickst wurde, Aarons/Loftus, *Unholy Trinity*, a.a.O., S. 250ff.

1051 Vgl. Yallop, a.a.O., S. 160. Auf Barbies Konto geht u.a. die Ermordung des bolivianischen Sozialistenführers Marecelo Quiroga Cruz. 1980 halfen die »Bräute des Todes« dabei, General Garzia Meza an die Macht zu bringen.

1052 Ebd., S. 165.

1053 Ebd. Vgl. Irnberger, a.a.O., S. 199ff.

1054 Aarons/Loftus, *Unholy Trinity*, a.a.O., S. XIV. In den fünfziger Jahren hat übrigens Ronald Reagan Geld für eine jener Frontorganisationen gesammelt, die das gewaschene Geld dann an die faschistischen »Freedomfighters« Dulles' transferierten.

1055 Ebd., S. XV.

1056 Ebd.

1057 Ebd.

1058 Ebd., S. XVI.

1059 Ebd., S. XVII; vgl. auch Roth, *Mitternachtsregierung*, a.a.O., S. 89: Während der Reagan-Casey-Ära wurde die WACL des Generals Singlaub mit der »Western Goals Fondation« zusammengeschlossen: einer der für die Realisierung der »Law-Intensity-Conflicts«-Strategie und der verdeckten Einmischung mittels »privater Intervention« in die Angelegenheiten fremder Länder (»ohne der Kritik der öffentlichen Meinung dieser Länder ausgesetzt zu sein«) geschaffenen Stiftungen. Weitere solcher über Geheimdienstkanäle finanzierten Institutionen sind die »International Freedom Foundation«, die »International Society of Human Rights« und die »Heritage Foundation«, die vor allem auch gern von strammen bundesdeutschen Politikern besucht wird.

1060 Vgl. Roth, *Mitternachtsregierung*, a.a.O., S. 95.

1061 Ebd., S. 88.

1062 Ebd., S. 293. Daß übrigens Reagan und Bush über die Iran-Lieferungen nicht nur voll informiert waren, sondern daß Reagan persönlicher Initiator des illegalen Waffendeals gewesen war, bestätigte im Januar 1994 der mit der Untersuchung des Iran-Contra-Skandals beauftragteamerikanischeSonderstaatsanwaltLawrenceWalsh.Reagan habe den Verkauf von Waffen an den Iran – gegen ein bestehendes Embargo – ausdrücklich autorisiert. Dabei, so Walsh, habe Reagan allerdings gegen keine Gesetze verstoßen ... (*News* 3/9)

1063 Vgl. Aarons/Loftus, a.a.O., S. XVII.

1064 Vgl. Roth, a.a.O., S. 138.

1065 Aarons/Loftus, a.a.O., S. XIX. Vom Lockerbie-Anschlag bis zur Iran-Contra-Affäre gibt es kaum eine größere Aktion aus dem Bereich Waffen, Drogen und Terror und auch Geheimdiplomatie, mit der der Syrer Al-Kassar nicht in Verbindung zu bringen wäre. Im Januar 1994 machte er wieder Schlagzeilen, weil er in Spanien für einige Tage aus der Untersuchungshaft beurlaubt wurde, um angeblich seinen kranken Bruder in Syrien zu besuchen. Allerdings sind durchaus nicht unbegründete Spekulationen laut geworden, der PLO-Geldwäscher, Waffenschieber und CIA-Vermittler sei freigelassen worden, um einen Vermittlungsauftrag im Zusammenhang mit den palästinensisch-israelischen Verhandlungen zu übernehmen, die dann wenig später tatsächlich zu einem Abkommen über die Autonomie der Westbank und des Ghazastreifens führten (TVE v. 20. 1. 1994).

Al-Kassar saß wegen der Beteiligung an einem Mordversuch an dem libanesischen Agenten Elias Awad im Jahr 1994 in spanischer Untersuchungshaft. Außerdem wurde ihm vorgeworfen, die Entführer des Kreuzfahrtsschiffes »Achille Lauro« 1985 mit Waffen versorgt, wenn nicht die Entführung überhaupt organisiert zu haben. Es war jedoch anzunehmen, daß Al-Kassar mehr oder weniger ungeschoren davonkommen würde, da der spanische Geheimdienst CESID zweifellos seine schützende Hand über den Syrer hält, der doch Staat und Geheimdienst schon etliche Dienste erwiesen hat: etwa durch die Lieferung von mit Peilsendern ausgestatteten Waffen an die spanische Terrororganisation ETA, wodurch es möglich wurde, ein umfangreiches Waffenlager auszuheben. Auch die Franzosen sind ihm zu Dank verpflichtet. Umfangreichere Aktivitäten entfaltete er auch in Österreich, wo er nicht nur das Wiener Flugunternehmen »Jet-Air« finanzierte, sondern sich durch die Beschaffung von Endverbraucher-Zertifikaten für die Iran-Waffenexporte der staatlichen Firma Noricum einen Namen und saftige Provisionen machte. Er soll der Auftraggeber jenes Mannes gewesen sein, den der VOEST-Generaldirektor Apfalter kurz vor seinem mysteriösen und nach wie vor ungeklärten Tod getroffen hatte ...

1066 Ebd., S. 264.

1067 Yallop, a.a.O., S. 196f.

1068 Lo Bello, a.a.O., S. 134.

1069 Ebd., S. 134f., 136.

1070 Ebd. Vgl. Lincoln, *Gral*, a.a.O., S. 154f.

1071 Yallop, a.a.O., S. 24, 25.

1072 Vgl. Lincoln, *Messias*, a.a.O., S. 454f., 460f.

1073 Ebd., S. 454; Flamini, Ronald, *Pope, Premier, President – The Cold War summit that never was*, New York 1980, S. 56.

1074 Flamini, a.a.O., S. 22; Lincoln, a.a.O., S. 454.

1075 Vgl. Pfeifer, a.a.O., S. 227.

1076 Lincoln, *Messias*, a.a.O., S. 468ff.; Lee, M. A., »Their Will Be Done«, in: *Mother Jones*, July 1983, S. 21ff.

1077 Lo Bello, a.a.O., S. 136.

1078 Cooney, John, *The American Pope – The life and times of Francis Cardinal Spellmann*, New York 1984, S. 231ff.; vgl. auch Lincoln, *Messias*, a.a.O., S. 457f.

1079 Lincoln, a.a.O., S. 471.

1080 Ebd.; vgl. auch Gordon, Thomas/Morgan-Witts, Max, *The year of Armageddon*, London 1984, S. 17f., 71f. Diese beiden Autoren befassen sich insbesondere mit den mehr als seltsamen Verquickungen des Malteser Ritterordens mit den Geschäften des amerikanischen Geheimdienstes.

1081 Ebd.

1082 Yallop, a.a.O., S. 432.

1083 Vgl. Bartsch, Günther, *Revolution von rechts? Ideologie und Organisation der Neuen Rechten*, Freiburg 1975, S. 89f.

1084 Vgl. Roth, *Mitternachtsregierung*, a.a.O., S. 129, 151, 152.

1085 Irnberger, a.a.O., S. 196.

1086 Ebd., S. 197f.

1087 Vgl. Yallop, a.a.O., S. 162; Gurwin, Larry, *The Calvi Affair*, London 1984, insbes. S. 127f.

1088 Ebd.

1089 Yallop, a.a.O.

1090 Vgl. Lincoln, a.a.O., S. 459.

1091 Vgl. *The Guardian*, London 11. Mai 1984, 7. Juni 1984. Nach Gurwin, a.a.O., hatte bzw. hat die Loge ihren eigentlichen Sitz in Monte Carlo.

1091 Vgl. Roth, *Mitternachtsregierung*, a.a.O., S. 129, 151, 152.

1092 Irnberger, a.a.O., S. 227, zit.: Wenzel, Gisela: *Klassenkämpfe und Repression in Italien – Am Beispiel Valpreda*. Offenbach 1973, S. 30.

1093 Irnberger, a.a.O., S. 213, 227.

1094 Vgl. Lincoln, *Messias*, a.a.O., S. 460, 252.

1095 Yallop, a.a.O., S. 367.

1096 Ebd., S. 366.

1097 Ebd., S. 367.

1098 Ebd., S. 368. Es war eben nicht bloßer Zufall, daß Ruiz Mateos, dessen Prozeß erst 1994 über die Bühne ging, von den italienischen Behörden im Dezember 1993 im Zusammenhang mit der Ermordung Calvis als »Zeuge« vernommen wurde. Auch bei den nahezu »italienischen« Korruptionsaffären um den Banesto-Chef Mario Conde (in Geschäfte mit J. P. Morgan verwickelt) und dem Ex-Gouverneur der Banco de España, Mariano Rubio, war »brüderliches Wirken« am Werk. Ricardo de la Cierva, a.a.O., S. 13, stellt den »Fall eines Bankiers, mit dem viele ein Modell einer neuen Zukunft verbinden«, in den Zusammenhang mit freimaurerischen Umtrieben. Dabei kann es sich nur um Mario Conde, die gestürzte Symbolfigur des kurzfristigen spanischen Erfolges, handeln. Hinsichtlich des Machtzuwachses dieser »kirchlichen Organisation« erregte Ende 1991 in Italien der Wechsel im Aufsichtsratsvorstand der italienischen Kreditbank Credito Italiano beträchtliches Aufsehen. Nachdem Senator Giovanni Agnelli, Mitglied der Turiner Fiat-Dynastie, Bilderberger und Begründer der Rockefellerschen Propaganda-Institution »Club of Rome«, aus dem Vorstand ausschied, rechnete man in Finanzkreisen mit einem Nachrücken eines weiteren Mitglieds der Familie. Indessen »übernahm an Stelle Agnellis aber das militante Mitglied der kirchlichen Geheimorganisation Opus Dei, Gian Mario Rovario, den Aufsichtsrats-Vorstandsposten. Zur selben Zeit rückte ein weiterer Opus-Dei-Sympathisant, Guiseppe Garofano, an die Spitze des italienischen Großkonzerns Montedison.« Aus: *Kirche Intern*, Wien, Nr. 10/91.

1099 Lincoln, a.a.O., S. 460.

1100 Man staune über die bei Lennhof/Posner, a.a.O., auf S. 42 aufgeführte Liste katholischer Würdenträger, die durchaus auf eine freimaurerische Tradition innerhalb der römischen Kirche schließen läßt.

1101 Pfeifer, a.a.O., S. 227.

1102 Zit.: ebd., S. 228.

1103 Malachi, Martin, *The Decline and Fall of the Roman Church*, New York 1981. Vgl. Yallop, a.a.O., S. 247, 330. Lefèbvres rechte Hand, Abbé Ducaud-Bourget (auf dessen Empfehlung hin Monsieur Plantard de Saint-Clair in die Prieuré de Sion aufgenommen worden sein soll), ließ nach dem Tod von Papst Johannes Paul I. verbreiten: »Angesichts all der

Geschöpfe des Teufels, die im Vatikan hausen, ist es schwer, daran zu glauben, daß es ein natürlicher Tod war.«

1104 Yallop, a.a.O., S. 245f.

1105 Ebd., S. 166.

1106 Ebd., S. 355.

1107 Möglicherweise war der »gute Papst Johannes XXIII.« gar nicht der, der er zu sein schien oder zu sein vorgab. Lincoln, *Der Gral*, a.a.O., S. 131f., deutet an, daß der Roncalli-Papst, der während seiner Zeit als Nuntius in Paris von seiner besten Freundin, der jüdischen Beraterin der christlichen Partei MRP, Abrami »mon chou« (d.h. Püppchen der Windbeutel) genannt wurde, während er sie »ma cocotte« nannte (siehe Peyrefitte, Roger, *Die Juden*, Karlsruhe 1966, S. 387), sich möglicherweise 1935 insgeheim in der Türkei einer Rosenkreuzer-Gesellschaft angeschlossen habe. Zumindest wird dies in einem 1976 in Italien erschienenen Buch mit dem Titel *Die Prophezeiungen Papst Johannes XXIII.* behauptet. Der Band enthält eine Sammlung »obskurer prophetischer Prosagedichte, deren Autor angeblich der 1963 verstorbene Papst war. Bei einem Großteil dieser Weissagungen handelt es sich um äußerst undurchschaubare Texte, die sich jeglichem Interpretationsversuch widersetzen. Auch wenn in der Einleitung behauptet wird, der Urheber dieser Gedichte sei Johannes XXIII., bleibt die Frage der Autorenschaft ungeklärt.« Ungeachtet dessen verweisen Lincoln und seine Mitautoren darauf, daß den Prieuré-Dokumenten zufolge die Großmeister des Ordens stets Johannes bzw. Johanna, also Jean oder Jeanne hießen und »Jean« Cocteau auf der Liste der Großmeister der Prieuré de Sion als »Johannes XXIII.« aufgeführt wird. Als Pius XII. 1958 starb und Roncalli zum neuen Papst gewählt wurde, übte zwar Cocteau sein Amt als Prieuré-Großmeister noch aus, merkwürdigerweise ist jedoch nicht bekannt, wer sein unmittelbarer Nachfolger wurde und die Prieuré bis zu jenem Augenblick führte, da Plantard de Saint-Clair die Geschäfte übernahm. Als sich der Patriarch von Venedig, Roncalli, nach seiner Wahl für den Namen »Johannes XXIII.« entschied, »rief dies einige Bestürzung hervor, die nicht ganz ungerechtfertigt war. Auf dem Namen ›Johannes‹ lag so etwas wie ein unausgesprochener Bann, seit er zuletzt zu Beginn des fünfzehnten Jahrhunderts verwendet worden war. Der erste Johannes XXIII. wurde 1415 abgesetzt und gilt nur als Gegenpapst (anzumerken wäre lediglich noch, daß er vor seiner Wahl zum Papst [1410] Bischof von Alet-les-Bains war). Kardinal Roncallis Entscheidung, den gleichen Namen anzunehmen, war in der Tat ungewöhnlich.« Ungewöhnlich gewiß, wie die Neuorientierung der Kirche, die vor allem durch das Zweite Vatikanische Konzil eingeleitet wurde. Ungewöhnlich auch wie der in diesem Zusammenhang überaus bemerkenswerte Umstand, daß der Roncalli-Papst mit einer jahrhundertelangen Tradition brach und erklärte, daß ein Katholik durchaus auch Freimaurer sein könne ...

1108 Yallop, a.a.O., S. 167f.

1109 Ebd., S. 65ff. Dieses »Geschäft« wurde von einem zwielichtigen Österreicher namens Leopold Ledl eingefädelt, dem selbst wiederum ein mit »Segensbriefen« von Papst Paul VI. ausgestatteter Großbetrüger, der selbsternannte »Graf von San Francisco« und »Ehrendoktor der Theologie«, Mario Foligni, Tür und Tor zum Innersten des Vatikans geöffnet hatte. Im einzelnen ging es bei diesem Geschäft um den Verkauf gefälschter Wertpapiere im Wert von 950 Millionen Dollar – ein Qualitätsprodukt von Experten der amerikanischen Mafia – an den Vatikan zum Kaufpreis von 625 Millionen Dollar. Dem Käufer sollten 150 Millionen Dollar als Provision zurückgezahlt werden, so daß nach Abwicklung des Geschäftes der Mafia ein Reingewinn von 475 Millionen Dollar und dem Käufer zusätzlich zur Provision immerhin noch jene gefälschten Papiere im Nennwert von einer Milliarde Dollar verblieben. Die US-Mafia war zunächst skeptisch, als Ledl sozusagen im Auftrag des Vatikans vorsprach, bis er schließlich ein Empfehlungsschreiben der »Sacra Congregazioni dei Religione« vorwies, in welchem mehr oder weniger bestätigt wurde, daß der Vatikan den Wunsch hatte, »den gesamten Betrag der Effekten bis zum Betrag von 950 Millionen Dollar zu erwerben.« Das Geschäft wurde schließlich in mehreren Etappen abgewickelt. Alles deutet darauf hin, daß der eigentliche Drahtzieher dieses Geschäftes Bischof Paul Marcinkus gewesen war. Folignis Aussagen zufolge beruhte das Interesse des Vatikans am Erwerb der gefälschten Papiere darauf, daß Marcinkus und der italienische »Bankier Gottes«, Michele Sindona, Kapital benötigten, um das italienische Großunternehmen »Bastogi« aufzukaufen. Foligni behauptete auch, der Bischof habe sich mit Sindonas Hilfe mehrere geheime Nummernkonten auf den Bahamas zugelegt.

1110 Vgl. Pfeifer, a.a.O., S. 227; König Victor Emanuel, Großmeister des italienischen »Groß Orient«, schloß 1865 Papst Pius IX. aus der Freimaurerloge aus. Vier Jahre später berief der Papst das Erste Vatikanische Konzil ein, um sich die päpstliche Unfehlbarkeit bestätigen und zum Dogma erheben zu lassen. Daß es dabei nicht nur um »heilige«

Dinge ging, mag man an dem überlieferten päpstlichen Scherz ermessen, der freilich einen handfesten Hintergrund hatte: »Saróforse infallibile, ma sono certamente fallito« – »Ich mag wohl unfehlbar sein, aber auf jeden Fall bin ich bankrott.« Der Witz liegt in der Wortähnlichkeit: Fallito heißt im Italienischen bankrott. Als mit dem Sieg der Preußen über Napoleon III. bei Sedan der Papst seinen stärksten Beschützer verlor, nützte Victor Emanuel II. von Italien die Gelegenheit und fiel in den Kirchenstaat ein. Vergebens wandte sich der Papst an Österreich und Preußen um Hilfe. Am 20. September 1870 wurde die »Ewige Stadt« besetzt. Aber, wie Corrado Pallenberg, *Die Finanzen des Vatikan*, München 1973, S. 64, schreibt: Es war das Beste, was der Kirche in Rom passieren konnte. »Dadurch, daß Victor Emanuel II. von Italien den Kirchenstaat eroberte, ersparte er dem Papst die Schande, daraus von seinen eigenen Untertanen vertrieben zu werden oder – im besten Fall – auf einem wankenden, von den Bajonetten fremder Mächte gestürzten Thron auszuharren. Außerdem gewann das Papsttum mit dem Verlust seiner weltlichen Macht eine Unparteilichkeit, die es ihm ermöglichte, sich fortan aus inneren und äußeren politischen Auseinandersetzungen herauszuhalten.« Dieser Standpunkt ist freilich nur relativ zu bejahen. Besser wäre es zu sagen: Dem Papsttum wurde es dadurch ermöglicht, sich scheinbar aus äußeren politischen Auseinandersetzungen herauszuhalten. Hinsichtlich der Entwicklung des Vatikans zum multinationalen Finanz-Konzern freilich waren die Ereignisse von 1870 im nachhinein tatsächlich das Beste, was dem Vatikan hatte passieren können.

1111 Pallenberg, a.a.O., S. 70f.; Yallop, a.a.O., S. 130f.

1112 Yallop, a.a.O., S. 137f., 139.

1113 Ebd., S. 134f.

1114 Yallop, a.a.O., S. 137.

1115 Pallenberg, a.a.O., S. 95.

1116 Yallop, a.a.O., S. 138.

1117 Ebd., S. 139.

1118 Ebd., S. 137; Pallenberg, a.a.O., S. 102f.; insbes. Levinson, a.a.O., S. 108ff.

1119 Yallop, a.a.O., S. 164.

1120 Wie sich der Freimaurerzeitschrift *Humanität*, 1/78, entnehmen ließ, hob der deutsche Großmeister Jürgen Holtorf nach einem Besuch beim deutschen Botschafter in Buenos Aires enläßlich der 100-Jahr-Feier der dortigen Loge »Humanitas« in seinem Trinkspruch »die Bedeutung der Weltbruderkette als Symbol und gültige Wirklichkeit« ganz besonders hervor. Bei der 10. Konferenz der Weltfreimaurerei in Barran-quilla in Kolumbien, an der 34 Oberste Räte des 33. Grades aus 34 europäischen und amerikanischen Ländern teilnahmen, erklärte im Januar 1970 der zum »Weltpräsidenten« gewählte Kolumbianer Abrahem Mora Sanchez: »Die Weltfreimaurerei nahm in dieser Stadt feste Formen an, und jedem der Obersten Räte wurden Anweisungen übergeben, damit er [...] danach in seinem Einflußbereich tätig werde.«

1121 Vgl. Irnberger, a.a.O., S. 216; Wucher, Albert, *Eine schwarze Spur führt nach München*, in: *Süddeutsche Zeitung* v. 4. 9. 1974.

1122 Vgl. Woodward, Bob, *Geheimcode Veil – Reagan und die geheimen Kriege der CIA*, München 1987, S. 513ff., 535.

1123 Irnberger, a.a.O., S. 218.

1124 Offenbar gilt das international auch für diverse andere Sekten wie etwa die Vereinigungskirche des Koreaners San Myung Mun, der nicht nur im Weißen Haus ein und aus zu gehen pflegt, sondern auch mit Gorbatschow dinierte und dessen oberste Sektenfunktionäre »auch beim Papst gern gesehene Gäste« sind (ZDF, 17. September 1991). Vor allem scheint es Mun abgetakelten Staatsoberhäuptern angetan zu haben. Dem erwähnten ZDF-Bericht zufolge kamen nicht weniger als 40 dieser Ex-Staatsoberhäupter, als der selbsternannte Messias zum Diner rief. Aussage eines Ober-Munies: »Wir streben einen Gottesstaat an, um die Welt zu regieren!« Für Gorbatschow, dem Kerenskij der Beendigung des kommunistischen Experiments, für den nach eigenen Aussagen Sozialismus etwas Religiöses ist, hat Sektenführer Mun zweifellos einen hohen Stellenwert – und umgekehrt. Anfang 1994 nahm er an der »Konferenz des globalen Friedensrates« der Mun-Sekte in Seoul teil, um sich sodann mit dem »Großen Christus-Orden Simon Bolivar« des Mun-Ablegers »Verband für lateinamerikanische Einheit« zu schmücken. (Focus 14/1994, S. 210.) Daß Walter F. Mondale, Sohn eines methodistischen Landpredigers, Bilderberger, CFR-Bruder und Mitglied der Trilateral Commission, als Vize des Prediger-Präsidenten Carter die Volkstempel-Sekte des Reverend Jones sozial vorbildlich fand, braucht nicht verwundern, wenn man sich das Engagement der Rockefellers in diesem Zusammenhang vor Augen hält, die schon traditionellerweise das Union Theological Seminary in New York ebenso finanzieren wie den Federal Council of Churches, vom US-Marinegeheimdienst 1936 als eine der gefährlichsten umstürzlerischen Organisationen bezeichnet. So mancher mittelamerikanische katholische Bischof macht zumindest hinter vorgehaltener Hand Zusammenhänge zwischen den Interessen von

Rockefeller & Co in Mittel- und Lateinamerika und der Tatsache aus, daß der römischen Kirche in manchen dieser Staaten die Gläubigen davonlaufen und die diversen Sekten, die Jesus nach dem Marketing-Rezept von Coca-Cola und Hollywood verkaufen, sich der »Gläubigen« kaum zu erwehren vermögen. Was die Mun- oder Moon-Sekte betrifft, die sich nach dem Zusammenbruch des Ostblocksystems sogleich in den neuen Ländern wie Staaten intensiv breitgemacht hat, ist zu bemerken, daß es hier wohl wirklich untertrieben ist, noch von einer Sekte zu sprechen. Schon 1979 schrieb Eberhard Fuchs in seinem Buch *Jugendsekten*, München 1979, S. 11 und 81f., über diese Sekten im allgemeinen und die Mun-Organisation im besonderen: »Politiker wie Ghadafi, Idi Amin und der koreanische Diktator Park und früher Nixon wurden und werden von ihnen gefördert und unterstützt, zum Teil haben sie auch bereits ›Weltregierungen‹ errichtet und die Welt in Regierungsbezirke unterteilt. In Amerika gehören aktive Generäle zu ihren Anhängern, und Heere der NATO-Staaten sollen unterwandert werden oder sind es gar bereits. [...] Sie nennen sich ›Neue Mitte‹, ›Internationale Förderation zum Sieg über den Kommunismus‹, ›Vereinigte Familie‹, ›Tong-Il Kyo‹, ›World Students Conference‹, ›Professors World Peace Academy‹, ›International One World Crusade‹ und ›Collegiate Association for the Research of Principles‹ (C.A.R.P.). Die Munies sind die Chamäleons unter den Jugendsekten. Sie stecken hinter den ›Engelchen‹ bei der Peter-Alexander-Show im ZDF ebenso wie hinter besonders strammen Wahlhelfern für die CDU [...] Sie vertreiben Ginseng-Säfte und Waffen und besitzen in New York sogar einen Wolkenkratzer [....]« Zur Mun-Sekte bzw. Vereinigungskirche siehe auch Nannen, Henri (Hrsg.): *Die himmlischen Verführer. Sekten in Deutschland*, München 1980, insbesondere aber hinsichtlich des weltweiten Marsches dieser Subversionsarmee durch die Institutionen: Boyer, Jean-François: *L'empire Moon*, Paris 1986.

1125 Vgl. Laffin, John, *Islam: Weltbedrohung durch Fanatismus*, München 1980, S. 145ff.; Dietl, Wilhelm, *Heiliger Krieg für Allah. Als Augenzeuge bei den geheimen Kommandos des Islam*, München 1983, S. 58, 410f.

1126 Dietl, a.a.O., S. 60.

1127 Vgl. Anm. 33; siehe auch Scott, Ernest, *Die Geheimnisträger*, a.a.O.

1128 Vgl. Dietl, a.a.O., S. 58ff. Hassan al-Banna war als Lehrer im Suezgebiet tätig.

1129 Laffin, a.a.O., S. 214.

1130 Sadat, Anwar el, *Unterwegs zur Gerechtigkeit – Die Geschichte meines Lebens*, Wien, München 1977, S. 33.

1131 Ebd.

1132 Vgl. Dietl, a.a.O., S. 101.

1133 Ebd.

1134 Collins, Larry/Lapierre, Dominique, *O Jerusalem*, München 1971, S. 189.

1135 Dietl, a.a.O., S. 140.

1136 Daß allgemein zwischen der Bundesrepublik und dem Iran der Ayatollahs ganz ausgezeichnete Beziehungen herrschen, zeigt der Umstand, daß die Botschaft des Mullah-Regimes in der Godesberger Allee in Bonn zur Zentrale der Europa-Operationen des iranischen Geheimdienstes VEVAK ausgebaut wurde. Gewissen Kreisen diesseits und jenseits des Atlantiks war auch der vertraute Umgang beispielsweise des deutschen Geheimdienstkoordinators, des Staatsministers Bernd Schmidbauer, etwa mit Irans Geheimdienstchef Ali Fallahian nicht recht geheuer.

1137 Dietl, a.a.O., S. 391.

1138 Ebd.

1139 Ebd., S. 399.

1140 »Atombomben für den Islam? Aus dem Westen verschaffte sich Pakistan das Know-how zum Bau der Bombe«, in: *Der Spiegel*, Nr. 46 v. 12. 11. 1979. Vgl. auch »Begin Accuses Dutch of Helping Arabs With Nuclear Bomb«, in: *Spotlight* v. 23. Juli 1979.

1141 Vgl. Farughy, Amad/Reverier, Jean-Loup, *Persien: Aufbruch ins Chaos? Eine Analyse der Entwicklung im Iran von 1953 bis 1979*, München 1980, S. 164ff.

1142 *Amerikas Rolle beim Schah-Sturz*, in: *Der Spiegel*, Nr. 5 v. 28. 1. 1980.

1143 Allen, Gary, *Die Insider*, a.a.O., S. 169; vgl. Anm. 421.

1144 1898 flog das US-Schlachtschiff »Maine« im Hafen von Havanna in die Luft, was den Vereinigten Staaten bzw. der Wallstreet einen willkommenen Vorwand für einen Krieg gegen Spanien lieferte. 1915 wurde mit dem Passagierschiff »Lusitania« absichtlich und bewußt regelmäßig Munition von Dupont de Nemours nach Europa verschifft, und man stellte auch sicher, daß dies den Deutschen bekannt wurde. Bereits Monate vor dem Untergang der Lusitania hatte Deutschland eine Proklamation veröffentlicht, mit der es die Gewässer um die englischen Inseln, innerhalb bestimmter Längen- und Breitengrade, zur Kriegszone erklärt hatte. Auch bevor die Lusitania am 1. Mai 1915 den Hafen von

New York mit einer Ladung hochexplosiven Sprengstoffs verließ, warnten die deutschen Vertreter in den Vereinigten Staaten potentielle Passagiere vor der Gefahr, in die sie sich möglicherweise begeben würden. Als die Passagiere an Bord gingen, wurden die Warnungen sogar noch mündlich wiederholt. Sechs Tage später wurde die schwimmende Bombe von einem deutschen Torpedo getroffen. 1201 Menschen, darunter viele Amerikaner, waren auf diese Weise kaltblütig geopfert worden, um den USA einen Vorwand für den Kriegseintritt zu geben. Der nächste dieser »Zwischenfälle« war Pearl Harbor (vgl. Anm. 417). Schließlich sorgte Mitte der sechziger Jahre der »Zwischenfall« in der Bucht von Tonkin dafür, daß die USA in Vietnam eingreifen konnten. Angeblich hatten am 2. und 4. August 1964 im Golf von Tonkin nordvietnamesische Torpedoboote amerikanische Kriegsschiffe angegriffen, worauf Lyndon B. Johnson vom US-Kongreß Sonderrechte für Vietnam gefordert und erhalten hatte. Es gibt keinerlei Beweise dafür, ob und inwieweit US-Zerstörer am 4. August 1964 tatsächlich Berührung mit nordvietnamesischen Schiffen hatten. Tatsache indessen ist, daß US-Schiffe bereits am 31. Juli Inselstellungen im Golf beschossen hatten, um die Nordvietnamesen, die den gesamten Golf als ihr Hoheitsgewässer betrachteten, zu provozieren.

1145 Gwertzman, Bernhard, »Kissinger macht seinen Einfluß geltend. Über die Rolle des Ex-Außenministers bei der Einreise des Schah«, in: *Der Spiegel*, Nr. 49 v. 3. Dezember 1979: »Der Fall des Schah wurde im State Department hauptsächlich von David Newsome behandelt, dem Staatssekretär für politische Angelegenheiten, dessen Büro Anlaufstelle für Rockefellers persönlichen Referenten Joseph Reed war [...] Die Entscheidung, den Schah in die Vereinigten Staaten einreisen zu lassen, machte deutlich, wie sehr einflußreiche Außenseiter das Vorgehen der Regierung beeinflussen können.« Vgl. auch *Iran – ein Land mit tausend Sheriffs*, in: *Der Spiegel*, Nr. 46 v. 12. November 1979: »Aber dann beugte sich die Regierung doch den Worten so gestandener Schahfreunde wie Henry Kissinger und David Rockefeller.«

1146 Vgl.: »Was wird aus dem Perserguthaben in Amerika?« in: *Der Spiegel*, Nr. 45 v. 3. November 1980. Vgl. auch Sampson, Anthony, »Rockefellers Rache. Wie New Yorker Banken mit gewagten Kreditmanövern Weltpolitik machten – und wie das Vermögen des Schah gerettet wurde«, in: *Die Zeit*, Dossier v. 9. Dezember 1980

1147 Nussbaumer, Heinz, *Khomeini – Revolutionär in Allahs Namen*, München, Berlin 1979, S. 165; vgl. auch Graham, *Iran*, a.a.O., S. 182f., 256f.

1148 Vgl. *Der Spiegel*, Nr. 33, 45. Jahrgang v. 12.8.1991, S. 127; insbes. Roth, *Mitternachtsregierung*, a.a.O., S. 159f., der diesen gigantischen Wahlbetrug, der offensichtlich von der Weltöffentlichkeit wie von den Amerikanern selbst hingenommen wurde und wird, als sei es eine alltägliche Angelegenheit gewesen, umfassend dargestellt hat.

1149 Roth, a.a.O., S. 165.

1150 Vgl. Woodward, a.a.O., S. 535f., 568ff.

1151 Wobei sich auch am Beispiel Saudi-Arabiens der enge Zusammenhang zwischen ökonomischen Interessen und religiös-fundamentalistischen Umtrieben als Instrument und Druckmittel zur Durchsetzung der ersteren beobachten ließ. Am 14. Januar 1978 spekulierte beispielsweise *The Washington Post*, daß »die Ölversorgung auf andere Weise in Frage gestellt werden muß [...] notfalls durch revolutionsbedingten Ausfall wie im Iran und demnächst in Saudi-Arabien.« Dort kam es bekanntlich 1979 zur Besetzung der Moschee in Mekka und zum Aufstand von mehreren tausend Bewaffneten in diesem Heiligtum. Am 6. Januar 1979 war durch James Reston in der *International Herald Tribune* die deutliche Drohung übermittelt worden: »Die Nöte des Schah haben eine demoralisierende Wirkung in Saudi-Arabien gehabt und zu neuen Anstrengungen zur Wiederherstellung der arabischen Einheit geführt [...] angesichts der größeren Schwierigkeiten, die die saudiarabischen Führer erwarten.« Wie während des Golfkrieges im Jahr 1991 zu sehen war, haben die Saudis ihre diesbezüglichen Lektionen gelernt und spielen seither ihre Rolle als Lakaien diverser Monopol- und Macht-Interessen beinahe noch besser als die alten »christlichen« Verbündeten.

1152 Vgl. Levinson, a.a.O., S. 172. Die treffendere Bezeichnung für die Carter-Regierung wäre eigentlich »trilaterale CFR- und Coca-Cola-Regierung« gewesen, wie aus der von Levinson verfaßten Zusammenstellung der Funktionen diverser Regierungsmitglieder hervorgeht:
Carter: Trilaterale Kommission; persönliche Bindung zu Führern von IBM, Coca-Cola und den Rockefellers;
Walter F. Mondale, Vizepräsident: Trilaterale Kommission, CFR, Atlantikrat, Bilderberger;
Cyrus Vance (Außenminister): Trilaterale Kommission, CFR, Rockefellerstiftung, Atlantikrat, IBM. Seine Anwaltsfirma war und ist in erheblichem Ausmaß für die Rockefeller-Familie tätig;
Richard N. Cooper (Stellv. Außenminister): Trilaterale Kommission, CFR;
Harald Brown (Verteidigungsminister): Trilaterale Kommission, CFR, IBM, diverse mit Stiftungsgeldern finanzierte Forschungsinstitute;

Charles Duncan jr. (Stellv. Verteidigungsminister): Coca-Cola;
Griffin Bell (Generalstaatsanwalt): Atlanta-Anwalt für Coca-Cola und IBM;
Michael Blumenthal (Finanzminister): Trilaterale Kommission, CFR, Atlantikrat, Bendix, US-Osteuropäische Handelskommission;
Anthony M. Solomon (Stellv. Finanzminister): Trilaterale Kommission, CFR;
Juanita Kreps (Handelsministerin): Chase Manhattan (Rockefeller), Eastman Kodak, N.Y. Stock Exchange;
Joseph Califano (Minister f. Gesundheit, Bildung und Wohlfahrt): Trilaterale Kommission, CFR, Washingtoner Anwalt für Coca-Cola;
Patricia Robert Harris (Ministerin f. Wohnungsbau und Stadtentwicklung): Chase Manhattan, IBM, CFR.

1153 Vgl. Graham, Robert, *Iran – Die Illusion der Macht*, mit einer Einführung von Peter Scholl-Latour, München 1979, S. 254.

1154 *New York Times* v. 1. 2. 1979.

1155 Vgl. Anm. 645.

1156 Vgl. Dietl, a.a.O., S. 98f.; Anm. 1151.

1157 König Feisal wurde am 25. März 1975 von einem an einer amerikanischen Universität ausgebildeten Prinzen ermordet, einen Tag, nachdem er Kissingers Nahostpläne abgelehnt hatte.

1158 Woodward, a.a.O., S. 468, 490ff., insbes. S. 514.

1159 Ebd., S. 500: »Die nachrichtendienstliche Zusammenarbeit mit China war erstklassig und fruchtbar. Man hatte nicht nur Horchposten, sondern auch andere mit Hilfe von Menschen und Technik arbeitende Möglichkeiten der Informationsgewinnung. Vor allem die Sowjets wären schockiert, wenn sie wüßten, was hier alles lief.«

1160 Ebd., S. 515. Zwei Millionen Dollar »spendeten« die Saudis allerdings schon in den siebziger Jahren, um zu verhindern, daß die Kommunisten in Italien an die Macht kamen!

1161 Ebd., S. 457, 513ff. Zeitweise zahlten die Saudis monatlich eine Million Dollar für die Contras.

1162 Vgl. Hildenberger, Michael, *Die religiöse Revolte – Jugend zwischen Flucht und Aufbruch*, Frankfurt 1979, S. 78; desgleichen Fuchs, Eberhard, *Jugendsekten*, München 1979, S. 90.

1163 Campell, Duncan, »Versteck für deutsche Kameraden«, in: *Die Zeit*, Dossier v. 31. 10. 1980.

1164 Vgl. Woodward, a.a.O., S. 563.

1165 Vgl. Anm. 1159.

1166 Ein Zusammenhang, der auch dem Bilderberger Theo Sommer in *Die Zeit* v. 2. 2. 1979 nicht entgangen war: »Alles in allem war jedoch der Eindruck nach fünf Tagen Moskau unabweisbar: Es sind die Sowjets, die sich in die Ecke gedrängt fühlen. Sie haben in Asien böse Schlappen erlitten [...] in Afrika bauen sie überall auf Sand; wer weiß, wie dauerhaft da ihre Erfolge sind. Das technisch überlegene Amerika will sie, so fürchten sie, in ein ruinöses Wettrüsten zwingen. Im Ostblock kriselt es an allen Ecken und Enden [...] China provoziert den Kreml, stiftet Unruhe gar auf dem Balkan-Vorfeld. Die dritte Welt versagt den Sowjets – siehe Kambodscha – die Gefolgschaft. Sie rüsten weiter, nicht nur aus reiner Ratlosigkeit, sondern auch aus Angst: Ringsum sehen sie lauter Bedrohung, Risiko und Gefahr.«

1167 Vgl. Woodward, a.a.O., S. 490ff.

1168 So die zynische Rechtfertigung eines amerikanischen Regierungsbeamten. Die entsprechende Meldung darüber war eine Eintagsfliege, mit der die politischen Kommentatoren und Menschenrechtler vor allem in Deutschland nichts anzufangen wußten. Oder sollte ihnen der brutale Zynismus die Sprache verschlagen haben?

1169 Vgl. *Las Tramas secretas de la Guerra del Golfo* (Pepa Badell, Rogelio Garcia Lupo, Pablo Herrera, Luis Ignacio Lopez, Adrian Mac Liman, Juan José Perona), Segunda Edicion, Barcelona 1991, S. 181. Bei diesem Werk namhafter spanischer Journalisten und Nahost-Korrespondenten über »die geheimen Komplotte des Golf-Krieges« handelt es sich um eine der m. E. ausführlichsten und auch objektivsten Zusammenfassungen zu diesem Thema. In der Folge zitiert als *Las Tramas secretas*.

1170 Ebd., S. 90.

1171 Ebd., S. 89.

1172 Brackenhausen, a.a.O., S. 96; vgl. Anm: 620–622.

1173 Prager, Emily, »War's End«, in: *Penthouse*, Juni 1991.

1174 *Las Tramas secretas*, a.a.O., S. 127f.

1175 Ebd., S. 126ff.

1176 Ebd., S. 134f.

1177 Ebd., S. 184f.

1178 Auf die möglichen Hintergründe dieses Putsches, der letztlich zum Rücktritt Gorbatschows und zur endgültigen Liquidierung der Sowjetunion führte, mögen die Ereignisse auf einem eher unverdächtigen Nebenschauplatz ein erhellendes Licht werfen. 1993 verstarb in den kanarischen Gewässern auf höchst mysteriöse Weise der Milliardär und Medien-Tycoon Robert Maxwell: Er ging, wie sich herausstellte, im Laufe einer Kreuzfahrt auf seiner Yacht als Leiche über Bord, d. h. er war längst tot, ehe er ins Wasser fiel. Ungeachtet dessen wird der Vorfall offiziell als Unfall gehandelt, für ehemalige KGB-Offiziere wie beispielsweise Wladimir Krjutschkow ein klarer Fall von profimäßigem Mord. Die KGB-Leute müßten es eigentlich wissen, denn Maxwell arbeitete eng mit dem sowjetischen Geheimdienst zusammen. Maxwell war einer der engsten Berater Gorbatschows und hatte eine wesentliche Aufgabe bei dessen Bemühungen, die Sowjetunion und den Sozialismus durch Reformen zu retten. Er war damit beauftragt, die sowjetischen Außenstände einzutreiben beziehungsweise zu liquidieren, um die von den internationalen Banken unversehens inmitten des Perestroika-Experiments eingeforderten Kreditrückzahlungen abwickeln zu können. Eine Angelegenheit von einer Größenordnung immerhin, die allein Maxwell Provisionen in der Höhe von nicht weniger als zwei Milliarden Dollar eingebracht und womöglich tatsächlich noch Gorbatschow und die Sowjetunion gerettet und einigen Leuten das Liquidationsgeschäft verhagelt hätten. Ganz abgesehen davon, daß sich Maxwell (»Deutschland muß geteilt bleiben«) auch politisch als überaus störend erwiesen hatte. Das sozialistisch-kommunistische Experiment war nun einmal zu Ende (vgl. »Mann über Bord«, ARD v. 28. Juli 1994).

1179 *Las Tramas secretas*,a.a.O., 307ff. Über die Verwicklung deutscher Unternehmungen in das Atombombenprogramm des Irak vgl. etwa auch *Der Spiegel*, Nr. 38 v. 16. September 1991.

1180 Aarons/Loftus, *Unholy Trinity*, a.a.O., S. 273.

1181 »Weltweit Teutonic Unity. Deutsche Neonazis und die braune Internationale«, in: *Der Spiegel*, Nr. 14, 1981.

1182 »Es lebe der Faschismus. Die Internationale der Rechtsextremen und Neonazis in den europäischen Staaten«, in: *Der Spiegel*, Nr. 41, 1980.

1183 So Strothmann, Dietrich, »Nazis aller Länder ...«, in: *Die Zeit*, Dossier v. 31. 10. 1980.

1184 Vgl. Irnberger, a.a.O., S. 216; Wucher, Albert, »Eine Spur führt nach München«, in: *Süddeutsche Zeitung* v. 4. 9. 1974.

1185 Vgl. Anm. 1121, 1123, 1179.

1186 Jürgen Ponto beispielsweise war ein eindeutiger Befürworter einer ökonomischen Unabhängigkeit der europäischen Mitte vom Anglo-Amerikanismus und wirkte mit bedeutenden Goldankäufen über die Dresdner Bank den Finanz- und Währungsmanipulationen entgegen, die von den Drahtziehern der amerikanischen Federal-Reserve-Banken ausgingen. Darüber hinaus bereitete er mit Brasilien die Finanzierungshilfe für den Bau einer (auch von deutschen Unternehmungen zu erstellenden)

Uran-Anreicherungsanlage vor, womit er sich in Konkurrenz zu Westinghouse stellte und ebenfalls in den Hoheitsbereich von Rockefeller & Co. eingriff. Es war zweifellos kein Zufall, daß Ponto drei Tage vor seinem Abflug nach Brasilien zu den abschließenden Verhandlungen beseitigt wurde.

1187 Lincoln, *Messias*, a.a.O., S. 445f.; vgl. auch Lincoln, *Gral*, a.a.O., S. 188.

1188 Knaut, a.a.O., S. 297, 298f.

1189 Ebd. Wie sehr die ideologischen Grenzen zwischen den verschiedensten Fanatismen sich verwischen, zeigt überdies eine Äußerung Ulrike Meinhofs zum Thema Judenvernichtung: »Dort sind sechs Millionen Juden für das, was sie waren, getötet und auf den Misthaufen geworfen worden: Geldjuden... Die Deutschen waren Antisemiten, darum unterstützen sie jetzt die RAF. Sie haben das noch nicht erkannt, weil sie vom Faschismus und vom Judenmord noch nicht freigesprochen worden sind. Und man hat ihnen noch nicht gesagt, daß der Antisemitismus in Wahrheit der Haß gegen den Kapitalismus ist.« (*Frankfurter Allgemeine*, 15.12.1972). Vgl. auch Anm. 13 u. 470.

1190 Ebd., S. 299; vgl. Nollau, Günther, *Das Amt – 50 Jahre Zeuge der Geschichte*, München 1978, S. 189ff.; ders., *Wie sicher ist die Bundesrepublik?*, München 1976, S. 61ff.

1191 Knaut, a.a.O., S. 298.

1192 Vgl. »Wie Partisanen überall angreifen. Hetzparolen, Banküberfälle, Bombenanschläge – der Weg westdeutscher Neonazis zum Terrorismus«, in: *Der Spiegel*, Nr. 41, 1980.

1193 Ebd.: »Es lebe der Faschismus ...«

1194 Ebd.

1195 Ebd.: »Wie Partisanen ...«

1196 Ebd.

1197 Ebd.: »Es lebe der Faschismus ...«; Irnberger, a.a.O., S. 217.

1198 Heller, »Netzwerke des Herrn Genoud«, in: *Diagnosen*, Nr. 9, September 1983.

1199 Heidenreich, Gert, »Die organisierte Verwirrung. Nationale und internationale Verbindungen im rechtsextremen Spektrum«, in: Wolfgang Benz [Hrsg.], *Rechtsextremismus in der Bundesrepublik*, a.a.O., S. 168.

1200 Vgl. Irnberger, a.a.O., S. 197f.

1201 Ebd., S. 203.

1202 Heidenreich, a.a.O., S. 169.

1203 Ebd., S. 171.

1204 Ebd., S. 169.

1205 Ebd., S. 178.

1206 Benoist, Alain de, *Heide sein – Zu einem neuen Anfang. Die europäische Glaubensalternative*, Tübingen 1982. Darin wird auch das »Thule-Seminar« vorgestellt.

1207 Heidenreich, a.a.O., S. 180f.

1208 Ebd., S. 172.

1209 Vgl. »Mit Dumdum aus der Schußlinie«, in: *Der Spiegel*, Nr. 41, 1980.

1210 Vgl. Bartsch, a.a.O., S. 76.

1211 Vgl. *News* 2/94 v. 13. Januar 1994, S. 45: »Einer dieser ›Master-Minds‹ soll der Berliner Werner Gierke sein. Gierke war zu DDR-Zeiten einer der Finanzchefs der SED. Er fungierte als Treuhänder für SED-Konten in der BRD, in der Schweiz und in Luxemburg. Nach der Wende verschob er für die SED-Nachfolgerin PDS Millionen. [...] Im Sommer vergangenen Jahres gab Gierke diese Millionen allerdings an die Berliner Treuhand zurück. Es wird aber vermutet, daß Gierke nicht nur PDS-, sondern auch KGB-Millionen transferierte.«

1212 Strauß, a.a.O., S. 28f.; vgl. Bartsch, a.a.O., S. 81.

1213 Vgl. Bartsch, a.a.O., S. 37.

1214 Ebd., S. 180f.

1215 Altweg, Jürg, »Nach den Büchern die Bomben von rechts – Die ›Neue Rechte‹ in Frankreich – Was folgt den Attentaten von Bologna, München, Paris?«, in: *Die Zeit*, Nr. 7, v. 6. Februar 1981.

1216 Ebd.

1217 Mosley, Sir Oswald, *Weg und Wagnis*, Leoni 1973, S. 346; vgl. Bartsch, a.a.O., S. 86, 87.

1218 Ebd., S. 90.

1219 Ebd., S. 91.

1220 Ebd., S. 25. Dieser Standpunkt wurde vor allem von Michael Meinrad vertreten, der »selbst vielen Nationalrevolutionären durch seine gelb nationalbolschewistische Tendenz« auffiel. »Die ›Neue Rechte‹ ist insgesamt für ein außenpolitisches Bündnis mit dem China Mao Tse-tungs, aber er findet auch im innenpolitischen Gesicht der chinesischen Volksrepublik sympathische Züge.«

1221 *Wille und Tat*, Nr. 2, März 1973, S. 5; vgl. Bartsch, a.a.O., S. 92.

1222 Vgl. *Die Zeit*, Nr. 7, v. 6. 2. 1981, a.a.O.; insbes. »Das Thule-Seminar stellt sich vor«, in: Benoist, *Heide sein*, a.a.O., S. 354; in der Folge Zit. als *Thule-Seminar*.

1223 »Thule-Seminar«, a.a.O., S. 340, 342f.

1224 *Die Zeit*, a.a.O.

1225 Ebd.

1226 Bartsch, a.a.O., S. 45f.

1227 Ebd., S. 55 (Zit. Meinrad, M., *Neue Fronten*, S. 48).

1228 Ebd., S. 54 (Meinrad, a.a.O., S. 39).

1229 Kolakowski, Leszek, *Der revolutionäre Geist*, Stuttgart 1972, S. 39; vgl. Bartsch, a.a.O., S. 74f.

1230 Bartsch, a.a.O., S. 124.

1231 Ebd. (Zit. *Anschlag*, Heft 1, August 1964, S. 27).

1232 Ebd., S. 125.

1233 Ebd., S. 129f. (Zit. Singer, H., *Notizen zum Verhältnis der Nationalrevolutionäre zu den Nationalbolschewisten und Nationalneutralisten der Vergangenheit (Arbeitspapier)*, S. 3.

1234 Strauß, Wolfgang, »Die Dritte Revolution«, in: *Sonderausgabe Junges Forum* 2/1968, S. 28; vgl. Bartsch, a.a.O., S. 83.

1235 *International Herald Tribune*, April 1976.

1236 Levinson, a.a.O., S. 161. Daß es wiederum Brzezinski war, der in den Januartagen des Jahres 1978 Jimmy Carter zu energischen Warnungen an die Italiener vor einer Beteiligung der Kommunisten an der christdemokratischen Regierung Andreotti veranlaßte, ist keineswegs ein Widerspruch, sondern paßt haargenau in die Strategie der allmählichen Desavouierung des Sowjetkommunismus und der Beendigung des »kommunistischen Experiments« im allgemeinen.

1237 Lincoln, *Messias*, a.a.O., S. 429; vgl. dazu auch Roon, Ger van, *Neuordnung im Widerstand – Der Kreisauer Kreis innerhalb der deutschen Widerstandsbewegung*, München 1967, insbes. S. 322f., 452f.

1238 Lincoln, *Messias*, a.a.O., S. 340.

1239 Ebd., S. 335f., insbes. S. 341.

1240 Vgl. Anm. 738.

1241 Lincoln, *Messias*, a.a.O., S. 341.

1242 Paoli, a.a.O., S. 86f.; vgl. Yallop, a.a.O., S. 246.

1243 Lincoln, *Messias*, a.a.O., S. 432 bis 442.

1244 Lincoln, *Der Gral*, S. 268: »Aus bisher ungeklärten Gründen wurde das Lothringer Kreuz im Zweiten Weltkrieg zum Symbol der Streitkräfte des Freien Frankreich unter der Führung von General de Gaulle. Das ist doch mehr als merkwürdig. Warum sollte ausgerechnet das Lothringer Kreuz – das Wappen Renés von Anjou – Frankreich verkörpern? Lothringen war niemals Herzland Frankreichs. Den größten Teil seiner Geschichte war es ein unabhängiges Herzogtum, ein deutsches Land und Teil des Heiligen Römischen Reiches. Daß die Wahl auf das Lothringer Kreuz fiel, mag zum Teil daran liegen, daß die Prieuré de Sion eine wichtige Rolle in der französischen Résistance spielte, zum Teil aber auch daran, daß General de Gaulle enge Verbindungen zu Mitgliedern der Prieuré unterhielt [...]«

1245 Paoli, a.a.O., S. 112; vgl. Lincoln, *Der Gral*, a.a.O., S. 165 bis 193.

1246 Lincoln, *Messias*, a.a.O., S. 343.

1247 Ebd., S. 343f.

1248 Ebd., S. 451f.; vgl. auch van Roon, a.a.O., insbes. S. 215; zur Person Retingers vgl. auch Pfeifer, a.a.O., S. 165, und Pomian, John [Hrsg.], *Joseph Hieronim Retinger: Memoirs of an eminence grise*, Brighton 1972, S. 236.

1249 Lincoln, *Messias*, a.a.O., S. 452.

1250 Marchetti/Marks, a.a.O., S. 59; vgl. auch Powers, a.a.O., S. 112; Agee, Philipp/Wolf, Luis, *Dirty Work: The CIA in Western Europe*, New York 1978, insbes. S. 202f. Braden war als Abteilungschef der CIA teilweise für die Unterstützung bzw. Unterwanderung der politischen Parteien in Westeuropa zuständig. Über seine Abteilung für internationale Organisationen finanzierte und unterstützte er vor allem »linke« Gewerkschaften, Zeitungen und Parteien, weshalb er schließlich McCarthy verdächtig geworden war.

1251 Marchetti/Marks, a.a.O., S. 59, 71, 78, 87, 214f.; vgl. auch Turner, Stansfield, *Secrecy and democracy – The CIA in transition*, London 1985, S. 76f.; Agee, Philipp/Wolf, Luis, a.a.O., allgemein. Seit Agee 1968 aus dem Dienst der »Company« schied und erstmals in seinem Buch *Inside the Company: CIA Diary* Einzelheiten über die CIA-Umtriebe enthüllte, wird er als Verräter und Überläufer eingestuft. »[...] und wenn er das Flurlicht ausschaltet, bevor er nachts die Haustür öffnet, wenn er sich seinen Wagen genau ansieht, ehe er die Zündung einschaltet, [...] dann ist das sicher keine übertriebene Vorsicht.« (Powers, a.a.O., S. 123.)

1252 Powers, a.a.O., S. 65.

1253 Marchetti/Marks, a.a.O., S. 71f.

1254 Ebd., S. 87f.

1255 Ebd., S. 78.

1256 Ebd., S. 211f.; insbes. Powers, a.a.O., S. 140.

1257 Powers, a.a.O., S. 64.

1258 Vgl. Irnberger, a.a.O., S. 203, 213, 227.

1259 Marchetti/Marks, a.a.O., S. 56.

1260 Lincoln, *Messias*, a.a.O., S. 456; vgl. Flamini, a.a.O., S. 22f., 56f.

1261 Yallop, a.a.O., S. 152f.

1262 Ebd., S. 152.

1263 Pomian, a.a.O., S. 236; vgl. Lincoln, *Messias*, a.a.O., S. 456.

1264 Yallop, a.a.O., S. 152; vgl. auch die ausgezeichnete Zusammenfassung der Sindona-Aktivitäten im internationalen Zusammenhang bei Levinson, a.a.O., S. 108ff.

1265 Lo Bello, a.a.O., S. 258; Yallop, a.a.O., S. 152; Levinson, a.a.O., S. 115.

1266 Yallop, a.a.O., S. 152.

1267 Ebd., S. 173.

1268 Pallenberg, a.a.O., S. 111.

1269 Yallop, a.a.O., S. 149f.

1270 Ebd., S. 174f.; Levinson, a.a.O., S. 113.

1271 Yallop, a.a.O., S. 176.

1272 Ebd., S. 180.

1273 Ebd., S. 182.

1274 Levinson, a.a.O., S. 113. Immerhin hatte sich Sindona durch den Kauf der CIA-finanzierten Zeitung *Daily American* nicht nur ein ausgezeichnetes Entree in die Welt des US-Kapitals verschafft (Yallop, a.a.O., S. 182), sondern der CIA damit einen großen Gefallen erwiesen, die – ähnlich wie der Vatikan – damit begonnen hatte, diverse kompromittierende Besitztümer abzustoßen. Vgl. Powers, a.a.O., S. 499f., Anm. 9.

1275 Levinson, a.a.O., S. 108.

1276 Ebd., S. 109.

1277 Ebd.

1278 Ebd., S. 110.

1279 Lo Bello, a.a.O., S. 262.

1280 Levinson, a.a.O., S. 122; zu Sindonas weitreichenden Verbindungen und der Geldwaschfunktion der Vatikanbank vgl. insbesondere Yallop, a.a.O., S. 180, 184.

1281 Vgl. Levinson, a.a.O., S. 121f.; Lo Bello, a.a.O., S. 261.

1282 Yallop, a.a.O., S. 185f.

1283 Ebd., S. 187f.; Levinson, a.a.O., S. 124; Lo Bello, a.a.O., S. 263.

1284 Yallop, a.a.O., S. 196.

1285 Ebd., S. 197.

1286 Ebd.

1287 Ebd., S. 249.

1288 Ebd., S. 197.

1289 Ebd., S. 203f.

1290 Ebd., S. 300, 349f., 353f., 416f.

1291 Ebd., S. 407. Auf S. 364f. schreibt Yallop: »Im Laufe der letzten fünf Jahre sind zahlreiche Versuche unternommen worden, die Persönlichkeit Karol Wojtylas zu analysieren. Was für ein Mensch ist er? Nun, zunächst einmal ist er ein Mensch, der zugelassen hat, daß Gestalten wie Cody, Marcinkus, Mennini, De Strobel, Villot und Poletti in Amt und Würden bleiben. Niemand kann zur Ehrenrettung Wojtylas behaupten, er kenne die Wahrheit nicht. Marcinkus ist direkt dem Papst verantwortlich, und zu glauben, der Papst wisse nicht, wieviel Dreck Marcinkus am Stecken hat, wäre kindisch.« Und auf S. 368: »Seit Johannes Paul II. sein Amt angetreten hat, sind eine ganze Reihe von Problemen, die sich den Herren Marcinkus, Calvi, Sindona und Gelli in den Weg stellten, mit Hilfe der ›italienischen Lösung‹ beseitigt worden. Die Liste der Morde und der massiven Einschüchterungen mit dem Ziel, den Mantel des Schweigens über Raubzüge unvorstellbaren Ausmaßes zu decken, ist beängstigend lang.«

1292 Ebd., S. 411.

1293 Ebd., S. 440.

1294 Ebd., S. 431.

1295 Ebd., S. 365.

1296 Ebd., S. 365ff.

1297 Ebd., S. 431f.

1298 Vgl. Pallenberg, a.a.O., S. 100, 146 bis 156; Cooney, John, *The American Pope – The Life and Times of Francis Cardinal Spellman*, New York 1984, S. 231f.; Lincoln, *Messias*, a.a.O., S. 457f.; Yallop, a.a.O., S. 146: Demzufolge war es Spellman, der 1963 den neugewählten Papst und CIA-Freund Paul VI. auf die außergewöhnlichen Talente von Marcinkus aufmerksam gemacht hat.

1299 Yallop, a.a.O., S. 260.

1300 Ebd., S. 263.

1301 *International Herald Tribune* v. 7. 3. 1979.

1302 Agee, Wolf, a.a.O., S. 202f.; Lincoln, *Messias*, a.a.O., S. 455; Pfeifer, a.a.O., S. 164f.; zur SS-Angehörigkeit von Bernhard Lippe-Biesterfeld siehe auch Boulton, *Die Lockheed Papiere*, a.a.O., S. 137f.

1303 Engelmann, Bernt, *Hotel Bilderberg*, München 1977, S. 202ff.

1304 Wendling, Peter, *Die Unfehlbaren – Die Geheimnisse exclusiver Klubs, Logen und Zirkel*, Zürich 1991, S. 202ff.

1305 Sommer, Theo, »Heimliche Herrscher des Westens?«, in: *Die Zeit* v. 23. 12. 1977.

1306 Gubser, Christoph A., »Die Weltbeweger«, in: *Penthouse*, Nr. 5, v. 5. Mai 1981.

1307 Sommer, a.a.O.

1308 Ebd.

1309 Levinson, a.a.O., S. 142f., Allen, Gary, *Rockefeller-Papiere*, a.a.O., S. 51f.; Lundberg, a.a.O.

1310 Gubser, a.a.O.

1311 Vgl. Levinson, a.a.O., S. 152: Kissinger leitete ab 1954 das zur Gänze von der CIA finanzierte internationale Seminar in Harvard, »an dem sich alljährlich Leute wie der Franzose Raymond Aron, der Brite Bertrand Russell, der Schwede Olof Palme und der türkische Sozialistenführer Bülent Ecevit beteiligten.«

1312 Wendling, a.a.O., S. 202.

1313 Vgl. Engelmann, a.a.O., S. 74ff.; Pfeifer, a.a.O., S. 159ff.; Wendling, a.a.O., S. 202ff.; Allen, Gary, *Die Insider*, a.a.O., S. 127ff.

1314 Boulton, a.a.O., S. 142f.

1315 *Congressional Record, Proceedings and Debates of the 92d Congress, First Session*, Washington, 15. 9. 1971, Nr. 133.

1316 Ebd.

1317 Vgl. Levinson, a.a.O., S. 149f.; Powers, a.a.O., S. 63ff.

1318 Steven, a.a.O., S. 17f. Ein Paradebeispiel dafür, wie von bestimmten Kreisen im Westen von allem Anfang an der Lauf der Dinge so provoziert wurde, daß die kommunistische Machtübernahme in den Ostblockstaaten entsprechend dem Jalta-Abkommen unvermeidlich wurde, bietet der Fall des britischen Intermarium-Agenten und einstigen Außenministers der slowakischen Nazi-Marionettenregierung Ferdinand Durčansky. Natürlich gelangte auch Durčansky, in der demokratischen Tschechoslowakei als Kriegsverbrecher verurteilt und von der UNO desgleichen als Kriegsverbrecher der Kategorie A geführt, ungehindert nach Rom. Mit Hilfe von Geldern des britischen Geheimdienstes, die über den Vatikan gewaschen und an Durčansky weitergegeben wurden, organisierte dieser nun eine slowakische Befreiungsbewegung mit dem offen erklärten Ziel, die tschechoslowakische Regierung zu stürzen. Es ist wichtig darauf hinzuweisen, daß damals die tschechoslowakischen Kommunisten eine – wenn auch signifikante Minderheit – darstellten und zahlreiche wichtige Regierungsposten nicht von den Kommunisten besetzt waren.

Die Aussicht, daß ausgerechnet ein von Großbritannien finanzierter Faschist die einzige noch nicht kommunistische Regierung Osteuropas stürzen könnte, zwang die tschechoslowakische KP geradezu zu handeln. Dank Turkuls und Kim Philbys Agenten in der DurčanskyBewegung war die folgende Säuberung und Machtübernahme kein Problem. Und Durčansky wurde in der Folge, wohl zur Entschädigung (oder zur Belohnung für seinen Dienst), gar Intermarium-Präsident. Vgl. dazu Aarons/Loftus, *Unholy Trinity*, a.a.O., S. 217 bis 220, u.a. Zit.: *CIA File Ferdinand Durčansky*, translation of Czech Home Service, 5 March 1947, declassified under US FOIA.

1319 Levinson, a.a.O., S. 180.

1320 Ebd., S. 182 *(Congressional Record, 15. Juni 1933)*: McFadden führte weiter aus: »Öffnen Sie die Bücher von Amtorg, der Handelsorganisation der sowjetischen Regierung in New York, von Gostorg, dem Hauptbüro der kommunistischen Handelsorganisation, oder aber der Zentralbank der UdSSR, so werden Sie die Höhen der Summen feststellen, die dem amerikanischen Staatsschatz zugunsten Rußlands entnommen worden sind. Diese Maßnahmen wurden zum Nutzen der sowjetischen Staatsbank von ihren Korrespondenzbanken durchgeführt – der Chase Bank von New York und Kuhn Loeb & Co.«

1321 Vgl. Steven, a.a.O., S. 55; Powers, a.a.O., S. 62.

Von 1946 bis 1948 leitete Dulles »private Geheimdienstunternehmen in Osteuropa, die von wohlhabenden Freunden und von Firmen finanziert wurden« (Steven). Unter anderem brachte Dulles »größere Geldsummen« für die Finanzierung diverser Parteien in Italien auf. Bei den meisten Privatunternehmungen dieser Art aber ging es darum, prominente Antikommunisten aus Osteuropa herauszuholen. Über die Kehrseite dieser Medaille vgl. etwa Tolstoi, Nikolai, *Die Verratenen von Jalta*, a.a.O.

1322 Steven, a.a.O., S. 21.

1323 Ebd.

1324 Ebd., S. 93.

1325 Vgl. Anm. 859, 864.

1326 Die internationale Rolle der Rothschild-Dynastie wird eingehend und durchaus ausgewogen bei Quigley, *Tragedy and Hope*, a.a.O., behandelt. Bei Meyers, Gustavus, *History of the Great American Fortunes*, New York 1936, kann die Rolle der europäischen Rothschilds in den amerikanischen Finanzangelegenheiten nachgelesen werden.

1327 Millin, Sarah Gertrude, *Cecil Rhodes*, New York 1966, S. 166; vgl. Pfeifer, a.a.O., S. 173.

1328 Vgl. Quigley, a.a.O., S. 130 ff.; über den Zusammenhang mit dem Council on Foreign Relations insbes. S. 132 sowie 582 f.

1329 Levinson, a.a.O., S. 183.

1330 Ebd., S. 21. Vgl. Anm. 39; allgem. Sampson, Anthony, *Die sieben Schwestern – Die Ölkonzerne und die Verwandlung der Welt,* Reinbek b. Hamburg 1976.

1331 Ebd., S. 182. Vgl. dazu auch Görtemaker, Manfred, *Die unheilige Allianz – Die Geschichte der Entspannungspolitik – 1943–1979,* München 1979, S. 149: »Die hohe Verschuldung der Staatshandelsländer, ihr Devisen-und Kapitalmangel setzten dem Ost-West-Geschäft enge Grenzen, wenn man nicht ein langfristiges Ungleichgewicht der Zahlungsbilanzen und einseitige Abhängigkeit des Ostens vom Westen hinnehmen wollte. Bei den im Welthandel herrschenden terms of trade war eine hohe Verschuldungsrate der Empfängerländer von Technologie und Anlagen nicht zu vermeiden, wenn die Empfängerländer den Import nicht mit Industriegütern, sondern mit Rohstoffen bezahlten und die Geberländer nicht überproportional große Mengen von Rohstoffen bezogen. Dieses Problem hatte schon seit jeher in den Wirtschaftsbeziehungen zwischen Industrie-und Entwicklungsländern bestanden und zeigte sich in den siebziger Jahren auch zwischen Ost und West.« Was Görtemaker außer acht läßt, ist die Tatsache, daß der Ostblock für das multinationale Kapital nie etwas anderes darstellte als eine Art zur Ausbeutung freigegebener Experimentierzone.

1332 Barnet/Müller, *Die Krisenmacher,* a.a.O., S. 82 f.; vgl. auch S. 97.

1333 Vgl. Pfeifer, a.a.O., S. 170 f. Die Ähnlichkeit mit gewissen Textstellen aus den *Protokollen* ist geradezu frappierend.

1334 Levinson, a.a.O., S. 160.

1335 Ebd., S. 134; vgl. dazu auch Allen, Gary, *Insider,* a.a.O., insbes. 134 ff.; ders., *Die Rockefeller-Papiere,* a.a.O., S. 127. Insgesamt ausführlichst behandelt wird der Transfer westlicher und vorzugsweise amerikanischer Technologie wie erwähnt von Sutton, *Western technology and Soviet economic development,* a.a.O.

1336 Levinson, a.a.O., S. 156: »Das Unternehmen mit der Bezeichnung ›Trilaterale Kommission‹ wurde erdacht, finanziert und angeregt von einem einzigen Mann: David Rockefeller.«

1337 Baudrillard, Jean, *Der Geist des Terrorismus.* Hrsg. v. Peter Engelmann, Wien 2003, S. 77.

1338 ebd. S. 15.

1339 Die USA sind übrigens das vorerst einzige Land, das vom Internationalen Gerichtshof des internationalen Terrorismus beschuldigt und wegen »ungesetzlicher Anwendung von Gewalt zu politischen Zwecken« – so die Begründung – wegen ihres Terror-Krieges gegen Nicaragua verurteilt wurde: Chomsky, Noam, *The Attack. Hintergründe und Folgen,* Hamburg, Wien 2002, S. 60, insbes. zum Begriff »Staatsterrorismus«, S. 27 ff.; vgl. auch Chomsky, Noam/Herman, Edward S., *The Political Economy of Rights: The Washington Connection and Third World Facism,* Montreal 1979. Vgl. dazu auch Mandel, Michael, *Pax Pentagon. Wie die USA der Welt den Krieg als Frieden verkaufen,* Hamburg 2005, ganz allgemein und v. a. S. 70 f. und 82; insbes. auch Chossudovsky, Michel, *Global Brutal. Der entfesselte Welthandel, die Armut, der Krieg,* Hamburg 2003, insbes. das Kapitel *Staatsterrorismus und US-Außenpolitik,* S. 376 ff.; Pilger, John: *Verdeckte Ziele. Über den modernen Imperialismus,* Hamburg 2004, insbes. S. 257–277.

1340 Im ARD-Magazin *Monitor* zum Beispiel über den Kosovokrieg mit dem Titel »Alles begann mit einer Lüge«.

1341 Unmittelbar nach den Ereignissen vom 11. September 2001 war in zumindest einer Nachrichtensendung die Rede von einer »geheimen Parallel-Regierung« der USA. Sinngemäß hieß es dabei: Ein Sprecher des Weißen Hauses bestätigte, daß es eine Art geheimer Regierung der Vereinigten Staaten gebe. Die Lenkung der Staatsgeschäfte sei deswegen in keinem Moment in irgendeiner Weise gefährdet gewesen. Leider läßt sich nicht mehr verifizieren, wann und in welchem Sender diese Meldung gebracht wurde. Da dies aber in den Wochen nach 9/11 geschah, kann es sich kaum um einen Aprilscherz gehandelt haben.

1342 Diese solcherart formulierte Auffassung findet sich in der (leider bislang nur fragmentarisch veröffentlichten) Arbeit des Tübinger Theologen und Religionswissenschaftlers Helmut Waldmann zum chronischen Protestantismus der Führungsschicht der Katholischen Kirche (Waldmann, Helmut, *Pro-Athanasius,* Tübingen 2002, S. 2 ff.).

1343 Illig, Heribert, *Das erfundene Mittelalter. Die größte Zeitfälschung der Geschichte,* München 2001, S. 9 f., insbes. S. 142 f. u. 146 f.

1344 Ebd. S. 342.

1345 Ebd. S. 125 f.; vgl. auch Waldmann, a. a. O., S. 64 f.

1346 Ebd.

1347 Waldmann, a. a. O., S. 64, insbes. S. 68 f.

1348 Illig, a. a. O., in: *Der Spiegel,* Nr. 29 v. 13.07.1998 (*Schwindel im Scriptorium),* zit. auch bei Waldmann, Helmut, *Petrus und die Kirche.*

Petri Versuchung und der Kampf der Kirche mit dem Kaisertum um die Weltherrschaft, Tübingen 1999.

1349 Illig, S. 38.

1350 Nur um einige Titel zu nennen: Broeckers, Mathias, *Verschwörungen, Verschwörungstheorien und die Geheimnisse des 11. 9.,* Hamburg 2002; Broeckers, Mathias/Hauß, Andreas, *Fakten, Fälschungen und die unterdrückten Beweise des 11. 9. Mit einem 60 Minuten Dokumentarfilm von Daniel Hopsicker: Die Flugschulen der Terroristen, die CIA und die Mafia,* Hamburg 2003; Brisard, Jean-Charles/Dasquié, Guillaume, *Die Verbotene Wahrheit. Die Verstrickung der USA mit Osama bin Laden,* Zürich 2002; Chossudovsky, a. a. O.; Laurent, Eric: *Die Kriege der Familie Bush. Die wahren Hintergründe des Irak-Konflikts,* Frankfurt am Main 2003; Ahmed, Nafeez M., *Geheimsache 09/11. Hintergründe über den 11. September und die Logik amerikanischer Machtpolitik,* München 2003; Wisnewski, Gerhard, *Operation 9/11,* München 2003; ders.: *Mythos 9/11. Der Wahrheit auf der Spur,* München 2004.

1351 Morgenstern, George, *Pearl Harbour 1941. Eine amerikanische Katastrophe,* München 2000; Stinnett, Robert B., *Pearl Harbour. Wie die amerikanische Regierung den Angriff provozierte und 2476 ihrer Bürger sterben ließ,* Hamburg 2003.

1352 Wie es Mathias Broeckers durch einen prominenten Publizisten widerfuhr, der den Autor nicht nur in eine Reihe mit Ausschwitzleugnern und den »Protokollen der Weisen von Zion« stellte, sondern ihm, wie es sich für einen wahrhaft liberalen, aufgeklärten, notorischen und kritiklosen Amerikafreund gehört, »den Tod als Fettfleck an einer Hochhauswand« wünschte (Broeckers/Hauß, a. a. O., S. 242).

1353 Die in jeder Beziehung unbestreitbare Völkerrechtswidrigkeit des Irakkrieges untersucht und belegt ausführlich der Rechtswissenschaftler Michael Mandel, a. a. O., S. 23–58.

1354 Rivers Pitt, William/Ritter, Scott, *Krieg gegen den Irak. Was die Bush-Regierung verschweigt,* Köln 2002. Darin belegt Scott Ritter, einst Parteifreund von George Bush und 1991–1998 UN-Waffeninspekteur im Irak, wie die USA die damaligen Inspektionen manipuliert und zum Scheitern gebracht haben und es keinerlei Beweise gab, daß der Irak über funktionstüchtige atomare, biologische oder chemische Massenvernichtungswaffen verfügte, geschweige denn es irgendeine Verbindung zwischen Saddam Hussein und Osama bin Laden gegeben hatte. Vgl. auch Mandel, a. a. O., S. 23 ff., oder Broeckers, a. a. O., S. 84 ff.

1355 Clarke, Richard A., *Against all Enemies. Der Insiderbericht über Amerikas Krieg gegen den Terror,* Hamburg 2004, insbes. S. 46 ff. u. 57 ff.; Laurent, a. a. O., insbes. S. 134 ff.

1356 Baudrillard, a. a. O., S. 18.

1357 Vgl. u. a. Chomsky, a. a. O., S. 58. Zur Komplizenschaft der USA mit Saddam Hussein zur Zeit der Gasangriffe gegen die Kurden vgl. auch Mandel, a. a. O., S. 53 f.: Als Donald Rumsfeld als Sonderbotschafter für den Nahen Osten tätig war, lautete die amerikanische Haltung: »Das war nur eine Art, Menschen zu töten – ob mit einer Kugel oder mit Phosgen machte keinen Unterschied.«

1358 Vgl. S. 172 f. und die Anmerkung 369 etwa zu Churchills offenem Brief an Hitler.

1359 U. a. www.gufwarvets.com. Vgl. Laurent, a. a. O., S. 48: »… und 1986 enthüllt der Journalist Bob Woodward, daß die CIA den Irakern Informationen zukommen ließ, die es ihnen ermöglichten, ihre Senfgasangriffe gegen die iranischen Truppen besser zu ›kalibrieren‹.«

1360 Chomsky, a. a. O., S. 30 u. S. 62.

1361 Ebd. S. 14.

1362 Laurent, a. a. O., insbes. S. 31 f., 82 f.; Ahmed, a. a. O., S. 262 ff.

1363 Dazu Brzezinski, Zbigniew: »Die Geheimoperation war eine hervorragende Idee. Sie hatte den Effekt, die Russen in die afghanische Falle zu locken.«, in: *Le Nouvel Observateur* v. 15.–21. Januar 1998 (nachzulesen unter www.globalresearch.ca/articles/BRZ10A.html: *The CIA's Interven in Afghanistan. Interview with Zbignew Brzezinski, President Jimmy Carter's National Security Adviser).* Vgl. Chomsky, a. a. O., S. 12, 28; Chossudovsky, a. a. O., S. 360. Die China-Connection wird bereits bestätigt bei Woodward, Bob, *Reagan und die geheimen Kriege der CIA,* München 1987, S. 500: »Die nachrichtendienstliche Zusammenarbeit mit China war erstklassig (…). Vor allem die Sowjets wären schockiert, wenn sie wüßten, was da alles lief.«

1364 Chossudovsky, a. a. O., S. 361 ff.

1365 Chomsky, a. a. O., S. 12.

1366 Sanger, David E., *Bush in Kosovo Tells U. S. Troops Role is Essential,* in: *New York Times* v. 25. 7. 2001, S. A 1, zit. Mandel, a. a. O., S. 138; Chossudovsky, a. a. O., S. 306 f.; Broeckers, a. a. O., S. 300.

1367 Chossudovsky, a. a. O., S. 378 ff.

1368 Friedrich, Jörg (Hrsg.), *Das Urteil von Nürnberg 1946,* München 1996, S. 39; vgl. Mandel, a. a. O., S. 27 ff.

1369 Es kann nur immer wiederholt werden, daß, wenn hier die Begriffe

»Amerika«, »USA«, »amerikanische Politik« etc. verwendet werden müssen, nicht die USA als Staat oder die Amerikaner als Nation gemeint sind, sondern der Komplex aus Regierung, Medien, Geheimdiensten und Militär als die amerikanische Nation mißbrauchende Exekutivorgane der Neuen Weltordnung. Könnten die Amerikaner in einem manipulationsfreien Raum leben, würden die meisten vermutlich einen Schock über das davontragen, was wirklich in ihrem Namen geschieht.

1370 Mandel, a. a. O., S. 27.

1371 Peter Handke im Interview mit dem österreichischen Magazin *News,* Nr. 12, v. 23. März 2006.

1372 Mandel, a. a. O., S. 19.

1373 a. a. O.

1374 Chomsky, a. a. O.

1375 Owen, David, *Balkan Odyssee,* München, 1996.

1376 Chossudovsky, a. a. O.

1377 Mandel, a. a. O., S. 174.

1378 *Washington Post* v. 17.04.2006: In einem Gastbeitrag berichtete der ehemalige Geheimdienstexperte der US-Army William Atkins, daß sich die USA seit mehreren Jahren mit der Planung eines Militärschlags gegen den Iran befaßten. Bereits vor dem Irakkrieg seien derartige Pläne vom späteren Chef des US-Zentralkommandos CENTCOM, General John Abizaid, in Auftrag gegeben worden. Die Operation lief unter dem Codenamen TIRANNT. Entsprechende »Übungen« wurden bereits gemeinsam mit britischen Truppen im kaspischen Meer veranstaltet.

1379 Deuteronomium 15, 6: »… so daß du vielen Völkern borgen kannst, du selber aber nicht zu borgen brauchst und so über die vielen Völker herrschest, sie aber nicht über dich herrschen werden.«

1380 Owen, a. a. O., Anm. 48, S. 151.

1381 Mandel, a. a. O., S. 111, zit: Binder, David, *US-Policymakers on Bosnia Admit Errors in Opposing Partition in 1992, New York Times* v. 29.8.1993, S. 10.

1382 Chossudowsky, a. a. O., S. 379 f.

1383 Chomsky, a. a. O., S. 58.

1384 Mandel, a. a. O., S. 113, zit. Chandler, David, *Western Intervention and the Desintegration of Yugoslavia, 1989–1999,* in: Hammond/Herman, *Degraded Capability. The Media and the Kosovo Crisis,* London, 2000. Vgl. auch Boutros-Ghali, Boutros, *Hinter den Kulissen der Weltpolitik: die UNO – wird eine Hoffnung verspielt? Bilanz meiner Amtszeit bei den Vereinten Nationen,* Hamburg 2000, S. 297.

1385 Mandel, a.a.O., S.186, zit.: Johnstone, Diana, *Fool's Crusade: Yugoslavia, NATO and Western Delusions,* New York 2002, S.29; vgl. auch Chossudovsky, a.a.O., S.378 ff.

1386 Johnstone, a.a.O., S.69.

1387 Norman G. Finkelstein, »ein Jude, der Juden beschimpft« (*News,* Nr. 12, v. 23.03. 2006), dessen Eltern Maidanek und Auschwitz überlebt hatten und für den »die Shoa und vor allem der Umgang damit und der Mißbrauch der Erinnerung für politische Zwecke zum beherrschenden Thema seiner Arbeit wurden« (*Die Presse* v. 6. Mai 2006, S. VII). Seine Bücher: *Die Holocaust-Industrie,* München 2002; *Antisemitismus als politische Waffe,* München, 2006.

1388 Mandel, a.a.O., S.187.

1389 Ebd., S.100.

1390 Ebd., S.102.

1391 Ebd., S.228, zit. Johnstone, a.a.O., S.258; vgl. auch Scharf, Michael P., *Balkan Justice: The Story Behind the First International War Crimes Since Nuremberg,* Durham, North Carolina, 1997, S. XIV; ders., *Indicted for War Crimes, Then What?,* in: *Washington Post,* v. 3.10.1999, B1.

1392 Mandel, a.a.O., S.229.

1393 Ebd., S.136, 181, 189: Der sogenannte »Hufeisenplan«, der die Absichten der Serben für ethnische Säuberungen im Kosovo beweisen sollte, war eine Erfindung, den Namen dazu hatte ein deutscher General beigesteuert, während der deutsche Verteidigungsminister »ernstzunehmende Hinweise auf Konzentrationslager und systematische Ausrottung« sah. Vgl. Hume, Mick, *Nazifying the Serbs, from Bosnia to Kosovo«,* in: Hammond/Herman, a.a.O., S. 72; Goetz, John/Walker, Tom: *Serbian ethnic cleansing scare was a fake, says general,* in: *Sunday Times,* v. 2.4.2000, S.21.

1394 Mandel, a.a.O., S.105 u. 137; vgl. Gowan, Peter, *From Rambouilett to the Chinese Bombing. Whose Stupid War Was This?,* in: *Against the Current* 81, Jg. 14, Nr. 2, Juli/August 1999.

1395 Huntington, Samuel P., *Clash of Civilizations,* New York, 1996, deutsche Ausgabe: *Kampf der Kulturen. Die Neugestaltung der Weltpolitik im 21. Jahrhundert,* München, 1998, S.529 f.

1396 Vgl. Chomsky, a.a.O., S.65: »Noch im Januar 1999 meinten die Briten – in dieser Angelegenheit die schärfsten Falken der NATO –, daß die KLA-UCK mehr Personen getötet habe als die serbischen Streitkräfte.«

1397 Chossudovsky, a.a.O., S. 380.

1398 Mandel, a.a.O., S. 131, 144 ff.

1399 Ebd. 125 f.

1400 Ebd., S. 230, zit.: Wiesel, Elie, *The Question of Genocide*, in: *Newsweek*, v. 12.4.1999, S.37: »Meiner Ansicht nach ist Völkermord die Absicht und das Bestreben, ein Volk auszulöschen … Der Holocaust war dazu gedacht, auch den letzten Juden auf Erden zu vernichten. Glaubt jemand, daß Milošević und seine Komplizen ernstlich vorhatten, alle Bosnier, alle Albaner, alle Muslime der Welt auszurotten?«

1401 Vgl. Mandel, a.a.O., S. 107. Dazu, wie die internationalen Organisationen im Kosovo zum Teil als Zuhälterorganisationen für den internationalen Frauenhandel dienen, den sie zu bekämpfen vorgeben, siehe *3SAT,* 17.04.2006.

1402 Sanger, a.a.O.

1403 Boutros-Ghali, a.a.O., S. 112, 396.

1404 Vgl. Mandel, a.a.O., S. 165 f.

1405 Ebd.

1406 Ebd., S. 170, zit.: *The Blair Doctrin,* 22.4.1999, *NewsHour with Jim Lehrer,* Transscript, PBS online.

1407 Ebd., S. 170, zit.: Václav Havels Rede vor dem kanadischen Parlament am 29.4.1999.

1408 Annan, Kofi, *The Legitimacy to Intervene,* in: *Financial Times,* v. 10.1.2000, S. 19.

1409 Johnstone, Diane, *NATO and the New World Order: Ideals and Self-Interest,* in: Hammond/Herman, a.a.O., Anm. 24, S. 12.

1410 Mandel, a.a.O., S. 173.

1411 Waldmann, Helmut, *Der Königsweg der Apostel in Edessa, Indien und Rom,* Tübingen, 1996, 1997, S. 65; vgl. auch ders., *Pro Athanasius,* a.a.O., S. 14.

1412 Waldmann, a.a.O., S. 14, zit. die neokommunistische *l'Unita* v. 3.5.2000, S.6: *Il Papa: La globalizzazione non offenda lúmanita.*

1413 Waldmann, a.a.O., S. 108, zit.: *Rheinischer Merkur* v. 23.11.2001, S. 23: »Am vergangenen Sonntag ist der Papst noch einen Schritt weitergegangen: Während die Muslime gegenwärtig den Fastenmonat Ramadan begehen, soll der 14. Dezember für die Katholiken ein außerordentlicher Fasttag in der Adventszeit sein …«

1414 Beedham, Brian, *As the tanks rumble away,* in: *The Economist,* v. 1.9.1990, Beilage: *A Survey of Defence and the Democracies,* S. 2–22.

1415 Huntington, a.a.O., S. 253.

1416 Ebd., S. 505 f.

1417 Waldmann, a. a. O., S. 35.

1418 »9/11«, Afghanistan, Irak sind zweifellos schon die ersten Stationen in der Durchsetzung des am 19. März 1999 vom US-Kongreß verabschiedeten »Silk Road Strategy Act« (»Seidenstraßen-Strategie-Gesetz«). Vgl. dazu Chossudovsky, a. a. O., S. 391 f., Ahmed, a. a. O., S. 68 ff. Wer genau wissen will, wo es lang gehen soll, genehmige sich zu Huntington und Beedham die von Brzezinski für den *Council on Foreign Relations* verfaßte Studie zur Lektüre (Brzezinski, Zbigniew, *Die einzige Weltmacht. Amerikas Strategie der Vorherrschaft,* Weinheim, Berlin, 1997).

Bibliographie

Aarons, Mark/Loftus, John, *Unholy Trinity – The Vatican, the Nazis, and Soviet Intelligence,* New York 1992.

Agee, Philipp, *Inside the Company: CIA-Diary,* New York 1975.

Agee, Philipp/Wolf, Luis, *Dirty Work: The CIA in Western Europe,* New York 1978.

Ahmed, Nafeez M., *Geheimsache 09/11. Hintergründe über den 11. September und die Logik amerikanischer Machtpolitik,* München 2003.

Alexandrinus, Clemens, *Stromata IV* und *VII,* dt.: Clemens von Alexandria, *Teppiche,* München 1938.

Allen, Gary, *Die Insider. Wohltäter oder Diktatoren?,* Wiesbaden 1974. ders., *Die Rockefeller-Papiere. Schritte zu einer neuen Weltordnung,* Wiesbaden 1976.

»Allgemeine Übersicht des ganzen Ordensystems (1782)«, in: *Der ächte Illuminat oder die wahren unverbesserten Rituale der Illuminaten,* Enth. *1. Die Vorbereitung, 2. Das Noviziat, 3. den Minervalgrad, 4. den kleinen und 5. den großen Illuminatengrad,* ohne Zusatz und ohne Hinweglassung, Joh. Heinr. Faber [Hrsg.], Frankfurt 1788.

Altweg, Jürg, »Nach den Büchern die Bomben von rechts – Die »Neue Rechte« in Frankreich – Was folgt den Attentaten von Bologna, München, Paris?«, in: *Die Zeit* v. 6.2.1981.

Amadou, Robert, *Louis Claude de Saint-Martin et le Martinisme,* Paris 1946.

Andreasen, O. [Hrsg.], *Aus dem Briefwechsel Friedrich Münters,* 3 Bde., Kopenhagen/Leipzig 1937/44.

Andresen, Carl [Hrsg.], *Die Gnosis,* Bd. II, Zürich/Stuttgart 1971.

Angebert, Jean Michel, *Hitler et la Tradition Cathare,* Paris 1971. ders., *The Occult and the Third Reich – The mystical origins of Nazism and the search for the Holy Grail,* New York 1974.

Annan, David, »Die Assassinen und die Tempelritter«, in: MacKenzie, Norman [Hrsg.], *Geheimgesellschaften,* Genf 1969, S. 106–129. ders., »Nationalistische Geheimgesellschaften«, in: MacKenzie, Norman [Hrsg.], *Geheimgesellschaften,* Genf 1969, S. 178–209.

Annan, Kofi, *The Legitimacy to Intervene, in: Financial Times* v. 10.1.2000.

Apokalypse des Petrus, 74,16–22, in: *Nag Hammadi Library in English*, transl. by members of the Coptic Gnostic Library Project of the Institute for Antiquity and Christianity, Leiden 1977.

Apokalypse des Petrus, 76,27–34, in: *Nag Hammadi Library in English*, transl. by members of the Coptic Gnostic Library Project of the Institute for Antiquity and Christianity, Leiden 1977.

Apokryphen des Johannes, 1,31–2,9, in: *Nag Hammadi Library in English*, transl. by members of the Coptic Gnostic Library Project of the Institute for Antiquity and Christianity, Leiden 1977.

Apokryphen des Johannes, 4,34–5,7, in: *Nag Hammadi Library in English*, transl. by members of the Coptic Gnostic Library Project of the Institute for Antiquity and Christianity, Leiden 1977.

Babringhaus, Erhard, *Klaus Barbie*, Washington 1984.

Baigent, Michael/Leigh, Richard, *Der Tempel und die Loge. Das Geheime Erbe der Templer in der Freimaurerei*, Bergisch-Gladbach 1989.

dies., *Verschlußsache Jesus – Die Qumranrollen und die Wahrheit über das frühe Christentum*, München 1991.

Barnes, Harry Elmer, *The Genesis of the World War*, New York 1926.

ders., *Perpetual War for Perpetual Peace*, Caldwell, Idaho 1953.

Barnet, Richard J./Müller, Ronald E., *Die Krisenmacher. Die Multinationalen und die Verwandlung des Kapitalismus*, Reinbek b. Hamburg 1975.

Barruel, Abbé Augustin, *Memoirs sur L'Historie du Jacobinisme*, Paris 1797; dt.: *Denkwürdigkeiten zur Geschichte des Jakobinismus*. Nach der in London erschienenen französischen Originalausgabe ins Teutsche übersetzt von einer Gesellschaft verschiedener Gelehrten, 4 Bde., Münster/Leipzig 1800–1803.

Bartsch, Günther, *Revolution von rechts? Ideologie und Organisation der Neuen Rechten*, Freiburg 1975.

Baudrillard, Jean, *Der Geist des Terrorismus.* Hrsg. v. Peter Engelmann, Wien, 2003.

Bauer, Bruno, *Das entdeckte Christentum*, Zürich 1843.

Bechhofer-Roberts, C.E., *In Denikins Russia and the Caucasus, 1919–1920: Being the records of a journey to South Russia, the Crimea, Armenia, Georgia and Baku in 1919 and 1920*, London 1921.

Beedham, B.: *As the tanks rumble away*, in: *The Economist* v. 1. 9. 1990, Beilage: *A Survey of Defence and the Democracies,* S. 2–22.

Bennett, J. F., *Gurdjieff – Der Aufbau einer neuen Welt*, Freiburg 1976.

Benoist, Alain de, *Heide sein – Zu einem neuen Anfang – Die europäische Glaubensalternative*, Tübingen 1982.

Bentine, Michael, *The Door Market Summer*, London 1981.

Benz, Wolfgang [Hrsg.], *Rechtsextremismus in der Bundesrepublik – Voraussetzungen, Zusammenhänge, Wirkungen*, Frankfurt a. M. 1984.

Bernadac, Christian, *Le mystère Otto Rahn. Le Gral et Montségur: du catharisme au nazisme*, Paris 1978.

Besgen, Achim, *Der stille Befehl. Medizinalrat Kersten und das Dritte Reich*, München 1960.

Bethell, Nicholas, *Das letzte Geheimnis – Die Auslieferung russischer Flüchtlinge an die Sowjets durch die Alliierten 1944–47*, Berlin/ Wien 1974.

Bilderberg Meetings – The Hague, New York o. J.

Binder, David, *US-Policymakers on Bosnia Admit Errors in Opposing Partition in 1992, New York Times* v. 29. 8. 1993, S. 10.

Bird, E. K., *Heß. Der Stellvertreter des Führers*, München 1974.

Birge, J. K., *The Bektashi Order of Dervishes*, London 1937.

Birven, Henri, *Lebenskunst in Yoga und Magie*, Zürich 1953.

Blavatsky, Helena Petrowna, *Die Geheimlehre*, 4 Bde., Übers. d. 3. Aufl. von Ronert Froebe, Den Haag o. J.

Böddeker, Günther/Winter, Rüdiger, *Die Kapsel. Das Geheimnis um Görings Tod*, München 1983.

Bollmus, Reinhard, *Das Amt Rosenberg und seine Gegner. Zum Machtkampf im nationalsozialistischen Herrschaftssystem. Studien zur Zeitgeschichte*, Stuttgart 1970.

Boulton, David, *Die Lockheed Papiere. Politik und Geschäft der Rüstungsgiganten*, Oldenburg/München/Hamburg 1979.

Boutros-Ghali, Boutros, *Hinter den Kulissen der Weltpolitik: Die UNO – wird eine Hoffnung verspielt? Bilanz meiner Amtszeit bei den Vereinten Nationen,* Hamburg 2000.

Boyer, Jean-François, *L'empire Moon*, Paris 1986.

Boyle, Andrew, *Der Ring der Verräter – Fünf Spione für Rußland*, Hamburg 1980.

Brackenhausen, Quina von, *CFR – Anatomie einer Elite*, Euskirchen 1977.

Bremer, Georg, »Seid umschlungen Millionen – Wie Fluchtgeld in saubere Schweizer Fränkli verwandelt wird«, in: *Die Zeit*, Nr. 18, Dossier v. 27. 4. 1984.

Brendon, Piers, *Churchill. Stratege – Visionär – Künstler*, München 1984.

Brennan, J. H., *The Occult Reich*, London 1974.

Brief d. Chasdei ibn Schaprut an C.-König Josef, 10. Jh.

Brisard, Jean-Charles/Dasquié, Guillaume, *Die Verbotene Wahrheit. Die Verstrickung der USA mit Osama bin Laden,* Zürich 2002.

Brockdorf, Werner (Alfred Jarschel), *Flucht vor Nürnberg – Pläne und Organisation der NAZI-Prominenz im »Römischen Weg«*, Wels/München 1969.

Broeckers, Mathias, *Verschwörungen, Verschwörungstheorien und die Geheimnisse des 11. 9.,* Hamburg 2002.

Broeckers, Mathias/Hauß, Andreas, *Fakten, Fälschungen und die unterdrückten Beweise des 11. 9. Mit einem 60 Minuten Dokumentarfilm von Daniel Hopsicker: Die Flugschulen der Terroristen, die CIA und die Mafia,* Hamburg 2003.

Bronder, Dietrich, *Bevor Hitler kam*, Genf 1975.

Brown, Anthony Cave, *Bodyguard of Lies*, London 1977.

Brown, Cave, *»C«: The Secret Life of Sir Steward Menzies*, New York 1987.

Brown, J. P., *The Darwisches*, London 1927.

Brünning, Heinrich, *Memoiren 1918–1934*, München 1972.

Brugg, Elmar, *Spießbürger gegen Genie*, Zürich 1952.

Brugger, Karl, *Die Chronik von Akakor. Erzählt von Tatunca Nara, dem Häuptling der Ugha Mongulala*, Düsseldorf/Wien 1976.

Bryan III. J./Murphy, Charles, J. V., *Die Windsor Story*, Wien 1979.

Brzezinski, Zbigniew, *Alternative zur Teilung. Neue Möglichkeiten für eine gesamteuropäische Politik*, Köln, Berlin 1966.

ders., *Macht und Moral. Neue Werte für die Weltpolitik*, Hamburg 1994.

ders., *Between two ages. America's role in the Technotronic Era*, New York 1970.

ders., *Das gescheiterte Experiment. Das Ende des kommunistischen Systems*, Wien 1989.

ders. *Die einzige Weltmacht. Amerikas Strategie der Vorherrschaft*, Weinheim, Berlin 1997.

Buchheim, Hans/Broszat, Martin/Jacobsen, Hans-Adolf/Krausnick, Helmut, *Die Anatomie des SS-Staates*, 2 Bde., München 1967.

Bullock, Allan, *A study in tyranny*, New York 1953; dt. *Hitler, eine Studie über Tyrannei*, Düsseldorf 1969.

Bullwer-Lytton, Edward, *The coming race*, London 1871.

Campell, Duncan, »Versteck für deutsche Kameraden«, in: *Die Zeit*, Dossier v. 31.10.1980.

Capra, Fritjof, *Wendezeit. Bausteine für ein neues Weltbild*, München 1988.

Carmin, E.R., *Guru Hitler – Die Geburt des Nationalsozialismus aus dem Geiste von Mystik und Magie*, Zürich 1985.

Carsten, F.L., *Faschismus in Österreich*, München 1978.

Chandler, David, *Western Intervention and the Desintegration of Yugoslavia, 1989–1999,* in: Hammond/Herman, *Degraded Capability. The Media and the Kosovo Crisis,* London 2000.

Charpentier, Louis, *Die Geheimnisse der Kathedrale von Chartres*, Köln 1972.

Chomsky, Noam, *The Attack. Hintergründe und Folgen,* Hamburg, Wien 2002.

Chomsky, Noam/Herman, Edward S., *The Political Economy of Rights: The Washington Connection and Third World Facism,* Montreal 1979.

Chossudovsky, Michel, *Global Brutal. Der entfesselte Welthandel, die Armut, der Krieg,* Hamburg 2003.

Churchill, Winston, *The Second World War*, Bde. 2 und 5, London 1952.

ders., *Step by step*, New York 1939.

ders., »The Truth About Hitler«, in: *Strand Magazine*, November 1935.

Ciechanowski, Jan, *Defeat in Victory*, Garden City 1947.

Cierva, Ricardo de la, *El Triple Secreto de la Masoneria. Origenes, Constitutiones y rituales masónicos vigentes nunca publicados en España*, Toledo, Madrid 1994.

Clarke, Richard A., *Against all Enemies. Der Insiderbericht über Amerikas Krieg gegen den Terror,* Hamburg 2004.

Clausewitz, Carl von, *Hinterlassenes Werk. Vom Kriege*, Werner Hahlweg [Hrsg.], Bonn 1952.

Cohn, Norman, *Les Fanatiques de l'apocalypse*, Paris 1962.

Cohn, Norman/Colin, Rufus, *Warrant for genocide – The myth of the Jewish world-conspiracy and the protocols of the Elders of Zion*, London 1967.

Collins, Larry/Lapierre, Dominique, *O Jerusalem*, München 1971.

Cooney, John, *The American Pope – The Life and Times of Francis Cardinal Spellman*, New York 1984.

Corino, Karl [Hrsg.], *Gefälscht – Betrug in Politik, Literatur, Wissenschaft, Kunst und Musik*, Frankfurt a. M. 1990.

ders. [Hrsg.], *Intellektuelle im Bann des Nationalsozialismus*, Mit einem Vorwort von Eberhard Jäckel, Hamburg 1980.

Costello, John, *Mask of treachery*, New York 1988.

Cottineau, L. H., *Repertoire too-bibliographique des abbayes et prieurés*, 3 vol., Macon 1935–1971.

Crowley, Aleister, *Das Buch des Gesetzes – Liber Al vel Legis*, Basel 1981.

Dahms, Hellmuth G., *Roosevelt und der Krieg. Die Vorgeschichte von Pearl Harbor*, München 1958.

Dahrendorf, Ralf, *Gesellschaft und Demokratie in Deutschland*, München 1971.

Daim, Wilfried, *Der Mann, der Hitler die Ideen gab – Die sektiererischen Grundlagen des Nationalsozialismus*, Graz 1985.

Dall, Curtis, *F. D. R. – My exploited father-in-law*, Tulsa, CCP 1968.

Daraul, Arkon, *Secret societies*, London 1983.

Daumer, Georg, *Die Geheimnisse des christlichen Alterthums*, Hamburg 1874.

Delaude, Jean, *Le cercle d'Ulysee*, Toulouse 1977.

Deschner, Karlheinz, *Kirche und Faschismus*, Rastatt 1993.

Deuerlein, Ernst, *Der Aufstieg der NSDAP in Augenzeugenberichten*, München 1968.

Dialog des Erlösers, 139,12–13, in: *Nag Hammadi Library in English*, transl. by members of the Coptic Gnostic Library Project of the Institute for Antiquity and Christianity, Leiden 1977.

Diarium von Zwack v. 11. 1778, in: *Einige Originalschriften des Illuminatenordens, welche bey (Franz Xaver v.) Zwack(h) durch vorgenommene Hausvisitation zu Landshut den 11. und 12. Oct. 1786 vorgefunden worden*, Auf höchsten Befehl seiner Churfürstlichen Durchlaucht zum Druck befördert, München 1787.

Didon, P., »Les Illuminésde Baviére et leur influence d'aprésthéses du MS de Forestier«, in: *Études*, 1919.

Dietl, Wilhelm, *Heiliger Krieg für Allah. Als Augenzeuge bei den geheimen Kommandos des Islam*, München 1983.

Dietrich, Otto, *Zwölf Jahre mit Hitler*, München 1955.

Disraeli, Benjamin, *Coningsby*, London 1844.

Dodd, William E. jr. und Martha [ed.], *Ambassador Dodd's diary 1933–1938*, New York 1941.

Domenach, J.-M., *Le Retour du tragique*, Paris 1967.

Dornberger, Walter, *V-2, der Schuß ins Weltall*, zit. nach Pauwels/Bergier, *Aufbruch ins Dritte Jahrtausend*, Bern/München 1962.

Doucet, (Friedrich W.), *Geschichte der Geheimwissenschaften – Magie. Alchemie. Okkultismus*, München 1980.

ders., *Im Banne des Mythos. Die Psychologie des Dritten Reiches*, Esslingen 1979.

ders., *Okkultismus*, München 1980.

Der dreiteilige Traktat, 69,7–10, in: *Nag Hammadi Library in English*, transl. by members of the Coptic Gnostic Library Project of the Institute for Antiquity and Christianity, Leiden 1977.

Der dreiteilige Traktat, 70,21–29, in: *Nag Hammadi Library in English*, transl. by members of the Coptic Gnostic Library Project of the Institute for Antiquity and Christianity, Leiden 1977.

Der dreiteilige Traktat, 72,16–19, in: *Nag Hammadi Library in English*, transl. by members of the Coptic Gnostic Library Project of the Institute for Antiquity and Christianity, Leiden 1977.

Dülmen, Richard van, *Reformation als Revolution. Soziale Bewegung und religiöser Radikalismus in der deutschen Reformation*, Frankfurt a. M. 1987.

ders., *Die Utopie einer christlichen Gesellschaft*, Stuttgart 1978.

ders., *Der Geheimbund der Illuminaten. Neuzeit im Aufbruch 1*, Stuttgart/Bad Cannstatt 1975.

Dulles, Allen/Gaevernitz, Gero v. S., *Unternehmen »Sunrise«- Die geheime Geschichte des Kriegsendes in Italien*, Düsseldorf/Wien 1967.

Dulles, Allen Welsh, *Im Geheimdienst*, Düsseldorf 1963.

Dulles, F. R., *The road to Teheran*, Princeton 1944.

Eckart, Dietrich, *Der Bolschewismus von Moses bis Lenin – Zwiegespräche zwischen Adolf Hitler und mir*, München 1924.

Eddy, Paul/Sabogal, Hugo/Walden, Sara, *The cocaine wars*, New York 1989.

Engelmann, Bernt, *Hotel Bilderberg*, München 1977.

ders., *Wie wir wurden, was wir sind. Von der bedingungslosen Kapitulation bis zur unbedingten Wiederbewaffnung*, München 1982.

Engelmann, Bernt/Walraff, Günter, *Ihr da oben – wir da unten*, Köln 1973.

Engelmann, Ralph Max, *Dietrich Eckart and the genesis of Nazism*, Phil. Diss., Washington University, St. Louis/Missouri 1971.

Evangelium nach Thomas, koptisch und deutsch von Johannes Leipoldt, Berlin 1967.

Faber, Gustav, *Die manipulierte Mehrheit – Schleichwege der Macht*, Tübingen, Basel 1971.

Farago, Ladislas, *Aftermath*, London 1976.

ders., *Burn after reading*, New York 1961.

ders., *The game of the foxes*, New York 1973.

Farughy, Amad/Reverier, Jean-Loup, *Persien: Aufbruch ins Chaos? Eine Analyse der Entwicklung im Iran von 1953 bis 1979*. München 1980.

Fauth, Phil., *Hörbigers Glacial-Kosmogonie*, Kaiserslautern 1913.

Felice, Renzo de, *Mussolini il rivoluzionario 1883–1920*, Turin 1965.

Fernau, Joachim, *Halleluja – Die Geschichte der USA*, München/Berlin 1977.

Fest, Joachim C., *Das Gesicht des Dritten Reiches – Profile einer totalitären Herrschaft*, München 1963.

ders., *Hitler*, Frankfurt a. M./Berlin/Wien 1973.

Feugére, Pierre/Saint Maxent, Louis/Koker, Gaston de, *Le serpent rouge, notes sur Saint-Germain-des-Près et Saint-Sulpice de Paris*, Pontoise 1967.

Fiebag, Johannes und Peter, *Die Entdeckung des Grals – Das kosmische Geheimnis der Bundeslade und des Templerordens*, München 1989.

Fincke, H., *Papsttum und Untergang des Templerordens*, 2 Bde., Münster 1902.

Finkelstein, Norman G., *Die Holocaust-Industrie,* München 2002.

Finkelstein, Norman G., *Antisemitismus als politische Waffe,* München 2006.

Fishmann, Jack, *The seven men of Spandau*, zit. n. Pauwels/Bergier, *Aufbruch ins Dritte Jahrtausend*, Bern/München 1962.

Flamini, Ronald, *Pope, Premier, President – The Cold War summit that never was*, New York 1980.

Francovich, C., *Albori socialisti nel Resorgimento*, 1962.

Frank, Hans, *Im Angesicht des Galgens – Deutung Hitlers und seiner Zeit auf Grund eigener Erlebnisse und Erkenntnisse*, München 1953.

Frankland, Webster, *The strategic air offensive against Germany, 1939–1945*, London 1961.

Frick, K. R. H., *Die Erleuchteten – Gnostisch-theosophische und alchemistisch-rosenkreuzerische Geheimgesellschaften bis zum Ende des 18. Jahrhunderts – Ein Beitrag zur Geschichte der Neuzeit*, Graz, 1973.

Friedensvertrag von Versailles, der, in: Römefarth, H./Euler, H., *Konferenzen und Verträge*, Vertrags-Ploetz, Bd. 4, Würzburg 1959.

Fuchs, Eberhard, *Jugendsekten*, München 1979.

Fuller, J. F. C., *The Second World War – 1939–1945*, New York 1949.

Friedrich, Jörg (Hrsg.), *Das Urteil von Nürnberg 1946,* München 1996.

George, Alexander und Juliette, *Woodrow Wilson and Colonel House*, New York 1956.

Gilbert, Martin, *Auschwitz und die Alliierten*, München 1982.

Gobineau, Joseph Arthur, *Essay sur l'inégalité des races humaines*, Paris 1853.

Goetz, John/Walker, Tom: *Serbian ethnic cleansing scare was a fake, says general,* in: *Sunday Times* v. 2.4.2000.

Goldhagen, Daniel, *Hitlers willige Vollstrecker*, München 1996.

Görlitz, Walter, *Geldgeber der Macht – Wie Hitler, Lenin, Mao Tsetung, Stalin und Tito finanziert wurden*, Düsseldorf 1976.
ders. [Hrsg.], *Regierte der Kaiser? Kriegstagebücher, Aufzeichnungen und Briefe des Marine-Kabinetts Admiral Alexander von Müller 1914–1918*, Göttingen 1959.

Görtemaker, Manfred, *Die unheilige Allianz – Die Geschichte der Entspannungspolitik – 1943–1979*, München 1979.

Goodrick-Clarke, Nicholas, *The occult roots of nazism – The ariosophists of Austria and Germany 1890–1935*, Wellingborough 1985.

Goodspeed, D. J., *Ludendorff*, London 1966.

Gordon, Thomas/Morgan-Witts, Max, *The year of Armageddon*, London 1984. *The Gospel of Philip*, in: *Nag Hammadi Library in English*, transl. by members of the Coptic Gnostic Library Project of the Institute for Antiquity and Christianity, Leiden 1977.

Goux, J.-J., *Les Iconoclastes,* Paris 1978.

Gowan, Peter, *From Rambouilett to the Chinese Bombing. Whose Stupid War Was This?,* in: *Against the Current* 81, Jg. 14, Nr. 2, Juli/August 1999.

Graham, Robert, *Iran – Die Illusion der Macht*, mit einer Einführung von Peter Scholl-Latour, München 1979.

Grant, Madison, *The Passing of the Great Race*,1916; dt.: *Der Untergang der großen Rasse*, 1915.

Grant, Michael, *Jesus*, Bergisch-Gladbach 1979.

Greenley, Andrew, *The making of the popes*, London 1978.

Greiner, Josef, Das Ende des Hitler-Mythos, Wien 1947.

Griffin, Des, *Die Absteiger – Planet der Sklaven?* Wiesbaden 1981.

ders., *Die Herrscher – Luzifers 5. Kolonne*, Wiesbaden 1980.

Gruchmann, L., *Nationalsozialistische Großraumordnung – Die Konstruktion einer deutschen »Monroe-Doktrin«*, Stuttgart 1962.

Gubser, Christoph A., »Die Weltbeweger«, in: *Penthouse*, Nr. 5 v. 5. Mai 1981.

Guderian, Heinz, *Erinnerungen eines Soldaten*, Heidelberg 1951.

Guénon, René, *Die Symbolik des Kreuzes*, Freiburg i. Breisgau, 1987.

Gulewitsch, Arséne de, *Czarism and Revolution*, Howthorne, California 1961.

Gumbel, Emil Julius, *Verschwörer – Beiträge zur Geschichte und Soziologie der deutschen nationalistischen Geheimbünde seit 1918*, Wien 1924.

Gurdjieff, G. I., *Beelzebubs Erzählungen für seinen Enkel*, Basel 1983.

ders., *Begegnungen mit bemerkenswerten Menschen*, Freiburg 1988.

ders., *Das Leben ist nur dann wirklich, wenn »ich bin«*, Basel 1987.

Gurdjieff, G. I., *Aus der wirklichen Welt. Gurdjieffs Gespräche mit seinen Schülern*, Basel 1982.

Gurwin, Larry, *The Calvi Affair*, London 1984.

Gutierrez, Ignacio, »Arriba und Heil Hitler«, in: *Die Zeit*, Dossier v. 31. 10. 1980.

Haack, Friedrich-W., *Von Gott und der Welt verlassen – Der religiöse Untergrund in unserer Welt*, Düsseldorf 1977.

Häckel, E., *Hitlers Weltanschauung – Entwurf einer Herrschaft*, Tübingen 1969.

Hagedorn, Hermann, *The Magnate: William Boyce Thompson and his time (1869–1930)*, New York 1935.

Hagenau, Gerda, *Verkünder und Verführer – Prophetie und Weissagung in der Geschichte*, München 1979.

Haller, Ernst, »Ein deutscher Kaufmann in der Türkei«, in: *Münchner Beobachter* 31.8.1918–10.5.1919.

Hamann, Brigitte, *Hitlers Wien. Lehrjahre eines Diktators*, München 1996.

Hammond, Philip/Herman, Edward S., *Degraded Capability. The Media and the Kosovo Crisis,* London 2000.

Handke, Peter, Interview in *News,* Nr. 12, v. 23. März 2006.

Hanfstaengel, Ernst, *Unheard witness*, New York 1957.

Hargrave, John, *Montagu Norman*, New York o. J.

Hart, F. Th., *Alfred Rosenberg – Der Mann und sein Werk*, Berlin 1939.

Hausner, Gideon, *Die Vernichtung der Juden*, München 1979.

Heer, Friedrich, *Der Glaube des Adolf Hitler – Anatomie einer politischen Religiosität*, München, Esslingen 1969.

Hedin, Sven, *Germany and world peace*, London 1937.

Heiber, Helmut [Hrsg.], *Reichsführer – Briefe an und von Himmler*, München 1970.

Heiden, Konrad, *Adolf Hitler*, Zürich 1936.

Heidenreich, Gert, »Die organisierte Verwirrung. Nationale und internationale Verbindungen im rechtsextremen Spektrum«, in: Wolfgang Benz [Hrsg.]: *Rechtsextremismus in der Bundesrepublik – Voraussetzungen, Zusammenhänge, Wirkungen*, Frankfurt a. M. 1984.

Heller, Siegfried, »Nazi-Internationale. Netzwerke des Herrn Genoud«, in: *Diagnosen*, Nr. 9, September 1983.

Helsing, Jan van, *Geheimgesellschaften und ihre Macht im 20. Jahrhundert*, Rhede 1994.

Heppe, *Geschichte der quietistischen Mystik*, Berlin 1875.

Herzfeld, Hans [Hrsg.], *Geschichte in Gestalten – Ein biographisches Lexikon*, 4 Bde., Frankfurt a. M. 1981.

Herzstein, Robert, *Waldheim, the missing years*, London 1988.

Hielscher, Friedrich, *Das Reich*, 1931.

Hieronimus, Eckehard, »Lanz von Liebenfels: Lebensspuren«, in: *Wege und Abwege*, Beiträge zur europäischen Geistesgeschichte der Neuzeit. Festschrift für Ellic Howe zum 20. September 1990. Herausgegeben von Albrecht Götz von Olenhusen in Verbindung mit Nikolas Barker, Herbert Franke und Helmut Möller, Freiburg 1990.

Higham, Charles, *Trading with the Enemy*, New York 1983. Hildenberger, Michael, *Die religiöse Revolte – Jugend zwischen Flucht und Aufbruch*, Frankfurt a. M. 1979.

Hillel, Marc, *Lebensborn e. V. – Im Namen der Rasse*, Wien 1975.

Hippolitus, *Refutationis Omnium Haeresium I – Des Heiligen Hippo-litus von Rom Widerlegung aller Häresien*, übers. von K. Preysind, München o. J., BdKV Bd. 40, 6, 17.

Hitler, Adolf, *Mein Kampf*, München 1925/26 u. ö.

Höhne, Heinz, *Der Orden unter dem Totenkopf – Die Geschichte der SS*, München 1978.

Höhne, Heinz/Zolling, Hermann, *The general was a spy*, New York 1961.

Hoffmann, A., *Fragmente zur Biographie des verstorbenen Geheimen Raths Bode in Weimar*, Wien 1795.

Hoggan, David L., *Der erzwungene Krieg*, Tübingen 1961.

Holmes, Donald, *System Sapiens – Die Verschwörung der Illuminaten*, München 1989.

Horn, Wolfgang, *Führerideologie und Parteiorganisation in der NSDAP 1919–1933*, Düsseldorf 1971.

ders., *Der Marsch zur Machtergreifung – Die NSDAP bis 1933*, Düsseldorf 1972, Nachdruck 1980.

Horten, Max, *Indische Strömungen in der islamischen Mystik*, Heidelberg 1928.

Howe, Ellic, *Astrology and the Third Reich – Astrological beliefs in Western Europe since 1700 and in Hitler's Germany 1933–1945*, Wellingborough 1984.

ders., *The Magician of the Golden Dawn – A documental history of a magical order 1827–1923*, London 1972. ders., *Rudolf Freiherr von Sebottendorf*, Hrsg. und mit einer Zeittafel zur Biografie Sebottendorfs und einer vorläufig kommentierten Bibliografie seiner Schriften versehen von Albrecht Götz von Olenhusen, Freiburg/Br. 1989.

s. a. Möller, Helmut

Hoyas, Ladislas de, *Klaus Barbie – The untold story*, London 1985.

Hudal, Alois, *Die Grundlagen des Nationalsozialismus – eine ideenge-schichtliche Untersuchung*, Leipzig 1937.

ders., *Römische Tagebücher – Lebensgeschichte eines alten Bi-schofs*, Graz, Stuttgart 1976.

Hume, Mick, *Nazifying the Serbs, from Bosnia to Kosovo«*, in: Hammond, Philip/Herman, Edward S. *Degraded Capability. The Media and the Kosovo Crisis*, London 2000, S 72.

Huntington, Samuel P., *Clash of Civilizations*, New York, 1996, deutsche Ausgabe: *Kampf der Kulturen. Die Neugestaltung der Weltpolitik im 21. Jahrhundert,* München 1998, S. 529 f.

Hüser, Karl, *Wewelsburg 1933 bis 1945 – Kult-und Terrorstätte der SS – Eine Dokumentation,* Paderborn 1982.

Hutin, Serge, *Unsichtbare Herrscher und geheime Gesellschaften,* Bonn 1973.

ders., »Die mohammedanischen Geheimbünde«, in: *Moderne Universalgeschichte der Geheimwissenschaften,* Düsseldorf/Wien 1979.

Illig, Heribert, *Das erfundene Mittelalter. Die größte Zeitfälschung der Geschichte,* München, 2001.

Instruction für den ganzen Regentengrad, Kapitel XXII, in: *Die neuesten Arbeiten des Spartacus (Adam Weishaupt) und Philo (Adolf Frhr. v. Knigge) in dem Illuminatenorden,* jetzt zum erstenmal gedruckt und zur Beherzigung bey gegenwärtigen Zeitläufen hersg. (von Ludw. Adolf Christian v. Grolmann), Frankfurt 1793, Ausgabe 1794.

Irenäus, *Libros Quinque Adversus Haeresis, III, 2,1–3,1,* dt.: *Des Heiligen Irenäus fünf Bücher gegen die Häresien,* übers. von E. Klebba, 2 Bde., München 1912, BdKV Bd. 3, 4.

Irving, David, *The destruction of Dresden,* London 1963.

ders., *Hitlers Weg zum Krieg,* München 1978.

ders., *Hitler und seine Feldherren,* Frankfurt a. M. 1975.

ders., *Der Nürnberger Prozeß,* München 1979.

ders., *Mord aus Staatsraison,* München 1979.

Irnberger, Harald, *Die Terror-Multis,* Wien, München 1976.

Jacobson, Hans-Adolf, *Der Weg zur Teilung der Welt – Politik und Strategie von 1939 bis 1945,* Koblenz, Bonn 1977.

ders., *Karl Haushofer – Leben und Werk,* 2 Bde., Boppard 1979.

Jetzinger, Franz, *Hitlers Jugend,* Wien 1956.

Joesten, Joachim, *Im Dienste des Mißtrauens – Das Geschäft mit Spionage und Abwehr,* München 1964.

Johnstone, Diane, *Fool's Crusade: Yugoslawia, NATO and Western Delusions,* New York, 2002.

dies., *NATO and the New World Order: Ideals and Self-Interest,* in: Hammond, Philip/Herman, Edward S., *Degraded Capability. The Media and the Kosovo Crisis,* London 2000, S. 12.

Jones, Mervyn, »Die Freimaurer«, in: MacKenzie, Norman [Hrsg.], *Geheimgesellschaften*, Genf 1969, S. 172–173.

ders., »Die Rosenkreuzer«, in: MacKenzie, Norman [Hrsg.], *Geheimgesellschaften*, Genf 1969, S. 146–147.

Jones, Sidney, *Hitlers Weg begann in Wien. 1907–1913*, München 1980.

Jungkurth, Markus M./Eschner, Michael D., *Aleister Crowley – Das große Tier 666 – Leben und Magick*, Berlin 1982.

Kalivoda, Robert, *Revolution und Ideologie – Der Hussitismus*, Köln, Wien 1976.

Kater, Michael H., *Das »Ahnenerbe« der SS 1935–1945*, Stuttgart 1974.

Kaufmann, Theodore Newton, *Germany must perish*, Newark 1941.

Kempner, Robert M. W.[Hrsg.], *Der verpaßte Nazi-Stopp – Die NSDAP als staats- und republikfeindliche, hochverräterische Verbindung*, Preußische Denkschrift von 1930, Frankfurt a. M./Berlin/Wien 1983.

Kersten, Holger/Gruber, Elmar R., *Das Jesus Komplott – Die Wahrheit über das »Turiner Grabtuch«*, München 1992.

Kestranek, Wilhelm, *Der wahre Jesus – Mensch und Sendung im Zeitalterwandel – Auseinandersetzung mit Philosophen, Theologen, Doz. Holl und verschiedenen Irrlehrern*, Wien 1977.

Knaut, Horst, *Das Testament des Bösen*, Stuttgart 1979.

Köhler, Prof. Dr., *Der Prozeß gegen die Attentäter von Sarajewo*, Berlin 1918.

Koestler, Arthur, *Der dreizehnte Stamm – Das Reich der Khasaren und sein Erbe*, Bergisch-Gladbach 1989, Hersching 1991.

Kogon, Eugen, *Der SS-Staat – Das System der deutschen Konzentrationslager*, Frankfurt a. M. 1965.

Kolakowski, Leszek, *Der revolutionäre Geist*, Stuttgart 1972.

Konzelmann, Gerhard, *Die Schiiten und die islamische Republik*, München 1979.

Krebs, Albert, *Tendenzen und Gestalten der NSDAP – Erinnerungen an die Frühzeit der Partei*, Stuttgart 1959.

Krosigk, Lutz Graf Schwerin von, *Es geschah in Deutschland*, Stuttgart 1951.

Kubizek, August, *Adolf Hitler – Mein Jugendfreund*, Graz 1975.

»Kusari« (Chasari), Juda Helevis, *Gedichtete Dialoge zwischen einem j. Gelehrten u. einem C.-König*, 12. Jh.

Laarss, R. H., *Eliphas Levi, der große Kabbalist und seine magischen Werke*, Wien 1922.

Lachmann, H./Schiffmann, G. A., *Hochgrade der Freimaurerei*, 1866, 1878, 1882, Reprint Graz 1974.

Laffin, John, *Islam: Weltbedrohung durch Fanatismus*, München 1980.

Langer, Walter C., *The mind of Adolf Hitler – The secret wartime report*, New York 1972; dt.: *Das Adolf-Hitler-Psychogramm – Eine Analyse seiner Person und seines Verhaltens, verfaßt für die psychologische Kriegsführung der USA*, Wien/München/Zürich 1973.

Lapuge, Vacher de, *L'Aryen, son rôle social*, 1899.

Laqueur, Walter, *Deutschland und Rußland*, Berlin 1965.

ders., *The terrible secret*, London 1981.

Larson, Egon, *Die Weimarer Republik – Ein Augenzeuge berichtet*, München 1980.

Laurent, Eric: *Die Kriege der Familie Bush. Die wahren Hintergründe des Irak-Konflikts,* Frankfurt am Main 2003

Layton, Bentlay, *The Hypostasis of the Archons*, Harvard Theological Review 67, 1974.

Leasor, James, *Der utopische Friede – Der Englandflug von Rudolf Heß*, Bergisch-Gladbach 1979.

Le Bon, Gustave, *Psychologie der Massen*, Neuaufl., Stuttgart 1973.

Lee, M. A., »Their Will Be Done«, in: *Mother Jones*, Juli 1983.

Lefort, Rafael, *Die Sufi-Lehrer Gurdjieffs*, München 1985.

Lehmann, Johannes, *Die Jesus GMBH – Was Jesus wirklich wollte – Wie Paulus Christus schuf – Report einer Diskussion*, Düsseldorf 1972.

Lennhof, Eugen/Posner, Oskar, *Internationales Freimaurerlexikon*, Wien 1932.

Lerich, Dr. Konrad, *Der Tempel der Freimaurer – Der 1. bis 33. Grad - Vom Suchenden zum Wissenden*, Berlin 1937.

Lernoux, Penny, *In banks we trust*, New York 1984.

Levinson, Charles, *Wodka-Cola – Die gefährliche Kehrseite der wirtschaftlichen Zusammenarbeit zwischen Ost und West*, Reinbek b. Hamburg 1978.

Lewinson, Richard, *Das Geld in der Politik*, Berlin 1930.

Liddel-Hart, B. H., *Jetzt dürfen sie reden*, Stuttgart 1950.

ders., »War Limited«, in: *Harper's Magazine*, März 1946, S. 198 bis 199.

Lincoln/Baigent/Leigh, *Der Heilige Gral und seine Erben – Ursprung und Gegenwart eines geheimen Ordens – Sein Wissen und seine Macht*, Bergisch-Gladbach 1982.

dies., *Das Vermächtnis des Messias – Auftrag und geheimes Wirken der Bruderschaft vom Heiligen Gral*, Bergisch-Gladbach 1987.

Lo Bello, Nino, *Vatikan im Zwielicht – Die unheiligen Geschäfte des Kirchenstaates*, München 1983.

Loftus, John, *The Belarus Secret*, New York 1982.

Luedecke, Kurt G. W., *Iknew Hitler*, London 1938.

Lukacs, Georg, *Die Zerstörung der Vernunft*, Berlin 1955.

Lundberg, Ferdinand, *Die Mächtigen und die Supermächtigen – Das Rockefeller-Syndrom*, München 1975.

Luther, Martin, *Von den Juden und ihren Lügen*, WA 53.

Mandel, Michael, *Pax Pentagon. Wie die USA der Welt den Krieg als Frieden verkaufen,* Hamburg 2005.

McCormick, Donald, *TheMaskof Merlin*, London 1964.

McFadden, Louis T., *Collective speeches of Congressman McFadden*, Hawthorne, Calif. 1970.

MacKenzie, Norman [Hrsg.], *Geheimgesellschaften*, Genf 1969.

MacKinlay, Kanto, *Andersonville*,1956.

Macksey, Kenneth, *Guderian – Der Panzergeneral*, Düsseldorf 1978.

MacLean, Fitzroy, *Escape to adventure*, Boston 1951.

MacNeice, Louis, *Astrologie*, Frankfurt a. M. 1965.

Magers, Helmut, *Ein Revolutionär aus Common Sense*, Leipzig 1934.

Maire, François Le, *Histoire et antiquitez de la vieille et duché d'Orléans*, 2 vol., Orléans 1648.

Malachi, Martin, *The decline and fall of the Roman Church*, New York 1981.

ders., *Das letzte Konklave*, Wien/Hamburg 1978.

ders., *The Vatican*, London 1986.

Mann, Golo, *Geschichten und Geschichte*, Frankfurt a. M. 1961.

Manning, Paul, *Martin Bormann: Nazi in exile*, New York 1981.

Marchetti, Victor/Marks, John D., *CIA and the Cult of Intelligence*, NewYork 1974; dt. *CIA*, Stuttgart 1974.

Mariel, Pierre, *L'Europe païenne du XXe siècle*, Paris 1954.

Markale, Jean, *Die Katharer von Montségur – Das geheime Wissen der Ketzer*, München 1993.

Marques-Riviére, »Der Orden der Tempelherren«, in: *Moderne Uni-*

versalgeschichte der Geheimwissenschaften, Bd. 3: *Geheimgesell-schaften und Geheimbünde*, Wien 1979.

Marr, Wilhelm, *Der Judenspiegel*, Hamburg 1862.

ders., *Der Sieg des Judenthums über das Germanenthum*, Hamburg 1871.

Martin, James, *All honorable men*, New York 1950.

Marx, Karl, »Zur Judenfrage«, in: S. Landshut [Hrsg.], *Frühschriften*, Stuttgart 1953. ders., *Manifest der Kommunistischen Partei*, Reclam Universal-Bibliothek, Stuttgart.

Marx, Karl/Engels, Friedrich, *Werke*, Bd. 23, Berlin 1972. Masaryk, Th. G., *Zur russischen Geschichts-und Religionsphilosophie*, Jena 1913.

Maser, Werner, *Adolf Hitler – Das Ende einer Führerlegende*, Düsseldorf 1980.

ders., *Der Sturm auf die Republik – Frühgeschichte der NSDAP*, Düsseldorf/Wien et al., 1994.

Mee, Charles L., *Die Teilung der Beute*, Wien 1975.

Meissner, Hans Otto, *30. Januar 1933 – Hitlers Machtergreifung*, München 1979.

Mellor, Alec, *Logen, Hochgrade, Rituale – Handbuch der Freimaurerei*, Graz 1966.

Mendel, A. P., *Michael Bakunin – Roots of Apocalypse*, New York 1981.

Mendelsohn, Harald von, *Jesus – Rebell oder Erlöser – Die Geschichte des frühen Christentums*, Hamburg 1981.

Mendelssohn, Peter de, *The age of Churchill*, London 1961.

Mehrhart, Ulrich von, *Weltfreimaurerei – Ein Überblick von ihrem Beginn bis zur Gegenwart*, Hamburg 1969.

Messerschmidt, Manfred, *Deutschland in englischer Sicht*, 1955.

Meyers, Gustavus, *History of the Great American Fortunes*, New York 1936.

Miers, Horst E., *Lexikon der Geheimwissenschaften*, München 1979.

Mildenberger, Michael, *Die religiöse Revolte – Jugend zwischen Flucht und Aufbruch*, Frankfurt a. M. 1979.

Millin, Sarah Gertrude, *Cecil Rhodes*, New York 1966.

Moderne Universalgeschichte der Geheimwissenschaften, 6 Bde. Düsseldorf/Wien 1979.

Möller, Helmut/Howe, Ellic, *Jahrhundertfeier – Vom Untergrund des Abendlandes*, Göttingen 1975.

dies., *Merlin Peregrinus – Vom Untergrund des Abendlandes*, Würzburg 1986.

Monita Secreta – Die Geheimen Instruktionen der Jesuiten, Lateinisch und Deutsch, deutsche Übersetzung von Julius Hochstetter, Lorch (Württemberg) 1924.

Moore, James, *Georg Iwanowitsch Gurdjieff – Magier, Mystiker, Seelenfänger*, München 1992.

Moran (Lord), *Winston Churchill*, London 1966.

Morton, Frederic, *The Rothschilds: A family portrait*, New York 1962.

Mosley, Sir Oswald, *Weg und Wagnis*, Leoni 1973.

Mosse, George L., »The mystical origins of National Socialism«, in: *The Journal of the History of Ideas*, New York 1961.

Müller, Alexander von, *Mars und Venus*, Stuttgart 1954.

Müller, Rudolf, »Schule des Terrorismus – Die Wehrsportgruppe Hoffmann und andere militante Neonazis«, in: Wolfgang Benz [Hrsg.], *Rechtsextremismus in der Bundesrepublik – Voraussetzungen, Zusammenhänge, Wirkungen*, Frankfurt a. M. 1984, S. 239–240.

Müllern-Schönhausen, Dr. Johannes von, *Die Lösung des Rätsels Adolf Hitler*, Wien 1959.

Mund, Rudolf J., *Jörg Lanz von Liebenfels und der Neue Templer Orden - Die Esoterik des Christentums*, Stuttgart 1976.

ders., *Der Rasputin Himmlers – Die Wiligut-Saga*, Wien 1982.

Murik, Peter, *Die Medienmultis*, Wien 1990.

Mussolini, Benito, *Giovanni Huß il Veridico*, Rom 1913, Florenz 1928; Neuabdruck in: *Opera Omnia di Benito Mussolini*, Florenz 1961.

Morgenstern, George, *Pearl Harbour 1941. Eine amerikanische Katastrophe,* München 2000.

Nannen, Henri (Hrsg.), *Die himmlischen Verführer. Sekten in Deutschland*, München 1980.

Nasi-i-Chusrau, *Buch der Zwei Weisheiten*, Teheran/Paris.

Nebront oder Vollkommener Verstand, eingel. und übers. vom Berliner Arbeitskreis für koptisch-gnostische Schriften, TblZ 98, 1973.

Neilson, Francis, *The makers of war*, Appleton, Wisconsin 1950.

Nilus, Serge Alexandrowitch, *Die Geheimnisse der Weisen von Zion*, Hrsg. v. Gottfried zur Beck, 4. Aufl., Charlottenburg 1929; 13. Aufl., 1933.

Niekisch, Ernst, *Das Reich der niederen Dämonen*, Hamburg 1953.

Nixon, Edgar B., *Franklin D. Roosevelt and Foreign Affairs*, Cambridge 1969.

Nollau, Günther, *Das Amt -50 Jahre Zeuge der Geschichte*, München 1978.

ders., *Wie sicher ist die Bundesrepublik?*, München 1976.

Noske, Gustav, *Von Kiel bis Kapp*, Berlin 1920.

Nourry, E., *Histoire de la Franc Maçonnerie française*, Paris 1925.

Nussbaumer, Heinz, *Khomeini – Revolutionär in Allahs Namen*, München/Berlin 1979.

Olenhusen, Albrecht Götz von: »Bürgerrat, Einwohnerwehr und Gegenrevolution Freiburg 1918–1920«, in: *Wege und Abwege – Beiträge zur europäischen Geistergeschichte der Neuzeit*, Festschrift für Ellic Howe zum 20. September 1990, Freiburg i. Breisgau 1990.

Ordo Militiae Crucis Templi – Tempelherren-Orden, Deutsches Priorat e. V. Hrsg. vom O. M. C. T. Deutsches Priorat e. V., mit Beiträgen von Dr. R. W. Horst und Hugo Wellems, Wiesbaden o. J.; Reprint, Bremen 1981.

Origenes, *Commentarium in I Corinthos*, Journal of Theological Studies 10, 1909, S. 46–47.

O'Shaughnessy, Hugh, *Europe's best kept secret*, in: *The Observer* v. 7. Juni 1992.

Orzechowski, Peter, *Schwarze Magie – Braune Macht*, Zürich o. J.

Ouspensky, P. D., *Auf der Suche nach dem Wunderbaren*, Bern/München/Wien 1982.

Owen, David, *Balkan Odyssee,* München, 1996.

Pagels, Elaine, *Versuchung durch Erkenntnis – Die gnostischen Evangelien*, Frankfurt a. M. 1981.

Pallenberg, Corrado, *Die Finanzen des Vatikans*, München 1973.

Paoli, Mathieu, *Les dessous d'une ambition politique – Nouvelles révélations sur les trésors du Razés et de Gisors*, Nyon 1973.

Papen, Franz von, *Memoirs*, New York 1956. ders., *Der Wahrheit eine Gasse*, München 1952.

Papus, *Die Kabbala*, autorisierte Übersetzung von Julius Nestler, k. k. Professor; Neudruck, Wiesbaden o. J.

Paris, Edmond, *The secret history of the Jesuits*, Chick Publications, USA 1982.

ders., *The Vatican against Europe*, London 1961.

Pauwels, Louis, *Gurdjieff, der Magier*, München 1980.

Pauwels, Louis/Bergier, Jacques, *Aufbruch ins Dritte Jahrtausend – Von der Zukunft der phantastischen Vernunft*, Bern, München 1979.

Pearson, Michael, *Der plombierte Waggon – Lenins Weg aus dem Exil zur Macht*, München 1973.

Peterson, Edward Norman, *Hjalmar Schacht*, Boston 1954.

Peuckert, Will-Erich, *Die Rosenkreuzer*, Jena 1928.

Peyrefitte, Roger, *Die Juden*, Karlsruhe 1966.

Pfeifer, Heinz, *Brüder des Schattens*, Zürich 1981.

Pfitzner, Josef, *Das Sudetendeutschentum*, Köln 1938.

Philo's [= Adolf Frhr. v. Knigge] endliche Erklärung und Antwort, auf verschiedene Anforderungen und Fragen, die an ihn ergangen, seine Verbindung mit dem Orden der Illuminaten betreffend, Hannover 1788.

Philo-Lexikon – Handbuch des jüdischen Wissens, Nachdruck der Auflage von 1936, Königstein 1982.

»Philippusevangelien«, in: *Die Gnosis*, Bd. II, Carl Andresen [Hrsg.], Zürich/Stuttgart 1971.

Pike, Albert, *Morals and Dogma of the Ancient and Accepted Scottish Rite of Freemasonry*, 1872 ff., Nachdruck o.J.

Piker, Henry, *Hitlers Tischgespräche im Führerhauptquartier*, München 1979.

Pilger, John: *Verdeckte Ziele. Über den modernen Imperialismus,* Hamburg 2004.

Plehwe, Friedrich-Karl von, *Reichskanzler Kurt von Schleicher – Weimars letzte Chance gegen Hitler*, Esslingen 1983.

Plewnia, Margarete, *Auf dem Weg zu Hitler – Der »völkische« Publizist Dietrich Eckart*, Bremen 1970.

Poincaré, Raymond, *Mémoirs*, Bd. 5: *L'invasion*, Paris 1928.

Poliakov, Leòn, *Histoire de l'antisémitisme de Voltaire à Wagner*, Paris 1976.

Pomian, John [Hrsg.], *Joseph Hieronim Retinger: Memoirs of an eminence grise*, Brighton 1972.

Poncins, Leo de, *Vatican and Freemasons*, Brooklyn 1982.

Powers, Thomas, *CIA – Die Geschichte. Die Methoden. Die Komplotte – Ein Insider-Bericht*, Hamburg 1980.

Prager, Emily, »War's end«, in: *Penthouse*, Juni 1991.

Pringle, Peter/Arkin, William, *SIOP – Der geheime Atomkriegsplan der USA*, Berlin, Bonn 1985. *Der Prozeß gegen die Hauptkriegsverbrecher vor dem internationalen Militärgerichtshof*, Bd. 14, Nürnberg 1948.

Prutz, Hans, *Entwicklung und Untergang des Templerordens*, 1888; Reprint, Walluf 1972.

Purtscheller, Wolfgang, *Aufbruch der Völkischen – Das braune Netzwerk*, Wien 1992.

Quigley, Caroll, *Tragedy and Hope*, New York 1966.

Rahn, Otto, *Luzifers Hofgesind – Reise zu Europas guten Geistern*, Struckum 1985.

ders., *Kreuzzug gegen den Gral*, Stuttgart 1965.

Rathenau, Walter, *In days to come*, London o. J. New York 1938.

Ravenscroft, Trevor, *The spear of destiny*, New York 1973; dt. *Der Speer des Schicksals*, Wien 1988.

Rauschning, Hermann, *Gespräche mit Hitler*, Zürich 1940.

ders., *The Revolution of Nihilism*, Zürich/New York 1938.

Regardie, Israel, *Das magische System des Golden Dawn*, 3 Bde., Freiburg 1987, 1988.

Reiners, Ludwig, *In Europa gehen die Lichter aus – Der Untergang des wilhelminischen Reiches*, München 1981.

Rhodes, James M., *The Hitler Movement – A modern millenarian revolution*, Stanford, California 1980.

Rice, Cyprian, *The Persian Sufis*, London 1964.

Rittlinger, Herbert, *Von hier bis Babylon*, Stuttgart 1965.

Rivers Pitt, William/Ritter, Scott, *Krieg gegen den Irak. Was die Bush-Regierung verschweigt,* Köln 2002.

Robinson, John, *Proofs of a Conspiracy against all the Religions and Governments of Europe, carried on in the secret meetings of Free Masons Illuminati and Reading Societies*, Edinburgh/London 1797; Neudruck, Boston, Los Angeles o. J.

Röhricht, Reinhold, *Regesta Regni hierosolymitani*, Innsbruck 1893.

Römefarth, H./Euler, H., *Konferenzen und Verträge*, Vertrags-Ploetz, Bd. 4, Würzburg 1959.

Roon, Ger van, *Neuordnung im Widerstand – Der Kreisauer Kreis innerhalb der deutschen Widerstandsbewegung*, München 1967.

Roth, Jürgen, *Die Mitternachtsregierung – Wie westliche Geheimdienste internationale Politik manipulieren*, München 1992.

Rosenberg, Alfons, zit. nach Knaut, Horst, *Das Testament des Bösen*, Stuttgart 1979.

Rosenberg, Alfred, *Der Mythus des 20. Jahrhunderts*, München 1930. ders., zit. nach Haack, Friedrich-W., *Von Gott und der Welt verlassen*, Düsseldorf 1979.

Rougemont, Denis de, *Die Liebe und das Abendland*, Köln 1966.

Sadat, Anwar el, *Unterwegs zur Gerechtigkeit – Die Geschichte meines Lebens*, Wien, München 1977.

Sampson, Anthony, »Rockefellers Rache. Wie New Yorker Banken mit gewagten Kreditmanövern Weltpolitik machten – und wie das Vermögen des Schah gerettet wurde«, in: *Die Zeit*, Dossier v. 9.12.1980.

ders., *Die sieben Schwestern – Die Ölkonzerne und die Verwandlung der Welt*, Reinbek b. Hamburg 1976.

ders., *Weltmacht ITT – Die politischen Geschäfte eines multinationalen Konzerns*, Reinbek b. Hamburg 1973.

Sanborn, Frederic R., *Design for war*, New York 1951.

Sasuly, Richard, *I. G. Farben*, New York 1947.

Sanger, David E., *Bush in Kosovo, Tells U. S. Troops Role is Essential,* in: *New York Times* v. 25.7.2001, S. A1.

Schacht, Hjalmar, *Confessions of »The Old Wizard«,* Boxton 1956.

Scharf, Michael P., *Balkan Justize: The Story Behind the First International War Crimes Since Nuremberg,* Durham, North Carolina, 1997.

ders., *Indicted for War Crimes, Then What?,* in: *Washington Post* v. 3.10.1999, B 1.

Schaubner, Cornelius, *Wie Hitler sprach und schrieb – Zur Psychologie und Prosodik der faschistischen Rhetorik*, Frankfurt a. M. 1972.

Schellenberg, Walter, *Aufzeichnungen*, München 1979.

Schick, Dr. Hans, *Die geheime Geschichte der Rosenkreuzer*, Documenta Rosicruciana I., Nachdruck der Ausgabe Berlin 1942,

Schwarzenburg 1980. Schieder, T., *Hermann Rauschnings »Gespräche mit Hitler« als Geschichtsquelle*, Opladen 1972.

Schloß, Henry H., *The Bank for International Settlements*, Amsterdam 1958.

Schonfield, Hugh Joseph, *Die Essener – Das Geheimnis des wahren Lehrers und der Einfluß der Essener auf die Gestaltung der Geschichte*, Südergellersen 1985.

ders., *Planziel Golgatha*, Tuttlingen 1969.

ders., *Unerhört, diese Christen*, Wien/München 1969.

Schottmüller, Konrad, *Der Untergang des Templerordens*, mit urkundlichen und kritischen Beiträgen, 2 Bde., 1887; Reprint, Walluf 1970.

Schramm, Wilhelm v., *Geheimdienst im Zweiten Weltkrieg – Organisationen, Methoden, Erfolge*, München 1974.

Schüddekopf, Otto Ernst, *Linke Leute von rechts – die nationalrevolutionären Minderheiten und der Kommunismus in der Weimarer Republik*, Stuttgart 1960.

Schüttler, Hermann (Hrsg.), *Johann Joachim Christoph Bode, Journal einer Reise von Weimar nach Frankreich. Im Jahre 1787*. Herausgegeben und mit einem dokumentarischen Anhang versehen von Hermann Schüttler, München 1994.   .

Schultz, Gerhard, *Aufstieg des Nationalsozialismus – Krise und RevolutioninDeutschland*, Frankfurt a. M. 1975.

Schwartz-Bostunitsch, Gregor, *Doktor Steiner – ein Schwindler wie keiner*, München 1930.

Schweizer, Gerhard, *Die Derwische – Heilige und Ketzer des Islam*, Salzburg 1980.

Schwend, Karl, *Bayern zwischen Monarchie und Diktatur – Beiträge zur bayrischen Frage in der Zeit von 1919 bis 1933*, München 1954.

The Science of Government, founded on Natural Law, by Clinton Roosevelt, New York, published by Dean & Trevett, 121 Fulton Street 1841; Entered according to Act of Congress, in the year 1841, by Clinton Roosevelt, in the Clerk's Office of the District Court for the Southern District of New York.

Scott, Ernest, *Die Geheimnisträger – Auf den Spuren der verborgenen Baumeister der Evolution*, München 1989.

Sebottendorf, Rudolf v., *Astrologisches Lehrbuch*, Leipzig 1927.

ders., *Bevor Hitler kam – Urkundliches aus der Frühzeit der Nationalsozialistischen Bewegung*, München 1933.

ders., *Geschichte der Astrologie*, Bd. 1, *Urzeit und Altertum*, Leipzig 1923.

ders., *Praktischer Lehrgang zur Horoskopie*, Leipzig 1922.

ders., *Die Praxis der altentürkischen Freimaurerei – Der Schlüssel zum Verständnis der Alchemie – Eine Darstellung des Rituals, der Lehre, der Erkennungszeichen orientalischer Freimaurer*, [O: Leipzig, 1924] Neuaufl. Freiburg 1954 (bearb. v. Waltharius); Reprint der Originalausgabe: Bad Münstereifel 1993.

ders., *Sterntafel (Ephemeriden) von 1838 bis 1922*, Leipzig 1922.

ders., *Stunden- und Frage-Horoskopie – Mit Berücksichtigung der Perioden, Zyklen, Tatwas, kabbalistische Horoskopie*, Leipzig 1921.

ders., *Die Symbole des Tierkreises – Zur Symbolik jedes Grads nach alten Symbolen gesammelt*, Leipzig 1921.

ders., *Der Talisman des Rosenkreuzers*, Pfullingen 1923.

Séde, Gérard de, *Die Templer sind unter uns oder das Rätsel von Gisors*, Berlin, Frankfurt, Wien 1963.

ders., *La race fabuleuse – Extra-terrestres et mythologie merovingiénne*, Paris 1973.

Seraphim, Hans-Günther, *Das politische Tagebuch Alfred Rosenbergs 1934/35 und 1939/40*, München 1964.

Seward, Desmond, *The monks of war*, St. Albans 1974.

Shah, Idris, *Die Sufis – Die Botschaft der Derwische – Weisheit der Magier*, Düsseldorf, Köln 1980.

Shirer, William L., *Aufstieg und Fall des Dritten Reiches*, München 1963.

Siegert, Karl, *Repressalie, Requisition, Höherer Befehl*, Göttingen 1953.

Silberner, Dr. Edmund, *Sozialisten zur Judenfrage*, Berlin 1961.

Simpson, Christopher, *Blowback*, New York 1988.

Simpson, Colin, *The Lusitania*, London 1974.

Smith, Morton, *Jesus der Magier*, München 1981.

Smoot, Dan, *The invisible government – The Dan Smoot Report*, Dallas 1962.

Sommer, Theo, »Heimliche Herrscher des Westens?«, in: *Die Zeit* v. 23.12.1977.

Sommerville, John, *Durchbruch zum Frieden – Eine amerikanische Gesellschaftskritik*, Darmstatt 1973.

Sonderegger, René (Pseud. Severin Reinhardt), *Spanischer Sommer*, Affoltern 1948.

Sontheimer, Kurt, *Antidemokratisches Denken in der Weimarer Republik*, München 1992.

Soyer, J., »Annales prioratus sancti sansnis avrelianensis ad monasterium beatae Mariae de Monte Sion in Hierusalem pertinentis«, in: *Bulletin de la Société Archéologique de l'Orléanais*, Tom. XVII. Nr. 206, 1914.

Spaight, J.M., *Bombing vindicated*, London 1944.

ders., *The Battle of Britain 1940*, London 1941.

Speer, Albert, *Erinnerungen*, Frankfurt, Berlin 1969.

ders., *Spandauer Tagebücher*, Frankfurt a. M., Berlin, Wien 1975.

Spence, Lewis, *The occult causes of the present war*, London 1941.

Stang, Alan, *The actor*, Boston, Los Angeles 1968.

Stein, Alfred, »Adolf Hitler und Gustave Le Bon – Der Meister der Massenbewegung und sein Lehrer«, in: *Geschichte in Wissenschaft und Unterricht*, Nr. 6, 1955.

Steven, Steward, *Sprengsatz – Die Operation Splinter Factor der CIA*, Stuttgart 1975.

Stinnett, Robert B., *Pearl Harbour. Wie die amerikanische Regierung den Angriff provozierte und 2476 ihrer Bürger sterben ließ,* Hamburg 2003.

Stoddard, Lothrop, *The revolt against civilization*, 1924.

ders., *The rising tide of color*, 1921.

Strasser, Otto, *History in my time*, London 1941.

ders., *Hitler and I*, Boston 1940.

Strauß, Wolfgang, *Trotz allem – wir werden siegen*, München 1969.

Strauß, Wolfgang, »Die Dritte Revolution«, in: *Sonderausgabe Junges Forum*, 2/1968.

Strothmann, Dietrich, »Nazi aller Länder …«, in: *Die Zeit*, Dossier v. 31. 10. 1980.

Sutton, Anthony C., *Wallstreet and the Bolshevik Revolution*, Arlington House 1974.

ders., *Western technology and Soviet development – 1917–1930*, 3 Bde., Stanford, Calif. 1968, 1971, 1973.

ders., *Wallstreet and the rise of Hitler*, Stanford, California 1973.

Syberberg, Hans-Jürgen, *Hitler – ein Film aus Deutschland*, Hamburg 1978.

Symonds, John, *Aleister Crowley – Das Tier 666 – Leben und Magick*, Basel 1983.

Taylor, Alan John Percivale, *The war plans of the great powers – 1880–1914*, London 1979.

Tegtmeier, Ralph, *Aleister Crowley – Die tausend Masken des Meisters*, München 1989; 3. vermehrte und aktualisierte Ausgabe, Bad Münstereifel 1992.

Testimonium der Wahrheit, 31,24–32,2, in: *Nag Hammadi Library in English*, transl. by members of the Coptic Gnostic Library Project of the Institute for Antiquity and Christianity, Leiden 1977.

Theobald, Robert A., *The final secret of Pearl Harbor*, New York 1954.

Teufel, Walter, *Der Alte und Angenommene Schottische Ritus und seine Vorläufer*, Hamburg 1966.

Thies, Jochen, *Architekt der Weltherrschaft – Die Endziele Hitlers*, Düsseldorf 1980.

Thomas-Evangelium, 32,10–11, in: *Nag Hammadi Library in English*, transl. by members of the Coptic Gnostic Library Project of the Institute for Antiquity and Christianity, Leiden 1977.

Thomas-Evangelium, 49,32–50, in: *Nag Hammadi Library in English*, transl. by members of the Coptic Gnostic Library Project of the Institute for Antiquity and Christianity, Leiden 1977.

Tiede, Ernst, *Astrologisches Lexikon*, Leipzig 1922.

Toland, John, *Adolf Hitler. 1889–1939: Werden und Weg – Führer und Reichskanzler*, Bd. 1, Taschenbuchausgabe, Bergisch-Gladbach 1977.

Tolstoi, Nikolai, *Die Verratenen von Jalta – Die Schuld der Alliierten vor der Geschichte*, München/Wien 1981.

Tournier, Michael, *Der Erlkönig*, Hamburg 1972.

Las Tramas secretas de la Guerra del Golfo, (Pepa Badell, Rogelio Garcia Lupo, Pablo Herrera, Luis Ignacio Lopez, Adrian Mac Liman, Juan José Perona), Barcelona 1991.

Trepp, Gian, *Bankgeschäfte mit dem Feind. Die Bank für internationalen Zahlungsausgleich im 2. Weltkrieg*, Zürich 1994.

Turner, Stansfield, *Secrecy and democracy – The CIA in transition*, London 1985.

Valtin, Jan, *Outofthe night*, New York 1941.

Veale, F. J. P., *Advance to barbarism*, New York 1968.

Vermaseren, Maarten Jozef, *Mithras – Geschichte eines Kultes*, Stuttgart 1965.

Vermes, Géza, *Jesus the Jew – Ahistorian's reading of the Gospels*, London 1973.

Vom Ursprung der Welt II, 103,9–20, in: *Nag Hammadi Library in English*, transl. by members of the Coptic Gnostic Library Project of the Institute for Antiquity and Christianity, Leiden 1977.

Waite, Robert, G.-L., *The psychopathic god, Adolf Hitler*, New York 1977.

Waldmann, Helmut, *Der Königsweg der Apostel in Edessa, Indien und Rom,* Tübingen 1996, 1997.

ders., *Petrus und die Kirche. Petri Versuchung und der Kampf der Kirche mit dem Kaisertum um die Weltherrschaft,* Tübingen 1999.

ders., *Pro-Athanasius,* Tübingen 2002.

Warburg, Sidney, *De geldbronnen van het Nationaal-Socialisme. Drie Gesprekken met Hitler*, Amsterdam 1933.

Webb, James, *The harmonious circle – The lives and works of G. J. Gurdjieff, P. D. Ouspensky and their followers*, London 1980.

ders., *The occult establishment*, London 1976.

Webster, Nesta, *Secret societies and subversive movements*, Hawthorne, Calif. 1967.

Webster, Nesta/Gittens, Anthony, *World Revolution*, New York 1972.

Wehr, Gerhard [Hrsg.], *Die Bruderschaft der Rosenkreuzer – Esoterische Texte*, Köln 1984.

ders., *Christian Rosenkreuz – Urbild und Inspiration neuzeitlicher Esoterik*, Freiburg 1980.

Wendling, Peter, *Die Unfehlbaren – Die Geheimnisse exclusiver Klubs, Logen und Zirkel*, Zürich 1991.

Weishaupt, Adam, *Apologie der Illuminaten*, Frankfurt, Leipzig (Nürnberg) 1786.

ders., *Pythagoras oder Betrachtungen über geheime Welt-und Regierungskunst*, Frankfurt, Leipzig 1790.

»Weishaupt von Zwack, Ingolstadt, 16. Februar 1782«, in: *Nachtrag von weiteren Originalschriften, welche die Illuminatensekte überhaupt, sonderbar aber den Stifter Adam Weishaupt betreffen, und bey der auf dem Baron Bassusischen Schloß zu Sandersdorf, einem bekannten Illuminatenneste, vorgenommenen Visitation entdeckt, sofort auf Churfürstlich höchsten Befehl gedruckt und zum geheimen Archiv genommen worden sind, um solche jedermann auf Verlangen zur Einsicht vorlegen zu lassen*, Abth. 1,2, 1. Correspondenz, 2. Documente, München 1787.

Wenzel, Edgar M., *So gingen die Kosaken durch die Hölle*, Wien 1976.

Wesen der Archonten II, Das, 86,27–94,26, in: *Nag Hammadi Library in English*, transl. by members of the Coptic Gnostic Library Project of the Institute for Antiquity and Christianity, Leiden 1977, S. 153–158, dt.: »Das Wesen der Archonten«, in: *Die Gnosis*, Zürich/Stuttgart 1971, S. 53–62.

Wesen der Archonten II, Das, 89,11–91,1, in: *Nag Hammadi Library in English*, transl. by members of the Coptic Gnostic Library Project of the Institute for Antiquity and Christianity, Leiden 1977, dt.: »Das Wesen der Archonten«, in: *Die Gnosis*, Zürich/Stuttgart 1971.

Wenzel, Gisela, *Klassenkämpfe und Repression in Italien – Am Beispiel Valpreda*, Offenbach 1973.

White, Theodor, *The making of the President*, New York 1960.

Wiesel, Elie, *The Question of Genocide,* in: *Newsweek* v. 12.4.1999, S. 37.

Wilde, Harry, *Die Reichskanzlei 1933–1945 – Befehlszentrale des Dritten Reiches*, Frankfurt a. M. 1978.

Wilson, Colin, *Gurdjieff – Der Kampf gegen den Schlaf*, München 1980.

ders., *Das Okkulte*, Wiesbaden 1988.

Wilson, Robert A., *Die Masken der Illuminaten*, Hamburg 1986.

ders., »Wer hat hier das Sagen?«, in: Donald Holmes, *System Sapiens - Die Verschwörung der Illuminaten*, München 1989.

Wisnewski, Gerhard, *Operation 9/11,* München 2003

ders., *Mythos 9/11. Der Wahrheit auf der Spur,* München 2004.

Woodward, Bob, *Geheimcode VEIL – Reagan und die geheimen Kriege der CIA*, München 1987.

Woodward, Bob: *Reagan und die geheimen Kriege der CIA,* München 1987

Wormser, Rene, *Foundations – Their power and influence*, New York 1958.

Wucher, Albert, »Eine schwarze Spur führt nach München«, in: *Süddeutsche Zeitung* v. 4.9.1974.

Wulff, Wilhelm Th. H., *Tierkreis und Hakenkreuz*, Gütersloh 1968; engl.: *Zodiak and swastika*, New York 1973.

Wykes, Allan, *Himmler*, London 1973.

Wymann, David S., *The abandonment of the Jews*, New York 1984.

Yallop, David A., *Im Namen Gottes? Der mysteriöse Tod des 33-Tage-Papstes Johannes Paul I. – Tatsachen und Hintergründe*, München 1984.

Zeman, Z. A. B./Scharlau, W. B., *The merchant of revolution: The life of Alexander Israel Helphand (Parvus) – 1867–1924*, New York 1965.

Zentner, Christian, *Illustrierte Geschichte des Dritten Reiches*, München 1983.

Zimmermann, Werner, *Liebet Eure Feinde*, Thielle-Neufchâtel 1948.

Zitelmann, Rainer, *Hitler – Selbstverständnis eines Revolutionärs*, Stuttgart 1989

Zuber, René, *Wer sind Sie, Herr Gurdjieff?*, Basel 1981.

»Zweiter Logos des großen Seth«, 59,22–29, in: *Nag Hammadi Library in English*, transl. by members of the Coptic Gnostic Library Project of the Institute for Antiquity and Christianity, Leiden 1977, S. 333–334.

Periodika

Against the Current, 2/1999.
Associated Press (AP), 22.9.1936.

Chicago Tribune, 9.12.1950.
Christian Science Monitor, 12.4.1965.
Congressional Record, Proceedings and Debates of the 92nd Congress, First Session, Bd. 117, Nr. 133, Washington 15.9.1971.

Deutsche Hochschullehrer Zeitung, 4/1961.
Deutsche Rundschau, 7/1947.
Diagnosen, 9.9.1983.

Executive Intelligence Review, 7.6.1977.

Foreign Affairs, Januar 1976.
Frankfurter Allgemeine Zeitung, 15.12.1972.
Freeman Digest, The, 15.1.1978.
Gazette de Lausanne, 5.2.1917.
Geschichte in Wissenschaft und Unterricht, Nr. 6, 1955.
Guardian, The, 11.5.1984, 7.6.1984.
Harper's Magazine, März 1946.
House Investigation of Federal Reserve System, 1927–1928.
House Subcommittee to Investigate Nazi Propaganda, 1934.
House Temporary National Economic Committee, 1914.
Humanität, 1/1978.
Illustrated Sunday Herald, 8.2.1920.

International Herald Tribune (IHT), 24.6.1902, 15.4.1976,
  10.6.1977, 20.6.1977, 18.11.1977, 24.11.1977, 14.1.1978,
  19.5.1978, 20.11.1978, 12.12.1978, 10.1.1979, 23.1.1979,
  26.2.1979, 7.3.1979, 12.4.1979.

Jewish Chronicle, 8.9.1939.
The Journal of the History of Ideas, 1961.
Junges Forum, 2/1968, 5/1970, 1/1971, 2/1971.

Kirche Intern, 10/1991.

Linzer Volksblatt, 244/1931.
L'Unita, 3.5.2000.

Mother Jones, Juli 1983.
Mut, 147, November 1979.
Münchner Beobachter 31.8.1918–10.5.1919.

Nag Hammadi Library in English, transl. by members of the Coptic
  Gnostic Library Project of the Institute for Antiquity and Christia-
  nity, Leiden 1977.
Nation Europa, 1/1972, 2/1972.
News, 23.3.2006.
Newsweek, 11.12.1978, 29.1.1979, 12.4.1999.
New York Journal American, 3.2.1949.
New York Times, 28.9.1939, 7.10.1939, 4.6.1976, 21.1.1979,
  1.2.1979, 29.8.1993, 25.7.2001.
Le Nouvelle Observateur, 15.1.1998.

Oriflamme, Nr. 113–133.

Penthouse, Mai 1981, Juni 1991.
Presse, Die, 6.5.2006.
Reich, Das, 14.11.1943.
Rheinischer Merkur, 23.11.2001.

Saturday Review, 1.2.1896, 11.9.1897.
*Senate Hearings on B. McCabe to be a Governor of the Federal
  Reserve System*, 1948.

Senate Hearings on Office of Price Administration, 1941, 1944.

Senate Subcommittee on War Mobilization, 1946.

Spiegel, Der, 50/1975, 24/1976, 46/1979, 49/1979, 5/1980, 41/1980, 45/1980, 4/1981, 10/1981, 11/1981, 14/1981, 23/1991, 33/1991, 38/1991, 21/1996, 29/1998.

Strand Magazine, November 1935.

Süddeutsche Zeitung, 4.9.1974.

Sunday Times, 2.4.2000.

Time Magazine, 27.11.1978.

Titanic, Juli 1980.

U. S. – Federal Reserve Board Annual Reports, 1914–1950.

U. S. – Federal Reserve Board Bulletins, 1914–1951.

Vorwärts, 1.11.1969.

Washington Post, 14.1.1978, 20.11.1978, 12.12.1978, 19.12.1978, 10.1.1979, 23.1.1979, 3.10.1999, 17.4.2006.

Wille und Tat, 2/1973.

World Business Weekly, 29.1.1979.

Zeit, Die, 14.10.1977, 23.12.1977 (Dossier), 2.2.1979, 31.10.1980 (Dossier), 19.12.1980 (Dossier), 6.2.1981, 27.4.1984 (Dossier).

[Sofern nicht anders vermerkt, stammen die Übersetzungen fremdsprachiger Zitate vom Verfasser.]

Personen- und Sachregister

Aarons, Mark Anm. 941

AASR → *Schottischer Ritus*

Abdul Hamid II. Sultan Anm. 96

Abdullah, Ahmed Anm. 71

Abegg, Dr. Wilhelm 229, Anm. 511

ABN = *Anti-Bolshevik Bloc of Nations (Anti-Bolschewistischer Block der Nationen)*

Abs, Hermann Joseph 236, u. *Bilderberger* 408f., u. Bormann 407, 449, u. *Chase-Bank* 408, u. *Deutsche Bank* 406, u. *Deutsche Commerz GmbH* 409, u. *Lockheed* 412, 416, u. *Morgan & Cie.* 408, u. *Nazi-Kapital-Transfer* 406 f., u. *OMGUS* 406, u. *Rückgabe von Feindvermögen* 408, u. Shawcross 408, u. *Wirtschaftswunder* 406, 417

Abramtchik-Organisation 426

Abu Ghraib 619, 626

Academie Européenne des Sciences Politiques Anm. 436

Action Française 172, 341

Achad ha Am → Ginsberg, Ascher

Adenauer, Konrad 405, 414, 420, 524

Admoni, Nahum 506

Adonai 277

AEG = *Allgemeine Elektrizitätsgesellschaft* 237, 241 ff., 245, Anm. 268

Aerojet General Corporation 516

Aérospatiale 516

Afghanistan 22, 393, 491, 494, 500, 502 f., 617, 623 f., Anm. 1363, 1418

Afrink, Kardinal Bernhard Jan 477

Agape Lodge Anm. 60

Agartha, Tibetanische Anm. 69

Agee, Philipp Anm. 1251

Agnelli, Giovanni 571, 576, Anm. 1098, u. *Bilderberg-Konferenzen* 588

Agnew, Spiro 572

Ahmad, Kushid 492

Ahmadinejad, Mahmoud 633

Ahnenerbe (SS-Forschungsamt) 133, 143, 157, 286, u. Kirchhoff Anm. 16, u. Wiligut Anm. 16

Ahriman-Kult 307

Aifha, Soliman ben Anm. 52

Aikman, Sir Alexander 332

Akademie von Gondishapur Anm. 609

Akakor, Chronik von Anm. 80

Aktion Kennwort Europa 540

Aktion Neue Rechte → *Neue Rechte Aktionsfront Nationaler Sozialisten (ANS)* 526

Aktionsfront Nationaler Sozialisten/Nationale Aktivisten (ANS/NA) 526

Al-Afghani, Dschamal ad-Din 488

Al-Banna, Hassan 441, 487, 491

Albert, H. F., 245

Albigenser 284, 291 f. *ALCOA* 238, Anm. 268

Albright, Madeleine 631 f.

Alexander I. (Kg. v. Jugoslawien) Anm. 1020

Alexander, Sir Harold 439

Alexander III. Papst 336

Alexander III. Zar 370

Alexander VI. Papst 335

Al Fatah (Bewegung für die Befreiung Palästinas) 485

Al-Ghazali, Abu Hamid Muhammed 487 f.

Al-Hassan, Said 502

Al-Husseini, Großmufti 444

Ali 306

Alig-Abkommen 238

Al-Kassar, Monzar 464, Anm. 1065

Alliance Israelité Universelle 371

Allmächtiger Baumeister Aller Welten 251

Almirante, Giorgio 527, 563

Alpha Galates 281, 327–329, 331, 556, u. *CIA* 558, u. *Föderation Französischer Streitkräfte* 558, u. Charles de Gaulle 558, u. *Gnostizismus* 557, u. Heinrich Himmler 555, u. *Katholische Ritterschaft* 557, u. *Kreisauer Kreis* 556, u. *SOE* 557, u. *Vatikan* 558 *Alpina, Schweizer*

Großloge 326, 555, u. *Banken* 344, u. *Grand Prieuré de Suisse* 474, u. *Prieuré de Sion* 328, 344, 558, u. *Propaganda due* 536

Al-Qaida 622, 628

Al-Qasim, Mahoud 502

Alter und Angenommener Schottischer Ritus (AASR) → *Schottischer Ritus*

Altschüler, Moritz Anm. 44

Alumbrados 317

Amadou, Robert 326, 555

AMAM (Israelischer militärischer Nachrichtendienst) 510

Amann, Max 97

Amaudruz, Gastón Armaud Guy 486, 515, 518, 522 f., 534, 539

Ambrosoli, Giorgio 473 f.

American Committee for the Liberation of the Peoples of Russia → *Radio Liberty American Committee on an United Europe (ACUE)* 561 f., 585

American I. G. Chemical Company 227, 237, 243, 248 f.

American La Farge 623

Americares 468

Amerongen, Wolf von u. *Bilderberg-Konferenzen* 594

Amin, Idi 530

Amincor (Bankhaus) 576

Amis Réunis, Les (Loge) 260

Amsterdam-Rotterdam-Bank 576

Amtorg (Sowj. Handelsorg.) Anm. 1320

Ancient and Accepted Scottish Rite of Freemasonry → *Schottischer Ritus*

Andreä, Johann Valentin 318, 339, 383

Andreotti, Giulio 30, 571, 574, 582, 584 f., Anm. 40, 1236

Androsch, Hannes u. *Bilderberg-Konferenzen* 594

Angleton, James Jesus 413, u. Casey 464, u. *CIA* 429, u. *DDU* 429, u. Dulles 413 f., 429, 453 ff., 464, u. *Freedomfighters* 429, u. *Geldwäsche* 453, 456, u. *GLADIO* Anm. 1042, u. Montini 413, 453, 466, u. *Nazi* 429, u. *Organisation Gehlen* 429, u. *Ratlines* 456, u. Turkul 429, u. *Vatikan* 453, u. *Verdeckte Operationen* 562, u. Wiesner 464

Anglo-Arabic-Association 491 f.

Anglo-German-Fellowship Anm. 71

Anglo-Iranian Oil Company Anm. 968

1236, u. *Fahne der Internationalen* 391, 603 u. *Feindinvestitionen* 435, 440, u. *Finanzierung der Sowjetunion* 598, u. *Iranische Revolution* 497ff., u. *Kommunistisches Experiment* 195, 390, Anm. 1236, u. *Marxismus* 390, u. *Nationalismus* 390, u. *Nationalstaat* 607, u. *Neue Weltordnung* 390, u. *Neuordnung des Nahen Ostens* 504, u. *Religion* 390, u. Rockefeller 612, u. *Sowjetunion* Anm. 865, u. *Technotronisches Zeitalter* 609, u. *Trilateral Commission* 390, u. *Überlegenheit des Kommunistischen Systems* 390, u. *Weltregierung* 396 *BUBIAG = Braunkohlen- und Brikett-Industrie AG* 242

Buchanan, Sir James 56, 606, Anm. 90

Bucko, Bischof Ivan (John) 450

Buisson, Ferdinand 57

Bull, Gerald 514

Bulwer-Lytton, 46, 378, Anm. 57, 69

Bundesnachrichtendienst (BND) 424, 425, 490, Anm. 436, 713

Bundesrepublik 401, u. *Islamische Atombombe* 494

Burgess, Guy 502, Anm. 373

Burns, Walter Anm. 440

Burton, Sir Richard Anm. 33

Bush, George Herbert Walker 195, 628 u. *American La Farge* 623 u. *CFR* Anm. 968, u. *Contras* Anm. 434, u. *Drogenmafia* 199, u. *Geiselaffäre* 463, u. *Golfkrieg* 509 f., u. *Irangate* 463, 499, Anm. 1062, u. *Neue Weltordnung* 257, 266, 505, u. *Neuordnung des Nahen Ostens* 506, 508 f., 510, u. *Ustascha-Faschisten* 459 f.

Bush, George W. 624 ff., 628, 633, Anm. 1354

Cabell, Charles Peare Anm. 956

Cabrinowitsch, Nedelko Anm. 88

Cagliostro, Alessandro Graf von 359

Calabresi, Luigi 529

Califano, Joseph Anm. 1152

Calvé, Emma 364, 367, Anm. 57

Calvi, Roberto 564, 568, u. Andreotti 584 f., u. *Banco Ambrosiano* 478, 576 f., 580, u. *Banco Nationale de Paris in Panama* 581, u. *Freimaurer* 581 f., u. *Gewerkschaft Solidarität* 468, 585, u. Johannes Paul II. 580, 584, Anm. 352, 1291, u. *Mafia* 478, 577, 583, u. *Opus Dei* 473, u. *Propaganda due* 473, 577, 580, u. Sindona 577, u. *Vatikanbank* 479 f., 578 f., 583, u. *Vatikan GmbH* 477 f.

Cambridge-Connection 455, Anm. 373

Canaris, Wilhelm 330, 408, 423, 427, u. *Intermarium* Anm. 713, u.

Dow Chemical Company 238

Draganović, Pater Krunoslaw 413, u. Barbie 454, 458, u. Dulles 453 f., 458, u. Gelli 458, u. Intermarium 413, 449, u. Križari Anm. 1033, u. *Nazi-Transfer* 458, u. Pavelić 449, 453, u. *Ratlines* 449, u. Turkul 449, 453, u. Waldheim Anm. 1032

Dreißigjähriger Krieg 319

Dresdner Bank 239, 406, u. *Federal Reserve Banken* Anm. 1186, u. *Sonderkonto R* Anm. 570

Drexler, Anton 67, 73, 75, 85 f., 88, 95, 97

Dreyfuß (Bankhaus) 573

Drina → *Ustascha Dritte Revolution* 550

Drôit Humain (Loge) 35

D. S. T. (Französischer Geheimdienst) 516

Ducaud-Bourget, Abbé François 327, 341, 366, 465, Anm. 1103

Dühring, Eugen Anm. 13

Dulles Allen W. 232, 407, 408, 411, Anm. 1321, u. *ACUE* 561 f., 585, 595, u. Angleton 413 f., 429, 453 ff., 464, u. *Antikommunismus* 429, 435, 440, u. Barbie 453, 458, u. *BIS* 235, 409, u. Casey 460, u. *CFR* 432, 435, 606, Anm. 930, u. *CIA* 330 f., 419, 432 ff., 440, Anm. 930, u. *CIC* 413, 458, u. *Crusade for Freedom* 459, u. *DDU* 413, 429, 453, 458, Anm. 911, u. *Department of Policy Coordination* 413, 442, u. *Dirty Tricks* 425, u. Donovan 442, 561, 562, u. Draganović 453 f., 458, u. Eisenhower 438, u. *Ermordung ausländischer Politiker* Anm. 968, u. *Freedom-Fighters* 413, 429, 453, 459, u. *Fremde Heere Ost* 429 f., u. *Geheime Kriegsführung* 433, u. Gehlen 429 f., u. *Geldwäsche* 456, u. Gelli 459, u. Genoud 437, 441, 443 f., 469, 483 f., u. Gomulka 602 f., u. *Hitler-Finanzierung* 330, u. Hohenlohe 436, u. Hudal 413, u. *Intermarium* 413, 454 f., u. *International Rescue Committee* 460, u. *kalter Krieg* 408, 413, 429 f., 439, 597 f., u. *Kapitulationsverhandlungen* 236, 436 f., Anm. 34, u. *Kommunistisches Experiment* 440, 601, u. *Kreisauer Kreis* 330, 436, 556, u. *Kriegsverbrecher* 428, u. Križari 419, 453, 456, u. *Lombard Odier* 436, 441, u. McCarthy 461, u. Montini 453, u. *Nationale Sicherheit* 433, u. *Nazi-Banken* 235, 408 f., u. *Nazi-Netzwerke* 464, u. *Nazi-Transfer* 441 f., 453 f., 461 f., u. Nixon 461, u. *NTS-Netzwerk* 429, u. *Organisation Gehlen* 426, 429, 440, 454, u. *Operation Land of Fire* 442, u. *Operation Splinter Factor* 419, 602, u. *Operation Red Cape* 419, 602, u. *Operation Red Sox* 419, 602, u. Philby 454 f., u. Poncet 454, u. *Ratlines* 408, 428, 454, 460, u. Reagan 459, u. Rockefeller 433, Anm. 930, u. Roosevelt 438, 442, u. *Sabotage*

504 f., u. *Oberste Räte des 33. Grades,* Anm. 1120, u. Pike 259, u.
Pius IX. Anm. 1110, u. *Prieuré de Sion* 171 f., u. *Propaganda due*
401, 469 f., 473 ff., 536, u. *Rekrutierung von Agenten* Anm. 14, u.
Revolution im Iran 494 ff., u. *Rosenkreuzer* 259, u. *Round Table* 604,
u. *Royal Arch* 259, u. *Sarajevo* Anm. 88, u. *Schottischer Ritus* 254,
259, 322, u. *Schwedische Freimaurerei* 272 f., u. Sebottendorf Anm.
96, u. *Societas Rosicruciana in Anglia* Anm. 57, u. *Sowjetisches*
Hoheitszeichen 252, u. *Sufismus* Anm. 96, u. *USA* 254 ff., Anm. 584,
u. *US-Siegel* 256, u. *Vatikan* 198, 341 f., 466 f., 472 f., 476 f., u.
Victor Emanuel II. Anm. 1110, u. *Weltbruderkette* 483, Anm. 1120,
u. *Weltloge* Anm. 819, u. *Western educated liberals* 495
Freimaurerei, Schwedische 272 f.
Freimaurerlogen, Freimaurerei → *Freimaurer*
Freisler, Dr. Roland 421
Fremde Heere Ost 426 ff., 440, 490 f.
Freundeskreis Himmler (Freundeskreis des Reichsführers SS) 239, 406
Freundeskreis Keppler 239, 242, 245, 246
Frey, Gerhard 532
Freyer, Hans Anm. 334
Freytag, Dr. Werner 531
Frick, Dr. Wilhelm 423, Anm. 107
Friedensarchitektur 386
Friedrich II. von Hohenstaufen 283
Friedrich V. von der Pfalz, Kurfürst 319
Front de la jeunesse 525
Front Nationale 470, 535
Fuerza Nueva 525
Fulbright, James William u. *Bilderberg-Konferenzen* 596
Fuller, John Frederick Charles 43, Anm. 66
Fundamentalismus 487 f., 494 f.
Funk, Walter Anm. 108
Fur, Luis de 326, 328
Furck, Herbert 418
Gaddhafi, Muammar al 504
Gafençu, Greorij, 450
Gamberini, Giordano 470, 471
Gardner, Richard 549, 553, 612
Garibaldi, Giuseppe 36
Garofano, Giuseppe Anm. 1098

Gumbel, Emil Julius 215 f.

Gurdjieff, Georg Iwanowitsch 18, 42, 45, 47, 49, 51, 89, 152, 190, 253, u. *Bektaschi-Derwische* Anm. 96, u. Bennet Anm. 71, u. Crowley Anm. 58, u. Dalai Lama Anm. 71, u. Denikin Anm. 14, 71, u. *Deutschland* Anm. 71, u. *Ethnice Hetairia* Anm. 71, u. *Geheimdienste* Anm. 71, u. *Geheimgesellschaften* Anm. 71, u. *Gesetz der Evolution* Anm. 59, u. Haushofer 45 f., Anm. 69, 71, u. *Institut zur harmonischen Entwicklung des Menschen* 47 ff., Anm. 71, u. *Jungtürken* Anm. 71, u. *NS-Blutzauber* 284 f., u. *Psychologie des Menschen* Anm. 71, u. Rosenberg Anm. 71, u. Lady Rothermere Anm. 71, u. Lord Rothermere Anm. 71, u. *Russischer Geheimdienst* Anm. 71, u. *Russische Revolution* Anm. 71, u. *Sarmoun-Bruderschaft* 196, Anm. 609, u. Schwartz-Bostunitsch Anm. 14, 71, u. Stalin Anm. 71, u. *Welteislehre* 49 f., 128, 129

Gürtner, Franz Anm. 107

Gustav III., König 272

Gustav IV., König 272

Guth, Dr. Karl 405

Guthbertlet, Dr. Wilhelm Anm. 106

Habsburg, Erzherzog Johann Salvator von 364, 377

Habsburg, Karl von Anm. 752

Habsburg, Otto von 377, 489, Anm. 835, u. *Bilderberger* Anm. 728

Habsburg-Lothringen, Maximilian Franz von 340

Hähnel, Wolfgang Anm. 15

Haigh, Alexander 467

Hakenkreuz 34, 62, 66, 95, 154, 251, 257, Anm. 44, 187

Hakim, Kalif 297, 308 f.

Halifax, Edward Frederick Lindley Wood Lord 174

Halliburton 624, 631

Hambros (Bank) 480, 573

Hamdun, Nizar 507

Hamilton, Herzog von Anm. 202

Hammer, Armand Anm. 93

Hammer-Purgstall, Baron Joseph Anm. 691

Handke, Peter 626 ff.

Hanfstaengl, »Putzi« Ernst Franz Sedgewick 214, Anm. 108, u. Roosevelt Anm. 454

Hanns-Seidel-Stiftung 492

Hanussen, Jan Erik 133, 162, 220, Anm. 264, 268

HAPAG 239

Harlan, Veit Anm. 334

Harrer, Karl 67, 69, 95, Anm. 115

Harriman, E. Roland 242, 243

Harriman, W. Averell 243

Harris, Sir Arthur 179

Harris, Patricia Robert Anm. 1152

Hartmann, Dr. Franz 35 ff., 58, 254, 257, 279, 367, 369, u. *Guido-von-List-Gesellschaft* Anm. 44, u. *Lehre der Vamachari* Anm. 52, u. *OTO* Anm. 44, 53, 67, u. *SRIA* Anm. 57

Harun-al-Raschid 308

Haschischiyin → *Assassinen*

Hassan-i-Sabbah 304, 311 ff., 483

Haus David 344, 346, 356, 357, 380, 382

Haus der Weisheit, Alexandria 308 f., 313

Haus der Weisheit, Bagdad 308

Hauser, Ernest 413, 414, 415

Haus Europa 25, 254, 273, 387, 399, 559, 587

Haushofer, Albrecht 158, 180, 185

Haushofer, Heinz 180, Anm. 69, 134

Haushofer, Karl 45 ff., 49 f., 63, 74, 92, 284, 378, 441, Anm. 108, 140, u. *Buddhismus* Anm. 69, u. Gurdjieff Anm. 69, u. Hamilton Anm. 202, u. Heß Anm. 69, 134, u. Kitchener Anm. 27, u. *Lebensraum* Anm. 69, u. Morell Anm. 69, u. *Münchner Abkommen* Anm. 69, u. *Thule-Orden* Anm. 69, u. *VDA* Anm. 134, u. *VRIL-Gesellschaft* Anm. 69, u. *Windsor* Anm. 69

Havel, Václav 632

Hearst-Presse 160, 218

Hedin, Sven 143, 170 f.

Heindel, Carl Louis → Heindl, Max

Heindl-Bewegung 58

Heindl, Max 58

Heinrich III. (Kg.) 300

Heise, Karl 373 f.

Held, Dr. Heinrich 374

Helffrich, Emil 239, 242

Helms, Richard 429

Helphand, Alexander 57

Heredom → *Orden von Heredom*

Heredom-Kilwinning-System Anm. 842

Heritage-Foundation Anm. 1059

Hermann, Karl 242

Hermes Trismegistos 125

Hermetic Brotherhood of Light → *Hermetische Bruderschaft des Lichts Hermetic Students of the Golden Dawn* → *Golden Dawn*

Hermetische Bruderschaft des Lichts 279, 367, 378, Anm. 53

Hermetischer Orden der Goldenen Dämmerung → *Golden Dawn*

Herrhausen, Alfred 519

Herstatt-Bank 576

Hertensteiner Programm 554

Herter, Christian A. 606

Herzl, Theodor 379

Heß, Rudolf 19, 38, 63, 74 f., 92, 97 ff., 114, 183, Anm. 108, 263, u. *Astrologie* 132, u. *Endsieg* 168, u. *England* 180 f., 441, Anm. 202, 140, 409, u. *Englandflug* 183 f., 185 ff., u. Hamilton 183, u. Haushofer 92, 183, Anm. 69, 134, u. Hitler Anm. 134, u. *Nationale Treuhand* 227, 240, 243, u. Ribbentrop Anm. 202, u. *Thule-Gesellschaft* 63 f., 74 f., 92, u. *VRIL-Gesellschaft* 378, u. *Windsor* 180 f.

Hessen, Prinz Alexander von Anm. 835

Heydrich, Reinhard Anm. 108, 289

Heydt, von 228

Hielscher, Friedrich 142, Anm. 289

Hiéron du Val d'Or (Geheimbund) 377

Hildebrandt, Richard 437

Hilfsgemeinschaft der Waffen-SS (HIAG) 518

Hilfskomitee Südliches Afrika 531

Himat, Ghalib 492

Himmler, Heinrich 12 ff., 51, 139, 148 f., 160, 164, 282, 286, 403, 523, Anm. 108, u. *Ahnenerbe* Anm. 318, u. *Astrologie* 132, u. Dulles 436, u. *Geheimnis der Tempelritter* 324, u. *Geschichte als Methode* 122, u. Globke 422, u. *Gralsmythos* 282, 290 f., u. *Herzog der Bretagne* 280, 327, u. Hielscher Anm. 289, u. *Jesuiten* 139 f., 283, 317, u. *Judenvernichtung* 149, Anm. 300, u. *Kapitulationsverhandlungen* Anm. 34, u. *Ketzerromantik* 290, u. Moltke 329, u. *Neue Menschengattung* 119, u. Plantard 280, 327, u. *Prieuré de Sion* 282, 555, u. Rahn 290, 301, u. Schwartz-Bostunitsch Anm. 14, u. *SS-Orden* Anm. 276, u. *SS-Staat Burgund* 140, u. *Thule-Gesellschaft* 64, Anm. 69, u. *Welteislehre* 127, u. Wiligut 19, Anm. 16

Hindenburg, Paul von Beneckendorff u. von 232

Hohenheim, Theophrastus Bombastus → Paracelsus

Hohenlohe, Fürst Maximilian von 436

Hohenlohe, Prinzessin Stephanie von Anm. 71

Holbach, Paul Heinrich Dietrich, Baron Anm. 13

Holtorf, Jürgen Anm. 1120

Home, Sir Douglas u. *Bilderberg-Konferenzen* 589

Hominismus 603

Honsik, Gerd Anm. 1008

Hoon, Geoffrey William 625

Hoover, J. Edgar Anm. 373

Hörbiger, Hanns 49, 126 ff., 143, Anm. 257

Hospitaliter, Orden der 303

Höttl, Dr. Wilhelm 437

House, Edward Mandel 203, 606

Hubbard, Lafayette Ron Anm. 60

Huber, Dieter 272

Hudal, Bischof Alois 413, 446

Hufeisenplan Anm. 1393

Hugo, Victor 340, 378

Hull, Cordell 434

Humanitarismus 606 f.

Humanitas (Argent. Loge) Anm. 1120

Humphrey, Hubert H. u. *CFR* Anm. 966

Hund, Karl Gotthelf Reichsfreiherr von 380, Anm. 842

Huntington, Samuel 609, 630, 634 f., Anm. 1418

Hüter der Heiligen Erde → *Assassinen*

Hutin, Serge 315

Hussein II. (Kg. v. Jordanien) 494, 507

Hussein Pascha Anm. 96

Hussein, Saddam 195, 494, 503 ff.

Huxley, Aldous 192, Anm. 430

Huyn, Hans Graf 534

Huyser, Robert E. 497

Hydrierverfahren (Patente) 238

Hyperborea 50, 52, 81, 104, 130, 164, Anm. 16

Ibn Arabi 487

Ibn Sina 487

I. G. Farben 215, 406, 410, 411, 484, Anm. 268, 516, u. *AEG* 241, u. *Dawes-Plan* 210 f., 237, u. *Dow Chemical* Anm. 544, u. *DuPont*

Invisible College 319, Anm. 57

Irak 29, 196, 266, 312, 491, 500, 504–517, 617, 622–625, Anm. 1179, 1353, 1354, 1359, 1378, 1418

Iran 8, 28, 75, 398, 460, 463, 492 f., 495 ff., 499 ff., 503 f., 506, 508, 514, 563, 587, 628, 633, Anm. 1062, 1065, 1136, 1151, 1359, 1378

Irangate 460, 463, 499 f., 506

Iranische Revolution 494 ff., u. *CIA* 586 f., u. Khomeini 586 f., u. Kissinger Anm. 1145, u. Rockefeller 587, Anm.1145 *IRK = Internationales Rotes Kreuz* 454

Irsigler, Dr. F. J. 532

ISI = pakistanischer Geheimdienst 624

Islam 8, 287, 289, 292, 294, 297, 302, 304–309, 312, 346, 381, 468, 485–489, 491–496, 498, 503 ff., 519, 524, 621, 626, 634

Islam and the West International 485, 493

Islamic Council of Europe 492, 494, 524

Islamic Foundation 492

Islamische Atombombe 494

Islamische Revolution → *Iranische Revolution*

Islamische Zentren 492 f.

Islamisten 617 f.,623 f., 628, 631

Ismail 307

Ismailiten 305 ff.

Ismailitische Großloge → *Großloge von Kairo*

Israel (Staat) 342, 344, 363, 376, 379, 397 f., 455, 459, 490, 499 ff., 519, 558, 604, 610, 618, 635 u. *Golfkrieg* 505 ff., 508, 515 u. *Irangate* 463 f.

Italo Americana Nuovi Alberghi (IANA) → *Vatikan GmbH*

I. T. T. = International Telephone & Telegraph 247 f., u. *Focke-Wulf-Bomber* 244, u. *Nationale Treuhand* 242, u. *Nixon-Wahl* 572 f., u. Schröder 245, u. *Sonderkonto S* 222, 246, u. *Vatikan GmbH* 571 f.

Izetbegović, Alija 629

Jafar-as-Sadiq, Imam 306

Jahnke-Bureau 426, Anm. 713

Jahnke, Kurt 330, 427, u. *Schwarze Kapelle* Anm. 713

Jakobiner 260

Jalta, Abkommen von 439

Jamaat-i-Islami → *Moslembruderschaft*

James, E. S. 243

Japan Electric Bond Share Company 241

Neuordnung des Nahen Ostens 504, u. *Propaganda due* 471, u.
Trilateral Commission 592, u. *Weltregierung* 265, 396
Kitchener, Horatio Herbert Lord 23, u. *Burenkrieg* Anm. 27, u. *Ordo Novi Templi* Anm. 27, 44
KLATT → Kauder, Richard
Klein, Heinrich 279
Kleindienst, Richard 572
Klemens V. Papst 314 f.
Klement, Richard 446
Klosterroute → Ratlines
Knaut, Horst 520
Koehl, Matt 527
Koestler, Arthur 381
Kogon, Eugen 424
Kohl, Helmut 594, u. *Bilderberg-Konferenzen* 589, 594
Kohnstamm, Max u. *Bilderberg-Konferenzen* 592
Kommunistisches Experiment/Kommunismus 193, 195, 253, 389, u.
Ende des Experiments 391, 607, u. *Eurokommunismus* 551 f., Anm.
437, u. *Finanzkapitalismus* 199 f., u. *Freimaurer* 250 ff., u.
Internationalismus 389, u. *kalter Krieg* 430, 598, u.
Nationalkommunistische Entwicklungen 600 f., u. *Staatskapitalismus*
417 f., u. *Teilung Europas* 439 f., u. *Vatikan* 468
Kommunistisches Manifest Anm. 39
König, Kardinal Franz 477
Konstantin der Große 282 f., 358
Konstantin VII. Porphyrogennetos 381
Konzentrationslager 23, 134, 149, 167 f., Anm. 26
Konzil von Nizäa 347 *Konzil von Troyes* 298, 304
Konzil, Zweites Vatikanisches 476
Koppel & Co 241
Koran 307
Koreakrieg 429
Korse, Lars-Eric 542
Kosiek, Dr. Rolf 532
Kosmanowski, Salomon → Eisner, Kurt
Kosovo 617, 623 f., 627–632, Anm. 1340, 1393, 1401
Kouwenhoven, H. J. 243
KPD = Kommunistische Partei Deutschlands 548
KPI = Kommunistische Partei Italiens 576

Lippe-Biesterfeld, Bernhard zur → Bernhard, Prinz der Niederlande

Lippert, P. Anm. 108

List, Guido von 34, 63, 153, Anm. 53, 69, u. *Antisemitismus* Anm. 44, u. *Wiener Theosophische Gesellschaft* Anm. 44, u. *Rassismus* Anm. 44

Little, Wentworth Anm. 57

Livingstone, Robert R. Anm. 584

Lloyd George, David 54, 56, 173, 176, u. *Freimaurer* 254, u. *Heredomus-Ritus* Anm. 28, u. Hitler 173, Anm. 85, u. *Russische Revolution* 56, Anm. 14

Lloyd, Norddeutscher 406

Lobinau, Henri Anm. 795

Lockheed-Affäre 409 ff., 506, 588 f., 595

Lockheed Aircraft Service International 412

Loftus, John Anm. 941

Loge von Kairo → *Großloge von Kairo*

Löhr, A. Anm. 108

Lombard Odier, Bankhaus 436, 441

Longo, Pietro 582

Loredan, Graf 540

Lorenz AG 245

Lorenz, Konrad 545

Lorris, Guillaume de 316

Lothringen (Haus) 360

Lothringen, Karl Alexander Emanuel von 340

Loyola, Ignatius von 50, 139, 317, 320

Luburic, Vjekoslaw 456 f.

Luce, Clara Boothe 466

Luciano, Lucky 566

Ludendorff, Erich 21, 57, 77 f., 87, Anm. 139, 140, 161, 172, 456

Ludwig II. (Kaiser) 287

Ludwig VII. (Kg.) 336

Ludwig XIV. (Kg.) 339

Ludwig XVI. (Kg.) 322

Ludwig-Frank-Stiftung 531

Luedecke, K. W. 217, Anm. 14

Lueger, Karl 34, 44, Anm. 172

Luft AG 412

Lufthansa AG 412

Lusitania-Zwischenfall 207, 499, Anm. 1144

Luther, Martin, 318, Anm. 13, 180

Lüttwitz, Walter von 78

Luzifer 250, 253, 276 f., 290, 307

Lvov, Prinz 606

Lyttelton, Oliver 242

Mach, Ernst 543

Mackinder, Sir Halford 100, 120, 177, 536, Anm. 69

Mafia 198, 464, 471, u. Calvi 583, u. *CIA* 566, u. Marcinkus Anm.
1109, u. *Propaganda due* 483, 577, u. Sindona 563, 565 f., 576 f.,
Anm. 1109, u. *Vatikan* Anm. 1109, u. *Vatikanbank* 573, 576

Magers, Helmut Anm. 555

Mahdi 306 *Maidanek* 421

Maier-Dorn, Emil 534

Maillardoz, Marquis de 480

Maine-Zwischenfall Anm. 1144

Malcolm, Sir Neill Anm. 140

Malik Schah 311

Malraux, André 171, u. *Action Française* 171, 341, u. *Alpha Galates*
556 f., u. Charles de Gaulle 343, 558, u. *Föderatives Europa* 331, u.
Gubbins 331 f., u. Lefèbvre 341, u. Plantard 279, 343, u. *Prieuré de
Sion* 279, 331, 556, 559, u. *Rassemblement du Peuple Français* 560,
u. *SOE* 331, 556 f.

Malteserritter, Orden 434, u. *CIA* 466, 562, Anm. 1080, u. Gelli 477, u.
Finanzierung der Contras 468, 502, u. *World Anticommunist League*
468, 502

Mamun, Al 308

Mandel, Michael 625, 628

Mandic, Pater Dominic 450

Manichäer 307

Manifeste der Rosenkreuzer → *Rosenkreuzer-Manifeste*

Mansfeld-Kupfer AG 405

Manson, Charles 42

Mansur, Robert Anm. 280

March, Juan Anm. 10

Marcinkus, Bischof Paul 467, 475, 478, 480, 565, 568, 569, 575, u.
Banco Ambrosiano 578, u. *Banco Ambrosiano Overseas Ltd.* 576, u.
Börsenspekulationen 569 f., u. Calvi 480, 578, u. *Cisalpine Overseas
Bank* 576, 578, u. *Freimaurer* 475, u. Gelli 480, u. Johannes Paul II.
579 f., 583, Anm. 1291, u. Kennedy 568, u. *Mafia* Anm. 1109, u.

Sindona 480, 570, 577, u. Spellman 467, u. *Vatikanbank* 478, 480, 576, 578, 580, u. *Vatikan GmbH*

Mardam Bey, Khalil 485, 515

Mardam Bey, Zouhair 485

Marechnes, Alexandre de 466

Maria Magdalena 346, 347, 351, 354, 355, 356, 359, 361

Mariano Filipepi, Alessandro de 340

Marktwirtschaft u. *Multinationales Kapital* 607 f.

Markus, Evangelist 338

Marr, Wilhelm Anm. 13

Marshall-Plan 439 f.

Martin, James Steward 248, Anm. 542, 715

Martinez, Pasqualis → Pasqualis, Don

Martinez de *Martinisten, Martinismus* 279, 367 f.

Marx, Eleanor »Pussy« Anm. 54

Marx, Karl Anm. 13, 39, 149

Marxismus 390

Mateos, José Ruiz 473, Anm. 1098

Mathers, Samuel Liddell MacGregor 112, 367, Anm. 57

Maurice, Emil Anm. 69

Maurras, Charles 171

MAX → Kauder, Richard

Maxwell, Robert 519

Mayer, André 571

Maymun, Abdullah ibn 311 ff., 508

Mayr, Karl, Hauptmann 82 ff., 88, Anm. 153

Mazzini, Giuseppe 275 f., 383

McCarthy, Joseph 429, 460 f., Anm. 1250

McCloy, John 571

McCone, John 466

McDonald, Ramsey Anm. 377

McFadden, Louis 599, Anm. 1320

McKinley, Kantor Anm. 26

McLaren, Richard 572, 573

McLean, Donald 503

Medellin-Kartell u. *Reagan-Administration* Anm. 434

Mediobanca 572

Meinhof, Ulrike 520

Meinrad, Michael 522, 542

Moffet J. A. 242

Mohammed 306

Mohler, Armin 522

Molay, Jacques de 300, 302, 314, 315, 322

Molden, Fritz 452, Anm. 1033

Molotow (Skrjabin), Wjatscheslaw Michailowitsch 81, 179, 184, 196

Moltke, Hans Adolf von 329, 330, 560

Moltke, Helmut James Graf von 330, 560

Mondale, Walter F. 487, Anm. 1124, 1152

Mondial Export-Import 515, 529

Moneyrex 568

Montbard, André de 297

Montbard, Wilhelm von 324

Montdidier, Nivard de 297

Montedison-Konzern 574, Anm. 1098

Monti, Attilio 529

Montini, Kardinal Giovanni Battista 579, Anm. 1109, u. Angleton 413, 453, u. *CIA* 466, 477, 563 f., 585, u. *CIC-Dokumente* 453, u. *Freimaurer* 475 f., u. *Intermarium* 453, u. *Katholische Armeen* 446, u. Lefèbvre 341, u. *Nazi-Evakuierung* 448, u. *OSS* 563, u. *Populorum Progressio* 568, u. Retinger 564, u. Sindona 563 f., 567, 573, u. Spellman 467, Anm. 1298, u. *Vatikan GmbH* 569, 577 ff., u. *Vatikanischer Nachrichtendienst* 446

Montségur 164, 290 ff., 361

Morell, Dr. Theo 81, Anm. 69

Morgan et Cie (Frankreich) 235, 406, 408

Morgan, J. P. 249, Anm. 440, u. *AEG* 240, u. *Banken* 480, 574, 598 f., Anm. 93, 470, u. *Bolschewistische Revolution* 598 f., Anm. 93, 470, u. Dawes 209, u. *Dawes-Plan* 209 f., u. *General Electric* 240 f., u. *ITT* 244, u. *Kriegsgewinne* 208, u. Minor 241, u. Schacht 231, u. Swope 241, u. *Vatikan* 480, u. Young 240, u. *Young-Plan* 240

Morgenstern, George 622

Morgenthau-Pläne Anm. 3

Morlion, Pater Felix 466, 562, 612

Moro, Aldo 30, 474, 519, 552, 569, Anm. 40

Morrow, Dwight Anm. 440

Morton, Jacob Anm. 584

Moscow Narodny Bank 482, 573, 575

Moslems 306 ff., 398, 492, 496, 503, 518, 624, 633

Moslembruderschaft, Moslembrüder 519, u. *Arabische Legion* 491, u. *Britische Subversion* 441, 487, u. *Fremde Heere Ost* 441, u. Genoud 445, 485, u. *Islamic Council of Europe* 492, u. *Jamaat-i-Islami* 494, u. Khomeini 492 ff., u. Mardam Bey 485, u. *Moslem-Brotherhood-Network* 495, u. *Neue Weltordnung* 487 f., u. *Nordafrikanische Befreiungsbewegungen* 488, u. *Panarabischer Kongreß* 441, u. *Rabita alami Islami* 494, u. Schacht 484, u. *Schwarze Internationale* 441 ff., 444, 486, 491 ff., u. Skorzeny 444, u. *SS* 490, u. *Terrorismus* 518 f., u. *Union Bank of Switzerland* 484

Moslem-Connection 484 f., 486 ff.

Mosley, Sir Oswald 171, 540

Mossad (Israelischer Geheimdienst) 506, 510, Anm. 43

Mossadegh, Mohammed 495, Anm. 968

Mountbatten, Lord Louis Anm. 835

Mouvement Wallonie 525

Moyle, Jonathan 514 f.

MSI = Movimiento Sociale Italiano 470, 472, 526, 527, 540

Mudschahedin 631

Müller, Günther 531

Müller, Dr. Joseph 330, 414, 423

Münchner Abkommen 180, Anm. 69

Münchner Beobachter 67, 73, 74, 87, 89, Anm. 115

Mun, San Myung Anm. 1124

Mun-Sekte 502, 513, u. Gorbatschow Anm. 1124, u. *Vatikan* Anm. 1124, u. *Weißes Haus* Anm. 1124

Murat, König v. Neapel 273

Musa 306

Mussolini, Benito 16, 67 f., 465, 479 f., 481, Anm. 58, u. *Kirche* Anm. 9

Mustansir, Kalif 312

Mut (Publikation) 534, 540

Mutazila, Sekte der 308

Muttergöttinnen, Kult der 355

Mysteriengrade 263

Mystica Aeterna, Großrat der Anm. 54

Nada, Jussif 492

Nag Hammadi 346, 348, 350, 351, 352

NAPOLAs (Nationalsozialistische politische Akademien) 148

Napoleon I. 273, 371, 378

Napoleon III. Anm. 1110

Naqschbandi-Derwische Anm. 609
Nasser, Gamal Abdel 491, Anm. 968
Nation Europa (Publikation) 533
National Broadcasting Corporation (NBC) 240
National City Bank 237
National Front → *British National Front*
National Industry Recovery Act 240
National-Kommunismus 601
National Security Agency (NSA) 506, 509
National Socialist Party 502
National Socialist Party of America 526
National Westminster Bank 573
Nationale Heilspartei (Türkei) 492
Nationale Treuhand (Hitler-Fonds) 227, 240, 242
Nationaleuropäische Partei 540
Nationaleuropäisches Manifest 469
Nationalismus 65 f., 122, 387, 548 f., Anm. 13
Nationalismus, Sozialrevolutionärer → *Neue Rechte*
Nationalrevolutionäre Bewegung → *Neue Rechte*
Nationalsozialismus 16 f., 18, 73 ff., 84 ff., 626, 633, u.
Antisemitismus 17, 44, 52, 82, 123, 134 f., 171, 225, u. *Astrologie*
Anm. 263, u. *Befehlsraum Ost* 155, u. *Bewunderer* 170 ff., u.
Deutschböhmische DAP 68, u. *Esoterischer Hintergrund* 201, u.
Grenzen des Nationalismus 65, u. *Katholische Kirche* 374, u.
Magischer Sozialismus 117, u. *National-Sozialistische Revolution*
117, u. *New Deal* Anm. 555, u. *Okkultismus* 110, u. *Protokolle* 374, u.
Rasse 123 f., *als Religion u. Weltanschauung* 47 f., 104 ff., u. *Thule-Gesellschaft* 73 ff.
Nationalsozialismus, Europäischer → *Neue Rechte*
Nationalsozialistische Deutsche Arbeiterpartei → *NSDAP*
Nationalsozialistischer Deutscher Arbeiterverein u. *Thule-Gesellschaft* Anm. 115
Nationalstaaten u. *Multinationales Kapital* 608
Nationalzeitung 532
NATO 30, 461, 561, Anm. 925
Naturpolitische Volkspartei 533
Nautonier → *Großmeister der Prieuré de Sion*
Nazi-Netzwerke → *Schwarze Internationale*
Neave, Aurey 20 f.

896

1124, u. *Israel* 604, 610, u. *Lockheed-Affäre* 611, u. *Neue Weltordnung* 610, u. *Öl* 610, u. *Ostblockgeschäfte* 612, u. *Theological Seminary New York* Anm. 1124, u. *Weltwährungsmonopol* 611, u. *Watergate* 611

Rockefeller-Stiftung 612, Anm. 421, 972

Roeder, Manfred 522, 526, 530, 533

Rogers, William 499

Rohaytn, Felix 571

Röhm, Ernst 92, 113 f., 117, 157, Anm. 170 Rohracher, Erzbischof Andreas 452, Anm. 1029

Roncalli, Angelo Giuseppe → Johannes XXIII., Papst

Roosevelt, Clinton 275, Anm. 651

Roosevelt, Franklin Delano 21, 266, 598 f., Anm. 3, u. *CFR* 175 f., 386, 389, Anm. 994, u. Dulles 438, 442, u. *Freimaurer* 254, u. Hanfstaengl 214, u. Hitler 175 f., Anm. 555, u. *Illuminaten-Siegel* 201, 257, u. *Jalta-Abkommen* 438, u. *kalter Krieg* 442, u. *New Deal* 201, 257, Anm. 555, u. Stalin 175, 251, 389, 438, u. *Wiederaufrüstung* 175, 180

Roosevelt, Theodore 174

Root, Elihu Anm. 440

Rop, Baron William S. de Anm. 454

Rosebery, Lord 606

Roselli, Johnny 478

Rosenberg, Alfred 17, 18, 34, 48, 64 f., 74 f., 92 ff., 95, 121, 137, 147, 264, Anm. 69, 108, 139, 189, u. Gurdjieff Anm. 71, u. *Ketzerromantik* Anm. 674, u. *Nationale Reichskirche* Anm. 288, u. *Protokolle* Anm. 617

Rosenkreutz, Christian 318

Rosenkreuzer 18, 38, 45, 51, 157, 250, 257, 263, 279, 296, 303, 316 ff., 320 ff., 339, 345, 347, Anm. 69, u. *Freimaurer* Anm. 57, 69, u. *Reformation* Anm. 695

Rosenkreuzergesellschaft in England (Rosenkreuzergesellschaft, englische) → *Societas Rosicruciana in Anglia (SRIA)*

Rosenkreuzer-Manifeste 317 f.

Rote Kapelle 427

Rothermere, Harold Sidney Harmsworth Viscount 173, 233, u. Gurdjieff Anm. 71, u. *Hitler-Finanzierung* Anm. 71

Rothermere, Lady Mary Lilian Anm. 71

Rothschild, Baron Edmond de u. *Bilderberg-Konferenzen* 588, u. *Trilateral Commission* 613

Schuller, Norbert 485

Schuman, Robert 326, 555

Schuschnigg, Kurt von 225

Schwab, Günther 523

Schwartz-Bostunitsch, Gregor 18, Anm. 14

Schwarze Internationale 18, 30, 400 ff., u. *Avanguardi Nazionale* 541, u. *Befreiungsnationalismus* 402, 518 f., 530, u. *Bundesnachrichtendienst* 490, u. *Cercle Violet* 522, u. *CIA* 527 f., u. *Contras* 485, u. *FLN* 484, 524, u. *Gesellschaft für bedrohte Völker* 536, u. *GLADIO* 522, u. *Graue Wölfe* 492, 525, u. *Islamic Council of Europe* 524, u. *Mondial Export-Import* 529, u. *Moslembruderschaft* 441, 484, 491, 524, u. *MSI* 526, 527, 540, u. *Nationale Heilspartei* 492, u. *Neue Europäische Ordnung* 444, 485, 522 f., u. *Neue Weltordnung* 491, 519, u. *Ordine Nuovo* 541, u. *Organisation Paladin* 518, u. *Panarabischer Kongreß* 490, u. *PFLP* 485, u. *POLISARIO* 484, u. *Propaganda due* 467, 472, 482, 528, u. *Separatistische Bewegungen* 537, u. *Sufi-Projekte* 441, 487, u. *Terrorismus* 522, 527 f., u. *Volkskampfgruppen* 542, u. *Waffenhandel* 515, u. *Weltbund zum Schutz des Lebens* 523, 536, u. *World Anticommunist League* 502, u. *World Union of National Socialists* 527

Schwarze Kapelle (Black Orchestra) 236, 330, 408, 427, 455, u. Canaris Anm. 96, 713, u. *Rote Kapelle* Anm. 96, u. Turkul Anm. 96, u. *Vatikan* Anm. 96, 713

Schwarzer Orden → *SS*

Schwendt, Frederico 447

SCI-Z-Einheiten (British-American Special Counter Intelligence) 419, 447

SD = Sicherheitsdienst der SS 405, 426, 443

SDECE (Franz. Geheimdienst) Anm. 436

SDU = Soziale Deutsche Union 531

Sebottendorf, Rudolf Freiherr von 18, 53, 57 f., 63, 97, 257, Anm. 69, 84, 114, u. *Balkankrieg* Anm. 96, u. *Bektaschi-Derwische* Anm. 96, 133, u. Blavatsky Anm. 96, u. Canaris Anm. 96, u. *Freikorps Oberland* Anm. 161, u. *Jungtürken* Anm. 96, u. Liebenfels Anm. 96, u. List Anm. 96, u. *Memphis-Misraim-Ritus* Anm. 96, u. *Rosenkreuzer* 58 f., Anm. 96, 133, u. *SIS* Anm. 113, u. *Theosophie* Anm. 53, 96, u. *Thule-Gesellschaft* Anm. 106, u. *Union und Fortschritt* Anm. 96

Sebottendorf von der Rose, Siegmund Anm. 96

SED = Sozialistische Einheitspartei Deutschlands 535

Seeley, John B. 605

Westminster Bank 573, u. Nixon 573, 574, u. Rockefeller 573, u. Rothschild 573, u. *Schwarze Internationale* 567, u. *Vatikanbank* 568 f., 573, 576 f.

Singer, Hartwig 522, 539, 543, 546, 548

Singlaub, John 462, 463, 468, 502, Anm. 1059

Siri, Erzbischof von Genua 447

SIS = Secret Intelligence Services 236, 331, 419, 444, Anm. 14

SISMI (Servizio per le informazioni e la sicurezza militare = ital. militär. Nachrichtendienst) 476

Six, Dr. Franz 428

Sixtus, Prinz von Bourbon-Parma 56, Anm. 89

SKF-Konzern, Schweden 234, 409

Skoblin, General Anm. 14

Skorzeny, Otto 291, 403, 417, 437, 444, 485, 518, 522, 525, u. *CEDADE* Anm. 1008, u. *ODESSA* Anm. 1008, u. *VOEST* Anm. 1008

Slowenien 627 ff., Anm. 1029

Smith, Truman Anm. 479

Smith, Walter Bedell 411, 588, u. *Bilderberg-Konferenzen* 596

Società General Immobiliare → *Vatikan GmbH*

Societas Rosicruciana in Anglia (SRIA) 38 f., 46, 319, 378, Anm. 57

Société géneral de banque 576

Société géneral de Belgique 595

Société Génerale 576

Societies of freemasons Anm. 57

SOD = Special Operations Division 462

SOE = Special Operations Executive 331, 457, 556 ff., 585, 595

Soedermanland, Herzog Karl von → Gustav IV., König

Söhne des Bundes mit Jahwe 252

Solar Lodge of O. T.O 42

Solidaristen – Solidaristische Volksbewegung 533, 542

Solidarität, Gewerkschaft 468, 565, 585, Anm. 37

Solomon, Anthony M. Anm. 1152

Solowjew, Wladimir S. 371

Sommer, Theo 195

Sonderegger, René 225, 226, 227 f.

Sonderkonto R Anm. 570

Sonderkonto S 222, 246, 248, Anm. 570

Sonderziehungsrechte 395

Stahl, Rudolf 405

Stalin (Dschugaschwili), Jossif Wissarionowitsch 21, 175, 178, 187, 251, 253, 427, 438, 439, 442, 599, 602

Standard Elektrizitäts AG 245

Standard Oil 213, 230, 242, 244, u. *Deutsch-Amerikanische Petroleum AG* 239, u. *Freundeskreis Himmler* 239, u. *Freundeskreis Keppler* 239, 242, u.

I. G. Farben 238, u. *Jasco-Agreement* Anm. 516, u. *Ostgeschäfte* 608, u. Rothschild 605, u. *Sowjetunion* Anm. 93, u. *Vatikan* 573

Stangl, Franz 446

Stans, Maurice 572

State Department (US-Außenministerium) 407, 413, 460, 461, 495, u. *CFR* Anm. 880, u. Dulles Anm. 911, u. *Golfkrieg* 509, u. *Iranische Revolution* Anm. 1145, u. *Judenfrage* Anm. 2

Stauffenberg, Claus Graf Schenk von 330

Stead, William T. 605

Stein, Gertrude 170 f.

Stein, J. H. 219, 222, Anm. 108

Stein, Dr. Johannes Walter 285, 286

Steiner, Felix 437

Steiner, Rudolf 38, 44, 58, 101, 279, 296, 369, 373, Anm. 14, 48, 53, 55, 57

Steinke, A. 242

Steinschneider, Herschel → Hanussen, Jan Erik

Stempfle, Dr. Gerhard 98, Anm. 69

Stephenson, Sir William 236, 408

Stepinac, Kardinal Aloysius Anm. 1027

Sterling Products 238

Stettinus, Edward R. 434

Stevenson, Adlai Anm. 966

Stinnes, Hugo 406

Stinnett, Robert B. 622

Stintson, Henry 434

Stockholm Enskilda 234

Stockton, Kenneth 248, Anm. 572

Stoddard, Lothropp 172, Anm. 13

Stoltenberg, Gerhard u. *Bilderberg-Konferenzen* 594

Straight, William Anm. 440

Straßburger Deklaration, Logen der 389

Wallenberg, Marcus u. *Bilderberg-Konferenzen* 588
Wallenberg, Raoul 234
Wallstreet 222, 230, 237, 239, 242, 399, 412, 431, u. *Neuordnung des Nahen Ostens* 500 f., u. *Russische Revolution* Anm. 14, 93, u. *Vatikan GmbH* 571
Walsh, Lawrence Anm. 1062
Wannsee-Konferenz Anm. 2
Warburg, Felix 170
Warburg, James P. 225 ff., Anm. 268
Warburg, Max 57, 170, 225, 227, 238, 245, 598, Anm. 93, 268
Warburg, Paul 57, 170, 228, 238, 243, 265, Anm. 268
Warburg, Sidney 222 ff., 228, 236, Anm. 268
Warburg(s) 604 f., Anm. 268
Warnke, Paul 612, Anm. 437
Wartenburg, Peter Yorck von 330
Washington, George 255
Watergate 506, 611
Watts, Allan 385
Weber, Dr. Hans-Günther 531
Weber, Max 543
Webster, William 510
Wehrsportgruppe Hoffmann 441, 519, 522, 526, 527, 534
Wehrverbände 215
Weil, Eckehard 522
Weimarer Republik 217, 145 f.
Weishaupt, Adam 159, 188, 256, 260, 262 ff., 273, 278, 317, 328, 383, 387, 501, 529 f., 560, 565, 605, 614, Anm. 609
Weisheitsschulen, Geheime 262
Weiß, Bernhard Anm. 511
Weiß, W. E. 238
Weißthor, Karl Maria 19, Anm. 16
Weizsäcker, Carl Friedrich von Anm. 856
Weltbank 395, 434, 571, 584, 610, 624
Weltbruderkette, Weltfreimaurerei 398, 483, Anm. 1120
Weltbund zum Schutz des Lebens (WSL) 523, 533, 536
Welteislehre 49, 126 ff., Anm. 257, 674
Weltkirche 477
Weltkirchenrat 477, 610
Weltloge 254 f., Anm. 819